BB

HANDBUCH

Handbuch
für junge Unternehmen

Herausgegeben von

Daniel Kast, Dr. Jörg Alshut, Stefan Bernütz, Nikolaus Brandl,
Thomas Moritz, Thomas Quente, Thomas C. Schmid

Bearbeitet von

RA Dr. Jörg Alshut, RA Dr. Volker Beissenhirtz LL.M.,
StB Dipl.-Kfm. Stefan Bernütz, Dipl.-Kfm. Nikolaus Brandl CEFA,
RA/StB Alexander Friedheim, Malte Hartmann, RA Dr. Claus Herrmann,
RA/StB Daniel Kast, RA Dr. Ulrich Keunecke Dipl. pol.,
Dipl.-Kfm. Christian Krewedl, RA Dr. Marcus Longino LL.M.,
Karsten Lorenz, Dipl.-Wing. Sven Morich, RA/StB Thomas Moritz,
RA David Muschlin, RA/StB Dr. Alexander Peter, Dipl.-Kfm. Axel Pinkert,
StB Thomas Quente, WP StB Dipl.-Winf. Thomas C. Schmid,
WP Dipl.-Kfm. Michael Stolze, Dipl.-Kfm. Raik Uhlmann,
RA'in Christina Weinreich LL.M., Dipl.-Ing. Michael Werner

Verlag Recht und Wirtschaft GmbH
Heidelberg

Bibliografische Information Der Deutschen Bibliothek

Die Deutsche Bibliothek verzeichnet diese Publikation in der Deutschen Nationalbibliografie; detaillierte bibliografische Daten sind im Internet über http://dnb.ddb.de abrufbar.

ISBN 3-8005-2061-3

Satzkonvertierung: ProSatz Unger, 69469 Weinheim

Druck und Verarbeitung: Wilhelm & Adam, Werbe- und Verlagsdruck GmbH, 63150 Heusenstamm

♾ Gedruckt auf säurefreiem, alterungsbeständigem Papier, hergestellt aus chlorfrei gebleichtem Zellstoff (TCF-Norm)

Printed in Germany

Vorwort

In den letzten Jahren durchliefen nahezu gleichzeitig mehrere von den Verfassern betreute junge und innovative Start-Up Unternehmen verschiedener Branchen die gleichen unternehmerischen Herausforderungen, u. a.

- die Umsetzung der zwingend erforderlichen zweiten Finanzierungsrunde,
- der Aufbau einer zukunftsfähigen internen Unternehmensstruktur,
- die Errichtung von Tochtergesellschaften bzw. Betriebsstätten in Europa,
- die Weiterentwicklung der Unternehmensprodukte,
- der Wunsch nach einem attraktiven Mitarbeiterbeteiligungsmodell,
- die ersten Vorbereitungen auf einen beabsichtigten Börsengang.

Die Autoren hatten seinerzeit die Möglichkeit in verschiedenen Bereichen, unterschiedliche Unternehmensgründer begleiten zu können, die mit ähnlichen betriebswirtschaftlichen, zivil-, gesellschafts- und steuerrechtlichen Fragestellungen konfrontiert wurden. Im Zuge der Betreuung weiterer meist Venture Capital finanzierter Start-Up Unternehmen wiederholten sich diese und andere Fragestellungen für die betroffenen Unternehmen, deren Management und Investoren. Hieraus resultierte schließlich der Entschluss, die gesammelten Erfahrungen – gute wie schlechte – für andere in kompakter und verständlicher Form zusammenzutragen und darzustellen.

Das Buch versucht, dem Anspruch gerecht zu werden, als Nachschlagewerk und praktischer Ratgeber für die dargestellten Themen geeignet zu sein. Die Reihenfolge der Erläuterungen orientiert sich dabei an den Anforderungen von schnell wachsenden Start-Up Unternehmen im Rahmen ihrer ersten drei bis fünf Existenzjahre.

Als Leser angesprochen werden sollen gleichermaßen sowohl

- Unternehmensgründer und diejenigen, die ein solches Vorhaben beabsichtigen
- Unternehmensführer und verantwortliche Mitarbeiter von Start-Up Unternehmen
- Business Angels, Finanz- und Brancheninvestoren
- Berater von expandierenden Start-Up Unternehmen

Dementsprechend haben wir neben der Darstellung der einzelnen Themen einen besonderen Wert darauf gelegt, durch möglichst viele **Beispielsfälle** – die aus der erlebten Praxis stammen – die Inhalte transparenter zu gestalten. Die erläuterten Beispiele sollen nicht zuletzt nach dem Wunsch der Autoren eine Hilfestellung bei der eigenen Entscheidungsfindung für die angesprochene Lesergruppe sein.

Unser Dank gilt zunächst folgenden Unternehmen, die uns mit ihren Fragestellungen und Problemen die erforderlichen Anregungen zu diesem Buch gegeben haben (in alphabetischer Reihenfolge):

- A-Company AG, Berlin   (www.a-company-ag.com)
- abakus WERTKONTOR AG   (www.debster.com)
- Acris Communication AG, Berlin   (www.acris.de)
- Aurani e.V., Berlin
- Berlin Heart AG, Berlin   (www.berlinheart.de)
- BioteCon GmbH, Potsdam   (www.biotecon.com)
- BioteCon Diagnostics GmbH, Berlin   (www.bc-diagnostics.com)
- Biztec AG, Hannover   (www.biztec.com)
- Communicant Semiconductors
  Technologies AG, Frankfurt/Oder   (www.communicant.de)
- datafactory AG, Leipzig   (www.datafactory.de)
- datango AG, Berlin   (www.datango.de)
- dooyoo AG, Berlin   (www.dooyoo.de)
- FST First Sensor Technologies AG, Berlin)   (www.first-sensor.com)
- inatec GmbH, Leipzig   (www.inatec.de)
- Infopark AG, Berlin   (www.infopark.de)
- IONITY AG, Kamenz   (www.ionity-ag.de)
- Mundwerk AG (ehemals Project49 AG), Berlin   (www.project49.de)
- Peppercon AG, Zwickau   (www.peppercon.de)
- Reprom Networks GmbH, Berlin   (www.reprom.com)
- Systracom AG, Berlin
- Tivola Verlag GmbH, Berlin   (www.tivola.de)
- yellout AG, Berlin   (www.yellout.de)

Daneben möchten wir folgende Venture Capital Unternehmen bzw. Beteiligungsgesellschaften hervorheben, die sich nach der rein subjektiven Einschätzung der Autoren bei der Unterstützung ihrer Beteiligungen durch Rat und Tat besonders engagierten:

- 3i Gesellschaft für Industriebeteiligungen
  GmbH, Frankfurt   (www.3i.com)
- capiton AG, Berlin   (www.capiton.de)
- IKB Private Equity GmbH, Düsseldorf   (www.ikb.de)
- tbg Technologie Beteiligungsgesellschaft mbH,
  Berlin   (www.tbg.de)
- Vattenfall Europe Venture GmbH, Berlin   (www.vattenfall.de)

Weiterer Dank gilt unseren Mitautoren, Herrn RA Dr. Volker Beissenhirtz LL.M., Herrn RA/StB Alexander Friedheim, Herrn Malte Hartmann, Herrn RA Dr. Claus Herrmann, Herrn RA Dr. Ulrich Keunecke Dipl. pol., Herrn Dipl.-Kfm. Christian Krewedl, Herrn RA Dr. Marcus Longino LL.M., Herrn Karsten

Lorenz, Herrn Dipl.-Wing. Sven Morich, Herrn Dipl.-Kfm. Axel Pinkert, Herrn Dipl.-Kfm. Raik Uhlmann, Herrn RA David Muschlin, Herrn RA/StB Dr. Alexander Peter, Herrn WP Dipl.-Kfm. Michael Stolze, Frau RA'in Christina Weinreich LL.M., Herrn Dipl.-Ing. Michael Werner.

Unser besonderer Dank geht allerdings an Frau Inka Fiedler, ohne deren Mitwirkung dieses Werk ohnehin nie entstanden wäre.

Die Darstellungen und Erläuterungen berücksichtigen den Stand der zivil- und steuerrechtlichen Gesetzgebung zum 31. Juli 2003.

Berlin, im Januar 2004

Die Autoren

Inhaltsübersicht

Erster Teil:
Die Startphase

A. Überlegung vor der Unternehmensgründung

B. Ordnungsrechtliche Pflichten für Unternehmensgründer
in Deutschland

C. Wahl der Rechtsform, Ablauf des Gründungsvorgangs,
Gestaltung von Satzung und Gesellschaftervereinbarungen

Zweiter Teil:
Aufbau und Ausbau des operativen Geschäfts
A. Ausbau der internen Unternehmensstruktur

B. Risikofrüherkennungssysteme

C. Operatives Management des Aktivgeschäft

D. Produktentwicklung bis zur Marktreife

E. Ausbau und Insourcing des Rechnungswesens

F. Markteintritt und erste Umsätze

G. Internationalisierung und Aufbau von Tochtergesellschaften

H. Folgefinanzierung

I. Mitarbeiterbeteiligungen

J. Umgang mit Unternehmenskrisen

Dritter Teil:
Trade Sale und/oder Börsengang

A. Einleitung

B. Trade Sale

Inhaltsverzeichnis

Erster Teil:
Die Startphase

A. Überlegung vor der Unternehmensgründung

E. Aufbau der internen Unternehmensstruktur

F. Arbeitsrechtliche Fragen

Zweiter Teil:
Aufbau und Ausbau des operativen Geschäfts
A. Ausbau der internen Unternehmensstruktur

B. Risikofrüherkennungssysteme

C. Operatives Management des Aktivgeschäft

H. Folgefinanzierung

I. Mitarbeiterbeteiligungen

J. Umgang mit Unternehmenskrisen

Dritter Teil:
Trade Sale und/oder Börsengang
A. Einleitung

B. Trade Sale

Einleitung

Ende der neunziger Jahre des vorigen Jahrhunderts erlebte die westliche Welt eine bisher nicht dagewesene Welle von Unternehmensgründungen. Grundlage hierfür war u. a.

- die technische Entwicklung eines für jedermann nutzbaren **Internets** und die damit verbundenen unzähligen Geschäftsideen und -chancen
- der revolutionäre technische Fortschritt im Bereich der **Biotechnologie** und der **Biochemie**, der im Februar 1997 im schottischen Rossland Institut durch das erstmalige Klonen des Schafes „Dolly" einen ersten medienwirksamen Höhepunkt erlebte
- die rasante Fortentwicklung bei der Nachfrage nach neuen **Softwarelösungen** in allen unternehmerischen wie privaten Bereichen
- die fortschreitende Privatisierung von ehemals staatlichen Hoheitsbereichen, so z. B. die Öffnung der **Telekommunikations- und Energieversorgungsmärkte** in Europa und die damit verbundene Deregulierung des freien Wettbewerbs (z. B. im Energieversorgungsbereich: Yellow Strom)
- die Erhöhung von staatlichen Förderungen für Existenzgründer (was nicht zuletzt als ein **echtes** Mittel zur Bekämpfung von Massenarbeitslosigkeit eingestuft wird)
- die Zunahme der Bereitstellung von Risikokapital an Existenzgründer und Start-Up Gesellschaften durch sog. Venture Capital Gesellschaften, ohne die eine Vielzahl von nunmehr erfolgreich operierenden Unternehmen heute möglicherweise noch nicht existieren würden.

Vorreiter dieser internationalen Entwicklung waren die USA, die Entwicklung wurde jedoch relativ zügig in Europa aufgenommen.[1] Der vorläufige Höhepunkt des Siegeszugs dieser dann so genannten **„New Economy"** waren sicherlich die Höchststände an den Weltbörsen im Februar und März 2000.

Die zwischenzeitlich eingetretene Normalisierung von Unternehmensbewertungen, insbesondere an den Börsen, war sicherlich für manchen Anleger, VC-Investor oder Unternehmensgründer (Lock-up Bindungen) mit zum Teil herben Rückschlägen verbunden. Insbesondere in Deutschland kam hinzu, dass manche der im so viel gepriesenen Börsensegment des Frankfurter Neuen Marktes platzierten Unternehmen hinsichtlich ihrer realen Geschäftschancen im Vorfeld ihres Börsengangs und in der Euphorie der New Economy Ende 1999 völlig falsch beurteilt und bewertet wurden.

Dementsprechend ist die Anzahl der Börsengänge im Verlauf des Jahres 2001 und 2002 im Vergleich zu 1999 erheblich zurückgegangen. Es ist wieder Alltag eingekehrt.

---

1 Weitnauer u. a., Handbuch Venture Capital, München 2000, S. 23 ff.

Unabhängig hiervon ist allerdings die Gründung und Entwicklung von neuen Unternehmen in zukunftsorientierten Branchen zu sehen. Der so hochgelobte Börsengang stellt für innovative Unternehmen auch nur *eine* Möglichkeit von vielen (wenn auch eine hochklassige) für eine (weitere) Unternehmensfinanzierung dar. Zudem ist ein Börsengang kein Selbstzweck, der das Erwirtschaften von unternehmerischen Gewinnen ersetzen könnte. Dementsprechend ist die Zahl der Unternehmensgründungen in Deutschland weiterhin (und das ist gut so!) auf einem hohen Niveau.

Die Anforderungen an die jungen Unternehmensgründer, ihre Business Angels oder VC-Investoren haben sich in den letzten 18–24 Monaten zwar im Detail, nicht aber in ihrer Grundrichtung geändert. Die unternehmerischen, betriebswirtschaftlichen, gesellschafts- und steuerrechtlichen Anforderungen an die jungen Unternehmensführer sind nach wie vor hoch. Beispielhaft sei genannt:

- die Aufbereitung der Geschäfts- oder Produktidee für die Gewinnung von Startkapital
- die öffentlich-rechtlichen und gesellschaftsrechtlichen Anforderungen bei der Unternehmenserrichtung
- die Herausforderungen im Personalbereich bei der Sichtung und Gewinnung von Mitarbeitern
- die erste Ausgestaltung von Arbeitsverträgen
- die Hürden beim Aufbau von ersten Basisprozessen im Unternehmen
- die Auswahl der richtigen Berater
- die Auseinandersetzung mit den ggf. verschiedenen Interessen zwischen Gründern, Investoren und Mitarbeitern.

Die Liste lässt sich unschwer fortsetzen.

Das nachfolgende Werk soll nach der Zielsetzung der Autoren als **Handbuch** und **Nachschlagewerk** zu den vorgenannten und den weiteren behandelten Themen für die Betroffenen dienen. Um die Verständlichkeit zu erhöhen haben wir einzelne Fragen anhand von Beispielsfällen erläutert. **Sämtliche Beispiele basieren auf realen Fällen aus der Praxis der Autoren.**[2]

Anregungen, Kritik oder Empfehlungen zur Verbesserung des Werkes werden von den Autoren gerne entgegengenommen. Die Kontaktkoordinaten lauten:

- daniel.kast@de.pwc.com
- joerg.alshut@de.pwc.com
- stefan.bernuetz@de.pwc.com
- nikolaus.brandl@gmx.de
- thomas.moritz@de.pwc.com
- thomas.quente@de.pwc.com
- thomas.schmid@de.pwc.com

---

2 Einige Beispiele wurden aus dogmatischen Gründen vereinfacht oder aus Gründen der beruflichen Verschwiegenheitspflicht verändert.

Erster Teil:

Die Startphase

A. Überlegung vor der Unternehmensgründung

Literaturauswahl:

Krech, J., Grundriss der strategischen Unternehmensplanung, München 1998; Mag, W., Unternehmensplanung, München 1995; Wöhe, G., Einführung in die Allgemeine Betriebswirtschaftslehre, 21. Auflage, München 2002.

I. Erste Konzepte

1. Geschäftsidee

Am Anfang eines neu gegründeten Unternehmens steht wohl immer eine **Ge-** 1
schäftsidee. Diese ist in den meisten Fällen geboren aus der Überzeugung, ein
Bedürfnis der Nachfrager billiger oder besser befriedigen zu können als die bis
dato am Markt erhältlichen Alternativen. Bisweilen handelt es sich auch um die
erste Antwort, die überhaupt auf ein bislang ungelöstes Problem gegeben wird.

> Radprofi Lance R. beabsichtigt, nach der Geburt seines ersten Sohnes einen Kindersitz für sein Trainingsrad zu erwerben, um seinen Junior gelegentlich beim Solotraining mitzunehmen. Nach dem Besuch der führenden Fachgeschäfte und dem Studium einiger Fachversandhandelskataloge stellt er fest, dass alle am Markt angebotenen Fabrikate 6 kg oder mehr wiegen – annähernd das Gewicht seines kompletten Trainingsrades.

> Er überlegt, dass ein Kindersitz wesentlich leichter als die am Markt erhältlichen Modelle konstruiert werden könnte, und dass der Verkauf eines solchen Produktes wohl eine einträgliche Sache wäre.

2. Technische Realisierbarkeit

Die erste Frage, welcher der Initiator sich stellen muss, ist die nach der **techni-** 2
schen Realisierbarkeit. Diese besagt, dass das Produkt (oder die Dienstleistung), welches Gegenstand der Geschäftsidee ist, mit den heutigen oder künftigen Mitteln des Initiators entwickelt und hergestellt werden kann. Was banal
klingt, erweist sich in der Praxis gelegentlich als unüberwindbares Hindernis.

> Lance stellt fest, dass sich das Gewicht des leichtesten derzeit angebotenen Kindersitzes wie folgt verteilt: Arretierung etwa 1,2 kg, Stahlbügel (dieser trägt die Sitzschale) 0,9 kg, Sitzschale 2,9 kg, Polsterung 0,4 kg und Rückhaltesystem (Gurte, Befestigungspunkte, Gurtschlösser) 0,6 kg. Schnell ist klar, dass die wesentlichen Verbesserungspotentiale in der Arretierung, der Sitzschale und dem Rückhaltesystem liegen.

Lance ist neben seinem Beruf als Radprofi noch gelernter Feinmechaniker und daher mit der Metallverarbeitung wohl vertraut. Die Arretierung kann er selbst wesentlich leichter bauen, die konventionellen Stahlbügel will er durch Aluminiumträger ersetzen. Das Rückhaltesystem, welches bei konventionellen Sitzen aus dem Automobilbau übernommen wurde (Autokindersitze), könnte durch leichtere Komponenten aus dem Bergsport ersetzt werden. Die Sitzschale, welche das größte Einsparungspotenzial birgt, soll aus Karbonfaser-verstärktem Epoxydharz geformt werden, ähnlich wie die Gabel seines Rennrades. Leider verfügt Lance jedoch über keine tiefergehenden Kenntnisse der Kunststoffverarbeitung, insbesondere mit Verbundwerkstoffen.

3   Es ist bei technischen Fragen nicht zwingend erforderlich, alle Probleme selbst lösen zu können. Zu den „Mitteln des Initiators" gehört auch sein Netzwerk, insbesondere seine Partner. Diese können in der Praxis Einzelpersonen, befreundete Firmen (Entwicklungspartner) oder Forschungseinrichtungen (Institute, Universitäten etc.) sein.

Lance könnte sich für die Konstruktion und den Bau der Sitzschale an den Teammechaniker, einen Verbundwerkstoffspezialisten, welcher an der Entwicklung von Karbonfaser-Rennradrahmen und -Gabeln mitgewirkt hat, wenden (Einzelperson). Ebenso wäre die Einbindung eines Herstellers von gewichtsoptimierten Auto- oder Flugzeugsitzen (Entwicklungspartner) oder eines Lehrstuhls für Werkstoffkunde an einer technischen Universität denkbar.

4   Zu berücksichtigen ist bei solchen Überlegungen, dass Helfer nachhaltige Dienste in der Regel nicht ohne Gegenleistung anbieten werden. Einzelpersonen, welche von Anfang an in die Lösung substanzieller Fragen eingebunden werden, wollen oft als Partner, d.h. Gesellschafter, am Unternehmen beteiligt werden. Entwicklungspartner wollen für ihre Mitwirkung erfahrungsgemäß mit künftigen Aufträgen entlohnt werden (Lieferung von Komponenten, Fertigung oder exklusive Nutzungs-/Vermarktungsrechte am Produkt; Reziprozität). Forschungseinrichtungen erwarten für eine unentgeltliche Unterstützung in der Regel entweder Rechte (Patente) an ihrer Entwicklungsleistung (diese werden in manchen Fällen anschließend gegen Gesellschaftsanteile getauscht), oder dass die gewonnenen Erkenntnisse überhaupt nicht geschützt und der Öffentlichkeit als allgemein verfügbares (technisches) Wissen zur Verfügung gestellt werden.

Der Teammechaniker, selbst Vater zweier Kinder, ist von der Idee sofort begeistert, versteht eine mögliche künftige Zusammenarbeit jedoch als „Partnerschaft" und erwartet, paritätisch an dem Unternehmen beteiligt zu sein. Der Sitzhersteller wäre bereit, einen Entwickler zur Verfügung zu stellen, fordert jedoch, mit der künftigen Serienproduktion beauftragt zu werden. Eventuell könne das Produkt auch unter seinem Namen vertrieben werden.

Lance hat mehrere Optionen und damit die Sicherheit, dass die technischen Probleme gelöst werden können und verschiebt die Entscheidung, mit welchem Partner er das Produkt entwickeln wird, auf später.

3. Absatzmarkt

Die zweite Frage, welcher sich der Initiator stellen sollte, ist die der abnehmer-   5
seitigen Beschaffenheit des Marktes. Diese wird im Idealfall in mehrere Stufen
zerlegt: **Bedürfnis – Bedarf – Nachfrage**.

Zunächst ist zu klären, ob ein ausreichendes **Bedürfnis** nach dem Produkt exis-   6
tiert, oder ob es dem Initiator möglich ist, so ein Bedürfnis zu erwecken. Unter
„Bedürfnis" ist der abstrakte Wunsch zu verstehen, einen Nutzen, welcher ein
Produkt oder eine Dienstleistung zu stiften verspricht, zu realisieren. Auf dieser
Stufe ist es noch unerheblich, ob und mit welchen Produkten das Bedürfnis im
status quo befriedigt wird.

Beispiel A: Das Bedürfnis nach Wärme ist ein Grundbedürfnis des Menschen.   7

Beispiel B: Der Wunsch, zum Spaß mittels Muskel- und Windkraft mit mög-   8
lichst hoher Geschwindigkeit über das Wasser zu gleiten, ist sicherlich kein originäres Bedürfnis des Menschen. Das Bedürfnis wurde vielmehr durch Werbung und Trendsetter geweckt.

> Lance sieht, dass das Bedürfnis, Kleinkinder auf dem Fahrrad mitzunehmen, of-
> fensichtlich existiert. Ebenso scheint es ein Bedürfnis vieler Eltern zu sein, Klein-
> kinder bei Freizeitaktivitäten, insbesondere beim Sport, mitzunehmen. Dies wird
> durch eine Vielzahl von angebotenen Produkten (Babyjogger, Kraxen, Baby-
> schwimmwesten etc.) und Dienstleistungen (z.B. Fitnessstudios mit Babybetreu-
> ung) belegt.

Diese Feststellungen sind keine Selbstverständlichkeit. In unserer Praxis erleb-   9
ten wir eine Reihe von Fällen, in welchen ein Bedürfnis lediglich von den Initiatoren vermutet wurde (außer ihnen hatte (noch?) niemand das „Problem" erkannt). Daher hielten es die Initiatoren nicht für nötig, das Bedürfnis zu wecken, oder sie unterschätzten den hierfür erforderlichen Aufwand.

Idealerweise existiert bereits eine Antwort auf das (vermutete) Bedürfnis, wel-   10
che von Perfektion noch weit entfernt ist. Dies hat mehrere positive Seiten:

- es ist damit bereits erwiesen, dass das Bedürfnis erweckbar ist
- der Initiator braucht selbst keine Anstrengungen mehr zu unternehmen, das
  Bedürfnis zu erwecken
- es gibt bereits eine Benchmark für Produktnutzen und Preis
- es existieren Anhaltspunkte für den Bedarf nach derartigen Produkten.

Unter **„Bedarf"** ist ein konkretisiertes Bedürfnis zu verstehen. Der Bedarf zielt   11
regelmäßig auf eine Mehrzahl von Produkten, welche geeignet sind, das dem
Bedarf zugrunde liegende Bedürfnis zu befriedigen.

Beispiel A: Das Bedürfnis nach Wärme konkretisiert sich in einem Bedarf nach   12
Heizungsanlagen sowie nach Heizöl, Gas oder Kohle.

Beispiel B: Das Bedürfnis, zum Spaß mittels Muskel- und Windkraft mit mög-   13
lichst hoher Geschwindigkeit über das Wasser zu gleiten, konkretisiert sich in
einem Bedarf an Windsurfern.

> Lance sieht den steigenden Bedarf nach Kindersitzen für Fahrrädern belegt. Dieser resultiert zum einen aus einer steigenden Zahl von Fahrrädern, zum anderen aus den nun wieder geburtenstärkeren Jahrgängen.
>
> Bislang nicht sicher ist allerdings ein Bedarf nach Kindersitzen in Leichtbauweise. Dieser könnte vermutet werden, da der Wunsch der Eltern, ihre Kleinkinder bei Sportaktivitäten mitzunehmen, aus anderen Sportaktivitäten belegt ist. Ebenfalls belegt ist der Wunsch von Rennradfahrern, Fahrzeug und Zubehör so leicht wie möglich zu konstruieren. Schwierig ist jedoch vorab zu klären, ob Rennradfahrer, die großen Wert auf Gewichtsoptimierung legen, überhaupt in größerer Zahl bereit sind, in ihrer Freizeit oder im Training das zusätzliche Gewicht eines Kleinkindes mitzuführen.

14 Unter „**Nachfrage**" ist ein monetarisierter (d. h. mit Kaufkraft versehener) Bedarf nach einem bestimmten Produkt zu verstehen. Die Höhe der Nachfrage hängt ceteris paribus vom Preis des Produktes ab.

15 Beispiel A: Der Bedarf an Heizungsanlagen schlägt sich, sofern mit entsprechender Kaufkraft unterlegt, in der Nachfrage nach Produkten einschlägiger Firmen (z. B. Buderus, Vaillant, Viessmann), der Bedarf an Heizöl in der Nachfrage nach dem Öl bestimmter Marken (BP, Esso, Shell, Total) nieder. Die Bedeutung der Kaufkraft wird deutlich am Vergleich der Nachfrage je Haushalt in Mitteleuropa und Nordasien. Obwohl in Nordasien der Bedarf klimatisch bedingt höher ist, fällt die Nachfrage je Haushalt niedriger aus.

16 Beispiel B: Der Bedarf von Windsurfern schlägt sich in der Nachfrage nach Boards bestimmter Marken (z. B. F2, Mistral) nieder.

> Lance meint, sofern der Bedarf nach gewichtsoptimierten Kindersitzen besteht oder geweckt werden kann, dürfte die Nachfrage kein Problem sein. Die adressierte Klientel ist kaufkräftig und bereit, für Gewichtsreduzierungen in der angestrebten Größenordnung ein Vielfaches dessen auszugeben, was der Mehrpreis des neuen Sitzes beträgt.

4. Konkurrenz

17 Unter „**Konkurrenz**" sind alternative Angebote von Produkten oder Dienstleistungen zu verstehen, welche geeignet sind, das Bedürfnis des Nachfragers zu befriedigen. Die Konkurrenz kann aus gleichartigen Produkten **konkurrierender Anbieter** oder konkurrierenden Produktarten (**Substituten**) bestehen.

18 Bei **konkurrierenden Anbietern** ist zu unterscheiden zwischen solchen, die mit ihren Produkten bereits am Markt auftreten (**aktuelle Wettbewerber**) und solchen, die aufgrund ihrer Ressourcen in der Lage wären, in den Markt einzutreten (**potenzielle Wettbewerber**).

19 Mit den **aktuellen Wettbewerbern** wird man sich täglich messen. Sie bestimmen durch ihre Technik und ihre Kostenstrukturen das gegenwärtige Preisniveau. Als Newcomer sollte der Initiator eines Start-Ups die Ressourcen und die Innovationsfähigkeit der etablierten Unternehmen nicht unterschätzen. Häufig besteht wegen fehlender Konkurrenz für diese Unternehmen nicht die Notwendigkeit, permanent hohe Innovationskraft zu zeigen. Der Umstand, dass die

in den Regalen gesichteten Produkte der Konkurrenz nicht mit denen des Start-Ups mithalten können, heißt nicht, dass nicht bereits eine neue Produktgeneration in der Entwicklungsabteilung vorbereitet wird, oder dass nicht neue Generationen entwickelt werden könnten, wenn die Wettbewerbssituation dies erfordert. Wir kennen aus unserer Praxis Fälle, in denen fertig entwickelte Produkte im Extremfall einen ganzen Produktlebenszyklus lang zurückgehalten wurden, um den Markt für die vorangegangene Generation ausschöpfen zu können. Auch sollte der Umstand, dass Produkte gemessen an denen des Start-Ups „offensichtlich viel zu teuer" angeboten werden, nicht zu dem (meist falschen) Schluss führen, die etablierten Konkurrenten hätten ungünstigere Kostenstrukturen und könnten diese nicht optimieren. Insbesondere, wenn der Wettbewerb bislang nicht besonders hart war, kalkulieren die etablierten Anbieter oft mit komfortablen Margen, verfügen über erhebliche Rationalisierungspotenziale, oder beides. Daraus ergibt sich bisweilen substanzielles Preissenkungspotenzial.

Beispiel: Zu Beginn der Liberalisierung des Telecomsektors in Deutschland **20** versprach der Markt den neuen Wettbewerbern hohe Margen. Viele unterschätzten jedoch die Innovationsfähigkeit und die Kostensenkungspotenziale der Deutschen Telekom AG. Nachdem der Exmonopolist diese Potenziale in Preissenkungen umgesetzt hatte, mussten einige der neuen Konkurrenten wieder aus dem Markt ausscheiden. Beispielhaft seien hier etwa Gigabell und Teldafax genannt, welche im Jahr 2000 bzw. 2001 ihren Geschäftsbetrieb einstellten.

Daneben sollte sich der Newcomer Gedanken über **potenzielle Wettbewerber** **21** machen, die ebenso wie er selbst von interessanten Margen angezogen werden könnten. Diese verfügen unter Umständen über erhebliches Know How, welches sie bei verwandten Produkten erworben haben und kurzfristig transferieren könnten. Ob sie tatsächlich in den Markt eintreten, hängt von deren subjektiver Einschätzung der Markteintrittsbarrieren und der Gewinnpotenziale ab. Mögliche Markteintrittsbarrieren könnten etwa sein: hohe Investitionen in Produktentwicklung oder Produktion, fehlende Know-How-Bausteine oder auch ein fehlender Marktzugang (Vertrieb).

Beispiel: Ende der 70er Jahre wurde der Windsurf-Markt von der niederländi- **22** schen Firma TenCate dominiert. Die dynamische Firma hielt einige Patente und das Namensrecht am noch jungen Produkt „Windsurfer". Binnen kurzer Zeit traten (bis dato nur potenzielle) Wettbewerber auf den Markt. Diese verfügten teils über Erfahrung im Bootsbau, teils über Erfahrung in der Fertigung großer hohler Kunststoffkörper, teils über Erfahrung im Marketing von Sportartikeln, teils über Entwicklungserfahrung aus dem Surfbereich. TenCate musste binnen kurzer Zeit aus dem Markt ausscheiden. Einige der Newcomer unterschätzten die Markteintrittsbarrieren. Sie erreichten lediglich in den Boomjahren Anfang der 80er den Break Even und schieden in der Folge ebenfalls aus.

Lance, der Rennfahrer, sieht als aktuelle Wettbewerber die Hersteller von Fahrradkindersitzen. Über deren Innovationsfähigkeit hat er nur vage Vorstellungen, zumal er nicht weiß, ob die beobachtete Innovationsgeschwindigkeit vielleicht nur von (noch) fehlendem Wettbewerb herrührt.

> Als potenzielle Wettbewerber identifiziert Lance die Hersteller von Autokindersitzen, sowie einige Hersteller von Autositzen, hier unter anderem seinen potentiellen Entwicklungspartner. Da sich dieser bereits mit Leichtbauweise für den Rennsport beschäftigt, schreibt Lance ihm die höchste technische Kompetenz zu.

23 **Substitute** sind in der Regel eine größere Bedrohung als Konkurrenten. Sie setzen häufig auf einen anderen Lösungsansatz (z. B. auf eine andere Technologie). Von daher werden die Unterschiede häufig als Quantensprünge wahrgenommen und sind durch eine Optimierung auf Basis der eigenen Technologie nicht zu kompensieren. In der überwiegenden Zahl der Fälle setzt sich für eine Anwendung eine Technologie oder Verfahrensweise als die Günstigere durch, die andere wird verdrängt und scheidet aus dem Markt aus.

24 Beispiel A: Kohleheizungen werden sukzessive durch Öl- und Gasheizungen ersetzt. Öl und Gas werden in der Handhabung als komfortabler empfunden. Diese Entwicklung war weder durch einen niedrigeren Preis des Energieträgers noch durch (allerdings teuere) Entwicklungen zur komfortableren Handhabung (Kohlebunker mit vollautomatischen Fördereinrichtungen zum Kessel) zu stoppen.

25 Beispiel B: Vinylplatten und Musikkassetten als analoge Tonträger wurden in Mitteleuropa und den USA inzwischen fast vollständig durch die CD als digitalem Tonträger abgelöst. Der Trend konnte durch Optimierung auf Basis der konventionellen Technologie (massearme Trägersysteme, verbesserte Rauschunterdrückung) nicht gestoppt werden. Seit 1999 ist eine gleichlaufende Entwicklung bei Videokassetten versus DVDs zu beobachten.

> Lance sieht als mögliche Substitute Kinderanhänger. Diese sind jedoch teurer, mit über 12 kg Leergewicht deutlich schwerer und aerodynamisch weit ungünstiger als Kindersitze in Leichtbauweise. Sie werden daher nach seiner Einschätzung von der Zielgruppe nicht als Alternative akzeptiert.

5. Preis und Absatzvolumen

26 Aus den vorangegangenen Überlegungen wird deutlich, dass der erzielbare **Preis** und das realisierbare Absatzvolumen eines Produkts oder einer Dienstleistung von einer Vielzahl von Faktoren abhängen. Die beiden wichtigsten Faktoren sind der **Produktnutzen** und die **Konkurrenzsituation**. Die eigenen Produktionskosten haben primär keinen Einfluss. Indirekt gibt es allerdings oft einen Zusammenhang über die meist ähnlich dimensionierten Kosten der aktuellen und potenziellen Konkurrenten.

27 Beispiel: Die Produktionskosten für Computerstandardsoftware machen regelmäßig einen beinahe vernachlässigbar geringen Teil des Verkaufspreises aus. Die Festsetzung des Preises erfolgt in der Regel über eine Abschätzung des wahrgenommenen Nutzens für die überwiegende Zahl der Kunden sowie über die Beobachtung der Konkurrenzpreise.[1] Wenn der Nutzen überragend ist und der Preis

---

1 Ein Beispiel hierfür ist die Preisgestaltung von Textverarbeitungssystemen für PCs. Die Grenzkosten für die Installations-CD-ROM und die Dokumentation machen nur einen Bruchteil des Verkaufspreises aus, welcher folglich eigentlich im Wesentlichen die Fixkosten (vor allem die

unter jenem der direkten Konkurrenz liegt, kann der erreichbare Marktanteil bei annähernd 100 % liegen. Die Zahl der erwarteten verkauften Kopien ergibt sich aus dem Marktanteil abzüglich dem Anteil der erwarteten Raubkopien, multipliziert mit dem Anteil der verkauften Computer in der relevanten Leistungsklasse.

Lance schätzt die Zahl der aktiven Rennradfahrer in Europa auf etwa 4,5 Mio. Hiervon bekommen jährlich etwa 5 % Nachwuchs (= 225.000). Er schätzt weiter, dass rund ein Drittel (= 75.000) den Wunsch haben könnte, das Kind auf dem Rennrad mitzunehmen. Jeder Kindersitz wird für durchschnittlich zwei Kinder benutzt. Hieraus ergibt sich ein Marktpotenzial von rund 37.000 gewichtsoptimierten Fahrradkindersitzen jährlich. Jede einzelne dieser Annahmen ist mit möglichen erheblichen Schätzfehlern behaftet, welche sich multiplizieren können.

Noch schwieriger ist die Quantifizierung und damit die Bewertung des Kundennutzens. Bekannt ist nur die beobachtete negative Korrelation von Preis und Gewicht im Rennradbau (je leichter ein Rad, desto höher der Preis). Zum einen steigt der Grenzpreis für die Gewichtsersparnis progressiv an (von zunächst einigen hundert €/kg auf zuletzt einige tausend €/kg), sodass es einen fixen Grenzpreis nicht gibt. Zum anderen ist nicht getestet, ab welchem Höchstgewicht ein Kindersitz von Rennradfahrern überhaupt akzeptiert würde. Was als Orientierungshilfe bleibt sind die Preise der heute angebotenen Sitze, die Annahme, dass das eigene Produkt auf erheblich mehr Akzeptanz stoßen wird und die antizipierte Kalkulation der potenziellen Wettbewerber.

6. Fazit

Vor Gründung eines Unternehmens sollte der Initiator systematische Untersuchungen über die technische Realisierbarkeit seines Projektes einerseits und das Marktumfeld (Nachfrage, Konkurrenz) andererseits anstellen. Nach unserer Erfahrung ist hierbei ein kritischer Gedankenaustausch mit Branchenkennern unverzichtbar. Der Initiator sollte sich deren Marktkenntnis und Erfahrung unbedingt zu Nutze machen und sein Geschäftsmodell den so eruierten Rahmenbedingungen anpassen. **28**

Erste **Anlaufstellen für Gründer** wären etwa das Gründerzentrum der Deutschen Ausgleichsbank DtA[2] oder das Existenzgründerinstitut in Berlin.[3] Eine weitere Möglichkeit ist die Teilnahme an einem Businessplanwettbewerb: Hierbei erhält der Gründer eine Reflektion seiner Geschäftsidee durch eine oftmals hochkarätig besetzte Jury, welche sich aus erfahrenen Beratern, Investoren oder Entscheidungsträgern zusammensetzen kann. **29**

Entwicklungskosten) widerspiegeln sollte. Diese Fixkosten pro Kopie müssten bei den millionenfach verkauften Programmen um ein Vielfaches niedriger liegen, als bei den weniger erfolgreichen Programmen. Dies schlägt sich in den am Markt beobachteten Verkaufspreisen jedoch nicht entsprechend nieder. Vielmehr orientieren sich die Anbieter bei der Preisgestaltung an den Konditionen der Konkurrenz, sowie am Nutzen für die Kunden. Daraus erklären sich die bislang dauerhaft hohen Margen der führenden Anbieter.

2 Deutsche Ausgleichsbank, Ludwig-Erhard-Platz 1, 53179 Bonn oder Kronenstraße 1, 10117 Berlin.
3 Existenzgründerinstitut Berlin e.V., Spichernstraße 2, 10645 Berlin.

II. Der Businessplan

1. Zweck

a) Ausgangslage

30   Der Initiator hat seine Geschäftsidee für aussichtsreich befunden. Die Entwicklung des Produktes scheint technisch möglich und er hofft, die nötigen Ressourcen aufbringen zu können. Das Produkt verspricht einen hohen Kundennutzen, die Kunden sind zahlungswillig und der Markt aufnahmefähig. Die bekannten Produkte der Konkurrenz sind weniger leistungsfähig oder aufgrund anderer Produktionsmethoden teurer. Eine Innovationsoffensive der bestehenden Konkurrenten oder das Hinzutreten neuer Konkurrenten ist nicht zu befürchten.

31   Nun beginnt die Phase der Planung: Wie soll die Produktentwicklung angegangen werden? Wo soll die Produktion angesiedelt werden? Welche Anlagen müssen beschafft werden? Wie viel Personal wird benötigt? Was wird die Entwicklung kosten? Wie hoch werden die Investitionen ausfallen? Wie hoch werden die Stückkosten liegen? Wird das Produkt Gewinn abwerfen? Wie viel Kapital wird benötigt, und von wem? Diese und viele weitere Fragen müssen nun geklärt werden.

32   In einem **Businessplan** werden die Unternehmensziele formuliert und die Maßnahmen geplant und festgehalten, welche zur Realisierung erforderlich sind.

b) Intention

33   Abgeleitet aus dem Adressatenkreis und dessen Informationsbedürfnis ergeben sich die inhaltlichen Anforderungen des Businessplans. Den Adressaten wird die Geschäftsidee überzeugend präsentiert. Der Businessplan liefert ihnen wesentliche Entscheidungsgrundlagen bezüglich ihrer Unterstützung für das junge Unternehmen.

34   Folglich dient der Businessplan dazu, den Adressaten zu vermitteln, dass das Projekt erfolgversprechend, und unter welchen Prämissen es durchführbar ist. Der Businessplan hat im Wesentlichen drei Funktionen: Er ist Planungs-, Steuerungs- und Prognoseinstrument.

35   Der Kern der **Planungsfunktion** ist eine Definition der notwendigen Einzelmaßnahmen, mit welchen die Strategie unterlegt wird.

36   Zunächst werden die Unternehmensziele, sowie eine Strategie zu ihrer Realisierung formuliert.

> Lance formuliert als Unternehmensziel, der führende Hersteller von Fahrradkindersitzen in Leichtbauweise zu werden. Eckpunkte der Strategie sind die Entwicklung eines Produktes mit bislang unerreichten Leistungsmerkmalen, die Produktion zu marktkonformen Kosten und die Vermarktung über leistungsfähige Vertriebskanäle.

37   Dann werden die Einzelmaßnahmen definiert und im Businessplan im Detail beschrieben (wer macht was bis wann), quantifiziert (wie oft und wie lange,

mit welchem Einsatz an materiellen und personellen Ressourcen) und die Wirkungszusammenhänge erläutert (warum ist die Maßnahme zu ergreifen, welche Folgen sind zu erwarten, und was geschieht, wenn die Maßnahme unterbleibt oder keine Wirkung zeigt). Die Darstellung schließt die Bildung von Szenarien (wie ist auf Eventualitäten zu reagieren) ein. Diese sind zwingend erforderlich, da weder sicher ist, wie die eigenen Maßnahmen wirken, noch dass sich die Umwelt so entwickelt, wie prognostiziert.

Die **Steuerungsfunktion** entfaltet der Businessplan durch einen kontinuierlichen Abgleich der Ist-Entwicklung mit der Planung. Abhängig vom Grad der Realisierung der bisherigen Planung und der Entwicklung der Umweltbedingungen werden die weiteren zu ergreifenden Schritte bestimmt und angestoßen. **38**

Im Rahmen der **Prognosefunktion** gibt der Businessplan Auskunft über den zu erwartenden künftigen wirtschaftlichen Erfolg. Ausgehend vom jeweiligen Iststand und den in der Planung dazu korrespondierend definierten Maßnahmen kann durch die im Planungsmodell abgebildete betriebliche Realität jederzeit eine Aussage über den zu erwartenden wirtschaftlichen Erfolg (Überschüsse, Defizite) getroffen werden. **39**

Abgeleitet aus den drei Funktionen sollte der Businessplan mindestens folgendes beschreiben: **40**

- das Geschäftsmodell
- die Umsetzung
- wer
- wie
- womit
- in welchem Zeitrahmen.

c) Adressaten

Der Businessplan richtet sich an interne (**Initiator**, **Mitarbeiter**) und externe (**Partner**, **Kapitalgeber**) **Adressaten** mit unterschiedlichen Interessen: **41**

Für den **Initiator** selbst hat der Businessplan den Charakter eines Bauplans. Er beschreibt als internes Planungsinstrument das künftige Unternehmen und alle wesentlichen Maßnahmen, die für seinen Aufbau nötig sind (To-Do-Liste). Der Businessplan dient der Quantifizierung der benötigten Ressourcen und der optimalen Allokation dieser Ressourcen (einschließlich der eigenen Arbeitszeit). Später ist er ein gutes Instrument für die kritische Selbstkontrolle (Plan-Ist-Vergleiche/Controlling). Er wird entsprechend den im Zeitablauf gewonnenen Erkenntnissen angepasst und gibt stets Auskunft darüber, ob und wann die ursprünglich gesteckten Ziele erreicht werden. Als Prognoseinstrument vermittelt es dem Initiator ein Gefühl, wann er mit Zahlungsmittelüberschüssen (oder Defiziten) in welcher Höhe rechnen sollte. **42**

Für die **Mitarbeiter** der ersten Stunde hat das Unternehmen noch kein Profil. Der Businessplan zeigt ihnen, wie das Unternehmen, an dessen Aufbau sie mit- **43** wirken werden, künftig aussehen soll, und hilft, ihrem Tun einen Sinn zu vermitteln. Er zeigt ihnen auch, welche Rolle sie in diesem Unternehmen einnehmen werden, und welches Risiko sie mit ihrem Einstieg eingehen.

44 **Externe Partner** (Entwicklungs-, Produktions- oder Vertriebspartner, wichtige Lieferanten) können anhand des Businessplans beurteilen, welche Potenziale eine Geschäftsbeziehung birgt, und welche Risiken sie mit einer Bindung eingehen.

45 Die wichtigsten externen Adressaten sind die **Kapitalgeber** (Investoren, Banken). Sie müssen die Rendite und die Risiken ihres Investments vor und während der Investitionsphase abschätzen. Auch ihnen gibt der Businessplan die Basis, ihre Risiken einzuschätzen, sowie eine Prognose ihrer Gewinne anzustellen.

46 Für den Initiator ist der Businessplan somit ein Instrument, um seine Geschäftsidee gegenüber internen und externen Adressaten erfolgreich zu präsentieren. Für die externen Adressaten wiederum liefert der Businessplan wichtige Entscheidungsgrundlagen.

> Lance der Radrennfahrer glaubt, dass seine Idee des gewichtsoptimierten Kindersitzes grundsätzlich Aussicht auf Erfolg hat. Nun will er sich selbst Klarheit verschaffen, welche konkreten Aktivitäten erforderlich sind, um das Gerät zu entwickeln, zu produzieren und zu vermarkten.
>
> Den Teammechaniker interessiert darüber hinaus, wie Lance das Unternehmen zu finanzieren gedenkt, und wie der Vertrieb gewährleistet werden soll.
>
> Der Auto- und Flugzeugsitzhersteller, welcher als Produktionspartner gewonnen werden soll, möchte wissen, wie sicher die Durchführbarkeit ist, und wie groß die benötigten Fertigungskapazitäten sein werden.
>
> Lance ahnt schon vor Aufstellung der Finanzplanung, dass er einen externen Investor gewinnen muss. Dieser dürfte sich für die Erfolgschancen und das Ertragspotenzial interessieren.
>
> Auf all diese Fragen soll der Businessplan, den Lance nun schreiben möchte, Antworten geben.

2. Formale und inhaltliche Anforderungen

a) Form und technische Ausgestaltung des Businessplans

47 Der Businessplan ist klar zu gliedern. Die Formulierungen sollten kurz und prägnant sein. Hier ist insbesondere auf branchenfremde Adressaten Rücksicht zu nehmen. Sollten Teile der Adressaten im Ausland residieren, kann es zweckmäßig sein, den Businessplan zweisprachig oder ausschließlich in Englisch zu verfassen.

48 Die (druck-)technische Ausstattung der Version sollte dem Zweck und dem Unternehmensgegenstand angemessen sein:

- Loseblattsammlungen wirken nicht professionell. Es empfiehlt sich eine Bindung (je nach Adressat mindestens Ringbindung, für Investoren eventuell Buchbindung)

- Es sollten Originaldrucke, keine Kopien verwendet werden. Insbesondere bei Grafiken oder Fotos ist der Qualitätsunterschied erheblich.
- In Einzelfällen ist die Verwendung einer CD-ROM für umfangreiche Anhänge, Fotos, animierte Präsentationen oder Filme zweckmäßig.

Je nach Adressat können unterschiedliche Versionen des Businessplans gefertigt **49** werden. Der Umfang der Version kann adressatenabhängig angepasst werden:

- Der Textteil der Langfassung (Adressaten: Management, Investoren) kann 20 bis 30 Seiten umfassen.
- Kooperationspartner, Lieferanten oder Schlüsselkunden brauchen nicht über alle Details informiert zu werden. Hier können beispielsweise Einzelheiten über die Finanzierung, nicht relevante Produktgruppen oder organisatorische Interna gekürzt werden.
- Mitarbeitern können Auszüge des Plans überreicht werden.
- Als Erstinformation, etwa für potenzielle Investoren, reicht die **Executive Summary**.

b) Gliederung

Dem Textteil des Businessplans sollte in jedem Fall eine Gliederung vorangestellt werden, das erhöht die Übersichtlichkeit. Eine umfangreiche und tief **50** gestaffelte Mustergliederung findet sich im Anhang. Wir weisen in diesem Kontext darauf hin, dass es die einzig richtige Gliederung nicht gibt. Die Gliederung sollte dem Unternehmensgegenstand und dem Konzept entsprechen und ist daher individuell zu gestalten.

In den folgenden Abschnitten beschreiben wir die wichtigsten Gliederungs- **51** punkte eines Businessplans.

c) Executive Summary

Die Executive Summary (auch „Management Summary" oder „Zusammenfas- **52** sung") sollte am Anfang des Plans stehen. Auf zwei bis drei Seiten werden die Geschäftsidee (vgl. Abschnitt I.1.) und ihre Umsetzung geschildert. Auch das Volumen des Projektes (Umsatz- und Ertragsplanung, Finanzierungsbedarf) und die Rolle der angesprochenen Empfänger werden hier dargestellt.

Im Falle von externen Adressaten entscheidet sich bei der Lektüre dieses Kapi- **53** tels in der Regel, ob der Businessplan in Gänze gelesen und damit gewürdigt wird oder nicht. Der Adressat muss die wichtigsten Schlüsselzahlen und Kernaussagen binnen weniger Minuten erfassen können. Es gilt daher, kurz und prägnant zu formulieren.

d) Unternehmen und Initiatoren

Für die meisten Kapitalgeber ist die Qualität des **Management**s das mit Ab- **54** stand wichtigste Entscheidungskriterium. Auch konventionelle Geschäftsmodelle sind attraktiv, wenn sie von einem guten Management(-Team) umgesetzt werden. Umgekehrt (einzigartiges Geschäftsmodell aber Management mit Schwächen) gilt der Zusammenhang leider nicht.

55 Von großer Bedeutung ist es daher, die Qualität des Managements zu beleuchten. Von Interesse sind die Lebensläufe aller Entscheidungsträger sowie ergänzende Informationen, aus denen sich Rückschlüsse auf die Erfahrungen und die Expertise der Initiatoren ziehen lassen.

56 Zweitens sind die **Historie** und der aktuelle Stand des Unternehmens beziehungsweise des Projekts darzustellen. Es empfiehlt sich eine chronologische Schilderung. Sie zeigt die Dynamik der Entwicklung auf, gibt ein Gefühl, wie geradlinig die Initiatoren ihre Ziele verfolgen, und belegt eventuell anhand von Beispielen, wie sie mit ungeplanten Veränderungen der Rahmenbedingungen umgehen. Auch die Kernkompetenzen lassen sich hier gut herausarbeiten.

57 Drittens müssen die weiteren nun **geplanten Maßnahmen** und Schritte dargelegt werden. Sie sind logisch abzuleiten aus der Vision, der Strategie und den Zielen, welche zu deren Realisierung definiert wurden. Neben der Kausalität (warum wird eine Maßnahme ergriffen?) ist die Abschätzung der Wirkung wesentlich. Letztere unterbleibt häufig oder geht weit an der Realität vorbei.

> Beispiel: Schätzung des zusätzlichen Umsatzes, der durch eine Werbeschaltung generiert wird.

58 Wichtig ist, deutlich zwischen Tatsachen und Plänen zu unterscheiden. Weiche Formulierungen führen nach unserer Erfahrung oft zu Missverständnissen, welche irreparable Folgen für das Vertrauen der Adressaten nach sich ziehen.

e) Produkt und Markt

59 Die Kenntnis des **Absatzmarkt**es und der **Konkurrenzlandschaft** ist essenziell für den geschäftlichen Erfolg eines Unternehmens oder Projektes. Daher erwarten auch Investoren, dass die Initiatoren den Markt sorgfältig analysiert haben und im Stande sind, die Bedürfnisse der Nachfrager zu konkurrenzfähigen Konditionen zu befriedigen.

60 Um die Chancen eines Produkts auszuloten, ist es zunächst zweckmäßig, die aktuellen und künftigen **Anforderungen der Nachfrager** an das Produkt qualitativ und quantitativ zu untersuchen.

> Lance glaubt, dass die Nachfrager zunächst auf die Sicherheit des Produktes sehen. Im Falle eines Sturzes soll das Kind nicht unter das Rad geraten können, und insbesondere der Kopf soll nach Möglichkeit geschützt sein.
>
> Das zweitwichtigste Kriterium bei der adressierten Zielgruppe ist nach seiner Einschätzung bereits das Gewicht des Sitzes.
>
> An dritter Stelle kommt der Komfort für Kind (Ergonomie, Polsterung) und Fahrer (An-/Abbau, Schwerpunkt).
>
> Als nachrangig schätzt er den Preis ein. Die Zielgruppe verfügt über ein deutlich überdurchschnittliches Einkommen und ist bereit, ab € 1.500,– aufwärts für ein Fahrrad auszugeben.

In einem zweiten Schritt werden das **Produkt** und der damit gestiftete Nutzen **61** detailliert erläutert. Die technische Beschreibung sollte auf den Horizont des Adressaten Rücksicht nehmen. Auch der Schutz der eigenen Position durch Patente und Markenzeichen ist hier darzustellen. Eine Abwägung, welche spezifischen Eigenschaften vom Nutzer als Differenzierungskriterium erkannt werden, rundet die Überlegungen ab.

> Durch die modernen Werkstoffe (Karbonfaser verstärktes Epoxydharz, Aluminiumlegierungen) und deren besondere Verarbeitung (Faserstärke, Wicklung mit alternierenden Winkeln, gezogene Profile) wird das Produkt eine bislang unerreichte Steifigkeit und sehr hohe Sicherheit aufweisen. Gleichzeitig wird das Gewicht etwa halbiert werden. In ergonomischer Hinsicht soll der Sitz den gängigen Standards entsprechen.

In einem weiteren Schritt sollten die aktuell und künftig am Markt **konkurrie-** **62** **renden Produkte** betrachtet werden. Entscheidend sind Fragestellungen, die beleuchten, ob und wie treffend die Produkte der anderen Anbieter die Anforderungen der Nachfrager erfüllen, sowie zu welchem Preis die Bedürfnisse befriedigt werden. Es empfiehlt sich, ein möglichst differenziertes Profil der Konkurrenten zu erarbeiten. Insbesondere deren Ressourcen und Strategien sind von entscheidender Bedeutung.

> Die am Markt eingeführten Kindersitze sind primär auf Sicherheit optimiert, manche auch noch in Bezug auf die Ergonomie (des Kindes). Reduzierung des Gewichts war offensichtlich nie ein Entwicklungsziel. Die Produkte sind relativ billig und geeignet, Kinder zu transportieren. Sport sollte man mit ihnen nicht treiben.
>
> Lance erarbeitet eine Aufstellung aller konkurrierenden Produkte mit technischen Daten, Preisen und Profil der Hersteller.

Abschließend wird die eigene **Marktstellung** diskutiert, das heißt, wie sich das **63** Produkt gegen jene der Konkurrenz durchsetzen wird. Hier lassen sich die Alleinstellungsmerkmale (Unique Selling Propositions, USPs) des eigenen Produkts herausarbeiten. Auch sollte beleuchtet werden, wie die Marktteilnehmer ihre Positionen verteidigen (Patentsituation, Marktpenetrationsstrategien etc.).

> In Bezug auf Sicherheit und Gewicht wird der neue Sitz allen am Markt angebotenen Konkurrenzprodukten weit überlegen sein. Dies belegt Lance mit relevanten technischen Daten der anderen Produkte. Der Komfort soll vergleichbar sein.
>
> Die Zielgruppe ist Neuerungen gegenüber sehr aufgeschlossen und nimmt neue Ideen schnell an. Dies lässt sich an zahlreichen Innovationen der letzten Jahre belegen (Karbonteile, Felgenprofile, neue Ritzel-Pakete). Daher ist wahrscheinlich, dass sich leichtere Sitze aufgrund messbarer Verbesserungen schnell am Markt durchsetzen werden.
>
> Leider kann Lance nicht in Erfahrung bringen, an welchen neuen Entwicklungen die Konkurrenz arbeitet. Auch hat er keine Informationen darüber, wie lange die Konkurrenz benötigen wird, um auf sein Produkt zu reagieren.
>
> Das Produkt „Kindersitz", die verwendeten Werkstoffe (Karbonfasern, Epoxydharz, Aluminium) und die Verarbeitungstechnik sind jeweils Stand der Technik, lediglich die Anwendung ist neu. Daher denkt Lance nicht an ein Patent. Er erwägt jedoch, eine Marke, die seinen Namen trägt, zu kreieren und eintragen zu lassen.

64 Aufbauend auf die Erkenntnisse über die Bedarfsentwicklung und die Konkurrenzanalyse werden das künftige Absatzvolumen und evtl. Preisvorstellungen abgeleitet.

> Das mögliche Marktvolumen hat Lance bereits im Rahmen seiner ersten Konzeptüberlegungen abgeschätzt (vgl. Abschnitt 5).
>
> Die Produktionskosten schätzt er auf etwa € 50,– (Konkurrenzprodukte ca. € 20,–). Einschließlich der Handelsspanne muss der Ladenpreis folglich bei mindestens € 100,– liegen (Konkurrenzprodukte ab € 40,–). Aufgrund des überragenden Nutzens soll der Preis bei etwa € 75,– bis € 100,– ab Werk und € 150,– bis € 200,– im Laden liegen.

65 In diesem Abschnitt kann der Initiator letztlich auch demonstrieren, dass er auf dem adressierten Markt „zu Hause" ist.

f) Forschung und Entwicklung

66 In einem Kapital „Forschung und Entwicklung" wird der derzeitige Stand der **Produktentwicklung** und ein Plan für die weiteren Entwicklungsmaßnahmen beschrieben. Der Weg reicht von ersten Anordnungen, mit denen im Labormaßstab die technische Möglichkeit eines Verfahrens nachgewiesen wird, über Prototypen bzw. Betaversionen, die bis zur Marktreife optimiert werden. An dieser Stelle sollte auch selbstkritisch offen gelegt werden, welche **Schwächen** das Produkt noch aufweist und wie sie behoben werden sollen.

67 Die Beschreibung enthält sowohl qualitative Elemente (welche Schritte oder Stadien soll das Produkt im Entwicklungsprozess durchlaufen?) als auch quantitative Ausführungen. Dies bedeutet im Einzelnen die zeitliche Dimensionierung (Setzen von Milestones), die sachliche Dimensionierung (wie viele Manntage, Personalstärke, Laborkapazitäten etc.) und die monetäre Dimensionierung (Quantifizierung der Kosten).

g) Produktion

68 In einem Kapitel, das in Abhängigkeit von der Branche des Unternehmens „Produktion", „Fertigung", „Customizing" oder „Beratung" heißen kann, werden die Anlagen und die Verfahren oder Prozesse beschrieben, die für die Leistungserbringung erforderlich sind. Dies schließt die Abbildung der Organisation und die Quantifizierung der benötigten Ressourcen ein.

69 Zunächst sollten die gewählten **Produktionsverfahren** erläutert werden. Dazu gehören ebenfalls die Fragen der gewählten Fertigungstiefe, der Lieferanten und Subunternehmer.

> Lance zieht seine Kernkompetenzen aus seiner Erfahrung als Radprofi (Entwicklung, Bewertung und Optimierung von neuen Komponenten im Rennsport) und seiner Marktkenntnis (was wissen Radsportler zu schätzen?). Auf die daraus resultierenden Kernkompetenzen „Produktentwicklung" und „Vermarktung" will er sich konzentrieren. Die Produktion soll vollständig an mehrere Subunternehmer ausgelagert werden. Diese fertigen die Komponenten (die speziell gezogenen Profile aus

Aluminiumlegierung und die Arretierung von einem Metall verarbeitenden Betrieb in NRW, das Rückhaltesystem von einem Bergsportausrüster [Rucksackspezialist] aus Österreich, die Sitzschale und die Polsterung von einem deutschen Hersteller von Auto- und Flugzeugsitzen), montieren und verpacken das Gerät (Autositzhersteller in Süddeutschland).

Die **Produktionsfaktoren** lassen sich grob gliedern in die Immobilien, installierte Anlagen (bzw. Betriebs- und Geschäftsausstattung) und das Personal. **70**

Die Suche nach der optimalen **Immobilie** beginnt mit der Frage der **Standortwahl**. Die Mehrzahl der Businesspläne junger Unternehmen vermittelt den Eindruck, der „optimale" Standort entfiele zufällig auf den bisherigen Wohnort der Initiatoren und wurde nicht strategisch gewählt. Zugegebenermaßen sind die Initiatoren eine der wichtigsten Ressourcen eines jungen Unternehmens, doch lässt sich deren Wohnort leicht verlegen – im Gegensatz zum Sitz von Lieferanten, Kunden, wichtigen Partnern oder potenziellen Mitarbeitern. Eine Standortanalyse sollte auf die für das Unternehmen relevanten Ressourcen, insbesondere die Infrastruktur, eingehen und wird von Investoren als Bestandteil des Kapitels „Produktion" erwartet. **71**

Lance kommt zu dem Schluss, dass der optimale Standort sich in der Nähe des Autositzherstellers befinden sollte, welcher als Entwicklungspartner dienen soll (gemeinsame Arbeit!), die Produktion des sensibelsten Teils (Überwachung!) und die Endmontage (Logistik!) übernehmen soll. Daher will er in dessen Nachbarschaft in Süddeutschland ein Büro mit anschließenden Werkstatt- und Lagerräumen anmieten.

Die Immobilien selbst müssen dem Zweck angemessen sein. Dies kann auch eine besondere Ausstattung (Labors, Klimatisierung, Krananlagen o. ä.) erfordern. Entscheidend ist die Darstellung der Angemessenheit und die Berücksichtigung der künftigen Planungen (Erweiterungsmöglichkeiten). **72**

Die Anforderungen an die Art und Dimensionierung der betrieblichen (Produktions-)**Anlagen** ändern sich mit der Entwicklung der Produkte und deren anschließendem Erfolg am Markt. So sollte bei der Darstellung nach dem Stadium des Unternehmens und nach den organisatorischen Bereichen differenziert werden: Einrichtungen für F&E, Produktion, Vertrieb, Service und Verwaltung. **73**

Bei der Darstellung der **Personal**planung sollte neben dem geschätzten quantitativen Bedarf auch auf die erforderliche Qualifikation, die Ergiebigkeit des Marktes am gewählten Standort, die Zeitdauer und die Kosten der Rekrutierung und den Umgang mit Fehlbesetzungen eingegangen werden. **74**

Ein großer Teil der Mittelbindung im Produktionsbereich entfällt erfahrungsgemäß auf Lagerhaltung, angearbeitete Aufträge und Fertigprodukte, welche auf den Verkauf oder die Abnahme warten. **75**

Neben der Darstellung des Endzustandes ist auch der Weg des Aufbaus der Kapazitäten von Interesse. Daraus abgeleitet werden die erforderlichen jährlichen Investitionen und die künftigen Betriebskosten quantifiziert. **76**

h) Vermarktung

77 Aufbauend auf die Erkenntnisse der Marktanalysen (vgl. Abschnitt e) ist eine tragfähige Strategie zu beschreiben, wie der Markt erschlossen werden soll. Diesem Aspekt wird nach unserer Erfahrung von Gründern vielfach zu wenig Aufmerksamkeit gewidmet. Sie haben oft einen technischen Hintergrund, hängen daher zu sehr am Produkt und ihren eigenen Einschätzungen des Nutzens und der Akzeptanz. Sie gehen davon aus, dass sich ein „gutes" oder „nützliches" Produkt gewissermaßen „von selbst" durchsetzt. Nur wenige Gründer haben vorher Vertriebserfahrung gesammelt.

78 Die **Vermarktungsstrategie** ist mit konkreten geplanten Maßnahmen zu unterlegen. Die wesentlichen Elemente der Strategie, die im Businessplan beschrieben werden sollten, sind:

79 Für das Produkt müssen effiziente **Vertriebskanäle** definiert werden: Ist ein Direktvertrieb angemessen oder die Einbindung von Zwischenhändlern? Gegebenenfalls über wie viele Handelsstufen? Oder sollte ein System von Produkt-/Vertriebs-/Labelpartnern aufgebaut werden? Kann man auf ein bestehendes Netzwerk für komplementäre oder konkurrierende Produkte zurückgreifen?

80 Es muss dargelegt werden, wie innerhalb eines überschaubaren Zeitraums ein ausreichender Bekanntheitsgrad des Produktes in der Zielgruppe geschaffen werden kann. Die klassische Maßnahme zur Steigerung des Bekanntheitsgrades ist die **Werbung**, wobei meist mehrere Werbeträger in Frage kommen. Die Palette reicht von Anzeigen über Direktmarketing, redaktionelle Beiträge, Fachartikel bis hin zu Messeauftritten. Zweckmäßig ist es zudem oft, zunächst besonders angesehene oder meinungsbildende Referenzkunden zu gewinnen. Im Idealfall lassen sie auch zu, dass bei ihnen installierte Pilotanlagen oder -anwendungen von weiteren Interessenten besichtigt werden können.

> Lance meint, dass der Radsportfachhandel der passende Vertriebsweg für das Produkt sei. Der gewichtsoptimierte Kindersitz spricht eine sehr sportliche Kundengruppe an, welche bereit ist, für das technisch überlegene Produkt etwa das Doppelte eines konventionellen Sitzes auszugeben. Diese Fahrer kaufen ihre Räder und das Zubehör überwiegend im stationären und Versand-Fachhandel.
>
> Für die Werbung wird eine Werbeagentur eingeschaltet, welche bereits andere Sportartikel betreut. Lance will selbst als Werbeträger fungieren. Er ist aufgrund seiner in den letzten Jahren guten sportlichen Leistungen Sympathieträger, ihm wird fachliche Kompetenz zugesprochen und er kann das Produkt, welches er selbst entwickelt hat, auch überzeugend vertreten.
>
> Darüber hinaus kam Lance jüngst auf die Idee, einige Exemplare gratis an Kollegen (Profis und Semiprofis) abzugeben, welche somit unentgeltlich als Multiplikatoren fungieren würden.

81 Auch räumliche Überlegungen können bei der Markterschließung eine zentrale Rolle spielen. Insbesondere langlebige und hochwertige Produkte erfordern Servicestützpunkte in Kundennähe. Daher ist in diesen Fällen der Verkauf anfangs oft nicht flächendeckend möglich. Hier können Kooperationen mit Servicedienstleistern die Kosten bei der Markterschließung deutlich drücken.

Neben der qualitativen Beschreibung der Maßnahmen sollte der Businessplan **82** eine Quantifizierung der Aufwendungen und eine Abschätzung des Nutzens enthalten. In der Praxis zeigt sich, dass die Kosten oft und das Kosten/Nutzen-Verhältnis in der Regel unterschätzt werden. Der erste Mangel könnte durch gründlichere Recherche, der zweite durch Erfahrung vermieden werden.

i) Organisation

Die Organisation eines Unternehmens muss zweckmäßigerweise die Prozesse **83** der Leistungserbringung abbilden.

Zunächst ist zu definieren, in welche Sparten die Organisation des Unternehmens **84** gegliedert wird, wobei man sich in der Regel an den Produkten oder Produktbereichen orientiert. Innerhalb der Sparten erfolgt eine funktionale Gliederung. Hinzu kommen zentrale Bereiche, die spartenübergreifende (z. B. Marketing) oder Stabsfunktionen (z. B. Personal, Recht, Rechnungswesen, Finanzen) erfüllen.

Neben den Funktionen der Einheiten ist zu erläutern, welche Stellen wann in **85** den einzelnen Abteilungen zu besetzen sind (dynamische Darstellung über den gesamten Planungszeitraum), welche Profile die Positionen bzw. die Mitarbeiter aufweisen und wie die Mitarbeiter eingestellt, geführt und entwickelt werden sollen. Für eine übersichtliche Darstellung der Struktur empfehlen sich **Organigramme** (evtl. jeweils eines für jede Periode des Planungszeitraums).

Entscheidend für Dritte ist die Transparenz der Darstellung. Es muss erkennbar **86** sein, welche Teile „Ist" sind, und was „Plan" ist, d. h. welche Positionen bereits besetzt sind, bei welchen die künftige Besetzung geklärt ist, und für welche Positionen noch gesucht wird.

j) Ressourcen

In einem Kapitel „Ressourcen" kann optional dargestellt werden, mit welchen **87** Mitteln das junge Unternehmen an den Start geht, und wie es künftig ausgestattet sein sollte, um den Herausforderungen des Marktes erfolgreich begegnen zu können.

Ein wesentlicher zu beleuchtender Aspekt ist die materielle Ausstattung. Hierzu **88** gehören die aktuellen und die künftig benötigten Produktionsanlagen, die Betriebs- und Geschäftsausstattung, die Vorräte und nicht zuletzt die monetären Reserven.

Ebenso bedeutsam bei jungen Unternehmen sind immaterielle Werte. Dazu ge- **89** hört die Erfahrung bzw. die Expertise des Managementteams, oder auch geschütztes Know How (Patente, Gebrauchsmuster).

Personelle Ressourcen im Stamm der vorhandenen und der noch zu gewinnen- **90** den Mitarbeiter ermöglichen die Akquisition und Abarbeitung von Aufträgen.

Die Organisation des jungen Unternehmens entscheidet schließlich darüber, ob **91** alle Ressourcen auch effektiv eingesetzt werden können und das Erreichen der gesteckten Ziele ermöglichen.

k) SWOT-Analyse

92 Gerade bei jungen Unternehmen mit kurzer Historie und wenig Erfahrungswerten kommt der Analyse und Beurteilung der Risiken besondere Bedeutung zu. Der verbale Teil des Businessplans sollte daher mit einer SWOT-Analyse (Strengths-Weaknesses-Opportunities-Threats) abgeschlossen werden. Erfahrungsgemäß lässt dieser Teil bei der ganz überwiegenden Zahl der Businesspläne erhebliche Defizite bei der Fähigkeit zur Selbstkritik erkennen. Die Gabe, Risiken zu erkennen, sie offen zu kommunizieren und ihnen zu begegnen, wird von Partnern und Investoren geschätzt und schafft Vertrauen.

93 Unter „**Strengths**" sind die Stärken eines Unternehmens aufzuführen. Dies können bestehenden Vorteile wie Entwicklungsvorsprünge sein, oder besondere Ressourcen, auf welche das Unternehmen zurückgreifen kann. Es sollte sowohl eine Betrachtung von innen („was können wir besonders gut?") als auch von außen („was leistet das Unternehmen, was bei keinem Wettbewerber für diesen Preis erhältlich ist?") angestellt werden.

> „Strengths" des Konzeptes um den gewichtsoptimierten Kindersitz sind die überlegenen technischen Daten, die technische Kompetenz des Teams und der zugkräftige Namen des Initiators.

94 Die „**Weaknesses**" sind die Schwächen eines Unternehmens. Es sind die Gebiete mit Verbesserungspotenzial („was könnten wir schneller/billiger/zuverlässiger machen?") bzw. Fehlervermeidungspotenzial („was sollte uns nicht passieren?"). Auch hier sollte eine Betrachtung von außen nicht fehlen („was machen die Konkurrenten [heute noch] besser?").

> „Weaknesses" des Konzeptes sind fehlende kaufmännische Expertise, fehlende ausgebaute Vertriebsstrukturen und die fehlende Einbindung in eine „Produktfamilie" (keine Synergien).

95 Die „**Opportunities**" sind die Chancen, welche sich in Zukunft dem Unternehmen erschließen könnten. Dies könnten Trends sein, welche das Unternehmen begünstigen (z. B. anstehende politische Entscheidungen, Änderungen in sozialen Mustern oder Lebensgewohnheiten, demographische Veränderungen).

> „Opportunities" ergeben sich aus dem Wunsch sportlicher Menschen, ihre Kinder schon früh zum Sport mitzunehmen, der zunehmenden Zahl von Rennradfahrern und den anstehenden Wettkämpfen des Initiators.

96 Die „**Threats**" sind die künftigen Bedrohungen, welchen das Unternehmen ausgesetzt sein könnte. Dies könnten etwa ungünstige politische Entscheidungen oder andere Trends sein. Bei vielen Unternehmen sind es neue Technologien, durch welche künftig das Geschäftsmodell in Frage gestellt werden könnte.

> „Threats" sind für das junge Projekt insbesondere das hohe Gewicht des Kindes („Wenn das Kind schon 14 kg wiegt, kommt es auf drei kg mehr beim Sitz auch nicht mehr an.") und die nicht einschätzbare Innovationsfähigkeit der Konkurrenz.

l) Finanzplanung

Zweck der Finanzplanung ist es, den Adressaten zu vermitteln, wie sich die **97** wirtschaftliche Situation des Unternehmens entwickeln wird.

Wegen der Komplexität des Themas widmen wir der Planungsrechnung inner- **98** halb des Kapitels „Businessplan" einen eigenen Abschnitt II.3.

m) Anlagen

Als Anlagen sollten ergänzende Informationen und Dokumente beigefügt wer- **99** den, welche die Angaben im verbalen Teil des Businessplans belegen. Dies können etwa aktuelle Bilanzen, Zeitungsberichte, Patentschriften, Analysen, Prospekte, Briefe von Kunden oder Partnern, behördliche Bewilligungen, Genehmigungen oder Zeugnisse sein.

Gut zusammengestellte Anlagen, welche (Wert-)Urteile Dritter wiedergeben, **100** vermitteln dem Leser das Gefühl stärkerer Objektivität und somit Sicherheit.

3. Planungsrechnung

a) Zweck und Grundlagen

Zweck der Finanzplanung ist es, den Adressaten zu vermitteln, wie sich die **101** **wirtschaftliche Situation** des Unternehmens entwickeln wird.

Unter wirtschaftlicher Situation ist die Vermögens-, Finanz- und Ertragslage zu **102** verstehen. Entsprechend gliedert sich die Planungsrechnung in drei Teile, welche miteinander verknüpft sind: die **Plan-Gewinn-und-Verlust-Rechnung** (Plan-GuV), die **Plan-Bilanz** und die **Plan-Cash-Flow-Rechnung** (Plan-CFR). Durch die Verknüpfung der drei Teile entsteht ein integriertes Planungsmodell.

Die Planungsrechnung bildet das gesamte Unternehmen, mit Betonung des ope- **103** rativen Geschäfts, modellhaft ab. Der Aufbau entspricht daher dem Prozess der Leistungserstellung und Leistungsverwertung, was insbesondere die Plan-GuV betrifft.

Prognosen erweisen sich erst ex post als „richtig" oder „falsch". Zum Zeitpunkt **104** der Erstellung sind sie allenfalls realistisch (oder eben nicht) und mathematisch korrekt (oder fehlerhaft, d. h. Einflussfaktoren werden nicht berücksichtigt oder falsch verarbeitet). Für den externen Adressaten ist daher das Ergebnis ohne die Herleitung bzw. die Begründung nicht aussagekräftig. Ein absolutes Muss ist aus diesem Grund die **Transparenz** des Modells. Es muss für Dritte sowohl als Datei als auch in Papierform nachvollziehbar sein. Die wesentlichen Annahmen und Zwischenergebnisse der Planung werden in einem korrespondierenden Textteil erläutert. Hierbei hat sich bewährt, zu jeder Zeile des handelsrechtlichen Gliederungsschemas, dem die drei Bestandteile der Planungsrechnung folgen, ein kommentierendes Kapitel zu verfassen.

105 Für junge Unternehmen ist eine Planung mit einem **Tabellenkalkulationspro-gramm** (z.B. MS-Excel, Lotus 1-2-3) zweckmäßig, in einem reiferen Stadium kann die Abbildung auch mit einem Management Information System (MIS), beispielsweise SAP, erfolgen.

106 Der optimale **Planungshorizont** hängt im Wesentlichen vom Geschäftsmodell ab und beträgt in der Regel 3 bis 5 Jahre. Das erste Jahr sollte durch Monats-planungen unterlegt sein, für das zweite und dritte Jahr kann eine Quartalspla-nung genügen. Ab dem vierten Jahr wird die Planung meist auf Jahresperioden zeitlich aggregiert.

107 Nach Aufnahme des operativen Geschäfts sollte die Finanzplanung regelmäßig aktualisiert und fortgeschrieben werden (**rollierende Planung**). Schon beim Design des Modells ist es zweckmäßig, eine komfortable Aktualisierung bzw. Fortschreibung zu ermöglichen. Sie sollte modellseitig keinen oder möglichst geringen Programmieraufwand verursachen und datenseitig kein zusätzliches Research oder Anpassung von Zeitreihen erfordern. Aus diesem Grunde ist da-von abzuraten, Marktdaten als Modellinput zu verwenden, was ohne aufwän-dige Aktualisierungen der angenommenen Rahmenbedingungen Brüche bei Planabweichungen verursachen würde.

> Tipp: Wird als Input die prognostizierte Entwicklung für das Gesamtmarktvolumen sowie den eigenen Marktanteil gewählt („Einlaufkurve"), so muss bei einer Aktua-lisierung sowohl die künftige Marktentwicklung neu erhoben oder geschätzt wer-den, als auch die Einlaufkurve neu modelliert werden – und zwar so, dass sich im ersten Prognosemonat kein unrealistischer Sprung ergibt. Einfacher ist es, wenn der erste Prognosemonat als v.H.-Wert des letzten Ist-Monats definiert wird.
>
> Die Marktanteilsentwicklung kann als Output des Modells programmiert werden und dient der Plausibilisierung der Annahmen.

b) Plan-GuV

108 Die operative Tätigkeit des Unternehmens wird im Wesentlichen in der Plan-GuV abgebildet. Sie dient der Ermittlung des zu erwartenden künftigen Erfolgs und seiner Quellen.

109 Die Plan-GuV erfasst und saldiert sämtliche für das Unternehmen prognosti-zierte **Erträge und Aufwendungen**, nicht die Ausgaben und Einnahmen. Viel-fach sind den Erträgen und Aufwendungen auch Ausgaben und Aufwendungen in früheren Perioden vorausgegangen (z.B. Abschreibungen vs. Investitionen) oder die Ausgaben und Einnahmen sind nachgelagert (z.B. Personalaufwand vs. Pensionszahlungen). Daher stimmt nur ein Teil der Erträge und Aufwendun-gen mit den Ausgaben und Einnahmen einer Periode überein. Die Differenzen sind über korrespondierende Posten der Plan-Bilanz abzugrenzen.

110 Ebenso wie der handelsrechtliche Abschluss kann die Plan-GuV grundsätzlich nach dem Gesamtkosten- oder dem Umsatzkostenverfahren aufgestellt werden.[4]

---

4 Vgl. die Vorgaben zu diesen Verfahren in § 275 HGB.

Für Planungszwecke hat sich das **Gesamtkostenverfahren** bewährt. Es hat den Vorzug, dass die Abgrenzung bzw. Zuordnung von Aufwendungen zu Perioden, in welchen die erstellten Leistungen oder Güter verkauft werden, weitgehend entfällt. Zudem birgt das Umsatzkostenverfahren in der Planungsrechnung als potenzielle Fehlerquelle, dass die Erfassung von Zahlungen, welche erst später zu Aufwand werden sollen (wenn die zugehörigen Umsätze erfolgen oder die Aufwendungen ausgebucht werden sollen), nicht immer vollständig erfolgt.

Die Erfassung von variablen **Erträgen und Aufwendungen** sollte nicht direkt   **111**
erfolgen. Vielmehr sollte die Rechnung mit einem Mengen- und Preisgerüst unterlegt werden, welches in Nebenrechnungen erfasst und verarbeitet wird.

Lance R. schätzt für die ersten beiden Jahre nach Markteinführung den Absatz der Kindersitze auf Monatsbasis, wobei er saisonale Schwankungen ebenso berücksichtigt wie den Vorlauf, welcher sich durch die Handelsstufen ergibt:

Jahr						**01**						
Monat	Jan	Feb	Mrz	Apr	Mai	Jun	Jul	Aug	Sep	Okt	Nov	Dez
Absatz [Stck.]	100	250	500	500	700	500	500	400	300	200	200	200
kumuliert												4.350
Preis [€/Stck.]	60	60	60	60	60	60	60	60	60	58	58	58
Umsatz [T€]	6	15	30	30	42	30	30	24	18	12	12	12
kumuliert												260

Jahr						**02**						
Monat	Jan	Feb	Mrz	Apr	Mai	Jun	Jul	Aug	Sep	Okt	Nov	Dez
Absatz [Stck.]	300	600	1.200	1.200	1.500	1.200	1.200	800	500	400	400	400
kumuliert												9.700
Preis [€/Stck.]	58	58	58	58	58	58	58	58	58	55	55	55
Umsatz [T€]	17	35	70	70	87	70	70	46	29	22	22	22
kumuliert												559

In die Plan-GuV wird ausschließlich die Zeile „Umsatz" übernommen.

In vergleichbarer Weise wie in oben stehendem Beispiel (Ermittlung auf sepa-   **112**
ratem Blatt, Übergabe der Ergebnisse an die Plan-GuV) werden der Material-
aufwand, der Personalaufwand, die Aufwendungen für Abschreibungen, die sonstigen betrieblichen Aufwendungen und Erträge, das Zinsergebnis und das Steuerergebnis geplant.

Der **Abschreibungsaufwand** wird üblicherweise im Rahmen der Investitions-   **113**
rechnung (Plan-Bilanz) ermittelt. Hier werden den Zugängen beim Anlagevermögen Abschreibungsstaffeln zugeordnet, um die Restbuchwerte korrekt zu ermitteln. Die Abschreibungen fallen quasi als Nebenprodukt an.

Ein wenig knifflig sind die Ermittlung des **Finanzergebnis**ses und des **Steuer-**   **114**
ergebnisses. In die Ermittlung des Finanzergebnisses gehen die liquiden Mittel und die Finanzverbindlichkeiten der jeweiligen Planungsperiode aus der Plan-Bilanz ein. Diese sind wiederum abhängig von den Zahlungsmittelüberschüssen der gleichen Periode, welche sich zumindest teilweise aus der Plan-GuV erge-

ben (Zirkelbezug). Bei der Abschätzung des Steuerergebnisses ist auf die unterschiedliche Bemessungsgrundlage für Gewerbeertragsteuer und Körperschaftsteuer und die getrennte Ermittlung und Fortschreibung der steuerlichen Verlustvorträge zu achten.

115 Als **häufigste Schwächen** sind in Plan-GuVs zu beobachten:

- Geschwindigkeit der Marktdurchdringung wird zu hoch angesetzt
- Kosten der Marktdurchdringung werden unterschätzt
- Preisentwicklung in kompetitivem Umfeld wird statisch angesetzt
- Fehlende oder fehlerhafte zeitliche Abgrenzung von Zahlungen und Erträgen
- Fehlerhafte Ermittlung des Finanzergebnisses
- Fehlerhafte Ermittlung der Abschreibungen
- Fehlerhafte Ermittlung der steuerlichen Bemessungsgrundlage

c) Plan-Bilanz

116 In der Plan-Bilanz werden die voraussichtliche Entwicklung des Vermögens (auch „**Aktiva**") und des Kapitals (auch „**Passiva**") abgebildet. Die Aktivseite zeigt dabei die Mittelverwendung (Anlage- und Umlaufvermögen), die Passivseite die Mittelherkunft (Eigenkapital und Fremdkapital).

117 Zum **Anlagevermögen** zählen Wirtschaftsgüter, die dem Unternehmen auf Dauer zu dienen bestimmt sind. Das Anlagevermögen wird, sofern es eine begrenzte Nutzungsdauer hat, planmäßig abgeschrieben. Zur Ermittlung des Anlagevermögens und der Abschreibungen in der Planungsrechnung hat sich eine modelltechnisch ausgegliederte Investitions- und Abschreibungsplanung bewährt. Hierbei werden die Wirtschaftsgüter zu Gruppen ähnlicher Nutzungsdauer zusammengefasst und entsprechende Staffeln für die jährlichen Zugänge (Investitionen) verwendet.

118 Beim **Umlaufvermögen** kann modelltechnisch zwischen produktionsbedingtem Vermögen und Liquidität unterschieden werden. Das Volumen des produktionsbedingten Teils (unfertige Leistungen, Vorräte, Forderungen aus Lieferung und Leistung, erhaltene Anzahlungen) steht in engem Zusammenhang mit dem Volumen der Geschäftstätigkeit und kann im Modell entsprechend abgebildet werden. Die Liquidität hat modelltechnisch zusammen mit den Finanzverbindlichkeiten eine Ausgleichsfunktion (die Summe der Aktiva muss der Summe der Passiva entsprechen).

119 Das **Eigenkapital** wird modelltechnisch aus den geleisteten Einlagen der Gesellschafter und den thesaurierten Überschüssen vergangener und der aktuellen Periode entwickelt. Letztere werden der Plan-GuV entnommen. Wird das Modell verwendet, um potenziellen Investoren die Perspektiven des Projekts zu vermitteln, sollte deutlich kommuniziert werden, welche der geplanten künftigen Einlagen bereits fest zugesagt, und welche Gegenstand der Gespräche mit dem potenziellen Investor sind.

120 Beim **Fremdkapital** kann modelltechnisch differenziert werden zwischen umsatzbedingtem Fremdkapital, langfristigen Finanzverbindlichkeiten und kurz-

fristigen Finanzverbindlichkeiten. Das Volumen des umsatzbedingten Fremdkapitals (Rückstellungen, Verbindlichkeiten aus Lieferung und Leistung, sonstige
Verbindlichkeiten), das nach Modellannahmen üblicherweise nicht zu verzinsen
ist, steht wie beim umsatzbedingten Umlaufvermögen in Zusammenhang mit
dem Geschäftsvolumen und kann im Modell entsprechend ermittelt werden.
Das langfristige Fremdkapital wird manuell modelliert. Die kurzfristigen Finanzverbindlichkeiten (kurzfristige Bankverbindlichkeiten) haben modelltechnisch wie die liquiden Mittel eine Ausgleichsfunktion. Beide Größen sind zins-
tragend.

Die **Finanzierungsplanung** kann im Modell in eine Nebenrechnung ausgeglie-   **121**
dert werden. Für die langfristigen Verbindlichkeiten wird die Brutto-Kreditauf-
nahme für jede Periode erfasst, es werden die Tilgungspläne entwickelt und
Zinszahlungen errechnet. Der Stand der langfristigen verzinslichen Verbindlichkeiten wird an die Plan-Bilanz übergeben. Aus der Plan-Bilanz wiederum werden die verzinslichen Aktiva (Liquidität) und die kurzfristigen verzinslichen
Passiva (kurzfristige Finanzverbindlichkeiten) entnommen und die darauf entfallenden Zinsen errechnet. Das so ermittelte Finanzergebnis oder „Zinsergebnis" wird wiederum an die Plan-GuV übergeben.

d) Plan-Cash-Flow-Rechnung

In der Plan-Cash-Flow-Rechnung werden der **finanzwirtschaftliche Über-**   **122**
schuss nach Sektoren ermittelt und somit die Zahlungs- bzw. Finanzierungs-
ströme transparent gemacht. Die Plan-CFR ist in vier Bereiche gegliedert: Um-
satzbereich, Investitionsbereich, Finanzierungsbereich und Liquiditätsbereich.

Die Plan-CFR gibt einen Überblick über die verwendbaren Überschüsse, den   **123**
Finanzbedarf und die Deckung dieses Bedarfes für jede Periode. Die in der
Plan-CFR ermittelten Veränderungen der Liquidität und der Finanzverbindlichkeiten müssen mit der Entwicklung dieser Posten in der Plan-Bilanz übereinstimmen (Nebennutzen: Kontrollfunktion). Die erforderlichen Daten werden
der Plan-GuV und der Plan-Bilanz entnommen. Es erfolgen keine neuen Eingaben.

e) Resümée

Die Erstellung und Pflege einer korrekten Finanzplanung ist zeitaufwändig, in   **124**
einigen Details sehr komplex und erfordert große Sorgfalt. In vielen Punkten
sind auch kaufmännische Kenntnisse oder Erfahrungen nötig. Insofern ist zu
empfehlen, wenigstens bei der ersten Version externen Rat beizuziehen.

4. Umgang mit dem Businessplan

Grundsätzlich handelt es sich bei einem Businessplan um ein vertrauliches Do-   **125**
kument. Erlangen Dritte Kenntnis von den Inhalten, kann dies negative Folgen
für das Unternehmen nach sich ziehen. So könnte sich etwa die Reaktionszeit
eines Konkurrenten verkürzen, wenn er von den Plänen eines Unternehmens

nicht erst durch dessen Auftritt auf dem Markt, sondern bereits vorab informiert wird. Daher ist es zweckmäßig, die Empfänger auf Vertraulichkeit zu verpflichten und hierfür einige präventive Maßnahmen zu ergreifen.

126 Die Verpflichtung auf Vertraulichkeit lässt sich am elegantesten durch Unterzeichnung einer **Vertraulichkeitserklärung** (sog. Non Disclosure Agreement – NDA) realisieren. Hierdurch verpflichtet sich der Adressat, die überreichten Unterlagen nur zum bestimmten Zweck zu verwenden, sie Dritten nicht zugänglich zu machen und sie später zurückzugeben oder zu vernichten. Weitere rechtliche Hinweise zu Vertraulichkeitserklärungen finden sich später im Abschnitt D.IV.6.a).

127 Das NDA hat zugegebenermaßen primär abschreckenden Charakter. Um diesen zu wahren, muss jedoch im Zweifel der Nachweis der schuldhaften Verletzung der Bestimmungen der NDA möglich sein. Das kann im Einzelfall die Nachverfolgung des Weges des Businessplans erforderlich machen, was durch eine nicht entfernbare Kennzeichnung ermöglicht wird. Technische Möglichkeiten sind: Weitergabe nur als Hardcopy mit eingeprägtem eindeutigem Hintergrundbild („Wasserzeichen") oder Weitergabe als nicht veränderbare, entsprechend geschützte Datei (die auch in einer Druckversion noch eindeutig zu identifizieren sein muss).

128 Der beste Schutz besteht in der Praxis darin, den Businessplan zielgerichtet einzusetzen und ihn nicht als „Massendrucksache" zu streuen. Der Businessplan sollte nur ausgewählten Adressaten zugänglich gemacht werden, welche entsprechendes substanzielles Interesse haben. So sollte bei der Suche nach Investoren zunächst nur die Executive Summary überreicht werden. Sofern in Gesprächen weitergehendes Interesse des potenziellen Investors erkennbar wird, kann die gesamte Fassung nachgereicht werden.

129 Wir sehen in der Praxis, dass die wenigsten erfolgreichen Geschäftsideen durch eine bloße Publizierung des Businessplans in ernsthafte Gefahr gebracht werden könnten. Sollte dem ausnahmsweise so sein, stellt sich zwangsläufig die Frage, wie nachhaltig der Wettbewerbsvorsprung der Gründer tatsächlich ist. Schließlich wird die Idee spätestens bei Aufnahme des operativen Geschäfts ohnehin einem größeren Personenkreis zugänglich (Mitarbeiter, Lieferanten, Partner).

III. Einleitung der Unternehmensgründung und Investitionen vor der Gründung

130 Die ersten Schritte zur Übertragung einer – meist im privaten Umfeld – in groben Zügen erarbeiteten Geschäftsidee auf ein professionell ausgestaltetes Unternehmen bereiten erfahrungsgemäß Schwierigkeiten. Neben vielen formalen und ordnungsrechtlichen Hürden an Unternehmensgründer bestehen auch wirtschaftliche Anforderungen, die den jungen Unternehmern regelmäßig nicht oder nur teilweise bekannt sind. Ein gut geplanter Ablauf der Umsetzung einer

Geschäftsidee zur Unternehmensgründung kann jedoch erhebliche Kostenvorteile mit sich bringen.

Der typische Ablauf einer Unternehmensgründung soll an folgendem **Beispiel** **131** erläutert werden:

Beispiel:

Die Informatikstudenten Hafer und Flocke sind Anhänger der Zwölftonmusik (u. a. von Alban Berg) und allen sonstigen synthetischen Klängen. In ihrer Freizeit erstellen sie gemeinsam eine Software, die es dem Hobbymusikus ermöglicht, mit Hilfe seiner Heimorgel klangvolle Stücke zu präsentieren. Um ihre „Homesound Version 1.1" marktreif zu machen, müssen sie nach eigener Schätzung weitere 600 Programmierstunden investieren. Sie erwerben daher im eigenen Namen IT Equipment für rd. € 7.000 sowie weitere Ausrüstungsgegenstände für € 2.000. In dem BWL Studenten Grütze finden sie einen Mitstreiter, der – ebenfalls Fan der synthetischen Rhythmen – bereit ist die kaufmännische Führung des Unternehmens „Homesound" zu übernehmen. Kurzerhand einigen sich die drei auf ein „professionelles Vorgehen". Die weiteren Investitionen werden daher aus dem (elterlichen) Sparstrumpf bestritten. Hierzu wird zunächst auf den Namen von Grütze ein passendes Büro angemietet und eine Büroausstattung erworben. Die Rechnungen werden dabei jeweils auf einen der Gründer ausgestellt. Zum 01.03.2002 erfolgt die Gründung der HFG-Homesound GbR (kurz: HFG GbR), die aber nicht weiter in Erscheinung tritt. Eine GmbH wollte man aus Kostengründen noch nicht errichten. Zum 01.05.2002 soll dann doch eine Kapitalgesellschaft errichtet werden, um erste Sponsoren aus der Musikbranche aufnehmen zu können. Nach dem Büroumbau (Kosten € 12.000; die Rechnung vom 06.05.2002 ist auf Grütze ausgestellt) wird die Homesound GmbH am 18.05.2002 durch notariellen Vertrag im Wege der Bargründung von den drei Gründern zu gleichen Anteilen errichtet. Für die im Juli fertiggestellte Software „Homesound 1.2." werden schnell erste Käufer gefunden. Die Gesellschaft will aufgrund der ersten Erfolge mit weiterem Personal und einem professionellen Investor weiter expandieren.

Grütze hat zum Erhalt von Fördermitteln im Oktober 2002 einen Antrag auf GA-Mittel in Form von Investitionszuschüssen für die bisherigen Investitionen gestellt. Zudem will er – nach Besuch eines Steuerkurses – nunmehr auch die Umsatzsteuervoranmeldungen für den Zeitraum 02/2002 bis 09/2002 einreichen und die bisherigen Kosten zur Errichtung des Unternehmens in eine professionelle Buchführung aufnehmen.

Erläuterungen zum Beispiel:

Der vorstehend dargestellte Ablauf einer Unternehmensgründung entspricht **132** einer Aneinanderreihung von Handlungen, die von den Gründern oftmals als natürliche Reihenfolge empfunden wird. Leider führt dieser Handlungsablauf in den folgenden Bereichen zu Problemen:

1. Betriebsausgabenabzug der Anschaffungen vor Unternehmensgründung und Übertragung der Wirtschaftsgüter auf die GmbH

133 Personengesellschaften[5] (z. B. GbR's, oHG, die HFG GbR) wie Kapitalgesellschaften (z. B. GmbH, AG) können im Rahmen ihrer betrieblichen Gewinnermittlung nur eigene Betriebsausgaben ergebnismindernd geltend machen (vgl. § 246 ff. HGB; §§ 4, 5 EStG). Die Anschaffungen von IT Equipment durch Hafer bzw. Flocke vor der Errichtung der HFG GbR können damit weder von der GbR noch von der Homesound GmbH geltend gemacht werden. Zivilrechtlicher Eigentümer der Geräte sind ohnehin Hafer bzw. Flocke.

134 Sinnvoll wäre es gewesen, die Anschaffungen für die betriebsnotwendigen Wirtschaftsgüter bereits *im Namen und für Rechnung* der „Homesound GmbH in Gründung"[6] oder erst im Anschluss an die notarielle Beurkundung der GmbH Satzung vorzunehmen.

135 Um die betriebsnotwendigen Geräte von Hafer/Flocke für die GmbH nutzen zu können ist daher eine Übertragung derselben auf die GmbH erforderlich. Hilfsweise kann die GmbH die Geräte gegen angemessenen Mietzins mieten. Zu beachten ist, dass im Falle des Ankaufs der Geräte durch die GmbH keine neuen Wirtschaftsgüter übertragen werden. Aus steuerlicher Sicht ist zudem zu beachten, dass der von der GmbH zu zahlende Kaufpreis angemessen sein muss, um eine sog. **verdeckte Gewinnausschüttung** (vGA) zu vermeiden.[7] Die GmbH kann die gebrauchten Geräte daher nicht zum Neupreis erwerben. Da es sich um ein Geschäft zwischen Gesellschaft und Gesellschafter handelt, sollte der Kaufvertrag schriftlich abgeschlossen werden.[8] Hierbei ist das sog. Selbstkontrahierungsverbot des § 181 BGB zu beachten.

136 Auch kann die GmbH nicht ohne weiteres die auf den Namen von Grütze gemieteten Büroräume nutzen. Hierzu muss zunächst der bestehende Mietvertrag auf die GmbH als Mieter übertragen werden, was der Zustimmung des Vermieters bedarf.[9] Hilfsweise kann Grütze mit der GmbH einen Untermietvertrag abschliessen.[10] In diesem Fall trägt er als Hauptmieter im Verhältniss zum Vermieter weiterhin alle Risiken für die Mietsache. Sinnvollerweise wäre auch hier der Mietvertrag erst nach Gründung der GmbH bzw. im Namen der GmbH i.Gr. (in Gründung) abgeschlossen worden.

---

5 Hierzu gehören die GbR Gesellschaft bürgerlichen Rechts, die oHG offene Handelsgesellschaft und die KG Kommanditgesellschaft.

6 Sobald der Entschluss gefasst wird, eine Kapitalgesellschaft zu errichten, liegt eine sog. Vorgründungsgesellschaft in der Rechtsform der GbR vor; ab notarieller Beurkundung des Gesellschaftsvertrags bis zur Eintragung derselben im Handelsregister spricht man von der sog. Vorgesellschaft; vgl. hierzu nur Karsten Schmidt, Gesellschaftsrecht, 3. Auflage 1997, § 11.

7 Vgl. hierzu eingehend Teil I, Abschnitt H dieses Buches sowie Abschnitt 31 Abs. 3 KStR 2002.

8 Vgl. Abschnitt 31 Abs. 5 KStR 2000 für Verträge mit beherrschenden Gesellschaftern.

9 Vgl. § 414 ff. BGB; der Vermieter wird allerdings regelmäßig nicht bereit sein, Grütze als Privatperson aus dem Mietvertrag zu entlassen und statt dessen nur die GmbH als Mieter zu erhalten.

10 Die Zulässigkeit der Untervermietung muss allerdings im Hauptmietvertrag geregelt sein, vgl. § 540 BGB.

Die gleiche Problematik besteht hinsichtlich der Kosten für den Büroumbau.   **137**
Da die Leistung für Grütze als Auftraggeber erbracht wurde, können die Kosten
nicht ohne weiteres von der erst später errichteten GmbH übernommen werden.
Erforderlich hierfür ist eine vertraglich zu vereinbarende Weiterbelastung zwischen Grütze und der GmbH, die den vorgenannten Kriterien entsprechen
muss.[11]

2. Vorsteuerabzug auf Anschaffungen im Privatbereich

Ein weiteres Problem ergibt sich für unser Start-Up Unternehmen hinsichtlich   **138**
der Geltendmachung der auf den Anschaffungen lastenden Umsatzsteuerbeträ-
gen gegenüber der Finanzverwaltung als sog. Vorsteuer (vgl. § 15 UStG).

Aus der ursprünglichen Anschaffung des IT-Equipments und der übrigen Wirt-   **139**
schaftsgüter sowie der Kosten für den Büroumbau können Hafer, Flocke und
Grütze die im Preis enthaltene Umsatzsteuer nur dann als Vorsteuer vom Finanzamt erstattet bekommen, wenn sie Unternehmer im Sinne der Umsatzsteuer
geworden sind.[12] Dies kann aufgrund von ersten Vorbereitungshandlungen (Ge-
räteeinkauf) zwar grundsätzlich bejaht werden, da auch der sog. „erfolglose"
Unternehmer ein solcher ist bzw. war.[13] Aufgrund der Tatsache, dass die drei
Gründer aber kein eigenes Gewerbe angemeldet haben und erst die spätere
HFG-GbR am Markt aufgetreten ist, kann die Unternehmereigenschaft der Privatpersonen von der Finanzverwaltung in Zweifel gezogen oder bestritten werden. Soweit keine Unternehmereigenschaft der drei Gründer angenommen werden kann, können sie bei dem erforderlichen Weiterverkauf der Wirtschaftsgüter an die GmbH in den Rechnungen auch keine Umsatzsteuer gesondert ausweisen.[14] Dementsprechend kann auch die GmbH keine Vorsteuer aus der Anschaffung gegenüber der Finanzverwaltung geltend machen.

Der Umweg der Anschaffung von Wirtschaftsgütern oder die in Anspruch-   **140**
nahme von Dienstleistungen zunächst durch die Gründer, mit anschließender
Weiterveräußerung oder -belastung an die GmbH führt damit oftmals zu einer
Verteuerung der Anschaffungskosten um die nicht abzugsfähigen Vorsteuern.[15]
Soweit aus ertragsteuerlichen Gründen die bereits gebrauchten Wirtschaftsgüter
für einen geringeren Preis als den ursprünglichen Anschaffungskosten auf die
GmbH übertragen werden müssen (zur Vermeidung einer vGA), bleibt dieser

---

11 In der Praxis behelfen sich zahlreiche Unternehmen damit, ihre Lieferanten zu überreden, eine
neue Rechnung, ggf. mit einem geänderten Rechnungsdatum, direkt auf die GmbH oder GmbH
i.Gr. auszustellen. Diese „pragmatische" Vorgehensweise findet bei größeren Anschaffungen
mit entsprechenden Garantieverpflichtungen des Veräußerers seine Grenzen.
12 Vgl. §§ 2, 15 UStG sowie zur Unternehmereigenschaft Abschnitt 16 ff. UStR 2001.
13 Vgl. hierzu Abschnitt 19 UStR.
14 Der gesonderte Ausweis von USt in einer Rechnung kann nur von einem Unternehmer vorgenommen werden, vgl. § 14 UStG; sollten Hafer & Co. USt gegenüber der GmbH trotzdem in
Rechnung stellen, würden sie diese nach § 14 Abs. 3 UStG dem Finanzamt schulden, die
GmbH könnte jedoch keinen Vorsteuerabzug geltend machen.
15 Unterstellt, die Wirtschaftsgüter werden zu den ursprünglichen Bruttoanschaffungskosten an die
GmbH übertragen.

„Verlust" zusätzlich in der Privatshäre der Gründer hängen. Daher ist von voreiligen Investitionen durch die Gründer abzuraten.

3. Einbringung einer GbR in eine GmbH

141 Soweit ein Unternehmen zunächst in der Rechtsform des Einzelunternehmens oder als Personengesellschaft (hier: die HFG GbR) betrieben wurde, ist es möglich, im Zuge der späteren Errichtung einer Kapitalgesellschaft das bisherige Unternehmen in die Kapitalgesellschaft einzubringen. Dies wäre im Beispiel dann von Nöten, wenn die HFG GbR nach außen am Markt aufgetreten wäre, wenn sie Wirtschaftsgüter erworben hätte oder Arbeits- oder andere Verträge mit Dritten im Namen und für Rechnung der HFG GbR abgeschlossen worden wären. Eine solche Übertragung kann bereits im Zuge der GmbH Gründung erfolgen (Einbringung des bisherigen Unternehmens als Sacheinlage gegen Gewährung von Gesellschaftsanteilen).[16] Das bisherige Unternehmen muss dabei im Gesellschaftsvertrag als Sacheinlage festgesetzt, ein Sachgründungsbericht angefertigt und durch geeignete Unterlagen ein Nachweis gegenüber dem Registergericht geführt werden, dass der Wert des eingebrachten Unternehmens mindestens dem Betrag der dafür übernommenen Stammeinlage entspricht.[17]

142 Alternativ hierzu kann die GmbH – wie im Beispiel – im Wege der – einfacheren – Bargründung errichtet werden. Die Übertragung des GbR Vermögens auf die GmbH kann anschließend im Rahmen einer schlichten Sacheinlage erfolgen[18] oder als Einbringung eines Betriebs bzw. Teilbetriebs gegen Gewährung neuer Gesellschaftsrechte im Rahmen der Vorschriften nach dem UmwStG.[19] Nur in diesem Fall kann die Einbringung auch steuerneutral zu Buchwerten durchgeführt werden.

143 Letztendlich besteht die Möglichkeit, den gesamten Geschäftsbetrieb der GbR mit allen Aktiva und Passiva an die GmbH zu veräußern.[20] Beim Erwerb von Vermögensgegenständen vom Gesellschafter in zeitlichem Zusammenhang mit der Gründung der GmbH sind allerdings die sich aus den Grundsätzen zur verdeckten Sacheinlage ergebenden Beschränkungen zu berücksichtigen.[21] Aus Sicht der GmbH ist wiederum zu beachten, dass der Kaufpreis angemessen sein muss, weil sonst eine vGA mit entsprechenden steuerlichen Folgen vorliegt. Die Veräußerung unterliegt als Geschäftsveräußerung im Ganzen nicht der Umsatzsteuer (§ 1 Abs. 1a UStG). Ein etwaiger Veräußerungsgewinn ist

---

16 Vgl. im Einzelnen zu den rechtlichen Anforderungen der GmbH Gründung Teil I, Abschnitt C.
17 Das zuständige Registergericht überprüft Sachgründungen und die erforderlichen Berichte und Werthaltigkeitsbescheinigungen sorgfältig.
18 Vgl. § 272 Abs. 2 Nr. 4 HGB, allerdings darf das zu übertragende Vermögen nicht negativ sein; zudem ist der Vorgang steuerlich zu Teilwerten durchzuführen (§ 6 Abs. 1 Nr. 5 EStG).
19 § 20 Abs. 1 UmwStG; vgl. zu den erforderlichen formellen Anforderungen nur Schmitt/Hörtnagel/Stratz, Kommentar zum UmwG/UmwStG, 3. Auflage 2001, § 20 Rn. 1 ff.
20 Sog. asset deal, vgl. hierzu im Einzelnen die Ausführungen in Teil III, Abschnitt VI dieses Buches.
21 Vgl. hierzu das Beispiel in Teil I, Abschnitt C.VII.1.

zwar von der Gewerbesteuer freigestellt (vgl. Abschnitt 39 GewStR), der (Auf-
gabe-)Gewinn unterliegt aber bei den Gesellschaftern der GbR der persönlichen
(ggf. ermäßigten) Einkommensbesteuerung (§§ 16, 34 EStG).

Im Ergebnis ist festzuhalten, dass alle genannten Möglichkeiten zur Übertra- **144**
gung der HFG GbR auf die GmbH mit nicht unerheblichen Arbeitsbelastungen
für die jungen Unternehmer verbunden sind. Zudem fallen die erforderlichen
Transaktionskosten an. In der Praxis behelfen sich auch hier viele Kleinunternehmen damit, dass sie die GbR schlicht „unter den Tisch fallen lassen" oder
dies zumindest versuchen. Dies geht allerdings nur, wenn die – im Nachhinein
überflüssige – Zwischengesellschaft nicht bereits selbstständig gegenüber Dritten aufgetreten ist, z.B. erkennbare Rechte (Patentanmeldung etc.) oder Verpflichtungen begründet hat (z.B. Arbeits- oder Mietverträge). Solche im Nachhinein als lästig empfundenen Transaktionen können durch eine sorgfältige Planung der Gründer, ggf. unter Inanspruchnahme erfahrener Berater vermieden
werden.

4. Antrag auf GA Förderung[22]

Die ersten Investitionen hatten Hafer und Flocke, später gemeinsam mit Grütze, **145**
im eigenen Namen durchgeführt. Kurz vor der Errichtung der Homesound
GmbH hatte Grütze nochmals auf eigenen Namen den Büroumbau ausführen
lassen und die Kosten übernommen. Grütze hat im Oktober 2002 für die bis dahin getätigten Investitionen einen Antrag auf GA-Fördermittel gestellt.

Im vorliegenden Fall besteht somit zunächst das Problem, dass weder Hafer, **146**
noch Flocke oder Grütze für die Fördermittel antragsberechtigt sind, da sie
zwar die Investitionskosten getragen haben, aber eigentlich nicht sie, sondern
letztlich die HFG GbR bzw. die Homesound GmbH die Betriebsstätte errichtet
hat. Antragsberechtigt ist nämlich nur derjenige, der das Vorhaben (hier: Errichtung einer Betriebsstätte) durchführt. Der Antragsberechtigte erhält aber
nur dann eine Förderung, wenn er auch alle weiteren Fördervoraussetzungen erfüllt (z.B. die Einstellung von neuen Mitarbeitern etc.).

Es wäre deshalb vorteilhafter gewesen, das Vorhaben gleich durch die HFG **147**
GbR bzw. die Homesound GmbH vornehmen zu lassen. Da bei Existenzgründungen – je nach Bundesland – auch gebrauchte Wirtschaftsgüter gefördert
werden, kann das Missgeschick ggf. durch die nachträgliche Veräußerung der
Wirtschaftsgüter an die HFG GbR bzw. die Homesound GmbH geheilt werden.
Allerdings wird nur noch der niedrigere Zeitwert als angemessener Verkaufspreis in Frage kommen und der Vorsteuerabzug geht auch verloren.

Ein weiteres Problem wiegt jedoch noch schwerer:

Mit dem Vorhaben „Errichtung einer Betriebsstätte" wurde schon vor Antrag- **148**
stellung begonnen. Die Investitionen für die Grütze eigentlich Fördermittel beantragt hat, sind ja sogar schon abgeschlossen. GA-Fördermittel werden aber

---

22 Zu den Einzelheiten der Erlangung von Fördermitteln vgl. Teil II, Abschnitt D.V.

grundsätzlich nur für Vorhaben gewährt, mit denen zum Zeitpunkt der Antragstellung bzw. der Bewilligung (je nach Bundesland) noch nicht begonnen wurde (sog. Nachfinanzierungsverbot).

149 Für die bisherigen Investitionen kann deshalb keine Förderung mehr gewährt werden. Aber auch für die im Rahmen der Einrichtung der Betriebsstätte bzw. weiteren Gründung geplanten und noch nicht durchgeführten Investitionen ist aus dem selben Grund i. d. R. keine Förderung mehr möglich.

150 Somit wird für das Gründungsvorhaben – selbst wenn die erste Hürde noch gelöst werden kann – aufgrund verspäteten Förderantrages keine GA-Förderung mehr gewährt. Hafer, Flocke und Grütze können aber ggf. bei einer späteren Erweiterung ihrer jetzigen Betriebsstätte oder der Errichtung einer weiteren Betriebsstätte nochmals einen Förderantrag stellen.

5. Resümée

151 Der Beispielfall verdeutlicht, mit welchen unterschiedlichen Problemfeldern gesellschaftsrechtlicher, steuerrechtlicher und förderrechtlicher Natur junge Unternehmer direkt zu Beginn konfrontiert werden. Gleichzeitig sind regelmäßig von diesen auch noch arbeitsrechtliche und urheberrechtliche Entscheidungen, die oftmals von weit reichender Auswirkung sind, zu treffen.

152 Der vorgenannte Beispielfall ist in dieser oder ähnlicher Form den Autoren mindest sechs bis acht Mal innerhalb von ca. 3 Jahren zur Kenntnis gekommen und ist von daher alles andere als ein unglücklicher Einzelfall.

153 Um die geschilderten Nachteile vermeiden zu können, kann die Empfehlung nur lauten, so frühzeitig wie möglich einen qualifizierten und erfahrenen Berater **vor** den jeweiligen Entscheidungen in Anspruch zu nehmen.

B. Ordnungsrechtliche Pflichten
für Unternehmensgründer in Deutschland

Literaturauswahl:

Opoczynski/Fausten, WISO Existenzgründungen, 2. Auflage 2002; Friedrich von Collrepp, Handbuch der Existenzgründung, 3. Auflage 2000; Wellisch/Neidhardt/Zeitz, Praxisorientierte Informationen zur Unternehmensgründung, Teil II: Gesetzliche Anmeldeformalitäten des Unternehmensgründers, Betrieb und Wirtschaft 2002, 334.

I. Zulassungsschranken

Der Betrieb eines gewerblichen Unternehmens ist in Deutschland jedermann erlaubt, sofern nicht rechtliche Vorschriften ausdrücklich Ausnahmen oder Beschränkungen vorsehen, § 1 der Gewerbeordnung (GewO). Gewerbe im Sinne der Gewerbeordnung ist dabei jede auf Dauer angelegte erlaubte und auf Gewinnerzielung ausgerichtete selbstständige Tätigkeit, wobei die Urproduktion, freie Berufe und die Gewinnerzielung durch bloße Verwaltung eigenen Vermögens ausgenommen sind und nicht als Gewerbe gelten. Der Begriff des Gewerbes nach der GewO weicht in einigen Punkten vom steuerrechtlichen Gewerbebegriff ab. **154**

Auch wenn die im Rahmen einer Unternehmensgründung vorgesehene Tätigkeit erlaubt ist und keinen gesetzlichen Beschränkungen unterliegt, bestehen vielfältige Anmeldeformalitäten bei Behörden und sonstigen Stellen, auf die später in diesem Abschnitt einzugehen sein wird. Bereits an dieser Stelle ist insoweit aber darauf hinzuweisen, dass der Beginn jedes „Betriebs eines stehenden Gewerbes" oder einer Zweigniederlassung oder einer unselbstständigen Zweigstelle nach § 14 der **Gewerbeordnung** bei der zuständigen Behörde (in der Regel das Gewerbe- oder Ordnungsamt) **anzuzeigen** ist, auch wenn keine Genehmigungspflicht besteht.[1] **155**

Die Vielzahl der **erlaubnispflichtigen Tätigkeiten** ist kaum überschaubar. Manche der erforderlichen Erlaubnisse können jedermann erteilt werden, sofern nicht in der Person des Unternehmers liegende Gründe entgegenstehen, manche erfordern wiederum persönliche Vorbildungen oder Qualifikationen, die teilweise mit wenig Aufwand erlangt werden können, teilweise aber eine langfristige Vorbildung voraussetzen. Teilweise schränken die bestehenden Vorschriften auch die Rechtsformwahl ein, indem sie Unternehmensrechtsformen von bestimmten Tätigkeiten ausschließen. Beispielsweise ist im Bereich des Apothekenwesens oder bei Versicherungsunternehmen im Sinne des Versicherungsaufsichtsgesetzes eine GmbH als Rechtsform nicht zulässig. **156**

---

1 Ausgenommen sind u. a. die in § 6 der GewO aufgeführten Betätigungen, auf die die Gewerbeordnung keine Anwendung findet, z. B. als Arzt, Rechtsanwalt, Wirtschaftsprüfer, Apotheker usw. Für die in § 6 GewO genannten Betätigungen bestehen aber in der Regel weitergehende Anmeldungs- und Genehmigungspflichten außerhalb der GewO.

157 Neben den tätigkeitsbezogenen Genehmigungspflichten, die an die Art der unternehmerischen Tätigkeit anknüpfen, können **anlagebezogene Genehmigungspflichten** z. B. nach dem Bundes-Immissionsschutzgesetz zu beachten sein, wenn im Rahmen der geplanten unternehmerischen Betätigung der Einsatz entsprechender Anlagen beabsichtigt ist, oder **stoffbezogene Einschränkungen** (z. B. betreffend giftige, umweltgefährdende oder Explosivstoffe) bestehen. Darüber hinaus können die vorgesehenen **Produkte** des Unternehmens erlaubnis- oder zulassungspflichtig sein oder bestimmte Vorkehrungen erfordern, beispielsweise Arzneimittel, elektronische Geräte, funktechnische Geräte oder Medizinprodukte i. S. d. Medizinproduktegesetzes.

158 Schließlich können auch bei erlaubten Tätigkeiten rechtliche Beschränkungen bestehen, die Auswirkungen auf die Umsetzung des Unternehmenskonzeptes haben. Beispielsweise basierten einige der uns bekannten Geschäftsmodelle insbesondere bei Internetanbietern wesentlich auf der wirtschaftlichen Verwertung und Weitergabe von **personenbezogenen Daten**, was letztlich durch bestehende Datenschutzbestimmungen wesentlich eingeschränkt wurde oder gar ganz scheiterte.

159 Die Unternehmensgründer sollten in jedem Fall frühzeitig vorab klären, ob die beabsichtigte unternehmerische Tätigkeit erlaubnispflichtig ist oder gesetzlichen Beschränkungen unterliegt und welche Voraussetzungen für die Erteilung einer etwaigen Erlaubnis vorliegen müssen, um Verzögerungen oder Einschränkungen ihrer unternehmerischen Betätigung zu vermeiden. Bedarf die geplante Tätigkeit der staatlichen Erlaubnis, so muss diese bei der Gründung einer GmbH oder AG bereits im handelsregisterlichen Eintragungsverfahren vorgelegt werden, nicht erst bei Aufnahme der geplanten Tätigkeit. Ansprechpartner für Fragen der Erlaubnispflicht sind neben rechtlichen Beratern insbesondere die Mitarbeiter der örtlich zuständigen Industrie- und Handelskammer bzw. der Handwerkskammer sowie die Sachbearbeiter bei den Gewerbe- oder Ordnungsämtern, daneben etwa die einschlägigen Berufskammern oder auch Unternehmerverbände und -vereinigungen.

II. Firmenrecht

160 Im Gegensatz zum alltagssprachlichen Gebrauch, in dem mit der „Firma" meist das Unternehmen gemeint ist, wird unter der Firma im handelsrechtlichen Sinn der **Name des Unternehmens** verstanden. Nach § 17 HGB ist die Firma eines Kaufmanns der **Name, unter dem er seine Geschäfts betreibt und seine Unterschrift abgibt**. Der Kaufmann kann unter seiner Firma klagen und verklagt werden.

161 Eine Firma hat daher nur der Kaufmann, also z. B. der im Handelsregister eingetragene Einzelkaufmann, die Personenhandelsgesellschaften und die Kapitalgesellschaften. Ein nichtkaufmännisches Unternehmen wie der **Kleingewerbetreibende** oder die **Gesellschaft bürgerlichen Rechts** hat mangels Kaufmannseigenschaft keine handelsrechtliche Firma. Die Möglichkeit, unter einer Ge-

schäftsbezeichnung aufzutreten, besteht aber auch für Nichtkaufleute, solange hierdurch keine Irreführung z. B. über die Rechtsform oder die Art oder den Umfang der Tätigkeit oder andere wesentliche Umstände befürchtet werden muss. Hierbei ist aber zu beachten, dass Gewerbetreibende, für die keine Firma im Handelsregister eingetragen ist, auf allen Geschäftsbriefen, die an einen bestimmten Empfänger gerichtet werden, ihren Familiennamen mit mindestens einem ausgeschriebenen Vornamen angeben müssen. Gewerberechtliche Pflichten zur Anbringung des vollen Namens bestehen auch für offene Verkaufsstellen, Gaststätten oder sonstige offene Betriebsstätten.

Bei der Bildung der handelsrechtlichen Firma des Kaufmanns sind bestimmte **162** Grundsätze zu beachten. Das früher äußerst komplizierte Firmenrecht, das abhängig von der Rechtsform des Unternehmens äußerst detaillierte Einzelregelungen enthielt, wurde allerdings durch das Handelsrechtsreformgesetz zum 01.07.1998 ganz wesentlich vereinfacht. Die Firma kann danach nunmehr für alle im Handelsregister eingetragene Rechtsformen frei gewählt werden.

Allerdings muss die Firma **zur Kennzeichnung des Kaufmanns geeignet sein** **163** und **Unterscheidungskraft** besitzen. Sie darf keine Angaben enthalten, die geeignet sind, über geschäftliche Verhältnisse, die für die angesprochenen Verkehrskreise wesentlich sind, **irrezuführen**. Sie muss darüber hinaus einen geeigneten **Rechtsformzusatz** enthalten.

Es kommen im Wesentlichen drei Möglichkeiten der Firmenbildung in Be- **164** tracht:

- die **Namensfirma**, bei der die Firma vom Namen des Kaufmanns oder – bei Gesellschaften – vom Namen eines oder mehrerer Gesellschafter abgeleitet ist (Beispiel: Schneider & Bergmann GmbH);
- die **Sachfirma**, die dem Gegenstand des Unternehmens entnommen wird bzw. auf diesen hinweist (Beispiel: ABC Fensterreinigungs oHG);
- die **Phantasiefirma**, die weder mit dem Namen des Unternehmers oder eines Gesellschafters übereinstimmt noch der Unternehmenstätigkeit entlehnt ist (Beispiel: PiXXano AG),

Daneben können auch **Mischformen** gewählt werden, z. B. Phantasiefirma mit **165** Namensfirma wie „PiXXano Müller KG", Sachfirma mit Namensfirma wie „Müller Fensterreinigung GmbH", Phantasiefirma mit Sachfirma wie „PiXXano Fensterreinigungs AG".

Zur Kennzeichnung nicht geeignet wäre aber beispielsweise eine Sachfirma, **166** die mit dem Gegenstand des Unternehmens nichts zu tun hat, z. B. ABC Fensterreinigungs GmbH für einen Computerhandel. Eine solche Firmierung wäre offensichtlich irreführend.

Die Eignung zur Kennzeichnung und die Unterscheidungskraft setzen im Übri- **167** gen zweierlei voraus:

Zum einen muss die Firma selbst – ähnlich wie eine Marke – diese Vorausset- **168** zungen erfüllen und Kennzeichnungseignung und Unterscheidungskraft besitzen. Insoweit könnte eine Firma „Autohandel GmbH" bereits an diesem Erfordernis scheitern, sodass ein Zusatz erforderlich wäre, z. B. „Müller Autohandel GmbH".

169 Zum anderen muss sich die Firma zusätzlich von allen anderen im selben Handelsregister eingetragenen Firmen hinreichend unterscheiden. Daher ist zu befürchten, das eine „Müller GmbH" u. U. bereits keine Chance mehr hat, weil die Wahrscheinlichkeit einer bereits bestehenden entsprechenden Firma recht hoch ist. Dann wird Müller seiner Firma einen weiteren Zusatz beifügen müssen und seine Gesellschaft „Müller Autohandel GmbH" nennen können, wenn es eine solche Firma in seinem Handelsregisterbezirk noch nicht gibt. An der Unterscheidungskraft kann es aber auch bereits bei ähnlichen Schreibweisen fehlen. So wird u. U. die Firma IRON GmbH vom Gericht als unzulässig angesehen werden, wenn im selben Handelsregisterbezirk bereits eine IRONG GmbH eingetragen ist, weil auf Grund der Ähnlichkeit **Verwechselungsgefahr** besteht.

170 Die Firma darf darüber hinaus nicht **irreführend** sein. Eine Irreführung kann insbesondere dann vorliegen, wenn die Firma über die Verhältnisse des Unternehmens falsche Vorstellungen hervorruft. So wird der PC-Schrauber im Hinterhof möglicherweise Probleme mit einer Firma wie „Leading Global Network Solutions e.Kfm" oder „Deutsche Netzwerktechnik AG" bekommen. Im registerrechtlichen Eintragungsverfahren wird eine Eignung zur Irreführung zwar nur berücksichtigt, wenn sie ersichtlich ist. Sowohl die IHK als auch die Registergerichte sind aber insbesondere sensibilisiert für geographische Zusätze, da diese bereits nach der zur alten Firmenrechtslage ergangenen und insoweit weiter zu beachtenden Rechtsprechung eine herausragende Stellung oder zumindest eine wesentliche Bedeutung des Unternehmens im entsprechenden räumlichen Markt suggerieren. Vorsicht ist also insbesondere angeraten bei Zusätzen wie „Süddeutsche ...", „Deutsche ...", „Europäische ...", „Euro ..." oder ähnlichen Bezeichnungen. Darüber hinaus kann eine etwaige Irreführung auch außerhalb des registerrechtlichen Verfahrens von Wettbewerbern oder Dritten nach wettbewerbsrechtlichen Grundsätzen geltend gemacht werden.

171 Jede Firma muss darüber hinaus einen **Rechtsformzusatz** enthalten:
- Die Firma eines Einzelkaufmannes muss den Zusatz „eingetragener Kaufmann" oder „eingetragene Kauffrau" oder eine allgemein verständliche Abkürzung wie „e.K.", „e.Kfm." oder „e.Kfr." enthalten.
- Die Firma einer offenen Handelsgesellschaft muss den Zusatz „offene Handelsgesellschaft" oder eine allgemein verständliche Abkürzung wie „oHG" enthalten.
- Die Firma einer Kommanditgesellschaft muss den Zusatz „Kommanditgesellschaft" oder eine allgemein verständliche Abkürzung wie „KG" enthalten.

172 Wenn in einer offenen Handelsgesellschaft oder einer Kommanditgesellschaft keine natürliche Person persönlich haftet, muss die Firma darüber hinaus eine

Bezeichnung enthalten, welche die Haftungsbeschränkung kennzeichnet, beispielsweise „GmbH & Co. KG" oder „beschränkt haftende oHG".[2]

- Die Firma einer Gesellschaft mit beschränkter Haftung muss den Zusatz „mit beschränkter Haftung" oder eine allgemein verständliche Abkürzung wie „GmbH", in Österreich meist „Ges.m.b.H." enthalten.
- Die Firma einer Aktiengesellschaft muss den Zusatz „Aktiengesellschaft" oder eine allgemein verständliche Abkürzung wie „AG" enthalten.

Über die Zulässigkeit der Firma entscheidet das **Handelsregister** im Rahmen der Handelsregistereintragung. Das Gericht fordert im Rahmen dieser Entscheidung eine Stellungnahme der örtlich zuständigen **Industrie- und Handelskammer** (IHK) an. Zur Beschleunigung des Handelsregisterverfahrens und zur Vermeidung von späteren Beanstandungen und Änderungserfordernissen empfiehlt es sich, vorab eine Stellungnahme der IHK einzuholen, die meist innerhalb weniger Tage erteilt wird. Das entsprechende Unbedenklichkeitsschreiben der IHK kann dann direkt mit dem Eintragungsantrag beim Handelsregister eingereicht werden. Das entsprechende Schreiben an die IHK sollte enthalten: **173**

- die vorgesehene Rechtsform des Unternehmens und den Sitz,
- die beabsichtigte Firma des Unternehmens,
- den geplanten Gegenstand des Unternehmens,
- Angaben über den Namen oder die Firma der beteiligten Gesellschafter.

Auch bei einer vorab erfolgten Zustimmung der IHK und nach Abstimmung mit dem Registergericht sind die Gründer aber vor bösen Überraschungen nicht sicher. Denn weder die IHK noch das Registergericht beschäftigen sich mit der Frage, ob **Wettbewerbs- oder Kennzeichenrechte Dritter** bei der Firmenbildung beachtet wurden. Wird beispielsweise die Firma PiXXano AG anstandslos in das Handelsregister eingetragen, kann sich nachträglich herausstellen, dass die Bezeichnung „ PiXXano" bereits als Marke für einen Dritten geschützt ist oder als geschäftliches Kennzeichen bereits von einem anderen Unternehmen derselben oder einer ähnlichen Branche genutzt wird. Zur Vermeidung einer Unterlassungsklage z. B. nach dem Markengesetz und erheblicher Kosten durch eine später erforderlich werdende Umbenennung sollte daher trotz der bestehenden firmenrechtlichen Freiheit eine rechtliche Beratung in Anspruch genommen[3] und eine ausreichende Recherche durchgeführt werden. Im Einzelnen verweisen wir zum gewerblichen Rechtsschutz auch auf den Abschnitt G. **174**

Schließlich sollten die Gründer beachten, dass die Firma keine nach **wettbe-werbsrechtlichen** Grundsätzen als **unlauter** anzusehende Aussagen enthält, da **175**

---

2 Dieser Zusatz sollte insbesondere dann vorab mit dem Gericht geklärt werden, wenn die Konstellation ungewöhnlich ist, z. B. bei ausländischen Gesellschaften als persönlich haftendem Gesellschafter. Die Antwort auf die Frage, ob der zuständige Richter die Firma „SMøLLELøNG AB & Co. KG" für ausreichend oder „SMøLLELøNG AB (Aktiengesellschaft schwedischen Rechts) & Co. KG" für erforderlich hält, fällt möglicherweise in unterschiedlichen Gerichtsbezirken verschieden aus.
3 Diese Beratung wird in manchen Bundesländern durch öffentliche Mittel (anteilig) gefördert.

diese selbst bei Nichtbeanstandungen durch Gericht und IHK Wettbewerber zu wettbewerbsrechtlichen Unterlassungsklagen animieren könnte. Neben „Allein-stellungs-" oder „Vormachtstellungsbehauptungen" („Erste Internet AG") und „Herabsetzung von Wettbewerbern" („Bester und günstigster PC-Anbieter GmbH") betrifft dies alle Firmenbestandteile, die über die geschäftlichen Ver-hältnisse irreführen.

III. Buchführungspflichten

Literaturauswahl:

Leffson, Die Grundsätze ordnungsmäßiger Buchführung, IDW-Verlag, 1987; Wirtschafts-prüferhandbuch 2000, IDW-Verlag; Ax, Rolf/Große, Thomas/Melchior, Jürgen, Abgaben-ordnung und Finanzgerichtsordnung, Schäffer Poeschel Verlag, 2001; Schultz, Volker, Basiswissen Rechnungswesen. Buchführung, Bilanzierung, Kostenrechnung, Controlling, Verlag DTV-Beck, 2001; Falterbaum, Hermann/Beckmann, Heinz/Bolk, Wolfgang, Buch-führung und Bilanz. Steuerrecht für Studium und Praxis, Fleischer-Verlag 2003; Gold-stein, Elmar, Buchführung mit DATEV, Hauffe-Verlag, 2000; Heinold, Michael, Buchfüh-rung in Fallbeispielen, Verlag Schäffer-Poeschel, 2001; Wöhe, Günter/Kussmaul, Heinz, Grundzüge der Buchführung und Bilanztechnik, Verlag Vahlen, 2001; Eisele, Wolfgang, Technik des betrieblichen Rechnungswesens, Verlag Vahlen, 2001.

176 Der Erfolg eines Unternehmens bestimmt sich – zumindest aus kaufmännischer Sicht und aus Sicht der Finanzverwaltung – über die Mehrung seines Vermö-gens, welches wiederum dazu verwendet wird, weitere Erträge bzw. Gewinne zu erzielen. Zur Bestimmung des Unternehmenserfolges ist es insofern notwen-dig, über die Vermögensänderungen im Unternehmen Buch zu führen.

177 Das **Handelsgesetzbuch** als Recht der Kaufleute – als ein Kaufmann gilt al-leine der Rechtsform wegen jede Kapitalgesellschaft (im Wesentlichen GmbH, Aktiengesellschaft) und damit die Mehrheit der Start-Up-Unternehmen – defi-niert in **§ 238 HGB** die Buchführungspflichten für Kaufleute:

178 „Jeder Kaufmann ist verpflichtet, Bücher zu führen und in diesen seine Han-delsgeschäfte und die Lage seines Vermögens nach den Grundsätzen ordnungs-mäßiger Buchführung ersichtlich zu machen. Die Buchführung muss so be-schaffen sein, dass sie einem sachverständigen Dritten innerhalb angemessener Zeit einen Überblick über die Geschäftsvorfälle und über die Lage des Unter-nehmens vermitteln kann. Die Geschäftsvorfälle müssen sich in ihrer Entste-hung und Abwicklung verfolgen lassen."

Existenzgründer, die keine Kaufleute i. S. d. § 1 HGB sind, also insbesondere kein Handelsgewerbe betreiben und ihren Betrieb auch nicht in das Handelsre-gister haben eintragen lassen (§ 2 HGB), fallen nicht unter die beschriebenen Regelungen des § 238 HGB und sind insofern von den handelsrechtlichen Buchführungspflichten befreit. Für sie kann sich die Buchführungspflicht aus § 141 AO ergeben; diese Regelung stellt eine „Auffangnorm" dar. Die Schwel-lenwerte, ab denen sich eine Buchführungspflicht nach § 141 der Abgabenordnung ergibt, wurden jüngst durch das Gesetz zur Förderung von Kleinunternehmen und zur Verbesserung der Unternehmensfinanzierung (**„Kleinunternehmerförderungsgesetz"**) vom 31. Juli 2003 erhöht. Entsprechend § 141 Abs. 1 AO sind dann Bücher zu führen, wenn die Umsatzerlöse T€ 350 oder der Gewinn T€ 30 übersteigen. Wer die Schwellenwerte nicht erreicht, ist nicht zur Buchführung verpflichtet; die Besteuerung basiert in diesen Fällen auf einer Einnahmenüberschussrechnung.

1. Die Grundsätze ordnungsmäßiger Buchführung

Welche Bücher zu einer ordnungsgemäßen Buchführung gehören und was überhaupt als ordnungsmäßige Buchführung (**„Grundsätze ordnungsmäßiger Buchführung"**, GoB) zu bezeichnen ist, ist gesetzlich nicht abschließend geregelt. Nach herrschender Meinung ist dies im deduktiven Verfahren zu ermitteln: Sie aus den Zwecken der Rechnungslegung (z. B. Dokumentation der Geschäftsvorfälle, Rechenschaftslegung der gesetzlichen Vertreter, Schutz der Gläubiger) abzuleiten, wobei als Ableitungshilfen die einschlägigen Gesetze und Verordnungen, die EG/EU-Richtlinien, die Rechtsprechung insbesondere des BGH, des BFH und des EuGH, aber auch Stellungnahmen und Gutachten von Interessenvertretungen (IDW, DIHT) und die Erkenntnisse der Betriebswirtschaftslehre heranzuziehen sind. Als Grundsätze ordnungsmäßiger Buchführung sind allgemein anerkannt: **179**

Die Eintragungen in den Büchern und die sonstigen Aufzeichnungen müssen vollständig, richtig, zeitgerecht und geordnet vorgenommen werden (§ 239 Abs. 2 HGB). **180**

Vollständigkeit bedeutet, dass jeder in der Buchhaltung abzubildende Geschäftsvorfall (z. B. die Lieferung oder der Erhalt von Ware, die Zahlung von Lohn) auch in den Büchern erfasst wird. Eine Buchführung ist dann nicht ordnungsmäßig, wenn das Buchführungssystem – d. h. die Gesamtheit der Buchführungsmaßnahmen und -regelungen – keine oder nur unvollständige Kontrollen zur Sicherstellung der Vollständigkeit vorsieht, bzw. wenn die Angemessenheit oder die tatsächliche Anwendung der eingerichteten Kontrollen nicht gewährleistet ist. **181**

Beispiel:
Zur Erfassung der eingehenden Rechnungen sollte ein Rechnungseingangsbuch geführt werden. Erst nach Erfassung der Eingangsrechnungen im Rechnungseingangsbuch werden diese an die verantwortlichen Personen zur Prüfung auf sachliche und rechnerische Richtigkeit weitergeleitet, um danach im Kreditorenkontokorrent gebucht zu werden. Eine Abstimmung des Rechnungseingangsbuchs mit den im Kreditorenkontokorrent erfassten Rechnungen lässt erkennen, ob Rechnungen – aus welchen Gründen auch immer – von Mitarbeitern zurückgehalten werden.

Unter **Zeitgerechtigkeit** ist im Wesentlichen „Zeitnähe" zu verstehen. Zeitgerecht meint dabei nicht „unverzüglich", sondern ist in Abhängigkeit von der Ausgestaltung des Buchführungssystems auszulegen. Es muss sichergestellt **182** sein, dass zwischen Geschäftsvorfall und seiner Buchung keine Belege bzw. Informationen verloren gehen. Insofern ist Zeitgerechtigkeit auch im Sinne der Vollständigkeit zu verstehen. Die Ordnungsmäßigkeit der Buchführung ist dann nicht mehr gegeben oder zumindest gefährdet, wenn Buchungsrückstände ein solches Ausmaß annehmen, dass eine vollständige und geordnete Erfassung aller Belege nicht mehr gewährleistet ist bzw. der Kaufmann aufgrund des Buchungsrückstandes keinen Überblick mehr über die Lage des Unternehmens hat (Prinzip der Selbstinformation).

183 Weitergehende Anforderungen hinsichtlich einer zeitnahen Buchung stellt § 146 Abs. 1 Satz 2 AO, der Regelungen zur Ordnungsmäßigkeit der Buchführung aus steuerrechtlicher Sicht enthält. Dieser Regelung zufolge müssen Kassenbewegungen täglich festgehalten werden. Mit dieser Anforderung geht § 146 Abs. 1 AO zwar über § 239 Abs. 2 HGB hinaus, es ist jedoch Best-Practise, in einem so sensiblen Bereich wie dem Zahlungsverkehr ein zeitlich engmaschiges Kontrollsystem zu etablieren.

184 Eine Eintragung oder eine Aufzeichnung darf nicht in einer Weise verändert werden, dass der ursprüngliche Inhalt nicht mehr feststellbar ist (sog. **„Radierverbot"**, § 239 Abs. 3 HGB).

185 Bei der Erfassung und der Verarbeitung des Buchungsstoffes kommt es angesichts der Vielzahl zu verarbeitender Geschäftsvorfälle unweigerlich zu Fehlern (z. B. Fehlkontierungen, Zahlendreher etc.). Selbstverständlich sind diese Fehler zu korrigieren. Es muss jedoch vermieden werden, dass Buchungsstoff nachträglich manipuliert oder unkontrolliert verändert werden kann. Aus diesem Grund fordert das sog. „Radierverbot", dass Korrekturen immer im Wege einer Stornierung der Falschbuchung und Neuerfassung der korrekten Buchung erfolgen müssen und abweichende Handhabungen schon vom Buchungssystem her nicht erlaubt sein dürfen.

> *Beispiel:*
>
> Das Start-Up-Unternehmen X-AG führt seine Buchhaltung mittels eines Tabellenkalkulationsprogrammes ohne spezifische Schutzmechanismen. Da die in diesem Programm erfassten Informationen unwiderruflich überschrieben werden können, besteht ein Verstoß gegen das „Radierverbot" mit der Folge, dass die Buchhaltung zumindest formal als nicht ordnungsgemäß zu betrachten ist.

186 Die Bücher sind in einer lebenden Sprache zu führen. Bei der Verwendung von Abkürzungen, Ziffern, Buchstaben und Symbolen muss deren Bedeutung eindeutig feststehen (§ 239 Abs. 1 HGB). In der Praxis ist zu empfehlen, die Bücher möglichst in deutscher, zumindest aber in englischer Sprache, zu führen.

2. Organisation der Buchhaltung

187 Umfang und Art der zu führenden Bücher richten sich nach der Geschäftstätigkeit des Unternehmens. Zu unterscheiden ist hierbei im Wesentlichen zwischen dem Hauptbuch („General Ledger"), dem Grundbuch und den so genannten Nebenbüchern („Special Ledger"). Im Hauptbuch, aus dem später der Jahresabschluss abgeleitet wird, werden die Geschäftsvorfälle entsprechend ihrer sachlichen Zusammengehörigkeit abgebildet. Da es üblicherweise nicht zweckmäßig ist, im Hauptbuch sämtliche für die Abwicklung der einzelnen Geschäftsvorfälle erforderlichen Daten abzubilden, sondern vielmehr die Konten nur mit den aggregierten Informationen bestückt werden, werden Nebenbücher – die die entsprechenden Detailangaben zur Weiterbearbeitung der Geschäftsvorfälle enthalten – geführt, die regelmäßig und systematisch mit den betreffenden Hauptbuchkonten abgestimmt werden. Üblicherweise werden folgende Nebenbücher geführt

- Debitorenkontokorrent: Nebenbuch zur Erfassung und Abwicklung der Forderungen gegenüber den einzelnen Kunden, i.d.R. mit einem automatischen Mahnwesen verbunden
- Lieferantenkontokorrent: Nebenbuch zur Erfassung und Abwicklung der Verbindlichkeiten gegenüber den einzelnen Lieferanten
- Kassenbuch: Nebenbuch zur Aufzeichnung der einzelnen Kassenbewegungen
- Anlagenbuchhaltung: Erfassung (Inventarisierung), Verwaltung und Folgebewertung (z.B. planmäßige und außerplanmäßige Abschreibungen)
- Lohn- und Gehaltsbuchhaltung: Nebenbuch zur personengenauen Abwicklung des Lohn- und Gehaltsverkehrs unter Berücksichtigung der personenindividuellen Steuer- und Sozialversicherungsdaten
- Lagerbuchhaltung: Nebenbuch zur Erfassung der einzelnen Lagerbewegungen (Wareneingänge und -ausgänge) und zur Bewertung der Vorräte, ggf. mit einem Bestellsystem gekoppelt.

3. Aufbewahrungspflichten

Zu den Buchführungspflichten gehört auch die Einhaltung der gesetzlichen **188** Aufbewahrungsfristen, für die es sowohl im Handelsrecht (§ 257 HGB) als auch im Steuerrecht (§ 147 AO) Regelungen gibt (Abbildung 1).

Verantwortlich für die Einhaltung der Buchführungspflichten ist stets der Kauf- **189** mann – sprich: die gesetzlichen Vertreter (Geschäftsführung, Vorstand) der Kapitalgesellschaft – selbst. Selbstverständlich – und dieses ist für Start-Up-Unternehmen, die noch keine eigene Buchhaltung aufbauen möchten oder können, durchaus üblich – können die mit der Buchführung verbundenen Arbeiten auf Dritte (Dienstleister) übertragen werden. Die Auswahl des Dienstleisters sollte jedoch unbedingt mit der gebotenen Sorgfalt erfolgen, da der Kaufmann selbst verantwortlich für die Einhaltung der Buchführungspflichten bleibt (vgl. § 91 Abs. 1 AktG, § 41 GmbHG).

Verstöße gegen die Buchführungspflichten sowie die handels- und steuerrechtli- **190** chen Vorschriften können dazu führen, dass die Buchführung durch die Finanzverwaltung verworfen wird und zu Zwecken der Besteuerung eine Schätzung der Besteuerungsgrundlagen (Umsatz, Gewinn) vorgenommen wird (§ 162 AO).

Mit Ausnahme der Jahresabschlüsse und der Eröffnungsbilanz können aufbe- **191** wahrungspflichtige Unterlagen auch elektronisch aufbewahrt werden. Voraus-

Dokument	Aufbewahrungszeitraum nach HGB in Jahren	Art der Aufbewahrung
Handelsbücher[4]	10	Original oder Wiedergabe auf einem Bild- oder Datenträger
Inventare	10	Original oder Wiedergabe auf einem Bild- oder Datenträger
Eröffnungsbilanzen	10	Nur Original
Jahresabschlüsse	10	Nur Original
Lageberichte	10	Original oder Wiedergabe auf einem Bild- oder Datenträger
Konzernabschlüsse	10	Nur Original
Konzernlageberichte	10	Original oder Wiedergabe auf einem Bild- oder Datenträger
Buchungsbelege	10	Original oder Wiedergabe auf einem Bild- oder Datenträger
Empfangene Handelsbriefe[5]	6	Original oder Wiedergabe auf einem Bild- oder Datenträger
Wiedergaben der abgesandten Handelsbriefe	6	Original oder Wiedergabe auf einem Bild- oder Datenträger

Abbildung 1: Aufbewahrungspflichten

setzung ist, dass die Grundsätze der ordnungsgemäßen Buchführung eingehalten werden. Ferner muss sichergestellt sein, dass die Wiedergabe der Daten mit den empfangenen Handels- oder Geschäftsbriefen und den Buchungsbelegen bildlich und mit anderen Unterlagen inhaltlich übereinstimmen, wenn sie lesbar gemacht werden.

192 Darüber hinaus muss seit dem 01.01.2002 für steuerliche Zwecke sichergestellt sein, dass die Daten während der Dauer der Aufbewahrungsfrist jederzeit verfügbar sind, unverzüglich lesbar gemacht und maschinell ausgewertet werden können (§ 147 Abs. 2 AO).

Hinweis:

Um die **maschinelle Auswertbarkeit** von originär digitalen Unterlagen sicherzustellen, dürfen die Daten z. B. **nicht** im **pdf-Format** archiviert werden. Ferner ist es **nicht** zulässig, diese Unterlagen ausschließlich in ausgedruckter Form, auf **Mikrofilm** oder im COM-Verfahren (Computer-Output-Mikrofilm) zu archivieren. Eine Archivierung auf Mikrofilm ist nur möglich, wenn die vor der Übertragung auf Mikrofilm vorhandenen Daten vorgehalten werden und eine maschinelle Auswertbar-

---

4 Sowie die zu ihrem Verständnis erforderlichen Arbeitsanweisungen und Organisationsunterlagen.
5 Schriftstücke, die ein Handelsgeschäft betreffen. Hierzu zählen sämtliche Schriftstücke (auch Telefonnotizen!), die zur Vorbereitung, zum Abschluss, zur Durchführung oder zur Rückgängigmachung eines Handelsgeschäftes dienen.

keit durch das DV-System gewährleistet ist. Es besteht allerdings keine Pflicht zur Aufbewahrung in maschinell lesbarer Form, wenn die Unterlagen zwar DV-gestützt erstellt, aber nicht zur Weiterverarbeitung im DV-System geeignet sind (z.B. Textdokumente). Im Falle von originär in Papierform angefallenen Unterlagen (z.B. Eingangsrechnungen) ist die optische Archivierung auf Mikrofilm weiterhin möglich.[6]

Kann der Steuerpflichtige die elektronisch archivierten Unterlagen nur auf einem Bildträger wiedergeben oder auf einem anderen Datenträger vorlegen, muss er der Finanzverwaltung **auf eigene Kosten** diejenigen Hilfsmittel zur Verfügung stellen, die erforderlich sind, um die Unterlagen lesbar zu machen. Auf Verlangen der Finanzbehörde hat er auf seine Kosten die Unterlagen unverzüglich auszudrucken bzw. ohne Hilfsmittel lesbare Reproduktionen beizubringen.[7]   **193**

Im Rahmen der **Außenprüfung** hat die Finanzbehörde seit dem 01.01.2002 **194** verschärfte Zugriffsrechte.[8] Im Rahmen eines „**Nur-Lese-Zugriffs**" kann sie Einsicht in die gespeicherten Daten nehmen und das DV-System zur Prüfung dieser Unterlagen nutzen. Dieser Nur-Lese-Zugriff (auch: unmittelbarer Datenzugriff) kann nur mittels der Hard- und Software des Steuerpflichtigen bzw. eines beauftragten Dritten erfolgen. Eine Fernabfrage (Online-Zugriff) ist unzulässig. Falls erforderlich, muss der Steuerpflichtige den Prüfer in das EDV-System einweisen. Alternativ kann die Finanzverwaltung die maschinelle Auswertung der Daten nach ihren Vorgaben verlangen (**mittelbarer Zugriff**). In diesem Fall erfolgt die Datenauswertung vor Ort durch den Steuerpflichtigen oder einen beauftragten Dritten. Der Steuerpflichtige muss die erforderliche Hard- und Software sowie mit dem EDV-System vertraute Mitarbeiter zur Verfügung stellen.[9] Schließlich kann die Finanzbehörde den Steuerpflichtigen auffordern, die gespeicherten Unterlagen auf einem maschinell verwertbaren Datenträger zur eigenen Auswertung zu überlassen (**Datenträgerüberlassung**). Dies umfasst die Überlassung der zur Auswertung erforderlichen Informationen (z.B.: Dateistruktur, Datenfelder, interne und externe Verknüpfungen) in maschinell auswertbarer Form. Der Steuerpflichtige ist verpflichtet, solche Daten zu beschaffen, die sich bei Dritten (z.B. Steuerberater) befinden. Von welcher Möglichkeit die Finanzverwaltung Gebrauch macht, steht in ihrem Ermessen.

Hinweis:

Der Datenzugriff ist auf **steuerlich relevante Daten** beschränkt. Steuerlich relevant sind insbesondere die Daten der Finanz-, Anlagen- und Lohnbuchhaltung. Ggf. sind auch Daten aus anderen Bereichen vorzuhalten, soweit diese steuerlich relevant sind.

---

6 BMF-Schreiben vom 16.7.2001 über die Grundsätze zum Datenzugriff und zur Prüfbarkeit digitaler Unterlagen (GDPdU), BStBl. I 2001, 415ff., Abschnitt III.
7 § 147 Abs. 5 AO.
8 Vgl. § 146 Abs. 6 AO sowie BMF-Schreiben vom 16.07.2001 (GDPdU), BStBl. I 2001, 415ff.
9 BMF-Schreiben vom 16.07.2001 (GDPdU), BStBl. I 2001, S. 415ff., Abschn. I.1.c, Abschn. I.2.c.

Das Risiko einer unzutreffenden Qualifizierung trägt der Steuerpflichtige. Welche Daten im Einzelnen steuerlich relevant sind, ist eine Frage des konkreten Einzelfalles. In den meisten Fällen dürften sich die Daten wohl eindeutig zuordnen lassen.

Praxistip:

Unternehmen sollten **Zugriffsbeschränkungen** einrichten, durch die sichergestellt ist, dass der Prüfer nur auf steuerlich relevante Daten zugreifen kann. Beim Erwerb neuer IT-Systeme sollten Unternehmen daher auf die technische Möglichkeit der Zugangsbeschränkung für „sensible" Unternehmensdaten (z. B. Betriebsgeheimnisse) achten. Das Unternehmen sollte zudem sicherstellen, dass die Daten durch den Prüfer nicht verändert werden können. Ferner bietet es sich an, die Zugriffe des Prüfers auf die Daten zu protokollieren.

IV. Sonstiges

195 Nachfolgend sind die wichtigsten Behörden und Institutionen aufgeführt, mit denen ein neu errichtetes Unternehmen bei seiner Gründung in Kontakt kommt:

- Handelsregistergericht
- Gewerbemeldestelle (z. B. Gewerbe- oder Ordnungsamt) der jeweiligen Kommune
- Industrie- und Handelskammer, Handwerkskammer
- Berufsgenossenschaft
- Finanzamt
- Arbeitsamt
- Krankenkassen
- Sozialversicherungsträger
- ggf. Berufskammern.

196 Im Rahmen einer Gewerbeanmeldung bei der Gewerbeanmeldestelle der jeweiligen Kommune werden gleichzeitig das Finanzamt, die Berufsgenossenschaft, die Industrie- und Handelskammer (IHK) sowie das Handelsregistergericht über den neuen Gewerbetreibenden informiert. Um etwaige Sanktionen zu vermeiden, ist es empfehlenswert, sich unverzüglich (max. zwei Wochen nach Unternehmensgründung) zur Eintragung in das Handelsregister sowie bei den weiteren Behörden anzumelden. Das Handelsregistergericht ist das örtlich zuständige Amtsgericht.

197 Die für das Unternehmen erforderliche Betriebsnummer wird vom Arbeitsamt nach der dortigen Anmeldung zugeteilt. Die Steuernummer erteilt das zuständige Finanzamt.

198 Des Weiteren sind die Gründer verpflichtet, die Selbstständigkeit der **Berufsgenossenschaft** anzuzeigen. Die Berufsgenossenschaften sind Träger der gesetzlichen Unfallversicherung. Ihre Aufgaben umfassen die Verhütung von Arbeitsunfällen, Berufskrankheiten und arbeitsbedingte Gesundheitsgefahren sowie die Erbringung von Leistungen nach dem Eintritt von Arbeitsunfällen und Berufs-

krankheiten durch Wiederherstellung der Gesundheit und Leistungsfähigkeit und/oder Leistung von Entschädigungszahlungen. Die Anmeldung hat innerhalb einer Woche nach dem Beginn des Unternehmens nach Art des Unternehmens, Tag des Unternehmensbeginns und der Zahl der Versicherten formlos zu erfolgen. Die Anzeige ist auch dann erforderlich, wenn überhaupt keine Arbeitnehmer beschäftigt werden. Auch dass die Gewerbeanmeldestelle die Betriebsaufnahme von sich aus der Berufsgenossenschaft anzeigt, ersetzt nicht die eigene Anzeigepflicht des Unternehmens.

Erforderlich ist zudem die Anmeldung der Mitarbeiter des Unternehmens bei **199** der jeweiligen Krankenkasse und bei der Rentenversicherung, da es sonst zu empfindlichen Strafen (Geld- und Freiheitsstrafen) und Nachzahlungen kommen kann.

1. Handelsregister

Das Handelsregister ist ein von den Amtsgerichten als Registergericht geführtes **200** **öffentliches Verzeichnis** der Kaufleute und Handelsgesellschaften. Die Einsicht in das Handelsregister sowie der zum Handelsregister eingereichten Schriftstücke ist jedem zu Informationszwecken gestattet, ebenso wie jeder eine Abschrift von den Eintragungen und den eingereichten Schriftstücken fordern kann (§ 9 Abs. 1 und 2 HGB).

Nach § 29 HGB ist jeder Kaufmann **verpflichtet**, seine Firma und den Ort sei- **201** ner Niederlassung zur Eintragung in das Handelsregister anzumelden. **Kaufmann** im Sinne des Handelsgesetzbuches ist jeder, der ein Handelsgewerbe betreibt. Handelsgewerbe im Sinne des HGB ist jeder Gewerbebetrieb, es sei denn, dass das Unternehmen nach Art oder Umfang einen in kaufmännischer Weise eingerichteten Geschäftsbetrieb nicht erfordert. Die Ausübung freier Berufe zählt nicht zu den Gewerbebetrieben; hier kann aber abhängig von der Rechtsform, in der das Unternehmen betrieben wird, z.B. in Form einer GmbH, unabhängig von der Art der Tätigkeit eine Eintragungspflicht bestehen.

Ein gewerbliches Unternehmen, dass danach nicht bereits kraft Gesetzes Han- **202** delsgewerbe ist, weil es nach Art oder Umfang keinen in kaufmännischer Weise geführten Geschäftsbetrieb erfordert, gilt dann als Handelsgewerbe, wenn die Firma des Unternehmens in das Handelsregister eingetragen ist. Bei diesen Unternehmen besteht ein Recht, aber keine Pflicht des Unternehmers, die Eintragung nach den für Kaufleute geltenden Vorschriften herbeizuführen. Gleiches gilt für land- und forstwirtschaftliche Betriebe. Ab der Eintragung unterliegt ein solches Unternehmen den für Kaufleute geltenden Vorschriften.

Beim Handelsregister werden **zwei Abteilungen** (Abteilung A und Abteilung **203** B) geführt. In die Abteilung A werden Einzelkaufleute, die offene Handelsgesellschaft (oHG) und die Kommanditgesellschaft (KG) eingetragen,[10] in die

---

10 Sowie weitere, seltenere Gesellschaftsformen wie die Europäische wirtschaftliche Interessenvereinigung (EWIV) sowie die Kommanditgesellschaft auf Aktien (KGaA).

Abteilung B die Kapitalgesellschaften (GmbH und Aktiengesellschaft). Die Eintragung erfolgt in der Regel auf einen entsprechenden Antrag, die **Handelsregisteranmeldung**. Die Anmeldungen wie auch die zur Aufbewahrung bei Gericht einzureichenden Unterschriften sind in **öffentlich beglaubigter Form** vorzunehmen, wobei die Beglaubigung i. d. R. durch einen Notar vorgenommen wird, aber auch durch Behörden, wie den Gemeindeverwaltungen, im Rahmen ihrer Zuständigkeiten erfolgen kann.

204 Mit den Eintragungen in das Handelsregister sind rechtlich bedeutsame **Publizitätswirkungen** nach § 15 HGB verbunden. Danach kann eine in das Handelsregister einzutragende, d. h. eintragungspflichtige Tatsache, die einem Dritten nicht bekannt war, von demjenigen, in dessen Angelegenheiten sie einzutragen war, dem Dritten nicht entgegengehalten werden, solange sie nicht eingetragen und bekannt gemacht ist. Ist also beispielsweise ein Geschäftsführer abberufen worden, die Abberufung aber noch nicht in das Handelsregister eingetragen, kann ein Geschäftspartner, dem die Abberufung nicht bekannt war, die bindende Wirkung einer Erklärung des Geschäftsführers, einer Zusage oder eines Vertragsabschlusses geltend machen, auch wenn diese erst nach der Abberufung erfolgt ist. Umgekehrt muss sich ein Dritter eine in das Handelsregister eingetragene und bekannt gemachte Tatsache entgegenhalten lassen, auch wenn er sie nicht kannte. Dies gilt allerdings nicht bei Rechtshandlungen, die innerhalb von fünfzehn Tagen nach der Bekanntmachung vorgenommen wurden, wenn der Dritte beweisen kann, dass er die Tatsache weder kannte noch kennen musste. Schließlich kann sich ein Dritter bei in das Handelsregister einzutragenden Tatsachen auch auf unrichtig bekannt gemachte Tatsachen berufen, außer er kannte die Unrichtigkeit. In das Handelsregister einzutragende Tatsachen sollten daher von jedem Unternehmen möglichst zeitnah zur Eintragung angemeldet werden, um rechtliche Nachteile und Risiken zu vermeiden.

205 Der **Umfang** der zum Handelsregister anzumeldenden und einzutragenden Tatsachen und der einzureichenden Schriftstücke bei der Gründung ist im Wesentlichen von der Rechtsform des Unternehmens abhängig.

206 Der **Einzelkaufmann** hat seine Firma und den Ort seiner Handelsniederlassung zur Eintragung anzumelden sowie seine Namensunterschrift unter Angabe der Firma zur Aufbewahrung bei dem Gericht zu zeichnen. Angegeben wird in der Anmeldung auch, was der Gegenstand des Geschäfts ist (um beispielsweise die Überprüfung der Zulässigkeit der Firma zu ermöglichen). Neben dem Ort der Handelsniederlassung (dies ist tatsächlich nur der Ort, beispielsweise Berlin) ist auch die Lage der Geschäftsräume, also die genaue Anschrift, die allerdings nicht in das Handelsregister eingetragen wird, mitzuteilen.

207 Bei **Personenhandelsgesellschaften (oHG und KG)** ist die Handelsregisteranmeldung der Gesellschaft von allen Gesellschaftern vorzunehmen. Die Anmeldung muss Namen, Vornamen, Geburtsdatum und Wohnort jedes Gesellschafters, die Firma der Gesellschaft und den Ort, an dem sie ihren Sitz hat, die Vertretungsberechtigung der Gesellschafter sowie den Zeitpunkt des Beginns der

Gesellschaft enthalten. Bei der KG sind auch die Personen der Kommanditisten und der Betrag ihrer jeweiligen Kommanditeinlage anzumelden. Die Art der Tätigkeit der Gesellschaft und die Lage der Geschäftsräume sind ebenfalls anzugeben, werden aber nicht in das Handelsregister eingetragen. Die vertretungsberechtigten Gesellschafter haben ihre Unterschrift zur Aufbewahrung beim Gericht zu zeichnen.

Während bei der oHG und der KG im Regelfall keine weiteren Urkunden beim **208** Gericht eingereicht werden müssen, beispielsweise auch nicht der Gesellschaftsvertrag, sind die erforderlichen Angaben und beizufügenden Unterlagen bei der Anmeldung von **GmbHs** und **Aktiengesellschaften** umfangreicher. Die Anmeldung hat bei der GmbH durch deren Geschäftsführer zu erfolgen; die AG ist von allen Gründern und Mitgliedern des Vorstandes und des Aufsichtsrates anzumelden. Der Anmeldung sind mindestens beizufügen:

– die notarielle Gründungsurkunde und der notarielle Gesellschaftsvertrag (bei der GmbH) bzw. die Satzung (bei der AG), bei der AG auch enthaltend die Übernahme der Aktien durch die Gründer;
– die Urkunden über die Bestellung der Geschäftsführer (GmbH) oder des Vorstandes (AG) sowie bei der AG über die Bestellung des Aufsichtsrates;
– sofern der Gegenstand des Unternehmens der Gesellschaft einer staatlichen Genehmigung bedarf, die Genehmigungsurkunde;
– bei der Aktiengesellschaft zusätzlich ein Gründungsbericht der Gründer sowie ein Gründungsprüfungsbericht des Vorstandes und des Aufsichtsrates;
– bei der Aktiengesellschaft eine Berechnung des von der Gesellschaft zu tragenden Gründungsaufwandes sowie ein Nachweis (z. B. eine Bankbestätigung) über die ordnungsgemäße Einzahlung der Bareinlagen.

Sind **Sacheinlagen** (oder bei der AG Sachübernahmen) festgesetzt worden, erwei- **209** tert sich der Umfang der Unterlagen. In diesem Fall sind die der Sacheinlage zu Grunde liegenden oder zu ihrer Ausführung geschlossenen Verträge ebenfalls einzureichen. Bei der GmbH sind darüber hinaus Unterlagen über die Werthaltigkeit der Sacheinlage sowie ein Sachgründungsbericht einzureichen. Bei der AG ist im Fall einer Gründung mit Sacheinlagen oder Sachübernahmen eine zusätzliche Prüfung durch einen gerichtlich bestellten Gründungsprüfer erforderlich. Diese gesonderte **Gründungsprüfung** ist bei der AG auch dann erforderlich, wenn ein Mitglied des Vorstandes oder des Aufsichtsrates zu den Gründern gehört, wenn bei der Gründung Aktien für Rechnung eines Mitglieds des Vorstandes oder Aufsichtsrates übernommen worden sind oder wenn für ein Mitglied des Vorstandes oder Aufsichtsrates ein besonderer Vorteil oder eine Entschädigung oder Belohnung für die Gründung oder ihre Vorbereitung vorgesehen ist. Der vom Prüfer zu erstellende Prüfungsbericht ist ebenfalls zum Handelsregister einzureichen.

Die **erforderlichen Angaben** in der Anmeldung einer GmbH oder AG zur Ein- **210** tragung in das Handelsregister sind umfangreich. Neben Firma, Sitz, Gegenstand des Unternehmens, Stamm- oder Grundkapital und der Vertretungsberechtigung sind beispielsweise der Vorsitzende des Aufsichtsrates anzugeben. Daneben sind umfangreiche Erklärungen des Vorstandes oder der Geschäftsführung erforderlich, die sich insbesondere auf die ordnungsgemäße Aufbringung der Mindesteinlageleistung und die Eignung der Mitglieder des Vorstandes bzw. der Geschäftsführung für ihre Organstellung und ihre Belehrung über die diesbezügliche umfassende Auskunftspflicht gegenüber dem Gericht beziehen. **Falsche Angaben** im Rahmen der Gründung oder Handelsregisteranmeldung einer GmbH oder AG sind strafbar.

211 Die Mitglieder des Vorstandes oder der Geschäftsführung haben schließlich ihre Unterschrift zur Aufbewahrung bei Gericht in öffentlich beglaubigter Form zu zeichnen. Wie bei den anderen Rechtsformen ist die Lage der Geschäftsräume der Gesellschaft, also die Anschrift, anzugeben.

212 Der Ablauf der Gründung einer GmbH oder AG wird im Rahmen des Abschnitts C.III. näher erläutert.

213 Unabhängig von der Rechtsform ist die Bestellung von **Prokuristen** zur Eintragung in das Handelsregister anzumelden. Neben Namen, Vornamen, Geburtsdatum und Wohnort des Prokuristen ist dessen Vertretungsberechtigung anzugeben; der Prokurist selbst hat seine Unterschrift zur Aufbewahrung bei Gericht zu zeichnen und öffentlich beglaubigen zu lassen.

214 Für bestimmte Rechtsformen existieren gesonderte Register, so das **Genossenschaftsregister** für eingetragene Genossenschaften, das **Partnerschaftsregister** für eingetragene Partnerschaftsgesellschaften, die nur den Angehörigen freier Berufe als Zusammenschlussform offen stehen, sowie das Vereinsregister für **eingetragene Vereine**.

2. Berufskammern, IHK-Mitgliedschaft

215 Der Unternehmensgründer wird darüber hinaus unabhängig von seinem Willen kraft Gesetzes Zwangsmitglied in einer einschlägigen Kammer werden. Spezielle **Berufskammern** existieren für die Angehörigen bestimmter Berufe, z.B. Ärzte-, Tierärzte-, Architekten-, Rechtsanwalts-, Steuerberater- oder Wirtschaftsprüferkammern. Die beiden wichtigsten Kammern sind wegen der Vielzahl der von der Mitgliedschaft betroffenen Unternehmen allerdings wohl die **Industrie- und Handelskammern** sowie die **Handwerkskammern**. Ihre rechtlichen Grundlagen sind für die Industrie- und Handelskammer im Gesetz zur vorläufigen Regelungen des Rechts der Industrie- und Handelskammern (IHK-G)[11] sowie für die Handwerkskammer in der Handwerksordnung (HandwO) geregelt.

216 Die IHK und die Handwerkskammern sollen die **wirtschaftlichen Interessen** ihrer Mitglieder vertreten und ihre Mitglieder durch Fortbildungsmaßnahmen fördern. Sie nehmen Einfluss auf die Berufsausbildung und wirken bei der Erstellung von Lehrplänen und Prüfungsordnungen mit. Daneben besitzen sie weitere Aufgaben wie Vermittlungsfunktionen bei Streitigkeiten zwischen ihren Mitgliedern und deren Auftraggebern. Insbesondere die IHK hat weitere nicht

---

11 Vom 18.12.1956, BGBl. I S. 920.

unwesentliche Bedeutung z. B. durch die Bestellung von Sachverständigen, Vorschläge zur Ernennung von Handelsrichtern bei den Landgerichten und Stellungnahmen in Handelsregisterfragen, beispielsweise zur Zulässigkeit einer in das Handelsregister einzutragenden Firma. Die Handwerkskammern führen neben der Wahrnehmung ihrer sonstigen Aufgaben auch die Handwerksrolle. .

Die Industrie- und Handelskammern wie auch die Handwerkskammern sind **217**
Körperschaften des öffentlichen Rechts.

Eine Pflicht zur Mitgliedschaft in der örtlich zuständigen **IHK** besteht unab- **218**
hängig von der Rechtsform für jeden, der zur Gewerbesteuer veranlagt wird und im Zuständigkeitsbezirk der IHK seinen Sitz, eine Zweigniederlassung oder eine Betriebstätte hat. Die Pflicht zur Zwangsmitgliedschaft ist also nur an die Gewerbesteuerpflicht geknüpft; Ausnahmen bestehen dabei für handwerkliche und landwirtschaftliche Betriebe. Eine eigenständige Anmeldung bei der IHK ist im Regelfall nicht erforderlich, da die IHK über die Aufnahme einer gewerblichen Tätigkeit vom zuständigen Gewerbe- oder Ordnungsamt informiert wird.

Die IHK finanziert sich aus Grundbeiträgen ihrer Mitglieder und Umlagen. **219**
Der Grundbeitrag kann nach der Leistungsfähigkeit der Kammermitglieder gestaffelt sein, Bemessungsgrundlage für die Umlage ist der gewerbesteuerliche Gewerbeertrag unter Berücksichtigung diverser Freibeträge und Abschläge. Wegen der Anknüpfung an die Gewerbesteuerpflicht können sich für Angehörige bestimmter Berufsgruppen Doppelmitgliedschaften ergeben, wenn etwa Angehörige eines speziellen Kammerberufs (Freiberufler) ihren Beruf in der Rechtsform einer gewerbesteuerpflichtigen Kapitalgesellschaft (z.B. GmbH) ausüben und die GmbH zusätzlich Pflichtmitglied der zuständigen IHK wird.

Eine Pflicht zur Mitgliedschaft in der örtlich zuständigen **Handwerkskammer** **220**
besteht unabhängig von der Rechtsform für jedes Unternehmen, das den selbstständigen Betrieb eines Handwerks im Sinne der HandwO als stehendes Gewerbe zum Gegenstand hat. Ein Handwerksbetrieb liegt nach der HandwO vor, wenn der Betrieb handwerksmäßig betrieben wird (wobei handwerksmäßig als Gegenstück zum industriellen Betrieb verstanden wird) und eines der in der Anlage A zur Handwerksordnung aufgeführten Gewerbe vollständig umfasst wird oder Tätigkeiten ausgeführt werden, die für ein solches Gewerbe wesentlich sind. Die Aufnahme des selbstständigen Betriebs eines Handwerks oder handwerksähnlichen Gewerbes als stehendes Gewerbe ist unverzüglich bei der örtlichen Handwerkskammer anzuzeigen. Sollten Zweifel darüber bestehen, ob ein Unternehmen der HandwO unterfällt, empfiehlt sich eine frühzeitige Klärung durch Anfrage bei der Handwerkskammer, denn neben der Mitgliedschaft erfordert der Betrieb eines Handwerksunternehmens auch die Eintragung in die Handwerksrolle bzw. das Verzeichnis handwerksähnlicher Berufe. Über die entsprechenden Zulassungsvoraussetzungen für diese Eintragung kann die Handwerkskammer ebenfalls Auskunft geben. Über die Eintragung wird eine Bescheinigung ausgestellt, die bei der Gewerbeanmeldung und

beim Betrieb in der Rechtsform der GmbH oder AG auch beim Handelsregister einzureichen ist.

221 Die gesetzlichen Kammerzwangsmitgliedschaften sind immer wieder Gegenstand von Rechtsstreitigkeiten gewesen, da sich Unternehmensgründer mit der zwangsweise verordneten Mitgliedschaft und der damit verbundenen Beitragspflicht nicht abfinden wollten. Sowohl das Bundesverwaltungsgericht als auch das Bundesverfassungsgericht haben aber die **Verfassungsmäßigkeit** der Pflichtmitgliedschaften in IHK[12] und Handwerkskammer[13] bislang bestätigt.

3. Anmeldung bei der Finanzverwaltung und den Sozialversicherungsträgern

222 Neben der Anmeldung des neu errichteten Unternehmens bei der Gewerbeanmeldestelle ist eine gesonderte Anmeldung bei der Finanzverwaltung erforderlich (§ 138 AO). Die Erstinformation der Finanzverwaltung erfolgt im Rahmen der Gewerbeanmeldung. Die Gewerbemeldestelle informiert das zuständige Finanzamt über die Errichtung eines neuen Unternehmens. Das Finanzamt übersendet dem Inhaber oder Geschäftsführer einen steuerlichen **Betriebseröffnungsbogen** (BEB) sowie eine (vorläufige) Steuernummer. Parallel hierzu informiert das Finanzamt die Gewerbesteuerstelle der Kommune über den neuen „Kunden". Der Betriebseröffnungsbogen enthält eine Reihe von Fragen über das neue Unternehmen, die für die weitere steuerliche Behandlung von Bedeutung sind (u.a. werden Angaben zum Gesellschaftszweck, zum Gesellschafterkreis, zum Gründungsvorgang, zur Anzahl der Arbeitnehmer etc. angefordert). Soweit diese Angaben nicht von einem steuerlichen Berater gemacht werden, kurz folgende Hinweise:

223 Im Betriebseröffnungsbogen wird eine Einschätzung nach dem erwarteten Gewinn des Unternehmens im ersten und zweiten Geschäftsjahr gefordert (Nr. 3 des BEB). Die Frage ist natürlich wahrheitsgemäß zu beantworten, allerdings ist dies nicht der richtige Platz für Zweckoptimismus. Wer hier eine hohe Gewinnerwartung einträgt, erhält postwendend eine Zahlungsaufforderung seines Finanzamts für Vorauszahlungen zur Gewerbe- und Körperschaftsteuer. Da erfahrungsgemäß nahezu alle neu errichteten Unternehmen im ersten Jahr Anlaufverluste produzieren, ist dies die zutreffende Antwort, auch wenn man schon bald auf erste Gewinne hofft.

224 Ebenso empfehlen wir, die Fragen nach der voraussichtlichen Umsatzentwicklung (Nr. 5 des BEB) und zur Anzahl der einzustellenden Mitarbeiter (Nr. 4 des BEB) ebenfalls eher konservativ zu beantworten. Werden hohe Umsatzerwartungen angegeben, und bleiben die tatsächlichen Zahlen der nächsten Monate dahinter zurück, neigen die Finanzbehörden zur verstärkten Kontrolle in Form von Umsatzsteuersonderprüfungen. Dasselbe gilt für die Anzahl der Arbeitneh-

---

12 BVerwG, Urteil vom 21.07.1998 – I C 32/97, NJW 1998, 3510; BVerfG, Urteil vom 07.12. 2001 – I BvR 1806/98.
13 BVerwG, Urteil vom 17.12.1998 – I C 7/98, NJW 1999, 2292.

mer und der damit verbundenen Erwartung der Behörden nach Lohnsteuer und Sozialabgaben.

4. Nepper, Schlepper, Bauernfänger

Eine regelmäßige und für manche auch leidige Erfahrung vieler Unternehmens- **225** gründer ist, dass neu errichtete Gesellschaften sofort und magisch unlauter agierende Firmen, im Klartext: Betrüger, anziehen. Eine der beliebtesten Formen des „schnellen Geldes" sind Briefe mit einem Überweisungsträger an die Firmeninhaber, in denen Rechnungen für die Eintragung des neugegründeten Unternehmens z. B. in ein Telefonverzeichnis, Gelbe Seiten oder örtliches Branchenverzeichnis gestellt werden. Diese Post geht Ihnen nach einer Unternehmensgründung zu, ohne dass Sie hierfür irgend einen Anlass gesetzt haben, geschweige denn, einen Auftrag für eine Eintragung vergeben haben. Die Höhe der Rechnungen, die dabei gestellt werden, sind meist nicht unbedeutend (im Bereich von € 19,90 bis rund € 1.000,00). Hierbei suggeriert das Layout der Rechnungen, es handele sich um eine seriöse Firma, die das örtliche Telefonbuch oder ein ähnliches Verzeichnis herausgibt. Oftmals wird sogar versucht, den Eindruck zu erwecken, bei den zu bezahlenden Gebühren handele es sich um „offizielle" Eintragungsgebühren im örtlichen Handelsregister, die im Zusammenhang z. B. mit der gerade vollzogenen GmbH-Gründung stehen würden. Der fiktive Firmenname des Absenders enthält meist die Wörter „Deutsche", „Telefon", „Telekom", „Register" etc. und ein nur sehr leicht abgewandeltes Logo von Firmen, die diese Verzeichnisse tatsächlich herausgeben.

Zu erkennen sind diese unseriösen Angebote oft nur daran, dass eine Telefon- **226** nummer und meist eine Adresse auf der Rechnung fehlt.[14]

Aus diesen „Rechnungen" bestehen natürlich keine Ansprüche gegen Ihr Unter- **227** nehmen. Denn auch hier gilt der Grundsatz, dass es eines Vertrags bedarf, um Forderungen entstehen zu lassen und wenn ein solcher nicht besteht ist eine Rechnung nicht durchsetzbar. Solche Rechnungen gehören in den Papierkorb.

Bei allzu dreisten Rechnungsstellern ist eine Strafanzeige beim nächsten Staats- **228** anwalt oder einer Polizeidienststelle zu erwägen, auch zum Schutz von zukünftigen Jungunternehmern.

5. Ansprechpartner

Eine Aufstellung von öffentlichen Einrichtungen und privaten Unternehmen/ **229** Verbänden, die Existenzgründern und jungen Unternehmen weiterhelfen können, ist in der **Anlage 10** enthalten.

---

14 Die Absender der Rechnung spekulieren darauf, dass der Empfänger nicht merkt, dass er überhaupt nicht zur Zahlung des geforderten Betrages verpflichtet ist. Insbesondere bei kleineren Rechnungsbeträgen wird eine Prüfung auf sachliche Richtigkeit nicht oder nur sehr oberflächlich vorgenommen. Der Ärger kommt dann meist im Anschluss, wenn der Fehler bemerkt wird, das Geld aber schon fort ist.

V. Zusammenfassung

230 Trotz der grundsätzlich bestehenden Gewerbefreiheit in Deutschland sind von Unternehmensgründern unterschiedlichste Erlaubnispflichten und Anmelde- oder Anzeigepflichten zu beachten. Die Gründer sollten daher zunächst klären, ob und ggf. welche Erlaubnispflichten bestehen und welche Voraussetzungen für die Erteilung einer solchen Erlaubnis erfüllt werden müssen. Zugleich sollten sie sich einen Überblick über sonstige Anmelde- und Anzeigepflichten sowie Pflichtmitgliedschaften verschaffen. Wichtige und hilfreiche Ansprechpartner sind hierbei neben den rechtlichen und steuerlichen Beratern sowie beruflichen Verbänden insbesondere die Industrie- und Handelskammern, die Handwerkskammern, Berufsgenossenschaften sowie die zuständigen Behörden wie Finanzamt und Gewerbebehörde.

231 Eine Checkliste für eine Unternehmensgründung in der Rechtsform der GmbH oder AG ist als **Anlage 5** beigefügt.

C. Wahl der Rechtsform,
Ablauf des Gründungsvorgangs, Gestaltung von Satzung und Gesellschaftervereinbarungen

Literaturauswahl:

Karsten Schmidt, Gesellschaftsrecht, 3. Auflage 1997; Münchner Handbuch des Gesellschaftsrechts, Band 4, 2. Auflage 2000; Arens/Rinck, Gesellschaftsrecht, 1. Auflage 2002.

I. Personen- oder Kapitalgesellschaft

Das Beispiel der Homesound GmbH (Abschnitt A.III.), deren Gründer bereits vor der Errichtung ihrer GmbH Anschaffungen getätigt haben, zeigt, dass ein gut geplanter Ablauf der Umsetzung einer Geschäftsidee in einen unternehmerischen Rahmen wichtig ist, um spätere Nachteile und Überraschungen zu vermeiden. Die Aneinanderreihung von Maßnahmen, die von Hafer, Flocke und Grütze als logisch sinnvoll und zweckmäßig angesehen wurde, führte zu zunächst nicht vorhergesehenen steuerlichen Nachteilen und einem erheblichen Arbeitsmehraufwand. Die Überlegungen vor der Unternehmensgründung sollten daher bereits frühzeitig auch Aspekte des späteren rechtlichen Rahmens des Unternehmens berücksichtigen und die rechtzeitige Einleitung von Maßnahmen zur Unternehmensgründung vorsehen. **232**

Die rechtlichen Möglichkeiten hinsichtlich der Unternehmensrechtsform sind vielfältig. Neben der unternehmerischen Betätigung als Einzelunternehmer[1] stehen als Gesellschaftsformen vor allem die Personengesellschaft (Gesellschaft bürgerlichen Rechts, GbR), Personenhandelsgesellschaften (offene Handelsgesellschaft, oHG, und Kommanditgesellschaft, KG), sowie Kapitalgesellschaften (Gesellschaft mit beschränkter Haftung, GmbH, und Aktiengesellschaft, AG[2]) zur Verfügung, darüber hinaus Mischformen wie GmbH & Co. KG oder die Kommanditgesellschaft auf Aktien (KGaA),[3] die Partnerschaftsgesellschaft als Spezialgesellschaftsform für Angehörige freier Berufe, die Partenreederei nach dem Handelsgesetzbuch sowie weitere Rechtsformen, beispielsweise die Genossenschaft oder der Versicherungsverein auf Gegenseitigkeit, die allerdings im Rahmen von Unternehmensneugründungen kaum eine Rolle spielen.[4] Als **233**

---

1 Im Rahmen dieser Darstellung gehen wir vom Grundfall einer Gründung durch mehrere Gründer oder nur einen operativ tätigen Gründer aus, der jedoch eine Finanzierung durch einen weiteren Beteiligungsnehmer bereits im Gründungsstadium anstrebt. Auf die unternehmerische Betätigung als Einzelunternehmer wird insoweit im Folgenden nicht weiter eingegangen.

2 Auch die relativ seltene Kommanditgesellschaft auf Aktien (KGaA), die neben der Aktiengesellschaft einzige börsenfähige deutsche Gesellschaftsform ist, gehört zu den Kapitalgesellschaften. Wegen der durch die starke Stellung des persönlich haftenden Gesellschafters der KGaA bestehenden Besonderheiten enthält die Rechtsform aber auch personengesellschaftsähnliche Elemente.

3 Bei der es sich im Grunde um eine Sonderform der Aktiengesellschaft handelt, vgl. Fußnote 2.

4 Eine weitere Form der gesellschaftsrechtlichen Verbindung ist die stille Gesellschaft, die in der Praxis insbesondere im Rahmen von Unternehmensfinanzierungen eine erhebliche Rolle spielt.

transnationale Rechtsformen existieren darüber hinaus die Europäische wirtschaftliche Interessenvereinigung (EWIV) sowie zukünftig die europäische Aktiengesellschaft (SE).

234 Die Vielfalt der bestehenden Möglichkeiten und die dadurch begründeten Unsicherheiten, aber auch die erwarteten Kosten verleiten manche Gründer dazu, die Wahl der endgültigen Rechtsform zunächst zurückzustellen, aber bereits vor der „eigentlichen" Unternehmensgründung unternehmerische Aktivitäten zu entfalten. Insbesondere wird hierbei häufig als Gesellschaft bürgerlichen Rechts (GbR) aufgetreten, da weder der Abschluss des Gesellschaftsvertrages zur Gründung einer GbR einer besonderen Form bedarf[5] noch eine Handelsregistereintragung erforderlich ist. Solche Aktivitäten vor der „eigentlichen" Unternehmensgründung führen dann später nicht selten zu den auch von Hafer, Flocke und Grütze nicht vorhergesehenen Schwierigkeiten, und zwar insbesondere dann, wenn die Gründer

– als Einzelpersonen im eigenen Namen und für eigene Rechnung bereits vor der Gesellschaftsgründung Anschaffungen tätigen oder Vertragsbeziehungen eingehen oder

– zunächst als Personengesellschaft (GbR) nach außen tätig werden, das Unternehmen aber eigentlich in Form einer Kapitalgesellschaft betrieben werden soll, deren Gründung zunächst z. B. aus Kostengründen unterbleibt.

235 Neben den dabei auftretenden und bereits in Abschnitt A. III. dargestellten steuerlichen Nachteilen führt hierbei oft die später erforderliche Übertragung der Vermögensgegenstände und bereits begründeten Rechtsbeziehungen auf eine andere Gesellschaft zu Problemen oder rechtlichen Fehlern.

236 Andererseits ist die anfängliche Wahl der Unternehmensrechtsform nicht notwendig endgültig. Spätere Wechsel der Rechtsform des Unternehmens sind möglich.

237 Bei Personen- oder Personenhandelsgesellschaften vollziehen sich solche Formwechsel manchmal kraft Gesetzes, ohne dass dies den Gründern bewusst sein muss. So wird beispielsweise ein (zunächst) in der Rechtsform einer GbR betriebenes und auf einen Gewerbebetrieb gerichtetes Unternehmen zur offenen Handelsgesellschaft (oHG), wenn und sobald das Unternehmen nach seiner Art oder seinem Umfang einen „in kaufmännischer Weise eingerichteten Geschäftsbetrieb" erfordert. Der rechtliche Übergang zur oHG erfolgt in diesem Fall ohne Zutun und ggf. auch gegen den Willen der Gesellschafter.[6] Anderer-

---

Bei der stillen Gesellschaft handelt es sich allerdings nicht um eine nach außen in Erscheinung tretende Unternehmensform, sondern um eine Beteiligung an einem Unternehmen in Form einer so genannten Innengesellschaft. Die stille Gesellschaft spielt daher weniger bei der Wahl der Unternehmensrechtsform als vielmehr bei der Frage der Unternehmensbeteiligung und -finanzierung eine Rolle und wird daher später behandelt.

5 Ausnahmen bestehen, wenn die Gesellschafter im Rahmen der Gründung Verpflichtungen eingehen, die ihrerseits wiederum die Einhaltung einer bestimmten Form voraussetzen, beispielsweise eine notarielle Beurkundung bei der Verpflichtung zur Einbringung eines Grundstücks in die Gesellschaft, vgl. Abschnitt C.II.1.a).

6 Gegebenenfalls auch ohne Handelsregistereintragung!

seits können sich die GbR-Gesellschafter auch dann, wenn das auf einen Gewerbebetrieb gerichtete Unternehmen nach Art oder Umfang keinen in kaufmännischer Weise eingerichteten Geschäftsbetrieb erfordert, später beispielsweise entschließen, die GbR als oHG oder KG fortzuführen und die Gesellschaft nach den für die Eintragung kaufmännischer Firmen geltenden Vorschriften des Handelsgesetzbuches als oHG oder KG in das Handelsregister eintragen zu lassen. Mit der Eintragung in das Handelsregister wird die GbR dann zur oHG bzw. KG.

Auch ein späterer Wechsel zwischen Personen(handels)- und Kapitalgesellschaft oder umgekehrt oder zwischen den einzelnen Kapitalgesellschaftsformen ist möglich. Zum einen kann ein zunächst in der Rechtsform einer Personen- oder Personenhandelsgesellschaft betriebenes Unternehmen später als Sacheinlage in eine neu gegründete Kapitalgesellschaft eingebracht werden, zum anderen kann ein Formwechsel nach dem Umwandlungsgesetz (UmwG) erfolgen. Im Zusammenhang mit dem Formwechsel nach dem Umwandlungsgesetz verweisen wir auch auf die gesonderten Ausführungen zum Formwechsel von der GmbH in die AG im Dritten Teil unter Abschnitt C.XI. **238**

Den Gründern sollte bei allen zur Verfügung stehenden Möglichkeiten aber bewusst sein, dass mit Ausnahme des Wechsels zwischen den einzelnen Personen(handels)gesellschaftsformen ein späterer Wechsel der Rechtsform nicht unerheblichen Aufwand und u. U. auch bedeutende Kosten verursacht. Bei einem geplanten späteren Wechsel in eine Kapitalgesellschaft oder zwischen einzelnen Kapitalgesellschaftsformen ist darüber hinaus zu beachten, dass der Formwechsel ein ausreichend vorhandenes Nettovermögen voraussetzt, um die Mindestkapitalausstattung einer GmbH von € 25.000,00 oder einer AG von € 50.000,00 im Rahmen des Formwechsels aufbringen und nachweisen zu können. Das hierzu erforderliche Kapital ist gerade wegen unvermeidlicher Anfangsverluste oft nach einiger Zeit nicht mehr vorhanden. Schließlich ist ein Wechsel der Rechtsform, insbesondere wiederum von der Personen- in die Kapitalgesellschaft, mit teilweise erheblichen steuerlichen Folgen verbunden, über die sich die Gründer rechtzeitig vorab unter Einschaltung entsprechend spezialisierter Berater Klarheit verschaffen sollten. **239**

Neben der Empfehlung, dass bereits aus steuerlichen Gründen die Tätigung von Anschaffungen und Eingehung von Verträgen nicht im Namen der Gründer, sondern von Anfang an durch das Unternehmen, gleich in welcher Rechtsform, erfolgen sollte, ist dringend anzuraten, bereits vor der Aufnahme der ersten unternehmerischen Tätigkeit zumindest die grundlegende Entscheidung zu treffen, ob das Unternehmen später in der Rechtsform einer Personen(handels)- oder einer Kapitalgesellschaft[7] betrieben werden soll. Zwar ist auch dann, wenn sich die Gründer für eine Personen- oder Personenhandelsgesellschaft entscheiden, **240**

---

7 Wobei im Rahmen dieses Abschnittes unter einer Kapitalgesellschaft die GmbH und die AG verstanden werden. Die Kommanditgesellschaft auf Aktien soll wegen ihrer Seltenheit an dieser Stelle nicht näher betrachtet werden.

nicht zuletzt aus Haftungs- und ordnungsrechtlichen Gründen ebenso wie hinsichtlich der Folgen für die Buchführungs- und Bilanzierungspflichten rechtzeitig zu prüfen, ob eine GbR, eine oHG oder eine KG als Unternehmensrechtsform vorzuziehen ist. In der Regel ist in den überwiegenden Fällen ein Wechsel zwischen den Personen(handels)gesellschaften in der frühen Unternehmensphase aber möglich und nicht allzu problematisch, wenn sich der Kreis der Gründer nicht ändert und nicht bereits gravierende Verpflichtungen oder Haftungsrisiken begründet wurden. Entscheiden sich die Gründer dagegen für eine Kapitalgesellschaft (GmbH oder AG), sollte der Gründungsvorgang zum frühest möglichen Zeitpunkt eingeleitet und möglichst auch abgeschlossen werden, nämlich bevor eine unternehmerische Tätigkeit aufgenommen wird. Hierbei ist nicht zuletzt der erforderliche Zeitaufwand für den Gründungsvorgang einzukalkulieren, um Haftungsrisiken und Fehler durch eine vorzeitige Geschäftsaufnahme zu vermeiden.

241 Die Wahl der Unternehmensrechtsform ist von vielen Faktoren abhängig. Die Besonderheiten der häufigsten Gesellschaftsformen, die bei dieser Wahl im Einzelnen zu beachten sind, werden nachfolgend ergänzend in Abschnitt II. beschrieben. Bei der grundlegenden Entscheidung zwischen Personen- oder Kapitalgesellschaft stehen meist folgende Aspekte im Vordergrund, die auch ansonsten im Rahmen der Rechtsformwahl eine wesentliche Rolle spielen:

– das zur Verfügung stehende Startkapital,
– der geplante Umfang der Geschäftstätigkeit,
– die geplante Rolle der Gesellschafter im Rahmen der Geschäftstätigkeit und das Verhältnis der Gesellschafter zueinander,
– Haftungsaspekte,
– die Akzeptanz am Markt,
– steuerliche Gesichtspunkte und
– der erwartete zukünftige Kapitalbedarf und die geplante Finanzierungsform.

242 Das zur Verfügung stehende **Startkapital** beeinflusst die Wahl zwischen Kapital- und Personengesellschaft insoweit, als die Gründung einer GmbH oder AG die Aufbringung eines Mindestkapitals voraussetzen, die Gründung einer GbR, einer oHG oder einer KG dagegen nicht.

243 Beim geplanten **Umfang der Geschäftstätigkeit** ist davon auszugehen, dass tendenziell die Kapitalgesellschaft umso näher liegen wird, je mehr mit einem zukünftigen Unternehmenswachstum gerechnet wird. Zwar werden auch viele kleine Unternehmen in der Rechtsform der Kapitalgesellschaft (dann in der Regel als GmbH) betrieben, die Entscheidung für diese Rechtsform erfolgt dann aber in der Regel vorrangig unter Haftungs- und steuerlichen Gesichtspunkten.

244 Hinsichtlich der geplanten **Rolle der Gesellschafter** im Rahmen der Geschäftstätigkeit und das **Verhältnis der Gesellschafter** untereinander unterscheidet sich die Personengesellschaft von der Kapitalgesellschaft dadurch, dass Personengesellschaften personalistisch strukturiert sind, die Regelung der persönlichen Verhältnisse der Gesellschafter untereinander und die Beteiligung der Ge-

sellschafter im Rahmen der Gesellschaftstätigkeit also stärker im Vordergrund steht. Durch entsprechende rechtliche Gestaltung ist auch bei Personengesellschaften eine kapitalistische Struktur im Sinne einer deutlichen Trennung zwischen der unternehmerischen Ebene und der Kapitalgeberebene möglich, wie z. B. die existierenden Publikumsgesellschaften in der Rechtsform einer KG und GbR (z. B. Immobilienfonds) zeigen. Die Organisation dieser Gesellschaften als Personengesellschaft oder Personenhandelsgesellschaft beruht dann allerdings wiederum maßgeblich auf steuerlichen Erwägungen. Denn gesellschaftsrechtlich bieten Kapitalgesellschaften wegen ihrer bereits der Struktur nach bestehenden Trennung zwischen operativer Geschäftsebene einerseits und Anteilseigner-, also Kapitalgeberebene andererseits die besseren Voraussetzungen für eine reine Kapitalbeteiligung ohne aktive Beteiligung am operativen Geschäft.

Haftungsaspekte sprechen für die Kapitalgesellschaft, da den Gläubigern des **245** Unternehmens grundsätzlich nur das Vermögen der Gesellschaft haftet. Bei Personengesellschaften dagegen haften auch die Gesellschafter (bei der GbR und der oHG) oder zumindest einer von ihnen (bei der KG) persönlich und unbeschränkt für die Verpflichtungen der Gesellschafter. Aber auch hier bestehen Überschneidungen. So wird bei der Kapitalgesellschaft & Co. KG (GmbH & Co. KG, AG & Co. KG) durch die Beteiligung einer GmbH oder AG als persönlich unbeschränkt haftende Gesellschafterin einer KG die persönliche Haftung der natürlichen Personen beschränkt. Bei den Kapitalgesellschaften dagegen können trotz der grundsätzlich bestehenden Beschränkung der Haftung auf das Gesellschaftsvermögen Haftungsrisiken für die Gesellschafter bei oft unbeabsichtigtem Verstoß gegen die gesetzlichen Kapitalaufbringungs- und -erhaltungsvorschriften oder im Fall von für die Gesellschaft bestandsgefährdenden Maßnahmen der Gesellschafter begründet werden.

Die **steuerlichen Aspekte** der Entscheidung zwischen Personen- und Kapital- **246** gesellschaft betreffen zunächst vorrangig die laufende Besteuerung der Unternehmensergebnisse. Personen- und Kapitalgesellschaften unterliegen unterschiedlichen Besteuerungssystemen. Während bei der Personengesellschaft die Gewinne und Verluste einkommensteuerlich[8] zwar zunächst bei der Gesellschaft festgestellt, dann aber den Gesellschaftern steuerlich zugerechnet und bei diesen veranlagt werden, erfolgt bei der Kapitalgesellschaft die entsprechende Steuerveranlagung zunächst einmal nur bei der Gesellschaft durch deren Körperschaftbesteuerung. Gewinne der Kapitalgesellschaft werden für die Gesellschafter im Regelfall steuerlich erst im Fall ihrer Ausschüttung relevant.[9] Auch bei der Gewerbesteuer können sowohl bei der Frage der grundsätzlichen Gewerbesteuerpflicht[10] als auch der Bemessung des steuerlichen Gewerbeer-

---

8 Also hinsichtlich der Einkommen- oder Körperschaftsteuer.
9 Wobei die konkreten steuerlichen Folgen wiederum von den Verhältnissen beim Gesellschafter und dessen Rechtsform abhängig ist.
10 Während die Kapitalgesellschaft bereits auf Grund ihrer Rechtsform der Gewerbesteuer unterliegt, kommt es bei der Personengesellschaft auf die Art der Tätigkeit an. Ausschließlich ver-

trags Unterschiede zwischen Personen- und Kapitalgesellschaft relevant und erheblich sein. Neben der laufenden Besteuerung spielt die Unterscheidung zwischen Personen- und Kapitalgesellschaft darüber hinaus steuerlich insbesondere bei den sonstigen Rechtsbeziehungen zwischen Unternehmen und Gesellschaftern und im Fall einer Veräußerung des Unternehmens oder Unternehmensanteils sowie anderen Veränderungen im Gesellschafterkreis eine Rolle. Zu den steuerlichen Aspekten im Einzelnen verweisen wir auf die entsprechenden steuerlichen Abschnitte.[11]

247 Wegen der Vielzahl der zu berücksichtigenden Aspekte kann letztlich die Entscheidung zwischen Personen- und Kapitalgesellschaft nur im Einzelfall unter Berücksichtigung aller wesentlichen Gesichtspunkte entschieden werden, insoweit sind die vorstehend genannten Aspekte nur einige von vielen. Durch Mischformen wie die GmbH & Co. KG lassen sich auch Vorteile der Kapitalgesellschaft wie die Beschränkung der persönlichen Haftung mit Vorteilen der Personengesellschaft, abhängig im Einzelfall insbesondere steuerlicher Natur, kombinieren.

248 Als mögliches und häufig ausschlaggebendes alleiniges Argument für die Kapitalgesellschaft kann allerdings die Absicht angesehen werden, das Unternehmen durch **Beteiligungskapital** in Form von **Venture Capital** professioneller Investoren zu finanzieren. Diese Art der Finanzierung setzt grundsätzlich die Rechtsform einer Kapitalgesellschaft voraus. Aus diesem Grund ist dieses Buch, in dem die Gründung innovativer Unternehmen unter Nutzung von Venture Capital im Vordergrund steht, im Wesentlichen auf die Gründung von Unternehmen in der Rechtsform einer Kapitalgesellschaft ausgerichtet.

II. Rechtsformwahl

1. Überblick zu den häufigsten Gesellschaftsformen

a) Gesellschaft bürgerlichen Rechts (GbR)

249 Die Gesellschaft des bürgerlichen Rechts oder Gesellschaft bürgerlichen Rechts (GbR) ist die Grundform der Personengesellschaften. Die gesetzlichen Grundlagen dieser Gesellschaftsform sind im Bürgerlichen Gesetzbuch (BGB) geregelt, weshalb die Gesellschaft oft auch als BGB-Gesellschaft bezeichnet wird. Im BGB selbst wird die GbR lediglich als „Gesellschaft" bezeichnet, da das BGB selbst keine andere Gesellschaftsform[12] kennt. Der Begriff der Gesellschaft wird im BGB über den Gesellschaftsvertrag definiert. Nach § 705

---

mögensverwaltende Personengesellschaften unterliegen – allerdings abhängig von der Rechtsform ihrer Gesellschafter – ggf. nicht der Gewerbesteuer.

11 Siehe insbesondere Teil I Abschnitt H.II. und Abschnitt I., Teil II Abschnitt F.IV. und Teil III Abschnitte B.VI. und C.XV.

12 Das BGB enthält zwar auch die gesetzlichen Grundlagen des Vereins und der Stiftung, es handelt sich hierbei aber nicht um Gesellschaften im engeren Sinn. Der eingetragene Verein ist Körperschaft, die Stiftung rechtlich eigenständige Vermögensmasse.

BGB verpflichten sich die Gesellschafter durch den Gesellschaftsvertrag gegenseitig, die Erreichung eines gemeinsamen Zwecks in der durch den Vertrag bestimmten Weise zu fördern, insbesondere die vereinbarten Beiträge zu leisten.

Die GbR ist keine juristische Person, aber partiell **rechtsfähig** in dem Sinne, dass sie selbst Rechte erwerben und Verpflichtungen eingehen kann. Daneben haften allerdings alle Gesellschafter als **Gesamtschuldner** für sämtliche Verpflichtungen und Verbindlichkeiten der Gesellschaft persönlich und ohne Beschränkung, soweit die Gesellschaft nach außen tätig wird. Eine generelle Beschränkung der Haftung auf das Gesellschaftsvermögen ist nicht möglich, sondern müsste gegebenenfalls mit jedem einzelnen Vertragspartner gesondert vereinbart werden. Die persönliche unbeschränkte Haftung wirkt für bereits begründete Verpflichtungen auch nach dem Ausscheiden nach. **250**

Die **Gründung** der Gesellschaft erfordert das Vorhandensein von mindestens zwei Gesellschaftern, die Gründung durch einen einzigen Gesellschafter als „Einmann-GbR" ist nicht möglich. Die Gründung selbst erfolgt entsprechend der gesetzlichen Definition durch Abschluss des Gesellschaftsvertrages. Einer besonderen Form bedarf der Gesellschaftsvertrag nur im Ausnahmefall, nämlich dann, wenn die Begründung der sich aus dem Gesellschaftsvertrag ergebenden Verpflichtungen ihrerseits besonderen Formvorschriften unterliegen, beispielsweise ein Gesellschafter verpflichtet sein soll, ein Grundstück oder einen GmbH-Geschäftsanteil in die Gesellschaft einzubringen. Da die Begründung solcher Verpflichtungen eine notarielle Beurkundung voraussetzt, unterliegt in diesem Fall auch der Gesellschaftsvertrag einem entsprechenden Formerfordernis. Ansonsten kann der Gesellschaftsvertrag schriftlich, mündlich oder sogar stillschweigend geschlossen werden, also bereits dadurch, dass zwischen den Gesellschaftern Einigkeit darüber besteht, dass sie einen gemeinsamen Zweck verfolgen und jeder zur Erreichung dieses Zwecks beitragen soll. Den Beteiligten muss daher nicht ausdrücklich klar sein, dass sie eine Gesellschaft gründen. **251**

Der schriftliche Abschluss des **Gesellschaftsvertrages** ist dennoch schon allein zur steuerlichen Anerkennung der Gesellschaft zu empfehlen. Darüber hinaus empfiehlt sich eine ausdrückliche schriftliche Festlegung der Rechte und Pflichten der einzelnen Gesellschafter, um spätere Streitigkeiten zu vermeiden. Das BGB enthält zwar Regelungen über die Rechte und Pflichten, Geschäftsführung und Vertretung, das Gesellschaftsvermögen, Gewinn- und Verlustverteilung, Kündigung, Auflösung, Auseinandersetzung der Gesellschafter usw. Die meisten dieser gesetzlichen Regelungen können und müssen aber durch für den Einzelfall passende vertragliche Vereinbarungen ergänzt oder ersetzt werden, da die gesetzlichen Vorgaben für die unternehmerisch tätige GbR weder ausreichend noch passend sind. Denn die entsprechenden BGB-Regeln sind nicht auf Unternehmen ausgerichtet, bei denen sich nicht zuletzt durch die unternehmerischen Interessen und die zum Teil größeren Vermögensmassen gegenüber einer nichtunternehmerischen GbR Besonderheiten ergeben. **252**

253 Bei entsprechender gesellschaftsvertraglicher Regelung richten sich die Rechte und Pflichten der Gesellschafter in erster Linie nach dem Vertrag und erst in zweiter Linie nach dem Gesetz.

254 Ein **Mindestkapital** der GbR ist nicht erforderlich.

255 Über die Gesellschafter hinausgehende besondere **Organe**, etwa besondere Geschäftsführer, hat die GbR nicht. Das BGB sieht vielmehr vor, dass die Gesellschafter selbst geschäftsführungs- und vertretungsbefugt sind, allerdings nur gemeinsam, soweit nicht die Geschäftsführungs- und Vertretungsbefugnis einzelnen Gesellschaftern übertragen ist. Hierzu empfiehlt sich eine Regelung im Gesellschaftsvertrag.

256 Der **Gesellschaftsanteil** des einzelnen Gesellschafters, also die Stellung als Gesellschafter, kann vertraglich übertragen werden, allerdings nur, wenn alle Gesellschafter zustimmen oder der Gesellschaftsvertrag eine entsprechende Regelung enthält.

257 Das BGB sieht vor, dass der **Gewinn und Verlust** der Gesellschaft durch „Rechnungsabschluss" ermittelt wird, bei dem es sich um eine den Verhältnissen der Gesellschaft angepasste Bilanz sowie Gewinn- und Verlustrechnung handelt. Die GbR ist gesetzlich aber weder buchführungs- noch bilanzierungspflichtig. Gewinne und Verluste können daher statt durch Bilanzierung auch durch Ermittlung des Überschusses der Einnahmen über die Ausgaben oder der Ausgaben über die Einnahmen ermittelt werden, wenn dies vertraglich vorgesehen ist.

b) Offene Handelsgesellschaft (oHG)

258 Die offene Handelsgesellschaft ist die kaufmännische Form der GbR und im HGB in den §§ 105 bis 160 geregelt. OHG ist danach eine Gesellschaft, deren Zweck auf den Betrieb eines Handelsgewerbes[13] unter gemeinsamer Firma gerichtet ist und bei der bei keinem Gesellschafter die Haftung gegenüber den Gesellschaftsgläubigern beschränkt ist (§ 105 HGB). Solche Gesellschaften sind zumindest dann, wenn Art und Umfang einen in kaufmännischer Weise eingerichteten Geschäftsbetrieb erfordern, oHG, unabhängig davon, ob sie in das Handelsregister eingetragen sind oder nicht. Es besteht aber bei diesen Gesellschaften nach § 106 HGB die Pflicht, die Gesellschaft, ihren Sitz, ihre Gesellschafter, deren Vertretungsberechtigung sowie den Zeitpunkt des Beginns der Gesellschaft zur Eintragung in das Handelsregister anzumelden. Gewerbebetriebe, die nach „Art oder Umfang einen in kaufmännischer Weise eingerichteten Gewerbebetrieb nicht erfordern", land- und forstwirtschaftlich sowie nur vermögensverwaltend, also nicht gewerblich tätige Gesellschaften können, müssen aber nicht zur Eintragung in das Handelsregister angemeldet werden. Erfolgt die Anmeldung, werden diese Gesellschaften mit ihrer Eintragung in das Handelsregister zur oHG.

---

13 Unternehmen der Land- und Forstwirtschaft sind hierbei ausgenommen.

Wegen der bei Erfüllung der entsprechenden Voraussetzungen auch ohne Han- **259**
delsregistereintragung entstehenden oHG muss davon ausgegangen werden,
dass nicht wenige vermeintlich in der Rechtsform einer GbR geführte Unternehmen oHG sind, ohne dass dies den Gesellschaftern bewusst ist.

Die oHG ist ebenfalls keine juristische Person, kann aber wie die GbR eigen- **260**
ständig Rechte und Pflichten erwerben, was im Gegensatz zur GbR für die
oHG ausdrücklich in § 124 HGB geregelt ist. Die oHG ist damit partiell
rechtsfähig. Wie bei der GbR haften die Gesellschafter der oHG den Gläubigern der Gesellschaft persönlich und unbeschränkt.

Hinsichtlich des **Gesellschaftsvertrages** und der **Gesellschaftsanteile** ähnelt **261**
die Rechtslage bei der oHG der bei der GbR, insbesondere da die Vorschriften
des BGB über die GbR auch auf die oHG Anwendung finden, sofern nicht das
HGB eine spezielle abweichende Regelung trifft. So besteht auch bei der oHG
im Regelfall keine Formvorschrift für den Gesellschaftsvertrag, sodass dieser
mündlich oder stillschweigend abgeschlossen werden kann. Wie bei der GbR
ist aber der Abschluss eines schriftlichen Vertrages dringend zu empfehlen. Ein
Mindestkapital der oHG ist ebenfalls nicht erforderlich.

Von der GbR unterscheidet sich die oHG im Wesentlichen dadurch, dass auf die **262**
oHG die für **Kaufleute geltenden Regelungen** des HGB Anwendung finden.
Insbesondere ist danach die oHG zur handelsrechtlichen **Buchführung** und **Bilanzierung** verpflichtet. Auch die anderen Besonderheiten der oHG gegenüber
der GbR sollen in erster Linie der Tatsache Rechnung tragen, dass die oHG wie
ein Kaufmann am Rechtsverkehr teilnimmt und daher gegenüber der GbR ein
stärkerer **Gläubigerschutz** erforderlich ist. Das HGB sieht daher unter anderem
bestimmte Pflichtangaben über die Gesellschaft auf den Geschäftsbriefen vor,
enthält gegenüber dem für die GbR geltenden BGB ausführlichere Regelungen
zur Haftung eintretender und Nachhaftung austretender Gesellschafter, spezielle
Gründe für die Auflösung der Gesellschaft, eine Insolvenzantragspflicht im Fall
der Zahlungsunfähigkeit oder Überschuldung solcher oHG, für deren Verbindlichkeiten keine natürliche Person unmittelbar oder mittelbar unbeschränkt haftet,[14] und speziellere Regelungen für die Liquidation der Gesellschaft. Während
die Gesellschafter einer GbR nur bei entsprechender vertraglicher Vereinbarung
oder besonderen Verhältnissen der Gesellschaft einem **Wettbewerbsverbot** unterliegen, ordnet § 112 HGB ein solches ausdrücklich an. Aus der Anwendbarkeit der für Kaufleute geltenden Vorschriften folgt für die oHG im Gegensatz zur
GbR die Möglichkeit, **Prokuristen** zu bestellen.

Wie die GbR hat auch die oHG keine über die Gesellschafter hinausgehenden **263**
besonderen **Organe**, etwa besondere Geschäftsführer. Das HGB sieht vielmehr
vor, dass die Gesellschafter selbst geschäftsführungs- und vertretungsbefugt
sind, wobei diese Befugnis allen Gesellschaftern nur gemeinsam zusteht, soweit

---

14 Also Gesellschaften, an denen beispielsweise als Gesellschafter ausschließlich Kapitalgesellschaften beteiligt sind.

nicht die Geschäftsführungs- und Vertretungsbefugnis für einzelne oder alle Gesellschafter abweichend vereinbart ist.

264 Besonderheiten gegenüber der GbR ergeben sich u.a. auch bei im Handelsregister eingetragenen oHG aus der **Registerpublizität**. Aus dem Handelsregister ergibt sich der Bestand und der Name der Gesellschaft, der Gesellschafterbestand und die Vertretungsberechtigung der Gesellschafter. Aus diesem Grund können die vertretungsberechtigten Gesellschafter ihre Vertretungsberechtigung anhand des Handelsregisters nachweisen und benötigen nicht wie bei der GbR gesonderte Nachweise z.B. durch Vollmachtsurkunden. Die oHG kann darüber hinaus wegen dieser Registerpublizität in ihrem eigenen Namen als Grundstückseigentümerin im Grundbuch eingetragen werden, während bei der GbR die Eintragung der einzelnen Gesellschafter erforderlich ist.

265 Wie bei der GbR besteht bei der oHG die Möglichkeit, in weitem Umfang die gesetzlichen Bestimmungen durch gesellschaftsvertragliche Regelungen zu ergänzen, abzubedingen oder zu modifizieren, von der auch entsprechend der speziellen Bedürfnisse des Einzelfall unbedingt Gebrauch gemacht werden sollte.

c) Kommanditgesellschaft (KG)

266 Die Kommanditgesellschaft (KG) ist wie die oHG Handelsgesellschaft. Gesetzliche Grundlagen sind §§ 161 bis 177 HGB, ergänzend finden die Regelungen über die oHG sowie die Regelungen über die GbR Anwendung.

267 Die KG unterscheidet sich von der oHG dadurch, dass die **Haftung** einzelner oder mehrerer Gesellschafter (der Kommanditisten) gegenüber den Gesellschaftsgläubigern auf einen bestimmten Einlagebetrag (die Kommanditeinlage oder Haftsumme) beschränkt ist. Mindest ein Gesellschafter (Komplementär) haftet den Gesellschaftsgläubigern aber wie ein oHG-Gesellschafter unbeschränkt. Die Kommanditgesellschaft ist ebenfalls in das **Handelsregister** einzutragen. Neben den auch für die Handelsregisteranmeldung der oHG erforderlichen Angaben sind zusätzlich die Personen der Kommanditisten und deren Einlagebetrag zur Eintragung anzumelden. Nimmt die Gesellschaft vor ihrer Handelsregistereintragung ihre Tätigkeit auf, so haften diejenigen Kommanditisten, die der vorherigen Geschäftsaufnahme zugestimmt haben, für die bis zur Handelsregistereintragung begründeten Verpflichtungen der Gesellschaft wie ein Komplementär unbeschränkt. Etwas anderes gilt nur gegenüber denjenigen Gläubigern der Gesellschaft, denen die Beteiligung des Kommanditisten als nur beschränkt haftendem Gesellschafter bekannt war.

268 Unterschiede der Rechtsverhältnisse zwischen KG und oHG ergeben sich ausschließlich durch die **besondere Stellung des oder der Kommanditisten**. Das HGB sieht insoweit z.B. für die Kommanditisten vor, dass diese nicht zur Geschäftsführung der Gesellschaft und zu deren Vertretung berechtigt sind. Die Kommanditisten können Handlungen der Komplementäre, soweit diese sich im Rahmen der üblichen Geschäftätigkeit halten, nicht widersprechen; ihnen ste-

hen auch gegenüber von der Geschäftsführung ausgeschlossenen Gesellschaftern nur eingeschränkte Kontrollrechte zu. Andererseits findet das für oHG-Gesellschafter und Komplementäre geltende ausdrückliche gesetzliche Wettbewerbsverbot auf die Kommanditisten keine Anwendung. Aber auch hier bestehen – wie bei der GbR und der oHG – weit reichende Möglichkeiten für eine abweichende gesellschaftsvertragliche Regelung.

Für die **Höhe der Haftsumme** der Kommanditisten bestehen keine gesetzlichen Vorgaben, der entsprechende Betrag ist der Höhe nach daher frei wählbar. Gesetzlich ist der Kommanditist auch nicht verpflichtet, seine Hafteinlage zu leisten, es besteht also keine gesetzliche Kapitalaufbringungsverpflichtung. Die Regelung darüber, ob und wann der Gesellschafter zur Leistung seiner Einlage verpflichtet sein soll, unterliegt daher der Vereinbarung der Gesellschafter. Allerdings kann der Kommanditist bis zur Höhe seiner im Handelsregister eingetragenen Hafteinlage unmittelbar durch die Gläubiger der Gesellschaft persönlich in Anspruch genommen werden. Erst wenn und soweit die Einlage geleistet ist, entfällt diese direkte Haftung gegenüber den Gläubigern; sie lebt wieder auf, soweit dem Kommanditisten seine Einlage von der Gesellschaft zurückgezahlt wird. **269**

Eine besondere Form der KG ist die **Kapitalgesellschaft & Co. KG**. Bei dieser beteiligen sich die Gründer an der KG unmittelbar nur als Kommanditisten mit beschränkter Haftung. Als persönlich haftende Gesellschafterin ist allein eine meist ausschließlich für diesen Zweck gegründete GmbH (bei der GmbH & Co. KG) oder Aktiengesellschaft (bei der AG & Co. KG) an der KG beteiligt, deren Geschäftsanteile wiederum von den Kommanditisten (regelmäßig im selben Beteiligungsverhältnis wie die Kommanditanteile) gehalten werden und die keinen eigenen Kapitalanteil an der KG hält. Hierdurch wird ein wesentlicher Vorteil der Kapitalgesellschaften (Beschränkung der Haftung) für die Personenhandelsgesellschaft nutzbar gemacht, gleichzeitig erfolgt aber die Besteuerung der KG und ihrer Gesellschafter nach den für Personenhandelsgesellschaften geltenden Regeln. Auf die Kapitalgesellschaft & Co. KG finden hinsichtlich der Bilanzierung und Offenlegung weitgehend die für Kapitalgesellschaften geltenden Regelungen Anwendungen. Gegenüber einer KG mit natürlichen Personen als unbeschränkt persönlich haftendem Gesellschafter bestehen darüber hinaus bei der Kapitalgesellschaft & Co. KG wegen der beschränkten Haftungsmasse insbesondere gläubigerschützende Besonderheiten wie die Insolvenzantragspflicht im Fall der Überschuldung oder Zahlungsunfähigkeit der Gesellschaft und weitergehende Mitteilungspflichten z.B. auf den Geschäftsbriefen der Gesellschaft. Im Übrigen ist aber auch die Kapitalgesellschaft und Co. KG eine Kommanditgesellschaft und unterliegt den für die KG geltenden Rechtsvorschriften. Durch den Einsatz einer gesonderten Kapitalgesellschaft als persönlich haftendem Gesellschafter kann die Kapitalgesellschaft & Co. KG gegenüber den anderen Personengesellschaften aber durch eine einzelne natürliche Person gegründet werden, die dann Alleingesellschafter und ggf. auch Geschäftsführer z.B. der GmbH und zusätzlich einziger Kommanditist der GmbH & Co. KG ist. **270**

d) Gesellschaft mit beschränkter Haftung (GmbH)

271 Die Gesellschaft mit beschränkter Haftung (GmbH) ist im Gegensatz zur GbR, der oHG und der KG eine **juristische Person**. Während GbR, oHG und KG lediglich die Fähigkeit besitzen, im eigenen Namen Rechte und Pflichten zu erwerben, ohne jedoch im Übrigen einer Rechtspersönlichkeit in vollem Umfang gleichzustehen (man spricht insoweit von „eingeschränkter Rechtsfähigkeit"), ist die GmbH darüber hinausgehend eine eigenständige Rechtsperson, die selbstständig neben die Gesellschafter tritt. Sowohl gesellschafts- als auch steuerrechtlich müssen daher gedanklich und tatsächlich die Sphäre der Gesellschaft und die Sphäre ihrer Gesellschafter streng auseinander gehalten werden.

272 Die rechtlichen Grundlagen für die GmbH sind im Gesetz betreffend die Gesellschaften mit beschränkter Haftung (**GmbHG**) geregelt.

273 Für die Verbindlichkeiten der GmbH haftet den Gesellschaftsgläubigern nur das **Vermögen der Gesellschaft** selbst, nicht das Vermögen ihrer Gesellschafter, § 13 GmbHG. Auf trotzdem bestehende Haftungsrisiken wird allerdings noch gesondert einzugehen sein, sie beruhen aber auf einem oftmals unbewussten Verstoß gegen gesellschaftsrechtliche Vorschriften. Die GmbH ist kraft ihrer Rechtsform und unabhängig von der Art ihrer Tätigkeit Handelsgesellschaft und damit Kaufmann im handelsrechtlichen Sinne, § 13 Abs. 3 GmbHG und § 6 HGB.

274 Die Gründung der GmbH erfordert zunächst den Abschluss eines **Gesellschaftsvertrages**, der der **notariellen Beurkundung** bedarf. Gegenüber den Personen(handels)gesellschaften besteht neben diesem Beurkundungserfordernis die Besonderheit, dass der „Abschluss" des Gesellschaftsvertrages auch durch eine einzelne Person erfolgen, die Gesellschaft also auch nur einen Gesellschafter haben kann. Die GmbH als solche entsteht aber nicht bereits durch die Beurkundung des Gesellschaftsvertrages, sondern erst mit **Eintragung der Gesellschaft** in das Handelsregister.

275 Der notariell zu beurkundende Gesellschaftsvertrag muss mindestens enthalten (vgl. § 3 GmbHG):

– die Firma (den Namen) der Gesellschaft,
– den Sitz der Gesellschaft,
– den Gegenstand des Unternehmens,
– den Betrag des Stammkapitals und
– den Betrag der von jedem Gesellschafter auf das Stammkapital zu leistenden Einlage (Stammeinlage).

276 Über die gesetzlich zwingend vorgeschriebenen Mindestinhalte hinaus kann der Gesellschaftsvertrag die Rechtsverhältnisse der Gesellschaft weitgehend frei regeln und – von Ausnahmen abgesehen – auch von den Bestimmungen des GmbHG abweichen.

277 Die **Firma** der Gesellschaft muss den Zusatz „mit beschränkter Haftung" oder eine allgemein verständliche Abkürzung dieser Bezeichnung (meist: GmbH, in Österreich meist Ges.m.b.H.) enthalten. Ansonsten kann die Firma frei gewählt

werden. Sie muss sich nur von allen anderen im selben Handelsregister eingetragenen Gesellschaften ausreichend unterscheiden und darf nicht irreführend
sein, insbesondere was die Rechtsform, die Größe oder die Art der Geschäftstätigkeit der Gesellschaft angeht.

Sitz der Gesellschaft muss, so weit nicht ein begründeter Ausnahmefall vor- **278**
liegt, der Ort sein, an dem die Gesellschaft einen Betrieb hat oder sich die Geschäftsleitung befindet oder die Verwaltung der Gesellschaft geführt wird.

Als **Gegenstand des Unternehmens** kann jede gesetzlich zulässige Betätigung **279**
gewählt werden. Einschränkungen bestehen lediglich in Ausnahmefällen (z. B.
Hypothekenbanken oder Versicherungsunternehmen), in denen die Rechtsform
der GmbH nicht zulässig ist. Bedarf der Gegenstand des Unternehmens einer
besonderen staatlichen Genehmigung, erfolgt die Eintragung der Gesellschaft
erst nach Vorlage der entsprechenden Genehmigung beim Handelsregister.[15]

Der Betrag des **Stammkapitals** muss mindestens € 25.000,00 betragen. Nach **280**
oben ist der Betrag des Stammkapitals unbegrenzt, der Betrag muss nur in
Euro durch fünfzig teilbar sein.

Der oder die Gesellschafter übernehmen im Rahmen der Gründung jeweils die **281**
Verpflichtung zur Einlage eines bestimmten Betrages des Stammkapitals in die
Gesellschaft (**Stammeinlage**). Die Summe aller übernommenen Stammeinlagen
muss daher mit dem Betrag des Stammkapitals übereinstimmen. Jeder Gesellschafter kann nur eine Stammeinlage übernehmen. Im Übrigen kann der Betrag
der Stammeinlage für die Gesellschafter unterschiedlich sein, jede Stammeinlage muss allerdings mindestens hundert Euro betragen und der Betrag jeder
Stammeinlage muss in Euro durch fünfzig teilbar sein. Es kann auch eine über
den Betrag des Stammkapitals hinausgehende Einlageverpflichtung vereinbart
werden, der übersteigende Betrag wird als Aufgeld oder Agio bezeichnet.

Die Stammeinlage kann durch Bareinzahlung (**Bareinlage**), aber auch durch **282**
die Übertragung anderer Vermögensgegenstände (**Sacheinlage**) aufgebracht
werden. Bei Sacheinlagen muss aber die Tatsache, dass das Stammkapital durch
Sacheinlage erbracht werden soll, und der Gegenstand der Sacheinlage in den
notariellen Gesellschaftsvertrag aufgenommen werden, ebenso Angaben darüber, in welcher Höhe das Stammkapital durch die Sacheinlage aufgebracht
werden soll. Der Wert der Sacheinlage muss dem Betrag des entsprechenden
Stammeinlagebetrages entsprechen.

Als juristische Person besitzt die GmbH **Organe**, durch die sie handelt. Organe **283**
sind bei der GmbH mindestens die Gesellschafterversammlung und die Geschäftsführung. Der Gesellschaftsvertrag kann darüber hinaus freiwillig weitere
Organe vorsehen, z. B. einen **Aufsichtsrat** oder einen Beirat. Die Aufgaben
freiwilliger weiterer Organe können im Gesellschaftsvertrag festgelegt werden.
Eine Verpflichtung zur Bildung eines Aufsichtsrates besteht bei der GmbH
(nach dem Betriebsverfassungsgesetz 1952) erst dann, wenn die Gesellschaft

---

15 Vgl. Abschnitt B.I.

mehr als fünfhundert Arbeitnehmer beschäftigt. Der dann gesetzlich vorgeschriebene Aufsichtsrat muss zu mindestens einem Drittel aus Arbeitnehmervertretern bestehen. Weitergehende Verpflichtungen zur Beteiligung von Arbeitnehmervertretern im Aufsichtsrat nach dem Mitbestimmungsgesetz entstehen ab einer Arbeitnehmeranzahl von mehr als 2000.

284 Die Aufgaben der **Gesellschafterversammlung**, in der die Gesellschafter durch Gesellschafterbeschluss beschließen, bestehen hauptsächlich in der Feststellung des Jahresabschlusses, der Verwendung des Jahresergebnisses, die Bestellung, Entlastung und Abberufung der Geschäftsführer, die Prüfung und Überwachung der Geschäftsführung und die Entscheidung über die Bestellung von Prokuristen und Handlungsbevollmächtigten. Darüber hinaus steht ihr im Rahmen der gesetzlichen Bestimmungen ein allgemeines Weisungsrecht gegenüber der Geschäftsführung zu.

285 Die **Geschäftsführer** sind die gesetzlichen Vertreter der GmbH im Rechtsverkehr mit Dritten einschließlich von Gerichten und Behörden und führen die Geschäfte der Gesellschaft im Innenverhältnis. Durch die Geschäftsführer erfolgen auch die Anmeldung der Gesellschaft zur Eintragung in das Handelsregister und sonstige Handelsregisteranmeldungen. Ihre Erklärungen binden und verpflichten die Gesellschaft rechtlich, auch wenn die Geschäftsführer die intern zu beachtenden Vorgaben durch den Gesellschaftsvertrag, Gesellschafterbeschlüsse oder ihren Anstellungsvertrag mit der Gesellschaft überschreiten sollten. Bei Vorhandensein mehrerer Geschäftsführer vertreten diese die Gesellschaft gemeinsam, sofern nicht der Gesellschaftsvertrag eine hiervon abweichende Vertretungsregelung vorsieht oder zulässt. Die Bestellung und Abberufung von Geschäftsführern erfolgt durch Beschluss der Gesellschafter, die auch auf Basis der entsprechenden Gesellschaftsvertragsbestimmungen über die Vertretungsbefugnis bei mehreren Gesellschaftern entscheiden. Die Bestellung und Abberufung der Geschäftsführer als Organ der Gesellschaft ist dabei vom Abschluss und der Beendigung des zusätzlich zwischen Geschäftsführer und Gesellschaft bestehenden Geschäftsführeranstellungsvertrages zu unterscheiden.

286 Geschäftsführer kann jede **unbeschränkt geschäftsfähige natürliche Person** sein, es muss sich hierbei also nicht um einen Gesellschafter handeln. Die Tatsache, dass auch Nichtgesellschafter gesetzliches Vertretungsorgan der Gesellschaft sein können (sog. Fremdorganschaft), unterscheidet die Kapitalgesellschaften grundsätzlich von den Personen(handels)gesellschaften. Ausgeschlossen von der Geschäftsführung einer GmbH sind Personen, die innerhalb der letzten fünf Jahre wegen einer Konkursstraftat rechtskräftig verurteilt worden sind oder die mit einem gerichtlichen oder behördlichen Berufsverbot belegt sind, wenn der Gegenstand des Unternehmens ganz oder teilweise mit dem Gegenstand des Berufsverbotes übereinstimmt.

287 Die Geschäftsführer haben die Geschäfte der Gesellschaft mit der **Sorgfalt eines ordentlichen Kaufmanns** zu führen und haften der Gesellschaft für durch schuldhafte Pflichtverletzung entstehende Schäden.

Die Geschäftsführer unterliegen den **Weisungen** der Gesellschafterversammlun- **288** gen und müssen diese befolgen, so weit deren Befolgung nicht gegen zwingende gesetzliche Bestimmungen verstößt oder eine Existenzgefährdung der Gesellschaft zur Folge hat.

Die **Gesellschafterstellung** bei der GmbH kann veräußert und vererbt werden. **289** Die Veräußerung erfolgt durch Übertragung des Geschäftsanteils an der Gesellschaft. Sowohl die Verpflichtung zur Übertragung als auch diese selbst müssen notariell beurkundet werden. Der Gesellschaftsvertrag kann die Übertragbarkeit erschweren, z. B. an die Zustimmung der Geschäftsführer oder der Gesellschafterversammlung binden.

e) Aktiengesellschaft (AG)

Die Aktiengesellschaft (AG) ist wie die GmbH juristische Person mit voller **290** eigener Rechtspersönlichkeit. Die rechtlichen Grundlagen für die AG sind im Aktiengesetz (AktG) geregelt.

Wie bei der GmbH haftet für die Verbindlichkeiten der AG nur das **Vermögen** **291** **der Gesellschaft**, nicht das Vermögen ihrer Gesellschafter, § 1 AktG, wobei auch hier Haftungsrisiken der Gesellschafter (Aktionäre) bei oftmals unbewussten Verstößen gegen gesellschaftsrechtliche Vorschriften bestehen können. Wie die GmbH ist die AG kraft ihrer Rechtsform und unabhängig von der Art ihrer Tätigkeit Handelsgesellschaft und Kaufmann im handelsrechtlichen Sinne.

Die **Gründung** der Aktiengesellschaft erfordert ebenfalls zunächst die Feststel- **292** lung eines Gesellschaftsvertrages, nämlich der Satzung der AG, die der **notariellen Beurkundung** bedarf. Auch bei der AG ist die Gründung als Einmanngesellschaft durch einen einzigen Aktionär zulässig. Wie bei der GmbH entsteht die AG als solche aber nicht bereits durch die Feststellung der Satzung, sondern erst mit Eintragung der Gesellschaft in das Handelsregister.

Die notarielle Urkunde über die Gründung muss enthalten: **293**

– die Gründer,
– Angaben über die Aktien, die jeder Gründer übernimmt (Nennbetrag bei Nennbetragsaktien, Aktienzahl bei Stückaktien, Ausgabebetrag und bei mehreren Gattungen die Gattung) und
– den eingezahlten Betrag des Grundkapitals

Die in der notariellen Gründungsurkunde enthaltene **Satzung** muss darüber hi- **294** naus mindestens bestimmen

– Firma und Sitz,
– Gegenstand des Unternehmens,
– Höhe des Grundkapitals,
– die Einzelheiten der Zerlegung des Grundkapitals in Aktien (Nennbetragsaktien oder Stückaktien, deren Anzahl und ggf. Nennbetrag, bei mehreren Aktiengattungen die Gattung und die Anzahl der Aktien jeder Gattung, Namensoder Inhaberaktien),

- Anzahl der Mitglieder des Vorstandes oder die Regeln, nach denen die Anzahl bestimmt wird,
- Bestimmungen über die Form der Bekanntmachungen der Gesellschaft.

295 Im Gegensatz zur GmbH besteht bei der sonstigen Satzungsgestaltung aber weniger Spielraum, da von den gesetzlichen Vorgaben des AktG nur dort abgewichen werden darf, wo das Gesetz solche Abweichungen zulässt oder selbst keine abschließende Regelung trifft.

296 **Gründer** sind die Personen, die die Satzung feststellen. Zu **Firma**, **Sitz** und **Gegenstand des Unternehmens** kann auf die Ausführungen bei der GmbH verwiesen werden, da diese in etwa für die AG entsprechend gelten. So muss die Firma der AG beispielsweise die Bezeichnung „Aktiengesellschaft" oder eine allgemein verständliche Abkürzung dieser Bezeichnung (in der Regel AG) enthalten. Relativ unbedeutende sonstige Unterschiede ergeben sich z.B. dadurch, dass der Unternehmensgegenstand bei der Aktiengesellschaft „namentlich bei Industrie- und Handelsunternehmen die Art der Erzeugnisse und Waren, die hergestellt und gehandelt werden sollen", enthalten soll. Wegen des auch für die GmbH geltenden Erfordernisses einer ausreichenden Bestimmtheit des Unternehmensgegenstandes sind diese Besonderheiten des Gesetzeswortlautes in der Praxis nur von untergeordneter Bedeutung.

297 Das **Grundkapital** der AG ist das Gegenstück des Stammkapitals der GmbH. Das Grundkapital muss mindestens € 50.000,00 betragen und auf einen Nennbetrag in Euro lauten. Im Gegensatz zur GmbH bestehen aber im Übrigen keine Vorgaben für den Betrag des Grundkapitals, es muss also nicht durch einen bestimmten Betrag teilbar sein.

298 Das Grundkapital der AG ist zerlegt in eine bestimmte, feste Anzahl von Aktien. Der o.g. Aufzählung der erforderlichen Bestimmungen in der Gründungsurkunde und der Satzung zu den Aktien ist zu entnehmen, dass die diesbezüglichen Regelungen (Art, Gattung, Inhaber- oder Namensaktien etc.) scheinbar kompliziert sind. Bei näherer Betrachtung wird aber schnell klar, worum es geht.

299 **Nennbetrags-** oder **Stückaktien** unterscheiden sich dadurch, dass die Nennbetragsaktien auf einen bestimmten Betrag des Grundkapitals lauten, wobei der Nennbetrag einer Aktie auf mindestens einen Euro lauten und höhere Nennbeträge durch volle Euro teilbar sein müssen. Stückaktien dagegen lauten nicht auf einen Betrag, sondern verkörpern jeweils denselben quotalen Anteil am Grundkapital, wobei dieser anteilige Betrag mindestens einen Euro betragen muss, höhere Beträge aber nicht durch volle Euro teilbar sein müssen. Bei der AG kann es nur einheitlich entweder Nennbetragsaktien oder Stückaktien geben. Der Anteil der einzelnen Aktie am Grundkapital bestimmt sich bei Nennbetragsaktien nach dem Verhältnis ihres Nennbetrages zum Grundkapital, bei den Stückaktien nach der Zahl der Aktien. Unterschiede können sich zum einen dadurch ergeben, dass Nennbetragsaktien auf unterschiedliche Nennbeträge lauten können, während auf jede Stückaktie stets der gleichen Anteil am Grundkapital entfällt. Zum anderen besteht bei den Stückaktien nicht das Erfordernis eines durch volle Euro teilbaren auf jede Aktie entfallenden anteiligen Grundkapitalbetrages.

Die Aktien können darüber hinaus auf den **Inhaber** oder den **Namen** lauten. **300** Bei Inhaberaktien wird von der Gesellschaft kein Verzeichnis der Aktionäre geführt; Inhaberaktien können darüber hinaus immer jederzeit frei übertragen werden. Werden Namensaktien ausgegeben, so muss die Gesellschaft ein gesondertes Aktienregister führen. In dieses Aktienregister sind alle Inhaber der Namensaktien unter Bezeichnung ihrer Person (Name, Geburtsdatum, Anschrift) einzutragen. Im Verhältnis zur AG gilt als Aktionär nur, wer im Aktienregister eingetragen ist. Im Gegensatz zu Inhaberaktien „kennt" die AG bei der Ausgabe von Namensaktien ihre Aktionäre. Während bis vor wenigen Jahren in Deutschland die Inhaberaktie anders als beispielsweise in den USA absolut dominierend war, hat sich in der letzten Zeit nicht zuletzt durch eine Anpassung der entsprechenden Bestimmungen des Aktiengesetzes über das Aktienregister an moderne EDV-Bedürfnisse die Namensaktie überraschend verbreitet.[16] Erforderlich ist die Ausgabe von Namensaktien, wenn

– die Aktien ausgegeben werden sollen, bevor vom Aktionär die volle Einlageleistung (der gesamte Ausgabebetrag) eingezahlt wurde,
– Aktien **vinkuliert** werden sollen, d. h. ihre Übertragung nach der Satzung an die Zustimmung der Gesellschaft gebunden werden soll,
– dem Inhaber bestimmter Aktien das Recht eingeräumt werden soll, Mitglieder in den Aufsichtsrat zu entsenden; die Aktie(n), mit denen dieses Recht verbunden sein soll, können nur als vinkulierte Namensaktien ausgegeben werden.

Inhaber- und Namensaktien können nebeneinander ausgegeben werden. **301**

Die Aktien einer AG können so ausgestaltet sein, dass sie **unterschiedliche** **302** **Rechte** gewähren. Solche besonderen Rechte betreffen vor allem das Gewinnbezugsrecht (Dividendenbezugsrecht) und das Recht auf den Abwicklungsüberschuss nach Auflösung der Gesellschaft. Der häufigste Fall sind Aktien, die dem Inhaber einen Vorzug bei der Verteilung des Gewinns einräumen (**Vorzugsaktien**), also eine Priorität gegenüber den Inhabern der anderen Aktien (**Stammaktien**). Sieht die Satzung vor, dass ein solcher Vorzug nachzuzahlen ist, wenn er mangels ausreichendem Gewinn der AG in einem Jahr nicht bedient werden kann, kann das Stimmrecht aus den Aktien ausgeschlossen werden (Vorzugsaktien ohne Stimmrecht). Der Vorteil bei einem Aktionärsrecht (Gewinnbezug) wird also mit einem Nachteil bei einem anderen Aktionärsrecht (Stimmrecht) verbunden. Stimmrechtslose Vorzugsaktien dürfen nur bis zur Hälfte des Grundkapitals ausgegeben werden.

---

16 Während die Beliebtheit der Namensaktie bei nicht börsennotierten Gesellschaften und den „großen" börsennotierten Gesellschaften weiterhin anhält, wird die Namensaktie bei kleineren börsennotierten Gesellschaften wegen der durch die Führung des Aktienregisters bedingten Folgekosten allerdings wieder skeptischer betrachtet.

303 Zu einer **Aktiengattung** zusammengefasst sind alle Aktien, die gleiche Rechte gewähren. Im Beispielsfall der Ausgabe von Vorzugsaktien neben den Stammaktien wären also bei der AG zwei Aktiengattungen vorhanden, die Stammaktien und die Vorzugsaktien.

304 Auf die Aktien müssen die Gründer zur Aufbringung des Grundkapitals **Einlagen** leisten. Der Betrag der Einlageleistung muss mindestens dem auf die übernommenen Aktien entfallenden anteiligen Betrag des Grundkapitals entsprechen und wird als „Ausgabebetrag" bezeichnet. Liegt der Ausgabebetrag höher, wird der Mehrbetrag als Agio bezeichnet. Wie bei der GmbH kann die Einlage sowohl in Form von **Bareinlagen** als auch durch **Sacheinlagen**, deren Wert mindestens dem Ausgabebetrag entsprechen muss, erfolgen. Das AktG sieht darüber hinaus ausdrücklich die sog. Sachübernahme vor, d. h. den Erwerb von Vermögensgegenständen gegen Vergütung durch die Gesellschaft. Sachlich ergibt sich daraus aber gegenüber der GmbH kein Unterschied, weil die Sachübernahmen bei der GmbH als ebenfalls von den Sacheinlagevorschriften umfasst angesehen werden. Wie bei der GmbH müssen Sacheinlagen oder Sachübernahmen, die für die Sacheinlage auszugebenden Anteile (Aktien), bei Sachübernahmen die für die Übernahme zu zahlende Vergütung und die Person, von der die AG die Sacheinlage oder Sachübernahme erwirbt, ausdrücklich in die Satzung aufgenommen werden.

305 Als juristische Person besitzt die AG wie die GmbH **Organe**. Organe sind bei AG die Versammlung der Aktionäre (**Hauptversammlung**) und der **Vorstand** als gesetzliches Vertretungsorgan. Darüber hinaus muss die AG in jedem Fall einen **Aufsichtsrat** haben.

306 Die **Hauptversammlung** ist die Versammlung der Anteilseigner. Ihre Aufgaben sind gegenüber den Aufgaben der Gesellschafterversammlung der GmbH eingeschränkter und im Wesentlichen auf Fragen beschränkt, die den wirtschaftlichen und rechtlichen Aufbau der Gesellschaft betreffen. Die Hauptversammlung ist insbesondere zuständig für die Entscheidung über die Verwendung des Bilanzgewinns, Satzungsänderungen einschließlich Kapitalerhöhungen, die Bestellung des Abschlussprüfers und die Bestellung der Anteilseignervertreter im Aufsichtsrat sowie die Auflösung der Gesellschaft. Darüber hinaus obliegt ihr die Beschlussfassung in weiteren durch Gesetz oder Satzung ausdrücklich bestimmten Fällen, z. B. die Beschlussfassung über die Zustimmung zum Abschluss von Unternehmensverträgen durch die Gesellschaft. Über Fragen der Geschäftsführung kann die Hauptversammlung im Übrigen nur dann entscheiden, wenn dies vom Vorstand verlangt wird. Die gegenüber der Gesellschafterversammlung eingeschränkte Zuständigkeit der Hauptversammlung, insbesondere der weitgehende Ausschluss vom direkten operativen Geschäft, zeigt besonders die konsequente Trennung zwischen unternehmerischer Ebene und Kapitalgeberebene.

307 Der **Vorstand** ist das gesetzliche Vertretungsorgan der AG (entsprechend der Geschäftsführung der GmbH). Der Vorstand leitet die Gesellschaft, führt deren Geschäfte und vertritt die Gesellschaft nach außen. Seine gesetzlichen Aufgaben und Befugnisse sind in §§ 76 bis 94 AktG normiert. Wie bei der GmbH verpflichten die Erklärungen des Vorstandes die Gesellschaft ggf. auch dann, wenn der Vorstand die ihm intern, beispielsweise durch eine Geschäftsordnung, die eine Zustimmungspflicht des Aufsichtsrates für bestimmte Geschäfte vorsieht, aufgegebenen Beschränkungen missachtet.

Sind mehrere Vorstandsmitglieder vorhanden, vertreten diese die Gesellschaft **308** gemeinsam, sofern nicht die Satzung eine hiervon abweichende Vertretungsregelung vorsieht oder zulässt.

Vorstandsmitglieder einer Aktiengesellschaft müssen **unbeschränkt geschäfts-** **309** **fähige natürliche Person** sein. Sie dürfen nicht innerhalb der letzten fünf Jahre wegen einer Konkursstraftat rechtskräftig verurteilt worden oder mit einem gerichtlichen oder behördlichen Berufsverbot, dessen Gegenstand ganz oder teilweise mit dem Gegenstand des Unternehmens übereinstimmt, belegt sein.

Gegenüber dem Geschäftsführer der GmbH, der den Weisungen der Gesell- **310** schafterversammlung unterliegt, dem also von den Gesellschaftern Maßnahmen vorgeschrieben werden können, besteht ein solches Weisungsrecht gegenüber dem Vorstand einer AG nicht. Der Vorstand hat die Gesellschaft vielmehr **unter eigener Verantwortung** zu leiten und bei dieser Leitung ein eigenes Ermessen, das allerdings durch die Pflicht, die in der Gesellschaft und dem Unternehmen zusammentreffenden Interessen wahrzunehmen und für den Bestand sowie die dauerhafte Rentabilität des Unternehmens zu sorgen, beschränkt wird. Durch eine Geschäftsordnung für den Vorstand kann aber die Vornahme von bestimmten Maßnahmen von der **Zustimmung** des Aufsichtsrates abhängig gemacht werden. Darüber hinaus ist für bestimmte Geschäfte und Maßnahmen, z. B. dem Abschluss von Unternehmensverträgen, eine Zustimmung der Hauptversammlung erforderlich. Auch Entscheidungen und Maßnahmen, die die Grundlagen der gesamten Gesellschaft berühren, beispielsweise die Veräußerung des gesamten oder eines wesentlichen Teils des Vermögens der Gesellschaft, bedürfen der Zustimmung der Hauptversammlung.

Die Mitglieder des Vorstandes haben bei der Wahrnehmung der Geschäftslei- **311** tung die Sorgfalt eines „**ordentlichen und gewissenhaften Geschäftsleiters**" anzuwenden und haften der Gesellschaft gegenüber im Fall einer Pflichtverletzung für entstandene Schäden, wobei sie im Streitfall selbst beweisen müssen, dass sie die erforderliche Sorgfalt angewendet haben.

Die Mitglieder des Vorstandes werden durch den Aufsichtsrat **bestellt und ab-** **312** **berufen**, der auch auf Basis der entsprechenden Satzungsbestimmungen über die Vertretungsbefugnis der Vorstandsmitglieder entscheidet. Die Bestellung erfolgt längstens für fünf Jahre, wobei eine Wiederbestellung zulässig ist. Die Bestellung und Abberufung als Organ folgt dabei, wie bei der Geschäftsführung der GmbH, unter Umständen anderen Regeln als der daneben bestehende Anstellungsvertrag zwischen Vorstand und Gesellschaft.

Drittes und im Gegensatz zur GmbH stets erforderliches Organ der AG ist der **313** **Aufsichtsrat**. Der Aufsichtsrat besteht aus mindestens drei Mitgliedern, wobei die Satzung auch eine bestimmte höhere Anzahl von Mitgliedern vorschreiben kann, die allerdings durch drei teilbar sein muss. Eine Satzungsbestimmung, nach der der Aufsichtsrat beispielsweise aus fünf Mitgliedern besteht, oder nach der die Hauptversammlung die Zahl der Aufsichtsratsmitglieder festzulegen hat, wäre also nicht zulässig. Während früher unabhängig von der Zahl der Arbeitnehmer der Gesellschaft mindestens ein Drittel der Aufsichtsratsmitglieder aus Arbeitnehmervertretern bestehen musste, gilt dies für nach dem 10.08.1994 in das Handelsregister eingetragenen Gesellschaften nur noch, wenn sie regelmäßig mehr als 500 Arbeitnehmer beschäftigen. Hinsichtlich der Zusammensetzung des Aufsichtsrates wurde also die Rechtslage der bei der GmbH angeglichen. Eine weitergehende Arbeitnehmermitbestimmung ist wie bei der GmbH ab einer Mitarbeiterzahl von 2000 vorgesehen.

314 Die wesentliche Aufgabe des Aufsichtsrates liegt in der **Überwachung** der Geschäftsleitung, also der Überwachung des Vorstandes. Um die Erfüllung dieser Verpflichtung zu ermöglichen, ist der Vorstand zur Berichterstattung gegenüber dem Aufsichtsrat verpflichtet. Im Hinblick auf die Überwachungsaufgaben des Aufsichtsrates ist die **gleichzeitige Mitgliedschaft in Aufsichtsrat und Vorstand nicht möglich**. Weitere wesentliche Aufgaben des Aufsichtsrates sind die Feststellung des Jahresabschlusses gemeinsam mit dem Vorstand, soweit der Jahresabschluss nicht der Hauptversammlung zur Zustimmung vorgelegt wird, die Beauftragung des von der Hauptversammlung bestimmten Abschlussprüfers und die Vertretung der Gesellschaft gegenüber dem Vorstand. Der Aufsichtsrat entscheidet somit nicht nur über Bestellung und Abberufung des Vorstandes, sondern ist beispielsweise auch zum Abschluss von Verträgen mit dem Vorstand einschließlich des Anstellungsvertrags oder für Rechtsstreitigkeiten mit dem Vorstand zuständig.

2. Kriterien bei der Wahl der Rechtsform

315 Die vorstehend in Abschnitt C. I. erörterten Kriterien für die Entscheidung zwischen Personen- und Kapitalgesellschaft sind im Wesentlichen auch entscheidend für die Wahl der Rechtsform im Einzelnen. Zusätzlich werden bei der Rechtsformwahl ergänzende Aspekte zu berücksichtigen sein wie Überlegungen über die zukünftige interne Organisation des Unternehmens, die abhängig von der Rechtsform leichter oder schwerer umzusetzen sein wird, aber auch nicht zu vernachlässigende Gesichtspunkte wie die Unternehmensnachfolge, also das Schicksal des Unternehmens im Fall des Todes oder des Ruhestandes der Gründer.

316 Ebenso wie bei der Entscheidung zwischen Personen- und Kapitalgesellschaft ist auch die Entscheidung für oder gegen eine spezielle Unternehmensrechtsform von vielen Faktoren abhängig, sodass es die einzige richtige Gesellschaftsform nicht gibt. Nach Erfahrung der Verfasser dürfte aber, soweit die Entscheidung über Personen- oder Kapitalgesellschaft erst einmal getroffen ist, die Rechtsformwahl beim typischen Start-Up nicht mehr schwer fallen.

a) Personen(handels)gesellschaft (GbR/oHG/KG)

Haben sich die Gründer zur Gründung einer **Personen(handels)gesellschaft** 317 entschlossen, ist von ihnen zum einen zu entscheiden, ob sie sich den strengeren Vorschriften des HGB (z. B. Buchführungspflichten, Behandlung im Geschäftsverkehr nach den für Kaufleute geltenden Bestimmungen) unterwerfen wollen, die auch Vorteile bieten können (z. B. die Möglichkeit der Prokuraerteilung, Formerleichterungen bei bestimmten Handelsgeschäften[17]), oder die „nichtkaufmännische" GbR bevorzugen. Abhängig von der Art und dem Umfang der beabsichtigten Geschäftstätigkeit haben die Gründer dabei aber auch zu prüfen, ob ihnen die Rechtsform der GbR mittel- und langfristig überhaupt offen steht.[18]

Zum anderen ist vor allem noch die Entscheidung über das Erfordernis oder 318 die Zweckmäßigkeit einer **Haftungsbegrenzung** zu treffen (möglich bei den Kommanditisten der KG, unmöglich oder nur im Einzelfall möglich bei den Gesellschaftern der GbR oder oHG). Bei der Entscheidung für oder gegen die Haftungsbegrenzung spielen wiederum steuerliche Gesichtspunkte im Hinblick auf den Umfang der Nutzung von steuerlichen Verlustzurechnungen durch Gesellschafter eine Rolle, da diese bei begrenzter Haftung ebenfalls besonderen Einschränkungen unterliegt.

Ist eine Haftungsbegrenzung erwünscht, sollen aber auch die Kommanditisten 319 gleichwohl in vollem Umfang geschäftsführend tätig sein und ihnen Informations- sowie Entscheidungsrechte wie einem persönlich haftenden Gesellschafter zustehen, kann dies durch entsprechende besondere gesellschaftsvertragliche Gestaltungen erreicht werden. Alternativ ist die Kapitalgesellschaft & Co. KG in Betracht zu ziehen, in der die Gründer zugleich als Kommanditisten und Gesellschafter der Komplementärin beteiligt sowie zusätzlich als Geschäftsführer der Komplementärin tätig werden können. Die Kapitalgesellschaft & Co. KG dürfte auch dann als Rechtsform näher in Erwägung zu ziehen sein, wenn die Haftung bei allen Gründern beschränkt werden soll.

Bei der Einmann-Gründung in der Rechtsform der Personengesellschaft besteht 320 zur Kapitalgesellschaft & Co. ohnehin praktisch keine Alternative.

b) Kapitalgesellschaft (GmbH/AG/kleine AG)

Bei der Entscheidung zwischen den einzelnen Kapitalgesellschaftsformen ste- 321 hen regelmäßig weder steuerliche Aspekte noch die Haftungsbegrenzung der Gesellschafter im Vordergrund, da diesbezüglich zwischen der GmbH und der AG kaum Unterschiede bestehen.[19] Die wesentlichen Aspekte bei der Entschei-

---

17 Wobei die Formerleichterungen auch Risiken bergen, da das kaufmännische Unternehmen gesetzlich für weniger schutzbedürftig gehalten wird.

18 Zur oHG kraft Gesetzes auch gegen den Willen der Beteiligten vgl. Abschnitt I.

19 Abgesehen von der hier nicht näher betrachteten KGaA. Darüber hinaus bestehen auch bei AG und GmbH Haftungsrisiken für die Gesellschafter, allerdings nur bei Verstößen gegen gesetzliche Vorschriften.

dung zwischen diesen Rechtsformen liegen eher im Bereich der anfänglichen Kapitalaufbringung, in Fragen der Unternehmensorganisation, von Kapitalmaßnahmen und Ausschüttungen, der Zukunftsplanung der Gesellschaft (z. B. Börsengang), der Verkehrsfähigkeit der Beteiligungen und der Flexibilität bei der Ausübung von Organrechten insgesamt. Auch Nachfolgeüberlegungen können bei der Entscheidung eine Rolle spielen.

322 Nach der gesetzgeberischen Konzeption war die **Aktiengesellschaft** ursprünglich als kapitalistische Publikumsgesellschaft mit einem großen und weitgehend anonymen Aktionärskreis ausgelegt, während die **GmbH** eher als Rechtsform für personalistisch strukturierte Gesellschaften mit überschaubarem Gesellschafterkreis dienen sollte. Entsprechend ist die Aktiengesellschaft neben der KGaA die einzige börsenfähige deutsche Gesellschaftsform, während die Börsenzulassung einer GmbH nicht möglich ist.

323 Durch die einfachere Handhabung, die größere Flexibilität und die damit verbundenen geringeren Kosten wie auch das geringere erforderliche Mindestkapital ist die GmbH gegenüber der AG zur weitaus beliebteren Rechtsform auch des Mittelstandes geworden. Eine Trendwende und eine insbesondere in der zweiten Hälfte der neunziger Jahre stark ansteigende Beliebtheit der AG wurde u. a. durch den Gesetzgeber mit dem am 10. 08. 1994 in Kraft getretenen „Gesetz für kleine Aktiengesellschaften und zur Deregulierung des Aktienrechts", aber wohl auch durch den anfänglichen Erfolg des Neuen Marktes sowie die zunehmende Akzeptanz der Aktie als Anlageform auch für Privatpersonen und die damit zusammenhängende ansteigende Anzahl von Börsengängen eingeleitet. So hat sich die Zahl von Aktiengesellschaften in Deutschland von 1985 von ca. 2100 Gesellschaften auf 8.809 Gesellschaften im Juni 2000 mehr als vervierfacht, während sich im gleichen Zeitraum die Anzahl börsennotierter Aktiengesellschaften von 451 auf 1.016 mehr als verdoppelt hat.[20] Nach dem vorläufigen Ende des Börsenbooms und der abnehmenden Zahl von Börsenneuzulassungen hat auch das Interesse von Gründern an Aktiengesellschaften zunächst nachgelassen, da sowohl Gründer als auch Kapitalgeber zunehmend statt eines Börsengangs alternative Exit- und Zukunftsstrategien entwickeln.[21]

324 Hinsichtlich der „**kleinen Aktiengesellschaft**" ist darauf hinzuweisen, dass es sich hierbei nicht um eine neue dritte Gesellschaftsform neben der GmbH und der „normalen" Aktiengesellschaft handelt. Die „kleine Aktiengesellschaft" ist AG und unterliegt wie alle Aktiengesellschaften den Bestimmungen des Aktiengesetzes; der Gesetzgeber hat nur – in manchen Punkten für alle Aktiengesellschaften, in manchen Punkten anknüpfend an bestimmte Größenmerkmale – Erleichterungen und Vereinfachungen der ansonsten an Publikumsgesellschaften orientierten Bestimmungen des Aktiengesetzes vorgesehen. Soweit hierbei an Größenmerkmale oder andere Kennzeichen „kleiner" Aktiengesellschaften angeknüpft wird, so sind dies vor allem

---

20 Schüppen, Satzung der kleinen AG, S. 1.
21 Siehe hierzu den Dritten Teil des Buches.

- die fehlende **Börsennotierung**, da bei nicht an der Börse notierten Gesellschaften Anlegerschutzgesichtspunkte weniger im Vordergrund stehen müssen,
- ein überschaubarer, insbesondere namentlich bekannter **Aktionärskreis**, da in diesen Fällen sowohl auf Förmlichkeiten hinsichtlich der Einberufung (Bekanntmachungen und Veröffentlichungen) als auch der Durchführung der Hauptversammlung ganz oder zumindest teilweise verzichtet werden kann, insbesondere wenn alle Aktionäre in der Versammlung anwesend oder vertreten sind,
- eine **Arbeitnehmerzahl** von weniger als 500; zumindest bei seit 1994 gegründeten Aktiengesellschaften besteht bis zu dieser Größenordnung keine zwingende Arbeitnehmerbeteiligung im Aufsichtsrat mehr.[22]

Die Unterscheidung zwischen der „kleinen", „mittelgroßen" und „großen" Kapitalgesellschaft nach § 267 des Handelsgesetzbuches im Hinblick auf die handelsrechtliche Bilanzierung[23] bezieht sich im Übrigen auf sämtliche Kapitalgesellschaftsformen wie auch auf die Kapitalgesellschaft & Co. und steht nicht in Zusammenhang mit dem Gesetz über die „kleine AG". Insoweit sind „kleine" Aktiengesellschaften im Sinne von § 267 Abs. 1 HGB bereits 1985 den „kleinen" GmbHs dadurch gleichgestellt worden, dass sie nicht mehr der gesetzlichen Prüfungspflicht durch einen Abschlussprüfer unterliegen.   **325**

Im Anschluss an das Gesetz für kleine Aktiengesellschaften und zur Deregulierung des Aktienrechts hat der Gesetzgeber die Reform des Aktiengesetzes weitergeführt, u.a. durch die Anpassung der Bestimmungen über Namensaktien und die Stimmabgabe an heutige EDV-Erfordernisse durch das Namensaktiengesetz,[24] das zugleich den Anwendungsbereich der aktienrechtlichen Nachgründungsproblematik entschärft hat, durch das Stückaktiengesetz[25] und durch das Euro-Einführungsgesetz.[26] Neben der Vereinfachung und Erleichterung des Aktiengesetzes im Hinblick auf die AG als Rechtsform für mittelständische Unternehmen wurden weitere Änderungen des Aktienrechts durch die zunehmende öffentliche Kritik an der Unternehmensleitung und der oft als nicht ausreichend bezeichneten Kontrolle dieser Leitung durch Aufsichtsrat und Abschlussprüfer veranlasst, andere wiederum durch die Absicht, die Kapitalaufnahme durch Aktiengesellschaften und ihren Handlungsspielraum hinsichtlich eigener Aktien zu erleichtern.[27]   **326**

---

22 Vgl. oben Abschnitt II.1.e).
23 Näher hierzu im Zweiten Teil, Abschnitt E.IV.1.
24 Gesetz zur Namensaktie und zur Erleichterung der Stimmrechtsausübung v. 24.01.2001, BGBl. I, 123 ff.
25 Gesetz über die Zulassung von Stückaktien v. 25.03.1998, BGBl. I, 590.
26 Gesetz zur Einführung des Euro v. 09.06.1998, BGBl. I, 1242.
27 Insoweit wichtige Änderungen erfolgten unter anderem durch das Gesetz über den Wertpapierhandel und zur Änderung börsenrechtlicher und wertpapierrechtlicher Vorschriften (zweites Finanzmarktförderungsgesetz) v. 26.07.1994, BGBl. I, 1749, das Gesetz zur weiteren Fortentwicklung des Finanzplatzes Deutschland (drittes Finanzmarktförderungsgesetz) v. 24.03.1998, BGBl. I, 529, das Gesetz zur Verbesserung der Wettbewerbsfähigkeit deutscher Konzerne an in-

327 Die grundsätzlichen nach der derzeitigen Rechtslage bestehenden und für die Rechtsformwahl wesentlichen Unterschiede zwischen der Aktiengesellschaft und der GmbH betreffen einerseits den vor allem durch die Formenstrenge des Aktiengesetzes trotz der Erleichterungen für die kleine AG begründeten höheren Aufwand:

- Es ist ein höheres **Mindesteigenkapital** von € 50.000,00 gegenüber € 25.000,00 bei der GmbH erforderlich.

- Die Aktiengesellschaft zeichnet sich durch einen höheren Organisationsgrad und hierdurch bedingten höheren **Organisationsaufwand** aus. Insbesondere wird im Gegensatz zur GmbH ein Aufsichtsrat mit mindestens drei Mitgliedern benötigt. Andererseits kann die Überwachung der Unternehmensgründer durch ein gesondertes Organ auch Vorteile bieten, insbesondere wenn dem Aufsichtsrat erfahrene Mitglieder, z. B. ein Business Angel[28] oder ein erfahrener Mitarbeiter eines Venture Capitalist[29] angehören, die im Rahmen ihrer Stellung als Aufsichtsratsmitglied bereits „kraft Amtes" beratend und unterstützend zur Seite stehen können.

- Die höhere Regelungsdichte des Aktiengesetzes hinsichtlich der gesellschaftsrechtlichen Verhältnisse beinhaltet auch einen gegenüber der GmbH größeren formellen Aufwand im Rahmen der **Gründung** und **Kapitalaufbringung**. Während bei der GmbH neben dem notariellen Gesellschaftsvertrag mit Gründungsbestimmungen, der Geschäftsführerbestellung, der Handelsregisteranmeldung und einer Gesellschafterliste lediglich bei der Festsetzung von Sacheinlagen ein Sachgründungsbericht und „geeignete Unterlagen" zum Nachweis der Werthaltigkeit erforderlich sind, erfordert die Gründung der AG unabhängig von der Festlegung von Bar- oder Sacheinlagen neben der notariellen Gründungsurkunde und Satzung, Bestellung von Vorstand und Aufsichtsrat sowie der Handelsregisteranmeldung einen schriftlichen Gründungsbericht der Gründer und eine Gründungsprüfung durch Aufsichtsrat und Vorstand, über die ebenfalls Bericht zu erstatten ist. Bei der **Übernahme von Aktien durch Mitglieder des Aufsichtsrates oder des Vorstandes** oder für deren Rechnung, bei Vereinbarung von Sacheinlagen oder Sachübernahmen sowie bei der Gewährung oder Zusage eines Vorteils oder einer Belohnung oder Entschädigung für die Gründung an Mitglieder des Vorstandes oder Aufsichtsrates ist darüber hinaus die Prüfung durch einen gerichtlich bestellten externen Prüfer erforderlich, dessen Bericht ebenfalls beim Registergericht einzureichen ist. Bei der Übernahme von Aktien durch Mitglieder des Vor-

---

ternationalen Kapitalmärkten und zur Erleichterung der Aufnahme von Gesellschafterdarlehen (Kapitalaufnahmeerleichterungsgesetz) v. 20.04.1998, BGBl. I, 707, das Gesetz zur Kontrolle und Transparenz im Unternehmensbereich (KonTraG) v. 27.04.1998, BGBl. I, 786, das Gesetz zur Regelung von öffentlichen Angeboten zum Erwerb von Wertpapieren und von Unternehmensübernahmen (Wertpapiererwerbs- und Übernahmegesetz) v. 20.12.2001, BGBl. I, 3822, und das Gesetz zur weiteren Reform des Aktien- und Bilanzrechts, zu Transparenz und Publizität (Transparenz- und Publizitätsgesetz) v. 19.07.2002, BGBl. I, 2681.

28 Vgl. Abschnitt D.III.
29 Vgl. Abschnitt D.IV.

standes oder des Aufsichtsrates oder für deren Rechnung kann die Prüfung noch 327
statt durch einen gerichtlich bestellten Gründungsprüfer nunmehr auch durch
den die Gründung beurkundenden Notar erfolgen, was als wesentliche Vereinfachung und Erleichterung anzusehen ist. Auch über die Leistung von Bareinlagen ist bei der AG ein Nachweis vorzulegen, bei der GmbH dagegen nur auf Anforderung durch das Handelsregister.

– Bei **Rechtsgeschäften** zwischen der AG und Gründern, Aktionären, Mitgliedern des Vorstandes oder des Aufsichtsrates bestehen vielfach besondere Genehmigungs- oder Formerfordernisse oder Beschränkungen. Eine Kreditgewährung an Mitglieder des Aufsichtsrates, des Vorstandes, Prokuristen oder bestimmten Handlungsbevollmächtigten oder deren engen Angehörigen darf nur auf Grund eines Beschlusses oder einer Einwilligung des Aufsichtsrates erfolgen. Dienst- oder Werkverträge der Gesellschaft mit Mitgliedern des Aufsichtsrates bedürfen ebenfalls der Zustimmung des gesamten Aufsichtsrates. Besonderer Zusatzaufwand entsteht in der Regel im Fall der so genannten **Nachgründung**. Danach ist bei Abschluss von Verträgen der Gesellschaft mit Gründern oder mit mehr als 10 % an der Gesellschaft beteiligten Aktionären über Vermögensgegenstände, für die eine mehr als 10 % des Grundkapitals betragende Vergütung gezahlt werden soll und die innerhalb von zwei Jahren nach der Eintragung der Gesellschaft in das Handelsregister abgeschlossen werden, ein besonderes Verfahren einzuhalten. Der Vertrag muss schriftlich abgeschlossen werden, bedarf eines Zustimmungsbeschlusses der Hauptversammlung und der Eintragung in das Handelsregister. Vorher ist der Vertrag allerdings noch durch den Aufsichtsrat und einen externen, vom Registergericht bestellten Nachgründungsprüfer zu prüfen. Über beide Prüfungen sind schriftliche Berichte zu erstatten, die zum Handelsregister einzureichen sind.

– Auch andere Rechtsgeschäfte unterliegen bei der AG teilweise erhöhten Anforderungen. So wird die **stille Gesellschaft**, eine insbesondere bei Einsatz von VC-Kapital nicht selten genutzte Finanzierungsform,[30] bei der Aktiengesellschaft als **Teilgewinnabführungsvertrag** und damit als Unternehmensvertrag i. S. v. § 292 Abs. 1 Nr. 2 AktG angesehen mit der Folge, dass dieser Vertrag zu seiner Wirksamkeit ebenfalls der Zustimmung der Hauptversammlung, der Prüfung und Einreichung sowie der Eintragung in das Handelsregister bedarf. Ein entsprechendes Formerfordernis besteht bei der GmbH für stille Gesellschaften nach verbreiteter Auffassung nicht.[31]

– Erhöhter Aufwand entsteht bei der AG im Rahmen der **Jahresabschlusserstellung** und ggf. -prüfung, da bei der Aktiengesellschaft zusätzliche Anga-

---

30 Meist in Kombination mit einer Direktbeteiligung, zur stillen Gesellschaft als Finanzierungsinstrument s. a. Abschnitt D.IV.7.
31 Die Frage ist allerdings umstritten. Teilweise wird hierzu auch die Auffassung vertreten, die GmbH sei insoweit wie die AG zu behandeln und auch bei der GmbH sei eine stille Beteiligung als Teilgewinnabführungsvertrag in das Handelsregister einzutragen, siehe z. B. Scholz, GmbHG, Anhang Konzernrecht RN 217.

ben in der Bilanz nach § 152 AktG, in der Gewinn- und Verlustrechnung nach § 158 AktG und im Anhang nach § 160 AktG und bei Vorliegen der entsprechenden Voraussetzungen die zusätzliche Erstellung und ggf. Prüfung eines Berichts über die Beziehungen zu verbundenen Unternehmen (Abhängigkeitsbericht) erforderlich sind.

- Die **Gewinnverwendung und Ausschüttungen** unterliegen wegen der Verpflichtung zur Dotierung einer gesetzlichen Rücklage und dem Verbot der Vorabausschüttung vor Ablauf des Geschäftsjahres[32] engeren Grenzen als bei der GmbH, bei der auch außerhalb der Gewinnverteilung bei ausreichend vorhandenem freien[33] Vermögen unterjährig Ausschüttungen beschlossen werden können.

328 Diesem Aufwand stehen andererseits bedeutende Vorteile der AG gegenüber der GmbH gegenüber:

- Nicht zuletzt die o.g. höhere Formenstrenge und besonderen Prüfungsanforderungen führt zu einem allgemein höheren **Ansehen** der AG. Zumindest bei Kenntnis und Beachtung der einzuhaltenden Formanforderungen führen auch gerade die umfangreicheren Prüfungs- und Zustimmungserfordernisse zu mehr Rechtssicherheit für Aktionäre, Gläubiger und letztlich auch für die Mitglieder des Vorstandes und Aufsichtsrates.

- Die aktienrechtlichen Instrumentarien stellen bedeutend umfangreichere Möglichkeiten für **Finanzierungsvarianten**, **Mitarbeiterbeteiligungsmodelle** und **Unternehmenszusammenschlüsse** zur Verfügung als das GmbHG. Aktienrechtlich geregelte Möglichkeiten der Finanzierung wie die Wandelschuldverschreibung sind in das GmbH-Recht nur durch aufwändige Hilfskonstruktionen übertragbar. Die bei der Aktiengesellschaft möglichen Kapitalerhöhungen in Form der bedingten Kapitalerhöhung, die nur so weit durchgeführt wird, wie von einem Umtausch- oder Bezugsrecht auf Aktien Gebrauch gemacht wird, und in Form des genehmigten Kapitals, bei dem der Vorstand von der Hauptversammlung zur Erhöhung des Grundkapitals ermächtigt wird, sind für die GmbH gesetzlich ebenfalls weder vorgesehen noch in dieser Form möglich. Gerade sie ermöglichen aber die vergleichsweise einfache Ausgestaltung von Mitarbeiterbeteiligungsmodellen[34] und flexible Reaktionen des Vorstandes auf Finanzierungsbedarf und bei geplanten Unternehmenszusammenschlüssen.

---

32 Nach Ablauf des Geschäftsjahres kann bei der AG eine allerdings ebenfalls begrenzte Abschlagszahlung auf den zu erwartenden Bilanzgewinn vorgenommen werden, sofern dies nach der Satzung ausdrücklich erlaubt ist.

33 D.h. über das Stammkapital hinausgehenden und keiner anderweitigen besonderen Verwendungsbindung unterliegenden Mitteln.

34 Bei der GmbH sind hierfür wiederum besondere Gestaltungen erforderlich, die oftmals mit steuerlichen oder wirtschaftlichen Nachteilen verbunden sind. Im Einzelnen verweisen wir zu den Mitarbeiterbeteiligungsmodellen und den diesbezüglichen Varianten auf den Zweiten Teil, Abschnitt I.

– Plant die Gesellschaft den **Börsengang**, besteht zur Aktiengesellschaft mit Ausnahme der seltenen KGaA zumindest hinsichtlich deutscher Gesellschaftsformen ohnehin keine Alternative. Aber auch außerhalb der Börsennotierung bietet die Aktiengesellschaft im Rahmen von Privatplatzierungen zumindest grundsätzlich die Möglichkeit zusätzlicher Eigenkapitalfinanzierungen, auch wenn solche Aktien wegen des im Regelfall nicht vorhandenen außerbörslichen Marktes meist nur schwer zu platzieren sind.

– Die **Verkehrsfähigkeit** der Aktie ist ein weiterer Vorteil der AG gegenüber der GmbH. Die Aktienübertragung unterliegt im Gegensatz zur notariellen Beurkundung der Übertragung von GmbH-Anteilen keiner besonderen Form, was die Übertragbarkeit erheblich erleichtert. Sind Aktienurkunden über Inhaberaktien ausgegeben, kann die Übertragung durch Übereignung der Aktienurkunde erfolgen. Durch die mögliche kleinere Stückelung von Aktien (1 Aktie je € 1,00 Grundkapital) gegenüber GmbH-Geschäftsanteilen (mindestens € 100,00 Stammkapital je Geschäftsanteil) ist eine breitere Streuung und Abstufung der Beteiligungen möglich. Die Übertragung eines Teils der Aktien ist unproblematisch, die Teilung von GmbH-Anteilen bedarf dagegen einer Zustimmung der Gesellschaft. Während bei der AG zumindest bei Ausgabe von Inhaberaktien die Gesellschaft nicht über die Übertragung informiert werden muss, bedarf jede Übertragung von GmbH-Anteilen der Anmeldung des neuen Gesellschafters bei der Gesellschaft und der Einreichung einer neuen Gesellschafterliste beim Handelsregister durch die Geschäftsführung.

329 Bei einem mittel- oder langfristig geplanten Börsengang der Gesellschaft wird zur Vermeidung von Aufwand und Formalitäten in der Startphase nicht selten die Gesellschaft zunächst als GmbH gegründet mit der Absicht, bei Konkretisierung von Börsenplänen einen Formwechsel der Gesellschaft in eine AG nach dem Umwandlungsgesetz durchzuführen. Eine anfängliche Entscheidung für die GmbH muss insoweit nicht endgültig sein. In der Praxis ist zu beobachten, dass die AG als Rechtsform insbesondere von 1998 bis 2000 häufig wegen des auch von Neuunternehmen geplanten kurzfristigen Börsenganges gewählt wurde, während seitdem bei Neugründungen das Interesse an der AG zunächst wieder nachgelassen hat. Die Gründer sollten sich aber von diesbezüglichen Trends nicht beeindrucken lassen, sondern eine Entscheidung anhand der Eigenheiten der jeweiligen Rechtsform und der konkreten Unternehmensplanung treffen.

III. Gründung einer Kapitalgesellschaft (GmbH/AG)

Bei der Gründung einer Kapitalgesellschaft sind drei Phasen zu unterscheiden:

330 Als so genannte **Vorgründungsphase** wird die Zeit zwischen der Entscheidung der Gründer, eine Gesellschaft zu errichten, und der Beurkundung der Gründungsurkunde mit Gesellschaftsvertrag oder Satzung bezeichnet. Diese Phase hat rechtlich nur wenig mit der späteren Gesellschaft zu tun. Bei vertraglichen Vereinbarungen der Beteiligten über die spätere Gesellschaftsgründung wird zwar auch von einer „Vorgründungsgesellschaft" gesprochen, ein solches mögliches Gesellschaftsverhältnis ist aber in keiner Weise mit der späteren Gesellschaft identisch und muss daher streng von der späteren AG oder GmbH getrennt werden.

331 Mit der Beurkundung und Wirksamwerden der Gründungsurkunde nebst Gesellschaftsvertrag oder Satzung, die auch als „**Errichtung**" der Gesellschaft bezeichnet wird, entsteht die sog. „**Vorgesellschaft**", deren Rechtsnatur im Einzelnen umstritten ist. Jedenfalls handelt es sich bereits um eine Vorstufe der späteren GmbH oder AG, auf die zu großen Teilen bereits das Recht der späteren GmbH oder AG angewendet wird. Die Vorgesellschaft kann bereits **Träger von Rechten und Pflichten** sein, ist also rechtsfähig. Für die Vorgesellschaft begründete Rechte und Pflichten gehen auf die spätere GmbH oder AG ohne weiteres über, wenn die Handelsregistereintragung erfolgt; es besteht also eine Identität zwischen der Vorgesellschaft und der späteren Gesellschaft.

332 Dennoch sollten sich die Gründer wie auch die Geschäftsführer oder Vorstandsmitglieder stets darüber bewusst sein, dass die GmbH oder AG selbst erst mit ihrer Handelsregistereintragung entsteht und vorher als solche nicht besteht. Dies ist insbesondere von Bedeutung, wenn bereits vor der Handelsregistereintragung im Namen der Vorgesellschaft oder der späteren Gesellschaft nach außen **aufgetreten** und **gehandelt** wird, wobei auf die noch nicht erfolgte Eintragung z. B. durch den Zusatz „i.G." oder „in Gründung" hinzuweisen ist. Denn derjenige, der vor der Handelsregistereintragung im Namen der Gesellschaft gehandelt hat, haftet für die dadurch begründeten Verbindlichkeiten **persönlich und unbeschränkt** (sog. „**Handelndenhaftung**"). Dieses Risiko trifft i. d. R. die Geschäftsführer oder Vorstände. Aber auch die **Gesellschafter** haften für vor der Eintragung der Gesellschaft begründete Verbindlichkeiten **persönlich und unbeschränkt**, da die Entstehung der Gesellschaft mit der Folge einer auf das Gesellschaftsvermögen begrenzten Haftung von der Handelsregistereintragung abhängig ist. Von der konkreten Situation hängt es ab, ob die Haftung dabei gegenüber der Gesellschaft besteht (Regelfall, sog. „Innenhaftung") oder direkt gegenüber den Gläubigern der Gesellschaft (sog. „Außenhaftung"). Sowohl die Handelndenhaftung als auch die unbeschränkte Gesellschafterhaftung entfallen mit Eintragung der Gesellschaft in das Handelsregister und dem damit erfolgenden Übergang der begründeten Verpflichtungen von der Vorgesellschaft auf die Gesellschaft.[35] Trotzdem sollten die bestehenden Risiken nicht unterschätzt werden, da die „befreiende" Handelsregistereintragung der Gesellschaft scheitern kann

- bei Ablehnung der Eintragung durch das Gericht,
- infolge Aufgabe der Eintragungsabsicht durch die Beteiligten und
- im Fall der Insolvenz der Vorgesellschaft.

---

[35] Allerdings tritt bei Schmälerung des Stammkapitals im Zeitpunkt der Handelsregistereintragung durch Verluste an Stelle der bis zur Eintragung andauernden Verlustdeckungshaftung eine an die Eintragung geknüpfte Vorbelastungs-(Unterbilanz-)haftung, dazu nachfolgend unter Abschnitt VII.3.

Darüber hinaus können bis zur Handelsregistereintragung bei der Gesellschaft **333** eingetretene Vermögensminderungen zur Vorbelastungs- oder Unterbilanzhaftung führen.[36] Aus diesem Grund ist dringend zu empfehlen, im Regelfall von einer **Geschäftsaufnahme** durch die Gesellschaft und einer Begründung von Verbindlichkeiten vor der Handelsregistereintragung **abzusehen.**

Kann – aus welchen Gründen auch immer – mit der Geschäftsaufnahme nicht bis **334** zur Eintragung einer neuen Gesellschaft abgewartet werden, ist der Erwerb einer **Vorratsgesellschaft** oftmals einer Eigengründung vorzuziehen. Entsprechende Gesellschaften können von diversen Anbietern erworben werden. Es handelt sich hierbei um **vorab gegründete Gesellschaften** mit einem volleingezahlten gesetzlichen Mindestkapital, für die als Kaufpreis der Betrag des Stamm- oder Grundkapitals zuzüglich eines Aufschlages zu zahlen ist. Der Gesellschaftsvertrag oder die Satzung einer solchen Gesellschaft ist in der Regel weitgehend auf den gesetzlichen Mindestinhalt beschränkt; Gegenstand des Unternehmens ist die **Verwaltung eigenen Vermögens.**[37] Nach Erwerb einer solchen Vorratsgesellschaft sind der Unternehmensgegenstand und der übrige Inhalt des Gesellschaftsvertrages oder der Satzung anzupassen und die bisherigen Organmitglieder (Geschäftsführer, Vorstände, ggf. Aufsichtsratsmitglieder) abzuberufen und neu zu bestellen. Bis zur Eintragung der entsprechenden Gesellschaftsvertrags- oder Satzungsänderung ist allerdings die Aufnahme einer gewerblichen Tätigkeit vom Unternehmensgegenstand „Verwaltung eigenen Vermögens" noch nicht gedeckt. Es besteht aber zumindest bereits eine eingetragene Kapitalgesellschaft, zudem erfolgt die Eintragung der Gesellschaftsvertrags- oder Satzungsänderung in der Regel kurzfristiger als eine Neugründung.[38] Bei erstmaliger Aufnahme des Geschäftsbetriebes durch eine vormalige Vorratsgesellschaft wird nach der neueren Rechtsprechung des Bundesgerichtshofes die Aufbringung und Unversehrtheit des Stamm- oder Grundkapitals vom Handelsregister nochmals geprüft, wozu die Geschäftsführer oder Vorstandsmitglieder im Rahmen der Anmeldung der entsprechenden Gesellschaftsvertrags- oder Satzungsänderung entsprechende Versicherungen abzugeben haben.[39] Als maßgebender Stichtag für eine Unterbilanzhaftung der Gesellschafter ist nach der Rechtsprechung bei einer Vorratsgesellschaft die Offenlegung der Aufnahme des Geschäftsbetriebs und die Anmeldung der entsprechenden Satzungsänderung gegenüber dem Handelsregister maßgeblich.[39a]

Die **Schritte** bei der Gründung einer GmbH oder AG sind überschaubar: **335**

– Beurkundung der Gründungsurkunde nebst Gesellschaftsvertrag (GmbH) oder Satzung (AG),

---

36 Hierzu ausführlicher nachfolgend unter VII.3.

37 So genannte offene Vorratsgründung, die als zulässig angesehen wird. Vom Erwerb einer verdeckt gegründeten Vorratsgesellschaft mit einem niemals ernsthaft verfolgten fiktiven Unternehmensgegenstand oder einem so genannten Mantelkauf (Erwerb einer alten, oftmals gar vermögenslosen Gesellschaft) ist demgegenüber dringend abzuraten.

38 Zumindest soweit nicht eine Sitzverlegung in den Zuständigkeitsbereich eines anderen Handelsregisters erfolgt.

39 BGH, Beschl. v. 9. Dezember 2002 – II ZB 12/02 –, BB 2003, 324.

39a BGH, Beschl. v. 7. Juli 2003 – II ZB 4/02 –, ZIP 2003, 1698.

- Bestellung der erforderlichen Organe (GmbH: Geschäftsführung; AG: Vorstand und Aufsichtsrat) und bei der AG des ersten Abschlussprüfers,
- (Mindest-)Einlageleistung,
- Erstellung oder Einholung weiterer erforderlicher Dokumente,
- ggf. bei der AG vorab Bestellung eines gesonderten Gründungsprüfers durch das Gericht, soweit erforderlich, und Prüfungsberichterstattung durch diesen,
- Anmeldung der Gesellschaft und der Organe (Geschäftsführung oder Vorstand) zur Eintragung in das Handelsregister durch die Anmelder[40] unter Beifügung der vorgenannten erforderlichen Dokumente und Abgabe der erforderlichen Versicherungen über die Aufbringung des Stamm- oder Grundkapitals sowie das Nichtbestehen von Hindernissen für die Bestellung der Vertretungsorgane.[41]

336 Zu den weiteren zu erstellenden oder einzuholenden **Dokumenten** gehören im Fall einer nach dem Gegenstand des Unternehmens genehmigungspflichtigen Tätigkeit der Gesellschaft die Genehmigungsurkunde, bei der GmbH eine Liste der Gesellschafter und bei der AG der Gründungsbericht der Gründer, der Gründungsprüfungsbericht des Aufsichtsrats und des Vorstands, der Nachweis über die Einzahlung der Bareinlagen und eine Berechnung des Gründungsaufwandes.

337 Bei der Festsetzung von **Sacheinlagen** sind darüber hinaus die Verträge einzureichen, die über die Sacheinlagen oder deren Übertragung abgeschlossen wurden. Bei der **GmbH** erfordert die Gründung mit Sacheinlagen zusätzlich einen Sachgründungsbericht sowie geeignete Unterlagen (Quittungen, Wertgutachten, Bescheinigungen) über den Wert der Sacheinlagen. Bei der **AG** ist statt dessen der Gründungsprüfungsbericht eines gerichtlich bestellten Sachverständigen beim Gericht einzureichen, der außer bei einer Sachgründung auch bei der Bargründung dann erforderlich ist, wenn Aktien durch Vorstands- oder Aufsichtsratsmitglieder oder für deren Rechnung übernommen werden oder ein besonderer Vorteil oder eine Vergütung für die Gründung gewährt oder zugesagt werden.[42] Im Fall einer Übernahme von Aktien durch Vorstands- oder Aufsichtsratsmitglieder oder für deren Rechnung kann die Gründungsprüfung und Berichterstattung statt durch einen gerichtlich bestellten Prüfer auch durch den die Gesellschaftserrichtung beurkundenden Notar erfolgen.

338 Vor der Handelsregisteranmeldung ist darüber hinaus die erforderliche **Mindesteinlage** auf das Stamm- oder Grundkapital zu leisten:

339 Bei der **GmbH** müssen **Bareinlagen** vor der Handelsregisteranmeldung zu mindestens einem Viertel eingezahlt sein, insgesamt muss die Einzahlung auf das Stammkapital aber mindestens die Hälfte des gesetzlichen Mindestkapitals von € 25.000 betragen. Bei der Gründung mit einem Stammkapital von

---

40 Bei der GmbH die Geschäftsführer, bei der AG alle Gründer und Mitglieder des Vorstands und des Aufsichtsrats.
41 Vgl. oben Abschnitt II.1.d) und II.1.e).
42 Vgl. vorstehend in Abschnitt II.2.b).

€ 25.000 sind also mindestens € 12.500 einzuzahlen. Bei der Gründung der Gesellschaft nur durch einen Gesellschafter muss neben dieser Mindesteinzahlung für bei der Handelsregisteranmeldung noch ausstehende Einlagen eine Sicherheit bestellt werden. Wird die Gesellschaft innerhalb von drei Jahren seit ihrer Eintragung in das Handelsregister zur Einmanngesellschaft, hat der verbleibende Gesellschafter innerhalb von drei Monaten entweder etwa noch ausstehende Einlagen einzuzahlen, für die ausstehenden Einlagen ebenfalls eine Sicherheit zu bestellen oder aber einen Teil der Geschäftsanteile auf eine dritte Person zu übertragen. **Sacheinlagen** müssen vor der Anmeldung der Gesellschaft zum Handelsregister in vollem Umfang geleistet werden.

Bei der **AG** müssen **Bareinlagen** vor Anmeldung der Gesellschaft zur Eintragung in das Handelsregister mindestens zu einem Viertel des auf die übernommenen Aktien entfallenden anteiligen Betrages des Grundkapitals zuzüglich des vollständigen etwaigen Agios eingezahlt werden. Wie bereits erwähnt, gilt dies aber nur bei der Ausgabe von Namensaktien, da auf Inhaberaktien der volle Ausgabebetrag sofort geleistet werden muss. Wie bei der GmbH muss bei der Einmann-Gründung für ausstehende Einlagen eine Sicherheit bestellt werden. Wann bei der AG **Sacheinlagen** zu leisten sind, ist wegen der diesbezüglich nur schwer verständlich formulierten Bestimmung des § 36a Abs. 2 AktG umstritten. Nach der einen Auffassung müssen sie in der Regel vollständig vor der Handelsregisteranmeldung geleistet werden, nach der anderen Auffassung im Regelfall erst innerhalb von fünf Jahren nach Eintragung der Gesellschaft. In der Praxis wird die Sacheinlage jedoch regelmäßig vor der Handelsregisteranmeldung geleistet, bereits um die Prüfung der Werthaltigkeit der Sacheinlage zu erleichtern und Auseinandersetzungen mit dem Registergericht sowie Risiken wegen etwaiger späterer Wertminderungen der Sacheinlage zu vermeiden. **340**

Im Rahmen der Handelsregisteranmeldung sind verschiedene **Erklärungen** und **Versicherungen** abzugeben, insbesondere, dass die nach dem Gesellschaftsvertrag oder der Satzung vorgesehenen Einlageleistungen (Mindesteinlage oder höhere Einlage) bewirkt sind und sich endgültig zur freien Verfügung des Vorstandes oder der Geschäftsführung befinden. Falsche Angaben oder Versicherungen in diesem Zusammenhang sind sowohl bei der AG als auch der GmbH als „**Gründungsschwindel**" strafbar. **341**

Bei der Abgabe der entsprechenden Erklärungen über die Einlageleistung kann es ungewollt zu Pannen kommen. Die Bar- oder Sacheinlage kann erst nach der Beurkundung der Gründungsurkunde nebst Gesellschaftsvertrag oder Satzung bewirkt werden, da vorher keine Vorgesellschaft existiert, an die entsprechende Leistungen erfolgen bzw. für die Geschäftsführung oder Vorstand die entsprechende Leistung entgegennehmen könnten. Vielmehr wird beispielsweise bei der Bargründung im Regelfall erst nach der notariellen Beurkundung ein Konto auf den Namen der Gesellschaft eingerichtet, auf das die Bareinlage überwiesen wird. Gleichzeitig wird aber aus Vereinfachungsgründen die Beurkundung der Gründungsdokumente oft mit der Unterzeichnung der Handelsregisteranmeldung verbunden und in einem Termin vorgenommen. Soweit Unterlagen **342** über die Bewirkung der Einlageleistung mit beim Handelsregister einzureichen sind (Sachgründungen oder Bargründung bei der Aktiengesellschaft), ist dies meist unproblematisch, da die Unterlagen erst nach Vervollständigung insgesamt beim Registergericht eingereicht werden. Bei der GmbH-Gründung mit Bareinlagen kann es aber vorkommen, dass die Anmeldeunterlagen einschließlich der Versicherung über die Einlageeinzahlung bereits zum Gericht gelangen, bevor tatsächlich eine Einzahlung erfolgt ist und sich die Beteiligten so unbewusst dem Risiko der Strafbarkeit aussetzen. Die zukünftigen Geschäftsführer sollten daher darauf achten, dass entweder eine separate Beglaubigung der Handelsregisteranmeldung erst nach der Einzahlung erfolgt oder aber mit dem die Anmeldung beglaubigenden Notar vereinbart wird, die Gründungsunterlagen erst einzureichen, nachdem ihm die Einlageleistung von den Geschäftsführern bestätigt wurde.

IV. Ausgründungen

343 Ein häufig anzutreffender Fall der Unternehmensgründung sind sog. „Ausgründungen". Diese Form der „Privatisierung" kommt häufiger bei Universitäten oder anderen – meist öffentlich-rechtlichen – Einrichtungen vor. Meist wird auf Grundlage der (universitären) Forschungsarbeit ein Forschungsprodukt erarbeitet, das sich privatrechtlich fortentwickeln und anschließend vermarkten lässt. Die bisher regelmäßig mit einem Beamtenstatus versehenen Forscher (oder zumindest öffentlich-rechtliche Angestellte) stehen dann auch privat vor der Herausforderung, ihre Erfindung als Unternehmer auch erfolgreich zu vermarkten. Die gängigen Anforderungen im Rahmen solcher Ausgründungen sollen am folgenden Beispiel dargestellt werden:

Beispiel: Die Tatöwierer vom Bindehautinstitut

Prof. Histo vom Bindehautinstitut (BHI), Kohlhasenbrück und seine beiden wissenschaftlichen Mitarbeiter Färber und Maler haben ein neues Verfahren zur dauerhaften Färbung von (Menschen-) Haut entwickelt, das zukünftig ein nadel- und schmerzfreies Tätowieren ermöglicht. Zudem soll das Verfahren auch das vollständige Entfernen einer Tätowierung nach Ablauf von mindestens zwei Jahren ermöglichen. Das Verfahren wurde bereits als Patent der drei Erfinder (alternativ: des BHI) angemeldet. Um das Verfahren marktreif zu machen, muss es noch beschleunigt und vereinfacht werden, zudem gibt es noch Probleme (Juckreiz) bei den Testpersonen mit Färbungen in Violett. Nach Einschätzung der drei Erfinder benötigen sie hierzu mit einem entsprechenden Team (7 Mitarbeiter) und unter Nutzung der hervorragenden Infrastruktur des BHI noch drei Forscherjahre.

Die drei Erfinder wollen das Verfahren zukünftig im Lizenzgeschäft nutzen und auf eigene Rechnung vermarkten. Die Fortentwicklung muss daher außerhalb des Lehrstuhls mit Risikokapital erfolgen. Hierzu haben sie einen Businessplan erstellt und erste Kontakte zu verschiedenen VC Gesellschaften aufgenommen. Die Vorschläge der interessierten VC Gesellschaften zur Umsetzung des Vorhabens, insbesondere zur Frage des Gesellschafterkreises der operativen Gesellschaft (mit oder ohne das BHI?) sowie zur Einbeziehung des Patents (Einbringen in die Gesellschaft oder Behalten im Privatvermögen der drei Erfinder?) und den Infrastrukturen des Lehrstuhls (gänzlich ohne, lose Kooperation oder Beteiligung des BHI am Unternehmen?) waren sehr unterschiedlich.

Die drei Erfinder fragen sich, wie sie weiter vorgehen sollen.

Erläuterung

Unsere drei Erfinder werden sich zur weiteren Umsetzung ihrer Unternehmens-   **344**
errichtung u. a. mit folgenden Themen auseinander setzen müssen:

- Errichtung einer Kapitalgesellschaft
- Ablauf der Einbeziehung eines VC-Investors
- Übertragung des Patents auf die GmbH
- Kooperation mit dem Lehrstuhl
- Finanzierungsergänzung durch Fördermittel

Im Einzelnen:

1. Errichtung einer Kapitalgesellschaft

Die grundlegenden gesellschaftsrechtlichen Anforderungen an die Errichtung   **345**
einer GmbH bzw. einer AG sind bereits vorstehend im Abschnitt C.IV. erläutert. Der einfachste Weg ist wiederum die Gesellschaftserrichtung im Wege der Bargründung. Unsere drei Wissenschaftler sollten insbesondere darauf achten, dass der Gesellschaftsvertrag möglichst einfach und auch für Nichtjuristen transparent, nachvollziehbar, verständlich und auch handhabbar ist. Schließlich müssen sie in der Folgezeit als geschäftsführende Gesellschafter die Geschicke des Unternehmens leiten. Zudem sollte der Unternehmenszweck „offen" gestaltet werden, sodass Änderungen der Aktivitäten des Unternehmens im Zuge von wirtschaftlichen Entwicklungen aufgefangen werden können.

2. Ablauf der Einbeziehung eines VC-Investors

VC Investoren werden allein wegen ihres Geldes als Gesellschafter in (Start-   **346**
Up)Unternehmen aufgenommen.[43] Der übliche Weg hierfür in Deutschland ist die Durchführung einer Kapitalerhöhung, bei der die Altgesellschafter (Gründer) auf ihr Bezugsrecht verzichten und allein der VC Investor neue Anteile zeichnet. Das entscheidende Finanzinvestment wird dabei nicht in das gezeichnete Stamm- oder Grundkapital geleistet (sonst wären die Gründer sofort über Gebühr verwässert), sondern auf der Grundlage einer zuvor ausgehandelten „Unternehmensbewertung" als schlichte Zuzahlung in die Kapitalrücklage. Diese „Agio" pro Aktie oder GmbH-Anteil spiegelt die von den Parteien auf der Grundlage des Businessplans und der eigenen Einschätzung erwartete Wertsteigerung des Unternehmens wieder. Begleitend hierzu sichern die VC-Investoren ihre wirtschaftlichen Interessen im Verhältnis zu den Altgesellschaftern

---

43 Natürlich haben smarte VC-Investoren mehr zu bieten als Kapital, dies wird aus Vereinfachungsgründen nachfolgend nicht berücksichtigt.

über umfangreiche Regelungen in Aktionärs- oder Gesellschaftervereinbarungen ab. Das Aufgeld des Investors liegt in jedem Fall über dem Nominalwert der Anteile (der von den Gründern bei der Errichtung der Gesellschaft zu erbringen ist) und im Regelfall auch über dem Aufgeld von vorangegangenen Investoren (z. B. Business Angels). Aus steuerlicher Sicht ist zu beachten, dass eine Kapitalerhöhung mit Aufnahme neuer Gesellschafter den sog. gemeinen Wert des Unternehmens indiziert.[44]

347 Für viele VC Investoren besteht die interne Vorgabe, vor der Investition in ein bereits bestehendes Unternehmen, eine umfassende (legal) due diligence Prüfung durch einen externen Berater durchführen zu lassen. Insbesondere bei Start-Up Unternehmen, die bereits im Vorfeld ihrer Errichtung vom Investor begleitet werden, neigen Investoren dazu, bereits im Rahmen der Unternehmensgründung als (Mini-)Gesellschafter zu Nominalwerten ohne Aufgeld aufgenommen zu werden, um die Kosten der legal due diligence einzusparen. Die eigentliche Investition des VC Investors erfolgt erst nach Unternehmensgründung im Wege einer Kapitalerhöhung, bei der wiederum nur er als Zeichner der neuen Anteile gegen Leistung eines Aufgelds in Erscheinung tritt.

348 Grundsätzlich sind für die Gründer beide Wege denkbar. Bei einer sofortigen Beteiligung eines Investors im Zuge der Gründung verlieren die echten Gründer allerdings de facto die Möglichkeit, mit anderen Investoren eine ggf. günstigere Bewertung für ihr zu finanzierendes Unternehmen auszuhandeln. Zudem müssen die Gründer insbesondere ihre Verwässerungsquote gegenüber dem Investor im Vorfeld vor der erforderlichen weiteren Kapitalerhöhung aushandeln. Nachträgliche Anpassungen zu Gunsten der Gründer[45] sind aus steuerlichen Gründen nur sehr eingeschränkt möglich.

349 In der Praxis haben Unternehmer, die zunächst auf eigenes Risiko eine Gesellschaft errichtet haben und erst anschließend VC Investoren als Gesellschafter aufnahmen, die subjektiv besseren Bewertungen bei der Finanzierung erzielen können.[46] Dies mag möglicherweise auch daran liegen, dass die Arbeiten der Gründer zur Umsetzung ihrer Geschäftsidee in diesen Fällen fortgeschrittener waren als bei einer sofortigen Einbeziehung des VC Investors, was sich im Risikoaufschlag des Investments bemerkbar macht. Zudem konnten dabei auch zusätzliche Finanzierungsquellen (Fördermittel, Eigenkapitalhilfen, tbg Beteiligungen etc.) besser zur Ausarbeitung einer **Finanzierungsstruktur** genutzt werden.

---

44 Die hieraus resultierenden steuerlichen Folgen werden ausführlich im Teil I, Kapitel I dargestellt.

45 In der Form, dass der Investor bei der erforderlichen Kapitalerhöhung Anteile mit Aufgeldzahlung zeichnet und die Gründer daneben Anteile ohne Aufgeldzahlung erhalten (sog. disquotale Einlagen), ist aus steuerlichen Gründen nicht möglich, vgl. hierzu ausführlich Teil I, Abschnitt I.

46 Obgleich diese Vorgehensweise sicherlich keine zu verallgemeinernde Empfehlung ist, die anhand nachprüfbarer Kriterien belegt werden könnte.

Kast

3. Übertragung des Patents auf die GmbH

Die Übertragung des Patents setzt zunächst dessen Anmeldung voraus.[47] Leider **350** stellt sich die Patentanmeldung für unsere drei Wissenschaftler nicht so einfach dar, wie diese es erhofft hatten:

Seit dem 07.02.2002 haben sich nämlich mit der Änderung des Gesetzes über **351** Arbeitnehmererfindungen (ArbNErfG) die Voraussetzungen für die Patentierung eines Ergebnisses der Hochschulforschung grundlegend geändert. Nach altem Recht galt für die Erfindungen von Hochschullehrern das so genannte Hochschullehrerprivileg: Die Erfindungen gehörten den Hochschullehrern und konnten von den Hochschulen bzw. den Dienstherren der Hochschullehrer nicht zur Verwertung in Anspruch genommen werden. Vielmehr konnte der Erfinder mit seiner Erfindung machen, was er wollte; er konnte sie zum Patent anmelden und verwerten, er konnte sie auch seiner Hochschule anbieten, sie an Dritte verschenken oder verkaufen, alles nach eigenem Belieben und ohne Einflussmöglichkeit der Hochschule oder des Dienstherrn. Der Hochschullehrer konnte auch schlicht nichts tun und damit die Erfindung de facto einer wirtschaftlichen Nutzung entziehen.[48]

Um dieses Hochschullehrerprivileg richtig begreifen und einordnen zu können, **352** muss man ihm die Diensterfindung des „normalen" Arbeitnehmers und deren Rechtsregime gegenüberstellen:

Diensterfindungen sind während der Dauer eines Arbeitsverhältnisses gemachte **353** Erfindungen, die entweder aus der dem Arbeitnehmer im Betrieb obliegenden Tätigkeit entstanden sind oder maßgeblich auf Erfahrungen oder Arbeiten des Betriebes beruhen. Diensterfindungen sind dem Arbeitgeber unverzüglich schriftlich zu melden. Der Arbeitgeber kann diese Erfindungen unbeschränkt oder beschränkt in Anspruch nehmen. Mit Zugang der Erklärung der Inanspruchnahme gehen die entsprechenden Rechte an den Arbeitgeber über. Dem Arbeitnehmer steht allerdings ein Anspruch auf angemessene Vergütung zu.[49]

Von diesem Rechtsregime der „normalen" Diensterfindung abweichend regelte **354** § 42 ArbNErfG a. F., dass alle naturwissenschaftlich-technischen Forschungsergebnisse ausschließlich dem Wissenschaftler zur Verfügung stehen. Dieses Privileg galt für die Personen, die bei den wissenschaftlichen Hochschulen in eigenständiger Verantwortung Lehre und Forschung betrieben, d. h. die in einem entsprechenden Beschäftigungsverhältnis zur Hochschule standen.

---

47 Vgl. zur Patentanmeldung allgemein Teil I, Abschnitt G.
48 Diese Sonderstellung für Hochschullehrer kommt aus einer Zeit, als der Universitätsbetrieb noch ein anderer war, die Innovationsrate der Wirtschaft noch nicht die heutige Geschwindigkeit hatte und erforderte und man darauf vertraute, dass gute Ideen sich schon durchsetzen werden, der internationale Wettbewerb noch weit entfernt von heutiger Dynamik war und weit entfernt gar von einer Globalisierung.
49 Vgl. §§ 5 ff. ArbNErfG; der Bundesminister für Arbeit und Sozialordnung hat für die Bemessung der Vergütungshöhe Richtlinien für die Vergütung von Arbeitnehmererfindungen im privaten Dienst erlassen (sog. Vergütungsrichtlinien).

> Prof. Histo und seine wissenschaftlichen Mitarbeiter hätten hiernach ihre Erfindung selbstständig und ohne Zustimmung der Hochschule patentieren und nach industriellen Nutzern suchen können, vorausgesetzt der Aufwand wäre nicht zu kosten- und zeitintensiv. Sie hätten die Erfindung vermarkten können, ohne dass die Hochschule, das BHI, Einfluss oder Zugriff auf die Erlöse gehabt hätte.

355 Der Nachteil dieses Hochschullehrerprivilegs bestand darin, dass häufig wegen der erwarteten Kosten eine Patentierung und Verwertung unterblieb und lediglich die Ergebnisse veröffentlicht wurden. Auch hatte die Hochschule keine Möglichkeit, die Patentierung und Verwertung der Erfindung an sich zu ziehen. Eine wirtschaftliche Wertschöpfung durch und für die Hochschule unterblieb. Dies war der Ausgangspunkt für die Änderung des Gesetzes über Arbeitnehmererfindungen.

356 Mit der Neuregelung konnte das Hochschullehrerprivileg aber nicht einfach abgeschafft und das für Diensterfindungen geltende Rechtsregime auf Hochschulerfindungen übertragen werden. Vielmehr musste der Gesetzgeber versuchen, den Konflikt zwischen der in Artikel 5 Abs. 3 des Grundgesetzes garantierten Wissenschaftsfreiheit und dem Interesse an einer Inanspruchnahme von Hochschulerfindungen durch Hochschulen zu lösen. Die grundgesetzlich verbürgte Freiheit von Forschung und Lehre enthält zwar nicht das Recht, Forschungsergebnisse kommerziell zu nutzen, aber sie umfasst zumindest die Publikationsfreiheit an den Ergebnissen, d.h. auch die Freiheit, diese nicht zu offenbaren (negative Publikationsfreiheit).

357 Würde die Hochschule nun gesetzlich berechtigt werden, eine Erfindung in Anspruch zu nehmen und diese zum Patent anzumelden, würde das Gesetz die Hochschule unabhängig vom Willen des Hochschullehrers zur Offenlegung der Erfindung berechtigen.[50] Eine Offenlegung gegen den Willen des Hochschullehrers bedeutet aber einen Eingriff in dessen grundgesetzlich garantierte negative Publikationsfreiheit. Allein die Schutzrechtsanmeldung durch die Hochschule würde folglich automatisch einen Eingriff in das Grundrecht der Wissenschaftsfreiheit darstellen.

358 Die Neuregelung des Gesetzes über Arbeitnehmererfindungen sucht diesen Konflikt zwischen der Wissenschaftsfreiheit der Hochschullehrer und der Inanspruchnahme ihrer Erfindungen durch die Hochschule wie folgt zu lösen:

> § 42 ArbNErfG – Besondere Bestimmungen für Erfindungen an Hochschulen
> Für Erfindungen der an einer Hochschule Beschäftigten gelten folgende besonderen Bestimmungen:
> 1. Der Erfinder ist berechtigt, die Diensterfindung im Rahmen seiner Lehr- und Forschungstätigkeit zu offenbaren, wenn er dies dem Dienstherrn rechtzeitig, in der Regel zwei Monate zuvor, angezeigt hat. § 24 Abs. 2 findet insoweit keine Anwendung.
> 2. Lehnt ein Erfinder aufgrund seiner Lehr- und Forschungsfreiheit die Offenbarung seiner Diensterfindung ab, so ist er nicht verpflichtet, die Erfindung dem Dienstherrn zu melden. Will der Erfinder seine Erfindung zu einem späteren Zeitpunkt offenbaren, so hat er dem Dienstherrn die Erfindung unverzüglich zu melden.

---

50 Vgl. §§ 31 ff. PatG; für die Anmeldung von Gebrauchsmustern vgl. § 8 GebrMG.

3. Dem Erfinder bleibt im Fall der Inanspruchnahme der Diensterfindung ein nichtausschließliches Recht zur Benutzung der Diensterfindung im Rahmen seiner Lehr- und Forschungstätigkeit.
4. Verwertet der Dienstherr die Erfindung, beträgt die Höhe der Vergütung 30 vom Hundert der durch die Verwertung erzielten Einnahmen.
5. § 40 Nr. 1 findet keine Anwendung.

Für die Erfindungen der Hochschullehrer gilt demnach grundsätzlich das Rechtsregime der „normalen" Diensterfindungen, allerdings mit folgenden Besonderheiten: **359**

Der Arbeitnehmer hat seine Erfindung unverzüglich zu melden.[51] Lehnt ein Hochschullehrer aufgrund seiner Lehr- und Forschungsfreiheit die Offenbarung seiner Erfindung ab, so ist er auch nicht verpflichtet, die Erfindung zu melden.   **360**

Der Arbeitnehmer hat seine Erfindung so lange geheim zu halten, bis sie frei geworden ist.[52] Der Hochschullehrer kann seine Erfindung offenbaren, wenn er diese seinem Dienstherren rechtzeitig zuvor angezeigt hat.   **361**

> Für Prof. Histo und sein Team hieße dies, sie müssten die Erfindung ihrem Dienstherren vor Veröffentlichung rechtzeitig bekannt geben. Dies ermöglicht dem Dienstherren, vorsorglich die Erfindung für sich schützen zu lassen, wenn er der Auffassung ist, die Diensterfindung eignet sich zur späteren Verwertung.
>
> Kommen unsere Wissenschaftler zu dem Ergebnis, dass ihre Erfindung noch nicht für die Augen dieser Welt bestimmt ist, so können sie ihr Verfahren geheim halten, ohne damit in Konflikt zu ihrem Dienstherren zu geraten. Entwickelt sich das Tätowierungsverfahren allerdings irgendwann zur „Serienreife" und wollen sie dies der Öffentlichkeit preisgeben, müssen sie ihren Dienstherren rechtzeitig informieren.

In jedem Fall räumt das Gesetz unserer Forschergruppe auch für den Fall der Inanspruchnahme der Erfindung das Recht ein, die Erfindung im Rahmen der weiteren Lehr- und Forschungstätigkeit zu nutzen.   **362**

Darüber hinaus bestimmt das Gesetz, dass im Falle der Verwertung der Erfindung durch den Dienstherren der Erfinder eine Vergütung in Höhe von 30% der durch die Verwertung erzielten Einnahmen erhält. Diese Regelung ist für unsere Forscher deshalb interessant, weil das Gesetz von 30% der Bruttoeinnahmen ausgeht. Der Dienstherr kann also nicht zunächst seine Ausgaben (Patentierungskosten etc.) vorher abziehen; er trägt darüber hinaus auch das wirtschaftliche Risiko einer schlechten Verwertung.[53]   **363**

Insoweit besteht eine weitere Besonderheit für Hochschulerfindungen: An Stelle der Inanspruchnahme können der Dienstherr und der Arbeitnehmer im öffentlichen Dienst normalerweise auch eine angemessene Beteiligung des Dienstherren an dem Ertrag einer Erfindung vereinbaren. Im Falle der Hochschulerfindung besteht die Möglichkeit einer solchen Vereinbarung jedoch nicht. Der Dienstherr   **364**

---

51 Vgl. § 5 ArbNErfG.
52 Vgl. § 24 Abs. 2 ArbNErfG i.V.m. § 8 ArbNErfG.
53 Allerdings ist zu erwarten, dass sich die Vertragspraxis der Hochschulen hierauf „einrichtet" und ihre Kosten nach vorne auf Dritte verlagert, so dass bei ihnen nur noch Einnahmen nach Kosten um die Verwertungskosten gemindert werden.

muss sich vielmehr entscheiden: Entweder nimmt er die Erfindung in Anspruch und übernimmt somit das volle Risiko der Verwertung selbst oder er gibt die Erfindung frei.

365 Die gesetzliche Neuregelung des Rechtsregimes der Hochschulerfindungen wird natürlich durch eine Übergangsvorschrift flankiert:

> *§ 43 ArbNErfG – Übergangsvorschrift*
>
> (1) § 42 in der am 7. Februar 2002 (BGBl. I S. 414) geltenden Fassung dieses Gesetzes findet nur Anwendung auf Erfindungen, die nach dem 6. Februar 2002 gemacht worden sind. Abweichend von Satz 1 ist in den Fällen, in denen sich Professoren, Dozenten oder wissenschaftliche Assistenten an einer wissenschaftlichen Hochschule zur Übertragung der Rechte an einer Erfindung gegenüber einem Dritten vor dem 18. Juli 2001 vertraglich verpflichtet haben, § 42 des Gesetzes über Arbeitnehmererfindungen in der bis zum 6. Februar 2002 geltenden Fassung bis zum 7. Februar 2003 weiter anzuwenden.
>
> (2) Für die vor dem 7. Februar 2002 von den an einer Hochschule Beschäftigten gemachten Erfindungen sind die Vorschriften des Gesetzes über Arbeitnehmererfindungen in der bis zum 6. Februar 2002 geltenden Fassung anzuwenden. Das Recht der Professoren, Dozenten und wissenschaftlichen Assistenten an einer wissenschaftlichen Hochschule, dem Dienstherren ihre vor dem 6. Februar 2002 gemachten Erfindungen anzubieten, bleibt unberührt.

Dies bedeutet in einfacheren Worten:

366 Die neue Regelung gilt grundsätzlich nur für die Erfindungen, die ab dem 07.02.2002 gemacht wurden. Für alle anderen Erfindungen gilt das alte Recht, d.h. es gilt das alte Hochschullehrerprivileg und eine Eigenverwertung ist möglich; zusätzlich besteht allerdings für die Erfinder die Möglichkeit, auch diese Erfindungen dem Dienstherren anzubieten.

367 Zu dieser grundsätzlichen Regelung gibt es eine wichtige Ausnahme: Hat der Erfinder sich bereits vor dem 18.07.2001 verpflichtet, die Rechte an einer Erfindung einem Dritten zu übertragen, so gilt bis zum 07.02.2003 die alte Rechtslage fort.

> Diese Ausnahme wäre interessant, wenn unser Forscherteam z.B. auf Grund eines Forschungsauftrags oder eines Kooperationsvertrags tätig geworden wäre und das Verfahren erst nach dem Stichtag entwickelt hätte. Denn dann wäre diese Ausnahme notwendig, um den Vertrag abwickeln zu können oder genügend Zeit zu haben, den Vertrag entsprechend anpassen zu können.

368 Im Ergebnis ergibt sich daraus für die – vertraglich dem Grunde nach relativ einfach umzusetzende – Übertragung von Patenten auf die Gesellschaft folgendes:

> Wurde die Erfindung vor dem 7.02.2002 gemacht, gilt altes Recht. Das Patent steht Prof. Histo, seinem Färber und seinem Maler zur freien Nutzung zur Verfügung. Sie können das Patent entgeltlich[54] oder unentgeltlich (Einlage) auf die Gesellschaft übertragen.

---

54 Aus steuerlicher Sicht muss der Kaufpreis angemessen sein und einem Drittvergleich standhalten; ein überhöhter Kaufpreis (Lizenzgebühr) der GmbH stellt eine verdeckte Gewinnausschüttung dar; vgl. Abschnitt 31 Abs. 3 KStR.

Wurde das Verfahren dagegen ab dem 7.02.2002 entwickelt, kommt neues Recht zur Anwendung. Dementsprechend kann die Übertragung auf die Gesellschaft nur in Kooperation mit der Hochschule, dem BHI, erfolgen. Hierzu könnten unsere drei Wissenschaftler ihre Erfindung der Hochschule offenbaren und anschließend eine Verwertungsvereinbarung mit dieser treffen. In dieser könnte z.B. geregelt werden, dass die Hochschule gegen angemessenes Entgelt[55] die Verwertung der Erfindung ausschließlich der Gesellschaft überlässt.

In jedem Fall wird aus Sicht der finanzierenden (VC-) Investoren erforderlich sein, dass die operativ tätige und zu finanzierende Gesellschaft alleiniger Träger der weiteren Verwertungsrechte wird.[56] **370**

4. Kooperation mit dem Lehrstuhl

Eine Zusammenarbeit zwischen dem Start-up Unternehmen und dem Lehrstuhl **371** muss verschiedene Voraussetzungen erfüllen.

Dies ist zuvorderst eine verlässliche Bindung zwischen den Partnern, d.h. Pla- **372** nungssicherheit über einen mittelfristigen Zeitraum beiderseits und das Beibehalten der Eigenständigkeit der zwei Institutionen.

Wie die Form der Kooperation auszusehen hat, ist abhängig von der Gesell- **373** schaftsform des Start-Up Unternehmens.

a) Kooperation über die Bildung eines Beirats

Eine Kooperation zwischen den Unternehmensgründern und dem Lehrstuhl **374** kann bei einer AG oder einer GmbH über die Einbeziehung des Lehrstuhls bzw. der Universität in das Unternehmen durch Bildung eines Beirates erfolgen. Ein Beirat kann z.B. bei einer AG durch einen Beschluss der Hauptversammlung geschaffen werden und ist dem Vorstand untergliedert. Ebenso besteht die Möglichkeit, schon bei Gründung der AG in der Satzung festzulegen, dass ein Beirat durch den Vorstand geschaffen werden kann. Der Beirat hat als Gremium z.B. die Beratung des Vorstands in technischen Fragen inne, er hat im Weiteren keinen Einfluss auf die Unternehmensführung durch den Vorstand. Hinzu kommt, dass die Aufnahme z.B. des Professors des Lehrstuhls auch eine repräsentative Funktion für das Unternehmen darstellt, die für beide Seiten günstig sein kann.

Zwischen den Beiratsmitgliedern und dem Unternehmen besteht eine schuld- **375** rechtliche Verbindung, die eine sehr flexible Vergütung des Beirates möglich macht. Diese kann projektbezogen oder auch kontinuierlich sein. Da Beirats-

---

55 Von dem Verwertungsentgelt haben unsere drei Wissenschaftler wiederum einen Anspruch auf 30 % der Einnahmen, § 42 Nr. 4 ArbNErfG.
56 Aus insolvenzrechtlichen Erwägungen heraus werden alternativ gelegentlich auch wesentliche Patente und andere Rechte auf Schwestergesellschaften mit gleichem Gesellschafterkreis übertragen. Diese wiederum überlassen die Rechte gegen Lizenzgebühr an die operativ tätige Gesellschaft.

mitglieder nicht schon der gesetzlichen Verschwiegenheitspflicht gemäß § 93 Abs. 1 Satz 2 AktG unterliegen, sollte sie ausdrücklich vereinbart werden.[57]

376 Steuerrechtlich hat die Beiratsvariante den Vorteil, dass die Vergütungen der Beiräte nicht unter das Abzugsverbot des § 10 Nr. 4 KStG fallen,[58] so lang der Beirat nur Beratungsfunktion inne hat. Die Vergütungen müssen aber in der Aufzählung der Pflichtangaben des Anhangs zum Jahresabschluss von Kapitalgesellschaften gemäß § 285 Nr. 9 HGB erscheinen.

b) Abschluss eines Kooperationsvertrages

377 Alternativ zur Einbindung des Lehrstuhls in ein gesellschaftsrechtliches Gremium (Beirat) des Unternehmens kann eine kontinuierliche Zusammenarbeit durch Abschluss eines Kooperationsvertrages o. ä. erreicht werden.

378 Die Ausgestaltung des Kooperationsvertrages kann sehr flexibel erfolgen. Der Inhalt der Kooperationsvereinbarung kann von der – exklusiven – Zusammenarbeit auf bestimmten (Forschungs-) und Entwicklungsgebieten bis hin zur gemeinsamen Produktentwicklung ausgedehnt werden. In Hinblick auf eine längere Zusammenarbeit bietet sich auch ein jährliches (halbjährliches) Sponsoring des Lehrstuhls an, deren Höhe nach dem Maß der Bedeutung des Lehrstuhls für das Unternehmen abhängt. Eine projektbezogene Vergütung, zur Honorierung außergewöhnlicher Aktivitäten seitens des Lehrstuhls ist auch denkbar.

379 Ein Bestandteil des Kooperationsvertrages sollte eine Verschwiegenheitspflicht sein, um gewonnenes Wissen dem Unternehmen zu sichern. Es bietet sich an, eine Exklusivregelung in den Vertrag aufzunehmen, die den Lehrstuhl verpflichtet, nicht mit anderen Unternehmen hinsichtlich bestimmter Themenbereiche zusammenzuarbeiten.

5. Finanzierungsergänzung durch Fördermittel

380 Die Ausgründung ist – wie der Name schon sagt – aus fördersystematischer Sicht ein Gründungsvorhaben. Das Vorhaben besteht aus folgenden förderfähigen Bestandteilen:

- Gründungsinvestition: Anschaffung von Wirtschaftsgütern des Anlagevermögens, Betriebsmittel,
- Forschungs- und Entwicklungstätigkeiten zur Fortentwicklung des patentierten Verfahrens: Personalkosten, Sachmittelkosten, Reisekosten, Laborgeräte etc.,
- Markterschließung/-einführung: Marketingkosten, Personalkosten, Sachmittelkosten, Reisekosten etc.,
- Einstellung von Mitarbeitern: Personalkosten.

---

57 Hoffmann-Becking, Münchner Handbuch des Gesellschaftsrechts Bd. 4, 2. Auflage 2000, § 29 Tz. 21.
58 Kantenwein, Münchner Handbuch des Gesellschaftsrechts, Band 4, 2. Auflage 2000, § 49 Tz. 32.

Für das Gründungsvorhaben kommen somit Fördermöglichkeiten aus den Be- **381** reichen Investitionsförderung, Innovationsförderung und Personalförderung in Frage.[59] Der Hauptfokus der Fördermöglichkeiten liegt allerdings auf den Forschungs- und Entwicklungstätigkeiten zur Fortentwicklung des patentierten Verfahrens. Für die Förderung dem Grunde und der Höhe nach sind insbesondere von Bedeutung, ob

- das Patent auf das Unternehmen übertragen wird und wie die Ergebnisse später verwertet werden,
- wie die Kooperation mit dem BHI ausgestaltet wird und
- welcher Risikokapitalgeber einbezogen wird.

Bei der Innovationsförderung wird zwischen direkter Projektförderung und spe- **382** zifischer Förderung, insbesondere kleiner und mittlerer Unternehmen (KMU), unterschieden. Bei der direkten Projektförderung werden Verbundvorhaben bevorzugt gefördert. Hierzu gehören z.B. Kooperationen zwischen Unternehmen (vorzugsweise unter Beteiligung von KMU) und Forschungseinrichtungen oder ähnlichen Institutionen (Universitäten etc.).

Eine Kooperation mit dem BHI kann in Form eines Verbundprojektes oder als **383** Auftragsforschung ausgestaltet werden.

- Im ersten Fall handelt es sich um eine gleichberechtigte Partnerschaft, bei dem Chancen/Erträge und Risiken/Kosten geteilt werden. Das BHI und das Unternehmen der Gründer wären Zuwendungsempfänger einer Förderung, wobei das BHI – im Gegensatz zum Unternehmen (ca. 50% Fördersatz) – ggf. eine höhere Förderung erhalten könnte (bis zu 100% Fördersatz).
- Im zweiten Fall würde gegen Entgelt ein Forschungsauftrages an das BHI erteilt. Hier würde nur das Unternehmen ggf. eine Förderung erhalten (i.d.R. ca. 50% der Projektkosten). Allerdings würden die Ergebnisse der Tätigkeit und die Einnahmen aus deren Verwertung dann auch dem Unternehmen allein gehören.

Das Unternehmen hat ggf. die Möglichkeit, im Rahmen eines Beteiligungsför- **384** derprogramms eine Beteiligung der tbg (Technologie-Beteiligungsgesellschaft mbH) einzuwerben.[60] Darüber hinaus besteht für den VC-Geber ggf. die Möglichkeit, für seine Beteiligung Mittel aus einem Förderprogramm zur Beteiligungsrefinanzierung oder Risikoentlastung in Anspruch zu nehmen.[61]

Grundsätzlich wird es für die Verhandlungen mit dem Risikokapitalgeber vor- **385** teilhaft sein, wenn die für die Forschungstätigkeit erforderlichen Patente dem Unternehmen gehören. Nur so ist gewährleistet, dass das Unternehmen später unabhängig am Markt agieren und seine Ergebnisse verwerten kann. Zusätzlich ist zu beachten, dass die Beteiligung nur gefördert wird, wenn bestimmte Betei-

---

59 Vgl. hierzu ausführlich Erster Teil, Abschnitt D.V. Fördermittel und Risikokapital der öffentlichen Hand.
60 Vgl. hierzu Teil I, Abschnitt D.V. Fördermittel und Risikokapital der öffentlichen Hand.
61 Vgl. hierzu Teil I, Abschnitt D.V. Fördermittel und Risikokapital der öffentlichen Hand.

ligungsformen und -konditionen vereinbart werden (z. B. Direktbeteiligungen, stille Beteiligungen und Genussrechte).

6. Zusammenfassung

386 Zusammengefasst ist festzuhalten, dass von den zahlreichen Fragen und Aufgaben, mit denen unsere drei Wissenschaftler im Beispielsfall (Durchführung der Ausgründung) konfrontiert werden, die Schwerpunkte auf der Ausgestaltung der Übertragung des Patents auf die operative Gesellschaft, die Ausgestaltung der Kooperation mit dem Lehrstuhl sowie die Erlangung von Fördermitteln zur Finanzierungsergänzung liegen.

387 Die zuvor erforderliche Errichtung einer Kapitalgesellschaft sowie der Ablauf der Einbeziehung eines (VC-) Investors mag zwar für den Einzelnen Neuland sein, mit Hilfe eines vernünftigen Beraters sowie eines erfahrenen (VC-) Investors sind diese Schritte verhältnismäßig einfach zu erledigen. Bei der Frage der Ansiedlung des Patents bzw. Übertragung des Patents auf die GmbH sind die neuen gesetzlichen Regelungen des Arbeitnehmererfindungsgesetzes, insbesondere die Verwertungsmöglichkeit zu Gunsten der Fachhochschulen zu beachten. Die Abstimmung dieses Prozesses sollte Hand in Hand mit der Frage der Ausgestaltung der Kooperation mit dem Lehrstuhl stattfinden. In beiden Fällen empfiehlt es sich möglichst frühzeitig mit einem klaren Konzept auf die Hochschule zuzugehen. Begleitend ist bereits in diesem Stadium die Frage der ergänzenden Finanzierung durch Fördermittel zu klären. Möglicherweise hat dies Auswirkungen auf die Frage der Ausgestaltung der Zusammenarbeit mit dem Lehrstuhl.

388 Das gesamte Zusammenspiel zwischen den einzelnen Bereichen sollte im Vorfeld mit dem (VC-) Investor und einem erfahrenen Berater abgestimmt werden.

V. Ausgestaltung von Gesellschaftsvertrag der GmbH und Satzung der AG

Beispiel:

Der Student und Hobbymusiker Bertil Bass und seine musikalischen Mitstreiter Gernot und Günter haben exzellente Kontakte in der Szene, aber musikalisch bisher nicht den entscheidenden Durchbruch erzielen können. Andererseits müssen sie feststellen, dass sie in organisatorischen Fragen den meisten Kollegen überlegen sind. Auf Grund vieler zäher Verhandlungsgespräche mit Second-Hand-Instrumentenhändlern, bei denen sie immer wieder erstaunliche Preisnachlässe erzielen können, kann zudem ihr enormes Verhandlungsgeschick nicht bezweifelt werden. Nach Lektüre eines Artikels über die kometenhafte Karriere des Konzertveranstalters Fritz Glatt im Fachblatt Tumbling Rock Magazine beschließen sie kurzerhand, ihre Talente und Kontakte unternehmerisch zu nutzen und eine Konzertagentur in Form einer GmbH zu gründen. Nachdem sie ihren Business-Plan ausgearbeitet haben, setzen sie sich zusammen, um den Gesellschaftsvertrag zu entwerfen. Die zwischen ihnen zu regelnden umfangreichen Sachverhalte (Dienstwagenregelung, Abstimmungen über Investitionen, Arbeitszeiten, Gewinnverteilung) führen allerdings innerhalb kürzester Zeit zu einem nicht mehr überschaubaren Regelwerk. Ratlos bitten sie den Jurastudenten Hastig (erstes Semester) um Hilfe, der ihnen eine Vorlage per E-Mail zur Verfügung stellt. Die Fußzeile „C:/Formularbuch/AG/Satzung Börsengesellschaft" des Dokuments lässt sie allerdings stutzen, sodass die Ausgestaltung des Gesellschaftsvertrages zunächst einmal zurückgestellt wird.

Der Gesellschaftsvertrag der GmbH und die Satzung der AG sind die **gesell-** **389** **schaftsrechtliche Verfassung** der Gesellschaft, d.h. ein Regelwerk, das die wesentlichen Grundmerkmale der Gesellschaft (Rechtsform, Firma, Sitz, Kapital usw.) und darüber hinaus nicht nur die Verhältnisse zwischen den Gesellschaftern, sondern insbesondere auch der Gesellschaftsorgane untereinander sowie Verfahrensfragen regelt. Es bindet neben den Organmitgliedern auch Rechtsnachfolger der Gesellschafter oder Aktionäre.

Während der Gesellschaftsvertrag der Personen(handels)gesellschaften außer **390** den Gesellschaftern und im Regelfall der Finanzverwaltung niemandem bekannt sein muss und jederzeit ohne Beachtung von formellen Anforderungen geändert werden kann, sind der Gesellschaftsvertrag der GmbH und die Satzung der AG Bestandteil der Handelsregisterakten und damit für jedermann **öffentlich** einsehbar. **Änderungen** des Gesellschaftsvertrages und der Satzung bedürfen nicht nur eines notariell zu beurkundenden Gesellschafter- oder Hauptversammlungsbeschlusses, sondern zu ihrer Wirksamkeit auch der Eintragung in das Handelsregister, dem bei jeder Änderung auch ein notariell bestätigter vollständiger neuer Wortlaut des Gesellschaftsvertrages oder der Satzung einzureichen ist.

Der Funktion, Bedeutung und dem Stellenwert des Gesellschaftsvertrages oder **391** der Satzung entsprechend sollten diese gestaltet werden. Die gesetzlich notwendigen **Mindestinhalte** wurden bereits bei den einzelnen Gesellschaftsformen dargestellt, sodass auf diese hier nicht näher eingegangen wird.[62] Über den Mindestinhalt hinaus müssen der Gesellschaftsvertrag oder die Satzung **weitere** **Sachverhalte** regeln, wobei die Gründer vor allem darauf achten sollten, dass die Regelungen einfach und verständlich sind und sich auf die erforderlichen Regelungsbereiche beschränken. Erforderlich sind beispielsweise Bestimmungen, deren rechtliche Wirksamkeit die Aufnahme in Gesellschaftsvertrag oder Satzung voraussetzt (beispielsweise Regelungen zur Einziehung von Geschäftsanteilen oder Abweichungen von den Bestimmungen des Aktiengesetzes) oder die auch gegenüber Rechtsnachfolgern der Gesellschafter bzw. Aktionäre oder gegenüber Dritten Wirkung haben müssen oder sollen (z.B. Beschränkungen der Übertragbarkeit der Beteiligungen, Gewinnverteilungsregeln, Kündigung, Abfindung bei Ausscheiden). Über andere Sachverhalte, insbesondere vertraulicher oder interner Art, können ebenso gut oder besser außerhalb des Gesellschaftsvertrages oder der Satzung Vereinbarungen abgeschlossen werden. Ein guter Gesellschaftsvertrag ist nicht notwendig ein langer Gesellschaftsvertrag.

---

62 Siehe hierzu Abschnitt C.II.

Vielmehr wird durch eine zu hohe Regelungsdichte, z. B. durch einen zu umfangreichen Katalog zustimmungspflichtige Geschäfte, die operative Tätigkeit manchmal behindert oder gar blockiert.

392   Sowohl bei AG als auch bei der GmbH muss die Übernahme von Gründungskosten durch die Gesellschaft in Gesellschaftsvertrag oder Satzung vorgesehen und der Höchstbetrag beziffert sein; anderenfalls fallen diese Kosten den Gründern zur Last.

1. Satzung der Aktiengesellschaft

393   Bei der **Aktiengesellschaft** besteht **Satzungsstrenge**, d. h. für die Satzung besteht nur dort Gestaltungsfreiheit, wo dies durch das AktG ausdrücklich gestattet oder gesetzlich keine abschließende Regelung getroffen ist. Von solchen Möglichkeiten einer Abweichung von den Bestimmungen des AktG sollte in jedem Fall Gebrauch gemacht werden, wenn hierdurch Vereinfachungen oder Formerleichterungen möglich sind. Beispielsweise kann der Anspruch der Aktionäre auf Verbriefung ihrer Anteile, also auf Ausgabe von Aktienurkunden, in der Satzung ausgeschlossen werden.

394   Die Satzung kann die Teilnahme an der Hauptversammlung von der vorherigen Hinterlegung der Aktien, sofern solche ausgegeben sind, und der vorherigen Anmeldung der Aktionäre abhängig machen. Zugelassene Abweichungen vom AktG in der Satzung sind beispielsweise

- die Festlegung anderer Mehrheiten sowie weiterer Erfordernisse für bestimmte Hauptversammlungsbeschlüsse,
- die Zulassung von Abschlagszahlungen auf den zu erwartenden Bilanzgewinn bereits vor dem Gewinnverwendungsbeschluss,
- eine andere als die gesetzlich vorgesehene Art der Gewinnverteilung,
- die Form der Aufforderung zur Einzahlung von ausstehenden Einlagen,
- die Teilnahme von Vertretern verhinderter Aufsichtsratsmitglieder an Aufsichtsratssitzungen,
- das Recht zur Einberufung der Hauptversammlung durch Aktionärsminderheiten oder die Beschränkung oder (bei Vorzugsaktien) der Ausschluss des Stimmrechts aus Aktien,
- das Recht zur Entsendung von Mitgliedern in den Aufsichtsrat oder
- das Erfordernis einer Zustimmung zur Übertragung von Aktien (bei Namensaktien).

395   Neben der Ausnutzung zulässiger Abweichungen von den gesetzlichen Regelungen sollte die Satzung zumindest

- die Grundzüge für die Einberufung und Durchführung der Hauptversammlung,
- die innere Ordnung des Aufsichtsrates (einschließlich der Zahl der Mitglieder) und die Einberufung und Durchführung von dessen Sitzungen sowie
- die innere Ordnung des Vorstandes (einschließlich Geschäftsführungs- und Vertretungsbefugnis oder Ermächtigung an den Aufsichtsrat zur Festlegung)

regeln. Auch hier muss die Satzung nicht jedes Detail enthalten. Einzelheiten **396** können vielmehr gesonderten Geschäftsordnungen für den Aufsichtsrat und den Vorstand überlassen werden, was den Vorteil größerer Flexibilität bietet. Die gesetzlich bestehende Möglichkeit zum Erlass einer Geschäftsordnung auch für die Hauptversammlung hat sich allerdings bislang in der Praxis nicht durchgesetzt.

Wichtige Regelungsgegenstände betreffen darüber hinaus den Erwerb eigener **397** Aktien durch die Gesellschaft sowie die Schaffung bedingten oder genehmigten Kapitals, z. B. für Mitarbeiterbeteiligungsmodelle oder Unternehmensakquisitionen. Derartige Regelungen spielen aber in der Praxis oft erst später bei entsprechendem Bedarf im Rahmen von Satzungsänderungen eine Rolle.

2. Gesellschaftsvertrag der GmbH

Bei der **GmbH** besteht im Gegensatz zur Satzungsstrenge bei der AG Freiheit **398** bei der Ausgestaltung des Gesellschaftsvertrages, sofern nicht die Regelungen des GmbHG zwingend sind. Aber auch hier sollte im Einzelfall genau geprüft werden, was in den Gesellschaftsvertrag gehört und was in anderen Vereinbarungen geregelt werden kann.

Neben dem gesetzlichen Mindestinhalt sollten wie bei der AG die Grundsätze **399** der inneren Ordnung der Organe (im Regelfall Gesellschafterversammlung und Geschäftsführung) geregelt werden.

Die Bestimmungen über die Gesellschafterversammlung wird dabei die Anfor- **400** derungen an die Einberufung (z. B. Ladungsfrist) regeln sowie die Grundzüge der Beschlussfassung und der Protokollierung. Daneben werden die Möglichkeiten der Beschlussfassung außerhalb der Gesellschafterversammlung (Umlaufverfahren, Beschlüsse per E-Mail) geregelt, die möglich ist, wenn sich alle Gesellschafter in Textform mit dem Beschluss oder der Art der Stimmabgabe einverstanden erklären. Schließlich empfehlen sich auch Bestimmungen über die Protokollierung und Anfechtbarkeit von Beschlüssen, z. B. die diesbezüglich zu beachtenden Anfechtungsfristen. Auch wenn sich einige dieser Regelungssachverhalte bereits aus dem Gesetz ergeben, enthält der Gesellschaftsvertrag der GmbH regelmäßig zumindest zur Klarstellung entsprechende Bestimmungen.

Hinsichtlich der inneren Ordnung der Geschäftsführung sollte vor allem die Re- **401** gelung der Geschäftsführungs- und Vertretungsbefugnis enthalten sein und die Gesellschafterversammlung ermächtigen, durch einfachen Beschluss abweichende Vertretungsbefugnisse für die einzelnen Geschäftsführer zu beschließen und die Geschäftsführer beispielsweise zu ermächtigen, die Gesellschaft auch bei Rechtsgeschäften mit sich selbst zu vertreten.[63]

Darüber hinaus muss der Gesellschaftsvertrag Regeln enthalten über die Mög- **402** lichkeit und die Voraussetzungen einer Einziehung von Geschäftsanteilen, da diese eine gesellschaftsvertragliche Grundlage voraussetzt. Ebenfalls enthalten

---

63 Befreiung vom Selbstkontrahierungsverbot des § 181 BGB.

sein sollten Regeln zum Ausschluss von Gesellschaftern und zur Kündigung durch Gesellschafter. Weiten Raum nehmen darüber hinaus üblicherweise die Bestimmungen über die zu zahlende Abfindung im Fall des Ausscheidens oder der Geschäftsanteilseinziehung und deren Bemessung ein. Ggf. wären in den Gesellschaftsvertrag auch Bestimmungen über die etwaige Beschränkung der Veräußerung von Geschäftsanteilen und Vorkaufsrechte im Fall der Veräußerung aufzunehmen.

VI. Aktionärs- und Gesellschaftervereinbarungen

403 Wie bereits in Abschnitt V. beschrieben, sollten Gesellschaftsvertrag und Satzung nur die wichtigen und grundlegenden Regelungen der Gesellschaftsverfassung enthalten, da der Gesellschaftsvertrag und die Satzung öffentlich einsehbar sind und Änderungen zu ihrer Wirksamkeit stets der Eintragung in das Handelsregister bedürfen. Daher ist es üblich, dass die Gesellschafter oder Aktionäre in gesonderten Aktionärs- oder Gesellschaftervereinbarungen weitere Absprachen treffen. Zu den Regelungsinhalten von solchen Vereinbarungen können gehören:

- strategische Ziele der Gesellschafter;
- Vereinbarungen über die Absicht, die Voraussetzungen und die Bedingungen zur Aufnahme weiterer Gesellschafter oder Aktionäre, z. B. im Rahmen zukünftiger Finanzierungsrunden, sowie die Akquisition anderer Unternehmen;
- Exit-Strategien, die oft verbunden sind mit Mitveräußerungspflichten der Gesellschafter und Einzelveräußerungsverboten, um eine einheitliche Strategie beim Ausstieg sicherzustellen, und die Bedingungen, unter denen eine Veräußerung der Gesellschaft erfolgen soll;
- Vereinbarungen über zukünftige Kapitalmaßnahmen, z. B. bei Erreichen bestimmter Unternehmensziele oder beim Eintritt bestimmter Bedingungen;
- über die bereits gesellschaftsvertraglich festgelegte Stamm- oder Grundkapitaleinzahlungen hinausgehende zukünftige Einlage-, Finanzierungs- oder Förderverpflichtungen einzelner oder aller Gesellschafter. Solche Vereinbarungen insbesondere mit VC-Investoren sind nicht selten und können neben finanziellen Verpflichtungen auch eine anderweitige Förderung der Gesellschaft, z. B. durch Know-how, umfassen;
- die Koordinierung des Abstimmungsverhaltens in der Gesellschafter- oder Hauptversammlung einschließlich etwaiger Stimmbindungsvereinbarungen;
- Vereinbarungen zur Besetzung von Organen (Vorstand, Geschäftsführung, Aufsichtsrat);
- die Auflage und die Bedingungen für Mitarbeiterbeteiligungsprogramme oder die zukünftige Ausgabe von Optionen an Vorstandsmitglieder;
- zukünftig vorgesehene Änderungen der Anstellungsbedingungen von Vorstand oder Geschäftsführung.

404 Welcher Form diese Vereinbarungen bedürfen, insbesondere ob die Vereinbarung beurkundet werden muss oder aber privatschriftlich abgeschlossen werden kann, hängt von ihrem Regelungsinhalt ab. Enthält die Vereinbarung beispielsweise die Verpflichtung eines oder mehrerer GmbH-Gesellschafter zur Veräußerung ihrer Beteiligung, bedarf die Vereinbarung wegen der diesbezüglichen Regelungen insgesamt der Beurkundung. Da Gesellschaftervereinbarungen außerhalb des Gesellschaftsvertrages oder der Satzung getroffen werden, binden sie in der Regel nur die unmittelbar Beteiligten, nicht aber neu hinzutretende Erwerber von Geschäftsanteilen bzw. Aktien. Daher enthalten Gesellschaftervereinbarungen oft Verpflichtungen der Beteiligten, im Fall einer Anteilsübertragung oder bei Aufnahme neuer Gesellschafter oder Aktionäre im Wege der Kapitalerhöhung die neu hinzutretenden Gesellschafter oder Aktionäre vertraglich in die Regelungen der Gesellschaftervereinbarung einzubeziehen.

Im Eingangsfall der Konzertagentur von Bertil, Gernot und Günter in Abschnitt V. gehören Dienstwagen- und Arbeitszeitregelung nicht in den Gesellschaftsvertrag, sondern in den Anstellungsvertrag der einzelnen Gründer mit der Gesellschaft. Investitionsgrundsätze sollten ebenfalls nicht im Gesellschaftsvertrag, sondern in einer separaten Gesellschaftervereinbarung geregelt werden. Hinsichtlich der Investitionen kommt auch in Betracht, sie durch eine Geschäftsordnung für die Geschäftsführung oder einen Gesellschafterbeschluss ab einer bestimmten Größenordnung von einem vorherigen Gesellschafterbeschluss im Einzelfall abhängig zu machen. Die Gewinnverteilungsregelung dagegen ist Bestandteil des Gesellschaftsvertrages, ergibt sich aber auch bereits unmittelbar aus dem GmbHG. **405**

VII. Typische Fehler im Gründungsstadium

Häufige Fehler junger Unternehmen im Gründungsstadium, die oftmals erst **406** spät erkannt werden, dann aber gravierende Folgen haben, betreffen nach unserer Erfahrung die Nichtbeachtung der für Kapitalgesellschaften geltenden Bestimmungen über die Kapitalaufbringung und -erhaltung. Nach den Praxiserfahrungen der Verfasser gibt es nur wenige Start-up-Unternehmen, bei denen im Rahmen der Gründung keine unerkannten Fehler aufgetreten sind, die unter Umständen gravierende Haftungsrisiken für die Gründer begründen können. Aufgedeckt werden solche Fehler in der Regel erst

– sobald das Unternehmen prüfungspflichtig wird oder freiwillig Prüfungen der Jahresabschlüsse durchführen lässt, durch den Abschlussprüfer,
– im Rahmen einer Due Diligence durch einen potenziellen Investor/Erwerber bzw. dessen Berater,

selten früher, oftmals leider auch später, nämlich **407**

– im Fall der **Insolvenz** des jungen Unternehmens durch den Insolvenzverwalter, der es sich nicht nehmen lassen wird, die Gründer gegebenenfalls persönlich zur Kasse zur bitten.

Die Folgen sind unterschiedlich, können aber teilweise gravierend sein. Sie rei- **408** chen von Haftungs- und Garantieverpflichtungen gegenüber Investoren über das Scheitern von Investitions- und Finanzierungsvorhaben wegen auftretender Deal Breaker bis hin zu einer nicht seltenen persönlichen Inanspruchnahme der Gründer durch einen späteren Insolvenzverwalter.

409 Fehler hinsichtlich der Kapitalaufbringung und -erhaltung sollten nicht nur wegen der Haftungsrisiken, die die Gründer persönlich eingehen, vermieden werden, sondern auch, weil durch sie oftmals ein Investorenengagement, manchmal sogar ein Börsengang gefährdet werden kann.

410 Zu den „TOP 5" der haftungsträchtigen gesellschaftsrechtlichen Fehler ambitionierter Gründer im Anfangsstadium dürften nach unseren Erfahrungen zählen:
- die verdeckte (verschleierte) Sachgründung,
- das Hin- und Herzahlen,
- die Vorbelastungs- (Unterbilanz)haftung,
- die Eigenkapitalrückgewähr und
- die Insolvenzverschleppung.

411 Zur Insolvenzverschleppung und den damit verbundenen Risiken verweisen wir auf den gesonderten Abschnitt J. im zweiten Teil. Auf die Übrigen unseres Erachtens leider viel zu häufigen oben genannten Fehler gehen wir nachfolgend unter Ziffern 1) bis 4) gesondert ein. Dabei gelten die nachfolgenden Ausführungen, auch wenn die entsprechenden Beispiele anhand von GmbHs gebildet sind, hinsichtlich der sich ergebenden Risiken für Aktiengesellschaften grundsätzlich entsprechend.

1. Die verschleierte (verdeckte) Sacheinlage

Beispiel:

Erinnern wir uns an die Homesound GmbH in Abschnitt A.III.: Die Informatikstudenten Hafer und Flocke und ihr Mitstreiter Grütze beabsichtigen, die Hobbymusiker-Software „Homesound Version 1.1" zur Marktreife und zum Markterfolg zu führen. Vor Gründung ihrer Homesound GmbH erwerben Hafer und Flocke zunächst u.a. IT Equipment für rd. € 7.000 sowie weitere Ausrüstungsgegenstände für € 2.000 im eigenen Namen. Später wird die Homesound GmbH im Wege der Bargründung errichtet.

Nach Rücksprache mit ihren Beratern wird Hafer, Flocke und ihrem Mitstreiter Grütze klar, dass die Anschaffungen im eigenen Namen nicht zuletzt aus steuerlichen Gründen suboptimal waren und die Homesound GmbH das IT Equipment und die sonstige Ausrüstung besser selbst direkt erworben hätte. Als pfiffige und wirtschaftlich denkende Macher kommen sie zur Erkenntnis, dass es wohl nicht darauf ankommen kann, ob die Homesound GmbH ihr Anlagevermögen nun aus dem Versandhandel oder von ihren Gründern erwirbt. Kurzerhand verkaufen sie daher die gesamte erworbene Ausrüstung unmittelbar nach Eintragung der Homesound GmbH in das Handelsregister an ihre neue Gesellschaft. Die Hinweise ihres steuerlichen Beraters zu verdeckten Gewinnausschüttungen beachtend, wird als Kaufpreis nicht der Neupreis der Geräte, sondern schweren Herzens der für entsprechende Gebrauchtgeräte angemessene Preis von insgesamt € 6.000 (statt € 9.000 Anschaffungspreis) vereinbart. Um die Sache „rechtssicher" zu machen, wird zudem ein ausführlicher schriftlicher Kaufvertrag mit fairen Gewährleistungsregelungen abgeschlossen.

In späteren Verhandlungen mit der KO Investment Kapitalbeteiligungsgesellschaft über ein erhebliches Investment an der Homesound GmbH kommt die ganze Sache nochmals zur Sprache, als die rechtlichen Berater der KO Bedenken wegen angeblicher verschleierter Sacheinlagen anmelden. Hafer, Flocke und Grütze halten diese Vorhalte für reine Verhandlungstaktik des Investors, da die Verträge angemessen sind und von Verschleierung keine Rede sein kann.

Bei der Gründung einer GmbH können als Stammeinlagen Bar- oder Sacheinlagen erbracht werden. Sollen Sacheinlagen geleistet werden, so sind diese im Gesellschaftsvertrag ausdrücklich festzusetzen. Die Vereinbarung von Sacheinlagen führt allerdings zu erheblichem Mehraufwand, da neben den anderen Unterlagen ein Sachgründungsbericht zu fertigen und geeignete Unterlagen über den Wert der Sacheinlagen sowie die Verträge über die Sacheinlagen beim Registergericht einzureichen sind.[64] Diesem Aufwand versuchen Gründer nicht selten dadurch zu entgehen, dass formell im Gesellschaftsvertrag Bareinlagen festgesetzt und diese auch zunächst geleistet werden, im Anschluss an die Gründung die Gesellschaft dann aber Vermögenswerte von den Gründern gegen Entgelt erwirbt. Materiell erhält die Gesellschaft damit andere Gegenstände als Geld. Teilweise erfolgt statt der Bareinlage und anschließenden Kaufpreiszahlung durch die Gesellschaft schlicht eine Verrechnung von Einlage- und Kaufpreisverpflichtung zwischen Gesellschaft und Gesellschafter. **412**

Eine derartige künstliche Aufspaltung des wirtschaftlich einheitlichen Vorgangs der Sacheinlage in mehrere rechtlich getrennte Geschäfte (Bareinlage einerseits, Kauf von Vermögensgegenständen andererseits) wird auch als „verdeckte Sacheinlage" oder „verschleierte Sacheinlage" bezeichnet. Bei der Festlegung von Bareinlagen im Gesellschaftsvertrag muss die von den Gründern übernommene Stammeinlage so an die Gesellschaft gezahlt werden, dass sich der Gegenstand der Leistungen endgültig in der freien Verfügung des Geschäftsführers befindet, was die Geschäftsführung in der Handelsregisteranmeldung gegenüber dem Gericht zu versichern hat. An dieser endgültigen freien Verfügbarkeit fehlt es, wenn bereits zum Zeitpunkt der Leistung der Einlage deren Rückfluss an die Gesellschafter vereinbart ist.[65] Auf die Frage, ob der später von der Gesellschaft gezahlte Kaufpreis für die erworbenen Vermögensgegenstände angemessen ist, kommt es hierbei nicht an. Dass bereits bei Leistung der Bareinlage der Rückfluss an die Gesellschafter vereinbart war, wird vermutet, wenn die Bareinlage und der Erwerb der Vermögensgegenstände in einem engen „zeitlichen und sachlichen Zusammenhang" erfolgen. Als schädlicher enger zeitlicher Zusammenhang für die Begründung einer entsprechenden Vermutung wird in der **413**

---

64 Der Zusatzaufwand ist noch erheblich höher, wenn die Festsetzung von Sacheinlagen im Rahmen der Gründung einer Aktiengesellschaft erfolgt, da dann neben Gründungsbericht der Gründer und Gründungsprüfungsbericht von Vorstand und Aufsichtsrat die zusätzliche Prüfung durch einen gerichtlich bestellten Prüfer zu erfolgen hat.
65 Baumbach/Hueck, GmbHG, § 7 RN 5a m.w.N. zur Rechtsprechung.

Literatur meist ein Zeitraum von einem halben Jahr genannt, ohne dass dies aber als sichere und feste Zeitgrenze angesehen werden kann. Allerdings: der zeitliche und sachliche Zusammenhang spielt nur für die Vermutung eine Rolle. Ist tatsächlich eine Vereinbarung über den Rückfluss der Stammeinlage getroffen worden, kann auch ein späterer Erwerb von Vermögensgegenständen vom Gesellschafter schädlich sein. Eine Verrechnung von Bareinlageverpflichtung mit Forderungen des Gesellschafters ist generell schädlich, da die Einlageverpflichtung einem Aufrechnungs- und Verrechnungsverbot unterliegt.

414 Die Rechtswirkungen der verdeckten Sacheinlage können verheerend sein. Die Bareinlage wurde nämlich in diesem Fall nicht wirksam geleistet und es besteht daher die Gefahr einer Doppelinanspruchnahme des Gesellschafters. Das Geschäft über die vom Gesellschafter erworbenen Vermögensgegenstände ist ebenfalls unwirksam und einschließlich Kaufpreiszahlung rückabzuwickeln. Im Fall einer späteren Insolvenz wird der Insolvenzverwalter die gesamte Einlagesumme noch einmal fordern, die Ansprüche des Gesellschafters auf Rückgabe der an die Gesellschaft veräußerten Vermögensgegenstände ist allerdings spätestens dann regelmäßig wertlos.

415 Die Handelsregisteranmeldung der Gesellschaft enthält übrigens die persönliche **Erklärung** von Grütze als Geschäftsführer, dass die Leistungen der Stammeinlagen bewirkt sind und dass sich der Gegenstand der Leistungen endgültig in der freien Verfügung des Geschäftsführers befindet. Die Abgabe einer falschen Erklärung führt nicht nur zur zivilrechtlichen Haftung, sondern ist, wenn sie wissentlich erfolgt, als „**Gründungsschwindel**" strafbar nach § 82 Abs. 1 Nr. 1 GmbHG.

2. Das Hin- und Herzahlen

Beispiel:

Erinnern wir uns an das Beispiel des Studenten und Hobbymusikers Bertil Bass und seiner musikalischen Mitstreiter Gernot und Günter in Abschnitt V., die ihr unternehmerisches Talent durch Gründung einer Konzertagentur in der Rechtsform der GmbH nutzen wollen. Wegen des bisher ausgebliebenen wirtschaftlichen Erfolgs bereitet die Refinanzierung des vorgesehenen Stammkapitals von € 25.500,00 (€ 8.500,00 je Gesellschafter) allerdings Probleme. Eigene Mittel stehen nur in Höhe von € 1.000,00 je Gründer zur Verfügung. Oma „Mama" Bass kann letztlich überzeugt werden, dass eine finanzielle Unterstützung des Projekts der gesamtwirtschaftlichen Entwicklung der Familie und damit nicht zuletzt auch der Sicherheit ihrer eigenen Altersversorgung dient. Sie erklärt sich daher bereit, den drei Gründern ein kurzfristiges Darlehen von € 22.500,00 zur Verfügung zu stellen, das aber alsbald zurückzuzahlen ist. Nach langen Erörterungen wird vom als BWL-Student fachlich kompetenten kaufmännischen Kopf Bertil das Modell eines „Aktivtausches" bei der neuen GmbH entwickelt. Die Mitstreiter zahlen die von ihnen übernommene (Bar-)Stammeinlage in Höhe von je € 8.500,00 zunächst unter Verwendung des von Mama Bass zur Verfügung gestellten Betrages auf das neu errichtete Konto der Bass & Friends Konzertagentur GmbH unter Angabe des Verwendungszwecks „Stammeinlage gemäß Gesellschaftsvertrag" ordnungsgemäß ein. Alsdann werden von der GmbH jedem Gründer ein Betrag von € 7.500,00 mit dem Verwendungszweck „Darlehen gemäß Vertrag vom 30.11.2002" zurück überwiesen und die € 22.500,00 sofort vereinbarungsgemäß an Mama Bass zurückgezahlt. Die professionelle Vorgehensweise wird flankiert vom Abschluss von drei von Bertil dem anerkannten „Handbook of International Banking" entnommenen 27seitigen Loan Agreements vom 30.11.2002 zwischen der Bass & Friends Konzertagentur GmbH und den Gründern, die unter anderem eine angemessene Verzinsung und auch ansonsten marktübliche Darlehenskonditionen vorsehen.

Bertil bucht wie folgt:

- Ausstehende Einlage € 25.500,00 an Stammkapital € 25.500,00
- Bank € 25.500,00 an Ausstehende Einlage € 25.500,00
- Darlehen € 22.500,00 an Bank € 22.500,00

Die von den Gründern zu zahlende Einlage ist damit kurzerhand in Höhe von je € 7.500,00 in Darlehen verwandelt (Aktivtausch).

In den Investment-Verhandlungen mit der KO Investment Kapitalbeteiligungsgesellschaft scheint die Vorgehensweise als Preisdrücker verwendet zu werden. Denn die rechtlichen Berater der KO melden Bedenken wegen angeblicher „Hin- und Herzahlung" an.

416 Die von den Gründern übernommene Stammeinlage muss so an die Gesellschaft gezahlt werden, dass sich der Gegenstand der Leistungen endgültig in der freien Verfügung des Geschäftsführers befindet, was die Geschäftsführung in der Handelsregisteranmeldung gegenüber dem Gericht zu versichern hat. Wie bei der verdeckten Sacheinlage fehlt es hieran auch dann, wenn die Gesellschaft den eingezahlten Betrag umgehend als Darlehen an den Gesellschafter zurückzahlt.[66] Man spricht hier vom „Hin- und Herzahlen", da die eingezahlten Bareinlagen auf Basis entsprechender Abreden unmittelbar wieder an die Gründer zurückfließen. Rechtsfolge des Hin- und Herzahlens ist zum einen, dass die Gesellschafter ihre Einlageleistung nicht ordnungsgemäß und damit nicht wirksam erbracht haben und weiterhin auf die volle Stammeinlage haften. Die Gesellschaft hat in Höhe des weiterhin ausstehenden Stammkapitals eine Stammeinlageforderung gegen die Gesellschafter. Zum anderen bestehen auch hier bei Vorliegen von Vereinbarungen über den Rückfluss der Stammeinlagen strafrechtliche Risiken wegen „Gründungsschwindels", da die Versicherung der freien Verfügbarkeit im Rahmen der Handelsregisteranmeldung falsch ist.

3. Die Vorbelastungs-(Unterbilanz)haftung

Variante zum vorherigen Beispiel: Mama Bass ist letztlich zur Ausreichung eines langfristigen Darlehens bereit, sodass die Rückzahlung der Mittel an die Gründer nicht erforderlich ist. Die Bass & Friends Konzertagentur GmbH wird am 18.05.2002 durch notariellen Vertrag errichtet. Da die Gründer noch Verhandlungsgespräche mit Mama über die „Refinanzierung" des Stammkapitals führen und später zunächst vergessen wird, den beurkundenden Notar vereinbarungsgemäß zu

---

66 Baumbach/Hueck, GmbHG, § 7 RN 5 a m.w.N. zur Rechtsprechung.

unterrichten, sobald das Stammkapital eingezahlt ist, damit dieser die Gründungsunterlagen beim Handelsregister einreichen kann, geht bis zur Eintragung der Bass & Friends Konzertagentur GmbH in das Handelsregister einige Zeit ins Land:

Nachdem noch im Mai 2002 ein Konto für die Gesellschaft eingerichtet wird, erfolgt die Stammeinlageleistung erst Ende Juni. Ende Juli fragt der Notar an, was er denn nun mit den Handelsregisterunterlagen machen soll, da vereinbart gewesen sei, ihn zu informieren, wenn die Stammeinlage ordnungsgemäß erbracht ist. Darauf hin wird der Notar über die erfolgte Einzahlung unterrichtet, sodass die Unterlagen am 01.08.2002 endlich beim Registergericht eingehen.

Aber auch dann zieht sich das Eintragungsverfahren auf Grund einer unglücklichen Verkettung von Umständen noch hin:

– 25.07.2002–17.08.2002 Urlaub des zuständigen Richters beim Registergericht;
– 20.08.2002 Übersendung der Akte durch den zuständigen Richter an die Industrie- und Handelskammer (IHK) mit Bitte um Stellungnahme zur vorgesehenen Firmierung „Bass & Friends Konzertagentur GmbH" und Anforderung des Gerichtskostenvorschusses für die Eintragung, die allerdings von Bertil zunächst als nicht dringlich erst einmal abgelegt wird;
– 15.08.2002–15.09.2002 verdienter Jahresurlaub des zuständigen Sachbearbeiters bei der IHK;
– 18.09.2002 „grünes Licht" seitens der IHK und Rücksendung der Akten;
– 21.09.2002 Nach Eingang der Akten Anmahnung des am 20.08.2002 angeforderten Kostenvorschusses durch das Gericht;
– 01.10.2002 Überweisung des Kostenvorschusses durch Bertil;
– 11.10.2002 Verbuchung der Überweisung des eingezahlten Kostenvorschusses durch das Gericht;
– 18.10.2002 Verfügung des Richters zur Eintragung der Gesellschaft;
– 07.10.2002–22.10.2002 Erkrankung des zuständigen Rechtspflegers für die Eintragung;
– 24.10.2002 **Eintragung** der Gesellschaft in das Handelsregister und Übersendung der Eintragungsmitteilung des Gerichts an die Gesellschaft und den Notar;
– 28.10.2002 Eingang der Eintragungsmitteilung beim Notar und der Gesellschaft.

Nachdem die GmbH im Mai „notarisiert" ist, schreiten die Gründer einvernehmlich rasch zur Tat. Zunächst wird ein den Konditionen nach angemessener Geschäftsführervertrag zwischen der Gesellschaft und Bertil abgeschlossen, der ein monatliches Gehalt von € 2.500,00 brutto ab dem 1. Juni 2002 vorsieht. Mit Wirkung ab dem 1. Juni werden auch angemessene Geschäftsräume angemietet (Miete netto € 800,00/Monat). Zur Einführung der Bass & Friends Konzertagentur GmbH in die Musikerszene wird im Juli ein erstes Konzert mit freiem Eintritt veranstaltet, das inklusive Bewirtung und Vergütung der Musiker mit € 2.800,00 netto zu Buche schlägt. Ein ebenfalls unmittelbar nach der Kapitaleinzahlung im Juli 2002 im Elch-Möbelmarkt erworbener Lederbürostuhl (Kosten: netto € 750,00) wird leider alsbald durch mechanisch unsachgemäße Bedienung (wutentbranntes Zerren an den Verstellhebeln durch Bertil) erheblich beschädigt (Restwert: € 50,00). Unter Berücksichtigung sonstiger Aufwendungen (Telefon & Fax, Porto, Verbrauch von Büromaterialien) ergibt ein Kassensturz unmittelbar nach Handelsregistereintragung der Gesellschaft, dass das eingezahlte Stammkapital von € 25.500,00 nahezu verbrannt ist, ohne dass nennenswerte Vermögensgegenstände vorhanden oder Konzertaufträge oder Umsätze generiert worden wären.

In ihren Verhandlungen mit der KO Investment Kapitalbeteiligungsgesellschaft über ein nennenswertes Investment im November stellen die Gründer den bereits erfolgten mehrmonatigen „Aufbau des operativen Geschäfts" dar. Der rechtliche Berater der KO Investment bittet daraufhin nach Blick auf den Handelsregisterauszug und das dort aufgeführte Datum der Eintragung der Gesellschaft in das Handelsregister um eine „Stichtagsbilanz" auf den 24.10.2002. Nach Einsichtnahme in die anlässlich des Kassensturzes gefertigte Berechnung sieht er „Haftungsrisiken wegen Differenzhaftung, wenn nicht Schlimmeres".

Nach der Rechtsprechung haften die Gesellschafter einer GmbH im Wege einer **417** einheitlichen Gründerhaftung in Form einer bis zur Eintragung andauernden Verlustdeckungshaftung und einer an die Eintragung geknüpften Vorbelastungs-(Unterbilanz)haftung.[67] Das Stammkapital der GmbH soll zum Zeitpunkt der Handelsregistereintragung der Gesellschaft ungeschmälert als Haftungsmasse zur Verfügung stehen. Für einen etwaigen Minderbetrag des Vermögens im Zeitpunkt der Handelsregistereintragung mit Ausnahme der Gründungskosten, soweit diese nach dem Gesellschaftsvertrag von der Gesellschaft zu tragen sind, haften die Gründer entsprechend ihrer Beteiligungsquote. Die Höhe der Haftung wird dabei anhand einer auf den Eintragungsstichtag zu erstellenden Vermögensbilanz festgestellt. Hierbei kann ausnahmsweise, wenn eine unternehmerische Tätigkeit bereits aufgenommen wurde, ein Geschäfts- oder Firmenwert zu berücksichtigen sein, wenn der Wert des Geschäftsbetriebs unter Ertragswertgesichtspunkten die Summe des bilanziellen Nettovermögens übersteigt. Die Haftung besteht als Innenhaftung gegenüber der Gesellschaft, in bestimmten Fällen, z.B. der Vermögenslosigkeit der Gesellschaft, auch als direkte Außenhaftung gegenüber den Gläubigern. Unsere Gründer Bertil, Gernot und Günter sehen sich daher nunmehr nach Eintragung der Gesellschaft in der unangenehmen Situation, nochmals zur Einzahlung des bis zum 24.10.2002 verbrauchten Betrages verpflichtet zu sein, was sie insbesondere im Hinblick auf die noch bestehenden Schulden bei Mama Bass schmerzt.

Im vorliegenden Beispiel kommt die verspätete Handelsregisteranmeldung nach **418** Aufnahme der Geschäftstätigkeit erschwerend hinzu. Die Handelsregisteranmeldung enthält wiederum die persönliche **Erklärung** von Bertil, dass die Leistungen der Stammeinlagen bewirkt sind und dass sich der Gegenstand der Leistungen endgültig in der freien Verfügung des Geschäftsführers befindet. In die Versicherung sind auch Angaben darüber aufzunehmen, inwieweit das Anfangskapital bereits durch Verbindlichkeiten vorbelastet ist,[68] die Handelsregisteranmeldung enthält standardmäßig die Erklärung, dass mit Ausnahme von Gründungskosten, die den im Gesellschaftsvertrag festgesetzten Betrag nicht übersteigen, solche Vorbelastungen nicht bestehen. Der Einlagebetrag muss

---

67 BGH, Urteil vpm 27.01.1997, NJW 1997, 1507, zur Verlustdeckungshaftung bis zur Eintragung siehe bereits vorstehend unter Abschnitt III.
68 Baumbach/Hueck, GmbHG, § 8 RN 13.

sich daher im Zeitpunkt der Handelsregisteranmeldung in der unbeschränkten Verfügungsmacht der Geschäftsführung befinden, zwar nicht dem Gegenstand, wohl aber dem Wert nach. Anschaffungen von Vermögensgegenständen sind also nicht ausgeschlossen, Ausgaben, denen kein gleichwertiger Vermögenszugang bei der Gesellschaft gegenübersteht, dagegen schon. Wegen der bereits vorab mindestens durch das Gratiskonzert, Miete und Gehalt erfolgten Schmälerung des Gesellschaftsvermögens muss sich Bertil wegen der trotzdem erfolgten Zustimmung zur Einreichung der Handelsregisteranmeldung durch den Notar vorwerfen lassen, zumindest objektiv eine zum Zeitpunkt des Eingangs beim Registergericht **unrichtige Versicherung** abgegeben zu haben, wobei er die Zuleitung der Anmeldeunterlagen an das Gericht Anfang August zum Zeitpunkt der Unrichtigkeit der Erklärung veranlasst hat. Auch hier kommt neben der zivilrechtlichen Haftung wieder eine Strafbarkeit wegen „**Gründungsschwindels**" nach § 82 Abs. 1 Nr. 1 GmbHG in Betracht.

419   Wird das Vermögen der Gesellschaft vor der Handelsregisteranmeldung geschmälert, liegt auch ein **Eintragungshindernis** vor. Bestehen für das Registergericht begründete Anhaltspunkte für eine solche Vermögensminderung, kann es auch nach der Anmeldung von der Gesellschaft einen Nachweis über das Vorhandensein eines ungeschmälerten Stamm- oder Grundkapitals verlangen und die Eintragung der Gesellschaft ablehnen, wenn dieser Nachweis nicht erbracht oder das Stamm- oder Grundkapital wieder aufgefüllt wird. Bei Ablehnung der Eintragung ist dann wiederum die unbeschränkte **Handelndenhaftung** und **Gründerhaftung**[69] zu beachten.

4. Die Eigenkapitalrückgewähr

Variante zum vorherigen Beispiel:

Die Bass & Friends Konzertagentur GmbH wird in das Handelsregister eingetragen, noch bevor – mit Ausnahme der Gründungskosten – die ersten Aufwendungen und Ausgaben anfallen. Danach entwickeln sich die Geschäfte wie im vorherigen Beispiel wenig erfolgreich, sodass die Gesellschaft im November 2002 nahezu ihr gesamtes Stammkapital verloren hat und sich ernsthaft in der Krise befindet. Den Gründern ist klar, dass angesichts der Lage der Gesellschaft und fehlender Sicherheiten der Versuch einer Darlehensaufnahme bei der Bank aussichtslos wäre. Schweren Herzens verkauft Bertil sein Saxophon und stellt den Verkaufserlös (€ 1.000,00) der Bass & Friends Konzertagentur GmbH als Darlehen zur Verfügung. Als nach weiteren sechs Wochen endlich durch einen Auftrag erstmals € 3.000,00 in die Kasse fließen, wird das Darlehen sofort an Bertil zurückgezahlt.

420   Nach § 30 GmbH darf das zur Erhaltung des Stammkapitals erforderliche Vermögen nicht an die Gesellschafter zurückgezahlt werden; bei einem Verstoß gegen diese Bestimmung entsteht ein Rückforderungsanspruch der Gesellschaft auf das verbotswidrig ausgezahlte Kapital. Eine Auszahlung an die Gesellschafter ist daher dann, wenn das Nettovermögen niedriger ist als das Stammkapital

---

69 Zur Handelnden- und Gründerhaftung s. oben unter Abschnitt III.

oder es durch eine Zahlung an die Gesellschafter unter den Betrag des Stammkapitals sinken würde, der Gesellschaft zurückzugewähren. Bertil hat der Gesellschaft im Zeitpunkt einer Krise, in der die Gesellschaft objektiv betrachtet kreditunwürdig war, ein Darlehen gewährt. Die Darlehensgewährung durch einen Gesellschafter im Zeitpunkt der Krise führt im Regelfall[70] zur Charakterisierung des Darlehens als „eigenkapitalersetzend" mit der Folge, dass es im Ergebnis wie unmittelbar haftendes Eigenkapital (Stammkapital) behandelt wird. Die Rückzahlung des kapitalersetzenden Darlehens an Bertil verstößt daher gegen § 30 GmbHG, Bertil muss den zurückgezahlten Darlehensbetrag wieder in die Gesellschaft einzahlen.[71] Bei der Aktiengesellschaft ist die Rechtslage hinsichtlich der Einlagenrückgewähr gegenüber der GmbH noch strenger. Denn nach dem AktG darf nicht nur das zum Erhalt des Grundkapitals erforderliche Vermögen, sondern außerhalb der ordentlichen Gewinnverteilung das Vermögen der Gesellschaft generell nicht an die Gesellschafter verteilt werden. Dagegen finden die Regeln über eigenkapitalersetzende Darlehen auf die Aktiengesellschaft nur modifiziert Anwendung.

5. Sonstige Fehler

Darüber hinaus gibt es unzählige weitere Fehlerquellen, die auf Unternehmensgründer lauern. Nachfolgend daher nochmals eine kurze Zusammenstellung weiterer typischer Fehler junger Unternehmen im Gründungsstadium, die in den vergangenen Jahren in der Praxis wiederholt aufgefallen sind. Die Reihenfolge beinhaltet keine Gewichtung der einzelnen Fehlerarten, sondern dient lediglich der Aufzählung: **421**

● Zu frühe Anschaffung von Wirtschaftsgütern vor Unternehmensgründung im Namen und für Rechnung der Gründer (schädliche Rechtsfolgen: Versagung des Betriebsausgabenabzugs für die Anschaffungskosten, Versagung des Vorsteuerabzugs).[72]
● Beginn von Investitionsvorhaben vor Antragsstellung auf Fördermittel, was zum Wegfall der Förderfähigkeit führt.[73]
● Allgemeine Vernachlässigung von Buchführungspflichten und steuerlichen Anmeldungen (was in der Regel zu erheblichem Mehraufwand bei der Nachbearbeitung sowie ggf. zu steuerlichen Mehrbelastungen führt).
● Überhöhte und ggf. unhaltbare Zusagen gegenüber ersten Mitarbeitern in den Arbeitsverträgen (z. B. Zusagen über die Einbeziehung in ein Mitarbeiterbeteiligungsprogramm sowie über die Höhe des Werts dieser Einbeziehung).
● Unübersichtliche, unklare und/oder komplizierte Ausgestaltung von Gesellschaftsverträgen und Gesellschaftervereinbarungen mit den Investoren (z. B. zu hohe Regelungsdichte bei Geschäftsführungsmaßnahmen, die der Zustim-

70 Zu Ausnahmen vgl. im Zweiten Teil Abschnitt J.IV.2.b).
71 Zu den Grundsätzen des Eigenkapitalersatzes und den Risiken und Verpflichtungen der Beteiligten in der Unternehmenskrise vgl. ausführlich im zweiten Teil Abschnitt J.
72 Vgl. hierzu unser Beispiel der Homesound GmbH Unterabschnitt A.III.
73 Vgl. hierzu auch unser Beispiel der Homesound GmbH.

noch
421

mung des Investors bedürfen; falsche Konkretisierung von Vorgaben über durchzuführende Mitarbeiterbeteiligungsprogramme in den Gesellschaftsverträgen; Aufnahme des zukünftigen Abschlussprüfers in der Satzung einer GmbH/AG). Hierdurch wird die zukünftige operative Tätigkeit des Managements blockiert. Zudem baut sich zwangsläufig ein Druckpotenzial der Investoren gegenüber den Gründern auf.

• Nichtbeachtung von besonderen aktienrechtlichen Genehmigungserfordernissen für bestimmte Rechtsgeschäfte zwischen der AG und ihren Organmitgliedern (Aufsichtsrats- und Vorstandsmitgliedern) oder Aktionären.

Moritz

D. Erst- und Anlauffinanzierung
(Seed und Start-up Phase)

Literaturauswahl:

Perridon, L. und Steiner, M., Finanzwirtschaft der Unternehmung, 11. Auflage, München 2002; Rehkugler, H. und Schindel, Finanzierung, München 1986; Weitnauer, W., Handbuch Venture Capital, München 2000; Wöhe, G., Einführung in die Allgemeine Betriebswirtschaftslehre, 21. Auflage, München 2002.

I. Systematik der Unternehmensfinanzierung

1. Finanzierung als begleitender Prozess zum Unternehmensaufbau

Der **Begriff der Finanzierung** ist in der Literatur unterschiedlich belegt. Allen **422** Definitionen gemein ist, dass damit die Aufbringung von Mitteln für betriebliche Zwecke gemeint ist.[1] Ein enger gefasster Finanzierungsbegriff schränkt die Finanzierung auf Vorgänge der Kapitalbeschaffung ein, weiter gefasste Definitionen schließen daneben auch noch die Kapitaldisposition ein. Wir gehen im Folgenden von der engeren Definition aus.

In diesem Sinne ist Ziel der Finanzierung, Fonds bereitzustellen, mit denen die **423** Zahlungsströme des Unternehmens (Auszahlungen und Einzahlungen) ausgeglichen werden können, umso die jederzeitige Zahlungsfähigkeit sicherzustellen.

Die Beschaffung von Produktionsfaktoren verursacht Auszahlungen: **424**

- **Investitionen**: in Gebäude, Maschinen und andere Anlagen, sowie die Betriebs- und Geschäftsausstattung
- **Aufbau des Working Capital**: Vorräte und angearbeitete Produkte, Forderungen und geleistete Anzahlungen
- **laufender Bezug**: von Arbeitskraft, Roh-, Hilfs- und Betriebsstoffen und Fremdleistungen

Durch die Vermarktung der Produkte und Dienstleistungen des Unternehmens **425** werden Einzahlungen generiert. Zwischen Erwerb der Produktionsfaktoren und der „Remonetarisierung" durch Veräußerung der Produkte werden im Unternehmen Mittel gebunden. Das Volumen dieser Mittelbindung hängt im Wesentlichen von der Größe des Unternehmens ab. Sie nimmt daher bei jungen, schnell wachsenden Unternehmen stetig zu.[2]

Zusätzlich treten bei jungen Unternehmen in den ersten Perioden Anlaufver- **426** luste aus dem operativen Geschäft auf, welche nicht zur Mittelbindung, sondern zu Mittelverbrauch führen.

---

1 Vgl. Wöhe, G.: Einführung in die Allgemeine Betriebswirtschaftslehre, München 2000, S. 618 ff.
2 Vgl. Rehkugler, H. und Schindel: Finanzierung, München 1986, S. 2.

427 In der Literatur wird nach dem Finanzierungsanlass unterschieden zwischen Gründungs-, Erweiterungs- und Umfinanzierung.[3] Bei jungen Unternehmen, welche nur in ungenügendem Umfang liquide Mittel aus dem laufenden Geschäft generieren, müssen sowohl die zunehmende Mittelbindung (aus Investitionen) als auch der Mittelverbrauch (aus Anlaufverlusten) durch die Zuführung von Mitteln von außen ausgeglichen werden. Umfinanzierungen sollten in diesem Stadium noch keine Rolle spielen.

Beispiel:

Friede H., Hausfrau, ist mit ihrem Mikrowellengerät unzufrieden. Im Gegensatz zu ihrem konventionellen Ofen, auf welchem man dem Kochgut ansieht, wenn es warm ist, bedeutet Dampfbildung an Teilen der Nahrungsmittel in der Mikrowelle nicht, dass das gesamte Kochgut warm ist. Während einzelne Teile bereits kochen, sind andere erst lauwarm. Friede muss daher das Gerät öffnen, rühren, die Temperatur fühlen, wieder anstellen, wieder öffnen und so weiter.

Ihr Mann Hermann H., Ingenieur im Ruhestand, hat in seinem Berufsleben Erfahrung mit optischen Überwachungssystemen und automatischer Bildverarbeitung gesammelt. Er entwickelt die Idee, das Kochgut während des Erhitzens von einer einfachen Infrarotkamera überwachen zu lassen. Sobald einzelne Teile des Kochguts den Siedepunkt (oder eine andere voreingestellte Temperatur) erreichen, wird die Strahlungsleistung reduziert. Das Gerät schaltet sich ab, wenn das gesamte Kochgut die vorgewählte (Oberflächen-)Temperatur erreicht hat. In Versuchen gelingt es ihm zu belegen, dass dann auch das Innere in etwa die Oberflächentemperatur erreicht, da es sich beim Kochgut in der Regel nicht um kugelförmige Körper handelt (ungleicher Abstand vom geometrischen Mittelpunkt zur Oberfläche verursacht unterschiedliche Oberflächentemperatur, solange die Temperatur innerhalb des Körpers ungleich verteilt ist). Zudem arbeitet das Gerät mit der neuen Steuerung erheblich schneller als konventionelle Geräte.

Nachdem sich der Prototyp im häuslichen Einsatz hervorragend bewährt hat, will Hermann, der inzwischen von sich sagt, er habe „die Mikrowelle neu erfunden" das Produkt zur Marktreife entwickeln, produzieren und vertreiben.

In seinem vorläufigen Businessplan für sein Projekt „IsoGar" ermittelt Hermann folgende Eckwerte für seinen künftigen geschäftlichen Erfolg und den Mittelbedarf (in Tsd. €):

Jahr	01	02	03	04	05	Summen
Umsatz	0	2.500	9.000	22.000	55.000	
Aufwand	-1.000	-6.000	-8.000	-14.000	-30.000	
Ergebnis vor Steuern	-1.000	-3.500	1.000	8.000	25.000	29.500
Steuern	0	0	0	-1.800	-10.000	-11.800
Jahresüberschuss	-1.000	-3.500	1.000	6.200	15.000	17.700
Netto-Investitionen	400	1.500	2.500	3.000	5.000	12.400
Aufbau Working Capital	100	2.000	2.500	1.200	1.000	6.800
Cash Flow	-1.500	-7.000	-4.000	2.000	9.000	-1.500

---

3 Vgl. Perridon, L. und Steiner, M.: Finanzwirtschaft der Unternehmung, München 1999, S. 345.

Insgesamt müssen während der ersten 5 Jahre die Mittel für Nettoinvestitionen in Höhe von € 12,4 Mio., den Aufbau des Working Capitals in Höhe von € 6,8 Mio. sowie für Anlaufverluste von zunächst € 4,5 Mio. (Jahre 01 und 02) bereitgestellt werden. Dies sind in Summe € 23,7 Mio.

Der effektive Finanzbedarf hingegen ermittelt sich aus den kumulierten negativen Cash Flows bis zum Erreichen des Cash Flow – Break evens im Jahr 04. Dies sind nach der Planung € 12,5 Mio.

Unsere wichtigsten Erfahrungen bezüglich der zeitlichen Struktur der Finanzierung sind: **428**

• Der jährliche Finanzbedarf (negativer Cash Flow) übersteigt die anfänglichen Jahresfehlbeträge bei weitem.
• Der höchste negative Cash Flow tritt nicht in der Gründungs-, sondern erst deutlich später in der Wachstumsphase auf. Zu diesem Zeitpunkt hat das Jahresergebnis meist den tiefsten Punkt bereits durchschritten.
• Der Cash Flow dreht meist erst deutlich später in den positiven Bereich (Break Even), als das Jahresergebnis.

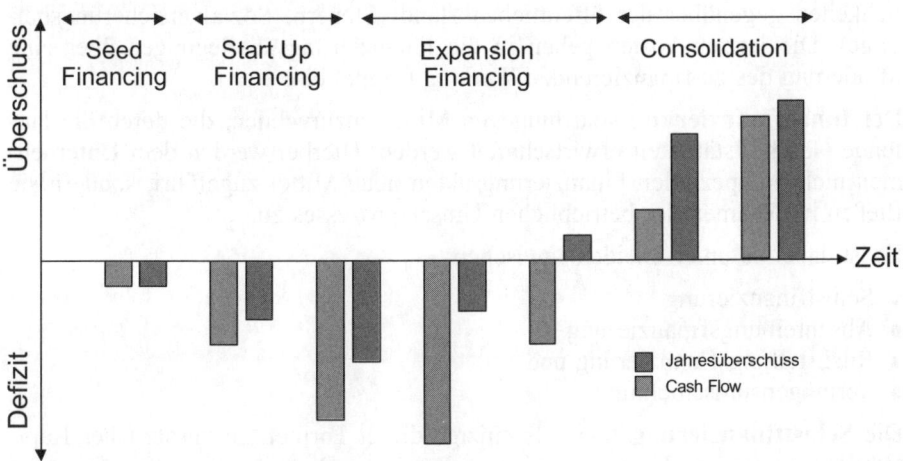

Abbildung 2: Phasen der Unternehmensfinanzierung

In diesem Sinne ist die Finanzierung als ein den Unternehmensaufbau begleitender Prozess zu verstehen. Für ihre Planung ist neben dem Wissen um die Höhe des Mittelbedarfs die Kenntnis der zeitlichen Struktur unerlässlich. Nur so lässt sich ex ante bestimmen, wann Finanzierungsrunden in welcher Höhe durchzuführen sein werden. Dies unterstreicht einmal mehr die Notwendigkeit einer fundierten integrierten Gesamtplanung (siehe auch Kapitel A.II.3.), welche eine separate Cash Flow-Planung beinhaltet. **429**

2. Innenfinanzierung vs. Außenfinanzierung

430 Nach dem Kriterium der Mittelherkunft kann man zwischen Außenfinanzierung und Innenfinanzierung differenzieren.

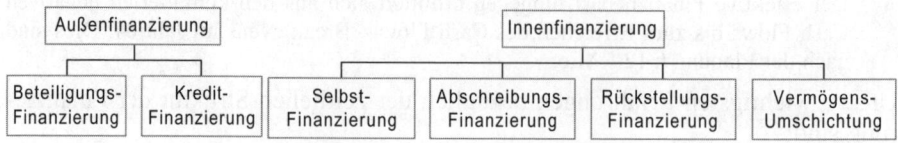

Abbildung 3: Systematik der Finanzierung: Mittelherkunft

431 Unter **Außenfinanzierung** ist primär die Bereitstellung von Mitteln durch Kapitalgeber (Gesellschafter und Gläubiger) zu verstehen. Soweit diese Mittel von Investoren zugeführt werden, wird ihre Natur in den folgenden Abschnitten D.II bis D.IV näher beleuchtet. Daneben zählen zur Außenfinanzierung zum einen die Finanzierung über staatliche Subventionen (siehe auch Kapitel D.V.), zum anderen über Lieferantenverbindlichkeiten, erhaltene Anzahlungen und Verbindlichkeiten gegenüber der öffentlichen Hand (Steuern, Sozialversicherungsbeiträge). Die letzten Posten gehen in die Finanzierungsüberlegungen über eine Minderung des zu finanzierenden Working Capital ein.

432 Der **Innenfinanzierung** sind hingegen Mittel zuzurechnen, die durch die laufende Geschäftstätigkeit erwirtschaftet werden. Hierbei werden dem Unternehmen nicht in speziellen Finanzierungsakten neue Mittel zugeführt, sondern sie fließen im Rahmen des betrieblichen Umsatzprozesses zu.

433 Es ist dabei zu unterscheiden[4] zwischen

- Selbstfinanzierung
- Abschreibungsfinanzierung
- Rückstellungsfinanzierung und
- Vermögensumschichtung.

434 Die **Selbstfinanzierung** führt als einzige dieser Formen zu zusätzlicher Kapitalbildung über die Thesaurierung von Erträgen. Die Finanzierung erfolgt aus Jahresüberschüssen bzw. Bilanzgewinnen, welche nicht ausgeschüttet, sondern in die Gewinnrücklagen eingestellt, vorgetragen oder mit Verlustvorträgen verrechnet werden. Bei Kapitalgesellschaften ist diese Form der Finanzierung in bestimmtem Rahmen vorgeschrieben (Ausschüttungsbeschränkungen, sofern die gesetzliche Rücklage nicht voll dotiert ist).

435 Die **Abschreibungsfinanzierung** resultiert aus der „Remonetarisierung" der im Anlagevermögen gebundenen Mittel durch den betrieblich bedingten Werteverzehr. Primär dienen handelsbilanzielle Abschreibungen der Abbildung von Wertminderungen des Anlagevermögens durch den betrieblichen Gebrauch der Güter. Dieser Werteverzehr wird für Zwecke der Gewinnermittlung periodenge-

---

4 Vgl. Perridon, L. und Steiner, M., Finanzwirtschaft der Unternehmung, München 1988, S. 450 ff.

recht abgegrenzt. Der Finanzierungseffekt resultiert aus dem Desinvestitions-prozess, in welchem die im Anlagevermögen gebundenen Finanzierungsmittel in Liquidität zurückgeführt werden. Buchhalterisch handelt es sich dabei um einen Aktivtausch: das Anlagevermögen wird reduziert und durch den betrieb-lichen Umsatzprozess die liquiden Mittel erhöht.

Voraussetzung für das Einsetzen der o.g. Wirkung ist, dass die Abschreibungen **436** tatsächlich verdient wurden (keine Verluste; anderenfalls wird die positive Fi-nanzierungswirkung aus Abschreibungsfinanzierung durch eine entsprechende negative Komponente bei der Selbstfinanzierung kompensiert) und dass der Umsatzprozess auch zum Mittelzufluss führt (kein Aufbau von Forderungen aus Lieferung und Leistung).

Bei der Bildung von Rückstellungen handelt es sich um die periodengerechte **437** Zuordnung von Aufwendungen, welche früher anfallen als die korrespondieren-den Auszahlungen. Im Rahmen der **Rückstellungsfinanzierung** werden Mittel im Unternehmen für einen vorübergehenden Zeitraum festgehalten. In diesem Zeitraum stehen sie dem Unternehmen zur Finanzierung zur Verfügung. Da die Rückstellungen regelmäßig zu späteren Verbindlichkeiten führen, sind sie der Fremdfinanzierung zuzuordnen.

Unter der **Finanzierung durch Vermögensumschichtung** ist ein direkter Ak- **438** tivtausch zu verstehen. Der Effekt ist somit mit dem der Abschreibungsfinan-zierung vergleichbar, erfordert jedoch keinen Umsatzakt. Das Unternehmen trennt sich außerhalb des normalen Umsatzprozesses von Vermögensteilen (Verkauf von einzelnen Gegenständen des Anlagevermögens oder ganzen Be-triebsteilen). Anlass können beispielsweise Ersatzinvestitionen, die Aufgabe von Standorten, von Teilen des Sortiments oder von Geschäftsbereichen sein.

Den nachhaltigen Quellen der Innenfinanzierung (d.h. Selbst-, Abschreibungs- **439** und Rückstellungsfinanzierung) ist gemeinsam, dass ihre Ergiebigkeit vom Ge-schäftsvolumen sowie von der Profitabilität abhängen. Die beiden Größen ste-hen in direktem Zusammenhang mit dem thesaurierbaren Überschuss (Selbstfi-nanzierung). Abschreibungen bzw. Rückstellungen müssen zumindest verdient werden, damit sich die erwünschte Finanzierungswirkung einstellt.

In den ersten Lebensjahren eines Unternehmens steigen die Umsätze in der Re- **440** gel beginnend am Nullpunkt stark an. Das bedeutet, dass in der Start Up-Phase noch kaum Umsätze getätigt werden. Diese sind in der Frühphase darüber hin-aus noch mit negativen Margen belegt, sodass die Innenfinanzierung als Finan-zierungsquelle bei Start-Ups von untergeordneter Bedeutung ist.

Es ist in den meisten Fällen nicht möglich, bereits in der Gründungs- oder Start **441** Up-Phase alle Mittel aufzunehmen, welche bis zum Erreichen eines positiven Cash Flows erforderlich sind. Die meisten jungen Unternehmen sind für meh-rere Jahre auf kontinuierlichen Mittelzufluss von außen angewiesen.

Daher wird üblicherweise von Anfang an geplant, in den Folgejahren Finanzie- **442** rungsrunden von zum Teil beachtlicher Dimension durchzuführen. Das Zustandekommen der Folgefinanzierung ist selbst bei gutem Geschäftsgang mit Unsicherheiten behaftet. Sollten in der Folge die Anlaufverluste und das Investitionsvolumen signifikant höher ausfallen als prognostiziert, so wird die Durchführung der Folgerunden oft praktisch unmöglich. Durch das Zusammentreffen von geplanten Folgerunden (das Projekt ist nicht „durchfinanziert") und im Businessplan zu gering geschätztem Finanzbedarf erleiden die Investoren der ersten Stunde dann häufig einen Totalverlust (Eurotunnel-Effekt oder Cargolifter-Syndrom).

3. Eigenkapital und Fremdkapital

443 Nach dem Kriterium der Rechtsstellung der Kapitalgeber ist zwischen der Finanzierung mit Eigenkapital und Fremdkapital zu unterscheiden. Im Sinne des vorangegangenen Abschnitts 2 können beide Formen jeweils als Außen- oder Innenfinanzierung ausgeprägt sein.

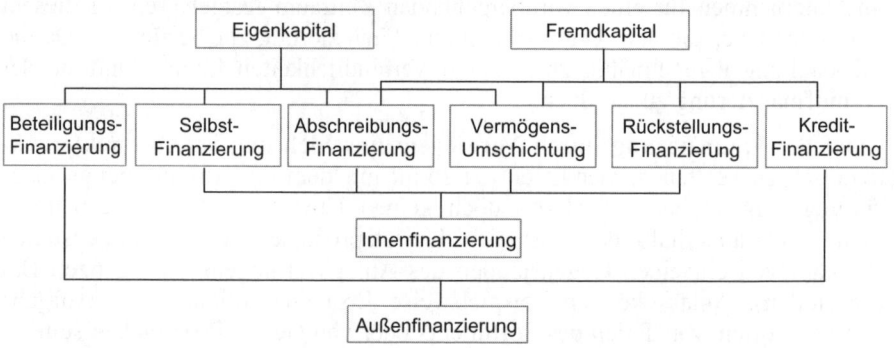

Abbildung 4: Systematik der Finanzierung: Rechtsstellung

444 **Eigenkapital** ist nach kaufmännischer Definition die Differenz zwischen Vermögen und Schulden, und wird daher auch als Reinvermögen bezeichnet. Es ist der Betrag, um welchen die Haftungsmasse eines Unternehmens die Verpflichtungen übersteigt. Das Eigenkapital kann aus zwei Quellen stammen: Einzahlungen der Eigentümer (Beteiligungsfinanzierung; Außenfinanzierung) oder thesaurierte (= einbehaltene) Gewinne (Selbstfinanzierung; Innenfinanzierung).[5]

445 **Fremdkapital** verkörpert Verpflichtungen des Unternehmens gegenüber Dritten. Diese Verpflichtungen können sich auf die Zahlung einer Geldsumme (Verbindlichkeiten, bestimmte Rückstellungen, Teile aus dem Sonderposten mit Rücklageanteil) oder auf die Erbringung einer Leistung (bestimmte Rückstellungen, passive Rechnungsabgrenzungsposten) beziehen. Das Fremdkapital stammt in der Regel überwiegend aus Quellen der Außenfinanzierung.

---

5 Andere Vermögensmehrungen etwa durch Konsolidierungsvorgänge, Währungsumrechnungen o. ä. sind in diesem Sinne auch unter die Thesaurierungen zu subsumieren.

Sofern die Finanzierung aus Abschreibungen oder Vermögensumschichtungen **446** stammt, lässt sie sich nicht eindeutig durch die Klassifizierung Eigen-/Fremd-kapital zuordnen. Es handelt sich jeweils um einen Aktivtausch, bei welchem ein durch einen Mix aus Eigen- und Fremdkapital finanzierter Vermögensge-genstand durch einen anderen (hier: liquide Mittel) ersetzt wird.

	Eigenkapital	Fremdkapital
Haftungskapital	✓	
Rückzahlung	(✓)	✓
Zinszahlung		✓
Gewinnbeteiligung	✓	
Eigentümerrechte	✓	
Gläubigerrechte		✓
Sicherheiten		(✓)

Abbildung 5: Eigenkapital und Fremdkapital: typische Merkmale

Für das Unternehmen hat das **Eigenkapital** primär eine Haftungsfunktion und **447** ist mit Teilhabe an Gewinn und Verlust verbunden. Mit der Einlage des Eigen-kapitals erwirbt der Eigenkapitalgeber Eigentümerrechte (z.B. Stimmrecht, Ge-winnbeteiligung, Anteil am Liquidationserlös). Sofern eine Rückzahlung ver-traglich vereinbart wird, steht der Eigenkapitalgeber hinter den Rechten der Fremdkapitalgeber zurück.

Bei der Aufnahme von **Fremdkapital** werden regelmäßig Zins- und Tilgungs- **448** leistungen vereinbart. Der Fremdkapitalgeber erwirbt Gläubigerrechte (z.B. Recht auf Beantragung eines Insolvenzverfahrens bei Zahlungsverzug) und for-dert oftmals die Stellung von Sicherheiten (z.B. Grundschulden, Sicherungs-übereignung, Eigentumsvorbehalt).

Bei kleineren und mittleren Unternehmen, zu denen Start-Ups typischerweise **449** gehören, verlangen die Gläubiger bei der Begründung von **Finanzverbindlich-keiten** (Kreditgewährung) stets die Stellung von **dinglichen Sicherheiten** (Ausnahme: der Gläubiger ist gleichzeitig Eigenkapitalgeber, siehe Kapitel C.). Diese Sicherheiten müssen auch verwertbar sein. In dem Maße, in dem die Fungibilität bzw. Drittverwertungsmöglichkeit eingeschränkt ist, sinkt auch die Bereitschaft, das Wirtschaftsgut als Sicherheit zu akzeptieren. In diesen Fällen wird ohne Berücksichtigung der eigenen Gestehungskosten als Verkehrswert nur der Betrag zu Grunde gelegt, welchen ein Dritter (der das Gut eventuell an-ders nutzen würde) zu zahlen bereit wäre.

Beispiel:

Die Flimmer GmbH will in zentraler Lage von Baierbrunn ein Kino errichten. Die Idee ist, dass jeden Abend viele Kinobesucher aus dem südlichen Umland von

München über die B 11 in die Stadt fahren. Diese könnten nach den Vorstellungen des Initiators Heinz Flimmer bereits in Baierbrunn die jeweils aktuellen Filme sehen. Damit sparen sie sich einen Teil der Fahrt in die Stadt und finden sofort einen kostenlosen Parkplatz.

Flimmer fragt für sein Projekt mit einem Investitionsvolumen von € 8 Mio. bei einer Bank in München um einen Kredit nach. Das Grundstück (€ 1 Mio.), das zu errichtende Gebäude (€ 5,5 Mio.) sowie das Inventar (Bestuhlung, Technik etc.; € 1,5 Mio.) sollen als Sicherheit angeboten werden.

Die auf Immobilienfinanzierungen spezialisierte Bank stellt ihre Kreditengagements primär auf die wirtschaftliche Leistungsfähigkeit des Kreditnehmers, in diesem Fall also auf die Tragfähigkeit des Geschäftskonzeptes ab. Für den Fall jedoch, dass sich der Betrieb eines Kinos in Baierbrunn wider Erwarten nicht tragen sollte, wird bei einer Insolvenz der Flimmer GmbH der neue Erwerber des Gebäudes dieses einer alternativen Nutzung zuführen. Kinosäle sind aufgrund ihrer Geometrie ohne grundlegenden Umbau (was annähernd so teuer sein kann wie ein Neubau) kaum alternativ nutzbar.

Die Verwertungsmöglichkeit der dinglichen Sicherheiten begrenzt das maximale Kreditvolumen. Die Bank ist bereit, das Grundstück sowie € 1 Mio. des Gebäudes als Verkehrswert der Sicherheiten anzusetzen. Hiervon soll der maximale Beleihungswert 70 % betragen. Die Bank bietet daher an, gegen Eintragung einer erstrangigen Grundschuld ein Darlehen in Höhe von € 1,4 Mio. zu gewähren. Die Bestuhlung und die Technik werden wegen Zweifeln an der Verwertbarkeit nicht als Sicherheit akzeptiert. Herrn Flimmer wird der Rat gegeben, für die Finanzierung der Betriebs- und Geschäftsausstattung einen auf derartige Geräte spezialisierten Leasinggeber anzusprechen.

450 Das Beispiel zeigt, dass Aktiva bei eingeschränkter Drittverwertungsmöglichkeit nur sehr begrenzt als Kreditsicherheit akzeptiert werden. Die Aussage lässt sich insbesondere auf Spezialmaschinen, Software usw. übertragen.

451 Daneben wird der Gläubiger den **Businessplan** (vgl. Abschnitt A.II.) des Schuldners einer kritischen Prüfung unterziehen. Das Unternehmen muss glaubhaft machen können, dass der Kredit aus laufenden Überschüssen bedient werden kann.

452 Nur wenn beide Prüfungen (Sicherheit *und* Businessplan) zu positiven Ergebnissen führen, wird der Kredit gewährt werden.

453 Neben den reinen Formen von Eigenkapital (offene Beteiligung: volles Risiko) und Fremdkapital (besichertes Darlehen: minimales Risiko) gibt es eine Vielzahl von weiteren Konstellationen, die durch vertragliche Vereinbarungen oder die wirtschaftliche Gestaltung Zwitter darstellen.

454 Im Prinzip kann die Ausprägung jedes einzelnen Merkmals vertraglich individuell gestaltet werden. So können die Reihenfolge der Haftung, Nachschussverpflichtungen, Optionen über Kauf den Verkauf von Rechten, die Verzinsung, die Tilgung, die Besicherung und die Mitspracherechte in den (sehr weiten) Grenzen der Vertragsautonomie festgelegt werden. Allerdings stellt der Gründer sehr bald fest, dass es für jeden Vertrag eines Kontrahenten bedarf, der bereit

	offene Beteiligung	Genusskapital	Atypische stille Beteiligung	Typische stille Beteiligung	Partiarisches Darlehen	Nachrangiges Darlehen	Unbesichertes Darlehen	Besichertes Darlehen
Haftungskapital	✓	✓	✓	✓	✓	✓		
Rückzahlung		(✓)	(✓)	(✓)	✓	✓	✓	✓
Zinszahlung		(✓)	(✓)	(✓)	(✓)	✓	✓	✓
Gewinnbeteiligung	✓	(✓)	✓	✓	✓			
Verlustbeteiligung	✓	✓	✓	✓				
Eigentümerrechte	✓		(✓)					
Gläubigerrechte		✓		✓	✓	✓	✓	✓
Sicherheiten								✓

Abbildung 6: Formen der Außenfinanzierung

ist, die Bedingungen zu akzeptieren. Die meisten in der Praxis auftretenden Fallgestaltungen sind durch die in der Tabelle genannten acht Instrumente abgebildet.

II. Erstfinanzierung: Gründer und die „drei f"[6]

1. Motive

In der Gründungsphase des jungen Unternehmens hat der Initiator bzw. das **455** Gründerteam verständlicherweise primär den Wunsch, möglichst bald die operative Tätigkeit aufnehmen zu können. Oft ist die Finanzierung der limitierende Faktor, und andere Überlegungen treten gegenüber einer schnellen Kapitalbeschaffung in den Hintergrund. Somit wird Kriterien wie „strategischer Nutzen des Investors" oder „Fähigkeit zur nachhaltigen Finanzierung/Nachschuss" (zu) wenig Bedeutung beigemessen.

Soweit die eigenen Mittel der Gründer nicht reichen, müssen die Initiatoren **456** Dritte als Kapitalgeber gewinnen. In diesem „Konzeptstadium" ist die Ansprache

---

6 Kurzbezeichnung für family, friends and fools.

professioneller Investoren oder Fremdkapitalgeber wenig erfolgversprechend. Haben die Gründer diese Erfahrung bereits gemacht oder antizipativ das Ergebnis eingeplant, werden zur Ergänzung der eigenen Mittel zunächst Verwandte, Freunde und Bekannte (family, friends and fools, kurz: „drei f") angesprochen.

457 Deren Motive sind überwiegend nicht ökonomischer Natur. Sie reichen von „einen Gefallen tun" und „eine gute Idee fördern" bis hin zu Experimentierfreude. Die aufgebrachten Beträge dürfen auch im Falle eines Totalverlustes die Geber nicht wesentlich belasten, zumal die Risiken in diesem Stadium in der Regel kaum abgeschätzt werden können. Damit unterliegt das Volumen auch engen Restriktionen. Zudem sollten sich die Gründer überlegen, welchen Belastungen sie ihre verwandtschaftlichen und freundschaftlichen Beziehungen im Falle des „worst case" aussetzen können. Auch ist zu bedenken, ob und in welchem Maße eine Mitwirkung oder Mitsprache des Freundes- und Verwandtenkreises erwünscht ist.

2. Bewertung

458 Dem Erwerb einer Beteiligung liegt im Falle der „drei f" in aller Regel kein ausgefeiltes ökonomisches Kalkül zu Grunde. Es geht eher darum, gemeinsam aufzubringen, was für die ersten Schritte benötigt wird, und als Kapitalgeber „irgendwie" beteiligt zu sein.

459 Eine fundierte Bewertung wird in diesem Stadium in aller Regel nicht durchgeführt. Hierfür fehlt sowohl die Datenbasis (Geschäftsplanung, Kenntnis von Markt und Risiko, Vergleichsmaßstäbe) als auch die Kenntnis der im Private Equity-Sektor angewandten Bewertungsmethoden (siehe auch Kapitel D.IV.3.).

3. Prozess

460 Eine längere Verhandlung findet im Familien- oder Freundeskreis üblicherweise nicht statt. Wenn die „drei f" die Geschäftsidee nicht für abstrus halten und willens sind, den Initiator zu unterstützen – tun sie es einfach.

4. Vertragsgestaltung

461 Für den Start wird häufig die **Rechtsform** der GbR gewählt (bisweilen ohne, dass es den Parteien bewusst ist). Die Gesellschaftsverträge sind, sofern sie überhaupt schriftlich festgehalten werden, einfach und knapp gehalten. Die Ausarbeitung einer ausgefeilten Regelung unter Hinziehung von juristischem Rat wird oft aufgeschoben, bis eine Kapitalgesellschaft (dann häufig unter Beteiligung externer Investoren) gegründet wird. Dabei ist den Beteiligten vielfach nicht bewusst, wie weit reichend die Folgen der getroffenen Entscheidungen sein können. Diese reichen von der (Un-)Möglichkeit, steuerliche Verluste zu nutzen über die Behinderung von folgenden Finanzierungsrunden bis zur persönlichen Haftung im Insolvenzfall. Leider wird der Nutzen des (nicht eingeholten) juristischen Rates in diesen Fällen erst später ersichtlich.[7]

---

7 Vgl. auch Kapitel C.VII.

Wir empfehlen, in jedem Fall mindestens die **Schriftform** zu wahren. Mündliche Absprachen sind erfahrungsgemäß unproblematisch, solange man sich gut versteht und mit den Zusagen (subjektiv) keine großen Risiken verbunden scheinen. **462**

Sollte sich aus Anlaufverlusten die Notwendigkeit von Einzahlungen in ein inzwischen als nicht werthaltig erwiesenes Projekt ergeben, neigen Partner dazu, ihre Zusagen noch einmal zu überdenken. Ebenso kann es vorkommen, dass die Partner der ersten Stunde die wirtschaftlich erforderlichen Folgefinanzierungsrunden blockieren, da sie fürchten, zu stark verwässert zu werden. **463**

Umgekehrt erlebten wir Fälle, in denen sich geschützte Ideen bereits in einer sehr frühen Phase als unerwartet werthaltig erwiesen, und von Dritten oder anfänglichen Partnern nunmehr der jungen Firma nicht mehr oder nicht mehr zu den zugesagten Konditionen überlassen werden sollten. **464**

Beide Konstellationen können ein Scheitern des Projektes auslösen oder beschleunigen und die Risikoposition der Initiatoren in dramatischer Weise verschärfen. **465**

Zudem ist ein schriftlicher Beteiligungsvertrag Voraussetzung, um im Falle einer Personengesellschaft (z. B. GbR) die Anlaufverluste (welchen oft genug keine Gewinne folgen) für die „drei f" für steuerliche Zwecke nachweisbar zu machen. Schließlich müssen die Investoren den Steuerbehörden gegenüber belegen können, dass und in welcher Höhe ihnen zuzurechnende Verluste angefallen sind. **466**

Vor dem Hintergrund der skizzierten Folgen raten wir, bereits in diesem Stadium die Mitwirkung eines Rechtsanwaltes bei der Vertragsgestaltung in Erwägung zu ziehen. **467**

III. Business Angels

1. Motive

Ein Business Angel ist idealerweise ein beratender Kapitalgeber und damit Mentor und Investor in einer Person. Das **Business Angels Netzwerk Deutschland e.V., Essen und Berlin, („BAND")** definiert ihn als „wirtschaftlich unabhängigen, unternehmerisch erfahrenen Privatinvestor, der einem jungen Unternehmen in der Vorgründungs-, Gründungs- oder weiterer Frühphase des Unternehmens Eigenkapital zur Verfügung stellt und darüber hinaus seine unternehmerische Erfahrung und seine Kontakte in das Unternehmen einbringt."[8] **468**

Als **Mentor** kann er aus seiner reichen Managementerfahrung schöpfen, die er in seiner langjährigen Tätigkeit als Unternehmer oder Geschäftsführer gesammelt hat. Aus seiner Position heraus verfügt der Business Angel über präzise Kenntnis seines angestammten Marktes (innerhalb dessen er sich auch aus- **469**

---

8 Business Angels Netzwerk Deutschland e.V. (BAND), Berlin: Business Angels, Berlin 1999.

schließlich engagiert). Sie ermöglicht es ihm, sich schnell ein genaues und realistisches Bild von den Unterstützung suchenden Geschäftsvorhaben zu schaffen. Er kennt die ausschlaggebenden Wettbewerbsvorteile und die Marktgefahren. Zudem bringt er aus seiner Tätigkeit ein weit reichendes Kontaktnetz mit, welches dem Gründerteam Türen zu potenziellen Kunden im In- und Ausland, sowie zu strategischen Partnern öffnen kann.

470 Auf Basis seiner Erfahrungen und Kenntnisse unterstützt der Business Angel das Gründerteam mit umfassendem Branchen- und Management Know How. Er steht den Gründern als Ansprech- und Sparringspartner bei wesentlichen Unternehmensentscheidungen zur Verfügung. Er berät mit seinem fachlichen Verständnis, z. B. bei der Finanzierungsplanung oder dem Marketingkonzept. Gleichzeitig ermöglicht er den Gründern über sein weit reichendes Kontaktnetz den Zugang zu potenziellen Kunden und Geschäftspartnern.

471 Andererseits engagiert er sich als **Investor** mit privatem Kapital an für ihn interessanten Unternehmen. Hierbei bewegt er sich typischerweise ausschließlich auf ihm vertrauten Märkten. Insofern entspricht er einem sehr scharf abgegrenzten Investorenprofil. Die Höhe und die Form der Beteiligung (in der Regel Minderheitsbeteiligung) richtet sich grundsätzlich nach dem Finanzierungsbedarf des Unternehmens.

472 Ein seriöser Business Angel engagiert sich ausschließlich in Sektoren, welche ihm aus seiner angestammten Tätigkeit vertraut sind. Damit vermeidet er einerseits Risiken, andererseits kann er auch nur hier den Mehrwert als unternehmerischer Partner generieren, welcher von ihm erwartet wird, und welcher die auf den ersten Blick oft niedrig scheinende Bewertung rechtfertigt.

2. Bewertung

473 Im Gegensatz zu Freunden oder Familienmitgliedern investiert der Business Angel niemals aus altruistischen Motiven oder Verbundenheit. Für ihn müssen sich die Geschäftsidee und seine Investition (in Form von Geld und Zeit) rechnen. Die Konzeption hat daher ihren ersten Markttest zu bestehen und wird das erste Mal einer Bewertung unterzogen.

474 Ein erheblicher Teil des Kaufpreises, welchen der Business Angel für die von ihm erworbenen Gesellschaftsanteile leistet, besteht in seiner partnerschaftlichen Unterstützung des Managements. Somit ist Teil des Deals, welchen die Initiatoren mit dem Business Angel schließen, das „**Consulting for Equity**". Dies muss nicht in einem formalen Beratervertrag manifestiert sein (welcher zudem der Idee widerspräche, den Business Angel als Teil des Teams zu verstehen). Vorteilhafter ist es, diese Leistung in den Kosten für die Kapitalüberlassung „einzupreisen". Ein Kalkulationszinsfuß in der Dimension von 30 bis 50 % ist daher nicht ungewöhnlich.

475 Die Datenbasis einerseits und die Unsicherheiten, welche dem Konzept in diesem Stadium naturgemäß innewohnen andererseits, lassen nur eine sehr grobe Indikation des Wertes zu. Daher lassen sich ausgefeilte Bewertungsmodelle hier

nicht einsetzen. Dies liefe ebenfalls der Idee zuwider, dass der Business Angel durch seinen stark beratenden Einsatz zu einem Teil des Gründerteams wird.

Üblicherweise engagieren sich Business Angels mit Beträgen in der Dimension von einigen Zigtausend Euro bis zu maximal € 500.000. Hierfür werden Minderheitsbeteiligungen zwischen knapp 10 und höchstens 35 % vereinbart. **476**

3. Prozess

Ein seriöser Business Angel investiert sehr scharf fokussiert in jenem Bereich, welcher ihm aus seiner bisherigen Karriere vertraut ist (andernfalls könnte er nicht den Nutzen stiften, welchen der Gründer von ihm erwartet und welcher in seinen Konditionen auch eingepreist ist). Daher ist es für den Gründer von entscheidender Bedeutung, die richtigen Business Angels anzusprechen. **477**

In Deutschland haben sich die Business Angels in regionalen Organisationen mit Sitz in den größeren Städten zusammengeschlossen. Zentrale Anlaufstelle für die Suche nach einem passenden Business Angel ist das **BAND**.[9] Das BAND kann die nächstgelegene regionale Organisation benennen, welche dann den Kontakt zu interessierten Business Angels herstellen kann. Wir empfehlen, der zuständigen regionalen Organisation eine Executive Summary (siehe auch Kapitel A.II.2.c.) mit der Bitte zu senden, in Frage kommende Partner zu benennen. **478**

Diesen Partnern sollte dann nach Absprache entweder die Summary oder gleich der gesamte Businessplan überlassen werden. **479**

Die wesentlichen Teile des **Verhandlungsprozesses** entfallen auf die Überzeugung des Business Angels (Erläuterung der Idee, Diskussion von Geschäftsmodell und Konzept der Umsetzung; Prüfung durch den Business Angel), und die Formulierung des Gesellschaftsvertrages. Wir empfehlen, in die Diskussion von Geschäftsmodell und Umsetzung mit größtmöglicher Offenheit für die Anregungen des Business Angels zu gehen. **480**

> *Beispiel:*
>
> Eine lokale Business Angels-Gruppe vermittelt Hermann H. den Kontakt zu Robert B., dem pensionierten Geschäftsführer (Finanzen und Vertrieb) eines großen deutschen Herstellers von weißer Ware. Dieser erfasst unverzüglich das enorme Potenzial, welches Hermanns Idee innewohnt.
>
> B. erachtet die Planung als im Wesentlichen für realistisch und erklärt, H. über das schwierige erste Jahr (Produktentwicklung, Anmeldung von Schutzrechten, Prototypenbau für Handelsketten und Messen) hinweghelfen zu wollen. Er stellt von Anfang an klar, dass für das zweite Jahr, in dem hohe Investitionen und Anlaufverluste (Cash Flow: € −7,0 Mio.) anstehen, große Finanzinvestoren gefunden werden müssen.
>
> Aus seiner reichen Erfahrung schlägt er zwei Modifikationen des Businessplans vor: Erstens entfällt der größte Teil der Anlaufverluste des Jahres 01 auf Vertriebs-

---

9 Adresse: Business Angels Netzwerk Deutschland e.V., Semperstraße 51, 45138 Essen.

aufwendungen. Durch seinen persönlichen Einsatz und seine weit reichenden Kontakte glaubt Robert B., diesen Posten beinahe vollständig durch Eigenleistung ersetzen und dem jungen Unternehmen damit über € 0,5 Mio. ersparen zu können. Zweitens könnten die Netto-Investitionen des ersten Jahres durch die Anmietung einer komplett ausgestatteten Werkstatt und das Leasing von zwei Spezialmaschinen fast vollständig eingespart werden.

Der verbleibende Finanzierungsbedarf des ersten Jahres in Höhe von € 0,6 Mio. soll nach einem Vorschlag von B. im Verhältnis € 0,2 Mio. (H.) zu € 0,4 Mio. (B.) aufgeteilt werden. Hierfür erwartet B. eine Beteiligung in Höhe von 35%.

Rechnung aus Sicht von Hermann H.:

B. legt € 0,4 Mio. in bar ein, sowie € 0,5 Mio. an ersparten Aufwendungen. Für diese € 0,9 Mio. fordert er 35% der Anteile. Damit werden die übrigen 65% implizit mit € 1,67 Mio. bewertet. In diesem Wert ist die noch fällige Bareinlage des H. in Höhe von € 0,2 Mio. enthalten, womit sich ein Wert für das Unternehmen wie es heute steht und liegt, in Höhe von € 1,47 Mio. errechnet.

Mit diesem Betrag werden die Idee des H., seine bisher getätigten Aufwendungen, die Arbeitsleistung in der Vorgründungsphase und die Arbeitsleistung im Jahr 01 kapitalisiert. Hinzu kommt, dass mit Robert B. als Partner sowohl die operativen (Vertrieb) als auch finanziellen (folgende Finanzierungsrunde) Risiken reduziert werden können.

Rechnung aus Sicht von Robert B.:

Neben der Bareinlage in Höhe von € 0,4 Mio. muss B. im ersten Jahr noch Arbeitsleistung im Wert von etwa € 0,2 Mio. erbringen. Er kalkuliert, dass das Unternehmen ein Jahr später in der zweiten Finanzierungsrunde pre-Money mit etwa € 2,5 Mio. zu bewerten sein wird, sein Anteil mithin mit etwa € 0,9 Mio. Daraus errechnet er eine Rendite von rund 46% p.a.

481 Die **Preisdiskussion** findet oft in sehr knapper Form statt, schließlich handelt es sich um eine Partnerschaft. Aus Sicht des Initiators schafft der Business Angel auch bei auf den ersten Blick niedriger Bewertung in den meisten Fällen einen erheblichen Mehrwert. Dies zeigt sich bei den folgenden Finanzierungsrunden: Hier ist eine mäßig innovative Idee mit einem guten Managementteam weit mehr wert, als eine Topidee mit einem unerfahrenen oder unvollständigen Team. In den Folgerunden kann der Business Angel gegebenenfalls als Teil des Teams „verkauft" werden, was per se in den meisten Fällen die Verwässerung durch billig abgegebene Geschäftsanteile bei weitem überkompensiert. Der Vorteil liegt somit in den meisten Fällen klar auf der Seite des Initiators.

4. Vertragsgestaltung

482 Die in Deutschland üblichen **Beteiligungsformen** für Business Angels sind entweder eine offene Beteiligung am Stamm- bzw. Grundkapital einer Kapitalgesellschaft oder eine Zeichnung von Genussrechtskapital. Ein Genussrechtsmodell, welches vom BAND entwickelt wurde und präferiert wird, sieht vor, dass die spätere Rückführung wahlweise durch Kündigung und Rückzahlung oder durch Wandlung in Stamm-/Grundkapital erfolgt.

Die Vorzüge des Genussrechtsmodells liegen auf beiden Seiten: Die Gründer **483** bewahren weitgehend ihre gesellschaftsrechtliche Autonomie (100% der Gesellschaftsanteile). Für den Business Angel kann der Ausstieg steuergünstig gestaltet werden, während bei einer Beteiligung am Stamm-/oder Grundkapital in praktisch allen Fällen die Grenze der Wesentlichkeit (inzwischen abgesenkt auf 1%) überschritten würde. Eine Rückzahlung aus dem Gesellschaftsvermögen ist bei einer offenen Beteiligung erheblich langwieriger (Kapitalherabsetzung) und eine Übernahme der Anteile durch die Gründer für diese meist nicht finanzierbar. Zudem sparen die Parteien Transaktionskosten (notarielle Beurkundung und Handelsregistereintragung nicht erforderlich).

Der Business Angel zieht zur Gestaltung und Ausformulierung des Beteili- **484** gungs-, des Gesellschaftsvertrags und (sofern aufgrund der Rechtsform erforderlich) der Satzung oft einen Rechtsanwalt hinzu. Somit erhält das junge Unternehmen in diesem Stadium in vielen Fällen den ersten „richtigen" Gesellschaftsvertrag.

Eckpunkte der **finanziellen Konditionen** sind zunächst die zu erbringende Ein- **485** lage des Business Angels und die dafür zu gewährenden Gesellschaftsanteile. Das Verhältnis der beiden Größen ergibt sich aus der vorangegangenen Bewertung (Abschnitt D.III.2.) und dem Verhandlungsprozess. Daneben werden üblicherweise die voraussichtliche Dauer der Beteiligung, die Absicht weitere Investoren zu gewinnen (beispielsweise Venture Capitalisten) und gelegentlich Regelungen für den Ausstieg des Business Angels (beispielsweise: an wen soll verkauft werden, Verkauf aller Anteile zu einheitlichen Konditionen) fixiert. Nicht vorgesehen sind üblicherweise eine Nachbesserung oder weitere Einlagen des Business Angels.

Wichtig und üblich sind Regelungen bezüglich der vorgesehenen **Mitwirkung** **486** **des Business Angels**. Oft fixieren die Parteien im Zuge der Beteiligung des Business Angel dessen vorgesehene Mitwirkung beim Auf- und Ausbau des operativen Geschäfts. Dies kann etwa auch in Form eines separaten Beratervertrages erfolgen.

Darüber hinaus wird der Business Angel meist darauf bestehen, dass ihm **487** Rechte eingeräumt werden, die es ihm ermöglichen, gegebenenfalls auch gegen den Willen der Initiatoren, steuernd in die Geschäfte des Unternehmens einzugreifen. Die Möglichkeit des Eingriffs ist als ultima ratio zu verstehen, um das für ihn persönlich möglicherweise erhebliche finanzielle Risiko der Beteiligung zu begrenzen.

Der Business Angel drängt üblicherweise auf Regelungen bezüglich der **Mit-** **488** **wirkung der Initiatoren**: Sie sollen dauerhaft an das Projekt gebunden werden. Dazu gehört auch ein Konkurrenzverbot, welches es den Gründern untersagt, sich an Unternehmen mit ähnlichem Geschäftsgegenstand zu beteiligen oder für solche tätig zu werden.

Daneben werden beim Einstieg des Business Angels auch geplante **Eckpunkte** **489** **der weiteren Geschäftsentwicklung** festgehalten. Hierzu gehören insbesondere die Erweiterung des Managementteams sowie Pläne zur Entwicklung von Produkten und zur Erschließung des Marktes, letztere mit Zeit- und Kostenvorgaben. Zweck ist die Festlegung, wofür die vom Business Angel aufgebrachten Mittel verwendet werden sollen und die gemeinsame Verpflichtung auf die Beseitigung von Schwachstellen, nicht zuletzt, um dem Business Angel die Chance auf einen späteren Ausstieg zu eröffnen.

IV. Venture Capital

1. Geschichte und Marktumfeld

490 Die Geschichte von Venture Capital (**VC**) in der heutigen Form, verstanden als privates Risikokapital für innovative Unternehmen, reicht bis in die Mitte des letzten Jahrhunderts zurück. Damals kam, zunächst in den USA, die Idee auf, Geld in Fonds zu sammeln und in aufstrebende Unternehmen für einen begrenzten Zeitraum direkt, d.h. nicht über die Börse, zu investieren. Im hier adressierten Teil des Kapitalmarktes trifft eine hohe Nachfrage auf ein sehr begrenztes Angebot. Der Markt ist zudem nicht organisiert und lässt praktisch keine Arbitrage zu. Daher sollten sich höhere Renditen als auf dem Aktienmarkt realisieren lassen. Zur weiteren Steigerung der Rendite bei gleichzeitiger Reduzierung des Risikos erbringen Venture Capitalisten (**VCs**) neben der reinen Finanzierungsfunktion noch zusätzliche Dienste in Form von Coaching und Beratungsleistungen. Damit können sie die Entwicklung bei den Portfoliounternehmen beschleunigen und bei Fehlentwicklungen frühzeitig beratend eingreifen. Nach einer Studie von PricewaterhouseCoopers und dem Bundesverband Deutscher Kapitalbeteiligungsgesellschaften e.V. (BVK)[10] werden von den Portfoliounternehmen in erster Linie „Coaching", Finanzberatung, Kontaktvermittlung, Generierung von Ideen und die Managementunterstützung in Anspruch genommen. Insofern geht die Unterstützung insbesondere in der Breite über den Einsatz des Business Angels hinaus.

491 Im Jahr 1946 wurde in den USA die „American Research & Development Corp." (ARD) gegründet, welche Mittel von Versicherungsgesellschaften und Pensionsfonds in junge Unternehmen investierte. Nach einigen weniger erfolgreichen Versuchen stellte ARD im Jahr 1957 der „Digital Equipment Corp." (DEC), einer Garagenfirma von vier MIT-Studenten, das Kapital für die Finanzierung der Expansion zur Verfügung.[11] Innerhalb der folgenden 12 Jahre avancierte DEC zum weltweit führenden Datenverarbeiter und der Wert der Beteiligung stieg auf das rund 10.000-fache.[12]

492 An diesem sehr plastischen Beispiel lässt sich ablesen, dass die Rendite der Fonds nicht über laufende Erträge der Zielunternehmen, sondern im Wesentli-

---

10 PwC Deutsche Revision Aktiengesellschaft Wirtschaftsprüfungsgesellschaft (Hrsg.): Venture Capital – Wachstumsmarkt der Zukunft, Frankfurt 2001, S. 14 f.
11 Vgl. Modern Products M&A Consultants: Von AR&D bis Silicon Valley, Wien 2002.
12 Vgl. Weitnauer, W.: Handbuch Venture Capital, München 2000, S. 13.

chen über den Verkauf (**Exit**) realisiert wird. Der Exit erfolgt überwiegend durch einen Verkauf an strategische Investoren (siehe auch dritter Teil, Abschnitt B.), bei günstigem Kapitalmarktumfeld auch durch Börsengänge (IPOs; siehe auch dritter Teil, Abschnitt C.), und Sekundärmarktplatzierungen (secondary placements) an der Börse.

Folglich suchen die Venture Capitalisten primär nicht nach „billigen" Beteili- **493** gungsmöglichkeiten, sondern nach Investments, welche binnen eines überschaubaren Zeitraums mit erheblichem Aufschlag veräußert werden können. Daher stellen sich die VCs vor dem Eingehen einer Beteiligung stets die Fragen „wann und an wen kann ich das Unternehmen später weiterverkaufen?", „was sind die Anforderungen des nächsten Erwerbers?" und „was wird der nächste Erwerber voraussichtlich zu zahlen bereit sein?".

Diese Erkenntnisse sind von entscheidender Bedeutung für kapitalsuchende Un- **494** ternehmen, welche bei Venture Capitalisten um Kapital werben wollen. Sie werden im Kapitel „Motive und Bewertung" (D.IV.3.) noch einmal aufgegriffen.

Die **Entwicklung des VC-Marktes** verlief, ausgehend von den USA, in mehre- **495** ren großen Zyklen. Die Zyklen beginnen regelmäßig mit einigen renditestarken Jahren, welche den Eigentümern der Fonds jeweils hohe Gewinne bescheren. In der Folge steigen zunächst das Mittelaufkommen und anschließend das Investitionsvolumen der Fonds stark an. Durch das gestiegene Investitionsvolumen klettern regelmäßig die Preise, welche die Fonds für den Erwerb neuer Beteiligungen zu zahlen haben. Dies wirkt mit einer zeitlichen Verzögerung von einigen Quartalen, wenn ebendiese teuer erworbenen Beteiligungen veräußert werden (sollen), dämpfend auf die erzielten Renditen der Fonds. In der Folge schrumpfen das Mittelaufkommen und das Investitionsvolumen, was zu sinkenden Preisen für neue Beteiligungen und höheren Renditen führt. Der nächste Zyklus hat begonnen.

Der letzte Zyklus in Deutschland war getrieben von der Hausse am Neuen Markt. **496** Diese ermöglichte den VCs Exits über die Börse zu bislang nicht gekannten Preisen. Die daraus resultierenden hohen Renditen führten in den Jahren 2000 und 2001 zu Rekordzuflüssen bei den Fonds (€ 6 Mrd. und € 10 Mrd.). Im Jahr 2002 brach das Mittelaufkommen um 2/3 auf unter € 4 Mrd. ein.[13] Da diese Mittel einerseits am Markt kaum mehr unterzubringen waren („Anlagenotstand") und andererseits Exits auch für eigentlich nicht überlebensfähige Beteiligungen zu traumhaften Konditionen möglich waren, wurden bis Ende 2000 von den Venture Capitalisten zum Teil auch zweifelhafte Geschäftsmodelle mit minder qualifiziertem Management in sehr frühen Stadien finanziert.

Seit einigen Quartalen gehen die Zuflüsse und Investitionsvolumina zurück, lie- **497** gen jedoch immer noch auf historisch hohem Niveau. Im Jahr 2002 gingen die

---

13 Vgl. Bundesverband Deutscher Kapitalbeteiligungs-Gesellschaften e.V. (BVK): Statistik 2001 und Statistik 2002. Die Zahlen beinhalten nur die Aktivitäten der knapp 200 ordentlichen BVK-Mitglieder (Stand 21.12.2002). Diese decken jedoch über 90% des Marktvolumens in Deutschland ab.

deutschen Venture Capitalisten 708 neue Beteiligungen (–31%) mit einem Erst-investitionsvolumen von durchschnittlich € 2,4 Mio. ein. In Folgerunden wurde das Investitionsvolumen um durchschnittlich je € 0,8 Mio. aufgestockt. Das investierte Gesamtkapital der Deutschen VCs beträgt € 16 Mrd.[14] Da erfolgreiche Unternehmen in reiferen Phasen üblicherweise durch mehrere Investoren finanziert sind, ergeben sich für diese Unternehmen häufig Finanzierungsvolumina von über € 10 Mio.

498 Zusammengefasst bedeutet dies für kapitalsuchende Unternehmen, dass sie bei einer Finanzierung über VC-Gesellschaften langfristige Partnerschaften eingehen. Sie erhalten ihre Mittel in mehreren Finanzierungsrunden, welche wiederum jeweils in mehrere Tranchen gegliedert werden (hierzu siehe auch Kapitel D.IV.3.). Hierbei erweitert sich regelmäßig der Kreis der beteiligten Kapitalgeber. Langfristig sind somit bei erwiesenem Erfolg des Geschäftsmodells sehr bedeutende Finanzierungsvolumina darstellbar.

2. Typen von Venture Capitalisten

499 Durch die Erfahrungen des letzten Zyklus erlebte die VC-Kultur in Deutschland einen enormen Reifeprozess, der sich nicht zuletzt in einer deutlichen Profilierung der am Markt verbliebenen Teilnehmer niederschlägt. Diese haben sich im Wesentlichen jeweils auf bestimmte Branchen, Unternehmenszustände und -größen oder Regionen spezialisiert. Für kapitalsuchende Unternehmen entscheidet die Kenntnis der **Profile** über den Erfolg bei der Ansprache der Fondsgesellschaften.

● **Geschäftsvolumen**: Zunächst fallen die Unterschiede beim Volumen der verwalteten Mittel der VC-Gesellschaften auf. So werden nach unserer Schätzung von 10% der Gesellschaften (d.h. den rund 20 größten VCs) über 90% des verfügbaren Kapitals verwaltet. Die übrigen gut 200 Beteiligungsgesellschaften halten im Mittel weniger als € 10 Mio. an verfügbarem Kapital. Aufgrund ihrer begrenzten Mittel sind diese Gesellschaften häufig gezwungen, sich bei ihren Investitionen sehr strikt auf ihren Fokus zu konzentrieren.

● **Finanzierungsquellen**: Zweitens unterscheiden sich die VCs hinsichtlich der Quellen ihrer (Re-) Finanzierung. Insbesondere die großen Gesellschaften haben Fonds aufgelegt, über welche sie Mittel Dritter (Versicherungen, Pensionskassen, Industrieunternehmen, Banken etc.) verwalten. Sofern diese VCs für die letzten Jahre einen positiven Track Record vorweisen können, gelingt es ihnen auch, weitere neue Fonds aufzulegen. Die großen Gesellschaften verfügen somit häufig über erhebliche liquide Mittel, welche sie im Interesse ihrer Geldgeber anlegen sollten. Hingegen sind die kleineren VCs in der Regel mit Eigenmitteln finanziert. Soweit diese bereits investiert sind (was bei der überwiegenden Zahl der Fall ist), setzen Neuinvestments die Veräußerung bestehender Beteiligungen voraus. Zudem sind sie häufig ge-

---

14 Vgl. Bundesverband Deutscher Kapitalbeteiligungs-Gesellschaften e.V. (BVK): Statistik 2002.

zwungen, bei ihren bereits eingegangenen Beteiligungen weitere Mittel zuzuführen. Somit können viele der kleineren VCs nur sehr selektiv und in kleinerem Umfang Erstinvestitionen vornehmen. Bei weiteren Finanzierungsrunden sind sie häufig nicht in der Lage, sich entsprechend ihrer Beteiligungsquote zu engagieren, was die Folgefinanzierungen nicht erleichtert.

• **Phasen**: Viele VCs konzentrieren sich auf bestimmte Phasen. Das Segment der Frühphasenfinanzierung (Seed, Start Up) ist durch sehr hohe Renditeerwartungen (entsprechend dem höheren Risiko), kleine Einzelvolumina und ein hohes Maß an Beratungsaufwand gekennzeichnet. In der jüngsten Vergangenheit haben sich viele VCs aus der Frühphasenfinanzierung zurückgezogen. Wurden in Deutschland im Jahr 2000 noch 272 Seedfinanzierungen durchgeführt, sank die Zahl im Jahr 2001 auf 103.[15] Im Jahr 2002 schwächte sich das Seedgeschäft weiter auf 95 Erstinvestments ab.[16] Hierfür gibt es im Wesentlichen drei Gründe:

  • Erstens hat sich das Chancen-/Risikoprofil nach der Einschätzung vieler Marktteilnehmer wegen der schwierigeren Exitbedingungen verschlechtert.

  • Zweitens hat eine Reihe von Frühphasenfinanzierern wegen hoher Abschreibungen, Nachschusserfordernissen von Portfoliounternehmen und missglückter Exitversuche schlicht keine Mittel mehr für Neuengagements.

  • Drittens verursachen Frühphasenbeteiligungen hohen Betreuungsaufwand, der wegen ungeplant langer Verweildauern im Portfolio nun länger ausfällt, als ursprünglich erwartet.

Gründer auf der Suche nach Kapital sollten daher vor der Ansprache eines **500** VCs prüfen, ob dieser aktuell (noch) in Frühphasen investiert.

• **Regionale Ausrichtung**: Die in Deutschland aktiven Venture Capitalisten weisen eine unterschiedliche regionale Ausrichtung auf. Ein kleiner Teil geht internationale Engagements ein (EU, USA, manchmal Israel). Der überwiegende Teil agiert national, auch wenn er formal keiner Beschränkung unterliegt. Für junge kapitalsuchende Unternehmen sind in den ersten Finanzierungsrunden lokal orientierte VCs interessant, die zudem häufig noch einen (manchmal latenten) **Förderauftrag** haben. Sie investieren (in der Regel indirekt) Mittel der öffentlichen Hand (Länder, Städte) und können diese aufgrund ihrer Satzung oder Anlagerichtlinien nur im Gebiet des dahinter stehenden Trägers platzieren. Auf diese Weise unterstützen sie dessen regionale Wirtschaftsförderung. Aufgrund des engen regionalen Fokus ist die Konkurrenz um das Kapital häufig nicht so ausgeprägt, wie bei überregional aktiven Investoren.

---

15 BVK Bundesverband Deutscher Kapitalbeteiligungsgesellschaften e.V.: BVK-Statistik „Das Jahr in Zahlen 2001", Berlin 2002.
16 BVK Bundesverband Deutscher Kapitalbeteiligungsgesellschaften e.V.: BVK-Statistik „Das Jahr in Zahlen 2002", Berlin 2003.

- **Branchenfokus**: Das am stärksten ins Auge springende Kriterium ist der Branchenfokus der Venture Capitalisten. Oft spezialisieren sich die Investoren auf eine Branche oder auch ein Teilsegment einer Branche (IT, Automotive, Medtech, Biotech, Medien etc.) und entwickeln hierfür eine bemerkenswerte Expertise (z. B. auch durch Naturwissenschaftler im Management). Die Vorteile für kapitalsuchende Unternehmen sind vielschichtig: das ausgeprägte Verständnis für das Produkt und das Geschäftsmodell erleichtert die Kommunikation mit dem Venture Capitalisten erheblich. Dieser fühlt sich in „seiner" Branche sicher und entwickelt häufig auch sehr früh konkrete Vorstellungen über den möglichen Exit. Beides schlägt sich in niedrigeren Risikozuschlägen in der Kalkulation und damit häufig sehr attraktiven Angeboten nieder. Zudem hat das Engagement eines bekannten Brancheninvestors als Leadinvestor Signalwirkung für weitere VCs. Aufgrund des tiefen Verständnisses kann das Coaching durch die Manager des VC besonders effektiv ausfallen. Außerdem werden durch die Verwurzelung des Managements in der Branche und die gleichartigen Portfoliounternehmen interessante Netzwerke erschlossen. Große VCs können sich auf mehrere Branchen konzentrieren. Die regionalen VCs investieren in der Regel branchenübergreifend.

501 Eine spezielle Ausprägung der Branchenfokussierung findet sich bei **Corporate Venture Capital** (CVC). So entdeckten Großkonzerne (wiederum zuerst in den USA) in den 60er Jahren, dass es sich lohnen kann, Innovationen auch außerhalb ihrer eigenen Unternehmen zu fördern. Die Entwicklung verlief parallel zur Entwicklung des VC-Marktes in mehreren Zyklen und gelangte in Deutschland in den 90er Jahren mit der Gründung eigenständiger VC-Gesellschaften als Töchter von Industrieunternehmen zu ihrer Blüte.[17] Mittlerweile geht der Kreis der Industrieunternehmen, die über Tochtergesellschaften im VC-Markt tätig sind, bereits weit über den DAX-30 hinaus.

502 Für einige Branchen haben sich Cluster von Beteiligungsgesellschaften sehr prominenter Adressen gebildet. Dies betrifft die Bereiche IT/Software (Infineon Ventures, SAP Ventures, Siemens Venture Capital, T-Venture), Chemie/Pharma (BASF Venture Capital, Bayer Innovation, Celanese Ventures, Henkel Venture Capital) und Automotive (DaimlerChrysler Venture, VW Venture, AutoVision, Audi Electronic Venture, Freudenberg Venture Capital). Für die investierenden Industrieunternehmen steht in der Regel die unmittelbare Gewinnerwartung aus den Beteiligungen nicht im Vordergrund. Vielmehr konzentriert sich ihr Interesse auf den Zugang zu externen Forschungsgebieten und Entwicklungen. Beispielsweise haben Unternehmen der Pharmaindustrie CVC als Möglichkeit erkannt, Schwächen ihrer eigenen Forschung zu kompensieren und ihre Produktpipeline über zugekauftes Know How zu füllen.

503 Für kapitalsuchende Unternehmer ist CVC interessant, da der wechselseitige Know How-Transfer das Wachstum beschleunigen kann. Dies schlägt sich in

---

17 Vgl. Wacker-Hadj Ammar, B.: Ein ewiges Auf und Ab?, in Venture Capital 04/2002, Wolfratshausen 2002, S. 20 f.

deutlich reduziertem „Time-To-Market" nieder. Ebenso bedeutend ist das Netzwerk des Beteiligungsgebers, das heißt, die Nutzung der Kontakte zu Partnern, Kunden und Lieferanten.[18] Gerade vor dem Hintergrund, dass im fehlenden Vertriebsnetz eine Schwachstelle im Konzept der meisten jungen Unternehmen liegt, kann der Zugang zu den Absatzkanälen eines etablierten Industrieunternehmens über den Erfolg eines jungen Unternehmens entscheiden.

3. Motive und Bewertung

Primäres Ziel eines VCs ist es, eine „angemessene", d. h. im Klartext eine mög- **504**
lichst hohe **Rendite** auf das eingesetzte Kapital zu erzielen. Dies gilt auch
(oder gerade dann?) wenn dem VC die Mittel von Dritten (d. h. von Anlegern)
in Form von Fonds überlassen wurden. Erstens erfolgt die Vergütung der Managementgesellschaft stets erfolgsabhängig und zweitens hängt am Erfolg der
aufgelegten Fonds (Track Record) die Möglichkeit, künftig neue Mittel einzuwerben.

Der größte Teil der Rendite der VCs ergibt sich aus dem Exit. Daher zielen **505**
praktisch alle **Kriterien**, welche beim Eingehen eines Investments angelegt
werden, darauf ab, ob, unter welchen Umständen und wann ein erfolgreicher
Exit möglich scheint. Die vier wichtigsten Kriterien sind:

- **Produkt**: Das Produkt beziehungsweise die Geschäftsidee sollte originell
  und nicht zu leicht kopierbar sein. Gut ist es, wenn sie schützbar oder bereits
  geschützt ist (Patente, Warenzeichen). Ebenfalls positiv ist es, wenn es sich
  bei der Basisinnovation um eine (Technologie-) Plattform handelt, auf welche eine Vielzahl von Produkten aufgesetzt werden kann.

- **Geschäftsmodell**: Das Geschäftsmodell muss plausibel sein und eine gewinnbringende Ausbeutung der Idee bei geringem Risiko versprechen. Dies
  setzt einerseits einen hohen Anwendernutzen voraus, andererseits die Bereitschaft der potenziellen Anwender, für diesen Nutzen zu zahlen. Kundenreferenzen sind von Vorteil.

- **Management**: Das Management muss fähig sein, die Idee zum Produkt zu
  entwickeln und das Geschäftsmodell erfolgreich umzusetzen. Diese Fähigkeit sollte bei früheren Projekten bereits unter Beweis gestellt worden sein.

- **Interessenlage**: Die Risikoposition und die Interessenlage der Initiatoren
  muss mit jener der VCs vergleichbar bzw. gleichgerichtet sein.

Das dritte Kriterium (Management) ist nach unserer Erfahrung das wichtigste. **506**
Eine mittelmäßig innovative Idee mit Top-Management kann nachhaltig hohe
Gewinne für die Investoren erwirtschaften. Hierfür gibt es unzählige und zum
Teil sehr prominente Beispiele (Apcoa Parking, Ludwig Beck, Wolford und
einige weitere erfolgreiche Börsengänge). Viele potenzielle Killer-Applikation
oder Blockbuster hingegen floppten, weil ein unerfahrenes oder nicht ausrei-

---

18 Vgl. Wacker-Hadj Ammar, B.: Stabile Verbindung, in Venture Capital 06/2002, Wolfratshausen
2002, S. 18 f.

chend qualifiziertes Management nicht fähig war, die Produkte fertig zu entwickeln oder anschließend das Geschäftsmodell umzusetzen.

507 Das vierte Kriterium (Risikoposition/Interessenlage) besagt unter anderem, dass die Gründer nur dann der Gesellschaft Mittel entziehen dürfen, wenn die VCs dies auch tun. Vorstellungen, wonach die Einlagen der VCs für den Kauf von Patenten, die Zahlung von Lizenzgebühren oder die Ablösung persönlicher Verbindlichkeiten der Gründer dienen sollen, sind in aller Regel ein Killer für die Verhandlung. Hingegen sehen es die Investoren gerne, wenn sich die Initiatoren in angemessenem Umfang mit Bareinlagen beteiligen.

508 Der Erfüllungsgrad der vier Kriterien schlägt sich für die VCs letztlich in der Wahrscheinlichkeit nieder, ihre Beteiligungen später zu einem guten Preis weiterveräußern zu können und somit eine hohe Rendite erzielen zu können.

509 Die Anleger, welche die Fonds zur Verfügung stellen oder die Anteile an direkt anlegenden VCs halten (als Partner oder Aktionäre) orientieren sich bei ihren **Rediteerwartungen** an den Erfolgen der Vergangenheit. Die Renditen der Investoren lagen in gute Jahren bei über 30% p.a. Diese Renditeerwartung sollten die Portfoliounternehmen im Mittel ex post erfüllen. Ein Großteil der Investments in Risikokapital endet jedoch mit einem Totalverlust oder wesentlich geringeren Renditen:

510 Im Jahr 2002 war ebenso wie im Jahr 2001 die Abschreibung mit einem Anteil von 44% bzw. 36% der häufigste Exitkanal der deutschen VCs.[19, 20] Beim weltweit bislang volumenstärksten Private Equity-Investment, der Übernahme von RJR Nabisco für 25 Mrd. US-$ (zum Vergleich: das gesamte in Deutschland per Ende 2002 investierte VC belief sich auf rund 16 Mrd. €) ergab sich für die Investoren eine Rendite von rund 2%.[21]

511 Diese ungeplanten Underperformer müssen durch die guten Investments eines Portfolios kompensiert werden, weshalb die Zielrendite für Einzelinvestments regelmäßig über den oben genannten 30% liegt. Bei Investition in **Frühphasen** liegt das Risiko der VCs noch deutlich höher. Hier entfielen zuletzt rund 3/4 der Exits auf Abschreibungen.[22] Das Gleiche gilt für Investments unter Einsatz von Fremdkapital. Folglich steigt in diesen Fällen auch die Renditeerwartung für den Eigenkapitalanteil signifikant an. Dies erklärt, weshalb die Renditeforderung je nach Entwicklungsstadium des Beteiligungsunternehmens zwischen ca. 20% und 100% p.a. liegt.[23]

512 Die **Bewertung** selbst erfolgt bei profitablen Unternehmen in der Regel nach der Discounted-Cash Flow-Methode (**DCF-Methode**) oder über Multiplikatoren (Kurs-Gewinn-Verhältnis (**KGV**) und Kurs-Cash Flow-Verhältnis (**KCV**)). Diese

---

19 Vgl. BVK: Statistik 2001, Berlin 2002.
20 Vgl. BVK: Statistik 2002, Berlin 2003.
21 Vgl. v. Haacke, B.: Private Equity, in Wirtschaftswoche 45/2001, S. 62.
22 Vgl. BVK: Statistik 2002, Berlin 2003.
23 Vgl. Achleitner, A.: Start-up-Unternehmen: Bewertung mit der Venture-Capital-Methode, BB 2001, S. 929.

konventionellen Methoden werden im zweiten Teil, Kapitel H.II eingehend erläutert. Bei noch nicht profitablen Unternehmen erfolgt die Bewertung mittels Multiplikatoren, die relativ weit oben in der GuV ansetzen (z. B. Kurs-Umsatz-Verhältnis [KUV], ggf. bezogen auf Umsatzpotenziale, d. h. Planumsätze, die mehrere Jahre in der Zukunft liegen) oder nach der **Venture Capital-Methode** (insbesondere, wenn noch keine kapitalisierbaren Größen vorliegen).

Bei der **Venture Capital-Methode** wird der Unternehmenswert aus dem antizipierten Exiterlös abgeleitet. Der erwartete Exiterlös wird um Verwässerungen aus weiteren Finanzierungsrunden bereinigt, auf das heutige Datum abgezinst und ins Verhältnis mit dem aktuellen Kapitalbedarf gesetzt. Daraus ergibt sich der prozentuale Anteil am Zielunternehmen, welchen der Venture Capitalist für seine heutige Einlage fordern muss, um seine Zielrendite realisieren zu können.[24]

513

Beispiel:

Kitchen Ventures International (KVI), ein auf weiße Ware spezialisierter VC, kalkuliert einen Einstieg in die IsoGar von Tüftler Hermann H. wie folgt:

Am Ende des Jahres 04 kann die IsoGar auf Basis der prognostizierten Überschüsse für die Periode 05 und einem angenommenem KGV von 8 für € 120 Mio. an einen strategischen Investor veräußert werden (Trade Sale). Auf ihren bis dahin durch zwei Folgefinanzierungsrunden verwässerten Einsatz erwartet KVI in Anbetracht der erheblichen Risiken (Frühphase) eine Rendite von 100 % p. a.

Zeitpunkt (Ende des Jahres X)	0		1		2		3	4
Wert (Mio.)					30,000		60,000	120,000
davon Zuführung (VC $_3$)					4,000	13,3%	8,000	16,000
Rest			13,000		26,000	86,7%		
davon Zuführung (VC $_2$)			7,000	53,8%	14,000	46,7%	28,000	56,000
Rest	3,000		6,000	46,2%				
davon Zuführung (KVI)	*1,500*	*50,0%*	*3,000*	*23,1%*	*6,000*	*20,0%*	*12,000*	*24,000*
Rest (Hermann H.)	1,500	50,0%	3,000	23,1%	6,000	20,0%	12,000	24,000
Zinssatz 100%								

Rückwärts berechnet ergibt sich durch die Abzinsung des Endwertes über 2 Jahre à 100 % p. a. ein Unternehmenswert von € 30 Mio. am Ende des Jahres 2 (durchfinanziert). Zu jenem Zeitpunkt benötigt das Unternehmen im Rahmen einer (dritten) Finanzierungsrunde € 4,0 Mio., womit sich ein Restwert vor Runde 3 von € 26,0 Mio. ergibt. Diese sind Ende des Jahres 1 abgezinst € 13,0 Mio. wert (nach Finanzierung). Zu diesem Zeitpunkt benötigt das Unternehmen eine (zweite) Finanzierungsrunde über € 7,0 Mio., womit sich ein Restwert vor Runde 2 von € 6,0 Mio. errechnet. Dieser Unternehmenswert beträgt abgezinst auf den Anfang der Periode 1, d. h. also heute (nach Finanzierung), € 3,0 Mio. Zu diesem Zeitpunkt benötigt das Unternehmen € 1,5 Mio., womit sich ein Unternehmenswert vor der ersten Finanzierungsrunde von € 1,5 Mio. ergibt.

---

24 Im Einzelnen beschrieben und kommentiert von: Achleitner, A.: Start-up-Unternehmen: Bewertung mit der Venture-Capital-Methode, BB 2001, S. 927 ff.

> Für eine Einlage von € 1,5 Mio. will KVI 50%-Partner von H. werden. Im Laufe der nächsten Finanzierungsrunden wird KVI (ebenso wie H.) auf 20% verwässert werden. Gleichwohl verdoppelt sich der Wert des Investments jedes Jahr (entsprechend der Renditeforderung von 100% p. a.)

514 Sofern sich die Initiatoren bzw. Alteigentümer und die VCs nicht über einen Preis für die Beteiligung einigen können, bietet sich in der Praxis ein Earn-Out-Agreement, eventuell kombiniert mit einer ratierlichen Leistung der Einlage an. Hierbei wird vereinbart, dass die Einlage der VCs in mehreren Tranchen erfolgt.

515 Bei einer Vereinbarung von ratierlichen Zahlungen kann die Fälligkeit weiterer **Tranchen** von der Realisierung vorher definierter **Milestones** abhängig gemacht werden, bei denen es sich in der Regel um **qualitative** Ziele handelt. Dies soll den Kapitaleinsatz (exposure) der VCs begrenzen, falls sich das Projekt im weiteren Verlauf als technisch oder organisatorisch nicht durchführbar erweisen sollte. Es hat sich in der Praxis als weitaus komfortabler erwiesen, definierte Abschnitte der Einlage erst gar nicht zu leisten, als bei einem Projektabbruch aus einer in Schwierigkeiten geratenen Gesellschaft bereits geleistete Einlagen zurückzuholen.

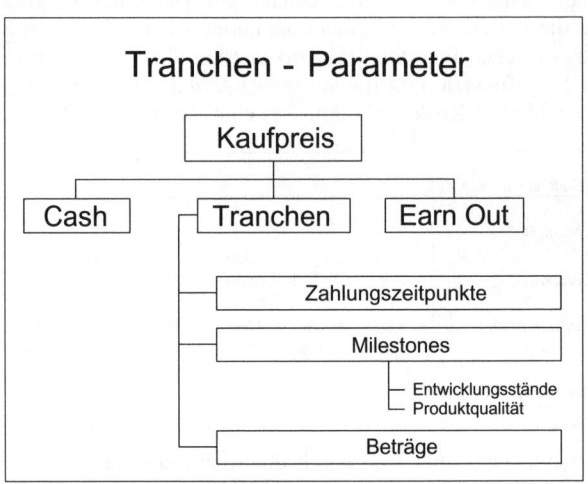

Abbildung 7: Kaufpreisstrukturierung: Tranchen

516 Eine Einlage in mehreren Tranchen wird im Wesentlichen mit drei Parametern definiert.

- **Zahlungszeitpunkte**: Zunächst wird festgelegt, wann die einzelnen Tranchen zu leisten sind.
- **Beträge**: Zweitens müssen die Beträge bestimmt werden, die an den jeweiligen Zahltagen zu leisten sind.
- **Milestones**: Die Zahlungen können sowohl dem Grunde (ob zu leisten ist) als auch der Höhe nach (welcher Betrag zu leisten ist) vom Eintritt bestimmter Bedingungen abhängig gemacht werden.

Beispiel:

H. erklärt mit Hinweis auf das alternativ vorliegende Angebot des Business Angels Robert B., KVI solle den Vorschlag nachbessern. KVI will einerseits von Anfang an mindestens 50 % der Anteile halten, andererseits aber die Risikoposition in dieser frühen Phase nicht über die angebotenen € 1,5 Mio. hinaus erhöhen.

Daher schlägt KVI eine Modifizierung des Angebotes in Form einer bedingten Nachbesserung für einen realisierten Milestone vor: Falls die Mikrowelle aus einer Vorserie innerhalb der ersten 6 Monate nach Unternehmensgründung eine TÜV-Bescheinigung (u. a. Abschirmung für Strahlenschutz) erhält, wird KVI am Ende des ersten Jahres eine weitere Kapitaleinlage ohne Gewährung zusätzlicher Aktien in Höhe von € 0,5 Mio. leisten. Dadurch vermindert sich die Verwässerung von B. (und die von KVI) in der zweiten Finanzierungsrunde. B. und KVI werden dann jeweils 25,0 % (statt 23,1 %) der Anteile halten. Am Ende des Jahres 4 werden B. und KVI jeweils 21,7 % (statt 20,0 %) der Anteile mit einem Wert von € 26,0 Mio. (statt € 24,0 Mio.) halten.

Aus Sicht des H. wird das Angebot dadurch um 8,3 % nachgebessert (Endwert € 26 Mio. vs. € 24 Mio.; Barwert € 1,625 Mio. vs. € 1,500 Mio.) und ist damit dem Angebot von Robert B. (Barwert € 1,470 Mio.) überlegen.

Aus Sicht von KVI steigt das Projektvolumen von € 1,5 Mio. auf € 2,0 Mio. bei einer nur marginal auf 96 % p. a. abgesenkten Rendite. Sollte sich das Projekt binnen der ersten 12 Monate als technisch oder wirtschaftlich nicht tragfähig erweisen, ist das Risiko auf 75 % der Einlage (€ 1,5 Mio.) begrenzt.

Bei einem **Earn Out-Agreement** hingegen wird die Höhe von künftigen Zahlungen oder auch Nachbesserungen vom Erfüllungsgrad von vorher definierten Zielen (**Benchmarks**) abhängig gemacht werden, bei denen es sich um **quantitative** Ziele handelt. Dies gestaltet den Kaufpreis variabel. Sollte sich ein Engagement ex post als underperformer erweisen, wird der Kaufpreis niedrig gehalten werden. Sofern die ursprünglichen Planungen übertroffen werden, sind die VCs in der Regel auch bereit, entsprechend höhere Preis zu zahlen. **517**

Weitere Hinweise zu Earn Out-Agreements finden sich im dritten Teil in Kapitel B.V.1. **518**

4. Prozess

a) Vorbereitung

Ausgangspunkt des Transaktionsprozesses ist die Zusammenstellung des verantwortlichen **Teams**. Unternehmensseitig sollte sich die Geschäftsführung von einem Verantwortlichen für die Datensammlung, -aufbereitung und -bereitstellung unterstützen lassen. Daneben gehören dem Team regelmäßig ein in Finanzierungsfragen erfahrener Berater und ein Rechtsanwalt an. **519**

Aufgabe des **Beraters** ist es, die Transaktion zu strukturieren und den Finanzierungsprozess zu steuern. Er hat idealerweise sowohl in Markt- und Bewertungsfragen, als auch in der Begleitung vergleichbarer Prozesse einschlägige Erfahrung. Da der Unternehmer in Fragen der Beteiligungsfinanzierung naturgemäß weniger Erfahrung hat als die VCs, auf welche er im Laufe seiner Kapitalsuche **520** als Verhandlungspartner trifft, ist es nicht erstaunlich, dass sich der überwiegende Teil der Unternehmer durch Berater unterstützen lässt.

521 Der **Rechtsanwalt** bringt Erfahrungen bei Vertragsverhandlungen ein und kennt die rechtlichen und wirtschaftlichen Folgen einzelner Bestimmungen. Er begleitet die Verhandlungen und gestaltet die Verträge.

522 Vor der Ansprache der Investoren sind der Businessplan und die Executive Summary (siehe auch Kapitel A.II.) einem Update zu unterziehen. Bei Unternehmen mit bereits umfangreicherem Geschäftsbetrieb, einer Historie von mehr als einem Jahr oder Know-How von erheblichem Wert empfehlen wir darüber hinaus die Durchführung einer „Pre-Due Diligence". Diese wird vom eigenen Beraterteam durchgeführt und sollte alle kritischen Punkte aufdecken, auf welche auch die Interessenten im Laufe ihrer Due Diligence stoßen würden. Einen Teil der aufgedeckten Mängel kann man vorher beheben, auf den Rest die bestmöglichen Antworten entwickeln. Zudem ist gleichzeitig sichergestellt, dass die für die Due Diligence benötigten Unterlagen vollständig und optimal aufbereitet sind. Somit werden Überraschungen im weiteren Prozess weitgehend vermieden.

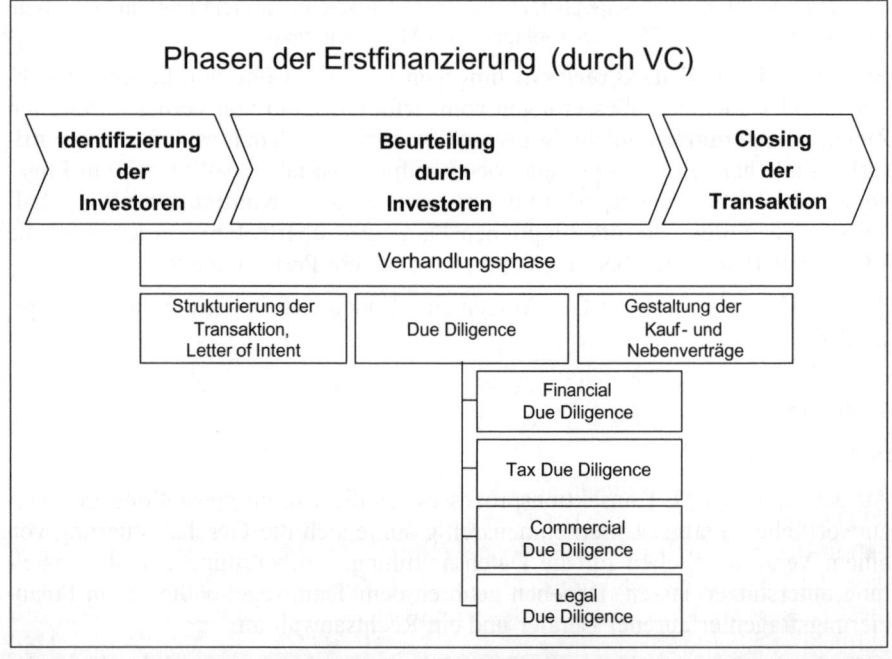

Abbildung 8: Venture Capital: Phasen der Erstfinanzierung

b) Identifizierung der Investoren

In einer **Long List** werden alle potenziellen VCs zusammengestellt, welche   523
aufgrund ihrer inhaltlichen und regionalen Ausrichtung für ein Engagement in
Frage kommen. Dies können je nach Branche und Standort durchaus mehr als
50 Adressen sein.

Für die engere Auswahl sind folgende Kriterien ausschlaggebend: 524

- Investitionen in Unternehmen der relevanten Entwicklungsphase
- Branchen- und Produktexpertise (absolutes Muss für den Leadinvestor)
- Netzwerk und Nutzen durch die Muttergesellschaft (Corporate VC)
- Erfahrungen aus Parallelinvestitionen in verwandte Unternehmen
- Beratungskompetenz
- Positives Image (Muss für den Leadinvestor)
- Benötigtes Investitionsvolumen darstellbar (Muss)
- Fähigkeit, Folgerunden zu finanzieren

Auf diese Weise wird die Zahl der Adressen auf ein rundes Dutzend reduziert,   525
die **Short List**. Auf der Short List finden sich solche VCs, bei denen ein konkretes Interesse und die Möglichkeit einer entsprechenden Investition vermutet
werden.

Für praktisch alle Branchen und Geschäftsmodelle kann man, entsprechende   526
Marktkenntnis vorausgesetzt, die Short List so definieren, dass mit an Sicherheit grenzender Wahrscheinlichkeit aus ihrem Kreis das beste Angebot des
Marktes zu erwarten ist (verstanden als optimale Kombination von Bewertung,
den o.g. qualitativen Faktoren und persönlichen Präferenzen). Jede Short List-
Gesellschaft sollte gezielt angesprochen werden, das heißt, es muss vermittelt
werden, a) warum man gerade sie anspricht und b) warum gerade das Unternehmen besonders gut in das Beteiligungsportfolio der Gesellschaft passt.
Sollte ein Venture Capitalist das Gefühl oder gar die Erkenntnis gewinnen, dass
die Ansprache flächendeckend erfolgte, hat das erfahrungsgemäß dämpfenden
Einfluss auf den Grad des Interesses. Sofern aus dem Kreis einer entsprechend
sorgfältig zusammengestellten Short List kein Interessent gewonnen werden
kann, ist in der Regel auch durch eine Erweiterung des Adressatenkreises kein
Erfolg zu erzielen.

Die Ansprache, das Einholen der Vertraulichkeitserklärungen (siehe auch Kapi-   527
tel D.IV.6.a.), die Übergabe der Businesspläne, das Nachhalten und die Koordination der Termine sind Aufgabe des Beraters. Dieser trägt auch Sorge dafür,
dass der Prozess bei allen angesprochenen Adressen parallel verläuft. Nur auf
diese Weise kann ein Wettbewerb zwischen den Interessenten geschaffen und
aufrecht erhalten werden.

c) Verhandlungsphase

Die Verhandlungsphase beginnt mit den ersten **Interessensbekundungen** der   528
potenziellen Investoren. Nach ausführlichen Gesprächen mit dem Management

des Zielunternehmens wird der Venture Capitalist bei Fortbestehen des Interesses in der Regel einen **Letter of Intent** (LoI; siehe auch Kapitel D.IV.6.b.) unterzeichnen. In diesem erklärt der Venture Capitalist, dass er grundsätzliches Interesse hat, sich an dem Zielunternehmen zu beteiligen. Üblicherweise werden hier erstmals die Konditionen (Preis, Nebenbedingungen, zu gewährende Anteile) in messbarer und bindender Form genannt, wenngleich die Absichtserklärung immer unter dem Vorbehalt des Ergebnisses der noch durchzuführenden Due Diligence steht. Das Zielunternehmen befindet sich in einer komfortablen Situation, wenn es gelingt, LoIs von mehreren Interessenten einzuholen, um die Angebote vergleichen zu können.

529 Der **Vergleich der Angebote** ist üblicherweise nicht einfach, da die Nebenbedingungen (zum Beispiel Nachbesserung, Verbindung mit Fremdkapital, Pflichten der Gründer) erheblich voneinander abweichen können. So ist die Eintrittswahrscheinlichkeit für eine Nachbesserung stets kleiner als eins, Zeitpunkt und Höhe sind bisweilen nicht exakt prognostizierbar. Der Barwert kann damit signifikant vom „optischen" Wert abweichen. Ebenso kann durch eine geschickte Kombination mit Fremdkapital oder Zwittern (z.B. stille Beteiligungen) die einem Angebot tatsächlich zugrunde liegende Bewertung verborgen werden. Hinzu kommt, dass die Einschätzungen für die Eintrittswahrscheinlichkeit der Erfüllung von Bedingungen höchst subjektiv sind, und der daraus resultierende Wert der Optionen auch stark abweichen kann.

Beispiel:

IsoGar hat das Interesse eines weiteren VCs, der Weiße Ware Beteiligungsgesellschaft (WWB), auf sich gezogen. Die WWB erfährt von H. im Zuge der Gespräche die Eckpunkte der Angebote von Robert B. (€ 0,9 Mio. für 35%, davon € 0,5 Mio. Arbeitsleistung, falls H. selbst noch € 0,2 Mio. einlegt) und der KVI (€ 1,5 Mio. für 50% sowie eine bedingte Nachbesserung in Höhe von € 0,5 Mio. in die Kapitalrücklage).

WWB erklärt dem H., sie wären bereit, seinen Anteil mit € 2,5 Mio. zu bewerten und damit „konkurrenzlos hoch". Gegen Gewährung von 50% der Anteile würden sie € 2,5 Mio. in die Gesellschaft einbringen. Diese würden wie folgt strukturiert:

– € 0,05 Mio. am 01.01. des Jahres 1 in das Stammkapital, welches dann € 0,1 Mio. betragen und von H. und WWB zu gleichen Teilen gehalten werden soll
– € 0,95 Mio. am 01.01. des Jahres 1 in die Kapitalrücklage
– € 0,50 Mio. am 01.07. des Jahres 1 als stille Beteiligung, mit 12% p.a. zu verzinsen
– € 1,00 Mio. am 01.01. des Jahres 2 als stille Beteiligung, mit 12% p.a. zu verzinsen

Das optisch überaus attraktive Angebot entpuppt sich bei näherem Hinsehen als Mogelpackung. Tatsächlich wird der Anteil des H. nur mit € 1,0 Mio. bewertet und auf dieser Basis wird WWB paritätisch beteiligt. Die weiteren € 1,5 Mio. sind faktisch ein nachrangiges Darlehen (wobei der Rang der Verbindlichkeiten bei Start-Ups mangels Haftungsmasse erfahrungsgemäß von geringer wirtschaftlicher Relevanz ist). Diese Mittel werden marktüblich verzinst und wären zu diesen Konditionen eventuell auch von einem Dritten ohne eine Beteiligung am Stammkapital gewährt worden.

Es bedarf häufig großer Erfahrung, die in den Offerten gebotenen Mittel exakt **530** in Eigenkapitalanteil und Fremdkapitalanteil zu trennen, die darauf entfallenden Vergütungen zuzuordnen und so zu bestimmen, was die Offerten wirklich „wert" sind. Den Wert verstanden zu haben ist jedoch zwingende Voraussetzung für eine zielgerichtete Verhandlungsführung und eine Optimierung des Verhandlungsergebnisses.

Kaum in Zahlen zu fassen ist der Wert der Sympathie. Dieser Faktor sollte bei **531** ähnlich gepreisten Angeboten ausschlaggebend sein. Schließlich ist eine Beteiligungsfinanzierung eine langfristige Partnerschaft, die durch gegenseitiges Vertrauen geprägt ist. Gute Kommunikation, die über das vertraglich vereinbarte Mindestmaß hinausgeht, ist hierfür absolute Voraussetzung.

Insbesondere in Zweit- oder Drittrundenfinanzierungen ist es durchaus üblich, **532** dass die Mittel nicht von einem einzigen Investor aufgebracht werden, sondern dass sich mehrere VCs zu einem **Syndikat** zusammenschließen bzw. vom Berater ein Konsortium von mehreren VCs zusammengestellt wird. Dadurch wird das Risiko für den einzelnen Investor reduziert und gleichzeitig können Volumina bis zu hohen zweistelligen Mio. €-Beträgen realisierbar gemacht werden. Die gleichzeitige Verhandlung mit mehreren Adressen, die zu einheitlichen Bedingungen abschließen sollen, steigert allerdings den Komplexitätsgrad der Transaktion erheblich. Besondere Bedeutung kommt in einer syndizierten Finanzierungsrunde dem **Leadinvestor** zu. Die übrigen Investoren erwarten von ihm ein hohes Maß an fachlicher Expertise. Seine Entscheidung hat für sie Signalfunktion und bis zu einem gewissen Grad vertrauen sie ihm „blind". Das äußert sich üblicherweise darin, dass sie ihm die Durchführung bzw. die Organisation der Due Diligence alleine übertragen.

Im Rahmen einer **Due Diligence** (vergl. im Einzelnen dritter Teil, Kapitel B.IV) **533** hat ein Interessent bzw. eine Partei (Konsortium) die Möglichkeit, die Aussagen und Annahmen, die im Businessplan und den Managementgesprächen getroffen wurden, kritisch zu überprüfen. Für die Phase der Due Diligence wird einem potenziellen Investor zeitlich begrenzte Exklusivität eingeräumt.

Die Due Diligence erstreckt sich – je nach Größe und Geschäftsgegenstand der **534** Zielgesellschaft – auf die Bereiche Finance (Status der Finanzen), Commerce (Plausibilisierung der Planung), Tax (steuerliche Verhältnisse) und Law (rechtliche Verhältnisse). Sie kann, wenn die Umstände es geboten erscheinen lassen, auf Science (wissenschaftliche Aspekte), Human Ressources (Personalwesen), Environment (Umweltbelastungen) oder andere relevante Bereiche ausgedehnt werden.

Die Due Diligence führt der Venture Capitalist üblicherweise nicht selbst durch, **535** sondern beauftragt eine darauf spezialisierte Wirtschaftsprüfungs- oder Beratungsgesellschaft. An den – je nach Umfang – nicht unerheblichen Kosten (von wenigen € 10.000 bis zu mehreren € 100.000) sollte sich der potenzielle Investor beteiligen, gewissermaßen als Gegenleistung für die gewährte Exklusivität.

5. Vertragsgestaltung

536 Die Verhandlungsphase findet in der Vertragsgestaltung ihren Abschluss. Die zu klärenden Punkte entsprechen im Wesentlichen denen bei einem Engagement eines Business Angels (siehe auch Kapitel D.III.4.). Erfahrungsgemäß ist es von Vorteil, den ersten Vorschlag zu unterbreiten. Dadurch wird die Struktur der Vereinbarung vorgegeben und in wichtigen Punkten Klarheit über die eigenen Vorstellungen geschaffen. Da der Entwurf des Beteiligungsvertrags den Usancen der Beteiligungsgesellschaften entsprechen muss, um Aussichten auf Akzeptanz zu haben, erfordert die Gestaltung des Erstvorschlags ein hohes Maß an Erfahrung bei Berater und Rechtsanwalt. Im Gegensatz zum ersten Engagement des Business Angels soll durch den Venture Capitalisten die Finanzierung für den Aufbau in einem wesentlich größeren Maßstab und über einen längeren Zeitraum gesichert werden. Für dieses sehr viel höhere Volumen wird üblicherweise die Auszahlung in mehreren Tranchen vereinbart. Die Auszahlung der Tranchen wird regelmäßig von Bedingungen abhängig gemacht (Erreichung Milestones). Auf diese Weise erhält der Venture Capitalist eine bessere Kontrolle über sein Engagement und kann für den Fall, dass sich die vereinbarten Ziele als nicht erreichbar herausstellen, die Reißleine ziehen, bevor das gesamte Investitionsvolumen aufgebraucht ist (siehe auch Kapitel D.IV.3.).

537 Um seinen beratenden Einfluss zur Geltung zu bringen und die Kontrolle über seine investierten Mittel zu sichern, wird ein Venture Capitalist regelmäßig unterjährige Berichterstattung (quartalsweise bis monatlich) und Gesprächsrunden vereinbaren. Auch ist es üblich, sich ein Aufsichtsratsmandat einräumen zu lassen. Vertraglich lässt sich natürlich nur ein Mindestmaß an Berichterstattung regeln. Für die angestrebte langfristige Partnerschaft wird letztlich Offenheit in der Verständigung erwartet. Dazu gehört es, Problemfelder proaktiv anzusprechen, Prognosen zeitnah anzupassen und Verschiebungen von Zeitplänen frühzeitig zu kommunizieren. VCs würdigen letztlich den offenen Umgang mit Defiziten als Ausdruck von Managementkompetenz.

538 Für den späteren Ausstieg werden oftmals Vereinbarungen über die Mitveräußerung von Anteilen geschlossen. Dies soll verhindern, dass einzelne (Gründungs-) Gesellschafter einen Verkauf an einen strategischen Investor blockieren, welcher als Bedingung stellt, alle Anteile erwerben zu können.

6. Vereinbarungen im Vertragsvorfeld

539 Wie bereits vorstehend in Abschnitt 4. beschrieben, handelt es sich bei einer VC-Finanzierung um einen strukturierten, teilweise umfangreichen und mit Aufwand für alle Beteiligten verbundenen Prozess. **Der Abschluss** im Erfolgsfall und vertragliche Festlegung der gegenseitigen Rechte und Pflichten durch Gesellschaftsvertrag oder Satzung, zusätzliche Gesellschafter- oder Aktionärsvereinbarung **sowie ggf. weitere**, von der Beteiligungsform abhängige **Verträge bilden** dabei **den Abschluss** dieses Prozesses, zu dessen Strukturierung und zur Wahrung der Interessen der Beteiligten im Regelfall bereits bedeutend frü-

her erste Vereinbarungen fixiert werden. Zu solchen Vereinbarungen im Vorfeld des eigentlichen Beteiligungsvertrages gehören zum einen Vertraulichkeitsvereinbarungen, zum anderen weitergehende Regelungen vor oder während des Prozesses, die nicht immer, aber oft in einem Letter of Intent (LoI) schriftlich niedergelegt werden. Solche Vereinbarungen sind nicht nur im Verhältnis zu VC-Investoren üblich und denkbar, sondern kommen auch im Verhältnis zu anderen Investoren wie den drei f und Business Angels in Betracht.

a) Vertraulichkeitserklärungen

Bereits im Vorfeld der ersten Kontaktaufnahme mit potenziellen Investoren werden sich die Gründer Gedanken machen müssen, wem in welchem Umfang vertrauliche Informationen über das Geschäftsmodell zur Verfügung zu stellen sind und wie ein Missbrauch dieser Informationen verhindert werden kann. Potenzielle Investoren werden bereits für eine erste Einschätzung, ob überhaupt Interesse an einem Engagement besteht, detaillierte Informationen über das Geschäftsmodell und das Produkt einschließlich des Business-Plans benötigen. Da diese Informationen in der Gründungsphase das hauptsächliche, wenn nicht das einzige Asset der Gründer sind, stellt sich die Frage nach dem Schutz dieser Informationen bereits deutlich früher als nach anderen Details vertraglicher Regelungen, wie sie üblicherweise im Letter of Intent oder einer vergleichbaren Vereinbarung (z. B. Term Sheet) im Rahmen der Verhandlungsphase getroffen werden. **540**

In der Praxis werden daher häufig bereits vor allen anderen vertraglichen Regelungen separate Vertraulichkeitsvereinbarungen (sog. Non-Disclosure-Agreements – NDA – oder Confidentiality Agreements – CA) unterzeichnet, die den Schutz vor allem der Gründer vor einem Missbrauch vertraulicher Informationen zum Ziel haben. Über die einerseits zum Teil nur begrenzte Schutzwirkung solcher NDAs sollten sich die Gründer im Klaren sein: Die Geltendmachung von Ansprüchen wegen unbefugter Weitergabe oder Missbrauch vertraulicher Informationen setzt voraus, dass dem Berechtigten die Weitergabe oder der Missbrauch überhaupt bekannt wird und darüber hinaus noch nachweisbar ist. Andererseits ist eine entsprechende vertragliche Vereinbarung gegenüber Personen, die nicht bereits gesetzlich zur Verschwiegenheit über ihnen bekannt gewordene vertrauliche Informationen verpflichtet sind, oftmals der einzige Schutz vor einer Weitergabe oder einer anderweitigen Verwertung solcher Informationen. Dennoch sollte neben dem Abschluss eines NDA frühzeitig von anderweitigen Möglichkeiten zum Schutz der Geschäftsidee und Produkten Gebrauch gemacht werden (vgl. Abschnitt G). Zusätzlich sollten vertrauliche Informationen generell nur ausgewählten Adressaten zugänglich gemacht und der Kreis der Informationsempfänger möglichst klein gehalten werden. Für eine erste Kontaktaufnahme und Klärung, ob ein ernsthaftes Investitionsinteresse besteht, genügt in der Regel die Übersendung der Executive Summary des Businessplans. **541**

Angehörige bestimmter Berufsgruppen sind bereits gesetzlich zur Verschwiegenheit über ihnen im Rahmen ihrer beruflichen Tätigkeit bekannt werdende **542**

Tatsachen verpflichtet. Dies gilt insbesondere für Angehörige bestimmter beratender Berufe wie Rechtsanwälte, Wirtschaftsprüfer und Steuerberater im Hinblick auf von **ihren** Mandanten zur Verfügung gestellten Informationen. Der Wunsch des **eigenen** Mandanten nach Unterzeichnung einer gesonderten Vertraulichkeitsvereinbarung wird bei Angehörigen dieser Berufe oft auf Unverständnis oder Ablehnung stoßen.

543   **Anlage 2** enthält ein Beispiel einer Vertraulichkeitserklärung. Der Aufbau entsprechender Vereinbarungen ähnelt sich in der Regel mehr oder weniger. Eingangs wird zunächst klargestellt, wer wem aus welchem Grund und für welchen Zweck vertrauliche Informationen zur Verfügung stellt. Die Kernaussage der Vereinbarung besagt, dass eine Weitergabe der zur Verfügung gestellten vertraulichen Informationen oder eine Verwertung zu anderen als mit der Weitergabe verfolgten Zwecken, insbesondere eine wirtschaftliche Verwertung durch den Informationsempfänger oder Dritte, nicht zulässig ist. Im Zusammenhang mit dem Verbot einer Weitergabe der Informationen empfiehlt es sich, auch die interne Informationsweitergabe beim Informationsempfänger und die Weitergabe an externe Berater des Informationsempfängers zu regeln. Sinn einer solchen Regelung ist es, auch beim Informationsempfänger intern den Verteilerkreis möglichst gering zu halten. Zu beachten ist hierbei, dass seitens des potenziellen Investors unterschiedliche Personen und Gremien in die Entscheidung über ein Engagement eingebunden sind und auch externe Berater zur Beurteilung rechtlicher, steuerlicher und wirtschaftlicher Fragestellungen hinzugezogen werden. Die entsprechenden Regelungen sollten daher nicht zu eng sein, um die erforderlichen Arbeitsabläufe beim Investor nicht unnötig zu behindern.

544   Üblicherweise wird im NDA der Begriff der „vertraulichen Informationen" eigenständig definiert, wobei als vertrauliche Informationen alle Informationen gelten, die zur Verfügung gestellt werden, gleich in welcher Form, es sei denn, sie sind öffentlich zugänglich oder dem Empfänger bereits anderweitig bekannt.

545   Als weitere Regelung kann auch die Vereinbarung der Rechtsfolgen eines Verstoßes gegen die Vereinbarung sinnvoll sein. Da der durch eine unbefugte Weitergabe oder Verwertung vertraulicher Informationen entstehende Schaden oftmals nur schwer beziffert und nachgewiesen werden kann, kommt insoweit insbesondere die Vereinbarung einer pauschalen Vertragsstrafe bei Verstoß gegen das NDA in Betracht. Ob eine solche Regelung aufgenommen werden kann und soll, ist jeweils eine Frage des Einzelfalls.

546   Darüber hinaus finden sich oftmals Regelungen über eine Befristung der Vereinbarung. Nach Ablauf eines gewissen Zeitraumes sind viele der zur Verfügung gestellten Informationen allgemein zugänglich oder wirtschaftlich und technisch nicht mehr relevant. Hintergrund der zeitlichen Begrenzung der Vertraulichkeit ist die Tatsache, dass die in die Entscheidung über eine Investition eingebundenen Beteiligten mit einer Vielzahl entsprechender gleichartiger Ver-

einbarungen konfrontiert sind und die sich daraus ergebenden Rechtsfolgen aus Praktikabilitätsgründen zweckmäßig zeitlich beschränkt werden sollen. Für eine entsprechende Befristung kommt in der Regel ein Zeitraum von drei bis fünf Jahren in Betracht. Aber auch hier gilt, dass die Entscheidung über eine Befristung vom Einzelfall und der Art der vertraulichen Informationen abhängig ist.

Schließlich sollte im NDA klargestellt werden, dass die Weitergabe von Infor-   **547** mationen keine Verletzung der Vereinbarung darstellt, soweit sie im Rahmen der Erfüllung gesetzlicher Verpflichtungen oder behördlicher Anordnungen erfolgt. Soweit solche zwingenden Verpflichtungen zur Informationsweitergabe z. B. gegenüber Aufsichtsbehörden bestehen, lassen sich diese Verpflichtungen ohnehin nicht durch vertragliche Vereinbarungen der Beteiligten beschränken.

Als Abschluss enthalten Vertraulichkeitsvereinbarungen die üblichen allgemei-   **548** nen Vertragsklauseln wie Rechtswahl (sofern ein Auslandsbezug in Betracht kommt), Gerichtsstand und ggf. Schiedsklausel sowie salvatorische Klausel.

b) Letter of Intent

Bereits durch die Aufnahme von Vertragsverhandlungen zwischen Gründern   **549** und potenziellen VC-Investoren wird gesetzlich ein Schuldverhältnis begründet, das jeden potenziellen Vertragspartner zur Rücksicht auf die Rechte, Rechtsgüter und Interessen des anderen verpflichten kann. Gleiches gilt im Rahmen der Anbahnung eines Vertrages, bei der dem potenziellen zukünftigen Vertragspartner Möglichkeiten zur Einwirkung auf Rechte, Rechtsgüter und Interessen gewährt werden, oder bei ähnlichen geschäftlichen Kontakten. Solche Rücksichtnahmepflichten setzen daher nicht notwendig eine unterschriebene Vereinbarung voraus. Da es sich bei einer Unternehmensfinanzierung um eine im Regelfall finanziell bedeutsame und für alle Beteiligten zeit- und kostenintensive Angelegenheit handelt, ist es jedoch üblich, bereits im frühen Vorfeld die gegenseitigen Absichten, Rechte und Pflichten sowie die gemeinsam angestrebte weitere Vorgehensweise schriftlich zu dokumentieren. Entsprechende Vereinbarungen werden regelmäßig als Absichtserklärung oder Letter of Intent (LoI) betitelt. Daneben finden sich auch andere Bezeichnungen und Formen von Vereinbarungen oder Erklärungen im Vertragsvorfeld:

- Das „Memorandum of Understanding (MoU)", einen Vermerk über ein gemeinsames Verständnis der Beteiligten über bestimmte Sachverhalte,
- „Heads of Agreements", die bereits bindend einzelne Vertragspunkte regeln, ohne dass der Vertragsinhalt oder Vertragsabschluss im Übrigen bereits feststünde,
- Vorverträge, die bereits zum Abschluss eines späteren endgültigen Vertrages bindend verpflichten,
- Bestätigungsschreiben („Confirmation Letters"), in der eine Vertragspartei der anderen ihre eigenen Absichten oder auch getroffene Vereinbarungen bestätigt, oder

– Protokolle („Minutes"), die von einer oder beiden Parteien niedergelegten Aufzeichnungen über geführte Gespräche oder Verhandlungen.[25]

550 Die vorgenannten unterschiedlichen Bezeichnungen bedeuten nicht unbedingt, dass es sich um unterschiedliche, klar voneinander zu unterscheidende Arten von Erklärungen oder Vereinbarungen handelt. Die Bezeichnung eines solchen Schriftstücks hängt vielmehr stark von der Person oder Partei ab, die es verfasst hat, und von deren Gewohnheiten. In der Praxis enthalten die unterschiedlich bezeichneten Vereinbarungen nicht selten übereinstimmende oder sich überschneidende Regelungsinhalte.[26] Wichtig ist nicht, wie das entsprechende Dokument in der Überschrift genannt wird, sondern was darin vereinbart wird. Auch ein LoI enthält keinesfalls notwendig nur unverbindliche Absichten der Beteiligten, sondern teilweise – mehr oder weniger bewusst – bereits bindende Regelungen.

551 Ein LoI oder eine vergleichbare Vereinbarung kann unterschiedlichen Zwecken dienen, weshalb sich solche Vereinbarungen hinsichtlich ihrer Form und ihres Inhaltes oft ganz wesentlich unterscheiden. Die wesentlichen **Funktionen eines LoI** liegen im Schutz der Verhandlungssituationen und der Parteien, der Vorabfestlegung wesentlicher Vertragseckpunkte, der Abschichtung von Verhandlungsmasse und Verfahrensfestlegungen. Ein LoI dient aber teilweise auch einseitig parteiinternen Zwecken, beispielsweise der Dokumentation der Vorgehensweise oder der Vorbereitung von Gremienzustimmungen. Aus der jeweiligen Funktion und dem Zweck ergibt sich der typische Inhalt eines LoI.

552 Zunächst wird ein LoI Erklärungen der Beteiligten über die Absicht und das Ziel der geführten Gespräche enthalten, also im hier zu behandelnden Fall über die beabsichtigte Beteiligung des VC-Investors am bereits gegründeten oder zu gründenden Unternehmen. Die vorgesehenen Eckpunkte der möglichen Beteiligung können dabei im LoI mehr oder weniger konkret ausgeführt sein, enthalten aber meist zumindest Angaben über die Beteiligungsform und Finanzierungsstruktur,[27] die vorgesehene Beteiligungshöhe und die Höhe des vom Investor zur Verfügung zu stellenden Kapitals. Dabei wird ein LoI hinsichtlich dieser Punkte in der Regel Vorbehalte des VC-Investors enthalten, z. B. aus seiner Sicht zufrieden stellende Ergebnisse der noch durchzuführenden Due Diligence oder etwaige investoreninterne Gremienvorbehalte. Nicht unüblich ist auch ein allgemeiner Vorbehalt der „Einigung über den abschließenden Vertragsinhalt".

553 Ein weiterer wesentlicher Punkt des LoI liegt meist in Verfahrensregelungen hinsichtlich der weiteren Vorgehensweise. Insoweit können bereits der Umfang und das Verfahren der durchzuführenden Due Diligence festgelegt sein und der LoI damit verbundene Verpflichtungen der Gründer zur Bereitstellung von Informationen und Unterlagen beinhalten, aber auch beispielsweise einen konkre-

---

25 Vgl. diese sowie weitere Beispiele u. a. bei Jahn, Der Letter of Intent, S. 16 ff.

26 Vgl. Jahn, Der Letter of Intent, S. 22, der im Rahmen des Versuchs einer Definition der unterschiedlichen Instrumente beispielsweise zum Ergebnis kommt, dass die Verwendung der Begriffe „Letter of Intent" und „Memorandum of Understanding" in der Praxis nicht nur uneinheitlich ist, sondern als „wahllos" bezeichnet werden kann.

27 Zu den typischen Beteiligungsformen von VC-Investoren s. nachfolgend Abschnitt 7.

ten Zeitplan. Regelungsgegenstand von Verfahrensfragen wäre beispielsweise auch die Vorgehensweise bei der weiteren Vertragsausarbeitung.[28] Aus solchen Bestandteilen können sich eigenständige Verpflichtungen zur Durch- und Weiterführung von Verhandlungen oder zur Herausgabe von Informationen ergeben. Hinsichtlich derartiger Regelungen können daher ggf. Bedingungen für die Weiterführung der Gespräche oder eine Befristung sinnvoll sein.

Soweit nicht bereits in einem separaten NDA vorab vereinbart, wird der LoI   **554**
auch eine Vertraulichkeitsregelung enthalten. Ebenfalls sinnvoll ist eine Bestimmung, ob die Gründer zunächst exklusiv mit einem VC verhandeln oder sich Parallelverhandlungen mit anderen potenziellen Investoren ausdrücklich vorbehalten. Eine solche Exklusivitätsvereinbarung kann dann sinnvoll sein, wenn die Gespräche über die erste Phase hinausgehend bereits äußerst konkret sind und der potenzielle Investor erheblichen weiteren Aufwand in spezielle Prüfungen (z. B. patentrechtlicher Art) investieren müsste, dabei aber sicherstellen möchte, dass sich die Gründer nicht plötzlich kurzfristig für einen anderen Investor entscheiden. Im Fall einer solchen Exklusivitätsklausel sollte allerdings auch deren Befristung vorgesehen werden. Umgekehrt ist bei Führung paralleler Gespräche mit mehreren potenziellen Investoren aus Sicht der Gründer ein frühzeitiger ausdrücklicher entsprechender Vorbehalt der Nicht-Exklusivität sinnvoll. So kann späteren Vorwürfen eines möglichen Investors vorgebeugt werden, der u. U. erhebliche Kosten im Vorfeld des erwarteten Vertragsabschlusses investiert, bis sich die Gründer aus seiner Sicht möglicherweise überraschend und unerwartet für einen anderen Investor entscheiden.

Wichtig ist darüber hinaus eine eindeutige Klarstellung, welche Bestandteile   **555**
des LoI **Bindungswirkung** entfalten sollen und welche nicht. Denn einerseits ist eine Verbindlichkeit der gesamten Regelungsbestandteile eines LoI nicht gewollt, andererseits aber ebenso wenig eine vollständige Unverbindlichkeit. Enthält der LoI beispielsweise eine Vertraulichkeitsvereinbarung, soll diese natürlich Bindungswirkung für beide Parteien entfalten. Ebenfalls als bindend gewollt wäre eine etwaige (befristete) Exklusivitätsklausel, falls sich die Gründer verpflichten, zeitweise nicht mit anderen Investoren zu verhandeln. Gleiches gilt für Rechtswahl- und Gerichtsstandsklauseln, etwaige Schiedsvereinbarungen etc. Eine Bindung hinsichtlich der eigentlichen Beteiligung des Investors dagegen werden sowohl der Investor als auch die Gründer erst nach einer endgültigen Einigung über die abschließenden Beteiligungsbedingungen eingehen wollen. Diesbezüglich wird der LoI den gesonderten Ausschluss einer Bindungswirkung (non-binding-clause) vorsehen.

Im Zusammenhang mit der Frage der Bindungswirkung ist auch auf die Risiken   **556**
eines LoI oder einer ähnlichen Vereinbarung für die Beteiligten hinzuweisen. Unbedachte Formulierungen können zum einen bereits dazu führen, dass sich die Parteien ungewollt vertraglich binden und sich bei späterem Scheitern der

---

28 Erstellung des Vertragsentwurfes, Verhandlungszeitplan, vorgesehener Zeitpunkt des Vertragsabschlusses sowie ggf. bereits verhandelte Einzelpunkte der vorgesehenen Verträge.

endgültigen Einigung Erfüllungs- oder Haftungsansprüchen aussetzen. Vorsicht ist insbesondere dann geboten, wenn Auslandsbeziehungen eine Rolle spielen oder gar die Geltung ausländischen Rechts vereinbart wird. In diesen Fällen können selbst Juristen auf Grund einer fehlerhaften Einschätzung der entsprechenden ausländischen Rechtsordnung unangenehme Überraschungen erleben. Aber auch bei Anwendung deutschen Rechts sollte bei der Formulierung eines LoI trotz der Bezeichnung als lediglich „Absichtserklärung" sorgfältig vorgegangen und rechtlicher Rat eingeholt werden, denn wichtig ist nicht die Bezeichnung der Vereinbarung, sondern der Inhalt im Einzelnen.

557 Je nach Einzelfall bieten jedoch selbst non-binding-clauses keinen Schutz vor der Geltendmachung von Ansprüchen durch die andere Partei, wenn nämlich nach Unterzeichnung des LoI durch das Verhalten oder den Inhalt der Verhandlungen weitergehende Vertrauenstatbestände geschaffen, diese aber später enttäuscht werden.

558 Ein gewisser Schutz vor Ansprüchen besteht in der Regel bei Abschluss eines schriftlichen oder mündlichen LoI bei weitergehender Formbedürftigkeit des vorgesehenen Beteiligungsvertrages. Sollen beispielsweise im Rahmen der Beteiligung des Investors GmbH-Geschäftsanteile abgetreten werden, bedarf eine solche Verpflichtung zur Übertragung der notariellen Beurkundung. Dann aber wird ein nicht beurkundeter LoI keine Verpflichtung zur Übertragung der Anteile begründen können. Die Rechtsprechung ist bislang auch äußerst zurückhaltend, in solchen Fällen Ansprüche wegen eines Vertrauensschadens zu bejahen, da durch die ansonsten drohenden Risiken einer Haftung mittelbar durch die wirtschaftliche Bindungswirkung einer formlosen Vereinbarung der eigentliche gesetzliche Formzwang umgangen werden könnte. Ein willkürlicher und grundloser Abbruch von Verhandlungen kann allerdings auch in solchen Fällen im Einzelfall zu Ersatzansprüchen des anderen Vertragsteils führen.

559 Schließlich enthält ein LoI im Regelfall noch abschließende Klauseln wie Gerichtsstand, Schiedsvereinbarung, anwendbares Recht und salvatorische Klausel. Im Rahmen dieser allgemeinen Regelungen sollte eine sinnvolle Kostentragungsvereinbarung nicht fehlen, und zwar sowohl für einen erfolgreichen Verhandlungsabschluss als auch für den Fall eines späteren Scheiterns der Verhandlungen. Denn die im Rahmen der Prüfung des Investments sowie des späteren Vertragsabschlusses und der Vertragsdurchführung anfallenden Kosten können beträchtlich sein.

7. Exkurs: Typische Beteiligungsformen von Venture Capital Investoren und deren steuerliche Folgen

a) Überblick

560 Die gängigen Beteiligungs- und Finanzierungsvarianten für VC und PE[29] Gesellschaften (unabhängig von deren eigenen Rechtsform) beinhalten dabei u. a.

---

29 Abkürzung für Private Equity.

- die Gewährung von festverzinslichen und von partiarischen Darlehen,
- das Eingehen von typischen und atypischen stillen Gesellschaften,
- die Übernahme von Genussrechten,
- die offene Beteiligung an Kapitalgesellschaften am Grund- oder Stammkapital,
- die Übernahme von Anteilen an Personengesellschaften (Mitunternehmeranteile) sowie
- die Einlageleistung als stiller Gesellschafter mit Wandlungsrecht in eine offene Beteiligung.

Die Gestaltungsmöglichkeiten stellen sich optisch wie folgt dar: **561**

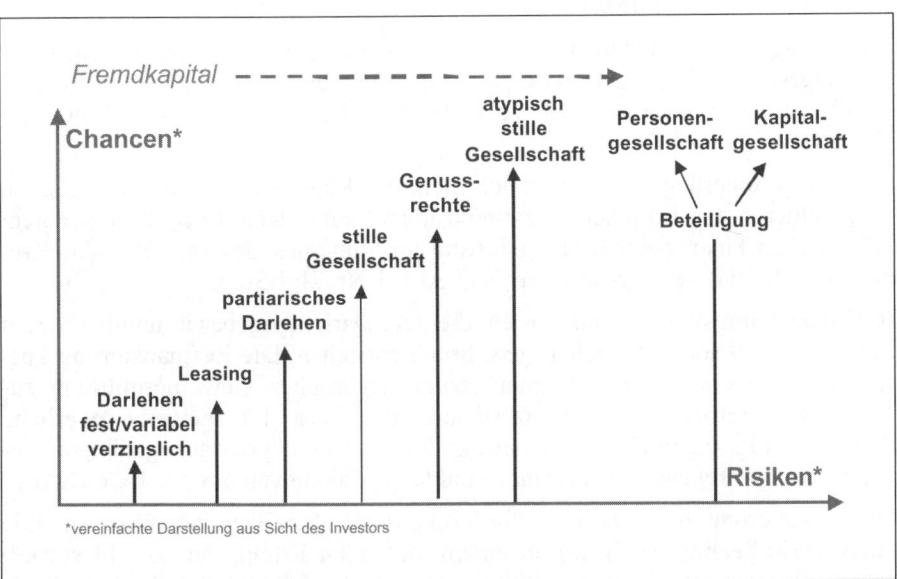

Abbildung 9: Beteiligungs- und Finanzierungsmodelle

Die einzelnen Formen werden dabei regelmäßig auch kombiniert. **562**

Um die Überlegungen von VC Investoren besser nachvollziehen und bewerten **563** zu können ist es (auch) erforderlich, die steuerlichen Auswirkungen der einzelnen Handlungsmöglichkeiten auf Ebene der beiden Mitspieler (Investor und Beteiligungsgesellschaft) zu kennen.

Hierzu stellen wir nachfolgend die Auswirkungen verschiedener Finanzierungs- **564** und Beteiligungsformen anhand ihrer wesentlichen Merkmale dar.[30] Grundsätzlich ist für jede der Beteiligungsformen die Möglichkeit des fortlaufenden Gewinn- und Verlustausgleichs zwischen Investor und Beteiligungsunternehmen

---

30 Eine weitergehende Darstellung auch von Sonderfragen oder von Mischformen würde den Rahmen des Gebotenen zur Vermittlung eines Überblicks erheblich sprengen.

ein wesentliches Kriterium, das bei der Entscheidung für oder gegen eine Beteiligungsvariante zu berücksichtigen ist.

b) Festverzinsliche Darlehen

565 Festverzinsliche Darlehen stellen ein klassisches Instrument zur Beteiligungsfinanzierung – auch im Mezzanine Bereich – dar. Die zivilrechtlichen Grundlagen sind in den §§ 488 ff. BGB verankert.[31] Bei einer ausschließlich festverzinslichen Ausgestaltung von Darlehen ergibt sich für das Beteiligungsunternehmen auch in Verlustjahren eine Belastung mit Zinsen.

(1) Behandlung beim Investor (AG/GmbH)

566 **Zinserträge** aus Darlehen führen bei einem Investor in der Rechtsform einer Kapitalgesellschaft zu gewerblichen Einkünften und unterliegen der Körperschaft- und der Gewerbesteuer. (§ 8 Abs. 2 KStG, § 20 Abs. 1 Nr. 7 EStG, § 7 GewStG).

567 Zinserträge unterliegen grundsätzlich nicht der Kapitalertragsteuer, es sei denn sie resultieren aus Darlehen, die einem inländischen Kreditinstitut oder einem inländischen Finanzdienstleistungsinstitut im Sinne des Gesetzes über das Kreditwesen (KWG) gewährt werden (§ 43 Abs. 1 Nr. 7 b EStG).

568 **Refinanzierungskosten** sind Kosten, die dem Darlehensgeber in unmittelbarem Zusammen mit seiner Darlehensgewährung entstehen. Die Refinanzierungskosten des Investors sind im Rahmen seiner steuerlichen Gewinnermittlung zunächst als Betriebsausgaben vollständig abziehbar. Für gewerbesteuerliche Zwecke erfolgt regelmäßig eine hälftige Hinzurechnung der abzugsfähigen Refinanzierungsaufwendungen (Dauerschulden im Sinne von § 8 Nr. 1 GewStG).

569 Die Veräußerung einer Darlehensforderung durch den Gläubiger führt im Falle eines **Veräußerungsgewinnes** zu einem laufenden Ertrag, der sowohl körperschaft- als auch gewerbesteuerpflichtig ist (§ 8 Abs. 2 KStG, § 7 GewStG).

(2) Behandlung beim Beteiligungsunternehmen (AG, GmbH)

570 Bei Beteiligungsunternehmen in der Rechtsform einer Kapitalgesellschaft sind die Zinsaufwendungen zunächst als Betriebsausgaben abzugsfähig. Für Zwecke der Gewerbesteuer erfolgt regelmäßig eine hälftige Hinzurechnung der Zinsaufwendungen (Dauerschulden gemäß § 8 Nr. 1 GewStG).

571 Ausnahmen hiervon stellen kurzfristige Verbindlichkeiten (Kreditlaufzeit regelmäßig unter 12 Monaten) oder Verbindlichkeiten, die zum laufenden Geschäftsverkehr gehören, dar (z.B. Lieferantenverbindlichkeiten oder unter bestimmten Voraussetzungen bestimmte Projektverbindlichkeiten, vgl. Abschnitt 45 Abs. 6 Gewerbesteuerrichtlinie).

---

31 Die bisherigen Regelungen der §§ 607–610 BGB gelten nunmehr nur noch für Sachdarlehen.

Kast

c) Partiarische Darlehen

Partiarische Darlehen sind dadurch gekennzeichnet, dass für die Zurverfügung-   **572**
stellung von Kapital als Gegenleistung vom Schuldner eine Gewinn- oder Um-
satzbeteiligung zugesagt wird.

Im Einzelfall kann die Abgrenzung zwischen partiarischem Darlehen und ty-   **573**
pisch stiller Beteiligung Schwierigkeiten bereiten:

In der Rechtsprechung wird der Unterschied zwischen partiarischem Darlehen   **574**
und stiller Beteiligung in erster Linie im Vertragszweck bzw. in den unterschiedlichen von den Parteien verfolgten wirtschaftlichen Zwecken gesehen.
Auch insolvenzrechtlich ergeben sich ggf. abweichende Konsequenzen. Für
eine stille Gesellschaft spricht, wenn die Parteien einen gemeinsamen Zweck
verfolgen (§ 705 BGB). Letzteres ist zu unterstellen, wenn die Parteien bzgl.
der zu erbringenden Leistung eine **Verlustbeteiligung** vereinbart haben. Weiteres Merkmal für eine typische stille Beteiligung ist zudem die Einräumung von
Informations- und Kontrollrechten im Sinne des § 230 HGB.

(1) Behandlung beim Investor (AG/GmbH)

Einnahmen aus partiarischen Darlehen führen bei Kapitalgesellschaften zu Ein-   **575**
künften aus Gewerbebetrieb, die der Körperschaft- und Gewerbesteuer unterliegen.

Auch ein Gewinn aus der Veräußerung eines partiarischen Darlehens unterliegt   **576**
nach den allgemeinen Regelungen der Körperschaft- und Gewerbesteuer.

(2) Behandlung beim Beteiligungsunternehmen (AG/GmbH)

Aus Sicht des Schuldners ist das partiarische Darlehen Fremdkapital. Die Ver-   **577**
gütungen hierfür sind Betriebsausgaben. Die steuerliche Behandlung dieser
Zahlungen entspricht der von Zinszahlungen auf festverzinsliche Darlehen.
(Abzugsfähigkeit der Zinsaufwendungen für Zwecke der Körperschaftsteuer,
hälftige Hinzurechnung der Zinsaufwendungen für Zwecke der Gewerbesteuer
als Dauerschulden gemäß § 8 Nr. 1 GewStG).

Zinsen[32] aus partiarischen Darlehen unterliegen dem **Kapitalertragsteuerab-**   **578**
zug (§ 43 Abs. 1 Nr. 3 EStG). Das Beteiligungsunternehmen hat die Kapitalertragsteuer bei Auszahlung vom Auszahlungsbetrag einzubehalten und an das
für ihn zuständige Finanzamt abzuführen. Die Kapitalertragsteuer beträgt nach
derzeitigem Recht 25% des Kapitalertrags, wenn der Gläubiger (Zahlungsempfänger) die Kapitalertragsteuer trägt (§ 43 a Abs. 1 Nr. 2 EStG). Zusätzlich werden 5,5% Solidaritätszuschlag auf die abzuführende Kapitalertragsteuer erhoben.

Der Empfänger kann die Abzugsbeträge im Rahmen seiner steuerlichen Veran-   **579**
lagung auf seine Steuerschuld anrechnen lassen.

---

32 Anteil fester Zinsen, aber auch gewinn- oder umsatzabhängiger Anteil.

d) Typisch stille Gesellschaft

580 Die stille Gesellschaft ist durch eine Vermögenseinlage eines anderen (Investors) in das Vermögen des Inhabers eines Handelsgeschäfts gekennzeichnet (vgl. §§ 230 ff. HGB). Unverzichtbares Merkmal des stillen Gesellschafters ist neben einer Beteiligung am Gewinn des Handelsgewerbes die in § 233 HGB vorgesehenen Kontrollrechte. Die stille Beteiligung kann, muss aber nicht, auch eine Verlustbeteiligung vorsehen. Im Übrigen ist die weitere Ausgestaltung der stillen Gesellschaft vom Gesetzgeber nicht vorgegeben. Regelmäßig liegt eine sog. Innengesellschaft vor, bei der der stille Gesellschafter nach außen nicht in Erscheinung tritt.

581 Steuerrechtlich ist zu unterscheiden zwischen der „typischen" und der „atypischen" stillen Gesellschaft.[33]

(1) Behandlung beim Investor (AG, GmbH)

582 Die Einnahmen aus einer typisch stillen Beteiligung unterliegen der Körperschaft- und der Gewerbesteuer (§ 20 Abs. 1 Nr. 4 EStG, § 8 KStG, § 7 GewStG).

583 Zudem unterliegen die Erträge aus einer typischen stillen Beteiligung einer 25%igen **Kapitalertragsteuer** auf den Auszahlungsbetrag, soweit der Gläubiger (Investor) die Kapitalertragsteuer trägt (§ 43a Abs. 1 Nr. 2 EStG). Weiterhin fällt 5,5% Solidaritätszuschlag auf den Kapitalertragsteuerbetrag an. Der Gläubiger kann die Kapitalertragsteuer zzgl. Solidaritätszuschlag im Rahmen seines Veranlagungsverfahrens auf seine Steuerschuld anrechnen lassen.

584 Die Rückzahlung der Einlage zum Einstandswert ist regelmäßig ein steuerneutraler Vorgang, weil insoweit lediglich eine steuerlich unbeachtete Vermögensumschichtung vorliegt (Ausnahme: vorherige Abschreibungen bzw. Wertberichtigung der Einlage durch den Investor). Soweit die Rückzahlung den Nennwert der Einlage übersteigt, unterliegt dieser Veräußerungsgewinn beim Investor der Körperschaft- und Gewerbesteuer.

(2) Behandlung beim Beteiligungsunternehmen (AG/GmbH)

585 Das Beteiligungsunternehmen kann den Aufwand für die Gewinnbeteiligung des stillen Gesellschafters grundsätzlich als Betriebsausgaben ansehen. Auch für Zwecke der Gewerbesteuer erfolgt im Regelfall keine hälftige Hinzurechnung des Beteiligungsentgelts (keine Dauerschulden).

586 Eine vollständige Hinzurechnung der Gewinnanteile des stillen Gesellschafters für Zwecke der Gewerbesteuer erfolgt jedoch dann, wenn dieser Gewinnanteil beim Empfänger selbst nicht zur Steuer nach dem Gewerbeertrag heranzuziehen ist (§ 8 Nr. 3 GewStG, z.B. gegenüber ausländischen Unternehmen oder bei Investoren in der Rechtsform einer GmbH & Co. KG, die einen vermögens-

---

33 Vgl. hierzu die nachfolgende Abgrenzung.

verwaltenden Status für sich in Anspruch nehmen). Bei Investoren in der Rechtsform einer in Deutschland ansässigen Kapitalgesellschaft kommt diese Hinzurechnungsvorschrift auf Ebene des Beteiligungsunternehmens hingegen nicht zur Anwendung.

e) Abgrenzung zwischen typischer und atypischer stiller Gesellschaft

Während gesellschaftsrechtlich jede Abweichung von den Regelungen der §§ 230 ff. HGB als atypisch stille Gesellschaft einzustufen ist, hat sich im Steuerrecht ein eigenständiges Begriffspaar der typischen und atypischen stillen Gesellschaft gebildet.   **587**

Gewinnanteile aus einer stillen Beteiligung an einem Handelsgewerbe im Sinne der §§ 230 ff. HGB (typische stille Gesellschaft) stellen Einkünfte aus Kapitalvermögen dar, es sei denn, dass der stille Gesellschafter als **Mitunternehmer** anzusehen ist (§ 20 Abs. 1 Nr. 4 EStG). In diesem Fall handelt es sich steuerrechtlich um einen atypischen stillen Gesellschafter.   **588**

Bei der Prüfung, ob eine stille Gesellschaft als Mitunternehmerschaft (atypisch stille Gesellschaft) zu behandeln ist, sind neben den allgemeinen Grundsätzen (vgl. H138 Abs. 1 EStR 1999) weitere Merkmale zu beachten. Dabei ist nach ständiger Rechtsprechung des BFH[34] die Unterscheidung zwischen atypischer und typischer stiller Gesellschaft aufgrund einer **Gesamtbetrachtung** unter Berücksichtigung aller Umstände des Einzelfalles zu entscheiden. Die Finanzverwaltung hat die von der BFH-Rechtsprechung aufgestellten Kriterien weitestgehend akzeptiert.[35] Hieraus resultieren im Wesentlichen folgende Abgrenzungskriterien: **589**

(1) Formale Kriterien und Gesamtbetrachtung

Für die Annahme einer atypischen stillen Gesellschaft reicht es nicht aus, dass sie im Vertragswerk lediglich als solche bezeichnet wird. Maßgebend ist vielmehr, welche Regelungen der Gesellschaftsvertrag enthält und welche rechtlichen und wirtschaftlichen Wirkungen diese Regelungen im jeweiligen Einzelfall haben.[36] Bei der gebotenen Gesamtbetrachtung ist die Mitunternehmerstellung eines Beteiligten nicht nur anhand des Vertrages über die stille Gesellschaft zu beurteilen. Vielmehr sind auch darüber hinaus gehende Beziehungen zwischen dem Steuerpflichtigen und der Gesellschaft, wie z.B. ein Geschäftsführungsvertrag, Pacht- und Darlehensverträge oder eine direkte bzw. indirekte Beteiligung am Inhaber des Handelsgewerbes (z.B. einer GmbH oder GmbH & Co. KG) selbst von Bedeutung.[37]   **590**

---

34 BFH-Urteil vom 18.02.1993, BHF/NV 1993, 647; BFH-Urteil vom 20.11.1990, DStR 1991, S. 309.
35 Vgl. z.B. Verfügung der OFD Frankfurt am Main vom 14.03.2001, DStR 2001, S. 1159.
36 BHF-Urteil vom 18.02.1993, BHF/NV 1993, 647.
37 Vgl. BFH-Urteil vom 20.11.1990, DStR 1991, S. 309.

(2) Mitunternehmerschaft

591 Erforderliches Wesensmerkmal für die Annahme einer atypisch stillen Gesellschaft ist die Mitunternehmereigenschaft des stillen Gesellschafters. Diese erfordert, dass der Gesellschafter **Mitunternehmerrisiko** trägt und **Mitunternehmerinitiative** entfalten kann. Grundsätzlich müssen zwar beide Merkmale vorliegen, sie können aber mehr oder weniger ausgeprägt sein. Eine schwach ausgeprägte Mitunternehmerinitiative reicht für die Annahme einer Mitunternehmerstellung aus, wenn das Mitunternehmerrisiko besonders stark ausgeprägt ist und umgekehrt.[38]

592 Mitunternehmerrisiko bedeutet gesellschaftsrechtliche oder wirtschaftlich vergleichbare Teilhabe am Erfolg oder Misserfolg eines Unternehmens. Dieses Risiko wird regelmäßig durch Beteiligungen am Gewinn und Verlust **sowie an den stillen Reserven** des Anlagevermögens einschließlich eines Geschäftswerts vermittelt. Eine Beteiligung an den stillen Reserven kann allerdings dann keine Mitunternehmerschaft begründen, wenn sie keine wirtschaftliche Bedeutung hat, weil von vornherein eine lediglich theoretische, kaum realitätsbezogene Möglichkeit besteht, dass sich stille Reserven bilden und der stille Gesellschafter bei Auflösung der Gesellschaft einen Anteil daran erlangt.[39]

593 Können stille Gesellschafter wie Darlehensgeber über die ihnen zustehenden Gewinnanteile ohne Rücksicht auf den Stand ihrer Beteiligung verfügen, ist also insbesondere die nach § 232 Abs. 2 HGB, § 167 Abs. 3 HGB für den Kommanditisten vorgesehene Verpflichtung zur Auffüllung der durch Verlust geminderten Kapitalkonten abbedungen, so bleibt ihr unternehmerisches Risiko sogar hinter dem eines typischen stillen Gesellschafters zurück.[40] Ist ein stiller Gesellschafter am Gewinn und Verlust sowie an den stillen Reserven und am Geschäftswert beteiligt, so ist er bereits dann Mitunternehmer, wenn er annähernd die Einsichts- und Kontrollrechte im Sinne des § 233 HGB hat.

594 Ist das Mitunternehmerrisiko dagegen weniger stark ausgeprägt, kann dies durch eine verstärkte Mitunternehmerinitiative ausgeglichen werden. Nach der Rechtsprechung des BFH ist die Beteiligung am Verlust, an den stillen Reserven und am Geschäftswert für die Annahme einer Mitunternehmerschaft dann entbehrlich, wenn die Möglichkeit zur Entfaltung der Mitunternehmerinitiative besonders stark ausgeprägt ist.[41]

595 Die nach den vorstehenden Grundsätzen gebotene Gesamtbeurteilung darf allerdings nicht so weit führen, dass die auch für das Steuerrecht maßgebende zivilrechtliche Eigenständigkeit einer Kapitalgesellschaft aufgehoben wird. Es ist da-

---

38 Ständige Rechtsprechung, vgl. BFH-Urteil vom 11.12.1990, DStR 1991, S. 457.
39 BFH-Urteil vom 18.02.1993, BFH/NV 1993, S. 647.
40 BFH-Urteil vom 09.06.1982.
41 Vgl. BHF-Urteil vom 20.11.1990, BStBl. II 1991, S. 345 und 11.12.1990, BStBl. II 1991, S. 510 ff. für die stille Beteiligung an einer GmbH & Co. KG durch den Gesellschaftergeschäftsführer der Komplementär GmbH, der als solcher auch die Geschäfte der KG führt; BFH-Urteil vom 15.12.1992, BStBl. II 1994, 702 und BFH-Urteil vom 15.10.1998, BStBl. II 1999, 286 für die stille Beteiligung an einer GmbH durch deren beherrschenden Gesellschafter und alleinigen Geschäftsführer.

Kast

her auch für den beherrschenden Gesellschafter einer Kapitalgesellschaft grundsätzlich möglich, mit dieser eine typische stille Gesellschaft zu begründen.[42]

Zusammengefasst ist festzuhalten, dass aufgrund der vorgenannten – wenn auch vielfältigen – Abgrenzungsmerkmale der zwischenzeitlich recht gefestigten Rechtsprechung, bei sorgfältiger Planung und Ausgestaltung von Beteiligungsverträgen mit relativ großer Planungssicherheit die Entscheidung für oder gegen eine typische oder atypische stille Gesellschaft vollzogen werden kann. **596**

f) Atypisch stille Gesellschaft

Eine atypisch stille Gesellschaft liegt vor, wenn die Beteiligung des stillen Gesellschafters über eine gewöhnliche Beteiligung am Gewinn und Verlust hinausgeht und er aufgrund vorhandener Mitunternehmerinitiative und einem von ihm zu tragenden Mitunternehmerrisiko insgesamt als sog. Mitunternehmer einzuordnen ist. **597**

(1) Behandlung beim Investor

Eine atypisch stiller Gesellschafter ist regelmäßig Mitunternehmer im steuerlichen Sinne und bezieht gewerbliche Einkünfte im Sinne von § 15 Abs. 1 Nr. 2 EStG. **598**

Die Gewinnanteile des Mitunternehmers sowie sonstige Vergütungen gemäß § 15 Abs. 1 Nr. 2 EStG gehören zu dessen Einkünften aus Gewerbebetrieb. Sie werden aber mangels subjektiver Gewerbesteuerpflicht des atypisch stillen Gesellschafters nicht bei ihm, sondern bereits beim Inhaber des Handelsgeschäfts (Beteiligungsunternehmen) erfasst.[43] Bei diesem Gesellschaftsverhältnis erfolgt zunächst eine einheitliche und gesonderte Feststellung des Gewinns des Gewerbebetriebs der Mitunternehmerschaft (§ 180 Abs. 1 AO). Der Gewerbeertrag unterliegt auf Ebene des Inhabers, an dessen Gewerbe sich der atypisch stille Gesellschafter beteiligt, der Gewerbesteuer, bevor er auf die einzelnen Mitunternehmer verteilt wird. **599**

Hält der atypisch stille Gesellschafter seine Beteiligung im Betriebsvermögen, werden die zugewiesenen Gewinnanteile auf der Ebene des stillen Gesellschafters gewerbesteuerlich eliminiert, um eine Doppelbesteuerung zu vermeiden (§ 9 Nr. 2 GewStG). **600**

Zu den gewerblichen Einkünften des atypisch stillen Gesellschafters gehören weiterhin Gewinne, die er bei der Veräußerung seines Anteils erzielt. Als Veräußerung gilt auch die Aufgabe der Beteiligung. Ein **Veräußerungsgewinn** unterlag bis 2001 nur der Körperschaftsteuer, nicht aber der Gewerbesteuer.[44] Seit 01.01.2002 unterliegt der Veräußerungsgewinn allerdings auch der Gewerbesteuer (§ 7 S. 2 Nr. 2 GewStG). **601**

---

42 BFH-Urteil vom 21.06.1983, BStBl. II 1983, 563.
43 BFH BStBl. II 1986, S. 311 ff.
44 Vgl. Abschnitt 40 Abs 2 GewStRL 2001.

(2) Behandlung beim Beteiligungsunternehmen

602 Die an den atypisch stillen Gesellschafter (Mitunternehmer) zu leistenden Gewinnanteile werden im Rahmen der einheitlichen und gesonderten Gewinnfeststellung erfasst. Für das Beteiligungsunternehmen selbst stellen sie **keine Betriebsausgaben** dar (Gewinnaufteilung).

603 Zudem sind die Besonderheiten bei der Gewinnermittlung von Personengesellschaften (z.B. die Einbeziehung von Erträgen und Aufwendungen aus Sonderbetriebsvermögen sowie Ergänzungsbilanzen der einzelnen Gesellschafter gemäß § 15 Abs. 1 Nr. 2 EStG) im Rahmen der Gewinnermittlung des Beteiligungsunternehmens zu berücksichtigen. Diese Besonderheiten haben insbesondere Einfluss auf die Belastung des Beteiligungsunternehmens mit Gewerbesteuer. Weiterhin sind die gesetzlichen Vorschriften für Personengesellschafter und ihre Gesellschafter (z.B. § 15a EStG) zu beachten.

g) Genussrechte (GR)

604 Genussrechte sind gesellschaftsrechtlich nicht definiert, aber in § 221 Abs. 3 AktG erwähnt. Das Genussrecht lässt sich allgemein als ein schuldrechtlicher Vertrag zwischen Emittenten (= Beteiligungsunternehmen) und dem ersten Erwerber charakterisieren, in dem sich der Genussrechtserwerber verpflichtet, dem Emittenten Kapital zu überlassen, das bei Kündigung oder Laufzeitende wieder zurückgezahlt wird.

605 Für die Kapitalüberlassung erhält der Genussrechtsinhaber vom Emittenten regelmäßig Vergütungen, die sowohl erfolgsabhängig (z.B. Beteiligung am Gewinn und/oder Liquidationserlös) wie erfolgsunabhängig (z.B. feste Verzinsung etc.) ausgestaltet sein können. Des Weiteren können im Genussrechtsvertrag Verlustbeteiligungen, Rückzahlungen aus Liquidationserlös/oder -überschuss oder auch Benutzungsrechte vereinbart werden.

606 Genussrechte vermitteln jedoch keine gesellschaftlichen Mitverwaltungsrechte.

607 Genussrechte ermöglichen mangels gesetzlicher Regelungen flexible Gestaltungen, die auch einen Zugang zum Kapitalmarkt eröffnen, wobei aus Sicht des Unternehmers gewährleistet ist, dass die Genussrechtsinhaber keinen unternehmerischen Einfluss haben.

(1) Behandlung beim Investor

608 Genussrechte können beim Emittenten steuerlich wie **Fremdkapital** oder **Eigenkapital** behandelt werden. Dies hängt davon ab, ob diese im Sinne von § 8 Abs. 3 Satz 2 KStG eine Beteiligung am Gewinn **und** am Liquidationserlös vorsehen. Ist dies der Fall, werden Genussrechte steuerlich wie Eigenkapital behandelt. Ist nur eine der beiden Voraussetzungen erfüllt wird das Genussrechtskapital steuerlich wie Fremdkapital behandelt.[45]

---

[45] § 8 Abs. 3 Satz 2 KStG, § 20 Abs. 1 Nr. 1 EStG; BFH BStBl. II 1996, S. 77 f.; kritisch hierzu BMF-Schreiben vom 27. 12. 1995, BStBl. I 1996, S. 49.

GR stellt **Eigenkapital** dar:

Ist mit dem Genussrechtskapital ein Recht auf Beteiligung am Gewinn und am **609** Liquidationserlös verbunden (Eigenkapital), dann handelt es sich bei den Vergütungen, die der Investor erhält, um Bezüge i. S. d. § 20 Abs. 1 Nr. 1 EStG. Diese Bezüge sind nach neuem Recht seit 01.01.2002 körperschaftsteuerfrei (§ 8 b Abs. 1 KStG). Die Bezüge müssen jedoch für die Ermittlung der **Gewerbesteuer** wieder hinzugerechnet werden, soweit sie nicht die Bedingungen des § 9 Nr. 2 a oder 7 GewStG erfüllen (§ 8 Nr. 5 GewStG). Der Hinzurechnungsbetrag ermittelt sich in diesem Fall nach Abzug der mit diesen Einnahmen in wirtschaftlichem Zusammenhang stehenden Betriebsausgaben, die nach § 3 c EStG und § 8 b Abs. 5 KStG unberücksichtigt bleiben (§ 9 Nr. 1 GewStG). Die auch hier einzubehaltende **20 %-ige Kapitalertragsteuer** zzgl. 5,5 % Solidaritätszuschlag auf die Kapitalertragsteuer wird im Rahmen des Anrechnungsverfahrens auf die Steuerschuld des Investors angerechnet und ggf. erstattet (§§ 43 Abs. 1 S. 1 Nr. 1, 43 a Abs. 1 Nr. 1 EStG).

GR stellt **Fremdkapital** dar:

Räumt das Genussrecht dagegen nur eines der beiden Merkmale „Recht aus **610** Beteiligung am Gewinn" bzw. „Recht auf Beteiligung am Liquidationserlös" ein, wird das Genussrechtskapital steuerlich regelmäßig als Fremdkapital eingestuft. In diesem Fall sind die Bezüge beim Investor nach allgemeinen Grundsätzen der Körperschaftsteuer und Gewerbesteuer zu unterwerfen (§ 20 Abs. 1 Nr. 7 EStG, § 20 Abs. 3 i. V. m § 15 EStG).

Zudem unterliegen die Auszahlungen auf die Genussrechte der **25 %-igen Ka- 611 pitalertragsteuer** zzgl. 5,5 % Solidaritätszuschlag auf die KapESt (§ 43 Abs. 1 Nr. 2, § 43 a Abs. 1 Nr. 2 EStG). Die Abzugsteuer wird auch hier dem Investor auf seine Steuerschuld angerechnet und ggf. erstattet.

Einlagenrückgewähr

Die Rückzahlung des Genussrechtskapitals an den Investor zum Buchwert ist **612** ein steuerfreier Vorgang.

Noch immer nicht abschließend geklärt ist, ob Buchgewinne aus der Rückzah- **613** lung von Genussrechtskapital mit Eigenkapitalcharakter ab 01.01.2002 wie die Veräußerung von Anteilen an einer Kapitalgesellschaft entsprechend § 8 b Abs. 2 KStG steuerfrei sind.

(2) Behandlung beim Beteiligungsunternehmen

Ausschüttungen auf Genussrechte sind dann **nicht** als Betriebsausgabe abzugs- **614** fähig, wenn mit den Genussrechten ein Recht auf Beteiligung am Gewinn und eine Beteiligung am Liquidationserlös (Eigenkapital) verbunden ist. In diesem Fall haben die Ausschüttungen Gewinnverteilungscharakter.[46] Diese Ausschüt-

---

46 BFH-Urteil vom 19.01.1994 – IR 67/92, DStZ 1994 S. 307.

tungen stellen als Gewinnverwendung entsprechend auch keine Dauerschulden im Sinne des Gewerbesteuergesetzes dar.

615 Handelt es sich beim Genussrechtskapital dagegen um **Fremdkapital**, dann können Ausschüttungen auf Genussrechte beim Beteiligungsunternehmen als Betriebsausgabe abgezogen werden. In diesem Fall ist wiederum zu prüfen, ob eine Hinzurechnung gem. § 8 Nr. 1 GewStG vorzunehmen ist, da die Vergütung bei entsprechender Ausgestaltung der Genussrechte (Laufzeit länger als 1 Jahr) in der Regel Entgelt für Dauerschulden darstellen.

h) Beteiligung an einer Personengesellschaft

616 Die gesetzlichen Grundlagen der Personengesellschaften (GbR Gesellschaft bürgerlichen Rechts, oHG und KG) sind im BGB (§§ 705 bis 740 BGB) sowie im HGB (§§ 105 bis 160 HGB für die oHG, §§ 161 bis 177a HGB für die KG) enthalten. Wesentliches Merkmal für alle Personengesellschaften ist das Ziel, einen gemeinsamen Zweck (z. B. der Betrieb eines Handelsgewerbes) zu erreichen. Bei der Ausgestaltung ihrer vertraglichen Verhältnisse untereinander sind die Gesellschafter von Personengesellschaften weitgehend frei, so besteht z. B. keine Mindestkapitalaufbringungspflicht.

617 Steuerrechtlich sind die Gesellschafter von Personengesellschaften Mitunternehmer, da sie regelmäßig Mitunternehmerrisiko als auch Mitunternehmerinitiative entfalten können. Gewerblich tätige Personengesellschaften sind selbst Objekt der Gewerbesteuer während die Einkünfte für körperschaftsteuerliche Zwecke den Gesellschaftern zugewiesen werden.

(1) Behandlung beim Investor

618 Die steuerliche Behandlung entspricht derjenigen eines atypisch stillen Gesellschafters:[47]

619 Der Gewinnanteil des Mitunternehmers sowie eventuelle Vergütungen, die er für die Überlassung von Wirtschaftsgütern, für seine Tätigkeit im Dienste der Gesellschaft oder für die Hingabe von Darlehen, von der Gesellschaft erhält, stellen Einkünfte aus Gewerbebetrieb dar (§ 15 Abs. 1 Nr. 2 EStG). Diese Einkünfte unterliegen beim Empfänger der Körperschaftsteuer, jedoch – um eine Doppelbesteuerung zu vermeiden – nicht der Gewerbesteuer (§ 9 Nr. 2 GewStG).

620 Die Veräußerung eines Mitunternehmeranteils zu einem Wert der dem Kapitalkonto des Investors zum Veräußerungsstichtag entspricht ist mangels Veräußerungsgewinns steuerneutral. Ist die Abfindung des ausscheidenden Gesellschafters höher als der Buchwert seines Kapitalkontos entsteht in Höhe des Differenzbetrages ein **Veräußerungsgewinn**. Dieser Gewinn unterliegt der Körperschaftsteuer und seit 01.01.2002 auch der Gewerbesteuer (§ 7 S. 2 Nr. 2 GewStG).

---

47 Vgl. vorstehend Abschnitt IV, 2 a.

(2) Behandlung beim Beteiligungsunternehmen

Die an die Mitunternehmer zu leistenden Gewinnanteile werden im Rahmen **621** der einheitlichen und gesonderten Gewinnfeststellung der Personengesellschaft erfasst. Für das Beteiligungsunternehmen selbst stellen sie keine Betriebsausgaben dar.

Zudem sind die Besonderheiten bei der Gewinnermittlung von Personengesell- **622** schaften (z. B. die Einbeziehung von Erträgen und Aufwendungen aus Sonderbetriebsvermögen sowie Ergänzungsbilanzen der einzelnen Gesellschafter gemäß § 15 Abs. 1 Nr. 2 EStG) zu berücksichtigen. Diese Besonderheiten haben insbesondere Einfluss auf die Belastung des Beteiligungsunternehmens mit Gewerbesteuer. Weiterhin sind die gesetzlichen Vorschriften für Personengesellschaften und ihre Gesellschafter (z. B. § 15 a EStG) zu beachten.

i) Beteiligung an Kapitalgesellschaften

Die gesellschaftsrechtlichen Anforderungen an die Errichtung oder die Beteili- **623** gung an Kapitalgesellschaften sind im GmbH-Gesetz und im Aktiengesetz geregelt. Ergänzende Vereinbarungen unter den Gesellschaftern werden regelmäßig in Gesellschafter- oder Aktionärsvereinbarungen getroffen.

Die Beteiligung an einer Kapitalgesellschaft ist immer mit einer Mindesteinla- **624** gepflicht in das Grund- oder Stammkapital der Gesellschaft verbunden. Im Gegenzug erwirbt der Gesellschafter regelmäßig Stimmrechte sowie einen Anspruch auf Teilhabe am Unternehmensgewinn.

(1) Behandlung beim Investor

Dividenden aus Beteiligungen an Kapitalgesellschaften sind Einkünfte aus Ka- **625** pitalvermögen (§ 20 Abs. 1 Nr. 1 EStG).

Dividenden sind auf Ebene des Gesellschafters in der Rechtsform einer Kapi- **626** talgesellschaft seit 2002 von der Besteuerung mit Körperschaftsteuer und Gewerbesteuer freigestellt, soweit das Wirtschaftsjahr der ausschüttenden Gesellschaft dem Kalenderjahr entspricht (§ 8b Abs. 1 KStG, § 7 GewStG). Hat die ausschüttende Gesellschaft dagegen ein vom Kalenderjahr abweichendes Wirtschaftsjahr, sind die Dividenden für den Empfänger erstmals ab Beginn des Wirtschaftsjahres 2002/2003 von der Körperschaft- und Gewerbesteuer befreit, sofern das erste in 2001 endende Wirtschaftsjahr vor dem 01.01.2001 begonnen hat. Trotz der Freistellung der Dividenden unterliegen diese auch weiterhin der 20%-igen (ggf. 25%-igen) **Kapitalertragsteuer** (§ 43 Abs. 1 Nr. 1 EStG). Die entrichtete Kapitalertragsteuer wird jedoch im Rahmen der Veranlagung des Dividendenempfängers in voller Höhe angerechnet (§ 36 Abs. 2 Nr. 2 EStG) und gegebenenfalls erstattet.

Ausgaben, die im unmittelbaren wirtschaftlichen Zusammenhang mit steuer- **627** freien Einnahmen stehen, können nach geltendem Recht nicht als Betriebsausgaben abgezogen werden (§ 3c Abs. 1 EStG). Hiervon betroffen sind regelmäßig Refinanzierungskosten von Investoren, aber auch laufende Kosten des Geschäftsbetriebs sowie Beratungskosten.

628 Dieses Abzugsverbot nach § 3 c Abs. 1 EStG kann über verschiedene **Gestaltungsmaßnahmen** vermieden werden. So kann z. B. die Herstellung einer körperschaft- und gewerbesteuerlichen[48] **Organschaft** zwischen Mehrheitsgesellschafter und Beteiligungsunternehmen die Gewinnzurechnung statt der Dividendenzahlung ermöglichen. Andererseits können auf Ebene des Beteiligungsunternehmens Dividenden über mehrere Veranlagungszeiträume angesammelt werden und erst in einem Veranlagungszeitraum mit wenig Refinanzierungsaufwand beim Investor ausgeschüttet werden (sog. **Ballooning**).

629 Gewinne aus der **Veräußerung von Anteilen** an einer anderen Kapitalgesellschaft sind ab 01. 01. 2002 grundsätzlich von der Körperschaftsteuer und der Gewerbesteuer befreit (§ 8 b Abs. 2 KStG, § 7 GewStG). Die Steuerbefreiung kommt nicht zur Anwendung, soweit der mit Gewinn veräußerte Anteil in früheren Jahren steuerwirksam auf den niedrigeren **Teilwert** abgeschrieben und die Gewinnminderung nicht durch den Ansatz eines höheren Werts steuerwirksam ausgeglichen worden ist (§ 8 b Abs. 2 Satz 2 KStG).

630 Weiterhin ist ein Veräußerungsgewinn dann steuerpflichtig, wenn es sich bei den veräußerten Anteilen um sog. „**einbringungsgeborene Anteile**" im Sinne von § 21 UmwStG handelt (§ 8 b Abs. 4 Nr. 1 KStG). Durch diese Regelung soll verhindert werden, dass eine Kapitalgesellschaft **Teilbetriebe** oder **Mitunternehmeranteile** steuerfrei zum Buchwert in eine (Tochter-) Kapitalgesellschaft gegen Gewährung von neuen Gesellschaftsanteilen einbringt (§ 20 UmwStG) und diese neuen (einbringungsgeborenen) Anteile anschließend steuerfrei mit Gewinn veräußert. Einbringungsgeborene Anteile können jedoch nach einer siebenjährigen Haltefrist steuerfrei veräußert werden (§ 8 b Abs. 4 Satz 2 KStG).

631 Eine steuerneutrale Einbringung einer Mehrheitsbeteiligung an einer Kapitalgesellschaft löst hingegen im Regelfall nicht diese siebenjährigen Haltefrist aus (§ 8 b Abs. 4 Satz 2 Nr. 2 KStG).

(2) Behandlung beim Beteiligungsunternehmen

632 Die Gewinnausschüttungen sind keine Betriebsausgaben und daher für das Beteiligungsunternehmen nicht abzugsfähig. Die Ausschüttungen unterliegen der 20%-igen (25%-igen) Kapitalertragssteuer zzgl. 5,5% Solidaritätszuschlag auf die KapESt (§ 43 Abs. 1 Nr. 1, § 43 a Abs. 1 Nr. 1 EStG, § 3 Abs. 1 Nr. 5 SoliZG).

j) Zusammenfassung

633 Eine tabellarische Gegenüberstellung der vorstehend beschriebenen steuerlichen Auswirkungen ist als Anlage 8 beigefügt.

---

48 Eine rein gewerbesteuerliche Organschaft ist seit 01. 01. 2003 nicht mehr möglich.

8. Exkurs: Steuerliche Behandlung von Venture Capital Fonds und Private Equity Fonds

Das Bundesfinanzministerium hat zur steuerlichen Behandlung von Venture **634** Capital Fonds (VC Fonds) und Private Equity Fonds (PE Fonds), die regelmäßig als Personengesellschaft (GmbH & Co. KG) ausgestaltet sind, nunmehr einen mehrfach überarbeiteten Entwurf eines BMF-Schreibens vorgelegt.[49] Die Entwurfsfassung vom 05.06.2003 soll nunmehr im Herbst 2003 erlassen werden. Von wesentlicher Bedeutung ist dabei, wann eine Fondsgesellschaft (noch) vermögensverwaltend tätig ist (und damit ihre Einkünfte nicht der Gewerbesteuer unterliegen) und ab wann eine gewerbliche Tätigkeit der Fondsgesellschaft vorliegt.[50]

Unter Berücksichtigung der hierzu ergangenen BFH Rechtsprechung[51] sind die **635** Voraussetzungen für die Annahme einer gewerblichen Tätigkeit einer Fondsgesellschaft nach Ansicht der Finanzverwaltung nur dann nicht gegeben, wenn folgende Kriterien **insgesamt** vorliegen:[52]

- Kein Einsatz von Bankkrediten/keine Übernahme von Sicherheiten
- Keine eigene Organisation
- Keine Ausnutzung eines Marktes unter Einsatz beruflicher Erfahrung
- Kein Anbieten gegenüber breiter Öffentlichkeit/Handeln auf eigene Rechnung
- Keine kurzfristige Beteiligung
- Keine Reinvestition der Veräußerungserlöse
- Kein unternehmerisches Tätigwerden in den Portfolio-Gesellschaften
- Keine gewerbliche Prägung bzw. gewerbliche „Infektion"

Von wesentlicher Bedeutung für die Praxis ist das Verbot, in den Portfoliogesell-**636** schaften unternehmerisch tätig zu werden. Unschädlich hierfür ist zwar die Wahrnehmung von Aufsichtsratfunktionen durch Mitarbeiter des Fonds, nicht aber die aktive Mitwirkung im Management. Zudem können sich aus der Höhe der Beteiligung und etwaigen erhöhten Gewinnanteilen für die Fonds Anhaltspunkte für eine Einflussnahme auf die Geschäftsführung ergeben.[53] Weiterhin soll schon die Einräumung von Zustimmungsvorbehalten – analog § 111 AktG – schädlich sein, wenn hierdurch der Fonds entscheidend in die Geschäftsführung der Beteiligungsunternehmen eingreifen kann.

Gerade die Einräumung von Zustimmungsvorbehalten, die (weit) über die **637** Reichweite des § 111 AktG hinausgehen sind gängige Gestaltungsmittel für In-

---

49 Entwurf eines BMF-Schreibens vom 28.11.2001, IV A 6 – S 2240–0/01 II; nunmehr überarbeitet durch die Fassung vom 05.06.2003, GZ IV A6 – S 2240 – 170/02.
50 Entwurf des BMF-Schreibens vom 05.06.2003, Tz. 6, 7.
51 BFH-Urteil vom 29.10.1998, BStBl. II 1999, S. 448 ff.; BFH-Urteil vom 19.02.1997, BStBl. II 1997, S. 399 ff.; BFH-Urteil vom 06.03.1991, BStBl. II 1991, S. 631 ff.; BFH-Urteil vom 31.07.1990, BStBl. II 1991 S. 66; BFH-Urteil vom 04.03.1980, BStBl. II 1980, S. 389.
52 Entwurf des BMF-Schreibens vom 05.06.2003, Tz. 7 bis 15; die einzelnen Kriterien werden dort näher erläutert.
53 Entwurf des BMF-Schreibens vom 28.11.2001, Tz. 14.

vestoren zur Kontrolle der Geschäftsführung und der Sicherung ihres Investments. Zur Vermeidung dieser gewerblichen Prägung werden die Investoren daher neue Strategien entwickeln müssen.

638 Weiterhin führt nach Auffassung der Finanzverwaltung auch die Einschaltung eines **Inkubators**, der in der Frühphase auf die Entwicklung der Portfoliogesellschaft einwirkt, eine schädliche Handlung der Fonds. Die beauftragte Tätigkeit des Inkubators soll dann als eigene gewerbliche Tätigkeit den Fonds zugerechnet werden.[54] Zudem leitet die Finanzverwaltung aus einem erhöhten Gewinnanteil des zur wesentlichen Geschäftsführung befugten Kommanditisten (sog. **carried interest**) ein Indiz für eine Einflußnahme auf die Geschäftsführung ab.[55]

639 Eine bereits gängige **Gestaltungsmöglichkeit** zur Vermeidung der unerwünschten Gewerbesteuerbelastungen besteht in der Aufteilung des Investments. So können z. B. mehrere – vermögensverwaltende – Fonds eine hohe Beteiligung aber ohne besondere Kontrollrechte an der Portfoliogesellschaft zeichnen, während ein kleinerer – gewerblicher – Fonds mit geringer Beteiligung, die Kontrollfunktionen gegenüber der Portfoliogesellschaft im Interesse aller (verbundenen) Fondsgesellschaften wahrnimmt.[56]

640 Eine weitere – weitaus noch unentdeckte – Handlungsvariante besteht darin, die Fondsgesellschaft selbst als anerkannte **Unternehmensbeteiligungsgesellschaft** im Sinne **UBGG**[57] auszugestalten. Hierfür ist u. a. gesetzlich geregelte Anforderungen an die Satzung der UBGG, deren Gesellschafterkreis, die Einhaltung von Anlagegrenzen (regelmäßig 30 % Anteilsbesitz pro Portfoliogesellschaft), maximale Beteiligungsfristen sowie die Rechnungslegung der UBGG einzuhalten.[58] Die Befugnis zur Firmierung als Unternehmensbeteiligungsgesellschaft wird in einem Konzessionsverfahren erteilt. Zertifizierte Unternehmensbeteiligungsgesellschaften unterliegen mit ihren Erträge nicht der Gewerbesteuer (§ 3 Nr. 23 GewStG). Ein Vorteil dieser Vorgehensweise besteht darin, dass eine Fondsgesellschaft als anerkannte UBG **Rechtssicherheit** hinsichtlich ihrer Besteuerung hat, während übliche Fondsgesellschaften im Zweifel bei jeder Betriebsprüfung hinsichtlich ihres vermögensverwaltenden Status anhand der o. g. Kriterien der Finanzverwaltung detailliert untersucht werden.

641 Das BMF-Schreiben ist zwar auf erhebliche Kritik gestoßen,[59] trotzdem ist derzeit davon auszugehen, dass die Finanzverwaltung ihren eingeschlagenen Weg

---

54 Entwurf des BMF-Schreibens vom 05. 06. 2003, Tz. 14.
55 Entwurf des BMF-Schreibens vom 05. 06. 2003, Tz. 14.
56 Allerdings sind hierbei klare Abgrenzungen zwischen den Fondsgesellschaften erforderlich, damit das Wirken des gewerblichen Fonds nicht den anderen Fonds steuerlich zugerechnet werden kann.
57 Gesetz über Unternehmensbeteiligungsgesellschaften UBGG vom 09. 09. 1998, BGBl. I S. 2765, zuletzt geändert durch Gesetz vom 21. 12. 2000, BGBl. I S. 1857.
58 Vgl. im Einzelnen §§ 1 ff. UBGG.
59 Stellungnahme der Bundessteuerberaterkammer vom 30. 01. 2002 zum Entwurf des BMF-Schreibens.

fortsetzen wird. Soweit zu den Anforderungen der Finanzverwaltung keine klarstellende Rechtsprechung ergeht, sollten Neuengagements anhand der geforderten Kriterien strukturiert werden.

V. Öffentliche Fördermittel und Risikokapital der öffentlichen Hand

Häufige Ursache für das Scheitern (junger) Unternehmen sind neben Informations-, Qualifikations- und Planungsdefiziten insbesondere Mängel bei der Unternehmensfinanzierung.   **642**

Die Einbindung öffentlicher Fördermittel in ein Finanzierungskonzept eines   **643** Unternehmens stellt dieses erfahrungsgemäß vor größere Herausforderungen. Nach externen Schätzungen existieren je nach Betrachtungsweise zwischen 1.200 und 2.500 Förderprogramme, die von unterschiedlichen Institutionen auf der Ebene der Europäischen Union, des Bundes und der Länder angeboten und verwaltet werden. Nicht ohne Grund sprechen viele von einem nur schwer durchschaubaren **Förderdschungel.**

Leider existiert bis heute keine zentrale und unabhängige Beantragungs- und Be-   **644** ratungsstelle für alle Arten der Förderung, sodass der Unternehmer regelmäßig gezwungen ist, die Förderinstitutionen, die Arten der Förderung, die Zielgruppen, die unterschiedlichen Interessen der Förderinstitute sowie den Zweck der einzelnen Förderprogramme selbst zu identifizieren, um sich zurecht zu finden. Die so genannte one-stop-agency wurde oft gefordert, bisher aber nie umgesetzt.

Die nachfolgenden Ausführungen geben einen Überblick über das Fördersys-   **645** tem, ohne ein Anspruch auf Vollständigkeit zu erheben. Anhand der gewonnenen Erfahrungen empfiehlt es sich vielmehr, am konkreten Projekt des Unternehmers, die Förderlandschaft in Deutschland und der EU zu überprüfen, ob ggf. staatliche Förderungen gewährt werden können.

1. Regeln und Grundsätze zur Erlangung öffentlicher Fördermittel

Zur Erlangung öffentlicher Fördermittel ist es notwendig, die wesentlichen Re-   **646** geln und Grundsätze zu kennen und zu beachten, da diese teilweise eine solche Bedeutung haben, dass die Nichtbeachtung zu einer Ablehnung der Fördermittel für das gesamte Vorhaben führen kann:

- Auf öffentliche Fördermittel besteht grundsätzlich kein Rechtsanspruch, sodass sich der Unternehmer jederzeit bewusst sein muss, dass aus den unterschiedlichsten Gründen die beantragten Fördermittel abgelehnt werden können.

- Der Unternehmer sollte stets eine Gesamtfinanzierung seines Projektes sicherstellen können, sodass bei Ausfall der öffentlichen Fördermittel das Vorhaben trotzdem, ggf. in einer reduzierten Form durchgeführt werden kann.

- Eine angemessene Eigenfinanzierung jedes Vorhabens von 15 bis 25% muss sichergestellt sein, wobei der Unternehmer zu prüfen hat, inwieweit er bankübliche Sicherheiten stellen kann.

- Ein umfassendes Informationsmanagement über die einzelnen Förderprogramme ist unabdingbar. Förderrichtlinien ändern sich kurzfristig und sind regional unterschiedlich, sodass der Unternehmer bei der Finanzplanung über die aktuellen Programme und Richtlinien informiert sein muss.

- Der Unternehmer sollte einen sachkundigen und unabhängigen Berater zu Rate ziehen, da die ausschließliche Beratung der Banken und Förderinstitute häufig nicht ausreichend und objektiv genug ist, um öffentliche Fördermittel zu erlangen.

647 Sinnvoll ist, frühzeitig eine Entscheidung zu treffen, in welcher Arbeitsteilung der Unternehmer oder sein Berater die öffentlichen Fördermittel einwerben. Eine zielgerichtete Vorgehensweise vermeidet regelmäßig Zeitverluste und Abstimmungsprobleme und somit unnötige Kosten.

- Der Unternehmer sollte eine kooperative Hausbank suchen, da für eine Vielzahl von Programmen die Hausbank Ausgangspunkt der Antragstellung ist (Hausbankprinzip).

- Der Unternehmer sollte regelmäßig alle Arten der staatlichen Förderungen in seine Finanzierungsplanung einbeziehen, auch wenn später ggf. einzelne Förderarten wieder verworfen werden müssen.

- Art und Umfang der Förderung, Antragsberechtigung und Einschränkungen der Förderungen sind stets mit dem konkreten Vorhaben abzustimmen.

- Es ist zu berücksichtigen, dass in der Regel öffentliche Fördermittel versteuert werden müssen.

- Bewilligte Fördermittel dürfen nur zweckgebunden im Sinne des Förderantrages verwendet werden. Die Randbedingungen der gewählten Förderprogramme sind genau einzuhalten.

- Während und nach Ablauf des Vorhabens findet eine Überprüfung über den Fortschritt des Vorhabens sowie über die Verwendung der beantragten Fördergelder statt.

- Bei Teilen der öffentlich geförderten Projekte, für die Zuschüsse ausgereicht werden, besteht eine Veröffentlichungspflicht sowie eine Verwertungspflicht der Projektergebnisse.

- Subventionsbetrug und zweckentfremdete Verwendung von Fördermitteln sind strafbar, sodass dringend zu empfehlen ist, über alle subventionserheblichen Tatbestände frühzeitig und umfassend Auskunft zu geben.

648 ... und als wichtigste Regel überhaupt:

- Ein Vorhaben darf niemals begonnen werden, bevor nicht der Förderantrag beim zuständigen Förderinstitut eingereicht worden ist, da andernfalls die gesamte Förderung ausgeschlossen ist. Teilweise darf sogar erst nach der Bewilligung der Mittel begonnen werden.[60]

---

60 In der Praxis wird hiergegen immer wieder verstoßen. Die Autoren kennen mehrere – traurige – Fälle, bei denen jungen Unternehmen aus diesem Grund Fördermittel nachträglich aberkannt

2. Struktur der öffentlichen Förderungen

In der Literatur werden unterschiedlichste Darstellungsformen gewählt, um die **649**
Struktur der öffentlichen Förderung zu erklären. Für den Unternehmer stellt
sich erfahrungsgemäß aber regelmäßig nur die Frage, ob er für ein konkretes
Vorhaben – in welcher Form auch immer – eine öffentliche Förderung erlangen
kann. Aus diesem Grund empfiehlt es sich aus Sicht des Unternehmers, unabhängig von

- der Phase in der sich das Unternehmen befindet und
- der Art des geplanten Vorhabens (Existenzgründung, Investition, Innovation
  [Forschung und Entwicklung], Personalmaßnahmen, Umweltmaßnahmen usw.)

stets folgende Förderarten zu unterscheiden und nachzufragen: **650**

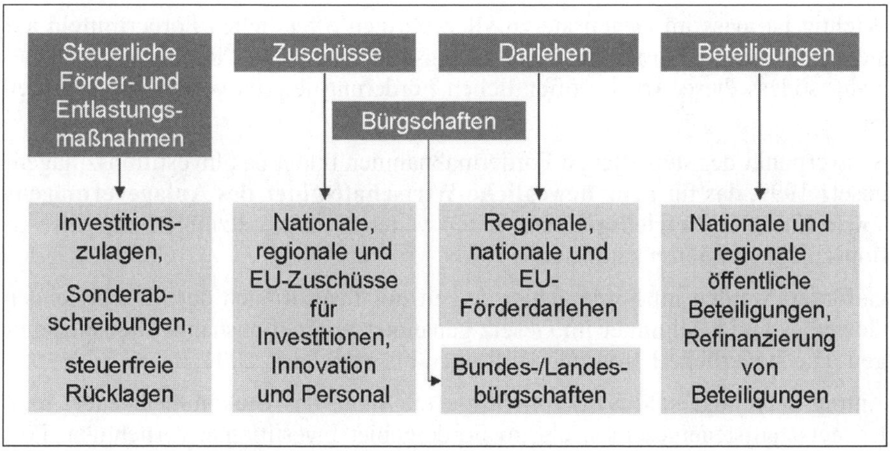

Abbildung 10: Förderarten

Jeder Unternehmer hat selbst zu prüfen, inwieweit er aus den dargestellten För- **651**
derarten Fördermittel für sein aktuelles Vorhaben erhalten kann. Neben möglichen steuerlichen Förder- und Entlastungsmaßnahmen (z. B. Investitionszulagen), auf die bei Erfüllung der gesetzlichen Voraussetzungen ein Rechtsanspruch besteht, können dies ggf. (nichtrückzahlbare) Zuschüsse, zinsbegünstigte
Darlehen, Haftungsfreistellungen durch Bürgschaften oder aber Beteiligungen
sein, um das Vorhaben zu finanzieren.

Für die Existenzgründung werden in der Folge die wesentlichen Fördermöglich- **652**
keiten anhand der soeben dargestellten Förderarten erläutert.

Förderungen für andere Vorhaben spielen für den Unternehmer vor allem wäh- **653**
rend des Auf- und Ausbaus des operativen Geschäftes eine Rolle, sodass diese

---

wurden. Die Unternehmensführung macht hierbei auch kein glückliches Bild von ihren Kompetenzen gegenüber den Investoren.

Förderbereiche im zweiten Teil des Buches beschrieben werden. Dabei kommt es auch zu Überschneidungen mit den Förderungen bei der Existenzgründung.

3. Arten der öffentlichen Förderung für den Existenzgründer

654 Zu den einzelnen Förderarten verweisen wir insbesondere auch auf die Anlagen.

a) Steuerliche Förder- und Entlastungsmaßnahmen

655 Für das jeweilige Projekt können steuerliche Förder- und Entlastungsmaßnahmen herangezogen werden, die insbesondere im Investitionszulagengesetz 1999 aber auch in anderen Steuergesetzen, wie im Einkommensteuergesetz (z. B. § 7 g EStG) zu finden sind.

656 Wichtig ist, dass im Gegensatz zu allen übrigen öffentlichen Fördermitteln auf steuerrechtlichen Förder- und Entlastungsmaßnahmen ein Rechtsanspruch besteht, sodass diese Art der öffentlichen Förderung jeweils vorrangig zu prüfen ist.

657 Schwerpunkt der steuerlichen Fördermaßnahmen bildet das Investitionszulagengesetz 1999, das für **neue bewegliche Wirtschaftsgüter des Anlagevermögens** sowie **für neue Betriebsgebäude** unter weiteren Voraussetzungen eine Investitionszulage gewähren kann.

658 Gefördert werden im Fördergebiet derzeit nur Investitionen des verarbeitenden Gewerbes und bestimmter im Gesetz genannter produktionsnaher Dienstleistungen. Die steuerliche Förderung läuft noch bis zum Jahre 2004.

659 Antragsberechtigt sind Steuerpflichtige im Sinne des Einkommensteuer- bzw. Körperschaftsteuergesetzes, die im Fördergebiet Investitionen vornehmen. Fördergebiet sind die Länder Berlin, Brandenburg, Mecklenburg-Vorpommern, Sachsen, Sachsen-Anhalt und Thüringen nach Gebietsstand vom 03. Oktober 1990. Für West-Berlin sind besondere Regelungen zu beachten.

660 Ansprechpartner für die Beantragung der Investitionszulage sollte neben dem Finanzamt im Regelfall auch immer der Steuer- oder Rechtsberater des Unternehmens sein.

661 In Abänderung der früheren Gesetzeslage ist es nicht mehr notwendig, die Anträge bis spätestens 30. September des Kalenderjahres abzugeben, das dem Jahr folgt, in dem die zu fördernde Investition getätigt worden ist. Es gelten vielmehr die normalen Festsetzungsfristen der Abgabenordnung, sodass hier längere Fristen, i.d.R vier Jahre, bis zur Abgabe des entsprechenden Antrages bestehen.

662 Zu beachten ist, dass die steuerfreien Investitionszulagen nur auf bereits erfolgte Investitionen gewährt werden.

663 Investitionen für den betrieblichen Bereich und für Gebäude im Betriebsvermögen können aktuell wie folgt gefördert werden:

D. Erst- und Anlauffinanzierung (Seed und Start-up Phase)

Förderzeitraum		2002 bis 2004	2002 bis 2004
Neue, bewegliche Anlagegüter		Erstinvest.	Ersatzinvest.
verarbeitendes Gewerbe, produktionsnahe Dienstleistungen	Grundzulage für nBL	12,5%	-
	Grundzulage für Berlin (Ost)	12,5%	-
	Grundzulage östl. Randgebiete	15,0%	-
	erhöhte Zulage*	25,0%	5,0%
	erhöhte Zulage Berlin/Brandbg.*	20,0%	-
	erhöhte Zulage östl. Randgebiete*	27,5%	5,0%
Betrieblichen Zwecken dienende neue Gebäude		Erstinvest.	Ersatzinvest.
verarbeitendes Gewerbe, produktionsnahe Dienstleistungen	Grundzulage für nBL	12,5%	-
	Grundzulage östl. Randgebiete	15,0%	-

*) gilt nur für Unternehmen mit max. 250 ArbN

b) Öffentliche Zuschüsse

Öffentliche Zuschüsse werden gemäß der Zielsetzung der Bundeshaushaltsord- **664** nung nur vergeben, wenn ein erhebliches öffentliches (Bundes-) Interesse an der Förderung besteht und dürfen dann auch nur für diesen Zweck verwendet werden.

Für den Unternehmer sind insbesondere die nichtrückzahlbaren Zuschüsse (es **665** existieren auch unbedingt sowie bedingt bzw. teilweise rückzahlbare Zuschüsse) von erheblichem Interesse.

Wesentliches Programm dafür sind die öffentlichen Zuschüsse aus den Mitteln **666** der Gemeinschaftsaufgabe „Verbesserung der regionalen Wirtschaftsstruktur". Dieses EU-kofinanzierte Instrument soll dazu dienen, in strukturschwachen Regionen, Investitionen zur Schaffung oder Erhaltung von Arbeitsplätzen zu fördern. Da diese Gelder durch die einzelnen Bundesländer verwaltet werden, haben diese jeweils eigene Landesrichtlinien geschaffen, die in der Regel einengende Wirkung gegenüber dem bundesweiten Rahmenplan besitzen.

Der Rahmenplan sowie die Landesrichtlinien geben Auskunft über die Förder- **667** regionen und darüber, ob lohnkostenbezogene oder sachkapitalbezogene Zuschüsse gewährt werden.

Weitere Zuschussprogramme des Bundes und der Länder, teilweise aus Struk- **668** turfonds der EU finanziert, stehen ebenfalls zur Verfügung.

c) Zinsvergünstigte Darlehen

Zinsvergünstigte Darlehen bzw. Darlehen, die eine Haftungsfreistellung enthal- **669** ten, führen bei vielen Unternehmen noch ein Schattendasein bei der Betrachtung öffentlicher Fördermöglichkeiten. Eine mögliche Ursache hierfür könnte sein, dass dem Unternehmer oft nur durch eine Gegenüberstellung der Barwerte die Vorteilhaftigkeit des Einsatzes von entsprechenden Darlehen deutlich gemacht werden kann.

670 Diese Darlehen, die in der Regel über die Hausbank ausgereicht werden, werden für fast jeden Verwendungszweck und jede Phase der unternehmerischen Tätigkeit vergeben. Die entsprechenden Darlehen der KfW (Kreditanstalt für Wiederaufbau) werden in der Zukunft – auch aus Sicht der Förderinstitute – weiter an Bedeutung gewinnen, sodass die Unternehmer sich verstärkt des Einsatzes dieser Mittel widmen sollte.[61]

671 Zum Erlangen der entsprechenden Mittel ist es u. a. notwendig,

- wenigstens teilweise bankübliche Sicherheiten bieten zu können,
- Anträge über die Hausbank einzureichen,
- i. d. R. Eigenmittel von ca. 25% darstellen zu können.

d) Bürgschaften

672 Bürgschaften werden regelmäßig dann eingesetzt, wenn bankübliche Sicherheiten durch den Unternehmer nicht dargestellt werden können. Die Bürgschaftsbank des jeweiligen Bundeslandes übernimmt dann auf Antrag und gegen Haftungsentgelt für das jeweilige Darlehen gegenüber den Hausbanken unter gewissen Voraussetzungen Bürgschaften zur Finanzierung vonVorhaben aller Art.

673 Nicht verbürgt werden bereits laufende Darlehen sowie Finanzierungen in Sanierungsfällen.

674 In der Regel wird bis zu 80% des Kreditbetrages und bis zu einem Bürgschaftsbetrag von € 1 Mio. verbürgt, aber auch höhere abzusichernde Kreditsummen können verbürgt werden.

675 Bürgschaften werden regelmäßig nur dann eingesetzt, wenn der Unternehmer über ein tragfähiges Projekt verfügt, aber die banküblichen Sicherheiten nicht darstellen kann.

676 Für eine Ausfallbürgschaft hat der antragstellende Unternehmer eine Bearbeitungsgebühr sowie eine laufende Gebühr als Zuschlag zum Zinssatz (in der Regel 1% der verbürgten Summe) zu zahlen.

677 Wichtig ist, dass der Unternehmer alternativ auch für ERP-, DTA- oder KfW-Darlehen eine Haftungsfreistellung über seine Hausbank beantragen kann.

e) Beteiligungen

678 Wie bereits unter Abschnitt D.V. dargestellt, versteht man unter dem Begriff „Beteiligungskapital" die finanzielle Unterstützung für risikoreiche Unternehmensgründungen und Expansionen.

---

61 Das Förderbankenneustrukturierungsgesetz, durch das die DtA auf die KfW fusioniert wird, ist im August 2003 in Kraft getreten. Die bisherige Mittelstandsförderung von KfW und DtA wird dann in der neuen KfW-Mittelstandsbank zusammengefasst werden. Zur KfW Bankengruppe werden dann die KfW Förderbank, die KfW Mittelstandsbank, die KfW Entwicklungsbank und die DEG gehören.

Beteiligungskapital kann dabei nicht nur von VC-Investoren sondern auch von **679** öffentlich geförderten Beteiligungsgesellschaften in den jeweiligen Bundesländern eingeworben werden.

Da diese Gesellschaften auch für kleinere und mittlere Unternehmen Beteili- **680** gungen in klassischen Industriezweigen und mit kleineren Summen zur Verfügung stellen, sind diese Gesellschaften insbesondere während des Unternehmensaufbaus oftmals ein gern gesehener Partner.

Die Anforderungen und Erwartungen der öffentlichen Beteiligungsgesellschaf- **681** ten sind dabei oftmals mit denen der VC-Investoren identisch, wobei jedoch die sog. Exit-Lösung des VC-Gebers nicht im Vordergrund steht. Wie bereits erwähnt, gilt auch hier, dass die sorgfältige Auswahl der Beteiligungsgesellschaften, abhängig von deren Anlageschwerpunkten, die Vorbereitung der entsprechenden Unterlagen sowie die Existenz eines tragfähigen Konzeptes, Voraussetzung ist, um die entsprechende Beteiligung einzuwerben.

4. Antragstellung

a) Antragsberechtigte

Antragsberechtigt ist derjenige, der das Vorhaben durchführt, d. h. die Investiti- **682** onskosten und/oder sonstigen Aufwendungen trägt und ggf. auch das wirtschaftliche Eigentum an den zu fördernden Wirtschaftsgütern erlangt.[62]

Darüber hinaus werden an die Art der Tätigkeit des Antragstellers besondere **683** Anforderungen gestellt. Im Bereich der Wirtschaftsförderung werden grundsätzlich nur Antragsteller der gewerblichen Wirtschaft gefördert.[63]

Oftmals sind, insbesondere bei den Investitionsförderprogrammen, weiterge- **684** hende Einschränkungen hinsichtlich der Art der gewerblichen Tätigkeit des Antragstellers zu beachten. Mit Investitionszulagen und -zuschüssen werden beispielsweise regelmäßig nur Betriebe des verarbeitenden Gewerbes sowie der produktionsnahen Dienstleistung gefördert. Bei der Einordnung der Betriebe wird auf die Klassifikation der Wirtschaftszweige des statistischen Bundesamtes (Ausgabe 2003) Bezug genommen. Die Einordnung wird anhand der Schwerpunkte der betrieblichen Wertschöpfung bzw. der Umsatzstruktur durchgeführt. Bei neugegründeten Unternehmen findet diese Einordnung zunächst auf der Basis der Umsatzplanung für die ersten Geschäftsjahre statt. Bei bestimmten Förderprogrammen, insbesondere bei Förderdarlehen für die Gründungsphase, werden jedoch auch Freiberufler gefördert.

---

62 Unter bestimmten Bedingungen werden für den Fall der Vermietung des zu fördernden Wirtschaftsgutes, bei Leasinggeschäften oder bei Betriebsaufspaltungen bei manchen Förderprogrammen Ausnahmen hinsichtlich des wirtschaftlichen Eigentums zugelassen.
63 Für den Gewerbebegriff wird auf die Bestimmungen des Gewerbesteuergesetzes (§ 2 GewStG) zurückgegriffen. Allerdings gilt dies oftmals nicht für Gewerbetreibende kraft Rechtsform, die der Art nach eine freiberufliche Tätigkeit ausüben (z. B. Rechtsanwalts-, Steuerberatungs- oder Wirtschaftsprüfungsgesellschaft mbH).

685 Ein weiteres wichtiges Kriterium für die Förderfähigkeit dem Grunde und/oder der Höhe nach ist – neben der Art der Tätigkeit – auch die Größe und die Gesellschafterstruktur des antragstellenden Unternehmens. Viele Programme fördern grundsätzlich nur **kleine und mittlere Unternehmen** (KMU). Die überwiegende Zahl der Förderprogramme nimmt hierbei Bezug auf die Empfehlung der Europäischen Kommission aus dem Jahr 1996. Hiernach gelten Unternehmen mit weniger als 250 Mitarbeitern, einem Jahresumsatz von höchstens € 40 Mio. oder einer Jahresbilanzsumme von höchstens € 27 Mio. als KMU. Außerdem dürfen in der Regel nicht 25% oder mehr des Kapitals oder der Stimmanteile des Unternehmens in Besitz von Unternehmen sein, die ihrerseits keine KMU sind (sog. Unabhängigkeitskriterium).[64]

686 Ausnahmen hinsichtlich der Beteiligungsschwelle von 25% gelten für öffentliche Beteiligungsgesellschaften, Risikokapitalgesellschaften und institutionelle Anleger. Diese Kapitalgeber dürfen mit mehr als 25% an dem KMU beteiligt sein. Dies gilt jedoch nur soweit sie nicht allein oder gemeinsam die Kontrolle über das Unternehmen ausüben. Diese Bedingung wird regelmäßig nur mit Minderheitsbeteiligungen erfüllt werden können, sodass auch diese Kapitalgeber nicht mehr als 50% der Gesellschaftsanteile halten dürfen.

687 Am 6. Mai 2003 hat die Europäische Kommission eine neue KMU-Definition beschlossen, bei der die Schwellenwerte für den Umsatz auf € 50 Mio. und für die Bilanzsumme auf € 43 Mio. angehoben wurden. Das sog. Unabhängigkeitskriterium wurde zudem völlig neu gefasst. Das neue KMU-Kriterium wird zum 1. Januar 2005 wirksam.[65]

688 Insbesondere die Förderdarlehen im Rahmen der Investitionsförderung orientieren sich jedoch nicht an der KMU-Definition der EU, sondern verwenden je nach Programm einen eigenen KMU-Begriff. Oftmals wird hier nur auf den Umsatz des einzelnen Unternehmen oder der Unternehmensgruppe abgestellt (z. B. € 250 Mio. bzw. € 500 Mio.), weshalb der Kreis der potenziellen Antragsteller auch deutlich größer ist als bei den Programmen, die auf das KMU-Kriterium der EU Bezug nehmen.

b) Fördergebiet

689 Für jedes Förderprogramm ist – je nach Zuwendungsgeber und Zielsetzung des Programms – ein spezifisches Fördergebiet bestimmt. Dies kann z. B. das gesamte Bundesgebiet, das Gebiet der neuen Bundesländer, das Gebiet eines (neuen oder alten) Bundeslandes oder das gesamte Gebiet der EU sein.

690 Förderprogramme folgen hierbei dem sog. Betriebsstättenprinzip. Dies bedeutet, dass der Unternehmenssitz für die Förderung zwar keine Rolle spielt (es

---

64 Vgl. Empfehlung der Europäischen Kommission vom 3.04.1996 (Amtsblatt der EU Nr. L 107 vom 30.04.1996).

65 Vgl. Empfehlung der Europäischen Kommission vom 6. Mai 2003 (Amtsblatt der EU Nr. L 124 vom 20. Mai 2003).

können also auch ausländische Unternehmen eine Förderung erhalten), aber das zu fördernde Vorhaben muss in einer Betriebsstätte im Fördergebiet durchgeführt werden und die geförderten Wirtschaftsgüter (Investitionsförderung), die Ergebnisse des geförderten Vorhabens (Innovationsförderung) oder die geförderten Arbeitsplätze müssen für eine bestimmte Zeit (je nach Programm bis zu fünf Jahren) im Fördergebiet verbleiben.

c) Förderkonditionen und Bemessungsgrundlage

Die Entscheidung, welche Förderkonditionen günstiger sind und welche Förder- **691** programme in die Finanzierung eingehen sollen, hängt vom jeweiligen Vorhaben und den Rahmenbedingungen ab und ist individuell zu treffen.

Der Umfang der förderfähigen Aufwendungen (Bemessungsgrundlage), setzt **692** sich je nach Programm unterschiedlich zusammen:

• Immaterielle Investitionen
• Sachkapitalinvestitionen (ggf. auch Umlaufvermögen)
• Markteinführungs- bzw. Markterschließungskosten
• Betriebsmittel
• Projektkosten

Die Vorteilhaftigkeit verschiedener Programme von Zulagen und Zuschüssen **693** lässt sich am jeweiligen Fördersatz in Kombination mit dem Höchstbetrag der Förderung (absoluter Betrag), dem Umfang der förderfähigen Aufwendungen (Bemessungsgrundlage) und der ertragsteuerlichen und bilanziellen Behandlung messen. Dies bedeutet, dass ggf. ein Programm mit einem geringeren Fördersatz aber einer breiteren Bemessungsgrundlage vorteilhafter ist, als ein Programm mit einem höheren Fördersatz, aber einer schmaleren Bemessungsgrundlage.

Die Konditionen der Förderdarlehen unterscheiden sich anhand der jeweiligen **694** Zinssätze, der tilgungsfreien Jahren, der Gesamtlaufzeit des Darlehens, der Besicherung bzw. dem Umfang der möglichen Haftungsfreistellung, dem maximalen Finanzierungsanteil, dem absoluten Förderhöchstbetrag, dem Umfang der förderfähigen Aufwendungen (Bemessungsgrundlage) sowie der Höhe des Subventionswertes.

d) Vorgehensweise bei der Antragstellung

Bei der Antragstellung und der vorangehenden und/oder folgenden Prüfung des **695** projektierten Gesamtvorhabens durch Hausbanken, Förderinstitute oder Projektträger werden von diesen stets umfangreiche Unterlagen verlangt.

Jeder Antragsteller sollte sich bewusst sein, dass der erste Eindruck ausschlag- **696** gebend ist. Das eigene Auftreten, der Antrag und die überreichten Unterlagen sollten deshalb bereits möglichst früh allen Ansprüchen genügen, um die Empfänger der Unterlagen von der Ernsthaftigkeit und der Kompetenz des Antragstellers zu überzeugen.

697 Eine effiziente Vorgehensweise kann erheblich zur erfolgreichen Einwerbung von Fördermitteln beitragen. Grundsätzlich lässt sich der Prozess in folgende Arbeitsschritte einteilen:

- Definition des förderfähigen Vorhabens (Vorhabens-/Projektdefinition),
- Beschaffung/Aktualisierung von Informationen über die verschiedenen Fördermöglichkeiten für das Vorhaben (Informationsphase),
- Analyse und Auswahl der vorteilhaftesten in Frage kommenden Förderprogramme und Entwicklung einer optimalen Fördermittelstruktur (Analyse- und Auswahlphase),
- Zusammenstellung der für die jeweiligen Förderanträge erforderlichen Informationen und Unterlagen sowie Erstellung der Förderanträge (Antragsphase).

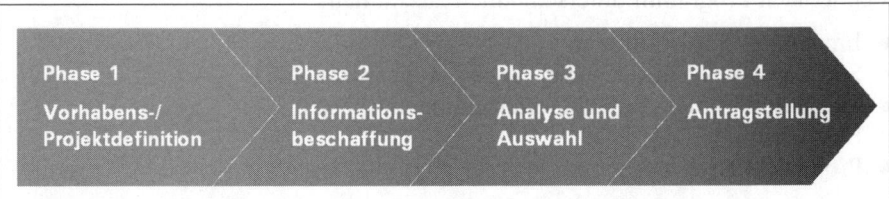

Abbildung 11: Arbeitsschritte

Die Phasen lassen sich im Einzelnen wie folgt beschreiben:

Phase 1: Vorhabens- oder Projektdefinition

698 Bevor mit der Suche und Auswahl der Fördermöglichkeiten (Phasen 2 und 3) begonnen werden kann, empfiehlt es sich, ein Gesamtvorhaben in seine förderfähigen Einzelbestandteile zu zerlegen. Diese Aufteilung ist erforderlich, da Vorhaben aus fördersystematischer Sicht aus mehreren Einzelvorhaben bestehen können, für die unterschiedliche Förderprogramme relevant sind.

Bei einem Vorhaben können erfahrungsgemäß verschiedene Einzelvorhaben in Betracht kommen:[66]

- Gründungsinvestitionen,
- Forschungs- und Entwicklungstätigkeiten bzw. innovative Tätigkeiten,
- Markterschließung und/oder Betriebsmittel,
- Einstellung von Mitarbeitern.

699 Diesen förderfähigen Vorhaben sind dann die entsprechenden Kosten zuzuordnen.

700 Die Abgrenzung der einzelnen Vorhaben wird von den einzelnen Förderinstitutionen teilweise unterschiedlich gehandhabt und ist nicht überschneidungsfrei.

---

66 Die Aufzählung an dieser Stelle ist nur exemplarisch und nicht abschließend.

Grundsätzlich sollte die Definition der Vorhaben nicht zu eng erfolgen, sich an inhaltlichen und thematischen Kriterien orientieren und den aktuellen Stand des Gesamtvorhabens berücksichtigen (z.B. ob mit Teilvorhaben schon begonnen wurde).[67]

Phase 2: Information über die Fördermöglichkeiten

Nachdem die einzelnen förderfähigen Vorhaben feststehen, kann nach entsprechenden Förderprogrammen recherchiert werden (sog. Screening). Hier stehen verschiedenen Förderdatenbanken des BMW, des BMBF, der Projektträger des BMBF, der überregionalen Förderbank KfW, der regionalen Förderinstitute (z.B. IBB, ILB, LFI SAA oder SAB) und der Europäischen Kommission zur Verfügung.[68] Darüber hinaus verfügen unabhängige Förderberater ebenfalls über umfassende und ggf. übergreifende (Meta-)Datenbanken. **701**

Da Datenbanken jedoch nicht immer tagesaktuell sein können und regelmäßig nur die wesentlichen förderrelevanten Voraussetzungen enthalten, empfiehlt es sich, die gefundenen Informationen zu den relevanten Programmen mit den jeweiligen Förderinstituten noch einmal persönlich abzugleichen. **702**

Beachtet werden sollte jedoch, dass die Informationen ständig nachgehalten werden müssen, da z.B. Zinssätze und Konditionen für Förderdarlehen ständigen Änderungen unterworfen sind. Daher sollte die Fördermittelrecherche bei Änderungen des jeweiligen Vorhabens regelmäßig wiederholt oder aktualisiert werden. **703**

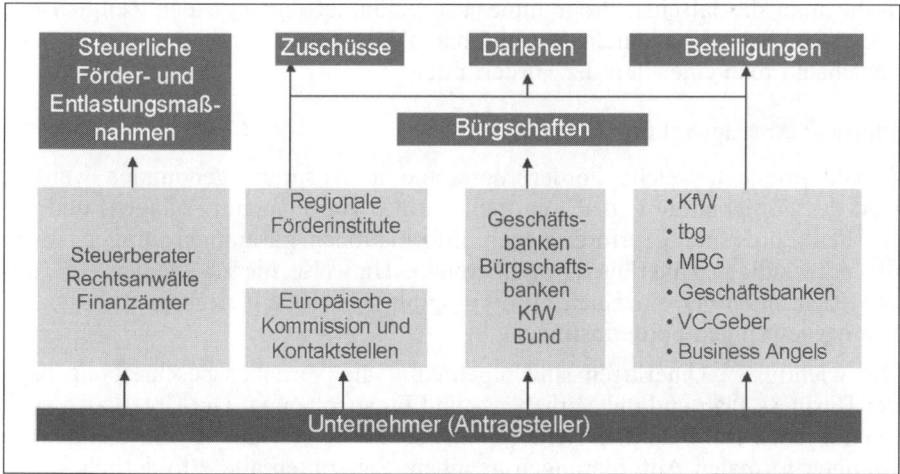

Abbildung 12: Kontaktstellen für Fördermittel

---

67 Nachdem die grundsätzlichen Fördermöglichkeiten feststehen, muss die Definition des einen oder anderen Teilvorhabens überdies ggf. noch einmal überdacht und den Anforderungen des jeweiligen Förderprogramms angepasst werden.
68 Vgl. Übersicht der Internet-Adressen im Anhang.

Phase 3: Analyse und Auswahl der Förderprogramme

704 Da für einige Vorhaben mehrere Programme in Frage kommen können oder nur bestimmte Programme miteinander kombinierbar sind, müssen die relevanten Programme auf ihre Vorteilhaftigkeit untersucht und entschieden werden, welche Förderarten und -programme in Anspruch genommen werden sollen (Entwicklung der Fördermittelstruktur).

705 Die Vorteilhaftigkeit von Zulagen und Zuschüssen lässt sich am jeweiligen Fördersatz in Kombination mit dem Höchstbetrag der Förderung (absoluter Betrag), dem Umfang der förderfähigen Aufwendungen (Bemessungsgrundlage) und der ertragsteuerlichen und bilanziellen Behandlung messen. Dies bedeutet, dass ggf. ein Programm mit einem geringeren Fördersatz aber einer breiteren Bemessungsgrundlage vorteilhafter sein kann, als ein Programm mit einem höheren Fördersatz, aber einer schmaleren Bemessungsgrundlage.

706 Die Konditionen der Förderdarlehen unterscheiden sich anhand der jeweiligen Zinssätze, der tilgungsfreien Jahre, der Gesamtlaufzeit des Darlehens, der Besicherung bzw. dem Umfang der möglichen Haftungsfreistellung, dem maximalen Finanzierungsanteil, dem absoluten Förderhöchstbetrag, dem Umfang der förderfähigen Aufwendungen (Bemessungsgrundlage) sowie der Höhe des Subventionswertes.

707 Da ein Förderantrag zeitliche und personelle Ressourcen in Anspruch nimmt, kommt es in dieser Phase darauf an, in kurzer Zeit die richtigen Förderprogramme auszuwählen und eine optimale Fördermittelstruktur zu entwickeln. Wählt man die falschen Programme aus, gefährdet dies ggf. den Zeitplan des Projektes. Wählt man nicht die optimalen Förderarten und -programme aus, verschenkt man einen Teil der Fördermittel.

Phase 4: Antragstellung

708 Sobald feststeht, welche Förderprogramme in Anspruch genommen werden, sind der Förderantrag (i. d. R. ein mehrseitiges Formular mit Anlagen) und die für den Förderantrag erforderlichen Informationen zusammenzutragen sowie die notwendigen Unterlagen vorzubereiten. Hinweise hierzu ergeben sich aus den Richtlinien der einzelnen Förderprogramme oder ergänzenden Informationen der jeweiligen Förderinstitute.

709 Die wichtigsten Unterlagen sind regelmäßig die Vorhabensbeschreibung bzw. der Business Plan und die Vorhabens- und Finanzplanung. Die Unterlagen sollten auf jeden Fall inhaltlich richtig, plausibel sowie vollständig sein und den jeweiligen formalen Anforderungen genügen. Sie sollten alle erforderlichen Angaben enthalten, um dem Förderinstitut einen Einblick in das Vorhaben zu gewähren und ihm ermöglichen, die Förderfähigkeit und Förderwürdigkeit zu beurteilen. Die Angaben im Förderantrag und den ergänzenden Unterlagen sind – soweit sie subventionserheblich sind – strafrechtlich relevant. Bewusst oder fahrlässig unrichtige Angaben können ggf. als Subventionsbetrug beurteilt und strafrechtlich verfolgt werden.

Hinweis: Die Förderanträge müssen regelmäßig vom Unternehmer oder dem **710** gesetzlichen Vertreter, also z. B. dem Geschäftsführer einer GmbH unterschrieben werden.

5. Zusammenfassung

Im Ergebnis sollte sich der Unternehmer bei jeder wesentlichen Finanzierungs- **711** entscheidung Gedanken darüber machen, inwieweit entsprechende Vorhaben seines Unternehmens durch die Nutzung öffentlicher Fördermittel mitfinanziert werden können. Grundsätzlich sollten dabei alle Förderarten und -bereiche in die Überlegungen einbezogen werden (ganzheitlicher Ansatz).

Der zunehmend schlechteren Finanzlage der öffentlichen Haushalte sowie der **712** hohen Änderungsdynamik des Fördersystems kann mit einer entsprechenden Verbesserung der Qualität des Förderantrages entgegengewirkt werden. Zudem ist die Einbeziehung eines unabhängigen Förderberaters empfehlenswert, da die Beratung durch die Förderinstitute oder Geschäftsbanken durch eigene Interessen und regionale Beschränkungen geprägt ist und somit regelmäßig nur einen Teil der in Frage kommenden Förderprogramme einbezieht. Das Beratungshonorar zahlt sich oft allein deshalb aus, weil der Unternehmer das operative Geschäft nicht vernachlässigen muss.

Das Nadelöhr der meisten Finanzierungen ist die **Hausbank**. Sie entscheidet **713** als Antragstelle insbesondere über die Vergabe eigener Darlehensmittel, fertigt aber auch Stellungnahmen zu den Förderdarlehen (Hausbankprinzip). Soweit also nicht nur Zulagen und Zuschüsse beantragt werden und der Rest ggf. durch Eigenkapital aufgebracht werden kann, führt kein Weg an der Hausbank vorbei. Diese Hürde sollte nicht unterschätzt werden, sodass eine kooperative Hausbank gesucht werden muss. Die Mühen lohnen sich, denn bei Erhalt der Fördermittel, hat das Unternehmen regelmäßig Wettbewerbsvorteile gegenüber Unternehmen, die sich am freien Kapitalmarkt finanzieren müssen.

E. Aufbau der internen Unternehmensstruktur

Literaturauswahl:

IDW PS 260, Das interne Kontrollsystem im Rahmen der Abschlussprüfung, in: Fachnachrichten des Instituts für Wirtschaftsprüfer, Heft 8, 2001, S. 321 ff.; Vahs, Dietmar, Organisation, Einführung in die Organisationstheorie und -praxis, 3. Auflage, 2001, Stuttgart; Kaplan, Robert S., Die strategiefokussierte Organisation. Führen mit der Balanced Scorecard, 2001, Stuttgart; Bea, Franz Xaver/Göbel, Elisabeth, Organisation. Theorie und Gestaltung, 1999, Stuttgart; Steinbruch, Pitter, Organisation, 12. Auflage, Ludwigshafen; Wöhe, Dieter, Einführung in die Allgemeine Betriebswirtschaftslehre, 20. Auflage, München; Deutscher Corporate Governance Kodex, veröffentlicht im elektronischen Bundesanzeiger (http://www.ebundesanzeiger.de/amtlicherteil/bekanntmachungen.asp).

714 Schon frühzeitig beim Aufbau eines Unternehmens ist es wichtig, sich über die Struktur desselben Gedanken zu machen. Wenngleich beim Zusammenschluss der Unternehmensgründer häufig die Rollen klar verteilt sind – hier der Visionär, dort der Techniker und hier der für „die Finanzen" –, so verwischen die Grenzen und damit die Kompetenzen und Verantwortlichkeiten im Zeitablauf zunehmend.

715 **Warum Organisation**? Durch Organisation im Unternehmen soll Struktur in das unternehmerische Handeln gebracht werden, indem nämlich zunächst das große Ganze – d. h. die wesentlichen Beziehungen und Abläufe – generell strukturiert wird, um sodann die einzelnen Geschäftsvorfälle innerhalb dieser Struktur abwickeln zu können. Einen optimalen Organisationsgrad zu bestimmen ist nahezu unmöglich: Im Falle einer **Überorganisation** – d. h. der Regelung jeden Details – verbleibt zu wenig Handlungsspielraum für den Einzelnen, während bei einer **Unterorganisation** das strukturierte Handeln zu Gunsten des Einzelfallhandels zurückgestellt wird und verstärkt auf Improvisationshandeln zurückgegriffen wird. In der Praxis, insbesondere in der Wachstumsphase, ist die Unterorganisation häufiger anzutreffen als die Überorganisation; d. h. die Organisation hinkt der unternehmerischen Entwicklung hinterher. Häufig werden Organisationsentscheidungen gar erst nach einschneidenden und meist für das Unternehmen negativen, oft existenzbedrohenden Ereignissen getroffen.

> *Beispiele:*
>
> Ein System zur Limitierung von offenen Kundenforderungen wird erst eingeführt, nachdem ein großer Kunde ausgefallen ist.
>
> Die Kontrolle des Zahlungsverkehrs wird zunächst von einem der Gründer höchstpersönlich durchgeführt, mit steigendem Geschäftsvolumen aus Zeitgründen aber eingestellt (dabei ist es gerade bei ansteigendem Volumen wichtig, den Zahlungsverkehr zu kontrollieren). Erst nachdem es zu Unregelmäßigkeiten gekommen ist, nimmt man sich wieder dieses Themas an.
>
> Ein Projektcontrolling wird erst eingeführt, nachdem ein größeres Projekt als wirtschaftlicher Misserfolg abgeschlossen wurde.

716 Anhand dieser wenigen Beispiele wird deutlich, dass durch eine sachgerechte Organisation die Wirtschaftlichkeit des Unternehmens erhöht werden kann und die Organisation ein wesentliches Mittel zu Erreichung der Unternehmensziele ist. Unter Organisation soll dabei im Folgenden die Gesamtheit der unternehmerischen Strukturen, Abläufe und Regelungen verstanden werden, die von der Unternehmensleitung erlassen werden.

Zu unterscheiden sind dabei die Ablauf- und die **Aufbauorganisation.** Während es sich bei der Ablauforganisation um die Ordnung von betrieblichen Arbeitsabläufen handelt, geht es bei der Aufbauorganisation um die organisatorische Struktur. Als Start-Up-Unternehmen mag man vielleicht noch nicht unbedingt in Geschäftsbereichen, Abteilungen und Gruppen denken, aber bereits die Frage, wem ein einzustellender Mitarbeiter zuzuordnen ist, stellt die Frage nach einer Aufbauorganisation. **717**

In der Theorie mögen Ablauf- und Aufbauorganisation gesonderte Forschungsgebiete sein, in der Praxis sind die Organisationsstruktur eines Unternehmens und die Abläufe im Unternehmen eng miteinander verbunden. Neben einer offiziellen, formellen Organisationsstruktur etablieren sich aber auch informelle Organisationsstrukturen im Unternehmen, die überwiegend auf menschlichen Eigenheiten wie Sympathie bzw. gleichgerichteten Interessenslagen beruhen. Das Nebeneinander der offiziellen und der informellen Unternehmensstruktur kann für die Erreichung des Unternehmensziels förderlich sein – wenn nämlich durch kollegiale Unterstützung ein positives Betriebsklima geschaffen wird – es kann aber den ordentlichen Geschäftsgang auch durchaus behindern, wenn z.B. durch die informelle Organisation die offizielle Unternehmensstruktur unterlaufen wird und dadurch die Abläufe nicht mehr kontrollierbar sind. **718**

I. Funktionstrennung im Management

Nicht zuletzt seit der Einführung des „Deutschen Corporate Governance Kodex"[1] wird die Frage der Aufgabenverteilung in der Unternehmensleitung und deren Dokumentation intensiver diskutiert. Dieses erfolgt insbesondere vor dem Hintergrund, dass für deutsche Aktiengesellschaften ein duales System gesetzlich vorgeschrieben ist: **719**

– Der Vorstand leitet das Unternehmen in eigener Verantwortung. Die Mitglieder des Vorstandes tragen gemeinsam die Verantwortung für die Unternehmensleitung. Durch den Vorstandsvorsitzenden werden die Arbeiten der Vorstandsmitglieder koordiniert.
– Der Aufsichtsrat hingegen bestellt, überwacht und berät den Vorstand und ist in Entscheidungen von grundlegender Bedeutung direkt einzubeziehen. Der Vorsitzende des Aufsichtsrates hat die Arbeit im Aufsichtsrat zu koordinieren.

---

1 Von der Regierungskommission „Deutscher Corporate Governance Kodex" am 26. Februar 2002 verabschiedet, veröffentlicht am 20. August 2002 im elektronischen Bundesanzeiger (http://www.ebundesanzeiger.de/amtlicherteil/bekanntmachungen.asp.

- Die Mitglieder des Aufsichtsrates wiederum werden entsprechend der gesetzlichen Vorschriften von der Hauptversammlung sowie ggf. – eine entsprechende Unternehmensgröße vorausgesetzt – von den Arbeitnehmervertretern gewählt.

720   Die Aufgaben und Zuständigkeiten des Vorstandes einer Aktiengesellschaft[2] sind in §§ 76 ff. AktG geregelt und werden durch den Deutschen Corporate Governance Kodex weiter spezifiziert (Auszüge):

- Der Vorstand leitet das Unternehmen in eigener Verantwortung. Er ist dabei an das Unternehmensinteresse gebunden und der Steigerung des nachhaltigen Unternehmenswertes verpflichtet.
- Der Vorstand entwickelt die strategische Ausrichtung des Unternehmens, stimmt sie mit dem Aufsichtsrat ab und sorgt für ihre Umsetzung.
- Der Vorstand hat für die Einhaltung der gesetzlichen Bestimmungen zu sorgen und wirkt auf deren Beachtung durch die Konkurrenzunternehmen hin.
- Der Vorstand sorgt für ein angemessenes Risikomanagement und Risikocontrolling im Unternehmen.
- Der Vorstand soll aus mehreren Personen bestehen und einen Vorsitzenden oder Sprecher haben. Eine Geschäftsordnung soll die Geschäftsverteilung und die Zusammenarbeit im Vorstand regeln.

721   In der beigefügten Anlage 21 ist ein Muster für eine Geschäftsordnung des Vorstands enthalten.

722   Zu entscheiden ist auch die Frage, nach welchem Prinzip die interne Führungsorganisation des Vorstandes (bzw. der Geschäftsführung) erfolgen soll: Bei der Anwendung des **Direktorialprinzips** hat der Vorstandsvorsitzende das Recht, bei unterschiedlichen Auffassungen im Vorstand alleine zu entscheiden, während bei der Etablierung des **Kollegialprinzips** alle Vorstandsmitglieder gleichberechtigt sind und der Vorstandsvorsitzende die Funktion eines „primus inter pares" hat. Beide Formen haben ihre Vor- und ihre Nachteile:

	Vorteile	Nachteile
Direktorialprinzip	Entscheidungen können schneller getroffen werden	Machtkonzentration beim Vorstandsvorsitzenden
		Ressortvorstände tragen Entscheidungen nicht mit
Kollegialprinzip	Umsetzung der Entscheidung einfacher, da zumindest im Kompromiss (ggf. auch im Konsens) getroffen	Entscheidungswege sind länger

Abbildung 13: Organisationsprinzipien

---

2 Für die Geschäftsführer einer GmbH gelten die Regelungen sinngemäß.

II. Überblick zu verschiedenen Organisationsformen (Vor- und Nachteile)

In der betriebswirtschaftlichen Literatur gibt es unzählige Fundstellen zur Un-   **723**
ternehmensorganisation; es wurden eine Vielzahl von Organisationsprinzipien
entwickelt und der unternehmerischen Praxis als Gestaltungsempfehlungen angeboten. Bei der Frage nach Organisationsformen geht es in der Regel um zwei
Grundaspekte

- Bildung von Organisationseinheiten vor dem Hintergrund einer arbeitsteili-
  gen Welt und
- Zusammenhang zwischen den Organisationseinheiten, d. h. Interaktion der verschiedenen Einheiten in einem hierarchisch gegliederten Organisationsgefüge.

Wie bereits besprochen, ist die Frage der Arbeitsteilung in der betrieblichen   **724**
Praxis allgegenwärtig und in der Regel aus Effizienzgesichtspunkten sinnvoll.
Wesentliche **Vorteile** der Spezialisierung sind hierbei:

- Zeitersparnis und damit Reduktion von Kosten infolge von Größeneffekten
  sowie Lernen im Zeitablauf und
- Verringerung der Anforderungen an die Mitarbeiter mit der Möglichkeit,
  diese qualifikationsgerecht einzusetzen bzw. Aufgaben entsprechend der
  Mitarbeiterqualifikation festzulegen

Mit der Spezialisierung sind aber auch **Nachteile** verbunden, die insbesondere   **725**
bei einer zu weit gehenden Arbeitsteilung auftreten, im Wesentlichen:

- Zunehmende Komplexität, da zwischen den verschiedenen Stellen, die eine
  Gesamtaufgabe ausführen, eine entsprechende Kommunikation und Abstimmung erfolgen muss („Komplexitätsfalle") und
- Zurückgehende Leistungsbereitschaft und damit höhere Fehlerhäufigkeit infolge steigender Arbeitsunzufriedenheit („Arbeitsentfremdung") infolge
  wachsender Monotonie bei der Aufgabenbearbeitung.

Gleichermaßen stellt sich die Frage der Arbeitsteilung in Bezug auf die räumli-   **726**
che bzw. sachliche (z. B. projektbezogene) Ordnung von Aufgaben: Sollen Aufgaben funktional oder je Objekt (z. B. Projekt) organisiert werden? Im ersten
Fall spricht man von einer funktionalen Zentralisation, was bedeutet, dass
gleichartige Arbeiten (z. B. das Kalkulieren von Aufträgen) in einer Organisati-
onseinheit zusammengefasst und von dieser für das gesamte Unternehmen einheitlich ausgeführt werden. Bei der Objektzentralisation hingegen werden verschiedene Aufgaben an vergleichbaren Objekten (z. B. nach Produktgruppen,
regionale Märkte, Projekte) zu Organisationseinheiten zusammengefasst. Vorteile der Objektzentralisierung sind eine vereinfachte Koordination und eine höhere Transparenz über die Erfüllung der Aufgabenkomplexe.

> *Beispiel:*
>
> Der Projektleiter ist sowohl für die kaufmännische (Kalkulation, Abrechnung etc.) wie sachliche Projektabwicklung (Koordination der Programmierer, Qualitätssicherung etc.) zuständig und hat somit den Gesamtüberblick über das Projekt.

727 Der **Objektzentralisation** sind aber auch erhebliche Nachteile beizumessen. Insbesondere wiederholen sich gleichartige Aufgaben in den verschiedenen Objektbereichen. Diese Aufgaben werden in jedem Objektbereich durch unterschiedliche Personen durchgeführt, was zu einem erhöhten Koordinations- und Schulungsaufwand in Bezug auf eine einheitliche Aufgabenerfüllung führt. Weiterhin erwächst den relativ unabhängigen Objektbereichen eine Selbstständigkeit, die im Widerspruch zu den Unternehmenszielen stehen kann bzw. durch die Unternehmensleitung nicht mehr kontrollierbar ist.

> *Beispiel:*
>
> Der Projektleiter hat sich bei der Projektannahme verkalkuliert, was aber im Unternehmen insofern nicht auffällt, da er selbst auch für die Soll-Ist-Vergleiche zuständig ist. Kurz vor Auftragsabrechnung lässt er die Mehrstunden auf einen anderen von ihm betreuten, jedoch noch nicht begonnenen Auftrag umbuchen.

728 Unterschiedliche Systeme der Aufbauorganisation:

- Das **Liniensystem** ist die straffste Form der organisatorischen Gliederung eines Unternehmens. Jede Instanz bzw. Stelle darf nur von einer einzigen übergeordneten Stelle Anweisungen erhalten. Alle Unternehmensbereiche sind in einen einheitlichen Instanzenweg („Dienstweg") eingegliedert. Es besteht von der Unternehmensleitung bis hin zur untersten Stelle im Unternehmen ein eindeutiger Weg der Weisungsbefugnis und Verantwortung. Hierdurch soll die Einheitlichkeit der Leitung erreicht werden. Mithin soll vermieden werden, dass ein und dieselbe Person von verschiedenen Führungskräften Anweisungen oder Informationen erhält. Damit dieses sichergestellt ist, muss gewährleistet sein, dass keine Instanzen bzw. Ebenen übersprungen werden, weder auf dem Kommunikationsweg nach unten noch auf dem Kommunikationsweg nach oben. Gleichrangige Instanzen dürfen nicht miteinander kommunizieren, sondern haben den Dienstweg einzuhalten: Kommunikation hat über die jeweils nächsthöhere Ebene zu erfolgen, bis eine gemeinsame übergeordnete Instanz gefunden ist. Wenngleich dieses System auch als „militärisch" bezeichnet wird, hat es zumindest vom Grundtypus für kleinere Unternehmen mit einer überschaubaren Anzahl von Hierarchieebenen gewisse Vorteile. Je größer das Unternehmen wird, desto schwerfälliger wird dieses System, da die Kommunikationswege sehr lang und damit ineffizient werden. Dieser Nachteil kann dann aber dadurch gemildert werden, dass für Entscheidungszuständigkeiten untergeordneter Unternehmensbereiche verkürzte Dienstwege geschaffen werden.

- Das **Stablinien-System** hat in der Regel für Wachstumsunternehmen geringe Bedeutung, da Stabstellen hier selten anzutreffen sind. Stabsstellen sind Stellen im Unternehmen, die zumeist keine Weisungsbefugnis (wenn, dann nur in Bezug auf die Stäbe) haben, sondern eher – im Hinblick auf die eigentlichen Funktionsbereiche im Unternehmen – beratende Aufgaben wahrnehmen (z. B. Bereichscontrolling, Assistenten). Durch die Schaffung von Stabsstellen kann der Stelleninhaber von Spezial-Tätigkeiten, die dem Inhaber der Stabsstelle übertragen werden (z. B. Vertriebscontrolling), entlastet werden, sodass er sich eher auf seine Kernaufgaben (z. B. Akquisition von Neukunden) konzentrieren kann. Allerdings ist ein Nachteil des Stab-Linien-Systems, dass es sich nicht um ein konfliktfreies Organisationsgebilde handelt (Entscheidungsvorbereitung [ohne Verantwortung] durch Stabsstelle, aber Entscheidung durch Linie; Nutzung der Stabsstelle als Kontrollinstanz für untergeordnete Ebenen).

– Die **Divisionsorganisation** (Spartenorganisation) wird häufig von Unternehmen mit entweder regional oder hinsichtlich der Produkte stark diversifizierten Unternehmen eingesetzt; sie folgt dem Objektprinzip. Auch findet sich diese Organisationsform häufig in projekt-getriebenen Unternehmen und damit häufig bei Wachstumsunternehmen mit einigen wenigen Schlüsselkunden (Key Accounts). Durch diese Organisationsform wird ein komplexes und damit schwer steuerbares Gebilde wie ein diversifiziertes oder projektgetriebenes Unternehmen in flexible Teilsysteme aufgespalten. Den Sparten- oder Projektleitern kann dadurch in erhöhtem Maße (Ergebnis-)Verantwortung (Einführung von Profit Centern) und unternehmerische Entscheidungskompetenz übertragen werden. Die Problembereiche (gleiche oder ähnliche Aufgaben werden durch verschiedene Mitarbeiter in allen Sparten durchgeführt, Kontrolle des Sparten- bzw. Projektverantwortlichen) sind bereits oben bei der Darstellung der Objektzentralisation dargestellt worden.

– **Matrixorganisation**: Durch Überlagerung von funktionsorientierten (Liniensystem) und objektorientierten (Spartenorganisation) Organisationsformen entsteht die Matrixorganisation. Die Objektstellen sind in der Regel durch Produkt- oder Projektmanager besetzt, die die Aufgabe haben, alle die für die Produktherstellung und den -absatz bzw. die Projektdurchführung erforderlichen Arbeiten zu koordinieren, während die Leiter der Funktionsbereiche für die Durchführung der Aufgaben zuständig sind. Da bei einer Matrixorganisation die Objektverantwortlichen ihre Autorität mit den Verantwortlichen für die Funktionsbereiche teilen müssen, hängt der Erfolg dieser Organisationsform in entscheidendem Maße von Art und Umfang der Kommunikation ab. Durch die Nutzung von Spezialwissen hinsichtlich der Projektkoordination (bei den Objektverantwortlichen) und der betrieblichen Funktionen (bei den Funktionsträgern) können Effizienzpotenziale genutzt werden. Diesem Vorteil steht die erhöhte Komplexität dieser Organisationsform entgegen.

III. Das interne Kontrollsystem als Ausprägung des Organisationshandelns

729 Unter einem internen Kontrollsystem werden die von der Unternehmensleitung im Unternehmen eingeführten Grundsätze, Verfahren und Maßnahmen (Regelungen) verstanden, die die organisatorische Umsetzung der Entscheidungen der Unternehmensleitung hinsichtlich der Wirtschaftlichkeit der Geschäftstätigkeit, des Schutzes des Vermögens, einschließlich der Verhinderung und Aufdeckung von Vermögensschädigungen sicherstellen. Diese Regelungen sollen zur Ordnungsmäßigkeit und Verlässlichkeit der internen und externen Rechnungslegung beitragen sowie der Einhaltung der für das Unternehmen maßgeblichen rechtlichen Vorschriften dienen. Vielfach wird das Interne Kontrollsystem alleine als Instrument für eine „ordnungsmäßige" Buchführung verstanden, welches sicherstellen soll, dass der Jahresabschluss mittels zeitgerechter, vollständiger und richtiger Buchung des Buchungsstoffes erstellt werden kann. Diese Sichtweise ist zu eng.

730 Ein **internes Kontrollsystem** dient der Unternehmensleitung zum einen dazu, die Geschäftsabläufe im Interesse des Unternehmens – d.h. nach den von der Unternehmensleitung aufgestellten Regeln – abzuwickeln und zum anderen dazu, das Unternehmen vor Vermögensverlusten (z.B. durch Betrug oder Unterschlagung durch einzelne Mitarbeiter, aber auch durch unkontrollierte Entwicklungen in einzelnen Unternehmensbereichen wie Ausfall von größeren Forderungsbeständen) zu schützen.

731 Das interne Kontrollsystem besteht aus **Regelungen zur Steuerung der Unternehmensaktivitäten** (internes Steuerungssystem) und Regelungen zur Überwachung der Einhaltung dieser Regelungen (internes Überwachungssystem). Das interne Überwachungssystem beinhaltet prozessintegrierte und prozessunabhängige Überwachungsmaßnahmen, die z.B. von einer „Internen Revision" durchgeführt werden können.

732 Die **prozessintegrierten Maßnahmen** bestehen dabei aus organisatorischen Sicherungsmaßnahmen sowie aus Kontrollen. Die organisatorischen Sicherungsmaßnahmen werden durch laufende, automatische Einrichtungen wahrgenommen. Sie umfassen fehlerverhindernde Maßnahmen, die sowohl in die Aufbau- als auch in die Ablauforganisation eines Unternehmens integriert sind und ein vorgegebenes Sicherheitsniveau gewährleisten sollen.

Beispiele:

– Funktionstrennung im Abrechnungs- und Zahlungsbereich
– Zugriffsbeschränkungen für sicherheitsrelevante Bereiche wie EDV, zentrale Entwicklungsumgebung, Kasse
– Regelungen zur Auftragsannahme
– Zeiterfassung für die Mitarbeiter am Betriebseingang zwecks automatischer Abwicklung der Gleitzeitvereinbarung

733 Kontrollen dienen weniger der Befriedigung persönlichen oder generellen Misstrauens, sondern sollen vielmehr helfen, auftretende Fehler zu vermeiden bzw.

Schmid

zu entdecken, bevor es zu wirtschaftlichen Nachteilen kommt. Prozessintegrierte Kontrollen können automatisiert sein (z. B. Abstimmung von Salden zwischen verschiedenen Modulen des Buchführungssystems) oder manuell durchgeführt werden (z. B. Zweitzeichnung von Zahlungsaufträgen und Freigabe derselben, Genehmigung von Bestellvorgängen, sachliche Abzeichnung einer Eingangsrechnung).

Eine institutionalisierte **interne Revision** findet man selten bei jungen Unternehmen. Implizit werden solche Aufgaben jedoch häufig durch die Geschäftsleitung selbst wahrgenommen. Mit zunehmender Unternehmensgröße sollte die Entscheidung, eine Stabsstelle „Interne Revision" einzuführen, gefällt werden, selbst wenn sich die Mitarbeiter hierdurch kontrolliert fühlen und die Einführung einer internen Revision als Misstrauen gegenüber Disziplin, Ehrlichkeit und Verantwortungsgefühl kritisiert wird. Dieser immer wiederkehrenden These ist entgegenzuhalten, dass diejenigen Mitarbeiter, die sich an die Regelungen der Unternehmensleitung halten, der Einführung einer internen Revision gelassen entgegen sehen können und nur das Handeln derjenigen, die sich eben nicht an die Vorgaben halten, problematisiert werden wird. Es handelt sich hierbei um eine prozessunabhängige Einrichtung, die innerhalb eines Unternehmens eine Beurteilung der Wirksamkeit und Einhaltung von Strukturen und Aktivitäten vornimmt. Dieser unternehmensinterne Überwachungsträger darf weder in den Arbeitsablauf integriert noch für das Ergebnis des überwachten Prozesses verantwortlich sein. **734**

Die Einführung eines internen Kontrollsystems ist insbesondere für regelmäßig wiederkehrende Geschäftsvorfälle sinnvoll, deren pro-aktive Regelung wiederkehrende Einzelfallentscheidungen und damit Effizienzverluste weitgehend unnötig macht. Insofern sind insbesondere folgende Bereiche für die Einführung interner Kontrollen besonders geeignet, wobei sich je nach Unternehmensgegenstand Anpassungen ergeben können: **735**

- Finanzen
- Einkauf
- Verkauf
- Vorratshaltung
- Personal

In Anlage 20 sind für die genannten Bereiche Fragen formuliert, die bei einem guten internen Kontrollsystem jeweils schlüssig beantwortet werden können. **736**

Ein insgesamt übliches und sinnvolles, bei jungen Unternehmen leider **selten** anzutreffendes Instrument zur Institutionalisierung der Organisation und der internen Kontrollen ist die **Stellenbeschreibung**. In einer Stellenbeschreibung werden die weisungsbezogene und kommunikative Einordnung von Stellen, Kompetenzen und Aufgaben des Stelleninhabers sowie die an ihn zu richtenden Anforderungen festgehalten. Mit einer Stellenbeschreibung kann eine widerspruchsfreie und detaillierte Fixierung der Unternehmensorganisation, eine Objektivierung der Gehalts- und Lohnstruktur sowie die schriftliche Fixierung von **737**

Leistungsvorgaben und -normen erreicht werden. Zum Inhalt von Stellenbeschreibungen sind insbesondere zu zählen:

- **Stellenbezeichnung:** Hier ist die genaue Stellenbezeichnung festzulegen
- **Rang:** Der Rang des Stelleninhabers wird im Rahmen des hierarchischen Unternehmensaufbaus (z. B. Abteilungsleiter, Gruppenleiter) oder aufgrund der Bedeutung der Stelle (z. B. Prokurist) ermittelt.
- **Unterstellung:** Hier wird geregelt, wer Vorgesetzter des Stelleninhabers ist. Manchmal werden neben dem direkten Vorgesetzten noch Fach-, Projekt- bzw. Disziplinarvorgesetzte bestimmt.
- **Überstellung:** Hier ist zu bezeichnen, welche anderen Stellen – unabhängig ob Linien-, Stabs- oder Dienstleistungsstellen – dem Stelleninhaber unterstellt sind.
- **Ziele der Stelle:** Die an dieser Stelle zu benennenden Ziele dienen der Orientierungshilfe für das Verhalten des Stelleninhabers. Sie sind einerseits ein Maßstab für die Selbstkontrolle, andererseits ein Kriterium für die Erfolgsbeurteilung durch den jeweiligen Vorgesetzten. Aus dem Stellenziel werden i. d. R. durch den Stelleninhaber gemeinsam mit dem Vorgesetzten Einzelziele bestimmt und Schwerpunkte für die Arbeit festgelegt.
- **Stellvertretung:** Im Sinne eines auch bei Abwesenheit des Stelleninhaber funktionierenden Organisationsgefüges ist festzulegen, wer den Stelleninhaber bei Krankheit, Urlaub oder sonstiger Abwesenheit vertritt (passive Stellvertretung). Unter Umständen können für verschiedene Tätigkeiten des Stelleninhabers unterschiedliche Stellvertreter bestimmt werden. Die aktive Stellvertretung regelt, welche Aufgaben der Stelleninhaber auszuführen hat, wenn der Inhaber einer anderen Stelle ausfällt.
- **Aufgabenbereich:** Hierzu gehört die vollständige Auflistung der sachlichen Aufgaben, die der Stelleninhaber selbst zu erfüllen hat. Dabei ist zu beachten, dass alle im Unternehmen zu leistenden Aufgaben genau und eindeutig einer Stelle zuzuordnen sind und vage Formulierungen zu vermeiden sind.
- **Anforderungen:** Angabe der Qualifikation, die vom Stelleninhaber erwartet wird sowie der speziellen Fähigkeiten und Kenntnisse, über die er verfügen muss.
- **Befugnisse:** Darzustellen sind die Vollmachten des Stelleninhabers (Zeichnungsvollmachten etc.).

738 Durch die Einführung von Stellenbeschreibungen kann sichergestellt werden, dass die betrieblichen Abläufe in strukturierter Form vonstatten gehen, es nicht zu unnötigen Zuständigkeits- und Kompetenzstreitigkeiten kommt und Stellen mit über- oder unterqualifizierten Mitarbeitern besetzt werden. Auch wird die Klarheit und Transparenz über Aufgabenverteilung, Kompetenzen sowie Berichtslinien gefördert, was wiederum die Einarbeitung neuer Kollegen erleichtert.

739 Stellenbeschreibungen anzufertigen, ist zunächst einmal mit nicht unerheblichem zeitlichen Aufwand verbunden. Auch darf in einem dynamischen Ge-

bilde, wie einem Wachstumsunternehmen, nicht vergessen werden, dass neue Stellen hinzukommen, sich Kompetenzfelder im Zeitablauf ändern und demnach eine Aktualisierung der Stellenbeschreibungen in regelmäßigen Abständen unerlässlich ist.

Die immer wieder zu hörenden Vorbehalte gegen Stellenbeschreibungen sind **740** überwiegend unbegründet: Dass Stellenbeschreibungen Großunternehmen vorbehalten seien und nur unnötige Kosten verursachen, ist zu kurz gedacht. Bei jedem Unternehmen werden Mitarbeiter i. d. R. für bestimmte, konkrete Aufgaben eingestellt. Diese Aufgaben (und die damit verbundenen Kompetenzen) sind nur nicht schriftlich fixiert, mit der Folge, dass im Falle eines negativen Ereignisses die Diskussionen darüber beginnen, ob z. B. der betreffende Mitarbeiter seine Kompetenzen überschritten hat oder nicht. Eine solche Kompetenzüberschreitung ist in der Regel nicht auf Vorsatz, sondern eher auf Unkenntnis des eigenen Kompetenzrahmens zurückzuführen.

Sicherlich ist es mit Aufwand verbunden, Stellenbeschreibungen einzuführen **741** und diese aktuell zu halten. Wenn die Stellenbeschreibungen aussagekräftig sind, dann tragen sie zu weitestgehend strukturierten und reibungsfreien Arbeitsabläufen und damit zu einer Steigerung der Effizienz sowie zur Vermeidung von Schadensfällen bei. Der Nutzen überwiegt die Kosten im Regelfall bei Weitem. Dieses kann in besonderem Maße dann der Fall sein, wenn die Stellenbeschreibungen gemeinsam mit den Mitarbeitern erarbeitet werden: Jeder Mitarbeiter legt die von ihm üblicherweise bearbeiteten Aufgaben sowie sein Verständnis seiner Stelle schriftlich nieder. Durch eine (gemeinsame) Auswertung dieser Erhebung können Schwachstellen (ein und dieselbe Aufgabe wird von verschiedenen Mitarbeitern erledigt, eine Aufgabe wird von überhaupt niemanden bearbeitet, Aufgaben sind nicht sinnvoll gebündelt, Missverhältnis zwischen Erwartung des Managements und dem Verständnis des Stelleninhabers) erkannt und beseitigt werden. Durch die aktive Mitarbeit der handelnden Personen wird der Zeitaufwand auf viele Schultern verteilt und eine positive Einstellung der Mitarbeiter zu dem Gesamtprojekt kann leichter erreicht werden.

IV. Do's und Don'ts der Unternehmensstrukturierung

Unterstützung der Innovationsfähigkeit: Die Innovationsfreude und -fähig- **742** keit von Start-Ups sind deren zentrales Kennzeichen. Insofern ist es unerlässlich, dass frühzeitig eine Organisationsform für das Unternehmen gefunden werden kann, die die Innovationsfähigkeit des Unternehmens eher fördert denn hindert. Dabei ist es an dieser Stelle weitgehend unerheblich, ob das Start-Up auf dem Gebiet von Produkt- oder Prozessinnovationen tätig ist. Produkt- und Prozessinnovationen werden in aller Regel durch sekundäre Strukturen wie „Task-Forces" (oder ähnlich bezeichnete bzw. strukturierte Arbeitsgruppen) begünstigt, die über die primäre Organisation hinweg neue Produkt- oder Prozessinnovationen zusammenfassen, diese insofern überlagern. Dieses führt unter anderem dazu, dass die Entscheidungen des Unternehmens hinsichtlich der Einführung bzw. der Konzeption einzelner Produkte auf bestimmten Märkten durch die Zusammenarbeit der verschiedenen Funktionsbereiche besser abgestimmt sind und – da in die Entscheidungsfindung auch weitere Ebenen als das Management einbezogen waren – eine höhere Akzeptanz von Entscheidungen auf Mitarbeiterebene gegeben ist.

743 **Berücksichtigung des „Bottleneck"**: Bei der Strukturierung von Arbeitsabläufen wird häufig übersehen, dass gewisse zeitlich wiederkehrende Aufgaben eine längere Bearbeitungszeit als andere Tätigkeiten erfordern, damit die gewünschte Qualität sichergestellt ist. Dieses hat häufig zur Folge, dass einerseits ein „Bodensatz" an unerledigten Arbeiten entsteht, andererseits der Berg noch zu erledigender Tätigkeiten immer weiter zunimmt, mit den möglichen Folgen, dass bei dem betroffenen Mitarbeiter zunehmend die Motivation und damit einhergehend auch die Arbeitsqualität sinkt sowie in der Folge der Geschäftsablauf behindert wird. Wenngleich die Arbeitserledigung durch die einzelnen Mitarbeiter auch eine Frage der persönlichen Arbeitsorganisation ist (Priorisierung von Aufgaben etc.), ist auch eine Steuerung durch das Management in Form von Kapazitätsüberlegungen erforderlich.

744 **Organisationshandeln und interne Kontrollen auch bei jungen Unternehmen sinnvoll**: Ein internes Kontrollsystem dient dazu, dass die vom Management aufgestellten Regelungen umgesetzt werden und damit auch eine Sicherung des Vermögens des Unternehmens, z.B. vor unberechtigtem Zugriff, erreicht wird. Als Bestandteil der Unternehmensorganisation soll das interne Kontrollsystem dazu beitragen, die üblichen Arbeitsabläufe zu strukturieren und insofern zeitaufwändige Einzelfallentscheidungen durch bereits getroffene Strukturentscheidungen – die selbstverständlich in einem dynamischen Umfeld durchaus periodisch oder situativ hinterfragt werden müssen – zu vermeiden. Dieser Grundgedanke und diese Ausrichtung gilt für Unternehmen jeder Größe und jeden Alters und nicht nur für etablierte Großkonzerne. Insofern ist die Entscheidung über die Etablierung eines Kontrollsystems und einer Organisationsstruktur schon frühzeitig zu treffen.

F. Arbeitsrechtliche Fragen

I. Grundzüge der arbeitsrechtlichen Rahmenbedingungen

„Der Starke ist am mächtigsten allein", denkt mancher Unternehmensgründer **745** zu Beginn. Er setzt sich an seinen Rechner oder geht an seine Laborbank und arbeitet an seiner Geschäftsidee. Bald stellt er jedoch fest, dass er mit Arbeitsteilung mehr erreicht. Termine mit potenziellen Investoren, Ausführungsarbeiten, Geschäftskorrespondenz und konzeptionelle Überlegungen lassen sich eben nicht gleichzeitig durchführen.

Der Gründung eines Unternehmens geht daher meist die Suche nach geeigneten **746** Mitarbeitern voraus. Das Arbeitsrecht bildet den Rahmen für die rechtliche Beziehung von Arbeitnehmer und Arbeitgeber. Der Arbeitgeber hat das Ziel, durch die Dienstleistung des Arbeitnehmers seine Produktionsabläufe zu gestalten und seinen Gewinn zu steigern. Er muss durch flexiblen Mitarbeitereinsatz auf die jeweilige Marktsituation reagieren. Wenn es die Situation des Unternehmens erfordert, muss er qualifizierte Fachkräfte einstellen. Anderseits muss er auf Umsatzeinbrüche ggf. auch durch Entlassung von Personal reagieren, um den Bestand des Unternehmens nicht zu gefährden.

In Deutschland ist der Bestand eines Arbeitsverhältnisses stark reguliert und zu **747** Gunsten des Arbeitnehmers abgesichert. Dies betrifft insbesondere den Bereich Kündigungsschutz. Nach 6-monatigem Bestehen des Arbeitsverhältnisses greift das Kündigungsschutzgesetz. Eine Kündigung ist dann nur noch bei Vorliegen eines besonderen Kündigungsgrundes möglich. Kündigungsschutzprozesse sind in Deutschland nicht selten und für den Arbeitgeber im Ergebnis oft sehr teuer.

Aber auch während des laufenden Arbeitsverhältnisses stehen dem Arbeitneh- **748** mer eine Vielzahl gesetzlicher Ansprüche zu. So kann er z. B. die Einhaltung bestimmter Arbeitszeiten, Erholungsurlaub und Entgeltfortzahlung im Krankheitsfall für sich beanspruchen.

Für den Unternehmer kommt es daher entscheidend darauf an, trotz der teil- **749** weise unübersichtlichen Vielzahl von rechtlichen Bestimmungen, die Vertragsbeziehung zu seinen Mitarbeitern möglichst so zu gestalten, dass er bezüglich der Arbeitsbedingungen größtmögliche Flexibilität behält. Gleichzeitig muss er aber für qualifizierte Mitarbeiter attraktiv bleiben. Eine *hire-and-fire* Mentalität wird gerade die Mitarbeiter abschrecken, auf die der Unternehmensgründer am meisten angewiesen ist: die Guten.

Bei der Einstellung von Mitarbeitern sollte der Arbeitgeber die auf ihn zukom- **750** menden Lohnnebenkosten beachten. Das betrifft insbesondere die Beiträge zur gesetzlichen **Sozialversicherung**. Die deutsche Sozialversicherung besteht aus fünf Säulen: Krankenversicherung, Pflegeversicherung, Unfallversicherung, Arbeitslosenversicherung und Rentenversicherung. Die Beiträge zur gesetzlichen Unfallversicherung trägt der Arbeitgeber allein. Die Beiträge zu den anderen vier Säulen der Sozialversicherung tragen Arbeitgeber und Arbeitnehmer je zur Hälfte. Die Beiträge berechnen sich durch einen Prozentwert des Bruttogehaltes des Arbeitnehmers.

751 Der Arbeitgeber ist der Schuldner des Sozialversicherungsbeitrages: er muss durch entsprechenden Abzug vom Bruttogehalt dafür einstehen, dass alle Beiträge in voller Höhe an die Träger der Sozialversicherung abgeführt werden.

752 Die Zahlung der verschiedenen Sozialversicherungsbeiträge erfolgt insgesamt an die bei den Krankenkassen eingerichteten Einzugsstellen, die die weitere Verteilung an die einzelnen Sozialversicherungträger übernehmen. Bei ihnen muss der Arbeitgeber auch jeden neuen Arbeitnehmer zur Sozialversicherung anmelden. Jeder Arbeitgeber benötigt für seinen Betrieb eine Betriebskennzahl und eine Unternehmens-ID, über die sämtliche Vorgänge abgewickelt werden. Diese wird durch die Arbeitsämter zugeteilt. Bei den Arbeitsämtern gibt es Stellen für Arbeitgeber, die darüber Auskunft erteilen, welche Pflichten sie im Zusammenhang mit der gesetzlichen Sozialversicherung zu beachten haben. Die Nichtabführung von Beiträgen zur Sozialversicherung ist strafbar (bis zu fünf Jahren Haft)! Verstöße gegen Meldepflichten und Mitwirkungspflichten des Arbeitgebers zum Verfahren der Sozialversicherung sind Ordnungswidrigkeiten und werden mit einem Bußgeld von bis zu 25.000,– Euro bestraft.

753 Für die betriebliche Mitbestimmung besteht in vielen Unternehmen ein **Betriebsrat**. Die Bildung eines Betriebsrats ist nicht zwingend. Sobald ein Unternehmen an einem Standort jedoch mindestens fünf Arbeitnehmer beschäftigt, haben diese das Recht, einen Betriebsrat auch gegen den Willen des Arbeitgebers zu wählen. Sobald es einen Betriebsrat gibt, hat dieser Anhörungs- und Mitbestimmungsrechte. Ein Anhörungsrecht bedeutet, dass der Betriebsrat zu informieren ist und zu einer Maßnahme des Arbeitgebers Stellung nehmen kann, jedoch kein Vetorecht hat. Dies betrifft insbesondere Kündigungen. Mitbestimmungsrechte, bei denen der Betriebsrat etwas aktiv durchsetzen bzw. eine geplante Maßnahme des Arbeitgebers verhindern kann, bestehen z. B. bei Fragen der Betriebsordnung, etwa Arbeitsbeginn, -ende und Pausenzeiten.

754 Ein kurzer Hinweis auf die Besonderheiten des **Tarifrechts**. Jeder weiß, dass Gewerkschaften und Arbeitgeberverbände alljährlich um Lohn- und Gehaltserhöhungen verhandeln. In Tarifverträgen wird jedoch weit mehr festgelegt, als nur Stundenlöhne und Gehaltssätze. Kündigungsfristen und die Anzahl von Urlaubstagen gehören ebenso zum Inhalt von Tarifverträgen wie Bestimmungen über Weihnachtsgeld oder Vorruhestandsregelungen.

755 Im Unterschied zu Gesetzen, die für jeden verbindlich sind, gelten Tarifverträge (wie Verträge üblicherweise) jedoch grundsätzlich nur zwischen den Parteien. Das Stichwort dafür ist „tarifgebunden". Nur der Arbeitgeber, der Mitglied im Arbeitgeberverband ist, muss das Tarifgehalt zahlen – nur der Arbeitnehmer, der Mitglied einer Gewerkschaft ist, hat Anspruch auf dieses Gehalt. Wenn nur eine der beiden Seiten der entsprechenden Gruppe nicht angehört, gibt es keine Wirkung des Tarifvertrages.

Start-up Unternehmen sind normalerweise nicht Mitglied in einem Arbeitgeber-   756
verband. Tarifverträge spielen für sie daher regelmäßig keine Rolle. Etwas
anderes gilt nur, wenn ein Tarifvertrag durch das Bundesministerium für Wirtschaft und Arbeit allgemeinverbindlich erklärt wurde. Diese Tarifverträge wirken dann wie Gesetze auf alle Arbeitsverträge. Von ihnen darf nicht zu Ungunsten des Arbeitnehmers abgewichen werden. Eine aktuelle Liste mit allge-
meinverbindlichen Tarifverträgen findet sich auf der Homepage des Ministeriums.

II. Arten von Beschäftigungsverhältnissen

Zunächst muss sich der Arbeitgeber dafür entscheiden, welchen rechtlichen   757
Mitarbeitertyp er für eine bestimmte Arbeit einstellen will. Jeder Vertragstyp
hat seine Vor- und Nachteile. Der Arbeitgeber sollte sie kennen, um sich für
den jeweils passenden zu entscheiden.

1. Arbeitnehmer und Angestellte

Arbeitnehmer ist der Oberbegriff für alle, die aufgrund eines Arbeitsvertrages   758
zu unselbstständiger Arbeitsleistung im Rahmen persönlicher Abhängigkeit und
Weisungsgebundenheit verpflichtet sind. Die meisten arbeitsrechtlichen Schutzvorschriften knüpfen an den Arbeitnehmerbegriff an.

Arbeitnehmer wurden früher in Angestellte und Arbeiter aufgeteilt. Heute ist   759
diese Unterscheidung in der Praxis überflüssig, da für beide Gruppen weitgehend die selben Vorschriften gelten.

Eine weitere Untergruppe der Arbeitnehmer sind die leitenden Angestellten. Da   760
sie oft besonders verantwortungsvolle Funktionen ausüben (etwa Personalfüh-
rung), gehören sie statusmäßig eher zum Arbeitgeber als zu den Arbeitnehmern. Deshalb sind sie gesetzlich in Teilbereichen (z. B. Kündigungsschutz) weniger geschützt als „normale" Arbeitnehmer.

Im allgemeinen Sprachgebrauch ist der Begriff „angestellt" allerdings umfas-   761
sender als im rechtlichen Sinne. Oft sind Mitarbeiter bei einem Unternehmen
„angestellt", die gar keine Arbeitnehmer im rechtlichen Sinne sind (z. B. Freie
Mitarbeiter siehe nachfolgend).

2. Teilzeitkräfte/400-Euro-Jobs

Teilzeitkräfte sind Arbeitnehmer, die regelmäßig weniger arbeiten, als ver-   762
gleichbare Vollzeitkräfte. Auch sie sind „echte" Arbeitnehmer. Für sie gelten
die selben Rechte und Pflichten wie für alle anderen Arbeitnehmer. Auch auf
sie findet das z. B. das Kündigungsschutzgesetz Anwendung.

Eine Ungleichbehandlung von Teilzeit- und Vollzeitarbeitskräften ist verboten,   763
wenn sie nicht durch rationale Kriterien, wie Berufserfahrung oder Qualifikation begründet wird. Vor allem dürfen Teilzeitkräfte keinen niedrigeren Stun-

denlohn erhalten als Vollzeitkräfte, die im Wesentlichen die gleiche Arbeit verrichten. Arbeitslohn ist immer Gegenleistung für konkrete Arbeit, nicht für einen Status. Werden Zulagen für bestimmte Arbeitsumstände gezahlt (zum Beispiel für Wochenendarbeit), dann muss diese Zulage auch in voller Höhe an Teilzeitkräfte gezahlt werden, wenn sie die Voraussetzungen erfüllen. Ungleichbehandlung führt hier zu Nachzahlungsansprüchen des Arbeitnehmers gegen den Arbeitgeber.

764 Ein besonderer Fall der Teilzeit ist das **Job Sharing**. Hier wird ein Arbeitsplatz unter mehreren Arbeitnehmern so aufgeteilt, dass die beteiligten Arbeitnehmer die Aufteilung der Arbeit selbst vornehmen und der Arbeitgeber nur das Ergebnis vorgibt.

Beispiel Job Sharing:

Arbeitgeber vereinbart mit zwei Arbeitnehmern, dass die Telefonzentrale täglich von 9.00 bis 18.00 Uhr besetzt ist und jeder von ihnen 25 Stunden wöchentlich arbeiten soll. Die konkrete Aufteilung der Schichten sollen die Arbeitnehmer selbst bestimmen.

Beispiel kein Job Sharing:

Der Arbeitnehmer stellt eine Telefonistin für den Vormittag, eine für den Nachmittag ein.

765 Bei dem zweiten Beispiel handelt es sich lediglich um zwei unabhängige Teilzeitarbeitsplätze. Das Ausscheiden eines Job-Sharers darf vom Arbeitgeber nicht zum Anlass einer Kündigung des anderen Job-Sharers genommen werden.

766 Eine Gruppe der Teilzeitkräfte sind die geringfügig Beschäftigten. Gesetzliche Voraussetzung für eine „Geringfügige Beschäftigung": ist eine Beschäftigung, die durchschnittlich nicht mehr als 15 Wochenstunden ausgeübt wird und für die ein durchschnittliches monatliches Arbeitsentgelt von maximal 400 Euro gezahlt wird.

767 Die Prototypen für diese Form der geringfügigen Beschäftigung sind Haushaltsgehilfen ebenso wie alle anderen, die sich etwas „nebenher" verdienen wollen, insbesondere Studenten (wenn sie keine Hochschulpraktikanten sind, siehe nachfolgend).

768 Die Kategorie der „Geringfügig Beschäftigten" ist allein steuer- und sozialversicherungsrechtlich, nicht arbeitsrechtlich relevant. Das bedeutet im Ergebnis, es gibt arbeitsrechtlich keine Unterschiede hinsichtlich von Rechten und Pflichten zwischen Arbeitnehmern mit 400 Euro Jobs und solchen mit einem höheren Gehalt. Dies ist Arbeitgebern in der Praxis oft unbekannt. Auch geringfügig Beschäftigte dürfen von bezahltem Urlaub, Kündigungsschutz, Weihnachtsgeld und Entgeltfortzahlung bei Krankheit nicht ausgeschlossen oder insoweit schlechter behandelt werden!

769 Trotzdem kann sich für einen Unternehmer die Beschäftigung von 400-Euro-Arbeitnehmern lohnen, da diese nur eingeschränkt sozialversicherungspflichtig und nur pauschale Steuerbeträge zu entrichten sind.

Solange der Arbeitnehmer keine weiteren Einkünfte erzielt, sind 400-Euro-Jobs **770** steuerfrei.

Die Befreiung von der Sozialversicherung geht verloren, wenn ein Arbeitneh- **771** mer mehrere 400 Euro Jobs ausübt. Deshalb ist der Arbeitgeber verpflichtet, geringfügig Beschäftigte genauso wie alle anderen Arbeitnehmer auch bei der Sozialversicherung anzumelden.

3. Geschäftsführer und AG-Vorstände

Ein **Geschäftsführer** einer GmbH ist kein Arbeitnehmer im arbeitsrechtlichen **772** Sinne, er genießt deshalb keinen Kündigungsschutz. Das Gleiche gilt für Vorstände von Aktiengesellschaften. Grund hierfür ist, dass diese Personen ihre Aufgaben weisungsfrei ausüben – sie sind „Chef", nicht Mitarbeiter. Diese Funktionen werden nicht durch den Abschluss eines Arbeitsvertrages begründet, sondern durch einen Beschluss der Gesellschafter bzw. des Aufsichtsrates. Es gibt allerdings Fälle, in denen ein Geschäftsführer tatsächlich Weisungen von den Gesellschaftern in einem solchen Umfang erhält, dass er von der Rechtsprechung als Arbeitnehmer behandelt wird.

In der Praxis üblich, jedoch nicht zwingend, ist es, auch mit Geschäftsführern **773** und Vorständen Dienstverträge abzuschließen, in denen die Vergütung und sonstige Anstellungsbedingungen geregelt sind. Auf diese Dienstverträge finden arbeitsrechtliche Schutzvorschriften weitgehend keine Anwendung (so können sich Vorstände und Geschäftsführer z. B. nicht auf das Kündigungsschutzgesetz berufen).

4. Freie Mitarbeiter und Scheinselbstständige

Gerade in der Hochphase des Neuen Marktes konnte man zahlreiche Unterneh- **774** men beobachten, in denen viele Mitarbeiter permanent beschäftigt waren, bei denen es sich – auf Nachfrage – aber stets um „Freie Mitarbeiter" oder „Selbstständige" handelte.

Der Grund dafür sind die vorgeschriebenen Beiträge zur gesetzlichen Sozialver- **775** sicherung, die der Arbeitgeber an die Bundesanstalt für Arbeit und die anderen Leistungsträger abführen muss und die er sparen kann, wenn Mitarbeiter gerade nicht als Arbeitnehmer angemeldet werden. Außerdem spekulieren Unternehmer durch die Beschäftigung von Freien Mitarbeitern oftmals darauf, den strengen Kündigungsschutzbestimmungen ausweichen zu können.

Freie Mitarbeiter sind Personen, die, ohne weisungsgebunden und ohne in **776** eine fremde Arbeitsorganisation eingebunden zu sein, selbstständig Tätigkeiten verrichten.

Sobald der Mitarbeiter jedoch in die Organisation des Unternehmens oder „das **777** Team" eingebunden wird, endet seine freie Mitarbeiterschaft und er wird Arbeitnehmer. Die Gerichte behandeln ihn als **Scheinselbstständigen** und damit wie einen Arbeitnehmer mit einem Arbeitsvertrag.

778 Vor allem im Sozialversicherungsrecht gibt es eine Vermutungsregel nach der in Zweifelsfällen davon ausgegangen wird, dass auch ein scheinbar Selbstständiger oder Freier Mitarbeiter als Arbeitnehmer anzusehen ist. Dies ist der Fall, wenn mindestens drei der folgenden Merkmale vorliegen:

1. Der Freie Mitarbeiter beschäftigt im Zusammenhang mit seiner Tätigkeit seinerseits regelmäßig keinen versicherungspflichtigen Arbeitnehmer (400 Euro-Jobs ausgenommen);
2. Der Freie Mitarbeiter ist auf Dauer und im Wesentlichen nur für einen Arbeitgeber tätig;
3. Die Arbeit des Freien Mitarbeiters wird typischerweise von Arbeitnehmern verrichtet;
4. Bei der Tätigkeit des Freien Mitarbeiters fehlen typische Merkmale eines selbstständigen Unternehmers;
5. Der Freie Mitarbeiter hat für denselben Arbeitgeber früher dieselbe Arbeit als Arbeitnehmer ausgeübt.

779 Vor allem der vierte Punkt wird heute oft zur Einstufung eines Selbstständigen herangezogen: Arbeitet jemand wirklich auf eigenes Risiko? Kann er eigene Chancen nutzen und seine Kenntnisse und Fertigkeiten frei am Markt anbieten? Kann er eigene Kunden akquirieren und firmiert er unter einer eigenen Adresse oder mit eigenem Briefkopf?

780 Gerade im Dienstleistungsbereich ist dies regelmäßig nicht der Fall.

> Ohne einen schriftlichen Arbeitsvertrag arbeitet ein Biologe in einem BioTech Unternehmen an verschiedenen Versuchsreihen. Er erhält eine Pauschale für abgeschlossene Arbeiten, kommt aber – wie vereinbart – jeden Tag in das Labor, um die Versuchsreihen zu betreuen.

781 Hier ist der Mitarbeiter in die Organisationsstruktur des Unternehmens eingebunden, er hat keinen eigenen Einfluss auf die zu verrichtende Arbeit und bekommt Weisungen hinsichtlich Arbeitsort und -zeit. Er ist daher kein freier Mitarbeiter. Selbst wenn es einen ausdrücklichen Vertrag gibt, in dem die selbstständige Arbeitsübernahme festgelegt ist, führt dies nicht zur Selbstständigkeit des Arbeitnehmers, wenn seine tatsächliche Beschäftigung dem nicht entspricht. Entscheidend ist immer die wirkliche Ausgestaltung, also das, was wirklich passiert, nicht die vertragliche Formulierung.

782 Wenn sich herausstellt, dass ein Mitarbeiter (möglicherweise jahrelang) als Selbstständiger behandelt wurde, in Wirklichkeit jedoch als Scheinselbstständiger die gesamte Zeit Arbeitnehmer gewesen ist, hat das **gravierende Folgen** für den Arbeitgeber. Der Mitarbeiter wird nun als Arbeitnehmer behandelt. Damit genießt er Kündigungsschutz wie ein Festangestellter. Daneben hat er Anspruch auf alle Leistungen des Unternehmens. Er erhält einen Gehaltsanspruch in Höhe des Üblichen für seine Tätigkeit. Dies gilt allerdings nur für die Zukunft – bereits abgewickelte Aufträge werden nicht mehr angetastet.

783 Deutlich härter sind für das Unternehmen jedoch die Lohnnebenkosten, die mit diesem „neuen" Arbeitnehmer plötzlich anfallen. Als erstes meldet sich (wie

immer) Vater Staat und verlangt Nachzahlung der in der Vergangenheit angefallenen Lohnsteuer.

Und damit nicht genug: Der Mitarbeiter hat i. d. R. keine Sozialversicherungs- **784** beiträge gezahlt. Diese müssen nun durch den Arbeitgeber (zur Erinnerung: er war Schuldner des Sozialversicherungsbeitrages) für einen Zeitraum von bis zu vier Jahren rückwirkend nachentrichtet werden. Dies betrifft sowohl den Arbeitnehmer- als auch Arbeitgeberanteil!

Schließlich ist das Nichtabführen von Beiträgen zur Sozialversicherung eine **785** Ordnungswidrigkeit für die ein Bußgeld von bis zu 5.000,– Euro fällig werden kann.

Auf diese Weise kommen selbst bei „versehentlicher" Scheinselbstständigkeit **786** leicht Zahlungsverpflichtungen von mehreren tausend Euro zusammen. Aber einen Trost gibt es: Unternehmer können bei der Bundesanstalt für Arbeit eine **Anfrage** stellen, ob ein bestimmter Dienstleistender, der als „Freier Mitarbeiter" oder „externer Auftragnehmer" beschäftigt wird, als Selbstständiger oder als Arbeitnehmer eingestuft wird. Auf diese Entscheidung kann sich der Arbeitgeber verlassen und eine negative Entscheidung gerichtlich anfechten, sodass Klarheit besteht, ohne dass plötzlich extreme Nachforderungen im Raum stehen.

5. Praktikanten und studentische Hilfskräfte

Praktikanten sind Mitarbeiter, die für eine vorübergehende Zeit zum Erwerb **787** von berufspraktischen Fähigkeiten in einem Unternehmen arbeiten. Für sie muss die zeitliche Befristung und der Ausbildungsaspekt im Vordergrund ihrer Arbeit stehen. Dabei darf es sich aber nicht um eine organisierte Berufsausbildung handeln, sondern nur ein schlichtes training-on-the-job. Deshalb sind Praktikanten auch regelmäßig keine Arbeitnehmer. Der Werkstudent hingegen „arbeitet" zu Erwerbszwecken. Wenn er dabei auch noch etwas lernt – umso besser.

Hochschulpraktikanten (also Studenten), die im Rahmen ihres Studium prak- **788** tische Berufserfahrung sammeln wollen, sind wiederum keine Arbeitnehmer, da hier wieder der „Ich-will-was-lernen"-Faktor im Vordergrund steht. Daran ändert sich auch nichts, wenn für diesen Zweck eine Aufwandsentschädigung durch den Arbeitgeber gezahlt wird, etwa für Reisekosten oder Unterkunft. Aber Vorsicht: wenn ein Student über die übliche Länge eines Studentischen Praktikums (vor allem über die Semesterferien hinaus) dauerhaft eingesetzt wird, kann er genauso als Arbeitnehmer eingestuft werden, wie ein scheinselbstständiger freier Mitarbeiter. Entscheidend ist wieder die tatsächliche Ausgestaltung des Arbeitsverhältnis, nicht die offizielle Vereinbarung.

Schüler, die in den Ferien oder im Rahmen ihrer Schulausbildung ein Prakti- **789** kum absolvieren, sind keine Arbeitnehmer.

6. Handelsvertreter, Vertriebs- und Außendienstmitarbeiter, Vertragshändler

790   Auch bei diesen Mitarbeitertypen ist der wesentliche Unterschied ihre Selbstständigkeit bzw. fehlende Abhängigkeit zum Auftraggeber, der jeweils darüber entscheidet, ob der Mitarbeiter als Arbeitnehmer anzusehen ist und dementsprechend Lohnsteuer und Sozialversicherungsbeiträge anfallen oder nicht.

791   **Handelsvertreter** ist, wer für einen Unternehmer Geschäfte vermittelt oder in dessen Namen abschließt. Nach dem Grundsatz des Handelsgesetzbuches (siehe § 84 HGB) sind Handelsvertreter selbstständig und damit keine Arbeitnehmer.

792   Zwar steht im Handelsgesetzbuch auch, dass jemand dann selbstständig ist, wenn er im Wesentlichen seine Tätigkeit frei gestalten und über seine Arbeitszeit bestimmen kann. Dies reicht jedoch allein bestenfalls als Faustformel, denn die Rechtsprechung hat weitere Kriterien entwickelt, um den echten selbstständigen vom scheinselbstständigen Handelsvertreter zu unterscheiden. Deshalb achten die Gerichte in jedem Einzelfall darauf, ob der Handelsvertreter u. a. unter eigener Firma auftritt, eigene Geschäftsräume und -einrichtung betreibt und seine Buchführung selbst organisiert. Ein typischer Handelsvertreter wird auch für mehrere Auftraggeber tätig.

793   Fehlen diese Kriterien bzw. wird ein „Handelsvertreter" in die Organisation des Arbeitgebers eingegliedert oder unterliegt erheblicher Kontrolle – indem er etwa regelmäßig ausführliche Berichte über seine Geschäfte abgeben muss – dann wird er wieder als Arbeitnehmer oder als arbeitnehmerähnlich behandelt mit der Folge, dass für ihn Sozialversicherungsbeiträge anfallen. Entscheidend ist wieder die tatsächliche Ausgestaltung des Verhältnisses zwischen Mitarbeiter und Unternehmen, nicht der Text des Vertrages, vor allem nicht die Bezeichnung des Mitarbeiters, zum Beispiel „Agent", „(General-) Vertreter" oder „Gebietsbeauftragter".

794   **Außendienstmitarbeiter** sind dagegen praktisch das Gegenteil des Handelsvertreters. Sie sollen in der Sache das Gleiche tun wie Handelsvertreter, sind aber von vornherein offiziell fest angestellte Arbeitnehmer. Wieder kommt es auf die Bezeichnung („Vertriebsmitarbeiter", „Vertragshändler") nicht an: wer kein selbstständiger Handelsvertreter ist, der ist automatisch abhängiger Außendienstmitarbeiter.

III. Abschluss eines Arbeitsvertrages

795   Wie alle anderen Verträge auch, kommen Arbeitsverträge durch Übereinkunft zwischen zwei Parteien – hier Arbeitgeber und Arbeitnehmer – zustande. Dabei gibt es jedoch einige Besonderheiten zu beachten.

1. Form

Arbeitsverträge müssen grundsätzlich nicht schriftlich abgeschlossen werden.   **796**
Mündliche Verträge sind wirksam, alle Rechte und Pflichten können sich aus
ihnen ergeben.

Zum einen ist der Arbeitgeber nach dem so genannten Nachweisgesetz jedoch   **797**
verpflichtet, dem Arbeitnehmer innerhalb von einem Monat die wesentlichen
Vertragsbedingungen schriftlich auszuhändigen. Das bezieht sich unter anderem
auf den Beginn des Arbeitsverhältnisses, die Dauer bei Befristung, eine kurze
Inhaltsbeschreibung, Entgelt und Kündigungsfristen. Bei vielen Verträgen besteht über diese Eckpunkte aber ohnehin wenig Streit.

Der wesentliche Grund für die Schriftform liegt aber in der besseren Beweis-   **798**
barkeit sämtlicher Vereinbarungen von Arbeitgeber und Arbeitnehmer. Vor
allem Regelungen über Incentives (Dienstwagen) oder Nebenverpflichtungen,
(Vereinbarungen über Erfindungen) sind ohne schriftliche Bestätigung kaum zu
beweisen und daher oft Gegenstand lang andauernder und unerfreulicher
Rechtsstreite.

In einigen Fällen ist der schriftliche Arbeitsvertrag zwingend vorgeschrieben,   **799**
um wirksam zu sein. Dies betrifft etwa befristete Arbeitsverträge und ihre Verlängerung. Unbedingte Schriftform kann sich darüber hinaus auch aus einem
Tarifvertrag ergeben, sofern er Anwendung findet.

2. Fragerecht und Offenbarungspflicht

Wer einen Mitarbeiter einstellt, weiß gerne woran er ist. Aber der Arbeitgeber   **800**
darf nicht alles fragen was er will.

> Arbeitgeber befürchtet, dass eine 28-jährige Bewerberin schwanger ist. Darf er sie
> danach fragen?

Nach einer bestehenden oder beabsichtigten Schwangerschaft darf der Arbeit-   **801**
geber nicht fragen. Andere verbotene Fragen betreffen etwa Gewerkschaftszu-
gehörigkeit oder Religion des Bewerbers.

Auch wenn der Arbeitgeber nicht danach fragt, muss der Arbeitnehmer einige   **802**
für ihn unangenehme Tatsachen von sich aus offenbaren. Dazu gehören Krankheiten aber nur dann, wenn sie die Erbringung der Arbeitsleistung dauerhaft
hindern.

3. Befristete Arbeitsverträge

Ein gutes Mittel, um sich als Arbeitgeber nicht für ewige Zeiten an einen Ar-   **803**
beitnehmer zu binden ist eine Befristung des Arbeitsvertrages. Ein unbefristeter
Arbeitsvertrag hat keine absolute zeitliche Vorgabe. Ist bei einem befristeten
Vertrag die Frist abgelaufen, gibt es i. d. R. keine rechtlichen Verpflichtungen
mehr und jeder geht wieder seiner Wege – vielleicht ein Modell, über das man
auch im Familienrecht einmal nachdenken sollte …

804 Ein Arbeitgeber kann mit einem Arbeitnehmer einen befristeten Vertrag für maximal zwei Jahre ohne Einschränkung abschließen, wenn vorher noch kein Arbeitsverhältnis zwischen ihnen bestanden hat. Bis zu dieser zeitlichen Obergrenze kann ein Vertrag auch maximal 3 mal verlängert werden, wenn sich die Verträge nahtlos aneinander reihen.

> Arbeitgeber und Arbeitnehmer schließen einen Vertrag, der auf sechs Monate befristet ist. Der Arbeitnehmer kann den Vertrag dreimal mit der selben Laufzeit verlängern. Dann sind die zwei Jahre um.

805 Danach darf mit demselben Arbeitnehmer nur noch dann ein erneuter befristeter Vertrag abgeschlossen werden, wenn es einen sachlichen Grund für die Befristung gibt. Ein besonderer Befristungsgrund ist auch bei Verträgen mit einer längeren Laufzeit als zwei Jahre erforderlich. Gibt es keinen besonderen Befristungsgrund, dann verwandelt sich ein befristetes automatisch in ein unbefristetes Arbeitsverhältnis, selbst wenn der Arbeitgeber keinen solchen Vertrag abschließen wollte.

> Wenn der Arbeitgeber nicht aufpasst und die Vertragsparteien eine vierte Verlängerung zu den gleichen Bedingungen wie bisher abschließen, dann handelt es sich dabei in Wirklichkeit um einen unbefristeten Vertrag.

806 Es gibt verschiedene Fallgruppen, bei denen eine Befristung (auch über 2 Jahre hinaus) stets zulässig ist. Dazu gehören Aushilfsarbeitskräfte, die nur eingestellt werden, um einen anderen Arbeitnehmer wegen Urlaub, Kindererziehung oder Krankheit zu ersetzen. Befristungen sind auch bei Saisonarbeitskräften oder zur Bewältigung von außergewöhnlichen Situationen zulässig. Dieser Fall erfordert einen konkreten Zusatzbedarf, dessen Wegfall vorhersehbar ist. Die bloße Unsicherheit über die zukünftige Auftragsentwicklung genügt nicht.

> Arbeitgeber benötigt für einen einmaligen Auftrag einen Programmierer, der Koreanisch spricht. Ist der Auftrag beendet, wird dieser nicht mehr benötigt.

807 Befristete Arbeitsverträge müssen immer schriftlich abgeschlossen werden. Ebenso die Verlängerung einer Befristung.

808 Innerhalb der Befristung sind Arbeitnehmer nicht ordentlich kündbar, die Vertragspartner müssen dann miteinander auskommen! Eine ordentliche Kündigung ist nur möglich, wenn die Vertragsparteien dies ausdrücklich im Arbeitsvertrag festlegen oder es im anwendbaren Tarifvertrag vorgesehen ist. Eine fristlose Kündigung aus wichtigem Grund ist aber jederzeit möglich.

809 Wird der Arbeitnehmer nach dem Ende der Frist weiter beschäftigt und erhält auch weiter sein Gehalt, so wandelt sich das befristete Arbeitsverhältnis in ein unbefristetes um.

810 Inhaltlich müssen Arbeitnehmer mit befristetem und solche mit unbefristetem Arbeitsvertrag gleich behandelt werden.

811 Insgesamt bieten die heutigen Befristungsregelungen eine gute Möglichkeit, für Unternehmer, die Fähigkeiten ihrer Mitarbeiter verhältnismäßig risikoarm zu testen und die Anzahl der Mitarbeiter an der jeweiligen wirtschaftlichen Lage des Unternehmens auszurichten.

Dabei sollte sich der Arbeitgeber über die Nachteile von Befristungen im Klaren sein. Zunächst wird jeder Arbeitnehmer bestrebt sein, einen unbefristeten Arbeitsvertrag zu erhalten. Arbeitnehmer, die nur befristete Verträge bekommen, verlassen Unternehmen schnell wieder und nehmen ihre erworbenen Kenntnisse mit. **812**

Einen Sonderfall der Befristung stellt die **Probezeit** dar. Sie ist eigentlich keine Befristung, sondern stellt nur bestimmte Regeln für die erste Zeit des Arbeitsverhältnisses auf. Eine Probezeit kann für maximal sechs Monate zu Beginn des Arbeitsverhältnis vereinbart werden. Innerhalb der Probezeit beträgt die Frist bei einer ordentlichen Kündigung nur zwei Wochen. Vor allem gibt es in dieser Zeit keinen allgemeinen Kündigungsschutz nach dem Kündigungsschutzgesetz. **813**

IV. Inhaltliche Fragen

Ist die Entscheidung für die Festanstellung eines Arbeitnehmers erst einmal gefallen, stellt sich die Frage, welche Rechte und Pflichten zwischen Arbeitnehmer und Arbeitgeber in jedem Fall bestehen, welche besonderen Vereinbarungen getroffen werden können, und was in einem Arbeitsvertrag nicht fehlen sollte. Der schriftliche Arbeitsvertrag ist die sicherste Methode, die einzelnen Ansprüche zu beweisen. Viele Rechte und Pflichten ergeben sich aber auch aus ständiger Praxis im Betrieb, ohne dass dies schriftlich bestätigt würde. **814**

1. Inhaltsbestimmung

Nicht fehlen sollte in einem Arbeitsvertrag ein Hinweis auf die Aufgaben, die der neue Mitarbeiter zu erledigen hat. Das klingt zwar banal, ist aber oft der erste Anlass für Streit. Oft genügen schon ein paar Schlagworte, damit sich beide Seiten über den Kernbereich des Arbeitsplatzes im Klaren sind. **815**

2. Gehalt

Das Gehalt des Mitarbeiters ergibt sich ebenfalls aus dem Arbeitsvertrag und sollte daher dort nicht fehlen. Fehlt jedoch eine Gehaltsangabe, vor allem, wenn der Arbeitnehmer erst einmal ohne schriftlichen Vertrag zu arbeiten beginnt und über Geld nicht gesprochen wurde, dann hat der Arbeitnehmer Anspruch auf das „übliche" Arbeitsentgelt – so die Regelung des Bürgerlichen Gesetzbuches (§ 612 Absatz 2 BGB). **816**

Was in einer Branche für eine bestimmte Arbeitsleistung üblich ist, bestimmt sich nach dem entsprechenden Tarifvertrag. Gerechnet wird mit dem Tarifvertrag, der gelten würde, wenn Arbeitgeber und Arbeitnehmer tarifgebunden (also Mitglied ihrer Interessengruppen) wären. Wenn das auch nicht weiterhilft, wird **817** geschätzt. Also besser, gleich etwas vereinbaren und gar keine Zweifel aufkommen lassen.

818 Es gibt in Deutschland keinen gesetzlichen Mindestlohn, die weit verbreiteten Tarifverträge haben dies immer aufgefangen. Es besteht lediglich das Verbot von Lohnwucher. Lohnwucher liegt vor, wenn für eine bestimmte Arbeit außerhalb des Sonderfalls geringfügiger Beschäftigung weniger als 66% des üblichen Tariflohns gezahlt werden. In diesem Fall ist die Gehaltsvereinbarung unwirksam und der Arbeitgeber macht sich strafbar.

819 Das Gehalt eines Arbeitnehmers wird in Monatsraten angegeben und auch ausbezahlt. Dabei handelt es sich zunächst einmal um das Jahresbruttogehalt geteilt durch zwölf Monate. Der Arbeitnehmer muss vorleisten, der Arbeitgeber zahlt am Ende des vereinbarten Zeitabschnitts, also üblicherweise am Monatsende.

820 Der Arbeitgeber hat kein Recht, das Gehalt einseitig zu kürzen, selbst dann nicht, wenn der Arbeitnehmer schlecht gearbeitet hat. Es besteht allenfalls die Möglichkeit, Gehaltsansprüche mit Schadensersatzforderungen zu verrechnen. Ansonsten kann der Arbeitnehmer bei fortgesetzter schlechter Arbeitsleistung nur abgemahnt oder gekündigt werden.

3. Besondere Lohnformen

821 Gehalt für Arbeit gibt es cash. Aber nicht immer. In vielen Unternehmen werden besondere Anreize gewährt, um die Mitarbeiter zu besserer Leistung anzuspornen.

822 Der gängigste Fall für solche Anreize sind **Sachleistungen**, wie freie Buffets oder Dienstwagen. Es spricht nichts dagegen, einem Arbeitnehmer einen Dienstwagen zu gewähren, den dieser auch privat nutzen kann. Nur sollte dies im Vertrag deutlich geregelt werden.

823 Ohne besondere vertragliche Regelung darf der Arbeitgeber dagegen nicht wie es ihm passt einen Teil des vereinbarten Gehaltes nicht mehr in Geld, sondern durch Sachleistungen auszahlen.

824 Eine **Tantieme** hingegen ist eine Form der Entlohnung, die von vornherein erfolgsabhängig versprochen wird, also etwa, sobald der Mitarbeiter, seine Abteilung oder das Unternehmen einen bestimmten Jahresumsatz oder -gewinn erzielt. Tritt dieses Ereignis nicht ein, hat der Mitarbeiter auch keinen Anspruch darauf. Das Gleiche gilt für eine versprochene Gewinnbeteiligung und gegebenenfalls Aktienoptionen.

4. Sonderzahlungen

825 Neben dem laufenden Gehalt erwarten viele Arbeitnehmer Sonderzahlungen zu bestimmten Anlässen – **Weihnachtsgeld** und Urlaubsgeld, so genannte „Gratifikationen", aber auch allgemeine 13. und 14. Monatsgehälter. Wird der Anspruch auf diese Zahlung im Arbeitsvertrag ausdrücklich geregelt ist die Sache klar: der Arbeitgeber muss zahlen. Da dies bei schwachem Jahresgeschäft aber ein erhebliches zusätzliches Risiko bedeutet, ziehen es Arbeitgeber vor, diese Zahlungen nur zu gewähren, wenn die Lage des Unternehmens gut ist und ansonsten zu streichen.

Dies ist jedoch rechtlich nicht immer möglich, da ein Anspruch des Arbeitneh-   **826** mers auf die Zahlung der Gratifikation auch bestehen kann, wenn sie zwar nicht ausdrücklich im Vertrag geregelt ist, aber bislang mehrfach gewährt wurde. Dies kann der Arbeitgeber vermeiden, indem er dem Arbeitnehmer von vornherein die Freiwilligkeit seiner Zahlung deutlich macht, etwa indem er eine entsprechende Klausel in den Arbeitsvertrag einfügt.

Dies ist komplizierter, als man denken könnte, da nicht ganz klar ist, wann der   **827** Arbeitgeber auf die Freiwilligkeit seiner Leistung hinweisen muss bzw. im akuten Fall von ihr Gebrauch machen kann. Da Weihnachtsgeld zumeist eine Art Belohnung für die erfolgreiche Zusammenarbeit im vergangenen Jahr darstellt, sagen einige Gerichte, dass der Arbeitgeber bereits zu Beginn des Jahres deutlich machen muss, ob er im Dezember Weihnachtsgeld zahlen möchte oder nicht. Unterlässt er dies, hat auch eine Freiwilligkeitsvereinbarung oder ein Widerrufsvorbehalt im Arbeitsvertrag für das laufende Jahr keine Bedeutung.

Auf jeden Fall sollte im Vertrag geregelt werden, welche Mitarbeiter die Son-   **828** derzahlung bekommen sollen (Weihnachtsgeld auch für Mitarbeiter, die erst am 1. November angefangen haben?), oder ob später ausscheidende Arbeitnehmer diese zumindest teilweise zurückzahlen sollen.

5. Urlaub

Jeder Arbeitnehmer hat Anspruch auf den gesetzlichen Mindesturlaub von 24   **829** Werktagen (Montag bis Samstag, keine gesetzlichen Feiertage) gemäß Bundesurlaubsgesetz. In dieser Zeit muss ihm sein Gehalt weiter gezahlt werden. Durch Tarifvertrag oder Arbeitsvertrag darf dieser Anspruch ausgedehnt, aber nicht verkürzt werden.

Da die meisten Arbeitnehmer heute aber nicht mehr sechs, sondern nur noch   **830** fünf Tage in der Woche arbeiten, besteht auch der gesetzliche Jahresurlaubsanspruch tatsächlich in einer Höhe von 20 Arbeitstagen, was dem auf fünf Arbeitstage umgerechneten gesetzlichen Anspruch entspricht. Auch für Teilzeitbeschäftigte wird der Jahresurlaub eines Vollzeitarbeitsverhältnisses entsprechend auf ihre Arbeitstage umgerechnet. Wie viele Stunden eine Teilzeitkraft dagegen an einem Tag arbeitet, ist bei der Urlaubsberechnung unerheblich.

Der Arbeitnehmer hat nicht sofort Anspruch auf Urlaub, sondern erst nach einer   **831** Wartezeit von sechs Monaten. Dann aber kann er den vollen gesetzlichen Urlaub verlangen, der Jahresurlaub wird nicht anteilig auf die Monate umgerechnet.

Der Urlaub muss normalerweise in dem Kalenderjahr genommen werden, in   **832** dem er anfällt. Nach dem Bundesurlaubsgesetz können Urlaubstage beim Vorliegen bestimmter Gründe bis zum 31. März des darauf folgenden Jahres nachgeholt werden.

833 Die Frage, wann Urlaub genommen werden kann, führt oft zu Konflikten zwischen Arbeitgeber und Arbeitnehmer. Grundsätzlich muss der Arbeitgeber dem Arbeitnehmer nachgeben: Urlaub ist ein Anspruch, den der Arbeitgeber gewähren muss. Der Arbeitgeber kann jedoch „dringende betriebliche Gründe" gegen einen bestimmten Urlaubszeitpunkt anführen. Dieses darf er jedoch nur, wenn tatsächlich kurzfristig eine andere Planung nicht möglich ist. Das ist etwa bei außergewöhnlicher Auftragslage, plötzlicher Krankheit anderer Mitarbeiter oder anderen unvorhersehbaren Situationen der Fall. Schlichte Überlastung des Personals muss der Arbeitgeber dagegen durch Neueinstellungen ausgleichen.

834 Daher empfiehlt es sich, frühzeitig einen Urlaubsplan aufzustellen, um den Arbeitnehmern Gelegenheit zu geben, ihre Urlaubswünsche anzumelden und zu koordinieren.

6. Entgeltfortzahlung bei Krankheit

835 Wird ein Arbeitnehmer unverschuldet krank und kann demzufolge nicht zur Arbeit erscheinen, so hat er trotzdem ein Recht auf sein volles Gehalt, aber ohne Zulagen, etwa für Überstunden. Dies gilt jedenfalls für die ersten sechs Wochen einer Krankheit, anschließend übernimmt die Krankenkasse des Arbeitnehmers die weiteren Zahlungen in Form des so genannten „Krankengeldes".

836 Der Arbeitgeber kann diese Zahlungen nicht durch Kündigung des Arbeitnehmers umgehen – bis zur Wirksamkeit der Kündigung bleibt der Anspruch auf Entgeltfortzahlung bestehen. Ein Anspruch besteht aber nicht, wenn der Arbeitnehmer für die Zeit seiner Krankheit zum Beispiel wegen unbezahltem Urlaub ohnehin nicht gearbeitet bzw. Gehalt bekommen hätte.

837 Vielen Arbeitnehmern ist nicht bekannt, dass ihr Anspruch auf Entgeltfortzahlung bei Krankheit entfällt, wenn sie die Arbeitsunfähigkeit im erheblichen Maße selbst mitverursacht haben.

> Arbeitnehmer Schumi will Spass und gibt richtig Gas. Dabei übersieht er eine rote Ampel. Es kommt zum Crash, er wird verletzt und kann vier Wochen nicht arbeiten.

838 Bei Arbeitsunfähigkeit infolge von Verkehrsunfällen hat ein Arbeitnehmer keinen Anspruch auf Gehaltsfortzahlung, wenn er selbst einen groben Verstoß gegen Verkehrsvorschriften begangen hat. Dies ist vor allem bei alkoholbedingter Fahruntüchtigkeit sowie bei erheblicher Geschwindigkeitsüberschreitung oder dem Überfahren roter Ampeln der Fall. Schumi wird hier seine Ersparnisse angreifen müssen.

> Arbeitnehmer Schumi ist das Rennfahren leid und wechselt zum Paragliding. Bei seinem ersten Versuch stürzt er ab und verletzt sich schwer. Die Folge: mehrere Wochen arbeitsunfähig.

839 Da selbst risikoreiche Sportarten zum privaten Vergnügen des Arbeitnehmers gehören auf die der Arbeitgeber normalerweise keinen Einfluss hat, besteht der Anspruch auf Entgeltfortzahlung auch bei entsprechenden Unfällen. Dies gilt

sogar für Amateurboxen und Drachenfliegen. Lediglich Kick-Boxen wurde als so gefährlich angesehen, dass hierbei erlittene Verletzungen immer selbstverschuldet sind (solche Urteile gibt es wirklich!). Allein zum Freeclimbing haben wir noch keine Rechtsprechung gefunden...

> Arbeitnehmer Bruno Brutto wechselt an seinem Arbeitsplatz bei seinem Rechner die Festplatte aus. Leider hat er vergessen, den Netzstecker zu ziehen. Er bekommt einen Stromschlag und ist drei Wochen krankgeschrieben.

Bei Betriebsunfällen kommt ein Ausschluss der Entgeltfortzahlung nur in **840** Frage, wenn der Arbeitnehmer grob gegen Unfallverhütungsvorschriften verstoßen hat (Faustregel: „Das darf ihm auf keinen Fall passieren"). Ob ein solcher Fall vorliegt, kann man nur im Einzelfall beantworten.

7. Haftung im Arbeitsrecht

Nur wer nicht arbeitet macht keine Fehler. In allen anderen Fällen kann schnell **841** ein Schaden entstehen. Dabei unterscheidet man zwischen Personen- und Sachschäden.

Erleidet ein Arbeitnehmer im Zusammenhang mit seiner Arbeit einen Unfall, **842** kommt für diesen **Personenschaden** (zum Beispiel Heilungskosten) allein die gesetzliche Unfallversicherung, also die Berufsgenossenschaft auf. Der Arbeitgeber muss gegenüber dem Arbeitnehmer regelmäßig nicht zahlen, auch kein Schmerzensgeld.

> Arbeitnehmer Bruno lässt Arbeitnehmer Norbert einen Monitor auf den Fuß fallen.

Dabei ist es egal, wie der Unfall zu Stande kam: die gesetzliche Unfallversi- **843** cherung übernimmt Personenschäden durch Verhalten des Arbeitgebers und durch Verhalten von Arbeitskollegen. Auch sie müssen für solche Schäden nicht einstehen.

> Arbeitgeber weist Arbeitnehmer an, an einer völlig ungesicherten Laboreinrichtung zu arbeiten. Arbeitnehmer infiziert sich mit einem Virus.

Hat der Unfallverursacher aber grob fahrlässig oder sogar vorsätzlich gehandelt **844** und etwa einfachste Sicherheitsvorschriften verletzt, kann die Berufsgenossenschaft hinterher von ihm Regress verlangen. Nach dem derzeitigen Stand der Rechtsprechung hat der Arbeitnehmer bei Arbeitsunfällen überhaupt keinen Anspruch auf Schmerzensgeld: weder Arbeitgeber noch Unfallversicherung treten für diesen Schaden ein.

Für **Sachschäden** gibt es keine gesetzliche Unfallversicherung. Hier muss **845** grundsätzlich jeder den Schaden ersetzen, den er verursacht.

> Ungeschickter Arbeitnehmer löscht die neu entwickelte Software.

Da in der heutigen Arbeitswelt aber durch kleine Missgeschicke gigantische **846** Schäden entstehen können (Kapitäne von Öltankern können ein Lied davon singen), wurde diese strenge Haftung durch die Gerichte ersetzt. Der Arbeitnehmer muss einen Schaden auch gegenüber Dritten nur ersetzen, wenn er ihn vorsätzlich oder extrem leichtsinnig verursacht hat. In den meisten Fällen wird der Schaden geteilt, wobei der Arbeitnehmer regelmäßig nur einen kleinen Anteil bezahlen muss, in vielen Fällen schließlich wird der Schaden ganz vom Arbeitgeber übernommen werden müssen. Wer nun tatsächlich für einen Schaden aufkommt, hängt damit immer von den Umständen des konkreten Falles ab und lässt sich kaum pauschal vorhersagen.

847 Bei wertvollen Objekten an denen häufig Schäden entstehen (vor allem Firmenwagen) empfiehlt sich daher der Abschluss einer Kaskoversicherung, da ihr Fehlen von vielen Gerichten dem Arbeitgeber angelastet wird, der bei einem Unfall seines Angestellten dann einen höheren Anteil übernehmen muss.

8. Wettbewerbsverbot

848 Gerade in Unternehmen, in denen eine Geschäftsidee nicht nur ein wesentlicher Vermögenswert, sondern auch die einzige Garantie für zukünftigen Erfolg ist, sollte über ein vertragliches Wettbewerbsverbot nachgedacht werden. Hier geht es darum, dass einem Mitarbeiter verboten wird, dem eigenen Unternehmen Konkurrenz zu machen. Die Gefahr ist besonders groß, wenn der Mitarbeiter während seiner Arbeit spezielles Know-how erwirbt.

849 Aus diesem Grund wird dem Mitarbeiter regelmäßig verboten, zu seinem Arbeitgeber in Wettbewerb zu treten. Dabei unterscheidet man Wettbewerbsverbote während der Dauer des Arbeitsvertrages und solche in der Zeit danach.

850 Während der Vertragslaufzeit ist es dem Arbeitnehmer verboten, selbstständig oder angestellt in der selben Branche zu arbeiten wie der Arbeitgeber und so mit ihm zu konkurrieren. Daneben darf der Arbeitnehmer aber auch nicht als persönlich haftender Gesellschafter eines Konkurrenzunternehmens auftreten, selbst wenn er mit dem operativen Geschäft dort nichts zu tun hat. Der Arbeitgeber kann ein solches Engagement des Arbeitnehmers aber genehmigen.

851 **Nebentätigkeiten** des Arbeitnehmers in einer anderen Branche sind dagegen nicht grundsätzlich verboten, sondern nur, wenn die Nebentätigkeit die Arbeitsleistung des Arbeitnehmers so einschränkt, dass er seine Arbeit nicht mehr ordnungsgemäß verrichten kann.

> Arbeitnehmer ist neben seiner Tätigkeit in einem Webdesign Büro noch in der Telefonakquise für eine Lebensversicherung tätig.

852 Hier ist es dem Arbeitnehmer jedenfalls verboten, die notwendigen Telefonate vom Arbeitsplatz aus zu führen, da dies nicht nur Kosten für den Arbeitgeber verursacht sondern sich vor allem auf seine Arbeitszeit niederschlägt. Sobald Interessen des Arbeitgebers berührt werden, muss der Arbeitnehmer auf seine geplante Nebentätigkeit hinweisen.

> Arbeitnehmer arbeitet acht Wochenstunden für 400 Euro. Jetzt will er noch eine 400 Euro Tätigkeit aufnehmen.

853 In diesem Fall würden mit der zweiten geringfügigen Beschäftigung nun auch Sozialversicherungsbeiträge anfallen, die der Arbeitgeber abführen muss. Daher

muss die Nebentätigkeit angezeigt werden, auch wenn der Arbeitgeber sie nicht verbieten kann (solange keine Konkurrenztätigkeit vorliegt).

Auch in einem Arbeitsvertrag darf ein Arbeitgeber nicht pauschal jede Neben- **854** tätigkeit durch eine entsprechende Klausel verbieten, sondern nur, wenn die Nebentätigkeit seine Interessen berührt. Zulässig sind vertragliche Verbote dagegen wieder nur bei möglicher Konkurrenztätigkeit oder bei zu erwartenden Auswirkungen auf die Arbeitsleistung. Um sicher zu gehen empfiehlt sich aber eine Klausel, in der jede Nebentätigkeit erst nach vorheriger Genehmigung zulässig ist, die Genehmigung aber immer erteilt wird, wenn nicht berechtigte Interessen der Firma beeinträchtigt werden.

Nachvertragliche Wettbewerbsverbote spielen im Dienstleistungsbereich eine **855** immer größere Rolle. Hat der geschätzte Arbeitnehmer das Unternehmen erst einmal verlassen, wird er mit dem erworbenen Wissen möglicherweise eine echte Gefahr für seinen alten Arbeitgeber. Bevor drastischere Maßnahmen nötig werden, empfiehlt sich daher, dem Mitarbeiter bereits im Arbeitsvertrag eine Konkurrenztätigkeit für die Zeit nach dem Arbeitsvertrag zu verbieten.

Dabei sind mehrere Punkte unbedingt zu beachten: Nachvertragliche Wettbe- **856** werbsverbote müssen immer schriftlich vereinbart werden. Ein solches Verbot ist nur für maximal zwei Jahre nach dem Ende des Arbeitsverhältnisses zulässig und der Arbeitnehmer muss finanziell entschädigt werden. Gerade der letzte Punkt ist sehr wichtig.

Weil der Arbeitnehmer durch das Wettbewerbsverbot keine Möglichkeit mehr **857** hat, Lebensunterhalt in einem Bereich zu verdienen, für den er besonders qualifiziert ist, muss ihn der ehemalige Arbeitgeber dafür entschädigen. Diese Entschädigung muss mindestens die Hälfte des zu beziehenden Gehalts betragen und für die gesamte Laufzeit des Wettbewerbsverbotes gezahlt werden. Übliche Einkommenssteigerungen müssen dabei berücksichtigt werden.

Tricks, die Entschädigung zu umgehen, haben vor den Gerichten regelmäßig **858** keinen Erfolg. Schließlich sollte in jedem Fall überlegt werden, ob der Kostenaufwand eines nachvertraglichen Wettbewerbsverbotes wirklich durch das Wettbewerbspozential eines Mitarbeiters gerechtfertigt wird.

V. Beendigung des Arbeitsvertrages

Irgendwann geht alles zu Ende. Wenn sich Arbeitgeber und Arbeitnehmer einig **859** sind, können sie mit einem Aufhebungsvertrag schnell für rechtliche Klarheit sorgen. Einseitige Beendigungen eines Arbeitsvertrages in Form von Kündigungen, sind in Deutschland oft nur schwer durchzusetzen. Die Grundzüge der Beendigung des Arbeitsverhältnis sollen an dieser Stelle kurz angerissen werden, da deren Kenntnis auch für die Ausgestaltung der vertraglichen Beziehungen (z.B Vereinbarung einer Probezeit und einer vertraglichen Kündigungsfrist) erforderlich sind. Hier ein kurzer Überblick, was in diesem Zusammenhang beachtet werden sollte:

1. Aufhebungsvertrag

860 Ein Aufhebungsvertrag ist eine Vereinbarung, in der Arbeitgeber und Arbeitnehmer verabreden, dass der bisherige Arbeitsvertrag beendet ist. Im Gegensatz zu einem befristeten Arbeitsvertrag endet die rechtliche Beziehung hier also nicht von alleine, sondern nur, weil beide Parteien es während der Vertragslaufzeit des Arbeitsvertrages so wollen.

861 Der Aufhebungsvertrag hat für den Arbeitgeber erhebliche Vorteile. Vertragliche oder gesetzliche Kündigungsfristen gelten nicht! Auch sonstiger Kündigungsschutz – etwa Betriebsratsmitbestimmung, Schwangeren- oder Schwerbehindertenschutz oder wegen Alters faktisch unkündbare Arbeitnehmer – gilt nicht!

862 Auch der Arbeitnehmer muss keine Kündigungsfristen beachten, er kann sofort bei einem anderen Unternehmen anfangen.

863 Für Aufhebungsverträge ist gesetzlich Schriftform vorgesehen.

864 Niemand kann mit rechtlichen Mitteln zu einem Aufhebungsvertrag gezwungen werden. Wenn der Mitarbeiter nicht will, dann kann ihm nur gekündigt werden. Dann tragen beide Seiten das übliche Risiko einer Kündigung. Aus diesem Grund wird in Aufhebungsverträgen regelmäßig die Zahlung einer Abfindung vereinbart, um den Arbeitnehmer zum Abschluss zu motivieren.

865 Ein Aufhebungsvertrag kann jedoch für den Arbeitnehmer insbesondere sozialversicherungsrechtliche Nachteile haben, die eine sorgfältige Prüfung verlangen, u.a. besteht hier das Risiko, dass eine sog. „Sperrzeit" für den Bezug von Arbeitslosengeld für einen Zeitraum von bis zu 12 Wochen durch das Arbeitsamt angeordnet wird.

2. Allgemeines zur Kündigung

866 Eine Kündigung muss immer schriftlich erfolgen, selbst wenn der Arbeitsvertrag aus irgendwelchen Gründen nicht schriftlich abgeschlossen wurde.

> Arbeitgeber will Arbeitnehmer entlassen und schreibt eine Kündigung. Er weiß aber nicht genau, wie so etwas aussieht.

867 Die Kündigungserklärung muss deutlich machen, dass der Arbeitsvertrag unwiderruflich beendet werden soll und wann er beendet werden soll. Der Kündigungszeitpunkt darf nicht fehlen.

> Arbeitgeber schreibt: Ich kündige Ihr Arbeitsverhältnis zum nächsten Termin.

868 Das geht. Ein konkretes Datum muss nicht berechnet sein. Ist ein Datum enthalten und ist es das falsche Datum, dann wirkt die Kündigung automatisch zum nächstmöglichen (richtigen) Termin.

> Arbeitgeber schreibt: Hiermit kündige ich Ihnen mit sofortiger Wirkung, weil sie am 20. Mai ihrem Arbeitskollegen Bruno Brutto eine Ohrfeige gegeben haben.

869 Nur bei fristlosen Kündigungen muss dem Arbeitnehmer auf Verlangen der Kündigungsgrund ausdrücklich und schriftlich mitgeteilt werden.

Eine Kündigung wird erst wirksam, wenn sie dem Arbeitnehmer zugeht. **870**

Arbeitgeber schickt die Kündigung mit der Post. Am Tag, an dem der Postbote den Brief in den Briefkasten des Arbeitnehmers wirft, ist dieser jedoch nicht da. Er findet ihn erst einen Tag später.

Die Kündigung geht dem Arbeitnehmer zu, wenn sie in seinen „Machtbereich" **871** gelangt ist. Der Zugang war hier damit in dem Moment, als üblicherweise mit der Leerung des Briefkasten hätte gerechnet werden können. Gerade bei Fristen ist der genaue Zeitpunkt entscheidend – oft kommt es darauf an, wann „üblicherweise" in einem Gebiet die Post kommt. Auch wenn der Arbeitnehmer im Urlaub ist – und der Arbeitgeber davon weiß – geht ein Kündigungsschreiben an seine Heimatadresse zu, wenn es unter üblichen Umständen gelesen worden wäre, nicht erst bei der Rückkehr des Arbeitnehmers aus dem Urlaub.

Bei einem Unternehmen besteht ein Betriebsrat. Was ist bei einer Kündigung zu beachten?

Der Betriebsrat ist vor jeder Kündigung zu informieren. Der Arbeitgeber muss **872** dem Betriebsrat auch die Kündigungsgründe mitteilen. Eine Kündigung ist ohne Anhörung des Betriebsrat unwirksam.

Der Betriebsrat widerspricht der Kündigung. Was kann der Arbeitgeber tun?

Der Betriebsrat kann eine Kündigung nicht verhindern! Ein Veto-Recht hat der **873** Betriebsrat nur bei der Kündigung von Betriebsratsmitgliedern.

Gegen seine Kündigung kann der Arbeitnehmer nur innerhalb von drei Wochen **874** nachdem ihm die Kündigung zugegangen ist Kündigungsschutzklage bei dem zuständigen Arbeitsgericht erheben. Danach ist die Zulassung einer Kündigungsschutzklage nur in gesetzlich formulierten Ausnahmefällen zulässig.

3. Außerordentliche (fristlose) Kündigung

Ein Arbeitsvertrag kann nur bei einem „wichtigen Grund" fristlos gekündigt **875** werden. Die praktisch relevantesten Fälle liegen im Verhalten des Arbeitnehmers begründet, insbesondere bei Straftaten.

Arbeitnehmer B wird bei einem Diebstahl im Unternehmen erwischt.

Aber auch sonst ist bei Verletzungen von Loyalitätspflichten eine außerordentli- **876** che Kündigung möglich.

Prokurist Dr. Möhlmann und Fliesbandarbeiter Manni erzählen beide angetrunken in einer Kneipe, das Unternehmen, bei dem beide arbeiten, sei praktisch pleite.

Je höher der Arbeitnehmer in der betrieblichen Hierarchie angesiedelt war, und **877** je mehr der Arbeitgeber sich auf seine Loyalität verlassen musste, desto eher ist eine fristlose Kündigung möglich. Für Prokuristen gilt deshalb etwas anderes als für einfache Angestellte.

Alle anderen Gründe, die die Arbeitskraft eines Arbeitnehmers maßgeblich ein- **878** schränken, wie zum Beispiel lang andauernde oder häufige kurze Krankheiten, erlauben allenfalls eine ordentliche Kündigung mit entsprechender Kündigungsfrist. Auch hiervon sind aber Ausnahmen möglich.

4. Ordentliche Kündigung

879 Eine ordentliche Kündigung sagt zunächst nichts über die Wirksamkeit einer Kündigung aus. Sie bezeichnet zunächst nur eine Kündigung mit der vorgeschriebenen Kündigungsfrist.

880 Während der Probezeit kann einem Mitarbeiter mit einer Frist von zwei Wochen gekündigt werden.

881 Anschließend beträgt die gesetzliche Kündigungsfrist zunächst vier Wochen zum Monatsende oder zur Monatsmitte, nach zwei Jahren dann 1 Monat zum Monatsende. Mit fortlaufender Betriebszugehörigkeit verlängert sich die Kündigungsfrist um weitere Monate.

> Ein Arbeitnehmer ist sechs Jahre beschäftigt. Am 31. Mai wird die Kündigung abgeschickt, am 2. Juni geht sie zu. Zu welchem Termin ist die Kündigung wirksam?

882 Bei einer sechsjährigen Betriebszugehörigkeit beträgt die gesetzliche Kündigungsfrist 2 Monate zum Monatsende. Maßgeblich für den Fristbeginn ist der Zugang der Kündigung. Dies war hier erst im Juni – die Kündigung erfolgte damit zum 31. August.

883 Durch individuellen Arbeitsvertrag dürfen gesetzliche Kündigungsfristen, ebenso wie durch Tarifverträge, nur verlängert, nicht aber verkürzt werden!

5. Kündigungsschutz

884 Eine Kündigung ist aber nicht nur von der Einhaltung der richtigen Frist abhängig. Sie kann deshalb unwirksam sein, weil sie gegen das Kündigungsschutzgesetz verstößt.

885 Einige Verbote des Kündigungsschutzes gelten für alle Arbeitsverträge unter allen Umständen.

> Arbeitgeber kündigt türkischem Arbeitnehmer weil dieser Moslem ist.

886 Ganz grundsätzliche Kündigungsschutzregeln verbieten etwa die rassistische, religiöse oder sexistische Diskriminierung.

887 Die wichtigsten Verbote einer ordentlichen Kündigung ergeben sich aus dem **Kündigungsschutzgesetz**. Dieses gilt jedoch nicht immer. Kleine Unternehmen sind davon ausgenommen.

> In einem kleinen Start-Up-Unternehmen arbeiten der Inhaber, zwei Programmierer, eine Studentin als Halbtagskraft für das Sekretariat und zwei Azubis.

888 Das Kündigungsschutzgesetz gilt nicht in Betrieben, in denen durchschnittlich fünf oder weniger fest angestellte Vollzeitarbeitskräfte tätig sind. Teilzeitbeschäftigte mit einer wöchentlichen Arbeitszeit bis zu 20 Stunden werden als halbe Stellen gezählt, Azubis gar nicht. In unserem Beispiel bedeutet das: die

beiden Programmierer sind – wenn sie Vollzeit arbeiten – zwei Stellen, die Sekretärin/Studentin zählt als halber Arbeitnehmer, die Azubis fallen weg. Hier sind damit (neben dem Arbeitgeber, der sowieso nicht mitgerechnet wird) durchschnittlich nur 2 ½ Arbeitnehmer beschäftigt – das Kündigungsschutzgesetz gilt nicht.

Innerhalb der ersten **sechs Monate** eines Arbeitsvertrages gilt das Kündigungsschutzgesetz nicht. Diese sechs Monate müssen – anders als die Probezeit – nicht ausdrücklich vereinbart werden. Die Probezeit führt nur dazu, dass mit einer Frist von zwei Wochen gekündigt werden kann. Der Kündigungsschutz sagt nichts über die Frist, sondern nur über die Frage, ob einen bestimmten Arbeitnehmer überhaupt gekündigt werden kann. **889**

Weiterhin gilt das Kündigungsschutzgesetz nicht für Geschäftsführer und andere Organmitglieder juristischer Personen. **890**

Findet das Kündigungsschutzgesetz Anwendung ist eine Kündigung nur dann wirksam, wenn sie in der Person des Arbeitnehmers (z. B. lang andauernde Krankheit) oder seinem Verhalten (z. B. Verletzung arbeitsvertraglicher Pflichten) begründet ist oder „dringende betriebliche Erfordernisse" einer Weiterbeschäftigung entgegenstehen. **891**

Bei der zuletzt genannten, praktisch relevanten betriebsbedingten Kündigung ist neben der Darlegung des Wegfalls des Arbeitsplatzes eine sog. **Sozialauswahl** zu treffen. Dabei sind vor allem drei Kriterien maßgeblich: Dauer der Betriebsangehörigkeit, Lebensalter und Unterhaltspflichten (Kinder). **892**

> Ein Sekretariatsarbeitsplatz soll wegfallen. Es gibt eine 28-jährige Bürofachkraft, einen 56-jährigen Hausmeister und eine 35-jährige Sekretärin mit zwei Kindern.

Die Sozialauswahl darf nur unter vergleichbaren Arbeitnehmern erfolgen, die auch alle den entsprechenden Arbeitsplatz besetzen könnten, ohne dass ihr Arbeitsvertrag geändert werden müsste. Der Hausmeister hat mit dem Sekretariat nichts zu tun – er wird in die Sozialauswahl nicht einbezogen. Bei den anderen ist die 35-jährige Sekretärin wegen ihrer zwei Kinder und ihres Alters sozial schutzwürdiger. Die 28-jährige Bürofachkraft muss daher zuvor entlassen werden, selbst wenn sie bis dahin in einem anderen Sekretariat gearbeitet hat. **893**

Insbesondere die richtige Durchführung der Sozialauswahl bereitet in der Praxis oftmals Schwierigkeiten und bedeutet bei der Führung von Kündigungsschutzprozessen für den Arbeitgeber oftmals ein hohes Risiko. **894**

Manche Personengruppen genießen **besonderen Kündigungsschutz**. Bei ihnen ist eine ordentliche Kündigung nur unter erschwerten Voraussetzungen wirksam. Dazu gehören Schwangere (bis vier Monate nach der Entbindung), Frauen und Männer im Erziehungsurlaub und Mitglieder des Betriebsrats. Erheblich erschwert ist die Kündigung von Schwerbehinderten. **895**

VI. Ausländische Arbeitnehmer und Regelungen zur Green Card

896 Ausländische Arbeitnehmer können in der Bundesrepublik nach derzeitigem Recht arbeiten, wenn sie eine Aufenthalts- und eine Arbeitsgenehmigung haben.

897 Jeder Ausländer benötigt eine **Aufenthaltsgenehmigung**. Diese wird durch das Ausländeramt erteilt.

▓ Der in Harvard ausgebildete Biologe aus Ghana will in Deutschland arbeiten.

898 Die Aufenthaltsgenehmigung muss grundsätzlich vor der Einreise in Form eines Visums bei der zuständigen Auslandsvertretung organisiert werden.

▓ Der in Harvard ausgebildete Japaner will auch in Deutschland arbeiten.

899 Angehörige aus einigen privilegierten Staaten (EU und unter anderem USA, Australien, Israel und Japan) können diese Formalien auch nach der Einreise erledigen.

▓ Und wenn der Biologe aus Spanien kommt?

900 Auch EU-Staatsangehörige benötigen eine Aufenthaltsgenehmigung – diese wird ihnen aber immer erteilt.

901 Unabhängig von der Aufenthaltserlaubnis benötigen Ausländer, die keine EU-Staatsangehörigen sind, auch eine **Arbeitserlaubnis**. Diese wird durch das Arbeitsamt erteilt.

902 Eine Arbeitserlaubnis gibt es für Ausländer normalerweise erst nach einer Bedarfsprüfung durch das Arbeitsamt.

903 Diese Bedarfsprüfung lässt sich in einigen Fällen umgehen: so wenn der Arbeitnehmer im Rahmen eines internationalen Mitarbeiteraustausches in einem Konzern arbeitet oder mit einer **Greencard** angeworben wird. Für eine vereinfachte Arbeitsgenehmigungserteilung in Form einer Greencard muss der einzustellende Arbeitnehmer entweder ein Hochschulstudium im IT-Bereich abgeschlossen haben oder seine Qualifikation durch eine Gehaltsvereinbarung über mindestens 51.000,– Euro im Jahr nachweisen.

VII. Einsammeln der Arbeitsergebnisse

904 Viele Geschäftsideen basieren auf Content. Junge Unternehmer im Bereich BioTech entwickeln neue Verfahren oder Substanzen, andere gestalten Web-Auftritte oder stellen selbst Inhalte ins Netz.

905 Das deutsche Recht geht davon aus, dass Inhalte stets von Menschen geschaffen werden. Nach deutschem Recht gehören die Inhalte, die ein Mensch schafft, zunächst ihm selbst.

Insoweit ist das Recht klar. Eine der Konsequenzen für junge Unternehmen **906** auch: Alle Arbeitsergebnisse von Mitarbeitern gehören rechtlich betrachtet zunächst den Mitarbeitern – und nicht den Unternehmen.[1]

Die Faustformel für junge und andere Unternehmen lautet folglich: Kein Mitar- **907** beiter ohne schriftlichen Vertrag; keine Vergütungsregelung ohne Ergebnisregelung.

Die Ergebnisregelung kann entweder in den Mitarbeitervertrag integriert wer- **908** den oder die Ergebnisse des Mitarbeiters werden in einem zweiten Vertrag „eingesammelt". Eine Integration bietet sich an, wenn die Ergebnisse des Mitarbeiters nur von untergeordneter Bedeutung für das Unternehmen sind. Basiert das Geschäft allerdings im Wesentlichen auf den Ergebnissen von Mitarbeitern, ziehen große und etablierte Unternehmen das Outsourcing der Ergebnisregelung vor. Denn praktisch bietet letztere Lösung einige Vorteile (z.B. kann das Unternehmen seine Rechte an den Ergebnissen des Mitarbeiters nachweisen, ohne den gesamten Mitarbeitervertrag einschließlich Vergütungsregelung und – was in Deutschland zu noch schlimmeren Spannungen führen kann – einschließlich Dienstwagenregelung offenbaren zu müssen). Weitere Vorteile liegen im technischen Vertragsmanagement. Hinzu kommt aber auch das psychologische Moment der gesonderten Regelung.

Ob das Einsammeln von Ergebnissen für Sie wesentlich ist, können Sie sich **909** mit folgender Testfrage leicht selbst beantworten:

Würde im Rahmen der Bewertung meines Unternehmens, insbesondere bei **910** einer Legal Due Diligence, die Frage nach einer Ergebnisregelung gestellt und welche Auswirkung hätte ihr Fehlen auf den Unternehmenswert?

Eine gute Ergebnisregelung besteht aus mehreren Regelungen. Dies schon **911** allein aus dem Grunde, dass nach deutschem Recht verschiedene Rechtsregime existieren, die je nach Ergebnis Anwendung finden oder nicht: Erfindungen können zu Patenten führen, Zeichnungen zu Urheberrechten, Software zu beidem. Dies muss eine Ergebnisregelung natürlich widerspiegeln. Die folgenden Seiten sollen Ihnen einen ersten Überblick geben.[2]

1. Erfindungen

Angestellter A arbeitet bei einem namhaften Hersteller für Speicherchips in der Entwicklungsabteilung. Er erfindet während seiner Arbeitszeit zufällig einen neuen Chip, basierend auf einer völlig neuen Speichertechnologie.

Soweit es sich um eine Erfindung handelt, muss zunächst geklärt werden, ob es **912** sich hierbei um eine so genannte „freie Erfindung" oder um eine „Diensterfindung" handelt.

---

1 Insoweit ist das deutsche Recht leider vielen völlig unbekannt, Personaler und Arbeitsrechtler eingeschlossen; die Betonung liegt jedoch auf dem „zunächst", vgl. Rn. 912 ff. und 932 ff.
2 Natürlich können Sie auch gleich eine gute Ergebnisregelung mit Ihren Mitarbeitern vereinbaren, ohne die folgenden Seiten zu lesen; zumindest einer in Ihrem Unternehmen sollte aber die fol-

913   Diensterfindungen sind während der Dauer des Arbeitsverhältnisses gemachte
Erfindungen, die entweder aus der dem Arbeitnehmer im Betrieb obliegenden
Tätigkeit entstanden sind oder maßgeblich auf Erfahrungen oder Arbeiten des
Betriebes beruhen.

914   Eine freie Erfindung ist dagegen jede andere Arbeitnehmererfindung oder eine
freigewordene Diensterfindung.

> Der Chip ist aus der A obliegenden Tätigkeit entstanden. Es handelt sich um eine
> Diensterfindung. Diese muss der A seinem Arbeitgeber unverzüglich melden, § 5
> ArbNErfG.

915   Exkurs: Würde es sich um eine freie Erfindung handeln, müsste der A nunmehr
seinem Arbeitgeber schriftlich mitteilen, dass er die Erfindung gemacht hat
und ihm ein nichtausschließliches Recht zur Benutzung der Erfindung zu angemessenen Bedingungen anbieten.[3] Der Arbeitgeber kann dann entscheiden, ob
es sich dabei wirklich um eine freie Erfindung handelt, er kann von seinem
Vorrecht Gebrauch machen oder es erlöschen lassen. Die Fristen betragen jeweils 3 Monate.

> Arbeitgeber möchte die Diensterfindung des A nutzen.

916   Der Arbeitgeber darf eine Diensterfindung unbeschränkt oder beschränkt in
Anspruch nehmen. Die Inanspruchnahme erfolgt durch schriftliche Anzeige gegenüber dem Erfinder. Zeigt der Arbeitgeber die unbeschränkte Inanspruchnahme an, gehen alle Recht an der Erfindung auf ihn über. Zeigt er die beschränkte Inanspruchnahme an, erwirbt er nur ein nichtausschließliches Nutzungsrecht. In jedem Fall erwirbt der Arbeitnehmer gegen den Arbeitgeber
einen Anspruch auf angemessene Vergütung, sobald der Arbeitgeber die
Diensterfindung in Anspruch genommen hat.

917   Ist der Arbeitgeber an der Erfindung nicht interessiert, kann er die Erfindung
ausdrücklich freigeben. Die Diensterfindung wird aber auch dann frei, wenn
der Arbeitgeber die 4-monatige Inanspruchnahmefrist versäumt bzw. ungenutzt
verstreichen lässt. Durch das Freiwerden der Diensterfindung erhält der Arbeitnehmer die Möglichkeit, über die Erfindung frei – auch zu Gunsten von Wettbewerbern seines Arbeitgebers – zu verfügen und diese ggf. auch selbst zu verwerten; letzteres gilt jedoch grundsätzlich nur insoweit, als er dadurch nicht in
Konkurrenz zu seinem Arbeitgeber tritt.

a) Vergütung

918   Als Orientierungshilfe für die Höhe der Vergütung wurden vom Bundesminister
für Arbeit und Sozialordnung „Richtlinien für die Vergütung von Arbeitnehmererfindungen im privaten Dienst" erlassen.

---

genden Seiten einmal gelesen haben, um ansatzweise beurteilen zu können, welche Inhalte Sie
überhaupt einsammeln müssen.
3 §§ 18, 19 ArbNErfG.

Für Streitigkeiten ist beim Deutschen Patent- und Markenamt eine Schiedsstelle   **919**
eingerichtet worden, die Meinungsverschiedenheiten zwischen Parteien eines
Arbeitsvertrages im Zusammenhang mit Arbeitnehmererfindungen einer güt-
lichen Klärung zuführen soll. Dabei geht es um die im Gesetz über Arbeitnehmererfindungen geregelten Rechte, insbesondere um die Höhe der angemessenen Vergütung. Die Schiedsstelle wird von einem unabhängigen Juristen geleitet, als Beisitzer fungieren technische Prüfer des Amtes aus den jeweiligen
technischen Abteilungen.

Ist der Arbeitgeber an der für eine Diensterfindung erlangten Schutzrechtsposi-   **920**
tion nicht mehr interessiert, insbesondere weil die Schutzrechtsverwaltung
mehr Kosten als Nutzen mit sich bringt, kann er Schutzrechtspositionen – sei
es die im Inland und/oder im Ausland bzw. in einzelnen Ländern – aufgeben.
Das uneingeschränkte Recht, Schutzrechtspositionen fallen zu lassen, hat er
aber nur dann, wenn der Vergütungsanspruch voll erfüllt ist. Dies wird nur selten der Fall sein, zumal selbst bei einer Pauschalabfindung aller Vergütungsan-
sprüche für Vergangenheit und Zukunft ein Anspruch auf Vergütungsanpassung
wegen veränderter Umstände oder die Gefahr einer wegen zu geringer Zahlung
unwirksamen Vergütungsregelung nicht generell auszuschließen ist.

Ist der Vergütungsanspruch noch nicht voll erfüllt, muss der Arbeitgeber dem   **921**
Arbeitnehmer zuvor seine Aufgabeabsicht mitteilen, also mitteilen, dass und
welche Schutzrechtsposition er aufgeben will und diese dem Arbeitnehmer zur
Übernahme anbieten. Der Arbeitnehmer kann dann die Übertragung der
Schutzrechtsposition auf sich gegen Kostentragung binnen 3 Monaten verlangen. Erst wenn dieses Übertragungsverlangen innerhalb der Frist unterbleibt,
kann der Arbeitgeber die betreffende Schutzrechtsposition aufgeben.

> Arbeitgeber ist begeistert. Er hat aber noch nicht verstanden, wie sich die Höhe der
> zu erstattenden Vergütung errechnet.

b) Vergütung im Detail[4]

Wie bereits erwähnt, wurde eine Richtlinie erarbeitet und eine Schlichtungs-   **922**
stelle eingerichtet. Auch wenn die Vergütungsrichtlinien nicht verbindlich sind
und nur Anhaltspunkte geben sollen, werden diese sowohl in der Betriebspraxis
als auch in der Praxis der Schiedsstelle und der Gerichte regelmäßig angewandt, es sei denn, es bestehen (insgesamt) günstigere Unternehmensrichtlinien
oder die Besonderheiten des Einzelfalls erfordern im Interesse der Angemessenheit ein Abweichen.

Die Vergütung wird durch zwei Faktoren bestimmt, und zwar durch den Erfin-   **923**
dungswert, also den Preis, den der Arbeitgeber einem freien Erfinder bzw.
freien Lizenzgeber für die Diensterfindung zahlen würde, und den sog. Anteilsfaktor, mit dem die Stellung des Arbeitnehmers und die betrieblichen Beiträge

---

4 Die folgenden Absätze sind nur für wirklich Interessierte und all die bestimmt, die mit der Bestimmung konkreter Vergütungen beauftragt sind.

am Zustandekommen der Erfindung gegeneinander abgewogen werden. Die Vergütung wird sodann durch Multiplikation des Erfindungswertes mit dem Anteilsfaktor berechnet.

924 Bei Miterfinderschaft wird der Erfindungswert zuvor auf die Miterfinder entsprechend dem Anteil des Arbeitnehmers an der Erfindung aufgeteilt, d. h. es erfolgt eine Multiplikation mit dem sog. Miterfinderanteil. Haben sich die Miterfinder untereinander auf eine bestimmte Aufteilung verständigt, kann der Arbeitgeber diese Anteile übernehmen, wenn keine Anhaltspunkte für eine Unrichtigkeit oder Unverbindlichkeit ersichtlich sind. Ansonsten sind die Erfindungsbeiträge der einzelnen Miterfinder festzustellen und deren Gewicht im Verhältnis zueinander und zur erfinderischen Gesamtleistung abzuwägen.

925 Der Erfindungswert wird entweder nach der Methode einer sog. Lizenzanalogie oder dem sog. betrieblichen Nutzen ermittelt.

926 Der Begriff der Lizenzanalogie bedeutet nichts anderes, als dass man einen Lizenzvertrag fingiert: Man muss sich also fragen, was hätte der Arbeitgeber dem Arbeitnehmer für den Erwerb einer Lizenz zahlen müssen, wenn dieser freier Erfinder wäre.

927 Der betriebliche Nutzen hingegen richtet sich nach den innerbetrieblichen Vorteilen und Gewinnen aus dem Einsatz der Diensterfindung. Diese Methode ist jedoch nicht so exakt, wie sie vorgibt, da auch sie nicht ohne Schätzungen und Wertungen auskommt. Der erfassbare Nutzen bestimmt sich nicht allein danach, was das Unternehmen einspart; vielmehr ist Maßstab nur der Nutzen, der sich im Verhältnis zum anderweitigen Stand der Technik ergibt.

928 Der Anteilsfaktor trägt der Tatsache Rechnung, dass der angestellte Erfinder im Gegensatz zum freien Erfinder keinerlei wirtschaftliches Risiko trägt und weitgehend von den Mitteln und Erfahrungen des Betriebes Gebrauch machen kann. Der Anteilsfaktor wird durch drei Teilfaktoren bestimmt, nämlich das Maß, in dem der Betrieb den Erfinder bereits bei der (technischen) Aufgabenstellung an die spätere Erfindung herangeführt hat, unter welcher betrieblichen Hilfestellung der Arbeitnehmer die Erfindung geschaffen hat sowie Aufgabe und Stellung des Arbeitnehmers im Betrieb.

> Arbeitgeber ist nicht mehr ganz so begeistert. Er bittet um praktischen Rat.

929 Die Festsetzung der Vergütung kann folgendermaßen ablaufen: Zunächst sollte versucht werden, eine gütliche Einigung herbeizuführen. Scheitert dies, ist der Arbeitgeber verpflichtet, die Vergütung einseitig festzusetzen. Dies muss bei uneingeschränkter Inanspruchnahme spätestens drei Monate nach bestandskräftiger Schutzrechtserteilung erfolgen, bei Inanspruchnahme vor Schutzrechterteilung drei Monate nach Nutzungsaufnahme. Ist der Arbeitnehmer mit der Vergütung nicht einverstanden, kann er 2 Monate lang schriftlich widersprechen. Der Arbeitgeber bleibt danach bis zur Einigung zur Weiterzahlung verpflichtet.

> Arbeitgeber kommt eine andere, vermeintlich bessere Idee: Er schreibt einfach in den Arbeitsvertrag, dass die Regelungen des Gesetzes über Arbeitnehmererfindun-

gen für seine Arbeitnehmer nicht gelten und dass er im Einzelfall nach eigenem Belieben Erfindungen vergüten wird.

Daraufhin macht der A den Arbeitgeber mit einzelnen juristischen Mitarbeitern **930** des zuständigen Gerichts für Patentstreitsachen bekannt.

Diese wiederum machen den Arbeitgeber des A mit einer besonderen Vorschrift **931** des Gesetzes über Arbeitnehmererfindungen bekannt:

§ 22 ArbNErfG – Unabdingbarkeit

Die Vorschriften dieses Gesetzes können zu Ungunsten des Arbeitnehmers nicht abbedungen werden.

2. Werke

A hat sich beruflich verändert. Er arbeitet nunmehr als angestellter Werbegrafiker bei einer Werbeagentur und soll eine Zeichnung für eine Werbekampagne für ein Produkt schaffen ...

A entwirft nicht irgendeine Zeichnung, sondern die Zeichnung schlechthin. Arbeitgeber ist von einem tiefen Gefühl des Danks erfüllt.

Der Urheber ist der Schöpfer des Werkes. Er bleibt es sein Leben lang. Stirbt **932** er, wird das Urheberrecht auf seine Erben übertragen. Im Übrigen ist das Urheberrecht nicht übertragbar, auch nicht auf den Arbeitgeber.

Arbeitgeber ist verzweifelt. Er überlegt, wie er seinen Arbeitnehmer dazu bringen kann, ihn als Erben einzusetzen, bevor er ...

Nach arbeitsrechtlichen Regeln stehen dem Arbeitgeber jedoch alle Arbeitser- **933** gebnisse des Arbeitnehmers zu.

Arbeitgeber lächelt wieder.

Nach dem Urhebergesetz kann der Urheber einem anderen Nutzungsrechte an **934** seinem Werk einräumen. Ein Nutzungsrecht kann einfach oder ausschließlich sein, räumlich, zeitlich oder inhaltlich beschränkt oder unbeschränkt eingeräumt werden. Die Einräumung der Nutzungsrechte erfolgt in der Regel ausdrücklich, indem z. B. eine entsprechende Regelung im Arbeitsvertrag oder eine Zusatzvereinbarung zum Arbeitsvertrag geschlossen wird.

Arbeitgeber beginnt zu begreifen, warum er immer schon das Gefühl hatte, bei Unterzeichnung des Arbeitsvertrages mit A etwas vergessen zu haben. Er beginnt wieder über die Frage der Erbeinsetzung nachzudenken ...

Fehlt es an einer ausdrücklichen Regelung im Arbeitsvertrag, geht die Recht- **935** sprechung davon aus, dass eine Übertragung der Rechte an den Arbeitsergebnissen stillschweigend erfolgt ist, soweit dies zur Erfüllung des Arbeitsvertrages notwendig ist. Dies gilt allerdings nur solange kein ausschließlicher Vorbehalt erklärt wird.

Arbeitgeber erfüllt ein Gefühl tiefer Dankbarkeit.

Die Rechtslage ist klar. Die Erfahrung zeigt aber dennoch, dass eine ausdrück- **936** liche Regelung der Einräumung von Nutzungsrechten äußerst hilfreich ist, um spätere Streitigkeiten von Vornherein zu vermeiden. Streit entsteht nämlich häufig über die Frage, welche Werke dem Arbeitgeber zustehen und in welchem Umfang dem Arbeitgeber Nutzungsrechte an diesen eingeräumt worden sind. Ebenso ist eine ausdrückliche Regelung von Vorteil, die eine Klarstellung hinsichtlich der Werke bewirkt, die bei Vertragsschluss in das Unternehmen eingebracht werden.

a) Nutzungsrecht

937 Das Nutzungsrecht ist in den §§ 31 ff. des Urhebergesetzes geregelt. Hiernach kann der Urheber einem anderen das Recht einräumen, sein Werk auf einzelne oder alle Nutzungsarten zu nutzen. Das Nutzungsrecht kann als einfaches oder als ausschließliches Recht eingeräumt werden. Ein einfaches Nutzungsrecht berechtigt den Inhaber, das Werk auf die erlaubte Art zu nutzen, ohne dass eine Nutzung durch andere ausgeschlossen ist. Das ausschließliche Nutzungsrecht berechtigt den Inhaber dagegen, das Werk unter Ausschluss aller anderen Personen auf die erlaubte Art zu nutzen und mit Zustimmung des Urhebers weitere Nutzungsrechte einzuräumen. Der Inhaber und der Urheber können Abweichendes vereinbaren.

938 Im Gegensatz zum Urheberrecht selbst können Nutzungsrechte mit Zustimmung des Urhebers übertragen werden. Die Zustimmung bedarf keiner Form und ergibt sich oftmals aus den Umständen. Auch darf der Urheber seine Zustimmung nicht verweigern, soweit dies gegen Treu und Glauben verstößt.

939 Fehlt es allerdings an einer ausdrücklichen Einräumung der Nutzungsrechte, ist im Zweifel davon auszugehen, dass Rechte – wenn überhaupt – nur in dem Umfang eingeräumt wurden, der zur Erreichung des Vertragszwecks notwendig ist (sogenannter „Zweckübertragungsgrundsatz"). Das Gesetz ist auch insoweit klar:

> *§ 31 Abs. 5 UrhG – Einräumung von Nutzungsrechten*
>
> Sind bei der Einräumung eines Nutzungsrechts die Nutzungsarten nicht ausdrücklich einzeln bezeichnet, so bestimmt sich nach dem von beiden Partnern zu Grunde gelegten Vertragszweck, auf welche Nutzungsarten es sich erstreckt. Entsprechendes gilt für die Frage, ob ein Nutzungsrecht eingeräumt wird, ob es sich um ein einfaches oder ausschließliches Nutzungsrecht handelt, wie weit das Nutzungsrecht und Verbotsrecht reichen und welchen Einschränkungen das Nutzungsrecht unterliegt.

940 Der Arbeitgeber – und jeder Auftraggeber – muss deshalb bestrebt sein, die Einräumung der Nutzungsrechte so genau wie möglich zu definieren. Sonst wird die Auslegung auf den Vertragszweck beschränkt, wobei nur der eindeutig zu ermittelnde gemeinsam angestrebte Zweck entscheidend ist.

941 Rückschlüsse auf den Vertragszweck können sich z. B. aus den Vertragsusancen zum Zeitpunkt des Vertragsschlusses, aus dem Verlauf der Vertragsverhandlungen oder sonstigen Begleitumständen ergeben. Soweit das Werk nur nebenbei bzw. bei Gelegenheit der Arbeitsverrichtung geschaffen wird, gewährt die herrschende Meinung dem Arbeitgeber zumindest ein einfaches Nutzungsrecht.

> Arbeitgeber begreift: Hätte er sich bereits in dem Arbeitsvertrag das Nutzungsrecht an den Arbeitsergebnissen des A richtig einräumen lassen, und zwar unter Hinweis darauf, dass A früher nur an Chips gewerkelt hat, ohne je eine Zeichnung entworfen zu haben, so wäre zwar A der Urheber der Zeichnung, aber Arbeitgeber dürfte die Zeichnung ausschlachten, und zwar auch unter Ausschluss des A.
>
> A schuf die Zeichnung aber für eine bestimmte Werbekampagne für ein bestimmtes Produkt. Arbeitgeber ist folglich nur beschränkt berechtigt und beginnt wieder über der Frage der Erbeinsetzung nachzudenken …

b) Sonderfall Software

> Um dem vorgezogenen Erbfall zu entgehen, verändert A sich erneut beruflich. Er entwickelt nunmehr für seinen neuen Arbeitgeber – eine Spielefirma – eine neue Simulation.
>
> Arbeitgeber möchte wissen, ob er die von A hierfür entwickelte Software ohne Zustimmung des A umfassend kommerziell verwerten darf, auch ohne entsprechenden schriftlichen Vertrag.

Das Urhebergesetz enthält besondere Bestimmungen für „Computerprogramme".[5] Da Software für den Gesetzgeber ein noch weitgehend unbekanntes Wesen ist, definiert der Gesetzgeber zunächst, was er unter „Computerprogrammen" verstanden wissen will: **942**

> *§ 69a Abs. 1 UrhG – Gegenstand des Schutzes*
>
> Computerprogramme im Sinne dieses Gesetzes sind Programme in jeder Gestalt …

Wird ein solches Computerprogramm von einem Arbeitnehmer in Wahrnehmung seiner Aufgaben oder nach den Anweisungen seines Arbeitgebers geschaffen, so ist grundsätzlich ausschließlich der Arbeitgeber zur Ausübung aller „vermögensrechtlichen Befugnisse" an dem Computerprogramm berechtigt. **943**

> Arbeitgeber ist vorsichtig: „Was bedeutet „vermögensrechtliche Befugnisse"? Bin ich zur umfassenden Verwertung der Software berechtigt? Trotz Zweckübertragungsgrundsatz?"

Der Begriff „vermögensrechtliche Befugnisse" weist dem Arbeitgeber ein ausschließliches Nutzungsrecht zu, welches ihn nicht nur dazu berechtigt, die Software unbeschränkt und unbefristet zu verwerten, sondern diese auch uneingeschränkt zu bearbeiten. Hierdurch wird eine fortlaufende Weiterentwicklung gesichert. Beim Arbeitnehmer bleibt keine Verwertungsbefugnis zurück. **944**

c) Sonderfall Software im Detail[6]

Software wird geschützt, wenn sie als das Ergebnis einer eigenen geistigen Schöpfung ein individuelles Werk ihres Urhebers darstellt. Zur Bestimmung ihrer Schutzfähigkeit sind keine anderen Kriterien anzuwenden, insbesondere **945**

---

5 Vgl. §§ 69a ff. UrhG; die interessante Frage der Patentierbarkeit von Software wird an dieser Stelle aus pädagogischen Gründen unterdrückt.

6 Die folgenden Absätze sind nur für wirklich Interessierte bestimmt; alle anderen bitte die folgenden Absätze bis Vergütung überspringen.

keine qualitativen oder ästhetischen. Es darf sich aber nicht lediglich um ein völlig banales und belangloses Werk handeln; andererseits muss es jedoch nicht unbedingt aus der „Masse des Alltäglichen" herausragen.

946 Der Schutz gilt für alle Ausdrucksformen der Software. Ideen und Grundsätze, die einem Element der Software zu Grunde liegen, sind dagegen nicht geschützt, auch nicht die den Schnittstellen zu Grunde liegenden Ideen und Grundsätze.

947 HTML-Internet-Seiten sind nach übereinstimmender Auffassung keine Software, fallen also nicht unter die besondere Bestimmungen für „Computerprogramme". Denn HTML ist keine Programmier-, sondern eine bloße Seitenbeschreibungssprache. Insofern greifen hier wieder die allgemeinen Regeln zum Urheberrecht.

948 Diese gelten nach der Rechtsprechung auch hinsichtlich der Entwicklung der Software, d.h. hinsichtlich der generellen Problem- und Systemanalyse, dem Pflichtenheft, der Wiedergabe des Lösungsweges in einem Datenflussplan oder einem Flussdiagramm und der Codierung.

> Arbeitgeber ahnte, dass die umfassende Verwertung ohne schriftlichen Vertrag nicht so einfach sei … und hat eine konkrete Frage: „A entwickelte mit meiner Zustimmung auf einem zu meinem Betrieb gehörenden Rechner Software. Hierbei bediente er sich meiner betriebsinternen Software. Bin ich nun zur Verwertung der Software berechtigt?"

949 Der Arbeitgeber ist nicht nur dann zur Ausübung aller „vermögensrechtlichen Befugnisse" an der Software berechtigt, wenn der Arbeitnehmer diese in Wahrnehmung seiner Aufgaben oder nach den Anweisungen seines Arbeitgebers geschaffen hat und diese somit nicht zu der aus dem Arbeitsvertrag geschuldeten Leistung gehört. Er ist auch dann zur Ausübung aller „vermögensrechtlichen Befugnisse" berechtigt, wenn das vom Arbeitnehmer geschaffene Werk im engen inneren Zusammenhang zur arbeitsvertraglichen Pflichterfüllung steht.

950 Nach herrschender Meinung ist hier ein derartiger Zusammenhang gegeben, da Software während der Arbeitszeit im Rahmen des eingeräumten Freiraums mit Mitteln und auf Kosten des Arbeitgebers entwickelt wurde und der Arbeitgeber die Entwicklung billigt. Denn für einen Arbeitnehmer, der sich zur Arbeitsleistung eines Computers bedient, wird wohl häufig Veranlassung bestehen, Software, welche seine Tätigkeit erleichtert, zu entwickeln. Auch wenn ein Arbeitnehmer vertraglich zwar nicht zur Schaffung von Software verpflichtet ist, er diese aber trotzdem mit Mitteln und Erfahrungen des Betriebes während seiner Arbeitszeit entwickelt, kann hinsichtlich der Einräumung von Nutzungsrechten nichts Abweichendes gelten.

951 Entwickelt der Arbeitnehmer dagegen Software ausschließlich mit eigenen Mitteln in seiner Freizeit und bietet er diese dem Arbeitgeber zur Nutzung an, so entscheiden die Umstände bei der Nutzungseinräumung. Hier sollte der Arbeitgeber entweder im Arbeitsvertrag oder in einer Zusatzvereinbarung den Um-

Alshut

fang der Einräumung klar regeln, insbesondere den Umfang der eingeräumten Rechte eindeutig bestimmen.

Im Übrigen unterliegt die so genannte „freie Software", die in der Freizeit und **952** ohne betriebliche Mittel und Erfahrungen erstellt wird, ohne ausdrückliche vertragliche Regelung nicht einmal einer Anbietungspflicht.

> A offenbart Arbeitgeber, dass er die neue Simulation bereits im Rahmen seines früheren Arbeitsverhältnisses bei dem namhaften Hersteller für Speicherchips begonnen, von dort mitgenommen und hier vollendet hat.

Software als Arbeitsergebnis stellt einen Teil des Unternehmenswertes dar; **953** sie geht auf Dauer über, und zwar unabhängig von der Dauer des Arbeitsrechtsverhältnisses. Ein Problem der Zuordnung entsteht, soweit ein Arbeitnehmer den Arbeitgeber wechselt und die Software, die er im Rahmen seines beendeten Arbeitsverhältnisses begonnen, aber nicht vollendet hat, zu seinem neuen Arbeitgeber mitnimmt und dort vollendet. In diesem Fall stehen dem ersten Arbeitgeber die ausschließlichen Rechte an der Vorstufe der Software zu. Somit darf ausschließlich der erste Arbeitgeber das Programm weiterentwickeln und darüber hinaus dem neuen Arbeitgeber die Weiterentwicklung untersagen.

> Arbeitgeber bringt daraufhin A die Überlegung nahe, ob nicht die Mitarbeit von A an der Simulation geheim gehalten werden könne, damit es bei der Ausschlachtung der Simulation nicht zu einem Gemetzel unter Arbeitgebern kommt ...[7]
>
> A hat schon wieder einen neuen Arbeitgeber gefunden und liebt Gemetzel ...

Grundsätzlich hat der Urheber ein Recht auf die Veröffentlichung der Urheber- **954** schaft. Er hat ein Recht darauf zu bestimmen, ob das Werk mit Urheberbezeichnung zu versehen ist und welche Bezeichnung zu verwenden ist.

Im Bereich Software gilt allerdings, wie bei verschiedenen anderen Werkkate- **955** gorien auch, Folgendes: Soweit die Durchsetzung solcher Urheberpersönlichkeitsrechte die Werknutzung behindern und den Vertragszweck gefährden oder völlig unüblich oder unpraktikabel sind, kann in einem angemessenen Umfang ein ausdrücklicher oder stillschweigender Verzicht wirksam sein. Insbesondere in der Softwarebranche ist es unüblich, Programmierer namentlich aufzuführen.

> Arbeitgeber kann folglich die Simulation verwenden, ohne den Namen des A nennen zu müssen.
>
> Arbeitgeber ist glücklich und verwertet die Simulation.
>
> A dagegen ergreifen unerklärliche sentimentale Neigungen, er verspürt auf einmal – zum ersten Mal seit Langem – das Bedürfnis, sich seinem ehemaligen Arbeitgeber, dem namhaften und gegenüber Wettbewerbern bekanntermaßen äußerst aggressiven Hersteller für Speicherchips, mitteilen zu wollen ...

---

7 A unterdrückt seine Angst vor dem Strafrecht, wir unsere Anmerkung(en) insoweit.

d) Vergütung

956 Seit 01.07.2002 gilt im Urheberrecht:

> *§ 32 Abs. 1 UrhG – Angemessene Vergütung*
>
> Der Urheber hat für die Einräumung von Nutzungsrechten und die Erlaubnis zur Werknutzung Anspruch auf die vertraglich vereinbarte Vergütung. Ist die Höhe der Vergütung nicht bestimmt, gilt die angemessene Vergütung als vereinbart. Soweit die vereinbarte Vergütung nicht angemessen ist, kann der Urheber von seinem Vertragspartner die Einwilligung in die Änderung des Vertrages verlangen, durch die dem Urheber die angemessene Vergütung gewährt wird.

957 Dieser Paragraph gewährt Urhebern einen gerichtlich einklagbaren Anspruch auf angemessene Vergütung. In einem so genannten Bestsellerparagraphen wird ergänzend die Vergütung für den Fall geregelt, dass ein Werk unvermutet zum Verkaufsschlager wird. Diese Vorschriften sind auch dann anzuwenden, wenn der Urheber das Werk in Erfüllung seiner Verpflichtungen aus einem Arbeits- oder Dienstverhältnis geschaffen hat, soweit sich aus dessen Inhalt oder Wesen nichts anderes ergibt.

958 Mit dieser Neuregelung soll die Stellung der Urheber gestärkt werden, damit in Zukunft ein fairer Ausgleich zwischen den Urhebern und den Verwertern erreicht werden kann.

> Arbeitgeber ist nicht wirklich begeistert. Er hat aber noch nicht verstanden, wie sich nunmehr die konkrete Höhe der Vergütung errechnet ... [8]

---

8 Hieran arbeiten auch wir noch.

G. Geschäft(e)

I. Schutz der Geschäftsidee

> Robert Zimmermann hat eine geniale Geschäftsidee.
>
> Er kauft dieses Buch. Er entwirft einen Businessplan. Er entwirft ein Non Disclosure Agreement.
>
> Aber er kennt auch seinen Bob Dylan: „If you want somebody you can trust, trust yourself." Er beschließt daher – trotz elegantem NDA – seine Geschäftsidee zu schützen, bevor er sie einem Dritten anvertraut. Aber er weiß nicht wie.

959 Vorab: Rechtsanwälte sind von Berufs wegen zur Verschwiegenheit verpflichtet. Dennoch ziehen einige Gründer es vor, nicht gleich jedem Rechtsanwalt im ersten Gespräch ihre Geschäftsidee zu offenbaren. Dies ist verständlich und richtig – solange ein Gespräch nur dazu dient, sich gegenseitig kennen zu lernen. Sobald Robert Zimmermann sich aber entschließt, einen bestimmten Anwalt zu beauftragen, sollte er diesem auch vertrauen. Denn nur wenn der Anwalt die Geschäftsidee kennt, kann er sie schützen.

> Robert geht zu einem Anwalt. Sein Anwalt erklärt ihm, dass seine Geschäftsidee eine reine Idee ist und reine Ideen im gesamten Bereich des gewerblichen Rechtsschutzes und des geistigen Eigentums nicht geschützt werden können.
>
> Robert hat Glück mit seinem Anwalt, auch wenn er dies im Moment anders sieht.

960 Auch wenn die Geschäftsidee nicht geschützt werden kann, gibt es genügend andere rechtliche Wege, menschliche Leistungen zu schützen. Geschützt werden kann z. B. die Erfindung, auf der die Geschäftsidee beruht. Schutz genießen kann auch die schöpferische Leistung als Grundlage einer Geschäftsidee. Zusätzlich kann (und sollte) in jedem Fall das Geschäft und ggf. das Produkt selbst durch flankierende Maßnahmen geschützt werden, und zwar so, wie es der Dritte wahrnimmt, nämlich über den Namen und die äußerliche Gestaltung des Produkts (ear-appeal, eye-appeal, etc-appeal).

961 Alle einschlägigen Schutzrechte haben ihren Ursprung darin, dass sie vor Nachahmungen schützen sollen. Sie gewähren ein Monopol. Dieses Monopol gibt seinem Inhaber die Möglichkeit und die Sicherheit, seine Geschäftsidee zu verwirklichen, und zwar unter Ausschluss von lästigen Konkurrenten.[1] Ein Schutzrecht soll im Ergebnis also eine Leistung, und sei es nur eine Investition, belohnen.

962 Die Bedeutung der Schutzrechte für die technologische und industrielle Entwicklung darf daher nicht unterschätzt werden.

> Trotz aller Schutzrechte wird der gute Anwalt seinen Bob Dylan kennen und Robert Zimmermann raten:

---

1 Manchmal lassen sich durch diese Monopole sogar notwendige finanzielle Aufwendungen realisieren, in seltenen Fällen sogar Gewinne erzielen.

> „Trust yourself, trust yourself to do the things that only you know best. Trust your-self, trust yourself to do what's right and not be second-guessed.“

963 Denn für jeden Gründer ist wesentlich, sein Geschäft möglichst als Erster im Markt zu etablieren, zumindest als Erster wahrgenommen zu werden. Erst wenn jemand Ihr Geschäft nachahmt, werden die einschlägigen Schutzrechte relevant. Dann müssen Sie auf diese vertrauen können.

964 Für Robert Zimmermann gilt also folgende Reihenfolge:

- Einen guten Berater suchen.
- Mit diesem gemeinsam klären, auf welche Art und Weise die Geschäftsidee und das Geschäft geschützt werden kann.
- Die Voraussetzungen der einschlägigen Schutzrechte erfüllen.
- Geschäft(e) machen.

965 Sollten Sie beim Lesen gedacht haben, „Klar, einen Berater beauftragen, und wer bezahlt? Das können wir doch auch selber, die Kosten sparen wir“, lesen Sie bitte den folgenden Absatz – wenn nicht, überspringen Sie ihn einfach.

966 Ihr Geschäft beherrschen Sie. Einen ersten Überblick über die einschlägigen Schutzrechte haben Sie nach den nächsten Seiten auch. Aber die Einschätzung, welche Schutzrechte Ihre Geschäftsidee bestmöglich absichern, erfordert Erfahrung. Und zwar auch und gerade Erfahrung im Durchsetzen von Schutzrechten. Denn erst auf Grund dieser Erfahrung kann man eine effektive Schutzstrategie für eine neue Geschäftsidee entwickeln. Und bitte: Nicht einfach irgendeinen Anwalt beauftragen. Sonst sparen Sie sich die Kosten doch lieber.

> Robert Zimmermann hat eine zweite geniale Idee: Er vereinbart mit verschiedenen Anwälten erste Gespräche. Einer von diesen kennt seinen Bob Dylan und erweist sich als non-triple-A-Berater.[2]
>
> Robert Zimmermann fasst Vertrauen. Dies ist der Beginn einer wunderbaren Freundschaft.

II. Schutzrechte

967 Hätte Robert die Idee, einen Rechner so einzurichten, dass mehrere Programme nebeneinander laufen können und dabei von so etwas wie Fensterrahmen umgeben werden, kann er diese Idee als solche zwar nicht schützen lassen, er kann sich aber die Nutzungsrechte an den Programmen, die eine solche Funktion ermöglichen, sichern (Urheberrecht). Wenn mit dieser Funktion eine technische Neuerung in der Hardware von Computern verbunden sein sollte, kann er sich hierauf ein Patent geben lassen (Patent- und Gebrauchsmusterrecht). Außerdem kann er seinem Kind einen Namen geben, z.B. wegen der Fensterrahmen „Windows“, und mit einem Logo versehen, z.B. ein stilisiertes, über den Bild-schirm fliegendes „Window“ (Marken- und Geschmacksmusterrecht).

---

2 Die A's stehen hier für **A**nalysieren, **A**bkassieren, **A**bhauen.

Dieses Beispiel verdeutlicht die wesentlichen Spielmöglichkeiten im Bereich **968** der Schutzrechte. Jede Spielmöglichkeit hat unterschiedliche Voraussetzungen. Grundsätzlich ist zwischen den Rechten, die keine Registrierung erfordern (Urheberrecht), und denen, die eine Registrierung erfordern, (alle anderen) zu unterscheiden.

Die nachfolgende Darstellung orientiert sich an dieser Unterscheidung.

III. Rechteerwerb ohne Registrierung

Einige Rechte werden vom Inhaber erworben, ohne dass eine Anmeldung oder **969** gar eine Registrierung nötig ist.

Hier ist es möglich und weit verbreitet, dass der Inhaber gar nicht weiß, dass er **970** geschützt ist, zumindest den Umfang seiner Rechte nicht kennt oder ihm nicht klar ist, was er mit seinen Rechten überhaupt anfangen kann.

1. Urheberrecht

Das wirtschaftlich bedeutendste Recht dieser Kategorie ist das Urheberrecht. **971** Es hat in den letzten zehn Jahren eine Vielzahl von Veränderungen erfahren, die durch neue Technologien sowie Verbreitungs- und Vervielfältigungsmöglichkeiten notwendig wurden. Der Einfluss, den z.B. Digitalisierung und Internet auf das Urheberrecht ausüben, lässt sich vielleicht besser beurteilen, wenn man sich vor Augen hält, dass die Geschichte des modernen Urheberrechts mit dem Buchdruck von Johannes Gutenberg beginnt. Damals begann die vom Künstler nicht mehr kontrollierbare Vervielfältigung seiner Werke und damit entstand das Bedürfnis, ihn zu schützen.

Aus angelsächsischer Sicht beschränkt sich der Schutz auf diesen wirtschaft- **972** lichen Aspekt, das „Copyright".

In Kontinentaleuropa dagegen, vor allem in Frankreich und Deutschland, hat **973** sich eine eher personenbezogene Sicht durchgesetzt, die den Urheber und sein Werk als Ausdruck seiner individuellen Schöpfungskraft und Persönlichkeit in den Mittelpunkt stellt.

a) Der Urheber

Ein Mensch wird mit der Schöpfung eines Werkes zum Urheber, zum alleinigen **974** Träger des Urheberrechts. Das Urheberrecht entsteht mit der Schöpfung – von Gesetzes wegen. Wissen und Wollen des Urhebers sind insoweit unerheblich. Das Copyright-Symbol ©, das aus dem amerikanischen Rechtskreis stammt, hat daher lediglich klarstellenden oder auch warnenden Charakter.

Schaffen mehrere ein Werk gemeinsam, malt z.B. Giorgone die Gestalt der **975** „Ruhenden Venus" und Tizian die Landschaft dazu, so sind sie Miturheber des Werkes. Das Recht zur Verwertung des Werkes steht den Miturhebern gemeinsam zu; Änderungen sind nur mit Einwilligung der Miturheber zulässig.

976 Das Urheberrecht endet nicht mit dem Tod des Urhebers; es ist vielmehr vererblich. Das Urheberrecht erlischt siebzig Jahre nach dem Tode des Urhebers; steht das Urheberrecht mehreren Miturhebern zu, erlischt es siebzig Jahre nach dem Tode des längst lebenden Miturhebers.[3]

> Robert Zimmermann gesteht es seinem Anwalt:
> Im Anfang schuf er allein. Und er sah, dass es nicht gut wurde. Und er bat einen Freund, mit ihm gemeinsam zu schaffen. Und es geschah so. Und beide baten einen anderen Freund, für sie zu arbeiten. Und es geschah so.

Dieser Fall ist in der Praxis die Regel.

> Und es wurde Licht.

Diese Folge ist in der Praxis leider die Ausnahme.

977 Viele junge Unternehmen, selbst wenn es „nur" Gesellschaften bürgerlichen Rechts mit einem Mitarbeiter sind, scheitern schon daran, dass sie weder darstellen noch nachweisen können, wer welche Werke schuf. Von der Frage des Umfangs der dem Unternehmen eingeräumten Verwertungsrechte ganz zu schweigen.[4]

b) Das Werk

978 Urheber genießen für ihre Werke Schutz. Werke sind persönliche geistige Schöpfungen. Zu den geschützten Werken der Literatur, Wissenschaft und Kunst gehören z. B.:

979 Anagramme, AOK-Merkblätter, pantomimische Darbietungen, Siegessäule im Tiergarten, Banknoten, Bühnenbild der Oberammergauer Passionsspiele, Max und Moritz, individuell gestaltete Grabmale, Mart-Stam-Stühle, Bebauungspläne, Web-Seiten.

980 Die eigentliche Schwierigkeit liegt in der Abgrenzung des Werkbegriffs „nach unten": Welche Grenze muss überschritten werden, damit eine persönliche geistige Schöpfung vorliegt? Die Rechtsprechung der beiden letzten Jahrzehnte betont zwar, dass der künstlerische oder wissenschaftliche Wert bedeutungslos sei, verlangt aber auch, dass eine so genannte „Gestaltungshöhe" erreicht wird, die an dem „ästhetischen Gehalt" oder dem „schöpferischen Eigentümlichkeitsgrad" gemessen wird.

981 Den Richtlinien des EU-Gesetzgebers liegt die mehr angelsächsisch geprägte Vorstellung zu Grunde, dass „geschützt ist, was nicht kopiert ist". Dem entspräche es, eine schöpferische Eigenheit gleich welchen Grades zu fordern. An welchem Maßstab in Zukunft ein Werk zu messen sein wird, ob sich der Begriff der Individualität des Werkes als angemessene Umschreibung durchsetzt, bleibt abzuwarten.

---

3 Diese einfache Aussage lässt die Vielzahl der gesetzlichen Sonderregelungen der §§ 65 ff. UrhG geflissentlich außer Acht.
4 Zum Einsammeln von Arbeitsergebnissen vgl. oben, unter F, VII.

Um jedenfalls die Anforderungen des Bundesgerichtshofes an die Schutzfähig-   **982**
keitsvoraussetzungen für Software auf das urheberrechtliche Normalmaß zu reduzieren, hat der Gesetzgeber § 69 a Absatz 3 des Urhebergesetzes geschaffen:

> **§ 69 a Abs. 3 UrhG – Gegenstand des Schutzes**
>
> Computerprogramme werden geschützt, wenn sie individuelle Werke in dem Sinne
> darstellen, dass sie das Ergebnis der eigenen geistigen Schöpfung des Urhebers
> sind. Zur Bestimmung über Schutzfähigkeit sind keine anderen Kriterien, insbeson-
> dere qualitative oder ästhetische, anzuwenden.

Im Regelfall wird Software folglich als Werk geschützt sein.[5]   **983**

c) Das Urheberrecht[6]

Das Urheberrecht schützt den Urheber in seinen geistigen und persönlichen Be-   **984**
ziehungen zum Werk und in der Nutzung des Werkes. Es dient zugleich der Sicherung einer angemessenen Vergütung für die Nutzung des Werkes.

Das Urheberrecht kann nicht übertragen werden. Der Urheber eines Werkes   **985**
bleibt sein Leben lang der Urheber des Werkes.

Nach deutschem Urheberrecht hat der Urheber das Recht zu bestimmen, ob   **986**
und wie sein Werk zu veröffentlichen ist. Er hat das Recht auf Anerkennung
seiner Urheberschaft und kann bestimmen, ob das Werk mit seiner Urheberbezeichnung zu versehen ist und welche Bezeichnung zu verwenden ist. Er hat
das Recht, eine Entstellung seines Werkes zu verbieten.

Diese Urheberpersönlichkeitsrechte sind unverzichtbar und unveräußerbar. Sie   **987**
spielen in der Praxis eine untergeordnete Rolle. Wirtschaftlich wesentlich bedeutsamer sind die Verwertungsrechte des Urhebers.[7]

d) Die Verwertungsrechte

Die Verwertungsrechte stehen zunächst ausschließlich dem Urheber zu.[8] Der   **988**
Urheber kann jedoch durch Vertrag einem anderen das Recht einräumen, sein
Werk auf einzelne oder alle Nutzungsarten zu nutzen.

Das Nutzungsrecht kann als einfaches oder als ausschließliches Recht sowie   **989**
räumlich, zeitlich oder inhaltlich beschränkt eingeräumt werden.[9] Das einfache

---

5 Vor einiger Zeit hat der erste Verwender von Hyper-Links versucht, von den späteren Verwendern
  Lizenzgebühren zu kassieren. Er ist an der erforderlichen Gestaltungshöhe des Werkes geschei-
  tert. Jede andere Entscheidung hätte interessante Folgen gehabt.
6 Auf die so genannten „verwandten Schutzrechte" der „ausübenden Künstler", d. h. die Rechte
  derjenigen, die in Zusammenhang mit der Verwertung eines Werks selber eine schutzwürdige
  Leistung erbringen, soll im Rahmen dieses Buches nicht näher eingegangen werden – mit Ausnahme des Schutzes von Datenbanken.
7 Das deutsche Urhebergesetz kennt folgende Verwertungsrechte: Vervielfältigungsrecht; Verbrei-
  tungsrecht; Ausstellungsrecht; Vortrags-, Aufführungs- und Vorführungsrecht; Senderecht; Recht
  der Wiedergabe durch Bild- und Tonträger; Recht der Wiedergabe von Funksendungen.
8 Zum Einsammeln von Arbeitsergebnissen vgl. oben, unter Teil F, VII.
9 Vgl. §§ 31 ff. des Urhebergesetzes.

Nutzungsrecht berechtigt den Inhaber, das Werk auf die erlaubte Art zu nutzen, ohne dass eine Nutzung durch andere ausgeschlossen ist. Das ausschließliche Nutzungsrecht berechtigt den Inhaber dagegen, das Werk unter Ausschluss aller anderen Personen auf die erlaubte Art zu nutzen und mit Zustimmung des Urhebers weitere Nutzungsrechte einzuräumen. Im Gegensatz zum Urheberrecht können Nutzungsrechte mit Zustimmung des Urhebers übertragen werden. Der Urheber darf seine Zustimmung nicht verweigern, soweit dies gegen Treu und Glauben verstößt.

> Robert Zimmermann liebt einfache Lösungen: „Und wenn ich einfach ohne schriftliche Verträge …"

990 Fehlt es an einer ausdrücklichen Einräumung von Nutzungsrechten, ist im Zweifel davon auszugehen, dass Rechte – wenn überhaupt – nur in dem Umfang eingeräumt wurden, der zur Erreichung des Vertragszwecks notwendig ist (sogenannter „Zweckübertragungsgrundsatz"). Das Gesetz gibt insoweit nur die klare Rechtsprechung wieder:

> *§ 31 Abs. 5 UrhG – Einräumung von Nutzungsrechten*
>
> Sind bei der Einräumung eines Nutzungsrechts die Nutzungsarten nicht ausdrücklich einzeln bezeichnet, so bestimmt sich nach dem von beiden Partnern zu Grunde gelegten Vertragszweck, auf welche Nutzungsarten es sich erstreckt. Entsprechendes gilt für die Frage, ob ein Nutzungsrecht eingeräumt wird, ob es sich um ein einfaches oder ausschließliches Nutzungsrecht handelt, wie weit das Nutzungsrecht und Verbotsrecht reichen und welchen Einschränkungen das Nutzungsrecht unterliegt.

991 Die Faustformel für den Auftraggeber kann folglich nur lauten:

Keine Aufträge ohne schriftliche Verträge.

992 Vielmehr muss jeder Auftraggeber bestrebt sein, die Einräumung der Nutzungsrechte so genau wie möglich zu regeln. Sonst ergibt sich der Umfang der eingeräumten Rechte aus dem Vertragszweck, d. h. die Einräumung ist auf diesen beschränkt, wobei nur der eindeutig zu ermittelnde, gemeinsam angestrebte Zweck entscheidend ist.

993 Der genauen Regelung vorausgehen muss natürlich die Überlegung, welche konkrete Verwertung beabsichtigt ist und von welcher konkreten Verwertung andere ausgeschlossen werden sollen. Denn nur insoweit sollte die Einräumung von Rechten vereinbart werden.

994 Früher war die Überlegung eine andere: Die Einräumung der Nutzungsrechte sollte nicht nur so genau wie möglich geregelt werden, sondern auch so weit wie möglich. Seit 01.07.2002 gewährt das Urhebergesetz den Urhebern jedoch einen gerichtlich einklagbaren Anspruch auf angemessene Vergütung, und zwar basierend auf den konkret eingeräumten Rechten:

> *§ 32 Abs. 1 UrhG – Angemessene Vergütung*
>
> Der Urheber hat für die Einräumung von Nutzungsrechten und die Erlaubnis zur Werknutzung Anspruch auf die vertraglich vereinbarte Vergütung. Ist die Höhe der

Vergütung nicht bestimmt, gilt die angemessene Vergütung als vereinbart. Soweit die vereinbarte Vergütung nicht angemessen ist, kann der Urheber von seinem Vertragspartner die Einwilligung in die Änderung des Vertrags verlangen, durch die dem Urheber die angemessene Vergütung gewährt wird.

Diese Vorschriften sind grundsätzlich auch dann anzuwenden, wenn der Urheber das Werk in Erfüllung seiner Verpflichtungen aus einem Arbeits- oder Dienstverhältnis geschaffen hat. **995**

Abgesehen von diesen rechtlichen Erwägungen ist es für jedes Unternehmen, das mit Verwertungsrechten arbeitet, substantiell, den genauen Umfang der dem Unternehmen eingeräumten Verwertungsrechte zu kennen. **996**

e) Die Nutzungsarten

Gemäß dem Urhebergesetz kann der Urheber einem anderen das Recht einräumen, sein Werk auf einzelne oder alle Nutzungsarten zu nutzen.[10] **997**

Das Urhebergesetz kennt keine Aufzählung und keine abschließende Klassifikation von Nutzungsarten. Der Bundesgerichtshof versteht unter Nutzungsarten jede nach der Verkehrsauffassung als solche hinreichend klar abgrenzbare, wirtschaftlich-technische Verwendungsform. Die Einräumung für noch nicht bekannte Nutzungsarten sowie Verpflichtungen hierzu sind unwirksam. Am 8. März 1979 stellte beispielsweise Philips im holländischen Eindhoven die Compact Disc vor; seit 1983 ist die CD auf dem Markt. Die CD war mithin eine bis dahin unbekannte Nutzungsart. **998**

Dies führt bisweilen zu dem bemerkenswerten Phänomen, dass der Versuch unternommen wird, alle bekannten Nutzungsarten in seitenlangen Listen einem Vertrag beizufügen, um rechtssicher zu vereinbaren, auf welche Nutzungsarten das Werk genutzt werden darf. **999**

f) Die Vergütung

Bislang fehlt eine Konkretisierung des seit dem 01.07.2002 geltenden gesetzlichen Anspruchs des Urhebers auf angemessene Vergütung. **1000**

Dieser gerichtlich einklagbare Anspruch wurde u.a. geschaffen, um die Praxis einiger schwarzer Schafe zu unterbinden, die sich mit „Buy-Out"-Verträgen gegen niedrige Festbeträge Rechte sicherten, mit denen sie ein Vielfaches an Gewinn erwirtschafteten. **1001**

Außerdem wurde die Formulierung des so genannten „Bestsellerparagraphen", der eine Beteiligung des Urhebers am Gewinn aus einem unerwarteten Erfolg des Werkes vorsieht, geändert. Das früher notwendige „grobe Missverhältnis" zwischen der vereinbarten Zahlung an den Urheber und dem Gewinn des Verwerters führte dazu, dass die Vorschrift nur in extremen Ausnahmefällen Anwendung fand. Nach der Neuregelung reicht nunmehr ein „auffälliges Missverhält- **1002**

---

10 § 31 Abs. 1 Satz 1 UrhG.

nis". Wichtig zu wissen ist zudem, dass dieser Anspruch gegenüber allen Verwertern einer Verwertungskette besteht. Auch wer die Nutzungsrechte nicht direkt vom Urheber erwirbt, muss daher den Bestsellerparagraphen berücksichtigen.

g) Sonderfall Software und verwandtes Schutzrecht Datenbanken

1003 Für den Schutz von Software (§§ 69 a ff. UrhG) und von Datenbanken (§§ 87 a ff. UrhG) enthält das Urhebergesetz einige besondere Bestimmungen.

1004 Diese modifizieren das Urheberrecht und die Rechtsprechung zu diesem.

1005 Bereits erwähnt wurde, dass der Gesetzgeber beispielsweise die Anforderungen des Bundesgerichtshofes an die Schutzfähigkeitsvoraussetzungen für Software auf das urheberrechtliche Normalmaß reduziert hat. Dank der EG-Richtlinien genießen nunmehr sogar Datenbanken Schutz:

> *§ 87 a Abs. 1 UrhG – Begriffsbestimmungen*
>
> Datenbank ist eine Sammlung von Werken, Daten oder anderen unabhängigen Elementen, die systematisch oder methodisch angeordnet und einzeln mit Hilfe elektronischer Mittel oder auf andere Weise zugänglich sind und deren Beschaffung, Überprüfung oder Darstellung eine nach Art oder Umfang wesentliche Investition darstellt.

1006 Die Entwicklung von Software ist ein interessantes Beispiel, um die Entstehung von Urheberrechten und die Einräumung von Nutzungsrechten zu veranschaulichen. So sind in größeren Softwareprojekten grundsätzlich folgende Phasen zu unterscheiden: Feststellung der fachlichen Anforderungen, Erstellung der Konzepte, Realisierung der Konzepte und Installation und Implementierung der Ergebnisse.[11] Während der ersten drei Phasen entstehen Werke: Die erste Phase führt zu einem Fachkonzept, die zweite zu einem Pflichtenheft und die dritte zur Software. Die vierte Phase stellt bereits die Verwertung der Urheberrechte an der Software dar. Denn die bloße Installation auf einem Rechner stellt bereits eine Vervielfältigung dar.

> Robert Zimmermann gesteht erneut:
>
> Er hat Angst. Nicht vor dem Urheberrecht. Aber davor, dass ihm jemand seinen Quellcode klaut.

1007 Ob Softwarekauf-, Softwareleasing-, Softwaremiet-, Softwarepacht-, Softwarewartung-, Softwaresupport-, Softwareservice-, Softwarelizenz-, Softwarenutzungs-, Softwaredownload-, Softwareüberlassungs-, Softwarebeistellungs- oder sonstiger Softwarevertrag: Angst vor dieser Vielfalt wäre falsch. Mit ihr spielen ist der richtige Weg.

1008 Angst vor dem Datenklau ist dagegen begründet.

1009 In jedem Fall sollten Sie zwei einfache Methoden kennen, den Dieb zu überführen: Nonsens-Zeilen und Hinterlegung.

---

11 Diese grobe Vereinfachung erfolgt aus rein pädagogischen Gründen; Sollprozess 6.1 etc. würde einfach jeden abschrecken, abgesehen von denen, die ihn kennen und lieben – nur die kennen ihn ja schon.

Für Robert Zimmermann ist klar:

- Ein Urheberrecht muss nicht irgendwo angemeldet oder registriert werden.
- Das Einsammeln von Rechten bedarf eines schriftlichen Vertrages.
- Alles andere ist eine Frage des Einzelfalls …

2. Gemeinschaftsgeschmacksmuster

Das Gemeinschaftsgeschmacksmuster ist ein in allen Mitgliedsstaaten der **1010**
Europäischen Union einheitlich geltendes Geschmacksmusterrecht. Es wurde
durch die Verordnung (EG) 6/2002 als Kompromiss zwischen den sehr unterschiedlichen Schutzformen in den Mitgliedsstaaten der Europäischen Union geschaffen und sieht zwei unterschiedliche Schutzformen vor: Ein eingetragenes
Gemeinschaftsgeschmacksmuster[12] und ein nichteingetragenes Gemeinschaftsgeschmacksmuster, dessen Schutz mit Veröffentlichung entsteht.

Geschützt wird die „äußere Erscheinungsform", also das Design eines Erzeug- **1011**
nisses. Es muss neu sein, also vom Gesamteindruck eines bisher benutzten De-
signs abweichen, und eine Eigenart aufweisen. Teile eines Produktes, die bei dessen Gebrauch nicht sichtbar sind, können übrigens nicht geschützt werden.[13]

Das Design muss ferner, um geschützt zu sein, der Öffentlichkeit so zugänglich **1012**
gemacht werden, dass die entsprechenden Fachkreise der jeweiligen Branche
davon Kenntnis erlangen konnten, beispielsweise auf Messen, in Fachzeitschriften oder durch den Handel.

Das Recht des nichteingetragenen Gemeinschaftsgeschmacksmusters soll vor **1013**
allem den Branchen mit saisonalen Modewechseln helfen, schnell gegen Nach-
ahmer vorgehen zu können. Die Schutzdauer beträgt von der Veröffentlichung
an drei Jahre.

IV. Rechteerwerb mit Registrierung

1. Deutsche Registrierungssysteme

a) Patent

Bob hat eine Maschine gebaut. Diese kann aus einer bestimmten Menge von Tee-
blättern der Geschmacksrichtung Earl Grey doppelt so viel Tee erzeugen wie mit
den gewöhnlichen Aufbrühmethoden. Das entscheidend Neue liegt darin, dass keiner den Unterschied schmeckt.

Dies wird durch eine Erfindung möglich, die weder Strom noch Platz benötigt. Bevor Bob mit seinem Prototyp zu seiner Hausbank geht, um mit dieser die Finanzierung zu besprechen, möchte er sicherstellen, dass niemand die Erfindung klaut.

Eine Erfindung kann geheim gehalten werden, indem man sie einfach nieman- **1014**
dem mitteilt und alle Unterlagen in den Safe legt. Dies stellt zwar eine einfache

---

12 Siehe dazu unten, unter „Gemeinschaftsgeschmacksmuster", Rn. 1078 f.
13 Was wichtig für die umstrittene Frage des Schutzes von Ersatzteilen ist.

und wirksame Methode dar, sie hat aber den gravierenden Nachteil, dass die Geldgeber sich nicht richtig ernst genommen fühlen. Diese wollen nämlich sicher gehen, dass die Geschäftsidee, konkret die Maschine, tatsächlich funktioniert. Immerhin sollen sie sich mit erheblichen Beträgen an der Erfindung und deren Ausbeutung beteiligen. Andere Finanzierungswege, die in diesem Buch aufgezeigt werden, stellen in diesem Punkt dieselben Anforderungen.

> Bob fragt einen Freund. Der hat von Patenten gehört …

1015　Vereinfacht gesagt ist ein Patent ein Tausch, der dem Erfinder das Recht zusichert, die Erfindung für eine bestimmte Zeit exklusiv zu verwerten, und als Gegenleistung die Offenlegung der Erfindung verlangt, damit sie in den allgemeinen technischen Wissensstand eingeht. Die Erteilung eines Patentes ist an bestimmte Voraussetzungen geknüpft:

> *§ 1 Abs. 1 PatG – Erfindung. Patentfähigkeit:*
>
> Patente werden für Erfindungen erteilt, die neu sind, auf einer erfinderischen Tätigkeit beruhen und gewerblich anwendbar sind.

(1)　Eine Erfindung

1016　Erste Voraussetzung eines Patents ist demnach eine Erfindung. Eine Erfindung im Sinne des Patentgesetzes ist eine Lehre zum technischen Handeln, d.h. eine Anleitung zu einem planmäßigen Handeln, die ohne Zwischenschaltung menschlicher Verstandestätigkeit unter Einsatz beherrschbarer Naturkräfte zur Erreichung eines kausal übersehbaren Erfolgs eingesetzt werden kann.

1017　Bei einer Erfindung kann es sich sowohl um ein Produkt (z.B. eine Maschine) als auch um ein Verfahren (z.B. zur ertragreicheren Verbrennung von Erdgas) oder eine Kombination von beidem (z.B. eine Maschine, mit der sich Erdgas ertragreicher verbrennen lässt) handeln.

> *Für Bob kommen beide Patentformen in Betracht. Er könnte die Maschine patentieren lassen, die nach seinem Verfahren funktioniert. Ein Konkurrent könnte dann aber eine andere Maschine herstellen, die ausreichend weit von der seinen entfernt ist, um nicht gegen sein Patent zu verstoßen, die aber in ihrem Innern nach seinem Verfahren funktioniert. Bob sollte daher das Verfahren als solches patentieren lassen.*

1018　Ein Verfahrenspatent ist immer dann einem Sachpatent vorzuziehen, wenn einer neuen Sache auch ein neues technisches Verfahren zu Grunde liegt. Nur eine neue Sache der keine neue technische Lehre zu Grunde liegt, sollte als Sachpatent angemeldet werden.[14]

1019　Nicht alle Ergebnisse menschlichen Schaffens sollen aber patentierbar sein. Keine Erfindungen sind daher Entdeckungen, wissenschaftliche Theorien und ästhetische Formschöpfungen. Die Relativitätstheorie zum Beispiel beruht zwar auf dem Schaffen eines Menschen. Hätte Einstein sie aber patentieren lassen, wäre jede weitere Forschung durch einsteinsche Ausschließlichkeitsrechte be-

---

14　Als Beispiel für die Erfindung einer neuen Sache, der keine neue technische Lehre zu Grunde liegt, sei die Erfindung des einfachen Ohrclips genannt.

einträchtigt worden. $E = mc^2$ wird daher als nicht patentierbare Entdeckung eingestuft. Diskutiert wird, ob und inwieweit Forschungsergebnisse im Zusammenhang mit Pflanzen und Tieren patentierbar sein sollen.

Ist ein Ergebnis menschlichen Schaffens nicht als Erfindung patentierbar, bedeutet dies aber nicht in jedem Fall, dass ein Schutz des Ergebnisses nicht möglich ist. Ästhetische Formschöpfungen beispielsweise können Werke im Sinne des Urheberrechts sein oder als Geschmacksmuster angemeldet werden. **1020**

Nach § 1 Abs. 2 Nr. 3 des Patentgesetzes können Computerprogramme nicht patentiert werden. Das Gesetz ist insoweit eindeutig, die Praxis nicht. Die Praxis des Deutschen Patent- und Markenamtes und die Rechtsprechung gehen inzwischen dahin, Computerprogramme nur „als solche", d.h. als bestimmte Abfolge von Einsen und Nullen nicht zu patentieren und dieses Merkmal eng auszulegen. Sind die Programme aber Teil einer technischen Lehre und bewirken sie einen technischen Erfolg können sie als Patent geschützt werden.[15] **1021**

(2) Eine neue Erfindung

Um patentierbar zu sein, muss eine Erfindung neu sein. Nicht neu ist eine Erfindung, wenn sie zum Stand der Technik gehört. Denn dann funktioniert der oben angesprochene Tausch nicht. Stand der Technik umfasst in der Theorie das gesamte weltweit bekannt gewordene technische Wissen. **1022**

> In einer indischen Gazette wurde vor zehn Jahren eine Aufbrühmethode beschrieben, mit der aus einer bestimmten Menge von Teeblättern der Geschmacksrichtung Earl Grey doppelt so viel Tee erzeugt werden kann wie mit den gewöhnlichen Aufbrühmethoden. Ein indischer Teeplantagen-Besitzer las den Artikel und reagierte kaufmännisch instinkt-gesteuert: Er errichtete dem Erfinder ein schickes Grabmal und kaufte nach und nach die gesamte Auflage der Gazette heimlich auf.
>
> Bob Dylans Erfindung ist nicht neu.

In der Praxis sind auch die Patentämter der Welt zu einer lückenlosen Prüfung nicht in der Lage. Patentanmeldungen werden meist mit früheren Patentanmeldungen und Fachpublikationen abgeglichen.[16] Hierbei wird aber nicht geprüft, ob die Erfindung sich aus den Vorveröffentlichungen in ihrer Gesamtschau ableiten lässt, sondern nur, ob nicht in einer konkreten Veröffentlichung bereits das zu patentierende Verfahren vollständig beschrieben worden ist. Denn die Neuheit entfällt nur dann, wenn die angemeldete Erfindung in vollem Umgang in der älteren Quelle beschrieben ist. **1023**

---

15 Dies hängt oft genug von der geschickten Formulierung der Patentansprüche ab. Interessierte seien noch auf den Vorschlag einer EU-Richtlinie zur Patentierung computerimplementierter Erfindungen hingewiesen: *http://www.europa.eu.int/comm/internal_market/de/indprop/comp/02–32.htm.*

16 Im Europäischen Patentamt macht dies immerhin eine Datenbank mit mehr als 40 Millionen Dokumenten aus, Tendenz steigend.

(3) Eine erfinderische Tätigkeit

1024 Um patentierbar zu sein, muss die neue Erfindung ferner auf einer erfinderischen Tätigkeit beruhen.

1025 Hier wird auf Grundlage des Standes der Technik gefragt, ob die Erfindung für einen durchschnittlichen Fachmann nicht nahe liegend ist. Zur Beantwortung dieser Frage gibt es eine Reihe von Kriterien und – dementsprechend – einen gewissen Interpretationsspielraum.[17] Im Hinterkopf sollte man dabei stets an den Hintergrund dieser Voraussetzung denken: Patente sollen nicht für offensichtliche Erfindungen vergeben werden, sondern auf einer mehr als gewöhnlichen Leistung des Erfinders beruhen.

(4) Eine gewerblich anwendbare Tätigkeit

1026 Schließlich muss die Erfindung gewerblich anwendbar sein. Gewerblich anwendbar ist eine Erfindung, wenn ihr Gegenstand in irgendeiner Weise gewerblich genutzt werden kann. Die gewerbliche Anwendbarkeit ist das weiteste Kriterium.

1027 Nicht gewerblich anwendbar im Sinne des Patentgesetzes sind beispielsweise Verfahren zur chirurgischen und therapeutischen Behandlung sowie Diagnoseverfahren.

> Bob war in Indien. Er kennt die Gazette. Aber Dank des instinkt-gesteuerten Teeplantagen-Besitzers hält Bob seine Erfindung dennoch für neu. Bob ist daher gutgläubig und möchte nunmehr ein Patent für seine Erfindung.

(5) Die Patentanmeldung

1028 Patente werden in Deutschland vom Deutschen Patent- und Markenamt (DPMA) in München erteilt. Das Verfahren vor diesem Amt beginnt mit dem Tag der Anmeldung des Patents. Eine gewisse Scheu vor Behörden ist zwar weit verbreitet, sollte aber nicht dazu führen, eine geplante Patentanmeldung auf die lange Bank zu schieben.[18] Denn dem Tag des Eingangs der Patentanmeldung beim DPMA, dem sog. Prioritätsdatum, kommt eine gewisse Bedeutung zu:

- „Wer zuerst kommt, mahlt zuerst."

> Bob begreift nicht sofort. Sein Berater übersetzt: „First come, first serve." Bob begreift: Erfinden zwei Menschen unabhängig voneinander dasselbe, erhält nicht der das Patent, der die Erfindung als Erster gemacht hat, sondern der, der die Erfindung als Erster angemeldet hat.[19]

---

17 In Zweifelsfällen sollte dieser Spielraum geschickt genutzt werden.
18 Im Übrigen berichten viele unserer Mandanten von durchweg positiven Erfahrungen mit dem DPMA. Scheu ist also fehl am Platze. Vielmehr sollten Sie die (kostenlosen) Informations- und Hilfsangebote des DPMA nutzen.
19 Aus diesem Grunde kann die Zurückweisung einer Patentanmeldung wegen formaler oder inhaltlicher Mängel besonders schmerzhaft sein.

- Das Prioritätsdatum entscheidet auch über den maßgebenden Stand der Technik: Alles was bis zum Tag der Anmeldung veröffentlicht worden ist, stellt den Stand der Technik dar, demgegenüber die Erfindung neu sein muss bzw. von dem abhängt, ob eine erfinderische Tätigkeit vorliegt.
- Die Anmeldung eröffnet eine 12-monatige Frist für Überlegungen. Während dieser Frist kann (und sollte) geklärt werden, ob auch andere, ausländische Märkte gesichert werden sollen. Denn bis zum Ablauf dieser Frist kann weiteren Anmeldungen nicht entgegengehalten werden, dass die Erfindung ja bereits in einem Land angemeldet und damit Stand der Technik sei. Insoweit entfaltet eine deutsche Patentanmeldung also auch Wirkung im Ausland, aber auch nur insoweit.
- Ab dem Tag der Anmeldung läuft auch der Zeitraum der maximalen Patentierbarkeit, der zwanzig Jahre beträgt und entsprechende Verlängerungsanträge voraussetzt.

Berechtigt zur Anmeldung einer Erfindung ist der Erfinder. Die Ausnahme nach dem Arbeitnehmererfindungsgesetz ist allerdings in der Praxis die Regel.[20] Inländische Erfinder können sich bei der Anmeldung von einem Rechts- oder Patentanwalt vertreten lassen, ausländische Erfinder müssen. **1029**

Die Anmeldung muss auf dem Formular des DPMA erfolgen[21] und bestimmte Mindestvoraussetzungen erfüllen, u.a. müssen die Patentansprüche angegeben und die Erfinder benannt werden und die Erfindung muss so beschrieben und offenbart werden, dass ein Fachmann sie ausführen kann.[22] **1030**

Die Zahlung der Anmeldegebühr nicht vergessen.

Das Patentamt prüft die Anmeldung von sich aus nur auf offensichtliche formelle und materielle Mängel. Auch wenn die Erfindung nicht neu ist oder nicht auf einer erfinderischen Tätigkeit beruht, ist eine Eintragung daher möglich. Eine Prüfung, die sich auf alle Kriterien der Patentfähigkeit erstreckt, kann (und sollte) zusätzlich beantragt werden. Das derart geprüfte Patent gilt als „sicherer" und als leichter verwertbar und durchsetzbar, weil das Patentamt die Patentfähigkeit bestätigt hat.[23] **1031**

Die Zahlung der zusätzlichen Gebühr nicht vergessen.

Das Patent wird nach der Erteilung im Patentblatt veröffentlicht, mitsamt der Offenbarung und Beschreibung. Gegen die Gültigkeit eines Patents kann innerhalb der ersten drei Monate nach der Veröffentlichung der Patenterteilung mit einem Einspruch, danach mit einer Nichtigkeitsklage vorgegangen werden. Jedermann ist berechtigt, auf Grund formeller oder materieller Mängel des Patents diese Mittel zu ergreifen. Die Nichtigkeitsklage ist nicht an Fristen gebunden. **1032**

---

20 Siehe oben, Kapitel „Einsammeln von Arbeitsergebnissen", Teil F, VII.
21 Vgl. *http://www.dpma.de/formulare/patent.html.*
22 Vgl. §§ 35 ff. des Patentgesetzes und Patentanmeldeverordnung.
23 Im Jahr 2001 wurde beispielsweise bei 64 000 Anträgen 38 000 mal diese Prüfung beantragt.

1033 Ist das Patent erteilt, möchte es verwaltet und gepflegt werden. In regelmäßigen Abständen sind beispielsweise Verlängerungsanträge zu stellen; ein Patent kann bis zu 20 Jahre verlängert werden.

> Die Zahlung der jährlich steigenden Gebühren nicht vergessen.

b) Gebrauchsmuster

1034 Das Gebrauchsmuster wird auch „kleines Patent" genannt. Die Voraussetzungen beider Rechte sind sehr ähnlich:

1035 Es muss sich um gebrauchsmusterfähige Erfindungen handeln, die neu sind, auf einem erfinderischen Schritt beruhen und gewerblich anwendbar sind. Das Minus gegenüber dem Patent liegt darin, dass die Neuheit und der erfinderische Schritt leichter zu erreichen sind. Vom Stand der Technik sind beispielsweise die Kenntnisse ausgeschlossen, die lediglich mündlich beschrieben sind und die durch Benutzung der Erfindung bzw. des Gebrauchsmusters im Ausland bekannt wurden.

1036 Im Gegensatz zu Patenten sind Verfahren vom Gebrauchsmusterschutz ausgenommen.

1037 Als Vorteile gegenüber dem Patent sind das schnellere Verfahren[24] sowie niedrigere Kosten zu nennen. Ist sich der Erfinder nicht sicher, ob seine Erfindung patentfähig ist, kann es sich außerdem lohnen, ein Patent und ein Gebrauchsmuster anzumelden, um zumindest ein Schutzrecht zu besitzen, sollte das Patent nicht erteilt werden.

1038 Von Nachteil sind die kürzere Laufzeit (dreimal verlängerbar auf bis zu zehn Jahre) sowie die fehlende Prüfung durch das Patentamt, weswegen das Gebrauchsmuster gegenüber dem Patent das „weichere" Recht darstellt.

c) Marke

> Robert Zimmermann hat Großes vor. Er möchte ein bundesweites Filialnetz von Teehäusern gründen. Zwar kann Robert Zimmermann Tee viel billiger aufbrühen als seine Konkurrenz, aber um Erfolg zu haben, braucht er mehr.
>
> Robert muss sich von seinen Konkurrenten positiv abheben. Robert braucht eine Marke.

1039 Was eine Marke ist, erklärt sich am Besten aus der Funktion der Marke: Durch eine Marke werden Waren und Dienstleistungen eines Unternehmens von Waren und Dienstleistungen anderer Unternehmen unterschieden.

1040 Marken haben sich in den letzten 20 Jahren zu einem der Hauptmarketinginstrumente der Konsumgüterindustrie entwickelt. Ohne eine durchdachte Markenstrategie kommt kein Unternehmer mehr aus. Die rechtliche Entwicklung hat dies begleitet mit einem verstärkten Schutz der Markeninhaber und dem wohlwollenden Zulassen neuer Markenformen.

---

24 Einzelheiten zur Anmeldung: *http://www.dpma.de/formulare/gbm.html.*

Alshut

Als Marke können alle Zeichen geschützt werden, die zum Zwecke der Unter- **1041** scheidung von den Waren und Dienstleistungen anderer Unternehmen geeignet sind. Dies ist der Grundsatz. Daraus ergibt sich der Grundsatz der Spezialität: Eine Marke wird immer im Zusammenspiel mit den Waren oder Dienstleistungen betrachtet, für die sie diese Unterscheidungsfunktion ausüben soll.

In der Praxis lassen sich Marken wie folgt kategorisieren: **1042**

* Wortmarken (z.B. „Herlitz");
* graphische Marken (z.B. der geschwungene „Coca-Cola"-Schriftzug);
* Farbmarken (z.B. das „Milka"-Lila);
* Hörmarken (z.B. die „Telekom"-Melodie);
* Dreidimensionale Marken (z.B. die „Coca-Cola"- Flasche);
* Slogans (z.B. „Das Prinzip der Bequemlichkeit");
* Geruchsmarken (z.B. „frisch geschnittenes Gras").

Natürlich gibt es auch so genannte gemischte Marken, die in mehrere Katego- **1043** rien fallen.

(1) Die absoluten Schutzhindernisse

Erste Hürde für die Erlangung einer Marke sind die so genannten absoluten **1044** Schutzhindernisse.

Zu diesen gehört zunächst die graphische Darstellbarkeit der gewünschten **1045** Marke.[25] Ein Wort schreibt man, eine Graphik legt man der Markenanmeldung bei, ebenso Photos oder Zeichnungen einer dreidimensionalen Marke. Hörmarken allerdings müssen mit einer Partitur wiedergegeben werden, bei Geruchsmarken hat in einem Fall einer Gemeinschaftsmarke die chemische Formel eines Geruchs ausgereicht.[26]

Praktisch wichtiger sind die Hindernisse der fehlenden Unterscheidungskraft **1046** und der beschreibenden Zeichen. Hintergrund dieser Beschränkungen ist, dass für Zeichen, die im Wettbewerb von allen Unternehmern benutzt werden müssen, ein so genanntes Freihaltebedürfnis besteht. Beispielsweise wäre es negativ für den Wettbewerb, wenn sich ein Obsthändler die Marke „Apple" für Lebensmittel sichern dürfte. Tut dies jedoch eine Computerfirma, die die Marke für Rechner und Zubehör registriert, ist keine andere Computerfirma beeinträchtigt, sich einen anderen schlagkräftigen Namen für ihre Produkte zu suchen.

(2) Die relativen Schutzhindernisse

Die zweite Hürde für die Erlangung einer Marke ist der auch für Patente gel- **1047** tende Prioritätsgrundsatz.

> „First come, first serve."

---

25 Welche in den meisten Fällen kein Problem darstellt.
26 Der Geruch von „fresh cut green grass" für Tennisbälle – dieser Fall ist umstritten.

1048 Um der Unterscheidungsfunktion zu genügen, müssen Marken einen genügenden Abstand voneinander haben, damit auf dem Markt keine Verwirrung darüber entsteht, welche Waren und welche Dienstleistungen welchem Unternehmen zuzuschreiben sind. Daher kann die Eintragung identischer Marken für identische Waren oder Dienstleistungen von dem Inhaber des prioritätsälteren Markenrechts untersagt werden. Sind die Zeichen und/oder Waren oder Dienstleistungen nur ähnlich, muss eine Verwechslungsgefahr mit dem älteren Recht bestehen. Ähneln sich nur die Marken, kommt es auf weitere Umstände an, beispielsweise darauf, ob es sich um sehr bekannte Marken handelt.[27]

> Robert braucht den Erfolg – sofort. Und er muss ausschließen können, dass die geplante Werbekampagne und das gesamte Werbematerial später wieder eingestampft werden müssen – nur weil ein so genanntes prioritätsälteres Markenrecht besteht.

1049 Es empfiehlt sich in jedem Fall, vor der Anmeldung zu klären, ob prioritätsältere Marken bestehen, deren Inhaber eine Eintragung oder eine spätere Nutzung möglicherweise verhindern könnten. Dies geschieht im Wege einer Markenrecherche. Eine solche Recherche kann auf identische Marken beschränkt erfolgen oder auch verwechslungsfähige Marken umfassen.

(3) Die Markenanmeldung

1050 Eine Marke wird – wie ein Patent – beim Deutschen Patent- und Markenamt (DPMA) in München angemeldet.[28] Die Anmeldung muss in jedem Fall Angaben enthalten, die es erlauben, die Identität des Anmelders festzustellen, sie muss die Marke wiedergeben und die Waren und Dienstleistungen im Rahmen so genannter Klassen benennen, für welche die Eintragung begehrt wird.[29] Das Verzeichnis der Waren und Dienstleistungen sollte unter Verwendung der Terminologie der Nizzaer Klassifikation, einschließlich der nach dieser Klassifikation errichteten alphabetischen Liste erstellt werden. Die geschickte Formulierung des Verzeichnisses kann später in einzelnen Fällen den entscheidenden Wettbewerbsvorteil bedeuten.

> Die Zahlung der Anmeldegebühr nicht vergessen.

1051 Nach der Anmeldung prüft das Markenregister das Vorliegen der absoluten Schutzhindernisse. Das Markenregister prüft allerdings nicht von sich aus, ob an der angemeldeten Marke bereits ältere Rechte Dritter bestehen.

1052 Existiert ein absolutes Schutzhindernis, wird die Marke nicht eingetragen.

1053 Nach der Prüfung wird die Marke eingetragen und im Markenblatt veröffentlicht. Innerhalb einer Frist von drei Monaten nach Veröffentlichung kann von jedem Inhaber einer Marke mit älterem Zeitrang Widerspruch gegen die Eintragung der Marke erhoben werden. Das Risiko, dass ein „genialer" Einfall bereits

---

27 Die Voraussetzungen entsprechen denen des Verbotsanspruchs aus § 14 Markengesetz und werden daher unten im Kapitel „Inhalt der Schutzrechte" behandelt.
28 Formulare und Merkblätter unter *http://www.dpma.de/formulare/marke.html*.
29 Fehlt eine Mindestangabe, kommt der Anmeldung kein so genanntes Prioritätsdatum zu.

einem anderen kam und von diesem als Marke angemeldet wurde, ist groß. Im Gegensatz dazu sind die Kosten, die durch eine Recherche entstehen, gering.

Manche Markeninhaber werden zudem im Laufe der Zeit mit folgenden Besonderheiten des Markenrechts bekannt gemacht: Löschung der Eintragung der Marke wegen Verfalls, Löschung wegen Nichtigkeit, sei es „auf Antrag" oder „von Amts wegen", und Klage auf Löschung wegen Nichtigkeit auf Grund eines Rechtes mit älterem Zeitrang. **1054**

> Robert Zimmermann möchte seine Teehauskette „Starsnake's" nennen.
>
> Roberts „Starsnake's" dürfte die Hürde der absoluten Schutzhindernisse meistern.
>
> Robert hat jedoch Glück: Sein Berater nimmt – wie alle guten Berater – Drogen, und zwar Kaffee. Er äußert daher zu Recht ein ungutes Magengefühl und empfiehlt Robert, zunächst mögliche Rechte Dritter an dem Begriff „Starsnake's" und an ähnlichen Begriffen recherchieren zu lassen.
>
> Das Ergebnis der Identitätsprüfung ist beruhigend. Das der Ähnlichkeitsprüfung nicht. Robert wählt den sicheren Weg und eine andere Marke.

Die Schutzdauer einer Marke beträgt zehn Jahre und kann beliebig oft um weitere zehn Jahre verlängert werden. Allerdings muss die Marke auch tatsächlich im Geschäftsverkehr genutzt werden. Denn andernfalls kann die Marke nach fünf Jahren wegen Verfalls auf Antrag gelöscht werden. **1055**

(4) Schutz ohne Markenanmeldung und -eintragung

Ausnahmsweise kann eine Marke auch ohne Anmeldung und Eintragung durch das Markengesetz geschützt sein. Dies setzt voraus, dass sie durch Benutzung eine so genannte Verkehrsgeltung erlangt hat oder notorisch bekannt ist. **1056**

Diese Hürden liegen allerdings sehr hoch, so dass ein solcher Schutz erst begründet ist, wenn – je nach Originalität des Zeichens – ca. 20–60% des Marktes das Zeichen mit einer bestimmten betrieblichen Herkunft verbinden. **1057**

> Bob wird ohne angemeldete und eingetragene Marke nie so weit kommen. Zur Einsparung der Anmeldgebühren kommt er allerdings auf eine sagenhafte Idee: Er versieht seine „Marke" einfach mit einem © einem ® und einem ™.
>
> Eine nette Idee. Mehr nicht.

Das Copyright-Zeichen © schafft kein Urheberrecht. Das registered-Symbol ® schafft keine Marke. Das trademark-Symbol ™ weder das eine noch das andere. **1058**

d) Geschmacksmuster

Geschmacksmuster schützen, was man salopp als „Design" bezeichnen kann, also die nach außen sichtbare Gestaltung eines Produkts. Im Gegensatz zum Urheberrecht, das Werke der Kunst schützt, kennt das Geschmacksmusterrecht keine Gestaltungshöhe. Als Geschmacksmuster können daher auch solche Werke geschützt werden, die unterhalb der Schwelle des Urheberrechts liegen. In der Praxis hat das Geschmacksmuster insbesondere in den Branchen Bedeutung erlangt, die von Saison zu Saison neue Produkte anbieten. **1059**

1060 Der Schutz als Geschmacksmuster setzt wiederum die Anmeldung beim Deutschen Patent- und Markenamt (DPMA) in München voraus.[30] Die Eintragung erfolgt ohne Prüfung der Schutzfähigkeit des Musters. Die hierbei maximal zu erlangende Schutzdauer beträgt 20 Jahre.

> Robert hat wiederum Glück: Sein Designer entwirft einen besonders zeitgeistig gestalteten Kaffeebecher. Sein ewig skeptischer Berater empfiehlt jedoch vor Herstellung der geplanten 1,2 Mio. Kaffeebecher eine Recherche im Bereich der Geschmackmuster. Robert verzichtet auf die Recherche.

> Ein freundlicher Konkurrent macht Robert nach Markteinführung seiner neuen Kaffeebecher mit seinem Kaffeebechergeschmacksmuster bekannt.

> Robert macht seinen Designer mit der Tatsache bekannt, dass er ca. 1,2 Mio. besonders zeitgeistig gestaltete Kaffeebecher einstampfen muss.

> Der Designer macht Robert daraufhin mit seinem persönlichen Insolvenzberater bekannt.

2. Internationale Registrierungssysteme

1061 Alle bisher dargestellten Registrierungsmöglichkeiten führen zu deutschen Schutzrechten. Deutsche Schutzrechte entfalten Schutz auf dem Gebiet der BRD. Dies ist das so genannte Territorialitätsprinzip.

> Robert Zimmermann kann sich folglich bisher nur auf dem Gebiet der BRD sicher fühlen.

> Möchte er seine Teehauskette auf andere Staaten ausdehnen, gar Franchise- oder sonstige Verträge mit ausländischen Partnern abschließen, sollte er sich rechtzeitig die entsprechenden Schutzrechte sichern.

1062 Der Inhaber eines deutschen Patentrechts kann beispielsweise die Einfuhr einer sein Patent verletzenden Maschine nach Deutschland untersagen; er kann aber nicht verhindern, dass eine solche Maschine in Frankreich gebaut und dort vertrieben wird. Der Inhaber eines deutschen Markenrechts kann beispielsweise die Werbeanzeige eines Wettbewerbers, der seine Marke widerrechtlich ausnutzt, untersagen: ist ein Produkt aber rechtmäßig in einem anderen Mitgliedsstaat der Europäischen Union unter derselben Marke in den Verkehr gebracht worden, kann der Inhaber des Markenrechts dessen Verkauf auch in Deutschland nicht verbieten. Dies gebietet der grenzenlose Binnenmarkt der Europäischen Union.

> Robert Zimmermann muss sich folglich zunächst fragen, ob er überhaupt grenzüberschreitend tätig werden will. Möchte er dies, sollte er sich überlegen, welche Länder dieser Welt potenziell geeignet sind.

> Bevor Robert sich derart weit reichende Gedanken macht, möchte er natürlich zunächst von seinem Freund und Berater für alle Länder dieser Erde wissen, wie in ihnen Schutzrechte erworben werden können.

---

30 Mehr Informationen zur Anmeldung von Geschmacksmustern unter *http://www.dpma.de/formulare/gsm.html.*

Alshut

Grundsätzlich sind folgende Möglichkeiten zu unterscheiden: **1063**

- Die erste Möglichkeit besteht in der Theorie darin, in allen Ländern dieser Erde die dort jeweils erforderlichen Handlungen zur Erlangung der dort jeweils einschlägigen nationalen Schutzrechte vorzunehmen. In der Praxis wird dies durch reine Registrierungssysteme vereinfacht,[31] beispielsweise durch das Europäische Patent, den Patent Cooperation Treaty und die Internationale Markenregistrierung nach dem Madrider Markenabkommen und dem Protokoll zu diesem. Diese Registrierungssysteme führen im Ergebnis zu einer Vielzahl von nationalen Schutzrechten.
- Die zweite Möglichkeit sind europäische Schutzrechte.[32] Diese setzen sich nicht aus einer Vielzahl von nationalen Schutzrechten zusammen, sondern stellen ein einheitliches Schutzrecht dar, das Geltung im gesamten Gebiet der Europäischen Union besitzt.

a) Europäisches Patentübereinkommen (EPÜ)

Das Europäische Patent wird vom Europäischen Patentamt vergeben.[33] Es ist **1064** ein Organ der Europäischen Patentorganisation, die 1973 gegründet wurde und der zurzeit 24 Länder angehören, darunter alle Mitgliedsstaaten der Europäischen Union. Rechtsgrundlage ist das Europäische Patentübereinkommen (EPÜ).

Der Vorteil des Europäischen Patents ist, dass mit nur einer Anmeldung[34] und **1065** einem Prüfungsverfahren in einer Sprache (Englisch, Deutsch oder Französisch) ein Bündel von bis zu 24 nationalen Patentrechten erworben werden kann, je nachdem, für welche Staaten Patentschutz beantragt wird.

> Die Zahlung der Gebühren nicht vergessen, wobei auf Grund der zwingenden Vertretung durch einen Patentanwalt entsprechende Kosten hinzukommen. Statistisch rechnet sich übrigens die Anmeldung eines Europäischen Patents in finanzieller Hinsicht ab etwa drei separaten nationalen Anmeldungen.

Die materiellen Schutzvoraussetzungen sind denen des deutschen Patents sehr **1066** ähnlich. Das Europäische Patentamt verfügt über eigene Einspruchsabteilungen und Beschwerdekammern, deren Entscheidungen von erheblicher Bedeutung auch für die nationalen Patentämter sind.

Der Nachteil des Europäischen Patents ist, dass zahlreiche Staaten in ihrem nationalen Recht vorsehen, dass die Patentschriften der vom Europäischen Patentamt erteilten Patente in ihre Nationalsprache übersetzt werden müssen, um in diesen Gültigkeit zu erlangen.[35] **1067**

---

31 Vereinfacht für den Fachmann, nicht für den Laien.
32 Gegenwärtig Gemeinschaftsmarke und Gemeinschaftsgeschmacksmuster; geplant sind Gemeinschaftspatent und Gemeinschaftsgebrauchsmuster.
33 Stellen des Europäischen Patentamtes befinden sich in Berlin, Den Haag, München und Wien.
34 Informationen unter: *http://www.european-patent-office.org/index_d.htm.*
35 Alle Lösungsversuche für dieses Kostenproblem scheitern regelmäßig auf politischer Ebene.

b) Patent Cooperation Treaty (PCT)

1068 Einen wirklich nahezu globalen Patentschutz ermöglicht der Patent Cooperation Treaty (PCT). Er wird von der World Intellectual Property Organization (WIPO)[36] verwaltet und trat 1978 in Kraft. Ihm sind bis heute 116 Staaten beigetreten.[37]

1069 In einer ersten internationalen Phase erfolgt die Anmeldung über das Deutsche Patent- und Markenamt oder das Europäische Patentamt, einschließlich einer Vorauswahl der Staaten, für die Patentschutz gewünscht wird, und einer internationalen Recherche und Prüfung. In einer zweiten nationalen Phase muss der Anmelder sich endgültig entscheiden, in welchen Staaten er Patentschutz erlangen möchte.

1070 Folgende Aspekte machen die Anmeldung attraktiv:

- Das Prioritätsrecht lässt sich für viele Staaten mit geringem finanziellem Aufwand für längere Zeit aufrechterhalten. Denn der Anmelder muss sich erst nach bis zu 30 Monaten entscheiden, in welchen Staaten er Patentschutz möchte. Bis dahin kann er sich sämtliche der 116 Mitgliedstaaten offen halten.

  Bob begreift sofort: Er gewinnt Zeit, die Finanzierung in Deutschland abzusichern und Franchise-Verträge im Ausland einzugehen, und zwar bevor hohe Kosten durch Übersetzungen und nationale Verfahren fällig werden.

  Nichtsdestotrotz: Die Zahlung der Gebühren nicht vergessen.

- Der Anmelder erhält bereits 16 Monate nach dem Prioritätsdatum einen ausführlichen Recherchereport[38] über den relevanten Stand der Technik, der viel über den Wert des Patents aussagt.
- Nach Erhalt des Recherchereports kann eine „International Preliminary Examination" beantragt werden, eine vorläufige Prüfung der Patentfähigkeit der Erfindung. Diese Prüfung ist nicht bindend für die folgenden nationalen Verfahren, hat jedoch starke Signalwirkung.

c) Madrider Markenabkommen/Protokoll zum Madrider Markenabkommen (MMA/PMMA)

1071 Mittels des Madrider Markenabkommens und des Protokolls zum Madrider Markenabkommen ist es möglich, durch eine Anmeldung in einer Sprache Markenschutz in zahlreichen Ländern zu erhalten. Das Madrider Markenabkommen stammt aus dem Jahr 1891, das Protokoll zum Madrider Abkommen aus dem Jahr 1989.

  Bob begreift sofort: Ein internationales Abkommen, eine Anmeldung, ein Verfahren, eine International Registrierte Marke (eine IR-Marke).

---

36 Über den PCT sind umfangreiche Informationen auf der Homepage der WIPO zu finden: *www.wipo.org.*
37 Stand 15.07.2002.
38 Dieser Report wird von Patentämtern als „International Search Authorities" durchgeführt. Für deutsche Anmelder ist dies das Europäische Patentamt.

Fast. Die Bezeichnung „Protokoll zum Madrider Markenabkommen" und der Jahrgang desselben deuten zwar an, dass lediglich das Madrider Markenabkommen aktualisiert und konkretisiert wird. Das Protokoll zum Madrider Markenabkommen ist jedoch ein selbstständiges internationales Abkommen, obgleich es in weiten Teilen Regelungen des Madrider Markenabkommens übernimmt.

Dem Madrider Markenabkommen sind bislang 52 Staaten beigetreten, dem **1072** Protokoll zum Madrider Markenabkommen 56. Insgesamt gehören 70 verschiedene Staaten dem einen oder anderen oder beiden Abkommen an.[39] Kernpunkte der beiden Abkommen sind:

- IR-Marken können bei dem nationalen Markenamt beantragt werden, und zwar gestützt auf eine nationale Marke (PMMA: oder deren Anmeldung).
- Die Anmeldung muss in französischer (PMMA: oder englischer) Sprache erfolgen.
- Die Marke ist in jedem der designierten Staaten vom Tag der Veröffentlichung der Internationalen Registrierung an geschützt wie eine nationale Marke. Das jeweilige nationale Markenamt kann dann innerhalb eines Jahres die Marke prüfen und für ungültig erklären, aber nur aus Gründen, aus denen auch eine nationale Marke in diesem Land für nichtig hätte erklärt werden können.
- Die Wirksamkeit der IR-Marke hängt in den ersten fünf Jahren von der Wirksamkeit der nationalen „Stammmarke" ab. Wird diese für nichtig erklärt, hat dies die Nichtigkeit insgesamt zur Folge.

d) Gemeinschaftsmarke

Die Gemeinschaftsmarke ist ein in allen Mitgliedstaaten der Europäischen **1073** Union einheitlich geltendes Markenrecht. Sie wurde durch die Verordnung (EG) 40/94 (GMVO) geschaffen und ist bestimmt durch die Grundsätze der Einheitlichkeit, d.h. sie ist wirksam oder unwirksam in der gesamten Europäischen Gemeinschaft, und der Autonomie, d.h. der Unabhängigkeit von nationalen Markenregelungen. Sie wird erteilt und verwaltet vom Harmonisierungsamt für den Binnenmarkt (HABM) in Alicante.[40] Jeder, der seinen Wohnsitz in der Europäischen Union hat, kann das Verfahren auch ohne anwaltliche Vertretung selbst durchführen, und zwar in jeder der 11 Sprachen der Europäischen Union.[41]

Die Kehrseite ist, dass das Harmonisierungsamt die Anmeldung bezüglich der **1074** Schutzhindernisse auf die 11 Sprachen der Europäischen Union und die prioritätsälteren Rechte aus allen 15 Mitgliedstaaten überprüft.

---

39 Deutschland ist Mitglied in beiden Abkommen, die USA und die Europäische Union in keinem; weitere Informationen zu den Abkommen unter: *http://www.wipo.org/madrid/en/index.html.*

40 *http://oami.eu.int/DE/.*

41 Formulare unter: *http://oami.eu.int/DE/marque/form.htm*; es muss jedoch auf jeden Fall eine der fünf Arbeitssprachen des HABM (Englisch, Französisch, Deutsch, Spanisch und Italienisch) als Zweitsprache ausgewählt werden.

> Bob begreift: Liegt ein Schutzhindernis in einem Mitgliedstaat vor, wird die Gemeinschaftsmarke nicht eingetragen.

1075 Auch aus diesem Grund ist bei Gemeinschaftsmarken noch dringender zu einer der Anmeldung vorgeschalteten Markenrecherche zu raten als bei nationalen Marken. Im Übrigen gelten hinsichtlich der Vorschriften, was als Marke eingetragen werden kann und welche absoluten und relativen Schutzhindernisse bestehen können, die Ausführungen zur deutschen Marke.

1076 Einige weitere Regelungen machen das System der Gemeinschaftsmarke für Anmelder attraktiv:

- Sollte eine Anmeldung scheitern, ist die Umwandlung in eine Vielzahl nationaler Markenanmeldungen unter Wahrung des Prioritätsdatums der Gemeinschaftsmarkenanmeldung möglich.
- Das Prioritätsdatum einer bereits bestehenden nationalen Marke kann mit Wirkung für den entsprechenden Mitgliedsstaat auch für die Gemeinschaftsmarke in Anspruch genommen werden, wenn die nationale Marke aufgegeben wird (spart Kosten wegen der Erneuerungsgebühren).
- Eine Gemeinschaftsmarke kann in einem Verletzungsprozess Urteile erwirken, die in der gesamten Europäischen Union gültig und vollstreckbar sind.

1077 Die Schutzdauer einer Gemeinschaftsmarke beträgt 10 Jahre und kann beliebig oft um weitere 10 Jahre verlängert werden.

e) Gemeinschaftsgeschmacksmuster

1078 Das Gemeinschaftsgeschmacksmuster ist ein in allen Mitgliedsstaaten der Europäischen Union einheitlich geltendes Geschmacksmusterrecht. Es wurde durch die Verordnung (EG) 6/2002 als Kompromiss zwischen den sehr unterschiedlichen Schutzformen in den Mitgliedsstaaten der Europäischen Union geschaffen und sieht zwei unterschiedliche Schutzformen vor: Ein nichteingetragenes Gemeinschaftsgeschmacksmuster[42] und ein eingetragenes Gemeinschaftsgeschmacksmuster, das wie die Gemeinschaftsmarke vom Harmonisierungsamt für den Binnenmarkt in Alicante verwaltet wird.

1079 Das eingetragene Gemeinschaftsgeschmacksmuster soll ab Beginn 2003 beantragt werden können. Die Schutzdauer beträgt fünf Jahre und kann jeweils um fünf auf bis zu 20 Jahre verlängert werden.

f) Gemeinschaftspatent und Gemeinschaftsgebrauchsmuster

1080 Bereits seit langer Zeit steht die Einführung des Gemeinschaftspatents auf der Tagesordnung der Europäischen Union.[43] Dieses von Unternehmen schon lange

---

42 Siehe dazu oben, unter „Rechteerwerb ohne Registrierung", Rn. 1010 ff.

43 Eine Einigung hat bisher vor allem die Frage verhindert, in wie viele Sprachen das Patent übersetzt werden muss und welche Rolle die nationalen Patentämter in Zukunft übernehmen sollen; aktuelle Informationen hierzu unter: *http://www.europa.eu.int/comm/internal_market/de/indprop/patent/index.htm.*

geforderte Schutzrecht soll den Patentschutz in der Europäischen Union kostengünstiger und attraktiver machen.

Auch ein Gemeinschaftsgebrauchsmuster soll eingeführt werden.[44] **1081**

V. Die Domain

> Robert Zimmermann beherrscht DPMA, EPA, EPÜ, HABM, MMA, PCT, PMMA und WIPO.
>
> Robert möchte aber mit DENIC, ICANN, INTERNIC, ISP, SLD, TLD, URL und WWW bekannt gemacht werden.

Die Domain ist die Adresse des Unternehmens im Internet. Eine gute Domain **1082** allein kann für ein Unternehmen schon eine Goldgrube sein, die Kombination mit einem guten Angebot ist (fast) unschlagbar.

> Robert muss sich zunächst überlegen, welche Top-Level-Domain (TLD) für seine Teehäuser am geeignetsten ist: „.com", „.de", „.es", „.org", …
>
> Die Second-Level-Domain (SLD) ähnelt eher einem Kombinationsspiel: Registriert werden sollte die Firma, das Branding, die Marken, die Namen der Waren und Dienstleistungen, alle potenziellen Tippfehler derselben sowie alle Kombinationen aus diesen. Natürlich sollte nur die jeweils geeignetste gezielt kommuniziert werden.
>
> Der Möglichkeiten sind viele ….[45]

Die Domain ist kein gewerbliches Schutzrecht. Der wichtigste Unterschied zwi- **1083** schen Marke und Domain ist, dass bei der Domain das reine Prioritätsprinzip gilt.

> Robert begreift: „First come, first serve" vom Feinsten. Sein Freund und Berater verweist ihn allerdings auf Rn. 1087 f.

Eine Prüfung auf Schutzhindernisse erfolgt nicht. Nach einer Entscheidung des **1084** Bundesgerichtshofs darf beispielsweise eine Mitwohnzentrale ihre Dienstleistungen im Internet unter *„www.mitwohnzentrale.de"* anbieten. Denn die Verwendung beschreibender Namen soll nur dann unzulässig sein, wenn der Anschein einer irreführenden Alleinstellungsbehauptung entsteht.[46] Als Marke wäre „Mitwohnzentrale" sofort abgelehnt worden.

---

44 Hier sind die nationalen Regelungen differenzierter als im Patentrecht; zudem wird das Gemeinschaftspatent allgemein für dringlicher erachtet, sodass mit dem Gemeinschaftsgebrauchsmuster nicht so bald zu rechnen ist.

45 … und der Wege auch: Internet-Service-Provider (ISP); DENIC Domain Verwaltungs- und Betriebsgesellschaft eingetragene Genossenschaft, *http://www.denic.de/;* ICANN Internet Coperation for Assigned Names and Numbers, *http://www.icann.org*; auch *www.internic.net*; bei der Suche hilfreich ist die „whois" Funktion.

46 Der Verwender einer solchen Domain kann im Einzelfall gezwungen werden, auf der von ihm betriebenen Internetseite auf das Vorhandensein von Internetauftritten der Konkurrenz hinzuweisen; bestimmte andere Personen, beispielsweise Städte haben dagegen regelmäßig sogar einen Anspruch auf die Freigabe ihres Namens durch den Verwender.

1085 Nach ständiger Rechtsprechung verboten ist allerdings die moderne Form des Raubrittertums, das so genannte „Domain-Grabbing" oder „Cybersquatting": Eine Person sichert sich eine Vielzahl von Domains, bevorzugt von bekannten Firmen und Markennamen, um diese später den Namensinhabern zum Kauf anzubieten.[47]

a) Marke vs. Domain, Domain vs. Marke

1086 Ein geregeltes Verfahren zur Streitschlichtung in Bezug auf Domain-Names gibt es bislang nur bei Konflikten zwischen Inhabern einer „.com", „.org", „.net", „.biz", „.info", „.name" – Domain und Inhabern von Markenrechten. Diese können sich beim Domain Name Dispute Resolution Service der WIPO in Genf auf ihr Markenrecht stützen und die Übertragung der Domain verlangen.[48] Das Verfahren ist schnell, kostengünstig und kann online geführt werden.

> Selbst wenn Robert sich entschieden hätte, seinen Tee nur über das Internet auszuschenken, sollte er versuchen, seine Domain als Marke schützen zu lassen.
>
> Denn der Inhaber der Marke hat regelmäßig die besseren Rechte an der gleichlautenden Domain.

b) Namen vs. Domain, Domain vs. Namen

1087 Bei der Domain gilt das reine Prioritätsprinzip. Meistens. Nach der Rechtsprechung kommt es manchmal aber auch auf den Namen und dessen Bekanntheit an.

1088 Für junge Unternehmen heißt das: Finger weg von Namen alt eingesessener und bekannter Unternehmen, selbst wenn die Domain zum eigenen Geschäft passt und noch frei sein sollte. Dem alt eingesessenen und bekannten Unternehmen wird in der Regel ein wettbewerbsrechtlicher Anspruch aus dem Tatbestand der Imageschädigung oder der Rufausbeutung zustehen. Gerichte entscheiden in Streitigkeiten dieser Art jeweils danach, welches Unternehmen die größere Bekanntheit unter dem streitigen Namen außerhalb des Internets bereits vor der Registrierung erreicht hat. Ein Privater hat beispielsweise in einem solchen Fall selbst dann nicht die Vermutung von Bekanntheit auf seiner Seite, wenn er tatsächlich so heißt wie seine Domain und diese Domain auch bereits seit längerem für seine Zwecke nutzt. Für ein Unternehmen in der Gründungsphase führt eine solche Auseinandersetzung aber in jedem Fall zu teuren und überflüssigen Rechtsstreitigkeiten.

> Robert begreift: „First come, first serve" – aber vom Feinsten.

---

47 Dieses Phänomen kam in den Anfangstagen des Internets häufiger vor; es kann in besonders schweren Fällen sogar als Erpressung strafrechtlich geahndet werden.
48 http://arbiter.wipo.int/domains/.

Alshut

VI. Welches Schutzrecht anmelden?

Einen ersten Überblick über die einschlägigen Schutzrechte haben Sie nach den **1089** letzten Seiten.

> Robert ist verzweifelt. Er hat den Überblick – dennoch beherrscht ihn ein Gefühl tiefster Ratlosigkeit.

Die Einschätzung, welche Schutzrechte eine Geschäftsidee bestmöglich absi- **1090** chern, erfordert Erfahrung im praktischen Umgang mit Schutzrechten, insbesondere Erfahrung im Durchsetzen von Schutzrechten. Erst auf Grund dieser Erfahrung kann man eine effektive Schutzstrategie für eine neue Geschäftsidee entwickeln.

> Robert hat den Überblick, aber keine Erfahrung.

Jede Geschäftsidee ist ein Einzelfall. Dementsprechend ist auch jede Schutz- **1091** strategie eine Frage des Einzelfalls. In bestimmten Fällen stehen bestimmte Schutzrechte gar nicht zur Verfügung, beispielsweise kann ein Buch nicht patentiert werden.[49] In anderen Fällen steht ein ganzer Strauß von Schutzrechten zur Verfügung.

> Robert kann die hinter seiner Teemaschine stehende technische Lehre als Patent oder als Gebrauchsmuster anmelden, die Teemaschine selbst könnte zum einen urheberrechtlich geschützt sein und zum anderen als dreidimensionale Marke oder als Geschmacksmuster angemeldet werden, den Namen seiner Teehauskette schließlich könnte Robert als Firma nutzen, als Marke anmelden oder sich als Domain abgreifen.

Zunächst scheinbar ungewöhnlicher Ausgangspunkt zur Klärung der Frage, **1092** welche Schutzrechte anzumelden sind, ist eine andere Frage:

Was könnte es schlimmstenfalls kosten, wenn ein möglicher Schutz der Ge- **1093** schäftsidee unterbleibt?

> Ein anderer meldet Roberts Teemaschine als technische Lehre als Patent und als Gebrauchsmuster an, erwirbt vom Urheber ein Nutzungsrecht an der Teemaschine und meldet sie als dreidimensionale Marke und als Geschmacksmuster an, gründet unter dem Namen der Teehauskette eine GmbH, meldet den Namen als Marke an und greift sich die Domain ab.
>
> Robert beschließt auszuwandern und seinen Traum in einem anderen Land zu verwirklichen.
>
> Nach elf Ländern kehrt Robert zurück. Er hat nicht an die weltweiten Schutzrechtsmöglichkeiten gedacht. Der andere schon.

Um gegenüber Wettbewerbern bestmöglich gerüstet zu sein, gilt folgender **1094** Grundsatz: Die Anmeldung von Schutzrechten erfolgt nicht nach dem Entweder-oder-Prinzip, sondern nach dem Sowohl-als-auch-Prinzip.

---

49 ... aber eine neue Art der Buchbindung oder ein neues Verfahren der Buchbindungsherstellung könnte.

1095 Dies hat beispielsweise den Vorteil, dass, wenn ein angemeldetes Schutzrecht nicht eingetragen oder nach Eintragung für ungültig erklärt wird oder von einem Wettbewerber erfolgreich angegriffen wird, dies nicht zwangsläufig zum völligen Verlust des Schutzes der Geschäftsidee führt.

1096 Der gerade formulierte Grundsatz des Sowohl-als-auch-Prinzips gilt natürlich nicht in jedem Einzelfall. Eine Erfindung sollte beispielsweise nicht immer einfach angemeldet werden. Vielmehr ist im Vorfeld die grundlegende Frage zu klären, ob die Geheimhaltung nicht der bessere Schutz ist. Denn ein Patent sichert zwar dem Erfinder das Recht zu, die Erfindung für eine bestimmte Zeit exklusiv zu verwerten. Als Gegenleistung wird die Erfindung aber offen gelegt, damit sie in den allgemeinen technischen Wissensstand eingehen kann. Im Vorfeld dieser Frage ist wiederum zu klären, ob sich die Erfindung – unter Berücksichtigung der geplanten Nutzung und der Personen, die zwangsläufig mit dem Know-how in Berührung kommen werden – überhaupt geheim halten lässt.

1097 In anderen Einzelfällen ist es möglich, mit einer geschickten Formulierung der Patentanmeldung wesentliche Teile der Erfindung nicht veröffentlichen zu müssen.

> Bob hat begriffen: Welche Schutzrechte anzumelden sind, ist eine Frage des Einzelfalls.

> Aber Bob kennt die Rosinentheorie noch nicht.

1098 Der weltweite Schutz einer Geschäftsidee ist praktisch nicht oder nur mit einem ganz erheblichen finanziellen Aufwand zu erlangen. Junge Unternehmen, deren Kapital im Wesentlichen eine gute Geschäftsidee ist, müssen daher rechtzeitig prüfen, was es schlimmstenfalls kosten könnte, wenn ein möglicher Schutz der Geschäftsidee in bestimmten Ländern unterbleibt.[50]

> Robert sucht sich klug die Länder aus, von denen er glaubt, dass sie für sein(e) Geschäft(e) von Bedeutung sein könnten. Dort meldet er an.

1099 Wo Schutzrechte anzumelden sind, richtet sich folglich nicht nach dem Entweder-oder-Prinzip, sondern nach der Rosinentheorie.

VII. Inhalt der Schutzrechte

1100 Gewerbliche Schutzrechte schützen vor Wettbewerbern, indem sie ein Monopol verleihen. Der Inhaber des Monopols hat vereinfacht dargestellt das Recht, allen anderen eine Nutzung und Verwertung des Gegenstands seines Monopols zu erlauben oder zu verbieten.

1101 Der praktische Kern aller gewerblichen Schutzrechte im Wettbewerb der Unternehmen ist daher ein Verbotsrecht. In allen Gesetzen zu den jeweiligen Rechten ist daher ein Unterlassungsanspruch vorgesehen, der regelt, welche Handlungen

---

50 Einen interessanten Fall stellen insoweit die USA dar. Denn in den und für die USA ist nicht ein Patent zu beantragen. Vielmehr ist für jeden einzelnen Bundesstaat ein Patent zu beantragen.

in Verbindung mit dem jeweiligen Gegenstand des Monopols verboten werden können. Dieser Verbotsanspruch ist unabhängig vom Verschulden, d.h. auch unbewusste bzw. unbeabsichtigte Handlungen können untersagt werden. Darüber hinaus sind in der Regel Auskunfts- und Schadensersatzansprüche sowie strafrechtliche Sanktionen vorgesehen.

1. Urheberrecht

Das Urheberrecht schützt den Urheber in seinen geistigen und persönlichen Beziehungen zum Werk und in der Nutzung seines Werkes.[51] Er hat das ausschließliche Recht, sein Werk in körperlicher Form zu verwerten und in unkörperlicher Form öffentlich wiederzugeben. **1102**

Spiegelbild der Verwertungs- und Wiedergaberechte des Urhebers ist sein gesetzlicher Anspruch auf Unterlassung und Schadensersatz: **1103**

> *§ 97 Abs. 1 UrhG – Anspruch auf Unterlassung und Schadensersatz:*
>
> Wer das Urheberrecht … widerrechtlich verletzt, kann vom Verletzten auf Beseitigung der Beeinträchtigung, bei Wiederholungsgefahr auf Unterlassung und, wenn dem Verletzer Vorsatz oder Fahrlässigkeit zur Last fällt, auch auf Schadensersatz in Anspruch genommen werden. …

Dieser gesetzliche Anspruch steht dem Urheber gegen jeden widerrechtlichen Nutzer zu. **1104**

> Ein Freak bestellt Musik von Bob Dylan zu seinem Drink. Der Wirt schüttelt den Kopf. Der Freak lädt via Handy Bob Dylan aus dem Netz – widerrechtlich, Ehrensache. Er brennt ihn und gibt die CD dem Wirt. Der Wirt schüttelt den Kopf. Er legt die CD dennoch auf.
>
> Bob Dylan ist zufällig in der Bar. Er hatte schon einen Drink und wünscht nun einen refill. Der Wirt schüttelt den Kopf. Bob schlägt dieses Buch auf und macht den Wirt mit § 97 Abs. 1 UrhG bekannt. Der Wirt schüttelt den Kopf. Er spendiert Bob dennoch den gewünschten Drink.

Das Verbotsrecht des Urhebers geht aber noch weiter. Das Urheberrecht besteht nämlich nicht nur aus Verwertungs- und Wiedergaberechten. Vielmehr stehen dem Urheber auch die so genannten Urheberpersönlichkeitsrechte zu: **1105**

> *§ 14 UrhG – Entstellung des Werkes:*
>
> Der Urheber hat das Recht, eine Entstellung oder andere Beeinträchtigung seines Werkes zu verbieten, die geeignet ist, seine berechtigten geistigen oder persönlichen Interessen am Werk zu gefährden.

In der Praxis wird dieses Verbotsrecht selten bemüht. **1106**

> Nach dem Ende der CD möchte ein japanischer Tourist mehr Musik von Bob Dylan hören. Der Wirt schüttelt den Kopf. Der Japaner greift zum Mikrophon seiner Soundmachine … Karaoke in seiner schönsten Form, zur Musik von Bob Dylan.

---

51 Seit dem 01.07.2002 dient das Urheberrecht zugleich der Sicherung einer angemessenen Vergütung für den Urheber (Gesetz zur Stärkung der vertraglichen Stellung von Urhebern und ausübenden Künstlern vom 22.03.2002, BGBl. I S. 1155).

> Bob schlägt dieses Buch erneut auf und macht den Japaner mit § 14 UrhG bekannt. Der Japaner lichtet Bob daraufhin mit seiner Spiegelreflex ab.
>
> Vom Blitz geblendet sinkt Bob Dylan auf einen Barhocker. Der Freak hat Mitleid mit Bob und bestellt ihm einen Drink. Dies ist der Beginn einer wunderbaren Freundschaft.

1107 Praktische Bedeutung hat dagegen ein anderes Urheberpersönlichkeitsrecht:

> *§ 13 UrhG – Anerkennung der Urheberschaft:*
>
> Der Urheber ... kann bestimmen, ob das Werk mit einer Urheberrechtsbezeichnung zu versehen und welche Bezeichnung zu verwenden ist.

1108 Dieses Recht gilt grundsätzlich für alle Werkgattungen und ist ein unveräußerliches Persönlichkeitsrecht des Urhebers. Vertraglich kann natürlich geregelt werden, dass der Urheber auf die Nennung seines Namens verzichtet. Ghostwriter tun dies beispielsweise regelmäßig. In einigen Branchen wird sogar ein stillschweigender Verzicht auf die Namensnennung angenommen.[52]

1109 Fehlt es allerdings an einem ausdrücklichen Verzicht auf das Recht zur Namensnennung, ist im Zweifel davon auszugehen, dass dieser Verzicht – wenn überhaupt – nur in dem Umfang eingeräumt wurde, der zur Erreichung des Vertragszwecks notwendig ist. Bei dieser Gelegenheit sei daher an die Faustformel für den Auftraggeber erinnert:

1110 Keine Aufträge ohne schriftliche Verträge.

1111 Hauptanwendungsfall der Verbotsrechte des Urhebers sind in der Praxis natürlich die klassischen Kopierer. Kopiert jemand das Werk eines anderen und gibt es als sein eigenes aus, handelt es sich um ein so genanntes Plagiat, dessen Verbreitung verboten werden kann. Häufig unbekannt ist,[53] dass es sich ebenso bei einer unbewussten Entlehnung verhält, beispielsweise wenn der gutgläubige Komponist unbewusst eine neue Melodie komponiert, die er früher schon mal gehört hatte, die sich aber so tief in sein Unterbewusstsein eingegraben hat, dass er sie vergessen hat.

1112 Der Fall der unbewussten Entlehnung ist streng von dem im gewerblichen Rechtsschutz geltenden Prioritätsgrundsatz zu unterscheiden: Schaffen zwei Menschen unabhängig voneinander an verschiedenen Orten dieser Welt identische Werke, dürfen beide ihr Werk jeder für sich verwerten.[54]

1113 Ferner darf ein selbstständiges Werk in freier Benutzung des Werkes eines anderen geschaffen werden. In der Praxis ist dieser Fall der so genannten freien

---

[52] Bei Multimedia-Werken und Software ist die Nennung der Schöpfer beispielsweise absolut unüblich (obwohl die ansonsten zur Gewaltlosigkeit erzogenen und friedliebenden Autoren dieses Buches – auf Grund aktueller vertiefter Erfahrungen mit Softwaremängeln, die bei der Bearbeitung größerer Dateien stets zu automatischen Systemabstürzen führen – manchmal schon gerne wüssten, wem sie diese zu verdanken haben).

[53] Zumindest wird diese Unkenntnis regelmäßig vorgeschützt.

[54] Aber derjenige, der das Werk später veröffentlicht hat, muss im Streitfall beweisen, dass er das Werk des anderen nicht kannte, als er seines schuf. Eine Aufgabe, der erfahrungsgemäß die meisten später veröffentlichenden Schöpfer nicht gewachsen sind.

Benutzung nur schwer abzugrenzen von dem Fall der unbewussten Entlehnung und dem der einwilligungsbedürftigen Bearbeitung eines Werkes. Als Indiz mag dienen, ob der Urheber des neuen Werkes sich nur hat anregen lassen oder ob sein eigener Beitrag verblasst vor dem, worauf er Bezug nimmt und aufbaut.

Verblasst der Beitrag, kann es auf Grund der folgenden Vorschrift zu spektakulären Szenen kommen: **1114**

> *§ 98 Abs. 1 UrhG – Anspruch auf Vernichtung oder Überlassung der Vervielfältigungsstücke*
>
> Der Verletzte kann verlangen, dass alle rechtswidrig hergestellten, verbreiteten oder zur rechtswidrigen Verbreitung bestimmten Vervielfältigungsstücke, die im Besitz oder Eigentum des Verletzers stehen, vernichtet werden.

Man denke an den Bulldozer, dessen Fahrer nicht Asphalt glättet, sondern Massen von raubkopierten CDs plättet. Richtig Spaß macht aber erst § 99 UrhG: **1115**

> *§ 99 UrhG – Anspruch auf Vernichtung oder Überlassung der Vorrichtungen*
>
> Die Bestimmungen des § 98 sind entsprechend auf die im Eigentum des Verletzers stehenden, ausschließlich oder nahezu ausschließlich zur rechtswidrigen Herstellung von Vervielfältigungstücken benutzten oder bestimmten Vorrichtungen anzuwenden.

Man denke an all die schönen CD-Brenner – glückliche Momente im Leben eines Anwalts. **1116**

Der Vollständigkeit halber soll nicht unerwähnt bleiben, dass fahrlässig oder vorsätzlich begangene Verletzungen auch Auskunfts-, Beseitigungs- und Schadensersatzansprüche nach sich ziehen. Abschließend sei darauf hingewiesen, dass auch der ein Dieb ist, der geistiges Eigentum stiehlt: **1117**

> *§ 106 Abs. 1 UrhG – Unerlaubte Verwertung urheberrechtlich geschützter Werke*
>
> Wer in anderen als den gesetzlich zugelassenen Fällen ohne Einwilligung des Berechtigten ein Werk ... vervielfältigt, verbreitet oder öffentlich wiedergibt, wird mit Freiheitsstrafe bis zu drei Jahren oder mit Geldstrafe bestraft.

2. Patent- und Gebrauchsmusterrecht

Das Patentgesetz untersagt jedem Dritten, den Gegenstand des Patents ohne die Zustimmung des Patentinhabers „herzustellen, anzubieten, in Verkehr zu bringen oder zu gebrauchen oder zu den genannten Zwecken entweder einzuführen oder zu besitzen". Bei Patenten, die ein Verfahren schützen, ist zudem die Anwendung des Verfahrens sowie das in Verkehr bringen und das Gebrauchen der durch dieses Verfahren hergestellten Produkte verboten. **1118**

Der vom Patent geschützte Gegenstand ist der Inhalt der Patentansprüche, d. h. die in den Patentansprüchen formulierte technische Regel. In den Patentansprüchen ist folglich der geschützte „Kern" der Erfindung zu finden. Zur Auslegung des Inhalts der Patentansprüche können die Beschreibungen und Zeichnungen herangezogen werden. **1119**

> Robert hat seine Teemaschine als Verfahrenspatent eintragen lassen. Seine Teehaus-
> kette boomt. Die ersten Nachahmer tauchen auf – mit leicht variierten Teemaschi-
> nen.

1120 In der Praxis ist der Fall häufig, dass eine geschützte Erfindung von einem
Dritten derart verändert wird, dass dasselbe Ergebnis auf etwas andere Weise
erreicht wird. Hier kommt die „Äquivalenzlehre" zur Anwendung. Die Äquivalenzlehre erweitert den Schutz des Patents auf solche technischen Lehren, die
nicht ausdrücklich in den Patentansprüchen geschützt sind, sich aber aus den
Patentunterlagen ergeben.

> Die Teemaschinen der ersten Nachahmer stellen „äquivalente" technische Lehren
> dar. Robert bittet seinen Anwalt, die Nachahmer mit einzelnen Durchsetzungsmög-
> lichkeiten von Patentansprüchen bekannt zu machen – die ersten Nachahmer tau-
> chen wieder ab.

1121 Nach dem Patentgesetz können aber nicht alle Handlungen vom Patentinhaber
verboten werden. Ausnahmen sind beispielsweise der private, nicht gewerbliche
Gebrauch und die Nutzung der Erfindung zu Forschungs- und Versuchszwe-
cken.

1122 Eine weitere wichtige Ausnahme, der „Erschöpfungsgrundsatz", steht nicht im
Patentgesetz. Nach dem Erschöpfungsgrundsatz ist das Patent an dem konkreten Gegenstand nach dem ersten In-Verkehr-Bringen in der Europäischen Gemeinschaft durch den Patentinhaber selbst oder mit dessen Zustimmung er-
schöpft. Die Benutzung oder der Verkauf des Gegenstands kann vom Patentinhaber nicht mehr untersagt werden.

> Die zweiten Nachahmer tauchen auf – mit einer in Frankreich vom dortigen Fran-
> chisenehmer gekauften Teemaschine und 132 in Deutschland gemachten Kopien
> derselben. Robert bittet seinen Anwalt, auch diese Nachahmer mit den bereits be-
> währten Durchsetzungsmöglichkeiten bekannt zu machen.
>
> Dieser macht Robert aber zunächst in kurzen Worten mit den praktischen Auswir-
> kungen des Erschöpfungsgrundsatzes vertraut:
>
> Die Herstellung von 132 Kopien ist unzulässig – die zweiten Nachahmer können
> insoweit mit den bewährten Durchsetzungsmöglichkeiten von Patentansprüchen be-
> kannt gemacht werden. Der Reimport der in Frankreich gekauften Teemaschine ist
> dagegen zulässig – hier wäre nur ein Bluff möglich.[55]

1123 Der Erschöpfungsgrundsatz wurde vom Europäischen Gerichtshof in seiner
Rechtsprechung zur Warenverkehrsfreiheit geschaffen, um den einheitlichen
Binnenmarkt in Europa zu ermöglichen. Würde das Territorialitätsprinzip nicht
derart durchbrochen, könnten die Märkte einzelner Länder der Europäischen
Union abgeschottet und künstliche Preisunterschiede geschaffen werden. Der
Inhaber eines deutschen Patents könnte beispielsweise eine geschützte Ma-

---

[55] In jedem Fall sollte der französische Franchisevertrag aus dem Schrank geholt werden. Denn
ein guter Franchisevertrag würde einen solchen Fall regeln. Sollte Robert jedoch – wie in der
Praxis, insbesondere in der Internet-Branche üblich – lediglich ein Vertragsmuster verwandt
und lediglich die Namen eingesetzt haben …

schine in Frankreich verkaufen und den Reimport dieser Maschine nach Deutschland durch sein Patent verhindern, um ein höheres Preisniveau in Deutschland aufrechterhalten zu können.

Nicht unerwähnt sollen folgende Regelungen des Patentgesetzes bleiben: **1124**

§ 139 PatentG – Unterlassungsanspruch. Schadenersatz.

(1) Wer entgegen den §§ 9 bis 13 eine patentierte Erfindung benutzt, kann vom Verletzten auf Unterlassung in Anspruch genommen werden.

(2) Wer die Handlung vorsätzlich oder fahrlässig vornimmt, ist dem Verletzten zum Ersatz des daraus entstandenen Schadens verpflichtet. …

(3) Ist Gegenstand des Patents ein Verfahren zur Herstellung eines neuen Erzeugnisses, so gilt bis zum Beweis des Gegenteils das gleiche Erzeugnis, das von einem anderen hergestellt worden ist, als nach dem patentierten Verfahren hergestellt. …

§ 140a PatentG – Vernichtung.

(1) Der Verletzte kann in den Fällen des § 139 verlangen, dass das im Besitz oder Eigentum des Verletzers befindliche Erzeugnis, das Gegenstand des Patents ist, vernichtet wird, …

(2) Die Bestimmungen des Absatzes 1 sind entsprechend auf die im Eigentum des Verletzers stehende, ausschließlich oder nahezu ausschließlich zur widerrechtlichen Herstellung eines Erzeugnisses benutzte oder bestimmte Vorrichtung anzuwenden.

§ 140b Abs. 1 PatentG – Auskunft.

Wer entgegen den §§ 9 bis 13 eine patentierte Erfindung benutzt, kann vom Verletzten auf unverzügliche Auskunft über die Herkunft und den Vertriebsweg des benutzten Erzeugnisses in Anspruch genommen werden, es sei denn, dass dies im Einzelfall unverhältnismäßig ist.

§ 142 Abs. 1 und 2 PatentG – Strafbestimmung.

(1) Mit Freiheitsstrafe bis zu drei Jahren oder mit Geldstrafe wird bestraft, wer ohne die erforderliche Zustimmung des Patentinhabers oder des Inhabers eines ergänzenden Schutzzertifikats (§§ 16a, 49a)

1. ein Erzeugnis, das Gegenstand des Patents oder des ergänzenden Schutzzertifikats ist (§ 9 Satz 2 Nr. 1), herstellt oder anbietet, in Verkehr bringt, gebraucht oder zu einem der genannten Zwecke entweder einführt oder besitzt oder

2. ein Verfahren, das Gegenstand des Patents oder des ergänzenden Schutzzertifikats ist (§ 9 Satz 2 Nr. 2), anwendet oder zur Anwendung im Geltungsbereich dieses Gesetzes anbietet.

Satz 1 Nr. 1 ist auch anzuwenden, wenn es sich um ein Erzeugnis handelt, das durch ein Verfahren, das Gegenstand des Patents ist, unmittelbar hergestellt worden ist (§ 9 Satz 2 Nr. 3).

(2) Handelt der Täter gewerbsmäßig, so ist die Strafe Freiheitsstrafe bis zu fünf Jahren oder Geldstrafe.

Im Gebrauchsmusterrecht finden sich im Vergleich zum Patentrecht nahezu **1125** identische Regelungen.

3. Marken- und Geschmacksmusterrecht

a) Marken

1126 Die Zeichen, mit denen ein Unternehmen seine Waren und Dienstleistungen von denen anderer Unternehmen im Wirtschaftsverkehr zu unterscheiden sucht und die für die spezifische Qualität der eigenen Waren und Dienstleistungen stehen, sind besonders anfällig für Verletzungen. Ein markanter Schriftzug kann ohne weiteres imitiert werden, ein Logo lässt sich leicht so gestalten, dass es einem anderen ähnelt. Hieraus ergeben sich zwei Schutzrichtungen des Markenrechts:

- Zeichen, die aus Sicht des Marktes zu Verwechslungen mit fremden Marken über die betriebliche Herkunft der Waren oder der Dienstleistung führen, sind unzulässig.
- Zeichen, die den guten Ruf einer fremden Marke ausnutzen, sind unzulässig.

1127 Das Markengesetz formuliert das entsprechende Verbot wie folgt:[56]

> *§ 14 Abs. 2 MarkenG – Ausschließliches Recht des Inhabers einer Marke*
>
> Dritten ist es untersagt, ohne Zustimmung des Inhabers der Marke im geschäftlichen Verkehr
>
> 1. ein mit der Marke identisches Zeichen für Waren oder Dienstleistungen zu benutzen, die mit denjenigen identisch sind, für die sie Schutz genießt,
> 2. ein Zeichen zu benutzen, wenn wegen der Identität oder Ähnlichkeit ... für das Publikum die Gefahr von Verwechslungen besteht, einschließlich der Gefahr, dass das Zeichen mit der Marke gedanklich in Verbindung gebracht wird, oder
> 3. ein mit der Marke identisches ... oder ein ähnliches Zeichen für Waren oder Dienstleistungen zu benutzen, die nicht denen ähnlich sind, für die die Marke Schutz genießt, wenn ... die Benutzung ... die Unterscheidungskraft oder die Wertschätzung der bekannten Marke ohne rechtfertigenden Grund in unlauterer Weise ausnutzt oder beeinträchtigt.

1128 Entscheidend sind demnach vor allem zwei Faktoren: Die Ähnlichkeit zwischen dem benutzten Zeichen und der eingetragenen Marke und die Ähnlichkeit der Waren und Dienstleistungen, für welche das Zeichen benutzt wird und die Marke eingetragen ist. Neben den eindeutigen Fällen der Markenpiraterie[57] gibt es natürlich eine breite Grauzone von Ähnlichkeiten und Anlehnungen. Die meisten Fälle entscheiden sich daher an dem Merkmal der Verwechslungsgefahr.[58]

---

56 Dieselben Voraussetzungen normiert übrigens § 9 MarkenG, der die relativen Schutzhindernisse benennt und damit den Inhabern älterer Marken die Möglichkeit eröffnet, die Eintragung jüngerer Marken zu verhindern.

57 Markenpiraterie kostet nach Schätzungen aus dem Jahr 1999 allein die international tätigen europäischen Unternehmen jährlich ca. 2,5 Milliarden Euro.

58 Zur Feststellung der Verwechslungsgefahr hat der Europäische Gerichtshof anhand zahlreicher Fälle eine Auslegungsmethode entwickelt, die von der deutschen Rechtsprechung übernommen wurde. Diese Methode stellt auf die grafische, klangliche und konzeptuelle Ähnlichkeit der Marken sowie die Substituierbarkeit, vergleichbare Vertriebswege und andere Merkmale ab.

Alshut

Das im Markengesetz normierte Verbot wird durch einen entsprechenden Unterlassungsanspruch des Inhabers der verletzten Marke ergänzt.[59] **1129**

Der Inhaber einer Marke hat allerdings nicht das Recht, einem Dritten zu untersagen, im geschäftlichen Verkehr **1130**

- dessen Namen oder Anschrift zu nutzen,
- ein mit der Marke identisches Zeichen als Angabe über Merkmale oder Eigenschaften von Waren oder Dienstleistung, wie insbesondere ihre Art, ihre Beschaffenheit, ihren Wert oder ihre geographische Herkunft zu nutzen, oder
- die Marke als Hinweis auf die Bestimmung einer Ware, insbesondere als Zubehör oder Ersatzteil, oder einer Dienstleistung zu nutzen, soweit notwendig, sofern die Nutzung nicht gegen die guten Sitten verstößt.

Ferner gilt auch im Markenrecht der Erschöpfungsgrundsatz, der positiv im Markengesetz verankert ist: **1131**

> *§ 24 Abs. 1 MarkenG – Erschöpfung*
>
> Der Inhaber einer Marke ... hat nicht das Recht, einem Dritten zu untersagen, die Marke ... für Waren zu benutzen, die unter dieser Marke ... von ihm oder mit seiner Zustimmung im Inland, in einem der übrigen Mitgliedstaaten der Europäischen Union ... in Verkehr gebracht worden sind.

In der Praxis spielt der Erschöpfungsgrundsatz eine wichtige Rolle. Denn gerade Markenartikel werden wegen der teilweise großen regionalen Preisunterschiede oft im so genannten „grauen Markt" der Reimporte gehandelt.[60] **1132**

Nicht unerwähnt soll bleiben, dass das Markengesetz neben den Unterlassungsansprüchen auch Schadensersatzansprüche, Vernichtungsansprüche und Auskunftsansprüche regelt. **1133**

Abschließend sei darauf hingewiesen, dass auch das Markengesetz Straf- und Bußgeldvorschriften normiert, und zwar versehen mit Freiheitsstrafen bis zu drei Jahren, Geldstrafen und Geldbußen. **1134**

b) Geschmacksmuster

Nach § 5 GeschmMG ist jede Nachbildung eines Musters oder Modells, welche ohne Genehmigung des Berechtigten in der Absicht dieselbe zu verbreiten hergestellt wird, sowie die Verbreitung einer solchen Nachbildung verboten. **1135**

Eine Nachbildung liegt dann vor, wenn die „Individualität" die das Geschmacksmuster ausmacht, in der Nachbildung wiederkehrt, nicht dagegen, wenn diese sich nur in der Nachbildung erahnen lässt. Der Schutz hängt hier insoweit auch von der Originalität des Musters ab: Je origineller das Vorbild, desto mehr Abstand müssen die Nachbildungen halten. **1136**

---

59 Eine den Umfang des Verbots (und somit des Unterlassungsanspruchs) illustrierende Aufzählung von Beispielen findet sich übrigens in § 14 Abs. 3 und 4 MarkenG.

60 Besonders bei Arzneimitteln, Kosmetika und Kleidung werden auf diese Weise Marktteilungsstrategien der Hersteller, die zu Preisgefällen führen, umgangen.

4. Gemeinschaftsmarken- und -geschmacksmusterrecht

1137 Die Gemeinschaftsmarken und -geschmackmusterrechte schützen – im Gegensatz zu nationalen Rechten – vor Verletzungen im gesamten Gebiet der Europäischen Union.

1138 Wegen der Harmonisierung des Markenrechts in Europa gilt für die Gemeinschaftsmarke im Wesentlichen nichts anderes als für die nationale Marke.

1139 Der Schutzbereich des nicht eingetragenen Gemeinschaftsgeschmacksmusters entspricht dem nationalen Recht und schützt somit nur vor Nachbildungen. Das eingetragene Gemeinschaftsgeschmacksmuster verleiht dagegen einen stärkeren Schutz: Der Gebrauch sämtlicher Muster, die sich in ihrem Gesamteindruck nicht wesentlich von dem eingetragenen Gemeinschaftsgeschmacksmuster unterscheiden und nach dem Anmeldedatum benutzt werden, kann vom Inhaber untersagt werden.

VIII. Strategien zur Verwertung der Schutzrechte

1140 Jedes Schutzrecht ist ein immaterieller Vermögensgegenstand.[61] Der Wert dieses Gegenstands ergibt sich aus den zwei Möglichkeiten, die er seinem Inhaber verleiht:

- Schutzrechte können defensiv genutzt werden, um Geschäft(e) und Geschäftsideen zu schützen.
- Schutzrechte können offensiv genutzt werden, um mit ihnen Geschäft(e) zu machen.

1141 Aus diesen beiden Möglichkeiten lassen sich drei grundsätzliche Verwertungsansätze entwickeln:[62]

- selber verwerten;
- andere verwerten lassen; oder
- selber verwerten und andere verwerten lassen.

1. Lizenzen

1142 Der Inhaber eines Schutzrechtes kann seine Schutzrechte durch andere verwerten lassen, indem er diesen entsprechende Rechte, so genannte Lizenzen erteilt. Lizenzen sind sehr flexible Instrumente. Dies hat auch Auswirkungen auf Lizenzverträge: Der beste Lizenzvertrag kann in dem einen Fall ein kernig kurzer, aber genialer Vertragstext sein; in einem anderen Fall vermag nur ein äußerst komplexes und filigran verhandeltes Vertragswerk den Interessen der Vertragspartner gerecht zu werden.

---

61 ... und zwar unabhängig davon, dass nach deutschem Handelsrecht bestimmte immaterielle Vermögensgegenstände in der Bilanz nicht aktivierbar sind.
62 ... die natürlich unendlich viele Spielvarianten eröffnen.

International wird zwischen ausschließlicher Lizenz (exclusive license) und ein- **1143**
facher Lizenz (non-exclusive license) unterschieden.

Die ausschließliche Lizenz berechtigt den Lizenznehmer, das Schutzrecht unter **1144**
Ausschluss aller anderen Personen zu nutzen und Unter-Lizenzen (sub-licenses)
einzuräumen. Der Lizenznehmer kann in diesem Fall sogar dem Lizenzgeber
die Nutzung des Schutzrechtes untersagen.

Die einfache Lizenz berechtigt den Lizenznehmer, das Schutzrecht zu nutzen, **1145**
ohne dass eine Nutzung durch andere oder den Lizenzgeber ausgeschlossen ist.

Diese grobe Unterscheidung stellt jedoch nur einen terminologischen Eckpfei- **1146**
ler dar. Bei der konkreten Ausgestaltung der Lizenzstrategie und deren vertraglicher Umsetzung sind kaum Grenzen zu beachten – kreative Momente im Leben eines Anwalts. Im Umkehrschluss bedeutet dies, dass sich nur aus dem Lizenzvertrag ergibt, welche Rechte dem Lizenznehmer tatsächlich zustehen, insbesondere in räumlicher, zeitlicher und inhaltlicher Hinsicht.

a) Lizenzgebühren

Es gibt verschiedene Möglichkeiten und Modelle, Lizenzgebühren zu regeln. **1147**
Auch hier sind der konkreten Ausgestaltung kaum Grenzen gesetzt:

- ein fixer Betrag;
- ein variabler Betrag, orientiert am Nutzungsumfang, beispielsweise an Stückzahlen oder Zugriffshäufigkeiten;
- ein dynamischer Betrag, beispielsweise orientiert an Aufwänden oder Erlösen;
- Kombinationen aus fixen, variablen und dynamischen Beträgen, beispielsweise in Form einer lump-sum und sich anschließender running royalties.

b) Branchen und Kartellrecht

Im Einzelnen sind die Lizenzen, die Lizenzgebühren und die übrigen in den Li- **1148**
zenzverträgen enthaltenen Bestimmungen, beispielsweise Freistellungen, Koope-
rationsgebote, Qualitätskontrollen und Verschwiegenheitsverpflichtungen betreffend, von Branche zu Branche sehr unterschiedlich.

Ob Verträge fair und branchenüblich sind, kann daher meist nur von Branchen- **1149**
kennern fachgerecht beurteilt werden. Ebenso die nicht unproblematische Ver-
einbarkeit vieler Klauseln mit den Vorschriften des Kartell- und Wettbewerbsrechts muss bei Lizenzverträgen beachtet werden.

2. Urheberrecht und Verwertungsgesellschaften

Das Urheberpersönlichkeitsrecht ist unveräußerlich und kann nicht kommerzia- **1150**
lisiert werden. Gegenstand der Verwertung im Bereich des Urheberrechts sind
daher allein die Nutzungsrechte. Grundinstrument der Verwertung ist die Lizenz.

1151 Verwertungsstrategien gibt es viele: Im musikalischen und literarischen Bereich spielen die Verlage eine entscheidende Rolle, im Software-Bereich handelt es sich zum Großteil um Urheber in Arbeitsverhältnissen und die Filmbranche hat ohnehin ihre eigenen Gesetze …

1152 Um die Position der Urheber gegenüber den in der Regel wirtschaftlich wesentlich stärkeren Verwertern zu verbessern, haben sich in verschiedenen Bereichen so genannte Verwertungsgesellschaften gegründet.[63] Diese haben jeweils eine Vielzahl von Urhebern der jeweiligen Sparte als Mitglieder und nehmen treuhänderisch deren Rechte wahr. Dadurch wird die Unmöglichkeit des einzelnen Urhebers ausgeglichen, die Verwertung seines Werkes auch nur annähernd effektiv zu kontrollieren.[64]

1153 An diese Gesellschaften zahlen beispielsweise Rundfunksender für jede Nutzung eines Musikstücks in Radio und Fernsehen, Diskotheken für das Abspielen von CDs und auch Hersteller von Leerkassetten und Kopiergeräten, da durch diese Geräte urheberrechtlich geschützte Werke vervielfältigt werden. Bislang ausgenommen von diesen Abgaben sind Hersteller von Computern und CD-ROMs. Die Einnahmen werden nach einem komplizierten Verfahren unter den Mitgliedern der Verwertungsgesellschaften verteilt.

1154 Da die Verwertungsgesellschaften praktisch ein Monopol in ihrem Bereich haben, sind sie zum einen verpflichtet, jeden Urheber als Mitglied aufzunehmen, und zum anderen, jedem Dritten das Recht zur Nutzung von dessen Werken einzuräumen, so weit sie es verwalten.

3. Patente

1155 Bei Patenten besitzt die Lizenz eine besondere Bedeutung, da nur wenige Unternehmen die Möglichkeiten haben, umfassende Forschungen zu betreiben und darüber hinaus die Ergebnisse in vollem Umfang zu verwerten. Daraus folgt oft der Fehler, eigene Patente, die in der aktuellen Geschäftspolitik nicht benötigt werden, nicht zu nutzen, aber auch nicht zu versuchen, diese an andere Unternehmen zu lizenzieren. In den USA hat sich eine eigene profitable Branche gebildet, die darauf spezialisiert ist, ungenutzte Patente zu einem geringen Preis zu erwerben und in der Folge an interessierte Unternehmen Lizenzen zu erteilen. In Europa hat sich dies noch nicht durchgesetzt.

1156 Neben dieser konkreten Verwertungsmöglichkeit ist auch der Effekt eines Patentrechts als Drohinstrument nicht zu unterschätzen. Der Konkurrenz wird signalisiert, dass unter dem Damokles-Schwert eines drohenden Patentverletzungsverfahrens kein gutes Geschäft zu machen ist.

---

63 Beispielsweise die „Gema" für Musikrechte, die „VG Wort und Bild" für Journalisten, Schriftsteller, Fotografen, …
64 Kein Komponist kann feststellen, auf welchen Radiosender sein Lied wie oft läuft.

Kunden und Abnehmer sind dagegen in der Regel positiv beeindruckt, wenn **1157** ein Produkt oder Verfahren als „patentgeschützt" bezeichnet wird, erweckt dies doch den Eindruck von Innovation und Exklusivität.

4. Marken

Eine Markenstrategie ist für nahezu jedes Unternehmen unverzichtbar. **1158**

In modernen Vertriebsstrategien kommt der Marke stets eine der Hauptrollen **1159** zu. Sei es Franchising, Merchandising oder Sponsoring – die Markenlizenz gehört zu den unverzichtbaren Bestandteilen dieser Vertragsarten. Auch die Markenlizenz kann ausschließlich oder einfach, räumlich, zeitlich oder inhaltlich beschränkt oder unbeschränkt erteilt werden.

Eine Marke sollte möglichst originell sein. Dies nicht nur um die Eintragung **1160** zu erreichen, sondern auch, um einen möglichst großen Schutzumfang zu erlangen. Häufig empfiehlt es sich, eine kennzeichnungskräftige „Dachmarke" aufzubauen, um dann einzelne Waren mit dieser kombinieren zu können.

Eine Markenstrategie muss darauf ausgerichtet sein, die Marke am Markt bekannt zu machen und durch den guten Ruf der Marke „Goodwill" für das Unternehmen zu erwerben. **1161**

H. Geschäftsbeziehungen zwischen Unternehmen und Gesellschaftern

I. Gesellschaftsrechtliche Aspekte

Beispiel:

Die Baby Face AG wurde im Januar 2001 in Berlin von vier Gründern (Alf, Berti, Charlie, und Dummy, Amigos aus dem schönen Bayern), gegen Bareinlage errichtet und im Handelsregister eingetragen. Das Grundkapital beträgt € 50.000. Hieran sind die Gesellschafter zu gleichen Anteilen (25 %) beteiligt. Alle Gründer sind zu alleinvertretungsberechtigten Vorständen der AG bestellt worden. Die Erstfinanzierung erfolgte im Rahmen einer Kapitalerhöhung über mehrere Business Angels, die auch die ersten Aufsichtsräte stellen. Anschließend konnte zudem ein VC-Investor gewonnen werden. Innerhalb der ersten 12 Monate seit der Errichtung der AG sind folgende Sachverhalte verwirklicht worden:

1. Alf hat sich im November 2000 ein Notebook angeschafft, auf dem der Businessplan geschrieben wurde (Neupreis: € 2.300 incl. USt). Im September 2001 verkauft er das bereits stark abgenutzte Notebook an die AG für € 2.200 ohne USt.).
2. Die vier Gründer haben im Dezember 2000 private Reise- und Umzugskosten im Zuge der Standortauswahl von insgesamt € 9.500 incl. USt aufgewendet. Diese lassen sie sich im Juni 2001 von der AG als Auslagen erstatten.
3. Die Gründer sind sich einig, dass ihre Vorstandsbezüge zunächst € 2.800 pro Monat betragen. Da schnell ein Investor gefunden wurde, wurden die Bezüge vor dessen Einstieg rückwirkend auf monatlich € 5.200 erhöht. Erst im April 2001 wurden – auf Anraten des Steuerberaters – erstmals schriftliche Vorstandsverträge abgefasst.
4. Bertis Vater (V), der als Business Angel € 25.000 in die AG investiert hat, erhält auf übereinstimmende Veranlassung aller Gründer im Juni 2001 „Beratungsleistungen" von der AG mit insgesamt € 10.000 zzgl. USt. vergütet. Im Zuge der Jahresabschlussprüfung 2001 stellt der Prüfer (zutreffend) fest, dass die Vergütung ein Gefälligkeitshonorar darstellt. Daraufhin zahlt V das Honorar im April 2002 an die AG zurück.

1162 Kapitalgesellschaften wie AG und GmbH sind juristische Personen mit voller eigener Rechtspersönlichkeit. Bei beiden Gesellschaftsformen haftet für deren Verbindlichkeiten nur das Vermögen der Gesellschaft, nicht aber das Vermögen ihrer Gesellschafter. Als Gegenstück für diese Beschränkung der Haftung sehen sowohl das AktG als auch das GmbHG einen Schutz des Gesellschaftsvermögens insbesondere gegen einen Zugriff durch die eigenen Aktionäre oder Gesellschafter vor.

1. Der gesellschaftsrechtliche Vermögensschutz bei der AG

1163 Das Vermögen der Aktiengesellschaft ist dabei besonders geschützt. Nach § 57 Abs. 1 AktG dürfen den Aktionären ihre **Einlagen** nicht **zurückgewährt** werden; § 57 Abs. 3 AktG verbietet eine über den Bilanzgewinn hinausgehende

Verteilung des Gesellschaftsvermögens an die Aktionäre vor Auflösung der Gesellschaft. Dieses aktienrechtliche **Prinzip der Vermögensbindung** ist sehr weit reichend; das Verbot der Einlagenrückgewähr umfasst über den Wortlaut des § 57 AktG hinaus alle Leistungen der Gesellschaft, die seinem Sinn und Zweck zuwiderlaufen. Daher spielt es keine Rolle, ob das, was an die Aktionäre geleistet wird, tatsächlich die Einlage ist. Vielmehr verstößt **jede Leistung**, die eine wertmäßige Beeinträchtigung des Gesellschaftsvermögens zur Folge hat und nicht auf einem ordnungsgemäßen Gewinnverwendungsbeschluss basiert oder ausdrücklich gesetzlich zugelassen ist, gegen das Verbot der Einlagenrückgewähr.

Wegen des bestehenden aktienrechtlichen Verbots sind offene Verstöße gegen **1164** § 57 AktG selten. Das Verbot umfasst aber neben der offenen Einlagenrückgewähr insbesondere auch die in der Praxis nicht seltenen **verdeckten Leistungen**. Als verdeckt werden dabei solche Leistungen bezeichnet, denen vordergründig ein üblicher oder zulässiger Vertrag zu Grunde liegt, die wirtschaftlich betrachtet jedoch als Vermögensverschiebung zu Lasten der Gesellschaft anzusehen sind. Die AG als juristische Person kann mit ihren Aktionären wie mit **jedem Dritten** Geschäfte machen und dabei auch Leistungen erbringen. Die im Rahmen solcher Geschäfte erbrachten Leistungen sind keine Einlagenrückgewähr, wenn dabei die Leistung der Gesellschaft durch eine angemessene Gegenleistung des Aktionärs ausgeglichen wird und es sich daher um ein neutrales Geschäft handelt. Besteht jedoch zwischen Leistung und Gegenleistung ein objektives Missverhältnis, weil sich die Gesellschaft auf Konditionen einlässt, die sie einem fremden Dritten nicht gewährt hätte, ist das wesentliche Kriterium einer verdeckten Einlagenrückgewähr erfüllt.

> So hätte die Baby Face AG einem fremden Dritten nicht ein beinahe ein Jahr altes, bereits stark abgenutztes **Notebook** zu einem derart hohen Preis abgekauft. Noch offensichtlicher ist der Verstoß gegen das Verbot der Einlagenrückgewähr im Beispielsfall 2: Eine Aktiengesellschaft würde einem Dritten ohne rechtliche Verpflichtung keine privaten Reise- und Umzugskosten als „Auslagen" erstatten.

Auch Leistungen in Form von Vergütungen für dubiose **Beratungs-, Service- 1165 oder Know-How-Leistungen**, deren Wert für die Gesellschaft unter dem Betrag der Vergütung liegt oder gar nicht messbar ist, gehören zu einer nicht seltenen Form der Einlagenrückgewähr.

> Somit verstößt auch die unangemessene Zahlung eines Honorars an Bertis Vater gegen das Verbot der Einlagenrückgewähr.

Wäre Bertis Vater nicht selbst Aktionär der Baby Face AG, würden Zuwendun- **1166** gen an ihn an sich nicht § 57 AktG unterfallen, da die Vorschrift nur Aktionäre betrifft. Verstöße gegen das Verbot der Einlagenrückgewähr setzen aber nicht in jedem Fall zwingend die Leistung an einen Aktionär voraus. Ein Verstoß kann vielmehr auch bei **Leistungen an Dritte** vorliegen, und zwar zum einen, wenn die Leistung wegen einer früheren oder einer künftigen Stellung des Dritten als Aktionär erfolgt, und zum anderen, wenn der Leistungsempfang einem Aktionär zurechenbar ist. Eine solche Zurechenbarkeit ist dann gegeben, wenn die Leistung auf Veranlassung des Aktionärs an eine ihm **nahe stehende Person** erfolgt.[1] „Nahe stehend" ist dabei nicht nur eine Person, mit der ein Verwandtschaftsverhältnis besteht, sondern beispielsweise auch eine Person, die für Rechnung des Aktionärs handelt und den empfangenen Vorteil an den Aktionär weiterreicht, oder ein Unternehmen, an dem ein Aktionär maßgebend beteiligt ist.

> Insoweit wäre das Gefälligkeitshonorar an Bertis Vater auch dann ein Verstoß gegen das Rückgewährverbot, wenn Bertis Vater nicht Aktionär der Baby Face AG wäre, bereits weil die Vergütungszahlung auf Veranlassung von Berti an einen nahen Angehörigen erfolgt.

1167 Umstritten ist, ob für einen Verstoß gegen § 57 AktG neben dem objektiven Missverhältnis zwischen Leistung und Gegenleistung zusätzlich subjektive Voraussetzungen erforderlich sind, insbesondere ob ein bewusster Verstoß vorliegen muss. Die Tendenz geht dahin, ein objektives Missverhältnis bereits ausreichen zu lassen, ohne dass weitergehend eine Absicht oder ein Bewusstsein der Beteiligten über einen Verstoß gegen § 57 AktG erforderlich ist.[2]

1168 Die Rechtsfolgen im Fall eines Verstoßes gegen § 57 AktG sind u.U. gravierend. Bei einem offenen Verstoß sind sowohl Verpflichtungs- als auch Erfüllungsgeschäft zwischen AG und Aktionär wegen Gesetzesverstoß nichtig; bei einem verdeckten Verstoß jedenfalls das Verpflichtungsgeschäft.

> Der Kaufvertrag zwischen Alf und der AG über das Notebook ist also beispielsweise unwirksam.[3]

1169 Der unter Verstoß gegen das Verbot der Einlagenrückgewähr begünstigte Aktionär hat der Gesellschaft die verbotswidrig erlangten Leistungen zurückzugewähren, § 62 AktG. Wegen der Nichtigkeit des Verpflichtungsgeschäfts steht dem Aktionär im Gegenzug ein Rückübertragungsanspruch hinsichtlich der von ihm erbrachten Leistung zu, der aber nicht gegen den Anspruch der Gesellschaft aufgerechnet oder verrechnet werden darf.[4]

> Alf muss daher die erhaltenen € 2.200,00 an die Gesellschaft zurückzahlen. Zwar steht ihm im Gegenzug ein Anspruch auf Herausgabe des Notebooks zu. Gegen diesen kann er aber nicht aufrechnen, mit zunehmendem Zeitablauf wird sich Alfs Freude am Rückerhalt des bereits zum Zeitpunkt des Verkaufs stark abgenutzten Notebook daher in Grenzen halten.

---

1 Hüffer, AktG, § 57 RN 15.
2 Hüffer, AktG, § 57 RN 15. Der BGH hat bei der ähnlich gelagerten Frage eines Verstoßes gegen die Kapitalerhaltungsvorschrift des § 30 GmbHG bei der GmbH ebenfalls ein objektives Missverhältnis zwischen Leistung und Gegenleistung unabhängig von den Vorstellungen der Beteiligten ausreichen lassen, vgl. BGH-Urteil v. 13.11.1995 – II ZR 113/94 –, NJW 1996, 589.
3 Bei zeitlichem und sachlichem Zusammenhang zwischen Gesellschaftsgründung und Erwerb eines Vermögensgegenstandes vom Aktionär kann auch bei Angemessenheit der Leistung Unwirksamkeit des Vertrages unter dem Gesichtspunkt der verdeckten Sachgründung vorliegen, vgl. hierzu Abschnitt C.VII.1.
4 H.M., vgl. Hüffer, AktG, § 62 RN 9 f. Der Haftungsinhalt des Anspruchs nach § 62 AktG ist aber im Einzelnen umstritten. Nach anderer Auffassung soll der Empfänger der verbotswidrigen Leistung nur das zu viel Erhaltene ausgleichen müssen.

Schwer lösbare Rechtsfragen können sich ergeben, wenn die Leistung einer AG **1170** an einen Nichtaktionär ausnahmsweise dem Verbot der Einlagenrückgewähr nach § 57 AktG unterfällt. Denn grundsätzlich haftet nach § 62 AktG nur der Aktionär, nicht aber ein Dritter, wobei wiederum Ausnahmen in Fällen früherer oder künftiger Aktionärseigenschaft, bei Zuwendungen der Gesellschaft an Ehegatten oder minderjährige Kinder eines Aktionärs oder bei Strohmanngeschäften gemacht werden.[5] Je nach Fallgestaltung kann der Dritte aber auch nach anderen zivilrechtlichen Vorschriften zur Rückgewähr verpflichtet sein, wenn – z.B. wegen Kenntnis des Verstoßes – Nichtigkeit auch des Vertragsverhältnisses mit dem Dritten eintritt.

So wird man annehmen müssen, dass der „Beratervertrag" mit Bertis Vater unabhängig von § 57 AktG nicht ernst gemeint war und daher bereits als Scheingeschäft nichtig ist. Dann aber bestehen bereicherungsrechtliche Ansprüche der Baby Face AG auf Rückzahlung des „Beraterhonorars" gegen Bertis Vater unabhängig von seiner Aktionärsstellung.

Hinsichtlich der besagten Vorstandsbezüge im Beispielsfall sind die gesell- **1171** schaftsrechtlichen Voraussetzungen für deren wirksame Festsetzung unabhängig von anderen Aspekten, auch von den steuerlichen Anforderungen an ihre Anerkennung, zu prüfen. Mit der Bestellung zum Vorstandsmitglied durch Beschluss des Aufsichtsrates und der Annahme der Bestellung durch das Vorstandsmitglied wird ein Dienstverhältnis zwischen Vorstandsmitglied und Gesellschaft begründet. Zuständig für den gesonderten Abschluss eines entsprechenden Anstellungsvertrages ist – wie schon für die Bestellung – der Aufsichtsrat als Organ, der insoweit die Gesellschaft im Verhältnis zu den Mitgliedern des Vorstandes vertritt. Die Entscheidung über den Abschluss des Dienstvertrages wie auch über die Anstellungsbedingungen trifft der Aufsichtsrat durch Beschluss. Hinsichtlich der Höhe der Vorstandsbezüge hat der Aufsichtsrat dafür zu sorgen, dass die Gesamtbezüge des einzelnen Vorstandsmitglieds in einem angemessenen Verhältnis zu seinen Aufgaben und zur Lage der Gesellschaft stehen. Dieses Angemessenheitsgebot gilt nach § 87 AktG unabhängig von der Aktionärsstellung des Vorstandsmitgliedes.

Zum zusätzlich erforderlichen Abschluss des Vertrages mit dem Vorstandsmit- **1172** glied gemäß der vorher durch Beschluss getroffenen Entscheidung kann der Aufsichtsrat dann auch beispielsweise den Aufsichtsratsvorsitzenden bevollmächtigen. Damit sind drei Schritte zu unterscheiden:

- Die Organbestellung zum Vorstandsmitglied durch Beschluss des Aufsichtsrates,
- Die Entscheidung über den Abschluss des Anstellungsvertrages einschließlich der (angemessenen) Vertragsbedingungen, die ebenfalls durch Beschluss des Aufsichtsrates erfolgt und
- der tatsächliche Vertragsschluss mit dem Vorstandsmitglied durch Angebot und Annahme, bei dem der Aufsichtsrat durch eine mittels Beschluss be-

---

5 Hüffer, AktG, § 62 RN 5.

vollmächtigte Person, z.B. den Aufsichtsratsvorsitzenden, vertreten werden kann.

1173 Durch die Einigkeit der Gründer über die Höhe der Vorstandsbezüge wird eine diesbezügliche wirksame Vereinbarung mit der Gesellschaft noch nicht begründet. Andererseits ist für den Vertragsabschluss eine Schriftform nicht vorgeschrieben, sodass auch ein mündlicher Vertrag denkbar ist, was aber in der Praxis zur Vermeidung von Nachweisschwierigkeiten so gut wie ausgeschlossen sein wird. Die Beschlüsse des Aufsichtsrates über die Anstellungsverträge und deren Bedingungen müssen zudem ausdrücklich gefasst werden. Schon zur Dokumentation eines wirksamen Abschlusses und aus Gründen der Rechtssicherheit wird in der Regel auch ein schriftlicher Vertragsabschluss erfolgen. Wegen der Aktionärsstellung der vier Vorstände ist eine eindeutige, klare und vorherige schriftliche Vereinbarung über die Vorstandsbezüge zur steuerlichen Anerkennung der Vorstandsbezüge als Betriebsausgabe zudem zwingend.

> In der Baby Face AG sind somit gesellschaftsrechtlich für die Festsetzung der Vorstandsbezüge eine ordnungsgemäße entsprechende Beschlussfassung des Aufsichtsrates, die Angemessenheit der Bezüge und ein wirksamer, auch formfrei möglicher Vertragsabschluss wichtiger als der genaue Zeitpunkt der Unterzeichnung des schriftlichen Anstellungsvertrages. Aus steuerlichen Gründen, auf die nachfolgend unter II. noch einzugehen ist, werden die Vorstandsmitglieder allerdings wegen der späten Vertragsunterzeichnung Probleme bekommen.

1174 Ist ein Vorstandsanstellungsvertrag unwirksam,[6] aber praktisch bereits in Vollzug gesetzt, kommen die Grundsätze über den fehlerhaften Anstellungsvertrag zur Anwendung. Danach kann der Vertrag als wirksam zu behandeln sein, ist aber jederzeit kündbar.

1175 Aktienrechtlich ebenfalls zu beachtende Vorschriften für Rechtsgeschäfte zwischen Aktionären und Gesellschaft ergeben sich für junge Unternehmen zusätzlich aus der **Nachgründung** nach § 52 AktG. Diese betrifft Verträge der AG mit Gründern oder mit mehr als 10% am Grundkapital beteiligten Aktionären, nach denen die Gesellschaft innerhalb der ersten beiden Jahre nach ihrer Eintragung in das Handelsregister Vermögensgegenstände für eine Vergütung erwerben soll, die höher ist als 10% des Grundkapitals. Solche Verträge bedürfen der Zustimmung der Hauptversammlung mit einer Mehrheit von drei Vierteln der Stimmen und der Eintragung in das Handelsregister. Vor der Beschlussfassung der Hauptversammlung ist darüber hinaus ein schriftlicher Nachgründungsbericht zu erstatten sowie der Vertrag durch einen gesonderten, gerichtlich zu bestellenden Nachgründungsprüfer zu prüfen.[7] Dieses Verfahren dient

---

6 Zu einem aktienrechtlich spezifischen Fehler bei Abschluss des Anstellungsvertrages gehört die fehlende oder fehlerhafte Beschlussfassung über den Anstellungsvertrag, insbesondere durch einen nicht beschlussfähigen Aufsichtsrat oder durch einen fehlerhaft (nämlich mit weniger als drei Mitgliedern) besetzten Aufsichtsratsausschuss, wenn diesem die Entscheidung über den Anstellungsvertrag übertragen worden ist.

7 Vgl. zu den entsprechenden Prüfungen bei der Sachgründung sowie zur Nachgründungsprüfung auch Abschnitt C. unter II.2.b) und III.

wie die entsprechenden Prüfungen im Rahmen einer Sachgründung vor allem der Sicherstellung der Werthaltigkeit des Vermögensgegenstandes und damit der Angemessenheit der für den Vermögensgegenstand von der Gesellschaft zu zahlenden Vergütung. Vor Durchführung des Nachgründungsverfahrens sind die betroffenen Verträge (schwebend) unwirksam.

> Hätte im Beispielsfall der Baby Face AG Alf der Gesellschaft sein Notebook für mehr als € 5.000,00 verkauft, könnte der Erwerb auch unter die Nachgründungsvorschriften fallen. Wegen der Unangemessenheit zwischen Leistung und Gegenleistung ändert dies aber nichts am Verstoß gegen § 57 AktG und der daraus folgenden Nichtigkeit des Vertrages.

Die Nachgründungsprüfung ist somit ein **zusätzlicher Sicherungsmechanismus** zum Schutz des AG-Vermögens. Bei besonders für missbrauchsgefährdet angesehenen Konstellationen sollen der Erwerb von Vermögensgegenständen offen gelegt und die Angemessenheit von Leistung und Gegenleistung in einem gesonderten Verfahren geprüft werden. **1176**

> Das im Beispielsfall der Baby Face AG an Bertis Vater gezahlte Beratungshonorar ist höher als 10 % des Grundkapitals. Insoweit stellt sich die Frage, ob auch Dienstleistungen (Beratungsleistungen) überhaupt der Nachgründung unterliegen können, da § 52 AktG vom Erwerb von „Vermögensgegenständen" spricht.

Ob auch **Dienstleistungen** der Nachgründung unterliegen können, ist umstritten und bislang nicht abschließend entschieden. Teilweise wird die Frage verneint mit der Begründung, dass Dienstleistungen als Sacheinlage ungeeignet und daher auch kein Vermögensgegenstand im Sinne der Nachgründung sind. Nach anderer Auffassung ist dagegen bei Vorliegen der übrigen Voraussetzungen die Nachgründung auch bei Verträgen über Dienstleistungen erforderlich, da gerade hier ein besonderes Gefährdungspotenzial für das Vermögen der Gesellschaft besteht.[8] **1177**

> Aus Sicht von Bertis Vater stellt sich die Frage der Durchführung einer Nachgründungsprüfung nicht, da im vorliegenden Fall ein „Gefälligkeitshonorar" gezahlt wurde und werthaltige Dienstleistungen nicht erbracht wurden, also ein bereits aus anderen Gründen nichtiges Scheingeschäft vorliegt. Anderenfalls wäre der Vertrag ggf. nachgründungspflichtig. Wäre Bertis Vater nicht Aktionär der Gesellschaft, würde sich aber dann die Frage stellen, ob ihn auch als Nichtaktionär § 52 AktG beträfe.

Bis 1999 unterlagen der Nachgründung auch Geschäfte mit Dritten. Der Gesetzgeber war dann wie die Praxis der Auffassung, dass ein solch weit reichender Schutz der AG nicht mehr zeitgemäß und unnötig aufwändig ist und hat daher die Nachgründung auf Rechtsgeschäfte mit **Gründern** und mit **mehr als 10 % an der Gesellschaft beteiligte Aktionäre** beschränkt. Damit stellt sich nunmehr auch im Rahmen der Nachgründung die bereits im Rahmen des Verbots der Einlagenrückgewähr genannte Problematik einer Anwendbarkeit auf Geschäfte mit Nichtaktionären. Der Gesetzgeber hat die Frage offen gelassen und ihre Klärung der Rechtsprechung überlassen, die noch aussteht. In der Li- **1178**

---

8 Münchener Kommentar zum AktG, § 52 RN 17; Hüffer, AktG, § 52 RN 4, jeweils mit weiteren Nachweisen.

teratur wird insoweit befürwortet, die im Zusammenhang mit der **Einlagen-rückgewähr** entwickelten Grundsätze auf die Nachgründung **entsprechend** anzuwenden.[9] Danach würde in den bereits oben zu § 57 AktG genannten Fällen, insbesondere der Einschaltung von Strohmännern oder bei Rechtsgeschäften mit einem Aktionär nahe stehenden Personen, auch Drittgeschäfte unter Umgehungsgesichtspunkten ggf. der Nachgründung unterliegen.

1179   Neben dem Verbot der Einlagenrückgewähr und der gesetzlichen Bestimmung zur Nachgründung bestehen **weitere Sonderregeln** für Leistungsbeziehungen zwischen Aktionären und Gesellschaft. So ist beispielsweise ein Erwerb eigener Aktien durch die Gesellschaft vom Aktionär nur unter bestimmten Voraussetzungen zulässig, ebenso wie eine Finanzierung der Beteiligung des Aktionärs an der Gesellschaft aus Mitteln der Gesellschaft (z. B. durch Darlehensgewährung an den Aktionär oder Sicherheitsleistung seitens der Gesellschaft) im Regelfall unzulässig ist.

1180   Andere aktienrechtliche Einschränkungen knüpfen nicht an die Stellung als Aktionär an, sondern an eine **Organzugehörigkeit** wie die generelle Genehmigungspflicht für eine Kreditgewährung an Mitglieder von Vorstand oder Aufsichtsrat oder deren Ehegatten, Lebenspartner und minderjährige Kinder.[10] Auch der Abschluss bestimmter Dienst- oder Werkverträge zwischen der Gesellschaft und Mitgliedern des Aufsichtsrates ist von einer Zustimmung des Aufsichtsrates abhängig.

2. Der gesellschaftsrechtliche Vermögensschutz bei der GmbH

1181   Das deutsche GmbHG kennt keine mit der aktienrechtlichen Regelung in §§ 57, 62 AktG übereinstimmende Bestimmung zur Einlagenrückgewähr. Auch das aktienrechtliche Erfordernis einer „Nachgründung" ist dem GmbH-Recht fremd. Daher kann man gesellschaftsrechtlich die Rechtslage bei der GmbH nicht ohne Einschränkungen mit der bei der AG gleichsetzen. Dennoch bestehen für Geschäfte zwischen GmbH und Gesellschafter auch bei der GmbH Einschränkungen.

1182   Im Gegensatz zum Aktienrecht sieht das GmbHG nach seinem Wortlaut keinen umfassenden Vermögensschutz, sondern in § 30 GmbHG primär einen **Schutz des gesellschaftsvertraglichen Stammkapitals** der Gesellschaft vor. Nach § 30 GmbHG darf das zum Erhalt des Stammkapitals erforderliche Vermögen nicht an die Gesellschafter verteilt werden. Mit anderen Worten: Eine Zuwendung der Gesellschaft an den Gesellschafter ist jedenfalls dann unzulässig, wenn das bilanzielle Nettovermögen der Gesellschaft – z. B. durch eingetretene Verluste – geringer ist als das Stammkapital der Gesellschaft oder wenn es durch die Zuwendung an den Gesellschafter unter den Betrag des Stammkapitals sinken würde. Auch hier gilt wie bei der AG, dass nicht nur offene Vermö-

---

9 Hüffer, AktG, § 52 RN 4.
10 §§ 89, 115 AktG; das entsprechende Erfordernis einer Genehmigung durch Aufsichtsratsbeschluss gilt u. a. auch für Prokuristen und bestimmte Handlungsbevollmächtigte.

genszuwendungen an Gesellschafter erfasst werden. § 30 GmbHG betrifft auch „verdeckte Zuwendungen", also Rechtsgeschäfte, bei denen zwischen Leistung und Gegenleistung ein objektives Missverhältnis besteht, weil sich die Gesellschaft auf Konditionen einlässt, die sie einem fremden Dritten nicht gewährt hätte. Neutrale Geschäfte dagegen, die zu auch unter fremden Dritten üblichen Konditionen abgeschlossen werden und bei denen der Gesellschaft im Gegenzug für ihre Leistung eine gleichwertige Gegenleistung zufließt, sind zulässig.

Unausgewogene Leistungsbeziehungen zwischen Gesellschaft und Gesellschaf- **1183** ter sowie anderweitige Zuwendungen der Gesellschaft an ihre Gesellschafter sind somit wegen Verstoßes gegen § 30 GmbHG jedenfalls dann unzulässig, wenn das Nettovermögen der Gesellschaft bereits geringer ist als das Stammkapital oder wenn es durch die Zuwendung der Gesellschaft unter den Betrag des Stammkapitals gemindert würde. Rechtsfolge eines Verstoßes gegen § 30 GmbHG ist – ähnlich wie bei einem Verstoß gegen § 57 AktG bei der AG – **ein Rückgewähranspruch** der Gesellschaft gegenüber ihrem Gesellschafter (§ 31 GmbHG). Allerdings sind im Übrigen die Folgen eines Verstoßes gegen § 30 GmbHG nicht ganz so gravierend wie bei einem Verstoß gegen das aktienrechtliche Einlagenrückgewährverbot. Denn der Gesellschafter ist zwar verpflichtet, Leistungen, die unter Verstoß gegen § 30 GmbHG erfolgt sind, an die Gesellschaft zu erstatten. Darüber hinaus führt aber ein Verstoß gegen § 30 GmbHG im Regelfall nicht zur Nichtigkeit der entsprechenden Rechtsgeschäfte zwischen Gesellschaft und Gesellschafter.[11]

Anders als bei der AG sind verdeckte Zuwendungen, die aus über das Stamm- **1184** kapital hinausgehendem freien Nettovermögen der Gesellschaft bewirkt werden können und daher nicht gegen § 30 GmbHG verstoßen, gesellschaftsrechtlich unter dem Gesichtspunkt des Kapitalschutzes unbedenklich.[12] Unter anderen Gesichtspunkten sind aber auch hier Einschränkungen zu beachten. Zum einen benachteiligen Leistungen an einen Gesellschafter, denen keine gleichwertige Gegenleistung gegenübersteht, die übrigen Gesellschafter, denen ein solcher Vorteil nicht zugewendet wird.[13] Solche Zuwendungen verletzen mithin den Gleichheitsgrundsatz und die Treuepflicht der Gesellschafter untereinander. Zum anderen wird gegen entsprechende Zuwendungen angeführt, dass sie die Kompetenzverteilung innerhalb der Gesellschaft verletzen. Denn auch bei verdeckten Zuwendungen an einen oder mehrere Gesellschafter aus über das Stammkapital hinausgehendem freien Gesellschaftsvermögen soll es sich um eine besondere Form der Ergebnisverwendung handeln, die nach §§ 29, 46 Nr. 1 GmbHG der Beschlussfassung durch die Gesellschafter mit der erforder-

---

11 BGH-Urteil vom 23.06.1996 – II ZR 220/95, GmbHR 1997, 790.
12 BGH-Urteil vom 23.06.1996 – II ZR 220/95, GmbHR 1997, 790; allerdings ist nicht zweifelsfrei, ob bei solchen Zuwendungen zur Beurteilung eines Verstoßes gegen § 30 GmbHG nur auf den Zeitpunkt der Zuwendung und nicht wie bei Vorabausschüttungen auch auf das Geschäftsjahresende abzustellen ist. Insoweit ist in jedem Fall Vorsicht geboten. Zu beachten sind auch in jedem Fall die Besonderheiten im Bereich der Kapitalaufbringung. Hierzu wird auf Abschnitt C. VII. verwiesen.
13 Scholz, GmbHG, § 29 RN 102.

lichen Mehrheit unterliegt.[14] Schließlich ist aus der Sicht des Geschäftsführers zu beachten, dass eine verdeckte Zuwendung aus dem Gesellschaftsvermögen an einen Gesellschafter als Verstoß gegen die Geschäftsführungspflichten oder gar als Untreue angesehen werden kann und insoweit Schadensersatzansprüche oder strafrechtliche Vorwürfe gegen ihn in Betracht kommen. Daher sollte eine Vorteilsgewährung an einen Gesellschafter, die keine gleichwertige Gegenleistung gegenübersteht, aber nicht gegen § 30 GmbHG verstößt, nur auf Basis eines entsprechenden Gesellschafterbeschlusses und mit Zustimmung aller hierdurch benachteiligten Gesellschafter erfolgen.

1185 Unter steuerrechtlichen Gesichtspunkten besteht demgegenüber kein Unterschied zwischen der GmbH und der AG. Auch bei der GmbH sind danach verdeckte Zuwendungen insofern steuerschädlich, als sie steuerrechtlich stets als „verdeckte Gewinnausschüttungen" angesehen werden.[15] Wegen seiner Verbreitung findet der steuerrechtliche Begriff der verdeckten Gewinnausschüttung seit langem auch im Gesellschaftsrecht Verwendung, auch wenn sich der gesellschaftsrechtliche Eigenkapital- und Vermögensschutz nach seiner Zielrichtung und seinem Umfang durchaus vom steuerrechtlichen Verständnis von der „verdeckten Gewinnausschüttung" unterscheidet. Allerdings bestehen vielfache Überschneidungen. Wegen der steuerlichen Bedeutung der verdeckten Gewinnausschüttung sind die steuerlichen Aspekte der Leistungsbeziehungen zwischen Gesellschaft und Gesellschafter nachfolgend anhand weiterer Beispiele gesondert zu betrachten.

II. Steuerliche Aspekte

1186 Die vorstehend erläuterten gesellschaftsrechtlichen Folgen sind allerdings nur ein Teil des Übels. Zwar werden steuerrechtlich Verträge zwischen einer Gesellschaft und ihren Gesellschaftern grundsätzlich anerkannt. Allerdings stellt die steuerliche Anerkennung bestimmte Anforderungen an die Ausgestaltung von Geschäftsbeziehungen zwischen Kapitalgesellschaften und ihren Gesellschaftern. Dies gilt unabhängig davon, ob der Gesellschafter eine natürliche Person, eine Personengesellschaft oder eine Kapitalgesellschaft ist. Dieselben Anforderungen gelten grundsätzlich auch für vertragliche Beziehungen zwischen Schwestergesellschaften oder anderen „verbundenen Unternehmen".[16]

1187 Im Zusammenhang mit der Ausgestaltung von Verträgen zwischen Kapitalgesellschaften[17] und ihren Gesellschaftern tauchen im Körperschaftsteuerrecht am häufigsten die Begriffe „**verdeckte Gewinnausschüttung**" (vGA) und „**verdeckte Einlage**" (vdE) auf.

1188 Beide Begriffe breiten für den Laien den Mantel des Mystischen und Unerklärbaren über das Steuerrecht aus. Wer eine Definition der Begriffe im Gesetz su-

---

14 Scholz, GmbHG, 9. Auflage, § 29 RN 104 m. w. N.
15 Zur verdeckten Gewinnausschüttung im steuerrechtlichen Sinn nachfolgend unter Abschnitt II.
16 Zu verbunden Unternehmen vgl. §§ 291–338 AktG.
17 Nachfolgend wird der Begriff Gesellschaft im Sinne einer Kapitalgesellschaft verstanden.

chen sollte, wird nicht fündig.[18] Allein die vGA ist z.B. in § 8 Abs. 3 S. 2 KStG erwähnt.[19] Jedoch fehlt eine gesetzliche Definition. Die verdeckte Einlage wird z.B. in § 6 Abs. 6 Satz 2 EStG sowie § 21 Abs. 2 Nr. 4 Umwandlungssteuergesetz (UmwStG) als bestehend vorausgesetzt. Wiederum fehlt es jedoch an einer gesetzlichen Definition.

Zu Hilfe kommen hier erst die Verwaltungsanweisungen[20] und die Rechtsprechung, die eine Konkretisierung und Weiterentwicklung der Begriffe vorgenommen haben. **1189**

1. Verdeckte Gewinnausschüttungen (vGA)

Eine vGA i. S. d. § 8 Abs. 3 S. 2 KStG ist eine **1190**

- Vermögensminderung oder verhinderte Vermögensmehrung,
- die durch das Gesellschaftsverhältnis veranlasst ist,
- sich auf die Höhe des Einkommens auswirkt und
- nicht auf einem den gesellschaftsrechtlichen Vorschriften entsprechenden Gewinnverteilungsbeschluss beruht.[21]

Die **Vermögensminderung** bei der Gesellschaft kann z.B. ein Abfluss von Aktivvermögen ohne angemessene Gegenleistung sein. Sie setzt nicht voraus, dass die Gesellschaft einen Gewinn erzielt hat. Daher ist eine vGA auch in Verlustjahren möglich. **1191**

Die Vermögensminderung oder verhinderte Vermögensmehrung muss **durch das Gesellschaftsverhältnis veranlasst** sein, d. h. sie muss ihre Ursache im Gesellschaftsverhältnis haben. Eine solche Veranlassung durch das Gesellschaftsverhältnis liegt vor, wenn ein ordentlicher und gewissenhafter Geschäftsleiter[22] die Vermögensminderung oder verhinderte Vermögensmehrung gegenüber einer Person, die nicht Gesellschafter ist unter sonst gleichen Umständen nicht hingenommen hätte.[23] Erhält z.B. ein Gesellschafter von der Kapitalgesellschaft einen Gegenstand zu einem Preis, der unter dem Fremdvergleichspreis liegt, besteht nach Auffassung des Bundesfinanzhofes (BFH) eine sog. Beweisvermutung dafür, dass die dadurch bei der Kapitalgesellschaft eingetretene Vermögensminderung ihre Veranlassung im Gesellschaftsverhältnis hat. Diese Vermutung kann im Einzelfall entkräftet werden.[24] **1192**

---

18 Allerdings ist es trotzdem einfacher den Begriff der vGA zu definieren als das Abseits im Fußball.

19 Diese Vorschrift lautet: „Auch verdeckte Gewinnausschüttungen (...) mindern das Einkommen nicht."

20 Vgl. Abschnitt 31 Abs. 3 ff. KStR für die vGA sowie Abschnitt 36a KStR für die vdE.

21 Abschnitt 31 Abs. 3 KStR mit Verweis auf BFH-Urteile vom 22.02.1989 BStBl II S. 475 und BFH-Urteil vom 11.10.1989 BStBl 1990 II, S. 89f.

22 § 93 Abs. 1 Satz 1 AktG, § 43 Abs. 1 GmbHG, § 34 Abs. 1 Satz 1 Genossenschaftsgesetz (GenG).

23 Vgl. Abschn. 31 Abs. 3 Satz 3, 9 KStR, im Übrigen ständige BFH-Rechtsprechung, vgl. z.B. BFH Urteil vom 11.02.1987, BStBl II 1987, S. 461 ff.; BFH-Urteil vom 29.04.1987, BStBl II 1987 S. 733 ff.

24 BFH-Urteil vom 17.10.2001, DStRE 2002, 1072.

1193 Eine vGA setzt nicht voraus, dass die Vermögensminderung oder verhinderte Vermögensmehrung auf einer Rechtshandlung der Organe der Kapitalgesellschaft beruht. Auch tatsächliche Handlungen können den Tatbestand der vGA erfüllen.[25]

1194 Die Zuwendung muss **„verdeckt"** erfolgen, d.h. sie erfolgt nicht „offen" im Rahmen einer durch Beschluss bestimmten offenen Gewinnausschüttung.

a) Typische Bereiche für vGA

1195 Eine umfassende Darstellung sämtlicher Beziehungen zwischen Gesellschafter und Gesellschaft, die zu einer vGA führen können, würde den Rahmen des Gebotenen sprengen.[26] Nachfolgend sind daher nur einige typische Problemfelder genannt, die in der Praxis regelmäßig zu steuerlichen Mehreinnahmen im Rahmen von Betriebsprüfungen führen:

- Gehaltsvereinbarungen für Gesellschafter-Geschäftsführer, insbesondere unangemessen hohe Tantieme-Zusagen[27]
- Rückstellungen für Pensionszusagen an beherrschende Gesellschafter-Geschäftsführer[28]
- (Schein-) Anstellungsverträge von Ehegatten, Kindern oder sonstigen Verwandten der Gesellschafter
- Vermietung von Gegenständen durch den Gesellschafter an die Gesellschaft zu einem unangemessen hohen Mietzins[29]
- Die Gesellschaft übernimmt Schulden der Gesellschafter bzw. stellt Bürgschaften oder andere Garantieleistungen[30]
- Eine Gesellschaft verzichtet auf Ansprüche, die ihr gegenüber einem Gesellschafter zustehen[31]
- Eine Gesellschaft gewährt dem Gesellschafter ein zinsloses oder außergewöhnlich niedrig verzinsliches Darlehen[32]
- Ein Gesellschafter gewährt der Gesellschaft ein außergewöhnlich hoch verzinsliches Darlehen[33]
- Übernahme von Kosten für Veranstaltungen, die im Interesse des Gesellschafters liegen (Geburtstage, Hochzeit usw.)[34]
- Etc.

> Die Baby Face AG hätte das 10 Monate alte und stark abgenutzte Notebook mit Sicherheit nicht von einem fremden Dritten zu einem Preis gekauft, der nahezu dem

---

25 Abschnitt 31 Abs. 3 Satz 5, 6 KStR.
26 Eine Übersicht „typischer" vGA-Fälle enthält Abschn. 31 Abs. 3 KStR.
27 Ausführlich zu Tantiemeversprechen vgl. Abschnitt 33 KStR.
28 Vgl. Abschnitt 32 KStR.
29 Abschnitt 31 Abs. 3 Satz 8 Nr. 8 KStR.
30 Abschnitt 31 Abs. 3 Satz 8 Nr. 9 KStR.
31 Abschnitt 31 Abs. 3 Satz 8 Nr. 10 KStR.
32 Abschnitt 31 Abs. 3 Satz 8 Nr. 3 KStR.
33 Abschnitt 31 Abs. 3 Satz 8 Nr. 5 KStR.
34 Abschnitt 31 Abs. 3 Satz 8 Nr. 13 KStR.

Neupreis entspricht. Es besteht daher die (widerlegbare) Vermutung, dass der hohe Kaufpreis allein auf der Tatsache beruht, dass Alf Mitgründer der AG ist. Die durch die Anschaffung des Notebooks vom Gesellschafter zu einem überhöhten Kaufpreis verursachte Vermögensminderung ist also gesellschaftsrechtlich veranlasst. Das zunächst zu Anschaffungskosten zu aktivierende Wirtschaftsgut ist zum nächsten Bilanzstichtag auf seinen Teilwert abzuschreiben. Aufgrund der erforderlichen Teilwertabschreibung wirkt sich dieses Geschäft auch auf die Höhe des Einkommens der Gesellschaft aus. Letztendlich liegt – mangels eines entsprechenden Gewinnverwendungsbeschlusses der AG – keine offene Gewinnausschüttung vor. Im Ergebnis ist damit der Tatbestand einer vGA seitens der AG zu Gunsten des Gesellschafters Alf erfüllt.

Auch die Erstattung der Reise- und Umzugskosten führt zu einer vGA. Zwar liegt keine vGA vor, wenn ein (beherrschender) Gesellschafter ohne vorherige Vereinbarung Aufwendungen für Reisespesen etc. ersetzt erhält. Dies gilt jedoch nur, so weit es sich um betrieblich veranlasste Reisekosten handelt. Vorliegend haben unsere Gesellschafter jedoch private Reise- und Umzugsaufwendungen ersetzt bekommen.[35]

Eine vGA liegt auch vor, wenn es einer Vereinbarung zwischen der Gesellschaft **1196** und dem beherrschenden Gesellschafter an einer klaren und im Voraus abgeschlossenen Vereinbarung, ob und in welcher Höhe ein Entgelt gezahlt werden soll, fehlt.[36] Eine beherrschende Gesellschafterstellung liegt vor, wenn der Gesellschafter aufgrund der ihm zustehenden Stimmrechte den entscheidenden Beschluss durchsetzen kann. Eine Beherrschung liegt demnach vor bei

– einer Stimmrechtsmehrheit von mehr als 50 %
– bei einer Stimmrechtsmehrheit von unter 50 %, wenn mehrere Gesellschafter einer Kapitalgesellschaft mit gleichgerichteten Interessen zusammenwirken.[37]

Im Fall der rückwirkenden Erhöhung der Vorstandsbezüge liegt daher ebenfalls eine vGA vor. Insbesondere liegt auch das Merkmal der beherrschenden Gesellschafterstellung vor, weil die vier Gesellschafter mit einem Anteil von jeweils 25 % mit gleichgerichteten Interessen zusammenwirken. In Bezug auf den konkreten Umfang der vGA ist Folgendes zu berücksichtigen. Führen unangemessen hohe Vergütungen zu einer vGA ist grundsätzlich nur der als unangemessen zu betrachtende Teil als vGA zu behandeln. Der angemessene Teil bleibt als abzugsfähige Betriebsausgabe (hier: Lohnkosten) bestehen. Im Falle des Verstoßes gegen das Rückwirkungsverbot stellen jedoch alle Leistungen, die nicht im Vorhinein klar und wirksam vereinbart werden, in voller Höhe (also auch in Höhe des angemessenen Teils dieser rückwirkend vereinbarten und ausbezahlten Vergütung) vGA dar.[38] Die Anwendung dieser Grundsätze führen im Beispiel zu folgendem Ergebnis: In der Zeit von Januar 2001 bis zur Abfassung des schriftlichen Arbeitsvertrages im April liegen vGA in voller Höhe (also: € 5.200) vor. Ab diesem Zeitpunkt liegt eine vGA in Höhe des unangemessenen Teils der Vorstandsbezüge vor (€ 2.400).

---

35 Zu einer vGA im Falle von Aufwendungsersatz vgl. z.B. BFH-Urteil vom 19.2.1999, BStBl. 1999 II, S. 321; ferner: BFH-Urteil von 1976 II, S. 753.
36 Abschnitt 31 Abs. 5 KStR.
37 Abschnitt 31 Abs. 6 KStR.
38 BFH-Urteil vom 18.05.1972 in BStBl. 1972 II, S. 721.

1197 Empfänger einer vGA ist grundsätzlich der Gesellschafter der Kapitalgesellschaft. Die Vorteilszuwendung kann aber auch an eine dem Gesellschafter nahe stehende Person (z. B. Ehegatten oder nahe Angehörige) geleistet werden.

> Folglich stellt das an den Vater von Berti gezahlte Gefälligkeitshonorar ebenfalls eine vGA an Berti dar.[39] Durch die Rückzahlung der vGA im April 2002 wird die vGA steuerlich nicht rückgängig gemacht. Die Rückzahlung wird als verdeckte Einlage des Gesellschafters (hier: Berti) behandelt.[40]

b) Steuerliche Folgen auf Gesellschaftsebene

1198 Die überwiegend vorkommenden vGA haben das Einkommen der Kapitalgesellschaft gemindert (z. B. unangemessen hohes Gehalt). In diesen Fällen ist das Einkommen der Gesellschaft um die vGA zu erhöhen (§ 8 Abs. 3 Satz 2 KStG). Die Hinzurechnung der vGA, also die Erhöhung des Einkommens, erfolgt grundsätzlich außerhalb der Bilanz.[41] Die vGA führt damit zu einer Erhöhung der Gewerbe-, Körperschaftsteuer und des Solidaritätszuschlages.[42]

1199 Die Zurechnung der vGA ist in dem Wirtschaftsjahr vorzunehmen, in dem die Gewinnminderung/fehlende Gewinnerhöhung eingetreten ist. Für vGA-Fälle bis 2001, die unter das alte Anrechnungsverfahren fallen, ist im Zeitpunkt des Abflusses der vGA bei der Kapitalgesellschaft die Ausschüttungsbelastung herzustellen. Die auf die vGA entfallende Ausschüttungsbelastung fällt jedoch nicht unter die Hinzurechnungsvorschrift des § 8 Abs. 3 Satz 2 KStG.

c) Steuerliche Folgen auf Gesellschafterebene

1200 Auf Seiten des Gesellschafters führt die vGA grundsätzlich zu steuerpflichtigen Dividendeneinkünften.

1201 Bei natürlichen Personen als Gesellschafter liegen Einkünfte aus Kapitalvermögen[43] vor.

1202 Bei Kapitalgesellschaften oder sonstigen Gewerbetreibenden als Gesellschafter ist die vGA als Einkünfte aus Gewerbebetrieb zu erfassen.[44]

1203 Dementsprechend führen die Einkünfte zur Entstehung von Einkommensteuer, Solidaritätszuschlag und ggf. Kirchensteuer (bei natürlichen Personen) bzw. bis Ende 2001 zur Körperschaftsteuer und Solidaritätszuschlag (bei Kapitalgesellschaften). Nach dem bis zum Jahr 2000 geltenden Anrechnungsverfahren wurde jedoch die bei der Gesellschaft einbehaltene Körperschaftsteuer bei Vorlage einer entsprechenden Steuerbescheinigung auf die Steuerbelastung des Gesellschafters angerechnet (§ 36 Abs. 2 Nr. 3 EStG).

---

39 Zur Frage der Berücksichtigung der Umsatzsteuer s. u. 3.
40 Vgl. Abschnitt 31 Abs. 9 KStR.
41 Zu der Korrektur einer vGA innerhalb oder außerhalb der Steuerbilanz vgl. BMF-Schreiben vom 28. 05. 2002, IV A 2 – S-2742–32/02, BStBl. 2002 I, S. 603.
42 Oder aber zu einer entsprechenden Minderung der steuerlichen Verlustvorträge.
43 § 20 Abs. 1 Nr. 1 Satz 2 EStG.
44 §§ 15, 27 Abs. 3 Satz 2 KStG.

Die Einführung des Halbeinkünfteverfahrens hat für das Wirtschaftsjahr 2001 **1204** bzw. bei abweichendem Wirtschaftsjahr erstmals für 2001/2002 erhebliche Änderungen mit sich gebracht.[45]

Für natürliche Personen als Anteilseigner und Empfänger der vGA bleibt zu- **1205** nächst die Steuerpflicht der erhaltenen Ausschüttung bestehen. Die empfangene Ausschüttung unterliegt allerdings nur zur Hälfte der Einkommensbesteuerung.[46] Auch für natürliche Personen hat der Gesetzgeber hier eine Kehrseite geschaffen. Nach § 3c Abs. 2 EStG können u.a. Werbungskosten, die mit diesen steuerfreien Einnahmen in wirtschaftlichem Zusammenhang stehen, unabhängig vom Zeitpunkt des Zuflusses, bei der Ermittlung der Einkünfte ebenfalls nur zur Hälfte abgezogen werden.

Für Kapitalgesellschaften als Anteilseigner und Empfänger einer vGA ist diese **1206** vGA nunmehr in der Regel seit 01.01.2002 von der Körperschaftsteuer befreit.[47] Dasselbe gilt für die Gewerbesteuer. Kehrseite dieser Steuerfreiheit von Dividendenerträgen und vGA für Kapitalgesellschaften ist das steuerliche Abzugsverbot von Betriebsausgaben, die mit diesen steuerfreien Einnahmen in „unmittelbarem wirtschaftlichen Zusammenhang" stehen.[48]

VGA unterliegen zudem der Kapitalertragsteuer, weil sie zu den Kapitalerträ- **1207** gen gehören. Der Steuersatz beträgt im Regelfall 20%.[49] Schuldner der Kapitalerträge ist der Gesellschafter.[50] Bei diesem wird die von der Gesellschaft einbehaltene und abgeführte Kapitalertragsteuer auf seine Einkommensteuerschuld angerechnet.[51] Auf die Kapitalertragsteuer wird zudem 5,5% Solidaritätszuschlag erhoben.[52]

Fazit:

Vereinfacht ist festzuhalten, dass vGA zu einer Erhöhung des steuerlichen Ein- **1208** kommens der Kapitalgesellschaft führen. Hiermit einher gehen steuerliche Mehrbelastungen für das Unternehmen und die betroffenen Gesellschafter.

2. Verdeckte Einlagen

Eine verdeckte Einlage (vdE) stellt den umgekehrten Fall zu einer vGA dar. Sie **1209** liegt vor, wenn ein Gesellschafter oder eine ihm nahe stehende Person der Kapitalgesellschaft einen einlagefähigen Vermögensvorteil zuwendet und diese

---

45 Zum Anwendungszeitraum siehe §§ 3 Nr. 40, 52 Abs. 4a, 36, 50b EStG n.F. i.V.m. §§ 34 Abs. 1, 1a und 10a KStG n.F.
46 § 3 Nr. 40 lit d EStG, sog. Halbeinkünfteverfahren.
47 § 8b Abs. 2 KStG.
48 § 3c Abs. 1 EStG.
49 § 43a Abs. 1 Nr. 1 EStG, zur erstmaligen Anwendung vgl. § 52 Abs. 53 Satz 2 EStG; übernimmt die Gesellschaft die Kapitalertragsteuer, beträgt der Steuersatz 25%. Dabei ist zu beachten, dass die übernommene Kapitalertragsteuer bei der Kapitalgesellschaft zu einer weiteren vGA führt.
50 § 44 Abs. 1 Satz 1 EStG.
51 § 36 Abs. 2 Nr. 2 EStG.
52 § 3 Abs. 1 Nr. 5 SolZG.

Zuwendung durch das Gesellschaftsverhältnis veranlasst ist.[53] Der Vermögensvorteil kann in einer Vermehrung von Aktiven oder einer Verminderung von Schulden bestehen. Die Überlassung eines Wirtschaftsgutes zum Gebrauch oder zur Nutzung kann hingegen nicht Gegenstand einer Einlage sein.[54] Dementsprechend stellt ein zinsloses oder zinsverbilligtes Darlehen seitens des Gesellschafters an eine Kapitalgesellschaft keine vdE dar. Eine vdE liegt jedoch vor, wenn der Gesellschafter gegenüber der Gesellschaft auf bereits fällige Zinsen verzichtet, die in einer auf den Zeitpunkt des Verzichtes zu erstellenden Bilanz der Kapitalgesellschaft als Verbindlichkeit eingestellt werden müsste.[55] Gleiches gilt für unentgeltliche oder zu einem zu niedrigen Entgelt an die Kapitalgesellschaft überlassene Wirtschaftsgüter durch den Gesellschafter.[56]

1210 Von praktischer Bedeutung ist, dass eine vdE grundsätzlich nicht dazu benutzt werden kann, eine vGA und deren steuerlichen Folgen rückgängig zu machen.[57] Hierzu folgendes Beispiel:

Beispiel:

Lutz Windmühle ist ein erfolgreicher Jungunternehmer und betreibt unter gleicher Firma in der Rechtsform einer AG ein international operierendes Handelsgeschäft. Lutz ist gleichzeitig als Vorstand der Gesellschaft angestellt mit einem festen Jahresgehalt von € 450.000. Die Gewinne der Jahre 1995 bis 2000 hat Lutz ausgeschüttet, sodass er über ein ansehnliches Privatvermögen verfügt. In den Jahren 2001 und 2002 laufen die Geschäfte schleppend. Unabhängig davon bedient sich Lutz für die Begleichung seiner Privatvergnügen (Reisen, Bootscharter, Partyveranstaltungen und sonstige Lebenshaltungskosten) der Konten der AG. Sobald die AG Liquiditätsprobleme hat, überweist Lutz von seinen Privatkonten entsprechende Mittel auf die AG-Konten. Im Geschäftsjahr 2001 hat die AG Ausgaben für Lutz' Privatvergnügen von insgesamt T€ 650 getragen, im Jahr 2002 von insgesamt T€ 400. Gleichzeitig hat Lutz im Jahr 2001 insgesamt T€ 500 in die AG eingelegt, im Jahr 2002 insgesamt € 2,1 Mio. Schriftliche Vereinbarungen hierüber bestehen nicht.

Im Jahr 2003 findet eine Betriebsprüfung bei der AG statt. Der Betriebsprüfer beabsichtigt die o. g. Kosten der AG für Lutz' Privatausgaben (2001: T€ 650, 2002: T€ 400) als vGA zu erfassen. Für Lutz ist dies völlig unverständlich. Er wendet ein, dass er in den gleichen Zeiträumen mehr Geld in die AG eingelegt hat, als diese für ihn verauslagt hat.

Erläuterung

1211 Der Betriebsprüfer wird sich formell mit seiner Auffassung durchsetzen können.

1212 Da Lutz alleiniger Gesellschafter der AG ist, bedürfen jegliche Leistungsbeziehungen zwischen ihm und der Gesellschaft einer im Vorfeld abgeschlossenen, zivilrechtlich wirksamen klaren Vereinbarung, ob und in welcher Höhe Entgelt

---

53 Abschnitt 36 a KStR.
54 Abschnitt 36a Abs. 2 KStR mit Nachweis der ständigen BFH-Rechtsprechung.
55 BFH-Urteil vom 24.5.1984, BStBl. II 1984, S. 747 ff.
56 Abschnitt 36a Abs. 2 KStR.
57 Vgl. hierzu Abschnitt 31 Abs. 9 KStR.

für eine Leistung des Gesellschafters zu zahlen ist.[58] Hieran fehlt es im Beispielsfall. Dementsprechend stellt die Kostenübernahme seitens der AG für Privatausgaben von Lutz eine vGA dar. Die Einlagen von Lutz in die Kapitalgesellschaft sind sog. vdE, diese heben die einzelnen vGA nicht auf.

In der Praxis bleibt Lutz hier nur der Vortrag, dass zwischen ihm und der AG   **1213**
entsprechende Kontokorrentvereinbarungen bis zur Höhe von z. B. max.
€ 750.000 p. a. vereinbart wurden. Insofern würden die Kostenübernahmen seitens der AG Darlehen an Lutz darstellen, die Einlagen von Lutz an die AG
Zahlungen zur Tilgung dieser Darlehen. Zu beachten ist hierbei aber, dass zumindest aus dem Buchwerk der AG oder sonstigen Unterlagen Anhaltspunkte
dafür vorliegen müssen, dass eine solche Darlehensvereinbarung ernsthaft geschlossen wurde.

Sollte sich Lutz mit seiner Argumentation nicht durchsetzen können, werden   **1214**
die vGA den jährlichen Gewinn der Windmühlen AG erhöhen, was zu entsprechenden Mehrsteuern führen wird. Die Einlagen von Lutz sind hingegen nicht
steuermindernd, sondern erhöhen lediglich dessen Anschaffungskosten auf die
Beteiligung.

3. Umsatzsteuer

Liegt eine vGA vor, so sind auch die im Regelfall nachteiligen und oftmals vernachlässigten umsatzsteuerlichen Folgen zu beachten. Hierbei sind zwei Fall-   **1215**
gruppen zu unterscheiden:

a) Unentgeltliche Lieferung oder Leistung an Gesellschafter

Erbringt eine Kapitalgesellschaft gegenüber einem ihrer Gesellschafter eine un-   **1216**
entgeltliche Lieferung, fingiert § 3 Abs. 1 b Nr. 1 UStG einen steuerbaren Umsatz, wenn der Gegenstand der Lieferung beim vorherigen Erwerb durch die
Kapitalgesellschaft zumindest teilweise zum Vorsteuerabzug berechtigt hatte.
Ort der unentgeltlichen Lieferung ist der Sitz der Kapitalgesellschaft bzw. der
Ort der Betriebsstätte.[59] Soweit keine der Befreiungsvorschriften (vgl. § 4
UStG) eingreift, ist diese fingierte Lieferung auch umsatzsteuerpflichtig. Bemessungsgrundlage des Umsatzes ist der Einkaufspreis zuzüglich der Nebenkosten oder die Selbstkosten der Kapitalgesellschaft (§ 10 Abs. 4 Nr. 1 UStG).

> *Beispiel:*
>
> Die E-Commerce GmbH bestellt im Juni 2002 für ihre Mitarbeiter 20 PCs zu je
> 2.000 € + 16% Umsatzsteuer. Der Gesellschafter-Geschäftsführer G benötigt für
> seine beiden Söhne auch einen solchen PC im Kinderzimmer und lässt daher einen
> PC in seine Privatwohnung verbringen.
>
> Die unentgeltliche Lieferung von der E-Commerce GmbH an G stellt eine vGA
> dar. Diese ist umsatzsteuerbar und umsatzsteuerpflichtig. Bemessungsgrundlage

---

58 Abschnitt 31 Abs. 5 KStR.
59 § 3 f UStG.

der Umsatzsteuer ist der Einkaufspreis pro PC von € 2000. Die vGA unterliegt dem Regelsteuersatz von derzeit 16%. Die E-Commerce GmbH hat daher € 320 Umsatzsteuer in der Umsatzsteuervoranmeldung für Juni 2002 anzumelden und an ihr Finanzamt abzuführen. Unabhängig hiervon besteht ein zivilrechtlicher Rückforderungsanspruch der E-Commerce GmbH gegen G in Höhe von € 2.320 zuzüglich Zinsen.[60]

1217 Ist Gegenstand der vGA eine unentgeltliche Leistung durch die Gesellschaft, kann auch hier ein steuerbarer Umsatz vorliegen (§ 3 Abs. 9a UStG). Zu unterscheiden ist hierbei die kostenlose Nutzungsüberlassung von Fahrzeugen und die Nutzungsüberlassung in anderen Fällen.

1218 Entscheidend für Nutzungsüberlassungen von **Fahrzeugen** ist, ob der Vorsteueranspruch bei der Anschaffung des Pkw zu 100% oder nur zu 50% geltend gemacht wurde. Sollten nur 50% des eigentlichen Vorsteuerabzugs geltend gemacht worden sein, dann wird für die Verwendung des Pkw bei unternehmensfremden Zwecken keine umsatzsteuerbare Leistung fingiert.[61]

Die E-Commerce GmbH überlässt dem Gesellschafter den Firmenferrari für eine Spritztour nach Paris. Benzin bezahlt der Gesellschafter selbst, alle weiteren Kosten (Kfz-Steuer, Versicherung, Betriebskosten) übernimmt die GmbH. Da die GmbH auch als Komplementärin für die E-Commerce Holding GmbH & Co. KG tätig ist und der Ferrari dort zu 40% zu Repräsentationszwecken eingesetzt wird, hatte die GmbH die Vorsteuer bei den Anschaffungskosten des Ferrari nur zu 50% geltend gemacht und hat bisher auch nur 50% der Vorsteuer aus den laufenden Kosten für den Pkw gezogen (§ 15 Abs. 1 b UStG).

1219 Die Nutzungsüberlassung an den Gesellschafter ist als vGA anzusehen. Es liegt jedoch keine umsatzsteuerbare sonstige Leistung im Sinne von § 3 Abs. 9a Nr. 1 UStG vor, da die pauschale Vorsteuernutzung zu 50% auch letztlich jede außerunternehmerische Nutzung mit abdeckt[62].

1220 Die unentgeltliche Nutzungsüberlassung in anderen Fällen ist als umsatzsteuerbare sonstige Leistung zu behandeln, soweit der Gegenstand zum vollen oder teilweisen Vorsteuerabzug berechtigt hat (§ 3 Abs. 9a Nr. 1 UStG). Die Bemessungsgrundlage entspricht den durch die Nutzungsüberlassung entstandenen Kosten, soweit sie zum Vorsteuerabzug berechtigt haben (§ 10 Abs. 4 Nr. 2 UStG).

Der Ferrari der E-Commerce GmbH diente zu 100% eigenunternehmerischen Zwecken der GmbH, welche auch den Vorsteuerabzug in voller Höhe in Anspruch genommen hat.

Jetzt liegt in der unentgeltlichen Nutzungsüberlassung sowohl eine vGA, als auch eine umsatzsteuerbare sonstige Leistung im Sinne von § 3 Abs. 9a Nr. 1 UStG vor.

Die Bemessungsgrundlage für die Umsatzsteuer ergibt sich aus der anteiligen AfA und den sonstigen Betriebskosten. Nicht mit einzubeziehen sind die Kfz-Steuer

---

60 Unabhängig hiervon wäre ggf. zu prüfen, ob das Handeln des G einen Untreuetatbestand gegenüber der Gesellschaft darstellt.
61 § 3 Abs. 9a Satz 2 UStG.
62 § 3 Abs. 9a S. 2 UStG.

und die Versicherungskosten, da hier keine Umsatzsteuer entstanden ist oder anfallen *würde*.

Alle weiteren sonstigen Leistungen, die unentgeltlich an die Gesellschafter er- **1221** bracht werden, gelten stets als umsatzsteuerbare Umsätze, wobei die Bemessungsgrundlage sich nach den entstandenen Kosten richtet.[63]

b) Leistungen zu unangemessenen niedrigen Entgelten

Auch die Leistungen einer Kapitalgesellschaft zu einem unangemessenen nied- **1222** rigen Entgelt sind im Umsatzsteuerrecht im Rahmen der verdeckten Gewinnausschüttung steuerbar[64] unter Beachtung der Steuerbefreiungsvorschriften des § 4 UStG und der Steuersätze des § 12 UStG.

Die Mindestbemessungsgrundlage für die Umsatzsteuer[65] bestimmt sich nicht **1223** nach dem niedrigen Entgelt, sondern wie bei einer unentgeltlichen Leistung oder Lieferung nach dem Einkaufspreis zuzüglich der Nebenkosten bzw. den entsprechenden Selbstkosten.

III. Zusammenfassung

Die Ausgestaltung sowie die tatsächliche Durchführung von Geschäftsbezie- **1224** hungen zwischen Anteilseigner und „seinem Unternehmen" sind von erheblicher gesellschaftsrechtlicher aber auch steuerrechtlicher Bedeutung.

Grundregel ist, dass diese Geschäftsbeziehungen einem Fremdvergleich stand- **1225** halten sollten.

Gesellschaftsrechtlich führen unentgeltliche oder verbilligte Lieferungen von **1226** Waren oder Dienstleistungen von Kapitalgesellschaften an ihren Gesellschafter im Regelfall zu Rückforderungsansprüchen. Der Vermögensschutz zu Gunsten der Gesellschaft im Aktienrecht ist dabei teilweise weitergehend als der Stammkapitalschutz im GmbH-Recht. In Einzelfällen lebt die gesellschaftsrechtliche Einlagenverpflichtung wieder auf. Bei Aktiengesellschaften sind zudem in den beiden ersten Jahren nach Eintragung der Gesellschaft in das Handelsregister die Regelungen über die Nachgründung (§ 52 AktG) zu beachten.

Steuerrechtlich führen unausgewogene Vereinbarungen zwischen Gesellschaf- **1227** ter und Gesellschaft zu verdeckten Gewinnausschüttung oder verdeckten Einlagen. Erstere ziehen regelmäßig steuerrechtliche Belastungen auf Ebene der Kapitalgesellschaft nach sich. Diese können durch verdeckte Einlagen nicht ausgeglichen werden. Letztere führen lediglich zu erhöhten steuerlichen Anschaffungskosten des Gesellschafters.

---

63 §§ 3 Abs. 9 a Nr. 2, 10 Abs. 4 Nr. 3 UStG.
64 § 1 Abs. 1 Nr. 1 UStG.
65 § 10 Abs. 4 Nr. 2 UStG.

1228 Erfahrungsgemäß werden dabei im Regelfall die erforderlichen formalrechtlichen Voraussetzungen für eine ausgewogene Vertragsgestaltung zwischen Gesellschaft und Gesellschafter vernachlässigt.

1229 Diese gesellschaftsrechtlich- und steuerrechtlichen Nachteile können durch entsprechendes Risikobewusstsein sowie eine angemessene Vertragsgestaltung im Vorfeld vermieden werden. Gerade bei jungen Unternehmen führen steuerliche Nachzahlungen, aufgrund von Betriebsprüfungen, in solchen Fällen erfahrungsgemäß zu empfindlichen vermeidbaren Belastungen.

I. Veränderungen in der Gesellschafterstruktur

Literaturauswahl:

Zur Bewertung von Anteilen an Kapitalgesellschaften:

BFH-Urteil vom 30.05.2001, II R 6/98, DStR-E 2002, S. 694ff.; BFH-Urteil vom 04.04.2001, VI R 173/00, DStR 2001, S. 1522ff.; BFH-Urteil vom 20.12.2000, II R 42/ 99, DStRE 15/201, S. 817ff.; BFH-Urteil vom 21.01.1999, BStBl II 1999, S. 638ff.; BFH-Urteil vom 17.06.1998, BFH/NV 1999, S. 17f.; BFH-Urteil vom 07.03.1995, VIII R 29/93, BStBl. II 1995, S. 693ff.; BFH-Urteil vom 09.03.1994, II R 39/90, BStBl. II 1994, S. 394ff.; BFH-Urteil vom 05.02.1992, II R 185/87, BStBl. II 1992, S. 266ff.; BFH-Urteil vom 05.10.1976, XIII R 38/72, BStBl. II 1977, S. 198ff.; FG München, Urteil vom 30.09.1997, AZ 16 K 4577/97; Leitfaden der Oberfinanzdirektionen Düsseldorf, Köln und Münster zur Bewertung von (Anteilen an) Kapitalgesellschaften für ertragsteuerliche Zwecke; übernommen von der OFD Hamburg, Verfügung vom 10.11.2000, S-2244–3/98-St 322; Abschnitte 91–105 Erbschaftsteuer-Richtlinien 1998; Gottschalk, Richard, Schenkungssteuer durch Verschiebung von stillen Reserven zwischen Geschäftsanteilen an einer GmbH, DStR 2002, S. 379ff.

Zum Wegfall des Verlustvortrages:

BFM Beschluss vom 04.09.2002, I R 78/01, DStRE 2003, S. 166; Gerichtsbescheid vom 04.09.2002, I R 61/01; FG Baden-Württemberg, Urteil vom 26.07.2001, 6 K 358/00 (Revision eingelegt, BFH I R 78/01), DStR-E 2002, S. 962; Urteil des FG München vom 01.02.2002, 7 K 704/00 (Revision eingelegt, BFH I R 18/02), DStR-E 2002, S. 963; BFH-Urteil vom 08.08.2001, I R 29/00, BStBl. II 2002, S. 392ff.; BFH-Urteil vom 19.12.2001, I R 58/01, BStBl. II 2002, S. 395ff.; BMF-Schreiben vom 17.06.2002, BStBl. I 2002, S. 629f.; BMF-Schreiben vom 16.04.1999, BStBl. I 1999, S. 455ff.; Herzberg, Torsten, Der Begriff des Betriebsvermögens im Sinne des § 8 Abs. 4 Satz 2 KStG, DStR 2002, S. 590ff.; Frey, Weissberger, Die neue Gegenständlichkeit des BFH bei der Verlustnutzung, GmbH-Rundschau 2002, S. 135; Frotscher, Gerrit, Zur Zuführung neuen Betriebsvermögens nach § 8 Abs. 4 KStG, DStR 2002, S. 10ff.

I. Steuerliche Grundproblematik

VC finanzierte Start-Up Unternehmen, die ein zügiges Wachstum verfolgen, **1230** unterliegen nahezu permanent Veränderungen in der Gesellschafterstruktur. Der Regelfall hierfür ist die Übernahme von neuen Anteilen durch Investoren im Rahmen von Finanzierungsrunden. Daneben führen das Ausscheiden von einzelnen Gründungsgesellschaftern[1] oder Business Angels sowie die erwünschte Aufnahme neuer key people als Gesellschafter zu Änderungen der Gesellschafterstruktur.

Die Anlässe für einen Gesellschafterwechsel oder die Aufnahme eines neuen **1231** Gesellschafters sind vielschichtig, einige Hauptanwendungsfälle sind z.B.:

---

1 In der Praxis haben die Autoren erst ganz wenige Start-Up Unternehmen erlebt, bei denen innerhalb der ersten 18 Monate nicht mindestens einer der Gründer aus dem Unternehmen ausgeschieden ist.

- die Untauglichkeit eines Gründers in der von ihm gehaltenen Position
- der Eintritt eines neuen Geschäftsführers/Vorstandsmitglieds in das Unternehmen
- die Gewinnung von hochkarätigen Aufsichtsratsmitgliedern
- die Implementierung eines Mitarbeiterbeteiligungsprogramms
- die gesellschaftsrechtliche Anbindung von Geschäftspartnern (Zulieferer, Abnehmer, Berater etc.)
- Rückübertragungsvereinbarungen zu Gunsten oder zu Lasten der Gründer sowie
- Verwässerungsschutzregelungen zu Gunsten einzelner Gesellschafter.

1232 Die zentrale Frage im Zusammenhang mit der Aufnahme neuer Gesellschafter oder der Einziehung alter Anteile ist, mit welchem Wert die (neuen) Anteile steuerlich zu bemessen sind. Praxisrelevante Fragen sind mit anderen Worten:

1233 Kann der designierte neue Vorstand (oder der bisherige Vorstand) Aktien eines ausscheidenden Gründers oder neue Anteile zum Nominalwert – oder zumindest einem geringeren Aufgeld erwerben – als dies der Finanzinvestor im Rahmen einer gerade erfolgten Finanzierungsrunde getan hat?

1234 Ist es im Rahmen von Finanzierungsrunden steuerlich unbedenklich, unterschiedliche Aufgelder (Agien) für unterschiedliche Zeichner der neuen Anteile zu vereinbaren?

1235 Die steuerliche Ausgangsfragen verdeutlichen sich an folgenden Praxisfällen:

Beispiel 1:

Die Durchstart AG (D-AG) wurde im Februar 2001 von fünf Gründern zu gleichen Anteilen mit einem Grundkapital von € 50.000[2] errichtet. Alle Gründer sind als Vorstand für das Unternehmen tätig. Im März 2001 erfolgte eine Kapitalerhöhung gegen Einlage, an der sich fünf Business Angels mit zusammen € 5.000 am Grundkapital beteiligten. Pro Aktie wurde ein Aufgeld von € 24,00 in die Kapitalrücklage der D-AG geleistet. Im Juni 2001 beteiligten sich zwei VC-Gesellschaften an der D-AG. Hierfür wurde eine weitere Kapitalerhöhung um nominal € 15.000 durchgeführt. Die VC-Gesellschafter leisteten ein Agio von € 75,00 pro Aktie (Zufuhr in die Kapitalrücklage € 1,125 Mio.). Der Geschäftsverlauf im Jahr 2001 war positiv und entsprach dem Businessplan. Das zum 31.12.2001 noch vorhandene Eigenkapital der D-AG (Grundkapital und Kapitalrücklage nach Jahresfehlbetrag) beträgt € 0,75 Mio. Die monatliche „Burn rate" (Einnahmen abzüglich Kosten) beträgt € 75.000. Zur weiteren Umsatzentwicklung will das Unternehmen zum 01.05.2002 den erfahrenen Vertriebsprofi Karl Sell (KS) als neuen Vorstand gewinnen. Neben einem angemessenen Jahresgehalt einigt man sich darauf, KS eine Beteiligung am Grundkapital von rund 2,5% (1.750 Aktien) zu gewähren, die er im Rahmen einer Kapitalerhöhung im Mai 2002 zum Nominalwert zeichnen will.

Grundfall: Alle Aktien der D-AG haben gleiche Rechte und Pflichten.

Abwandlung: Im Rahmen einer Aktionärsvereinbarung wurde im Zuge des Einstiegs der VC-Investoren folgendes vereinbart:

---

2 50.000 Aktien à € 1,00.

Kast

„Im Falle einer Anteilsveräußerung von mehr als 75% des Grundkapitals vor dem 31.12.2004 oder einer Liquidation der Gesellschaft erhalten die VC-Investoren vom Kaufpreis/Liquidationserlös zunächst vorab einen Betrag des zweifachen ihrer geleisteten Einlage in die Kapitalrücklage. Der verbleibende Erlös wird entsprechend der Beteiligung am Grundkapital unter den Aktionären verteilt."

Fraglich ist, ob der Erwerb von neuen Aktien durch KS zum Nominalwert steuerlich unbedenklich ist.

Beispiel 2:

Die Kompliziert-AG (K-AG) wurde im Januar 2001 durch vier Gründer mit jeweils 22,5% Beteiligung am Grundkapital (€ 50.000) sowie insgesamt elf Familienmitglieder der vier Gründer mit jeweils unter 1% Beteiligung als Vorrats-AG zum Nominalwert erworben. Im Juni 2001 erfolgte eine Kapitalerhöhung um € 14.500,00 auf € 64.500,00. Die 14.500 neuen Anteile wurden von einem VC-Investor für nominal gezeichnet. Gleichzeitig leistete dieser eine Zuzahlung (Agio) in die Kapitalrücklage von € 80,00 pro Aktie. In einer Aktionärsvereinbarung haben sich die Gründer verpflichtet, mindestens drei Jahre ihre volle Arbeitskraft dem Unternehmen zur Verfügung zu stellen. Scheidet ein Gründer vor Ablauf dieser Frist aus seinem Anstellungsverhältnis aus, haben die übrigen Gründer das Recht, die Hälfte der Anteile des Ausscheidenden zum Nominalwert zu erwerben oder einen Dritten zu bestimmen, der die Anteile zu diesem Preis vom Ausscheidenden erwerben kann.

Weiterhin haben die Gesellschafter in ihrer Aktionärsvereinbarung folgendes vereinbart: „Zur Durchführung eines innovativen Mitarbeiterbeteiligungsprogramms werden die vier Gründungsgesellschafter bis zum 31.12.2002 insgesamt 2.400 Stück Aktien aus ihrem eigenen Bestand zur Verfügung stellen."

Im Januar 2002 kündigt einer der Gründer seinen Anstellungsvertrag mit Wirkung zum 30. April 2002. Das vorhandene Eigenkapital der K-AG (Grundkapital zuzüglich Rücklagen abzüglich Jahresfehlbetrag) zum 30.04.2002 beträgt € 250.000. Die Gesellschaft will die erforderliche nächste Finanzrunde im Juni 2002 abschließen. Geplant ist eine Kapitalerhöhung um 25.500 Aktien mit einem Aufpreis von € 64 pro Aktie. Zudem will die Gesellschaft vier ihrer leitenden Angestellten jeweils 250 Stück Aktien zum Nominalwert zukommen lassen, ohne dass die VC-Investoren hierdurch verwässert werden. Die K-AG will diese Aktien entweder über das Kontingent des ausscheidenden Gründers oder anteilig von den anderen Gründern zum Nominalwert erwerben und anschließend an die leitenden Angestellten veräußern bzw. diesen entsprechende Optionsrechte gewähren.

Fraglich ist, ob und gegebenenfalls wie diese Vorhaben steuerlich neutral umgesetzt werden können.

II. Bewertung von (Anteilen an) Kapitalgesellschaften für steuerliche Zwecke

1236 Bei der Zeichnung von neuen Anteilen oder dem Erwerb von bereits bestehenden Anteilen an einer Kapitalgesellschaft durch Arbeitnehmer oder Gesellschafter ist zu beachten, dass der Zeichnungs- bzw. Anschaffungspreis für steuerliche Zwecke angemessen ist. Ein zu niedriger Anschaffungspreis zu Gunsten von (zukünftigen) Arbeitnehmern der Gesellschaft stellt einen sog. **lohnsteuerpflichti-**

gen Vorteil dar, der im Monat des Zuflusses der Besteuerung unterliegt (§ 8 Abs. 1, 2, § 11 Abs. 1 Satz 3, § 38 a Abs. 1 EStG). Soweit der Zeichner bzw. der Erwerber der Anteile ein (beherrschender) Altgesellschafter ist, kann der gleiche Vorgang eine sog. **verdeckte Gewinnausschüttung** (vGA[3]) darstellen, die ebenfalls steuerliche Folgen nach sich zieht. Ein **Sonderfall** ist die Beteiligung von Beratern, Vertragspartnern oder anderen Dienstleistern für erbrachte Leistungen an das Unternehmen gegen Gewährung von Gesellschaftsanteilen (**Shares for Fees**).[4] Aus gesellschaftsrechtlicher Sicht ist zunächst zu beachten, dass hier **Sacheinlagen** vorliegen, die eine **Sachgründungsprüfung** nach sich ziehen.[5] Zudem liegt regelmäßig ein **Leistungsaustausch** in der Form eines Tauschgeschäfts vor, das **umsatzsteuerrechtlich** zu würdigen ist (§ 3 Abs. 12 UStG).

1237   Der Ermittlung eines steuerlich angemessenen Zeichnungs- oder Erwerbspreises kommt daher bei Kapitalerhöhungen oder Anteilseignerwechseln von Start-Up Unternehmen eine besondere Bedeutung zu. Eine steuerlich optimierte Umsetzung von ggf. kurzfristig erforderlichen Veränderungen im Gesellschafterkreis erfordert zudem eine sorgfältige Ausgestaltung der Transaktion.

1238   Gesetzlicher Ausgangspunkt für die Ermittlung des steuerlich maßgeblichen Werts von (Anteilen an) Kapitalgesellschaften sind § 11 Abs. 1 bis 3 i.V.m. § 9 Abs. 2 Bewertungsgesetz.

- **§ 11 Abs. 1 BewG**
  „Wertpapiere und Schuldbuchforderungen, die am Stichtag an einer deutschen Börse zum amtlichen Handel zugelassen sind, werden mit dem niedrigsten am Stichtag für sie im amtlichen Handel notierten Kurs angesetzt. (…)."

- **§ 11 Abs. 2 BewG**
  „Anteile an Kapitalgesellschaften (Aktiengesellschaften, Kommanditgesellschaft auf Aktien, Gesellschaft mit beschränkter Haftung, bergrechtliche Gewerkschaften), die nicht unter Abs. 1 fallen, sind mit dem **gemeinen Wert** anzusetzen. Lässt sich der gemeine Wert nicht aus **Verkäufen** ableiten, **die weniger als ein Jahr zurückliegen**, so ist der unter Berücksichtigung des Vermögens und der Ertragsaussichten der Kapitalgesellschaft zu schätzen."

- **§ 11 Abs. 3 BewG**
  „Ist der gemeine Wert einer Anzahl von Anteilen an einer Kapitalgesellschaft, die einer Person gehören, in Folge **besonderer Umstände** (z.B. weil die Höhe der Beteiligung die Beherrschung der Kapitalgesellschaft ermöglicht) höher als der Wert, der sich aufgrund der Kurswerte (Abs. 1) oder der gemeinen Werte (Abs. 2) für die einzelnen Anteile insgesamt ergibt, so ist der gemeine Wert der Beteiligung maßgebend."

---

3 Vgl. hierzu grundlegend Abschnitt 31–33 KStR 2000 sowie vorangehend Kapitel H.

4 Diese „Vergütungsvariante" wird oftmals von ganz jungen Start-up Unternehmen im Vorfeld einer VC-Finanzierung oder bei Liquiditätsengpässen vor anstehenden Finanzierungsrunden in Erwägung gezogen.

5 Vgl. hierzu § 27, § 33 Abs. 2 Nr. 4, § 183 AktG; § 5 Abs. 4, § 9, § 19 Abs. 5 sowie § 56 GmbHG.

- **§ 9 Abs. 2 BewG**
  „Der gemeine Wert wird durch den Preis bestimmt der im **gewöhnlichen Geschäftsverkehr** nach der Beschaffenheit des Wirtschaftsguts bei einer Veräußerung zu erzielen wäre. Dabei sind alle Umstände, die den Preis beeinflussen zu berücksichtigen. Ungewöhnliche oder persönliche Verhältnisse sind nicht zu berücksichtigen."

Fest zu halten ist zunächst, dass der für steuerliche Zwecke maßgebliche **gemeine Wert** von Anteilen an Kapitalgesellschaften, die nicht an einer (deutschen) Börse kursnotiert sind, primär aus **Anteilsverkäufen innerhalb der letzten zwölf Monate abzuleiten** ist. Den Anteilsverkäufen gleich zu setzen sind regelmäßig die Aufnahmen von Neugesellschaftern im Rahmen von Kapitalerhöhungen.[6] Der gemeine Wert nicht notierter Anteile an einer Kapitalgesellschaft kann auch aus einem einzigen Verkauf abgeleitet werden, wenn Gegenstand des Verkaufs nicht nur ein Zwerganteil ist.[7]   1239

Kann der gemeine Wert von nicht notierten Anteilen an Kapitalgesellschaften nicht aus Verkäufen abgeleitet werden, ist er **unter Berücksichtigung des Vermögens und der Ertragsaussichten der Gesellschaft zu schätzen** (§ 11 Abs. 2 BewG).[8]   1240

1. Ableitung des gemeinen Wertes aus Verkäufen

Die Ableitung des gemeinen Wertes von Anteilen an Kapitalgesellschaften aus Verkäufen ist im Einzelnen nicht abschließend geklärt.   1241

Eine Möglichkeit besteht darin, die im Rahmen einer bis zu 12 Monate zurückliegenden Kapitalerhöhung bzw. eines Anteilsverkaufs vorgenommene Bewertung einfach zu übernehmen. In diesem Fall wird das vom zuletzt eingetretenen Gesellschafter geleistete Entgelt pro Anteil (Nominalwert + Agio bzw. Kaufpreis) dem gemeinen Wert aller Anteile gleichgestellt. Ein Erwerb von Anteilen innerhalb von 12 Monaten durch (neu eintretende) oder bereits vorhandene Arbeitnehmer der Gesellschaft führt folglich zu einem lohnsteuerpflichtigen Vorteil in Höhe der Differenz zwischen dem von ihnen geleisteten Kaufpreis (im Regelfall Nominalwert) und dem Entgelt des zuletzt eingetretenen Gesellschafters (Nominalwert + geleistetes Agio). Zu dieser Auffassung neigen zahlreiche Finanzämter und Betriebsprüfer. Sie verkennen oder vernachlässigen dabei regelmäßig den Sinn und Zweck der Unternehmensfinanzierung durch Risikokapitalgeber insbesondere bei jungen Unternehmen in den ersten drei Geschäftsjahren. Zudem können hierbei marktbedingte Wertveränderungen des Unternehmens innerhalb von 12 Monaten nach einer bewertungsrechtlich relevanten Transaktion überhaupt nicht berücksichtigt werden.   1242

Ungeklärt ist zudem, wie beispielsweise der gemeine Wert abzuleiten ist, wenn innerhalb eines Zeitraums von 12 Monaten vor einer steuerlich relevanten   1243

---

6 BFH-Urteil vom 05.02.1992, BStBl II 1993, S. 266 ff.
7 BFH-Urteil vom 05.03.1986, BStBl II 1986, S. 591 ff.; R 95 Abs. 3 Erbschaftsteuer-Richtlinien 1998.
8 R 95 Abs. 3 Satz 9 Erbschaftsteuer-Richtlinien 1998.

Transaktion **mehrere Kapitalerhöhungen** mit oder ohne Beteiligung vom Altgesellschafter und gegebenenfalls die Gründung der Gesellschaft bzw. der Erwerb der Vorratsgesellschaft – stattgefunden haben. Ist hier allein auf die Bewertung im Rahmen der **letzten** Kapitalerhöhung bzw. des letzten Verkaufs abzustellen oder sind verschiedene Kapitalerhöhungen/Anteilsveräußerungen im Rahmen einer **Durchschnittsbewertung** zu berücksichtigen?

1244 Die Finanzverwaltung hat zur Bewertung von (Anteilen an) Kapitalgesellschaften für ertragsteuerliche Zwecke Ende 2000 einen umfassenden Leitfaden in Umlauf gebracht.[9] Dieser Leitfaden beinhaltet primär grundsätzliche Aussagen zu verschiedenen Wertermittlungsverfahren (Substanzwertermittlung, Ertragsermittlung, Stuttgarter Verfahren – modifiziert –, Ertragswertverfahren und Mittelwertverfahren), zudem gibt er Hinweise zu einer Plausibilitätskontrolle bei der Wertermittlung von Kleinst-, Klein- und Mittelbetrieben. Klarstellende Ausführungen, in welcher Form eine Ableitung des gemeinen Werts aus verschiedenen Veräußerungen/Kapitalerhöhungen der vergangenen 12 Monate vorzunehmen ist, sind hierin leider nicht enthalten.

2. Ableitung des gemeinen Werts ohne vorangegangene Anteilsveräußerungen

1245 Soweit innerhalb der letzten 12 Monate vor dem steuerrechtlich relevanten Tatbestand keine Kapitalerhöhungen bzw. Anteilsveräußerungen durchgeführt wurden, ist der gemeine Wert unter Berücksichtigung des Vermögens und der Ertragsaussichten der Gesellschaft zu **schätzen** (§ 11 Abs. 2 S. 2 BewG). Für die Schätzung sind die Verhältnisse im Besteuerungszeitpunkt maßgebend.[10] Die Regelbewertung stellt dabei eine Schätzung unter Berücksichtigung des Vermögenswertes und des Ertragshundertsatzes dar.[11] Für die Bewertung von Anteilen bei fehlendem Einfluss auf die Geschäftsführung, bei **Neugründungen**, bei Beteiligungsbesitz, bei **ungleichen Rechten** und bei Eigenanteilen sowie von Anteilen an Organ-, Liquidations- und Komplementärgesellschaften und an gemeinnützigen Kapitalgesellschaften kommen nach Auffassung der Finanzverwaltung Sonderregelungen zur Anwendung.[12]

1246 Die in den Abschnitten 97 bis 108 Erbschaftsteuer-Richtlinien 1998 enthaltenen Aussagen sind allerdings zur Bewertung von VC-finanzierten Start-Up Unternehmen nur wenig geeignet. Zu beachten ist zunächst, dass die Finanzverwaltungen erfahrungsgemäß nicht die Vorgabe nach R 102 Erbschaftsteuer-Richtlinien 1998 anwenden, nach der Gesellschaften, die sich noch im Aufbau befinden (innerhalb der ersten 3 Jahre seit Gründung), in der Regel mit 100 % des eingezahlten Nennkapitals, mithin somit zum Nominalwert, zu bewerten sind. Die Betriebsprüfer leiten stattdessen vorrangig im Rahmen eigener Wertermittlungsgedankenmodelle einen gemeinen Wert anhand vorangegangener Kapitalerhöhungen ab.

---

9 Leitfaden der Oberfinanzdirektionen Düsseldorf, Köln und Münster sowie Hamburg aus 2000 zur Bewertung von (Anteilen an) Kapitalgesellschaften.
10 R 96 Abs. 1 Erbschaftsteuer-Richtlinien 1998.
11 Regelbewertung nach R 97 bis 100 Erbschaftsteuer-Richtlinien 1998.
12 R 101 bis 108 Erbschaftsteuer-Richtlinien 1998.

Vorgegeben ist in den Richtlinien der Finanzverwaltung, dass Anteile an Kapitalgesellschaften mit **ungleichen Rechten** insbesondere hinsichtlich einer Beteiligung am Liquidationserlös oder hinsichtlich einer Gewinnausschüttung bei der Ermittlung des gemeinen Wertes zu berücksichtigen sind.[13] Eine klare Aussage, wie ungleiche Rechte insbesondere am Liquidationserlös zu berücksichtigen sind, enthalten die Vorgaben der Finanzverwaltung allerdings nicht. **1247**

Zusammengefasst ist zunächst festzuhalten, dass die gesetzlichen Regelungen zur steuerlichen Bewertung von nicht notierten Anteilen an Kapitalgesellschaften einen erheblichen Interpretationsspielraum beinhalten. Die hierzu ergangenen Anweisungen der Finanzverwaltung erschöpfen sich in der Auflistung von Einzelfällen sowie zum Teil widersprüchlichen Regelungen. Ein in sich geschlossenes, systematisches und klares Konzept zur Bewertung von Anteilen an Kapitalgesellschaften liegt indes nicht vor. **1248**

III. Lösungsvorschläge zur sachgerechten Ableitung des gemeinen Werts von Anteilen an VC-finanzierten Kapitalgesellschaften

Eine sachgerechte Ableitung des gemeinen Werts von (Anteilen an) Kapitalgesellschaften unter Berücksichtigung von vorangegangenen Finanzierungsrunden durch professionelle Investoren oder Business Angels ist nach unserer Auffassung wie folgt vorzunehmen: **1249**

1. Ableitung des gemeinen Wertes aus Verkäufen

Der gemeine Wert von (VC-)finanzierten Start-up Unternehmen ermittelt sich schlicht aus dem im Zeitpunkt der steuerlich zu beurteilenden Transaktion vorhandenen Eigenkapital der Gesellschaft (Grund- oder Stammkapital zuzüglich vorhandene Kapitalrücklagen zuzüglich Jahresüberschuss bzw. abzüglich Jahresfehlbetrag). Das tatsächlich vorhandene Eigenkapital wird durch die Anzahl der vorhandenen Aktien geteilt (nachfolgend vereinfacht „**Eigenkapitalmethode**" genannt). **1250**

Eine solche substanzwertorientierte Ableitung des gemeinen Wertes von Anteilen an Start-up Unternehmen berücksichtigt den Sinn und Zweck der Finanzierung von Jungunternehmen durch Risikokapital über die Technik von Zuzahlungen in die Kapitalrücklage. Diese Geldleistungen von professionellen VC-Unternehmen oder Business Angels sollen ja gerade dazu dienen, das Unternehmen zusammen mit der Arbeitsleistung der Gründer, die regelmäßig ihre Anteile zu nominal zeichnen, überhaupt erst aufzubauen. Zudem führt die Verwendung der VC-Einlagen zum Aufbau eines Geschäftsbetriebs, nicht zu einem Aufbau von stillen Ressourcen oder eines Firmenwerts. Die Einlagen werden typischerweise für Personal- und Betriebskosten, insbesondere Kosten der Produktentwicklung[14] und nicht für Marketingkosten verwendet. Es sind **1251**

---

13 R 106 Erbschaftsteuer-Richtlinien.
14 Dies in besonderem Maße in den Branchen Biotechnologie, Softwareentwicklung, alternative Energiegewinnung.

auch keine sachlichen Gründe ersichtlich, weshalb ein Unternehmen, das z. B. im Januar mit € 50.000 Stammkapital zum Nominalwert gegründet wird und bei dem ein Investor kurze Zeit später sich im Rahmen einer Kapitalerhöhung mit 10 % beteiligt und hierfür dem Unternehmen liquide Mittel als Zuzahlungen in die Kapitalrücklage zur Verfügung stellt, nunmehr insgesamt mehr wert sein soll, als das tatsächlich vorhandene Eigenkapital inklusive Rücklagen. Werterhöhungen irgend einer Art, die eine Bewertung über die vorhandene Substanz des Unternehmens begründen, liegen nicht vor. Die Erhöhung des Unternehmenswerts soll ja gerade durch die (Arbeits-)Leistung der Gründer und die Nutzung der VC-Einlagen erst geschaffen werden. Die klassische VC-Finanzierung im „Early-Stage" Bereich ist immer eine Investition in einen erst zu schaffenden Wert (nämlich ein lebensfähiges Unternehmen). Als Zukunftschance kann dies jedoch keine aktuelle Gegenwartsbewertung für steuerliche Zwecke auf der Grundlage der gesetzlichen Vorgaben widerspiegeln.

1252 Die von der Finanzverwaltung vorgenommene Hochrechnung der Agio-Leistungen auf einen gemeinen Wert des Unternehmens und sämtlicher Anteile hieran führt gerade bei der Anlauffinanzierung von Start-up Unternehmen zu völlig illusorischen Ergebnissen. Dies wird auch durch die Tatsache belegt, dass regelmäßig rund die Hälfte aller VC-finanzierten Start-up Unternehmen den Sprung zur Lebensfähigkeit nicht schaffen und liquidiert werden. Gerade dies belegt, dass die VC-Finanzierung im Bereich „Early Stage" kein geeignetes Indiz für eine steuerliche Bewertung eines Unternehmens in der Anlaufphase ist.

1253 Die von uns vorgeschlagene Vorgehensweise führt für steuerliche Zwecke – und nur darum geht es – zu realistischen und akzeptablen Werten bei der Ermittlung des gemeinen Wertes von VC-finanzierten Start-up Unternehmen innerhalb der ersten drei Jahre seit ihrer Gründung. Gleichzeitig werden hierbei Wertveränderungen des Unternehmens im Rahmen dessen Fortentwicklung seit der letzten Finanzierungsrunde angemessen berücksichtigt.

1254 Die Ermittlung des gemeinen Werts anhand des tatsächlich vorhandenen Eigenkapitals wird auch vom Sinn und Zweck der gesetzlichen Grundlage (§ 11 Abs. 2 BewG) gedeckt. Gerade hier findet eine **Ableitung** des Unternehmenswertes auf Grundlage der bis zu 12 Monaten zurückliegenden Kapitalerhöhung (Anteilsverkauf) und unter Berücksichtigung der tatsächlichen Wertveränderungen bis zum Zeitpunkt des steuerlich zu beurteilenden Sachverhalts statt. Die von Seiten der Finanzverwaltung getragene Auffassung (Hochrechnung von geleisteten Agien auf das gesamte Unternehmen) führt nicht zu einer **Ableitung** des Unternehmenswertes aus vorangegangenen Kapitalerhöhungen (Verkäufen), sondern sie bestimmt vielmehr den gemeinen Wert allein aus diesem einzelnen vorangegangenen Sachverhalt, der den fiskalischen Interessen der Betriebsprüfer gelegen ist. Auch der BFH hat in 1971[15] klargestellt, dass eine substanzwertorientierte Unternehmensbewertung grundsätzlich nicht ungeeignet ist, um

---

15 BFH-Urteil vom 23.07.1971, BStBl. II 1972, S. 5 ff.; sowie BFH-Urteil vom 06.08.1971, BStBl. II 1972, S. 109 ff. zu einer Kapitalgesellschaft im Aufbau.

Kast

eine angemessene Bewertung eines Unternehmens zu erhalten. In dem entschiedenen Sachverhalt ging es um eine Unternehmensbewertung anhand des sog. „Stuttgarter Verfahrens", was der hier vorgeschlagenen Eigenkapitalmethode nahekommt.

2. Ableitung des gemeinen Wertes ohne vorangegangene Anteilsveräußerungen

Auch in diesen Fällen kann eine realistische **Schätzung** des gemeinen Werts **1255** von VC-finanzierten Start-up Unternehmen aus dem im Zeitpunkt der steuerlich zu beurteilenden Transaktion vorhandenen Eigenkapitals des Unternehmens vorgenommen werden.

Hilfsweise kann unseres Erachtens auch die Vereinfachungsregelung gemäß **1256** R 102 Erbschaftsteuer-Richtlinien 1998 angewendet werden. Danach sind Gesellschaften, die sich noch im Aufbau befinden, regelmäßig mit 100 % des eingezahlten Nennkapitals zu bewerten. In diesem Fall entspricht der gemeine Wert der Anteile regelmäßig dem Nominalwert der Anteile.

Eine Ableitung des gemeinen Werts von Anteilen an Kapitalgesellschaften an- **1257** hand der vorgenannten Ausführungen kommt bei Start-up Unternehmen innerhalb der ersten drei Jahre zu einem realistischen Wert. Um Missbräuchen vorzubeugen, wäre sicherzustellen, dass die folgenden Kriterien erfüllt sind, um die Bewertung anhand des vorhandenen Eigenkapitals vorzunehmen:

- Das Unternehmen ist mehrheitlich durch natürliche Personen (Gründer) errichtet worden;
- die Gründer leisten den Aufbau des Unternehmens durch Einbringung ihrer Arbeitskraft;
- es erfolgt eine Finanzierung der Anlaufinvestitionen über professionelle VC-Unternehmen oder Business Angels;
- Das Unternehmen ist noch keine fünf Jahre alt.

Ausgehend von den vorgenannten Ausführungen wären die Beispielsfälle wie **1258** folgt zu beurteilen.

IV. Überprüfung des Lösungsvorschlags anhand von Praxisfällen

Die vorgenannten Lösungsvorschläge werden nachfolgend anhand von vier Pra- **1259** xisfällen untersucht.

1. Auffassung der Finanzverwaltung

Im Fall der Durchstart AG (Beispiel 1) würde die Finanzverwaltung den Erwerb **1260** von 1.750 Aktien der D-AG durch KS zum Nominalwert als lohnsteuerpflichtigen Vorteil für seine zukünftige Tätigkeit als Vorstand beurteilen. Der steuerliche Vorteil wäre im Kalendermonat des Aktienerwerbs zu versteuern. Ausgehend vom Einstieg der VC Investoren würde die Finanzverwaltung den gemeinen Wert des Unternehmens mit € 5,32 Mio. ansetzen.[16] Die Unternehmensbewertung beim Einstieg der Business Angels im März 2001 in die D-AG bleibt hierbei unberücksichtigt, da sie schon länger als 12 Monate zurückliegt. Die lohnsteuerliche Bemessungsgrundlage beträgt dann € 75 pro Aktie. Bei einer angenommenen durchschnittlichen Steuerbelastung von 40 % (Einkommensteuer, Solidaritätszuschlag, Kirchensteuer) ergäbe dies eine steuerliche Bemessungsgrundlage von € 131.250 und eine Steuerbelastung von € 52.500 für KS.

1261 Ergebnis der Finanzverwaltung im Fall der Durchstart AG: Steuerbelastung für KS von € 52.500.

1262 In der Abwandlung würde die Finanzverwaltung voraussichtlich den gemeinen Wert der D-AG ausgehend vom Einstieg der VC-Gesellschafter ebenfalls mit € 5,32 Mio. als Ausgangswert ansetzen. Anschließend würde sie (ggf.) den **Liquidationsvorrang** der VC-Investoren (€ 2,25 Mio.) hiervon in Abzug bringen. Den so ermittelten Unternehmenswert von € 3,07 Mio. verteilt auf das Grundkapital von 70.000 Aktien ergäbe einen Wert pro Aktie von € 43,86. Bezogen auf die von KS zu erwerbenden 1.750 Aktien ergäbe sich ein lohnsteuerpflichtiger Vorteil von € 42,86 pro Aktie, insgesamt damit € 75.005 und eine mögliche Einkommensteuerbelastung für KS (40 % Steuerbelastung) von rund € 30.000.

1263 Ergebnis der Finanzverwaltung: Steuerbelastung für KS von rund € 30.000.

1264 Im Fall der Kompliziert AG (Beispiel 2) wäre der Erwerb von jeweils 250 Stück Aktien von leitenden Angestellten der K-AG zum Nominalwert ebenfalls als lohnsteuerpflichtiger Vorteil zu erfassen. Ausgehend von einem auf Grundlage des VC Einstiegs rechnerisch ermittelten Unternehmenswert von € 5,16 Mio. (€ 81 pro Aktie bei 64.500 Aktien) errechnet sich für jeden Angestellten eine lohnsteuerliche Bemessungsgrundlage von € 20.000, was bei einer Einkommensteuerbelastung von 40 % zu Steuerzahlungen in Höhe von jeweils € 8.000 pro Mitarbeiter führt.

1265 Verschärfend kommt in diesem Fall hinzu, dass die vorangehende Übertragung der Aktien zum Nominalwert seitens des ausgeschiedenen Gründers auf die K-AG in Höhe der Differenz zwischen dem angenommenen „gemeinen Wert" der Anteile (€ 81 pro Aktie) und dem Kaufpreis (€ 1 pro Aktie) zu einer verdeckten Einlage. Diese ist mit dem Teilwert zu bewerten.[17] Den Teilwert würde die Finanzverwaltung wiederum mit € 81 pro Aktie ansehen. Die verdeckte Einlage erhöht den steuerpflichtigen Veräußerungserlös des ausscheidenden Gründers (anteiliger Veräußerungserlös nach § 17 EStG). Die Übertragung von 1.000 Aktien durch den Gründer an die K-AG zum Nominalwert führt damit bei ihm zu einem steuerpflichtigen Veräußerungsgewinn nach § 17 EStG von rund € 80.000. Bei einer angenommenen Durchschnittsteuerbelastung von 40 % und unter Anwendung des Halbeinkünfteverfahrens (§ 3 Nr. 40 lit. c EStG) führt dies zu einer

---

16 70.000 Aktien à € 76 = Unternehmenswert € 5,32 Mio.; von einer gesetzlich geforderten Ableitung des gemeinen Werts der Anteile kann bei dieser Methode nach Auffassung der Autoren nicht gesprochen werden.

17 § 6 Abs. 1 Nr. 5 EStG.

Steuerbelastung des Gründers von rund € 16.000. Dem steht ein Liquiditätszufluss bei ihm von € 1.000 gegenüber.

Ergebnis der Finanzverwaltung zum Beispiel 2: Besteuerung des einlegenden **1266** Gründers in Höhe von rund € 16.000 (Halbeinkünfteverfahren) und Besteuerung eines lohnsteuerpflichtigen Vorteils bei den vier aktienerwerbenden leitenden Angestellten in Höhe von jeweils € 8.000.

2. Eigene Auffassung

Bei der Durchstart AG würde der Unternehmenswert der D-AG nach der Eigen- **1267** kapitalmethode zum 31.12.2001 € 0,75 Mio. betragen. Bezogen auf ein Grundkapital von 70.000 Aktien entspricht dies einem gemeinen Wert von € 10,72 pro Aktie. Bei einem Einstieg von KS im Mai 2002 würde der Unternehmenswert unter Berücksichtigung von monatlichen Betriebskosten von T€ 75 und der Tatsache, dass das Unternehmen im Aufbau noch keine Umsätze erzielt, noch bei € 450.000 liegen, dies führt zu einem gemeinen Wert pro Aktie von € 6,43. Der Erwerb von 1.750 Aktien durch KS im Mai 2002 zum Nominalwert würde damit einen lohnsteuerlichen Vorteil in Höhe von € 11.250 darstellen. Die Steuerbelastung für KS (40 %) würde dann rund € 4.500 betragen.

Bei planmäßiger Fortsetzung der Anlaufphase und einem laufenden Kosten- **1268** überschuss des Unternehmens würde sich diese steuerliche Bemessungsgrundlage bei einem späteren Einstieg von KS reduzieren.

Ergebnis der eigenen Auffassung: Die Steuerbelastung des KS beträgt rund € 4.500. **1269**

In der Abwandlung wäre der gemeine Wert der D-AG zum 31.12.2002 wieder **1270** ausgehend vom zu diesem Zeitpunkt vorhandenen Eigenkapital (€ 0,75 Mio.) zu ermitteln. Hiervon ist allerdings der Liquidationsvorbehalt der VC-Investoren (€ 2,25) in Abzug zu bringen.

Dementsprechend wäre der gemeine Wert von „nachrangigen" Aktien zu die- **1271** sem Zeitpunkt mit dem Nominalwert zu bemessen. Der Erwerb von Anteilen an der D-AG durch KS im Mai 2002 zum Nominalwert stellt in diesem Fall keinen lohnsteuerlichen Vorteil dar.

Ergebnis: Es besteht keine steuerliche Belastung bei KS. **1272**

Nach unserer Auffassung wäre auch bei der Kompliziert AG der gemeine Wert **1273** der Anteile an der K-AG nach der Eigenkapitalmethode zum 30.04.2002, ausgehend von der Finanzierungsrunde im Juni 2001, unter Berücksichtigung der laufenden Unternehmensentwicklung abzuleiten. Seinerzeit betrug das vorhandene Eigenkapital rund € 1,22 Mio. Aufgrund des Kapitalverbrauchs zum Aufbau des Unternehmens, ist zum 30.04.2002 ein Eigenkapital von € 250.000 vorhanden. Bezogen auf das vorhandene Grundkapital von 64.500 Aktien leitet sich ein gemeiner Wert von € 3,88 pro Aktie ab.

Der Verkauf von 1.000 Aktien durch den ausscheidenden Gründer an die K-AG **1274** führt dementsprechend bei ihm zu einem Veräußerungsgewinn von rund € 3.880.

Hieraus resultiert für den ausscheidenden Gründer eine steuerliche Belastung von € 776.[18] Diesem steht ein Liquiditätszufluss von € 1.000 gegenüber.

1275 Die anschließende Veräußerung der eigenen Aktien durch die K-AG an ihre vier leitenden Angestellten ist für die K-AG ein steuerfreier Vorgang (§ 8 b Abs. 2 KStG).[19]

1276 Für die vier leitenden Angestellten, die jeweils 250 Aktien von der K-AG zum Nominalwert erwerben, entsteht im Monat des Erwerbs ebenfalls ein lohnsteuerpflichtiger Vorteil in Höhe von € 2,88 pro erworbene Aktie. Bei 250 Aktien und einer angenommenen Steuerbelastung von 40% resultiert hieraus eine Lohnsteuerbelastung von rund € 288 pro Arbeitnehmer.[20]

1277 Ergebnis nach unserer Auffassung: Einkommensteuerbelastung des ausscheidenden Gründers nach dem Halbeinkünfteverfahren von € 776. Die Steuerbelastung der vier leitenden Angestellten aus dem Erwerb von jeweils 250 Aktien zum Nominalwert beträgt € 288 pro Arbeitnehmer.[21]

Beispiel 3:

An der Zwischentief GmbH[22] (ZT-GmbH) (Stammkapital: € 1.000.000) hat sich Mitte 1999 eine Investorengruppe im Rahmen einer Kapitalerhöhung beteiligt. Seinerzeit wurden Aufgelder von € 580 pro Geschäftsanteil im Nennwert von € 100 geleistet. Alle Geschäftsanteile der Gesellschaft haben gleiche Rechte. Die geschäftliche Entwicklung der ZT-GmbH verlief seither aufgrund technischer Probleme bei zwei Kernprodukten äußerst negativ. Die Gesellschaft ist bilanziell überschuldet. Die Investoren haben zur Aufrechterhaltung der Liquidität der ZT-GmbH zusätzliche Darlehen (€ 1,5 Mio.) gewährt und für diese Rangrücktrittserklärungen ausgesprochen.

Die Bilanz der ZT-GmbH zum 31.12.2002 hat folgendes Bild:

ZT-GmbH zum 31.12.2002			
Aktiva in T€		Passiva in T€	
Ingangsetzungsaufwendungen	120	Stammkapital	1.000
Anlagevermögen	460	Jahresfehlbetrag	2.400
Umlaufvermögen	1.620	Rückstellungen	240
sonstige Vermögensgegenstände	250	Verbindlichkeiten gegen Gesellschafter	1.820
Nicht durch Eigenkapital gedeckter Fehlbetrag	5.650	Bankverbindlichkeiten	2.640
Summe	T 8.100	Summe	T 8.100

18 Unter Anwendung des Halbeinkünfteverfahrens sowie einer angenommenen Steuerbelastung von 40%.
19 Zu beachten ist, dass die K-AG *Betriebsausgaben*, die in direktem wirtschaftlichen Zusammenhang mit dieser Veräußerung stehen, steuerrechtlich nicht mehr geltend machen kann, § 3 c Abs. 1 EStG.
20 Zu berücksichtigen ist weiterhin, dass der lohnsteuerpflichtige Vorteil gegebenenfalls weitere Sozialversicherungsbeiträge bei den Erwerbern auslöst.
21 Bei einem angenommenen Steuersatz von 40%.
22 Es handelt sich hierbei um einen stark vereinfachten Praxisfall. Die Darstellung aller steuerlichen Facetten eines umfassenden Sanierungsfalls mit zahlreichen unterschiedlichen Gesellschafterinteressen sowie unter Einbeziehung der Forderungen von Gläubigern der Gesellschaft würden den Rahmen dieses Kapitels sprengen.

Die Gesellschaft soll nunmehr in 2003 über den Einstieg eines neuen Geschäftsführers umfassend saniert werden. Der vorgesehene Geschäftsführer Will Sanier (WS), ein erfahrener Sanierer, will auch T€ 500 in das Unternehmen investieren. Als Gegenleistung hierfür fordert WS eine Beteiligung von 40% am Stammkapital der ZT-GmbH (Nominalwert € 400.000), das in drei Schritten von den Altgesellschaftern an ihn zu übertragen ist: 20% bei seinem Einstieg als Geschäftsführer am 01.01.2003, 10% innerhalb des ersten Jahres bei einer Entschuldung der Gesellschaft gegenüber den Gläubigerbanken um 50% (= T€ 1.320) der bestehenden Verbindlichkeiten [Ratchet 1] sowie weitere 10% bei einem positiven Eigenkapital zum 31.12.2004 in Höhe von mindestens € 2,0 Mio. [Ratchet 2].

Fraglich ist, ob der Erwerb von insgesamt maximal 40% der Anteile an der ZT-GmbH durch WS von den Altgesellschaftern für einen Kaufpreis von T€ 500 steuerlich unbedenklich ist.

3. Auffassung der Finanzverwaltung

Selbst im Fall der Zwischentief GmbH ist fraglich, ob der Erwerb von insgesamt 40% an der ZT-GmbH durch einen neuen Geschäftsführer für einen Preis **1278** von T€ 500 nach Auffassung der Finanzverwaltung dem gemeinen Wert des Unternehmens entspricht. Zunächst ist hier festzuhalten, dass der Kaufpreis des WS von T€ 500 über dem Nominalwert von T€ 400 liegt, den er bei Erfüllung aller Ratchet Vereinbarungen erhalten wird. Mit Blick auf die Tatsache, dass die ZT-GmbH ein klarer Sanierungsfall ist, stellt sich für den wirtschaftlichen Betrachter hier die Frage, ob WS hier nicht zu viel für seine Anteile bezahlt. Unter Berücksichtigung der Tatsache, dass WS diese maximale Anzahl an Geschäftsanteilen allerdings nur erhält, wenn die Gläubiger der Banken auf € 1,32 Mio. verzichten sowie zum Ende 2004 ein positives Eigenkapital von mindestens € 2,0 Mio. vorhanden ist, neigen Betriebsprüfer dazu, diese zukünftigen Effekte in die Anteilsbewertung mit einzubeziehen. Soweit die Gesellschaft ein positives Eigenkapital von € 2,0 Mio. aufweist, bei einem Stammkapital von € 1,0 Mio., beträgt der gemeine Wert pro Geschäftsanteil im Nennwert von € 100 vereinfacht € 200. Dementsprechend würde ein steuerlich angemessener Kaufpreis für die Geschäftsanteile im Nennwert von T€ 400 bei insgesamt T€ 800 liegen. Folglich wäre WS ein lohnsteuerpflichtiger Vorteil von T€ 300 zugeflossen. Die Einkommensteuerbelastung für WS (40% Steuerbelastung) hierauf würde dann € 120.000 betragen.[23] Der Sachverhalt kann sich steuerlich noch verschärfen: Soweit die Gläubigerbanken auf Darlehensforderungen gegenüber der ZT-GmbH verzichten und hierfür Anteile am Unternehmen erhalten, wird aus dem Verhältnis zwischen den (zum Teil wertlosen) Darlehensforderungen der Bank und dem dafür erhaltenen Eigenkapital ein „gemeiner" Unternehmenswert errechnet. Bei einer worst case-Betrachtung führt eine mögliche Auffassung der Finanzverwaltung zu einer noch höheren Steuerbelastung für KS.

---

23 Nach Auffassung der Autoren ein völlig irrwitziges Ergebnis.

Beispiel 4:

Die Homesound GmbH[24] hat ihre Anlaufschwierigkeiten überwunden. Durch Aufnahme eines VC-Investors ist die Finanzierung für das Jahr 2002 gesichert. Nach dem Businessplan ist eine weitere Finanzierung durch die Gesellschafter in 2003 nicht erforderlich. Durch zu lange Zahlungsziele der Vertriebspartner sowie durch ungeplant hohe Kosten der Expansion in den US-Markt zeichnet sich im Frühjahr 2002 ein Liquidationsengpass ab. Hierdurch wird die erforderliche Entwicklung neuer Homesound Produkte gefährdet. Dafür sind im Jahr 2002 € 0,8 Mio. an Entwicklungshonoraren für zehn erfahrene freiberufliche Programmierer erforderlich.

Zur Schonung der Liquidität bei gleichzeitiger Realisierung der Produkt(fort)entwicklung bietet die Homesound GmbH den externen Entwicklern an, ihre Leistungen für die halben Honorarsätze (durchschnittlich € 400 statt € 800 pro Programmiertag) zu erbringen. Im Gegenzug soll jeder der Freiberufler für 100 ermäßigt abgerechnete Programmiertage und Leistung einer Bareinlage von € 500 einen Geschäftsanteil an der Homesound GmbH im Nominalwert von € 500 erhalten.[25] *Mit der Honorarersparnis von € 400.000 in 2002 wäre das Liquiditätsproblem der Gesellschaft im Wesentlichen gelöst.* Der VC-Investor hält zwar die Bewertung für die Freiberufler zu günstig, wäre aber in Anbetracht seiner relativ geringen Verwässerung mit dieser Vorgehensweise einverstanden. Er fragt allerdings nach, ob mit diesem Vorgehen steuerliche Risiken verbunden sind.

4. Auffassung der Finanzverwaltung

1279 Bei den „billigen Freiberuflern" ermittelt sich der gemeine Wert pro Geschäftsanteil an der Homesound GmbH nach Auffassung der Finanzverwaltung anhand der Bewertung, wie sie 6 Monate zuvor bei der Kapitalführung zu Gunsten des VC-Investors vorgenommen wurde. Dementsprechend beträgt der Wert eines Geschäftsanteils von € 100 insgesamt € 10.667. Die Freiberufler erhalten jeweils einen Geschäftsanteil im Nennwert von € 500 gegen Zahlung des Nominalwerts sowie den Verzicht auf die Geltendmachung einer Gegenforderung in Höhe von € 40.000. Dies entspricht einer Bewertung von € 8.000 pro Geschäftsanteil im Nennwert von € 100. Die Differenz zu der VC-Bewertung in Höhe von insgesamt € 13.335[26] stellt damit die Bemessungsgrundlage für einen gegebenenfalls lohnsteuerpflichtigen Vorteil dar. Zu beachten ist allerdings, dass die zehn Programmierer im Regelfall keine Arbeitnehmer der Homesound GmbH sind.[27] Soweit die Programmierer als Scheinselbstständige einzuordnen wären, würden sie Arbeitnehmer im Sinne des Einkommensteuerrechts sowie

24 Siehe Teil I, Abschnitt A III.
25 Dies entspricht bei einem Stammkapital von € 75.000 vor Kapitalerhöhung einem Unternehmenswert von rund € 6,0 Mio. und einem mathematischen Aufgeld pro € 100 Geschäftsanteil von € 8.000. Der VC-Investor hat sich 6 Monate zuvor auf der Grundlage eines Unternehmenswerts von € 8,0 Mio. an der Gesellschaft beteiligt (Aufgeld pro € 100 Geschäftsanteil = € 10.667).
26 VC-Bewertung: € 10.667 abzüglich Programmiererbewertung € 8.000 = € 2.667 Preisnachlass pro € 100 Geschäftsanteil × 5 = € 13.335.
27 In der Praxis besteht allerdings die Gefahr, dass es sich bei den Freiberuflern um „Scheinselbstständige" handelt; vgl. hierzu § 1 Lohnsteuerdurchführungsverordnung 1990 sowie das Gesetz zur Neuregelung der sozialversicherungspflichtigen Beschäftigungsverhältnisse vom 24.03. 1999; BGBl I 1999, S. 388.

des Sozialversicherungsrechts sein. In diesem Fall würde der oben genannte Preisnachlass von € 13.335 Bemessungsgrundlage für den lohnsteuerpflichtigen Vorteil sein. Die Lohnsteuerbelastung bei einem angenommenen Einkommensteuersatz von 48,5% würde dann pro Betroffenen € 6.467 betragen. Auch wenn die Programmierer keine Arbeitnehmer der Homesound GmbH sind, könnte die „verbilligte" Anteilsübertragung schenkungssteuerrechtlich zu würdigen sein.[28] Im Einzelnen wäre hier zu prüfen, ob durch die verbilligte Überlassung der Geschäftsanteile der objektive Tatbestand des § 7 Abs. 1 Nr. 1 Erbschaftsteuergesetz erfüllt wäre. Dies wäre gegebenenfalls dann der Fall, wenn durch vergünstigten Anteilsbezug eine Verschiebung der Anteilssubstanz im Sinne einer Kapitalquotenveränderung zwischen Altgesellschafter und Neugesellschafter stattfindet.[29]

Zu beachten ist weiterhin, dass die Gestaltung (Programmierleistung gegen Anteilsübertragung) einen **umsatzsteuerlichen Leistungsaustausch** darstellt. Die Programmierer erbringen steuerbare und steuerpflichtige sonstige Leistungen.[30] Das Entgelt für diese Programmierleistungen beträgt im Beispielsfall pro Programmierer € 80.000.[31] Die Umsatzsteuer hierauf beträgt € 12.800.[32] Soweit die einzelnen Programmierer der Homesound GmbH jedoch nur € 40.000 netto zuzüglich 16% Umsatzsteuer (€ 6.400) in Rechnung stellen, besteht für sie die Gefahr, dass im Zuge einer künftigen Betriebsprüfung die fehlende Umsatzsteuer nacherhoben wird. Mangels zivilrechtlicher Vereinbarungen wird die Homesound GmbH diese nachträgliche Umsatzsteuer nicht bezahlen. Die umsatzsteuerliche Mehrbelastung der Programmierer beträgt damit weitere 16% auf € 40.000, somit € 6.400.[33] **1280**

Im Ergebnis ist festzuhalten, dass die umsatzsteuerlichen Risiken für die Programmierer aus diesem liquiditätsschonenden Angebot der Homesound GmbH erheblich sind. **1281**

5. Eigene Auffassung

Nach der vereinfachten Eigenkapitalmethode würde bei der Zwischentief GmbH (Beispiel 3) der gemeine Wert der Anteile der ZT-GmbH zum 31.12.2002 bei einem negativen Eigenkapital € 0,00 betragen. Dementsprechend kann der Erwerb der ersten 20% der Anteile von den Altgesellschaftern (Nominalwert € 200) **1282**

---

28 Richard Gottschalk, DStR-E 2002, S. 379 ff.
29 Die Prüfung dieser Frage im Einzelfall erfordert eine komplexe Auswertung des echten Gesellschaftsvermögens im Zeitpunkt der Anteilsübertragung.
30 § 3 Abs. 9 UStG.
31 Bei durchschnittlich 100 Programmiertagen mit einem Tagessatz von € 800.
32 Bei Zugrundelegung des Regelsteuersatzes von derzeit 16%; etwas anderes würde gelten, wenn der Vertragsinhalt auf die Übertragung von Urheberrechten bezogen wäre. In diesem Fall käme der ermäßigte Steuersatz von derzeit 7% zur Anwendung, vgl. § 12 Abs. 2 Nr. 7c UStG.
33 Soweit formalrechtlich eine Rechnungsberichtigung noch möglich ist, können die Programmierer der Homesound GmbH eine berichtigte Rechnung über € 80.000 netto zuzüglich € 12.800 Umsatzsteuer berechnen. Die Homesound GmbH kann die Umsatzsteuer als Vorsteuer gegenüber der Finanzverwaltung geltend machen.

zu einem rechnerischen Kaufpreisanteil von T€ 250[34] nicht zu einem lohnsteuerpflichtigen Vorteil für den WS als neuen Geschäftsführer der ZT-GmbH führen. Auch der Erwerb von weiteren 10% der Geschäftsanteile im Nominalwert von T€ 100 für einen Kaufpreisanteil von T€ 125 würde auf der Grundlage der Bilanz zum 31.12.2002 nach der Eigenkapitalmethode nicht zu einem lohnsteuerpflichtigen Vorteil führen. Eine Entschuldung der ZT-GmbH um € 1,32 Mio. durch Forderungsverzicht der Gläubigerbanken würde nicht ausreichen, um ein positives Eigenkapital darzustellen. Dementsprechend liegt der gemeine Wert der Anteile an der ZT-GmbH in diesem Fall ebenfalls noch unter dem Nominalwert.

1283 Soweit WS nunmehr auch das zweite Erfolgsziel (Ratchet 2) erreicht und weitere 10% der Anteile im Nominalwert von T€ 100 für einen rechnerischen Kaufpreisanteil für T€ 125 zum 01.01.2005 erhält, führt dies nach unserer Auffassung nicht zwingend zu einem verbilligten steuerpflichtigen Anteilserwerb in Bezug auf die zuletzt gezeichneten Anteile. Nach der von uns befürworteten substanzwertorientierten Eigenkapitalmethode beträgt der gemeine Wert der Anteile zu diesem Zeitpunkt zwar € 2,0 pro € 1,0 Beteiligung am Stammkapital. Zu beachten ist allerdings, dass eine Gesamtbetrachtung des gestaffelten Anteilserwerbs vorgenommen werden muss. WS hat T€ 500 investiert, um im Bestfall eine Kapitalbeteiligung im Nominalwert von T€ 400 zu erhalten. Das Investment des WS von T€ 500 wurde dabei zu einem Zeitpunkt bedingungslos getätigt, als die Anteile des Unternehmens sowohl nach der hier vertretenen Eigenkapitalmethode als auch nach den Methoden der Finanzverwaltung definitiv wertlos waren. Hätte die Gesellschaft die zweite Ratchet Bedingung nicht erfüllt, so hätte WS keine anteilige Kaufpreiserstattung erhalten. Maßgebend ist nach unserer Auffassung daher die Anteilsbewertung im Zeitpunkt der vertraglichen Verpflichtung des WS. Zu diesem Zeitpunkt lag sein Kaufpreis über dem gemeinen Wert der Anteile. Ein lohnsteuerpflichtiger Vorteil liegt daher insgesamt nicht vor.[35]

1284 Ergebnis: Ein verbilligter Anteilserwerb des WS liegt nach unserer Auffassung bei der Zwischentief GmbH nicht vor.

1285 Auch bei den „billigen Freiberuflern" (Beispiel 4) wäre zunächst nach der Eigenkapitalmethode zu prüfen, ob die Überlassung der Geschäftsanteile für eine Leistung des Nominalwerts sowie der damit verbundenen Programmierleistung dazu führt, dass die Anteile an die freiberuflichen Programmierer unter dem gemeinen Wert abgegeben wurden.

1286 Unabhängig davon ist in jedem Fall zu prüfen, ob die freiberuflichen Programmierer tatsächlich echte Freiberufler darstellen oder ob sie nach den neuen Kriterien der Sozialversicherungsträger so genannte **„Scheinselbstständige"** und

---

34 Gesamtkaufpreis T€ 500 für 40%.

35 In der Praxis ist zu empfehlen, WS nicht als Privatperson sondern über eine eigenständige Kapitalgesellschaft die Anteile an der ZT-GmbH zeichnen zu lassen. Der Wert der Anteile zum Zeitpunkt des Einstiegs dieser Gesellschaft sollte über ein umfassendes Sanierungsgutachten dokumentiert werden.

damit Arbeitnehmer der Homesound GmbH sind.[36] Soweit einzelne Freiberufler Arbeitnehmer der Gesellschaft wären, würde die möglicherweise vorliegende verbilligte Anteilsüberlassung einen lohnsteuerpflichtigen Vorteil darstellen. Sind die Programmierer hingegen echte Freiberufler, ist dies nicht der Fall.

Von erheblicher Bedeutung ist zudem die umsatzsteuerliche Erfassung dieses **1287**
Sachverhalts: Die Anteilsübertragung seitens der Homesound GmbH an die
Freiberufler stellt Entgelt für die zuvor erbrachten Programmierleistungen dar.
Diese Programmierleistungen unterliegen der Umsatzsteuer.[37] Regelmäßig
wird dieser nicht in Rechnung gestellte Anteil des Entgelts für die Programmierleistung (hier durchschnittlich € 40.000) von den Freiberuflern nicht der
Umsatzsteuer unterworfen. Dies kann im Rahmen einer steuerlichen Nachprü-
fung zu empfindlichen Umsatzsteuernachbelastungen bei den Freiberuflern
führen.[38] Unter Annahme von Leistungen, die dem Regelsteuersatz von 16%
unterliegen, führt dies zu nachträglichen Umsatzsteuerbelastungen des einzelnen Programmierers von € 6.400.[39] Soweit zivilrechtlich keine Nachbelastung
dieser Umsatzsteuer gegenüber dem Leistungsempfänger möglich ist, mindert
diese das Entgelt der leistenden Unternehmer. Zudem kann der Leistungsempfänger als Unternehmer die Aushändigung einer Rechnung mit offenem Umsatzsteuerausweis verlangen, sodass für diesen gegebenenfalls die nachträglich
in Rechnung gestellte Umsatzsteuer Vorsteuerabzug ermöglicht. Im Ergebnis
führt dies zu einer Entgeltminderung der Freiberufler um die nachbelastete
Umsatzsteuer.

6. Zusammenfassung

Die gesetzlichen Regelungen zur Ermittlung der steuerlich relevanten „gemei- **1288**
nen Werte" von Anteilen an Kapitalgesellschaften beinhalten lediglich Grund-
aussagen für eine Wertermittlung.[40]

Die Aussagen der Finanzverwaltung zur Konkretisierung der gesetzlichen Vor- **1289**
gaben sind im Wesentlichen einzelfallbezogen und nicht systematisch aufgebaut. Insbesondere für junge Unternehmen in einer Anlauf- und Wachstumsphase und einer Finanzierung dieser Unternehmen durch professionelle VC-Gesellschafter führen die Bewertungsmethoden der Finanzverwaltung oftmals zu
fehlerhaften Ergebnissen.

---

36 Merkblatt der Sozialversicherungsträger vom 25. Oktober 1999.
37 § 1 Abs. 1 UStG, § 3 Abs. 9 UStG. Zu prüfen wäre gegebenenfalls, ob der einzelne Freiberufler
   so genannter Kleinunternehmer im Sinne von § 19 UStG ist.
38 Erfahrungsgemäß werden diese Sachverhalte im Rahmen einer Betriebsprüfung der empfangenden Gesellschaft, hier Homesound GmbH, aufgedeckt. Die Betriebsprüfer machen entsprechende Kontrollmitteilungen an die Finanzämter der Freiberufler, die dann die nicht in Rechnung gestellte Umsatzsteuer nacherheben.
39 Bei Annahme der Übertragung von Urheberrechten und der Anwendung des ermäßigten Um-
   satzsteuersatzes von derzeit 7% nach § 12 Abs. 2 Nr. 7 UStG würde die Umsatzsteuermehr-
   belastung € 2.800 betragen.
40 § 9 Abs. 2 Bewertungsgesetz, § 11 Bewertungsgesetz.

1290 Auf der Grundlage dieser Rechtslage und der Verwaltungsauffassung ist eine sorgfältige Einzelfallanalyse von geplanten Veränderungen im Gesellschafterbestand eines Start-up Unternehmens von erheblicher steuerrechtlicher Bedeutung.

1291 Eine – ausschließlich für steuerrechtliche Zwecke – sinnvolle Methode zur Ermittlung des gemeinen Werts von insbesondere VC-finanzierten Jungunternehmen besteht nach unserer Auffassung in einer rein substanzwertorientierten Eigenkapitalmethode. Dabei wird das Grund- oder Stammkapital zuzüglich vorhandener Kapitalrücklagen zuzüglich Jahresüberschuss bzw. abzüglich Jahresfehlbetrag oder Monatsfehlbeträgen durch das vorhandene Kapital im Zeitpunkt des Gesellschafterwechsels bzw. des Einstiegs eines neuen Gesellschafters geteilt. Im Prinzip wird damit die tatsächlich (noch) vorhandene Substanz des Unternehmens bewertet.[40a] Im Rahmen von zahlreichen Praxisfällen hat sich gezeigt, dass eine solche Bewertung zu realistischen Ergebnissen führt.

1292 Um steuerlichen Missbrauchsfällen vorzubeugen, könnten durch den Gesetzgeber oder die Finanzverwaltung der Anwendungsrahmen für eine solche vereinfachte Bewertung konkretisiert werden.

V. Wegfall des Verlustvortrags

1293 Auf der Grundlage zweier BFH-Urteile aus dem Jahr 1986[41] florierte in den 80er Jahren der Handel mit so genannten GmbH-Mänteln. Diese Mantel-Gesellschaften haben regelmäßig einen wirtschaftlichen Zusammenbruch erlitten und ihren bisherigen wirtschaftlichen Betrieb eingestellt. Der GmbH-Mantel verfügte aber noch über einen steuerlichen Verlustvortrag, der innerhalb der GmbH selbst genutzt werden konnte. Hierzu wurden die Geschäftsanteile der GmbH auf einen neuen Investor übertragen. Dieser brachte im Anschluss an den Anteilserwerb ein ertragbringendes Geschäft[42] in diesen GmbH-Mantel ein und konnte seine Gewinne anschließend bis zum Verbrauch der Verlustvorträge steuerfrei vereinnahmen.

1294 Um diesen unerwünschten Handel mit Verlustmänteln zu verhindern, hat der Gesetzgeber 1990 hierzu eine gesetzliche Regelung geschaffen (§ 8 Abs. 4 KStG). Diese Regelung wurde in 1997 verschärft. § 8 Abs. 4 KStG lautet in seiner derzeit geltenden Fassung:

> „Voraussetzung für den Verlustabzug nach § 10 d des Einkommensteuergesetzes ist bei einer Körperschaft, dass sie nicht nur **rechtlich**, sondern auch **wirtschaftlich** mit der Körperschaft identisch ist, die den Verlust erlitten hat. **Wirtschaftliche Identität** liegt insbesondere dann nicht vor, wenn mehr als die **Hälfte der Anteile** an einer Kapitalgesellschaft übertragen werden und die Kapitalgesellschaft ihren Geschäftsbetrieb mit **überwiegend neuem Betriebsvermögen** fortführt oder wie-

---

40a Dies entspricht auch regelmäßig einer Wertbeurteilung durch eine begleitende Bank.

41 BFH-Urteil vom 29.10.1986, BStBl II 1987, S. 308; BFH-Urteil vom 29.10.1986, BStBl II 1987, S. 310 ff.

42 Im einfachsten Fall wurde dem GmbH-Mantel schlicht Kapital zugeführt, das Zinserträge generierte.

der aufnimmt. Die Zuführung neuen Betriebsvermögens ist unschädlich, wenn sie allein der **Sanierung** des Geschäftsbetriebs dient, der den verbleibenden Verlustabzug im Sinne des § 10d Abs. 3 Satz 2 des Einkommensteuergesetzes verursacht hat, und die Körperschaft den Geschäftsbetrieb in einem nach dem Gesamtbild der wirtschaftlichen Verhältnisse vergleichbaren Umfang in den folgenden fünf Jahren fortführt. Entsprechendes gilt für den Ausgleich des Verlustes vom Beginn des Wirtschaftsjahres bis zum Zeitpunkt der Anteilsübertragung."

Die Regelung hat erhebliche Auswirkungen auf Start-up Unternehmen, die im Zuge eines planmäßigen Unternehmensaufbaus regelmäßig mehrere Finanzierungsrunden durchführen, was zunächst am folgenden Beispiel verdeutlicht werden soll. **1295**

Beispiel:

Die S-AG wurde im Januar 2001 von vier Informatikern zu gleichen Teilen mit einem Grundkapital von € 50.000 errichtet. Sogleich im Anschluss erfolgte eine Kapitalerhöhung um € 5.000. Dieses Kapital wurde von zwei Business Angels gezeichnet, die jeweils Zahlungen in die Kapitalrücklage von € 100.000 geleistet haben. Zur Finanzierung des geplanten Unternehmensaufbaus (Entwicklung einer leistungsstarken Software für den Sicherheitsbereich) benötigt das Unternehmen weitere finanzielle Mittel. Im Juni 2001 erfolgt der Einstieg eines VC-Investors im Rahmen einer Kapitalerhöhung um weitere € 15.000. Der VC-Investor führt dem Unternehmen hierfür € 1,5 Mio. in die Kapitalrücklage zu.

Die Produktentwicklung der S-AG verläuft anschließend planmäßig. Im Frühjahr 2002 werden erste Pilotprojekte mit zukünftigen Kunden durchgeführt. Um kurzfristig die Unternehmensexpansion sicherstellen zu können, benötigt die Gesellschaft im September 2002 weitere finanzielle Mittel in Höhe von € 5,5 Mio. Eine Investorengruppe wäre bereit, diesen finanziellen Beitrag gegen Gewährung von insgesamt 25.000 neuen Aktien an der S-AG zu erbringen.

Laut Businessplan der S-AG erzielt diese folgende Ergebnisse: **1296**

2001	2002	2003	2004	2005
− € 500.000	− € 3,5 Mio.	+ € 0,5 Mio.	+ € 2,5 Mio.	+ € 4,0 Mio.

Die Investoren sind skeptisch, ob die vorhandenen Verlustvorträge der S-AG mit den zukünftigen Gewinnen verrechnet werden können. **1297**

1. Stellungnahme

Die Kapitalerhöhung um € 25.000 zu Gunsten der Investorengruppe würde voraussichtlich für die S-AG zum Verlust der wirtschaftlichen Identität führen: **1298**

Innerhalb eines Zeitraumes von fünf Jahren sind mehr als 50% der Anteile übertragen worden.[43] **1299**

---

43 Ausgangswert: € 50.000 Grundkapital bei Errichtung in 01/2001; Kapitalerhöhung BA's in 01/2001: 5.000 Aktien, Kapitalerhöhung VC in 06/2001: 15.000 Aktien und Kapitalerhöhung VC in 09/2002: 25.000 Aktien, zusammen 45.000 Aktien, dies sind mehr als 50% von der Ausgangsgröße von 50.000 Aktien.

1300 Zudem wird der Gesellschaft bei dieser Anteilsübertragung überwiegend neues Betriebsvermögen zugeführt. Neues Betriebsvermögen überwiegt das vorhandene Aktivvermögen, wenn das über Einlagen und Fremdkapital zugeführte bzw. finanzierte Aktivvermögen, das im Zeitpunkt der Anteilsübertragung vorhandene Aktivvermögen übersteigt.[44] Bewertungsmaßstab sind dabei die **Teilwerte** des vorhandenen und des zugeführten Vermögens. Etwaige immaterielle Wirtschaftsgüter sind hierbei zu berücksichtigen, auch wenn sie bei der steuerlichen Gewinnermittlung nicht angesetzt werden dürfen.[45] Die Zuführung von überwiegend neuem Betriebsvermögen durch die Investorengruppe wäre nur unschädlich, wenn

● sie allein der Sanierung dient,
● der Geschäftsbetrieb, der den Verlust verursacht hat, in einem nach dem Gesamtbild der wirtschaftlichen Verhältnisse vergleichbaren Umfang erhalten wird und
● die S-AG den Geschäftsbetrieb in diesem Umfang fünf Jahre fortführt.

1301 Die Anforderungen an einen Sanierungsfall werden hierbei regelmäßig eng definiert. Voraussetzung ist, dass die Gesellschaft **sanierungsbedürftig** ist und das zugeführte Betriebsvermögen den für das Fortbestehen des Geschäftsbetriebs notwendigen Umfang nicht wesentlich überschreitet.[46]

1302 Nach dem Verständnis der Finanzverwaltung wäre beim Einstieg der Investorengruppe zu ermitteln, ob die zugeführten Mittel (€ 5,5 Mio.) im Zeitpunkt der Zuführung das vorhandene Aktivvermögen der S-AG übersteigen würden.

1303 Wäre dies der Fall, so würden die Verluste, die bei der S-AG bis zum **Zeitpunkt** des Verlustes der wirtschaftlichen Identität entstanden sind, nicht mit danach entstandenen Gewinnen wieder ausgeglichen werden.[47] Ein Sanierungsfall wird regelmäßig nur dann angenommen, wenn die Gesellschaft sanierungsbedürftig ist und das zugeführte Betriebsvermögen den für das Fortbestehen des Geschäftsbetriebs notwendigen Umfang nicht wesentlich überschreitet.[48] Dabei fordert die Finanzverwaltung oftmals auf der Grundlage eines Sanierungsgutachtens, dass alle Gläubiger der Gesellschaft – und nicht nur die Gesellschafter – die Sanierung gleichermaßen durch Forderungsverzicht unterstützen.

1304 Nach den Kriterien der Finanzverwaltung wird es daher fraglich sein, ob die Finanzverwaltung einen Sanierungsfall anerkennen wird. Soweit die Finanzverwaltung dies verneint, geht der zum Zeitpunkt des Einstiegs der Investorengruppe vorhandene Verlustvortrag der S-AG damit verloren. Bei einem zeitlich gleichbleibenden Aufbau des Verlustvortrages im Jahr 2002 führt dies zu einem Wegfall von rund € 3,13 Mio. (T€ 500 aus 2001 und ¾ von € 3,5 Mio. aus

---

44 BFH-Urteil vom 13.08.1997, BStBl II 1997, S. 829; BFH-Urteil vom 08.08.2001, BStBl II 2002, S. 392 ff.; BMF-Schreiben vom 16.04.1999, BStBl I 1999, S. 455 ff., Tz. 9.
45 BMF-Schreiben vom 16.04.1999, Tz. 9.
46 BMF a.a.O. Tz. 14.
47 BMF a.a.O. Tz. 33.
48 BMF-Schreiben vom 16.04.1999, Tz. 14.

Kast

2002). Zum 31.12.2002 verbleibt der S-AG lediglich ein Verlustvortrag von € 0,88 Mio., der sich im Zeitraum Oktober bis Dezember im Anschluss an den Einstieg der Investorengruppe aufbaut. Diese können zum Ausgleich mit Gewinnen des Jahres 2003 verwendet werden. Der Großteil der erwarteten Gewinne des Jahres 2004 unterliegt dann allerdings der Ertragsbesteuerung.

Im Ergebnis führt die planmäßige mehrstufige Unternehmensfinanzierung über die Einbeziehung neuer Anteilseigner in vielen Fällen zu einem Wegfall von steuerlichen Verlustvorträgen. Eine gesetzliche Sonderregelung für Jungunternehmen im Aufbau besteht nicht. Dieses unerwünschte Ergebnis könnte vermieden werden, wenn seitens der Finanzverwaltung die Anforderungen an einen Sanierungsfall herabgesetzt würden. **1305**

2. Gestaltungsmöglichkeiten

Um diesen Wegfall der bis September 2002 angefallenen wirtschaftlichen Verlustvorträge zu vermeiden, bietet sich folgendes Vorgehen an: **1306**

Die Investorengruppe zeichnet im September 2002 lediglich 5.000 Aktien und leistet dafür eine Zuzahlung in die Kapitalrücklage von € 1,1 Mio. Gleichzeitig gewährt sie der Gesellschaft ein Darlehen in Höhe von € 4,4 Mio. Das Darlehen wird für einen Zeitpunkt nach einem planmäßigen Verbrauch der Verlustvorträge (2006) mit dem Recht ausgestattet, statt einer Kapitalrückzahlung eine Wandelung der Darlehensvaluta in Eigenkapital in Höhe von 20.000 Aktien zu verlangen.[49] **1307**

In der Praxis wird von diesen oder anderen Gestaltungsmöglichkeiten allerdings noch zu selten Gebrauch gemacht. Dies liegt zum einen an dem hohen Druck der Parteien innerhalb einer bestimmten Frist den VC-Einstieg zu „closen". Für die Durchführung von Gestaltungsmaßnahmen mangelt es dann schlicht an der Zeit. Ein anderer Grund liegt sicherlich darin, dass die wirtschaftlichen Auswirkungen dieses Wegfalls der Verlustvorträge erst in der Zukunft liegen und nicht direkt Schmerzen bei den Beteiligten verursachen. Erst später, wenn der Unternehmenserfolg eintritt, wird den Beteiligten wieder bewusst, welche Kostenbelastung durch die direkte Ertragsbesteuerung anfällt. **1308**

Zudem ist darauf hinzuweisen, dass auch die höchstrichterliche Rechtsprechung in diesem Bereich noch nicht abgeschlossen ist. Nach jüngster Auffassung des BFH sind mittelbare Anteilseignerwechsel nicht in jedem Fall schädlich im Sinne von § 8 Abs. 4 KStG. Wenn sich diese Rechtsprechung bestätigt, erwachsen hieraus interessante Gestaltungsmöglichkeiten.

---

49 Die Ausgestaltung der Verträge ist im Detail mit den jeweiligen besonderen Anforderungen der Parteivereinbarungen (Meilensteine etc.) abzustimmen.

VI. Aktienrückkaufklauseln, Neubewertungsklauseln

1309 Im Zusammenhang mit der Ausgestaltung von gewollten oder ungewollten Finanzierungsrunden werden zwischen den Investoren und den Gründern oftmals Aktienrückkaufsvereinbarungen oder Bewertungsvereinbarungen hinsichtlich der Unternehmensanteile getroffen. Aus Sicht der Investoren wird damit die Sanktionierung eines wirtschaftlichen Misserfolgs bzw. die Belohnung eines (geplanten) wirtschaftlichen Erfolgs des Unternehmens im Verhältnis zu den Gründern verfolgt. Aus Sicht der Gründer wird versucht die Verwässerung gegenüber den Investoren in einem erträglichen Maß zu halten. Dabei werden sog. **milestones** vereinbart, bei deren Erfüllung bzw. Nichterfüllung die Vereinbarungen zum Tragen kommen (sollen).

1310 Die gesellschafts- und steuerrechtlichen Fragestellungen, die mit entsprechenden Vereinbarungen verbunden sind, werden anhand der nachfolgenden Beispiele dargestellt.

Beispiel 1:

Die Medweb AG, ein Internetportal für medizinische Leistungen, wurde Anfang 2000 von 4 Gründern errichtet und durch mehrere VC Investoren in der ersten Finanzierungsrunde mit € 25,0 Mio. ausgestattet (Bewertungsbasis: € 8,0 Mio.). Im Juni 2000 erfolgte eine planmäßige Anschlussfinanzierung mit insgesamt € 25 Mio. (Bewertungsbasis: € 75,0 Mio.). Die Gesellschaft errichtete mehrere Tochterunternehmen im Ausland und bereitete den geplanten Börsengang mit Marketingaufwendungen von rd. € 5,0 Mio. vor. Aufgrund der schlechten Börsensituation scheiterte der IPO. Zudem verlief die Geschäftsentwicklung nur schleppend, ein positiver cash flow wurde in 2001 nicht erreicht. Zur Vermeidung der Insolvenz musste im Oktober 2001 eine dritte Finanzierungsrunde durchgeführt werden, bei der dem Unternehmen rd. € 4,0 Mio. zuflossen (Bewertungsbasis: € 8,0 Mio.). Die zum Teil noch als Vorstände agierenden Gründer wurden zwischenzeitlich auf unter 7,5% Beteiligung verwässert. Zudem halten die Investoren „prefered shares", die mit einer Liquidationspräferenz in Höhe ihrer Zuzahlungen ausgestattet sind.

Um die erforderliche weitere Motivation der geschäftsführenden Gründer zu erhalten, wurden im Zuge der dritten Finanzierungsrunde folgende Vereinbarungen zwischen den Gesellschaftern geschlossen:

„Soweit die vorstehend genannten Meilensteine (konsolidierter Gruppenumsatz in 2002 ≥ € 56,6 Mio. sowie konsolidierter EBITDA in 2002 ≥ € 6,4 Mio.) bis zum 31.12.2002 vollständig erfüllt werden, haben die Gründer das Recht, insgesamt … Stück Aktien von den Investoren zum Nominalwert zu erwerben."

Der geschäftsführende Gründer A fragt sich, ob ein solcher Erwerb zum Nominalwert für ihn mit steuerlichen Risiken verbunden ist.

Beispiel 2:

Die Dauerbrenner AG wurde im Jahr 1991 von Prof. Funke errichtet. Seither hat sie auf verschiedenen Gebieten der Verbrennungstechnik (Öl, Gas etc.) gemeinsam mit dem Lehrstuhl von Prof. Funke geforscht und auch einzelne Produkte veräußert. Mit seinem neuen wissenschaftlichen Assistenten, Dr. Brenner, hat Herr Prof. Funke im Juni 2002 ein neues Verfahren zur Verbesserung der Energieverwertung der Verbrennung von Heizöl oder Gas erfunden. Mit diesem Verfahren soll die Dauerbrenner AG einen wirtschaftlich großen Wurf landen. Dementsprechend werden kurzerhand die Patente direkt durch die Dauerbrenner AG angemeldet. Zudem beteiligt sich Herr Dr. Brenner im Rahmen einer Kapitalerhöhung zum Nominalwert an der Gesellschaft. Wenige Tage später findet eine weitere Kapitalerhöhung statt, bei der ein Business Angel ein Aufgeld von € 35 pro Aktie leistet. In den nächsten sechs Monaten werden die bisherigen zahlreichen Geschäftstätigkeiten der Dauerbrenner AG mit anderen Gesellschaften von Prof. Funke zurückgefahren und ein Businessplan für die optimale Verwertung des neuen Verfahrens erstellt. Danach benötigt die Dauerbrenner AG weitere € 4,0 Mio., um eine Fortentwicklung ihres Verfahrens zu erreichen, die eine breit angelegte wirtschaftliche Vermarktung zulässt. Dieses Kapital soll über die Aufnahme von professionellen VC-Unternehmen als Eigenkapital aufgenommen werden.

Im Zuge der Durchführung von due diligence Arbeiten seitens zwei namhafter Investoren zeichnet sich deren Interesse an einem Einstieg in der Dauerbrenner AG ab. Im Zuge der due diligence zeigt sich allerdings, dass bei der Gesellschaft latente steuerrechtliche Risiken in Höhe von rund € 1,5 Mio. (aus VGA-Problematiken sowie aus lohnsteuerlichen Risiken) vorhanden sind. Zudem erscheint der vorhandene steuerliche Verlustvortrag der Dauerbrenner AG (rund € 2,5 Mio.) aufgrund des Einstiegs von Brenner sowie dem geplanten Einstieg der Investoren gefährdet.

Die Investoren überlegen, wie sie die vorhandenen latenten steuerlichen Nachzahlungsrisiken bei der Gesellschaft eingrenzen können.

Erläuterung

Die Medweb AG

Die den vier Gründern eingeräumten Optionen auf den Erwerb von Anteilen an der Medweb AG zum Nominalwert beinhaltet zunächst auf Seiten der Investoren in der Rechtsform einer Kapitalgesellschaft keine steuerlichen Risiken. Soweit sie Aktien veräußern und hierbei einen Gewinn erzielen, ist dieser seit 01.01.2002 steuerfrei (§ 8 b Abs. 1 KStG). Als Nachteil kann allenfalls gesehen werden, dass die Veräußerung zum Nominalwert zu einem Veräußerungsverlust der Investoren führt. Dieser Veräußerungsverlust kann für Investoren in der Rechtsform einer Kapitalgesellschaft seit dem 01.01.2002 steuerlich nicht mehr geltend gemacht werden (§ 3 c Abs. 1 EStG). **1311**

Für die vier geschäftsführenden Gründer führt die Wahrnehmung dieser Kaufoption allerdings zu weiteren steuerlichen Folgen. Da das Ankaufsrecht nur dann besteht, wenn die Medweb AG ihre unternehmerischen Meilensteine erreicht und damit voraussichtlich auch einen höheren Unternehmenswert als in der zuletzt festgestellten Finanzierungsrunde (€ 4,0 Mio.) besitzt, ist davon auszugehen, dass der Wert der Anteile im Zeitpunkt des möglichen Ankaufs durch die vier Gründer über deren Nominalwert liegt. Fraglich ist dann, ob der mögliche „vergünstigte" Erwerb dieser Aktien durch die geschäftsführenden Gründer im Zusammenhang mit ihrer Stellung als Arbeitnehmer der Gesellschaft zu sehen ist. In diesem Fall liegt in Höhe der Differenz zwischen Kaufpreis und gemeinem Wert der Anteile im Zeitpunkt des Erwerbs lohnsteuerpflichtiger Vor- **1312** teil vor.[50] Allerdings ist es nach unserer Auffassung auch vertretbar, die Möglichkeit des vergünstigten Aktienerwerbs nicht im primären Zusammenhang mit dem Arbeitsverhältnis der vier Gründer einzuordnen, sondern mit deren Gesellschafterstellung. Somit könnte die verbillige Überlassung von Aktien an einen Mitgesellschafter möglicherweise eine so genannte „gemischte Schenkung" darstellen. In diesem Fall wäre die Differenz zwischen Kaufpreis und tatsächlichem Verkehrswert der Anteile als schenkungssteuerrechtliche Bemessungsgrundlage anzusehen. In Abhängigkeit des tatsächlichen Werts der anteiligen Schenkung kann hieraus eine steuerliche Belastung der Erwerber nach Abzug von Freibeträgen im Bereich von 7 bis 50 % des Werts des steuerpflichtigen Erwerbs anfallen.[51] Bei einem angenommenen Wert des schenkungssteuerrechtlichen Vorteils von € 100.000 würde sich hieraus in der Steuerklasse III[52] eine Schenkungssteuerbelastung der erwerbenden Gründer von 17 % der Bemessungsgrundlage, mithin € 17.000 ergeben.[53]

1313 Zusammenfassend ist daher für die Gründer vor einer Ausübung ihrer Kaufoptionen zu klären, welchen gemeinen Wert die Aktien in diesem Zeitpunkt haben[54]. Soweit der gemeine Wert der Anteile über dem zu bezahlenden Nominalwert liegt, empfehlen wir nachdrücklich, im Vorfeld des Ankaufs mit dem zuständigen Finanzamt zu klären, ob es einen entsprechenden Aktienankauf als Leistung im Zusammenhang mit dem Arbeitsverhältnis oder als Leistung im Zusammenhang mit dem Gesellschafterverhältnis sieht. Im ersten Fall wäre ein verbilligter Aktienerwerb ein lohnsteuerpflichtiger Vorteil. Im zweiten Fall kann der verbilligte Aktienerwerb als gemischte Schenkung beurteilt werden. Maßgebend für die Entscheidung hierfür sind im Wesentlichen die konkreten Vereinbarungen, die dem Ankaufsrecht zu Grunde liegen.

Die Dauerbrenner AG

1314 Ein mögliches Investment der Investoren im Rahmen einer Kapitalerhöhung in die Dauerbrenner AG lässt sich nicht davor schützen, dass das eingezahlte Geld möglicherweise zur Begleichung von steuerlichen (Alt-)Verbindlichkeiten der Dauerbrenner AG aus den vorhandenen latenten steuerlichen Risiken verwendet werden muss. Anders als bei einem Unternehmenskauf durch Anteilserwerb kann hier nicht ein Teil des Kaufpreises zurückbehalten werden, der – im Falle der Verwirklichung der steuerlichen Risiken – dann dem Veräußerer vom Kaufpreis abgezogen wird. Eine Handlungsmöglichkeit der Investoren besteht darin, die Investitionsrunde in mehrere Tranchen aufzuteilen, sodass z. B. halbjährlich nur die jeweils erforderlichen Mittel in das Unternehmen eingezahlt werden.[55]

---

50 Vgl. hierzu auch nachfolgend die Ausführungen zur Besteuerung von Aktienoptionen in Teil II., Abschnitt J. II.
51 Vgl. hierzu §§ 7, 9, 10, 12, 13 a und 19 Erbschaftsteuergesetz.
52 § 15 Erbschaftsteuergesetz.
53 § 19 Erbschaftsteuergesetz.
54 Vgl. hierzu unsere Ausführungen in Teil I, Kapital I.
55 Allerdings führt dies bei einer Verwirklichung der steuerlichen Risiken nur dazu, dass noch nicht einbezahltes Geld vor dem Zugriff des Fiskus geschützt ist, und auch nur dann, wenn keine rechtliche Verpflichtung zur Einzahlung besteht. Eine insgesamt unbefriedigende Lösung.

Gleichzeitig kann in einer Aktionärsvereinbarung vereinbart werden, dass im **1315** Falle des Eintritts der latenten Steuerrisiken die noch ausstehenden Einlagenleistungen der Investoren sowie gegebenenfalls die erforderlichen Beträge zur Abdeckung dieser Mehrsteuern über eine zusätzliche (freiwillige) Kapitalerhöhung auf der Grundlage einer niedrigeren Bewertung des Unternehmens zu Gunsten der Investoren stattfinden. Durch eine solche Bewertungsanpassung kann ein angemessener Ausgleich zwischen Gesellschaft und Investor für latent vorhandene steuerliche Risiken oder andere latent vorhandene Altlasten in dem Beteiligungsunternehmen erreicht werden.

Die konkrete vertragliche Ausgestaltung sollte allerdings unter Hinzuziehung **1316** eines Fachmanns vorgenommen werden.

Soweit die latenten Risiken in dem Beteiligungsunternehmen zu hoch sind, hilft **1317** man sich in der Praxis – soweit dies möglich ist – in alternativen Gestaltungen. Ziel dabei ist es, den für den Investor interessanten Betrieb oder Teilbetrieb aus der mit der Altlast behafteten Gesellschaft herauszulösen, ohne dabei die Altlasten zu übernehmen. Dies kann z. B. dadurch geschehen, dass die Altgesellschafter der Dauerbrenner AG, zunächst eine neue GmbH oder AG errichten. In diese neue Gesellschaft tritt dann der Investor im Zuge einer Kapitalerhöhung ein, sodass die neue Gesellschaft über liquide Mittel verfügt. In einem nächsten Schritt erwirbt diese neue Gesellschaft so das notwendige Betriebsvermögen (Maschinen, Anlagen, Rechte etc.), die zur Verwirklichung des beabsichtigten Investitionszieles erforderlich sind. Der Kaufpreis muss dabei in jedem Fall angemessen sein. Die konkrete rechtliche und zeitliche Ausgestaltung einer solchen Vorgehensweise ist wiederum unter Einbeziehung von Experten vorzunehmen. Insbesondere ist hier auf die Regelung des § 75 AO hinzuweisen, nach der der Erwerber eines Unternehmens oder ein in der Gliederung eines Unternehmens gesondert geführten Betriebs für Steuern des übernommenen Betriebs haftet. Diese Haftung bezieht sich auch auf Lohnsteuern. Zudem ist die Haftungsvorschrift des § 25 HGB zu beachten. Der im Wege des asset deals herauszulösende (Teil-)Betrieb darf nicht von einer Gesellschaft erworben werden, die den gleichen oder einen sehr ähnlichen Firmennamen wie die veräußernde Altgesellschaft besitzt.[56]

Soweit die Investoren der Dauerbrenner AG das latente lohnsteuerrechtliche Ri- **1318** siko innerhalb dieser Gesellschaft nicht tragen wollen, wird ein Einstieg in die Dauerbrenner AG nicht möglich sein. Dementsprechend muss eine – wenn auch im Einzelfall umständliche – Umstrukturierung im Vorfeld stattfinden, die die besonderen Anforderungen des § 75 AO berücksichtigt.

---

56 § 25 Abs. 1 HGB lautet: Wer ein unter Lebenden erworbenes Handelsgeschäft unter der bisherigen Firma mit oder ohne Beifügung eines das Nachfolgeverhältnis andeutenden Zusatzes fortführt, haftet für alle im Betriebe des Geschäfts begründeten Verbindlichkeiten des früheren Inhabers. Die in dem Betriebe begründeten Forderungen gelten den Schuldnern gegenüber als auf den Erwerber übergegangen, falls der bisherige Inhaber oder seine Erben in die Fortführung der Firma eingewilligt haben.

Zweiter Teil:

Aufbau und Ausbau des operativen Geschäfts

A. Ausbau der internen Unternehmensstruktur

I. Analyse und Optimierung der zentralen Geschäftsprozesse

Literaturauswahl:

Becker, Jörg/Kugeler, Martin/Rosemann, Michael, Prozessmanagement. Ein Leitfaden zur prozessorientierten Organisationsgestaltung, Springer Verlag, 2001; Schmelzer Hermann J./Sesselmann, Wolfgang, Geschäftsprozessmanagement in der Praxis, Hanser Fachbuch, 2002; Geiger, Gerhard/Hering, Ekbert/Kummer, Rolf, Kanban – Optimale Steuerung von Prozessen, Hanser Fachbuch, 2000; Spiller, Dorit/Bock, Petra, Effiziente Arbeitsabläufe. Schwachstellen erkennen – Prozesse optimieren, Gabler Verlag, 2001; Bellabarba, Alexander/Radtke, Philipp/Wilmes, Dirk, Management von Kundenbeziehungen – 7 Bausteine für ein effizientes Kundenmanagement, Hanser Fachbuch, 1998; Graf-Götz, Friedrich/Glatz, Hans, Organisation gestalten, Verlag Beltz, 2001; Rapp, Reinhold, Customer Relationship Management. Das neue Konzept zur Revolutionierung der Kundenbeziehungen, Campus Fachbuch, 2000; Schwetz, Wolfgang, Customer Relationship Management – Mit dem richtigen CRM-System Kundenbeziehungen erfolgreich gestalten, Gabler Verlag, 2001; Adler/Düring/Schmaltz, Rechnungslegung und Prüfung der Unternehmen, Verlag Schäffer-Pöschel, 1995; Olfert, Klaus/Steinbuch, Pitter A., Personalwirtschaft, Friedrich Kiehl Verlag, 2001; Porter, Michael E., Wettbewerbsstrategie – Methoden zur Analyse von Branchen und Konkurrenten, Campus Fachbuch, 1999.

Die Gesamtheit der verschiedenen Abläufe im Unternehmen ist – wie in Kapitel E des ersten Teils beschrieben – Bestandteil der **Ablauforganisation**. Ablauf- und Aufbauorganisation bilden gemeinsam das Organisationsgefüge des Unternehmens. Während die Aufbauorganisation sich jedoch überwiegend mit der Frage beschäftigt, welcher betrieblichen Stelle welche Kompetenz und Aufgaben zuzuweisen sind, befasst sich die Ablauforganisation mit der Durchführung und Koordination dieser Aufgaben. Wesentliche Bestandteile von Aufgaben sind die Aktivitäten. Ein Prozess ist die inhaltlich abgeschlossene, zeitliche und sachlogische Abfolge von Aktivitäten, die zur Bewältigung einer betrieblichen Aufgabe erforderlich sind. **1319**

Ein **Geschäftsprozess** ist dabei ein Prozess, der durch die Unternehmensziele gekennzeichnet wird. Prägende Merkmale eines Geschäftsprozesses sind seine Schnittstellen zu den Geschäftspartnern des Unternehmens (i.W. Kunden, Lieferanten, Mitarbeiter). Von Michael Porter wurde in dem von ihm eingeführten Modell der Wertschöpfungskette zwischen primären und unterstützenden Aktivitäten differenziert. **Primäre Aktivitäten** („Kernprozesse") sind jene wertschöpfende Tätigkeiten, die einen direkten Bezug zum Output (Produkt, Dienst- **1320** leistung) des Unternehmens haben, also im Allgemeinen Beschaffung, Produktion, Marketing und Vertrieb.

1321 **Unterstützende Aktivitäten** („Support-Prozesse") haben selbst keinen direkten Bezug zum Unternehmens-Output, sind jedoch für die erfolgreiche Durchführung der Kernprozesse unentbehrlich. Beispiele hierfür sind Personalwirtschaft, Rechnungswesen, EDV-Support und Rechtsberatung.

1322 Je nach Branche bzw. Geschäftsmodell werden unterschiedliche Schwerpunkte auf die verschiedenen Geschäftsprozesse zu legen bzw. einzelne Prozesse differenziert zu interpretieren (Kern- oder Support-Prozess) sein. Insofern ist bei der Etablierung oder weiteren Optimierung von Geschäftsprozessen stets zunächst die Bedeutung des zu untersuchenden Geschäftsprozesses für den Erfolg des Geschäftsmodells zu hinterfragen.

> *Beispiel:*
>
> Für den Erfolg der von mehreren Wissenschaftlern gegründeten und auf Technologieberatung im Bereich „Verbrennungsmotoren" spezialisierten Unternehmensberatungsgesellschaft SuperBrain ist vorrangig wichtig, stets über einen aktuellen Wissensstand bezüglich technologischer Entwicklungen in ihrem Spezialbereich zu verfügen. Wesentlicher Produktionsfaktor der SuperBrain ist damit das Humankapital. Der Geschäftsprozess HR-Management (Mitarbeitergewinnung und -entwicklung etc.) hat insofern einen ganz erheblichen Stellenwert. Demgegenüber sind die Geschäftsprozesse Vorratshaltung (bei Dienstleistungsunternehmen qua Definition nicht möglich) und Beschaffung deutlich geringer ausgeprägt. Letztgenannter Prozess (Beschaffung), der sich üblicherweise auf die Beschaffung der für die Produktion benötigten Güter bezieht, könnte für die SuperBrain jedoch als Technologiebeobachtung und Kooperationsmanagement (zum Beispiel mit Forschungseinrichtungen) interpretiert werden.

1. Geschäftsprozess Beschaffung

1323 Unter dem Geschäftsprozess Beschaffung werden diejenigen innerbetrieblichen Prozesse zusammengefasst, die dazu dienen, dem Unternehmen die für den Leistungserstellungsprozess notwendigen Produktionsfaktoren zur Verfügung zu stellen. Die Bedeutung des Geschäftsprozesses Beschaffung für den Unternehmenserfolg wird seit den Neunziger Jahren intensiv diskutiert. Durch die Möglichkeit der Nutzung elektronischer Marktplätze im Internet hat sich der Geschäftsprozess Beschaffung in den letzten Jahren stellenweise deutlich verändert.

1324 Wesentliche Ziele dieses Geschäftsprozesses sind:

- die Sicherstellung des Materialflusses vom Lieferanten zum Unternehmen,
- die Minimierung der Durchlaufzeiten sowie
- die Minimierung der Beschaffungskosten bei Sicherung der Qualitätsansprüche.

1325 Die Organisation der Beschaffung ist abhängig von dem Stellenwert, den dieser Geschäftsprozess innerhalb eines Unternehmens einnimmt. Gerade für Start-up-Unternehmen stellt die Beschaffung oftmals einen wesentlichen Bereich dar, da häufig spezialisierte Waren und Dienstleistungen beschafft werden müssen. In den meisten Fällen ist es daher am zweckmäßigsten, eine unter zentraler Leitung stehende einheitliche Abteilung aufzubauen. Ob die Leitung auf Ebene der Geschäftsführung angesiedelt wird, ist neben der Art der zu beschaffenden Waren und Dienstleistungen auch davon abhängig, welchen Anteil z. B. Materialkosten an den Umsatzerlösen ausmachen.

Im Folgenden wird eine Übersicht darüber gegeben, wie der Geschäftsprozess **1326** Beschaffung organisiert werden kann:

- **Funktionell gegliederter Einkauf:** Ausgangspunkt dieser Organisationsform ist die Zerlegung und Zusammenfassung der Aufgaben nach dem Kriterium der Verrichtung. Die Stellenbildung erfolgt insbesondere nach den verschiedenen Einkaufstätigkeiten (Beschaffungsmarktforschung, Bestellannahme, Bestellabwicklung, Terminsicherung); die einzelnen genannten Tätigkeiten werden somit stets durch dieselbe Person durchgeführt, sodass Doppelarbeiten vermieden werden. Allerdings birgt diese Organisationsform den Nachteil in sich, dass die Prozesse unabhängig von der Art der zu beschaffenden Güter (Investitionsgut, Spezialteile, einfache Rohstoffe) und damit im Grundsatz ohne Gewichtung bzw. Berücksichtigung von Spezifika bearbeitet werden.
- **Waren- oder objektbezogener Einkauf:** Diese Organisationsform ist dadurch gekennzeichnet, dass jeder Einkäufer die wichtigsten Tätigkeiten für den Bezug bestimmter Güter selbst durchführt.
- Kombination aus objektbezogenem und funktionellem Einkauf.
- **Markt- und branchenbezogene Gliederung des Einkaufs:** Bei dieser Organisationsform stehen Kenntnisse über den Beschaffungsmarkt im Vordergrund. Sie bietet sich daher vor allem für stark diversifizierte Unternehmen mit einem breiten Beschaffungsspektrum an. Für Start-Up-Unternehmen ist diese Organisationsform eher selten geeignet.
- **Differenzierung in gestaltenden (kreativen) und verwaltenden (operativen) Einkauf:** Dem gestaltenden Einkauf werden alle Vorgänge zugeordnet, die mit der täglichen Routinearbeit nichts zu tun haben, wie z. B. die Beschaffungsmarktforschung, die Lieferantenauswahl sowie die Vertragsgestaltung. Der verwaltende Einkauf ist für die Routinearbeiten zuständig, wie z. B. die reine Bestellabwicklung und die Terminverfolgung. Diese Organisationsform kommt häufig in Start-Up-Unternehmen zur Anwendung, wobei die Aufgaben des kreativen Einkaufs durch die Geschäftsleitung selbst wahrgenommen werden.

Die Frage, welche der angesprochenen Organisationsformen gewählt werden **1327** sollte, kann nicht für alle Unternehmen gleichermaßen beantwortet werden. Es sollte aber bei Start-Up-Unternehmen in Betracht gezogen werden, ob nicht zumindest der gestaltende Einkauf bei der Geschäftsleitung verbleiben sollte, da Lieferantenauswahl und Verhandlung der Konditionen erhebliche Zukunftswirkung entfalten.

1328 Die Teilprozesse innerhalb des Beschaffungsbereiches lassen sich wie folgt beschreiben.

1329 **Teilprozess Bedarfsanalyse:** Ein wesentlicher, häufig unterschätzter Teilprozess des Geschäftsprozesses Beschaffung ist die Bedarfsanalyse. Fehlerhafte Bedarfsermittlungen können zu Überbeständen und damit unnötiger Kapitalbindung bzw. zu Engpässen und damit zu Lieferschwierigkeiten führen. Als Verfahren der Bedarfsanalyse seien hier die deterministische oder stochastische Bedarfsermittlung genannt, wobei auch subjektive Schätzungen zum Einsatz kommen können. Die Relevanz der Bedarfsermittlung und das zu wählende Verfahren hängt vom konkreten Geschäftsmodell und der Beschaffungsintensität des Unternehmens ab.

> *Beispiel:*
>
> Ein Start-Up, welches sich auf den Internet-basierten Handel von Gebrauchsgütern fokussiert, wird sich im Rahmen dieses Teilprozesses intensiver mit Verfahren der Bedarfsermittlung beschäftigen müssen als ein (zunächst) forschungsgetriebenes oder dienstleistungsorientiertes Start-Up.

1330 **Teilprozess Warenbestellung:** Die Warenbestellung erscheint zunächst als ein rein technischer und damit vergleichsweise unproblematischer Vorgang, gleichwohl sind auch hier verschiedene Aspekte zu beachten. Abgesehen davon, dass nur von autorisierten Mitarbeitern Bestellungen ausgelöst werden sollten, ist es angesichts des verpflichtenden Charakters in der Regel äußerst sinnvoll, Bestelllimite einzuführen sowie Bestellungen nur an „gelistete" Lieferanten, d.h. Lieferanten, die im Rahmen eines Auswahlprozesses ausgewählt werden (vgl. die Ausführungen zum „gestaltenden Einkauf"), zuzulassen. Weiterhin ist es notwendig, die offenen Bestellungen systematisch zu erfassen, um a) den tatsächlichen und richtigen Wareneingang überprüfen zu können und b) ein Mittel für die Liquiditätssteuerung an der Hand zu haben. Moderne, EDV-gestützte Warenwirtschaftssysteme unterstützen diese Funktion regelmäßig.

1331 **Teilprozess Warenannahme und Wareneingangskontrolle:** Im Rahmen des Material- und Informationsflusses vom Lieferanten zum Kunden steht der Wareneingang bzw. die Wareneingangskontrolle am Anfang der innerbetrieblichen logistischen Kette und ist damit auch eine wesentliche Schnittstelle zum Geschäftsprozess „Vorratshaltung". Die wesentlichen Aufgaben des Wareneingangs sind:

- Schnelle und korrekte Annahme und Dokumentation der eingehenden Waren
- Abgleich Bestellung und Wareneingang (Termingerechtigkeit der Lieferung und Feststellung eventuell anfallender Pönalen, Übereinstimmung Lieferschein und tatsächlicher Wareneingang)
- Sicherstellung der Einhaltung der Qualitätsanforderungen (Erkennen von Transportschäden oder anderen offensichtlichen Fehlern)
- Weiterleitung der eingegangenen Ware an die anfordernde Stelle, d.h. Lager, Produktion, Vertrieb, Verwaltung

- Information der erforderlichen Stellen im Unternehmen über den Eingang der Ware.

Teilprozess Rechnungsprüfung: Der Teilprozess Rechnungsprüfung stellt si- **1332** cher, dass nur berechtigte Rechnungen zur Auszahlung gelangen und ist ein Bindeglied zwischen Verwaltungsabläufen und den Beschaffungsprozessen. Im Unternehmen eingehende Rechnungen sollten direkt nach dem Posteingang in einem Rechnungseingangsbuch erfasst werden, wodurch sichergestellt wird, dass das Rechnungswesen, welches die Vollständigkeit des Jahresabschlusses gewährleisten muss, über sämtliche rechnungslegungsrelevanten Geschäftsvorfälle Kenntnis erlangt. Nach der Erfassung sind die Rechnungen auf rechnerische und sachliche Richtigkeit zu prüfen.

Teilprozess Auszahlung: Nach der Rechnungsprüfung und der Freigabe durch **1333** berechtigte Personen gelangt die Rechnung i. d. R. zur Auszahlung. Üblich ist hier mittlerweile ein automatischer Zahlungsverkehr. Dabei ist sicherzustellen – in der Regel erfolgt dieses durch das sog. „4-Augen-Prinzip" –, dass die Auszahlung des richtigen Betrages mit der korrekten Wertstellung an die richtigen Lieferanten und auch nur an diese erfolgt. Hier sei ein wesentlicher Aspekt herausgehoben: Häufig gelingt es Unternehmen mit noch nicht ausgeprägten Kontrollstrukturen nicht oder nur teilweise, Lieferantenskonti in Anspruch zu nehmen, da die internen Abstimmungsprozesse zu lange dauern. Dabei sind Lieferantenkredite – d. h. die Nichtnutzung von Skonti – die teuersten Kredite!

Teilprozess Beschaffungscontrolling: Das **Beschaffungscontrolling** ist ein **1334** wesentlicher **Unterstützungsteilprozess** im Beschaffungsbereich. Es stellt Methoden und Informationen zur Sicherung der Koordinations-, Adaptions-, Reaktions- und Innovationsfähigkeit zur Verfügung. Diese Leistungen umfassen den Aufbau und die Weiterentwicklung eines beschaffungsspezifischen Informationssystems, die Verhaltensbeeinflussung der Beschaffungsträger sowie die Unterstützung bei der Planung, Organisation und Kontrolle der Beschaffungsaufgaben.

Dem Beschaffungscontrolling obliegt die Aufgabe, Informationen zu gewinnen, **1335** zu analysieren und diese den Entscheidungsträgern zum richtigen Zeitpunkt zur Verfügung zu stellen. Das Beschaffungsmanagement muss in die Lage versetzt werden, sein Verhalten mit Hilfe der bereitgestellten Informationen so auszurichten, dass es frühzeitig auf Datenänderungen reagieren und diese gegebenenfalls noch aktiv mitgestalten kann. Daher muss die Informationsversorgung der Beschaffung so erfolgen, dass Risiken und Chancen besser und früher erkannt und zutreffend beurteilt werden. Auf dieser Grundlage sind dann geeignete Strategien zur Vermeidung von Risiken sowie zur Nutzung von Chancen zu entwickeln.

Um die aufgezeigte Koordinationsfunktion wahrnehmen zu können, muss das **1336** Controlling geeignete Methoden entwickeln und diese in den Prozess des Beschaffungsmanagements integrieren. Ziel muss es dabei sein, den laufenden Informationsprozess so zu unterstützen, dass eine möglichst gute Abstimmung zwischen dem Informationsbedarf der Entscheidungsträger und der konkreten Informationserzeugung und -übermittlung erfolgt. Gegenstand der informatorischen Servicefunktion sind die eigentlichen Führungsinformationen. Sie bilden Grundlage und Voraussetzung dafür, dass das Management den strategischen Planungs-, Steuerungs- und Kontrollprozess der Beschaffung zielgerecht gestalten kann. Daneben müssen durch das Controlling aber auch Informationen bereitgestellt werden, die der Unterstützung des dispositiven Aufgabenbereichs der Beschaffungsfunktion dienen.

Beispiel:

Das Start-Up X AG bezieht seine Bauteile ausschließlich von dem Lieferanten Y GmbH. Aufgrund technologischer Probleme bei diesem Lieferanten kommt es hier zu Lieferverzögerungen, was bei der X AG wiederum dazu führt, dass ihre Kunden nicht termingerecht beliefert werden können. Die quantitativen Auswirkungen dieses Vorfalls (z. B. zu erteilende Gutschriften, Zuschläge für Express-Lieferungen, Stornierung von Aufträgen), aber auch die qualitativen Folgen (z. B. negative Presseberichterstattung, kritische Äußerungen von Kunden) sind vom Beschaffungscontrolling zu analysieren und zu adressieren und sollten spätestens hier Anlass für eine Analyse der Beschaffungspolitik sein. Ein pro-aktives Beschaffungscontrolling wiederum hätte bereits im Vorfeld die aus einem Single-Sourcing (Konzentration auf einen Lieferanten) resultierenden Risiken erkannt und für den „Ernstfall" einen Notfallplan erarbeitet (siehe hierzu auch Abschnitt B „Risikofrüherkennungssysteme").

2. Geschäftsprozess Vorratshaltung

1337 Der Geschäftsprozess Vorratshaltung bildet alle Aufgaben und Arbeitsschritte ab, die für die Lagerung der Einsatzstoffe, Waren aber auch der Fertigerzeugnisse erforderlich sind. Es bestehen hier enge Anknüpfungspunkte zum Geschäftsprozess Beschaffung, insbesondere in den Bereichen Bedarfsanalyse und Wareneingang.

1338 Wesentliche **Ziele** des Geschäftsprozesses im Bereich Vorratshaltung sind:

- Reibungslose Abfertigung eingehenden Materials
- Sicherung der Qualität des Materials
- Erhöhung der internen und externen Lieferbereitschaft
- Transparenz der Bestände
- Minimierung der Lagerhaltungskosten
- Minimierung der Kapitalbindung
- Optimierung von Transportkapazitäten und -kosten

1339 Abhängig von der Art des Unternehmens sind vorgenannte Ziele zu gewichten, da sie sich nicht sämtlich erreichen lassen (Zielkonflikt zwischen Minimierung der Kapitalbindung und Erhöhung der Lieferbereitschaft).

1340 Das Vorratsmanagement wird bei einer Vielzahl von Unternehmen etwas „stiefmütterlich" behandelt. Die jährliche Inventur führt dann mitunter zum Erkennen nicht unerheblicher Fehlbestände sowie zur Identifikation von Lagerhütern oder fehlerhafter Ware mit der Folge, dass Wertberichtigungen vorzunehmen sind. Häufige Ursachen hierfür sind:

- Mangelhafte Informationsbasis (z. B. Fehlen von Bestandsdaten)
- Schlechte Organisation (z. B. fehlende Regelung der Verantwortung)
- Ungenügende technische Voraussetzungen bzw. unzureichende Unterstützung durch EDV-Anwendungen
- Personelle Mängel

Dabei können aus dem Vorratsmanagement erhebliche Risiken für den Geschäftserfolg des Unternehmens resultieren: 1341

- Erhöhte Vorratsbestände führen zu einer stärkeren Kapitalbindung und dem Risiko von Wertberichtigungen aufgrund von Überbeständen.
- Eine knappe Lagerhaltung hingegen erhöht das Risiko von Lieferengpässen mit entsprechend negativen Implikationen auf die Kundenzufriedenheit.
- Die nicht sachgerechte Lagerung kann zu Qualititätsmängeln und zum Risiko von Mangelfolgeschäden führen.

Im Folgenden werden die wesentlichen Teilprozesse der Lagerung vorgestellt:

Lagerung: Bei der Einlagerung von Waren ist vor allem darauf zu achten, dass   1342
die Ware an dem dafür vorgesehenen Lagerort untergebracht wird. Damit können Differenzen zwischen den Einbuchungen und den tatsächlichen Beständen vermieden werden. Es ist darauf zu achten, dass die Güter sachgerecht gelagert werden.

Auslagerung: Die Auslagerung von Waren (Entnahme) sollte immer nur mit   1343
einem Entnahmeschein an autorisierte Personen erfolgen. Es ist vor allem darauf zu achten, dass parallel eine Ausbuchung im Lagerbuchführungssystem erfolgt. Somit wird sichergestellt, dass die Waren nicht mehr zur Disposition stehen. Durch diese Vorgehensweise können Versorgungsengpässe und Produktionsprobleme sowie mögliche Lieferverzögerungen vermieden werden.

Inventur: Im Zusammenhang mit der Lagerbuchführung sei angemerkt, dass   1344
eine jährliche Inventur gesetzlich gefordert ist (§ 240 HGB). Obwohl die gesetzliche Regelung des § 240 HGB keinen Hinweis auf die Grundsätze ordnungsmäßiger Inventur enthält, haben sich im Bilanzrecht und in der Betriebswirtschaftslehre solche Grundsätze herausgebildet.[1] Dies erklärt sich daraus, dass Inventar- und Inventurunterlagen Bestandteile der Rechnungslegung sind, für welche die Ordnungsmäßigkeitsgrundsätze der §§ 238 und 239 HGB gelten. Das der Aufstellung des Inventars zugrunde liegende Verfahren – d. h. die Inventur – muss daher den gleichen formalen Anforderungen genügen wie die übrige Buchführung, wenn Sicherheit, Beweiskraft und Nachvollziehbarkeit des Inventars gewährleistet sein sollen:

---

1 Vgl. ADS 6. Aufl. Tz. 18 zu § 240 HGB; Knop in HdR4, § 240 HGB Rn. 11 ff.; Kunz in HdJ, Abt. II/5, Rn. 10 ff.; Uhlig in BHdR, A 210 Rz. 24 ff.

- Vollständigkeit der Bestandsaufnahme,
- Richtigkeit der Bestandsaufnahme,
- Einzelerfassung der Bestände und
- Nachprüfbarkeit der Bestandsaufnahme.

1345 Die möglichen **Inventurverfahren** unterscheiden sich bezüglich der Art (körperliche Aufnahme, Buchinventur), des Zeitpunkts (Stichtagsinventur, vor- oder nachverlegte Stichtagsinventur, permanente Inventur) und des Umfangs der Bestandsaufnahme (vollständige Aufnahme, Stichprobeninventur). Ausdrücklich im Gesetz genannt sind folgende Inventurverfahren:

- körperliche Bestandsaufnahme insb. i.V.m. der Stichtagsinventur (Standardverfahren, vgl. § 240 Abs. 3 Satz 2, § 241 Abs. 1 Satz 3, Abs. 2 und Abs. 3 Nr. 1 HGB);
- Stichprobeninventur (§ 241 Abs. 1 HGB);
- permanente Inventur und andere Fortschreibungsverfahren (§ 241 Abs. 2 HGB);
- vor- oder nachverlegte Stichtagsinventur (§ 241 Abs. 3 HGB).

1346 Die oben angegebene Stichtagsinventur ist für Wachstumsunternehmen häufig das geeignete Verfahren. Sie ist verpflichtend immer dann anzuwenden, wenn die Lagerbuchführung nicht dazu geeignet ist, eine vollständige und richtige Fortschreibung der Bestände zu gewährleisten.

1347 Damit eine Inventur ordnungsmäßig abläuft und belastbare sowie nachprüfbare Ergebnisse bringt, bedarf es einer sorgfältigen Vorbereitung und Planung. Das unternehmensspezifische Inventurvorgehen sollte in einer Inventurrichtlinie festgehalten werden. Aufgabe der Inventurrichtlinie ist es, Anweisungen für die Durchführung der Aufnahmearbeiten zu geben, und die Einhaltung der Inventurgrundsätze sicherzustellen. Die Planungsüberlegungen müssen sich insb. auf die zeitliche und räumliche Reihenfolge der Inventurabläufe und den Personaleinsatz beziehen und in konkrete Anweisungen für die (körperliche oder buchmäßige) Aufnahme der Vermögensgegenstände und Schulden umgesetzt werden.

1348 **Bewertung des Vorratsvermögens:** Die Bewertung des Vorratsvermögens unterliegt gesetzlichen Regelungen. Es ist höchstens mit den Anschaffungs- bzw. Herstellungskosten zu bewerten (§ 253 Abs. 1 HGB).

1349 Im Grundsatz ist jeder Vermögensgegenstand einzeln zu bewerten (Grundsatz der Einzelbewertung, § 252 Abs. 1 Nr. 3 HGB). Das Gesetz lässt in § 256 HGB aber Ausnahmen in Form von Verbrauchsfolgeverfahren zu: Soweit es den Grundsätzen ordnungsmäßiger Buchführung entspricht, kann gemäß § 256 Abs. 1 Satz 1 HGB für den Wertansatz gleichartiger Vermögensgegenstände des Vorratsvermögens (i.d.R gleiche Artikel) eine bestimmte Reihenfolge der Anschaffung (Herstellung) oder Veräußerung (Verbrauch) unterstellt werden. Dieses Kriterium einer bestimmten Reihenfolge erfüllen **Verbrauchsfolgeverfahren**, die entweder von einer bestimmten Zeitfolge ausgehen (Fifo = first in

– first out; Lifo = last in – first out) oder sich an anderen objektiven Kriterien zur Festlegung einer Verbrauchsfolge, etwa an der Entwicklung der Beschaffungspreise (Preisfolgeverfahren: Hifo = highest in – first out; Lofo = lowest in – first out) oder an Konzerngesichtspunkten (Kifo = Konzern in – first out; Kilo = Konzern in – last out) orientieren. In der Praxis sind das Fifo- und das Lifo-Verfahren am verbreitetsten:

- Das Fifo-Verfahren geht von der Prämisse aus, dass die zuerst angeschafften oder hergestellten Gegenstände auch zuerst verbraucht oder veräußert worden sind. Die Methode unterstellt mithin, dass jeweils die ältesten Bestände zuerst verbraucht oder veräußert werden und die am Abschlussstichtag vorhandenen Mengen demgemäß aus den letzten Zugängen stammen.
- Die Lifo-Methode stellt eine Umkehrung des Fifo-Verfahrens dar. Sie unterstellt, dass zuerst die neuesten Bestände verbraucht oder veräußert werden, ehe auf die älteren zurückgegriffen wird.

3. Geschäftsprozess Produktion

Der Geschäftsprozess Produktion beinhaltet die Arbeitsschritte, die notwendig sind, um die Produkte aus materiellen und nichtmateriellen Einsatzgütern unter Verwendung technischer Verfahren zu erstellen. **1350**

Der Geschäftsprozess Produktion selbst hat wiederum verschiedene Schnittstellen zu anderen Geschäftsprozessen, insbesondere zu den Bereichen Vorratshaltung und Verkauf. Während der Geschäftsprozess Vorratshaltung – in der Regel gemeinsam mit dem Geschäftsprozess Einkauf – die Betriebsmittel und Produktionsfaktoren bereitstellt, ist der Geschäftsprozess Vertrieb für die Vermarktung der produzierten Ware, aber auch für die Informationsbereitstellung über die vom Markt benötigten Produkte bzw. akzeptierten Preise zuständig. **1351**

Ein erster Teilprozess innerhalb des Produktionsprozesses sollte die **Planung und Budgetierung** sein. Die produktionsbezogene Planung ist dabei in die Gesamtplanung integriert und idealerweise daher mit den Teilplänen der übrigen Prozessbereiche abgestimmt. Üblicherweise werden die Planungen in Budgetwerte für einzelne Bereiche, Abteilungen (Kostenstellen) oder Projekte nach Kostenarten sowie für die Kostenträger (Produkte und Zwischenprodukte) festgesetzt. Die Plan- oder Budgetwerte stellen eine wichtige Kontrollgröße für das Management dar. **1352**

Im Rahmen der **Entwicklung und Kalkulation** wird das Mengengerüst für die einzelnen Produkte festgelegt und dieses mit Preisen versehen („bepreist"). Die Tätigkeiten während der Kalkulation sind dabei eng mit denen der Planung und Budgetierung verzahnt, insbesondere bei Unternehmen mit Massenproduktion. Hier können bei erfolgter Entwicklung bereits die Beschaffung konkreter Materialien oder Anlagen bei der Planung berücksichtigt werden. Handelt es sich dagegen um ein Unternehmen, das einzelne kundenspezifische Aufträge abwickelt, wird erst bei der Entwicklung der konkrete Bedarf an Personal, Anlagen und Material festgelegt. **1353**

1354 Bei der Kalkulation ist zwischen Angebots-/Vertragskalkulation, mitlaufender Kalkulation und Nachkalkulation zu unterscheiden. Während die Angebots-/Vertragskalkulation üblicherweise dem Verkaufsbereich obliegt bzw. mit diesem zusammen erstellt oder abgestimmt werden sollte, sind die mitlaufende Kalkulation und die Nachkalkulation eindeutig Aufgabe der Produktion beziehungsweise des Produktionscontrollings.

1355 Die **mitlaufende Kalkulation** wird bei Massenfertigung durch die Überwachung der Plan-Ist-Abweichungen der Kostenträger in den Fertigungsstellen erfolgen. Bei auftragsbezogener Fertigung sind die anfallenden Kosten auf den einzelnen Aufträgen zu sammeln. Es sollte zumindest bei größeren, längerfristigen Aufträgen eine mitlaufende Kalkulation durchgeführt werden. Ebenso sollte für solche Aufträge eine abschließende Nachkalkulation erfolgen. Die Ergebnisse der Mitlauf- und Nachkalkulation sind eine wichtige Erkenntnisquelle für spätere Angebotskalkulationen!

1356 Welchen Teilprozessen besonderes Gewicht in einem Unternehmen beizumessen ist, ist stark von dem jeweiligen Produktionstyp abhängig.

> *Beispiel:*
>
> Die Auftragsschiffbau AG stellt für eine relativ geringe Zahl von Kunden individuelle Segelyachten im hohen Preissegment her. Bei diesem Unternehmen liegen erhebliche Risiken in den Teilprozessen Konstruktion und Kalkulation, da evtl. einige wenige verlustbringende Aufträge bestandsgefährdend für das Unternehmen sein können. Die Massenschiffbau AG hingegen stellt in nicht auftragsbezogener Massenproduktion kleine Boote mit Außenbordmotoren her. Wesentlich sind hier vor allem eine sachgerechte Planung der Kapazitäten sowie die Gewährleistung einer störungsfreien Fertigung.

1357 Die Teilprozesse der Leistungserstellung lassen sich in die Arbeitsvorbereitung, operative Steuerung, Fertigung und Qualitätssicherung unterteilen. Im Rahmen der Arbeitsvorbereitung werden üblicherweise die Konstruktionsunterlagen in Arbeitspakete für die Fertigung umgesetzt, indem Arbeitsschritte festgelegt, Fertigungszeichnungen und -pläne erstellt und die notwendigen Betriebsmittel definiert werden. Die operative Steuerung erstellt Arbeitspläne, legt die Maschinenbelegung fest und löst Materialanforderungen aus (Schnittstelle zum Vorratsmanagement). Im Rahmen der Fertigung erfolgt neben der technischen Umsetzung insbesondere die Datenerfassung der Fertigungs- und Betriebsmittelstunden (BDE = Betriebsdatenerfassung), die dann die Grundlage für die Prozesssteuerung, Nachkalkulationen und für eine eventuelle aufwandsbezogene Rechnungsstellung bilden.

1358 Einen wesentlichen Part spielen auch die Unterstützungsprozesse, insbesondere die **Logistikprozesse**, die bei modernen Fertigungsverfahren eine wichtige Stellung einnehmen und auch wieder an der Schnittstelle zum Vorratsmanagement angesiedelt sind. Die Kapitalbindungskosten können reduziert werden, indem die Vorratshaltung minimiert wird. Um die Materialverfügbarkeit und damit die Produktion zu gewährleisten, ist der reibungslose Ablauf der Logistikprozesse sicherzustellen. Die Logistikprozesse umfassen Ein-, Aus- und Umlagerungsprozesse von Roh-, Hilfs- und Betriebsstoffen sowie unfertigen und fertigen Erzeugnissen zwischen Eingangs-, Zwischen- und Fertigwarenlagern.

4. Geschäftsprozess Vertrieb

Dem Vertriebsbereich kommt – gemeinsam mit dem Produkt selbst – zentrale **1359** Bedeutung für die Umsetzung des Geschäftsmodells zu, da Ansprechpartner der Kunden die Mitarbeiter der Vertriebsabteilung sind. Die Effizienz der Strukturen des Vertriebsbereiches und seine Koordinationsfähigkeit im Hinblick auf die Befriedigung der Kundenbedürfnisse (Zeitgerechtigkeit der Lieferungen etc.) trägt ganz wesentlich zur Kundenbindung (vgl. auch Abschnitt C.IV „Management von Kundenbeziehungen") bei. Die wesentlichen Ziele für den Vertriebsbereich lauten insofern:

- Bestehende Kunden zuverlässig bedienen,
- neue Kunden akquirieren,
- neue Vertriebswege aufzeigen und
- Aufträge zu wettbewerbsfähigen und gewinnbringenden Konditionen akquirieren.

Zu unterscheiden ist auch an dieser Stelle – wie bereits z.B. im Beschaffungs- **1360** bereich – zwischen gestaltenden (kreativen) Tätigkeiten wie z.B. der Einführung neuer Vertriebswege oder dem Abschluss von Vertriebskooperationen und verwaltenden (operativen) Tätigkeiten, insbesondere der Neukundenannahme und der Auftragsbearbeitung. An dieser Stelle soll nur auf die operativen Tätigkeiten eingegangen werden, da im Grundsatz nur Massengeschäftsvorfälle ein Prozessdenken in Form von Organisationshandeln erfordern.

Je nach Diversifikation des Unternehmens (Einproduktunternehmen vs. Mehr- **1361** produktunternehmen, regionaler vs. globaler Markt) ist die Verwendung unterschiedlicher Aufbaustrukturen des Vertriebsbereiches sachgerecht:

Marktsegmentierung nach geographischen Kriterien: Diese Segmentierung **1362** bildet vielfach den ersten Segmentierungsschritt. Sie hat den Vorteil, dass auf ggf. vorhandene regionale oder nationale Spezifika eingegangen werden kann. Diese Struktur bietet sich insbesondere dann an, wenn das Unternehmen im Produktbereich nicht sehr stark diversifiziert ist. Das „Key-Accounter"-Konzept, d.h. die Zuordnung bestimmter Vertriebsmitarbeiter zu Schlüsselkunden („One face to the customer") kann als Abwandlung dieses Konzeptes angesehen werden.

Produktbezogener Markt: Diese Organisationsform ist dadurch gekennzeich- **1363** net, dass sich die Organisationsstruktur den Hauptprodukt/Geschäftsbereichen des Unternehmens anpasst. Die Etablierung dieser Vertriebsstruktur ist insbesondere dann sinnvoll, wenn das Unternehmen eine breite Produktpalette hat und sich die Produkte in ihren Anwendungsbereichen und Funktionalitäten erheblich unterscheiden und insofern an den Vertriebsmitarbeiter erhebliche Kompetenzanforderungen stellen.

1364 **Kombination geographischer und produktbezogener Markt:** Diese Organisationsform wird in der Praxis häufig angewandt und hat das Ziel, die Vorteile beider Einzelgliederungen – Berücksichtigung länderspezifischer und produktspezifischer Besonderheiten – zu nutzen.

1365 Zu den Teilprozessen Kundenanfrage, Angebotserstellung und Auftragsbearbeitung sei folgendes angemerkt: Umsatz alleine hilft dem Unternehmen nicht – auf die Qualität der Umsätze kommt es an. Mit Qualität der Umsätze ist gemeint, dass einerseits durch den Geschäftsvorfall Gewinne erwirtschaftet werden und zum anderen der Kunde die empfangene Rechnung auch begleicht.

1366 Zum ersten Qualitätsmerkmal: Langfristig kann ein Unternehmen nur überleben, wenn sowohl die variablen (d. h. stückabhängig, z. B. Material) als auch die fixen Kosten (d. h. unabhängig von den Stücken anfallende Kosten, wie Gehälter) gedeckt sind (Prinzip der Vollkostendeckung). Im Falle nicht ausgelasteter Kapazitäten kann es jedoch sinnvoll sein, auch Aufträge zu bearbeiten, die zwar nicht die Vollkosten, aber zumindest die variablen Kosten decken und damit einen Deckungsbeitrag (d. h. einen Beitrag zur Deckung der Fixkosten) erwirtschaften. Bei hinreichenden Stückzahlen lässt sich auch damit eine Vollkostendeckung erreichen. Aber insbesondere dann, wenn es sich nicht um einen Massenmarkt handelt (und damit keine Modulierbarkeit der Umsätze gegeben ist), somit der Markt hinsichtlich der Preise vergleichsweise transparent ist, kann eine Lockerung der Preise vor dem Hintergrund, Geschäft generieren zu wollen, sich langfristig nachteilig auswirken. Dies gilt insbesondere dann, wenn man eine spätere (notwendige) Rückkehr zu höheren (vollkostendeckenden) Preisen den Kunden nicht kommunizieren kann.

1367 Zum zweiten Qualitätsmerkmal: Bei der Entscheidung, ob ein Kunde gegen Rechnung (d. h. auf Vorleistung des Unternehmens) beliefert werden soll, hat unbedingt eine Prüfung der Bonität des Unternehmens zu erfolgen. Auch kann es sich anbieten, zum Beispiel Warenkreditversicherer einzuschalten. Hier ist – neben den anfallenden Kosten – allerdings auch zu beachten, dass die dann vereinbarten Limite eingehalten werden und im Übrigen auch nur bestimmte Forderungsanteile durch die Warenkreditversicherung abgedeckt sind. Auch treten Warenkreditversicherer üblicherweise nur dann ein, wenn der Kunde nicht zahlen kann (beispielsweise wegen Insolvenz), in der Regel nicht aber, wenn er wegen bestehender oder vermeintlicher Differenzen nicht zahlen will.

1368 **Teilprozess Fakturierung:** Der Teilprozess Fakturierung bildet die Rechnungsstellung ab und ist insofern von zentraler Bedeutung, weil damit die Forderungen – mitsamt den rechtlichen und steuerlichen Folgen (Zahlungsfristen, Verjährung, Umsatzsteuerschuld) – gegenüber den Kunden begründet werden. An dieser Stelle noch eine Klarstellung: Der Zeitpunkt der Fakturierung muss nicht notwendigerweise auch der Zeitpunkt der buchhalterischen Erfassung des Vorgangs als „Umsatz" sein. Für die Erfassung als Umsatz und damit die Vereinnahmung des Gewinns gilt § 252 Abs. 1 Nr. 4 HGB (sogenanntes „Realisationsprinzip"). Hier ist sinngemäß geregelt, dass Umsatz erst dann zu erfassen ist,

Schmid/Pinkert

wenn der Gefahrenübergang (Gefahr des zufälligen Untergangs) erfolgt ist. Der Zeitpunkt des Gefahrenübergangs ist regelmäßig in den allgemeinen Geschäftsbedingungen geregelt.

Debitorenmanagement: Ein häufiger Schwachpunkt junger Unternehmen ist **1369** das Debitorenmanagement. Debitorenmanagement ist die Analyse des eigenen Forderungsbestandes hinsichtlich Ausfallrisiko, durchschnittlicher Zahlungsdauer und Kosten der Forderungsfinanzierung/Überwachung bis hin zur Übernahme der gesamten Debitorenbuchhaltung einschließlich Inkassoüberwachung oder alternativ Factoring (Forderungsverkauf).

Die **Gewährung von Zahlungszielen** ist für einen Lieferanten ein wichtiges **1370** Mittel zur Absatzförderung und somit auch ein Weg zum Erzielen eines Unternehmensgewinnes. Gleichwohl wird aber durch das eingeräumte Zahlungsziel in Höhe der entstandenen Forderung Liquidität gebunden, die vom Lieferanten finanziert werden muss. Dies hat naturgemäß auch eine **erhöhte Kostenbelastung** in Form von Zinsen, Verwaltungsaufwand, Personalkosten und Gebühren zur Folge. Somit kommt es zu einer Reduzierung der Rentabilität. Wenn die Kunden sich nicht an die eingeräumten Zahlungsziele halten und sich dadurch der Debitorenumschlag noch weiter verschlechtert, eskaliert naturgemäß die **Ertragsverschlechterung** durch weiteren Kapitaldienst, darüber hinaus verschlechtert sich die Liquiditätssituation des Unternehmens erheblich.

> *Beispiel:*
> Bei einem Forderungsvolumen von jahresdurchschnittlich T€ 200 mit einer Überfälligkeit von 30 Tagen, das bei der Bank im Kontokorrent mit 9% zu finanzieren ist, reduziert sich der Gewinn des Unternehmens aufgrund der Finanzierungskosten im Gesamtjahr um € 18.000,–. Zu dieser Ertragsminderung kommen noch die oben erwähnten Kosten (Forderungsbeitreibung etc.) dazu.

Vor diesem Hintergrund erhält das Debitorenmanagement eine zentrale Bedeu- **1371** tung für die Sicherstellung von Liquidität und Rentabilität. Die Geschäftsleitung sollte insofern bemüht sein, im Unternehmen ein angemessenes Debitorenmanagement einzurichten. Das Management von Forderungen und Krediten wird in hohem Maße zu einem entscheidenden Wettbewerbsfaktor für jedes Unternehmen. Auftretende Liquiditätsengpässe gefährden neben der Wettbewerbsfähigkeit auch den Fortbestand des Unternehmens.

Instrumente zum Debitorenmanagement sind insbesondere ein funktionierendes **1372** Mahnwesen, die Nutzung von Inkasso-Büros, der Abschluss von Warenkreditversicherungen sowie ggf. das Factoring (Verkauf von Forderungen).

Das **Vertriebscontrolling** kann als System von Führungshilfen verstanden wer- **1373** den, das durch die Bereitstellung von Methoden und Informationen zur Sicherung der Koordinations-, Adaptions-, Reaktions- und Innovationsfähigkeit beiträgt. Diese Leistungen umfassen den Aufbau und die Weiterentwicklung eines vertriebsspezifischen Informationssystems, die Verhaltensbeeinflussung der Beschaffungsträger bei Kunden sowie die Unterstützung bei der Planung, Organisation und Kontrolle der Vertriebsaufgaben.

5. Geschäftsprozess Personalwirtschaft

1374 Der Unterstützungsprozess Personalwirtschaft umfasst alle Aufgaben und Arbeitsschritte der Verwaltung von Mitarbeitern und der Gestaltung und Umsetzung der Personalpolitik. Personal stellt insofern einen Unterstützungsprozess dar, als dass es sich nicht um eine der klassischen betrieblichen Funktionen (Beschaffung, Produktion, Absatz) handelt, sondern der Prozess der Leistungserbringung in diesen Funktionen durch Bereitstellung von Personal ermöglicht bzw. unterstützt wird. Die Bedeutung dieses Unterstützungsprozesses hat insbesondere dadurch zugenommen, dass Humankapital zu einem wesentlichen Wettbewerbsfaktor geworden ist.

1375 Ein betriebliches Personalwesen findet sich in nahezu jedem Unternehmen. Lediglich in kleinen Unternehmen wird die Aufgabe einer Personalabteilung häufig direkt durch den Geschäftsführer erfüllt, die abrechnungstechnische Abwicklung („Lohnbuchhaltung") erfolgt i. d. R. durch den Steuerberater. Mit zunehmender Unternehmensgröße kann es jedoch angebracht sein, auch das Personalwesen in das Unternehmen zu integrieren.

- **Aufgabenbezogene Organisation:** In dieser Organisationsform ist die Aufbauorganisation an den zu erbringenden Aufgaben der Personalabteilung ausgerichtet. In Abhängigkeit von der Unternehmensgröße kann eine geringe oder starke Differenzierung der Personalabteilung vorgenommen werden.
- **Mitarbeiterbezogene Organisation:** Die Aufbauorganisation wird auf die verschiedenen Mitarbeitergruppen (z. B. Arbeiter und Angestellte) ausgerichtet.
- **Funktionsbezogene Organisation:** Das Personalwesen gliedert sich nach der Aufbauorganisation des Unternehmens.

1376 Sofern das Unternehmen divisional oder als Matrix organisiert ist (vgl. Kapitel E. des ersten Teils) besitzen die verschiedenen Unternehmens- oder Geschäftsbereiche üblicherweise jeweils eigenverantwortliche Personalstellen oder Personalabteilungen.

Der Unterstützungsprozess Personal lässt sich wie folgt untergliedern:

1377 **Teilprozess Personalplanung:** Die Grundlage der Personalplanung ist der aktuelle Personalbestand, der sich jedoch im Zeitablauf durch Ein- und Austritte von Mitarbeitern verändert. Für die Personalbestandsplanung ist es erforderlich, den zukünftigen Personalbedarf zu kennen. Deshalb müssen die sich im Planungszeitraum ergebenden Änderungen berücksichtigt werden. Einzubeziehen sind dementsprechend der aktuelle Personalbestand, die Fluktuationsplanung und die Personalbestandsplanung.

1378 Die Ermittlung des aktuellen Personalbestands ist – das Vorhandensein richtiger und aussagekräftiger Personalstatistiken vorausgesetzt – ohne größere Schwierigkeiten zu realisieren. Zu beachten ist aber, dass neben Vollbeschäftigten auch Teilzeitarbeitsarbeitskräfte im Unternehmen beschäftigt sein können. Eine sinnvolle Berücksichtigung sollte hier sichergestellt sein, z. B. durch die Umrechnung auf Vollbeschäftigteneinheiten.

Schmid/Pinkert

Mit der Personalbedarfsplanung wird der Personalbedarf zu einem bestimmten **1379** Zeitpunkt ermittelt. Zur Planung können z. B. die Verfahren der Kapazitätsrechnung, der Kennzahlentechnik, der Stellenmethode oder das Direktionsverfahren eingesetzt werden.

Die Personalbedarfsplanung umfasst in der ersten Stufe ausschließlich die Pla- **1380** nung künftiger Mitarbeiterzahlen. Eine detaillierte Planung der Qualifikationen und Fähigkeiten des Personals kann darauf aufbauend erfolgen.

Die Veränderungs- und Freisetzungsplanung bezieht sich auf aktive Maßnah- **1381** men des Unternehmens zur Gewinnung bzw. Freisetzung von Mitarbeitern. Da die Personalkosten einen bedeutenden Anteil an den Kosten eines Unternehmens haben, ist eine detaillierte Planung der Personalkosten notwendig. Insbesondere durch den regelmäßig im Zeitablauf überproportional ansteigenden Verlauf der Personalkosten ist diese Planung besonders wichtig. Die Personalkostenplanung baut zum einen auf dem geplanten künftigen Personalbestand mit seinen erwarteten strukturellen und qualifikatorischen Gegebenheiten und zum anderen auf der erwarteten Lohn- und Lohnnebenkostenentwicklung auf.

Teilprozess Personalbeschaffung: Grundlage für eine effiziente Arbeit der **1382** Personalabteilung ist ihre Versorgung mit relevanten Informationen über die von ihr geforderten Leistungen im Bereich Personalbeschaffung: Bei der Anforderung von Mitarbeitern ist insbesondere zu unterscheiden, ob es sich um eine erstmals zu besetzende Stelle handelt oder eine bereits vorhandene Stelle neu besetzt werden soll. Bei neu zu besetzenden Stellen sollte durch innerbetriebliche Prozesse sichergestellt sein, dass die Personalbeschaffung mit der längerfristigen Personalplanung abgestimmt wird. Soll lediglich eine vorhandene Stelle neu besetzt werden, ist dieses möglicherweise nur eingeschränkt erforderlich. Im Allgemeinen sind folgende Schritte der Anforderung notwendig:

- Anforderung durch den verantwortlichen Leiter der betreffenden Abteilung (Genehmigung)
- Weitergabe der Anforderung an das Personalwesen
- Informationen für die weiteren Teilprozesse: Art der zu besetzenden Stelle, notwendige Qualifikation, Teilzeitgrad, Zeitpunkt und Dauer des Bedarfs
- Entscheidung durch Personalwesen oder Unternehmensleitung unter Berücksichtigung der Personalplanung, ob die Stelle besetzt wird

Eine nicht anforderungsgerechte Personalbeschaffung bzw. eine unstrukturierte **1383** Vorgehensweise bei der Personalanforderung würde dazu führen, dass zu besetzende Stellen möglicherweise nicht, nicht adäquat oder nicht zeitgerecht besetzt werden können. Daraus kann resultieren, dass in den betroffenen Unternehmensbereichen Aufgaben nicht mehr sachgerecht erledigt werden können, was – in gravierenden Fällen – zur Einschränkung der Wettbewerbsfähigkeit des Unternehmens führen kann.

Bei der Ansprache potenzieller Bewerber ist zu unterscheiden, ob eine Stelle **1384** unternehmensintern oder extern ausgeschrieben wird. Die Notwendigkeit einer internen Stellenausschreibung ergibt sich allerdings für Wachstumsunternehmen i. d. R. nicht, sodass hier im Wesentlichen auf die Ansprache externer Bewerber abgestellt wird. Sie kann beispielsweise durch Nutzung folgender Medien erfolgen:

- Stellenanzeige oder Imageanzeige in lokaler, regionaler oder überregionaler Tageszeitung oder Fachpresse
- Stellenanzeige im Internet bei einer Jobbörse
- Stellenanzeige auf der eigenen Homepage
- Direktansprache geeignet erscheinender Kandidaten aus dem verfügbaren Netzwerk
- Recruiting Events (Bewerbertage, Messen)
- Einsatz von Headhuntern
- Verwertung von Blindbewerbungen

1385 Welches Medium zur Ansprache genutzt werden soll, hängt vor allem davon ab, welche Art von Stelle besetzt werden soll. Dabei bietet es sich an, insbesondere bei der Suche nach hoch qualifizierten Mitarbeitern überregionale Tageszeitungen bzw. die Fachpresse zu nutzen. Hingegen sollte bei Stellen, die nur geringere Qualifikationen voraussetzen, auf lokal oder regional geschaltete Stellenanzeigen zurückgegriffen werden.

1386 Die Personalauswahl hat zum Ziel, den am besten geeigneten Bewerber auszuwählen. Dabei sind i. d. R. folgende Schritte notwendig:

- Durchsicht der eingehenden Bewerbungen und Vorauswahl (Abgleich der Qualifikationen mit dem Anforderungsprofil
- Ggf. Assessment Center
- Vorstellungsgespräche
- Entscheidung
- Ggf. betriebsärztliche Untersuchung
- Ggf. Einverständnis des Betriebsrates mit der Entscheidung

1387 Nach erfolgter Personalauswahl ist mit dem neuen Mitarbeiter ein schriftlicher Arbeitsvertrag zu schließen. Der Arbeitsvertrag ist die rechtliche Grundlage des Arbeitsverhältnisses. Vergleiche hierzu Kapitel F. des ersten Teils.

1388 Teilprozess Personaleinsatz: Die Arbeitsinhalte der einzelnen Mitarbeiter sollten auf die Qualifikationen und Fähigkeiten der entsprechenden Mitarbeiter abgestimmt sein. Eine fortwährende Über- oder Unterforderung kann zu Demotivation und damit zu geringerer Arbeitsleistung und Effizienzverlusten führen.

1389 Teilprozess Personalentwicklung: Wesentliches Instrument der Personalentwicklung ist die Weiterbildung. Daran sollten insbesondere die Unternehmensleitung (Treffen von Grundsatzentscheidungen, Bereitstellung eines Budgets), die Personalabteilung bzw. ein -beauftragter (konkrete Abwicklung), Vorgesetzte (Initiierung, Durchführung und Kontrolle), Mitarbeiter und – soweit vorhanden – der Betriebsrat (mit Beratungs-, Vorschlags- und Mitbestimmungsrechten) beteiligt werden. Durch die Personalentwicklung sollte eine individuelle Entwicklung des einzelnen Mitarbeiters ermöglicht werden, wodurch eine Unternehmensentwicklung gewährleistet wird. Um dies zu erreichen, bedarf es einer systematischen Entwicklungsplanung für Geschäftseinheiten bzw. Mitarbeitergruppen (High Potentials, Führungskräfte, ggf. Projektmanager, Sales Manager etc.).

In einem Karriereplan kann die künftige Tätigkeit des Mitarbeiters und die Abfolge der Einsätze, so weit wie möglich, im Voraus festgelegt werden. Beachtet werden sollten die Interessen und Fähigkeiten der einzelnen Mitarbeiter. **1390**

Das betriebliche Vorschlagswesen ist eine Institution der organisierten Bewertung und Belohnung von Verbesserungsvorschlägen der Mitarbeiter und dient dem Ziel, die Leistungen des Unternehmens ständig zu verbessern, indem möglichst viele Mitarbeiter im Unternehmen Ideen äußern, mitdenken und verantwortlich handeln. Verbesserungsvorschläge sind freiwillige Mitarbeiterleistungen, die über deren Aufgabenbereiche hinausgehen und zur Weiterentwicklung eines bestehenden Zustands im Unternehmen führen. **1391**

Teilprozess Personaladministration: Die Aufgaben der Personaladministration umfassen vor allem die korrekte Abrechnung des Arbeitsentgeltes sowie dessen Auszahlung an die Mitarbeiter. Oftmals stellt die Arbeitszeiterfassung eine wichtige Grundlage zur Abrechnung, z. B. bei Überstunden, dar. Insbesondere bei Dienstleistungsunternehmen ist die Zeiterfassung neben der personalwirtschaftlichen Komponente direkt mit der externen Auftragsabrechnung verbunden und hat insofern erheblichen Einfluss. In anderen Bereichen (z. B. Verwaltungsbereich) dürfte die Zeiterfassung überwiegend für die Verifizierung der Einhaltung der vertraglich festgelegten Arbeitszeiten und damit integriert für die Überstundenerfassung maßgeblich sein. In wiederum anderen Bereichen soll durch die Zeiterfassung sichergestellt sein, dass gesetzliche Notwendigkeiten in sensiblen Funktionen eingehalten werden. **1392**

Im Teilprozess Lohn- und Gehaltsabrechnung werden die arbeitsvertraglichen und arbeitsrechtlichen Ansprüche der Mitarbeiter bezüglich der Entgeltzahlung bearbeitet sowie die Einhaltung gesetzlicher Abzugs-, Abführungs- und Nachweispflichten sichergestellt. Das zu berechnende Entgelt setzt sich aus dem Grundlohn, sonstigen Lohnbestandteilen (z. B. Prämienlohn, Provisionen, Zulagen etc.) und Entgeltabzügen (z. B. Lohnsteuer, Beiträge zur Sozialversicherung, Lohnpfändungen etc.) zusammen. Durch einen funktionierenden Teilprozess Bezahlung wird sichergestellt, dass Auszahlungen von Lohn und Gehalt korrekt erfolgen. **1393**

Neben der Abrechnung und Auszahlung von Lohn und Gehalt hat die Personaladministration auch die Erfassung von Urlaubs- und Fehlzeiten sicherzustellen. Bei der Genehmigung von Urlaub muss sichergestellt sein, dass die Geschäftstätigkeit des Unternehmens nicht eingeschränkt wird. Daher sind Urlaubsanträge in der Regel jeweils durch den Fachvorgesetzten zu genehmigen. **1394**

Unter Fehlzeiten sind alle in Tagen gemessenen Abwesenheiten (Ausfallzeiten) eines Mitarbeiters vom Betrieb zu verstehen. Abwesenheiten sind zu differen- **1395** zieren in Absentismus (motivationsbedingte Fehlzeiten), in Krankenstand (krankheitsbedingte Fehlzeiten) und in sonstige Fehlzeiten (z.T. betrieblich bedingt, wie z.B. Fortbildungen; tarifvertraglich geregelt, z.B. Sonderurlaub; durch gesetzliche Bestimmungen bedingt, wie z.B. Wehrübungen). Die Analyse dieser Fehlzeiten im Unternehmen kann Rückschlüsse auf Missstände zulassen und sollte daher regelmäßig durchgeführt werden.

1396   Zur Analyse aller personalbezogenen Phänomene werden vor allem Personalstatistiken erstellt. Eine Personalstatistik stellt auch das Ergebnis des Prozesses zur Erfassung und Aufbereitung des im Personalwesen anfallenden Zahlenmaterials dar. Wesentlich ist, dass nicht nur Statistiken erstellt werden, sondern dass diese auch von der Unternehmensleitung ausgewertet werden und Grundlage für neue Entscheidungen darstellen.

1397   **Teilprozess Personalfreisetzung:** Vor einer Kündigung sollte geklärt werden, ob die Kündigung tatsächlich rechtlich zulässig ist und wirksam werden kann, um mögliche Rechtsstreitigkeiten im Vorfeld zu verhindern.

1398   Mit Mitarbeitern, die ein Arbeitsverhältnis selbst gekündigt haben, kann ein Abgangsinterview geführt werden (durch einen leitenden Angestellten der entsprechenden Abteilung oder durch einen Mitarbeiter der Personalabteilung). Ziel ist es, betriebliche Schwachstellen, die zu der Kündigung geführt haben, zu erkennen und zu beheben. Dazu ist die Kommunikation der Schwachstellen im Unternehmen erforderlich. Zudem kann ein Abgangsinterview dazu genutzt werden, evtl. vorhandene Aversionen des (ehemaligen) Mitarbeiters gegenüber dem Unternehmen abzubauen und so auch evtl. für das Unternehmen nachteiligen späteren Handlungen durch den Mitarbeiter entgegen zu wirken (beispielsweise Rufschädigungen).

1399   Die Löschung von Berechtigungen nach einer erfolgten Kündigung stellt einen elementaren Bestandteil des betrieblichen Sicherungssystems dar, da so nachteilige Handlungen durch einen ehemaligen Mitarbeiter gegen das Unternehmen verhindert werden können. Darunter fallen neben Zugangsberechtigungen zum Betriebsgelände auch die Löschung von Unterschriftenberechtigungen sowie eventuell die Löschung von sonstigen Vollmachten (z.B. Bankvollmachten).

6. Überarbeitung der Geschäftsprozesse

1400   Im Rahmen der weiteren Unternehmensentwicklung ist es wegen der sich ändernden Verhältnisse üblich, dass Geschäftsprozesse überarbeitet und Aufgaben anders verteilt werden müssen. Dieses sollte nicht erst dann erfolgen, wenn dem Unternehmen durch Unterschlagungen, wesentliche Falschlieferungen, schlechte Einkaufskonditionen oder dergleichen erheblicher wirtschaftlicher Schaden entstanden ist. Vielmehr bietet es sich an, Frühwarnindikatoren zu definieren, über die in der Managementberichterstattung auch zu berichten ist. Solche Frühwarnindikatoren können sowohl absolute Zahlen (z.B. Anzahl der Wareneingänge im Vorratsbereich) als auch Verhältniszahlen (z.B. Anzahl von

Wareneingängen pro Mitarbeiter im Vorratsbereich) sein. Neben solchen „harten" Zahlen kann es sich auch anbieten, weitere Frühwarnindikatoren zu definieren, die sich auf „weiche" Daten (z. B. Kundenzufriedenheit, Mitarbeitermotivation) beziehen. Definierte Frühwarnindikatoren sollten zur besseren Nachvollziehbarkeit dokumentiert und ggf. im Zeitablauf angepasst werden.

II. Managementberichterstattung

Die Managementberichterstattung ist ein wesentliches Mittel zur Sicherstellung **1401** der Einhaltung der Sorgfaltspflichten der Geschäftsleitung und damit Bestandteil der so genannten „Managementkontrollen" (oder auch „Überwachungskontrollen"), die Bestandteil des Internen Kontrollsystems eines Unternehmens sind. Managementkontrollen sollen in angemessener Weise sicherstellen, dass die betriebliche Organisation

- Gesetze, Vorschriften und Anweisungen des Managements einhält;
- ordnungsgemäße, sparsame, zweckmäßige und wirksame Abläufe fördert und ihre geplanten Ziele erreicht;
- Vermögenswerte vor Betrug, Verschwendung, Missbrauch und Misswirtschaft sichert;
- qualitativ hochwertige Produkte und Dienstleistungen im Einklang mit den Aufgaben der Organisation erbringt;
- zuverlässige Finanz- und Managementinformationen erstellt, bereit hält und diese in angemessener Weise zeitgerecht veröffentlicht.

Mit der Managementberichterstattung ist nicht das schlichte Bereitstellen mo- **1402** natlicher betriebswirtschaftlicher Auswertungen aus dem Buchführungssystem des Unternehmens gemeint. Vielmehr hat eine Managementberichterstattung – i. d. R. in einem abgestuften Rahmen – in strukturierter Form sämtliche relevanten Sachverhalte und Entwicklungen des Berichtszeitraumes zu enthalten und dabei alle Unternehmensbereiche zu umfassen. Es bietet sich an, in die Managementberichterstattung Vergleichsgrößen (z. B. Sollgrössen, Vormonatszahlen etc.) aufzunehmen sowie auch verbale Beschreibungen wesentlicher Vorkommnisse, Entwicklungen und Tendenzen vorzusehen. Normalerweise kann eine Managementberichterstattung auch im Rahmen eines „Jour-Fixe" mündlich erfolgen; aus Gründen der Strukturierung und zum „Nachschlagen" (Dokumentationsfunktion) ist eine schriftliche Berichterstattung jedoch vorzuziehen.

B. Risikofrüherkennungssysteme

Literaturauswahl:

Hüffer, Uwe, Aktiengesetz, Verlag Beck, 2002; Institut der Wirtschaftsprüfer, Die Prüfung des Risikofrüherkennungssystems nach § 317 Absatz 4 HGB (IDW PS 340), IDW-Fachnachrichten, 1999, Heft 8, 350 ff.; Wolf, Klaus/Runzheimer, Bodo, Risikomanagement und KonTraG – Konzeption und Implementierung, Gabler Verlag, 2001; Gleason, James, Risikomanagement, Campus Fachbuch, 2001; Keitsch, Detlef, Risikomanagement, Schäffer-Poeschel Verlag, 2000; Lange, Knut Werner/Wall, Friederike, Risikomanagement nach dem KonTraG, Verlag Vahlen, 2001.

I. Notwendigkeit von Früherkennungssystemen

1403   Mit In-Kraft-Treten des Gesetzes zur Erhöhung der Kontrolle und Transparenz im Unternehmensbereich (KonTraG) im April 1998 hat der Gesetzgeber den § 91 Abs. 2 AktG eingeführt. Darin heißt es,

> „der Vorstand hat geeignete Maßnahmen zu treffen, insbesondere ein Überwachungssystem einzurichten, damit den Fortbestand der Gesellschaft gefährdende Entwicklungen frühzeitig erkannt werden."

1404   In ihrer Gesetzesbegründung führte die Bundesregierung aus, dass sie von einer **Ausstrahlungswirkung** auf Gesellschaften anderer Rechtsformen ausgehe. Insofern ist – auch wenn die Regelung im Aktiengesetz verankert – die Verpflichtung zur Einführung von Risikofrüherkennungssystemen auch für die Geschäftsführungen von Unternehmen anderer Rechtsformen zu beachten. Dieses ist jedoch nicht ungewöhnlich, denn zu einer sachgerechten und ordnungsgemäßen Geschäftsführung gehört es selbstredend immer, sich mit den auf das Unternehmen einwirkenden Risiken in systematischer Weise zu beschäftigen.

1405   Diese gesetzliche Änderung stellt gleichwohl einen der wenigen Eingriffe des Gesetzgebers in die **Organisationsfreiheit** des Unternehmers dar und bringt verschiedene Konsequenzen sowohl für die Organe einer Gesellschaft (Vorstand bzw. Geschäftsführung sowie Aufsichtsrat) wie auch für den Wirtschaftsprüfer mit sich:

a) Vorstand/Geschäftsführung

- Pflicht zur Einführung eines Risikofrüherkennungssystems (§ 91 Abs. 2 AktG)
- Pflicht zur Berichterstattung über bestandsgefährdende und sonstige wesentliche Risiken (§ 289 HGB)
- Beweislast für die ordnungsgemäße Organisation liegt beim Vorstand/bei der Geschäftsführung (§ 93 AktG bzw. § 43 GmbHG)

b) Aufsichtsrat

- Überwachungsfunktion des Aufsichtsrates (§ 111 AktG)
- Pflicht zur Prüfung von Konzernabschluss und Lagebericht (§ 171 AktG)

c) Abschlussprüfer

- Prüfung der Einhaltung von § 91 Abs. 2 AktG und § 289 HGB
- Stellungnahme zur Beurteilung der Unternehmenslage durch die Geschäftsführung (§ 321 HGB)
- Beurteilung des Prüfungsergebnisses (§ 322 HGB)

Vor dem Hintergrund der auch in Deutschland geführten Debatte zum Thema **1406** „corporate governance" – also der Frage der Unternehmensverfassung – und den aktuellen Ereignissen am Kapitalmarkt, wird allgemein eine deutliche Verschärfung der Anforderungen an die Organe von Kapitalgesellschaften erwartet. So führt der von der „Regierungskommission Deutscher Corporate Governance Kodex" verabschiedete und für börsennotierte Unternehmen bindende Kodex in Abschnitt IV.1.4. aus:

> „Der Vorstand sorgt für ein angemessenes Risikomanagement und Risikocontrolling im Unternehmen."

Im Hinblick auf die Zuständigkeiten des Aufsichtsrates wird ausgeführt: **1407**

> „Der Aufsichtsratsvorsitzende soll mit dem Vorstand, insbesondere mit dem Vorsitzenden bzw. Sprecher des Vorstands, regelmäßig Kontakt halten und mit ihm die Strategie, die Geschäftsentwicklung und das Risikomanagement des Unternehmens beraten. Der Aufsichtsratsvorsitzende wird über außergewöhnliche Ereignisse, die für die Beurteilung der Lage und Entwicklung sowie für die Leitung des Unternehmens von wesentlicher Bedeutung sind, unverzüglich durch den Vorsitzenden bzw. Sprecher des Vorstands informiert. Der Aufsichtsratsvorsitzende soll sodann den Aufsichtsrat unterrichten und erforderlichenfalls eine außerordentliche Aufsichtsratssitzung einberufen."

Das nach § 91 Abs. 2 AktG einzuführende Risikofrüherkennungssystem ist auf **1408** die **Früherkennung bestandsgefährdender Entwicklungen** und damit auf einen wichtigen Teilaspekt des Risikomanagements ausgerichtet. Es ist so auszugestalten, dass diejenigen Risiken und deren Veränderungen erfasst werden, die in der jeweiligen Situation des Unternehmens dessen Fortbestand gefährden können. Da derartige Risiken früh – d. h. nicht erst nach ihrer Entwicklung zu einer ernsten Bedrohung – erkannt werden sollen, muss das Risikofrüherkennungssystem geeignet sein, die Risiken so rechtzeitig zu erfassen und die Information darüber an die zuständigen Entscheidungsträger weiterzuleiten, sodass diesen entsprechende Reaktionszeit verbleibt und dass der Vorstand über Risiken, die allein oder im Zusammenwirken mit anderen Risiken bestandsgefährdend werden können, informiert wird.

Über die **Erfüllung der gesetzlichen Verpflichtung** hinaus gibt es eine Reihe **1409** von Gründen für die Einführung eines Risikofrüherkennungssystems und dessen Ausbau zu einem Risikomanagementsystem:

- Rechtzeitige Erkennung der Chancen und Risiken, die auf die Unternehmensziele einwirken
- Gewährleistung einer durchgängigen Berichterstattung der gewonnenen Informationen an die Entscheidungsträger

- Systematische Einbeziehung der Erkenntnisse in die Unternehmensentscheidungen
- Schaffung der notwendigen Voraussetzungen für eine erfolgreiche Weiterentwicklung des Unternehmens
- Verbesserung von Prozessabläufen
- Positiver Einfluss auf die Bewertung von Kreditrisiken durch Ratings (Basel II)

1410 Die Gesamtheit dieser Gründe soll verdeutlichen, dass auch in jungen Unternehmen eine intensive und systematische Beschäftigung mit Risiken, die auf das Unternehmen einwirken, von großer Bedeutung ist.

1411 Die seit 1998 gemachten Erfahrungen zeigen, dass die Einrichtung eines Risikofrüherkennungssystems keine einmalige Angelegenheit ist, sondern eher der Einführung eines kontinuierlich ablaufenden Prozesses ähnelt. So wie sich das Umfeld eines Unternehmens und auch das Unternehmen selbst ändern, muss sich auch das Risikofrüherkennungssystem anpassen. Die nachfolgende Abbildung gibt diesen Gedanken wieder:

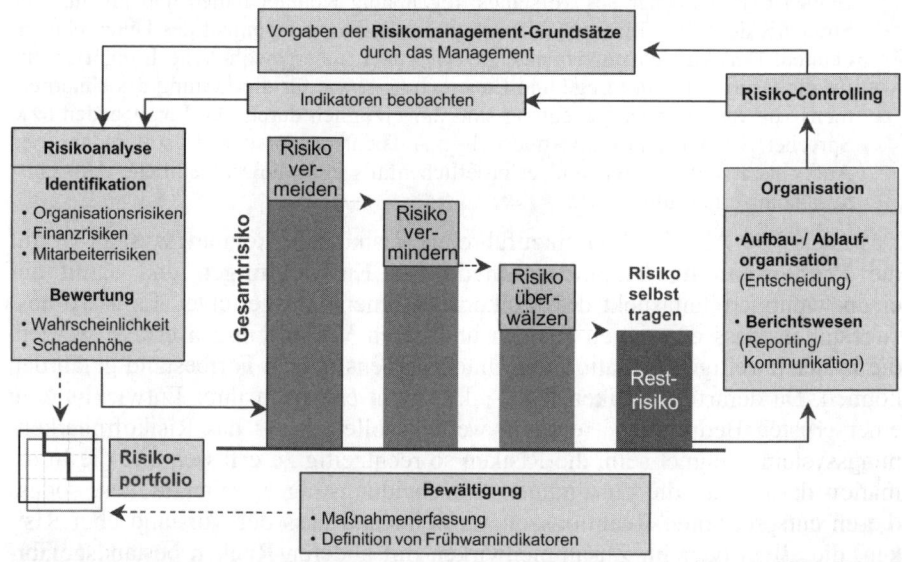

Abbildung 14: Risikomanagement-Prozess

II. Elemente der Risikofrüherkennung

1. Risikodefinition

1412 Zur Berücksichtigung betriebwirtschaftlicher Zusammenhänge ist es sinnvoll, eine weit gefasste Definition für den Begriff Risiko zu wählen:

Schmid/Werner

> Risiken sind alle Ereignisse und möglichen Entwicklungen innerhalb und außerhalb des Unternehmens, die sich negativ auf die Erreichung der Unternehmensziele auswirken können.

Die Einbeziehung von Risiken, die außerhalb des Einflussbereiches des Unternehmens liegen, hat sich als sinnvoll erwiesen. Auch wenn das Unternehmen hier nur schwerlich geeignete Gegenmaßnahmen entwickeln kann, ist die Beobachtung der Risikosituation zweckmäßig. **1413**

Von wesentlicher Bedeutung ist, dass nicht nur Risiken finanzieller Natur (z. B. **1414** aus Spekulations-, Options- oder Fremdwährungsgeschäften) durch das Risikofrüherkennungssystem abgebildet werden müssen. Risiken können vielmehr in **sämtlichen Unternehmensbereichen** (z. B. Technik, Beschaffung, Vertrieb, Personal) auftreten. Es ist daher erforderlich, die Maßnahmen nach § 91 Abs. 2 AktG auf das gesamte Unternehmen zu erstrecken und sämtliche betrieblichen Prozesse und Funktionsbereiche einschließlich aller Hierarchiestufen und Stabsfunktionen darauf zu untersuchen, ob aus ihnen Risiken resultieren können, die nach Art oder Umfang – ggf. im Zusammenwirken mit anderen Risiken (d. h. es ist auch eine Gesamtheitsbetrachtung und eine Zusammenwirkungsanalyse erforderlich) – den Bestand des Unternehmens gefährden können. Ergänzend sind diejenigen Unternehmensbereiche (betriebliche Funktionen oder betriebliche Prozesse) abzugrenzen, aus denen solche Risiken in besonderem Maße resultieren können bzw. in die diese Risiken aus der Unternehmensumwelt hineinwirken.

2. Der Rahmen für Risikomanagement

Beim Aufbau eines Risikomanagementsystems hat die Geschäftsführung zuerst **1415** den Rahmen, innerhalb dessen Risikomanagement betrieben werden soll, zu bestimmen:

- Die Unternehmensziele und die kritischen Erfolgsfaktoren, die zur Erreichung dieser Ziele erforderlich sind, sollten schriftlich festgehalten werden.
- Der Geltungsbereich des Risikomanagements, d. h. inwieweit sind Beteiligungsunternehmen einzubeziehen.
- Für die Sortierung bzw. Gruppierung von Risiken hat sich die Bildung von Risikokategorien bewährt.
- Zur Bewertung von Risiken sollten Maßstäbe für die Eintrittswahrscheinlichkeit und den potenziellen Schaden erarbeitet werden.
- Die Methodik, mit der Risiken identifiziert und bewertet werden sollen, ist in Abhängigkeit der Unternehmensgröße und -kultur festzulegen (Interview oder Workshop).
- Schließlich ist noch eine Wertgrenze für kritische Risiken zu bestimmen.

3. Die Erhebung des Risikoportfolios

Innerhalb des definierten Rahmens können nun Risiken, die die zukünftige Entwicklung des Unternehmens bedrohen, identifiziert und den Risikokategorien **1416** zugeordnet werden. Dabei ist darauf zu achten, dass die Risiken eindeutig formuliert und richtig kategorisiert sind. In der Praxis ist häufig zu beobachten, dass anstelle des Risikos bereits eine Gegenmaßnahme formuliert wird oder dass bei der Kategorisierung der Weg des geringsten Widerstandes gewählt wird.

1417 Ist dieser Inventarisierungsprozess abgeschlossen, können die Risiken anhand der gewählten Wertmaßstäbe bewertet werden. Lässt man dabei bereits vorhandene Gegenmaßnahmen außer Betracht, erhält man eine Bruttobewertung. Wenn die Gegenmaßnahmen berücksichtigt werden, führt die **Bewertung** zu den Nettorisiken.

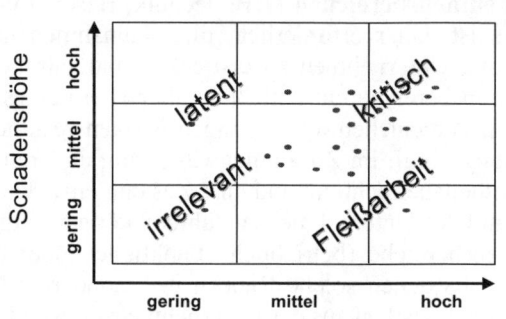

Abbildung 15: Risikoportfolio

1418 Zur übersichtlichen Darstellung bietet es sich an, das Portfolio grafisch darzustellen („Risk-Map").

1419 Entsprechend der vorher festgelegten Wertgrenzen für kritische Risiken ergeben sich mehrere Felder im Portfolio, die im Weiteren einer unterschiedlichen Behandlung bedürfen:

● **„Roter Bereich" – kritische Risiken:** Hier sind die Risiken enthalten, die über den von der Geschäftsführung festgelegten Wertgrenzen liegen und ein Bedrohungspotenzial beinhalten, welches den Bestand des Unternehmens gefährden kann. Diese Risiken sind in das regelmäßige Risikoreporting aufzunehmen.

● **„Gelber Bereich" – wesentliche Risiken:** Die in diesem Feld befindlichen Risiken führen bei einem Eintritt zwar nicht zu einer Bestandsgefährdung, sind aber in ihren Auswirkungen immer noch so erheblich, dass sie ebenfalls in die regelmäßige Beobachtung aufgenommen werden sollten.

● **„Grüner Bereich" – Irrelevante Risiken:** Die in diesem Bereich liegenden Risiken weisen nur ein geringes Gefährdungspotenzial auf und müssen nicht in das regelmäßige Reporting aufgenommen werden. Sie sollten dennoch nicht gestrichen werden, sondern ebenso wie die anderen Risiken periodisch neu bewertet werden.

Schmid / Werner

Eine wirksame Risikoerfassung, d. h. Risikoerkennung und -analyse, erfordert **1420** allerdings, dass sowohl im Vorhinein definierte Risiken, als auch – soweit möglich – Auffälligkeiten oder Risiken, die keinem vorab definierten Erscheinungsbild entsprechen, identifiziert werden. Dieses setzt die Schaffung und die Fortentwicklung eines angemessenen Risikobewusstseins aller Mitarbeiter voraus. Jedem Mitarbeiter ist insofern seine wichtige Rolle innerhalb des Risikomanagement-Prozesses nahe zu bringen.

4. Risikoüberwachung

Mit der Erstellung des Risikoportfolios hat das Unternehmen seine individuelle **1421** Risikosituation in einer Momentaufnahme festgehalten. Die Entwicklung dieser Risiken, insbesondere des „roten" und des „gelben" Bereiches, ist zu überwachen. Zu diesem Zweck ist ein Risikoreporting aufzubauen, welches regelmäßige Berichtspflichten vorsieht. Ebenso sollte darauf geachtet werden, dass „Filterfunktionen" enthalten sind, damit die Berichtsempfänger nicht mit z.T. irrelevanten Informationen „überflutet" werden.

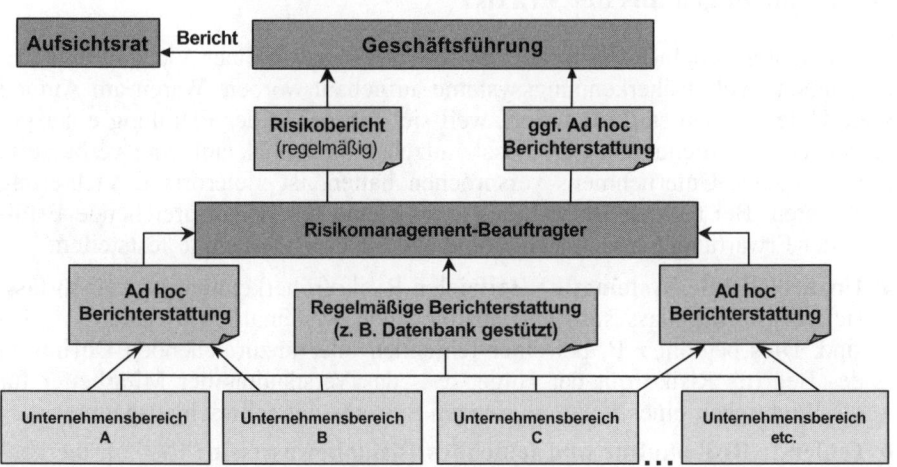

Abbildung 16: Beispiel Risiko-Kommunikationsprozess

5. Dokumentation

Risikofrüherkennungssysteme sollen personenunabhängig arbeiten. Darum sind **1422** die wesentlichen Schritte des Risikomanagementprozesses zu dokumentieren. Die Verwendung von so genannten Musterhandbüchern, wie sie häufig auf dem Markt angeboten werden, hat sich nicht bewährt. Die Ausgestaltung des Risikomanagementprozesses sollte individuell erfolgen und an das Geschäftsmodell des Unternehmens angepasst werden. Durch diese Vorgehensweise kann außerdem sichergestellt werden, dass die Dokumentation nicht über den notwendigen Umfang hinaus aufgebläht wird. Gerade in kleinen Organisationen ist eine pragmatische Vorgehensweise sinnvoll:

- Anstatt ein gesondertes Risikomanagementhandbuch zu schreiben, bietet es sich häufig an, im Unternehmen bereits vorhandene Dokumentationen, z. B. aus dem Qualitätsmanagement, um die Beschreibung des Risikomanagementprozesses zu ergänzen.

- Häufig wird die Einrichtung von „Risikomanagementausschüssen" gefordert. Die Protokollierung der wesentlichen Ergebnisse von ohnehin regelmäßig stattfindenden Meetings (z. B. Vorstandssitzungen), bei denen auch die Risikolage des Unternehmens diskutiert wird, kann dieses Gremium ersetzen.

- Die Erstellung gesonderter Risikoberichte wird zu Recht als zusätzliche und eigentlich unnötige Arbeitsbelastung empfunden. In den meisten Unternehmen werden regelmäßig Berichte unterschiedlichster Art erzeugt und kommuniziert. Diejenigen Informationen, die für das Risikomanagement zusätzlich erforderlich sind, lassen sich in den meisten Fällen problemlos in einen der vorhandenen Berichte integrieren (vgl. Managementberichterstattung).

III. Erfahrungen aus der Praxis

1423 In den Jahren seit In-Kraft-Treten des KonTraG sind in einer Vielzahl von Unternehmen Risikofrüherkennungssysteme aufgebaut worden. Waren am Anfang viele Unternehmen stark motiviert, weil sie sich neben der Erfüllung einer gesetzlichen Verpflichtung einen Zusatznutzen im Hinblick auf eine verbesserte Steuerung des Unternehmens versprochen hatten, ist vielerorts Ernüchterung eingetreten. Bei näherer Betrachtung der Gründe für die unzureichende Erfüllung der Erwartungen lassen sich einige wiederkehrende Punkte feststellen:

- **Unzureichende Systematik:** Bei vielen Risikofrüherkennungssystemen lässt sich feststellen, dass sie ohne ausreichende Systematik entwickelt worden sind. Dies beginnt z. B. bei einer fehlenden oder unzureichenden Definition des Begriffs Risiko mit der Folge, dass das Verständnis der Mitarbeiter für die Wichtigkeit eines funktionierenden Systems nur schwach ausgeprägt ist.

- **Fehlende Risikokultur und fehlendes Risikobewusstsein:** Risikofrüherkennung beginnt in den Köpfen der Führungskräfte eines Unternehmens. Auch in stark wachsenden Organisationen sollte die Möglichkeit des Nichterreichens von Zielen mental berücksichtigt werden, um rechtzeitig Alternativen erarbeiten zu können. Die für die Umsetzung eines ehrgeizigen Business Plans erforderliche starke Unternehmerpersönlichkeit erweist sich in dieser Hinsicht häufig als „Bremser".

- **Eingeschränkte Risikoerfassung:** Erfolgreiche Risikofrüherkennungssysteme basieren auf einem ganzheitlichen Ansatz. Die in der ersten Zeit unternommenen Versuche, Risiken nur im Rechnungswesen oder Controlling identifizieren zu wollen, haben sich als wenig tragfähiges Konzept erwiesen. Markt-,

Schmid/Werner

Kunden- und Wettbewerbsaspekte dürfen in keinem Risikofrüherkennungssystem fehlen. Häufig wird auch wenig Wert auf die Identifizierung der Risiken gelegt, die ihren Ursprung in der eigenen Organisation haben. Gerade bei Unternehmen, die sich ein überdurchschnittliches Wachstum vorgenommen haben, sollte jedoch eine Einbeziehung der Bereiche Unternehmensstrategie, Personal, Aufbauorganisation und interne Geschäftsprozesse unbedingt erfolgen.

- **Nur ein Teil der Mitarbeiter ist eingebunden:** Die Expertise der eigenen Mitarbeiter hinsichtlich des Auftretens von Risiken wird in vielen Unternehmen nur unzureichend genutzt. Dieses Versäumnis paart sich häufig mit einem nur schwach ausgeprägten Risikobewusstsein.

- **Beschränkung auf einzelne Unternehmensbereiche:** Im engen Zusammenhang mit den beiden vorgenannten Punkten steht gelegentlich die Auffassung, dass in einem bestimmten Bereich des Unternehmens, z. B. der Logistik, per se keine Risiken auftreten können und man diesen Bereich folglich nicht weiter zu betrachten braucht.

- **Keine klaren Verantwortlichkeiten:** Risikofrüherkennung lebt davon, dass die Risiken im Unternehmen aktiv beobachtet werden. Die Schaffung einer klar gegliederten Struktur von Verantwortlichkeiten ist eine essenzielle Voraussetzung, um ein System, welches mit beträchtlichem Aufwand installiert wurde, dauerhaft am Leben zu erhalten.

- **Keine ausreichende Kontrolle und Überwachung:** Ohne ein fortlaufendes Monitoring der Risikosituation kann die Situation des Unternehmens nicht richtig eingeschätzt werden. Auch die Überwachung, ob die festgelegten Gegenmaßnahmen zur Reduzierung der Eintrittswahrscheinlichkeit oder der potenziellen Schadenshöhe eines Risikos in der täglichen Praxis auch umgesetzt werden, hat sich in der Praxis als hilfreich erwiesen.

- **Fehlende Dokumentation und Nachvollziehbarkeit:** Die wenigsten Menschen können unter den vielfältigen Anforderungen des Unternehmensalltags nach Ablauf eines längeren Zeitraums noch alle Einzelheiten zur Bewertung eines Umstands bzw. Risikos und alle seinerzeit festgelegten Maßnahmen fehlerfrei und vollständig aus dem Gedächtnis wiedergeben. Die Dokumentation des Risikofrüherkennungssystems und seiner wesentlichen Ergebnisse ist eminent wichtig, um z. B. die Effektivität und Effizienz von Gegenmaßnahmen ex post zu beurteilen und sich eine gute Ausgangsbasis für Prognosen zu verschaffen.

- **Mangelhafte Anpassung an sich ändernde Umwelt:** In vielen Unternehmen ist Risikofrüherkennung als Einmalaufwand verstanden worden, der unter dem Druck des KonTraG aufzuwenden ist. Nutzen für das Unternehmen kann jedoch nur entstehen, wenn der Prozessgedanke in der Risikofrüherkennung mit Leben erfüllt wird und eine Unternehmensleitung die notwendigen Ressourcen dauerhaft zur Verfügung stellt, um das System den sich ändernden Rahmenbedingungen anzupassen.

- **Früherkennung JA – Risikomanagement NEIN:** Für den Übergang von der reinen Früherkennung zu einem Management von Risiken (und Chancen) fehlen bisher oft noch die aktuellen Steuerungsinformationen für die Entscheider im Unternehmen. Risiken können in verschiedenen Stadien erkannt werden. Ideal ist es Frühwarnindikatoren zu definieren, an denen sich die Entwicklung bzw. das Heranreifen eines Risikos erkennen lässt.

> Beispielsweise sei für den Erfolg eines Geschäftsmodells ein positives Betriebsklima und eine – zumindest überwiegend – gleichbleibende Mitarbeiterschaft wichtig. Offensichtlich wird das Risiko, wenn Mitarbeiter kündigen bzw. die Kündigungsraten ansteigen. Aber es gibt auch Frühwarnindikatoren, die – bevor es zur (unwiderruflichen) Kündigung durch die Mitarbeiter kommt – dem Management eine Reaktionszeit einräumen, wie z.B. Ansteigen des Krankenstandes, Häufung von „Ein-Tages"-Urlauben etc.

1424 Zusammenfassend lässt sich also festhalten, dass Risikofrüherkennung ein kontinuierlicher Prozess ist, der unter Einbeziehung aller Wissensträger in einer offenen Atmosphäre gestaltet werden sollte. Die Verantwortlichkeiten und die konkreten Abläufe sind zu dokumentieren, um eine personenunabhängige Funktion sicherzustellen.

IV. Typische Risikolandschaften junger Unternehmen

1425 Für Unternehmen, die sich in einer starken Wachstumsphase befinden, ergibt sich eine typische Risikolandschaft, die sich von der Risikolandschaft etablierterer Unternehmen unterscheidet.

1426 Häufig anzutreffen sind folgende Risiken bei jungen Unternehmen, die sich überwiegend aus verschiedenen „Abhängigkeiten" ergeben:

- **Abhängigkeit von wenigen Kunden** – Was kann ich unternehmen, diesen Kunden an mich zu binden? Kann ich den Ausfall eines Kunden verkraften?
- **Abhängigkeit von wenigen Lieferanten** – Macht es nicht Sinn, einen parallelen Beschaffungsweg aufzubauen? Sind die Beschaffungswege gesichert (rechtlich, qualitativ)?
- **Abhängigkeiten von Schlüsselpersonen** – Wie können diese an das Unternehmen gebunden werden, wie kann deren Know How gesichert werden?
- **Technik** – Ist die Technik gegen Ausfall gesichert? Gibt es Back-up-Systeme oder Notfallpläne?
- **Finanzierung** – Von welchen Parametern hängt die Finanzierung des Unternehmens ab? Welche Sensitivitäten bestehen?

1427 Die intensive Beschäftigung der Geschäftsführung mit den auf das Unternehmen einwirkenden Risiken wird von jedem Investor vorausgesetzt, denn sie ist Bestandteil einer verantwortungsvollen Unternehmensführung. In der Praxis hat sich etabliert, im Business Plan im Rahmen einer Stärken-Schwächen-Chancen-Risiko-Analyse (sog. „SWOT-Analyse") die Stärken und Risiken offensiv, d.h. vollständig und richtig, aber auch unter Angabe der Maßnahmen, die die Geschäftsführung zur Begegnung der Risiken bzw. zur Behebung der Schwächen ergriffen hat, zu benennen.

C. Operatives Management des Aktivgeschäfts

I. Auswahl von Lieferanten

Literaturauswahl:

Koppelmann, Udo, Beschaffungsmarketing, Springer Verlag, 2000; Koppelmann, Udo, Beschaffungsmarketing für die Praxis – Ein strategisches Handlungskonzept, Springer Verlag, 1997; Arthur D. Little, Einkauf, Produktion, Logistik – Produktionsnetzwerke und Logistiknetzwerke auf europäischer Ebene optimieren, Gabler Verlag, 2001; Wagner, Stephan, Lieferantenmanagement, Hanser Fachbuch, 2002; Dommasch, Claus, Der Profi- Einkäufer – Basiswissen und Arbeitsmethoden für die Praxis, Campus Fachbuch, 1999; Versteeg, André, Revolution im Einkauf, Campus Fachbuch, 1999; Riffner, Bernhard/Weidelich, Ralf, Professionelles Lieferantenmanagement. So arbeiten Kunden und Lieferanten erfolgreich zusammen, Deutscher Wirtschaftsdienst, 2001; Hartmann, Horst/ Pahl, Hans-Joachim/Sporer, Hans, Lieferantenbewertung, aber wie? Lösungsansätze und erprobte Verfahren, Deutscher-Betriebswirte Verlag, 1997.

Durch die optimale Auswahl von Lieferanten sollen die **beschaffungspolitischen Ziele** des Unternehmens, d.h. die Sicherstellung der Versorgung mit Gütern und Dienstleistungen in der geforderten Quantität und Qualität sowie die Optimierung der Kosten der Beschaffung, erreicht werden. **1428**

Notwendig ist es demnach, qualifizierte Lieferanten zu identifizieren und eine ausreichende Anzahl möglichst längerfristig an das Unternehmen zu binden. Im Vorfeld der Identifikation potenzieller Lieferanten sollten folgende Auswahlkriterien bedacht werden: **1429**

Standort des Lieferanten: Befindet sich ein Lieferant in räumlicher Nähe zu dem zu beliefernden Unternehmen, so ergibt sich hieraus insbesondere der Vorteil kurzer Transport- und Kommunikationswege. Hingegen können unter Umständen durch die Nutzung des internationalen oder globalen Marktes zur Beschaffung der notwendigen Güter und Dienstleistungen vor allem die Beschaffungskosten gesenkt werden, z.B. aufgrund geringerer Lohn- und Lohnnebenkosten in anderen Ländern. Allerdings ist zu bedenken, dass in diesem Fall neben erhöhtem logistischem Aufwand auch weitere Probleme mit Lieferanten auftreten können, wie z.B. geringere Rechtssicherheit. **1430**

Anzahl der Lieferanten: Die Frage nach der Anzahl der Lieferanten wird nicht zuletzt determiniert durch den Bedarf des Unternehmens. Insbesondere wenn verschiedenartige, hoch komplexe Güter und Dienstleistungen beschafft werden müssen, kann dieser Bedarf regelmäßig nicht durch einen einzelnen Lieferanten gedeckt werden. Dennoch lassen sich verschiedene Vor- und Nachteile identifizieren, die bei Konzentration auf einen Lieferanten bzw. bei Nutzung verschiedener Bezugsquellen auftreten. **1431**

Verlässt sich das Unternehmen singulär auf einen Lieferanten, können dadurch bei Abnahme großer Mengen üblicherweise die Bezugspreise und -konditionen verbessert werden („Größendegression"). Zudem wird so die Abwicklung der **1432**

Bestellungen vereinfacht, bei Schwierigkeiten im Rahmen der Auftragsabwicklung steht ein bekannter Ansprechpartner zur Verfügung. Durch die Bindung an einen Stammlieferanten kann eine konstante Qualität sowie eine ständige Verbesserung der Produkte erreicht werden. Allerdings muss berücksichtigt werden, dass relativ große Abhängigkeiten zu diesem Lieferanten bzw. dessen wirtschaftlicher Situation entstehen können und die Flexibilität, die bei Beziehungen zu mehreren Lieferanten gegeben ist, eingeschränkt wird. So kann beispielsweise der Ausfall eines wesentlichen Stammlieferanten ein bedeutendes Risiko des Unternehmens darstellen. Zudem werden die Vorteile des Wettbewerbs der Lieferanten untereinander, die sich sowohl auf die Qualität der Produkte als auch auf Preise und Konditionen beziehen können, nicht genutzt.

1433 **Beschaffungsweg:** Ob die Umgehung des Handels durch direkten Bezug von Produkten beim Hersteller sinnvoll ist, entscheidet sich im Wesentlichen durch die unterschiedlichen Preise. Dabei kann generell davon ausgegangen werden, dass bei der Beschaffung nur kleiner Mengen die Nutzung des Handels zu geringeren Beschaffungskosten führt. Preisnachlässe beim Hersteller werden häufig erst bei Abnahme großer Mengen gewährt. Die Beschaffung bei Handelsunternehmen bietet häufig den Vorteil, dass Handelsunternehmen über ein breites Sortiment verfügen. Zudem können Handelsunternehmen Lagerfunktionen übernehmen.

1434 **Größe der Lieferanten:** Die Größe eines Lieferanten kann ebenfalls einen maßgeblichen Einfluss auf die Beurteilung haben. So ist bei großen Lieferanten eher davon auszugehen, dass kurzfristige wirtschaftliche Schwächephasen überstanden werden können und diese somit langfristig am Markt agieren werden. Somit ist auch eine kontinuierliche Entwicklung der Produkte zu erwarten. Im Gegenzug gestalten sich allerdings Preisverhandlungen wegen der stärkeren Marktmacht des Lieferanten tendenziell problematischer. Kleine Lieferanten haben hier kürzere Entscheidungswege, können flexibler sein und somit eher auch auf spezielle Anforderungen eingehen.

1435 Die Identifikation potenzieller Lieferanten ist abhängig von der Art der benötigten Güter und Dienstleistungen. Grundsätzlich kann die Identifikation anhand des zu beschaffenden Produkts selbst erfolgen, d. h. die Produkte verschiedener Anbieter bilden den Ausgangspunkt. Daneben ist es aber auch möglich, anhand der Branche, die dem zu beziehenden Produkt zuzurechnen ist, die Suche nach einem geeigneten Lieferanten zu starten.

1436 Als Informationsquellen kommen zum Beispiel in Betracht:
- Besuche von Fachmessen und Ausstellungen
- Lieferantennachschlagewerke
- Internetrecherche
- Selbstständiges Suchen
- Nutzung von Verbänden mit Internetpräsenz
- Datenbanken
- spezielle Vermittler/Einkaufsdienstleister

- Industrie- und Handelskammern
- Branchenadressbücher
- Branchenverbände
- Fachzeitschriften
- sonstige Medien wie z. B. Tageszeitungen, Funk und Fernsehen

Zur Eingrenzung der potentiellen Lieferanten sollten Informationen über die **1437** verschiedenen Anbieter eingeholt werden. Neben den offen zugänglichen Informationen über diese Anbieter (z. B. Internetpräsenzen, Hauszeitschriften des Unternehmens, Geschäftsberichte, Jahresabschlüsse etc.) erfolgt die direkte Kommunikation mit den Unternehmen. Welche Anforderungen an den Lieferanten zu stellen sind (z. B. hohe Qualität, geringer Preis, Innovationskraft, Zuverlässigkeit, stabile wirtschaftliche Situation etc.) und damit auch welche Informationen im Rahmen dieses Suchprozesses von besonderer Bedeutung sind, hängt stark von der Art des zu beschaffenden Produktes – Normprodukt, Spezialprodukt, innovatives Produkt – ab. Im Rahmen der Informationsgewinnung sollte zudem erhoben werden, welche Anforderungen der Lieferant an den Kunden stellt (z. B. hohe Abnahmemengen, langfristiger Bedarf, Wachstum, ausreichende Liquidität) und ob diese Anforderungen erfüllt werden können. Besteht seitens des Lieferanten kein offensichtliches Interesse an der Aufnahme einer Geschäftsbeziehung, sollte dieser Lieferant frühzeitig aus dem Kreis der potenziellen Lieferanten entfernt werden.

Die unterschiedlichen **Anforderungen** an den Lieferanten sollten entsprechend **1438** ihrer Wesentlichkeit für ein zu beschaffendes Produkt gewichtet werden. Die Auswahl erfolgt dann anhand der Erfüllung der einzelnen gewichteten Kriterien. Als Hilfsmittel können hierbei z. B. Checklisten verwendet werden, auf denen die relevanten Kriterien aufgelistet sind („Scoring Modelle"). Zudem ist eine graphische Darstellung in Form einer Matrix bzw. eines strategischen Radars möglich, in die die Erfüllung der Kriterien durch die verschiedenen Lieferanten eingetragen werden. Alternativ kann für jeden Lieferanten eine Kennzahl gebildet werden, die sich aus der Erfüllung der gewichteten Kriterien errechnet. Natürlich können neben diesen objektivierten Auswahlkriterien auch subjektive Merkmale mit in die Entscheidung einfließen.

Die Auswahl von Lieferanten stellt keinen einmaligen Prozess dar. Vielmehr **1439** sind die genannten Schritte immer dann durchzuführen, wenn neue Güter oder Dienstleistungen benötigt werden. Aber auch wenn die Auswahl getroffen wurde, ist es sinnvoll, den Beschaffungsmarkt weiter zu beobachten und nach Alternativen zu suchen. Wichtig ist dabei, dass der betriebene Aufwand und nicht zuletzt die damit verbundenen Kosten des Suchprozesses in einem vernünftigen Verhältnis zu den benötigten Gütern und Dienstleistungen stehen.

Wurde die Auswahlentscheidung getroffen, stellt sich die Frage, in wie weit die **1440** Pflege der Beziehungen zum Lieferanten relevant ist. Grundsätzlich gilt, dass insbesondere Stammlieferanten eines Unternehmens pflegebedürftig sind, da ein Wechsel des Lieferanten u. U. wesentlich aufwändiger und kostenintensiver sein kann als Maßnahmen zur Verbesserung der Beziehungen. Je wichtiger ein Lieferant für das Unternehmen ist, desto mehr sollte sich das Unternehmen um den Aufbau und Erhalt einer soliden Zusammenarbeit bemühen. Die Relevanz ergibt sich vor allem aus den Beschaffungskosten und den erbrachten Leistungen. Zu beachten ist daneben allerdings auch, welche Alternativen bestehen. Stehen keine oder nur sehr begrenzte Beschaffungsalternativen zur Verfügung, so ist die Pflege der Beziehungen zwangsläufig von hoher Bedeutung.

1441 Wesentlicher **Garant** für eine langfristig funktionierende Zusammenarbeit ist das Herstellen einer Situation, in der alle Beteiligten einen hohen Nutzen aus der Geschäftsbeziehung generieren. Es ist notwendig, dass zwischen den Unternehmen ein Vertrauensverhältnis aufgebaut wird und Verpflichtungen von beiden Seiten eingegangen werden. Für einen wesentlichen Lieferanten sollte die innerbetriebliche Zuständigkeit klar geregelt sein, sodass auf verschiedenen hierarchischen Ebenen stets ein gleichbleibender Ansprechpartner zur Verfügung steht. Im Rahmen eines Beschwerdemanagements können Probleme in der Zusammenarbeit frühzeitig erkannt und beseitigt werden. Dazu sollten die Informationen auf einem vorher festgelegten Weg an den Lieferanten weitergeleitet werden.

II. Outsourcing von Nebenprozessen – Make-or-buy

Literaturauswahl:

Bruch, Heike, Outsourcing – Konzepte und Strategien, Chancen und Risiken, Gabler Verlag, 2000; Hodel, Marcus, Outsourcing Management kompakt und verständlich, Gabler Verlag, 1999; Dowling, Michael/Drumm, Hans/Drumm, Hans-Jürgen, Gründungsmanagement. Vom erfolgreichen Unternehmensstart zu dauerhaftem Wachstum, Springer Verlag, 2001; Wisskirchen, Frank, Outsourcing- Projekte erfolgreich realisieren, Verlag Poeschel, 1999; Schneider, Hermann, Outsourcing von Beschaffungsprozessen. Beschaffungsdienstleister und ihre Konzepte, Deutscher Betriebswirte Verlag, 1998; Cunningham, Peter/Fröschl, Friedrich/Hamann, Felix/Pestinger, Andreas/Solbach, Frank, Outsourcing. Strategische Bewertung einer Informationsdienstleistung, F.A.Z Verlag, 1995; Köhler-Frost, Wilfried, Outsourcing. Eine strategische Allianz besonderen Typs, Erich Schmidt Verlag, 2000; Mikus, Barbara, Make-or-buy-Entscheidungen. Führungsprozesse, Risikomanagement und Modellanalysen, GUC-Verlag, 2001; Männel, Wolfgang, Wahl zwischen Eigenfertigung und Fremdbezug, 1996; Hummel, Männel, Kostenrechnung, Gabler Lehrbuch, 4. Auflage.

1442 Kernpunkt der **Make-or-buy-Überlegung** ist die Entscheidung zwischen **Eigenerstellung** und **Fremdbezug**. Innerhalb des Produktionsprozesses wird im Rahmen der Make-or-buy-Entscheidung die Fertigungstiefe festgelegt. In diesen Fällen wird nicht entschieden, ob überhaupt produziert wird, sondern lediglich, welche Arten von Inputgütern beschafft werden.

1443 Grundsätzlich muss bei der Beantwortung der Frage, ob Eigenerstellung oder Fremdbezug vorzuziehen ist, danach unterschieden werden, ob es sich um eine kurzfristige oder eine langfristige Entscheidung handelt. Insbesondere **Eng-**

pass-Situationen führen kurzfristig zu einem Wechsel von Eigenfertigung zum Fremdbezug. Entscheidendes Kriterium in dieser Situation ist der Kostenvergleich zwischen den Alternativen. Hier ist ein Vergleich der Einkaufspreise mit den proportionalen Stückkosten vorzunehmen. Als weitere Entscheidungskriterien treten z. B. Qualitätsaspekte sowie Fragen der Liefersicherheit neben den Kostenvergleich. Langfristige Make-or-buy-Entscheidungen sind vor allem auch Entscheidungen darüber, welche Investitionen in der Zukunft getätigt werden sollen. Die Alternativen zur Eigenfertigung sind dabei (teilweiser) Fremdbezug bei einem oder bei mehreren Lieferanten. Eine langfristige (strategische) Entscheidung für Buy steht dabei für das „Outsourcing".

Outsourcing kann nahezu für alle betrieblichen Funktionen und auf allen hierarchischen Ebenen eines Unternehmens eingesetzt werden. Dies kann durch folgende Beispiele verdeutlicht werden: **1444**

- Beratung der Unternehmensleitung durch externe Unternehmensberater
- Fremdvergabe von F&E-Aktivitäten
- Beschaffung von bestimmten Produkten durch Einkaufsdienstleister
- Beschaffungsmarktforschung durch Einkaufsdienstleister
- Fremdbezug von halbfertigen und fertigen Produkten in der Produktion
- Ausgliederung der Logistik und Lagerhaltung durch externe Logistikunternehmen
- Kundenservice durch Vertragswerkstätten
- Steuerberatung
- Buchhaltung bzw. Rechnungswesen, Abschlusserstellung
- Factoring
- Sicherheitsdienste
- Catering für Kantinen
- Marktforschung, Kundenumfragen

Zu unterscheiden sind grundsätzlich zwei Formen des Outsourcing: Bei der Auslagerung werden die Aufgaben durch einen externen Lieferanten bzw. Dienstleister durchgeführt, eigenes Personal wird in diesem Bereich nicht (mehr) benötigt. Daneben besteht auch die Möglichkeit der Ausgründung, d. h. ein Unternehmensbereich wird in ein rechtlich selbstständiges Unternehmen umgewandelt. Gegenstück vom Outsourcing ist das Insourcing; bislang durch externe Unternehmen erbrachte Aufgaben werden durch das Unternehmen selbst erbracht.   **1445**

Gerade bei stark wachsenden Unternehmen stellt sich häufig die Frage, ob das zukünftige Wachstum im eigenen Unternehmen realisiert werden soll oder ob der Weg des Outsourcing genutzt werden soll. Insbesondere der **geringere Kapitalbedarf** sowie die geringere Ressourcenbindung bei Outsourcing lassen diese Alternative häufig vorteilhaft erscheinen. Das betriebliche Kapital wird nur für wesentliche Kompetenzfelder des Unternehmens eingesetzt.   **1446**

Neben diesem Ziel der Verminderung von Ausgaben für Investitionen sollen durch Outsourcing auch die Herstellungskosten im Unternehmen reduziert werden. Eine Kostenreduktion kann immer dann realisiert werden, wenn die An-   **1447** schaffungskosten für fremderstellte Güter und Dienstleistungen unter den Kosten liegen, die im Unternehmen für die Erbringung der gleichen Leistung aufgebracht werden müssen. Kosteneinspareffekte resultieren vor allem aus einer hohen Spezialisierung und Auslastung eines externen Lieferanten. Neben diesem Preiskalkül ist zudem die Qualität mit in die Überlegungen einzubeziehen. Kann eine Leistung durch einen Dritten in höherer Qualität erbracht werden als dies intern der Fall ist, so ist das outsourcen u. U. vorteilhaft. Auch hier kann insb. eine hohe Spezialisierung zur Verbesserung der Qualität führen.

1448 Zusätzlich bietet Outsourcing den Vorteil **höherer Flexibilität** für ein Unternehmen. Kurzfristige Schwankungen in der Nachfrage führen im eigenen Unternehmen nicht zu Engpässen in der Produktion bzw. zu Unterbeschäftigung.

1449 Bei der Beantwortung der Frage, ob langfristig Leistungen durch Unternehmensexterne erbracht werden sollen, ist zu klären, ob die Ziele (Kosteneinsparungen, Verbesserung der Qualität, Erhöhung der Flexibilität u. a.) auch erreicht werden können.

1450 Allerdings müssen vor einer Entscheidung die **Risiken**, die durch Outsourcing entstehen können, berücksichtigt werden. Die Auslagerung wesentlicher betrieblicher Funktionen kann z.T. zu erheblichen Kompetenzverlusten im Unternehmen führen. Ein Unternehmen, welches vor einer langfristigen Make-or-Buy-Entscheidung steht, muss zunächst sorgfältig untersuchen, welche Bereiche im Unternehmen als Kernkompetenzen zu bezeichnen sind. Zur Identifikation dieser Kernkompetenzen ist die Unternehmensstrategie heranzuziehen. Die Arbeitsfelder, die unter strategischen Gesichtspunkten als wesentlich für den Erfolg des Unternehmens einzustufen sind, sollten bei den Überlegungen besonders kritisch untersucht werden. Dies bedeutet auch, dass auch bei Aufgabenbereichen, die noch von untergeordneter Bedeutung für das Unternehmen sind, geprüft werden muss, in wie weit diese in Zukunft erhöhte Relevanz erlangen können.

1451 Die Auslagerung wesentlicher Funktionen oder Prozesse birgt neben dem **Kompetenzverlust** das Risiko, abhängig von externen Lieferanten zu werden. Dadurch kann zum einen eine Existenzbedrohung des Lieferanten zu einer Bedrohung des eigenen Unternehmens werden (vgl. Kapitel D.I.), zum anderen kann die Position gegenüber dem Lieferanten geschwächt werden. Des Weiteren ist zu beachten, dass durch Outsourcing Know-how insbesondere im technischen Bereich Dritten zugänglich gemacht wird und die Nutzung dieses Know-hows somit nicht mehr durch das Unternehmen kontrolliert werden kann.

1452 Weiterhin gilt es zu bedenken, in wie weit einmal ausgelagerte Prozesse wieder in das Unternehmen integriert werden können („**Insourcing**"). Die Notwendigkeit, bestimmte Bereiche wieder intern zu bearbeiten, kann sich durch geänderte Rahmenbedingungen, strategische Neuausrichtungen oder zu starke Marktmacht des Lieferanten ergeben. Insbesondere wenn Outsourcing zu Personalabbau in einem speziellen Bereich und damit zum Verlust von erfahrenen Mitarbeitern in diesen Bereichen geführt hat, ist die Umkehrung mit hohen

Kosten verbunden, da das Know-how erneut „eingekauft" werden muss. In solchen Fällen kann das ursprünglich verfolgte Ziel der Erhöhung der Flexibilität in das Gegenteil – Abhängigkeit von einem Lieferanten – umschlagen.

Die **Steuerung unternehmensinterner Prozesse** gestaltet sich häufig einfacher als die mit externen Lieferanten. Die Einschaltung von Dritten setzt demnach eine funktionierende Kommunikation zwischen den Beteiligten voraus. Daher ist zu prüfen, ob bei einem Lieferanten die Bereitschaft vorhanden ist, auftretende Probleme gemeinsam mit dem Unternehmen zu identifizieren und zu lösen. Ferner muss auch ein geeignetes Kontrollinstrumentarium installiert werden, um Fehlentwicklungen möglichst auszuschließen oder zumindest frühzeitig zu erkennen. Hier sind Regelungen erforderlich, die auch vertraglich fixiert sein sollten.   **1453**

Zusammengefasst ergeben sich folgende Kriterien, die bei der Auslagerung von Leistungen berücksichtigt werden müssen: **1454**

- Ein Unternehmensexterner muss eine Leistung in qualitativer Hinsicht mindestens ebenso gut erbringen können wie das Unternehmen selbst. Dabei sollten Qualitäts- und/oder Kostenvorteile realisiert werden.
- Strategisch entscheidende Aufgaben (Kernkompetenzen) müssen identifiziert werden und sollten möglichst durch das Unternehmen selbst durchgeführt werden.
- Die Kontrolle des Lieferanten muss sichergestellt sein.
- Weitgehende Abhängigkeiten von Unternehmensexternen sollten verhindert werden. Dabei ist u.a. zu beachten, ob einmal „outgesourcte" Bereiche wieder „ingesourct" werden können.

Neben einer vollständigen Auslagerung von Leistungen besteht auch die Möglichkeit, Kooperationen einzugehen. Die Leistungen werden nicht ausschließlich durch einen Unternehmensexternen, sondern auch durch unternehmensinterne Bereiche erbracht. Durch solche strategischen Kooperationen kann vor allem dem Kompetenzverlust im Unternehmen entgegengewirkt werden. Gerade im Bereich der Forschung und Entwicklung finden solche Kooperationen Anwendung (vergleiche zu den diesbezüglich einschlägigen Aspekten insb. Kapitel G des Ersten Teils).   **1455**

Die Implementierung von Unternehmenskooperationen und die gemeinsame Steuerung der Prozesse kann auf mehrere Arten vollzogen werden. Neben einer Zusammenarbeit, die ausschließlich auf vertraglichen Vereinbarungen basiert, sind auch (wechselseitige) Unternehmensbeteiligungen der einzelnen Kooperationspartner denkbar. Solche Beteiligungen stellen ein gemeinsames Interesse an einer funktionierenden Zusammenarbeit sicher. Wird eine so **weitgehende wirtschaftliche und finanzielle Verflechtung** nicht angestrebt, besteht ferner die Möglichkeit der Gründung einer eigenen Gesellschaft durch die kooperierende Gesellschaft. Dabei können solche Kooperationen sowohl horizontal, z.B. mit konkurrierenden Unternehmen für ein spezielles Problem, als auch vertikal, d.h. zwischen einem Lieferanten und einem Abnehmer, durchgeführt werden.   **1456**

> *Beispiel:*
>
> Zwei im gleichen Geschäftsfeld tätige Unternehmen gründen gemeinsam eine F&E-Gesellschaft zur Entwicklung eines neuen Fertigungsverfahrens. Ziel ist es für beide Unternehmen, die Kosten und damit die Risiken einer solchen Entwicklung zu begrenzen.

1457 Gerade wenn Outsourcing zu Personalabbau im Unternehmen führt, ist stets zu untersuchen, ob dieser Personalabbau vor dem Hintergrund arbeitsrechtlicher Bestimmungen auch tatsächlich durchgeführt werden kann bzw. ob dieser Personalabbau eine Beeinträchtigung des Betriebsklimas nach sich zieht. Eine Alternative zur Fremdvergabe stellt dann die Ausgründung gewisser Unternehmensbereiche in rechtlich selbstständige Unternehmen dar. Eine solche Ausgründung kann insbesondere für Randbereiche in einem Unternehmen sinnvoll sein, wenn hier z.B. Tarifverträge umgangen werden können und somit Einsparungen der Personalaufwendungen möglich werden.

> *Beispiel:*
>
> Ein Unternehmen plant, die Bereiche Catering und Sicherung des Betriebsgeländes outzusourcen. Diese beiden Bereiche wurden bislang durch Mitarbeiter des Unternehmens durchgeführt. Durch Ausgründung in eine Servicegesellschaft werden beide Bereiche durch die gleichen Mitarbeiter wie bisher durchgeführt. Da der bislang geltende Tarifvertrag auf die Mitarbeiter in der neuen Gesellschaft keine Anwendung mehr findet, können die Aufwendungen für Lohn und Gehalt reduziert werden. Kündigungen und u.U. notwendige Abfindungszahlungen können in Grenzen gehalten werden.

III. Die Frage der optimalen vertikalen Integration

Literaturauswahl:

Gick, Wolfgang, Vertikale Integration und informations- und kommuniakationsintensive Dienstleistungen, Universität Jena, Wirtschaftswissenschaftliche Fakultät, Jena, 1999; Femerling, Christian, Strategische Auslagerungsplanung. Ein entscheidungstheoretischer Ansatz zur Optimierung der Wertschöpfungstiefe, Deutscher Universitätsverlag, 1997; Schiele, Holger, Strategisches Management in Wertschöpfungssystemen, Deutscher Universitätsverlag, 2001; Albach, Horst, Wertschöpfungsmanagement als Kernkompetenz, Gabler Verlag, 2002; Dyckhoff, Harald, Grundzüge der Produktionswirtschaft. Einführung in die Theorie betrieblicher Wertschöpfung, Springer Verlag, 2003; Werner, Hartmut, Supply Chain Management. Grundlagen, Strategien, Instrumente und Controlling, Gabler Verlag, 2000.

1458 Bei der Suche nach der optimalen vertikalen Integration wird der Frage nachgegangen, welche Aktivitäten innerhalb einer Wertschöpfungskette durch ein Unternehmen erbracht werden sollen (**„Wertschöpfungstiefe"**). Für Unternehmen des produzierenden Gewerbes reicht die Wertschöpfungskette immerhin von der Gewinnung der Rohstoffe bis hin zum Vertrieb der erstellten Produkte.

1459 Die Folge einer weitgehenden vertikalen Integration ist die Koordination der Aktivitäten innerhalb der Unternehmenshierarchie. Dem steht als Alternative die Koordination durch den Markt gegenüber. Das Optimierungsproblem, das hinter der Frage der optimalen vertikalen Integration steht, ist also, welche Form der Koordination geringere Kosten verursacht. Zu diesen Kosten (Transaktionskosten) zählen alle Kosten, die für die Anbahnung, Vereinbarung, Abwicklung, Kontrolle und Anpassung des Austausches von Leistungen entstehen. Die Höhe der Transaktionskosten hängt insbesondere von den Eigenarten der Transaktion und von der Form der institutionellen Abwicklung ab.

Die vertikale Integration von Aktivitäten in einem Unternehmen sorgt vor allem **1460** für **geringere Transaktionskosten** in den Bereichen Abwicklung und Kontrolle. Vorteilhaft sind z. B. die Reduktion von Unsicherheiten, die Verringerung der Gefahr der Ausnutzung eines Abhängigkeitsverhältnisses durch ein drittes Unternehmen und die Informationswahrung, d. h. dass ein produzierendes Unternehmen mit einem vertikal integrierten Zulieferer gemeinsame Planungsaktivitäten durchführen kann, ohne potenzielle Wettbewerbsvorteile aus dem Unternehmen an Externe zu geben. Hinzu kommen die **Vorteile** der Abwicklung, wie z. B. eine bessere Prozesssteuerung durch Nutzung des unternehmenseigenen Netzwerkes. Zur Steuerung und Überwachung kann auf das gesamte unternehmensintern vorhandene Instrumentarium zurückgegriffen werden.

Vertikale Integration bringt allerdings auch **Nachteile** mit sich. Ein wesentlicher **1461** Punkt ist hierbei die Nichtnutzung des Wettbewerbs. Wird ein Lieferant vertikal integriert, werden Marktbarrieren für andere (auch potenzielle) Lieferanten aufgebaut, was dazu führen kann, dass diese aus dem Markt ausscheiden bzw. den relevanten Markt erst gar nicht bearbeiten können. Vorteile, die durch Konkurrenz unter Zulieferern entstehen, können somit nicht mehr genutzt werden.

Des Weiteren kann die Größe, die Verbundunternehmen erreichen können, **1462** Schwierigkeiten in der Führung eines Unternehmens mit sich bringen. So entstehen unter Umständen nur schwer überschaubare interne Kommunikationsnetzwerke, die erhebliche Kosten verursachen.

Bei der Entscheidung, ob bestimmte Aktivitäten vertikal integriert werden sollen, **1463** sind die **Komplexität** dieser Aktivität sowie die Wettbewerbssituation auf dem Markt entscheidend. Gerade bei wenig komplexen Aktivitäten und starkem Wettbewerb ist die vertikale Integration tendenziell ungünstiger als die Nutzung des Marktes. Der Wettbewerb hat hier eine **disziplinierende Wirkung** auf die Akteure, sodass relativ geringe Transaktionskosten anfallen. Dem gegenüber sind die beschriebenen Nachteile der vertikalen Integration besonders stark ausgeprägt.

Bei hoch komplexen Aktivitäten ist ein starker Wettbewerb wenig wahrschein- **1464** lich. Für ein Unternehmen ist es erforderlich, mit einem externen Unternehmen in einen engen Kontakt zu treten. Die notwendigen Transaktionskosten sind hier besonders hoch, wie in folgendem Beispiel verdeutlicht werden soll:

Beispiel:

Ein Unternehmen benötigt ein technisch komplexes Produkt. Bereits die Suche nach einem geeigneten potenziellen Lieferanten ist zeit- und damit kostenintensiv.

Bei der Auswahl des Lieferanten sind diverse Anforderungen an diesen zu stellen, wodurch auch dieser Prozess mit hohen Kosten verbunden ist (vgl. hierzu C.I.). Aufgrund der Komplexität des zu beschaffenden Produktes ist ein umfangreiches Vertragswerk mit dem Lieferanten erforderlich, in dem die Produkteigenschaften und Qualitätsmerkmale detailliert zu benennen sind, sodass das Produkt den Anforderungen genügt. Trotz eines solchen detaillierten (und damit teuren) Vertrages verbleibt das Risiko negativer Handlungen durch den Lieferanten, da die Erfassung sämtlicher potenzieller Situationen in einem Vertrag nicht möglich ist. Demnach sind umfangreiche Kontrollmaßnahmen erforderlich. Bei Anpassungen des Produkts ist eine enge Zusammenarbeit mit dem Lieferanten erforderlich, der dadurch u. U. wettbewerbsrelevante Informationen erlangt. Durch die hohe Komplexität ist ein Wechsel zu einem anderen Lieferanten nur sehr eingeschränkt möglich, sodass eine hohe Abhängigkeit zu dem Lieferanten entsteht. Die Integration einer solchen komplexen Aktivität in das Unternehmen ist demnach grundsätzlich vorteilhafter als die Nutzung des Marktes. Die beschriebenen Vorteile der vertikalen Integration kommen in diesem Fall stärker zum Tragen als die Nachteile. Eine Abwägung der Vor- und Nachteile ist aber in jedem Einzelfall erforderlich.

IV. Management der Kundenbeziehungen

Literaturauswahl:

Bellabarba, Alexander, Management von Kundenbeziehungen – 7 Bausteine für ein effizientes Kundenmanagement, Carl Hanser Verlag, 1998; Schwetz, Wolfgang, Customer Relationship Management, Verlag Dr. Th. Gabler, 2001; Schmelzer, Hermann/Sesselmann, Wolfgang: Geschäftsprozessmanagement in der Praxis, Carl Hanser Verlag, 2002; Raab, Gerhard/Lorbacher, Nicole, Customer Relationship Management. Aufbau dauerhafter und profitabler Kundenbeziehungen, Verlag Sauer, 2002; Brendel, Michael, CRM für den Mittelstand. Voraussetzungen und Ideen für die erfolgreiche Implementierung, Gabler Verlag, 2002; Dangelmaier, Wilhelm/Helmke, Stefan/Übel, Matthias, Effektives Customer Relationship Management. Instrumente – Einführungskonzepte – Organisation, Gabler Verlag, 2002; Gawlik, Tom/Kellner, Joachim/Seifert, Dirk, Effiziente Kundenbindung mit CRM – Wie Procter & Gamble, Henkel und Kraft mit ihren Marken Kundenbeziehungen gestalten, Galileo Press, 2002; Reichheld Frederick F., Der Loyalitäts- Effekt, Campus Fachbuch, 1997; Smidt, Wolfhardt, Brennpunkt Kundenwert – Mit dem Customer Equity Kundenpotenziale erhellen, erweitern und ausschöpfen, Springer Verlag, 2001.

1465   Die Marktsituation hat sich für viele Unternehmen in den letzten Jahren deutlich gewandelt. Während früher oftmals standardisierte Produkte entwickelt und zu relativ einheitlichen Preisen verkauft wurden, werden nun oftmals auf einen Nachfrager individuell zugeschnittene Lösungen verlangt. Demzufolge ist die Bedeutung der Interaktion mit den Nachfragern deutlich gestiegen. Die Unternehmen sind gefordert, ihre Arbeit auf die Befriedigung der Kundenbedürfnisse zu konzentrieren, da der Kunde über den Erfolg eines Unternehmens am Markt entscheidet.

1466   Ziel des Managements der Kundenbeziehungen ist es, Kunden auf Dauer an das Unternehmen zu binden. Damit **Kundenbindungen** entstehen können, ist es eine wesentliche Voraussetzung, dass die Kunden mit den Leistungen des

Unternehmens zufrieden sind. Dabei wird die Zufriedenheit der Kunden nicht ausschließlich dadurch erreicht, dass ein Unternehmen qualitativ hochwertige Produkte erstellt und/oder zu einem besonders günstigen Preis anbietet. Vielmehr spielen weitere Aspekte, wie z. B. die Servicequalität eines Unternehmens, eine wichtige Rolle. Diese Faktoren werden dann umso wichtiger, wenn in dem bearbeiteten Marktsegment hoher Konkurrenzdruck vorherrscht und die Erlangung von Wettbewerbsvorteilen allein über die Produktqualität und die Preispolitik nur sehr eingeschränkt möglich ist.

Beispiel:

Im Bereich der PC-Hardware bieten nahezu alle Anbieter neben ihren Produkten auch Serviceleistungen an. Diese betreffen unter anderem Unterstützung bei technischen Problemen durch Vor-Ort-Beratung und/oder eine Servicehotline sowie die Bereitstellung aktueller Gerätetreiber, die auf den Internetpräsenzen heruntergeladen werden können.

Die **Zufriedenheit der Kunden** stellt eine zentrale Bedingung für erfolgreiches   **1467** Handeln am Markt dar, da im Allgemeinen nur zufriedene Kunden erneut auf die Leistungen des Unternehmens zurückgreifen werden. Zudem sinkt die Wahrscheinlichkeit, dass der Kunde bei einer erneuten Kaufentscheidung zu einem anderen Anbieter abwandert. Vielfach ist zu beobachten, dass eine Erhöhung der Kundenbindung sich überproportional auf den Unternehmenserfolg auswirkt und die Kosten für Pflege und Erhalt bestehender Kundenbeziehungen deutlich niedriger sind als diejenigen, die zur Akquisition eines Neukunden aufgewendet werden müssen. Auch darf der Einfluss der Kundenzufriedenheit auf das Image nicht unterschätzt werden.

Wesentliche Bedingung für ein funktionierendes Management der Kundenbe-   **1468** ziehungen ist eine durchgehende Ausrichtung der Unternehmensorganisation auf die Kunden sowie der Eingang der Kundenorientierung in die Unternehmensphilosophie und -strategie. Wenn lediglich reine Lippenbekenntnisse wie: „Bei uns ist der Kunde König!" nach außen kommuniziert werden, diese Einstellung aber im Unternehmen nicht nachhaltig gelebt wird, dann werden sich auch keine langfristigen Kundenbeziehungen knüpfen und aufrecht erhalten lassen. Hinter dem Management der Kundenbeziehungen muss eine ganzheitliche und in sich konsistente Konzeption stehen, die langfristig ausgerichtet sein muss. Einzelmaßnahmen, die im operativen Geschäft durchgeführt werden, sind im Hinblick auf ihre Wirksamkeit und damit auf ihren Beitrag zum Erfolg der langfristigen Strategie des Kundenmanagements abzustimmen.

Die obersten Führungskräfte eines Unternehmens haben eine **Vorbildfunktion**   **1469** für alle Mitarbeiter in einem Unternehmen. Demnach sollte auch auf dieser hierarchischen Ebene die Kundenorientierung zum Ausdruck kommen. Kontakt der Unternehmensleitung mit den Kunden stellt dabei einen wichtigen Beitrag dar. Zudem wird die Unternehmensleitung so direkt über die Probleme des operativen Geschäfts informiert und kann bei Fehlentwicklungen frühzeitig Gegenmaßnahmen ergreifen.

1470 Die Kommunikation mit den Kunden stellt über alle hierarchischen Ebenen einen wesentlichen Erfolgsfaktor dar. Eine erfolgreiche Kommunikation setzt dabei vor allem bei den beteiligten Personen an. Im Rahmen der langfristigen Konzeption sind unter anderem folgende Bereiche zu berücksichtigen:

1. Fähigkeiten der beteiligten Personen

1471 Die beteiligten Personen müssen über ausreichende kommunikative Fähigkeiten (z.B. allgemeines Auftreten, Freundlichkeit, sprachliche Fähigkeiten, Körpersprache) verfügen. Daher stellen diese Fähigkeiten bereits bei der Auswahl potenzieller Mitarbeiter ein relevantes Einstellungskriterium dar. Allerdings muss zusätzlich sichergestellt sein, dass die Mitarbeiter über ausreichende fachliche Kenntnisse verfügen, um dem Kunden maßgeschneiderte Problemlösungen anbieten zu können. Soziale und fachliche Kompetenzen können im Rahmen von Schulungen erworben und weiter ausgebaut werden. Eine langfristige Konzeption berücksichtigt daher auch die Aus- und Fortbildung der Mitarbeiter.

2. Verantwortlichkeiten und Organisation

1472 Eine umfassende Problemlösung durch die Mitarbeiter eines Unternehmens setzt voraus, dass diese eigenständig und eigenverantwortlich auf die Wünsche und Bedürfnisse eines Kunden eingehen können. Dazu ist es erforderlich, die Kompetenzen der Mitarbeiter im Rahmen einer Arbeitsplatzbeschreibung nicht zu eng zu fassen. Zudem sollten die Zuständigkeiten der Mitarbeiter sich weniger an den angebotenen Produkten eines Unternehmens, sondern vielmehr an den verschiedenen Kunden bzw. Kundengruppen (z.B. Privatpersonen, Großhaushalte, Unternehmen als Verbraucher, Unternehmen als Händler, der Staat) orientieren. Organisatorisch kann diese Kundenorientierung sichergestellt werden, indem für bestimmte Abnehmergruppen (z.B. Großhandel, Einzelhandel, Privatkunden) festgelegte Stellen im Unternehmen zuständig sind. Innerhalb dieser Stellen sind die einzelnen Mitarbeiter für ihre Kundenkontakte verantwortlich. Dazu ist es erforderlich, dass den Mitarbeitern Entscheidungskompetenz zur Gestaltung der Geschäftsbeziehung eingeräumt wird. So ist es denkbar, den Mitarbeitern ein bestimmtes Budget zur Verfügung zu stellen, über das sie eigenständig verfügen können. Je wichtiger einzelne Kunden für ein Unternehmen werden, desto mehr sollten diese berücksichtigt werden. Dabei kann es sinnvoll sein, für einen einzigen oder aber einige wenige, aber wesentliche Kunden, einen festen Ansprechpartner im Unternehmen zu installieren, der ausschließlich mit der Betreuung dieses bzw. dieser Kunden befasst ist (Key Account Manager).

3. Motivation

1473 Eine optimale Betreuung der Kunden setzt motivierte Mitarbeiter voraus. Eigenverantwortlichkeit für bestimmte Kundenkontakte kann bereits an sich die Motivation der beteiligten Mitarbeiter fördern. Zusätzlich bieten sich monetäre

Anreize zur Steigerung der Motivation an. Diese können vor allem in Form eines **leistungsabhängigen Entlohnungssystems** geboten werden. In Zusammenarbeit mit dem Mitarbeiter werden für eine bestimmte Periode (z. B. für das kommende Geschäftsjahr) Ziele vereinbart, deren Erreichung direkt die Höhe des Arbeitsentgeltes beeinflusst. Gerade wenn sich die Verantwortlichkeiten an bestimmten Kunden orientieren (s. o.), lassen sich die Ziele im Vorfeld relativ klar bestimmen und der Mitarbeiter kann durch eigenen Einsatz die Höhe seines Gehaltes beeinflussen. Solche leistungsabhängigen Entlohnungssysteme bergen allerdings auch das Risiko einer motivationshemmenden Wirkung, insbesondere wenn nicht erreichbare Ziele vereinbart werden oder der Mitarbeiter Ziele durch Vorfälle, die er nicht zu verantworten hat (z. B. fehlende Lieferbereitschaft), nicht erreicht. Daher setzen solche Systeme eine enge Zusammenarbeit zwischen Unternehmensleitung, Controlling und den einzelnen Mitarbeitern voraus.

Zur Sicherstellung einer **effizienten Kommunikation** ist es erforderlich, dass **1474** alle relevanten Daten über einen Kunden im Unternehmen gesammelt und gespeichert werden und den verantwortlichen Mitarbeitern in den verschiedenen Bereichen des Unternehmens sowie der Unternehmensleitung zur Verfügung stehen. Dabei sollten nicht nur die Stammdaten (z. B. Name, Anschrift, Position der Ansprechpartner im Unternehmen) und Konditionen (Rabatte, Zahlungsbedingungen, Kreditrahmen etc.) berücksichtigt werden. Vielmehr sind auch solche Daten zu sammeln, die Auskunft über das Kaufverhalten der Kunden geben. Dazu gehört unter anderem eine Auflistung der bisher mit dem jeweiligen Kunden getätigten Geschäfte sowie die Art und Anzahl der bezogenen Produkte. Zudem sollten zukunftsorientierte Daten erhoben werden, aus denen das erwartete zukünftige Kaufverhalten und zukünftige Bedürfnisse abgeleitet werden können. Stehen diese Informationen zentral zur Verfügung, so kann der Mitarbeiter den Kunden bedarfsgerecht beraten, aufgetretene Probleme können zeitnah, z. B. durch Mitarbeiter der Produktion, die auf die gleichen Daten zugreifen können und somit über das Problem umfassend informiert sind, gelöst werden. Die Auswertung des Datenmaterials durch die Unternehmensleitung stellt eine wichtige Informationsquelle für strategische Entscheidungen dar. So können beispielsweise Trends frühzeitig erkannt werden, auf die durch Anpassungen im Prozess der Leistungserstellung oder durch eine Anpassung der Produktpalette reagiert werden kann. Zudem können zukunftsorientierte Daten über die Kunden auch eine Grundlage für Zielvereinbarungen mit den Mitarbeitern sein.

Eine allgemein gültige Aussage darüber, welche Daten zu erfassen sind, kann **1475** gleichwohl nicht getroffen werden. Wesentlich ist eine Analyse, welche Daten benötigt werden und wie diese Daten genutzt werden sollen, um eine Überfrachtung der eingesetzten Datenbanken zu verhindern. Dabei ist auch zu bedenken, dass die Daten nicht nur einmalig gesammelt werden, sondern stets zu aktualisieren sind. Es finden sich eine Vielzahl von verschiedenen Softwarelösungen für die Verwaltung und Auswertung von Kundendaten auf dem Markt. Bei der **Auswahl der Software** ist neben der Funktionalität auch eine anwenderfreundliche Bedienung zu berücksichtigen, da so die Akzeptanz im Unternehmen gesteigert wird. Die rechtzeitige Einbindung der Anwender in den Auswahlprozess kann diese Akzeptanz weiter erhöhen.

1476 Zu den Daten über die Kunden, die im Unternehmen erfasst werden können, zählen auch solche, die über die Zufriedenheit der Kunden und mögliche Beschwerden/Verbesserungsvorschläge Auskunft geben. Die Art der zu erhebenden Daten sowie das Verfahren zu ihrer Erhebung können unterschiedlich ausgestaltet sein. Als Erhebungsverfahren kommen insbesondere die direkte Befragung der Kunden (z. B. durch einen Fragebogen, telefonischen Kontakt, via Internet u. ä.), die Analyse des Kundenverhaltens (z. B. Auswertung von Beschwerden und Anregungen durch Kunden) sowie die Analyse von bereits vorhandenem Datenmaterial (Ermittlung von Kennzahlen, z. B. Abwanderungsrate) in Betracht.

1477 Das Ziel der Ermittlung der Kundenzufriedenheit muss es sein, im Unternehmen ein Bewusstsein für die Anforderungen der Kunden zu schaffen und eine Reaktion auf sich wandelnde Anforderungen zu ermöglichen. Die Daten müssen demnach so gesammelt und ausgewertet werden, dass die Anforderungen und mögliche Problembereiche deutlich werden. Reaktionen können zum einen die Verbesserung bestehender Abläufe und Prozesse im Unternehmen darstellen, zum anderen ist die Entwicklung neuer Lösungen oder die Erbringung von gewünschten Zusatzleistungen denkbar.

V. Beachtung von „klassischen" Finanzierungsregeln

Literaturauswahl:

Olfert, Klaus, Finanzierung, Kiehl Verlag, 2001; Vollmuth, Hilmar, Bilanzen richtig lesen, besser verstehen, optimal gestalten. Bilanzanalyse und Bilanzkritik für die Praxis, Haufe-Verlag, 2001; Wehrheim, Michael/Schmitz, Thorsten, Jahresabschlussanalyse, Kohlhammer, 2001; Schult, Eberhard, Bilanzanalyse. Möglichkeiten und Grenzen externer Unternehmensbeurteilung, Erich Schmidt Verlag, 1999; Coenenberg, Adolf Gerhard, Jahresabschluss und Jahresabschlussanalyse, Verlag Moderne Industrie, 2001; Nagel, Kurt/Stalder, Jürgen, Rating, Verlag Moderne Industrie, 2002; Gleissner, Werner/Füser, Karsten, Leitfaden Rating. Basel II: Rating – Strategien für den Mittelstand, Verlag Franz Vahlen, 2002; Brockhaus, Miriam, Basel II. Was das neue Credit Rating für mittelständische Unternehmen bedeutet, Verlag Dr. Müller, 2002; Wambach, Martin/Kirchmer, Thomas, Unternehmensrating: Weit reichende Konsequenzen für mittelständische Unternehmen und Wirtschaftsprüfer, Der Betriebs-Berater, 57. Jg., Seite 400ff.

1478 Herkömmliche Finanzierungsregeln haben meistens Bilanzpositionen als Ausgangspunkt, die in verschiedener Form gegenübergestellt werden. Eine der bekanntesten Finanzierungsregeln baut auf dem Verhältnis des Eigenkapitals zum Fremdkapital auf:

> Das Verhältnis von Eigenkapital zu Fremdkapital sollte mindestens x : y sein.
> Die Eigenkapitalquote sollte mindestens 20 % betragen.

Eine allgemein gültige Regel, in welchem Verhältnis Eigenkapital und Fremdka- **1479** pital im Unternehmen eingesetzt werden sollten, kann aber nicht aufgestellt werden, da immer die jeweiligen Besonderheiten der Branche und des Unternehmens zu berücksichtigen sind. Gerade bei schnell wachsenden Unternehmen reichen die Mittel oftmals nicht aus, die notwendigen Investitionen zu finanzieren. Es stellt sich die jeweils im Einzelfall zu beantwortende Frage, ob diese Investitionen eigen- oder fremdfinanziert werden sollen. Unter Umständen kann eine Fremdfinanzierung kostengünstiger und effizienter sein als eine Eigenfinanzierung. Allerdings bleibt zu beachten, dass mit zunehmender Fremdfinanzierung das Risiko des Unternehmens steigt (Kapitalstrukturrisiko). Dies resultiert daraus, dass Fremdkapital stets – auch in wirtschaftlich angespannten Situationen – zu verzinsen ist, wohingegen die Verzinsung des Eigenkapitals in der Regel in Abhängigkeit vom Erfolg der Unternehmung erfolgt. Somit kann eine Verzinsung des eingesetzten Eigenkapitals bei nicht ausreichendem wirtschaftlichen Erfolg in einzelnen Geschäftsjahren unterbleiben. (Auf Besonderheiten von Genussrechtskapital, stillen Beteiligungen etc. wird in Kapitel D.I des ersten Abschnitts eingegangen. An dieser Stelle geht es eher um die Frage, welche Messgrößen zur Beurteilung der Unternehmensfinanzierung herangezogen werden können.)

Die oben beispielhaft genannten Finanzierungsregeln haben aber insofern eine **1480** gewisse Bedeutung, da die Aufnahme von Fremdkapital bei einer hohen Eigenkapitalquote wegen des geringeren Kapitalstrukturrisikos normalerweise leichter und kostengünstiger zu erreichen ist. Schließlich berücksichtigen die Fremdkapitalgeber das Risiko, welches ceteris paribus bei sinkender Eigenfinanzierung steigt, in Form höherer Fremdkapitalkosten. Insofern muss die Finanzierung immer zu einem gewissen Teil durch Eigenkapital erfolgen.

Im Rahmen der **Analysetätigkeit durch Kreditgeber** (Lieferanten, Kreditinsti- **1481** tute) werden die Bilanzposten in eine Reihenfolge in Abhängigkeit von der Fristigkeit der Vermögensgegenstände und Schulden gebracht und gegenübergestellt. Eine daraus abgeleitete klassische Finanzierungsregel stellt Größen des Aktivvermögens in Relation zu den Passiva. So wird regelmäßig gefordert:

> Das langfristig im Unternehmen gebundene Vermögen (i.d.R. Anlagevermögen) sollte zu 100% aus lang- und mittelfristigem Eigen- und Fremdkapital finanziert werden (sog. „Deckungsgrad").

Allerdings ist auch diese Finanzierungsregel nur von eingeschränkter Aussage- **1482** kraft. Ausreichende Sicherheit bei Beachtung dieser Regel ist unter anderem nur dann gegeben, wenn nach Ablauf der Investition (z.B. vollständige Abschreibung des Vermögensgegenstandes des Anlagevermögens) die Neuaufnahme von mittel- oder langfristigen Mitteln zur Finanzierung der Folgeinvestition möglich ist. Eine kurz- bzw. mittelfristige Finanzierung des Anlagevermögens ist auf der anderen Seite so lange unproblematisch, wie eine Anschlussfinanzierung gesichert bzw. möglich ist.

Die Aussage dieser Finanzierungsregel kann nur dahingehend interpretiert wer- **1483** den, dass aufgrund der Unsicherheit über die Möglichkeit einer Anschlussfinanzierung bzw. Prolongation das Finanzierungsrisiko bei Einhaltung der Regel gemindert werden kann, da Anschlussfinanzierungen bei langfristiger Finanzierung des Anlagevermögens seltener notwendig sind.

1484 Starre Finanzierungsregeln zur Ableitung einer optimalen Unternehmensfinanzierung sind demnach wenig geeignet. Im Grundsatz gelten bei der Finanzierung die gleichen Regeln wie bei den anderen betrieblichen Funktionen: Die Finanzierung soll einen maximalen Beitrag zum wirtschaftlichen Erfolg des Unternehmens leisten. D. h. durch die Finanzierung soll unter Ausnutzung des Leverage-Effekts die Eigenkapitalrentabilität und damit der Unternehmenswert maximiert werden. Dabei ist allerdings zu beachten, dass das Unternehmen stets zahlungsfähig sein muss, da ansonten der Fortbestand des Unternehmens gefährdet ist. Demnach muss auch der Bestand an liquiden Mitteln in Form von Kassenbestand, Bankguthaben etc. durch die Finanzierung gesteuert und optimiert werden. Dabei gilt als klassische Finanzierungsregel, dass die liquiden Mittel stets ausreichen müssen, um die sofort fälligen Verbindlichkeiten begleichen zu können. Die Illiquidität des Unternehmens ist bei strikter Einhaltung dieser Finanzierungsregel nahezu ausgeschlossen. Diesbezügliche Kennzahlen sind:

> Liquidität ersten Grades („Barliquidität") = Liquide Mittel/kurzfristiges Fremdkapital > 1
>
> Liquidität zweiten Grades („Liquidität auf kurze Sicht") = Monetäres Umlaufvermögen/kurzfristiges Fremdkapital > 1
>
> Liquidität dritten Grades („Liquidität auf mittlere Sicht") = (monetäres Umlaufvermögen + Vorräte)/kurzfristiges Fremdkapital > 1

1485 Bei stark expandierenden Unternehmen stellt sich regelmäßig die Frage nach der **Höhe des Kapitalbedarfs**, der zur Finanzierung der Erweiterung des Unternehmens erforderlich ist. Der Kapitalbedarf ist durch Auszahlungen an die Lieferanten der benötigten Güter und Dienstleistungen sowie an Mitarbeiter begründet, denen zu diesem Zeitpunkt noch keine entsprechenden Einzahlungen aus der Geschäftserweiterung gegenüberstehen. Die Höhe des Kapitalbedarfs ist somit abhängig von der Höhe der Auszahlungen sowie dem Zeitraum zwischen Auszahlung und Erzielung der korrespondierenden Einzahlungen und wird üblicherweise durch Cash-Flow-Planungen ermittelt (vgl. erster Teil, A.II.3.d.). Der relevante Zeitraum wird im Wesentlichen durch die Art der Investition determiniert; daneben spielen aber auch Fragen der Finanzierung eine Rolle; beispielsweise hat die Gewährung von Lieferantenkrediten eine Verlängerung, die Inanspruchnahme von Lieferungskrediten eine Verkürzung dieses Zeitraums zur Folge.

1486 Bei der **Planung des Kapitalbedarfs** ist zu differenzieren zwischen Ausgaben, die erst mittel- oder langfristig durch den Verkauf von Gütern oder Dienstleistungen wiedergewonnen werden und solchen, die sofort vollständig in die Verkaufspreise eingerechnet werden und damit kurzfristig – den Absatz der entsprechenden Güter oder Dienstleistungen vorausgesetzt – wieder zur Verfügung stehen. Dabei stellen die erstgenannten Ausgaben vor allem Investitionen in das Anlagevermögen dar; zudem sind Ausgaben gemeint, die zur Erweiterung der Organisation dienen, Ausgaben für Forschung und Entwicklung, für einen Probebetrieb etc. Die andere Gruppe stellt die Ausgaben für die Erbringung der betrieblichen Leistungen dar und umfasst vor allem die Ausgaben für die notwendigen Einsatzstoffe, die kurzfristig beschafft und verbraucht werden, für Lohn und Gehalt etc.

Grundlage der Ermittlung des Kapitalbedarfs für das Anlagevermögen und die **1487** Erweiterung des Geschäftsbetriebs ist ein entsprechender Kapitalbedarfsplan. Die Erstellung eines Kapitalbedarfsplans setzt einen detaillierten Plan über die angestrebte Erweiterung voraus. Im Rahmen dieser Planung ist zunächst zu berücksichtigen, ob lediglich eine Erweiterung der Produktionsmenge bei gegebenem Produktportfolio beabsichtigt ist, Umschichtungen innerhalb dieses Portfolios vorgenommen werden oder ob neue Produkte und Dienstleistungen entwickelt und erstellt werden sollen. Insbesondere Neueinführungen bringen einen erheblich größeren Kapitalbedarf mit sich als eine reine Erweiterung, da unter Umständen weit reichende Investitionen erforderlich werden. Weitere zu berücksichtigende Faktoren sind die angestrebte Produktionsmenge, die aus einem Produktions- und Absatzplan hervorgeht, ggf. der Standort, der Zeitbedarf für die Herstellung der Betriebsbereitschaft etc.

Im Rahmen der Kapitalbedarfsplanung sind die Ausgaben zu bestimmen, die zur **1488** Realisierung der geplanten Erweiterung erforderlich sind. Dabei sind nicht nur anfallende Anschaffungskosten, sondern auch Anschaffungsnebenkosten ausreichend zu berücksichtigen.

Auch die Ermittlung des Kapitalbedarfs für den betrieblichen Leistungsprozess **1489** setzt auf der Erweiterungsplanung auf, aus der sich die Kosten des Umsatzprozesses berechnen lassen. Zur Errechnung des Kapitalbedarfs ist ein **Finanzplan** zu erstellen, der alle Einzahlungen und Auszahlungen ab dem Zeitpunkt der Erweiterungsinvestition nach ihrem zeitlichen Anfall umfasst. Aus einem solchen Finanzplan lässt sich der Zeitraum ermitteln, in dem die Auszahlungen die Einzahlungen übersteigen. Innerhalb dieser Anlaufzeit ist eine ausreichende Versorgung mit finanziellen Mitteln sicherzustellen.

Des Weiteren lässt sich aus dem Finanzplan ableiten, welche Mittelüberschüsse **1490** nach der Anlaufzeit entstehen, die zur Rückführung von Verbindlichkeiten bzw. zur Ausschüttung zur Verfügung stehen.

Auf der Grundlage des Finanzplans lässt sich auch ermitteln, in welchem Verhältnis langfristiges Kapital zu kurzfristigem einzusetzen ist. Betriebsnotwendiges Anlagevermögen und Aufwendungen für die Erweiterung eines Unternehmens sowie das direkt zur Erstellung der betrieblichen Leistungen notwendige Vermögen sind dabei mittel- oder langfristig zu finanzieren, um das Finanzierungsrisiko (z.B. Scheitern einer Anschlussfinanzierung) zu minimieren. Vermögen, welches nicht unmittelbar dem Prozess der Leistungserstellung dient, kann tendenziell eher kurzfristig finanziert werden.

Im Hinblick auf die Unternehmensfremdfinanzierung und zur Ermöglichung **1492** einer optimalen Vorbereitung der Wachstumsunternehmen auf die entsprechenden Verhandlungen soll im Folgenden kurz auf diesbezüglich neue Regularien für Kreditinstitute, d. h. auf das Credit Scoring und die internen Ratingsysteme im Zuge der neuen Baseler Eigenkapitalvereinbarung, eingegangen werden.

1493 Unternehmen sind, vor allem in ihrer Gründungsphase, in hohem Maße auf Fremdkapital angewiesen. Für eine vorab vertraglich festgelegte Laufzeit stellt ein Kapitalgeber dem Unternehmen Finanzmittel zu verhandelten Konditionen (Zins- und Tilgungszahlungen) zur Verfügung. Naturgemäß bestehen bei den vereinbarten Zins- und Tilgungszahlungen Ausfallrisiken, welche vorab durch Aufschläge auf den verhandelten Zins berücksichtigt werden können.

1494 Die Bemessung der Risiken bei der Vergabe des Kapitals stellt für die Kapitalgeber ein Instrument dar, welches zu Entscheidungen genutzt wird, ob überhaupt und zu welchen Konditionen Kredite vergeben werden sollen.

1495 Eine systematische Bewertung von Kreditkunden wird in praxi momentan entweder anhand von Risikoeinschätzungen externer **Rating-Agenturen** (z. B. Standard & Poor's, Moody's) oder anhand bankeninterner Ratingverfahren (sog. Scoring-Modelle) vorgenommen.

1496 **Scoring-Ansätze** dienen dabei der Ermittlung der Eigenkapitalanforderungen von Kreditnehmern. Die Bewertungen in von der Bank festgelegten bonitätsrelevanten Kategorien werden als gewichtetes Mittel zum Gesamtscore eines Kreditnehmers verdichtet. Die Ratingverfahren von Banken unterscheiden sich im Detail in folgenden Merkmalen:

● Auswahl verschiedener qualitativer und quantitativer Beurteilungskriterien
● Abstufungen bei der Beurteilung von Merkmalen des Ratings
● Definitionen zur Aggregation der Ergebnisse in einem Score

1497 Typische qualitative Beurteilungskriterien sind z. B. Aussagen zur Qualität des Managements eines Kreditnehmers (z. B. Qualität des Planungswesens und Controllings, Qualität des Managements, bestehende Nachfolgeregelungen im Unternehmen, Qualität der Kundenbeziehungen, Qualität der Investor Relations bzw. der Unternehmensberichterstattung, Marktstellung des Unternehmens). Quantitative Kriterien der Beurteilung eines Kreditnehmers sind z. B. Kennzahlen aus vorzulegenden Jahresabschlüssen (z. B. Daten zur Ertragslage: Cashflow, Eigenkapitalrentabilität; Daten zur Finanzlage: Eigenmittelquote).

1498 Das GesamtCreditScoring einer Bank könnte zum Beispiel folgendermaßen aufgebaut sein:

Kreditnehmer Unternehmung	Eigenkapitalrentabilität		Eigenmittelquote		Branchen- einschät- zung	Qualität Manage- ment	Produkt- palette	Unterneh- mens- struktur	Gesamt- score
	Wert	Score	Wert	Score	Score	Score	Score	Score	
1	12%	1	30%	3	2	1	3	4	2
2	7%	3	35%	2	6	3	5	2	4
3	9%	2	43%	1	3	2	2	3	2
4	4%	4	15%	4	4	4	4	2	4
Summe	...	...	...	...	...	...	...	...	...

Abbildung 17: Credit-Scoring (Beispiel)

Die internen Ratingverfahren können von Banken auch zur Eigenkapitalunterlegung im Rahmen der Neuen Basler Eigenkapitalvereinbarung genutzt werden, falls sie von ausreichender Qualität sind. **1499**

Die Neue Basler Eigenkapitalvereinbarung („Basel II")

Der Basler Ausschuss für Bankenaufsicht der Bank für internationalen Zahlungsausgleich (BIZ) erarbeitete jüngst, aufbauend auf der aus 1992 bestehenden ersten Eigenkapitalvereinbarung (Basel I), eine neue Eigenkapitalvereinbarung (Basel II). Die Notwendigkeit einer Reform entstand aufgrund von Veränderungen des Bankengeschäfts, der geänderten Risikomanagement-Praktiken der Banken und der Veränderungen der Finanzmärkte. Die neue Eigenkapitalvereinbarung soll nunmehr – nach Verschiebungen um zwei Jahre – im Jahr 2006 in Kraft treten und besteht aus drei, sich gegenseitig beeinflussenden Grundanforderungen: **1500**

- Minimal Capital Requirements (Mindesteigenkapitalanforderungen)
- Supervisory Review Process (Überprüfung durch die Bankenaufsicht)
- Market Discipline (Marktdisziplin, d.h. Transparenz und Offenlegung)

Die **Mindesteigenkapitalanforderungen** eines Kreditnehmers werden nach dem Basel-II-Approach risikogewichtet anhand des Kreditrisikos, den Marktrisikos und des operationellen Risikos bestimmt. **1501**

Im Gegensatz zur alten Basler Eigenkapitalvereinbarung wird die Höhe der Unterlegung von Krediten mit Eigenkapital nunmehr nach der Neuen Basler Eigenkapitalvereinbarung von der individuellen Bonität einzelner Kreditnehmer abhängig gemacht, welche anhand von Scoring-Ansätzen ermittelt wird. Statt einer Mindesteigenkapitalquote eines Kreditinstituts von 8 % sieht Basel II eine Eigenkapitalquote von 8 % bezogen auf ein Portfolio risikogewichteter Aktiva vor, das sich aus der Summe aller risikogewichteten Aktiva einzelner Kreditnehmer zusammensetzt. Können Kreditinstitute anhand ihrer eingesetzten Risikogewichtungsmodelle nachweisen, dass ihr Kreditportfolio ein geringeres Risiko beinhaltet als ein durchschnittliches Branchenportfolio, so muss für dieses Portfolio von der Bank entsprechend weniger Eigenkapital vorgehalten werden. **1502**

Für die Bemessung des Kreditrisikos sind gemäß Basel II zwei grundlegend unterschiedliche Ansätze möglich: der im Wesentlichen auf den Basel-I-Regularien aufsetzende Standardansatz und ein auf internen Ratings basierender Ansatz (IRB-Ansatz). **1503**

Der Standardansatz lässt ausschließlich Ratings externer Ratingagenturen (z.B. Standard & Poor's, Moody's) als Indikatoren für die Bonität von Kreditnehmern zu, welche in die Risikogruppen Staaten, Banken und Nichtbanken eingeteilt werden. Forderungen an Staaten werden in Abhängigkeit von ihrem Rating mit einem Faktor von 0 % bis 100 % gewichtet, für Forderungen an die öffentliche Hand in Deutschland gilt weiterhin eine Risikogewichtung von 0 % (keine Eigenkapitalunterlegung nötig). Die Risikogewichtung von Forderungen an Banken kann entweder mittels externem Rating erfolgen oder durch eine Schlechter- **1504** stufung um eine Kategorie im Bezug auf das Rating ihres Belegenheitsstaates. Alle anderen Forderungen an Nichtbanken – also die Mehrzahl der Wachstumsunternehmen – werden mittels externer Ratings bewertet, wobei drei Risikogewichtungsklassen für Unternehmen eingeführt werden (20%, 50%, 150%). Unternehmen, welche keinem Rating unterzogen werden, erhalten eine Einstufung von 100%. Daher werden Banken bemüht sein, jeden Kreditnehmer einem Rating zu unterziehen, um die Risikogewichtung zu senken. Die höchste Risikogewichtung erhalten Forderungen an Unternehmen, welche entweder ein schlechtes Rating erhielten oder bei denen es bereits in der Vergangenheit zu Zahlungsstörungen gekommen ist.

1505   Der **IRB-Ansatz** gestattet hingegen die Einbeziehung eigener Schätzungen von Risikoparametern bei der Bestimmung der Risikogewichtungen. Dabei werden Kreditengagements in die sechs Kategorien Staaten, Banken, Unternehmen, Privatkunden, Projektfinanzierungen und Anteile an Unternehmen aufgeteilt. Für Unternehmen, Banken und Staaten hat der Ausschuss Basel II detaillierte Methoden zur Risikoschätzung entwickelt. Der IRB-Basisansatz verlangt vom Kreditinstitut die Schätzung von Ausfallwahrscheinlichkeiten (Probability of Default; PD) für den Zeithorizont von einem Jahr für jede Ratingklasse; alle weiteren Einflussgrößen werden von der Aufsichtsbehörde geschätzt. Der fortgeschrittene IRB-Ansatz dagegen gestattet die Schätzung dieser weiteren Einflussgrößen (Restlaufzeit eines Kredits, erwarteter Verlust im Zeitpunkt des Ausfalls und erwartete Forderungen im Zeitpunkt des Ausfalls) durch die Bank.

1506   Basel II legt bei der Ermittlung des Marktrisikos, sowohl für den Standard- als auch für den IRB-Ansatz, risikogerechtere Methoden für die Behandlung von neuen Finanzmarkttransaktionen wie z.B. für die Behandlung von Kreditderivaten und Netting sowie Securization fest.

1507   Eine Entlastung für die Banken soll nach dem Stand der jetzigen Verhandlungen zu Basel II bei der Berechnung der sog. „Operationellen Risiken", welche eine weitere wichtige Risikokategorie darstellen, eintreten. Unter diesem Begriff werden Risiken verstanden, die weder durch den Kreditnehmer, noch den Markt bedingt sind, sondern in der kreditvergebenden Bank selbst bestehen. Beispiele sind Störungen im EDV-System einer Bank, menschliches Versagen aber auch die erhöhten Kosten für die Bearbeitung und Kontrolle von bereits vergebenen Krediten.

1508   In Wahrnehmung ihrer Aufsichtsfunktion sollen die nationalen Aufsichtsinstanzen die Prüfbarkeit der bankeninternen Verfahren sicherstellen, um eine ausreichende Eigenkapitalunterlegung jederzeit nachvollziehen zu können.

1509   Die Erweiterung der Transparenz- und Offenlegungsvorschriften gegenüber den Aufsichtsinstanzen soll in Umsetzung erweiterter „Market Discipline" einen besseren Einblick in das Risikoprofil von Kreditinstituten ermöglichen.

1510   Im Juli 2002 hat der Ausschuss Basel II beschlossen, für Kredite bis zu € 1 Mio und Kredite an kleinere und mittlere Unternehmen mit einem Jahresumsatz bis zu € 50 Mio eine geringere Eigenkapitalunterlegung zu fordern. Damit wurde Forderungen der deutschen mittelständischen Wirtschaft Rechnung getragen.

Es wird erwartet, dass durch das neue Verfahren eine geringere Ausfallwahr-   **1511**
scheinlichkeit von Krediten zu erwarten ist. Kreditnehmende Unternehmen sehen sich vor die Aufgabe gestellt, Risikomanagement und Managementqualität zu optimieren, da diese Kriterien wichtige „soft-facts" im Rating der Banken darstellen. Generell wird die Höhe der Eigenkapitalunterlegung der Banken stärker von der Bonität ihrer Kunden bestimmt werden, welche anhand von Ratings gemessen wird. Die Kreditkonditionen werden stärker gespreizt als in der bisherigen Vergabepraxis – Kreditnehmer mit geringerer Bonität werden die für eine höhere Eigenkapitalunterlegung entstehenden höheren Kreditkosten direkt zu tragen haben, bei besseren Ratings entstehen entsprechend geringere Kapitalkosten. Daher sind Unternehmen zur Stärkung ihrer Verhandlungsposition auf ein gutes Ratingergebnis angewiesen.

D. Produktentwicklung bis zur Marktreife

1512 Ausgehend von der im Businessplan dokumentieren Geschäftsidee (vgl. Kapitel 1 des ersten Teils) ergibt sich regelmäßig die Frage nach dem **Produktionsprogramm**. Durch dieses wird festgelegt, welche Arten und Mengen von Gütern in einem definierten Zeitraum hergestellt (und vertrieben) werden sollen. An erster Stelle steht dabei aber zunächst die Entwicklung eines marktreifen Produktes. Die strukturierte Entwicklung eines Produktes bis zur Marktreife ist für den Erfolg eines Unternehmens regelmäßig von allergrößter Bedeutung, da die marktgerechte Markteinführung von Produkten immer mehr zu einem entscheidenden Wettbewerbsfaktor wird („time-to-market").

> *Beispiel:*
>
> Ein Software-Unternehmen beabsichtigte ein Programm zur automatischen Erkennung von potenziellen Umstellungsnotwendigkeiten im Hinblick auf die Jahr 2000-Problematik einzuführen. Wegen verschiedener Unzulänglichkeiten kam die Software allerdings erst zu einem Zeitpunkt auf den Markt, als die große Mehrzahl der potenziellen Kunden bereits anderweitig – z.T. durch Einsatz anderer Produkte – ihren Umstellungsbedarf identifiziert hatten.

1513 Wegen der Bedeutung des Projektmanagements soll im Folgenden näher auf Projektplanung und -management eingegangen werden.

I. Projektplanung und -management

Literaturauswahl:

Boy, Jacques/Dudek, Christian/Kuschel, Sabine/Wagner, Hardy, Projektmanagement – Grundlagen, Methoden und Techniken, Zusammenhänge, Verlag Gabal, 2001; Tumuscheit, Klaus, Überleben im Projekt – 10 Projektfallen und wie man sie umgeht, Moderne Verlagsgesellschaft, 2001; Schelle, Heinz, Projekte zum Erfolg führen – Projektmanagement systematisch und kompakt, DTV Beck, 2001; Boy, Jaques/Heunisch, Hans/ Lehmann, Linda, Checklisten Projektmanagement, TÜV Verlag, 1997; Fiedler, Rudolf, Controlling von Projekten. Projektplanung, Projektsteuerung und Risikomanagement, Vieweg Verlag, 2001; Kupper, Hubert, Die Kunst der Projektsteuerung – Qualifikation und Aufgaben eines Projektleiters, Oldenbourg-Verlag, 2001.

1514 Die Implementierung eines **Projektmanagements** gewinnt vor dem Hintergrund tendenziell **kürzerer Produktlebenszyklen** immer stärker an Bedeutung. Durch die Steigerung von Effektivität, Effizienz sowie Flexibilität wird die Bearbeitung von Aufgabenstellungen beschleunigt und konzentriert. Daraus kann eine Zeit- und Kostenersparnis durch eine erhöhte Planungstreue in Bezug auf Qualität, Kosten und Termine erreicht werden. Unternehmensintern werden der Kommunikations- und Informationsfluss belebt sowie die Kreativität der Mitarbeiter angeregt. Beispielsweise kann durch intensive Teamarbeit die Akzeptanz der Projektergebnisse bei der Mitarbeiterschaft vergrößert werden. Auch beinhaltet ein adäquates Projektmanagement ein aktives Wissensmanagement innerhalb des Unternehmens durch Projektdokumentation, „lessons learned" (Was haben wir im Projekt gelernt?), Erfahrungsaustausch, Schlussberichte etc.

Der Begriff „Projekt" wird sehr häufig **missbräuchlich oder falsch verwen-** **1515** **det**. Aus diesem Grund folgt an dieser Stelle eine Begriffsdefinition und -abgrenzung. Ein Projekt ist eine Aufgabe, welche

- zeitlich begrenzt,
- komplex und neuartig ist,
- ein klar definiertes Ziel hat,
- begrenzte, klar definierte Ressourcen (Personal, Geld, Raumkapazitäten, etc.) zur Verfügung hat,
- ein gewisses Risiko des Scheiterns mit sich bringt und
- in Teamarbeit durchgeführt wird.

Fehlt die Eigenschaft der Neuartigkeit, so kann man nicht von einem Projekt **1516** sprechen, sondern eher von einer Kampagne. Entbehrt eine Aufgabe der Neuartigkeit und zugleich der zeitlichen Begrenzung, so handelt es sich um eine Routinetätigkeit. Es muss in jedem Fall vor Beginn eines jeden einzelnen Projekts geprüft und überlegt werden, ob das jeweilige Vorhaben projektwürdig ist oder ob es mit routinemäßigen Arbeitsformen effektiver und effizienter bearbeitet werden kann.

> *Beispiel:*
>
> Die monatliche Zusammenstellung von Finanzinformationen für den Investor ist nicht als Projekt, sondern als Routinearbeit anzusehen, da sich Arbeitsabläufe von Monat zu Monat wiederholen und insofern der Neuartigkeit entbehren. Ein Projekt wäre vielmehr in der Initialisierung dieses Berichtswesens zu sehen, wenn vor der erstmaligen Berichterstattung gemeinsam mit dem Investor dessen Informationsbedürfnisse identifiziert, die Berichtsformate und deren Umfang definiert und die Zuständigkeiten im Unternehmen festgelegt werden.

Vor dem tatsächlichen Beginn eines Projekts steht die Vorprojektphase. Sie ge- **1517** hört noch nicht zum eigentlichen Projekt, sondern dient (lediglich) der Vorbereitung der Projektentscheidung durch den jeweiligen Vorgesetzten oder Mitarbeiter (in der Regel auch durch die Projektauftraggeber). Die nachfolgenden Projektphasen werden nur bei Bewilligung des Projekts gestartet, es muss somit nicht zwingend aus jeder Vorprojektphase auch ein Projekt entstehen.

Im Gegenteil: Ein deutliches Indiz für eine „ausgereifte" **Projektkultur** in **1518** einem Unternehmen ist die Quote der „abgewiesenen" Projektvorschläge aus der Vorprojektphase. Dies ist ein Indiz dafür, dass die mit der Projektentscheidung betrauten Auftraggeber (Mitarbeiter/Vorgesetzte) Prioritäten setzen und nur jene Projekte bewilligen, die derzeit wichtig sind, aufgrund der gegebenen Ressourcen bearbeitet werden können und der Realisierung der unternehmensübergreifenden Strategie („corporate strategy") dienen.

In der Projektmanagementpraxis existiert eine Vielzahl verschiedener **Phasen-** **1519** **modelle**, welche alle darauf ausgerichtet sind, den Projektablauf grob zu strukturieren. Allen Modellen gemein ist hierbei eine Planungsphase, die vor der eigentlichen Projektdurchführung steht. Die Planungsphase und somit das eigentliche Projekt beginnt mit der positiven Projektentscheidung. In dieser frühen Phase des Projekts entstehen noch verhältnismäßig geringe Kosten, die Entscheidungsfreiheit ist hingegen noch relativ groß. Die gewissenhafte und detaillierte Projektplanung ist für die erfolgreiche Zielerreichung eines Projekts von entscheidender Bedeutung. Die Entscheidungen und Maßnahmen, welche in der Planungsphase getroffen werden, beeinflussen die späteren Projektkosten wesentlich. Die wesentlichen Bestandteile und Tools der Planungsphase sollen deshalb im Folgenden vorgestellt werden.

1520   Die Eröffnung der Planungsphase stellt ein so genanntes **Kick-off Meeting** dar. Hierbei sollten möglichst alle Teammitglieder anwesend sein. Diese Einführungsveranstaltung hat primär den Zweck, das Projektteam zu informieren, Sachverhalte und Fragen abzuklären, „Commitment" für das Projekt zu schaffen, etc. Dabei sollte der Projektleiter vermeiden, bei der ersten Projektsitzung zu dominant zu wirken. Wenn beim Projektteam der Eindruck entsteht, dass der Projektleiter die gesamte Projektplanung und -koordination im Alleingang durchführen und zum Ende des Projekts sich auch den Projekterfolg persönlich zurechnen lassen möchte, werden die Projektmitarbeiter unter Umständen lediglich das Nötigste für das Projekt erledigen. Dieses kann zu suboptimalen Ergebnissen führen. Insofern sollte der Projektleiter darauf hinwirken, echtes „Commitment" für das Projekt zu erzeugen, indem er auf Vorschläge, Hinweise und Ängste des Teams eingeht. Das „Commitment" sollte regeln, auf welche Form der Arbeitsweise sich das Projektteam einigt (in Bezug auf Kommunikation, Hierarchie, Nichteinhaltung von Terminen, Qualität, Diskussionskultur, Rollenverhalten etc.).

1521   Zur Vermeidung von späteren Missverständnissen und Unstimmigkeiten sollte – sowohl bei internen wie externen Projekten – ein Projektauftrag formuliert und vom Projektleiter unterzeichnet werden. Der unterzeichnete Projektauftrag wird dem Auftraggeber (auch intern!) zur Gegenzeichnung vorgelegt. Dieser **Projektauftrag** hat eine detaillierte Beschreibung des Projektziels zu enthalten (Pflichtenheft).

1522   Nach Genehmigung des Projektauftrags durch den Auftraggeber bzw. den Lenkungsausschuss kann das Projekt im Detail geplant werden. Die Projektplanung baut inhaltlich auf der Grobplanung sowie dem Projektauftrag auf. Nachfolgend werden einige einfache und bewährte Planungstools erläutert, welche in der Regel für verschiedenste Projekte angewandt werden können. Man sollte aber auch hier wiederum beachten, dass diese Instrumente bei Bedarf beliebig erweitert und adaptiert werden können. In der Planungsphase sollten so oft wie möglich grafische Hilfsmittel angewendet werden. Es ist meist sehr hilfreich, komplexe Zusammenhänge und Problemstellungen an Medien wie Flip-Chart, an der Pinwand oder am Overhead-Projektor grafisch darzustellen oder zu skizzieren.

1523   Zu Beginn der **Projektplanung** muss die Ausgangssituation so weit wie möglich analysiert und diskutiert werden. Dadurch kann sichergestellt werden, dass alle Teammitglieder den selben Informationsstand besitzen. Die Situationsanalyse bildet die Grundlage des gesamten Projekts und sollte daher gewissenhaft durchgeführt werden.

Die **Projektziele** sollten erst bei völliger Klarheit über die Ausgangslage (Ergebnis der Situationsanalyse) entwickelt und festgelegt werden. Die in der Grobplanung und im Projektauftrag definierten Projektziele werden in der Planungsphase weiter detailliert (Unter- und Teilziele) und so weit wie möglich quantifiziert. Eine unzureichende oder unspezifische Zieldefinition stellt erfahrungsgemäß einen der wesentlichsten Gründe dar, dass Projekte scheitern oder nicht den gewünschten Erfolg bringen. Der Zieldefinition kommt deshalb in jedem Projekt besondere Bedeutung zu. Das **Sachziel** (auch als **Leistungs-** oder **Qualitätsziel** bezeichnet) ist das vordringlichste Ziel eines jeden Projekts. Anhand des Sachziels wird festgelegt, welches Produkt bzw. welche Leistung mit dem Projekt erreicht werden soll. Hierbei sollte darauf geachtet werden, dass das Sachziel möglichst quantifiziert wird, damit es in weiterer Folge auch mess- und überprüfbar ist. Sollte dies nicht der Fall sein, so kann bei Projektabschluss auch keine fundierte Aussage darüber getroffen werden, ob das Sachziel des Projekts erreicht wurde. **1524**

Darüber hinaus ist es für den Projekterfolg wichtig, auch ein **Kostenziel** festzulegen (Projektbudget) und die Einhaltung dieses Budgets im weiteren Projektverlauf zu überwachen. Teilweise werden hierbei lediglich die ausgabewirksamen Direktkosten (z.B. Materialkosten, Beratungskosten etc.) beachtet. In der Regel sollten aber auch die internen Personalkosten der Teammitglieder berücksichtigt werden. Es ist notwendig, neben dem Sach- und Kostenziel auch einige explizite Terminziele (Projektendtermin, Meilensteine) festzulegen. Dieser Zielbereich ist insbesondere dann von hoher Wichtigkeit, wenn das Projekt als „zeitkritisch" angesehen werden kann (z.B. Großveranstaltung oder Messe mit einem determinierten Austragungstermin). **1525**

Verändert man einen dieser Zielbereiche, so hat das in der Regel direkte Auswirkungen auf die anderen Zielbereiche. Es ist üblicherweise nicht möglich, das Sachziel des Projekts entscheidend zu verbessern, ohne entweder den Projektendtermin zu verschieben oder die Kosten zu erhöhen (z.B. durch die Einbindung zusätzlicher Ressourcen). Dies sollte berücksichtigt werden, sofern der Projektauftraggeber eine Veränderung der Zielstruktur begehrt. Wünscht der Auftraggeber beispielsweise eine Reduktion der Kosten, so kann dies – bei seriöser Zielplanung – nur durch eine Veränderung der anderen Zielbereiche geschehen (im Wesentlichen Verminderung der Qualität [Sachziel]). **1526**

Projektabgrenzung und **Kontextanalyse** werden gleichermaßen in zeitlicher, sachlicher und organisatorischer Hinsicht durchgeführt. Die zeitliche Projektabgrenzung geschieht durch die Festlegung konkreter Anfangs- und Endzeitpunkte für das jeweilige Projekt. Die sachliche Abgrenzung zu anderen Projekten und Arbeitsabläufen erfolgt durch die detaillierte Definition der zu erbringenden Leistung (**Projektprodukt**, **Zielsetzung**, **Pflichtenheft**). Die organisatorische **1527**

Abgrenzung erfolgt durch die Benennung des Projektleiters, der Teammitglieder und etwaiger externer Projektbeteiligter. Die Projektabgrenzung wird in der Kontextanalyse fortgeführt und weiter entwickelt. Sie hat den Zweck, das meist komplexe Projektumfeld umfassend zu analysieren. Auf diese Art und Weise wird das Projekt vernetzt in einem System von Gegebenheiten, Personen, Institutionen, anderen Projekten etc. betrachtet. Da Projekte komplex und i. d. R. unübersichtlich sind, ist es notwendig, diese in überschaubare Teilaufgaben und Arbeitspakete (Aktivitäten) zu zerlegen. Im **Projektstrukturplan** wird festgelegt, welche Teilaufgaben und Aktivitäten erforderlich sind, die Sach- und Kostenziele zu erreichen. Der Projektstrukturplan bildet die Grundlage für die spätere Meilenstein- und Terminplanung, Kostenplanung, Ressourcenplanung sowie Risikoanalyse. Er gliedert sich in mehrere Ebenen. In der obersten Ebene wird der Projekttitel eingetragen, in der zweiten Ebene werden die übergeordneten Teilaufgaben des Projekts aufgelistet. Diese können funktions- oder objektorientiert sein. Bei funktionsorientierten Projektstrukturplänen werden die Teilaufgaben nach Funktionen zusammengefasst (z. B. Ist-Analyse, Soll-Konzept, Implementierung). **Objektorientierte Projektstrukturpläne** sind nach konkreten Objekten bzw. Ereignissen gegliedert. Die Teilaufgaben werden wiederum in verschiedene Arbeitspakete gegliedert. Arbeitspakete sollten (theoretisch) von einer (einzelnen) organisatorischen Stelle (Teammitglied, Externer) erledigt werden können. Nach Erstellung des Projektstrukturplans sind die einzelnen Arbeitspakete genauer zu spezifizieren. Hierzu werden die einzelnen Arbeitspakete kurz beschrieben, Ziele für jedes Arbeitspaket festgelegt, die verantwortlichen Mitarbeiter zugeordnet etc. Die einzelnen Punkte der Arbeitspaketspezifikation können je nach Bedarf und Projekt flexibel definiert werden. Teilweise kann die Arbeitspaketspezifikation erst *nach* vollständiger Beendigung der Planungsphase fertig gestellt werden, da einzelne Informationen und Sachverhalte erst in den späteren Planungsschritten (Meilenstein- und Terminplanung, Kostenplanung oder Ressourcenplanung) festgelegt werden.

1528 Ausgehend vom Projektstrukturplan kann ein so genannter **Netzplan** entwickelt werden. Er stellt eine kausale und zeitliche Verknüpfung der zuvor definierten Arbeitspakete dar. Der Netzplan legt fest, welche Arbeitspakete aufeinander aufbauen und welche unabhängig voneinander abgearbeitet werden können. Jedem Arbeitspaket wird dabei ein „Frühester Anfangszeitpunkt", „Frühester Endzeitpunkt" sowie ein „Spätester Anfangszeitpunkt" und ein „Spätester Endzeitpunkt" im Gesamtprojekt zugeordnet. Ziel der Netzplantechnik ist die Ermittlung eines so genannten „kritischen Pfades". Hierunter versteht man denjenigen Arbeitspakete-Strang durch das Projekt, bei dem die Pufferzeit gleich null ist. Tritt bei nur einer einzigen Aufgabe des Pfades eine Verzögerung ein, verzögert sich das Gesamtprojekt. Der kritische Pfad eines Projektes kann sich gabeln und mehrere parallele Verläufe nehmen, hat aber stets einen einzigen Anfangs- und einen einzigen Endzeitpunkt.

1529 Für die Praxis kritisch an der Netzplantechnik ist, dass der Gedanke einer abgegrenzten spezifischen Arbeitsanweisung in den Mittelpunkt gestellt wird. Diese

Sichtweise ist stark von den üblichen technischen Planungsmitteln, d. h. der gängigen Projektplanungssoftware beeinflusst und daher ein gutes Beispiel für einen Fall, wo das Werkzeug die Arbeitsweise determiniert. Im Folgenden soll daher die Meilensteinplanung – die eine etwas andere Sichtweise hat – vorgestellt werden.

Um Projekte besser kontrollierbar zu machen, empfiehlt sich die Festlegung **1530** von **Meilensteinen**. Der Vorteil dieser alternativen Planungsmethode zur Netzplantechnik liegt in ihrer Flexibilität. Da nicht jedes Detail geplant ist, gibt es auch weitaus weniger Bürokratie. Dafür lassen die Arbeitspakete und Aktivitäten Spielräume für Kreativität, flexible Teambildung und individuelle Entfaltung. Ein Meilenstein stellt ein wesentliches Projektereignis dar, welches genau beschrieben und definiert ist. Meilensteine sind Zwischenergebnisse, die das Projektcontrolling erheblich erleichtern. Durch Meilensteine werden beispielsweise einzelne Teilaufgaben eines Projekts (z. B. Meilenstein Abschluss Ist-Analyse, Meilenstein Konzeption, Meilenstein Fertigstellung des Prototyps etc.) und oft auch die einzelnen Projektphasen (Planungs-, Durchführungs- und Abschlussphase) abgeschlossen. Es ist in der Regel sinnvoll, pro Projekt fünf bis sieben Meilensteine festzulegen, wobei Projektstart und -ende immer Meilensteine darstellen.

Nach der Definition der Meilensteine werden den einzelnen Arbeitspaketen Ter- **1531** mine zugewiesen. Eine durchdachte und realistische Terminplanung ist von entscheidender Bedeutung, da durch eine zu knappe oder sehr optimistische Terminplanung häufig Zeitüberschreitungen und Verzögerungen während der Durchführungsphase auftreten. Permanente Nichteinhaltung der geplanten Termine kann bei den Teammitgliedern leicht zu Demotivation führen.

Die Kostenschätzungen aus der Grobplanung (Vorprojektphase) und aus dem **1532** Projektauftrag (Planungsphase) dienen als Grundlage für die **detaillierte Kostenplanung** eines Projektes. Eine in der Praxis häufig verwendete und bewährte Methode zur Kostenplanung stellt die Kostenstrukturierung dar. Diese Kostenermittlungsmethode basiert auf dem Projektstrukturplan. Durch die Arbeitspaketspezifikation im Rahmen der Erstellung dieses Projektstrukturplans können die Kosten ermittelt werden, welche wiederum durch das im Projektauftrag bewilligte Projektbudget gedeckt sein müssen. Sollten die ermittelten Kosten das Projektbudget überschreiten, so ist der Projektauftrag unbedingt zu adaptieren und durch den Auftraggeber bzw. den Lenkungsausschuss zu bewilligen. Es empfiehlt sich generell, die Kostenplanung durch die Anwendung einer Software zu unterstützen. Natürlich steigt bei großen und komplexen Projekten auch die Komplexität der Kostenplanung. Bei solchen Projekten ist es sinnvoll, die Projektkosten anhand einer spezifischen Projektmanagement-Software zu planen.

Der **Projektstrukturplan** bildet auch die Grundlage für die Ressourcenpla- **1533** nung, sowohl in personeller als auch in technischer Hinsicht. Den Mitgliedern des Projektteams werden – unter Berücksichtigung der zeitlichen Auslastung durch Linientätigkeiten sowie der fachlichen Qualifikation – einzelne Arbeitspakete zugeordnet. Diese Zuordnung sollte mit den für die jeweiligen Arbeitspakete verantwortlichen Mitarbeitern einvernehmlich erfolgen. Im Zuge der Ressourcenplanung ergibt sich teilweise eine Überlastung einzelner Projektmitarbeiter. Diese ist durch Umverteilung von Arbeitspaketen oder Freistellung von der Linienarbeit zu beheben.

1534 Ein oft vernachlässigter aber sehr wichtiger Planungsschritt ist die **Risikoanalyse**. Die Risikoanalyse sollte nach Möglichkeit immer im Team durchgeführt werden, da in der gemeinsamen Auseinandersetzung mit Projektrisiken erfahrungsgemäß die besten Ergebnisse erzielt werden können. Praktisch jedes Projekt beinhaltet auf Grund der spezifischen Problemstellung Gefahren und Risiken, welche den Projektablauf behindern, die Kosten in die Höhe treiben oder das Projekt sogar zum totalen Scheitern bringen können. Diese Projektrisiken gilt es bereits am Beginn des Projekts (spätestens am Ende der Planungsphase) zu erkennen, um geeignete Gegenmaßnahmen ergreifen zu können (z.B. Umsetzungs- und Implementierungsphase).

II. Kostenkontrolle

Literaturauswahl:

Dinger, Helmut, Target Costing. Praktische Anwendung in der Produktentwicklung, Fachbuchverlag Leipzig im Carl Hanser Verlag, 2002; Wilmes, Dirk/Radtke, Philipp/ Aurich, Martin, TQM-gerechtes Controlling, Fachbuchverlag Leipzig, 2000; Pentzek, Dieter, Kostenplanung und Kostenkontrolle, Oldenbourg Verlag, 1996.

1535 Durch **verkürzte Produktklebenszeiten** werden die Vor- und Nachlaufzeiten für Produktentwicklung und Kapazitätsaufbau sowie für Produktauslauf und Nachsorge absolut und relativ länger und kostenintensiver. Eine ganzheitliche Kostenkontrolle über den gesamten Produktlebenszyklus ist daher unbedingt erforderlich. Hierzu muss die Betrachtung des Marktzyklusses um die Entstehungs- und Vorleistungsphase (Produktionszyklus) sowie eine Nachsorge-/ Nachleistungsphase (Konsumentenzyklus) erweitert werden. Ein Kostenmanagement muss dabei schon in der Vorleistungsphase beginnen, da hier die Beeinflussbarkeit der Kosten am größten ist. Mit fortschreitendem Produktlebenszyklus wird diese immer geringer. Im Gegensatz dazu entstehen aber die meisten Kosten erst gegen Ende des Projektes. Diese Zusammenhänge veranschaulicht die nachstehende Abbildung.

1536 Zu den **Vorlaufkosten** zählen z.B. produktbezogene Forschung und Entwicklung inklusive Markterkundung sowie Kosten für Kapazitätsbereitstellung. Folgekosten entstehen für Garantieleistungen und die ggf. erforderliche spätere Entsorgung aufgrund bestehender Rücknahmeverpflichtungen (Altautoverordnung, Dosenpfand etc.), Wartungs- und Reparaturleistungen. Bei einer Gegenüberstellung der produktspezifischen Erlöse und Kosten im Marktzyklus sind die schon aufgelaufenen Vorlaufkosten gedanklich zu „aktivieren" und dem Produkt zuzurechnen. Ebenso sind die Nachlaufkosten zu „passivieren", um

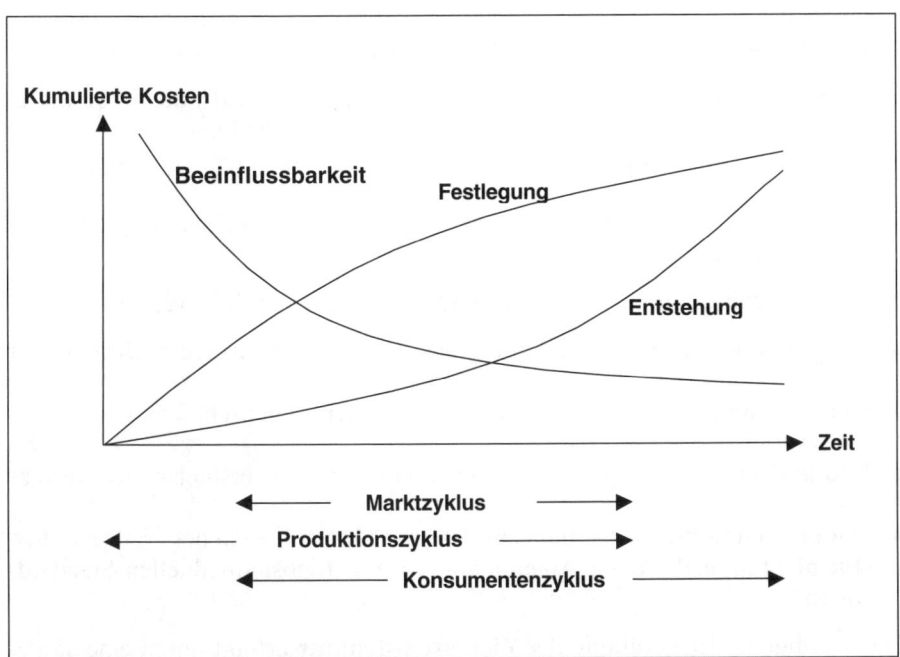

Abbildung 18: Zeit–Kosten-Diagramm

auch diese den verursachenden Produkten in früheren Perioden zuzuordnen und bei der Produktbepreisung zu berücksichtigen. Eine solche Lebenszykluskostenrechnung ist grundsätzlich unabhängig von einer tatsächlichen Bilanzierung im Jahresabschluss. Zu ihrer Umsetzung bedarf es einer funktionierenden Kostenarten-, Kostenstellen- und Kostenträgerrechnung.

Neben der Planung und Erfassung der Kosten in den einzelnen Phasen des Produktlebenszyklusses gehört auch die Möglichkeit der Verschiebung von Kosten zur Kostenkontrolle. So sind z.B. Verschiebungen vom Konsumentenzyklus in den Produktionszyklus sinnvoll, wenn durch höhere Produktionskosten bei gleichzeitiger Erhöhung des Verkaufpreises die Produktqualität verbessert wird und Reparaturkosten sinken. Neben einer zeitlichen Optimierung der Kostenverteilung ist aber auch eine Betrachtung der funktionalen Kostenverteilung des Produktes notwendig. Jede Komponente eines Produktes sollte im Grundsatz einen Anteil an den Gesamtkosten verursachen, der ihrem Nutzenanteil für das Produkt entspricht. Häufiger Fehler bei der Produktentwicklung ist eine von den technischen Mitarbeitern ausgehende zu große Detailverliebtheit, die zu einer zeit- und kostenintensiven Umsetzung einzelner Produktfunktionen führt und damit schnell die preisliche Marktfähigkeit des Produktes in Frage stellt. **1537**

Ein Konzept zur konsequenten Orientierung der Kosten am Markt stellt das so genannte **Target Costing** dar. Die zu realisierenden Zielkosten richten sich da- **1538** bei nach der Frage "Was darf das Produkt kosten?" und nicht "Was wird das Produkt kosten?". Hauptzwecke und -merkmale des Target Costing sind:

- Übertragung der Marktorientierung aus der Geschäftsfeldstrategie bzw. Geschäftsfeldplanung auf die Produktplanung und -entwicklung
- Ausrichtung aller Produktkosten auf die wettbewerbsorientiert retrograd abgeleiteten „allowable costs"
- Konfrontation der „allowable costs" mit den betrieblichen Möglichkeiten und Aufstellung von Zielkosten

1539 Die Zielkostenbestimmung kann dabei aus verschiedenen Sichtweisen erfolgen:

- **Market into Company:** Ableitung aus dem Marktpreisniveau (Klassischer Target Costing-Ansatz)
- **Out of Company:** Ableitung aus den eigenen Eigenschaften und Erfahrungswerten
- **Into and out of Company:** Kombination der beiden erstgenannten Verfahren
- **Out of Competitor:** Ableitung aus den geschätzten Kosten der Wettbewerber
- **Out of Standard Costs:** Ableitung aus den betriebsindividuellen Standardkosten

1540 Die Würdigung der Erfüllung der **Zielkostenstruktur** erfolgt durch eine so genannte Zielkostenspaltung, auf deren Verfahren im Rahmen dieses Buches nur verkürzt eingegangen werden soll. Bei der Zielkostenspaltung werden jeder Komponente eines Produktes Kosten sowie ihr Beitrag zur gesamten Funktionsstruktur zugeordnet. Der Quotient aus relativem Nutzen- und Kostenanteil wird als Kostenindex bezeichnet. Ziel im Rahmen des Kostenmanagements muss es dann sein, alle Kostenindizes nahe „EINS" zu bringen, um ein gesundes Verhältnis von Kosten- und Nutzenanteil der Produktkomponenten zu erhalten.

> *Beispiel:*
>
> Bei der Entwicklung eines neuartigen interaktiven Multimedia-Gerätes wird durch Befragung innerhalb der Zielgruppe erkannt, dass der relative Kundennutzen für verschiedene Parameter/Funktionalitäten wie folgt eingeschätzt wird:
>
> | | |
> |---|---|
> | Design: | 10% |
> | Speicherplatz: | 15% |
> | Schnelligkeit: | 20% |
> | Auflösung des Displays: | 10% |
> | Zoom der Kamera: | 5% |
> | Fähigkeit „Mobiles Internet": | 20% |
> | Menüführung: | 4% |
> | Oberflächenbeschaffenheit: | 1% |
> | Größe: | 7% |
> | Gewicht: | 8% |
>
> Hinsichtlich der prognostizierten – und im Markttest zu hohen – Gesamtkosten, die sich bislang an einer Gewichts- und Größenoptimierung orientiert hatte, wird jedoch von einer Kostenverteilung wie folgt ausgegangen:

Design:	5%	noch 1540
Speicherplatz:	10%	
Schnelligkeit:	10%	
Auflösung des Displays:	15%	
Zoom der Kamera:	3%	
Fähigkeit „Mobiles Internet“:	10%	
Menüführung:	12%	
Oberflächenbeschaffenheit:	12%	
Größe:	13%	
Gewicht:	10%	

Das Management zeigt sich überrascht und erkennt, dass insbesondere die (kostenintensiven) Bemühungen im Hinblick auf die weitere Reduzierung von Gewicht und Größe eingeschränkt werden können und auch (kostengünstigere) Materialien mit einer weniger luxuriösen Oberflächenbeschaffenheit eingesetzt werden können. Andererseits ist zu prüfen, ob die Schnelligkeit des Gerätes sowie die Internet-Fähigkeit bei den prognostizierten unterdurchschnittlichen Kostenanteilen marktgerecht sind.

E. Ausbau und Insourcing des Rechnungswesens

Literaturauswahl:

Selchert, Friedrich Wilhelm, Jahresabschlussprüfung der Kapitalgesellschaften, Wirtschaftsprüfer-Handbuch 2000, IDW-Verlag; Beck'scher Bilanzkommentar, 1999; Wöhe, Günter, Einführung in die Allgemeine Betriebswirtschaftslehre, Verlag Vahlen, 2002; Falterbaum, Hermann/Beckmann, Heinz/Bolk, Wolfgang, Buchführung und Bilanz, Fleischer Verlag, 2003; Adler/Düring/Schmaltz, Rechnungslegung und Prüfung der Unternehmen, Schäffer-Poeschel Verlag, 1995; Prüfungsstandard IDW PS 200, Ziele und allgemeine Grundsätze der Durchführung von Abschlussprüfungen, Fachnachrichten des Instituts der Wirtschaftsprüfer, 2000, Heft 7, S. 280 ff.; Prüfungsstandard IDW PS 201, Rechnungslegungs- und Prüfungsgrundsätze für die Abschlussprüfung, Fachnachrichten des Instituts der Wirtschaftsprüfer, 2000, Heft 7, S. 285 ff.; Prüfungsstandard IDW PS 400 – Grundsätze für die ordnungsmäßige Erteilung von Bestätigungsvermerken bei Abschlussprüfungen, Fachnachrichten des Instituts der Wirtschaftsprüfer, Heft 8, 1999, S. 325 ff.; Prüfungsstandard IDW PS 330, Abschlussprüfung bei Einsatz von Informationstechnologie, Die Wirtschaftsprüfung, 2002, S. 1167 ff.; IDW Stellungnahme zur Rechnungslegung FAIT 1, Grundsätze ordnungsmäßiger Buchführung bei Einsatz von Informationstechnologie, Die Wirtschaftsprüfung, 2002, S. 1157 ff.

I. Bestandteile des Rechnungswesens

1541   Unter dem Oberbegriff „Betriebliches Rechnungswesen" sind diejenigen Verfahrensweisen zu verstehen, deren **Zielsetzung** es ist, die im Rahmen der betrieblichen Prozesse anfallenden **Leistungs-** und **Zahlungsströme** sowohl hinsichtlich des **Mengengerüstes** als auch des **Kosten-** bzw. **Preisrahmens** zu erfassen. Die zentrale Aufgabe des Rechnungswesens ist es, anhand der Dokumentation der Geschäftsvorfälle Informationen für unterschiedliche Adressaten bereitzustellen und so eine Überwachung des Unternehmens zu ermöglichen bzw. zu unterstützen. Die Erfassung der Geschäftsvorfälle ist dabei so auszurichten, dass Informationen sowohl **zeitpunktbezogen** (d.h. Bestände von Vermögensgegenständen oder Schulden zu einem bestimmten Stichtag) als auch **zeitablaufbezogen** (z.B. Umsätze innerhalb einer Periode) bereitgestellt werden können. Darüber hinaus ist es oftmals Aufgabe des Rechnungswesens, auch produktbezogene Daten, wie z.B. die Selbstkosten von Produkten, zu generieren. Somit dient das Rechnungswesen auch der **Unternehmenssteuerung** und insbesondere der **Überwachung der Rentabilität** und der **Wirtschaftlichkeit**. Auf der Grundlage der Daten des Rechnungswesens wird es dem Management zudem ermöglicht, in die Zukunft gerichtete Entscheidungen zu treffen (**Dispositionsaufgabe**).

1542   Neben diesen betriebsinternen Aufgaben hat des Rechnungswesen zusätzlich **externe Aufgaben** zu erfüllen. Auf Grundlage gesetzlicher Vorschriften dient es der **Rechenschaftslegung** des Managements und informiert, so weit es aufgrund gesetzlicher Vorschriften veröffentlicht oder freiwillig zur Einsicht freigegeben wird, die Gesellschafter (Aktionäre, Gesellschafter einer GmbH, Kommanditisten etc.), die **Fremdkapitalgeber** (Kreditinstitute, Lieferanten, sonstige Gläubiger), die Mitarbeiter sowie die Finanzbehörde (über das Maßgeblichkeitsprinzip des § 5 EStG) über die wirtschaftlichen Verhältnisse, d. h. über die Vermögens-, Finanz- und Ertragslage, des Unternehmens. Diese Aufgabe des Rechnungswesens wird als Rechenschafts- und Informationsaufgabe bezeichnet.

Diese vielfältigen Aufgaben des Rechnungswesens lassen sich in der Regel **1543** nicht durch ein einziges Rechenwerk erfüllen. Aus diesem Grund haben sich **verschiedene Ausprägungen** des Rechnungswesens mit unterschiedlichen Rechenwerken herausgebildet, wobei grundsätzlich eine Verknüpfung untereinander besteht. Folgende Rechenwerke, die in der Regel auf der Grundlage eines einheitlichen Datenmaterials generiert werden, werden zur Bereitstellung von Informationen verwendet:

- die Buchhaltung und die Bilanz
- die Selbstkostenrechnung
- die betriebwirtschaftliche Statistik
- die Planungsrechnung.

Diese Gliederung wurde bereits in der ersten Hälfte des vorigen Jahrhunderts **1544** entwickelt und zwischenzeitlich immer weiter verfeinert. Es wird heute zwischen der **Finanzbuchhaltung** (die Geschäftsbuchhaltung), aus der der zu veröffentlichende **Jahresabschluss** (Bilanz, Gewinn- und Verlustrechnung etc.) entwickelt wird, einerseits und der Betriebsbuchhaltung (kalkulatorische Buchhaltung, Betriebsabrechnung etc.), die der **Kostenerfassung** und **-verteilung** dient, andererseits unterschieden. Die Betriebsbuchhaltung sowie die Selbstkostenrechnung wird auch unter dem Begriff Kostenrechnung zusammengefasst. Demnach ergibt sich folgende Einteilung des Rechnungswesens:

- Finanzbuchhaltung und Bilanz mit den Aufgaben Buchhaltung, Inventarerstellung, Erstellung des Jahresabschlusses (Bilanz, Gewinn- und Verlustrechnung, Anhang), Sonderbilanzen und Zwischenbilanzen
- Kostenrechnung mit der Betriebsabrechnung (also der kalkulatorischen Buchhaltung), der Kostenartenrechnung, der Kostenstellenrechnung, der Kostenträgerzeitrechnung, der kurzfristigen Erfolgsrechnung (Deckungsbeitragsanalyse) sowie der Selbstkostenrechnung (Kostenträgerstückrechnung)
- Vergleichs- und Abweichungsrechnungen (betriebswirtschaftliche Statistik, betrieblicher Vergleich in Form von Zeitvergleich, Verfahrensvergleich und Soll-Ist-Vergleich sowie Branchenvergleich)
- Planungsrechnung

Auf die beiden erstgenannten Aspekte soll im Folgenden eingegangen werden.

1. Finanzbuchhaltung und Bilanzerstellung

Die Aufgabe der Buchhaltung besteht darin, alle in Zahlenwerten festgehalte- **1545** nen wirtschaftlich bedeutsamen Vorfälle (**Geschäftsvorfälle**), die sich im Unternehmen ereignen, in chronologischer Reihenfolge festzuhalten.

1546 Es ist schon seit jeher Aufgabe der Kaufleute, eine Buchführung zu unterhalten. Die Grundlagen der heute üblichen doppelten Buchführung reichen weit bis ins Mittelalter zurück. Neben dem System der doppelten Buchführung existiert die kameralistische Buchführung, die häufig von Körperschaften des öffentlichen Rechts angewendet wird, sowie die einfache Buchführung. Die doppelte Buchführung als „höchste Form der Buchführung" stellt ein anspruchsvolles, in sich geschlossenes Kontensystem mit einem entwickelten Kontenformalismus dar. Sie heißt **doppelte Buchführung,** weil

- bei jedem Geschäftsvorfall zwei Konten betroffen sind, das Konto und das Gegenkonto
- jede Buchung und die dazugehörige Gegenbuchung in zwei Büchern erfolgen muss, im Hauptbuch und im Grundbuch (auch Tagebuch oder Journal genannt).

1547 Welche Bücher existieren im System der doppelten Buchführung? Unterschieden werden die Grundbücher, das Hauptbuch und die Nebenbücher. Über diese verschiedenen Bücher soll im Folgenden ein kurzer Überblick gegeben werden.

a) Grundbücher

1548 Um alle Geschäftsvorfälle erfassen zu können, benötigt die doppelte Buchführung eine **chronologisch und sachlich gegliederte Aufzeichnung** in Büchern und Konten. Die chronologische Aufzeichnung, d. h. die Erfassung in zeitlicher Reihenfolge, erfolgt in den Grundbüchern, deren Zahl durch die Arbeitsteilung im kaufmännischen Unternehmen bedingt ist. Durch das Grundbuch wird es ermöglicht, einzelne Geschäftsvorfälle ohne große Mühe auch für die Vergangenheit bis hin zu den entsprechenden Belegen zu identifizieren. Dieses ist aufgrund der BFH-Rechtsprechung erforderlich (BFH Bundessteuerblatt 1968 II S. 527).

1549 Ein wesentliches Grundbuch ist das **Kassenbuch**. Nach § 146 Abs. 1 Satz 2 Abgabenordnung (AO) müssen Kasseneinnahmen und Kassenausgaben täglich in einem Kassenbuch festgehalten werden. Es ist in der Regel das wichtigste Grundbuch. Neben dem Kassenbuch kommen je nach Unternehmensgröße und Art der Geschäftstätigkeit weitere Grundbücher in Betracht, insbesondere das Tagebuch, das Rechnungseingangsbuch und das Rechnungsausgangsbuch sowie möglicherweise Bücher über die Bankkontenentwicklung. Es ist mittlerweile üblich, dass alle Bücher, also auch die Grundbücher, auf elektronischen Datenträgern geführt werden. Die Abgabenordnung erlaubt dieses in § 146 Abs. 5. Die Geschäftsvorfälle sind zeitnah und geordnet in den Grundbüchern zu erfassen. Dieses setzt zwar keine tägliche Erfassung voraus; es muss aber ein enger zeitlicher Zusammenhang zwischen dem Vorfall (dem Geschäftsvorfall) und dem Eintrag in das jeweilige Grundbuch bestehen.

b) Hauptbuch

1550 Während das Grundbuch für die chronologische Aufzeichnung von Geschäftsvorfällen herangezogen wird, wird die sachlogische (systematische) Gliederung des Buchungsstoffes im Hauptbuch vorgenommen, dessen Abschluss die Bilanz sowie die Gewinn- und Verlustrechnung ergibt. Das Hauptbuch ist in Sachkonten eingeteilt und untergliedert die Geschäftsvorfälle in anderer Ordnung als das Grundbuch.

c) Nebenbücher

Als Nebenbücher werden insbesondere die **Debitoren- und Kreditorenbuch-** **1551** **haltung**, die **Anlagenbuchhaltung** sowie die **Lagerbuchhaltung** geführt. Hintergrund der Führung von Nebenbüchern ist es, dass die einzelnen Salden (z. B. der Entwicklung von Forderungen gegenüber bestimmten Kunden) nicht in unterschiedlichen Konten des Hauptbuchs abgebildet werden sollen, da dieses eine Vielzahl von Konten im Hauptbuch erfordern und damit zur Unübersichtlichkeit führen würde. Aus diesem Grund werden z. B. für die Debitorenbuchhaltung gesonderte Nebenbücher geführt. Der Saldo des Nebenbuches muss selbstverständlich mit dem entsprechenden **Hauptbucheintrag** abstimmbar sein. Dieses bedeutet, dass z. B. die Forderungen, die im Hauptbuch ausgewiesen sind (z. B. Forderungen gegen Kunden) mit den entsprechenden Konten, die im Nebenbuch geführt werden, übereinstimmen müssen. Dieses setzt wiederum voraus, dass Einträge, die im Nebenbuch erfolgen, automatisch auch in das Hauptbuch übertragen werden. Moderne Buchführungssysteme wickeln diese Übertragung des Buchungsstoffes **automatisch** ab. Ein weiteres wesentliches Nebenbuch ist die Personalbuchführung, die aufgrund der sensiblen, personenbezogenen Daten nur von ausgewählten Mitarbeitern geführt werden sollte.

2. Die Kosten- und Leistungsrechnung

Die Kosten- und Leistungsrechnung dient der adäquaten **Steuerung der inner-** **1552** **betrieblichen Leistungsprozesse**. Während die internen Aufgaben der Kosten- und Leistungsrechnung sich aus der Notwendigkeit der Bereitstellung entscheidungsrelevanter Daten zu Planungs- und Kontrollzwecken ergeben, resultieren die externen Aufgaben aus der Dokumentationsfunktion des Rechnungswesens.

Aufgabe des internen Rechnungswesens ist die **Kontrolle der Wirtschaftlich-** **1553** **keit** des Produktions- bzw. Leistungsprozesses durch den Vergleich von Plan-Kosten mit den Ist-Kosten anhand von Abweichungsanalysen und durch Zeitvergleiche. Bei diesen Analysen bleiben üblicherweise betriebs- oder periodenfremde bzw. außerordentliche Bestandteile unberücksichtigt. Extern vorgegebene Aufgaben der Kosten- und Leistungsrechnung resultieren aus handels- bzw. steuerrechtlichen Vorschriften über die Ermittlung von Herstellungskosten zur Aktivierung von Eigenleistungen und Bestandsveränderungen (§ 255 Abs. 2 HGB) sowie beispielsweise der Ermittlung von Konzernverrechnungspreisen vor dem Hintergrund handels- bzw. steuerrechtlicher Regelungen.

Von zentraler Bedeutung ist, dass in der Kostenrechnung nicht alleine pagatori- **1554** sche, d. h. durch Zahlungen verursachte Aufwendungen zu berücksichtigen sind, sondern durchaus auch **kalkulatorische Bestandteile** (z. B. kalkulatorischer Unternehmerlohn, kalkulatorische Eigenkapitalverzinsungen, Abschreibungen auf kalkulatorische Wiederbeschaffungskosten) berücksichtigt werden können.

1555 Der Güterverzehr für die betriebliche Leistungserbringung wird im Rahmen der Kostenrechnung erfasst und den einzelnen Periodenteileinheiten oder Produkten zugerechnet. Kostenrechnungssysteme gliedern sich üblicherweise in die drei Teilbereiche:

- Kostenartenrechnung,
- Kostenträgerrechnung und
- Kostenstellenrechnung.

1556 Jede dieser Teilrechnungen vermittelt Kosteninformationen unter einem besonderen Blickwinkel und ermöglicht bei entsprechender Darstellung auch Steuerungsmöglichkeiten für die Unternehmensleitung.

1557 Da die in der Kostenrechnung erfassten Kosten den bewerteten Güter- oder Leistungsverzehr zur Erstellung der betrieblichen Leistungen darstellen, sollten sie, so weit möglich, der Kostenstelle, dem Kostenträger und der Periode zugerechnet werden, die **ursächlich für die Kostenentstehung** sind.

1558 Dieses zentrale Prinzip der Kostenrechnung wird **Verursachungsprinzip** genannt. Kosten, die nicht bzw. nur sehr schwer (und damit unwirtschaftlich) unmittelbar einzelnen Kostenstellen, Kostenträgern oder Perioden zugerechnet werden können, weil sie für eine Gesamtheit von Stellenleistungen oder Perioden anfielen oder nur indirekt abhängig sind von der konkreten Leistungserstellung, müssen hilfsweise – zum Beispiel nach dem Durchschnittsprinzip – auf die jeweilige Grundgesamtheit umgelegt werden. Die Aufteilung erfolgt dabei durch Proportionalisierung solcher Kosten anhand bestimmter Bezugsgrößen (z.B. Mitarbeiter der Abteilung, benötigte Fläche, Gewicht des Produktes). Dabei ist eine sinnvolle und wirtschaftliche Gewichtung zwischen dem Verursachungsprinzip und dem Durchschnittsprinzip zu wählen. Das bedeutet, dass im Interesse einer aussagekräftigen Kostenrechnung nicht pauschal sämtliche Kosten über das Durchschnittsprinzip umgelegt werden dürfen. Andererseits sollte aber auch keine Scheingenauigkeit über den Versuch, jeden einzelnen Faktorverbrauch der entsprechenden Kostenstelle bzw. der Kostenart oder dem Kostenträger zuzuordnen, angestrebt werden. Unter diesem Aspekt sind in vielen Teilschritten der Kostenerfassung und Kostenverrechnung gewisse Abstriche bezüglich der Genauigkeit und Aktualität der Kostenrechnung unerlässlich.

1559 Die **Kostenartenrechnung** bildet die Grundlage der Kostenrechnung. Aus Gründen der Wirtschaftlichkeit ist es sinnvoll, eine weitestgehende Übereinstimmung mit den Daten der Finanzbuchhaltung zu erreichen. Diese Daten der Finanzbuchhaltung sind allenfalls um **Anders- und Zusatzkosten** (wie z.B. die bereits erwähnten kalkulatorischen Abschreibungen oder kalkulatorischen Eigenkapitalzinsen) zu ergänzen. Auf jeden Fall ist es sinnvoll, nicht zwei isolierte Rechenwerke (externe Finanzbuchhaltung, interne Kostenrechnung) zu unterhalten, sondern eine einheitliche Datenbasis zu verwenden.

Als nächster Schritt der Kostenrechnung ist die **Kostenstellenrechnung** zu er-   **1560**
wähnen. Die Kostenstellenrechnung zeichnet auf, welche Kosten für die einzelnen Teilbereiche eines Unternehmens innerhalb einer Abrechnungsperiode anfallen. Sie erfasst die den Produkten bzw. Leistungen des Unternehmens nicht
direkt zurechenbaren Kostenträgergemeinkosten und bereitet diese für ihre Wei-
terverrechnung auf. Nur durch eine Kostenstellenrechnung ist es nämlich möglich, anfallende Gemeinkosten, wie z. B. Verwaltung, zu identifizieren und diese
sodann den einzelnen Produkten bzw. Leistungen anteilig zuzurechnen. Von
zentraler Bedeutung ist dabei, dass die Kostenstellenrechnung heute nicht als
reines Abrechnungs- bzw. Verrechnungsinstrument angesehen werden kann. Es
ist vielmehr Aufgabe der Kostenstellenrechnung, eine verantwortungsbezogene
Planung und Kontrolle der Leistungen und Kosten zu ermöglichen. Damit stellt
sie ein wesentliches Steuerungsinstrument für die Unternehmensleitung dar.

Als letzte Stufe der Kostenrechnung verrechnet die **Kostenträgerrechnung** die   **1561**
zunächst in der Kostenartenrechnung erfassten und sodann in der Kostenstellenrechnung auf Endkostenstellen weitergewälzten Kosten auf die verschiedenen
Kostenträger (Produkte bzw. Leistungen) des Unternehmens. Die Kostenträgerrechnung wird sowohl als stückbezogene als auch als zeitbezogene Rechnung
durchgeführt. Durch Gegenüberstellung der Kosten mit den jeweils erzielten Erlösen wird die Kostenträgerzeitrechnung regelmäßig zu einer kurzfristigen Erfolgsrechnung (Kostenträgerergebnisrechnung) erweitert. Daneben ist aber die
Ermittlung der Herstellkosten und damit die Kalkulation der Selbstkosten der
Produkte bzw. Leistungen eine der Hauptaufgaben der Kostenträgerrechnung.

Warum ist die Kostenrechnung gerade auch für junge Unternehmen von zentraler Bedeutung?

Zum einen geht es um die Frage, welche Preise ein Unternehmen am Markt ver-   **1562**
langen soll. Gerade in der Wachstumsphase eines Unternehmens ist die Situation
häufig durch so genannte Unterbeschäftigungen, d. h. durch die Nichtauslastung
der gegebenen Kapazitäten, geprägt. Fraglich ist insofern, welcher Preis die
Preisuntergrenze darstellt, bei der die Annahme eines neuen Auftrages gerade
noch wirtschaftlich sinnvoll ist. In diesen Fällen müssen in die **Preiskalkulation**
nur die unmittelbar erzeugungsbedingten und absatzbedingten Kosten (sog. „variable Kosten") einbezogen werden, da nur sie bei der Produktion und im Absatz
kurzfristig zusätzlich anfallen. Umgelegte Fixkosten (z. B. umgelegte Anlagen-
abschreibungen, umgelegte Gehälter im Verwaltungsbereich) dürfen nicht in die
Kostenkalkulation einbezogen werden, denn sie sind kurzfristig nicht abbaubar
(und demnach nicht für die konkrete Entscheidung relevant). Langfristig ist es
selbstverständlich erforderlich, dass ein Unternehmen seine **Vollkosten**, d. h.
auch die umgelegten Fixkosten, durch seine Preise decken kann.

Neben diesen Preisfindungsaspekten ist auch die **Abweichungsanalyse** und die   **1563**
Kostenkontrolle von Bedeutung. Durch einen Periodenabgleich bzw. einen
Branchenabgleich ist es möglich, Kostensenkungspotenziale zu erkennen und
im Unternehmen zu realisieren.

1564 Darüber hinaus wirkt sich die Kostenrechnung auch über die externe Rechnungslegung aus. Gemäß § 255 Abs. 2 HGB sind als Herstellungskosten zumindest die Einzelkosten, darüber hinaus jedoch noch angemessene Teile der Gemeinkosten zu berücksichtigen. Ohne eine funktionierende Kostenrechnung dürfte es nicht möglich sein, die den einzelnen Produkten beizulegenden Einzelkosten zu ermitteln, geschweige denn Gemeinkostenzuschläge sachgerecht abzuleiten.

II. Anforderungen an den Einsatz von Software im Rechnungswesen

1565 Hat das Unternehmen eine gewisse Größenordnung erreicht, wird das Rechnungswesen zumeist in-house und dabei – bis auf sehr spezielle Ausnahmefälle – üblicherweise edv-gestützt abgebildet. Dabei reicht die Bandbreite des Einsatzes von EDV-Systemen im Unternehmen von der Unterstützung manueller Tätigkeiten (z. B. durch PC-Standardapplikationen) über reine **Stand-alone PC-Buchhaltungssoftware** bis hin zu **komplexen IT-Systemen**, die als integrierte Systeme eine einheitliche Datenbasis zur Steuerung vielfältiger Unternehmensaktivitäten verwenden und durch eine weitgehende Verknüpfung von operativen und rechnungslegungsbezogenen Funktionen gekennzeichnet sind (sog. „Enterprise Resource Planning-Systeme"). Sofern letztlich ganze Geschäftsprozesse IT-gestützt, d. h. ohne manuelle Eingaben, ablaufen (z. B. Materialwirtschaft) führt dieses dazu, dass Informationen und Daten über betriebliche Aktivitäten direkt in das Rechnungslegungssystem einfließen.

1566 Unabhängig von der Komplexität erfordert der Einsatz von rechnungslegungsbezogener Software, dass die Grundsätze ordnungsmäßiger Buchführung auf die EDV-Buchführung sinngemäß angewendet werden müssen.

1567 Die für die Rechnungslegung relevanten gesetzlichen Regelungen, insbesondere das Handelsgesetzbuch und die Abgabenordnung, enthalten diesbezüglich keine spezifizierten Regelungen. Nach § 239 Abs. 4 HGB und § 146 Abs. 5 AO sind EDV-Buchführungsverfahren dann zugelassen, sofern die Daten während der Aufbewahrungsfristen des § 257 HGB (vergleiche auch Kapitel B.III des ersten Abschnitts) verfügbar und jederzeit innerhalb angemessener Frist lesbar gemacht werden können. Die am 01.01.2002 rechtskräftig gewordene Änderung der Abgabenordnung hat zu einer weiteren Verschärfung dieser Anforderung geführt, nach der alle steuerlich relevanten und originär digital gespeicherten Daten über den Aufbewahrungszeitraum jederzeit verfügbar (also damit online) und auswertbar vorgehalten werden müssen. In der Praxis haben sich auf die Regelungen des HGB und der AO aufbauend die **Grundsätze ordnungsmäßiger DV-gestützter Buchführungssysteme (GoBS)** entwickelt,[1] die unter anderem die Anforderungen an die Beleg-, Journal- und Kontenfunktion, die Datensicherheit, die Dokumentation und die Prüfbarkeit definieren.

---

1 Vgl. BMF-Schreiben vom 07.11.1995, BStBl I, 738.

Voraussetzung für die Ordnungsmäßigkeit der edv-gestützten Rechnungslegung **1568** ist neben der Einhaltung der gesetzlichen Vorschriften (§ 239 Abs. 4, 257 HGB, § 146 AO) des Rechnungslegungssystems die Sicherheit der verarbeiteten Daten, wobei sich die Sicherheitsanforderungen sowohl auf die EDV-Verfahren als auch auf die IT-Infrastruktur beziehen. Sichere IT-Systeme als Voraussetzung für eine ordnungsmäßige Rechnungslegung müssen die folgenden Sicherheitsanforderungen erfüllen:[2]

- Die Grundsätze **Datensicherheit** und **Datenschutz** erfordern, dass unberechtigte Zugriffe auf Daten oder Informationen ausgeschlossen werden. Nur im Voraus festgelegte Personen dürfen auf den Inhalt der Daten zugreifen. Geeignete Verfahren zur Erreichung dieses Zwecks sind Verschlüsselungstechniken sowie physische und logische Zugriffsschutzmaßnahmen (Zugangskontrollen, Passwortschutz). Organisatorische Regelungen und technische Systeme zum Zugriffsschutz sind die Voraussetzung zur Umsetzung erforderlicher Funktionstrennungen. Neben Identitätskarten werden zukünftig biometrische Zugriffsgenehmigungsverfahren an Bedeutung gewinnen. Datenschutz und Datensicherheit müssen z. B. auch aufgrund anderer Rechtsvorschriften, wie dem Bundesdatenschutzgesetz (BDSG) und der SignaturVO, gewährleistet sein.

- Das Prinzip der **Vertraulichkeit** verlangt, dass von Dritten erlangte Daten nicht unberechtigt weitergegeben oder veröffentlicht werden. Organisatorische und technische Maßnahmen umfassen u. a. Anweisungen zur Beschränkung der Übermittlung personenbezogener Daten an Dritte, die verschlüsselte Übermittlung von Daten an berechtigte Dritte, die eindeutige Identifizierung und Verifizierung des Empfängers von Daten oder die Einhaltung von Löschfristen gespeicherter personenbezogener Daten.

  Beispiel:

  Auf die Daten der Personalabrechnung hat üblicherweise ausschließlich die Lohnbuchhaltung, nicht aber die Finanzbuchhaltung oder andere Buchhaltungsbereiche Zugriff.

- Die **Integrität** von IT-Systemen ist dann gegeben, wenn Daten, Informationen und Systeme vollständig und richtig zur Verfügung stehen und ein Schutz vor ungewollten Änderungen und Manipulation besteht. Hierzu dienen unter anderem geeignete Test- und Freigabeverfahren. Technische Maßnahmen zur Sicherung der Systemintegrität sind z. B. Firewalls und Virenscanner. Moderne Datenbankmanagement-Systeme (Datenbanken) unterstützen die Sicherstellung der Datenintegrität durch programmierte und automatisiert ablaufende Kontrollen und Integritätschecks. Die Ordnungsmäßigkeit der IT-gestützten Rechnungslegung setzt weiterhin voraus, dass neben den Daten und IT-Anwendungen auch die IT-Infrastruktur in einem festgelegten Zustand eingesetzt wird und nur autorisierte Änderungen zugelassen werden.

---

2 Vgl. IDW Stellungnahme zur Rechnungslegung FAIT 1: „Grundsätze ordnungsmäßiger Buchführung bei Einsatz von Informationstechnologie".

Beispiel:

Werden Stammdaten (z. B. Kundenstammdaten) in mehreren Anwendungssystemen vorgehalten, muss sichergestellt werden, dass Änderungen an diesen Daten jeweils in allen Anwendungen durchgeführt werden. Hier bietet sich ein automatisierter Prozess an, bei dem für jedes Datenfeld ein führendes System definiert wird, in dem – und nur in dem – Änderungen zugelassen sind, die dann programmseitig in die korrespondierenden Datenfelder der anderen Anwendungen übertragen werden.

- Die **System-Verfügbarkeit** verlangt zum einen, dass das Unternehmen zur Aufrechterhaltung des Geschäftsbetriebs die ständige Verfügbarkeit der Hardware, Software sowie Daten und Informationen gewährleistet. Zum anderen müssen Hardware, Software, Daten und Informationen sowie die erforderliche IT-Organisation in angemessener Zeit funktionsfähig bereitstehen. Insofern ist die Einrichtung geeigneter Back-up-Verfahren zur Notfallvorsorge unerlässlich. Weiterhin sind Maßnahmen zur Sicherung der Verfügbarkeit erforderlich, damit den Anforderungen gemäß § 257 HGB sowie § 146 AO entsprochen wird.

Beispiel:

Handelsbücher sind gemäß § 257 Abs. 1 Nr. 1 i. V. m. § 257 Abs. 4 HGB zehn Jahre lang aufzubewahren. Wenn die Handelsbücher dabei in elektronischer Form geführt werden, ist nach § 257 Abs. 3 HGB sicherzustellen, dass die Daten während dieser Aufbewahrungsfrist verfügbar sind und jederzeit innerhalb angemessener Frist lesbar gemacht werden können. Nach § 146 AO gilt darüber hinaus verschärfend die Anforderung, dass alle originär digital gespeicherten bzw. generierten steuerlich relevanten Daten **jederzeit verfügbar**, also damit in Online-Zugriff, vorgehalten werden müssen. Dieses erfordert einerseits die Vorhaltung der entsprechenden Hard- und Software, andererseits die sichere – auch im Hinblick auf die „magnetische Entladung" – Aufbewahrung der Datenträger.

- Der Grundsatz der **Autorisierung** besagt, dass nur Berechtigte die Rechte wahrnehmen können, die für dieses System definiert sind. Dies betrifft das Lesen, Anlegen, Ändern und Löschen von Daten – z. B. im Bereich der Stammdatenpflege – oder die Administration eines IT-Systems. Dadurch soll gewährleistet werden, dass die Geschäftsvorfälle im Rahmen eines genehmigten Verfahrens im System abgebildet werden.

Beispiel:

Es ist nur einem bestimmten Personenkreis erlaubt, Stammdaten im Personalabrechnungsbereich zu verändern, anzulegen oder zu löschen. Über diese Transaktionen wird systemseitig ein Stammdatenänderungsprotokoll erstellt. Die Stammdatenänderungsprotokolle werden periodisch von einem anderen Mitarbeiter oder dem Vorgesetzten kontrolliert.

- **Authentizität** ist dann gegeben, wenn ein Geschäftsvorfall einem Verursacher eindeutig zuzuordnen ist. Dieses kann beispielsweise über Berechtigungsverfahren geschehen. Beim elektronischen Datenaustausch ist die eindeutige Identifizierung des Partners z. B. über Verfahren der digitalen Signatur erforderlich. Hierzu kann die Nutzung unternehmensübergreifender oder unternehmensunabhängiger Stellen (z. B. Trust-Center) vorteilhaft sein.

Beispiel:

Jede Buchung wird automatisiert mit dem Personalkennzeichen des Mitarbeiters versehen. Dieses erfordert, dass jeder Mitarbeiter der Buchhaltung sich unter seinem eigenen Namen am Buchhaltungssystem anmeldet.

- Unter **Verbindlichkeit** wird die Eigenschaft von IT-gestützten Verfahren verstanden, gewollte Rechtsfolgen bindend herbeizuführen. Transaktionen dürfen durch den Veranlasser nicht abstreitbar sein, weil beispielsweise der Geschäftsvorfall nicht gewollt ist.

Beispiel:

Das Radierverbot des § 239 Abs. 3 HGB besagt, dass Eintragungen in die Handelsbücher – d.h. Buchungen – nicht mehr in einer Weise verändert werden dürfen, dass der ursprüngliche Inhalt nicht mehr feststellbar ist. Dieses bedeutet, dass Buchhaltungen, die auf Tabellenkalkulations- oder Datenbankprogrammen basieren, im Regelfall nicht ordnungsgemäß sind, sofern sich Datensätze im Nachhinein löschen oder verändern (z.B. durch Überschreiben von Feldern) lassen und eine Protokollierung der Änderungen nicht erfolgt. Eine falsche Buchung darf hierbei grundsätzlich nicht gelöscht werden, vielmehr ist eine gesonderte Korrektur- oder Storno-Buchung vorzunehmen.

Obige Grundsätze sind allgemein gültig für jede Art von EDV-Systemen mit **1569** Bezug zur Rechnungslegung. Generell ist zu beachten, dass EDV-Buchführungen neben den allgemeinen Ordnungsmäßigkeitskriterien Vollständigkeit, Richtigkeit, Zeitgerechtigkeit, Ordnung, Unveränderlichkeit und Nachvollziehbarkeit die Kriterien Beleg- und Kontenfunktion, Journalfunktion und Dokumentation zu erfüllen haben:[3]

- Die in § 238 Abs. 1 HGB geforderte Nachvollziehbarkeit der Buchführung vom Urbeleg zum Abschluss und umgekehrt setzt voraus, dass die Berechtigung einer jeden Buchung durch einen Beleg nachgewiesen wird (Grundsatz der Belegbarkeit). Die **Belegfunktion** ist die Grundvoraussetzung für die Beweiskraft der Buchführung. Über die Belegfunktion wird der Nachweis der zutreffenden Abbildung der internen und externen Geschäftsvorfälle im Rechnungswesen geführt.

- Die **Journalfunktion** verlangt, dass alle buchungspflichtigen Geschäftsvorfälle möglichst zeitnah nach ihrer Entstehung vollständig und verständlich in zeitlicher Reihenfolge aufgezeichnet werden (Journal). Während durch die Erfüllung der Belegfunktion die Existenz und Verarbeitungsberechtigung eines Geschäftsvorfalls nachgewiesen werden muss, hat die Journalfunktion den Nachweis der tatsächlichen und zeitgerechten Verarbeitung der Geschäftsvorfälle zum Gegenstand.

- Die **Kontenfunktion** setzt voraus, dass die im Journal in zeitlicher Reihenfolge aufgezeichneten Geschäftsvorfälle auch in sachlicher Ordnung auf Konten abgebildet werden. Bei computergestützten Buchführungsverfahren

---

3 Vgl. IDW Stellungnahme zur Rechnungslegung FAIT 1: „Grundsätze ordnungsmäßiger Buchführung bei Einsatz von Informationstechnologie".

werden Journal- und Kontenfunktion in der Regel gemeinsam wahrgenommen, indem bereits bei der erstmaligen Erfassung des Geschäftsvorfalls alle für die sachliche Zuordnung notwendigen Angaben erfasst werden. Diese Funktionen werden bei integrierter Software z. B. durch maschinelle Kontenfindungsverfahren unterstützt.

- Voraussetzung für die Nachvollziehbarkeit des Buchführungs- bzw. Rechnungslegungsverfahrens ist eine ordnungsgemäße **Verfahrensdokumentation**, die die Beschreibung aller zum Verständnis der Rechnungslegung erforderlichen Verfahrensbestandteile enthalten muss. Die Beurteilung der Ordnungsmäßigkeit komplexer Verfahren ist für einen sachverständigen Dritten nur dann möglich, wenn ihm neben den Eingabedaten und Verarbeitungsergebnissen auch eine aussagefähige Dokumentation zur Verfügung steht. Der Aufbau und die Pflege der zum Verständnis der Rechnungslegung erforderlichen Dokumentation sind Voraussetzung für die Erfüllung der Grundsätze ordnungsmäßiger Buchführung (GoB). Die Verfahrensdokumentation in einer IT-gestützten Rechnungslegung besteht aus der Anwenderdokumentation und der technischen Systemdokumentation. Die Anwenderdokumentation muss alle Informationen enthalten, die für eine sachgerechte Bedienung einer IT-Anwendung erforderlich sind. Neben einer allgemeinen Beschreibung der durch die IT-Anwendung abgedeckten Aufgabenbereiche sowie einer Erläuterung der Beziehungen zwischen einzelnen Anwendungsmodulen sind Art und Bedeutung der verwendeten Eingabefelder, die programminterne Verarbeitung (insbesondere maschinelle Verarbeitungsregeln) und die Vorschriften zur Erstellung von Auswertungen anzugeben. Bei Einsatz von Standardsoftware ist die vom Produkthersteller gelieferte Dokumentation um die Beschreibung der anwendungsspezifischen Anpassungen und die Dokumentation des eingerichteten internen Kontrollsystems des Anwenders (z. B. Parametrisierungen, Verwendung der Eingabefelder, Schlüsselsystematiken) zu ergänzen.

Die technische Systemdokumentation dient in erster Linie dazu, einen sicheren und geordneten IT-Betrieb zu gewährleisten sowie sicherzustellen, dass die IT-Anwendungen durch Programmersteller gewartet werden können. Art und Umfang der technischen Dokumentation sind abhängig von der Komplexität der IT- Anwendung. Die Dokumentationstechnik und formale Gestaltung der technischen Dokumentation liegen im Ermessen des Programmerstellers. Angesichts der Vielzahl von Programmiersprachen ist eine nur auf den Programm-Quellcode gestützte Dokumentation zur Sicherstellung der Nachvollziehbarkeit des Buchführungs- bzw. Rechnungslegungsverfahrens nicht ausreichend. Die Dokumentation muss in einer Weise zur Verfügung gestellt werden, die einem sachverständigen Dritten den Nachvollzug der programminternen Verarbeitung, insbesondere der Verarbeitungsfunktionen und -regeln, in angemessener Zeit ohne Kenntnis der Programmiersprache erlaubt. Die technische Systemdokumentation soll unter anderem über die Aufgabenstellung der IT-Anwendung im Kontext der eingesetzten Module, die Datenorganisation und Datenstrukturen (Datensatzaufbau bzw. Tabellenaufbau bei Datenbanken) und die

Schnittstellen zu anderen Systemen informieren. Die technische Systemdokumentation ist zu ergänzen um die Dokumentation der ordnungsgemäßen Anwendung des Verfahrens. Dies betrifft unter anderem die Datensicherungsverfahren, die Verarbeitungsnachweise (Verarbeitungs- und Abstimmprotokolle), Art und Inhalt des Freigabeverfahrens für neue und geänderte Programme und die Auflistung der verfügbaren Programme mit Versionsnachweisen.

In der Praxis zeigen sich immer wiederkehrende Probleme im Zusammenhang   **1570** mit dem Einsatz von EDV-Buchführungssystemen. Diese reichen von der Auswahl und der Beschaffung über die Einführung bis hin zur Nutzung.

- **Typische Probleme bei der Beschaffung von Standard- und/oder Individualsoftware:** Sofern die Buchhaltung mit handelsüblicher Standardsoftware abgebildet werden soll, können sich vielfältige Probleme ergeben. Durch fehlende oder unzureichende Anforderungsdefinitionen werden Anwendungen beschafft, mit denen die unternehmensspezifischen Prozesse nur unzureichend abgebildet werden können. Dies ist oftmals dadurch bedingt, dass ein Softwareauswahlprozess im eigentlichen Sinne nicht stattfindet und Softwareanwendungen rein aus Empfehlungen oder ausgehend von früheren Einsätzen ausgewählt werden. Häufig wird den kaufmännischen Anwendungen nur eine unzureichende Bedeutung beigemessen. Insbesondere in der Anfangsphase des Unternehmens, in der man glaubt, das Rechnungswesen sei ein „notwendiges Übel", werden preiswerte Lösungen mit geringem Leistungsumfang (sogenannte „Kaufhaus-Fibu") genutzt. Der mittelfristig erforderliche Wechsel auf professionelle Anwendungen bei wachsendem Geschäftsumfang oder wachsenden Anforderungen, wie zum Beispiel bei einem angestrebten IPO mit entsprechenden Berichtserfordernissen, der Konsolidierung von gegründeten Tochterunternehmen oder auch nur die Möglichkeit einer parallelen Bilanzierung nach nationalem Recht (HGB) und internationalen Rechnungslegungsrichtlinien (IAS bzw. US-GAAP), wird nicht beachtet. Auch ist zu bedenken, dass auf Basis von Standard-PC-Applikationen (z.B. Tabellenkalkulationsprogramme) entwickelte Software aufgrund ihrer Architektur grundsätzlich nicht geeignet ist, die Anforderungen an die Ordnungsmäßigkeit zu erfüllen. Um dieses Problem zu umgehen, kann als erstes Qualitätsmerkmal auf ein sog. „Software-Testat" geachtet werden.

Beispiel:

Diverse Start-Ups aus dem Tätigkeitskreis der Autoren haben in der Gründungszeit Buchhaltungsanwendungen, die für Einzelunternehmer und kleine Handwerksbetriebe konzipiert sind, eingesetzt. Ein rechtzeitiger Wechsel auf ein leistungsfähigeres System erfolgte aus verschiedenen Gründen nicht. Im Ergebnis stellte dieser Sachverhalt einen begrenzenden Faktor, z.B. bei der Vorbereitung auf den Börsengang, dar. Erforderliche Planungs- und Steuerungsinformationen sowie Auswertungen konnten nicht erstellt werden.

Zu beobachten ist aber ebenfalls ein gegenüber dem oben beschriebenen Beispiel vollständig konträres Verhalten. Bereits mit Aufnahme des Geschäftsbetriebes sollten die Weichen für ein expandierendes Geschäft mit leistungsfähiger Software gestellt werden. Ein typisches Beispiel bildet hierbei die Beschaffung von Standardsoftware wie SAP für ein Anwenderspektrum von 3–5 Buchhaltungskräften. Die Kosten der Beschaffung, Einrichtung und Betreuung des Systems, die durchaus im Bereich von 200–500 T€ liegen können, bildeten einen nicht unwesentlichen Faktor für die Zahlungsunfähigkeit und spätere Insolvenz des Unternehmens nach nur kurzem Geschäftsauftritt.

1571 Neuartige oder sehr spezielle Geschäftsmodelle können Funktionalitäten erfordern, die von einer Standardsoftware nicht abgedeckt werden. Oder aber grundsätzlich verfügbare Standardsoftware wird durch unzureichende Marktrecherche nicht erkannt. Das Problem soll typischerweise durch die Entwicklung von Individualsoftware gelöst werden. Für die sachgerechte Entwicklung von individuellen Lösungen trifft noch weit mehr als für Standardsoftware zu, dass detaillierte Anforderungsdefinitionen zu Grunde liegen müssen. Oft ist zum Zeitpunkt des Beginns der Programmierarbeiten aber noch nicht klar, wie das Geschäftsmodell im Detail aussehen wird, es wird auf der Basis einer „Vision" entwickelt, ein klares Feinkonzept fehlt. Anforderungen an die Ordnungsmäßigkeit und Sicherheit kaufmännischer Anwendungen sind oft weder dem Softwareentwickler noch dem auftraggebenden Unternehmen bekannt und werden dementsprechend nicht berücksichtigt. Auch hier ist anzumerken, dass als Basis für die Entwicklung die Verwendung von Standard-PC-Applikationen (Tabellenkalkulationssoftware) nur bedingt geeignet ist.

Beispiel:

Ein Unternehmen mit Vertrieb von komplexen internetbasierten Dienstleistungen ließ eine Anwendung für die komplexe Produktverwaltung und Leistungsabrechnung von einem Drittunternehmen individuell erstellen. Die Anforderungen wurden nur grob definiert und nur teilweise schriftlich vereinbart. Systemtechnische Anforderungen zur Sicherstellung der Grundsätze ordnungsmäßiger Buchführung wurden nicht definiert. Im Ergebnis musste der Abschlussprüfer den Bestätigungsvermerk wegen nicht gegebener Ordnungsmäßigkeit der Buchführung einschränken.

- **Typische Probleme bei der Softwareeinführung:** Der Produktivsetzung eines EDV-Systems sollte immer ein angemessener Testbetrieb vorausgehen. Für kaufmännische Anwendungen ist der Nachweis der vollständigen und korrekten Verarbeitung der Geschäftsvorfälle durch ein geregeltes Testverfahren erforderlich. Die Aufbau- und Ablauforganisation muss definiert sein und in der Anwendung angemessen abgebildet werden (z.B. Konten- und Bilanzstruktur, Kostenstellenstruktur und -verteilung, Definition automatisierter Abläufe, Abbildung der Funktionstrennung durch ein Zugriffsberechtigungskonzept).

Beim Einsatz von Standardsoftware ist regelmäßig zu bemängeln, dass durch unzureichende bzw. nicht rechtzeitige Definition der Geschäftsprozesse die erforderlichen Funktionalitäten nicht vor Aufnahme des Produktivbetriebs getestet werden können. Die produktive Nutzung beginnt (hinsichtlich der Frage, ob die Software geeignet ist) teilweise im Blindflug.

Beispiel:

Ein international agierendes Wachstums-Unternehmen setzte weltweit ein ERP-System aus dem US-amerikanischen Wirtschaftsraum ein. Länderspezifische Tests der zur Verfügung stehenden Funktionalitäten auf der Grundlage detaillierter Anforderungsdefinitionen erfolgten nicht.

Im Ergebnis gab es erhebliche Schwierigkeiten mit der Abbildung nationaler Anforderungen an das Rechnungswesen. Selbst die grundlegende Anforderung nach Erfüllung der Journalfunktion konnte nur mit erheblichen Schwierigkeiten abgebildet werden, steuerrechtliche Spezifika wurden ebenfalls nicht beachtet und eine „Überleitungsrechnung" nach deutschem Steuerrecht musste mit erheblichem manuellem Aufwand erstellt werden.

Wird Individualsoftware eingesetzt, gewinnt der intensive Test der Funktionalitäten noch weitaus größere Bedeutung. Die Systemabnahme sollte nur nach umfangreichen Tests der Funktionalitäten und der sonstigen Systemanforderungen (z. B. Performance, Systemstabilität, Wirksamkeit der Plausibilitätskontrollen) und der Beseitigung erkannter Fehler (Testwiederholung erforderlich!) erfolgen. Leider wird diesem essenziellen Erfordernis üblicherweise nicht ausreichend Rechnung getragen, sei es aus Zeit- oder Kapazitätsmangel, fehlender Sachkenntnis oder einfach Ignoranz. **1572**

Beispiel:

Ein Unternehmen aus dem Bereich Call-Center Dienstleistungen ließ eine Anwendung zur Unterstützung seiner zentralen Prozesse individuell erstellen. Wesentliche Anforderungen waren höchste Verfügbarkeit (durchgängiger 24-Stunden-Betrieb erforderlich) sowie Systemstabilität und Unterstützung der gesamten Geschäftsprozesskette. Der geplante Fertigstellungstermin war zeitnah auf die Aufnahme des vollen Geschäftsbetriebs abgestimmt. Einzelne Komponenten wurden vom Software-Dienstleister sukzessive zur Verfügung gestellt und vom Auftraggeber akzeptiert. Angemessene Tests waren nur zur Gesamtabnahme als Integrationstest vorgesehen.

Im Ergebnis musste der Auftraggeber feststellen, dass wesentliche Anforderungen nicht erfüllt waren. Das System hatte umfangreiche Funktionsschwächen und die Systemstabilität erreichte nicht annähernd die Anforderungen. Ein durchgängiger Systembetrieb war nicht möglich. Der Geschäftsbetrieb konnte nur mit erheblichen Einschränkungen aufgenommen werden. Die Frage nach der Verantwortung für diese Probleme wurde letztlich vor Gericht geklärt.

- **Typische Probleme bei der Softwarenutzung und dem Anwendungsbetrieb:** Auch der Prozess der Nutzung kaufmännischer Software unterliegt nicht zu unterschätzenden Anforderungen. Release- und Versionswechsel, individuelle Erweiterungen von Standardsoftware, die Erstellung und Aufbewahrung jeweils aktueller Dokumentationen, Stammdatenänderungsprotokollierungen, Trennung von Entwicklungs-, Test- und Produktivsystemen und auch die jeweilige Berücksichtigung aktueller Gesetzesänderungen sind zu berücksichtigen und umzusetzen. Ohne spezifisches Fachwissen kann den vielfältigen Anforderungen kaum Rechnung getragen werden. Start-up-Unternehmen unterschätzen nicht selten diese „formalen" Anforderungen und die zur Umsetzung erforderlichen Ressourcen.

Beispiele:

Mehrere Start-up's haben erhebliche Schwierigkeiten, die Ordnungsmäßigkeitsanforderungen an kaufmännische Anwendungssysteme durchgehend zu beachten. Diese Unternehmen gehen durch vermeintliche „Einsparungen" erhebliche Risiken ein, die zum Beispiel die Einschränkung oder Versagung des Bestätigungsvermerks durch den Abschlussprüfer oder eine Nichtanerkennung der steuerlichen Gewinnermittlung und eine Steuerschätzung durch die Finanzverwaltung zur Folge haben können.

Bei mehreren Tochtergesellschaften internationaler Wachstumsunternehmen war festzustellen, dass deren Anwendungen von der Konzernmutter, z. B. in den USA, in deren Rechenzentrum betrieben wurden. Den deutschen Tochtergesellschaften waren keine Rechte dahingehend eingerichtet, sich regelmäßig und selbstständig über Änderungen an den Programmen/Funktionalitäten und den getroffenen Sicherheitsmaßnahmen zu informieren. Von der Muttergesellschaft realisierte Änderungen wurden nicht kommuniziert, die Tochtergesellschaften stellten somit im Datenbestand erzeugte Fehler nicht oder erst zu einem späten Zeitpunkt fest. Die Ordnungsmäßigkeit der Buchführung zeigte sich entsprechend als beeinträchtigt.

In diversen anderen Fällen waren unzureichende Sicherheitsmaßnahmen festzustellen. Back-Up-Systeme wurden nicht beschafft, da gemeinhin bei Client-Server-Architekturen von einem kurzen Wiederbeschaffungszeitraum ausgegangen wird. Entsprechende Verträge mit den Lieferanten über Lieferfristen wurden nicht vereinbart. Durch den Ausfall der Technik und unregelmäßige Sicherung des Datenbestandes waren umfangreiche Kosten zu verzeichnen, die für die Wiederbeschaffung und die Nacherfassung des Datenbestandes von mehreren Wochen anfielen. Darüber hinaus geriet eines der betroffenen Unternehmen in gravierende Liquiditätsprobleme, da die Prozesse derart automatisiert waren, dass Rechnungserstellung und Forderungsverfolgung ohne die Systemunterstützung nicht mehr realisierbar waren.

III. Reporting Packages, Accounting Manuals als notwendige Instrumente für die Konzernrechnungslegung

1573 Sobald eine Unternehmung Tochtergesellschaften gründet bzw. sich an anderen Unternehmen beteiligt, bekommt die Frage zur **Konzernrechnungslegungspflicht** zunehmende Relevanz. Während nach den deutschen handelsrechtlichen Grundsätzen die Pflicht zur Erstellung eines Konzernabschlusses im Regelfall von der Unternehmensgröße abhängt, sind nach internationalen Rechnungslegungsstandards (IAS/IFRS und US-GAAP) im Grundsatz sämtliche Unternehmensgruppen (Konzerne), also auch kleine, zur Konzernrechnungslegung verpflichtet. Für die Aufstellung des Konzernabschlusses gilt das **Weltabschlussprinzip**, d. h. dass sämtliche Konzerngesellschaften unabhängig von ihrem Sitz in den Konzernabschluss einzubeziehen sind. Von der Pflicht zur Einbeziehung gibt es über Wahlrechte bzw. Konsolidierungsverbote nur wenige Ausnahmen.

1574 Nach handelsrechtlichen Grundsätzen ist ein Konzernabschluss und ein Konzernlagebericht dann zu erstellen, wenn in einem Konzern die Unternehmen unter der **einheitlichen Leitung** einer Kapitalgesellschaft (des „Mutterunternehmens") mit Sitz im Inland stehen und dem Mutterunternehmen eine Beteiligung nach § 271 Abs. 1 HGB an dem oder den anderen unter der einheitlichen Leitung stehenden Unternehmen (Tochterunternehmen) gehört. Für die Aufstellung des Konzernabschlusses haben die gesetzlichen Vertreter des Mutterunternehmens eine Frist von fünf Monaten nach dem Bilanzstichtag. Auch besteht eine Pflicht zur Aufstellung eines Konzernabschlusses, wenn dem Mutterunternehmen bei einem Unternehmen (Tochterunternehmen)

- die Mehrheit der Stimmrechte der Gesellschafter zusteht,
- das Recht zusteht, die Mehrheit der Mitglieder des Verwaltungs-, Leitungs- oder Aufsichtsorgans zu bestellen oder abzuberufen, und es gleichzeitig Gesellschafter ist oder
- das Recht zusteht, einen beherrschenden Einfluss auf Grund eines mit diesem Unternehmen geschlossenen Beherrschungsvertrags oder auf Grund einer Satzungsbestimmung dieses Unternehmens auszuüben.

Eine Pflicht zur Erstellung des Konzernabschlusses und des Konzernlageberichtes entfällt für ein Mutterunternehmen ausnahmsweise, wenn entweder am Abschlussstichtag seines Jahresabschlusses und am vorhergehenden Abschlussstichtag mindestens zwei der drei nachstehenden Merkmale zutreffen („**Bruttomethode**", § 293 HGB): **1575**

- Die **Bilanzsummen** in den Bilanzen des Mutterunternehmens und der Tochterunternehmen, die in den Konzernabschluss einzubeziehen wären, übersteigen insgesamt nach Abzug von in den Bilanzen auf der Aktivseite ausgewiesenen Fehlbeträgen nicht € 16,5 Mio.
- Die **Umsatzerlöse** des Mutterunternehmens und der Tochterunternehmen, die in den Konzernabschluss einzubeziehen wären, übersteigen in den zwölf Monaten vor dem Abschlussstichtag insgesamt nicht € 33 Mio.
- Das Mutterunternehmen und die Tochterunternehmen, die in den Konzernabschluss einzubeziehen wären, haben in den zwölf Monaten vor dem Abschlussstichtag nicht mehr als 250 Arbeitnehmer beschäftigt;

oder am Abschlussstichtag eines vom Unternehmen aufzustellenden Konzernabschlusses und am vorhergehenden Abschlussstichtag mindestens zwei der drei nachstehenden Merkmale zutreffen („**Nettomethode**"):

- Die **Bilanzsumme** übersteigt nach Abzug eines auf der Aktivseite ausgewiesenen Fehlbetrags nicht € 13,75 Mio.
- Die **Umsatzerlöse** in den zwölf Monaten vor dem Abschlussstichtag übersteigen nicht € 27,5 Mio.
- Das Mutterunternehmen und die in den Konzernabschluss einbezogenen Tochterunternehmen haben in den zwölf Monaten vor dem Abschlussstichtag im Jahrsdurchschnitt nicht mehr als 250 Arbeitnehmer beschäftigt.

Wenn das Mutterunternehmen oder ein in den Konzernabschluss einzubeziehendes Tochterunternehmen am Abschlussstichtag einen organisierten Markt im Sinne des § 2 Abs. 5 des Wertpapierhandelsgesetzes (WpHG) durch von ihm ausgegebene Wertpapiere im Sinne des § 2 Abs. 1 Satz 1 WpHG in An- **1576** spruch nimmt oder die Zulassung zum Handel an einem organisierten Markt beantragt worden ist, können diese größenabhängigen Befreiungen nicht in Anspruch genommen werden. Börsennotierte Unternehmen oder Unternehmen, die z. B. börsengehandelte Schuldverschreibungen emittiert haben, sind insofern immer konzernrechnungslegungspflichtig. Allerdings haben diese die Möglichkeit, nach § 292 a HGB einen sog. „befreienden Konzernabschluss" nach internationalen Grundsätzen (IAS oder US-GAAP) zu erstellen. Von dieser Möglichkeit wird rege Gebrauch gemacht. Die Anwendung des § 292 a HGB ist auf den 31. Dezember 2004 begrenzt.

1577 Die Grundkonzeption des Konzernabschlusses ist unabhängig davon, ob der Konzernabschluss nach deutschen handelsrechtlichen Grundsätzen oder nach internationalen Grundsätzen aufgestellt wird: In einem Konzernabschluss ist die Vermögens-, Finanz- und Ertragslage der einbezogenen Unternehmen so darzustellen, als ob diese Unternehmen insgesamt ein einziges Unternehmen wären (sog. **„Einheitstheorie"**). Die Verwirklichung der Einheitstheorie erfordert mehr als eine schlichte Addition der Bilanz- und GuV-Posten zu einem Summenabschluss. Vielmehr sind sämtliche (wesentlichen) konzerninternen Transaktionen zu eliminieren, da sie aus Sicht des einheitlichen Gebildes „Konzern" nicht mit Wirkung gegenüber Dritten stattgefunden haben. Dieses bezeichnet man als „Konsolidierung" und betrifft die konzerninternen Beteiligungsverhältnisse, Kredit- und Verpflichtungsverhältnisse sowie die Leistungsbeziehungen zwischen den einbezogenen Unternehmen. Folgende Konsolidierungsmaßnahmen werden unterschieden:

- **Kapitalkonsolidierung:** Die Beteiligungen an einbezogenen Unternehmen sind mit dem Eigenkapital der Tochterunternehmen zu verrechnen. Hier wird – je nach Anteilsquote und Einflussmöglichkeiten – zwischen der Vollkonsolidierung, der Quotenkonsolidierung, der Equity-Methode und der Einbeziehung zu Buchwerten unterschieden.
- **Schuldenkonsolidierung:** Forderungen und Verbindlichkeiten – sowohl aus Darlehens- als auch Leistungsbeziehungen – zwischen den einbezogenen Unternehmen sind zu verrechnen.
- **Aufwands- und Ertragseliminierung:** Die Aufwendungen und Erträge – z. B. Umsätze, Mieten, Personalüberlassungen, Management Fees – zwischen den einbezogenen Unternehmen sind zu eliminieren.
- **Zwischenergebniskonsolidierung:** Gewinne, die aus Konzernsicht noch nicht realisiert sind – z. B. aus einem Geschäft zwischen zwei Konzernunternehmen –, sind zu eliminieren.

1578 Mit zunehmender Komplexität des Unternehmens bzw. der Unternehmensgruppe steigen die Anforderungen an die Konsolidierungsmaßnahmen. Insbesondere ist zu beachten, dass im Grundsatz gleiche Sachverhalte im Konzern nach gleichen Maßstäben im Konzernabschluss verarbeitet werden. Dieses erfordert, dass das Konzernmutterunternehmen an die Tochtergesellschaften genaue Anweisungen für die Aufstellung der in den Konzernabschluss einzubeziehenden Abschlüsse gibt, sodass sich die von den Tochtergesellschaften erarbeiteten Finanzinformationen für eine Einbeziehung in den Konzernabschluss eignen. Diese Anweisungen müssen alle Fragen des Ansatzes, der Bewertung und des Ausweises von Geschäftsvorfällen klären, um damit der Bilanzierung entsprechend dem Recht der Muttergesellschaft und gemäß der Einheitstheorie Rechnung zu tragen. Diese Anweisungen werden üblicherweise als **„Konzernrichtlinien"** oder **„Group Accounting Manual"** bezeichnet.

Auf Basis dieser Konzernrichtlinien erarbeiten die Tochtergesellschaften aus den – den jeweiligen rechtlichen Bestimmungen unterliegenden – Jahresabschlüssen Einbeziehungsabschlüsse (manchmal auch als Handelsbilanz II bezeichnet), die dann in die Konsolidierung eingehen. **1579**

Folgende **Themenbereiche** sind im Regelfall Bestandteil der Konzernrichtlinien: **1580**

- konzeptionelle Grundlagen der Konzernberichterstattung,
- Zeitschienen für die Berichterstattung,
- Technische Grundlagen der Berichterstattung und Bestandteile des Konzernberichtswesens (Reporting Package),
- Liste der Konzerngesellschaften und der quotal bzw. at equity einzubeziehenden Gesellschaften,
- Bilanzierungs- und Bewertungsvorschriften für jeden Posten der Bilanz und der Gewinn- und Verlustrechnung,
- Grundsätze der Abstimmung konzerninterner Transaktionen,
- Vorschriften zur Erstellung der Konzernkapitalflussrechnung,
- Zusammenstellung der erforderlichen Anhangangaben (Disclosures),
- Grundsätze der Umrechnung in die Währung der Konzernmuttergesellschaft,
- Anforderung der Informationen, die Voraussetzung für einen befreienden Konzernabschluss gemäß § 292 a HGB sind (z. B. Anlagespiegel),
- Hinweise zur Bearbeitung der Angaben im sog. „Reporting Package",
- Zeitpläne hinsichtlich Buchungsschluss und Übergabe der Finanzinformationen,
- Ansprechpartner für fachlichen und gegebenenfalls technischen Support in der Konzernmuttergesellschaft.

Das Accounting Manual ist jährlich unter Beachtung geänderter Verlautbarungen zu aktualisieren. Zu beachten sind dabei immer die Anforderungen an befreiende Konzernabschlüsse gemäß § 292 a HGB. **1581**

Zentraler Bestandteil eines funktionierenden Konzernberichtswesens ist das sog. **„Reporting Package"**. Durch dieses Reporting Package wird gewährleistet, dass das Konzernmutterunternehmen sämtliche Informationen, die es für die Erarbeitung eines in allen wesentlichen Belangen fehlerfreien Konzernabschlusses benötigt, zugearbeitet bekommt. Dabei ist darauf zu achten, dass nicht nur die Zahlen für die Erarbeitung von Konzernbilanz und -ergebnisrechnung aufbereitet werden, sondern auch die notwendigen Informationen für die Erarbeitung von Konzern-Kapitalflussrechnung, Segmentberichterstattung, Anhang und Lagebericht. **1582**

1583 Für Wachstumsunternehmen wird dieses Reporting Package häufig über einen auf handelsüblichen Tabellenkalkulationsprogrammen basierenden **Formularsatz** abgebildet, auf den die Tochterunternehmen sodann die Finanzinformationen übertragen. Diese Formularsätze werden von der Konzernmuttergesellschaft gesammelt, nochmals auf Plausibilität geprüft und dann zum Konzernabschluss verarbeitet. Sofern der Konzernabschluss von einem Abschlussprüfer geprüft wird, werden die Reporting-Packages von wesentlichen Konzerngesellschaften vom lokalen Abschlussprüfer geprüft.

1584 Eine problemlose Verarbeitung der Reporting Packages bewirkt, dass die erforderlichen Konsolidierungsmaßnahmen (Kapitalkonsolidierung, Schulden- und Aufwandskonsolidierung, Zwischenergebniseliminierung) ohne großen Aufwand durchgeführt werden können und sämtliche für die Erstellung des Konzernabschlusses erforderlichen Informationen vorliegen. Dieses erfordert einen strukturierten und alle wesentlichen Aspekte abdeckenden **Aufbau des Reporting Packages**. Neben einer unerlässlichen Aufgliederung der Forderungen und Verbindlichkeiten bzw. der Aufwendungen und Erträge in konzernexterne und konzerninterne Posten sind häufig folgende Informationen notwendig:

- Erläuterungen über die Veränderung wesentlicher Bilanzposten
- Aufteilung von Umsatz, Aufwendungen sowie Vermögen und Schulden nach definierten Geschäftsbereichen
- Angaben zum Auftragsbestand, zu Veränderungen in der Kundenstruktur
- Gliederung der Finanzverbindlichkeiten nach Fristigkeiten
- Untergliederung der Finanzinstrumente (Wertpapiere etc.) nach ihrer Zweckbestimmung (Handel, zu halten bis zur Endfälligkeit etc.)
- Darstellung der Entwicklung der latenten Steuern einschließlich der Abstimmung der Konzernsteuerrate mit der effektiven Steuerrate
- Informationen zu steuerlichen Verlustvorträgen
- Erläuterungen zum Mitarbeiterbestand
- Informationen über vorgenommene außerplanmäßige Abschreibungen (Impairment)
- Zusatzinformationen zur Kapitalflussrechnung (Investitionsausgaben, Kredittilgungen, Mittelaufnahmen)
- Transaktionen mit den Organen der Gesellschaft sowie mit Gesellschaftern
- Informationen zu Pensionsverpflichtungen
- Informationen zu nichtfortgeführten Unternehmensteilen (Discontinued Operations)
- Verbale Erläuterungen zu wesentlichen Geschäftsvorfällen der abgelaufenen Berichtsperiode bzw. zur weiteren Geschäftspolitik

1585 Zur Sicherstellung der **Qualität** der in den Reporting-Packages übermittelten Informationen ist es erforderlich, die betreffenden Mitarbeiter der Konzerngesellschaften im Umgang mit den Reporting Packages zu schulen bzw. in periodischen Abständen über notwendige **Anpassungen** und **Weiterentwicklungen** zu informieren.

IV. Die Rolle des Abschlussprüfers

1. Die Pflicht zur Prüfung des Jahresabschlusses

Ab einem gewissen Geschäftsumfang des Start-Ups stellt sich zunehmend die **1586** Frage einer **Prüfung des Jahresabschlusses** durch einen unabhängigen Wirtschaftsprüfer. Gesetzlich ergibt sich eine Pflicht zur Prüfung des Jahresabschlusses einschließlich des Lageberichtes für mittelgroße und große Kapitalgesellschaften (GmbH, AG, KGaA) aus dem **§ 316 HGB**. Kleine Kapitalgesellschaften dürfen ihre Jahresabschlüsse natürlich ebenfalls prüfen lassen, es handelt sich dann um eine freiwillige Jahresabschlussprüfung. Neben der Prüfungspflicht bei Erreichung bestimmter Größenklassen, auf die nachfolgend im Einzelnen eingegangen werden soll, gibt es weiterhin eine Reihe von **rechtlichen** oder **faktischen Notwendigkeiten** zur Prüfung der Jahresabschlüsse. Zum Beispiel, dass die Satzung der Kapitalgesellschaft oder – was durchaus als gängig bezeichnet werden kann – Finanzinvestoren – z.B. VC-Gesellschaften – eine Prüfung des Jahresabschlusses vorschreiben. Ergibt sich insofern bereits aus dem Beteiligungsvertrag oder der Satzung, dass der Jahresabschluss zu prüfen ist, so sind die nachfolgenden Ausführungen zumindest diesbezüglich von untergeordneter Bedeutung für den Umfang der Rechnungslegung und damit den Prüfungsumfang aber weiterhin relevant.

Nach welchen Kriterien richtet sich die Einordnung einer Kapitalgesellschaft **1587** als klein, mittelgroß oder groß? Die **Kriterien** hierfür sind in § 267 HGB definiert. Demnach sind die Größenklassen wie folgt umschrieben:

	Klein	Mittelgroß	Groß
Umsatz (Mio €)	<=6,875	> 6,875 bis <= 27,500	>27,500
Bilanzsumnme (Mio €)	<=3,438	> 3,438 bis <= 13,750	>13,750
Mitarbeiter (Jahresdurchschnitt)	<= 50	> 50 bis <=250	>250

Abbildung 19: Größenkriterien nach § 267 HGB

Von den jeweils drei Kriterien müssen mindestens **zwei Merkmale** erfüllt sein, **1588** um unter eine entsprechende Größenklasse zu fallen. Die Rechtsfolgen – z.B. die Prüfungspflicht – der Einordnung eines Unternehmens in einer Größenklasse treten jedoch nur dann ein, wenn an **zwei aufeinander folgenden Abschlussstichtagen** mindestens zwei der Größenmerkmale über- oder unterschritten werden. Dabei kommt es nicht darauf an, dass in den zwei aufeinander folgenden Jahren dieselben zwei der drei Kriterien die Voraussetzungen erfüllen.

> *Beispiel:*
>
> Im Jahr 02 beträgt die Bilanzsumme der Start-Up AG € 4 Mio, der Umsatz beläuft sich auf € 8 Mio und es werden im Jahresdurchschnitt 45 Mitarbeiter beschäftigt. Im Jahr 03 hat sich die Bilanzsumme zwar auf € 3,6 Mio verringert, da die Außen-

stände abgebaut werden konnten. Die Umsätze sind mit € 8 Mio gleich geblieben, aber die Start-Up AG beschäftigt jetzt 52 Mitarbeiter (Jahresdurchschnitt). In beiden Jahren ist die Start-Up AG damit eine mittelgroße Kapitalgesellschaft, die Rechtsfolgen treten aber erst im Jahr 03 ein.

1589   Im Jahr der erstmaligen Über- aber auch Unterschreitung der Merkmale einer Grössenklasse treten die Rechtsfolgen im Regelfall noch nicht ein, sondern erst im zweiten Jahr. Von diesem Grundsatz gibt es aber Ausnahmen, die in § 267 Abs. 4 Satz 2 HGB geregelt sind. Während nämlich die bisher angesprochene Regelung auf den Fall abstellt, dass ein Unternehmen kontinuierlich fortgeführt wird, wird hier der Sonderfall gesellschaftsrechtlicher Transaktionen, also im Wesentlichen Umwandlungen und Neugründungen geregelt. Im Falle der Umwandlung (in eine Kapitalgesellschaft) oder der Neugründung treten die Rechtsfolgen schon bei erstmaligem Überschreiten der Größenmerkmale (zwei aus drei) ein. Eine „Ausnahme von der Ausnahme" ist jedoch dann gegeben, wenn die Kapitalgesellschaft lediglich ihre Rechtsform wechselt (sog. Formwechsel, z.B. GmbH wird in eine AG umgewandelt oder umgekehrt). Obgleich es sich hier um einen Umwandlungsvorgang handelt, ist die zweimalige Erreichung der Größenmerkmale relevant.

1590   Insbesondere dann, wenn ein Unternehmen sich nahe an den Schwellenwerten zur nächsthöheren Größenklasse bewegt, können Überlegungen darüber angestellt werden, ob eine **Steuerung der Größenmerkmale** möglich ist. Dieses ist – insbesondere in Bezug auf die Bilanzsumme und auch auf die Umsatzerlöse, weniger hinsichtlich der Mitarbeiterzahl – durch bilanzpolitische Maßnahmen denkbar und machbar.

Exkurs: Bilanzpolitik

Unter **bilanzpolitischen Maßnahmen** sind dabei – jeweils im Rahmen der gesetzlichen Möglichkeiten – Sachverhaltsgestaltungen einerseits und die Ausübung von Bilanzierungs- und Bewertungswahlrechten andererseits zu verstehen. Durch den Einsatz von bilanzpolitischen Maßnahmen ist es möglich, die Erreichung von Größenklassen und damit Art und Umfang der Rechnungslegung zu steuern sowie wirtschaftliche Kennziffern des Unternehmens zu beeinflussen.

„Klassische" Sachverhaltsgestaltungen sind dabei die (tatsächliche) Verlagerung eines Produktverkaufes (Auslieferung) auf das Folgejahr (d.h. keine Erfassung des Geschäftsvorfalls als Umsatz im abgelaufenen Geschäftsjahr mit der Folge, dass das „kritische" Größenmerkmal „Umsatzerlöse" ggf. unterschritten wird) oder der Abschluss eines Leasing- oder Mietvertrages statt dem fremdfinanzierten Erwerb eines Gegenstandes (dies bewirkt im Vergleich eine niedrigere Bilanzsumme). Wenngleich Sachverhaltsgestaltungen als Mittel der Bilanzpolitik eingesetzt werden können, ist deren Wirtschaftlichkeit jedoch primäres Augenmerk einzuräumen.

Die Möglichkeiten – auch für junge Unternehmen –, über die Ausübung von Bilanzierungs- und Bewertungswahlrechten Einfluss auf zumindest die Bilanzsumme und damit die Erreichung von Schwellenwerten zu nehmen, sind vielfältiger Natur. Als vom Handelsgesetzbuch zugelassene Bilanzierungswahlrechte, deren Ausübung sich unmittelbar auf die Bilanzsumme auswirkt, sind insbesondere die Aktivierung der Aufwendungen für die Ingangsetzung und Erweiterung des Geschäftsbetriebs

(§ 269 HGB); die Aktivierung eines derivativen Geschäfts- oder Firmenwerts (§ 255 Abs. 4 HGB); die Aktivierung aktiver latenter Steuern (§ 274 Abs. 2 Satz 1 HGB) sowie die Aktivierung eines Disagios (§ 250 Abs. 3 HGB) zu nennen. Die Ausübung dieser Wahlrechte führt zu einer gegenüber der Nichtausübung erhöhten Bilanzsumme.

Auch über die Ausübung von Bewertungswahlrechten lässt sich die Bilanzsumme steuern, wobei hierbei insbesondere an den Umfang der Herstellungskosten (§ 255 Abs. 2 HGB), d.h. die Berücksichtigung aktivierungsfähiger Kosten (wie Gemeinkosten, Fremdkapitalzinsen während des Herstellungszeitraumes, Werteverzehr) sowie im Bereich der Abschreibungen an die Wahl der Abschreibungsmethode (degressiv oder linear), der Anwendung der steuerlichen Vereinfachungsregel („Halbjahresregel", EStR 44) bzw. an die Sofortabschreibung geringwertiger Wirtschaftsgüter zu denken ist. In einigen Fällen – z.B. Berücksichtigung erhaltener Anzahlungen, ausstehender Einlagen oder steuerlicher Mehrabschreibungen (Sonderposten mit Rücklageanteil) – erlaubt das Gesetz auch eine teilweise offene Saldierung zwischen Aktiv- und Passivposten. Diese offene Saldierung wirkt sich unmittelbar auf die Erreichung der Größenkriterien aus. Bei der Ausübung der Wahlrechte – insbesondere der Bewertungswahlrechte – ist dabei jedoch der Grundsatz der Stetigkeit zu beachten (§ 252 Abs. 1 Nr. 6 HGB).

Größenklassen hin oder her – sobald das Unternehmen eine Kapitalmarktorientierung aufweist, ändert sich die Sachlage. Eine Kapitalgesellschaft gilt nämlich **unabhängig vom Geschäftsumfang** immer dann als groß, wenn sie einen **organisierten Markt** im Sinne des **§ 2 Abs. 5 WpHG** durch von ihr ausgegebene Wertpapiere im Sinne des § 2 Abs. 1 Satz 1 WpHG in Anspruch nimmt oder die Zulassung zum Handel an einem organisierten Markt beantragt worden ist, d.h. eigene Aktien oder – was für Start Ups eher der Ausnahmefall ist – Schuldverschreibungen emittiert hat (§ 267 Abs. 3 Satz 2 HGB). Für den Fall der Kapitalmarktorientierung greift im Übrigen die beschriebene „Erleichterung", dass die Rechtsfolgen erst bei zweimaliger Erfüllung des Kriteriums eintreten (siehe oben, Größenklassen), nicht. **1591**

Neben der Frage, ob eine Gesellschaft aufgrund ihrer Einordnung als kleine, mittelgroße oder große Kapitalgesellschaft prüfungspflichtig ist, haben die Größenklassen auch Auswirkungen auf den Umfang der Rechnungslegung und damit auch auf die Ausrichtung der Prüfung. An kleine Kapitalgesellschaften werden die geringsten Anforderungen an die Rechnungslegung gestellt: Zunächst dürfen sie eine verkürzte, d.h. nicht so tief gegliederte Bilanz aufstellen und die Gewinn- und Verlustrechnung mit dem „Rohergebnis" eröffnen. Der Anhang ist in diesem Fall weniger ausführlich (§§ 274a, 288 HGB). Weiterhin müssen kleine Kapitalgesellschaften keinen Lagebericht aufstellen und auch der Jahresabschluss braucht erst innerhalb der ersten sechs Monate eines Jahres aufgestellt zu werden. **1592**

Auch für mittelgroße Kapitalgesellschaften bestehen Erleichterungen, jedoch in deutlich vermindertem Umfang. **1593**

Teilweise regelt jedoch bereits die Satzung, dass ein Unternehmen unabhängig von seiner „tatsächlichen" Größe seinen Jahresabschluss nach den für große **1594**

Kapitalgesellschaften geltenden Vorschriften aufzustellen hat, sodass gesetzlich mögliche Erleichterungen nicht in Anspruch genommen werden können.

2. Die Auswahl des Abschlussprüfers

1595 Abschlussprüfer können **Wirtschaftsprüfer** und **Wirtschaftsprüfungsgesellschaften** sein. Abschlussprüfer von Jahresabschlüssen und Lageberichten mittelgroßer GmbH's können auch **vereidigte Buchprüfer** und **Buchprüfungsgesellschaften** sein.

Der Abschlussprüfer hat seinen Beruf unabhängig auszuüben (§ 43 WPO, neben weiteren Berufsgrundsätzen). Die **Unabhängigkeitskriterien** in Bezug auf ein Abschlussprüfungsmandat sind in **§ 319 HGB** genannt. Demzufolge darf ein Wirtschaftsprüfer oder vereidigter Buchprüfer z.B. dann nicht Abschlussprüfer eines bestimmten Unternehmens sein, wenn er – oder eine Person, mit der er seinen Beruf gemeinsam ausübt

- Anteile an der zu prüfenden Kapitalgesellschaft besitzt,
- gesetzlicher Vertreter oder Mitglied des Aufsichtsrats ist oder in den letzten drei Jahren vor seiner Bestellung war,
- Arbeitnehmer der zu prüfenden Kapitalgesellschaft ist oder in den letzten drei Jahren vor seiner Bestellung war,
- Arbeitnehmer eines Unternehmens ist, das mit der zu prüfenden Kapitalgesellschaft verbunden ist oder an dieser mehr als zwanzig vom Hundert der Anteile besitzt oder
- bei der Führung der Bücher oder der Aufstellung des zu prüfenden Jahresabschlusses der Kapitalgesellschaft über die Prüfungstätigkeit hinaus mitgewirkt hat.

Dieses bedeutet für die Praxis u.a. bei Start-Ups, dass z.B.

- ein Steuerberater, der auch die Wirtschaftsprüfer-Qualifikation besitzt und den Jahresabschluss des Start-Up erstellt hat, nicht auch den Jahresabschluss prüfen darf,
- ein im Aufsichtsrat für das Start-Up tätiger Wirtschaftsprüfer nicht den Jahresabschluss des Unternehmens prüfen darf,
- ein Wirtschaftsprüfer, der als Business Angel bei dem Start-Up investiert hat, den Jahresabschluss des Unternehmens nicht prüfen darf.

1596 Die **Bestellung des Abschlussprüfers** erfolgt entsprechend den gesetzlichen Regelungen in zwei Stufen: Zunächst erfolgt die Wahl des Abschlussprüfers durch das entsprechende Gesellschaftsorgan, bei der GmbH die Gesellschafterversammlung (§ 318 HGB), bei der Aktiengesellschaft die Hauptversammlung (§ 119 AktG). Nach der Wahl ist dann dem Abschlussprüfer der Auftrag zu erteilen. Bei der GmbH erfolgt dieses durch die Geschäftsführung (es sei denn, die Satzung sieht etwas anderes vor), bei der AG durch den Aufsichtsrat (§ 111 Abs. 2 AktG). Fehlt es an einer ordnungsmäßigen Wahl oder wird der Prüfungsauftrag von einer nicht zuständigen Person erteilt, kommt kein wirksamer Vertrag über die Prüfung des Jahresabschlusses zu Stande; die Prüfung gilt als nicht durchgeführt.

Damit der Abschlussprüfer seinen Aufgaben sachgerecht nachkommen kann, empfiehlt es sich, den Prüfungsauftrag bereits deutlich **vor dem Bilanzstichtag** zu erteilen. Nur dann kann der Abschlussprüfer zum Beispiel beobachtend an der Inventur teilnehmen. Wird der Prüfungsauftrag erst nach dem Bilanzstichtag erteilt, ist die Situation zum Bilanzstichtag nur durch die Dokumentationslage rekonstruierbar. Sofern die Dokumentation zu wesentlichen Punkten Lücken aufweist, unvollständig oder nicht schlüssig ist, wird der Abschlussprüfer im Zweifelsfall Folgerungen für den Bestätigungsvermerk ziehen müssen. **1597**

3. Aufgabe und Zielsetzung sowie Ablauf einer Abschlussprüfung

Durch die Prüfung des Jahresabschlusses durch einen Abschlussprüfer soll die **Verlässlichkeit der in Jahresabschluss** und Lagebericht enthaltenen Informationen bestätigt und insoweit deren Glaubhaftigkeit erhöht werden. Die Verlässlichkeit dieser Informationen schließt dabei auch deren Ordnungsmäßigkeit ein, da diese von den Adressaten bei ihrer Interpretation mit herangezogen wird. Die Adressaten des Bestätigungsvermerks sowie die Adressaten des Prüfungsberichts, insbesondere die Aufsichtsorgane, können die Ergebnisse der Abschlussprüfung bei ihren Entscheidungen – z. B. bei der Feststellung des Jahresabschlusses, der Entlastung des Vorstandes und des Aufsichtsrates – berücksichtigen, wobei sie sich der Grenzen der Aussagefähigkeit eines Jahresabschlusses – z. B. bedingt durch die zahlreichen Bilanzierungs- und Bewertungswahlrechte – und Lageberichts sowie der Erkenntnismöglichkeiten einer Abschlussprüfung bewusst sein müssen. **1598**

Der Abschlussprüfer führt die Abschlussprüfung mit dem Ziel durch, die Aussagen über das **Prüfungsergebnis** (Prüfungsaussagen) unter Beachtung des Grundsatzes der Wirtschaftlichkeit mit hinreichender Sicherheit treffen zu können. Die Prüfungsaussagen des Abschlussprüfers werden im Prüfungsbericht und im Bestätigungsvermerk getroffen und – sofern ein Aufsichtsrat gebildet ist – in der Bilanzsitzung des Aufsichtsrats erläutert. **1599**

Gegenstand der Jahresabschlussprüfung ist neben dem aus Bilanz, Gewinn- und Verlustrechnung und Anhang (bei Kapitalgesellschaften und haftungsbeschränkten Personenhandelsgesellschaften) bestehenden Jahresabschluss sowie dem ggf. zu erstellenden Lagebericht auch die der Abschlusserstellung zu Grunde liegende Buchführung. **1600**

Diese Tatsache führt mitunter bei Unternehmen, deren Abschlüsse bislang nicht durch einen Abschlussprüfer geprüft wurden, zu Irritationen, da oft davon ausgegangen wird, dass sich die Abschlussprüfung ausschließlich auf die Abschlussdokumente selbst erstreckt. Der Fakt, dass der Abschlussprüfer sich jedoch intensiv mit den **betrieblichen Prozessen** im Rechnungswesen und anderen Bereichen – sofern für die Rechnungslegung relevant – zu beschäftigen hat, ergibt sich aus dem Gesetz (§ 317 Abs. 1 Satz 1: „...ist auch die Buchführung **1601** einzubeziehen"). Diskussionen sind insofern überflüssig und unnötig. Der Abschlussprüfer hat dabei zu prüfen, ob die in Bezug auf die Buchführung geltenden Vorschriften eingehalten werden.

1602 Zur Einhaltung der gesetzlichen Vorschriften gehört insbesondere, dass die Buchführung nachvollziehbar, unveränderlich, vollständig, richtig, zeitgerecht und geordnet vorgenommen wird, also die Grundsätze ordnungsmässiger Buchführung eingehalten werden. Die Prüfung dieser Aspekte bezeichnet man als Prüfung des (rechnungslegungsbezogenen) internen Kontrollsystems, wobei diese auch die Aufnahme und Beurteilung der Steuerungs- und Überwachungstätigkeiten der Unternehmensleitung umfasst.

1603 Weiterhin hat der Abschlussprüfer zu prüfen, ob der Jahresabschluss klar, übersichtlich und vollständig in der vorgeschriebenen Form mit den vorgeschriebenen Angaben aufgestellt worden ist und ob alle Posten zutreffend ausgewiesen sowie die Vermögensgegenstände und Schulden sämtlich richtig bewertet worden sind. Bei Kapitalgesellschaften und diesen gleichgestellten Gesellschaften gehört ergänzend zur Einhaltung der gesetzlichen Vorschriften, dass der Jahresabschluss unter Beachtung der **Grundsätze ordnungsmäßiger Buchführung** ein den tatsächlichen Verhältnissen entsprechendes Bild der Vermögens-, Finanz- und Ertragslage der Kapitalgesellschaft vermittelt. Der Lagebericht muss mit dem Jahresabschluss sowie mit den bei der Prüfung gewonnenen Erkenntnissen des Abschlussprüfers in Einklang stehen und insgesamt eine zutreffende Vorstellung von der Lage des Unternehmens vermitteln; die Risiken der künftigen Entwicklung müssen zutreffend dargestellt und die gesetzlich geforderten weiteren Angaben enthalten sein.

1604 In bestimmten Fällen wird dieser Umfang gesetzlich erweitert: Beispielsweise haben börsennotierte Aktiengesellschaften gemäß § 317 Abs. 4 HGB ihr nach § 91 Abs. 2 AktG bestehendes **Risikofrüherkennungssystem** prüfen zu lassen.

1605 Eine Abschlussprüfung ist von ihrem Wesen her darauf ausgerichtet, dass die Prüfungsaussagen mit hinreichender Sicherheit getroffen werden können. Das Konzept der hinreichenden Sicherheit bezieht sich auf die für diese Beurteilung erforderliche Gewinnung von Prüfungsnachweisen und somit auf die gesamte Prüfung. Die Prüfung dient nicht dem Ziel, unwesentliche Fehler festzustellen. Hinreichende Sicherheit bedeutet dabei nicht absolute Sicherheit, die bei der Abschlussprüfung nicht zu erreichen ist. Dieses ergibt sich aus dem Prinzip der Wirtschaftlichkeit, welches auch für die Abschlussprüfung gilt: Eine lückenlose Prüfung der Geschäftsvorfälle wäre weder sachgerecht noch sinnvoll!

1606 Aufgrund der jeder Abschlussprüfung innewohnenden begrenzten Erkenntnis- und Feststellungsmöglichkeiten besteht insofern auch bei ordnungsmäßiger Planung und Durchführung der Abschlussprüfung ein **unvermeidbares Risiko**, dass der Abschlussprüfer wesentliche falsche Aussagen nicht entdeckt.

1607 Es gibt keinen feststehenden Katalog von Prüfungshandlungen, die ein Abschlussprüfer im Rahmen einer Abschlussprüfung verpflichtend durchzuführen hat. Vielmehr ist es Aufgabe des Abschlussprüfers, im Rahmen der Berufsgrundsätze und unter Beachtung fachlicher – in der Regel vom Institut der noch **1607** Wirtschaftsprüfer herausgegebenen – Verlautbarungen Prüfungshandlungen festzulegen und diese durchzuführen. Dabei kann es vorkommen, dass die Prüfungsplanung im Laufe einer Prüfung aufgrund neuerer Erkenntnisse anzupassen ist. Ein übliches Vorgehen für die Bestimmung der Prüfungsstrategie, der Prüfungsplanung und der Prüfungsdurchführung stellt sich wie folgt beschrieben dar:

- Erlangen von Kenntnissen über die Geschäftstätigkeit sowie das **wirtschaftliche und rechtliche Umfeld der Gesellschaft**; z.B. in welchem Markt- und Wettbewerbsumfeld bewegt sich das Unternehmen, welches sind Marktrisiken, die auf das Unternehmen einwirken, welchen rechtlichen Regularien (z.B. aufsichts- und genehmigungsrechtlich) ist das Unternehmen unterworfen.

- **Identifikation inhärenter Risiken:** Bestimmte geschäftliche Transaktionen (z.B. Optionsgeschäfte, grenzüberschreitende Transaktionen, langlaufende Projekte, Mitarbeiterbeteiligungsprogramme) sind von ihrer Abbildung im Rechenwerk eines Unternehmens deutlich komplexer und damit fehleranfälliger als andere Transaktionen (z.B. Verbuchung des Bankbestandes zum Jahresende, Durchführung einer klassischen Inventur, Verkauf von commodities). Der Abschlussprüfer wird i.d.R. einen Schwerpunkt seiner Tätigkeit auf die richtige Abbildung der komplexen Transaktionen zu legen haben, da hier die Fehlererwartung höher sein dürfte.

- **Beurteilung der Wirksamkeit des rechnungslegungsbezogenen internen Kontrollsystems:** Insbesondere bei Massengeschäftsvorfällen – i.d.R. sind dieses die Kontrollen der Bereiche Einkauf, Vorratshaltung/Lagerwirtschaft, Produktion, Vertrieb und Personalwirtschaft sowie der Finanzbereich – wäre es unwirtschaftlich, lückenlos sämtliche Geschäftsvorfälle zu prüfen. Auch würde eine – wie auch immer geartete – Stichprobe möglicherweise nicht die geforderte Prüfungssicherheit geben. Da das Unternehmen jedoch ein System aus Verfahren, Kontrollen und Maßnahmen, das die richtige Abbildung dieser Vorfälle in der Buchhaltung sicherstellen soll, errichtet haben sollte (Internes Kontrollsystem), wird der Abschlussprüfer untersuchen, ob diese Verfahren dazu geeignet sind, tatsächliche Geschäftsvorfälle richtig, vollständig, zeitnah und mit den richtigen Werten im Buchwerk abzubilden. Kommt der Abschlussprüfer zu der Erkenntnis, dass die internen Kontrollen hierfür ausreichend sind, kann er sich zur Herleitung seines Prüfungsurteils hernach auf so genannte analytische Prüfungshandlungen beschränken. Ist das interne Kontrollsystem jedoch nicht wirksam oder wird es nicht gelebt, so wird der Abschlussprüfer nicht umhin kommen, verstärkt einzelne Geschäftsvorfälle zu prüfen.

Beispiel:

Der Abschlussprüfer kommt zu der Erkenntnis, dass die internen Kontrollen im Bereich Personal ausreichend sind und auch tatsächlich durchgeführt werden. Die Prüfung des Personalaufwands in der Gewinn- und Verlustrechnung könnte sich dann auf Plausibilitätsuntersuchungen beschränken: Haben sich die Durchschnittsgehäl-

> ter gegenüber dem Vorjahr und unterjährig (auf Monatsbasis) wesentlich geändert und was ist hierfür die Ursache (z. B. Lohnanpassungen, Einmalzahlungen)? Passt der Personalaufwand zu der Entwicklung der Mitarbeiterzahl? Ist das Verhältnis der Lohnsumme zum Arbeitgeberanteil zur Sozialversicherung plausibel?

- In Abhängigkeit von Ausgestaltung und Wirksamkeit des internen Kontrollsystems sowie der dem jeweiligen Prüfungsfeld innewohnenden Fehlerwahrscheinlichkeit wird der Abschlussprüfer **Einzelfallprüfungshandlungen**, im Wesentlichen durch Einsicht in Belege, durchführen. Dabei ist es auch üblich, externe Bestätigungen einzuholen, insbesondere von Banken (die den Stand der Konten und Depots, der Sicherheiten, der Kreditlinien bestätigen sollen), Rechtsanwälten (Übersicht über bestehende und/oder drohende Rechtsstreitigkeiten einschl. Einschätzung des Anwalts über die Erfolgsaussichten, ausstehende Honorare), Steuerberatern (Darstellung der steuerlichen Veranlagung, Einspruchsverfahren, Betriebsprüfung, steuerliche Risiken, ausstehende Honorare) sowie im Rahmen einer – ggf. bewussten – Stichprobe der Stand der Forderungen gegen bzw. Verbindlichkeiten gegenüber Geschäftspartnern.

1608 Für Wachstumsunternehmen, die erstmals ihren Jahresabschluss prüfen lassen (müssen), bietet es sich insofern – auch zur Vermeidung unnötigen Zeitverzugs und damit einhergehender Budgetüberschreitungen – an, dem Abschlussprüfer die für seine Tätigkeit erforderlichen Informationen (z. B. vorhandene Marktstudien, Strukuranalysen, Managementberichte, Prozessdokumentationen, Unternehmensrisiken) proaktiv zur Verfügung zu stellen und sich auf die zu erwartenden Fragen intensiv vorzubereiten.

1609 Im Rahmen einer Prüfung kann der Abschlussprüfer nach § 320 HGB in sämtliche Bücher und Schriften[4] des Unternehmens Einsicht nehmen. Der Abschlussprüfer kann von den gesetzlichen Vertretern alle **Aufklärungen** und **Nachweise** verlangen, die für eine sorgfältige Prüfung notwendig sind. Soweit es die Vorbereitung der Abschlussprüfung erfordert, ist es dem Abschlussprüfer gestattet, bereits vor Aufnahme der örtlichen Arbeiten Auskünfte anzufordern. Dieses gilt übrigens auch für die Bücher von etwaigen Tochterunternehmen.

1610 Die Prüfung der Einhaltung über die für die Rechnungslegung relevanten Regelungen hinausgehender gesetzlicher Vorschriften gehört nur insoweit zu den Aufgaben der Abschlussprüfung, als sich aus diesen anderen Vorschriften üblicherweise Rückwirkungen auf den geprüften Jahresabschluss ergeben oder als die Nichtbeachtung solcher Gesetze erfahrungsgemäß Risiken zur Folge haben kann, denen im Lagebericht Rechnung zu tragen ist. Darüber hinaus erstreckt sich die Abschlussprüfung jedoch nicht darauf, festzustellen, ob von dem Unternehmen alle Vorschriften beispielsweise des Steuerrechts, des Sozialversicherungs- und Arbeitsrechts, des Gesetzes gegen Wettbewerbsbeschränkungen sowie Preisvorschriften, Vorschriften des Außenwirtschaftsrechts, Verbraucher-

---

4 Z.B. Protokolle von Gesellschafter- und Hauptversammlungen, Aufsichtsratssitzungen, Vorstandssitzungen, Verträge, Prozessakten, Schriftwechsel.

schutzbestimmungen oder sämtliche Umweltschutzbestimmungen und dergleichen eingehalten worden sind.

Durch die Abschlussprüfung und die vom Abschlussprüfer vorzunehmende Berichterstattung werden die Aufsichtsorgane des Unternehmens (i.w. Aufsichtsrat) in ihrer Funktion unterstützt, deren Verantwortung für die Aufsicht bleibt jedoch unberührt. Die Durchführung der Abschlussprüfung schränkt auch die Verantwortlichkeit der gesetzlichen Vertreter für die gesamte Rechnungslegung des Unternehmens in keinster Weise ein. Die Geschäftsführung bzw. der Vorstand ist vielmehr verpflichtet, für eine ordnungsmäßige Buchführung sowie für die ordnungsgemäße Aufstellung des daraus abzuleitenden Jahresabschlusses und ggf. des Lageberichts zu sorgen. Die Verantwortlichkeit erstreckt sich dabei auch auf die Einrichtung und Aufrechterhaltung eines rechnungslegungsbezogenen internen Kontrollsystems. **1611**

In der Praxis empfiehlt es sich im Interesse eines unproblematischen Prüfungsablaufes, den Abschlussprüfer bereits weit vor dem Bilanzstichtag zu beauftragen (siehe oben). Im Rahmen des dann bestehenden Auftragsverhältnisses können Bilanzierungsfragen schon vorab geklärt werden, sodass genügend Zeit zur Verarbeitung der gewonnenen Lösungen verbleibt. **1612**

Die Prüfungsdurchführung selbst gliedert sich üblicherweise in zwei Phasen, die **Vor- und die Hauptprüfung**. Die Vorprüfung findet in der Regel nach ungefähr ¾ des Geschäftsjahres statt; Schwerpunkte sind die Aufnahme und Beurteilung der internen Kontrollen bzw. deren Änderungen sowie die Analyse der Geschäftstätigkeit und der wesentlichen Geschäftsvorfälle des bisherigen Geschäftsjahres. Aus den während der Vorprüfung gewonnenen Erkenntnissen werden sodann Schwerpunkte für die Hauptprüfung, die nach Fertigstellung des Jahresabschlusses durch die Geschäftsleitung beginnt, abgeleitet. **1613**

Es ist zu empfehlen, sich bereits vor Beginn der örtlichen Arbeiten mit dem Abschlussprüfer zu treffen und diesen über bedeutsame Sachverhalte zu informieren sowie die Einzelheiten der Prüfungsdurchführung zu besprechen (Welche Unterlagen sollen bereitgestellt werden? Die Verfügbarkeit welcher Mitarbeiter ist sicherzustellen? Welche organisatorischen Vorkehrungen (Raum, Telefon, Modemanschluss) sind zu treffen? Eine gute Vorbereitung der Abschlussprüfung – und hierzu gehört auch die Bereitstellung eines „prüffähigen" Abschlusses, der aus Sicht der Geschäftsleitung endgültig ist und alle erforderlichen Angaben enthält – erleichtert die Zusammenarbeit mit dem Wirtschaftsprüfer und schont die Unternehmenskasse. **1614**

4. Berichterstattung durch den Abschlussprüfer

Über Art und Umfang sowie die Ergebnisse seiner Tätigkeit hat der Abschlussprüfer Bericht zu erstatten. Dieses erfolgt zum einen durch einen **Prüfungsbericht** sowie zum anderen durch einen **Bestätigungsvermerk**. **1615**

Im **Prüfungsbericht** fasst der Abschlussprüfer Gegenstand, Art und Umfang, Feststellungen und Ergebnisse seiner Prüfung insbesondere für jene Organe des **1616**

Unternehmens zusammen, denen die Aufsicht obliegt. Der Prüfungsbericht hat dabei die Aufgabe, durch die Dokumentation wesentlicher Prüfungsfeststellungen und -ergebnisse die Überwachung des Unternehmens zu unterstützen. Bei dem Prüfungsbericht handelt es sich um ein Dokument, welches nicht für die Öffentlichkeit bestimmt ist und somit nicht der Offenlegungspflicht unterliegt. Adressaten des Prüfungsberichtes sind Geschäftsführung und Aufsichtsrat (falls vorhanden). Nur diese haben vom Gesetz her einen Anspruch auf Aushändigung eines Prüfungsberichtes.

1617 Der **Bestätigungsvermerk** beschreibt die Aufgabe des Abschlussprüfers und grenzt diese gegenüber der Verantwortlichkeit der gesetzlichen Vertreter der Gesellschaft für die Buchführung, den Jahresabschluss und den Lagebericht (im Folgenden auch: Rechnungslegung) bzw. für den Konzernabschluss und den Konzernlagebericht (im Folgenden auch: Konzernrechnungslegung) ab, stellt Gegenstand, Art und Umfang der Prüfung dar und fasst das Prüfungsergebnis in einer Beurteilung zusammen. Der Bestätigungsvermerk unterliegt der Offenlegungspflicht, d. h. er ist zusammen mit dem Jahresabschluss zum Handelsregister einzureichen bzw. im Bundesanzeiger zu veröffentlichen. Im Bestätigungsvermerk wird insofern das Prüfungsergebnis des Abschlussprüfers öffentlich dokumentiert.

1618 Der Bestätigungsvermerk beinhaltet – bis auf wenige gesetzlich normierte Ausnahmen – ausschließlich ein auf die Rechnungslegung bezogenes Gesamturteil des Abschlussprüfers. Dieses bedeutet, dass aus einem Bestätigungsvermerk keine Rückschlüsse auf die Wirtschaftlichkeit des Unternehmens, die Angemessenheit der allgemeinen organisatorischen Strukturen, der Marktfähigkeit der Produkte oder ähnliches geschlossen werden kann. Häufig wird von der Öffentlichkeit ein Bestätigungsvermerk als „Gütesiegel" allgemeiner Art in Bezug auf das Unternehmen gewertet, diese Diskrepanz zwischen öffentlichem Denken und tatsächlicher Aussage bezeichnet man als „Erwartungslücke".

1619 In Bezug auf das im Bestätigungsvermerk des Abschlussprüfers zum Ausdruck kommende Prüfungsurteil sind drei Formen zu unterscheiden:

- uneingeschränkt positive Gesamtaussage (**uneingeschränkter Bestätigungsvermerk**): Ein uneingeschränkter Bestätigungsvermerk wird durch den Abschlussprüfer dann erteilt, wenn keine wesentlichen Beanstandungen gegen die Buchführung, den Jahresabschluss und den Lagebericht zu erheben sind und keine besonderen Umstände vorliegen, aufgrund derer bestimmte wesentliche abgrenzbare oder nicht abgrenzbare Teile der Rechnungslegung nicht mit hinreichender Sicherheit beurteilt werden können (Prüfungshemmnisse). Mit dem uneingeschränkten Bestätigungsvermerk trifft der Abschlussprüfer die positive Gesamtaussage, dass die Prüfung zu keinen Einwendungen geführt hat, der Jahresabschluss unter Beachtung der Grundsätze ordnungsmäßiger Buchführung ein den tatsächlichen Verhältnissen entsprechendes Bild der Vermögens-, Finanz- und Ertragslage der Gesellschaft vermittelt und dass der Lagebericht insgesamt eine zutreffende Vorstellung von der

Lage der Gesellschaft gibt sowie die Risiken der künftigen Entwicklung zutreffend darstellt. Die mit einem uneingeschränkten Bestätigungsvermerk ausgedrückte positive Gesamtaussage umfasst auch die Feststellung, dass die für die Rechnungslegung geltenden gesetzlichen Vorschriften einschließlich des Stetigkeitsgebots und eventuelle, auf die Rechnungslegung bezogene Vorschriften des Gesellschaftsvertrags oder der Satzung eingehalten sind. Unwesentliche Beanstandungen schließen die Erteilung eines uneingeschränkten Bestätigungsvermerks nicht aus. Üblicherweise sind uneingeschränkte Bestätigungsvermerke wie folgt formuliert:

„Bestätigungsvermerk des Abschlussprüfers

Wir haben den Jahresabschluss unter Einbeziehung der Buchführung und den Lagebericht der Start Up AG für das Geschäftsjahr vom … bis … geprüft. Die Buchführung und die Aufstellung von Jahresabschluss und Lagebericht nach den deutschen handelsrechtlichen Vorschriften und den ergänzenden Regelungen in der Satzung liegen in der Verantwortung der gesetzlichen Vertreter der Gesellschaft. Unsere Aufgabe ist es, auf der Grundlage der von uns durchgeführten Prüfung eine Beurteilung über den Jahresabschluss unter Einbeziehung der Buchführung und über den Lagebericht abzugeben.

Wir haben unsere Jahresabschlussprüfung nach § 317 HGB unter Beachtung der vom Institut der Wirtschaftsprüfer (IDW) festgestellten deutschen Grundsätze ordnungsmäßiger Abschlussprüfung vorgenommen. Danach ist die Prüfung so zu planen und durchzuführen, dass Unrichtigkeiten und Verstöße, die sich auf die Darstellung des durch den Jahresabschluss unter Beachtung der Grundsätze ordnungsmäßiger Buchführung und durch den Lagebericht vermittelten Bildes der Vermögens-, Finanz- und Ertragslage wesentlich auswirken, mit hinreichender Sicherheit erkannt werden. Bei der Festlegung der Prüfungshandlungen werden die Kenntnisse über die Geschäftstätigkeit und über das wirtschaftliche und rechtliche Umfeld der Gesellschaft sowie die Erwartungen über mögliche Fehler berücksichtigt. Im Rahmen der Prüfung werden die Wirksamkeit des rechnungslegungsbezogenen internen Kontrollsystems sowie Nachweise für die Angaben in Buchführung, Jahresabschluss und Lagebericht überwiegend auf der Basis von Stichproben beurteilt. Die Prüfung umfasst die Beurteilung der angewandten Bilanzierungsgrundsätze und der wesentlichen Einschätzungen der gesetzlichen Vertreter sowie die Würdigung der Gesamtdarstellung des Jahresabschlusses und des Lageberichts. Wir sind der Auffassung, dass unsere Prüfung eine hinreichend sichere Grundlage für unsere Beurteilung bildet.

Unsere Prüfung hat zu keinen Einwendungen geführt.

Nach unserer Überzeugung vermittelt der Jahresabschluss unter Beachtung der Grundsätze ordnungsmäßiger Buchführung ein den tatsächlichen Verhältnissen entsprechendes Bild der Vermögens-, Finanz- und Ertragslage der Gesellschaft. Der Lagebericht gibt insgesamt eine zutreffende Vorstellung von der Lage der Gesellschaft und stellt die Risiken der künftigen Entwicklung zutreffend dar.

Ort, Datum, Unterschrift des Wirtschaftsprüfers"

- eingeschränkt positive Gesamtaussage (**eingeschränkter Bestätigungsvermerk**): Gelangt der Abschlussprüfer zu dem Urteil, dass wesentliche Beanstandungen gegen abgrenzbare Teile des Jahresabschlusses, des Lageberichts oder der Buchführung bestehen, oder kann der Abschlussprüfer abgrenzbare Teile der Rechnungslegung aufgrund besonderer Umstände nicht mit hinreichender Sicherheit beurteilen (Prüfungshemmnisse) und ist gleichwohl zu den wesentlichen Teilen der Rechnungslegung noch ein Positivbefund möglich, hat der Abschlussprüfer eine Einwendung zu erheben und eine eingeschränkt positive Gesamtaussage im Rahmen eines eingeschränkten Bestätigungsvermerks zu treffen. Beispiele für die Notwendigkeit, einen Bestätigungsvermerk mit einer Einschränkung zu versehen sind:

Forderungen hätten wegen Uneinbringlichkeit abgewertet werden müssen
Bestimmte Rückstellungen, für die eine Bilanzierungspflicht besteht, wurden nicht gebildet
Im Anhang oder im Lagebericht fehlen wesentliche Angaben

1620 In diesem Fall ist im Bestätigungsvermerk folgende Aussage (Beispiel) zu finden:

... Unsere Prüfung hat mit Ausnahme der folgenden Einschränkung zu keinen Einwendungen geführt: Für nicht einbringliche Forderungen wurden die erforderlichen Abschreibungen nach § 253 Absatz 3 Satz 2 HGB in Höhe von T€ xxx auf den niedrigeren beizulegenden Wert nicht vorgenommen. ..."

- nicht positive Gesamtaussage (**Versagungsvermerk**): Gelangt der Abschlussprüfer jedoch zu dem Prüfungsurteil, dass wesentliche Beanstandungen gegen den Jahresabschluss zu erheben sind, die sich auf diesen als ganzen auswirken und so bedeutend oder zahlreich sind, dass nach der Beurteilung des Abschlussprüfers eine Einschränkung des Bestätigungsvermerks nicht mehr angemessen ist, um die missverständliche oder unvollständige Darstellung im Jahresabschluss zu verdeutlichen, hat er diese negative Gesamtaussage im Rahmen eines Versagungsvermerks zu treffen. Ein Sachverhalt, der z.B. auch auf Start-Ups zutreffen kann, ist eine ungesicherte Finanzierungssituation mit der Folge, dass der Fortbestand des Unternehmens nicht gewährleistet ist. In diesem Fall ist ein Versagungsvermerk zu erteilen, der z.B. folgenden Inhalt haben kann:

... Unsere Prüfung hat zu folgenden Einwendungen geführt: Der Jahresabschluss wurde unzulässigerweise unter der Annahme des Fortbestands der Gesellschaft aufgestellt, obwohl wegen der ungesicherten Liquiditätsausstattung der Gesellschaft hiervon nicht ausgegangen werden kann. Die wirtschaftliche Lage wird auch im Lagebericht nicht zutreffend dargestellt. Da aufgrund dieser Einwendungen eine positive Gesamtaussage zur Rechnungslegung nicht mehr möglich ist, versagen wir den Bestätigungsvermerk. Nach unserer Überzeugung vermittelt der Jahresabschluss kein unter Beachtung der Grundsätze ordnungsmäßiger Buchführung den tatsächlichen Verhältnissen entsprechendes Bild der Vermögens-, Finanz- und Ertragslage der Gesellschaft. Der Lagebericht gibt insgesamt keine zutreffende Vorstellung von der Lage der Gesellschaft und stellt die Risiken der künftigen Entwicklung nicht zutreffend dar."

1621 Naturgemäß ist die Geschäftsleitung eines Unternehmens – auch im Hinblick auf die Wirkung des Bestätigungsvermerks auf die Abschlussadressaten (Ban-

ken, Finanzinvestoren, Geschäftspartner) bestrebt, für den aufgestellten Jahresabschluss einen uneingeschränkten Bestätigungsvermerk zu erlangen. Insofern
ist es – sofern möglich – üblich, dass festgestellte Fehler, die den Abschlussprüfer zu einer Einschränkung oder Versagung des Bestätigungsvermerkes veranlassen würden, behoben werden.

Neben den genannten, gesetzlich vorgeschriebenen Berichterstattungsinstru-   **1622**
menten ist es allgemeine Praxis, dass der Abschlussprüfer einen sog. „Management Letter" erstellt. Dieser enthält ergänzende Informationen, mit denen der
Abschlussprüfer getrennt vom Prüfungsbericht organisatorische oder sonstige
Hinweise aus Anlass der Prüfung gibt.

5. Rechtsfolgen der Nichtdurchführung einer Jahresabschlussprüfung

Wird ein Jahresabschluss trotz bestehender Prüfungspflicht keiner ordnungsmä-   **1623**
ßiger Jahresabschlussprüfung unterzogen, kann er nicht festgestellt werden
(§ 173 Abs. 3 AktG). Feststellungs- und Gewinnverwendungsbeschlüsse sind
nichtig. Ein entgegen des gesetzlichen Feststellungsverbotes festgestellter Jahresabschluss ist nichtig (§ 256 AktG). Auch die Offenlegung des Jahresabschlusses ist dann nicht wirksam erfolgt.

F. Markteintritt und erste Umsätze

I. Geschäft(e)

1. Geschäft(e) und Rechtsgeschäfte

Wer in den Markt eintritt, möchte Geschäft(e) machen.

1624 Jedes einzelne Geschäft ist ein Rechtsgeschäft. Manchmal sind ein gutes Geschäft – rein rechtlich betrachtet – auch zwei oder mehr Rechtsgeschäfte.

> Für den Kioskbesitzer ist der Verkauf einer Zeitung (s)ein Geschäft.
>
> Für den Juristen sind es drei Rechtsgeschäfte: Ein Kaufvertrag über die Zeitung, eine Einigung über den Eigentumsübergang an der Zeitung und eine Einigung über den Eigentumsübergang an dem Geld.

1625 In Deutschland herrscht der Grundsatz der „Vertragsfreiheit".

> Der Zeitungskäufer ist – lässt man die psychischen, physiologischen und pathologischen Zwänge sowie den am Frühstückstisch auf die Zeitung wartenden Partner unseres Zeitungskäufers außer Acht – frei, eine Zeitung zu kaufen.[1]

1626 Schließen zwei Personen einen Vertrag, findet das Recht des Bürgerlichen Gesetzbuches (BGB) Anwendung. Für den Fall, dass die Vertragspartner sich nicht über alle Details des Deals ausdrücklich einigen, hält das BGB bestimmte Vertragstypen bereit:

> Kioskbesitzer und Zeitungskäufer haben keine Worte gewechselt. Der Käufer zeigte auf die Zeitung und hielt das Geld hin, der Kioskbesitzer nickte und nahm das Geld, der Käufer griff sich die Zeitung.
>
> Das BGB hält für diesen Klassiker den Vertragstyp „Kaufvertrag" bereit. Auf den wortlos geschlossenen Vertrag finden folglich die gesetzlichen Regelungen für Kaufverträge (§§ 433 ff. BGB) Anwendung.

1627 Das BGB regelt übrigens nicht ausdrücklich, dass die Vertragspartner sich an geschlossene Verträge halten müssen. Es normiert vielmehr folgenden Mechanismus:

> *§ 311 Abs. 1 BGB – Rechtsgeschäftliche ... Schuldverhältnisse*
>
> Zur Begründung eines Schuldverhältnisses durch Rechtsgeschäft ... ist ein Vertrag zwischen den Beteiligten erforderlich ...
>
> *§ 241 Abs. 1 Satz 1 BGB – Pflichten aus dem Schuldverhältnis*
>
> Kraft des Schuldverhältnisses ist der Gläubiger berechtigt, von dem Schuldner eine Leistung zu fordern.
>
> Durch den Abschluss des Kaufvertrages über die Zeitung begründen folglich Kioskbesitzer und Zeitungskäufer ein Schuldverhältnis durch Rechtsgeschäft. Kraft dieses Schuldverhältnisses ist der Zeitungsverkäufer berechtigt, die Zeitung zu fordern, und der Kioskbesitzer, das Geld zu fordern.

---

1 Grundsätzlich sind die Vertragspartner sogar frei, solche Verträge zu schließen, die gegen gesetzliche Verbote oder die guten Sitten verstoßen. Diese Verträge sind allerdings nichtig.

Alshut

Um Missverständnisse zu vermeiden: Das BGB vom 18. August 1896 ist ein 1628
phantastisches Gesetzeswerk[2] – wohl durchdacht, gut strukturiert, klar gegliedert, … zurück zu den Geschäften:

Nicht alle Rechtsgeschäfte erfordern eine wohl durchdachte Planung, insbeson- 1629
dere wenn es sich um solche des täglichen Lebens handelt. Einzelne Rechtsgeschäfte erfordern allerdings eine bestimmte Form, beispielsweise der Ehevertrag,
der Hauskaufvertrag und die Bürgschaftserklärung für den Hauskauf der Kinder.[3]

Junge Unternehmen sollten jedenfalls vor dem Markteintritt unbedingt prüfen, 1630
welche (Rechts-)Geschäfte ihr Geschäft mit sich bringt. Die Ergebnisse dieser
Überlegungen sollten zum einen ein entsprechendes Vertragsmanagement und
eine entsprechende Vertragsorganisation sein.[4] Zum anderen sollte die Möglichkeit, das eigene Geschäft vertraglich zu regeln, nicht als lästige formale
Hürde begriffen werden. Denn der Vertrag ist nicht die Hürde vor dem Geschäft, sondern das Geschäft. In dem Vertrag sollten daher von Vornherein die
mit dem Geschäft verbundenen Risiken geregelt werden. Anderenfalls wäre mit
Vertragsabschluss zwar die Hürde Geschäft genommen, aber dessen Abwicklung würde zum Hürdenlauf.

Gute Verträge realisieren Geschäftschancen und regeln die potenziellen Risiken 1631
des Geschäfts – und zwar für beide Vertragspartner. Die Faustformel lautet insoweit: Gute Verträge sind in der Regel maßgeschneiderte Lösungen. Maßgeschneiderte Verträge sind nicht immer gute Lösungen.

2. Allgemeine Geschäftsbedingungen

Allgemeine Geschäftsbedingungen (AGB) sind für eine Vielzahl von Verträgen 1632
vorformulierte Vertragsbedingungen – in der Praxis erkennt man AGB an den
kleinen Buchstaben.

Für viele junge Unternehmen ist die Ausarbeitung von AGB vor dem ersten 1633
Markteintritt sinnvoll. Denn durch die Einbeziehung von AGB kann das Unternehmen seine Rechtsgeschäfte einheitlich ausgestalten.

Bei der ersten Ausarbeitung der AGB sollte jedoch unbedingt berücksichtigt 1634
werden, dass in der Praxis die AGB eines jeden Unternehmens von Zeit zu Zeit,
aus welchen Gründen auch immer, geändert werden müssen. Entsprechende Än-
derungsklauseln sollten von Anfang an in die AGB integriert werden.[5]

---

2 … auch nach dem Gesetz zur Modernisierung des Schuldrechts vom 26.11.2001. Ausnahmsweise eine Bitte: Wenn Sie ihre AGB irgendwo abschreiben möchten, stellen Sie bitte wenigstens
  sicher, dass Sie von AGB abschreiben, welche die Schuldrechtsreform bereits berücksichtigen.
3 Meist handelt es sich um solche Geschäfte, bei denen der gewöhnliche Mensch per se ein gewisses Maß an selbstständigem Denken erkennen lässt.
4 Hierfür sprechen ebenso gute Gründe wie für den regelmäßigen Besuch des Zahnarztes. Ungefähr genauso beliebt ist auch das Thema bei jungen (und alten) Unternehmen.
5 Ausnahmsweise eine zweite Bitte: Schreiben Sie nicht einfach irgendeine Änderungsklausel irgendwo ab. Diese sind, aus welchen Gründen auch immer, oftmals rechtlich unzulässig und funktionieren daher nicht. Erfahrungsgemäß wird dies später herauskommen, nämlich bei der ersten
  Änderung. Erfahrungsgemäß wird man sich dann daran erinnern, dass Sie …

1635 Inhaltlich wünschen sich übrigens gerade junge Unternehmer häufig AGB, die völlig einseitig sind. Hierzu zwei Anmerkungen:

- Diesen Wunsch umzusetzen ist nicht einfach. Denn in den §§ 305 ff. BGB steht sinngemäß:

Alles, was Unternehmen richtig Spaß macht, ist verboten.
Alles, was nicht verboten ist, macht Unternehmen nicht richtig Spaß.

1636 Gesetzliche Grenzen sind insbesondere die Folgenden:[6] AGB-Klauseln, die so ungewöhnlich sind, dass der Vertragspartner nicht mit ihnen zu rechnen braucht, werden nicht Vertragsbestandteil. AGB-Klauseln, die den Vertragspartner entgegen dem Gebot von Treu und Glauben unangemessen benachteiligen, sind unwirksam. Eine unangemessene Benachteiligung kann sich daraus ergeben, dass die Klausel nicht klar und verständlich ist. Sie ist im Zweifel anzunehmen, wenn die Klausel mit den wesentlichen Grundgedanken der gesetzlichen Regelung nicht zu vereinbaren ist.

1637 Der Wunsch nach AGB, die völlig einseitig sind, kann folglich nur derart umgesetzt werden, dass alle rechtlichen Möglichkeiten zu Gunsten des Unternehmens ausgeschöpft werden, ohne dabei die gesetzlichen Grenzen zu überschreiten – eine spannende Übung.

1638 Zweifel bei der Auslegung von AGB-Klauseln gehen übrigens zu Lasten des Verwenders.

- Gute AGB regeln das Wesentliche. Sie sind fair, klar und verständlich. Sie müssen folglich nicht versteckt und klein gedruckt werden.

1639 Die Einbeziehung von AGB setzt voraus, dass der Vertragspartner mit der Geltung der AGB einverstanden ist.[7] Die Einverständniserklärung sollte derart dokumentiert werden, dass sie später nachweisbar ist.

1640 Soweit die Vertragspartner von den AGB abweichende individuelle Regelungen vereinbaren, gehen diese den AGB vor. Dies gilt auch für mündliche Abreden – wobei sich in der Praxis der Beweis solcher Abreden und ihres Inhaltes im Nachhinein häufig als unmöglich erweist.

3. Verbraucherschutz

§ 13 BGB – Verbraucher
Verbraucher ist jede natürliche Person, die ein Rechtsgeschäft zu einem Zweck abschließt, der weder ihrer gewerblichen noch ihrer selbstständigen beruflichen Tätigkeit zugerechnet werden kann.

---

6 Für Interessierte: Die §§ 308 und 309 BGB enthalten die Klauselverbote mit und ohne Wertungsmöglichkeit.

7 Rechtlich spannend ist auch der Fall der sich „kreuzenden" AGB: Ein Lieferant und ein Einkäufer verwenden unterschiedliche AGB. Beide vereinbaren einen Liefervertrag. Jeder verweist auf seine AGB.

Das Ziel, den Verbraucher im Wettbewerb als typischerweise unterlegene **1641** Marktgruppe zu schützen, hat in den letzten Jahren zu weit reichenden Änderungen im Vertragsrecht geführt. Auf Grundlage von Richtlinien der Europäischen Union, die den Verbraucherschutz als eines ihrer vorrangigen Ziele sieht, wurden Regelungen über Verbraucherkredite, Haustürgeschäfte, den elektronischen Geschäftsverkehr und den Fernabsatz in Kraft gesetzt.

Unter dem Begriff Fernabsatzverträge beispielsweise versteht der Gesetzgeber **1642** Verträge über die Lieferung von Waren oder die Erbringung von Dienstleistungen, die unter ausschließlicher Verwendung von Fernkommunikationsmitteln geschlossen werden.[8] Das entscheidende Merkmal von Fernabsatzverträgen ist also, dass der Verbraucher beim Abschluss des Vertrages keinen Mitarbeiter seines Vertragspartners anfassen könnte, so er denn wollte. Die Kommunikation erfolgt über Briefe, Kataloge, Telefonanrufe, Telekopien, E-Mails etc.

Da der Verbraucher bei solchen Vertragsabschlüssen für besonders schutzwür- **1643** dig gehalten wird, gilt für Fernabsatzverträge:

- Der Unternehmer hat besondere Informationspflichten zu erfüllen,[9] insbesondere im elektronischen Geschäftsverkehr.[10]
- Der Verbraucher hat das Recht, den Vertrag zu widerrufen.[11]

Dieses Widerrufsrecht gibt dem Verbraucher die Möglichkeit, den Vertrag ohne **1644** Angabe von Gründen wieder rückgängig zu machen, allerdings nur bis zum Erlöschen der Widerrufsfrist. Die genaue Erläuterung des Beginns und des Erlöschens der grundsätzlich zwei Wochen währenden Widerrufsfrist muss hier allerdings unterbleiben.[12]

Als Beleg für die besonderen Informationspflichten im Bereich der Fernabsatz- **1645** verträge mag § 1 Abs. 2 der Preisangabenverordnung (PAngV) dienen:

> *§ 1 Abs. 2 – Grundvorschriften*
>
> Wer Letztverbrauchern gewerbs- oder geschäftsmäßig oder regelmäßig in sonstiger Weise Waren oder Leistungen zum Abschluss eines Fernabsatzvertrages anbietet, hat zusätzlich zu Absatz 1 und § 2 Abs. 2 anzugeben,
> 1. dass die für Waren oder Leistungen geforderten Preise die Umsatzsteuer und sonstige Preisbestandteile enthalten und
> 2. ob zusätzlich Liefer- und Versandkosten anfallen.
>
> Fallen zusätzliche Liefer- und Versandkosten an, so ist deren Höhe anzugeben. Dies gilt auch für denjenigen, der als Anbieter von Waren oder Leistungen zum Abschluss eines Fernabsatzvertrages gegenüber Letztverbrauchern unter Angabe von Preisen wirbt.

---

8 Es existieren allerdings eine ganze Reihe von wichtigen Ausnahmen.
9 Vgl. § 312 c BGB; ausführlich hierzu (mit Mustern): Informationspflichten-Verordnung vom 5. August 2002 (BGBl. I, S. 2958).
10 Vgl. § 312 e BGB.
11 Vgl. § 312 d BGB; wobei allein die Berechnung des Beginns und des Erlöschens der Widerrufsfristen ein eigenes Kapitel sein könnte.
12 Denn die Seitenzahl dieses Handbuches ist limitiert und Ungenauigkeiten in diesem Bereich können sich böse rächen.

1646 Anzumerken ist allerdings, dass die Anwendungsbereiche der Preisangabenverordnung und des Fernabsatzrechts nach §§ 312 b ff. BGB nicht identisch sind.[13]

1647 In der Praxis sehr beliebt sind übrigens Abmahnungen und Unterlassungsklagen wegen Nichtbeachtung der verbraucherschützenden Vorschriften durch Konkurrenten, Verbraucherschutzverbände oder andere Dritte.

4. Datenschutz und Datensicherheit

1648 Daten sind der Rohstoff der Informationsgesellschaft.[14] Es gibt keine Daten, die nicht gesammelt werden.

a) Data-Mining und informationelle Selbstbestimmung

1649 Data-Mining ist heute ein akzeptierter Begriff. Data-Miner sind die Goldgräber und Wissensentdecker des modernen, technologisch geprägten Zeitalters.

1650 Durch Data-Mining können beispielsweise neue Geschäftsmöglichkeiten aufgedeckt werden, vor allem durch das Aufzeigen komplexer Kunden-, Produkt- und Marktzusammenhänge. So können lukrative Kundengruppen und deren Eigenschaften und spezielle Wünsche identifiziert werden, um dann das Warenangebot entsprechend segmentieren zu können. In solchen Fällen dürfte beispielsweise ein Produkt, das selten, aber gerade von lukrativen Kunden gekauft wird, nicht aus der Produktpalette genommen werden, da sonst eben gerade solche lukrativen Kunden verloren gingen.

1651 Unternehmen betonen insoweit, dass sie Daten nutzen und nicht missbrauchen.[15]

1652 In Deutschland steht jedoch dem Geschäftsinteresse der Unternehmen, Daten mit Gewinn zu nutzen, das von der Verfassung anerkannte Recht auf informationelle Selbstbestimmung gegenüber. Dieses schützt die Herrschaft des Einzelnen über seine persönlichen Daten. Gerade diese personenbezogenen Daten, die bestimmte Personen mit bestimmten Verhaltensweisen in Verbindung bringen, sind aber ein bedeutender Wirtschaftsfaktor und selbst zum Wirtschaftsgut geworden.

b) Datenschutzrecht

1653 Das Datenschutzrecht entwickelte sich in Deutschland Ende der 60er Jahre in Wiesbaden als Reaktion auf die damals aufkommende Datenverarbeitungstechnologie.[16] Im Jahre 1973 fanden erste Anhörungen zum Bundesdatenschutzge-

---

13 Auch die Ausnahmetatbestände sind nicht identisch.
14 Auch wenn das Thema Datenschutz unbeliebt ist: aktiver Datenschutz vermag auch Vertrauen zu bilden, beispielsweise im Bereich des elektronischen Handels.
15 Angeblich rechnen sich Investitionen in die Technologie zur Datenverarbeitung für Unternehmen nach ca. zwei bis drei Jahren; als Beispiel sei die Firma Walmart genannt, die als erstes Data-Warehouse ihre Geschäftsprozesse mit Hilfe der Datenverarbeitung gezielt neu gestaltet hat.
16 Letztlich bestimmt die Datenverarbeitungstechnologie in ihrer raschen und sprunghaft verlaufenden Entwicklung die Entwicklung des Datenschutzrechts entscheidend.

Alshut

setz statt. Damals herrschte die allgemeine Meinung vor, dass Computer die Verarbeitungsbedingungen zwar einschneidend verändern würden, dies letztlich aber vor allem zu einer Zentralisierung in immer größeren Datenbanken führen werde. Dies ist auch der historische Kern des ersten Bundesdatenschutzgesetzes. Zehn Jahre später wurde der Personal Computer entwickelt, es folgte die rasche Durchsetzung mobiler Endgeräte und des Internets.[17]

Die gegenwärtige Gesetzeslage in Deutschland ist ausgesprochen unübersichtlich. Dies liegt an einer Vielzahl von Spezialgesetzen, die generell den allgemeinen Datenschutzgesetzen vorgehen.[18]   **1654**

Eine gemeinsame Grundregel enthalten aber alle Gesetze: Bis auf wenige Ausnahmen bedarf es für jede Speicherung, Nutzung, Verarbeitung und Auswertung personenbezogener Daten, d. h. Daten, die direkte oder indirekte Rückschlüsse auf eine bestimmte Person zulassen, der Einwilligung der Person, von der diese Daten stammen. Auch über die Verwendung bestimmter Verfahren zur Datengewinnung, beispielsweise über den Einsatz von so genannten Cookies muss vorher informiert und die Zustimmung hierfür eingeholt werden.   **1655**

Umgekehrt gilt, dass anonymisierte Nutzerprofile und Datenerhebungen oder solche, die unter rückschlussfreien Pseudonymen vorgenommen werden, grundsätzlich zulässig sind.   **1656**

Eine Ausnahme von dem Einwilligungsbedürfnis bezüglich personenbezogener Informationen ist beispielsweise die Erhebung von Daten, die notwendig sind, um ein Vertragsverhältnis zwischen dem Nutzer und einem Anbieter von Teledienstleistungen zu begründen.[19] Über diesen engen Zweck hinaus dürfen solche Bestandsdaten aber nur mit Einwilligung des Nutzers verwandt werden.   **1657**

Jede Einwilligung muss die beabsichtigten Nutzungen und Verwertungen der personenbezogenen Daten möglichst konkret und umfassend beschreiben. Zudem darf die Wahrnehmung eines bestimmten Angebots nicht davon abhängen, eine Einwilligung abgeben zu müssen. Die Einwilligung muss protokolliert werden, ihr Inhalt jederzeit durch den Betroffenen eingesehen werden können und sie muss mit Wirkung für die Zukunft widerrufbar sein. Der Nutzer behält stets einen Anspruch auf die Auskunft darüber, welche Daten von ihm gespeichert sind und zu welchem Zweck sie verwandt wurden oder werden.   **1658**

Eine unerlaubte Nutzung personenbezogener Daten kann verschiedene Konsequenzen haben: Ein Betroffener kann die Speicherung und Verwertung seiner   **1659**

---

17 … wodurch die historische Grundlage des Datenschutzrechts weggebrochen ist. Ob nationale oder supranationale Regelungen heute überhaupt noch einen effektiven Datenschutz gewährleisten können, ist fraglich. Denn im Zeitalter der universellen Datenverarbeitung muss der Adressat der Regelung international angelegt sein.

18 Allgemeine Grundsätze regelt das Bundesdatenschutzgesetz (BDSG), speziellere Vorschriften finden sich beispielsweise im Teledienstgesetz (TDG), im Teledienstedatenschutzgesetz (TDDSG), in der Telekommunikationsdatenschutzverordnung (TDSV) und dem Mediendienste-Staatsvertrag (MDStV).

19 Als Beispiele seien nur T-Online und AOL genannt.

Daten verbieten. Theoretisch steht ihm auch ein Ersatz des durch die unberechtigte Datennutzung entstandenen Schadens zu. Darüber hinaus kommen Bußgelder oder strafrechtliche Sanktionen in Betracht, beispielsweise wegen De-Anonymisierung bereits anonymisierter Daten.

5. Online-Geschäft(e)

1660 Ein reines Online-Geschäft ist beispielsweise das Herunterladen von Software oder Musik aus dem Internet gegen Plastikgeld-Nummern.

1661 Auch für Online-Geschäfte gilt das Bürgerliche Gesetzbuch vom 18.08.1896:

- Auch online kommt ein Vertrag durch Angebot und Annahme zu Stande.
- Auch online ist ein so genanntes Angebot eines Internet-Anbieters nicht stets ein verbindliches Vertragsangebot im Rechtssinne, sondern häufig die unverbindliche Aufforderung an den Internet-Nutzer, seinerseits ein verbindliches Vertragsangebot abzugeben.
- Auch online kann aber ein so genanntes Angebot des Internet-Anbieters ein verbindliches Vertragsangebot im Rechtssinne sein, beispielsweise wenn gegen Plastikgeld-Nummern das sofortige Herunterladen von Software durch Anklicken angeboten wird.
- Auch online kann der Internet-Nutzer ein verbindliches Vertragsangebot durch Ausfüllen eines Bestellformulars und durch entsprechendes Anklicken abgeben.
- Auch online kann der Internet-Anbieter dieses Angebot annehmen.

1662 Welche Regeln des Bürgerlichen Gesetzbuches im Übrigen anwendbar sind, richtet sich nach dem Gegenstand des Vertrages. Der Kauf von Waren unterliegt beispielsweise dem Kaufrecht.

1663 Da die Väter des Bürgerlichen Gesetzbuches jedoch bei Ausarbeitung einzelner Vorschriften das Online-Geschäft und seine Möglichkeiten nicht vor Augen hatten, eröffnet das Online-Geschäft einige neue und interessante Rechtsfragen. Viele Juristen suchen die spezifischen Lösungen dieser einzelnen Fragen im Bereich der elektronischen Geschäfte unter Begriffe wie „Computer-Recht", „EDV-Recht", „Internet-Recht", „Multimedia-Recht" oder „Online-Recht" zusammenzufassen, die ein komplexes eigenständiges Rechtsgebiet suggerieren.[20]

1664 Bei Online-Geschäften sind natürlich die Vorschriften zum Verbraucherschutz, insbesondere das Fernabsatzgesetz zu beachten.[21] So müssen Anbieter von kommerziellen Internet-Seiten bereits vor dem Vertragsschluss bestimmte Informationspflichten erfüllen.[22] Beispielsweise hat der Anbieter seinen vollständigen Namen, seine Anschrift und eine im Gesetz näher bezeichnete Kontaktmöglichkeit anzugeben. Werden Angebote per E-Mail gestreut, so müssen diese

---

20 Ob dies inhaltlich gerechtfertigt oder geschicktes Marketing ist, mag dahinstehen ... Es gibt jedenfalls kein Telefon-Recht und kein Telefax-Recht.
21 Siehe oben, unter „Verbraucherschutz", Rn. 1647 ff.
22 Vgl. §§ 6 und 7 Teledienstegesetz (TDG).

Alshut

den Absender wiedergeben und als kommerzielle Kommunikation erkennbar sein. Eine vollständige Darstellung der Informationspflichten verbietet sich hier auf Grund der Differenziertheit und Komplexität der gesetzlichen Vorschriften im Bereich Verbraucherschutz und Online-Geschäft(e).

In der Praxis weisen übrigens viele Internet-Anbieter einfach und kurz auf ihre **1665** Allgemeinen Geschäftsbedingungen (AGB) hin. Dieser Hinweis ist rechtlich ohne Belang. Denn der Internet-Nutzer muss sein Einverständnis mit den AGB erklären. AGB, auf die nur hingewiesen wird, werden nicht Vertragsbestandteil.

Besser sind insoweit die Internet-Seiten, die vor dem entscheidenden Vertrags- **1666** klick des Nutzers einen Button bereitstellen, über den die AGB durch den Kunden eingesehen werden können, und den entscheidenden Vertragsklick mit dem Einverständnisklick verbinden. In der Praxis haben allerdings Internet-Nutzer folgende pfiffige Verteidigungsstrategie entwickelt: Sie behaupteten, durch den Klick auf den AGB-Button hätten sich die AGB nicht öffnen lassen. Da gegenüber europäischen Verbrauchern das Prinzip gilt, dass AGB möglichst leicht zugänglich sein müssen, ist dieser Einwand erheblich.

Richtig gut sind daher – rein rechtlich betrachtet – nur Internet-Seiten, die durch **1667** einfache technische Gestaltungen sicherstellen, dass die AGB sich öffnen lassen.

Nicht unerwähnt soll in diesem Zusammenhang bleiben, dass ein fester und ge- **1668** liebter Bestandteil deutscher Internet-Seiten, nämlich der Disclaimer, nach deutschem Recht ohne Belang ist.

6. Elektronische Signatur

In der Regel folgt die Entwicklung des Rechts dem Fortschritt der Technik. **1669** Dies gilt nicht für das Signaturgesetz.

Das erste Signaturgesetz vom 22. 07. 1997 wurde im Jahre 2001 durch das neue **1670** „Gesetz über Rahmenbedingungen für elektronische Signaturen" ersetzt. Mit diesem Gesetz gibt der Staat eine Sicherungsinfrastruktur für Signaturverfahren vor. Diese Verfahren dienen der Erzeugung und Prüfung von elektronischen Signaturen. Diese Signaturen sollen im elektronischen Rechtsverkehr sicher erkennen lassen, wer welche Erklärung abgibt.

Das Signaturgesetz stellt folglich ein Verfahren zur Verfügung, mit dem die **1671** Authentizität und die Integrität von elektronischen Erklärungen sichergestellt werden kann.

Die Rechtsfolgen der Verwendung elektronischer Signaturen sind nicht im Sig- **1672** naturgesetz geregelt, sondern im „Gesetz zur Anpassung der Formvorschriften des Privatrechts an den modernen Rechtsverkehr":

• Die elektronische Signatur hat grundsätzlich den Wert einer eigenhändigen Unterschrift.[23]

---

23 Eine wesentliche Ausnahme ist beispielsweise die Bürgschaftserklärung.

- Eine Erklärung, die elektronisch signiert ist, hat den Anschein der Echtheit für sich. Dieser kann nur durch Tatsachen erschüttert werden, die ernstliche Zweifel begründen.

1673 Die elektronische Signatur ist folglich ein Angebot. Ein Angebot des Staates an all die, die Sicherheit im elektronischen Geschäftsverkehr wünschen. Ein Angebot, das nur selten wahr- und angenommen wird. Die Gründe mögen in Folgendem liegen:

1674 Das Signaturgesetz unterscheidet zwischen der „elektronischen Signatur", der „fortgeschrittenen elektronischen Signatur" und der „qualifizierten elektronischen Signatur". Das Signaturgesetz regelt nur die „qualifizierte elektronische Signatur". Die „qualifizierte elektronische Signatur" unterscheidet sich von der „elektronischen Signatur" und der „fortgeschrittenen elektronischen Signatur" dadurch, dass sie auf einem zum Zeitpunkt der Erzeugung gültigen „qualifizierten Zertifikat" beruht und mit einer „sicheren Signatureinheit" erzeugt wird. Ein „qualifiziertes Zertifikat" wiederum wird ausschließlich von so genannten „Zertifizierungsdiensteanbietern" ausgestellt, und zwar entweder im Rahmen des „qualifizierten Signaturverfahrens" oder des „akkreditierten Signaturverfahrens". Das Signaturgesetz spricht im letzten Fall von einer „qualifizierten elektronischen Signatur mit Anbieter-Akkreditierung".[24]

1675 Die „qualifizierten elektronischen Signaturen" basieren technisch alle auf der asymmetrischen Kryptografie mit Public-Key-Infrastruktur (PKI) und funktionieren praktisch – grob vereinfacht – wie folgt:

1676 Für die abzusendende Datei wird ein Hash-Wert als Prüfwert ermittelt. Dieser digitale Fingerabdruck, der keine Reproduktion der Datei erlaubt, wird mit einem privaten Signaturschlüssel verschlüsselt. Anschließend wird die Datei mit dem verschlüsselten Fingerabdruck elektronisch versandt. Der Empfänger entschlüsselt den Hash-Wert mit dem öffentlichen Signaturprüfschlüssel und berechnet den Hash-Wert parallel selbst. Dann vergleicht der Empfänger die beiden Hash-Werte …

1677 Wie gesagt: Die elektronische Signatur ist ein Angebot an all die, die Sicherheit im elektronischen Geschäftsverkehr wünschen. Ein Angebot, das nur selten angenommen wird. Ein Unternehmen sollte jedenfalls vor Annahme des Angebots folgende Fragen abschließend klären:

- Welche Mitarbeiter sollen elektronische Erklärungen signieren dürfen und mit welchen Attributen[25] oder Beschränkungen[26] sollen ihre Signaturen verbunden werden?

---

24 Im ersten Signaturgesetz wurde die „elektronische Signatur" übrigens noch „digitale Signatur" genannt, der „Zertifizierungsdiensteanbieter" noch „Zertifizierungsstelle", der „Signaturschlüssel" noch „privater Schlüssel" und der „Signaturprüfschlüssel" noch „öffentlicher Schlüssel".
25 Beispielsweise „Geschäftsführer" oder „Rechtsanwalt".
26 Beispielsweise „Einkäufe nur bis zu einem bestimmten Betrag" oder „Gültigkeit nur i.V.m. weiterer Signatur".

Alshut

- Wer prüft die Echtheit der eingehenden signierten elektronischen Erklärungen und die mit den Signaturen ggf. verbundenen Attribute und Beschränkungen?
- Wie wird der sichere Umgang mit Hardware und Software, insbesondere mit der Chipkarte als Signaturerstellungseinheit gewährleistet?

7. Internationale(s) Geschäft(e)

Jeder Staat hat seine eigene Rechtsordnung.[27] **1678**

> Für den deutschen und für den französischen Kioskbesitzer ist der Verkauf einer Zeitung (s)ein Geschäft.
>
> Für den deutschen Juristen sind es drei Rechtsgeschäfte: Ein Kaufvertrag über die Zeitung, eine Einigung über den Eigentumsübergang an der Zeitung und eine Einigung über den Eigentumsübergang an dem Geld.
>
> Für den französischen Juristen dagegen ist der Verkauf einer Zeitung ein Vertrag über den Verkauf einer Zeitung.[28]

Wer in fremden Ländern Geschäfte machen möchte, muss folglich die Rechtsordnung dieser Länder kennen. **1679**

> Weil der Verkauf für den französischen Juristen lediglich ein Rechtsgeschäft ist, gibt es in Frankreich beispielsweise keinen Eigentumsvorbehalt. Ein Hersteller und Lieferant von Waren kann folglich seine Forderungen nicht durch einen Eigentumsvorbehalt sichern.

Eine andere Lösung ist, die Anwendung des deutschen Rechts und die Zuständigkeit eines deutschen Gerichts zu vereinbaren – vorausgesetzt die eigene Position ist hierfür stark genug. Ist die eigene Position stark genug, vor allem gegenüber Verbrauchern, stehen dieser Lösung natürlich die Einschränkungen des Verbraucherschutzrechts in Bezug auf die Rechtswahl und die Gerichtsstandsvereinbarung entgegen. **1680**

Eine andere Lösung ist, Tochtergesellschaften in den fremden Ländern aufzubauen und das Geschäft über diese abzuwickeln.[29] **1681**

> *Wobei ein Online-Geschäft zwischen einem deutschen Verbraucher und einem kalifornischen Internet-Unternehmen natürlich vor ein deutsches Gericht kommen kann, das dann deutsches Verbraucherschutzrecht anwendet.*

Um zumindest innerhalb von Europa Internet-Unternehmen ihr(e) Geschäft(e) zu erleichtern, hat die Europäische Union die E-Commerce-Richtlinie erlassen. **1682**

---

27 Manche Staaten bestehen wiederum aus mehreren Staaten, die jeweils ihre eigene Rechtsordnung haben; genannt seien nur Deutschland und die USA.

28 Übrigens sind die Rechtsfolgen dieser – auf einem fehlerhaften Verständnis des römischen Rechts beruhenden – unterschiedlichen rechtlichen Einordnung des tatsächlichen Geschehens im Wesentlichen die gleichen: Dem Zeitungskäufer gehört die Zeitung, dem Kioskbesitzer das Geld.

29 Zum Aufbau von ausländischen Tochtergesellschaften und anderen gesellschaftsrechtlichen Optionen vgl. unter 2. Teil, G.

1683 Nach dem in dieser Richtlinie verankerten Herkunftslandprinzip dürfen beispielsweise bestimmte Anbieter nur nach dem Recht desjenigen Mitgliedsstaates kontrolliert werden, in dem sie ihre Niederlassung haben. Der Anbieter muss also nur die Rechtsordnung seines Mitgliedsstaates kennen. Beachtet er sie, braucht er die Rechtsordnungen der übrigen Mitgliedstaaten der Europäischen Union nicht zu fürchten.

Ein Server in dem Land, in dem Verbraucherschutz klein geschrieben wird?

1684 Ein Server und ein Briefkasten begründen leider noch keine Niederlassung. Denn auch für Internet-Unternehmen gilt: Die Niederlassung ist in dem Mitgliedstaat, in dem mit einer auf unbestimmte Zeit angelegten festen Einrichtung die Wirtschaftstätigkeit tatsächlich ausgeübt wird.

II. Wettbewerbsrechtliche Aspekte

1685 Gegenstand des Wettbewerbsrechts ist der wirtschaftliche Wettbewerb.

1686 Das Gesetz kennt keine Definition des Wettbewerbs. Zerlegt man den Begriff, ist Wettbewerb dort, wo eine Bewerbung um die Wette stattfindet. Das Wettbewerbsrecht muss folglich die Bedingungen für das „sich um die Wette bewerben" sichern. Grundvoraussetzung des Wettbewerbsrechts ist folglich die Wettbewerbsfreiheit, also die Freiheit, sich überhaupt um die Wette bewerben zu können.

1687 Gerade diese Wettbewerbsfreiheit kann aber dazu führen, dass der Wettbewerb als Ausleseprozess sich selbst beseitigt. Das Wettbewerbsrecht muss folglich nicht nur die Wettbewerbsfreiheit schützen, sondern auch den Wettbewerb selbst.

1688 Das deutsche Wettbewerbsrecht sucht dieses Ziel durch zwei Gesetze zu erreichen:

- das Gesetz gegen Wettbewerbsbeschränkungen (GWB); und
- das Gesetz gegen den unlauteren Wettbewerb (UWG).

Der Unterschied zwischen den beiden Gesetzen sei am Beispiel des Boxkampfes verdeutlicht:
Gegen Absprachen vor dem Kampf schützt das GWB.
Gegen Tiefschläge während des Kampfs das UWG.

1689 Nicht unerwähnt soll bleiben, dass bei grenzüberschreitenden Geschäften und Märkten natürlich immer auch an Europa zu denken ist und somit an die Rechtsvorschriften der Europäischen Union.

1. Gesetz gegen Wettbewerbsbeschränkungen

1690 Das GWB normiert die Voraussetzungen, unter denen Kooperationen von Unternehmen in Form von Zusammenschlüssen oder Absprachen unzulässig sind. Es verbietet zudem den Unternehmen, die über eine gewisse Marktmacht verfügen, die unbillige und wettbewerbsschädigende Ausnutzung dieser Marktmacht.

a) Zusammenschlüsse

Im Rahmen der Fusionskontrolle prüft das Bundeskartellamt Unternehmenszusammenschlüsse auf wettbewerbsschädigende Auswirkungen. Das GWB schreibt vor, dass Fusionen ab einer bestimmten Größenordnung oder einem bestimmten Marktanteil der beteiligten Unternehmen den Kartellbehörden angezeigt und von diesen genehmigt werden müssen. Eine solche Genehmigung wird nicht erteilt, wenn der Zusammenschluss zu einer marktbeherrschenden Stellung führt oder eine solche verstärkt. **1691**

Weder das deutsche noch das europäische Kartellrecht sehen allerdings die Zerschlagung von monopolartigen Unternehmen vor. Wächst ein Unternehmen aus eigener Kraft oder wird ein ehemals staatlicher Monopolist privatisiert,[30] können die Kartellbehörden nur das Verhalten auf einen Missbrauch der entstandenen Marktmacht kontrollieren, jedoch nicht eine Abspaltung von Unternehmensteilen veranlassen. **1692**

b) Absprachen

Absprachen können zwischen Unternehmen auf derselben Marktstufe (so genannte Kartelle) und zwischen Unternehmen auf verschiedenen Marktstufen (so genannte Vertikalvereinbarungen) stattfinden. **1693**

(1) Kartelle

Das GWB verbietet Vereinbarungen zwischen Wettbewerbern (Unternehmen, die tatsächlich oder potenziell auf demselben Markt tätig sind), die den Wettbewerb beschränken oder verhindern: **1694**

> *§ 1 GWB – Kartellverbot*
> Vereinbarungen zwischen miteinander im Wettbewerb stehenden Unternehmen, Beschlüsse von Unternehmensvereinigungen und aufeinander abgestimmte Verhaltensweisen, die eine Verhinderung, Einschränkung oder Verfälschung des Wettbewerbs bezwecken oder bewirken, sind verboten.

Vereinbarungen im Sinne von § 1 GWB können, müssen aber keine Rechtsgeschäfte sein. Auch „Gentleman's Agreements" oder andere formlose Absprachen sind Vereinbarungen im Sinne des Kartellverbots. **1695**

> Bob möchte noch einen Drink. Die Theke ist belegt. Die CEO's der führenden vier Laptop-Hersteller, vier Herren in grauen Nadelstreifen, denken gerade laut darüber nach, das Preisniveau von Laptops nicht zu senken, obwohl die Preise für Chips sinken.

---

30 Man denke an die frühere Deutsche Bundespost.

> Hier stimmen Wettbewerber ihre Verhaltensweise ab. Der Verzicht auf die Senkung der Preise für Laptops stellt eine klare Einschränkung des Wettbewerbs dar – aber auch einen Verstoß gegen das Kartellverbot?
>
> Bob bittet die Herren um einen Drink. Die Herren schütteln den Kopf. Bob schlägt dieses Buch auf und macht die Herren mit § 1 GWB bekannt. Die Herren bieten Bob einen Drink an.

1696 Ob eine Wettbewerbsbeschränkung vorliegt, ist in der Praxis nur sehr schwer zu beweisen und nur für den Einzelfall zu entscheiden, wobei das Problem bereits bei der Bestimmung des relevanten Marktes beginnt.

1697 Liegt eine Wettbewerbsbeschränkung vor, ist jedenfalls das Recht klar: Eine Vereinbarung, die gegen § 1 GWB verstößt, ist nichtig. Darüber hinaus können vom Bundeskartellamt bzw. der Europäischen Kommission Bußgelder verhängt werden. In spektakulären Fällen sind Bußgelder in Höhe von mehreren hundert Millionen Euro gegen die an der Wettbewerbsbeschränkung beteiligten Unternehmen verhängt worden.[31]

(2) Vertikalvereinbarungen

1698 Absprachen zwischen Unternehmen auf verschiedenen Marktstufen, beispielsweise zwischen Herstellern und Lieferanten, Großhändlern und Einzelhändlern sind nur unter bestimmten Voraussetzungen verboten.

1699 Das GWB enthält einige Klauselverbote, die die Freiheit der jeweiligen Marktteilnehmer schützen sollen. Grundsätzlich verboten sind beispielsweise Preisbindungen; Anknüpfungspunkt für Klauselverbote sind aber auch Koppelungsbindungen und Alleinbezugs- oder -vertriebsbindungen.

1700 Gerade bei Vertikalvereinbarungen ist übrigens an die Rechtsvorschriften der Europäischen Union zu denken. Denn in der EU-Gruppenfreistellungsverordnung für Vertikalvereinbarungen wird relativ klar festgelegt, welche Klauseln zulässig sind und welche nicht.

2. Gesetz gegen den unlauteren Wettbewerb

1701 Das Gesetz gegen den unlauteren Wettbewerb (UWG) ist vom 7.06.1909 und hat 30 Paragraphen.

1702 Ein Standardwerk kommentiert diese 30 Paragraphen auf 1379 Seiten.

1703 Von 1379 Seiten sind allein 464 Seiten der Generalklausel des §1 UWG gewidmet:

> *§ 1 UWG – Generalklausel*
>
> Wer im geschäftlichen Verkehre zu Zwecken des Wettbewerbes Handlungen vornimmt, die gegen die guten Sitten verstoßen, kann auf Unterlassung und Schadensersatz in Anspruch genommen werden.

---

31 ..., beispielsweise im Fall des weltweiten Vitamin-Kartells.

Kernfrage des UWG ist, ob eine Wettbewerbshandlung lauter oder unlauter ist. **1704** Diese Frage sucht § 1 UWG dadurch zu beantworten, dass er an die „guten Sitten" anknüpft. Die Formel der Rechtsprechung zur Konkretisierung der guten Sitten lautet seit den Tagen des Reichsgerichts: Maßstab ist das Volksbewusstsein, das Anstandsgefühl aller gerecht und billig Denkenden.

Der Begriff der „guten Sitten" wird heute durch eine Fülle von Einzelentschei- **1705** dungen der Rechtsprechung konkretisiert, aus denen bestimmte Fallgruppen abgeleitet wurden. Interessanterweise begreift das bereits angesprochene Standardwerk § 1 UWG sogar als entsprechende Ermächtigung: „Durch die Generalklausel ... sind die Gerichte im Einzelfall ermächtigt, für die Ausübung des Wettbewerbs abstrakte Verhaltensregeln zu entwickeln".[32] Aus diesem Grunde umfasst die Kommentierung des § 1 UWG auch 464 Seiten.

Mit dem Begriff der „guten Sitten" werden jedoch nicht alle Fälle des unlaute- **1706** ren Wettbewerbs erfasst. Die Generalklausel des § 1 UWG wird vielmehr durch andere Vorschriften, beispielsweise die „kleine Generalklausel" des § 3 UWG ergänzt. Die kleine Generalklausel verbietet irreführende Werbeangaben, ohne einen Verstoß gegen die guten Sitten zu verlangen:

> *§ 3 Satz 1 UWG – Kleine Generalklausel*
>
> Wer im geschäftlichen Verkehre zu Zwecken des Wettbewerbes über geschäftliche Verhältnisse ... irreführende Angaben macht, kann auf Unterlassung der Angaben in Anspruch genommen werden.

Im Wettbewerbsrecht ist folglich zwischen unlauteren Wettbewerbshandlungen, **1707** gegen die guten Sitten verstoßenden Wettbewerbshandlungen und verbotenen Wettbewerbshandlungen zu unterscheiden.

3. Wettbewerbsstreitigkeiten

Wettbewerbsstreitigkeiten sind spannend. Sie können über das Wohl und Wehe **1708** eines Unternehmens abschließend entscheiden.

a) Gegenstände der Streitigkeiten

Gegenstand vieler Wettbewerbsstreitigkeiten sind Schutzrechte.[33] Denn Schutz- **1709** rechte schützen menschliche Leistungen. Sie gewähren ein Monopol. Dieses Monopol gibt seinem Inhaber die Möglichkeit und die Sicherheit, seine Geschäftsidee zu verwirklichen, und zwar unter Ausschluss von lästigen Konkurrenten. Dieser Ausschluss kann jedoch manchmal erst mit Hilfe eines Anwalts durchgesetzt werden.

Voraussetzung jeder effektiven Durchsetzung von Schutzrechten ist, dass der **1710** Unternehmer von einer aktuellen oder drohenden Verletzung überhaupt erfährt. Der Markt und die Wettbewerber sollten daher auf mögliche Verletzungen überwacht werden.

---

32 Baumbach/Hefermehl, Wettbewerbsrecht, Einl UWG, RN. 72.
33 Vgl. hierzu intensiv oben Erster Teil, G.

1711 Dies gilt natürlich auch für unlautere Wettbewerbshandlungen als weiteren wichtigen Gegenstand von Wettbewerbsstreitigkeiten.

b) Mittel der Durchsetzung

1712 Als Mittel zur Durchsetzung von Schutzrechten und zur Ahndung von Wettbewerbsverstößen stehen vor allem folgende rechtliche Instrumente zur Verfügung:

(1) Die Abmahnung

1713 Die Abmahnung ist in der Praxis von großer Bedeutung und erfreut sich großer Beliebtheit. Mit einer Abmahnung wird der unlauter handelnde Unternehmer aufgefordert, sein wettbewerbswidriges Handeln zu unterlassen. Unterstrichen wird diese Aufforderung in der Regel dadurch, dass von dem vermeintlichen Verletzer eine strafbewehrte Unterlassungserklärung verlangt wird.

1714 Die Abmahnung hat zunächst eine einschüchternde Wirkung. In jedem Fall sollte der Abgemahnte sich seine Reaktion auf die Abmahnung genau überlegen: Ist an der Abmahnung etwas dran, kann die Nichtbeachtung sehr teuer werden;[34] wurde die Abmahnung dagegen nur aus taktischen Gründen verschickt, kann der Abgemahnte seinerseits Schadensersatz gegen den Abmahnenden geltend machen. Aus diesem Grunde sollten eingehende Abmahnungen genau geprüft werden.

1715 Selbst wenn der Abgemahnte sich aber entscheidet, die Abmahnung aus Gründen der Vorsicht hinzunehmen und die strafbewehrte Unterlassungserklärung abzugeben, kommt er nur mit einem „blauen Auge" davon. Denn er trägt üblicherweise die Anwaltskosten des Abmahnenden.

1716 Klagt dagegen ein Wettbewerber, ohne den Verletzer vorher abzumahnen und erkennt der Verletzer vor Gericht die Verletzung sofort an, trägt der Kläger in jedem Fall die Gerichtskosten. Zudem ist es in manchen Fällen auch taktisch unklug, sofort zu klagen. Denn die Verletzung könnte beispielsweise unbewusst erfolgt sein und der Verletzer ein äußerst interessanter potenzieller Geschäftspartner sein.

1717 Rechtliche Wirkung hat eine Abmahnung übrigens darüber hinaus insofern, als der Abgemahnte spätestens nach Erhalt der Abmahnung schuldhaft das betreffende Schutzrecht verletzt und daher nicht nur unterlassungs- sondern auch schadensersatzpflichtig wird.

(2) Die Einstweilige Verfügung

1718 Sollte sich ein Gerichtsverfahren nicht vermeiden lassen, spielt sich dieses zumeist im Eilverfahren der einstweiligen Verfügung ab. Der Vorteil dieses Verfahrens ist seine Dauer: Eine einstweilige Verfügung lässt sich in der Regel in-

---

34 Überhaupt können Wettbewerbsstreitigkeiten sehr schnell sehr teuer werden.

nerhalb weniger Wochen oder sogar innerhalb weniger Tage erwirken.[35] Da endgültige Verfahren sich oft über Monate oder sogar über Jahre hinziehen, sind die an sich nur vorläufigen einstweiligen Verfügungen oft von entscheidender Bedeutung.

Mit einer einstweiligen Verfügung kann dem Gegner ein bestimmtes Verhalten **1719** untersagt werden, und zwar mit der Androhung einer Strafzahlung bei Zuwiderhandlung. Ein solcher Unterlassungsbeschluss kann im Extremfall einen ganzen Betrieb lahm legen. Bei besonderer Eilbedürftigkeit kann im einstweiligen Verfügungsverfahren sogar eine Entscheidung ergehen, ohne dass der Gegner vom Gericht vor Erlass der einstweiligen Verfügung gehört wird.

(3) Die Schutzschrift

Liegt eine solche Verfügung gegen das eigene Unternehmen in der Luft, emp- **1720** fiehlt es sich, eine so genannte Schutzschrift bei allen möglichen Klagegerichten zu hinterlegen. Die Schutzschrift ist eine Verteidigungsschrift ins Blaue hinein. Sie bewirkt, dass der Richter, wenn bei ihm ein Antrag auf Erlass einer einstweiligen Verfügung eingeht und die Sache eilbedürftig ist, nicht nur auf Basis der einseitigen Information durch den Antragsteller entscheidet, sondern auf der Grundlage der Vorträge beider Seiten.

Manchmal ist Ziel einer Schutzschrift allerdings auch allein die Verzögerung **1721** des Verfahrens.

(4) Die Klage

Obwohl einstweilige Verfügungen nur vorläufige Entscheidungen sind, denen **1722** im Prinzip ein Hauptsacheverfahren folgt, sind sie oft endgültig.

Denn Hauptsacheverfahren können Monate und Jahre dauern; zudem können **1723** sich Rechtsmittelverfahren anschließen. Oft hat aber keine der Parteien die Zeit, den Ausgang dieser Verfahren abzuwarten. In diesen Fällen entscheidet die einstweilige Verfügung.

Nicht unerwähnt bleiben soll aber, dass Auskunfts- und Schadensersatzansprüche **1724** im normalen gerichtlichen Hauptverfahren geltend gemacht werden müssen.

c) Internationale Durchsetzung

Unternehmen sind zunehmend gezwungen, gegen im Ausland ansässige Kon- **1725** kurrenten vorzugehen. Für ein solches Vorgehen im Ausland empfiehlt sich die Beauftragung von in internationalen Kooperationen oder Netzwerken verbundenen Rechtsanwälten, die in der Regel auch über gute Kenntnisse der verschiedenen internationalen Abkommen zur Anerkennung von nationalen Gerichtsurteilen in anderen Staaten und über die Durchsetzung von Schutzrechten im internationalen Bereich verfügen.

---

35 In extremen Fällen, beispielsweise im Messegeschäft, sogar innerhalb von Stunden.

1726 Von großem Vorteil erweist es sich hier, wenn ein Unternehmen Inhaber eines europäischen Schutzrechtes ist, sei es einer Gemeinschaftsmarke oder eines Gemeinschaftsgeschmacksmusters. Denn in den Verordnungen zu diesen Gemeinschaftsrechten ist ein eigenes System installiert, welches es ermöglicht, Urteile mit direkter Gültigkeit in der gesamten Europäischen Union zu erwirken.[36]

III. Umsatzsteuerliche Aspekte

Literaturauswahl:

Bernütz, Ertragsbesteuerung grenzüberschreitender Internet-Transaktionen: Anknüpfung an eine deutsche Betriebsstätte? IStR 1997, 355; Bernütz/Weinreich, Neueste Entwicklungen im Bereich der Besteuerung von E-Business-Transaktionen auf Ebene der OECD, WPg 2001, 690; Bernütz/Weinreich, Vorsteuerabzug aus elektronischen Rechnungen unter Berücksichtigung der neuen EU-Richtlinie zu den Anforderungen an die Rechnungsstellung, WPg 2002, 403; Kessler, Das Steuerrecht der Neuen Medien: Beratungshandbuch zum E-Commerce, Internet und zur Telekommunikation, Köln 2000; Korf, Umsatzsteuerliche Probleme des Electronic Commerce, BC 2000, 266; Offerhaus/Söhn/Lange, UStG Kommentar, Stand Mai 2002; Rondorf, Neue Regelungen für die Rechnungserteilung, die Rechnungsberichtigung und den Vorsteuerabzug aus Rechnungen, NWB Fach 7, 5489; Sölch/Ringleb, UStG Kommentar, Stand: August 2001; Vogel/Schwarz, UStG Kommentar, Stand März 2002; Widmann, Die umsatzsteuerlichen Rechtsänderungen zum 01.01.2002, DB 2002, 167.

1. Nationale Umsätze

1727 Der Umsatzsteuer[37] unterliegen Lieferungen und sonstige Leistungen, die ein Unternehmer im Inland gegen Entgelt im Rahmen seines Unternehmens ausführt.[38]

a) Unternehmer

1728 **Unternehmer** ist, wer eine gewerbliche oder berufliche Tätigkeit selbstständig ausübt.[39] Gewerblich oder beruflich ist jede *nachhaltige* Tätigkeit zur Erzielung von Einnahmen.[40] Eine Tätigkeit ist nachhaltig, wenn

---

36 Mit diesem System gibt es zwar noch relativ wenig Erfahrungen, da es erst seit kurzer Zeit in Kraft ist; es bietet aber dennoch einige Vorteile gegenüber den nationalen Klagewegen.

37 Die wichtigsten „nationalen" Rechtsgrundlagen sind das Umsatzsteuergesetz (UStG) sowie die Umsatzsteuer-Durchführungsverordnung (UStDV). Diese Rechtsvorschriften basieren auf der 6. Richtlinie 77/388/EWG zur Harmonisierung der Rechtsvorschriften der Mitgliedsstaaten über die Umsatzsteuer vom 7. Mai 1977. Zweifels- und Auslegungsfragen von allgemeiner Bedeutung behandeln die Umsatzsteuer-Richtlinien (UStR) der Verwaltung.

38 § 1 Abs. 1 Nr. 1 UStG; ausdrücklich von der Umsatzsteuer ausgenommen sind Umsätze im Rahmen einer Geschäftsveräußerung an einen anderen Unternehmer. Eine Geschäftsveräußerung liegt vor, wenn ein Unternehmen oder ein gesondert geführter Betrieb im Ganzen entgeltlich oder unentgeltlich übereignet oder in eine Gesellschaft eingebracht wird (§ 1 Abs. 1a UStG).

39 § 2 Abs. 1 Satz 1 UStG; die Tätigkeit eines Arbeitnehmers ist nicht selbstständig, da er gegenüber dem Arbeitgeber weisungsabhängig ist. Bei natürlichen Personen schließen sich daher Lohnsteuer und Umsatzsteuer für dieselbe Tätigkeit aus (vgl. auch § 2 Abs. 2 Nr. 1 UStG).

40 Auf die Absicht Gewinn zu erzielen, kommt es nicht an (§ 2 Abs. 1 Satz 3 UStG).

- die Tätigkeit **mehrfach** vorgenommen wird (z. B. Ladenverkäufe), oder
- eine **Dauerleistung** erbracht wird (z. B. Vermietung eines Grundstücks), oder
- zwar nur eine einmalige Handlung vorgenommen wird, jedoch **Wiederholungsabsicht** besteht.[41]

Unternehmer können sowohl natürliche als auch juristische Personen sein. Auch sonstige Personenvereinigungen, die nach außen tätig werden, können Unternehmer i. S. d. Umsatzsteuerrechts sein (z. B. KG, OHG, BGB-Gesellschaft, EWiV, Partnergesellschaft, Erbengemeinschaft, ausländische Gesellschaften).[42] **1729**

Ein Unternehmer hat immer nur ein Unternehmen, auch wenn das Unternehmen aus mehreren Betrieben bzw. Bereichen (z. B. Verkauf von digitalen Gütern über das Internet, Erbringung verschiedener Dienstleistungen im Internet) besteht. Ein Leistungsaustausch zwischen verschiedenen Bereichen innerhalb des selben Unternehmens unterliegt nicht der Umsatzsteuer (nicht steuerbarer Innenumsatz). **1730**

Ebenfalls nicht der Umsatzsteuer unterliegt der Leistungsaustausch innerhalb einer *Organschaft*. Eine umsatzsteuerliche Organschaft liegt vor, wenn eine juristische Person nach dem Gesamtbild der tatsächlichen Verhältnisse **1731**

- finanziell,
- wirtschaftlich und
- organisatorisch

in das Unternehmen des Organträgers eingegliedert ist.

Eine finanzielle Eingliederung ist gegeben, wenn die Organmutter (herrschendes Unternehmen) unmittelbar oder mittelbar mehr als 50 % der Anteilsrechte an der Organgesellschaft besitzt. **1732**

Eine wirtschaftliche Eingliederung liegt vor, wenn der Betrieb der Organgesellschaft dem Unternehmen der Organmutter förderlich ist (z. B. nach Art einer Betriebsabteilung). **1733**

Die organisatorische Eingliederung setzt voraus, dass durch organisatorische Maßnahmen sichergestellt ist, dass die Organgesellschaft den Willen der Organmutter befolgt (z. B. durch einheitliche Geschäftsführung). **1734**

Praxishinweise:

Da innerhalb des Organkreises kein Leistungsaustausch erfolgt, kann der Leistungsempfänger auch keinen Vorsteuerabzug geltend machen. Die Umsätze der Organgesellschaft werden dem Organträger (Unternehmer) zugerechnet.

Für den Organkreis wird eine einheitliche Umsatzsteuererklärung abgegeben.

Die Wirkungen der Organschaft sind auf Innenleistungen zwischen den im Inland gelegenen Unternehmensteilen beschränkt. Im Verhältnis zu ausländischen Organgesellschaften liegen steuerbare Umsätze vor.

---

41 Vgl. Abschn. 18 Abs. 2 UStR mit weiteren Beispielen für die Nachhaltigkeit.
42 Auf die Rechtsfähigkeit kommt es nicht an; Klenk, in: Sölch/Ringleb, UStG, § 2, Rn. 10.

1735 Die Unternehmergesellschaft **beginnt** mit den vorbereitenden Handlungen (z. B. Anmietung von Gesellschaftsräumen/Kauf eines Grundstücks).[43] Sie endet, wenn keine Umsätze mehr getätigt werden.[44]

b) Lieferungen

1736 Lieferungen eines Unternehmers sind Leistungen, durch die der Abnehmer befähigt wird, in eigenem Namen über einen Gegenstand zu verfügen (**Verschaffung der Verfügungsmacht**).[45] Ist der Unternehmensgegenstand eines Unternehmens z. B. der Verkauf von Software (off- bzw. online) stellt sich die Frage, ob ein Gegenstand vertrieben wird.

> *Beispiel:*
>
> Das Start-up Unternehmen U bietet Standardsoftware über das Internet zum Kauf an. Die Auslieferung der auf Datenträgern gespeicherten Software erfolgt durch den Postversand (Offline-Vertrieb).
>
> Beim Offline-Vertrieb von Standardsoftware handelt es sich um die Lieferung eines Gegenstandes.[46] Dies folgt daraus, dass der Charakter als Massenartikel im Vordergrund steht. Unbeachtlich ist, dass das Kaufinteresse nicht primär auf den körperlichen Gegenstand (Datenträger) gerichtet ist, sondern auf die in ihm verkörperte, an sich nicht gegenständliche (und damit eher sonstige) Leistung.
>
> *Abwandlung:*
>
> Die „Auslieferung" der Software erfolgt per Download (Online-Vertrieb).
>
> Der Online-Vertrieb von Standardsoftware ist nicht als Lieferung anzusehen, da dem Abnehmer keine Verfügungsmacht an einem Gegenstand verschafft wird. Dies folgt daraus, dass es beim Download von Software nicht zur Übergabe eines Datenträgers kommt. Zwar werden umsatzsteuerlich auch Elektrizität, Gas, Wärme und Kälte als Gegenstände angesehen (Abschn. 24 Abs. 1 Satz 2 UStR). Jedoch ist der Download von Software nicht mit der Lieferung von Elektrizität, Gas, Wärme oder Kälte vergleichbar. Diese unkörperlichen Gegenstände sind körperlichen Sachen gleichgestellt, da sie – wie auch körperliche Gegenstände – verbrauchbar sind. Demgegenüber sind Daten nicht verbrauchbar und dieselben Daten lassen sich beliebig oft abrufen. Diese Einordnung entspricht auch der Einstufung des Online-Vertriebes von Standardsoftware auf Ebene der Finanzverwaltung.[47] Es liegt also eine sonstige Leistung vor. Dasselbe dürfte für den Online-Vertrieb von anderen digitalen Gütern (z. B. Musik, Videos, Bücher, Zeitschriften) gelten. Im Übrigen werden die vorstehend genannten, on-line-vertriebenen, digitalen Güter auch von den auf elektronischem Weg erbrachten sonstigen Leistungen i. S. d. § 3a Abs. 4 Nr. 12 UStG n. F. erfasst (vgl. Punkt 3 und 4 des BMF-Schreibens vom 12.06.2003).

---

43 Klenk, in: Sölch/Ringleb, UStG, § 2, Rn. 200.

44 Klenk, in: Sölch/Ringleb, UStG, § 2, Rn. 210; auf die Löschung einer Gesellschaft im Handelsregister kommt es nicht an (BFH-Urteil vom 09.12.1993 – V R 108/91, BStBl. II 1994, 483).

45 § 3 Abs. 1 UStG.

46 Abschn. 25 Abs. 2 Nr. 7 Satz 3 UStR; OFD Saarbrücken, Schreiben vom 30.03.1995 – S 7100-186 – St 241, DStR 1995, 850.

47 Abschn. 25 Abs. 2 Nr. 7 UStR; OFD Koblenz, Schreiben vom 22.06.1998 – S 7100 A – St 51 2, DStR 1998, 1135; OFD Frankfurt am Main, Schreiben vom 29.12.1998 – S 7100 A – 166 St IV 10, BB 1999, 300.

Bernütz

Zur **Verschaffung der Verfügungsgewalt** reicht die Einräumung der tatsäch- **1737**
lichen Herrschaftsgewalt über einen Gegenstand aus. Eine bürgerlich-rechtliche
Eigentumsübertragung ist nicht erforderlich. In der Praxis fallen beide Vorgänge
(d. h. Verschaffung der Verfügungsmacht und bürgerlich-rechtliche Eigentumsübertragung) jedoch regelmäßig zusammen. Ausschlaggebend für die Verschaffung der Verfügungsmacht ist, dass der Abnehmer mit dem Gegenstand wie ein
wirtschaftlicher Eigentümer umgehen kann. Kauft das Start-up Unternehmen
also eine Büroeinrichtung unter Eigentumsvorbehalt, so liegt eine Lieferung vor,
da es die tatsächliche Verfügungsgewalt über die Büroausstattung erlangt hat.[48]

Um festzustellen, ob der Umsatz im **Inland** ausgeführt wurde, muss der **Liefer-** **1738**
ort bestimmt werden.[49] Handelt es sich um eine **Lieferung ohne Warenbewe-**
gung (z. B. Verkauf eines Grundstückes) wird die Lieferung dort ausgeführt, wo
sich der Liefergegenstand zurzeit der Verschaffung der Verfügungsmacht befindet
(z. B. Lageort des Grundstücks, vgl. § 3 Abs. 7 Satz 1 UStG). Wird der Gegenstand der Lieferung durch den Lieferer, den Abnehmer oder von einem beauftragten Dritten **befördert** oder **versendet,** gilt die Lieferung grundsätzlich dort als
ausgeführt, wo die Beförderung/Versendung **beginnt** (§ 3 Abs. 6 Satz 1 UStG).[50]

> *Beispiel:*
> Das Start-up-Unternehmen U aus Köln versendet Gegenstände zu B nach Berlin.
> Lieferort ist Köln.
>
> Besonderheiten gelten im Falle von grenzüberschreitenden Lieferungen.
>
> *Beispiel:*
> Unternehmer X aus der Schweiz versendet eine Büroausstattung an das Start-up-
> Unternehmen U nach Deutschland. Es ist vereinbart, dass X Schuldner der Einfuh-
> rumsatzsteuer ist. Gelangt der Gegenstand bei der **Beförderung** oder **Versendung**
> **aus** dem **Drittlandsgebiet in das Inland**, gilt der Ort der Lieferung als im Inland
> gelegen, wenn der Lieferer oder sein Beauftragter Schuldner der Einfuhrumsatz-
> steuer ist.[51] Da im Beispielfall X Schuldner der Einfuhrumsatzsteuer ist, liegt der
> Lieferort in Deutschland.

Bei Lieferungen an Privatpersonen, bei denen der Gegenstand aus dem Gebiet **1740**
eines Mitgliedstaates in das Gebiet eines anderen Mitgliedstaates befördert
oder versendet wird, gilt die Lieferung dort als ausgeführt, wo die Beförderung

---

48 Vgl. auch Abschn. 24 Abs. 2 Satz 8 UStR; demgegenüber liegt im Falle einer Sicherungsüber-
  eignung keine Lieferung vor. Die tatsächliche Herrschaftsgewalt geht erst nach Eintritt des Si-
  cherungsfalles auf den Sicherungsnehmer über (Abschn. 24 Abs. 2 iVm Abschn. 2 UStR).
49 Inland ist das Gebiet der Bundesrepublik Deutschland mit Ausnahme des Gebietes von Büsin-
  gen, der Insel Helgoland, der Freihäfen der Gewässer und Watten zwischen der Hoheitsgrenze
  und der jeweiligen Strandlinie sowie der deutschen Schiffe und Luftfahrzeuge in Gebieten, die
  zu keinem Zollgebiet gehören (§ 1 Abs. 2 Satz 1 UStG). Ausland ist das Gebiet, das danach
  nicht Inland ist (§ 1 Abs. 2 Satz 2 UStG).
50 Befördern ist jede Fortbewegung eines Gegenstandes (§ 3 Abs. 6 Satz 2 UStG). Versenden liegt
  vor, wenn jemand die Beförderung durch einen selbstständigen Beauftragten ausführen (z. B. Spediteur) oder besorgen lässt (§ 3 Abs. 6 Satz 3 UStG). Dies gilt auch, wenn der Gegenstand vom Abnehmer abgeholt wird bzw. er vom eigenen Personal des Lieferers/Abnehmers befördert wird.
51 § 3 Abs. 8 UStG.

oder Versendung endet (Bestimmungslandprinzip), vorausgesetzt der Lieferer überschreitet (im Bestimmungsland) eine bestimmte Lieferschwelle[52] („Versandhandelsregelung").[53] Für den Fall, dass der liefernde Unternehmer die Lieferschwelle nicht überschreitet, wird ihm das Recht eingeräumt, auf die Anwendung der Lieferschwelle zu verzichten. Dieser Verzicht bewirkt, dass der Lieferort auch dann in das Bestimmungsland verlegt wird, wenn die Lieferschwelle unterschritten wird. Ein solcher Verzicht ist in den Fällen sinnvoll, in denen die Umsätze im Bestimmungsland mit einem geringeren Steuersatz erfasst wurden, als im Ursprungsland.

1741 Versendet das Start-up Unternehmen also Gegenstände an Privatpersonen in Frankreich, liegt der Lieferort in Frankreich, wenn die in Frankreich maßgebliche Lieferschwelle überschritten wird bzw. das Start-up Unternehmen auf die Lieferschwelle verzichtet hat. Die Versandhandelsregelung findet auch dann Anwendung, wenn der Abnehmer keine Privatperson ist, sondern die Voraussetzungen des sog. „Schwellenerwerbers" erfüllt. Schwellenunternehmer sind z.B. Unternehmer, die nur steuerfreie Umsätze ausführen, die zum Ausschluss der Vorsteuerabzuges führen.[54] Ebenfalls erfasst werden Kleinunternehmer, die nach dem Recht des für die Besteuerung zuständigen Mitgliedsstaates von der Steuer befreit oder auf andere Weise von der Besteuerung ausgenommen sind. Bei diesen Abnehmern erfolgt eine Verlagerung des Lieferorts in das Bestimmungsland nur, wenn sie weder die maßgebliche Erwerbsschwelle[55] überschreiten, noch auf ihre Anwendung verzichtet haben. Wird die Erwerbsschwelle überschritten, oder – wenn dies nicht der Fall ist – auf die Anwendung der Erwerbsschwelle verzichtet, liegt der Lieferort im Ursprungsland.[56]

c) Sonstige Leistung

1742 Sonstige Leistungen sind alle Leistungen, die keine Lieferungen sind (§ 3 Abs. 9 UStG). Erfasst werden vor allem Dienst-, Werk- und Vermittlungsleistungen sowie Vermietungen, Verpachtungen und Rechtsübertragungen. Eine sonstige Leistung wird grundsätzlich an dem Ort ausgeführt, von dem aus der Unternehmer sein Unternehmen betreibt **(Sitzort des leistenden Unternehmers)**. Wird die sonstige Leistung von einer **Betriebsstätte** ausgeführt, so gilt die Betriebsstätte als der Ort der sonstigen Leistung.[57] Anders als im Ertragsteuerrecht kann das bloße Aufstellen eines **Internet-Servers** ohne die Anwesenheit von Personal nicht als Betriebsstätte angesehen werden,[58] da nach der Rechtsprechung des

---

52 Die maßgebliche Lieferschwelle beträgt in Deutschland € 100.000.
53 § 3 c UStG.
54 Zum Vorsteuerabzug s. u. 2.
55 In Deutschland beträgt die Erwerbsschwelle € 12.500.
56 In diesem Fall liegt eine innergemeinschaftliche Lieferung im Abgangsland vor, die jedoch steuerfrei ist (vgl. auch 3. a). Der korrespondierende innergemeinschaftliche Erwerb des Abnehmers unterliegt im Mitgliedsstaat des Abnehmers der Besteuerung (vgl. auch 3. b).
57 § 3a Abs. 1 UStG.
58 Vgl. zur Frage der Begründung einer Server-Betriebsstätte in Ertragsteuerrecht die Ausführungen unter Punkt IV. 1.

Bernütz

Europäischen Gerichtshofes (EuGH) erforderlich ist, dass die Betriebsstätte einen zureichenden Mindestbestand an Personal- und Sachmitteln aufweist.[59]

Abweichend von dem o.g. Grundsatz (Leistungsort = Sitzort des leistenden Un- **1743** ternehmers) gelten für bestimmte Leistungen **Sonderregelungen**. Sonstige Leistungen im Zusammenhang mit einem **Grundstück** werden dort ausgeführt, wo das Grundstück liegt (§ 3a Abs. 2 Nr. 1 UStG). Kulturelle, künstlerische, wissenschaftliche, unterrichtende, sportliche, unterhaltende oder ähnliche Leistungen sowie Arbeiten an beweglichen körperlichen Gegenständen werden dort ausgeführt, wo der Unternehmer jeweils ausschließlich oder zum wesentlichen Teil tätig wird (§ 3a Abs. 2 Nr. 3 lit. a UStG). Besonderheiten gelten u.a. auch für Online-Überlassung digitaler Güter (z.B. Software-, Musik-Download).

Beispiel:

Das Start-up Unternehmen U aus Köln vertreibt Software (online) über das Internet. Abnehmer sind sowohl Unternehmer als auch private Endabnehmer in ganz Deutschland.

Im Falle des Online-Vertriebs von Standardsoftware an inländische Unternehmer ist der Leistungsort am Ort, von dem aus der Empfänger sein Unternehmen betreibt.[60] Dagegen liegt der Leistungsort beim Vertrieb der Software an private Endverbraucher im Inland am Ort, von dem der Unternehmer sein Unternehmen betreibt, im Ausgangsfall also in Köln.

Beispiel:

Das Start-up-Unternehmen U aus Köln vertreibt Software online über das Internet. Empfänger sind zum Großteil Privatpersonen aus Drittländern.

Im Falle der Überlassung der Software an private Endabnehmer mit Wohnsitz im Drittland, wird die sonstige Leistung am Wohnsitz des Empfängers (also im Drittland) ausgeführt (§ 3a Abs. 3 Satz 3 UStG). In Deutschland erfolgt also keine Umsatzbesteuerung.

Beispiel:

Unternehmer U aus der Schweiz vertreibt Software an private Endabnehmer in der EU.

Beim Vertrieb von Software durch einen leistenden Unternehmer mit Sitz im Drittland an private Endabnehmer, die ihren Wohnsitz in der EU haben, wurde die Leistung bislang an dem Ort ausgeführt, von dem aus der Unternehmer sein Unternehmen betrieb (hier: Schweiz). In dieser Fallkonstellation fand in der EU keine Besteuerung statt. Es kam zu einer Besteuerungslücke. Um diese Steuerlücke zu schließen, führte das StVergAbG vom 16.05.2003 einen neuen § 3a Abs. 3a, 4 Nr. 14 UStG ein. Nunmehr liegt der Ort der Besteuerung am (Wohn-)sitz des Empfängers.[61,62]

---

59 EuGH, 04.07.1985 – Rs.168/84, EuGHE 1985, 2251, UR 1985, 226.
60 Dies folgt aus § 3a Abs. 3 i.V.m. § 3a Abs. 4 Nr. 14 UStG.
61 Z.B. die Bereitstellung von Web-Sites, Web-Hosting, Fernwartung von Programmen und Ausrüstungen, die Bereitstellung von Software und deren Aktualisierungen; die Bereitstellung von Bildern, Texten und Informationen sowie Bereitstellung von Datenbanken; die Bereitstellung von Musik, Filmen und Spielen, einschließlich Glücksspielen und Lotterien sowie von Sendungen und Veranstaltungen aus dem Bereich Politik, Kultur, Sport, Wissenschaft und Unterhaltung sowie die Einbringung von Fernunterrichtsleistungen.
62 Art. 1 Nr. 1 der Richtlinie, Quelle vgl. FN 47.

1744 Erbringt ein Unternehmen (zivilrechtlich) mehrere selbstständige Leistungen in einem Vertragsbündel, so stellt sich die Frage, ob diese Leistung aus umsatzsteuerlicher Sicht (z. B. bei der Bestimmung des Leistungsortes oder des anwendbaren Steuersatzes) zusammen oder getrennt beurteilt werden müssen. Der im Umsatzsteuerrecht geltende Grundsatz der **Einheitlichkeit der Leistung** besagt, dass ein einheitlicher wirtschaftlicher Vorgang umsatzsteuerrechtlich nicht in mehrere Leistungen aufgeteilt werden darf (Abschn. 29 Abs. 1 Satz 2 UStR).

> *Beispiel:*
>
> Das Start-up Unternehmen U ist Access-Provider.[63] U verschafft seinen Kunden Zugang ins Internet, indem es Einwahlknoten bereitstellt. Darüber hinaus erbringt U eine Anzahl zusätzlicher Leistungen wie z. B. die Einrichtung von Mailboxen, Schaltung von Werbung und Online-Dienste (verschiedene Informationsangebote wie z. B. Verkehrs-, Wetter-, Börsendaten). Sämtliche Zusatzleistungen werden in einem „Vertragsbündel" gegen ein einheitliches Entgelt angeboten.
>
> Die von U angebotenen Zusatzleistungen sind von der Verschaffung des Netzzugangs getrennt zu beurteilen, obwohl sie gegen ein einheitliches Entgelt angeboten werden und einem einheitlichen Ziel (dem Vertrieb von Leistungen über das Internet) dienen. Das Leistungsbündel wäre nur dann als „einheitlich" zu qualifizieren, wenn die Zusatzleistungen bei natürlicher Betrachtungsweise hinter die Verschaffung des Netzzugangs zurücktreten würden (vgl. Abschn. 29 Abs. 2 Satz 2 UStR). Dies ist hier nicht der Fall.

1745 Liegt also keine einheitliche Leistung vor, so sind die verschiedenen Leistungen in Bezug auf den Leistungsort und den anwendbaren Steuersatz umsatzsteuerlich grundsätzlich selbstständig zu würdigen. Eine Ausnahme besteht jedoch für die sog. *Nebenleistungen*, die umsatzsteuerrechtlich das Schicksal der Hauptleistung teilen. Das gilt auch dann, wenn für die Nebenleistung ein besonderes Entgelt verlangt und entrichtet wird. Im Falle von Zusatzleistungen eines Access-Providers nimmt die Finanzverwaltung z. B. dann eine unselbstständige Nebenleistung an, wenn zusätzlich zu der Bereitstellung des Netzzugangs eine Anwenderunterstützung (Navigationshilfe) vorliegt, die das Bewegen im Internet ermöglicht. Der Grund für diese Betrachtung liegt darin, dass die Navigationshilfe mit der Verschaffung des Netzzugangs wirtschaftlich eng zusammenhängt und üblicherweise in ihrem Gefolge vorkommt.

1746 Demgegenüber handelt es sich bei der Einrichtung von Mailboxen, der Schaltung von Werbung und den Online-Diensten um gesondert zu beurteilende Hauptleistungen. Zwar kommen diese Zusatzleistungen oft im Zusammenhang mit der Verschaffung des Netzzugangs vor, jedoch sind sie *nicht zwingend* mit der Verschaffung des Internetzugangs verbunden.

1747 Die Möglichkeit des Erwerbs eines **Updates** (aktualisierte Version einer Software) stellt jedenfalls dann eine getrennt von dem Erwerb der ursprünglichen Software zu beurteilende Hauptleistung dar, wenn das Entgelt für das Update im Verhältnis zum Kaufpreis der Ausgangssoftware so hoch ist, dass es bei

---

63 Auch: Zugangs- oder Internet-Provider.

wirtschaftlicher Betrachtungsweise nicht mehr als nebensächlich angesehen werden kann.[64]

d) Erbringung gegen Entgelt

Lieferungen und sonstige Leistungen unterliegen grundsätzlich nur dann der **1748** Umsatzsteuer, wenn sie gegen Entgelt erbracht werden. Ausnahmsweise sind auch bestimmte unentgeltliche Lieferungen und Leistungen steuerbar. Hierbei handelt es sich z. B. um die Entnahme bzw. Verwendung eines Gegenstands aus dem Unternehmen für private Zwecke, wie etwa die private Nutzung eines Firmenwagens durch den Unternehmer. Der Umsatzsteuer unterliegen auch unentgeltliche Wertabgaben des Unternehmens (z. B. Sachspenden). Entgelt ist alles, was der Leistungsempfänger aufwendet, um die Leistung zu erhalten, jedoch abzüglich der Umsatzsteuer.[65] Die Gegenleistung kann entweder in Geld oder in anderen Leistungen bestehen. Wenn die Gegenleistung für eine Leistung in einer sonstigen Leistung besteht, spricht man von einem **tauschähnlichen** Umsatz.

Beispiel:

Das Start-up Unternehmen U schaltet auf seiner Webpage einen Werbebanner für Waren- und Dienstleistungsangebote des Unternehmens X und platziert gleichzeitig einen Link, mit dem die Homepage von X aufgerufen werden kann. Im Gegenzug schaltet X einen Werbebanner sowie einen entsprechenden Link zur Homepage von U. Soweit es um die Werbung in eigener Sache (X) im Austausch gegen Werbung für U geht, liegt ein tauschähnlicher Umsatz vor. Soweit die Werbung durch U bzw. X lediglich dazu dient, die eigene Webpage attraktiver zu gestalten, fehlt es jedoch an einem Leistungsaustausch. Das Geschäft unterfällt nicht der Umsatzsteuer.[66]

Hinweis:

Im Falle der Erbringung von Leistungen anstelle eines Entgeltes ist darauf zu achten, dass die Parteien vertraglich genau vereinbaren, ob die Leistungen in einem Gegenseitigkeitsverhältnis stehen und welcher Wert den jeweiligen Leistungen zuzumessen ist. Die Bestimmung des Wertes ist für die Bemessungsgrundlage der Umsatzsteuer von Bedeutung.

e) Steuerbefreiungen und Optionen

Bestimmte Leistungen sind von der Umsatzsteuer befreit. Zu den wichtigsten **1749** Befreiungsvorschriften gehören Ausfuhrlieferungen[67] und innergemeinschaftliche Lieferungen[68] sowie bestimmte Grundstücksgeschäfte.[69] Ebenfalls befreit sind Umsätze im Rahmen des Geld- und Kapitalverkehrs (z. B. Gewährung und

---

64 Korf, BC 2000, 266 (269).
65 § 10 Abs. 1 UStG.
66 So auch Käbisch, in: Kessler: Das Steuerrecht der neuen Medien, Teil 5/4.3.2., S. 7f.
67 S. u. Punkt II. 4. b.
68 S. u. Punkt II. 3. a.
69 Erwerb von Grundstücken (§ 4 Nr. 9 UStG), Vermietung/Verpachtung (§ 4 Nr. 12 UStG).

Vermittlung von Krediten)[70] sowie die Gewährung der Anteile an Gesellschaften bei Eintritt eines Gesellschafters in eine Gesellschaft.[71]

> **Praxistipp:**
> Da die Steuerbefreiung für den Unternehmer auch nachteilige Auswirkungen haben kann (z.B. Versagung des Vorsteuerabzuges), hat er die Möglichkeit bei bestimmten Umsätzen[73] auf die Steuerbefreiung zu verzichten (Option zur Steuerpflicht, § 9 UStG).
>
> **Achtung:**
> Der Verzicht auf die Steuerbefreiung im Zusammenhang mit der Vermietung und Verpachtung von Grundstücken ist nur zulässig, soweit der Leistungsempfänger das Grundstück ausschließlich für Umsätze verwendet oder zu verwenden beabsichtigt, die den Vorsteuerabzug nicht ausschließen. Vermietet ein Unternehmer z.B. das Erdgeschoss eines ihm gehörenden Gebäudes an einen Arzt, der dort seine Praxis betreibt, kann U nicht auf die Befreiung verzichten, da die Umsätze aus der Tätigkeit des Arztes steuerfrei sind und daher den Vorsteuerabzug ausschließen. Vermietet U demgegenüber an einen Rechtsanwalt, dessen Umsätze der Umsatzsteuer unterfallen, ist der Verzicht möglich.

f) Steuersatz und Bemessungsgrundlage

1750 Der **Regelsteuersatz** beträgt 16%. Bestimmte Umsätze werden ermäßigt mit nur 7% besteuert (§ 12 UStG). Hierbei handelt es sich z.B. um Lieferungen von Büchern und Zeitungen[73] sowie um die Übertragung von Urheberrechten.[74]

Beispiel:
Unternehmer U verkauft in seinem Buchhandel Bücher und Zeitschriften.
Der Kauf eines Buches bzw. einer Zeitschrift im Laden unterliegt dem ermäßigten Steuersatz in Höhe von 7%.

Abwandlung (1): Das Start-up Unternehmen U ermöglicht den elektronischen Download von Büchern und Zeitschriften über das Internet.

Abweichend zum herkömmlichen Verkauf von Büchern und Zeitschriften findet beim elektronischen Download der Regelsteuersatz Anwendung. Die unterschiedliche Behandlung beider Fälle folgt daraus, dass der ermäßigte Steuersatz nur Anwendung findet, wenn ein Druckerzeugnis geliefert wird.[75] Beim elektronischen Download eines Buches handelt es sich jedoch um keine Lieferung, sondern um eine sonstige Leistung. Da auch keine Urheberrechte übertragen werden, kann die sonstige Leistung nicht ermäßigt besteuert werden. Die Ungleichbehandlung zwischen dem herkömmlichen Vertrieb von Büchern und Zeitschriften bzw. dem elektronischen Download wird auch nicht durch die neue Richtlinie der EU zur Um-

---

70 § 4 Nr. 8 UStG.
71 Dies folgt aus § 4 Nr. 8 lit. f UStG.
72 Z.B. im Rahmen des Geld-/Kapitalverkehrs, Grundstückserwerb, Vermietung und Verpachtung von Grundstücken.
73 § 12 Abs. 2 Nr. 1 UStG i.V.m. Nr. 49 der Anlage zu § 12 Abs. 2 Nr. 1 und 2 UStG.
74 § 12 Abs. 2 Nr. 7 lit. c UStG.
75 § 12 Abs. 2 Nr. 1 UStG in Verbindung mit Nr. 49 der Anlage zu § 12 Abs. 2 Nr. 1 und 2 UStG.

satzbesteuerung bestimmter elektronisch erbrachter Dienstleistungen aufgehoben. Die Richtlinie sieht vielmehr für die elektronischen Dienstleistungen die Anwendung des Regelsteuersatzes vor.

Abwandlung (2): Das Start-up Unternehmen U vertreibt Standardsoftware über das Internet. Die Auslieferung erfolgt auf dem Postweg (Offline-Vertrieb). Die Kunden sind über den privaten bzw. beruflichen Gebrauch hinaus nicht dazu berechtigt, die Software weiter zu verwerten.

Die Offline-Überlassung von Standardsoftware unterliegt nach der Rechtsprechung des BFH dem *Regelsteuersatz* von *16%*.[76] Dies folgt daraus, dass sich der Verkauf von Standard-Software durch einen Händler umsatzsteuerlich nicht vom Verkauf eines Buches oder eines Tonträgers unterscheidet. Ebenso wie bei der Veräußerung eines Buches/Tonträgers liegt grundsätzlich keine Übertragung von Urheberrechten vor. Eine Übertragung von Urheberrechten im Falle der Überlassung von Standard-Software setzt vielmehr voraus, dass der Rechtsinhaber dem Leistungsempfänger das Recht zur Verwertung des Werkes insbesondere durch Vervielfältigung und Verbreitung einräumt. Die bloße Gestattung der bestimmungsgemäßen Benutzung reicht nicht aus.[77]

Abwandlung (3): Fall wie zuvor, jedoch erfolgt die Überlassung der Software per Download (Online-Vertrieb).

Auch der Online-Vertrieb von Software unterliegt grundsätzlich dem Regelsteuersatz.[78] Ebenso wie bei der Offline-Überlassung dürfte nur dann eine ermäßigte Besteuerung in Betracht kommen, wenn Verwertungsrechte übertragen werden.[79]

Die **Bemessungsgrundlage** für den Umsatz ist das vom Leistungsempfänger **1751** **aufgewendete Entgelt** abzüglich der Umsatzsteuer (§ 10 Abs. 1 UStG).

Hinweis:

▶ Führt ein Start-up-Unternehmen an seine Gesellschafter bzw. diesen nahe stehende Personen Lieferungen und sonstige Leistungen aus, so gilt u.U. eine besondere Mindestbemessungsgrundlage.

– Im Falle einer Lieferung ist die Mindestbemessungsgrundlage der Netto-Einkaufspreis zzgl. Nebenkosten für den Gegenstand oder – mangels eines Einkaufspreises – die Selbstkosten jeweils zum Zeitpunkt des Umsatzes, wenn dieser Wert das Entgelt übersteigt.

– Im Falle der Ausführung sonstiger Leistungen ist auf die entstandenen Kosten abzustellen, wenn diese das Entgelt übersteigen.

▶ Die Mindestbemessungsgrundlage gilt auch für Lieferungen und sonstige Leistungen, die ein Unternehmer an sein Personal oder dessen Angehörige aufgrund des Dienstverhältnisses ausführt.

---

76 BFH-Urteil vom 13.03.1997 – V R 13/96, BStBl. II 1997, 372; im Ergebnis ebenso: FG Köln, Urteil vom 29.09.2000 – 7 K 1119/99, DStRE 2001, 198: differenzierend danach, welche Rechte im Rahmen des Überlassungs- bzw. Veräußerungsvertrages auf den Anwender übertragen werden.
77 BFH-Urteil vom 16.08.2001 – V R 42/99, DB 2002, 181; BFH-Urteil vom 27.09.2001 – V R 14/01, BStBl. II 2002, 114.
78 OFD Düsseldorf, Schreiben vom 11.01.1999 – S 7100 A – St 141, IStR 1999, 186.
79 Das o.a. BFH-Urteil vom 16.08.2001 (vgl. Fn. 78) bietet keine Anhaltspunkte dafür, dass der On- und Offline-Vertrieb von Software unterschiedlich zu behandeln ist.

1752 Die Steuer errechnet sich durch die Anwendung des maßgeblichen Steuersatzes auf die Bemessungsgrundlage.

g) Besteuerungsverfahren

1753 Die Umsatzsteuer ist eine **Jahres- und Veranlagungssteuer**.

1754 Der Unternehmer muss im Laufe des Jahres **Voranmeldungen** abgeben, in denen er – unter Berücksichtigung etwaiger Vorsteuererstattungsansprüche – die für den Voranmeldezeitraum zu entrichtende Steuer (Vorauszahlung) selbst berechnet.[80] Voranmeldezeitraum ist grundsätzlich das **Kalendervierteljahr**. Beträgt die Steuer für das vorangegangene Kalenderjahr jedoch mehr als € 6.136, so ist der **Kalendermonat** Voranmeldezeitraum (§ 18 Abs. 2 UStG).

> **Hinweis:**
>
> Auch **neu gegründete Unternehmen** sind verpflichtet, im Kalenderjahr der Gründung und dem darauf folgenden Kalenderjahr **monatliche** Voranmeldungen abzugeben.[81] Diese Vorschrift wurde zum 01.01.2002 neu eingeführt, um Betrugsfälle im Bereich der Umsatzsteuer einzuschränken. In der Vergangenheit hatten zahlreiche Betrügereien dadurch stattgefunden, dass vorübergehend (Schein-)Unternehmen gegründet wurden, deren einzige Aufgabe darin bestand, Rechnungen mit offenem Ausweis der Umsatzsteuer für Betrugszwecke auszustellen.[82]

1755 Die Erklärung muss bis zum 10. Tag nach Ablauf des Voranmeldezeitraumes abgegeben werden. Zum selben Tag ist die Vorauszahlung fällig (§ 18 Abs. 1 UStG). Auf Antrag des Unternehmers verlängert das Finanzamt die Fristen für die Abgabe der Voranmeldung und für die Vorauszahlungen um einen Monat (sog. Dauerfristverlängerung).[83] Zusätzlich muss der Unternehmer nach Ablauf des Kalenderjahres eine Steuererklärung **(Steueranmeldung)** abgeben, in der er die Steuerschuld selbst berechnet (§ 18 Abs. 3 UStG).

> **Achtung:** Kommt der Unternehmer seiner Verpflichtung zur rechtzeitigen Abgabe der Voranmeldungen bzw. der Jahreserklärung nicht nach, so muss er u.U. mit einem Verspätungszuschlag rechnen (§ 152 AO).

2. Vorsteuerabzug und Abrechnung aus elektronischen Rechnungen

1756 Wesentliches Merkmal der Umsatzsteuer ist die Möglichkeit des Vorsteuerabzugs. Mit ihm wird erreicht, dass letztlich nur der Endverbraucher wirtschaftlich belastet wird.[84]

---

80 § 18 Abs. 1 UStG.
81 § 18 Abs. 2 Satz 4 UStG.
82 Widmann, DB 2002, 167.
83 § 46 UStDV.
84 Ähnlich: Hundt-Esswein, in: Offerhaus/Söhn/Lange, Umsatzsteuer – Kommentar, Band 3, § 15 UStG, Rn. 20.

Wie im nachfolgenden Schaubild dargestellt, erfolgt das System des Vorsteuer- **1757** abzuges in der Weise, dass der Lieferant (U1) dem Empfänger eine Rechnung in Höhe des Nettobetrages (100) zzgl. 16% Umsatzsteuer ausstellt. Der Empfänger (U2) zahlt den Bruttobetrag in Höhe von 116 an den Lieferanten (U1), der die Umsatzsteuer (16%) an das Finanzamt abführt. Der Empfänger veräußert den (verarbeiteten Gegenstand) für 200 zzgl. USt (32) weiter an einen (nicht vorsteuerabzugsberechtigten) Endverbraucher. Vorausgesetzt, der Empfänger (U2) ist zum (vollen) Vorsteuerabzug berechtigt, steht ihm gegenüber dem Finanzamt ein Anspruch auf Erstattung der von ihm an U1 gezahlten Vorsteuer (16) zu. Diesen Erstattungsanspruch kann er mit seiner Umsatzsteuerschuld (32) verrechnen. Die Umsatzsteuer wird im Ergebnis also auf den Endverbraucher abgewälzt.

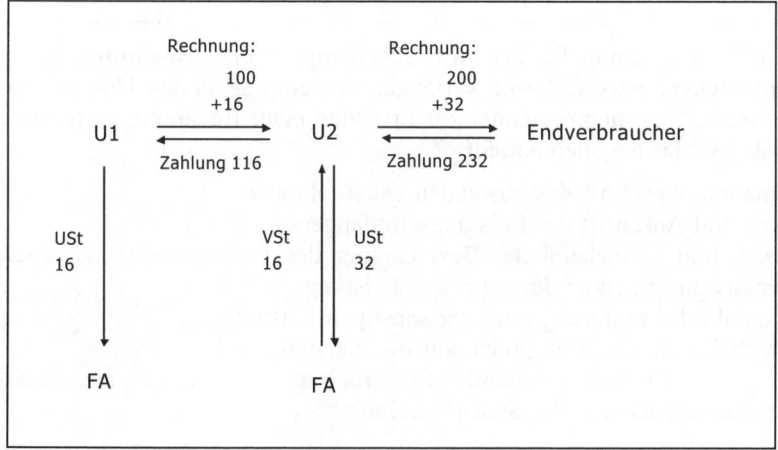

Abbildung 20: System des Vorsteuerabzugs

Vorsteuerabzugsberechtigt ist nur ein Unternehmer.[85] **1758**

> **Hinweis:**
> Kleinunternehmer (inländische Unternehmer, deren Umsätze zuzüglich der darauf
> entfallenden Steuer im vorangegangenen Kalenderjahr € 16.620 nicht überstiegen
> haben und im laufenden Kalenderjahr € 50.000 voraussichtlich nicht übersteigen
> werden) sind zum Vorsteuerabzug nur dann berechtigt, wenn sie zur Regelbesteue-
> rung optieren. Eine solche Option ist für mindestens fünf Kalenderjahre bindend
> (§ 19 Abs. 1, 2 UStG).

Möchte der Unternehmer die empfangene Lieferung/Leistung für außerunter- **1759** nehmerische Zwecke nutzen, so muss er damit rechnen, dass der Vorsteuerabzug eingeschränkt wird. So sieht das Gesetz z.B. einen Ausschluss des Vorsteu-

---

85 § 15 Abs. 1 UStG.

erabzuges im Falle der Lieferung von Gegenständen vor, die zu weniger als 10 % für das Unternehmen genutzt werden (§ 15 Abs. 1 Satz 2 UStG). Ferner ist der Vorsteuerabzug im Falle von „gemischt genutzten Fahrzeugen" (d. h. für Fahrzeuge, die sowohl für unternehmerische als auch für private Zwecke genutzt werden) pauschal auf 50 % begrenzt (§ 15 Abs. 1 b UStG).

Hinweis:

Die Leistung muss durch einen **anderen Unternehmer** erfolgt sein.[86] Gibt der Leistende fälschlicherweise vor Unternehmer zu sein, kann sich der Leistungsempfänger nicht darauf berufen, von diesem Umstand nichts gewusst zu haben. Sein guter Glaube wird nicht geschützt.[87] Ein Vorsteuerabzug ist nicht möglich. Für den Leistungsempfänger kommen aber zivilrechtliche Ansprüche gegen den leistenden Unternehmer in Betracht.

1760   Weitere Voraussetzung für den Vorsteuerabzug ist eine **Rechnung** mit **gesondertem Steuerausweis.**[88] Auf Verlangen des empfangenden Unternehmers ist der leistende Unternehmer daher zur Erteilung einer Rechnung verpflichtet, die folgende Mindestangaben enthält:[89]

– Name und Anschrift des leistenden Unternehmers,
– Name und Anschrift des Leistungsempfängers,
– Menge und handelsübliche Bezeichnung des Gegenstandes der Lieferung oder Art und Umfang der sonstigen Leistung,
– Zeitpunkt der Lieferung oder der sonstigen Leistung,
– Entgelt für die Lieferung oder sonstige Leistung und
– den auf das Entgelt entfallenden Steuerbetrag, der gesondert auszuweisen ist oder ein Hinweis auf die Steuerbefreiung.[90]

Hinweis:

Seit dem 01.07.2002 ist der leistende Unternehmer verpflichtet, in der Rechnung die ihm vom Finanzamt erteilte Steuernummer anzugeben.[91]

1761   Die Rechnung kann auch durch einen bevollmächtigten Dritten erstellt werden.[92]

---

86 Bülow, in: Vogel/Schwarz, UStG, § 15, Rn. 45.
87 BFH-Urteil vom 08.12.1988 – V R 28/84, BStBl. II 1989, 250.
88 § 15 Abs. 1 Nr. 1 UStG; der gesonderte Ausweis der Umsatzsteuer ist im Falle von Kleinbetragsrechnungen bis zu € 100 (§ 33 UStDV) und Fahrausweisen nicht erforderlich (§ 34 UStDV); zu der zutreffenden Gestaltung von Rechnungen vgl. auch Rondorf, NWB Nr. 7 vom 11.01.2002, Fach 7, S. 5489.
89 § 14 Abs. 1 Satz 1 UStG.
90 Änderungen hinsichtlich der Mindestangaben werden sich voraussichtlich aufgrund des Steueränderungsgesetzes 2003 ergeben, welches z.Zt. im Entwurf vorliegt. So müssen Rechnungen z.B. auch das Ausstellungsdatum sowie eine fortlaufende Rechnungsnummer enthalten. Außerdem ist geplant, die Angabe der Steuernummer wieder aufzuheben.
91 Vgl. § 14 Abs. 1 a UstG.
92 § 14 Abs. 4 Satz 1 UStG.

Anstatt der Rechnung kann auch eine **Gutschrift** erteilt werden, mit der ein Unternehmer über eine steuerpflichtige Lieferung oder sonstige Leistung abrechnet, die an ihn ausgeführt wird (§ 14 Abs. 5 Satz 1 UStG). Eine Gutschrift unterscheidet sich von einer Rechnung dadurch, dass nicht der Leistende sondern der Leistungsempfänger über die Leistung abrechnet (Abschn. 184 Abs. 1 UStR). **1762**

Seit dem 01.01.2002 ist es in Deutschland zulässig, eine zum Vorsteuerabzug berechtigende **elektronische Rechnung** zu verwenden, wenn diese mit einer qualifizierten elektronischen Signatur mit oder ohne Anbieter-Akkreditierung versehen ist. Auf der Ebene der EU ist am 06.02.2002 eine neue Richtlinie in Kraft getreten, die die elektronische Rechnung (electronic invoicing) für Zwecke des Vorsteuerabzugs europaweit vorsieht. Voraussetzung ist neben der Zustimmung des Empfängers zur elektronischen Abrechnung, dass beim Versand die Echtheit der Herkunft und die Unversehrtheit des Inhaltes gewährleistet werden. Die Echtheit der Herkunft und die Unversehrtheit des Inhalts können zum einen durch eine fortgeschrittene elektronische Signatur gewährleistet werden. Die Mitgliedstaaten können allerdings auch eine qualifizierte elektronische Signatur verlangen. Alternativ lässt die Richtlinie auch die Verwendung des elektronischen Datenaustausches (EDI) zu. Die Mitgliedsstaaten können in diesem Fall verlangen, dass zusätzlich ein zusammenfassendes Dokument in Papierform erforderlich ist.[93] **1763**

> **Hinweis:**
> Alternativ dürfte es möglich sein, eine elektronische Rechnung zu versenden, die nicht mit einer qualifizierten elektronischen Signatur mit Anbieter-Akkreditierung versehen ist, wenn zusätzlich eine Papierrechnung versendet wird.[94] Zur Sicherheit sollte im Vorfeld dieser Vorgehensweise jedoch eine Abstimmung mit der Finanzbehörde erfolgen.

Grundsätzlich ist der Vorsteuerabzug erst nach Leistung und nach Erhalt der Rechnung zulässig. Ausnahmsweise können Vorsteuern bereits vor erbrachter Leistungsausführung abgezogen werden, wenn eine ordnungsgemäße Abrechnung vorliegt und die Zahlung geleistet wurde. **1764**

> **Achtung – Haftungsgefahr:**
> ▶ Ein Unternehmer, der in einer Rechnung einen höheren Steuerbetrag gesondert ausweist, als er nach dem UStG schuldet (z. B. Ausweis des allgemeinen statt des ermäßigten Steuersatzes), haftet für den Mehrbetrag. Allerdings kann er die Rechnung berichtigen (§ 14 Abs. 2 UStG).

---

93 Ausführlich zu der Zulässigkeit elektronischer Rechnungen nach dem deutschen und dem europäischen Recht vgl. Bernütz/Weinreich; WPg 2002, 403 ff.; zum digitalen Rechtsverkehr vgl. auch: Noack, DStR 2001, 1893 ff.
94 Die Papierrechnung muss den Anforderungen des § 14 Abs. 1 UStG bzw. des BMF-Schreibens vom 25.05.1992 (IV A 2 – S 7280-8/92, BStBl. I 1992, 376) genügen.

▶ Derjenige, der in einer Rechnung eine Steuer ausweist, obwohl er zum gesonderten Steuerausweis nicht berechtigt ist (z. B. Nichtunternehmer, Kleinunternehmer), schuldet den ausgewiesenen Betrag (§ 14 Abs. 3 Satz 1 UStG). Dies gilt auch, wenn eine Rechnung über nichtausgeführte Lieferungen/sonstige Lieferungen ausgestellt wird. Das Gesetz sieht in diesem Fall keine Berichtigung der Rechnung vor. Bislang hat die Verwaltung Rechnungsberichtigungen in diesen Fällen lediglich im Wege der Billigkeit zugelassen, wenn die Steuer irrtümlich zu unrecht ausgewiesen wurde. In Einzelfällen kam auch ein Erlass der Steuerschuld in Betracht. Der EuGH hat jedoch entschieden, dass die deutsche Rechtslage bzw. Verwaltungspraxis nicht mit dem EU-Recht übereinstimmt. Der Rechnungsaussteller muss vielmehr stets die Möglichkeit der Rechnungsberichtigung haben, wenn eine Gefährdung des Steueraufkommens infolge des unberechtigten Steuerausweises rechtzeitig und vollständig beseitigt worden ist.[95] Infolgedessen sieht der Entwurf des Steueränderungsgesetzes 2003 vom 16. 07. 2003 vor, einen neuen § 14 c UStG einzufügen, der die EuGH-Rechtsprechung entsprechend umsetzt.

1765 Der **Vorsteuerabzug** ist in bestimmten Fällen **ausgeschlossen**. Nichtabziehbar ist z. B. die Vorsteuer auf **Eingangsumsätze,** die der Unternehmer **zur Ausführung (d. h. für Zwecke) bestimmter steuerfreier Ausgangsumsätze** verwendet.[96]

Beispiel:

Die X-GbR, bestehend aus den Ärzten A, B und C, erwirbt ein neues Röntgengerät für ihre Arztpraxis. Sie kann die Vorsteuer, die im Zusammenhang mit dem Erwerb des Röntgengerätes angefallen ist, nicht abziehen, da die Umsätze aus der Tätigkeit der Ärzte steuerfrei sind.

3. Binnenmarktgeschäfte

a) Innergemeinschaftliche Lieferung

1766 Gelangt der Liefergegenstand von einem Mitgliedstaat der EU (Deutschland) an einen anderen Unternehmer in einem anderen EU-Mitgliedstaat, liegt aus der Sicht des leistenden Unternehmers eine innergemeinschaftliche Lieferung (igL) vor. Die igL ist steuerfrei. Die Voraussetzungen für die Steuerfreiheit hat der leistende Unternehmer nachzuweisen. Dieser Nachweis erfolgt mittels eines Beleg- und Buchnachweises. Der Belegnachweis „soll" u. a. durch das Doppel der Rechnung geführt werden. Die Finanzverwaltung fordert zudem, dass die Rechnung die **Umsatzsteuer-Identifikationsnummer (USt-IDNr.)** des Empfängers enthält.

1767 Die **USt-IDNr.** dient zum Nachweis der Unternehmereigenschaft des Abnehmers. Alle Unternehmer und juristischen Personen, die am innergemeinschaftlichen Warenverkehr teilnehmen, erhalten eine solche USt-IDNr. in ihrem Ansässigkeitsstaat. In Deutschland erteilt die USt-IDNr. auf Antrag das Bundesamt für Finanzen.[97] Der Lieferant kann sich die Angaben des Abnehmers über dessen USt-IDNr. vom Bundesamt für Finanzen bestätigen lassen.

---

95 EuGH, 19. 09. 2000 – Rs. C-454/98, UR 2000, S. 470.
96 § 15 Abs. 2 Satz 1 Nr. 1, Abs. 3 Nr. 1 UStG.
97 http://www.bff-online.de.

Bernütz

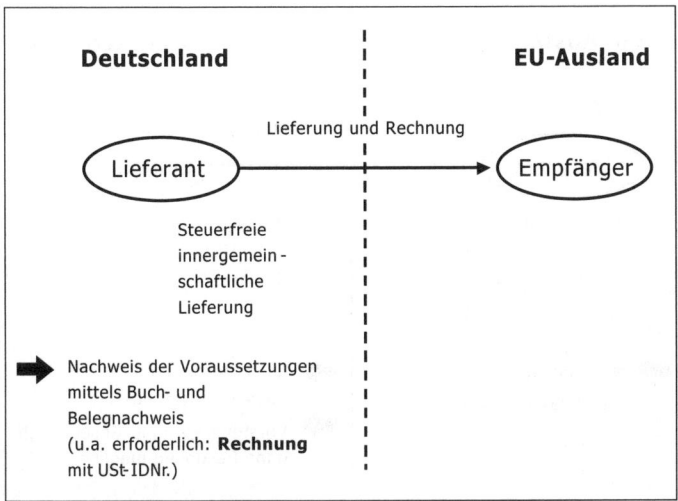

Abbildung 21: Innergemeinschaftliche Lieferung aus Deutschland in das EU-Ausland

Der Lieferant muss außerdem jedes Vierteljahr *zusammenfassende Meldungen* **1768** beim Bundesamt für Finanzen über die von ihm ausgeführten innergemeinschaftlichen Lieferungen abgeben.

Hat der leistende Unternehmer *gutgläubig* eine Lieferung als steuerfrei behan- **1769** delt, obwohl die Voraussetzungen dafür nicht vorlagen, so ist die Lieferung als steuerfrei anzusehen, wenn die Inanspruchnahme der Steuerbefreiung auf unrichtigen Angaben des Abnehmers beruht und der Unternehmer die Unrichtigkeit dieser Angaben auch bei Beachtung der Sorgfalt eines ordentlichen Kaufmanns nicht erkennen konnte. Im Regelfall dürfte keine Sorgfaltspflichtverletzung vorliegen, wenn der Abnehmer unter Verwendung seiner Umsatzsteuer-Identifikationsnummer erwirbt und sich aus Art und Menge der erworbenen Gegenstände keine Zweifel an der unternehmerischen Verwendung ergeben. Demgegenüber dürften Zweifel begründet sein, wenn der Abnehmer unter Verwendung einer Umsatzsteuer-Identifikationsnummer eines anderen Mitgliedsstaates Waren des täglichen Bedarfs oder typische Haushalts- oder Freizeitgegenstände einkauft.

Hinweis:

Zur Vermeidung von Nachteilen kann der liefernde Unternehmer in einem solchen Fall die Lieferung steuerpflichtig durchführen und dem Abnehmer empfehlen, sich die gesondert ausgewiesene Umsatzsteuer im sog. Vorsteuervergütungsverfahren[98] vergüten zu lassen.

---

98 Vgl. §§ 59–62 UStDV, in Deutschland ist das Bundesamt für Finanzen (Außenstelle Saarlouis) zuständig für die Vorsteuervergütung an einen ausländischen Unternehmer.

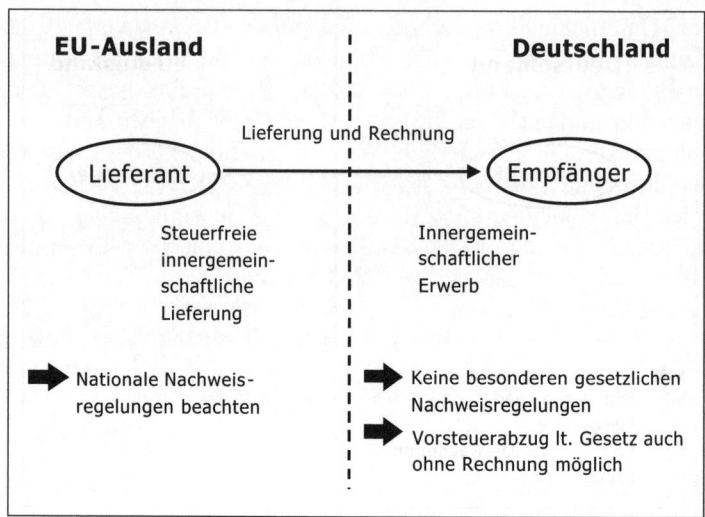

Abbildung 22: Innergemeinschaftliche Lieferung aus dem EU-Ausland nach Deutschland

1770 Sind die Voraussetzungen der Gutglaubensregelung erfüllt, schuldet der Abnehmer die Umsatzsteuer.

b) Innergemeinschaftlicher Erwerb

1771 Gelangt der Liefergegenstand von einem Unternehmer in einem Mitgliedstaat der EU an einen anderen Unternehmer in einem anderen EU-Mitgliedstaat (Deutschland), liegt aus der Sicht des Empfängers ein innergemeinschaftlicher Erwerb (igE) vor. Der Empfänger muss den igE versteuern (§ 1 Abs. 1 Nr. 5 UStG). Gleichzeitig kann er – so weit er Unternehmer ist – den geschuldeten Betrag als Vorsteuer abziehen (§ 15 Abs. 1 Nr. 3 UStG).

> **Hinweis**
>
> Beim igE ist die Geltendmachung des Vorsteuerabzuges nicht an die Vorlage einer Rechnung gebunden.

4. Import und Export in Drittländer

a) Einfuhr

1772 Im Falle der Einfuhr gelangt der Liefergegenstand aus dem Drittland nach Deutschland. Der Lieferant hat der Zollanmeldung u. a. die Rechnung beizufügen, auf deren Grundlage der Zollwert der Waren angemeldet wird.[99] Die Einfuhr unterliegt der Einfuhrumsatzsteuer. Wird die Einfuhrumsatzsteuer vom

---

99 Art. 218 Abs. 1 lit. a Zollkodex-DVO.

Empfänger (Unternehmer) entrichtet, kann er sie als Vorsteuer abziehen. Die Voraussetzungen für den Vorsteuerabzug hat der Unternehmer aufzuzeichnen und durch Belege nachzuweisen. Als ausreichender Beleg ist für die Einfuhrumsatzsteuer ein zollamtlicher Beleg, z.B. der Abgabenbescheid, anzusehen. Eine Rechnung ist nicht erforderlich. Wird die Einfuhr mit dem ATLAS (Automatisiertes Tarif- und Lokales Zoll-Abwicklungs-System) – Verfahren abgewickelt, werden Bescheide über die Einfuhrabgaben (einschließlich der Einfuhrumsatzsteuer) regelmäßig durch standardisierte elektronische Nachrichten (EDI-FACT) ersetzt und somit papierlos übermittelt. Nach Ansicht der Finanzverwaltung bestehen keine Bedenken, den Nachweis für den Vorsteuerabzug durch einen Ausdruck des elektronisch übermittelten Bescheides über die Einfuhrabgaben in Verbindung mit einem Beleg über die Zahlung der EUSt entweder an die Zollbehörde oder einen Beauftragten (z.B. einen Spediteur) zu führen.[100]

Bemessungsgrundlage für die Einfuhrumsatzsteuer ist der Zollwert.[101]   **1773**

Bestimmte Einfuhren sind von der Steuerpflicht befreit. Dies trifft insbesondere   **1774**
für Einfuhren zu, die keinen wettbewerbsmäßigen Einfluss auf den innerstaatlichen Handel haben, so z.B. Kleinsendungen aus Drittländern bis 22 ECU. Betroffen dürften z.Z. vor allem Lieferungen von Büchern und Music-CDs aus Drittstaaten sein.[102]

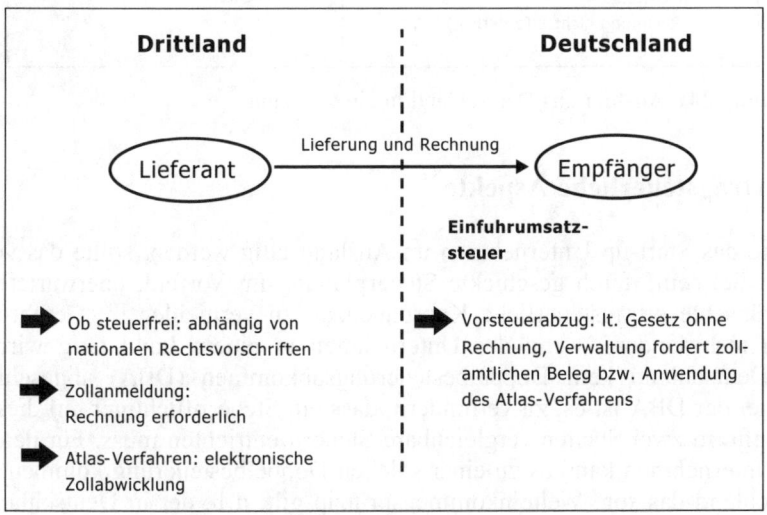

Abbildung 23: Einfuhr aus einem Drittland nach Deutschland

---

100 BMF-Schreiben vom 08.02.2001 – IV B 7 – S 7302-3/01, BStBl. I 2001, 156.
101 § 11 Abs. 1 UstG.
102 § 5 Abs. 2 Nr. 2 UStG iVm § 1 Abs. 1 Einfuhrumsatzsteuer-Befreiungsverordnung (BGBl I 1992, 1526) iVm Art. 27 EWG-Verordnung Nr. 918/83 des Rates über das gemeinschaftliche System der Zollbefreiungen vom 28.03.1983 (ABl. EG Nr. L 105 S. 1).

b) Ausfuhr

1775 Bei der Ausfuhr gelangt der Liefergegenstand von Deutschland in ein Drittlandsgebiet. Die Ausfuhr ist steuerfrei. Die Voraussetzungen der Steuerfreiheit muss der leistende Unternehmer nachweisen. Der Nachweis erfolgt durch einen sog. Ausfuhr- und Buchnachweis. Lt. UStDV ist die Rechnung nicht Bestandteil des Ausfuhr- bzw. Buchnachweises.

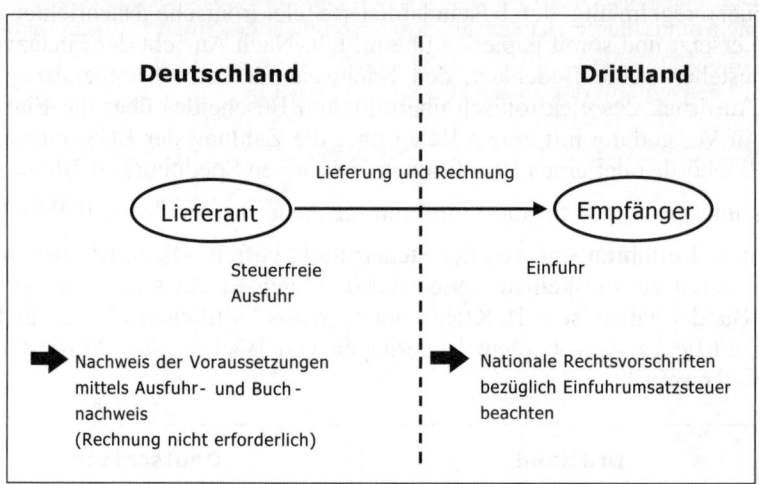

Abbildung 24: Ausfuhr aus Deutschland in ein Drittland

IV. Ertragsteuerliche Aspekte

1776 Möchte das Start-up Unternehmen im Ausland tätig werden, sollte das vorrangigste Ziel sein, durch geschickte Steuerplanung im Vorfeld, unerwartete bzw. unerwünschte ertragsteuerliche Konsequenzen zu vermeiden.[103] Gefahren bestehen insbesondere, wenn das Unternehmen in einem Land tätig wird, mit dem Deutschland kein Doppelbesteuerungsabkommen (DBA) abgeschlossen hat. Ziel der DBA ist es, zu verhindern, dass ein Steuerpflichtiger auf dieselben Einkünfte in zwei Staaten vergleichbare Steuern entrichten muss. Für das deutsche Unternehmen kann es zu einer solchen Doppelbesteuerung kommen, da in Deutschland das sog. Welteinkommensprinzip gilt, d. h. der in Deutschland ansässige Steuerpflichtige ist mit seinem *gesamten* Einkommen *unbeschränkt* steuerpflichtig. Bestimmte im Ausland erzielte Einkünfte unterfallen also nicht nur im Ausland[104] sondern auch in Deutschland der Steuer, es sei denn, das na-

---

103 Zu der Frage der Internationalisierung und dem Aufbau von Tochtergesellschaften vgl. auch: Zweiter Teil, Abschn. I. dieses Buches.

104 Die im Ausland bestehende Steuerpflicht einer in Deutschland ansässigen natürlichen oder juristischen Person bezeichnet man auch als „beschränkte Steuerpflicht".

tionale Recht oder ein DBA trifft Regelungen, um diese Doppelbesteuerung zu verhindern.

1. Unerwartete Steuerpflicht in anderen Ländern durch Begründung von Betriebsstätten

Hat ein deutsches Unternehmen im Ausland eine physische Präsenz in Form 1777 einer Betriebsstätte,[105] so unterliegen die Einkünfte, die der Betriebsstätte zuzurechnen sind, der Besteuerung des ausländischen Staates. Aufgrund des in Deutschland geltenden Welteinkommensprinzips unterliegen die Einkünfte aber auch in Deutschland der Steuer (§ 34d Nr. 1 EStG).

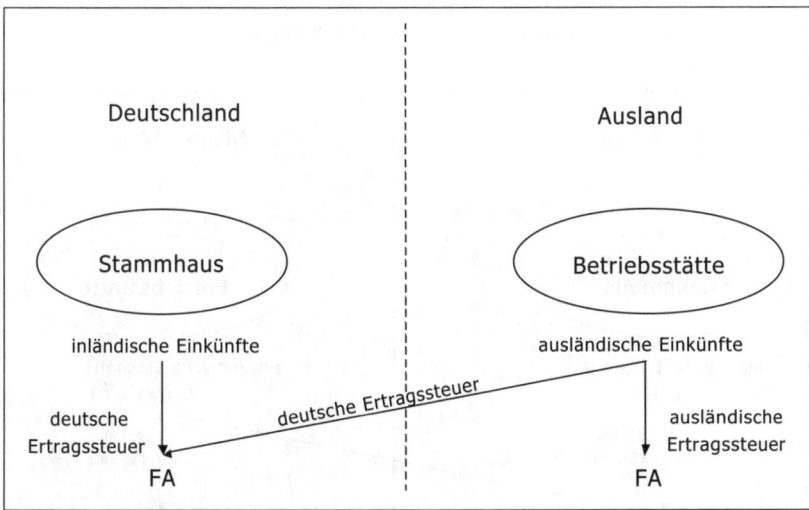

Abbildung 25: Betriebsstättenbesteuerung im Ausland

Befindet sich die Betriebsstätte in einem Land, mit dem Deutschland kein 1778 DBA abgeschlossen hat, so wird die doppelte Belastung durch die deutsche Steuergesetzgebung nicht vermieden sondern lediglich durch **Anrechnung** vermindert.[106] Anrechnung bedeutet, dass die Einkünfte aus dem ausländischen Quellenstaat auch im Ansässigkeitsstaat (Deutschland) besteuert werden. Allerdings rechnet Deutschland die bereits im Quellenstaat erhobene ausländische Steuer auf die eigene Steuer an.

Die Anrechnungsmethode soll nachfolgend an einem (vereinfachten[107]) Bei- 1779 spiel verdeutlicht werden.

---

105 Zum Begriff der Betriebsstätte vgl. die nachfolgenden Ausführungen unter Abschnitt G.II.3.
106 § 34c Abs. 1 EStG, auf die übrigen Verfahren (Abzug der ausländischen Steuer bei der Ermittlung der Einkünfte auf Antrag nach § 34c Abs. 2 EStG bzw. Pauschalbesteuerung der ausländischen Einkünfte nach § 34c Abs. 5 EStG) wird nicht eingegangen.
107 Der Solidaritätszuschlag und die Gewerbesteuer bleiben unberücksichtigt.

Beispiel:

Ein deutsches Start-up Unternehmen (Stammhaus) hat inländische Einkünfte in Höhe von 90.000. Die Höhe der Einkünfte, die der ausländischen (Nicht-DBA-Land) Betriebsstätte zuzuweisen sind, beträgt 70.000. Die deutsche Körperschaftsteuer auf die inländischen Einkünfte beträgt bei einem Steuersatz von 25%: 22.500. Es soll unterstellt werden, dass das Start-up Unternehmen auf die ausländischen Einkünfte bereits ausländische Steuern in Höhe von 7.000 (Steuersatz im Ausland fiktiv: 10%) gezahlt hat. Die deutsche Steuer auf die ausländischen Einkünfte würde grundsätzlich 17.500 (25% von 70.000) betragen. Allerdings kann auf diesen Betrag die bereits im Ausland entrichtete Steuer in Höhe von 7.000 angerechnet werden, sodass die ausländischen Einkünfte in Deutschland mit 10.500 besteuert werden. Insgesamt fallen also in Deutschland Steuern in Höhe von 33.000 (22.500 + 10.500) an. Hinzu kommen die ausländischen Steuern in Höhe von 7.000, sodass die Gesamtbelastung 40.000 beträgt.

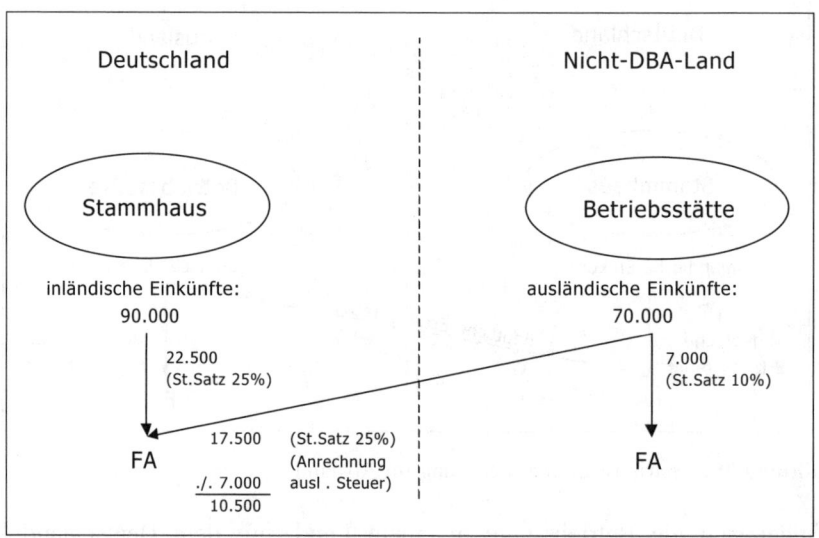

Abbildung 26: Betriebsstättenbesteuerung in einem Nicht-DBA-Land

1780 Befindet sich die Betriebsstätte demgegenüber in einem Land, mit dem Deutschland ein DBA abgeschlossen hat, so wird eine Doppelbesteuerung durch die **Freistellung** der ausländischen Einkünfte von der deutschen Steuer vermieden (Art. 23 A Abs. 1 OECD-MA). Der Betriebsstättengewinn wird also in Deutschland von der Körperschaftsteuer ausgenommen. Darüber hinaus unterliegt der der Betriebsstätte zuzurechnende Gewinn auch nicht der Gewerbesteuer (§ 9 Nr. 3 GewStG).[108]

---

108 Ausnahmen von der Freistellung bestehen im Falle des Missbrauchs, vgl. die Ausführungen unter 2. Teil, Abschnitt G, II. 3.

In dem oben erläuterten Beispielsfall (inländische Einkünfte: 90.000) ausländi- **1781** sche Einkünfte: 70.000) würde sich folgendes Bild ergeben: Die deutsche Steuer auf die inländischen Einkünfte beträgt unverändert: 22.500. Hinzu kommt die ausländische Steuer in Höhe von 7.000. In Deutschland sind die ausländischen Einkünfte von der Steuer freigestellt, sodass die Gesamtbelastung nur noch 29.500 beträgt.

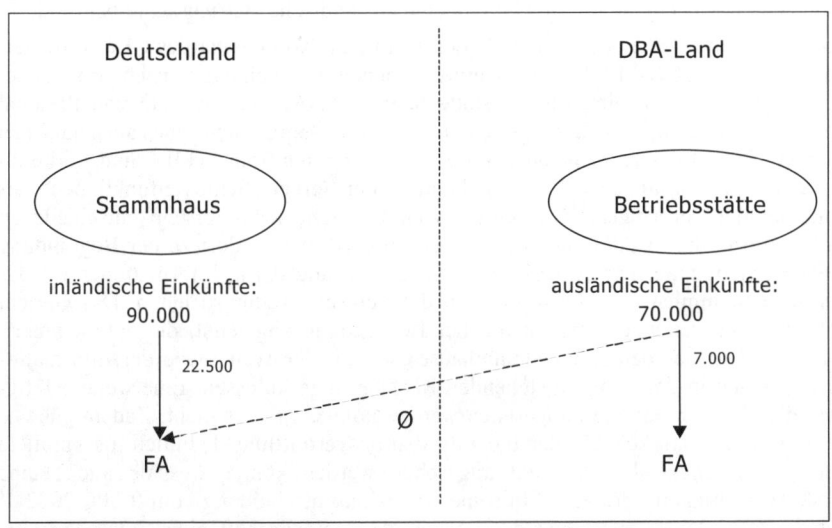

Abbildung 27: Betriebsstättenbesteuerung in einem DBA-Land

Wie die beiden Musterbeispiele zeigen, führt die Freistellungsmethode also zu **1782** einem wesentlich günstigeren Ergebnis, als die Anrechnungsmethode.

Zu berücksichtigen ist, dass DBA typischerweise nicht mit „Steueroasen" abge- **1783** schlossen werden. Allerdings gibt es eine ganze Reihe von DBA-Ländern, deren Ertragsteuerbelastung unterhalb der deutschen liegt. So beträgt z. B. der Körperschaftsteuersatz in Irland zurzeit (2003) 12,5 %. Demgegenüber kann die Gesamtsteuerbelastung in Deutschland trotz der Absenkung des Körperschaftsteuersatzes auf 25 % bzw. 26,5 % (Veranlagungszeitraum 2003) noch über 40 % liegen, da zusätzlich zur Körperschaftsteuer noch Solidaritätszuschlag[109] und Gewerbesteuer[110] anfällt.

Bevor sich das Unternehmen jedoch Gedanken über den „günstigsten" Standort **1784** einer ausländischen Betriebsstätte macht, sollte gut überlegt werden, ob die Einrichtung einer ausländischen Betriebsstätte unter steuerplanerischen Gesichtspunkten überhaupt sinnvoll ist. Insbesondere für ein Start-up Unterneh-

---

109 Die Höhe des Solidaritätszuschlages beträgt 5,5 %.
110 Die Höhe der Gewerbesteuer hängt von dem Gewerbesteuerhebesatz ab, der zwischen den verschiedenen Gemeinden beachtlich variiert. So beträgt der Hebesatz in Rüsselsheim z. B. 340 % während er in München 490 % beträgt.

noch
1784
men, das sich in der Anfangsphase befindet und Verluste erwirtschaftet, kann es steuerlich günstiger sein, diese Verluste zunächst in Deutschland zu nutzen, anstatt eine ausländische Betriebsstätte zu begründen.

Hinweis: Internet-Server und ausländische Betriebsstätte

Es besteht das Risiko, dass das bloße Aufstellen eines Internet-Servers im Ausland (ohne eigenes Personal vor Ort) bereits eine ausländische Betriebsstätte begründet.

So hat z.B. die OECD Ende 2000 Änderungen zum Kommentar des OECD-Musterabkommen (OECD-MA)[111] zugestimmt, wonach ein vollautomatisch arbeitender Server grundsätzlich eine Betriebsstätte begründet. Auf den Einsatz von Personal kommt es nicht an.[112] Allerdings reicht es für die Begründung einer ausländischen (Server-)Betriebsstätte nicht aus, wenn der Server nur reine Hilfs- und vorbereitende Tätigkeiten ausführt.[113] Vielmehr muss der Server „Schlüsselfunktionen" des Unternehmens erbringen.[114] In einem vom FG Schleswig-Holstein entschiedenen Fall[115] führte die Installation eines Servers in der Schweiz dort zu der Begründung einer Betriebsstätte. Die Aufgabe des Servers bestand darin, Informationen für das deutsche Stammhaus an die Kunden in der Schweiz weiter zu leiten. Das Gericht hat eine vorbereitende Tätigkeit mit der Begründung abgelehnt, die unternehmerische Tätigkeit des deutschen Stammhauses sei mit der Weitergabe der Informationen über den in der Schweiz stehenden Rechner abgeschlossen. Eine weitere Tätigkeit, die als Haupttätigkeit angesehen werden könne, gäbe es nicht. Zudem gäbe es keine weitere Tätigkeit, zu der die Informationsvermittlung lediglich als parallele oder nachträgliche Hilfstätigkeit angesehen werden könne, weshalb auch keine bloße Hilfstätigkeit vorläge.[116] In seiner Revisionsentscheidung vom 05.06.2002[117] hat der BFH leider zur Frage der Betriebsstätteneigenschaft eines Internetservers keine Stellung genommen, da es nach Auffassung des Gerichts auf diese Frage im zu entscheidenden Sachverhalt nicht ankam.[118]

Die Begründung einer ausländischen Serverbetriebsstätte kann vermieden werden, wenn das Unternehmen im Ausland keinen eigenen Server benutzt, sondern Spei-

---

111 Die meisten deutschen DBA beruhen inhaltlich auf dem OECD-Musterabkommen. Die Vorschriften des OECD-MA werden im amtlichen Kommentar zum OECD-MA erörtert.

112 Die Klarstellung ist in einer Ergänzung des Kommentars zum OECD-MA (Nummer 42.1-42.10 zu Art. 5) enthalten. Vgl. hierzu: http://www.oecd.org/dataoecd/46/32/1923380.pdf; demgegenüber vertritt Großbritannien die Ansicht, ein Server könne keine Betriebsstätte begründen und plant einen Vorbehalt in der Kommentierung zu Art. 5 DBA-MA aufzunehmen; ausführlich zu den Änderungen auf der Ebene der OECD vgl. Bernütz/Weinreich, WPg 2001, 690 ff.

113 Art. 5 Abs. 4 OECD-MA, Eine bloße Hilfstätigkeit kann z.B. vorliegen, wenn der Server von einem Internet-Versandhändler nur zu Werbezwecken genutzt wird.

114 Dies ist z.B. der Fall, wenn das Unternehmen die gesamte Geschäftstätigkeit (Vertragsabschluss, Zahlung und Leistungserbringung) über den Server abwickelt (Nr. 42.9 zu Art. 5 des Kommentars zum OECD-MA n.F., Quelle s. FN 112).

115 FG Schleswig-Holstein, Urteil vom 06.09.2001 – II 1224/97, EFG 2001, 1535.

116 Ausführlich zu dieser Entscheidung, vgl. auch: Bernütz/Weinreich, Tax Planning International, e-commerce, April 2002, 3 ff.

117 AZ 1 R 86/01.

118 Zur Revisionsentscheidung vgl. auch IWB Nr. 19; BFH-Urteil zu Betriebsstätte und E-Commerce, Kaminski, Strunk S. 1037; Praxis Internationale Steuerberatung 10/2002, S. 280 (Kubaile).

cherkapazität auf dem Server eines Internet-Service-Providers (ISP) anmietet. In diesem Fall fehlt es nämlich an der „Verfügungsmacht" des Unternehmens über den Server des ISP. Die Verfügungsmacht ist aber Voraussetzung für die Begründung einer ausländischen Betriebsstätte.

Selbst wenn der Server im konkreten Fall als Betriebsstätte qualifiziert werden kann, ist im Regelfall davon auszugehen, dass ihm nur ein geringer Gewinnanteil zuzurechnen sein wird.[119]

Gestaltungshinweis:

Im Einzelfall ist genau zu prüfen, ob statt der Errichtung einer ausländischen Betriebsstätte die Gründung einer ausländischen Tochtergesellschaft vorteilhafter ist (vgl. H.II.4.). Durch den Einsatz einer Tochtergesellschaft kann erreicht werden, dass die Gewinne der ausländischen Gesellschaft von der deutschen Besteuerung „abgeschirmt" werden. Dies folgt daraus, dass die Tochtergesellschaft[120] im Verhältnis zur Muttergesellschaft rechtlich selbstständig ist (vgl. H.II.4.). Die Einkünfte der ausländischen Tochter unterliegen daher grundsätzlich nicht der deutschen Besteuerung.

2. Belastung mit ausländischer Quellensteuer

Erzielt das deutsche Start-up-Unternehmen Einkünfte aus dem Ausland, die als Lizenzgebühren zu qualifizieren sind, sind diese Einkünfte grundsätzlich auch in Deutschland zu versteuern.[121] Das OECD-MA bestimmt allerdings, dass die Einkünfte im Ausland von der Steuer ausgenommen sind, wenn sich der Lizenznehmer in einem DBA-Land befindet und die Einkünfte dem (deutschen) Lizenzgeber wirtschaftlich zuzurechnen sind.[122] Abweichend von dieser Regelung sehen allerdings viele nationale DBA eine Besteuerung auch im Quellenland vor. Befindet sich der Lizenznehmer in einem Land, mit dem Deutschland kein DBA abgeschlossen hat, wird die Doppelbesteuerung in Deutschland durch Anrechnung lediglich vermindert.[123] **1785**

Nicht immer einfach ist die Frage zu beantworten, wann es sich um „Lizenzgebühren" handelt. Dies gilt insbesondere im Falle von Vergütungen, die für die Überlassung von Software gezahlt werden. Nach Art. 12 Abs. 2 OECD-MA sind Lizenzgebühren **1786**

> „Vergütungen jeder Art, die für die Benutzung oder das Recht auf Benutzung von Urheberrechten an literarischen, künstlerischen oder wissenschaftlichen Werken (...) gezahlt werden."

---

119 Auf die Frage, welcher Gewinn der Server-Betriebsstätte zugewiesen werden kann, wird vorliegend nicht näher eingegangen; ausführlich zu dieser Frage vgl.: Bernütz/Weinreich, WPg 2001, 690 ff.

120 Zu den steuerlichen Auswirkungen der Errichtung einer ausländischen Tochtergesellschaft vgl.: Zweiter Teil, Abschn. I.I.2.d. dieses Buches.

121 § 34 d Nr. 7 EStG.

122 Art. 12 OECD-MA, zum Betriebsstättenvorbehalt vgl. 2. Teil, Abschnitt G, II.3.

123 § 34 c Abs. 1 EStG.

1787 Nach Auffassung der OECD liegt im Falle der digitalen Überlassung von Software ˈoder ähnlichen Produkten, eine Lizenzgebühr vor, wenn mit der Zahlung das Recht abgegolten wird, ein Urheberrecht an einem digitalen Produkt zu nutzen. Dies ist z. B. dann der Fall, wenn ein Kunde Gebühren dafür zahlt, um sich eine urheberrechtlich geschützte Grafik aus dem Internet herunter zu laden und diese in von ihm publizierten Büchern weiter verwertet.[124] Demgegenüber liegt keine Lizenzgebühr vor, wenn sich das Recht, Urheberrechte zu nutzen auf die Erlaubnis beschränkt, Software aus dem Internet herunter zu laden und sie für Zwecke des allgemeinen privaten und beruflichen Gebrauches zu nutzen. Können die Einkünfte nicht als Lizenzgebühren qualifiziert werden, so sind sie als „Unternehmensgewinne" einzuordnen. Ob und inwieweit dann eine Besteuerung im In- bzw. Ausland erfolgt, hängt wiederum davon ab, ob die Einkünfte einer ausländischen Betriebsstätte zuzurechnen sind.

V. Bilanzielle Aspekte

1788 Mit der Aufnahme der Geschäftstätigkeit, den ersten Entwicklungen und den ersten Umsatzerlösen stellt sich auch zunehmend die Frage deren **Bilanzierung**. Das Bilanzbild von Start-Up's ist häufig geprägt durch **hohe Jahresfehlbeträge**, bedingt dadurch, dass nur sehr geringen Umsätzen erhebliche Aufwendungen für die Entwicklung der Produkte entgegen stehen. Gerade in der Frühphase des Unternehmens mit seiner oft geringen Kapitalisierung ist häufig das Eigenkapital bereits aufgezehrt, bevor das Unternehmen überhaupt richtig am Markt tätig werden konnte.

1789 Wenn das Eigenkapital aufgebraucht ist, spricht man von einer **bilanziellen Überschuldung**. Diese alleine ist noch kein Insolvenzgrund, denn gemäß § 19 InsO ist die wirtschaftliche Überschuldung – neben Zahlungsunfähigkeit bzw. drohender Zahlungsunfähigkeit (§§ 17, 18 InsO) – Insolvenztatbestand (vgl. Abschnitt: Das Unternehmen in der Krise).

1790 Das der deutschen Bilanzierung zugrunde liegende Handelsgesetzbuch ist traditionell dem **Gläubigerschutz** verpflichtet (z. B. im Rahmen des § 252 Abs. 1 Nr. 4 HGB, der die imparitätische Behandlungen von Gewinnen und Verlusten regelt).

1791 Durch die so genannte **„Bilanzpolitik"** ist es jedoch möglich, auf absolut legale Weise das Bilanzbild eines Unternehmens zu beeinflussen, nämlich zum einen durch „Sachverhaltsgestaltung" und zum anderen durch die Ausübung der zahlreichen im Handelsrecht verankerten Wahlrechte.

1792 Durch geschickte **Sachverhaltsgestaltung** oder **Wahlrechtsausübung** lassen sich die Ziele der Bilanzpolitik für junge Unternehmen erreichen:

---

124 Tax Treaty Characterisation Issues arising from E-Commerce, Annex 1, Nr. 17.4. des Vorschlages zur Änderung des Kommentars zu Art. 12 OECD-MA; http://www.oecd.org/dataoecd/46/34/1923396.pdf.

Bernütz / Schmid

- Vermeidung oder Verringerung eines Verlustausweises,
- Vermeidung oder Verringerung einer Unterbilanz (und damit die Vermeidung der Einberufung einer außerordentlichen Hauptversammlung nach § 92 Abs. 1 AktG bzw. einer Gesellschafterversammlung nach § 49 Abs. 3 GmbHG)
- Vermeidung einer bilanziellen Überschuldung

Im Folgenden sollen einige „klassische" Bilanzierungsfragen von Start-ups und deren mögliche Behandlung im Jahresabschluss behandelt werden: **1793**

1. Entwicklungsaufwendungen

Entwickelt ein Start-Up-Software oder ähnliches selbst, die zu einem späteren **1794** Zeitpunkt vermarktet oder in anderer Weise für die Verwirklichung des Geschäftsmodells verwendet werden soll, so fallen hierfür in der Regel erhebliche Aufwendungen an. In einer handelsrechtlichen Bilanz darf der **selbstgeschaffene immaterielle Vermögensgegenstand** aber nicht aktiviert (und in den Folgejahren abgeschrieben) werden; vielmehr sind die Aufwendungen über die Gewinn- und Verlustrechnung zu erfassen. Dieses liegt in § 248 Abs. 2 HGB begründet, der besagt, dass immaterielle Vermögensgegenstände, die nicht entgeltlich erworben wurden, nicht aktiviert werden dürfen. Wenn der immaterielle Vermögensgegenstand (Software, Know-How o. ä.) jedoch erworben würde (statt selbstgeschaffen worden zu sein), wäre er gemäß § 246 HGB (Vollständigkeitsgebot) zwingend zu aktivieren. Insofern besteht die Möglichkeit, die Entwicklungsaufwendungen auszulagern – z.B. an eine eigens hierfür gegründete Tochtergesellschaft – und von dieser dann die Software o.ä. entgeltlich zu erwerben. Die Literatur hat diese Fallgestaltung selbstverständlich mit dem Hinweis auf die möglicherweise fehlenden Interessengegensätze zwischen Käufer und Verkäufer **intensiv diskutiert**.[125] Die herrschende Meinung bejaht jedoch das Vorliegen des Erwerbs von einem Dritten,[126] allerdings hat der Bilanzierende besonders sorgfältig darzulegen, dass der Erwerbspreis nicht überhöht sind und die Abschreibungsdauer angemessen ist.

2. Generierung von Eigenkapital durch die Einbringung des Geschäftsbetriebes bzw. Verschmelzung

Eine andere Möglichkeit, selbstgeschaffenes immaterielles Vermögen, für das **1795** gemäß § 248 Abs. 2 HGB ein Aktivierungsverbot besteht, für Bilanzierungszwecke nutzbar zu machen besteht darin, den (gesamten) Geschäftsbetrieb des Unternehmens im Wege einer Sacheinlage in ein anderes Unternehmen einzubringen oder das Unternehmen auf ein anderes – i.d.R. „leeres" – Unternehmen zu verschmelzen und dabei die **Bilanzierung zu Zeitwerten** zu wählen.

---

125 Vgl. z.B. A/D/S 6. Auflage, Tz. 15 zu § 248 HGB, Kropff in Komm. AktG, § 153 Anm. 47 ff.
126 Vgl. z.B. A/D/S 6. Auflage, Tz. 15 zu § 248 HGB, Baetge/Fey/Weber in HdR4, § 248 HGB Rn. 26; Baumbach/Hopt, HGB29, § 248 Rn. 3; Kupsch in BoHdR, § 248 HGB Rz. 25; Marsch-Barner in GK-HGB5, § 248 Anm. 5; Richter in HdJ2, Abt. II/2, Rn. 64; Schulze-Osterloh in Baumbach/Hueck, GmbHG16, § 42 Rn. 71.

In diesem Falle wird üblicherweise neben den – beim übertragenden Rechtsträger selbstgeschaffenen – konkreten immateriellen Vermögensgegenständen (Software, Know-How) auch ein Firmenwert zu berücksichtigen sein. Auf die vielfältigen gesetzlichen Vorschriften, die bei solchen gesellschaftsrechtlichen Transaktionen zu beachten sind (§ 33 ff. AktG, § 8 GmbHG, §§ 5 ff. UmwG), sei verwiesen. Diese Vorgehensweise wurde von einer Reihe von Unternehmen gewählt, die den Börsengang an den „Neuen Markt" gewagt bzw. ihn versucht haben und auf diesem Wege das vom Regelwerk des Neuen Marktes geforderte **Mindesteigenkapital** (€ 1,5 Mio) generiert haben. Anzumerken ist weiterhin, dass seit dem Niedergang des Neuen Marktes und den Insolvenzen zahlreicher ehemals aufstrebender Start-Up-Unternehmen, insbesondere in Bezug auf neuartige Ideen und Geschäftsmodelle, die noch nicht am Markt erprobt wurden, die für die Eintragung derartiger gesellschaftsrechtlicher Transaktionen (Kapitalerhöhung gegen Sacheinlage, Verschmelzung etc.) zuständigen Richter am Registergericht (Handelsregister) mittlerweile ein gesundes Misstrauen an den Tag legen. Sofern eine solche Transaktion angestrebt wird, sollte daher unbedingt vorab mit dem Richter am Registergericht eine Klärung über die Unterlagen (z. B. Sachverständigengutachten etc.), die er zu seiner Würdigung benötigt, erfolgen.

3. Forderungsverzicht gegen Besserungsschein statt Vereinbarung eines Rangrücktritts

1796 Zur Finanzierung in der Gründungsphase geben Gesellschafter häufig neben dem Eigenkapital Darlehen in das Unternehmen und versehen diese – teilweise zu einem späteren Zeitpunkt – mit einer Rangrücktrittserklärung. Trotz der bestehenden Rangrücktrittserklärung, die zwar – bei entsprechendem Wortlaut – überschuldungsbeseitigende Wirkung hat, ist die Verbindlichkeit in der Bilanz des Start-up's auszuweisen. Sie darf insofern nicht ausgebucht werden. Eine **Ausbuchung der Verbindlichkeit** wäre vielmehr erst dann zulässig, wenn der Gläubiger seine Forderung erlässt, was eine ernst gemeinte und klare Erlassvereinbarung zwischen dem Gläubiger und der Gesellschaft voraussetzt. Ein endgültiger Verzicht auf die Darlehensforderung ist seitens des Darlehensgläubigers jedoch häufig nicht gewollt. Eine wesentliche Möglichkeit, die zur Ausbuchung der Verbindlichkeit beim Start-Up führt, aber gleichzeitig die berechtigten Interessen des Darlehensgebers schützt, ist die Ergänzung des Forderungsverzichtes um einen **Besserungsschein**. Dieser hat üblicherweise zum Inhalt, dass der Darlehensgläubiger einen Ausgleich für die von dem Verzicht betroffene Forderung nur aus künftigen Jahresüberschüssen oder einem Liquidationserlös verlangen kann. Die durch einen solchen Besserungsschein begründete Leistungspflicht ist beim Start-up – zunächst – nicht als Verbindlichkeit zu passivieren,[127] da es sich um eine gewinnabhängige – und damit noch nicht das

---

[127] Zu beachten ist allerdings die Pflicht, die Verpflichtung aus dem Besserungsschein im Anhang zum Jahresabschluss anzugeben.

Schmid

gegenwärtige Vermögen belastende – Verpflichtung handelt. Die Verbindlichkeit ist erst dann wieder anzusetzen, wenn in Folge eines Jahresüberschusses die Forderung des Darlehensgläubigers aufgrund der Besserungsbedingungen wieder auflebt.

4. Aktivierung von Ingangsetzungsaufwendungen

Nach § 269 HGB dürfen die Aufwendungen für Ingangsetzung des Geschäfts- **1797** betriebs und dessen Erweiterung, so weit sie (an sich) nicht bilanzierungsfähig sind, als **Bilanzierungshilfe** aktiviert werden, wobei der Posten gesondert vor dem Anlagevermögen auszuweisen und im Anhang zu erläutern ist. Zu den Aufwendungen für die Ingangsetzung des Geschäftsbetriebs gehören insbesondere die Aufwendungen nach der Gründung des Unternehmens, die im Interesse des Aufbaus der Innen- und Außenorganisation sowie der Ingangsetzung und Ausübung der Geschäftstätigkeit anfallen. Beispielsweise: Aufwendungen für die Personalbeschaffung und -schulung, für den Aufbau von Beschaffungs- und Absatzwegen, für Marktanalysen sowie für Einführungswerbung. Abzugrenzen sind die Ingangsetzungsaufwendungen jedoch von den Aufwendungen für die Gründung des Unternehmens und für die Beschaffung des Eigenkapitals, da hierfür nach § 248 Abs. 1 HGB ein Bilanzierungsverbot besteht. Dieses Verbot betrifft aber nur die Kosten der rechtlichen Entstehung der Gesellschaft (z. B. Gerichts- und Notariatskosten, Kosten der Aktienausgabe etc.). Der Zeitraum der Ingangsetzung endet mit der Aufnahme des vollen laufenden Geschäftsbetriebs. Bis zu diesem Zeitpunkt dürfen die Ingangsetzungsaufwendungen als Bilanzierungshilfe aktiviert werden. Werden solche Aufwendungen aktiviert, so entsteht in gleicher Höhe eine sog. **„Ausschüttungssperre"**. Aktivierte Ingangsetzungsaufwendungen sind in jedem folgenden Geschäftsjahr zu mindestens einem Viertel durch Abschreibungen zu tilgen (§ 282 HGB).

5. Erfassung von Umsatzerlösen

Nach § 252 Abs. 1 Nr. 4 HGB dürfen Gewinne erst dann im Jahresabschluss be- **1798** rücksichtigt werden, wenn sie zum Bilanzstichtag realisiert sind. Bezogen auf die Erfassung von Umsatzerlösen bedeutet dieses, dass ein Umsatz aus einem Projekt erst dann im Jahresabschluss gezeigt werden darf, wenn es tatsächlich abgeschlossen ist. Der Zeitpunkt der Gewinnrealisierung bestimmt sich nach den **Grundsätzen ordnungsgemäßer Bilanzierung**, wobei im Regelfall folgendes gilt:

– beim Verkauf von Vermögensgegenständen zu dem Zeitpunkt, in dem der Vermögensgegenstand ausgeliefert, der Anspruch auf die Gegenleistung entstanden und die Gefahr des zufälligen Untergangs auf den Käufer übergegangen ist (z. B. geregelt durch die allgemeinen Geschäftsbedingungen),
– bei einem Verkauf mit Rückgaberecht zu dem Zeitpunkt, in dem das Rückgaberecht erloschen und die Frist für die Rücksendung abgelaufen ist,
– bei Leistungen auf Grund eines Dienstvertrages zu dem Zeitpunkt, in dem die Leistung erbracht und der Anspruch auf die Gegenleistung entstanden ist,

- bei Leistungen auf Grund eines Werkvertrages zu dem Zeitpunkt, in dem das Werk an den Auftraggeber abgeliefert und abgenommen ist (§ 640 BGB) und damit der Anspruch auf die Gegenleistung entstanden ist.

1799 Von ganz zentraler Bedeutung ist insofern, dass – und das wird von jungen Unternehmen häufig falsch gehandhabt – Rechnungsstellung und Umsatzerlöserfassung auseinander fallen können. Wie häufig zu beobachten ist, stellt bei komplexen Umsatzvorgängen (z. B. im Rahmen eines Werkvertrages wird für einen Kunden eine Software erstellt) die Anforderung einer Abschlagszahlung in der Regel eben keinen Umsatzerlös dar; vielmehr ist die eingehende Zahlung als erhaltene Anzahlung zu passivieren.

1800 Besonderheiten können sich jedoch im Rahmen sog. **„langfristiger Fertigung"** ergeben, also dann, wenn der Fertigungs- oder auch jeder anderer Leistungsprozess über die Dauer eines Geschäftsjahres hinausgeht (z. B. größeres Kundenprojekt). Dieses betrifft aus der Erfahrung der Verfasser vergleichsweise viele Start-up's, die für Kunden Software- oder andere Entwicklungsprojekte durchführen. Unter normalen Umständen dürfte der Umsatz und Gewinn erst bei Abnahme des Gesamtprojektes erfasst werden; in den zwischenzeitlichen Jahren sind die bereits geleisteten Arbeiten mit ihren Herstellungskosten (§ 255 Abs. 2 HGB) als „unfertige Leistungen" (oder als unfertige Erzeugnisse) zu behandeln, erhaltene An- bzw. Abschlagszahlungen als „erhaltene Anzahlungen". Ein Gewinn wird dabei nicht verbucht; bis zum Projektende wird das Projekt erfolgsneutral behandelt.

1801 Abweichend von vorgenanntem Grundsatz ist jedoch unter bestimmten Umständen eine (teilweise) Gewinnrealisierung für rechnerisch abgrenzbare Teilleistungen bereits vor Abwicklung, Abnahme und Abrechnung des Gesamtauftrages zulässig. Die Voraussetzungen, die kumulativ erfüllt sein müssen, für eine solche **Teilgewinnrealisierung** sind:

- Es muss sich um eine langfristige Fertigung handeln, d. h. die Leistungserstellung muss sich über die Dauer eines Geschäftsjahres hinaus erstrecken.
- Langfristige Fertigungen müssen einen wesentlichen Teil der Geschäftstätigkeit ausmachen, d. h. einen wesentlichen Teil des Geschäftsmodells darstellen.
- Wenn der Gewinn erst nach Abschluss des Gesamtauftrages oder nach Abschluss der langfristigen Fertigung erfasst würde, wäre der Einblick in die Ertragslage des Unternehmens beeinträchtigt.
- Der sich aus dem Gesamtprojekt ergebende Gewinn muss sicher zu ermitteln sein (insofern müssen eine Vorkalkulation sowie eine laufende Kostenrechnung mit Soll-Ist-Vergleich unbedingt vorhanden sein) und es dürfen keine Risiken bekannt sein, die das erwartete Ergebnis wesentlich beeinträchtigen können.
- Für unvorhersehbare Garantieleistungen und Nachbesserungen müssen vorsichtig bemessene Beträge berücksichtigt sein.
- Die Gesamtleistung muss in rechnerisch abgrenzbare Teilleistungen zerlegt werden können.

– Schließen Teilleistungen gegenüber den Vorkalkulationen mit wesentlich höheren Ist-Kosten ab, so dürfen anteilige Gewinne nicht vereinnahmt werden, so weit nicht davon ausgegangen werden kann, dass die noch anfallenden Kosten hinreichende Deckung im Erlös finden.
– Es dürfen keine Anzeichen dafür vorliegen, dass der Kunde Einwendungen erheben kann, die sich negativ auf das Projektergebnis auswirken können.

Sofern diese Voraussetzungen kumulativ erfüllt sind, darf der auf die bereits erbrachten (abgrenzbaren) Teilleistungen anteilmäßig entfallende Gewinn vereinnahmt werden. Dabei ist aber zu beachten, dass eine Umsatzrealisierung in diesen Fällen regelmäßig noch nicht stattgefunden hat (es sei denn: unbedingte Teilabnahmen von Teilleistungen), da sich das Projekt ja noch im Verfügungsbereich des Leistenden befindet und eine Abnahme durch den Auftraggeber noch nicht stattgefunden hat. Dies bedeutet, dass trotz Gewinnrealisierung noch keine Forderung und kein Umsatz anzusetzen ist, sondern der Auftragnehmer weiter die unfertigen Erzeugnisse oder Leistungen zu bilanzieren hat, allerdings mit einem Wert, in dem neben den Herstellungskosten der Teilgewinn enthalten ist. Ein Umsatz wird erst bei **Endabnahme** der Leistung durch den Auftraggeber verbucht. **1802**

Insofern lassen sich durch eine sachgerechte Projektsteuerung und -dokumentation die Voraussetzungen für eine Teilgewinnrealisierung erfüllen, was eine positive Beeinflussung des Bilanzbildes ermöglicht. **1803**

Bei allen **bilanzpolitischen Entscheidungen** hat sich das den Jahresabschluss aufstellende Organ (Geschäftsführung, Vorstand) seiner Verantwortung bewusst zu sein. Eine **Überbewertung von Vermögensgegenständen** führt zumindest bei Aktiengesellschaften (§ 256 AktG), nach herrschender Meinung aber auch bei Gesellschaften mit beschränkter Haftung zur **Nichtigkeit des Jahresabschlusses**. Bei Verschleierung einer Überschuldung stellt sich i.d.R. die Frage der Insolvenzverschleppung. Falsche Angaben über die Werthaltigkeit einer Sacheinlage führen zu einer Differenzhaftung. Diesbezügliche Handlungen des Vorstandes bzw. der Geschäftsführer sind strafbewehrt (§§ 399 ff. AktG, 82 ff. GmbHG, § 9 a GmbHG). Insofern ist genau darauf zu achten, dass die gewählte Bilanzierung zu einem zutreffenden Ausweis der Vermögens-, Finanz- und Ertragslage führt. **1804**

VI. Fördermittel zum Aufbau und Ausbau des operativen Geschäftes

Ausgehend von den im ersten Teil unter Abschnitt D.V. dargestellten Grundsätzen zu den öffentlichen Fördermitteln, stellt sich für den Unternehmer, insbesondere während des Auf- und Ausbaus des Unternehmens die Frage nach weiteren Fördermitteln für seine Vorhaben. **1805**

Für die Förderung der Vorhaben lassen sich erfahrungsgemäß folgende wesentlichen Förderbereiche unterscheiden: **1806**

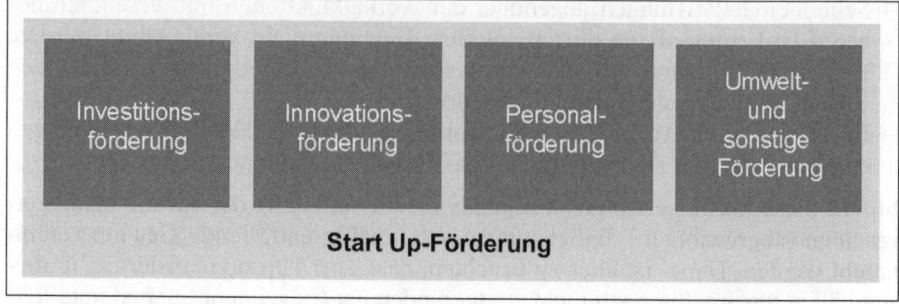

Abbildung 28: Grundsätzliche Förderbereiche

1807 Je nach Förderbereich unterscheidet sich die Gewichtung und Kombination der verschiedenen Förderarten. Die einzelnen Förderbereiche, die auch im Rahmen des Auf- und Ausbaus des operativen Geschäftes in Frage kommen können, lassen sich grundsätzlich wie folgt einordnen:

1. Investitionsförderung

1808 Durch Investitionsförderprogramme werden Investitionen in Wirtschaftsgüter des Anlagevermögens gefördert. Folgende Förderprogramme sind von grundsätzlichem Interesse:

- Steuerliche Sonderabschreibungen und steuerfreie Rücklagen nach § 7 g EStG,
- Investitionszulagen nach dem InvZulG 1999 bis zu 27,5 %,
- Nicht rückzahlbare Investitionszuschüsse aus Mitteln der GA[128] bis zu 50 %,
- Förderdarlehen der KfW,[129] oder regionaler Förderinstitute[130] mit bis zu 75 % Finanzierungsanteil, günstigen Konditionen und bis zu 50 %-iger Haftungsfreistellung,
- Bürgschaften des Bundes, der einzelnen Bundesländer, der KfW oder einer regionalen Bürgschaftsbank bis zu 80 % der Darlehensumme.[131]

1809 Förderfähige Vorhaben sind – neben der bereits erwähnten Unternehmensgründung – die Errichtung, Verlagerung, Erweiterung und Sicherung von Betriebsstätten.

1810 **Steuerliche Sonderabschreibungen und steuerfreie Rücklagen** sind in der Handels- und Steuerbilanz des jeweiligen Wirtschaftsjahres vorzunehmen. Aufgrund von Anlaufverlusten und der regelmäßig geringen Ertragsteuerbelastung in den ersten Jahren hat diese Förderart in den Anfangsjahren für Start Up-Unternehmen keine oder nur eine geringe Liquiditätswirkung. In den Folgejahren können sich allerdings steuerstundende oder steuermindernde Auswirkungen ergeben.

---

128 Gemeinschaftsaufgabe „Verbesserung der regionalen Wirtschaftsstruktur" (GA).
129 Kreditanstalt für Wiederaufbau.
130 Vgl. Übersicht in den Anlagen.
131 Vgl. Übersicht in den Anlagen.

Die Förderung mit **Investitionszulage** mit bis zu 27,5% kommt nur für Investitionen in den neuen Bundesländern in Betracht und ist dem Grund und der Höhe nach u. a. vom jeweiligen Wirtschaftszweig, der Unternehmensgröße und dem Investitionsort abhängig. Ein Förderung ist nur für Betriebe des verarbeitenden Gewerbes und im Gesetz genannter produktionsnaher Dienstleistungen möglich.

1811

Mit Investitionszulage werden nur bestimmte Wirtschaftsgüter des Sachanlagevermögens gefördert.[132] Die Investitionen müssen bis 31. Dezember 2004 abgeschlossen sein.

1812

Die Investitionszulage ist beim zuständigen Finanzamt zu beantragen. Zu beachten ist, dass dies grundsätzlich erst nach Ablauf des Kalenderjahres möglich ist, in dem die Investition erfolgt ist, sodass die Investitionszulage vorfinanziert werden muss.

1813

Förderzeitraum		2002 bis 2004	2002 bis 2004
Neue, bewegliche Anlagegüter		**Erstinvest.**	**Ersatzinvest.**
verarbeitendes Gewerbe, produktionsnahe Dienstleistungen	Grundzulage für nBL	12,5%	-
	Grundzulage für Berlin (Ost)	12,5%	-
	Grundzulage östl. Randgebiete	15,0%	-
	erhöhte Zulage*	25,0%	5,0%
	erhöhte Zulage Berlin/Brandbg.*	20,0%	-
	erhöhte Zulage östl. Randgebiete*	27,5%	5,0%
Betrieblichen Zwecken dienende neue Gebäude		**Erstinvest.**	**Ersatzinvest.**
verarbeitendes Gewerbe, produktionsnahe Dienstleistungen	Grundzulage für nBL	12,5%	-
	Grundzulage östl. Randgebiete	15,0%	-

*) gilt nur für Unternehmen mit max. 250 ArbN

Abbildung 29: Überblick über die Förderung mit Investitionszulage für Investitionen, die zwischen dem 01.01.2002 und dem 31.12. 2004 abgeschlossen werden

Eine Förderung durch **GA-Mittel** mit bis zu 50% kommt fast ausschließlich nur für Investitionen in den neuen Bundesländern in Betracht und ist – ähnlich wie die Investitionszulage – dem Grund und der Höhe nach vom Wirtschaftszweig des jeweiligen Betriebes, der Unternehmensgröße und dem Investitionsort abhängig. Bei den förderfähigen Wirtschaftszweigen handelt es sich hauptsächlich um bestimmte Betriebe des verarbeitenden Gewerbes und der produktionsnahen Dienstleistungen.[133]

1814

---

132 Die Wirtschaftsgüter müssen neu, abnutzbar und beweglich sein. Immaterielle Wirtschaftsgüter (z.B. Software oder Lizenzen) kommen somit für eine Förderung nicht in Frage. Es darf sich überdies nicht um geringwertige Wirtschaftsgüter (§ 6 Abs. 2 EStG) oder Personenkraftwagen oder Luftfahrzeuge handeln. Förderfähig hingegen sind jedoch auch die Anschaffung neuer Gewerbeimmobilien bis zum Jahr der Fertigstellung oder die Herstellung solcher Immobilien.
133 Die förderfähigen Wirtschaftszweige sind in der sog. Positivliste aufgeführt. Je nach Bundesland sind weitere Einschränkungen hinsichtlich der förderfähigen Wirtschaftszweige zu beachten.

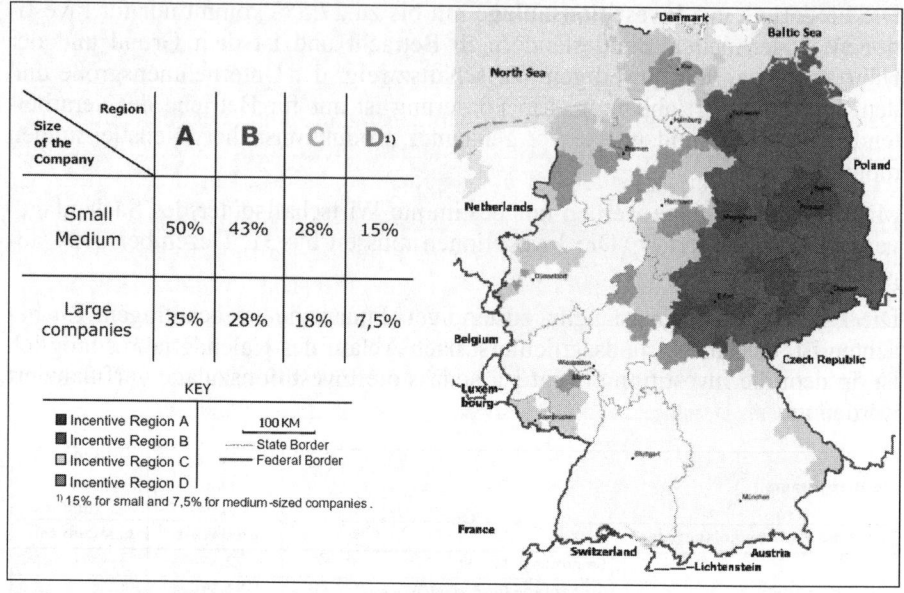

Quelle: www.foreign-direct-investment.de

Abbildung 30: GA-Fördergebiete und Fördersätze (ohne bundeslandspezifische Einschränkungen)

1815 Die Bemessungsgrundlage für die GA-Förderung ist weiter gefasst, als bei der Investitionszulage, d.h. es können mehr Wirtschaftsgüter gefördert werden (z.B. immaterielle Wirtschaftsgüter, wie Software, Lizenzen etc.). Soweit gleichzeitig Investitionszulage oder andere Fördermittel gewährt werden, sind diese jedoch in voller Höhe oder anteilig auf die GA-Förderung anzurechnen.

1816 Eine Förderung aus GA-Mitteln erfolgt regelmäßig nur dann, wenn die Investition eine erhebliche Anstrengung des Investors darstellt. Dies ist regelmäßig mit der Auflage verbunden, eine bestimmte Anzahl von Arbeitsplätzen zu schaffen oder zu sichern, bzw. das so genannte Abschreibungskriterium zu erfüllen.

1817 **Förderdarlehen** der KfW oder regionaler Förderinstitute unterliegen i.d.R. weniger Restriktionen hinsichtlich der förderfähigen Wirtschaftszweige und des Fördergebietes. Sie können von fast allen gewerblichen Unternehmen, die Investitionen im Bundesgebiet durchführen, beantragt werden.[134]

1818 Die wesentlichen Förderprogramme auf Bundesebene für Unternehmen sind:

- ERP-Eigenkapitalhilfeprogramm EKH,
- ERP-Existenzgründungsprogramm,

---

134 Die Darlehen der regionalen Förderinstitute sind allerdings auf Investitionen im jeweiligen Bundesland beschränkt.

- Startgeld,
- KfW-Unternehmerkredit,
- ERP-Regionalförderprogramm.

Der Finanzierungsanteil beträgt regelmäßig 75%, er kann aber manchmal auch **1819** darüber liegen (z. B. bei DtA-Existenzgründungsprogramm). Andere Fördermittel, die für dasselbe Vorhaben gewährt werden, sind hierbei anzurechnen.

Die Zinssätze liegen z.T. deutlich unter den jeweils aktuellen Marktkonditionen. **1820** Im Übrigen ist bei vielen Programmen eine teilweise Haftungsfreistellung möglich. Die Darlehensmittel des ERP-Eigenkapitalhilfeprogramm der DtA fungieren sogar als haftender Eigenkapitalersatz. Weitere Vorteile sind zwei bis zehn tilgungsfreie Jahre und ggf. eine jederzeitige Rückzahlbarkeit. Der Umfang der zu finanzierenden Wirtschaftsgüter reicht von Wirtschaftsgütern des Anlagevermögens bis zu Betriebsmitteln und Markterschließungskosten.

Die Anträge sind grundsätzlich bei einer Geschäftsbank bzw. der Hausbank zu **1821** stellen, werden von dieser geprüft und nur bei entsprechender Befürwortung an die KfW weitergeleitet.

Bund, Länder, DtA und regionale Bürgschaftsbanken gewähren **Bürgschaften** **1822** für Darlehen u. a. zur Finanzierung von Gründungsvorhaben. Einschränkungen hinsichtlich des Fördergebietes oder der Wirtschaftszweige sind zu beachten. Voraussetzung ist überdies, dass das Unternehmen eine positive zukünftige Entwicklung darstellen kann.

Je nach Höhe der Bürgschaft ist der Antrag entweder bei den regionalen Bürg- **1823** schaftsbanken,[135] bei einer Geschäftsbank (für Bürgschaften der KfW), beim Bund oder den jeweiligen Bundesländern bzw. deren Geschäftsbesorgern[136] zu stellen.

2. Innovationsförderung

Die Innovationsförderung zielt auf die Unterstützung innovativer Vorhaben. Ge- **1824** fördert werden Projektkosten für Forschungs- und Entwicklungsvorhaben und anderen Innovationsvorhaben. Die Projektkosten setzen sich überwiegend aus sofort aufwandswirksamen Kosten, z. B. Personalkosten, Reisekosten oder anderen Sachkosten, und zu einem geringen Teil aus Kosten für aktivierungsfähige Wirtschaftsgüter, z. B. Laborgeräte, zusammen.

Die wesentlichen Förderarten im Rahmen der Innovationsförderung sind **1825**

- Nicht rückzahlbare nationale und regionale FuE-Zuschüsse bis zu 50% (ggf. sind auch höhere Zuschüsse möglich),

---

135 Vgl. Übersicht in der Anlage.
136 Geschäftsbesorger für Bürgschaften des Bundes ist die PwC Deutsche Revision AG Wirtschaftsprüfungsgesellschaft (PwC) in Düsseldorf. PwC fungiert auch für einige Bundesländer als Geschäftsbesorger (z.B. Sachsen-Anhalt oder Berlin).

- Förderdarlehen der KfW oder regionaler Förderinstitute[137] mit bis zu 75% Finanzierungsanteil, günstigen Konditionen und bis zu 50%-iger Haftungsfreistellung,
- Bürgschaften des Bundes, der einzelnen Bundesländer, der KfW oder einer regionalen Bürgschaftsbank bis zu 80% der Darlehensumme,[138]
- Beteiligungen öffentlicher Beteiligungsgesellschaften (z.B. tbg Technologie-Beteiligungsgesellschaft, Mittelständische Beteiligungsgesellschaften der einzelnen Bundesländer etc.) oder Refinanzierungsdarlehen für Beteiligungen anderer Beteiligungsgeber (z.B. Kapitalbeteiligungsgesellschaft, Brancheninvestor, Privatperson).

1826 Der geforderte Innovationsgrad ist programmabhängig. Bei der Projektförderung wird grundsätzlich unterschieden zwischen

- direkter Projektförderung, bei der Vorhaben der industriellen Verbundforschung (Kooperationen von Wissenschaft und Industrie) bevorzugt werden[139] und
- indirekter bzw. spezifischer Förderung, z.B. für kleine und mittlere Unternehmen (KMU) eines bestimmten Technologiebereiches.

1827 Innovationsförderung findet allerdings nicht nur auf regionaler oder nationaler Ebene statt, sondern liegt auch im Interesse der EU. Die seitens der EU zur Verfügung gestellten Fördermittel, z.B. aus dem 6. FuE-Rahmenprogramm kommen aus verschiedenen Gründen insbesondere für die Wachstums- und Expansionsphase in Betracht.

1828 Einige wichtige direkte **Zuschussprogramme** im Rahmen der nationalen Innovationsförderung für Unternehmen sind u.a.

- FUTOUR 2000 – Technologieorientierte Gründungen (BMW, VDI/VDE, PTJ),[140]
- PRO-INNO – Innovationskompetenz für KMU (BMW, AiF),
- Thematische Fachprogramme, z.B. Biotechnologie (BMBF).

1829 Hinzu kommen entsprechende bundeslandspezifische Förderprogramme.

1830 Da die Darlehensfinanzierung bei Innovationsvorhaben eher untypisch ist, gibt es auf Bundesebene auch nur wenige **Darlehensprogramme** für den Bereich der Innovationsförderung. Ein solches Darlehensprogramm ist z.B. das ERP-Innovationsprogramm der KfW in der Darlehensvariante. Darüber hinaus existieren auch entsprechende bundeslandspezifische Förderprogramme.

---

137 Vgl. Übersicht in den Anlagen.
138 Vgl. Übersicht in den Anlagen.
139 Bei Verbundprojekten kann es sich erfahrungsgemäß entweder um Kooperationen zwischen (mehreren) Unternehmen (vorzugsweise unter Beteiligung von KMU) und Forschungseinrichtungen oder ähnlichen Institutionen handeln oder um Kooperationen mehrerer Unternehmen (vorzugsweise unter Beteiligung von KMU), deren Tätigkeitsbereiche vorzugsweise die erforderliche Wertschöpfungskette abbilden.
140 Nur in den neuen Bundesländern.

Bund, Länder, KfW und regionale Bürgschaftsbanken gewähren **Bürgschaften** **1831** für Darlehen zur Finanzierung von innovativen Vorhaben. Allerdings haben die Bürgschaften – wie auch die Förderdarlehen – keine große Bedeutung im Bereich der Innovationsförderung, sodass hier lediglich auf die Ausführungen zu Bürgschaften im Rahmen der Investitionsförderung verwiesen wird.

Ein wesentlicher Unterschied der Innovationsförderung zur Investitionsförde- **1832** rung besteht darin, dass die **Beteiligungsfinanzierung** ein wichtiger Bestandteil der Förderung ist. Dies hängt u. a. mit dem hohen Eigenkapitalbedarf bei Innovationsvorhaben zusammen.

Die KfW und verschiedene Bundesländer bzw. regionale Förderinstitute unter- **1833** halten deshalb Beteiligungsgesellschaften, die direkte oder stille Beteiligungen an jungen innovationsgetriebenen Unternehmen eingehen (z. B. tbg Technologie-Beteiligungsgesellschaft oder IBB-Beteiligungsgesellschaft der Investitionsbank Berlin). Allerdings beschränken sich die Beteiligungsgesellschaften der Bundesländer sowie der regionalen Förderinstitute jeweils auf Beteiligungen innerhalb einer bestimmten Region (Bundesland). Lediglich die tbg geht bundesweit im Rahmen folgender Förderprogramme Beteiligungen ein (teilweise nur mit einem Leadinvestor):

- Technologie-Beteiligungsprogramm (Beteiligungen in der Frühphase bis T€ 250, bei Innovationsvorhaben bis € 2,5 Mio., bei Exit-Finanzierungen bis € 5,0 Mio.),
- FUTOUR 2000 – Technologieorientierte Gründungen (stille Beteiligungen bis T€ 690),[141]
- BTU – Beteiligungskapital für kleine Technologieunternehmen (stille Beteiligungen bis € 1,5 Mio.),
- BTU-Frühphase – Beteiligungskapital für kleine Technologieunternehmen in der Frühphase (Genussrechtskapital bis T€ 150).

3. Beteiligungsfinanzierung

Darüber hinaus gewährt die KfW Förderdarlehen zu Refinanzierung und Risi- **1834** koentlastung von Beteiligungen öffentlicher und privater Kapitalbeteiligungsgesellschaften (z. B. private VC-Geber), Unternehmen (z. B. Brancheninvestoren) und Privatpersonen (z. B. Business Angels).

Hierfür bietet die KfW folgende Programme an:[142] **1835**

- ERP-Innovationsprogramm (Beteiligungsvariante),
- BMW-Technologie-Beteiligungsprogramm „Beteiligungskapital für kleine Technologieunternehmen" (BTU),
- KfW-Beteiligungsfonds (Ost),
- ERP-Beteiligungsprogramm,
- KfW-Risikokapitalprogramm.

---

141 Nur in den neuen Bundesländern und Berlin-Ost.
142 Bei den ERP-Programmen handelt es sich um ERP-Mittel, die von der KfW verwaltet werden, während es sich bei den anderen genannten Programmen um Eigenmittel der KfW handelt.

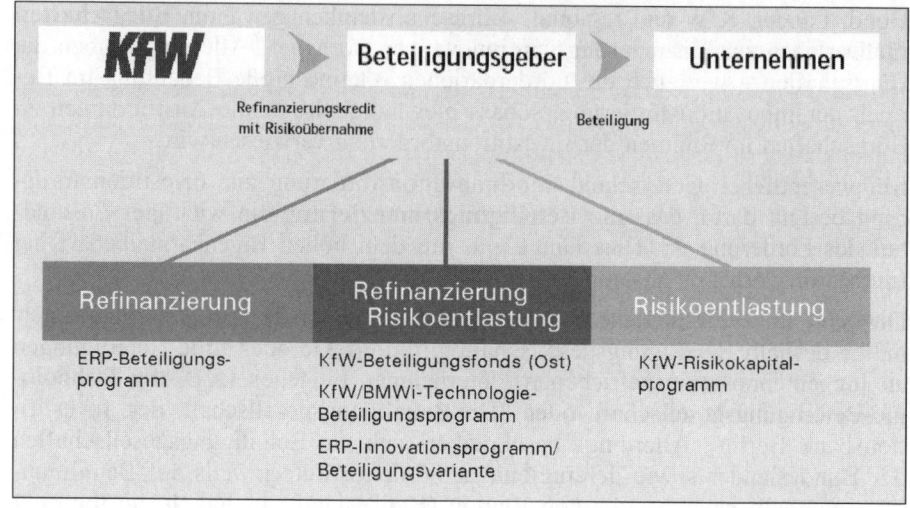

Quelle: in Anlehnung an KfW, vgl. www.kfw.de

Abbildung 31: Fördersystem zur Refinanzierung von Beteiligungen

1836 Der Finanzierungsanteil liegt zwischen 40%[143] und 100%.[144] Die Höchstbeträge für die Refinanzierungsdarlehen liegen programmabhängig zwischen € 1,4 Mio.[145] und € 5,0 Mio.[146] je Beteiligungsvorgang. Die Antragstellung durch den Beteiligungsgeber erfolgt über eine Geschäftsbank.[147]

4. Personalförderung

1837 Die Personalförderung ist Bestandteil der Sozial- und Arbeitsmarktpolitik. Die Bundesanstalt für Arbeit (BA) und das Bundesministerium für Wirtschaft und Arbeit (BMWA) fördern deshalb die Einstellung von arbeitslosen oder von der Arbeitslosigkeit bedrohten Personen mit entsprechenden Personalkostenzuschüssen. Folgende Programme können hier in Frage kommen:[148]

- Einstellungszuschuss bei Neugründungen
- Aktion Beschäftigungshilfen für Langzeitarbeitslose,
- Sonderprogramm „Mainzer Modell"

1838 Darüber hinaus werden auch Maßnahmen der Mitarbeiterqualifizierung gefördert. Überdies können auch Gründer selbst ggf. eine Förderung erhalten (z.B.

---

143 KfW-Risikokapitalprogramm (alte Bundesländer und Berlin-West).
144 BTU-Technologie-Beteiligungsprogramm.
145 BTU-Technologie-Beteiligungsprogramm.
146 ERP-Innovationsprogramm (Beteiligungsvariante) und KfW-Beteiligungsfonds (Ost).
147 Bei der KfW akkreditierte Kapitalbeteiligungsgesellschaften können Anträge direkt bei der KfW stellen.
148 Die Aufzählung ist nur beispielhaft und nicht abschließend.

Quente / Uhlmann

Überbrückungsgeld der „Ich-AG"). Hinzu kommen außerdem die Förderprogramme der einzelnen Bundesländer.

Je nach Programm werden einmalige oder laufende Personalkostenzuschüsse in unterschiedlicher Höhe (z.B. T€ 7,5 pro Jahr oder bis zu 80% der jährlichen Personalkosten) über eine bestimmte Zeit (i.d.R. 12 bis 24 Monate) für die Neueinstellung von Mitarbeitern gewährt. Die Förderung ist dem Grunde und der Höhe nach von den einzustellenden Personen abhängig (z.B. Dauer der Arbeitslosigkeit, Qualifikation, Geschlecht etc.). **1839**

Für die Programme auf Bundesebene ist das jeweilige Arbeitsamt zuständig, die Landesprogramme werden entweder vom Land selbst oder von einem Geschäftsbesorger verwaltet. **1840**

5. Umweltschutzförderung

Durch Umweltschutzförderprogramme werden u.a. Investitionen in umweltfreundliche Wirtschaftsgüter und Maßnahmen, Innovationen im Bereich des Umweltschutzes (z.B. die Entwicklung umweltfreundlicher Produktionsverfahren), die Markteinführung von umweltfreundlicher Technologie und Verfahren sowie Umweltberatungen gefördert. Die Förderung erfolgt – je nach Förderprogramm – in folgenden Formen: **1841**

- Nicht rückzahlbare Zuschüsse zu Beratungs- und Gutachterkosten,
- Nicht rückzahlbare Zuschüsse zu Darlehenszinsen,
- Nicht rückzahlbare Investitionszuschüsse (Ausnahme),
- Förderdarlehen mit günstigen Konditionen und teilweiser Haftungsfreistellung,
- Bürgschaften.

Einige wichtige Förderprogramme im Bereich der Umweltschutzförderung sind z.B. **1842**

- Gesetz zur Förderung der erneuerbaren Energien (EEG),
- Marktanreizprogramm zur Förderung erneuerbarer Energien,
- ERP-Umwelt- und Energiesparprogramm der KfW,
- KfW-Umweltprogramm,
- KfW-Umweltschutz-Bürgschaftsprogramm,
- BMU-Programm zur Förderung von Demonstrationsvorhaben der KfW,
- KfW-Umweltprogramm,
- KfW-Programm zur Förderung erneuerbarer Energien,
- Fachprogramm Umwelttechnologien des BMBF.[149]

Hinzu kommen weitere Förderprogramme der einzelnen Bundesländer. **1843**

---

149 Die Aufzählung ist nur beispielhaft und nicht abschließend.

6. Messeförderung

1844 Zur Verbesserung der Absatzmöglichkeiten für KMU in den neuen Bundesländern und Berlin-Ost gewährt das Bundesministerium für Wirtschaft und Arbeit (BMWA) nicht rückzahlbare Zuschüsse für die Teilnahme an überregionalen und internationalen Messen und Ausstellungen in Deutschland.

1845 Gefördert werden die vom Messeveranstalter in Rechnung gestellten Standmieten inkl. der quadratmeterbezogenen Umlagen bis zu einem Betrag von max. T€ 4,5 je Messeteilnahme. Insgesamt können drei Messeteilnahmen pro Jahr gefördert werden. Bei internationalen Veranstaltungen im Ausland können bis zu insgesamt T€ 130 gewährt werden. Voraussetzung für eine Förderung ist allerdings, dass die jeweilige Veranstaltung als förderfähige Veranstaltung anerkannt ist.[150]

---

150 Eine Übersicht über die förderfähigen Messen und Ausstellungen kann beim:www.auma-messen.de abgerufen werden.

G. Internationalisierung und Aufbau von Tochtergesellschaften

Literaturauswahl:

Bogenschütz, Eugen, Steuerliche Probleme bei europäischen Unternehmenszusammenschlüssen. Erfahrungsbericht aus deutscher Sicht, IStR 2000, S. 609 ff.; Dressler, Günther, Gewinn- und Vermögensverlagerung in Niedrigsteuerländer und ihre steuerliche Überprüfung, 3. Auflage 2000; Endres, Dieter / Oestreicher, Andreas, Grenzüberschreitende Ergebnisabgrenzung etc., IStR 2003, Sonderdruck zu Heft 15/2003; Fischer-Zernin, Justus, Joint Venture Strukturen im internationalen Steuer- und Gesellschaftsrecht, IWB Nr. 9 vom 14. 05. 1997, Gruppe 2, S. 1273 ff.; Beck'sches Handbuch der Personengesellschaft, München 1999; BMF-Schreiben vom 23. 02. 1983 betreffend die Grundsätze für die Prüfung der Einkunftsabgrenzung bei international verbundenen Unternehmen, BStBl I, S. 218 ff.; Verfügung des Finanzministeriums Baden-Württemberg vom 31. 07. 1995 zur Einkunftsabgrenzung bei international verbundenen Unternehmen, IStR 1995, S. 539 ff.; BMF-Schreiben vom 30. 12. 1999 betreffend die Grundsätze für die Prüfung der Einkunftsabgrenzung durch Umlageverträge zwischen international verbundenen Unternehmen, BStBl I 1999, S. 1122; BMF-Schreiben vom 09. 11. 2001 zur Einkunftsabgrenzung zwischen international verbundenen Unternehmen in den Fällen der Arbeitnehmerentsendung, BStBl. I 2002, S. 796 ff.

I. Grundüberlegungen

Der Gang ins Ausland stellt für junge und mittelständische Unternehmen eine große Herausforderung dar. Die erfolgreiche internationale Betätigung beeinflusst das zukünftige Schicksal des gesamten Unternehmens sowie die berufliche Zukunft der Gründer. Eine Auslandsinvestition (auch: Outbound Investment) sollte daher gründlich und zeitgerecht geplant werden. Hierbei sind verschiedene Faktoren zu berücksichtigen: **1846**

- Wirtschaftliche Beweggründe für die Auslandsinvestitionen [1]
- Art der Tätigkeit im Ausland
- Anlaufkosten
- Anlaufzeiten
- Zivil- und gesellschaftsrechtliche Vorgaben im „Zielland"
- Haftungsrisiken
- Steuerliche Folgen im In- und Ausland
- Ausstiegsmöglichkeiten (Exit)

Leider nehmen zahlreiche Unternehmen insbesondere aufgrund von Zeitdruck und zur (vermeintlichen) Einsparung von Kosten im Vorfeld eines Auslandsengagements keine oder lediglich eine unzureichende professionelle Analyse der vorstehenden Punkte vor. Eine unzureichende Analyse kann insbesondere dann **1847**

---

[1] Wirtschaftliche Beweggründe sind z. B. die Erschließung von Absatzmärkten, Verlagerung von Forschung & Entwicklung, Produktion oder Verschaffung von Zugang zu Know-how.

auftreten, wenn ein lokaler Berater eingeschaltet wird, der sich zum ersten Mal im internationalen Bereich betätigt und auf diese Weise „am lebenden Objekt" lernt. Auch ein Rückgriff auf die Unterstützung durch VC-Investoren ist keine Erfolgsgarantie, da sie den individuellen Anforderungen des Unternehmens häufig nicht gerecht werden.

1848 Die Autoren haben in zahlreichen Praxisfällen erlebt, dass eine unüberlegte und übereilte Vorgehensweise zu schwerwiegenden Fehlentscheidungen und finanziellen Nachteilen geführt hat. Diese Nachteile hätten bei einer gezielten Vorgehensweise und bei rechtzeitiger Beratung vermieden werden können!

1849 Um die weiteren Ausführungen transparenter zu gestalten, zunächst folgender Beispielsfall:

> *Die Start AG im Auswärtsspiel:*
>
> Die START AG entwickelt und vertreibt innovative Softwareprodukte für den Unternehmenskommunikationsbereich. Die Gesellschaft ist vier Jahre nach ihrer Gründung im deutschen Markt als First Mover etabliert. Mit ca. 65 Mitarbeitern wurde im Geschäftsjahr 2002 ein Umsatz von € 8,5 Mio. erzielt. Das Unternehmen wurde seit Mitte 2000 von einem VC-Unternehmen mitfinanziert.
>
> Die START AG möchte ihre Softwareprodukte nunmehr verstärkt im europäischen und amerikanischen Ausland vertreiben. Nach ersten Überlegungen der Geschäftsführung soll der Gang ins Ausland über Betriebsstätten oder ausländische Tochtergesellschaften realisiert werden. Ein Engagement mit einem ausländischen Partner in der Form eines Joint Ventures ist hingegen nicht geplant. Im ersten Schritt sollen zunächst in Frankreich, Großbritannien und Österreich innerhalb von vier Monaten schlagkräftige Vertriebsmöglichkeiten geschaffen werden. Der Verkauf der Hauptprodukte in weitere Länder (USA, Schweiz, Polen, Tschechien) ist geplant.
>
> Zur Umsetzung der Internationalisierung soll frühzeitig eine optimierte Unternehmensstruktur implementiert werden, die auch kurzfristig erweiterbar oder aufzulösen ist.
>
> Die START AG bittet um eine Empfehlung hinsichtlich der Strukturierung ihres beabsichtigten Gangs ins Ausland.

II. Zivil- und gesellschaftsrechtliche Aspekte sowie steuerrechtliche Überlegungen

1. Übersicht zu verschiedenen Gestaltungsmöglichkeiten

1850 Welche Gestaltung für die Start AG in Betracht kommt, hängt von den für das Unternehmen konkret entstehenden Vor- und Nachteilen der einzelnen Modelle ab. Die Vor- bzw. Nachteile werden durch eine systematische Überprüfung der bereits eingangs erwähnten Faktoren (Anlaufkosten und Anlaufzeiten, zivil- und gesellschaftsrechtliche Vorgaben im „Zielland", Haftungsrisiken, steuerliche Konsequenzen im In- und Ausland, Ausstiegsmöglichkeiten (Exit)) unter Berücksichtigung der individuellen (wirtschaftlichen) Belange und Interessen des Unternehmens ermittelt.

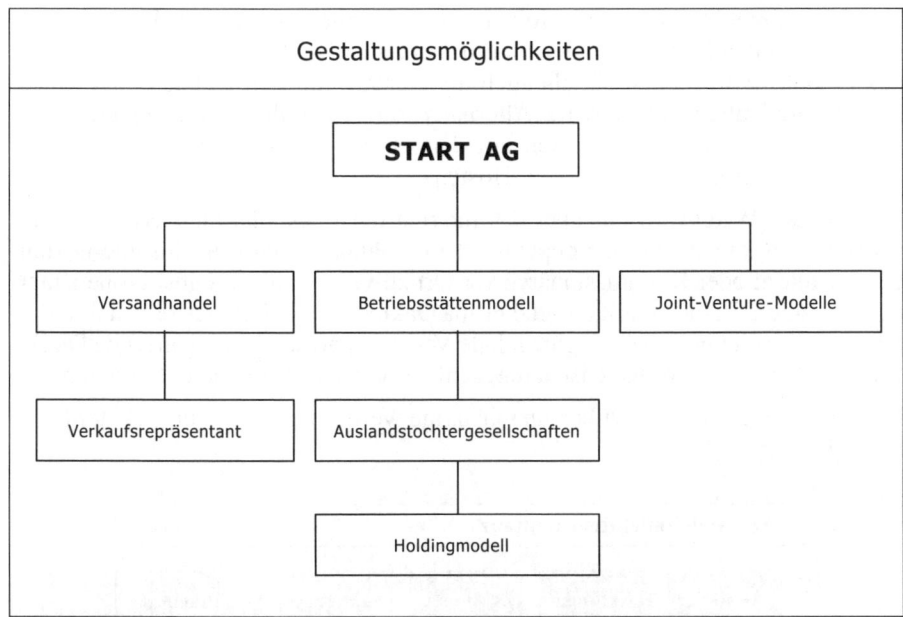

Abbildung 32: Auslandsengagement im Überblick

Nachfolgend werden die allgemeinen Vor- und Nachteile der üblichen Gestaltungs- **1851** möglichkeiten[2] anhand der vorstehend bei den Grundüberlegungen aufgezählten Kriterien dargestellt. Die Autoren weisen darauf hin, dass die generellen Vor- und Nachteile im konkreten Einzelfall eine unterschiedliche Gewichtung erhalten können. Die nachfolgenden Ausführungen geben daher lediglich einen ersten Anhaltspunkt, welche Möglichkeiten überhaupt bestehen, um den Gang ins Ausland zu verwirklichen und mit welchen Vor- und Nachteilen gerechnet werden muss.

Entsprechend des oben dargestellten Beispielfalls „Die Start AG im Auswärts- **1852** spiel" geht die Darstellung davon aus, dass der Investor eine deutsche **Kapital**gesellschaft (AG, GmbH) ist. Andere Unternehmensformen, wie z. B. Einzelunternehmen oder Personengesellschaften bleiben unberücksichtigt.

2. Versandhandel

Die einfachste Form eines Auslandsengagements für ein deutsches Unterneh- **1853** men besteht darin, Waren selbst ins Ausland zu liefern (Versandhandel).

Der Versandhandel erfordert gezielte Marketingmaßnahmen, da anderenfalls **1854** die Nachfrage ausländischer Käufer gering wäre.[3] Sowohl Werbung als auch

---

2 Versandhandel, Betriebsstättenmodell, Tochtergesellschaften, Holdingmodell, Joint Ventures.
3 Ausnahmen für Produkte mit „Kultstatus", die sich allein über eine Internetseite weltweit verkaufen, wie z. B. jüngst die Modereihe der Justizvollzugsanstalt Berlin Tegel (www.haeftling.de), sollten über reale Vertriebsmöglichkeiten über das Internet nicht täuschen.

Vertrieb können per Internet erfolgen. Das Unternehmen kann z. B. in dem jeweiligen Zielland einen eigenen Internetserver aufstellen, über den sowohl für das Produkt geworben wird, als auch der Vertrag mit den Kunden abgeschlossen und ggf. abgewickelt wird. Alternativ zur Aufstellung eines eigenen Servers kann auch Speicherkapazität auf dem Server eines ISP (Internet-Service-Provider) angemietet werden (sog. Hosten).[4]

1855 Anstelle des Warenvertriebs über das Internet dürfte es allerdings erfolgversprechender sein, die Waren in Kooperation mit unabhängigen Einzelhändlern, Handelsvertretern oder Kommissionären vor Ort zu vermarkten[5]. Selbst große Unternehmen, wie z. B. die amerikanische Firma Oakley Inc., USA[6], vertreiben ihre Produkte[7] weltweit über unabhängige lokale Vertriebspartner. Der ergänzende Direktverkauf über die US-Website ist demgegenüber von untergeordneter Bedeutung.

1856 Ein Auslandsengagement über unabhängige Vertriebspartner vor Ort stellt sich wie folgt dar:

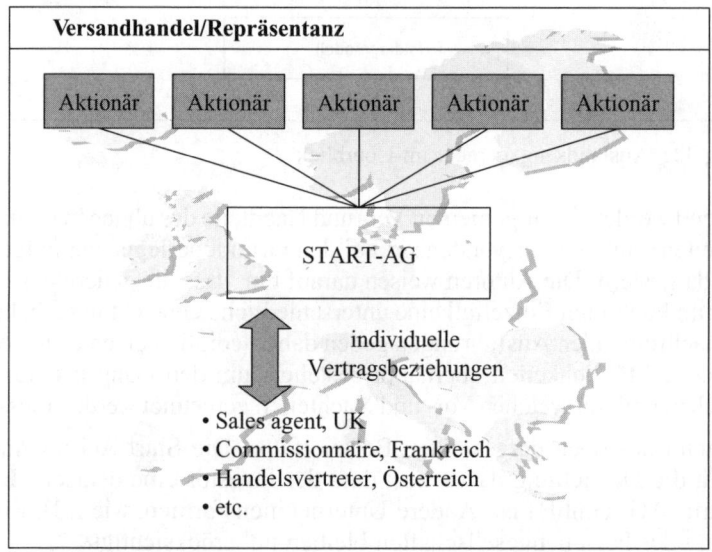

Abbildung 33: Versandhandel/Repräsentanz

---

4 Durch die Aufstellung eines eigenen Internet-Servers (auch ohne Personal) kann u. U. eine ausländische Betriebsstätte begründet werden. Dies führt zu steuerlichen Konsequenzen. Demgegenüber wird durch das Hosten einer Website keine Betriebsstätte des deutschen Unternehmens begründet; Einzelheiten zur Begründung einer Betriebsstätte im Ausland durch das Aufstellen eines Servers, vgl. Teil II. F, Abschnitt IV.1.

5 Der Handelsvertreter ist selbstständiger Gewerbetreibender und vermittelt für ein anderes Unternehmen Geschäfte bzw. schließt Geschäfte in dessen Namen ab (§ 84 HGB). Demgegenüber handelt der Kommissionär zwar auch für fremde Rechnung, tritt aber in eigenem Namen auf (§ 383 HGB).

6 www.oakley.com.

7 Accessoires, wie z. B. Sonnenbrillen, Freizeitschuhe, Uhren etc.

a) Anlaufkosten und Anlaufzeiten

Der reine Versandhandel (über das Internet) ist regelmäßig die günstigste Mög- **1857**
lichkeit zur Ausweitung eines Absatzgebiets, da keine Kosten zum Aufbau
einer Niederlassung oder Tochtergesellschaft im Ausland erforderlich sind.
Dementsprechend ist auch eine sehr kurzfristige Umsetzung möglich.

Beim (zusätzlichen) Aufbau eines Vertriebsnetzes im Ausland fallen allerdings **1858**
oftmals erhebliche zeit- und kostenintensive Reise- und Verhandlungtätigkeiten
an. Der voraussichtliche Aufwand sollte im Rahmen der vorherigen Planung
sehr großzügig bemessen werden.

Zudem ist es ratsam, im Vorfeld genügend finanzielle Mittel für die rechtliche **1859**
Beratung (z.B. Vertragsgestaltung) einzuplanen. Gut gemeinte Einsparungen in
diesem Bereich können nicht nur erhebliche Mehrkosten nach sich ziehen[8],
sondern bergen auch hohe Haftungsrisiken.

b) Zivil- und gesellschaftsrechtliche Anforderungen

Sowohl im Falle des Direktvertriebes über das Internet als auch im Falle der **1860**
Einschaltung unabhängiger Vertreter vor Ort sollte im Vorfeld überlegt werden,
welchem Recht der **Kaufvertrag** unterliegen soll und zu welchen Bedingungen
er abgewickelt werden soll.[9] Hierbei ist insbesondere auch auf eine akzeptable
Gestaltung der Zahlungsmodalitäten für das Unternehmen zu achten[10].

Soweit Waren über unabhängige Vertreter vor Ort vertrieben werden sollen, ist **1861**
zudem die **Vertragsgestaltung** mit den jeweiligen Vertriebspartnern von erheblicher Bedeutung. Zunächst muss Klarheit darüber bestehen, welche Art von
Vertriebsform eingesetzt werden soll (z.B. Handelsvertreter, Kommissionäre
o.ä.), da unterschiedliche Vertriebsformen zu unterschiedlichen rechtlichen
Konsequenzen führen können. Das Unternehmen sollte dann mit allen Vertragspartnern eines Landes nur **einheitliche** Verträge abschließen, um ein effektives
„Vertragshandling und -controlling" sicherzustellen. Zudem muss im Rahmen
der Vertragsgestaltung berücksichtigt werden, dass Handelsvertreter regelmäßig
für mehrere Auftraggeber (evtl. auch für die Konkurrenz) tätig sind. Daher
sollte durch entsprechende Regelungen im Vertrag dem Verlust von Know-how
an Konkurrenten vorgebeugt werden. Die großen, international ausgerichteten
Beratungsgesellschaften verfügen über zahlreiche Vertragsmuster, die an die individuell unterschiedlichen Anforderungen der Unternehmen angepasst werden
können. Üblicherweise unterliegen diese Verträge dem Recht des ausländischen
Staates. Um rechtliche Risiken zu vermeiden, ist daher die frühzeitige Einbindung einer Beratungsgesellschaft vor Ort zu empfehlen.

---

8 Z.B. im Falle einer nachträglichen Anpassung der Vertragsbestimmungen.

9 Zahlreiche allgemeine Geschäftsbedingungen (AGB), die auf den Internetseiten verschiedener
Jungunternehmen abrufbar sind, werden häufig zivilrechtlich nicht wirksam in einen Vertragsschluss einbezogen. Darüber hinaus enthalten viele AGB unwirksame Klauseln.

10 Für das Unternehmen bietet es sich z.B. an, die Zahlung durch Vorkasse per Bankeinzug oder
durch Bezahlung bei Empfang der Ware abzuwickeln.

1862 Beim grenzüberschreitenden Warenverkehr sind insbesondere auch in-[11] und ausländische[12] Beschränkungen hinsichtlich der Ausfuhr bestimmter Waren zu beachten. Nähere Informationen über Bestimmungen der einzelnen Staaten sind u. a. über die Industrie- und Handelskammern sowie die Ländervertretungen erhältlich.

c) Haftungsrechtliche Aspekte

1863 Soweit die deutsche Gesellschaft aufgrund der vertraglichen Ausgestaltung des Versandhandelmodells **selbst Vertragspartner** des ausländischen Kunden wird[13], haftet sie ihm gegenüber unmittelbar (z. B. für Schäden aufgrund der Lieferung mangelhafter Ware). Soweit im Haftungsfall das ausländische Recht anwendbar ist, muss unter Umständen damit gerechnet werden, dass der Haftungsumfang erheblich höher sein kann, als bei Zugrundelegung des deutschen Rechts. So können z. B. die US-amerikanischen Regelungen zum sog. *„punishment damage"*-Ausgleich (Strafschadensersatz), zu Haftungsausmaßen führen, die in keinem Verhältnis zum deutschen Schadensersatzrecht stehen. Im sog. „Raucherurteil" wurde die Firma Philipp Morris z. B. dazu verurteilt, einer an Lungenkrebs erkrankten Raucherin, Schadensersatz in Höhe von 850.000 US-Dollar zu zahlen. Darüber hinaus wurde gegen das Unternehmen eine Strafe (punish-damage-Ausgleich) in Höhe von 28 Mrd. US-Dollar (1/3 des Jahresumsatzes) festgesetzt. Insbesondere bei Investitionen im US-amerikanischen Bereich ist daher die Einbindung einer lokalen Zwischengesellschaft (Holding) dringend zu empfehlen, um potenzielle Haftungsrisiken von der deutschen Muttergesellschaft fernzuhalten[14].

1864 Soweit das Unternehmen im Ausland über **unabhängige Vertriebspartner** auftritt, hängt es von der konkreten Ausgestaltung der vertraglichen Vereinbarungen ab, ob die Endabnehmer im Schadensfalle direkt gegen das Unternehmen vorgehen können. Sollte ein Haftungsanspruch des Abnehmers zwar primär gegen den eingeschalteten Vertriebspartner bestehen, ist jedoch mit Rückgriffsansprüchen des Vertriebspartners gegen das deutsche Unternehmen zu rechnen.

1865 Die möglichen Haftungsszenarien sollten im Vorfeld – ggf. auch unter Einschaltung eines Rechtsexperten aus dem Ausland – aufgedeckt und – so weit möglich – durch entsprechende vertragliche Vereinbarungen minimiert werden.

d) Steuerliche Auswirkungen

1866 Der Versandhandel führt zu **keiner Ertragsbesteuerung** des deutschen Unternehmens **durch den ausländischen Fiskus**, vorausgesetzt, es wird keine Be-

---

11 Z. B. das Verbot der Ausfuhr von Kriegswaffen und technischen Geräten, die zu militärischen Zwecken verwendet werden können; vgl. §§ 1 ff. Kriegswaffenkontrollgesetz.
12 In den meisten Staaten bestehen Importverbote für Waffen und Sprengstoffe etc. Ferner ist in islamischen Staaten die Einfuhr von Alkohol und bestimmten Lebensmitteln reglementiert.
13 Z. B. beim Direktvertrieb über das Internet.
14 Vgl. auch die Ausführungen zum Holdingmodell nachfolgend unter 5.

Kast/Weinreich

triebsstätte begründet[15]. Der Ertrag des Unternehmens aus Warenlieferungen in das Ausland unterliegt dann „nur" der Besteuerung im Inland.

Werden hingegen über die Errichtung von Zweigniederlassungen o.ä. ausländische **Betriebsstätten** begründet, wird das Betriebsstättenergebnis im Ausland besteuert. Zu betonen ist, dass eine Betriebsstätte unter Umständen auch durch das bloße Aufstellen eines Internet-Servers im Ausland begründet werden kann, obwohl kein Personal anwesend ist. Für Zwecke des Versandhandels über das Internet sollte daher der Vertrieb nicht über einen eigenen Server erfolgen. Vielmehr bietet es sich an, Speicherkapazität auf einem Server anzumieten (Hosting). In diesem Fall wird keine ausländische Betriebsstätte begründet. Unter Umständen kann auch der Einsatz eines Vertreters im Ausland zu einer sog. „Vertreterbetriebsstätte" führen. Letzteres gilt allerdings grundsätzlich nicht, wenn es sich um **unabhängige** Vertreter, wie Makler, Kommissionäre etc. handelt.[16] **1867**

Sowohl beim Versandhandel über das Internet als auch bei einem Verkauf über unabhängige Vertriebspartner sind ferner **umsatzsteuerliche** ggf. auch **zollrechtliche** Aspekte zu beachten.[17] **1868**

e) Exit- und Liquidationsmöglichkeiten

Der bloße Versandhandel ins Ausland kann ohne Weiteres sofort eingestellt werden. **1869**

Bei der Kündigung von Verträgen mit den Vertretern sind insbesondere die einzelvertraglichen Bedingungen zu beachten. Soweit keine Betriebsstätte vorliegt, ergeben sich im Ausland keine steuerlichen Belastungen. **1870**

f) Kurzbeurteilung

Der grenzüberschreitende Versandhandel hat generell folgende Vor- und Nachteile: **1871**

Pro's	Con's
• Im Regelfall keine Ertragbesteuerung des deutschen Unternehmens durch den ausländischen Fiskus • Geringe Anlaufzeiten und -kosten • Schnelle Auflösung • Einfache Gestaltung	• Hohes Haftungsrisiko • Gefahr, unternehmenseigenes Knowhow an die Konkurrenz zu verlieren • Keine Präsenz vor Ort

15 Zum Begriff der Betriebsstätte und den steuerlichen Konsequenzen vgl. die nachfolgenden Ausführungen unter 3. sowie im Teil II F., Abschnitt IV.1.
16 Vgl. Art. 5 Abs. 5 und 6 OECD-MA; Einzelheiten zur Vertreterbetriebsstätte im Konzern: Prinz, FR 1996, 479 ff.; Endres, IStR 1996, 1 ff.
17 Zu den umsatzsteuerlichen Aspekten des (grenzüberschreitenden) Warenverkehrs vgl. die Ausführungen im Teil II, Abschnitt F. III.

3. Betriebsstättenmodell

1872 Alternativ zum bloßen Versandhandel über das Internet bzw. der Einschaltung lokaler Vertriebshändler kann das deutsche Unternehmen selbst vor Ort tätig werden. Soweit seine wirtschaftlichen Aktivitäten im Ausland ein bestimmtes Maß an Dauer, Sach- bzw. Personaleinsatz überschreiten, wird regelmäßig eine ausländische Betriebsstätte begründet.

1873 Ob eine Betriebsstätte vorliegt, entscheidet sich nach dem nationalen Recht des Belegenheitsstaats und gegebenenfalls nach den Vorschriften eines einschlägigen Doppelbesteuerungsabkommens (DBA)[18]. Eine Vielzahl der weltweit gebräuchlichen **Definitionen** für Betriebsstätten sind in ihrem überwiegenden Regelungsgehalt deckungsgleich oder zumindest ähnlich. Danach liegt eine Betriebsstätte an dem Ort vor, an dem eine feste Geschäftseinrichtung oder Anlage vorhanden ist, die der Tätigkeit des Unternehmens dient. Dies ist z. B. dort der Fall, wo ein Unternehmen seine

- Geschäftsleitung,
- Zweigniederlassungen,
- Geschäftsstellen,
- Fabrikations- und Werkstätten,
- Warenlager,
- Ein- und Verkaufsstellen unterhält, oder
- Bauausführungen oder Montagen von länger als sechs/zwölf Monaten Dauer betreibt[19].

1874 Nicht ausreichend für die Annahme einer Betriebsstätte ist u. a. das bloße Halten von Rechten, z. B. einer Kapitalbeteiligung.[20] Ebenfalls nicht ausreichend ist eine ganz vorübergehende oder ausnahmsweise Nutzung der festen Geschäftseinrichtung.[21] Für die Begründung einer ausländischen Betriebsstätte in einem Land, mit dem Deutschland ein DBA abgeschlossen hat, ist es zudem regelmäßig nicht ausreichend, wenn von der Betriebsstätte lediglich vorbereitende oder Hilfstätigkeiten ausgeführt werden.[22] Die Frage, ob eine vorbereitende oder Hilfstätigkeit ausgeführt wird, stellt sich z. B. bei Analyse der Funktionen eines im Ausland aufgestellten Internet-Servers.

a) Anlaufkosten und Anlaufzeiten

1875 Die Errichtung einer Betriebsstätte erfolgt durch tatsächliche Handlungen (Anmietung von Räumlichkeiten, Abschluss von Arbeitsverträgen, ordnungsrechtli-

---

18 Doppelbesteuerungsabkommen dienen in Sachverhalten mit Auslandsbezug dazu, die doppelte Besteuerung bestimmter Einkünfte sowohl im In- als auch im Ausland zu vermeiden. Die meisten DBA basieren auf dem OECD-Musterabkommen (OECD-MA).
19 Vgl. z. B. für Deutschland § 12 AO sowie die Definition in Art 5 OECD-MA.
20 BFH vom 29. 08. 1984, IR 154/81, BStBl II 1985, 160; Schwarz, AO, § 12, Rn. 9.
21 Schwarz, AO, § 12, Rn. 12, 17.
22 Vgl. Art. 5 Abs. 4 OECD-MA.

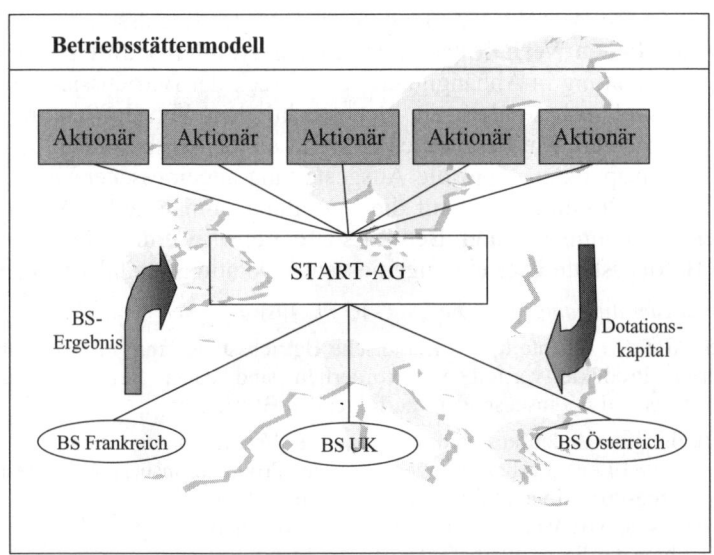

Betriebsstättenmodell

Aktionär   Aktionär   Aktionär   Aktionär   Aktionär

START-AG

BS-
Ergebnis

Dotations-
kapital

BS Frankreich   BS UK   BS Österreich

Abbildung 34: Betriebsstättenmodell

che Anmeldung nach lokalem Recht, Einrichtung eines Bankkontos, Ausstattung der Betriebsstätte mit angemessenem Dotationskapital[23] etc.).

Der zeitliche Rahmen hierfür wird sich im Regelfall im Rahmen des Vertretbaren halten. **1876**

Für die Errichtung einer Betriebsstätte fallen zunächst Kosten für die Raummiete, den Einsatz von Personal sowie allgemeine Verwaltungskosten (z. B. Buchführungskosten) an. Zusätzlich entstehen Beratungskosten, wie z. B. für die angemessene Gestaltung von Verrechnungspreisen zwischen Stammhaus und Betriebsstätte sowie die Ausgestaltung von Miet- und Arbeitsverträgen. **1877**

b) Zivilrechtliche Anforderungen zur Errichtung der Betriebsstätte

Im Rahmen des Aufbaus einer Betriebsstätte müssen **Mietverträge** über entsprechende Räumlichkeiten sowie ggf. erforderliche Nebenverträge (Energielieferung, Telekommunikation etc.) abgeschlossen werden. Darüber hinaus werden in der Regel **Arbeitsverträge** mit ausländischen Arbeitnehmern abgeschlossen. Die Verträge unterliegen üblicherweise der ausländischen Rechtsordnung. Um sicherzustellen, dass die dort einschlägigen Rechtsvorschriften erfüllt sind, ist die Einbindung eines lokalen Anwalts empfehlenswert. **1878**

Zur Errichtung der Betriebsstätte müssen keine speziellen gesellschaftsrechtlichen Verträge abgeschlossen werden. Denn im Gegensatz zu einer Tochter- **1879**

---

23 Zum Dotationskapital einer ausländischen Betriebsstätte vgl. Tz. 2.5.1. BMF-Schreiben vom 24.12.1999 („Betriebsstätten-Erlass"), BStBl. I, 1999, S. 1076.

gesellschaft ist die Betriebsstätte kein eigenständiges Rechtssubjekt. Allerdings sind die **rechtlichen Verhältnisse zwischen Stammhaus und Betriebsstätte** nach deren Errichtung in Abhängigkeit vom Zweck der Betriebsstätte zu gestalten. Hierbei sind insbesondere die steuerrechtlichen Vorschriften im In- und Ausland zu beachten. Ein besonderes Gewicht sollte – insbesondere unter steuerlichen Gesichtspunkten – auf die Ausgestaltung angemessener Verrechnungspreise (Transfer Pricing) sowie auf die Verteilung immaterieller Wirtschaftsgüter zwischen Stammhaus und Betriebsstätte gelegt werden. Darüber hinaus muss die Betriebsstätte über ein angemessenes Dotationskapital verfügen.[24]

Hinweis zum Ausgangsfall „Die Start-AG im Auswärtsspiel"

Die START AG möchte über ausländische Betriebsstätten ihre in Deutschland produzierten Produkte vertreiben. Erforderlich sind daher Regelungen zwischen Stammhaus und BS insbesondere zu folgenden Bereichen:

- Verteilung der Anlaufkosten des Aufbaus der Vertriebsorganisation;
- Liefer- und Leistungsbeziehungen bzgl. der Produkte, insbesondere Bestimmung der Bezugskonditionen (Verrechnungspreise);
- Überlassung von Warenmustern, Werbeexemplaren o. ä.;
- Teilnahme der BS an Werbefeldzügen des Stammhauses;
- Erbringung von Managementleistungen, Personalgestellungen oder sonstigen Konzernleistungen des Stammhauses für die BS und deren Vergütung
- Beteiligung der BS an Forschungs- und Entwicklungskosten des Stammhauses (Konzerns).

Die Regelungen müssen den steuerlichen Anforderungen der betroffenen Staaten genügen, da ansonsten Gewinnkorrekturen durch den betreffenden Fiskus drohen.

c) Haftungsrechtliche Aspekte

1880 Die Errichtung von Betriebsstätten führt – ebenso wie der Versandhandel – zur unmittelbaren Verantwortlichkeit der deutschen Gesellschaft gegenüber dem ausländischen Kunden. Der Grund hierfür liegt darin, dass die Betriebsstätte nicht als eigenständiges zivilrechtliches Subjekt behandelt wird. Hinsichtlich der haftungsrechtlichen Aspekte kann daher auf die Ausführungen zum Versandhandel verwiesen werden.[25]

d) Steuerliche Auswirkungen

1881 Wird ein Unternehmen im Ausland durch eine Betriebsstätte tätig, so ist der Gewinn, der der Betriebsstätte zuzurechnen ist, **im Ausland steuerpflichtig**. Da die Betriebsstätte auch kein eigenständiges Steuersubjekt ist[26], schuldet das deutsche Unternehmen die ausländische Steuer.

---

24 Vgl. z.B. – speziell für Banken – Tz. 4.1.3. des BMF-Schreibens vom 24.12.1999 (BMF-Schreiben vom 24.12.1999, BStBl. I, 1999, S. 1076) i.V.m. der höchst komplizierten Regelung des § 10 Kreditwesengesetz (KWG).

25 Vgl. vorstehend Abschnitt 2.

26 In England ist allerdings ab dem 01.01.2003 vorgesehen, dass alle Niederlassungen von Auslandsbanken für steuerliche Zwecke als selbstständig eingestuft werden. Die neue UK-Regelun-

Zusätzlich wird der Betriebsstättenerfolg dem Gewinn der deutschen Gesell- **1882** schaft zugerechnet und unterliegt damit **auch in Deutschland** der Besteuerung.

Eine Besteuerung des Betriebsstättengewinns sowohl im Inland als auch im Aus- **1883** land würde allerdings zu einer **Doppelbesteuerung** führen. Um Doppelbesteuerungen wie diese zu vermeiden, wurden zwischen zahlreichen Staaten der ganzen Welt sog. Doppelbesteuerungsabkommen (DBA) abgeschlossen. Die meisten DBA basieren auf dem sog. OECD-Musterabkommen (OECD-MA). Das OECD-MA stellt die Einkünfte der ausländischen Betriebsstätte von einer Ertragsbesteuerung im Inland (hier: Deutschland) frei und weist das Besteuerungsrecht dem Staat zu, in dem die Betriebsstätte belegen ist (Belegenheitsstaat)[27].

Die Betriebsstättenerträge werden in Deutschland allerdings nur dann von der **1884** Steuer freigestellt, wenn die steuerliche Anerkennung der ausländischen Betriebsstätte nicht am Tatbestand des **Rechtsmissbrauches** (§ 42 AO) scheitert. Dies könnte z.B. dann der Fall sein, wenn das deutsche Unternehmen die Betriebsstätte in einem niedriger besteuernden DBA-Staat mit dem alleinigen Ziel begründet, ausschließlich Kunden in Deutschland zu bedienen und sonstige nichtsteuerliche Gründe für diese Gestaltung nicht dargelegt werden können.[28] Das bloße Motiv der Steuerersparnis reicht nach ständiger Rechtsprechung des BFH allerdings nicht aus, um einen Missbrauch anzunehmen.[29]

In der Praxis bereitet überwiegend nicht das „Ob" der **Besteuerung** des Be- **1885** triebsstättenerfolgs Probleme. Vielmehr gestaltet sich die **Ermittlung der Besteuerungsgrundlage** (Betriebsstättengewinn) als schwierig. Insbesondere im Rahmen der Zuordnung von Vermögensgegenständen sowie der Aufteilung von Erträgen und Aufwendungen an die Betriebsstätte bzw. an das deutsche Stammhaus tauchen unter Umständen komplizierte Abgrenzungsfragen auf. Diese Probleme lassen sich teilweise dadurch vermeiden, dass der Betriebsstättengewinn im Rahmen einer eigenen Buchführung der Betriebsstätte ermittelt wird.

Mitunter wird der Betriebsstättengewinn auch durch Aufteilung des Weltein- **1886** kommens der Muttergesellschaft ermittelt. Der konkrete Erfolg der Betriebsstätte bleibt unberücksichtigt. Dies kann dazu führen, dass einer Betriebsstätte, die in Wirklichkeit Verluste erwirtschaftet, ein Gewinn zugerechnet wird. Auf diese „Gewinne" müssen dann ausländische Ertragsteuern gezahlt werden.

Überführt das deutsche Stammhaus Wirtschaftsgüter in eine ausländische Be- **1887** triebsstätte (z.B. um die Betriebsstätte in die Lage zu versetzen, „eigene" Einkünfte zu erzielen), kommt es grundsätzlich zu einer (unerwünschten) Realisierung der in den überführten Wirtschaftsgütern enthaltenen stillen Reserven[30] auf der Ebene des deutschen Stammhauses, wenn die Einkünfte der Betriebs-

---

gen sind als nationaler Alleingang zu werten. Die Reaktion der deutschen Finanzbehörden bleibt abzuwarten.
27 Vgl. Art. 7 i.V.m. Art. 23 A Abs. 1 OECD-MA.
28 Pinkernell, StuW, 281 (289).
29 BFH, BStBl. II 1992, 695 (696); BStBl II 1993, 253 (254).
30 Differenz zwischen Buchwert und Teilwert.

stätte nach einem DBA von der deutschen Steuer befreit sind.[31] Ausnahmsweise gestattet die Finanzverwaltung allerdings, die Besteuerung der stillen Reserven aufzuschieben.[32]

1888 Über die vorstehenden Probleme hinaus, können auch Verfahrensfragen auftauchen. So kann sich unter Umständen die Frage stellen, ob die ausländischen Steuerbehörden berechtigt sind, zusätzlich zu den Buchhaltungsaufzeichnungen der Betriebsstätte auch Dokumentationsunterlagen[33] vom deutschen Stammhaus anzufordern.

e) Exkurs: Besteuerung von Lizenzerträgen

1889 Soweit die START AG ihren ausländischen Betriebsstätten immaterielle Wirtschaftsgüter (z. B. Know-how) gegen Zahlung von Lizenzgebühren überlässt, sollte sie folgendes berücksichtigen:

1890 Im Regelfall unterliegen aus dem Ausland fließende Lizenzgebühren an einen inländischen Empfänger nur der deutschen Besteuerung.[34] Die DBA's enthalten allerdings grundsätzlich einen sog. „Betriebsstättenvorbehalt". Dieser hat zur Folge, dass die Zahlungen im Quellenstaat (= Betriebsstätten-Staat) besteuert werden[35] und im Empfängerstaat (= Deutschland) freigestellt werden. Dies gilt allerdings nur dann, wenn die Rechte oder Vermögenswerte, für die die Lizenzgebühren gezahlt werden, der Betriebsstätte zuzurechnen sind.[36]

f) Exit- und Liquidationsmöglichkeiten

1891 Die Auflösung und Abwicklung einer Betriebsstätte unterliegt keinen gesellschaftsrechtlichen (Vor-)Bedingungen und kann jederzeit erfolgen. Wie bei einer inländischen Niederlassung sind die vertraglichen (Kündigungs-)vereinbarungen mit Dritten, insbesondere arbeitsrechtliche ausländische Schutzbestimmungen für die Arbeitnehmer der Betriebsstätte einzuhalten.[37]

1892 Die Liquidation der Betriebsstätte ist auch steuerlich zu erfassen. Viele europäische Staaten fordern eine Liquidations- oder Abschlussbilanz.[38] Die Aufgabe der Betriebsstätte kann daher mit ertragsteuerlichen Belastungen gegenüber

---

31 Pinkernell, StuW 1999, 281 (289); die Aufdeckung der stillen Reserven erfolgt grundsätzlich mit dem Fremdvergleichspreis im Zeitpunkt der Überführung, BMF v. 24.12.1999, Tz. 2.6.1, Quelle: BMF-Schreiben vom 24.12.1999, BStBl. I, S. 1076.

32 Dies geschieht durch Aktivierung eines Ausgleichspostens in der Steuerbilanz des Stammhauses, der spätestens beim Ausscheiden des Wirtschaftsgutes gewinnerhöhend aufzulösen ist, vgl. BMF v. 24.12.1999, Tz. 2.6.1; Quelle: BMF-Schreiben vom 24.12.1999, BStBl. I, S. 1076.

33 Z.B. zur Abstimmung von Verrechnungskonten, Aufwendungen und Erträgen etc.

34 Dies gilt jedenfalls dann, wenn die Lizenzgebühren aus einem Land fließen, mit dem Deutschland ein DBA abgeschlossen hat, welches eine Art. 12 OECD-MA entsprechende Regelung aufweist.

35 Man spricht auch von der sog. Quellensteuer.

36 Vgl. Art. 12 Abs. 3 OECD-MA.

37 Vgl. z.B. die französischen Regelungen im Code du Travail.

38 Vgl. z.B. für Deutschland Tz. 2.9.2. des BMF-Schreibens vom 24.12.1999, BStBl. I, 1999, S. 1076.

dem ausländischen Fiskus verbunden sein. Etwaige im Betriebsstättenstaat vorhandene steuerliche Verlustvorträge der Betriebsstätte gehen mit der Aufgabe verloren.

g) Kurzbeurteilung

Zusammengefasst ergeben sich beim Betriebsstättenmodell folgende Vor- und Nachteile: **1893**

Pro's	Con's
• Bei Anwendung eines DBA: Freistellung des Betriebsstättengewinns von der Steuer in Deutschland • Schnelle und problemlose Errichtung • Geringe Anlaufkosten • Präsenz beim Kunden	• Haftungsrisiken des deutschen Stammhauses im Ausland • Schwierigkeiten bei der Ermittlung des Betriebsstättenergebnisses • Aufdeckung stiller Reserven bei Überführung von Wirtschaftsgütern vom deutschen Stammhaus in die ausländische Betriebsstätte • Verlustvorträge gehen bei Aufgabe der Betriebsstätte verloren • Gefahr der Doppelbesteuerung des Betriebstättenergebnisses falls kein DBA einschlägig ist

4. Tochterkapitalgesellschaft

Eine weitere Form eines Auslandsengagements besteht in der Errichtung von ausländischen Tochtergesellschaften. Die deutsche Gesellschaft ist dabei regelmäßig alleinige Anteilsinhaberin an der ausländischen Gesellschaft. **1894**

Die finanzielle Ausstattung der Auslandstöchter mit Eigen- und/oder Fremdkapital (Darlehen) erfolgt grundsätzlich ausschließlich durch die Muttergesellschaft. · **1895**

a) Anlaufkosten und Anlaufzeiten

Im Rahmen der Gründung bzw. des Erwerbs einer ausländischen Kapitalgesellschaft fallen zum einen anwaltliche Beratungskosten für die Ausgestaltung entsprechender Gesellschaftsverträge und Satzungen an. Zum anderen können Kosten im Zusammenhang mit der Inanspruchnahme eines Notars sowie etwaigen Registereintragungen entstehen. Insgesamt sind die Kosten mit denjenigen vergleichbar, die auch für die Errichtung bzw. den Erwerb einer deutschen GmbH anfallen würden (ca. € 3.000,–). Dieser Betrag kann sich allerdings um einiges erhöhen, wenn nicht nur eine deutsche Anwaltskanzlei, sondern zudem eine ausländische Korrespondenzkanzlei eingeschaltet wird. Insbesondere in **1896**

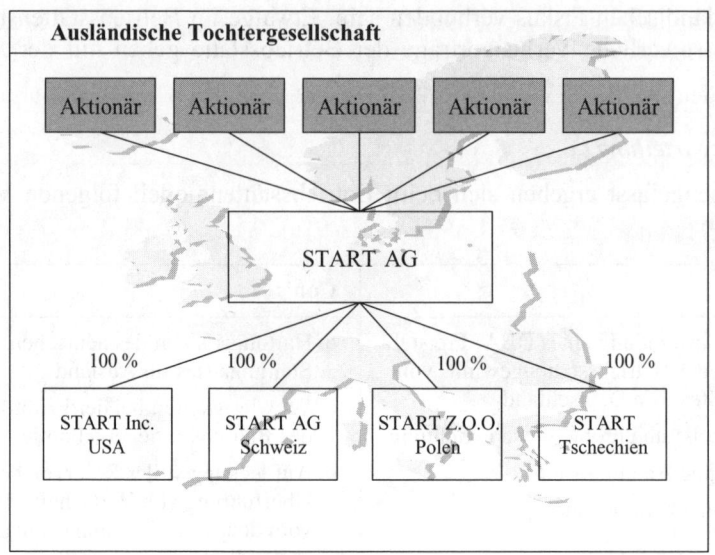

Abbildung 35: Ausländische Tochtergesellschaft

komplizierten Fällen, in denen auf Wunsch des deutschen Unternehmens von den üblichen Standard-Verträgen oder Mustersatzungen abgewichen werden soll, ist die Einschaltung eines ausländischen Beraters dringend angebracht, um Haftungsrisiken vorzubeugen. Wiederum gilt, dass das investierende Unternehmen keine Kosten und Mühen in Bezug auf die Rechts- und Steuerberatung im Vorfeld scheuen sollte.

1897 Hinzu kommen die Kosten für die Kapitalausstattung der Tochtergesellschaft.

1898 In zeitlicher Hinsicht ist die Errichtung von Kapitalgesellschaften gegenüber den bisher dargestellten Möglichkeiten (Versandhandel, Betriebsstätte) durchaus konkurrenzfähig. Die Errichtung einer neuen Gesellschaft wird regelmäßig bereits innerhalb weniger Tage vollzogen. Hinzu kommt eine relativ kurze Zeitspanne von üblicherweise zwei bis acht Wochen bis zur Eintragung der Gesellschaft. Zudem kann in eiligen Fällen in nahezu allen Ländern ein fertiger Gesellschaftsmantel erworben werden.[39]

b) Zivilrechtliche und gesellschaftsrechtliche Anforderungen

1899 Die Errichtung bzw. der Erwerb einer ausländischen Kapitalgesellschaft unterliegt den gesetzlichen Bestimmungen des betreffenden Belegenheitsstaates. In der Europäischen Union stimmen die gesellschaftsrechtlichen Anforderungen zur Gründung von Kapitalgesellschaften im Wesentlichen überein. Soweit die-

---

39 Die vier großen weltweit tätigen Wirtschaftsprüfungsgesellschaften sowie einige internationale Anwaltskanzleien verfügen über funktionierende Netzwerke zur Errichtung oder zum Erwerb von Kapitalgesellschaften.

ser Vorgang über qualifizierte Berater (Rechtsanwälte oder Notare) abgewickelt wird, dürften sich selten praktische Schwierigkeiten ergeben.

Von Bedeutung sind etwaige Anforderungen an die Kapitalausstattung der **1900** Tochtergesellschaft. Soweit es die rechtlichen Bestimmungen zulassen, sollten Gestaltungsspielräume im Rahmen der Ausgestaltung der Satzung ausgeschöpft werden.

Wie auch bei der Errichtung von Betriebsstätten ist es erforderlich, dass die we- **1901** sentlichen Leistungsbeziehungen zwischen Mutter- und Tochtergesellschaft (insbesondere im Hinblick auf angemessene Verrechnungspreise) im Vorfeld vertraglich geregelt werden.

c) Haftungsrechtliche Aspekte

Kapitalgesellschaften sind – im Gegensatz zu Betriebsstätten – eigenständige **1902** Rechtssubjekte, die durch ihre Organe im eigenen Namen und für eigene Rechnung handeln. Dementsprechend trägt grundsätzlich **allein** die ausländische Tochterkapitalgesellschaft mit ihrem Gesellschaftsvermögen die Verantwortung für ihr Handeln und die hieraus resultierenden Folgen. Allerdings bestehen nach dem jeweiligen nationalen Recht unter Umständen Ausnahmen, die einen Haftungsdurchgriff auf die Ebene des Gesellschafters zulassen. In Deutschland ist dies z. B. möglich, wenn die von der Rechtsprechung entwickelten Grundsätze zum sog. „faktischen Konzern" eingreifen[40].

d) Steuerliche Auswirkungen

Kapitalgesellschaften sind nicht nur unter zivilrechtlichen sondern auch unter **1903** steuerlichen Aspekten eigenständige Subjekte. Daher unterliegen die von der Tochtergesellschaft erzielten Gewinne grundsätzlich nicht in Deutschland der Besteuerung sondern ausschließlich im Ansässigkeitsstaat der Tochtergesellschaft. Die Höhe der konkreten Belastung richtet sich nach dem jeweiligen nationalen Steuerrecht. Die getrennte Betrachtung von Mutter- und Tochtergesellschaft wird auch als **Abschirmwirkung** bezeichnet, d. h. durch die Einschaltung einer ausländischen Tochtergesellschaft kann erreicht werden, dass die Gewinne der ausländischen Tochtergesellschaft von der deutschen Besteuerung „abgeschirmt werden".

Die Abschirmwirkung entfällt jedoch im Falle eines Missbrauches i. S. d. § 42 **1904** AO sowie in den Fällen der Hinzurechnungsbesteuerung nach den §§ 7–14 Außensteuergesetz (AStG).

Ein **Missbrauch** kann nach Ansicht des BFH z. B. vorliegen, wenn eine bloße **1905** „Briefkastenfirma" eingeschaltet wird.[41] In den Fällen reiner Kapitalanlagege-

---

40 Ausführlich zum faktischen Konzern vgl. z. B. Schmidt, Gesellschaftsrecht, 3. Auflage 1997, S. 501, 961 ff., 1215 ff.
41 Dies ist z. B. der Fall, wenn die Einschaltung in erster Linie formaler Natur ist, für die Einschaltung keine sonstigen beachtlichen Gründe dargelegt werden können und die ausländische Gesellschaft keine eigene wirtschaftliche Tätigkeit entfaltet (BFH BStBl II 1992, 1029 (1031)).

sellschaften ist es jedoch nicht schädlich, wenn die Gesellschaft keine sachliche und persönliche Substanz hat. Auch das „Outsourcen" von Aktivitäten führt nach neuerer BFH-Rechtsprechung zu keinem Missbrauch.[42]

1906 Um den Vorteil einer niedrigeren Besteuerung im Ausland zu erhalten, muss zudem sichergestellt sein, dass es nicht zu einer sog. „**Hinzurechnungsbesteuerung**" bestimmter Einkünfte der Tochtergesellschaft bei der Muttergesellschaft kommt.[43] Dies ist der Fall, wenn

– die ausländische Tochtergesellschaft durch eine in Deutschland unbeschränkt steuerpflichtige Person beherrscht wird (Inländerbeherrschung),[44]
– sog. „passive" Einkünfte erzielt werden[45] und
– diese passiven Einkünfte einer niedrigen Besteuerung unterliegen[46].

1907 Liegen die Voraussetzungen für eine Hinzurechnungsbesteuerung kumulativ zum Ende des Wirtschaftsjahres der ausländischen Gesellschaft vor, so gilt eine Ausschüttungsfiktion. Einkünfte der ausländischen Gesellschaft (Zwischeneinkünfte) werden als Einkünfte aus Kapitalvermögen oder Einkünfte aus Gewerbebetrieb dem Einkommen des inländischen Anteilseigners hinzugerechnet, und zwar zu dem Teil, der auf die ihm zuzurechnende Beteiligung am Nennkapital der ausländischen Gesellschaft entfällt[47].

1908 Vorausgesetzt, die Einschaltung der ausländischen Tochterkapitalgesellschaft ist nicht missbräuchlich und unterliegt auch nicht der Hinzurechnungsbesteuerung, ergeben sich die folgenden steuerliche Konsequenzen:

e) Dividenden

1909 **Dividenden**, die die die deutsche Muttergesellschaft von ihrer ausländischen Tochtergesellschaft erhält, sind unabhängig von der Beteiligungshöhe generell von der deutschen Steuer ausgenommen. Im Gegenzug wird allerdings nach gegen-

---

42 So die sog. „Dublin-Dock-Entscheidung" des BFH in: IStR 2000, 182 (184); vgl. auch FG Baden-Würtemberg, EFG 2001, 1350 ff.; allerdings hat die Finanzverwaltung hinsichtlich der Dublin-Dock-Entscheidung einen Nichtanwendungserlass erlassen (BMF-Schreiben v. 19.03.2001, IStR 2001, 228).

43 §§ 7 – 14 AStG; vgl. zur Hinzurechnungsbesteuerung nach dem AStG: Rättig/Protzen, IStR 2000, 394, 548, 743; DStR 7/2002, S. 241–246; IStR 19/2001, 601–610; IStR 4/2002, S. 123–128.

44 Die Gesellschaft ist grundsätzlich dann „inländerbeherrscht", wenn unbeschränkt Steuerpflichtige (natürliche und/oder juristische Personen oder andere Körperschaftsteuer-Subjekte i.S. des § 1 KStG) zusammen zu mehr als 50 % an der ausländischen Gesellschaft beteiligt sind (§ 7 Abs. 1–3 AStG); auf Sondervorschriften, die bei Einschaltung von Kapitalanlagegesellschaften gelten (vgl. insb. § 7 Abs. 6 und § 10 Abs. 6 AStG), wird vorliegend nicht eingegangen.

45 § 8 Abs. 1 AStG enthält einen Katalog mit unschädlichen „aktiven" Einkünften, wie z.B. Einkünfte aus dem Handel oder der Erbringung von Dienstleistungen.

46 Eine niedrige Besteuerung ist gegeben, wenn die passiven Einkünfte einer ertragsteuerlichen Belastung von weniger als 25 % unterliegen; Steuern anderer Staaten – insbesondere des eventuell anderen Betriebsstätten-Staates – sind nach neuer Gesetzgebung zu berücksichtigen, § 8 Abs. 3 AStG n.F.

47 Vgl. §§ 7 Abs. 1 a.E., 10 Abs. 2 AStG.

wärtiger Rechtslage der Abzug von Betriebsausgaben, die im Zusammenhang mit ausländischen Dividendenerträgen stehen, pauschal in Höhe von 5% versagt[48]. Im Ergebnis werden Auslandsdividenden also zu 5% besteuert.[49]

Veräußerungsgewinne aus Beteiligungen an ausländischen Kapitalgesellschaften sind seit 2002 grds. steuerbefreit (§ 8b Abs. 2 KStG.[50]

Gewinnausschüttungen von Tochtergesellschaften mit Sitz in der **EU** unterliegen nach Art. 5 Abs. 1 der Mutter-Tochter-Richtlinie[51] – bei mindestens 25% Anteilsbesitz der deutschen Mutter – auch keiner Belastung mit ausländischer Quellensteuer. Soweit die Steuerbefreiung der Dividende nach der Mutter-Tochter-Richtlinie nicht möglich ist, kommt jedoch immer noch eine begünstigte Besteuerung im Ausland nach dem ermäßigten Steuersatz des jeweils einschlägigen DBA in Betracht. **1910**

Schüttet die deutsche Muttergesellschaft ihrerseits an ihre Anteilseigner Dividenden aus, so hat dies die folgenden steuerlichen Konsequenzen: **1911**

Dividenden, die an **natürliche Personen** ausgeschüttet werden, unterliegen bei den Empfängern der Einkommensteuer. Allerdings wird seit der Einführung des Halbeinkünfteverfahrens[52] nur noch die Hälfte der Dividende besteuert.[53] Im Gegenzug können Werbungskosten im Zusammenhang mit der Dividende nur zu 50% abgezogen werden.[54] **1912**

Dividenden, die die deutsche Muttergesellschaft an **deutsche Körperschaften** ausschüttet, sind – wie auch Dividenden aus dem Ausland – grundsätzlich von der Körperschaftsteuer ausgenommen.[55] Allerdings können Betriebsausgaben der empfangenden Körperschaft, die in unmittelbarem wirtschaftlichen Zusammenhang mit der steuerfreien Dividende stehen, steuerlich nicht abgezogen werden.[56] Im Unterschied zu einer Dividende aus dem Ausland, bei der der Betriebsausgabenabzug zurzeit lediglich pauschal in Höhe von 5% der Dividende versagt ist[57], **1913**

---

48 § 8b Abs. 5 KStG.
49 Ob die pauschale Versagung des Betriebsausgabenabzugs auch im Rahmen der Gewerbesteuer gilt, ist nicht ganz eindeutig.
50 Die Steuerfreiheit von Veräußerungsgewinnen greift allerdings nicht ein, so weit in vorangegangenen Jahren auf die zu veräußernde Beteiligung steuermindernd eine Teilwertabschreibung vorgenommen wurde (§ 8b Abs. 2 Satz 2 KStG); die Steuerfreiheit gilt auch für Gewinne aus der Veräußerung von Beteiligungen ausländischer Kapitalgesellschaften.
51 Mutter/Tochter-Richtlinie vom 23.07.1990, ABl EG L Nr. 225, S. 6.
52 Das Halbeinkünfteverfahren gilt erstmals für offene Gewinnausschüttungen in 2002 bei einem mit dem Kalenderjahr identischen Wirtschaftsjahr. In den Fällen abweichender Wirtschafts- und Kalenderjahre gilt das Halbeinkünfteverfahren erstmals für Ausschüttungen im Wirtschaftsjahr 2002/2003; vgl. H 6 EStH.
53 § 3c Nr. 40 lit a.
54 § 3c Abs. 2 EStG; zur Ausgabenabzugsbeschränkung nach § 3c EStG und ihre Auswirkung auf Finanzierungsentscheidungen, vgl. Frotscher, DStR 2001, 2045 ff.
55 § 8b Abs. 1 KStG.
56 § 3c Abs. 1 EStG.
57 Die 5%-ige Begrenzung des Betriebsausgabenabzugs gilt auch, wenn die Betriebsausgaben tatsächlich höher waren.

ist der Abzug von Betriebsausgaben im Zusammenhang mit inländischen Dividenden gänzlich versagt. Soweit die tatsächlichen Betriebsausgaben über 5% der Dividende liegen, sind Auslandsdividenden gegenüber Inlandsdividenden bessergestellt.

1914 Die fehlende Möglichkeit des Betriebsausgabenabzugs im Zusammenhang mit inländischen Dividenden geht zu Lasten von Konzernobergesellschaften und Finanzinvestoren. Dieser Nachteil kann allerdings durch bestimmte Strategien zumindest zum Teil aufgefangen werden. Bei Allein- oder Mehrheitsbeteiligungen besteht z.B. die Möglichkeit, zwischen der deutschen Muttergesellschaft und ihrer Konzernobergesellschaft eine körperschaftssteuerliche **Organschaft** zu begründen. Die Zahlung wäre dann nicht als **Gewinnausschüttung** (mit der Folge der Versagung des Betriebsausgabenabzuges) zu qualifizieren. Denn die Zahlung erfolgt streng genommen nicht aufgrund einer wirklichen Gewinnausschüttung infolge des Mutter-Tochterverhältnisses, sondern aufgrund der organschaftlichen Verpflichtung der Organgesellschaft (Tochter), ihren Gewinn an den Organträger (Mutter) abzuführen.[58]

1915 Eine weitere – zulässige – Gestaltungsmöglichkeit zur Minimierung des steuerlichen Verlustabzugsverbotes besteht im sog. „Ballooning". Hierbei werden Dividenden der ausländischen Tochtergesellschaft nicht jährlich ausgeschüttet, sondern zunächst einbehalten (thesauriert). Der Gesellschafter kann seine Finanzierungskosten sowie sonstige Betriebsausgaben in Jahren ohne Dividende steuerlich als Betriebsausgabe geltend machen. Eine Ausschüttung erfolgt erst in einem Jahr mit möglichst geringem Finanzierungsaufwand (bzw. niedrigen sonstigen Ausgaben, die mit der steuerfreien Dividende in einem wirtschaftlichen Zusammenhang stehen).

f) Zinsen

1916 Zahlt die ausländische Tochter infolge einer Darlehensgewährung an die deutsche Muttergesellschaft **Zinsen**, so sind diese Zinszahlungen in der Regel auf der Ebene der Muttergesellschaft mit deutscher Ertragsteuer belastet.[59] Zudem können diese Zinszahlungen auch im Ausland der Quellensteuer unterliegen.[60] Die DBA sehen allerdings in der Regel einen ermäßigten Steuersatz vor. Zudem werden etwaige ausländische Quellensteuern regelmäßig auf die deutsche Steuer angerechnet.[61] Betriebsausgaben der deutschen Muttergesellschaft, die mit steuerpflichtigen Zinserträgen zusammenhängen, sind unbeschränkt abzugsfähig und mindern damit das steuerpflichtige Ergebnis der deutschen Gesellschaft.

---

58 Vgl. § 14 Abs. 1 KStG i.V.m. § 291 ff. AktG.
59 Vgl. z.B. Art. 11 Abs. 1 OECD-MA.
60 Art. 11 Abs. 2 OECD-MA.
61 Art. 23 B OECD-MA.

Kast/Weinreich

g) Lizenzen

Lizenzzahlungen von der ausländischen Tochtergesellschaft an die deutsche 1917
Mutter werden unter der Voraussetzung des jeweils einschlägigen DBA im Regelfall lediglich in Deutschland besteuert.[62]

Die steuerlichen Konsequenzen im Falle der Gründung einer ausländischen 1918
Tochtergesellschaft im EU-Ausland (Beteiligung > 25 %) haben wir im nachfolgenden Schaubild noch einmal dargestellt:

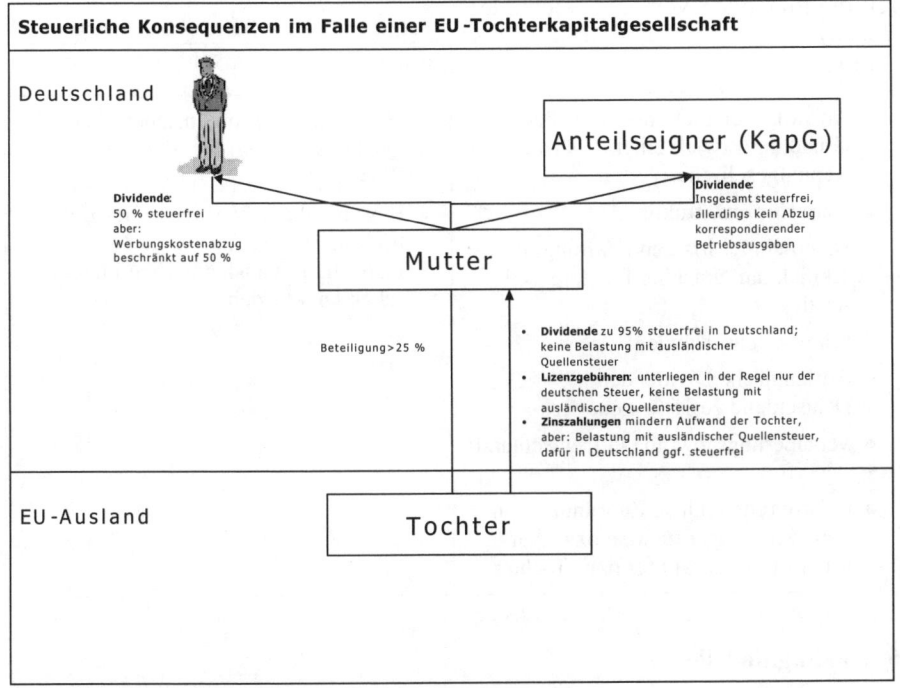

Abbildung 36: EU-Tochterkapitalgesellschaft

h) Exit- und Liquidationsmöglichkeiten

Die Liquidation einer ausländischen Tochtergesellschaft unterliegt den gesell- 1919
schaftsrechtlichen Anforderungen des jeweiligen Landes. Regelmäßig ist ein
entsprechender Gesellschafterbeschluss erforderlich. Anschließend erfolgt die
Abwicklung. Diese endet – nach Einhaltung von etwaigen Sperrfristen – mit
der Verteilung des Gesellschaftsvermögens und der Löschung der Gesellschaft.[63]

---

62 Art. 12 Abs. 1 Muster DBA.
63 §§ 60 Abs. 1, 65 Abs. 1, 66 Abs. 1, § 74 Abs. 1 GmbHG; §§ 289, 290 AktG.

1920 Die Abwicklung führt zu einer abschließenden Besteuerung der Tochtergesellschaft durch den ausländischen Fiskus.

1921 Alternativ zu einer Abwicklung kann die ausländische Beteiligung veräußert werden. Wie bereits ausgeführt, wäre ein Veräußerungsgewinn auf Ebene der deutschen Muttergesellschaft steuerfrei.[64]

i) Kurzbeurteilung

1922 Bei der Gründung einer Tochterkapitalgesellschaft im Ausland entstehen generell die folgenden Vor- und Nachteile:

Pro's	Con's
• Anlaufkosten nicht höher als bei Gründung/Erwerb einer deutschen Kapitalgesellschaft • klare Konzernstruktur • Unternehmensrisiken (Haftung) beschränkt auf einzelne Tochtergesellschaft • Präsenz beim Kunden • Ausländische Dividenden in Deutschland zu 95 % steuerfrei • Veräußerungsgewinne in Deutschland steuerfrei • Relativ problemlose Zuordnung von Vermögensgegenständen bzw. Aufwand/Ertrag an Mutter bzw. Tochter	• Ggf. Belastung mit ausländischer Quellensteuer auf Dividenden/Zinsen • Einschränkung/Versagung des Betriebsausgabenabzuges im Zusammenhang mit ausländischen/inländischen Dividenden

5. Holdingmodelle

1923 Bei Holdingmodellen werden die ausländischen Tochtergesellschaften von einer zwischen die deutsche Obergesellschaft und die ausländische Kapitalgesellschaft geschaltete deutschen Holdinggesellschaft (in der Regel in der Rechtsform einer GmbH) gehalten. Die Zwischenholding übernimmt die finanzielle Ausstattung der Auslandstöchter mit Eigenkapital. Ergänzende Finanzierungen können von beiden deutschen Gesellschaften wahrgenommen werden.

1924 Das Holdingmodell kann auch im Falle einer ausländischen Betriebsstätte angewendet werden. In diesem Fall ist die Holding zwischen das deutsche Unternehmen und die ausländische Betriebsstätte geschaltet.

---

64 Die Steuerfreiheit von Veräußerungsgewinnen greift allerdings nicht ein, so weit in vorangegangenen Jahren auf die zu veräußernde Beteiligung steuermindernd eine Teilwertabschreibung vorgenommen wurde (§ 8 b Abs. 2 Satz 2 KStG); die Steuerfreiheit gilt auch für Gewinne aus der Veräußerung von Beteiligungen ausländischer Kapitalgesellschaften.

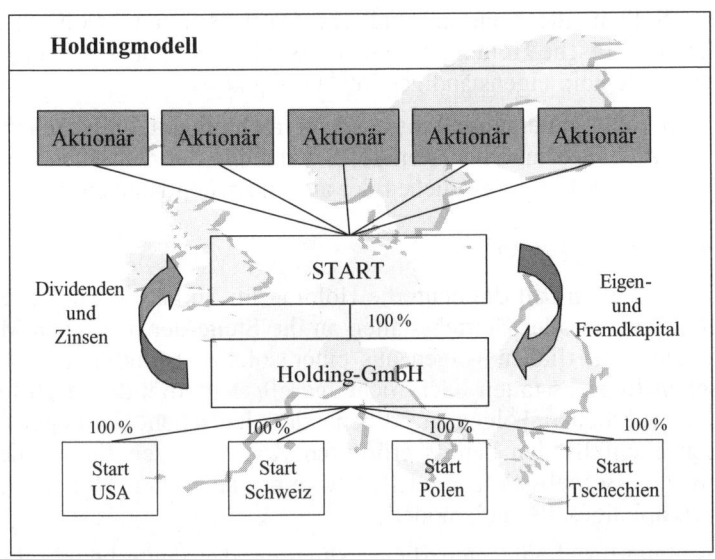

Abbildung 37: Holdingmodell

a) Anlaufkosten und Anlaufzeiten

Über die bereits beim Betriebsstätten- und Tochterkapitalgesellschaftsmodell an- **1925** gesprochenen Kosten hinaus entstehen finanzielle Belastungen für die Gründung und Unterhaltung der deutschen Zwischenholding sowie deren Kapitalausstattung.

Die Anlaufzeiten entsprechen im Wesentlichen denen des Betriebsstätten- und **1926** Tochterkapitalgesellschaftsmodells.

b) Zivil- und gesellschaftsrechtliche Anforderungen

Zusätzlich zur Errichtung einer ausländischen Betriebsstätte bzw. der Gründung **1927** einer ausländischen Tochtergesellschaft, muss eine deutsche Zwischenholding in der Form einer Kapitalgesellschaft gegründet werden.

Im Übrigen entsprechen die vorzunehmenden zivil- und gesellschaftsrechtli- **1928** chen Schritte denen des Betriebsstätten- bzw. Tochterkapitalgesellschaftsmo- dells. Besondere Bedeutung sollte der Ausgestaltung der vertraglichen Bezie- hungen zwischen (1) Muttergesellschaft und Zwischenholding sowie (2) den ausländischen Tochtergesellschaften und der Muttergesellschaft bzw. der Zwi- schenholding beigemessen werden.

c) Haftungsrechtliche Aspekte

Soweit ausländische Tochterkapitalgesellschaften eingeschaltet sind, tragen **1929** diese das Risiko hinsichtlich etwaiger Haftungsansprüche der ausländischen Kunden. Ein Durchgriff auf die Zwischenholding ist auf Ausnahmen beschränkt.[65] Sollten allerdings ausländische Betriebsstätten involviert sein, so besteht für die deutsche Holding die Gefahr der Haftung, da – wie ausgeführt – die Betriebsstätte kein eigenständiges Rechtssubjekt ist.

1930 Sowohl im Betriebsstättenmodell als auch im Tochterkapitalgesellschaftsmodell stellt die Zwischenholding eine (weitere) Schutzhülle der deutschen Obergesellschaft gegenüber Haftungsansprüchen der ausländischen Kunden dar.

d) Steuerliche Auswirkungen

1931 Bei Holdingmodellen tritt die deutsche Holding im Verhältnis zu den ausländischen Beteiligungen oder Betriebsstätten an die Stelle der deutschen Muttergesellschaft. Die steuerlichen Folgen aus einer solchen Struktur auf Ebene der ausländischen Betriebsstätten oder Tochtergesellschaften ändern sich hierdurch nicht. Die steuerlichen Folgen auf Ebene der deutschen Holdinggesellschaft entsprechen ebenfalls den bereits erörterten Konsequenzen für ein deutschen Stammhaus (im Betriebsstättenmodell) bzw. einer deutschen Muttergesellschaft (im Tochterkapitalgesellschaftsmodell).

1932 Allerdings ändert sich die steuerliche Situation der deutschen Muttergesellschaft. Denn diese erhält nunmehr Zahlungen (z. B. Dividenden, Zinserträge) nicht unmittelbar aus dem Ausland sondern über eine inländische Kapitalgesellschaft (der Holding-GmbH). **Dividendenerträge** aus einer Beteiligung an einer **deutschen** Kapitalgesellschaft sind seit 2002 steuerfrei.[66] Im Gegenzug ist allerdings auch kein Abzug von Betriebsausgaben möglich, die mit diesen steuerfreien Dividenden in einem unmittelbaren wirtschaftlichen Zusammenhang stehen.[67] Soweit die deutsche Muttergesellschaft im Rahmen eines Beteiligungsmanagements Betriebsausgaben von **mehr als 5 %** der zu erwartenden Dividende aus der Holding hat, führt dies – nach der gegenwärtigen Rechtslage – zu einer steuerlichen Verschlechterung gegenüber dem einfachen Tochterkapitalgesellschaftsmodell. In Letzterem gelten lediglich pauschal 5 % der aus ausländischen Quellen erhaltenen Dividenden als nicht abzugsfähige Betriebsausgaben,[68] auch wenn tatsächlich höhere Betriebsausgaben angefallen sind. Demgegenüber wird beim Holdingmodell der Betriebsausgabenabzug in der konkreten Höhe der angefallenen Betriebsausgaben, die mit der Dividende in wirtschaftlichem Zusammenhang stehen, versagt. Die Versagung des Betriebsausgabenabzuges kann allerdings durch die Herstellung einer körperschaftlichen **Organschaft** zwischen der deutschen Muttergesellschaft und der Holding vermieden werden.[69]

1933 **Zinserträge**, die die Muttergesellschaft von der deutschen Holding erhält, unterliegen bei der Muttergesellschaft der normalen Ertragsbesteuerung. Damit

---

65 Z.B. nach den Grundsätzen zum faktischen Konzern, vgl. bereits oben unter 4.
66 § 8b Abs. 1 KStG.
67 § 3c Abs. 1 EStG.
68 § 8b Abs. 5 KStG.
69 Vgl. bereits die Ausführungen unter Abschnitt 4.

zusammenhängende Betriebsausgaben (z. B. Refinanzierungskosten) sind steuerlich abzugsfähig.

e) Exit- und Liquidationsmöglichkeiten

Hinsichtlich der Exit- und Liquidationsmöglichkeiten kann auf die Ausführungen zum Betriebsstätten- bzw. Tochterkapitalgesellschaftsmodell verwiesen werden.[70]   **1934**

f) Kurzbeurteilung

Insgesamt ist festzuhalten, dass die Einschaltung einer Holding grundsätzlich nur im Falle des Betriebsstättenmodells von Vorteil sein dürfte, da auf diese Weise eine Haftungsbegrenzung für die Muttergesellschaft erreicht werden kann. Denn aufgrund der Tatsache, dass die Holding als eigenständiges Rechtssubjekt anerkannt wird, haftet grds. nur die unter der Muttergesellschaft liegende Holding für die Verbindlichkeiten der ausländischen Betriebsstätten. Demgegenüber ist bei einem Auslandsengagement über Tochterkapitalgesellschaften eine solche Haftungsbegrenzung entbehrlich, da bereits die ausländische Kapitalgesellschaft ein Schutzschild darstellt.   **1935**

Auch steuerliche Vorteile gegenüber der direkten Beteiligung an einer ausländischen Kapitalgesellschaft lassen sich durch die Holdingstruktur nicht erzielen.   **1936**

6. Joint-Venture-Modelle

Eine weitere Gestaltungsmöglichkeit zur Verwirklichung eines Ganges ins Ausland besteht in der Eingehung eines Joint-Ventures zusammen mit einem oder mehreren regelmäßig lokalen Partnerunternehmen. Der Begriff Joint-Venture ist eine Sammelbezeichnung für die unterschiedlichsten Formen der projektbezogenen Unternehmenskooperation.[71] Ein Vorteil des Joint-Ventures liegt in der Erschließung neuer Märkte durch die Bündelung der Stärken der Kooperationspartner. Internationale Joint-Ventures haben häufig auch investitionsrechtliche Motive, weil viele Entwicklungsländer die Gründung einer 100%-igen Auslandstochter untersagen.[72]   **1937**

Im Wesentlichen unterscheidet man zwei Arten von Joint-Ventures. Beim sog. „Equity Joint-Venture" bedienen sich die Joint-Venture-Partner einer rechtlich selbstständigen Gesellschaft, die in gemeinsamem Besitz steht und gemeinsam kontrolliert wird.[73]   **1938**

Demgegenüber erfolgt die Zusammenarbeit beim „Contractual-Joint-Venture" auf rein schuldrechtlicher Basis zwischen den Kooperationspartnern, ohne dass   **1939**

---

70 Zum Betriebsstättenmodel vgl. Abschnitt 3; zum Tochterkapitalgesellschaftsmodell vgl. Abschnitt 4.
71 Gegenstand einer Joint-Venture Kooperation kann jede wirtschaftliche Betätigung sein. Zum Begriff des Joint-Ventures vgl. auch: Veit, BBK Nr. 8 v. 16.4.1999, Fach 2, S. 1175.
72 Stängel, Beck'sches Handbuch der Personengesellschaften, § 21 – Joint Ventures, Rn. 6.
73 Stängel, a.o.O. Rn. 7 ff.

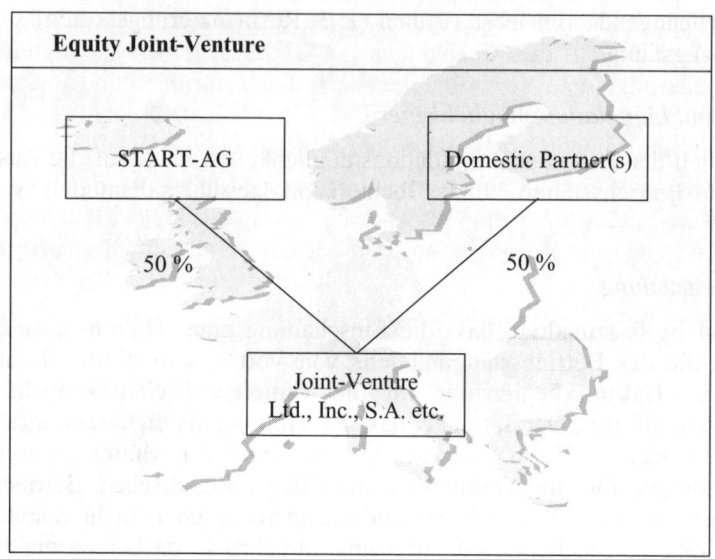

Abbildung 38: Equity Joint-Venture

ein besonderes Gemeinschaftsunternehmen gegründet wird. Ein Contractual-Joint-Venture bietet sich an, wenn die Zusammenarbeit locker und zeitlich limitiert, d.h. auf bestimmte Projekte beschränkt, sein soll. Demgegenüber kann ein Equity-Joint Venture bei einer auf Dauer angelegten Kooperation, einem hohen Maß an gegenseitigem Vertrauen und einer gewünschten Haftungsbeschränkung auf das Gemeinschaftsunternehmen, vorteilhaft sein. Die nachfolgenden Ausführungen beziehen sich auf Equity Joint-Venture Modelle.

a) Anlaufkosten und Anlaufzeiten

1940 Im Wesentlichen fallen Kosten für die anwaltliche Beratung im Zusammenhang mit dem Abschluss der Verträge an. Ferner können Notar- und Beurkundungskosten entstehen, wenn die Joint-Venture-Gesellschaft noch zu gründen ist.

1941 In der Regel ist die Gründung einer Kapitalgesellschaft schnell und problemlos möglich. Demgegenüber, kann sich die Gründung einer ausländischen Personengesellschaft aufgrund komplizierter Formalia als schwierig erweisen.[74]

b) Zivil- und gesellschaftsrechtliche Anforderungen

1942 Die Grundlagen für die Joint-Venture-Kooperation werden in der Regel in einer schuldrechtlichen Vereinbarung zwischen den Joint-Venture-Partnern, im sog. Joint-Venture-Vertrag festgelegt.[75] Geregelt werden sollten z.B. das wirtschaft-

---

74 Fischer-Zernin, Auslandsinvestitionen/Joint-Ventures/Recht und Steuerplanung, http://www. weltrecht.de/international/texte/auslandinvestitionen.htm.
75 Stängel, a.o.O., Rn. 85 ff., 100 ff.

liche Konzept der Kooperation (Produktpalette, Kapazität, Zielmärkte), die strategische Ausrichtung, die Maßnahmen zur Zielerreichung, die Verteilung der Geschäftsführungs- und Kontrollrechte sowie Finanzierungs- und Budgetfragen. Ferner sollte der Joint-Venture-Vertrag die wesentlichen Regelungsbereiche der Satzung des zu gründenden Gemeinschaftsunternehmens enthalten.[76]

Je nach Ausgestaltung des konkreten Joint-Venture-Models werden – neben dem **1943** Joint-Venture-Vertrag und dem Gesellschaftsvertrag des Gemeinschaftsunternehmens – zwischen den Kooperationspartnern und dem Gemeinschaftsunternehmen häufig weitere Begleitverträge abzuschließen sein (z. B. über Lizenzen, gewerbliche Schutzrechte, Personalüberlassung, Management oder Vertrieb).[77]

c) Haftungsrechtliche Aspekte

Das Beteiligungsunternehmen kann entweder eine Kapital- oder eine Personen- **1944** gesellschaft sein.[78]

Der Vorteil des Einsatzes einer ausländischen **Kapitalgesellschaft** besteht **1945** darin, dass im Regelfall nur die Auslandsgesellschaft mit ihrem Vermögen für die Risiken des Joint-Venture-Unternehmens haftet. Im Rahmen ihres Geschäftsverkehrs ist sie Vertrags- und Prozesspartei. Von dem Grundsatz der Haftungsbeschränkung auf das Vermögen der ausländischen Kapitalgesellschaft sind allerdings Ausnahmen denkbar. So ist z. B. ein Haftungsdurchgriff im Falle einer Vermögensvermischung (undurchsichtige Buchführung oder andere Verschleierung der Vermögensabgrenzung) denkbar. Ferner besteht das Risiko eines Haftungsdurchgriffs, wenn die Joint-Venture-Patner ihre Konzernleitungsmacht in einer Weise ausüben, die auf die Belange des abhängigen Gemeinschaftsunternehmens keine angemessene Rücksicht nehmen.[79] Zudem liegt aufgrund der Finanzausstattung des Gemeinschaftsunternehmens durch die Joint-Venture-Partner ohnehin ein wirtschaftliches Risiko bei den Beteiligungsunternehmen. Vorsicht ist außerdem geboten bei der Gewährung von Bürgschaften seitens der Joint-Venture-Partner für Fremdverbindlichkeiten (Bank- oder Lieferantenkredite) des Joint-Venture-Unternehmens.

Im Falle der Beteiligung an einer ausländischen **Personengesellschaft** ist zu be- **1946** achten, dass die deutschen Kooperationspartner als Gesellschafter regelmäßig für die Verbindlichkeiten der Gesellschaft haften. Hier ist in jedem Fall unter Heranziehung eines erfahrenen lokalen Beraters die Frage der möglichen Haftungsbegrenzung des deutschen Partners im Vorfeld eindeutig zu klären.

---

76 Eine Neugründung des Gemeinschaftsunternehmens ist nicht in jedem Fall erforderlich. Die Kooperationspartner können sich auch (ggf. über eine zwischengeschaltete Tochtergesellschaft) an einer bestehenden Gesellschaft beteiligen.

77 Stängel, a.o.O. Rn. 96 ff.

78 Kommen die Kooperationspartner eines Joint-Ventures aus Mitgliedstaaten der EU, so kommt als Gesellschaftsform auch die sog. Europäische wirtschaftliche Interessenvereinigung (EWIV) in Betracht. Auch diese Gesellschaft muss in einem Mitgliedstaat der EU ansässig sein, vgl. Fischer-Zernin, IWB Nr. 9 v. 14.05.1997, Fach 10, Gruppe 2, 1273 (1276).

79 Stängel, a.o.O., 72 ff.; Fischer-Zernin, Auslandsinvestitionen/Joint-Ventures/Recht und Steuerplanung, http://www.weltrecht.de/international/texte/auslandinvestitionen.htm.

d) Bilanzielle Behandlung

1947 Handelsrechtlich stellt sich für Joint Venture-Beteiligungen die Frage, ob diese in einem Konzernabschluss der deutschen Muttergesellschaft im Wege der Vollkonsolidierung (bei deren einheitlicher Leitung durch die deutsche Muttergesellschaft), im Wege der Quotenkonsolidierung (bei Gemeinschaftsunternehmen) berücksichtigt werden müssen oder ob andere Bilanzansätze (Equity-Methode oder Anschaffungskostenmethode) wählbar oder verpflichtend sind.

1948 Grundsätzlich ist bei einer Beteiligung an einem Joint-Venture von mehr als 50 % eine Vollkonsolidierung vorzunehmen (§§ 300 ff. HGB). Neben der Höhe der Beteiligung ist im Einzelnen die Intensität der Einflussnahmemöglichkeiten der deutschen Gesellschaft auf das Joint-Venture Unternehmen maßgeblich, d. h., es kommt darauf an, wie die gesellschaftsvertraglichen Regelungen diesbezüglich ausgestaltet werden. Je größer diese Einflussnahmemöglichkeiten sind, umso mehr spricht für die Notwendigkeit einer Vollkonsolidierung.

1949 Vereinfacht kann festgehalten werden, dass bei einer Beteiligung von mehr als 50 % eine Vollkonsolidierung vorzunehmen ist. Bei einer Beteiligung bis zu 50 % ist eine Einzelfallprüfung erforderlich, ob aufgrund der konkreten Vertragsbeziehungen oder der wirtschaftlichen Bedeutung der Joint-Venture Gesellschaft für das deutsche Unternehmen eine Konsolidierung vorzunehmen ist.

e) Steuerliche Auswirkungen

1950 Bei einer Joint-Venture Gesellschaft in der Rechtsform einer ausländischen Kapitalgesellschaft ergeben sich für die deutsche Beteiligungsgesellschaft grundsätzlich die gleichen steuerlichen Folgen wie bei einer eigenen Tochtergesellschaft, soweit die Beteiligungsquote regelmäßig mehr als 25 % an der Joint-Venture Gesellschaft beträgt.

1951 Eine Doppelbesteuerung der Joint-Venture Gesellschaft ist aus den bei den ausländischen Tochtergesellschaften dargelegten Gründen ausgeschlossen. Die Joint-Venture Gesellschaft ist als ausländische Kapitalgesellschaft nach nationalem Recht zur Buchführung und Bilanzierung verpflichtet.

1952 Zukünftige **Dividenden** der Joint-Venture Gesellschaft unterliegen innerhalb der EU bei mehr als 25 % Anteilsbesitz der deutschen Gesellschaft keiner weiteren Belastung durch Quellensteuern.

1953 **Zinszahlungen** auf erhaltene Darlehen mindern den Ertrag der Joint-Venture Gesellschaft. Die Kriterien des Drittvergleichs sind bei der Ausgestaltung der Finanzierung zu beachten. Zinszahlungen lösen ggf. individuelle Quellensteuerbelastungen in einzelnen Länder aus. Es können spezifische Anforderungen an das Eigenkapital-Fremdkapital-Verhältnis bestehen (entsprechend der deutschen Bestimmung des § 8 a KStG). Etwaige Restriktionen engen den individuellen Gestaltungsspielraum bei der finanziellen Ausstattung der Joint-Venture Gesellschaften ein.

1954 Im Ergebnis führt ein Auslandsengagement über eine Joint-Venture Kapitalgesellschaft, an der das deutsche Unternehmen zu mehr als 25 % beteiligt ist, regelmäßig zu denselben steuerlichen Folgen, wie die Unterhaltung einer ausländischen Tochtergesellschaft.

f) Exit- und Liquidationsmöglichkeiten

In der Regel wird im Joint-Venture-Vertrag vorgesehen, dass der Vertrag endet, **1955** wenn einer der Joint-Venture-Partner aus dem Gemeinschaftsunternehmen ausscheidet. Darüber hinaus wird den Partnern meist ein Kündigungsrecht des Joint-Venture-Vertrages eingeräumt. In diesem Fall ist darauf zu achten, dass der Kündigende auch aus dem Gemeinschaftsunternehmen ausscheidet. Zudem sollten Vereinbarungen getroffen werden, dass der Ausscheidende auch die übrigen Verträge (Know-how, Lizenzverträge, Liefervereinbarungen etc.) kündigen kann.

Soll die Zusammenarbeit insgesamt beendet werden, kann das Gemeinschafts- **1956** unternehmen liquidiert werden. Falls lediglich einzelne Joint-Venture-Partner die Zusammenarbeit beenden wollen, sind Regelungen zu treffen, dass die verbleibenden Partner die Anteile des Ausscheidenden übernehmen können.[80]

In der Praxis sind gerade die Regelungen zur Verteilung der Vermögensverhält- **1957** nisse sowie einzelner Vermögensgegenstände von erheblicher Bedeutung. So sind vertragliche Vereinbarungen nicht unter dem optimistischen Aspekt der geplanten positiven Zusammenarbeit zu vereinbaren, sondern unter der nüchternen Betrachtung, dass im Falle der Fehlentwicklung des Joint-Venture-Unternehmens das eigene Unternehmen geschützt werden muss. Auch hier empfehlen wir in jedem Fall die Zuhilfenahme eines erfahrenen Beraters.

g) Kurzbeurteilung

Die **Vor- und Nachteile** dieser Gestaltungsmöglichkeit sind zusammengefasst **1958** folgende:

Pro's	Con's
• Erleichterter Marktzutritt durch Bündelung der Stärke der Kooperationspartner	• Gefahr von Know-how-, und Personaltransfer
• Haftungsbeschränkung auf den Vertrag der ausländischen Joint-Venture-Gesellschaft	• Verhandlungsdauer
	• Exit an Partner gebunden
• Günstig, wenn im Zielland (Entwicklungsland) Gründung einer 100%-igen Tochter untersagt ist	• ggf. ausländische Quellensteuer, insbesondere bei Minderheitsbeteiligungen unter 25%
	• Einengung des Gestaltungsspielraums bei der Finanzausstattung der Joint-Venture-Gesellschaft aufgrund etwaiger Restriktionen in Bezug auf das Eigenkapital/Fremdkapital-Verhältnis

---

80 Zur Frage der Exitmöglichkeiten vgl. Stängel, a.o.O., Rn. 113, 140 ff.

III. Anforderungen an Rechnungswesen und Controlling

1. Abschlüsse nach ausländischen Normen

1959 Sobald Tochtergesellschaften im Ausland gegründet werden, haben sie den nationalen Rechnungslegungsvorschriften entsprechende Abschlüsse zu erstellen. Art und Umfang der Finanzberichterstattung divergieren je nach Land teilweise deutlich. Innerhalb der Europäischen Union sind die Anforderungen an Art und Umfang sowie Offenlegung durch die verschiedenen EG-Bilanzrichtlinien zum Teil schon harmonisiert worden. Durch die EU-Verordnung zur verbindlichen Einführung von IAS für (zunächst) börsennotierte Unternehmen ab 2005 wird diese Vereinheitlichung weiter vorangetrieben.

1960 Die Rechnungslegung für **US-basierte Tochterunternehmen** stellt sich hingegen spezifischer dar. Dieses ist dadurch bedingt, dass in den USA das durch Richterrecht entwickelte sog. „Common Law" – im Gegensatz zum in Deutschland bestehenden, auf römischen Recht basierenden „Code Law" – vorherrschend ist. Es gibt insofern keine dem Handelsgesetzbuch – welches die Rechnungslegungsregelungen für alle Gesellschaften kodifiziert – entsprechenden Bilanzierungsvorschriften. Die in den letzten Jahren zunehmend in Mode gekommenen „US-GAAP" (US Generally Accepted Accounting Principles) gelten nur für SEC-registrierte Unternehmen, also für Unternehmen, die den organisierten US-Kapitalmarkt in Anspruch nehmen. Gleichwohl ist es auch in den USA selbstverständlich, dass ein Kaufmann Bücher führen muss. So sieht z.B. **Section 446(a) des Internal Revenue Code vor**, dass das „taxable income shall be computed under the method of accounting on the basis of which the taxpayer regulary computes his income in keeping his books". Konkrete gesetzliche Regelungen, wie diese Vorschriften für alle Kaufleute aussehen sollen, fehlen gleichwohl. So ist es durchaus erlaubt, die Buchführung auf Basis einer Einnahmen-Ausgabenrechnung – d.h. nach dem kameralen System – zu führen, oder aber im Wege der für kaufmännische Rechnungslegung üblichen Doppik. Welche Prinzipien dabei angewandt werden, welche Vermögensgegenstände und Schulden bzw. Verpflichtungen angesetzt werden und wie deren Bewertung erfolgt, bleibt jedoch im Unklaren. Personen- und Kapitalgesellschaften legen in Ermangelung spezifischer Regelungen häufig nur nach steuerlichen Normen Rechnung. Eine Ausnahme dabei bildet Kalifornien, die über das **„General Corporate Law"** großen Kapitalgesellschaften mit mehr als 100 Aktionären die Anwendung von US-GAAP vorschreibt. Gleichwohl ist es nicht unüblich, dass Unternehmen vertraglich zur Anwendung von US-GAAP verpflichtet werden. Dieses kommt beispielsweise im Falle einer Kreditaufnahme in Frage, in deren Rahmen die finanzierende Bank über ein abgestimmtes, standardisiertes System (z.B. US-GAAP) die für sie relevanten Finanzinformationen erhält.

2. Einbezug der ausländischen Tochtergesellschaften in den eigenen Konzernabschluss

Neben der Notwendigkeit, **entsprechend nationalem Recht Abschlüsse** zu erstellen, stellt sich auch die Frage der Einbeziehung des Abschlusses der ausländischen Tochtergesellschaften in den Konzernabschluss des Mutterunternehmens. Dieses erfordert zum einen die **Umbewertung** und Umgliederung der Posten von Bilanz und Ergebnisrechnung auf die – im Sinne der Einheitstheorie (vgl. Kapitel E.III, in dem auch die Grundzüge der Konzernrechnungslegung dargestellt sind) – Regelungen der Konzernmutter und zum anderen die „Umrechnung" des in nationaler Währung erstellten Abschluss auf den „Euro", als für den Konzernabschluss deutscher Unternehmen maßgebliche Währung (§ 298 Abs. 1 i.V.m. § 244 HGB). Die Aufgabe der **Währungsumrechnung** besteht darin, die Währung der in den Konzernabschluss einzubeziehenden Einzelabschlüsse zu vereinheitlichen und damit deren Zusammenfassung zum Konzernabschluss zu ermöglichen. **1961**

Die Methode, nach der die Umrechnung von in ausländischer Währung aufgestellten Einzelabschlüssen zu erfolgen hat, ist im Gesetz nicht ausdrücklich geregelt. Das angewandte Verfahren muss jedoch dazu führen, dass der Konzernabschluss – im Rahmen der Grundsätze ordnungsmäßiger Buchführung – ein den tatsächlichen Verhältnissen entsprechendes Bild der Vermögens-, Finanz- und Ertragslage des Konzerns vermittelt.[81] **1962**

Daher sind für die Auswahl der Umrechnungskurse und die Behandlung von Umrechnungsdifferenzen die tatsächlichen finanzwirtschaftlichen Beziehungen des ausländischen Tochterunternehmens zum Mutterunternehmen von erheblicher Bedeutung. Von den Finanzmittelbewegungen zwischen dem Währungsgebiet des Mutterunternehmens („Euro-Land") und dem Währungsgebiet des Tochterunternehmens (z. B. „US $") hängt es vorrangig ab, ob und in welchem Maße aus Wechselkursveränderungen zwischen Landeswährung und Konzernwährung Erfolgsbeiträge entstehen, die als Aufwendungen oder Erträge des Konzerns zu berücksichtigen sind. In der nachfolgenden Tabelle sind die Zusammenhänge zwischen den Finanzmittelbewegungen innerhalb des Konzerns und die sich daraus ergebenden Auswirkungen von Wechselkursänderungen auf die Ertragslage des Konzerns dargestellt.[82] **1963**

Sofern sich keine wesentlichen Auswirkungen ergeben (linke Spalte der nachstehenden Übersicht), ist der in Landeswährung erstellte Abschluss lediglich in die Konzernwährung zu transformieren, was über eine Umrechnung zu Stichtagskursen erfolgt. Zur Umrechnung eines in Landeswährung aufgestellten Abschlusses in die Konzernwährung sind die Bilanzposten einheitlich zum Stichtagskurs umzurechnen. Da der Währungsumrechnung in diesem Zusammenhang **keine eigenständige Bewertungsaufgabe** zukommt, erfolgt die Anwen- **1964**

---

81 Vgl. HFA des IDW „Entwurf einer Stellungnahme: Zur Währungsumrechnung im Konzernabschluss", IDW Fachnachrichten 1998, S. 277–285.
82 Vgl. ebenda.

Wechselkursänderungen wirken sich allenfalls *unwesentlich* auf die Ertragslage des Konzerns aus	Wechselkursänderungen wirken sich *wesentlich* auf die Ertragslage des Konzerns aus
Verkaufspreise für Produkte des Tochterunternehmens	
• reagiert grundsätzlich nicht sofort auf Wechselkursänderungen • werden mehr durch den örtlichen Wettbewerb oder durch die örtliche Regierungsverwaltung bestimmt	• reagieren gründsätzlich sofort auf Wechselkursänderungen • werden mehr durch den Weltmarkt bestimmt
Absatzmarkt des Tochterunternehmens	
• aktiver, örtlicher Absatzmarkt (obgleich Export bedeutend sein könnte)	• hauptsächlich das Land des Mutterunternehmens • Verkaufsverträge sind in der Währung des Mutterunternehmens abgeschlossen
Aufwendungen des Tochterunternehmens	
• Materialkosten, Löhne und sonstige Kosten, hauptsächlich örtliche Kosten (auch wenn importiert wird)	• Materialkosten, Löhne und sonstige Kosten sind hauptsächlich und kontinuierlich Kosten von Komponenten, die aus dem Land des Mutterunternehmens stammen
Finanzierung des Tochterunternehmens	
• hauptsächlich in der Fremdwährung • Zahlungsmittel, die durch das ausländische Unternehmen erwirtschaftet werden, reichen zur Schuldabtragung aus	• hauptsächlich durch das Mutterunternehmen oder in der Währung des Mutterunternehmens • Zahlungsmittel, die durch das ausländische Unternehmen erwirtschaftet werden, reichen nicht zur Schuldabtragung aus
Konzerninterne Lieferungen und Leistungen	
• geringfügig (ausländische Unternehmen können sich auf Patente und Warenzeichen anderer Konzerngesellschaften stützen)	• bedeutend • intensive Beziehungen zwischen den Geschäftsbereichen des ausländischen Unternehmens und des Mutterunternehmens

dung des Niederstwertprinzips ausschließlich auf der Basis der Auslandswährung. Auch das Eigenkapital ist insgesamt mit dem Stichtagskurs anzusetzen. Damit erkennbar wird, inwieweit sich Wechselkursschwankungen auf das in der Summe zum Stichtagskurs umgerechnete Eigenkapital auswirkt, sind das gezeichnete Kapital und die Rücklagen sowie ein Ergebnisvortrag mit den historischen Kursen umzurechnen, während das Jahresergebnis der umgerechneten Gewinn- und Verlustrechnung entnommen wird. Eine daraus resultierende bilanzielle Umrechnungsdifferenz ist dann erfolgsneutral in einen gesonderten

Posten innerhalb des Eigenkapitals einzustellen, der bspw. als „Eigenkapitaldifferenz aus Währungsumrechnung" nach den Konzernrücklagen ausgewiesen werden kann.

Die Umrechnung der Aufwendungen und Erträge in der Gewinn- und Verlustrechnung müsste theoretisch zu den jeweiligen **Transaktionskursen** erfolgen. Aus Praktikabilitätsgründen können jedoch **Durchschnittskurse** zugrunde gelegt werden. Diese sind so zu bestimmen, dass die Abweichungen zur Umrechnung mit Transaktionskursen nicht wesentlich sind. Hier bieten sich insbesondere Monatsdurchschnittskurse oder – allerdings bei nur geringfügigen Wechselkursschwankungen – auch (gewichtete) Jahresdurchschnittskurse.

1965

Sofern hingegen davon auszugehen ist, dass sich Wechselkursveränderungen wegen der finanzwirtschaftlichen Beziehungen **wesentlich auf die Ertragslage** des Konzerns auswirken (rechte Spalte der obigen Übersicht), so ist den erwarteten Chancen und Risiken bei der Abbildung im Konzernabschluss nach **allgemeinen Grundsätzen** Rechnung zu tragen: Die im Ausland gelegenen Vermögensgegenstände und Schulden des einzubeziehenden Tochterunternehmens sind zu bewerten wie Vermögensgegenstände und Schulden des Mutterunternehmens (sog. „**Äquivalenzprinzip**"). Dieses erfolgt durch die Währungsumrechnung nach dem Zeitbezug. Dieser Methode entsprechend sind auf der Aktivseite der Bilanz Anschaffungswerte grundsätzlich mit ihren historischen Kursen, Zeitwerte mit dem Kurs am Abschlussstichtag und Zukunftswerte mit dem Kurs, der für den Realisierungszeitpunkt erwartet wird, umzurechnen. Auf der Passivseite sind Verbindlichkeiten grundsätzlich mit dem **historischen** Kurs oder mit dem **höheren Stichtagskurs** umzurechnen; Rückstellungen sind mit dem zum Stichtagskurs umgerechneten Tageswert anzusetzen. Forderungen und Verbindlichkeiten aus dem laufenden Geschäftsverkehr mit einer Laufzeit von maximal einem Jahr können dabei vereinfachend zum Stichtagskurs umgerechnet werden. Zur Ermittlung des Niederstwerts (nach HGB erforderlich nach § 253 HGB) von Vermögensgegenständen sind den mit historischen Kursen umgerechneten fortgeführten Anschaffungskosten die zu Stichtagskursen umgerechneten Tageswerte der Vermögensgegenstände gegenüberzustellen. Ein Niederstwerttest ist insbesondere dann durchzuführen, wenn Anhaltspunkte für das Vorliegen niedrigerer Tageswerte bestehen oder die Tageskurse die historischen Kurse wesentlich unterschreiten. Durch die Anwendung unterschiedlicher Umrechnungskurse auf die einzelnen Posten der Bilanz ergibt sich i. d. R. eine Differenz zwischen dem Saldo der umgerechneten Aktiva und Schulden und dem umgerechneten Eigenkapital. Eine negative Umrechnungsdifferenz stellt aus der Sicht des Mutterunternehmens einen **unrealisierten Währungsverlust** an dem in Fremdwährung investierten Nettovermögen dar. Eine positive Umrechnungsdifferenz repräsentiert entsprechend einen **unrealisierten Währungsgewinn**. In der Ergebnisrechnung ist nach der Zeitbezugsmethode wie folgt vorzugehen:

1966

- für Posten, die sich auf mit historischen Kursen umgerechnete Bilanzposten beziehen, sind die jeweiligen historischen Kurse anzuwenden;

• für andere Posten grundsätzlich Transaktionskurse. Aus Vereinfachungsgründen kann eine Umrechnung auch mit Durchschnittskursen erfolgen.

1967 Das Jahresergebnis ergibt sich als Saldo der umgerechneten Aufwendungen und Erträge unter Berücksichtigung der erfolgswirksam behandelten Veränderungen der Umrechnungsdifferenzen.

IV. Steuerliche Rahmenbedingungen in Europa und den USA

1968 Beim Gang ins Ausland muss sich das Unternehmen darüber im Klaren sein, dass die ausländischen steuerlichen Rahmenbedingungen von den deutschen unter Umständen erheblich abweichen können. Darüber hinaus können im Ausland Sondersteuern anfallen, die das deutsche Steuersystem überhaupt nicht kennt.

1969 Die „richtige" Standortwahl hängt daher neben den vorrangigen betriebswirtschaftlichen Anforderungen auch zu einem wesentlichen Teil von einem Vergleich der steuerlichen Gegebenheiten in den anvisierten Zielländern ab.

1970 Der nachfolgende Überblick über die steuerlichen Rahmenbedingungen in Europa und den USA beschränkt sich auf Ausführungen zur Körperschaft- und Umsatzsteuer[83]. Etwaige Sondersteuern bleiben unberücksichtigt. Die Autoren betonen daher, dass die Lektüre der nachfolgenden Ausführungen nicht die individuelle Beratung durch einen Steuerexperten ersetzen kann.

1. EU-Staaten

a) Körperschaftsteuer

1971 Obgleich auf der Ebene der EU bereits seit geraumer Zeit über die Harmonisierung der Rechtsvorschriften der Mitgliedstaaten zur Körperschaftsteuer diskutiert wird, weichen die insgesamt 15 (!) (und ab 01.05.2004: 25) nationalen Rechtssysteme bislang noch deutlich von einander ab. Die Neuausrichtung der EU-Steuerpolitik ist dringend erforderlich, da die fehlende Harmonisierung (z.B. hinsichtlich der Steuersätze) zu Wettbewerbsverzerrungen führen kann. Darüber hinaus wird der grenzüberschreitende Verkehr für Unternehmen u.a. durch die eingeschränkte Möglichkeit der länderübergreifenden Verlustverrechung sowie unzureichender bzw. unzulänglicher Regelungen auf dem Gebiet der Verrechnungspreise (Transfer Pricing) zwischen in- und ausländischen Unternehmensteilen behindert[84].

---

83 Eine zusammenfassende Übersicht von Steuersätzen enthält die im Anhang enthaltene Tabelle zur Besteuerung von Kapitalgesellschaften im Ausland.

84 Zahlreiche weitere Informationen zu den aktuellen Entwicklungen, einer Harmonisierung der direkten Steuern auf dem Gebiet der EU sind im Internet abrufbar unter: http://europa.eu.int/comm/taxation_customs/taxation/company_tax/index.htm. Im Zusammenhang mit der Harmonisierung der direkten Steuern in der EU ermöglicht die European Business Initiative on Taxation (EBIT) seinen Mitgliedern einen direkten Dialog mit den Vertretern der EU. Auf diese Weise soll ein rascher Fortschritt bei der Modernisierung der steuerlichen Vorschriften in

Zur Zeit (2002/2003) liegen die **Regelsteuersätze** für die Körperschaftsteuer 1972 innerhalb der Mitgliedstaaten der EU zwischen 12,5%[85] (Irland) und knapp 40% (Luxemburg).

Unter der Voraussetzung, dass die deutsche Mutterkapitalgesellschaft mindes- 1973 tens 25% der Anteile an der ausländischen Tochterkapitalgesellschaft hält, wer- den **Dividendenzahlungen** der Tochter- an die deutsche Muttergesellschaft im **EU-Ausland** nicht besteuert[86]. Soweit diese Voraussetzungen nicht erfüllt sind, kommt im Regelfall ein ermäßigter Steuersatz nach dem jeweiligen DBA in Betracht. Dieser liegt zwischen 0% und 15%.

Zinserträge einer deutschen Muttergesellschaft werden im Ausland unter Um- 1974 ständen ermäßigt besteuert. Der DBA-Steuersatz liegt zwischen 0% und 15%.

Lizenzzahlungen einer ausländischen Tochterkapitalgesellschaft an die deut- 1975 sche Muttergesellschaft werden von den einschlägigen DBA im Regelfall im Ausland von der Besteuerung ausgenommen. Nur in einigen Ausnahmefällen[87] ist die Erhebung einer ausländischen Quellensteuer möglich. Der Steuersatz liegt in diesen Fällen bei 5%.[88]

b) Umsatzsteuer

Im Gegensatz zur Körperschaftsteuer ist das System der Umsatzsteuer in der 1976 EU weitestgehend harmonisiert. Die nationalen Rechtsvorschriften basieren auf der „Sechsten Richtlinie 77/388/EWG zur Harmonisierung der Rechtsvorschrif- ten der Mitgliedstaaten über die Umsatzsteuer".

Der Regelsteuersatz in den einzelnen Mitgliedstaaten liegt aktuell zwischen 1977 15% (Luxemburg) und 25% (Dänemark, Schweden)[89].

2. Schweiz

Seit dem 01.01.2001 ist das Körperschaftsteuerrecht in den verschiedenen 1978 Kantonen der Schweiz weitgehend harmonisiert. Von der Vereinheitlichung ausgenommen sind allerdings die Steuersätze.

Kapitalgesellschaften entrichten eine Gewinnsteuer auf Kantons- und Gemein- 1979 deebene. Der Gewinnsteuersatz der direkten Bundessteuer beträgt 8,5%. Da die Steuern selbst steuerlich abzugsfähig sind, entspricht dies einem effektiven Steuersatz von 7,8%. Darüber hinaus sehen alle Kantone und Gemeinden für Kapitalgesellschaften eine Steuer vom Reingewinn sowie eine Steuer vom ein- bezahlten Grund- oder Stammkapital und den Reserven vor. Die Steuern vom

---

Europa erreicht werden, der den Belangen der Wirtschaft Rechnung trägt. Mitglieder der EBIT sind Unternehmen aus allen Branchen. Weitere Informationen sind erhältlich unter: http:// europa.eu.int/comm/taxation_customs/taxation/company_tax/docs/ebit.pdf erhältlich.
85 Seit dem 01.01.2003.
86 Art. 5 Abs. 1 Mutter-Tochter-Richtlinie.
87 Z.B. Finnland, Italien, Luxemburg, Portugal, Slowakei, Spanien, Tschechien.
88 Lediglich in Portugal beträgt er 10%.
89 Weitere Einzelheiten zur Umsatzsteuer vgl. auch Teil II, F. III. („Umsatzsteuerliche Aspekte").

Reingewinn sind in der Regel progressiv ausgestaltet, wobei ein Minimal- und ein Maximalsatz festgelegt ist. Einige Kantone kennen jedoch auch proportionale Steuersätze. Innerhalb dieser Grenzen richtet sich der in Prozenten ausgedrückte Steuersatz meistens nach der Ertragsintensität oder Rendite (Verhältnis Gewinn zu Kapital und Reserven). Die kombinierten maximalen effektiven Steuersätze (direkte Bundessteuer und Kantons- und Gemeindesteuern) liegen derzeit zwischen 16,3% (Kanton Zug) und 29,1% (Kanton Graubünden).

1980 Die Kapitalgesellschaften, deren Erträge ganz oder teilweise aus schweizerischen und ausländischen **Beteiligungen** stammen (Holding- und Beteiligungsgesellschaften), genießen in allen Kantonen Steuererleichterungen. Beispielsweise entrichten Gesellschaften, die in der Schweiz keine eigentliche Geschäftstätigkeit ausüben und deren Zweck zur Hauptsache in der längerfristigen Verwaltung von Beteiligungen besteht, **keine Steuer auf den Reingewinn**, sobald die Beteiligungen oder Erträge aus den Beteiligungen mindestens zwei Drittel der gesamten Aktiven oder Erträge ausmachen (Holdinggesellschaften).

1981 Dividenden und Kapitalgewinne auf qualifizierenden Beteiligungen werden durch den so genannten Beteiligungsabzug indirekt freigestellt. Diese indirekte Freistellung setzt keine Besteuerung der Gesellschaft, welche die Dividende zahlt, voraus, das heißt, gilt auch für so genannte „Offshore" Dividenden.

1982 Für Gesellschaften, deren Tätigkeit vor allem auslandsbezogen ist, das heißt, die mehr als 80% des Umsatzes mit ausländischen Gegenparteien tätigen, in der Schweiz keine Produktionstätigkeit ausüben und in der Schweiz kein oder nur wenig Personal beschäftigen, kann auf kantonaler Ebene der steuerprivilegierte Status einer Domizilgesellschaft oder „Gemischten Gesellschaft" beantragt werden. Die mit ausländischen Gegenparteien (z.B. auch Gruppengesellschaften) erzielten Umsätze werden dabei nur im Umfang von 10 bis 25% in die Bemessungsgrundlage einbezogen. Damit lässt sich auf diesen Einkünften in der Regel ein effektiver Steuersatz von 8–12% (inkl. direkte Bundessteuer) erzielen.

1983 Zudem erheben die Kantone für Holdinggesellschaften nur eine **reduzierte Kapitalsteuer**.

1984 Weiter können die Kantone auf dem Wege der Gesetzgebung neu gegründete Unternehmen, die dem wirtschaftlichen Interesse des Kantons dienen, während maximal zehn Jahren ganz oder teilweise von der Steuerpflicht befreien bzw. ihnen Erleichterungen gewähren.

1985 Insbesondere die kantonalen Steuerbehörden können in der Regel als wirtschaftsfreundlich gelten. Ein Vorteil der schweizerischen Steuerlandschaft ist das Vertrauensverhältnis zwischen den Steuerpflichtigen und den Steuerbehörden. Kritische Probleme können mit den Steuerbehörden vorbesprochen und im Rahmen eines verbindlichen Vorabbescheides im Vorfeld fixiert werden.

1986 Die Quellensteuer auf Dividenden beträgt 35%. Allerdings kommt nach dem DBA Schweiz-Deutschland eine Ermäßigung auf 5% bzw. 15% in Betracht[90].

---

90 Art. 10 Abs. 2 DBA Schweiz.

Seit 01.01.2002 kann für qualifizierte Beteiligungen, die durch Körperschaften gehalten werden, die vollständige Rückerstattung verlangt werden. Ab dem Jahr 2003 ist eine vollständige Entlastung an der Quelle vorgesehen. Auf Zinsen (ausgenommen Bankzinsen) wird keine Quellensteuer erhoben.

Auf **Zins- und Lizenzerträge**, die aus der Schweiz nach Deutschland fließen **1987** wird in der Schweiz keine Quellensteuer erhoben[91].

Der Regelsteuersatz für die **Umsatzsteuer** beträgt 7,6% (ermäßigt: 2,4% bzw. **1988** 3,6%).[92]

3. Osteuropäische Länder

Aufgrund des geplanten EU-Beitritts verschiedener osteuropäischer Staaten, **1989** rückt die Frage nach einer Investition in osteuropäische Länder zunehmend in den Vordergrund deutscher Unternehmen. Motive für ein Engagement deutscher Unternehmen in Richtung Osteuropa sind z.B. die Erschließung neuer Absatzmärkte, die Verstärkung von Kooperationsmöglichkeiten sowie Kostenreduzierungen und die Nutzung des Lohngefälles. Auch unter steuerlichen Aspekten kann ein Engagement in Osteuropa interessant sein.

Vor allem die relativ niedrige Besteuerung von Kapitalgesellschaften in einzel- **1990** nen osteuropäischen Ländern bietet Investitionsanreize. So soll der Körperschaftsteuersatz in Polen von derzeit 28% auf 24% in 2003 bzw. 22% in 2004 sinken[93]. Der Spitzenreiter ist Ungarn. Dort liegt der Körperschaftsteuersatz bei lediglich 18%[94]. Auch in Tschechien erwägt man eine weitergehende Senkung des Körperschaftsteuersatzes, der zurzeit immerhin noch 31% beträgt[95]. In der Slowakische Republik beträgt der Körperschaftsteuersatz 25%[96]. Der Unterschied zur Besteuerung in Deutschland besteht in der Nicht-Erhebung der Gewerbesteuer.

Die ausgeschütteten Gewinne werden in dem Quellenland in der Regel mit dem **1991** ermäßigten Steuersatz nach DBA besteuert und je nach der Beteiligung und Investitionsform in Deutschland freigestellt. Die Gesamtsteuerlast kann dann durchaus weit unter dem kombinierten Körperschaft- und Gewerbesteuersatz in Deutschland[97] liegen.

Die steuerliche Behandlung ausländischer Investitionen wird auch zunehmend **1992** zu einem wichtigen Instrument des Standortwettbewerbs unter den osteuropäi-

---

91 Art. 11 Abs. 1, Art. 12 Abs. 1 DBA-Schweiz.
92 Weitere Informationen über das Steuersystem in der Schweiz sind im Internet unter: http://www.estv.admin.ch erhältlich.
93 Informationen zum polnischen Steuersystem: http://www.taxonline.pl/index_en.jsp.
94 Weitere Informationen zum ungarischen Steuersystem unter: http://www.itd.hu.
95 Informationen zum tschechischen Steuersystem auf einen Blick: http://www.czechinvest.cz/ci/ci_de.nsf.
96 Informationen zum slowakischen Steuersystem: http://www.sario.sk/showdoc.do.
97 Dieser kann trotz der Absenkung des Körperschaftsteuersatzes auf 25% (bzw. 26,5% im Veranlagungszeitraum 2003) aufgrund des Solidaritätszuschlages und der Gewerbesteuerbelastung immer noch bei knapp 40% liegen.

schen Ländern. Zu erwähnen sind vor allem die steuervergünstigten Industrie-
zonen in Polen[98] sowie die investitionsfördernden steuerlichen Maßnahmen in
anderen osteuropäischen Ländern. Zu betonen ist jedoch, dass viele Steuervergünstigungen einzelfallbezogen sind und von den Verhandlungen mit zuständigen Behörden der staatlichen oder Kommunalverwaltung abhängen können[99].

4. USA

a) Körperschaftsteuer

1993 Eine Kapitalgesellschaft unterliegt auf Bundesebene der Körperschaftsteuer.

1994 Der **Tarif** der **Bundeskörperschaftsteuer** ist einkommensabhängig ausgestaltet.
Der Eingangssteuersatz beträgt 15%[100] und steigt auf eine durchschnittliche Belastung von 35% an.

1995 Darüber hinaus erheben die meisten **Bundesstaaten** eine Körperschaftsteuer
auf das Einkommen der in ihrem Gebiet ansässigen oder nach ihrem Recht gegründeten Kapitalgesellschaften.[101]

1996 Die Steuertarife sind in den einzelnen Bundesstaaten sehr unterschiedlich ausgestaltet. Die meisten Bundesstaaten sehen proportionale Steuersätze zwischen
4% und 12% vor.

1997 Die **lokalen Gebietskörperschaften** können grundsätzlich ebenfalls eine gesonderte Körperschaftsteuer erheben. Von dieser Steuerhoheit machen allerdings bislang lediglich Großstädte Gebrauch. Die Steuersätze liegen in diesem
Fall üblicherweise bei etwa 1–2%. Allerdings können die Steuersätze teilweise
auch deutlich darüber liegen.

1998 Die auf Ebene der Bundesstaaten und lokalen Gebietskörperschaften bezahlten
Körperschaftsteuern stellen im Regelfall für Zwecke der Bundeskörperschaftsteuer abzugsfähige Betriebsausgaben dar.

1999 Neben oder anstelle einer Körperschaftsteuer erheben schließlich viele Einzel-
staaten eine gewerbesteuerähnliche Abgabe (Franchise Taxes).

b) Umsatzsteuer

2000 Die USA kennen auf Bundesebene keine Umsatzbesteuerung. Allerdings erheben fast alle Bundesstaaten[102] und viele lokale Gebietskörperschaften eine Um-
satz- bzw. Verbrauchersteuer (Sales and Use Tax).

2001 Gegenüber der deutschen Umsatzsteuer[103] weist die Sales and Use Tax erhebliche Unterschiede auf. Zum einen verfügen die Bundesstaaten über kein einheit-

---

98 Weitere Informationen unter: http://mofnet.gov.pl/publications/files/wb_report.pdf.
99 Zu den Fördermitteln im Einzelnen siehe nachfolgend Abschnitt V.
100 Bei einem zu versteuernden Einkommen bis US$ 50.000.
101 Einige Bundesstaaten wie etwa Nevada, South Dakota, Texas oder Washington verzichten demgegenüber bislang auf die Erhebung einer bundesstaatlichen Körperschaftsteuer.
102 Mit Ausnahme von Delaware, Montana, New Hampshire, Oregon und Alaska.
103 Vgl. die Ausführungen unter Teil II, Abschnitt F. III. („Umsatzsteuerliche Aspekte").

liches System der Umsatzbesteuerung. Vielmehr weichen Besteuerungsvoraussetzungen, Bemessungsgrundlage, Steuererhebung und Steuersätze sowohl von Bundesstaat zu Bundesstaat als auch innerhalb eines Bundesstaates zwischen den einzelnen lokalen Gebietskörperschaften erheblich voneinander ab. Zum anderen soll die Sales und Use Tax ausschließlich Endverbraucher belasten, weshalb die Steuer als eine Einphasen-Umsatzsteuer bezeichnet werden kann.

Grundsätzlich unterliegen der Steuerpflicht Unternehmen mit der Lieferung **2002** oder Gebrauchsüberlassung von Waren (Sales Tax). Die Erbringung von Dienstleistungen ist dagegen nur selten Gegenstand der Sales Tax.

Die Steuersätze liegen auf Ebene der Bundesstaaten zwischen 3% (Colorado) **2003** und 6,5% (Minnesota und Nevada), können im Einzelfall aber auch darüber liegen.

Als Folge ihrer Ausgestaltung als Einphasen-Umsatzsteuer kennt die Sales Tax **2004** keinen Vorsteuerabzug.

c) Branch Profits Tax and Branch Level Interest Tax

Ausländische Kapitalgesellschaften, die in den USA eine Geschäftstätigkeit **2005** **über eine Betriebsstätte** oder eine Beteiligung an einer Gesellschaft, die für US-steuerliche Zwecke als Personengesellschaft besteuert wird, ausüben, unterliegen einer **Branch Profits Tax** (Zweigniederlassungssteuer). Die Branch Profits Tax soll verhindern, dass sich ausländische Kapitalgesellschaften, durch Gründung einer Betriebsstätte anstelle einer Tochtergesellschaft, der wirtschaftlichen Doppelbelastung[104] unter dem klassischen System entziehen und so einen Wettbewerbsvorteil erhalten.

Die Bemessungsgrundlage der Branch Profits Tax stellt der ausschüttungsglei- **2006** che Betrag (Dividend Equivalent Amount) dar, der im Wesentlichen dem Betrag entspricht, der im abgelaufenen Wirtschaftsjahr als Dividende ausgeschüttet hätte werden können, wenn die Betriebsstätte eine rechtlich selbstständige Tochtergesellschaft wäre. Er umfasst die in den USA versteuerten Einkünfte (After-Tax Earnings) aus der Betriebsstätte bzw. der Personengesellschaft, die entweder bis zum Ende des laufenden Wirtschaftsjahres nicht wieder reinvestiert oder in einem späteren Wirtschaftsjahr desinvestiert wurden.

Der Steuersatz der Branch Profits Tax beträgt nach den US-steuerlichen Rege- **2007** lungen 30%, ist aber durch die Vorschriften des DBA Deutschland/USA auf 5% abgesenkt.

Die gleiche Zielsetzung wie die Branch Profits Tax verfolgt die **Branch Level** **2008** **Interest Tax** (Betriebsstättenzinssteuer), die eine Unterform der Branch Profits Tax darstellt. Durch die Branch Level Interest Tax unterliegen Zinsen, die Betriebsstätten ausländischer Kapitalgesellschaften an nicht in den USA ansässige

---

104 Die Doppelbelastung resultiert daraus, dass in den USA Kapitalgesellschaften als juristische Personen selbst Steuersubjekte sind und zudem die Anteilseigner mit den von ihnen bezogenen Dividenden der Einkommen- bzw. Körperschaftsteuer unterliegen.

Gläubiger zahlen, in den USA einer Quellensteuer. Ebenso unterliegen dieser Quellenbesteuerung Zahlungen, die eine US-Beteiligungsgesellschaft an eine ausländische Kapitalgesellschaft leistet, wenn die Beteiligungsgesellschaft für US-steuerliche Zwecke als Personengesellschaft besteuert wird.[105]

V. Fördermittel

2009 Unternehmensstandorte stehen weltweit in einem Wettbewerb, der durch staatliche Fördermittel gesteuert, beeinflusst und verstärkt wird. Traditionell sind für deutsche Unternehmen die Märkte in West-Europa, in den USA, verstärkt aber auch in den Mittel- und Osteuropäischen Ländern (MOEL) sowie in Süd-Ost-Asien von Interesse. Ausgehend von den o.g. Beweggründen für einen Gang ins Ausland hat auch die Förderung an verschiedenen Standorten, z.B. für den Auf- und Ausbau von Tochtergesellschaften, eine erhebliche Bedeutung.

2010 Zur Sicherung von Arbeitsplätzen in den Zielländern aber auch im Inland sind sowohl Förderinstitute auf Landes-, Bundesebene, der Ebene der EU als auch in den jeweiligen Investitionsländern daran interessiert, Unternehmen bei der Umsetzung ihrer Vorhaben zu unterstützen. Es besteht auch hier, abhängig vom jeweiligen Vorhaben eine unübersehbare Flut von Förderprogrammen, in Form von Zuschüssen, Darlehen, Bürgschaften und Beteiligungen, sodass jedes Unternehmen individuell bei der Planung und Gestaltung seiner Auslandsbeteiligung die jeweiligen Fördermöglichkeiten bei den einzelnen Wirtschaftsförderungsgesellschaften, Förderinstituten oder unabhängigen Beratern abfragen muss.

2011 In der Folge werden exemplarisch nur einige Programme für die Investitionsförderung dargestellt, die für deutsche Unternehmer beim Gang ins (i.W. europäische) Ausland von Interesse sein könnten.

2012 Förderprogramme für den Bereich Technologie und Innovation (z.B. e-Ten, eContent, EUROTEC CAPITAL oder Mittel aus dem 6. Rahmenprogramm der EU für Forschung und Entwicklung) stehen deutschen Unternehmen beim Gang ins Ausland ebenfalls zur Verfügung, sodass auch hier eine Prüfung der Antragsberechtigung sinnvoll sein kann. Die weitere Darstellung geht auf diesen Bereich jedoch nicht weiter ein, sondern nimmt zu Fördermitteln für allgemeine Investitionen im Zusammenhang mit der Internationalisierung und dem Aufbau von Tochtergesellschaften Stellung.

1. Förderung durch die Bundesländer

2013 Die Bundesländer sind bemüht, Wettbewerbsvorteile für heimische Unternehmen zu schaffen, in dem sie diesen Unternehmen Förderungen für den Gang

---

105 Weiterführende Literatur zum Steuersystem in den USA: PwC: Steuern in den USA. Ein Leitfaden für deutsche Investoren, Frankfurt am Main 2001; Kadel, J. (2000): Eine Einführung in die US-amerikanische Steuerrechtsliteratur, Internationales Steuerrecht 2000, S. 583–589; Thiele, C. (1998): Einführung in das US-amerikanische Steuerrecht, Wien 1998; http://www.irs.gov.

ins Ausland zukommen lassen. Hintergrund ist der Umstand, dass unterstellt wird, dass der volkswirtschaftliche Nutzen bei der Begründung von Auslandsinvestitionen im Inland noch immer groß genug ist, um eine solche Förderung zu rechtfertigen.

So unterstützt die Bürgschaftsbank Brandenburg (http://www.bb-brbg.de) Engagements brandenburgischer Unternehmen, Existenzgründungen in Polen sowie Joint-Venture brandenburgischer und polnischer Unternehmen durch die Bereitstellung von Bürgschaften durch die Bürgschaftsbank des Landes Brandenburg bis zu 75% des jeweiligen Investitions-, Betriebsmittel und Erwerbbedarfs. **2014**

Auch das Land Sachsen-Anhalt übernimmt zur Förderung von Beteiligungen im Ausland für kleine und mittlere Unternehmen in Sachsen-Anhalt (KMU's), Garantien für Kapitalbeteiligungen und Gesellschafterdarlehen. Die Garantien werden bis zu einer Höhe von 80% und einem Gesamtbetrag von € 2,5 Mio. je Vorhaben übernommen. **2015**

Selbst Förderinstitute in den „alten" Bundesländern unterstützen ihre Unternehmen beim Gang ins Ausland. Als Beispiel ist die Bayerische Landesanstalt für Aufbaufinanzierung (LFA) zu nennen, die gewerblichen Unternehmen und Freiberuflern in Bayern Darlehen für Beteiligungen an Joint-Venture oder Tochtergesellschaften/Niederlassungen im Ausland anbietet. Bei einem Mindestbetrag von T€ 100 und einem Höchstbetrag von rd. € 25 Mio. (davon € 5 Mio. Ergänzungsdarlehen und rd. € 20 Mio. Kapitalmarktmittel) kann der Unternehmer erhebliche Mittel erhalten. **2016**

Die Bayerische Landesanstalt für Aufbaufinanzierung (LFA) übernimmt im Rahmen Bayerischer Staatsbürgschaften außerdem Ausfallbürgschaften für Kredite an Unternehmen der gewerblichen Wirtschaft und für Angehörige Freier Berufe in Bayern. **2017**

Die kurze Aufzählung zeigt, dass eine Prüfung, ob und welche Fördermittel für den Gang ins Ausland von den regionalen Förderinstituten erlangt werden können, lukrativ sein kann. **2018**

2. Förderung durch den Bund

Das System der Außenwirtschaftsförderung auf Bundesebene ist durch eine Aufgabenteilung zwischen Staat und Wirtschaft gekennzeichnet. Hierbei wirken Auslandsvertretungen, Auslandshandelskammern sowie die Bundesstelle für Außenhandelsinformationen zusammen. **2019**

Auf den wichtigsten Exportmärkten sind alle drei Institutionen vertreten. In den übrigen Ländern übernehmen im Wesentlichen die Auslandsvertretungen die Aufgaben der anderen Institutionen.[106] Die Auslandsvertretungen (Botschaften und Generalkonsulate) setzten sich für die Verbesserung der Marktzugangsbedingungen ein, beraten deutsche Unternehmen und unterstützen sie bei **2020**

---

106 Zu weiteren Informationen vgl. www.bmwa.de.

der Durchsetzung ihrer Wirtschaftsinteressen gegenüber amtlichen Regierungs-stellen ausländischer Staaten.

2021 Die Außenhandelskammern (AHK) sind freiwillige Zusammenschlüsse von Unternehmen aus Deutschland und den jeweiligen Partnerländern. Sie bieten u. a. entgeltliche Serviceleistungen an, die deutsche Unternehmen bei der Geschäftsanbahnung und -durchführung im Ausland unterstützen. Mit umfassenden Informationen über die Märkte erleichtern die Experten der Bundesstelle für Außenhandelsinformation (BFAI) deutschen Unternehmen den Weg ins Auslandsgeschäft. Das Angebot reicht von Kontaktanschriften, Wirtschaftsdaten, Projektausschreibungsrecht und Zollinformationen bis hin zu geschäftspraktischen Tipps und Marktanalysen[107].

2022 Ein weiterer Baustein der Außenwirtschaftsförderung ist die Auslandsmesseför-derung des Bundes. Die Beteiligung an Messen im Ausland hat für Unternehmen eine große Bedeutung. Insbesondere kleineren und mittleren Unternehmen öffnet die Auslandsmesseförderung den Weg auf die Exportmärkte. Hierbei liegt Asien mit 50 % der offiziellen deutschen Messebeteiligung weit in Führung. Es folgen Europa (vornehmlich Osteuropa) mit 18 % und Nordamerika mit rund 15 %.

2023 Weitere Instrumente der Außenwirtschaftsförderung sind bilaterale Investitions-förderungs- und Schutzabkommen, die deutschen Investoren im Ausland für ihre Investitionen Rechtschutz gewähren, sowie staatliche Garantien zur Absicherung des politischen Risikos von Investitionen im Ausland (Garantien für Direktinvestitionen oder Kapitalanlagen) sowie die Übernahme staatlicher Aus-fuhrgewährleistung (Hermes-Bürgschaften).

2024 Eine Absicherung deutscher Direktinvestition gegen politische Risiken kann im Wesentlichen für Beteiligungen, beteiligungsähnliche Darlehen und Dotations-kapital genutzt werden. Der Schutz umfasst im Wesentlichen Eingriffe in das Eigentum aufgrund von Verstaatlichung, Enteignung, Bruch von Zusagen, Krieg, Revolution, Aufruhr, Zahlungsverbot, Moratorium, Konvertierungs- oder Transferprobleme. Dabei ist zu beachten, dass eine Garantie grundsätzlich nur für Neuinvestition, d. h. nicht für schon bestehende Investitionen, möglich ist. Die antragstellenden Unternehmen müssen ihren Sitz in Deutschland haben und förderungswürdig sein. Eine Übernahme des wirtschaftlichen Risikos der Investitionen ist nicht möglich. Die Übernahme der Garantie ist mit einer einmaligen Bearbeitungsgebühr (0,5 bis 1,0 Promille des Garantiebetrages, höchstens jedoch € 10.000) und einem jährlichen Garantieentgelt von 0,5 % des Garantiebetrages verbunden.

2025 Zur Risikoabsicherung langfristiger Exportdarlehen an Entwicklungs- und Schwellenländer werden Hermes Ausfuhrgewährleistungen, die von der Hermes-Kreditversicherungs-AG[108] übernommen werden, gewährt. Im Rahmen der Finanzkreditdeckung über Hermes sind Darlehen bis zu einer Höhe von maximal

---

107 Zu weiteren Informationen vgl. www.bfai.com.
108 Vgl. www.hermes-kredit.com.

85% des Auftragswertes abgesichert. Die Deckungsquote beläuft sich im Allgemeinen auf 95% des Kreditbetrages. Auch für die Hermesbürgschaft ist eine einmalige Bearbeitungsgebühr sowie ein laufendes Entgelt zu zahlen. Der 15%ige Anteil am Auftragswert, der von Hermes nicht gedeckt wird, muss vom Käufer anderweitig finanziert werden. Dies kann z.B. durch die KfW geschehen.

Im Auftrag des Bundes finanziert die KfW u.a. Investitionsgüterexporte, z.B.   **2026**
Exporte von Flugzeugen und Schiffen sowie Maschinen und anderen Ausrüstungsgütern. In diesem Zusammenhang bietet die KfW beispielsweise liefergebundene Exportfinanzierungen an. Dabei werden langfristige Kredite für Investitionsgüterexporte und damit verbundene Leistungen gewährt. Die bereitgestellten Kredite werden in der Regel direkt an die Käuferunternehmen im Abnehmerland vergeben (sog. Corporate-Finanzierung). Diese Exportkredite können abhängig davon, wie hoch das Kreditnehmer- und Länderrisiko eingeschätzt wird, mit oder ohne staatliche Absicherung (Hermes-Ausfuhrgewährleistung) ausgelegt werden.

Daneben bietet die KfW auch Rahmenkreditverträge für ausländische Unter-   **2027**
nehmen an, die in regelmäßigen Geschäftsbeziehungen zu deutschen Exporteuren stehen. In solchen Fällen bietet es sich an, Grundverträge mit diesen Unternehmen oder lokalen Banken abzuschließen, die die wesentlichen Eckdaten der Finanzierung beinhalten, sodass nicht alle Details eines Kredits für jedes Einzelprojekt immer wieder aufs Neue ausgehandelt werden müssen[109].

Die KfW vergibt darüber hinaus an größere Unternehmen für Auslandsinvesti-   **2028**
tionen Direktkredite, z.B. zum Aufbau einer Produktionslinie im Ausland. Auch für mittelständische Unternehmen, die Direktinvestitionen im Ausland durchführen möchten, stehen Kreditprogramme zur Verfügung, die in diesem Fall allerdings über die Geschäftsbanken vergeben werden.

Deutschen Unternehmen, die Investitionen in den Entwicklungs- und verschie-   **2029**
denen Reformländern vornehmen wollen, können über die Deutsche Investitions- und Entwicklungsgesellschaft (DEG) Projektfinanzierungen im Ausland in Form von Darlehen, Kapitalrücklagen und unter Umständen auch Zuschüssen (bis zu 35% bei Erweiterungs-, Rationalisierungs- oder Modernisierungsinvestitionen) gewährt werden.

Zudem engagiert sich auch die KfW bei Projektfinanzierungen in Ausland,   **2030**
u.a. in den Bereichen Industrie und Verkehrsinfrastruktur.

3. Förderungen durch europäische Institutionen

Die Europäische Investitionsbank (http://www.eib.org) stellt langfristige Darle-   **2031**
hen für Investitionsvorhaben zur Verfügung, die eine ausgewogene Entwicklung innerhalb der Gemeinschaft fördern, wobei Projekte sowohl innerhalb als auch außerhalb der EU unterstützt werden.

---

109 Eine Übersicht über alle bestehenden Rahmenabkommen findet sich unter www.kfw.de auf den Seiten Export- und Projektfinanzierung unter dem Stichwort Rahmenkreditverträge.

2032 Unternehmen können dabei sowohl über sog. Individualdarlehen (Darlehen für Großprojekte, die direkt an den Begünstigten ausgegeben werden) als auch über Globaldarlehen (zwischen T€ 20 und € 15,5 Mio.) von Banken und anderen Finanzierungsinstituten verfügen. Im letzten Fall sind regelmäßig KMU mit weniger als 500 Beschäftigten begünstigt.

2033 Die Europäische Investitionsbank stellt außerdem über den Europäischen Investitionsfond (EIF) Garantien zur Verfügung. [110]

2034 Zudem stellt die EIB langfristige Garantien für Infrastrukturprojekte verschiedener Größenordnung bereit, insbesondere für solche, die Bestandteile des Transeuropäischen Netzes (TEN) sind und für Kapitalinvestitionen von KMU. Der Finanzierungsanteil darf max. 50 % der Projektkosten betragen.

2035 Die Europäische Gemeinschaft stellt darüber hinaus beispielsweise über das Programm EUROTECH CAPITAL Eigen- und Risikokapital zur Finanzierung von transnationalen Hochtechnologieprojekten (THTP's) zur Verfügung. [111]

2036 Auch im Bereich der EU ist es in diesem Rahmen unmöglich, alle Fördermöglichkeiten für die interessierten Unternehmen darzustellen, da Investitionsort, Projektvorhaben, Vorhabensfinanzierung usw. derart unterschiedlich sind, dass nur eine individuelle Recherche aussagefähige Ergebnisse für diesen Bereich erbringen kann.

4. Förderungen in den Zielländern

2037 Investitionsentscheidungen für Unternehmen sind häufig mit Standortentscheidungen verbunden, die wie gezeigt dazu führen, dass auch die öffentliche Hand im Ausland Interesse an der Ansiedlung entsprechender Unternehmen hat. Der Unternehmer sollte deshalb bei der Durchführung seiner Analyse über den Standort vor Ort ansässige Wirtschaftsförderungsgesellschaften, Förderinstitute oder Berater von global existierenden Beratungsnetzwerken in Anspruch nehmen.

2038 Die Kenntnis der Landessprache, der örtlichen Gegebenheiten, Kontakte zu den regionalen Förderinstituten und Entscheidungsträgern ist eine Voraussetzung zur erfolgreichen Akquisition von Fördermitteln im entsprechenden Zielland.

2039 Als Beispiel für Fördermöglichkeiten in den Mittel- und Osteuropäischen Ländern (MOEL) sollen die EU Beitrittskandidaten Polen und Tschechische Republik kurz dargestellt werden.

a) Polen

2040 Die Struktur der Förderlandschaft in Polen ist im Rahmen der Beitrittsgespräche mit der EU schon weitgehend an das System innerhalb der EU angepasst worden.

---

110 Vgl. http://www.eif.org/publications/default.htm.
111 Vgl. www.cordis.lu/finance/src/euro-cap.htm.

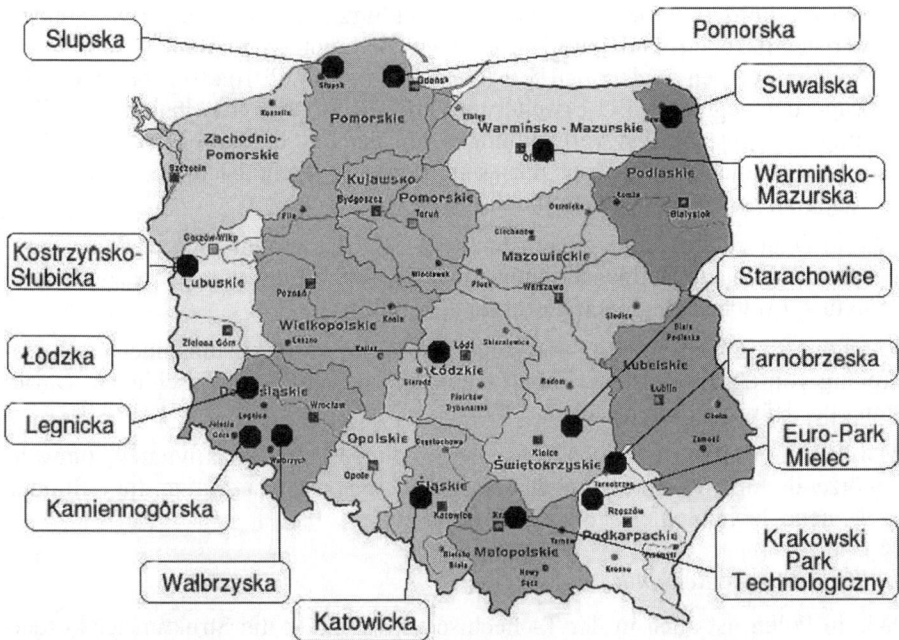

Abbildung 39: Alle Polnischen Sonderwirtschaftszonen; Quelle: www.paiz.gov.pl.

Wichtigste gesetzliche Grundlagen für Investitionen in Polen sind: **2041**

● „Gesetz über die Bedingungen für die Zulässigkeit und Überwachung von staatlichen Beihilfen an Unternehmen" vom 30.06.2000 (seit 01.01.2001 in Kraft),

● „Gesetz über finanzielle Unterstützung von Investitionen" vom 20.03.2002 (das die Zuschüsse des Wirtschaftsministeriums an Unternehmen regelt).

● Die Interessen deutscher Investoren, d.h Schutz und Garantien für ausländische Investitionen, sind darüber hinaus im Vertrag zwischen der Bundesrepublik Deutschland und der Republik Polen über die Förderung und den gegenseitigen Schutz von Kapitalanlagen vom 19.11.1989 geregelt[112].

● Das Polnische Wirtschaftsministerium vergibt u.a. Zuschüsse für Investitionen und die Schaffung von Arbeitsplätzen, wobei die Förderung insbesondere in den sog. **Sonderwirtschaftszonen** erfolgt. Sonderwirtschaftszonen sind explizit ausgewiesene Gebiete in Polen, in denen unternehmerische Tätigkeiten (Produktion oder Vertrieb) durch besondere, bevorzugte Konditionen unterstützt werden.

● Derzeit existieren vierzehn Sonderwirtschaftszonen, in denen staatliche Beihilfen in Form von steuerlichen Entlastungsmaßnahmen oder anderen Anrei-

---

112 Vgl. Investitionsführer Mittel- und Osteuropa, Polen 2002; Frankfurt am Main 2002, F.A.Z.-Institut für Management-, Markt- und Medieninformationen GmbH, u.a.

zen zur Förderung der regionalen Entwicklung beitragen sollen. Die Sonderwirtschaftszonen sind jeweils für einen Zeitraum von zwanzig Jahren gegründet worden und sollen i.d.R. bis zum Jahr 2016/2017 bestehen. Im Zuge der geplanten EU-Erweiterung sind die Sonderwirtschaftszonen allerdings Gegenstand von Verhandlungen mit der EU, die sowohl Förderhöchstsätze als auch Förderdauer dieses mittlerweile wichtigsten Instruments der Regionalförderung in Polen beschränken will.

2042 Wie in Deutschland und weiteren Ländern der EU, werden auch in Polen Steuervergünstigungen für Investitionen sowie die Schaffung von Arbeitsplätzen in strukturschwachen Regionen gewährt.

2043 Die Förderung kann in Form von steuerlichen Entlastungsmaßnahmen (z.B. Befreiung von der Grundsteuer durch Gebietskörperschaften), Zuschüssen, Darlehen oder Bürgschaften bestehen.

2044 Darüber hinaus werden auch Existenzgründungen, Exportaktivitäten, umweltschützende und energiesparende Maßnahmen sowie innovative Investitionen (z.B. neue Technologien, F&E) gefördert.

b) Tschechische Republik

2045 Wie in Polen, ist auch in der Tschechischen Republik die Struktur der Förderlandschaft im Rahmen der Beitrittsgespräche mit der EU bereits weitgehend an das System innerhalb der EU angepasst worden.

2046 Die gesetzlichen Grundlagen sind mit der Verankerung des Schutzes der Investitionen im innerstaatlichen Recht geschaffen worden. Zusätzlich garantieren bilaterale Verträge über Investitionsförderung und -schutz auf allen Gebieten (vom Schutz des Eigentums bis zu Investitionsanreizen) gleiche Bedingungen für ausländische und einheimische Investoren[113].

2047 Die Abwicklung der Förderung kann entweder direkt durch die Ministerien oder durch im Regierungsauftrag tätige Agenturen (z.B. CzechInvest oder CzechTrade) erfolgen.

2048 Auch Staatsfonds, Arbeitsämter oder die Tschechisch-Mährische Entwicklungs- und Bürgschaftsbank können entsprechende Fördermittel vergeben. Die thematischen Schwerpunkte der Förderung liegen vor allem im Bereich der Investitionsanreize für die verarbeitende Industrie, strategische Dienstleistungen und Technologiezentren sowie der Förderung der Entwicklung von Industriegebieten und der Schaffung von Arbeitsplätzen. Die Förderung kann u.a. in Form von Zuschüssen, Darlehen, Bürgschaften oder steuerlichen Entlastungsmaßnahmen erfolgen.

2049 Das System der Förderung in der Tschechischen Republik kann am Beispiel der Investitionsanreize für die verarbeitende Industrie verdeutlicht werden, das sich aus fünf verschiedenen Bestandteilen zusammen setzt:

---

113 Vgl. Investitionsführer Mittel- und Osteuropa, Tschechische Republik 2001; Frankfurt am Main 2001, F.A.Z.-Institut für Management-, Markt- und Medieninformationen GmbH, u.a.

- Erlass der Körperschaftssteuer; (zeitlich begrenzt)
- materielle Förderung zur Schaffung neuer Arbeitsplätze;
- materielle Unterstützung von Umschulungsmaßnahmen;
- Erschließungsbeihilfen;
- Übertragung von Grundstücken zu begünstigten Preisen.

Die maximale Förderhöhe eines Investitionsprojektes ist – in Abhängigkeit von der jeweiligen Region – auf 20 bis 50% der Gesamtinvestitionssumme begrenzt. **2050**

VI. Zusammenfassung

In Bezug auf den Ausgangsfall „**Die Start AG im Auswärtsspiel**" ist folgendes festzuhalten. **2051**

Soweit für die Start AG aus persönlichen Gründen weder das Versandhandels-Modell noch ein Joint-Venture-Modell in Betracht kommt, bietet es sich grundsätzlich an, im Ausland Betriebsstätten oder Tochtergesellschaften zu gründen. **2052**

Der wesentliche Vorteil einer Betriebsstätte liegt darin, dass der Betriebsstättengewinn in Deutschland im Regelfall von der Steuer freigestellt ist. Dies gilt jedenfalls dann, wenn die Betriebsstätte steuerlich anzuerkennen ist und in einem Land errichtet wird, mit dem Deutschland ein DBA abgeschlossen hat. Ferner sprechen für den Aufbau einer Betriebsstätte im Ausland die relativ geringen Anlaufkosten sowie die schnelle und problemlose Errichtung. Andererseits ist negativ anzuführen, dass die Betriebsstätte nicht als selbstständiges Rechtssubjekt gilt. Daher würde im Schadensfalle nicht die Betriebsstätte sondern die Start AG selbst haften. Eine Haftungsbegrenzung könnte dann aber durch die Einschaltung einer Holding Kapitalgesellschaft zwischen die Start AG und ihrer ausländischen Betriebsstätte erreicht werden. **2053**

Unter steuerlichen Aspekten ist beim Betriebsstätten-Modell insbesondere zu berücksichtigen, dass der – ohnehin schwer zu ermittelnde Betriebsstättenerfolg – im Ausland besteuert wird. Um eine Doppelbesteuerung zu vermeiden, sollte die Start AG Engagements über Betriebsstätten jedenfalls nur in Ländern durchführen, mit denen Deutschland ein DBA abgeschlossen hat. Falls die Start AG Wirtschaftsgüter in die Betriebsstätte überführt, müssen im Regelfall stille Reserven aufgedeckt werden. Im Falle der Aufgabe der Betriebsstätte gehen etwaige Verlustvorträge der Betriebsstätte verloren. **2054**

Sollte die Start AG zu dem Ergebnis kommen, die Begründung einer Betriebsstätte sei ihr – insbesondere unter **Haftungsgesichtspunkten** – zu risikoreich, kann sie im Ausland Tochterkapitalgesellschaften errichten. Der große Vorteil liegt darin, dass die Tochterkapitalgesellschaft als eigenes Rechtssubjekt anerkannt wird. Daher fungiert sie im Regelfall als Schutzschild vor etwaigen Haftungsansprüchen der ausländischen Kunden. Auch unter steuerlichen Aspekten ist das „Tochterkapitalgesellschaftsmodell" interessant. So sind z.B. Dividenden, die die Tochtergesellschaft an die Start AG zahlt, in Deutschland zu 95% **2055** von der Besteuerung ausgenommen. Darüber hinaus entfällt eine Besteuerung der Dividende im Ausland unter der Voraussetzung, dass die Start AG die Tochterkapitalgesellschaft im EU-Ausland gründet und mindestens 25% ihrer Anteile hält. Falls die Tochter Lizenzgebühren an die Start AG zahlen soll, so würden diese – bei entsprechender DBA-Regelung – im Regelfall nur in Deutschland besteuert. Demgegenüber unterliegen Zinszahlungen normalerweise im Ausland der Quellensteuer (bei entsprechender DBA-Regelung findet allerdings ein günstigerer Steuersatz Anwendung). Dafür werden sie in Deutschland von der Steuer freigestellt.

2056 Unabhängig davon, ob die Start AG den Gang ins Ausland über Betriebsstätten oder Tochterkapitalgesellschaften verwirklicht, sollte sie aus steuerlicher Sicht nur in solche Länder investieren, mit denen Deutschland ein DBA abgeschlossen hat. DBA hat Deutschland mit fast allen Staaten der Erde (auch Länder der Dritten Welt) abgeschlossen, allerdings nicht mit den typischen Steueroasen (z. B. Bermudas, Bahamas, Lichtenstein). In Europa bietet es sich z. B. an, eine Tochtergesellschaft in Irland zu gründen. Der allgemeine Körperschaftsteuersatz beträgt dort seit dem 01. 01. 2003 lediglich 12,5%. Aufgrund zahlreicher steuer- und subventionsrechtlicher Anreize, kann auch eine Investition in eines der osteuropäischen Länder (z. B. Polen) interessant sein.

2056a Vorrangig vor steuerlichen Fragen werden regelmäßig betriebswirtschaftliche und haftungsrechtliche Aspekte eine Gestaltungsmöglichkeit beim Gang ins Ausland sowie Kostengründe (inkl. Fördermöglichkeiten) maßgebend sein.

Kast

H. Folgefinanzierung

Literaturauswahl:

Copeland, T./Koller, T./Murrin, J., Unternehmenswert, Frankfurt 2002; Loderer, C./ Jörg, P./Pichler, K./Roth, L./Zgraggen, P., Handbuch der Bewertung, Frankfurt 2002; Perridon, L./Steiner, M., Finanzwirtschaft der Unternehmung, 11. Auflage, München 2002; Spremann, C., Finanzanalyse und Unternehmensbewertung, München 2002; Wöhe, G., Einführung in die Allgemeine Betriebswirtschaftslehre, 21. Auflage, München 2002.

I. Überblick

1. Ausgangssituation

Das Unternehmen hat die ersten eigenen Schritte erfolgreich hinter sich (Gründung, erste Finanzierungsrunde). Die Produkte sind weitgehend fertig entwickelt und an Pilotkunden zumindest in einer Betaversion ausgeliefert. Die Äußerungen der Pilotkunden zeugen von einem hohen Produktnutzen und geben Anlass zur Hoffnung. Das „Proof of Concept" ist damit erbracht. — **2057**

Zur weiteren Expansion benötigt das junge Unternehmen jedoch noch die (finanzielle) Unterstützung Dritter. Die Produkte stehen nun vor der breiten Markteinführung und die entsprechenden Produktionskapazitäten müssen geschaffen werden. Diese und ähnliche Maßnahmen drücken den Cash Flow weit in den negativen Bereich. Der monatlicher Bedarf wächst noch und erreicht neue Höchststände. Bis zum Erreichen eines ausgeglichenen Cash Flows sind noch erhebliche Vorleistungen (in finanziellen Dimensionen: der größte Teil) zu erbringen. — **2058**

Aufgrund der bislang gesammelten Erfahrungen hat die Planungssicherheit jedoch erheblich zugenommen. Dadurch kann der Finanzbedarf nunmehr deutlich zuverlässiger abgeschätzt werden als in der Gründungsphase. — **2059**

> *Beispiel:*
>
> Johny H., Extremskifahrer und Snowboarder, wird auf seinen Ausflügen ins Gelände abseits der Pisten stets von der Sorge begleitet, Opfer einer Lawine zu werden. Er trägt zwar aktive und passive Ortungsgeräte bei sich, doch weiß er, dass es manchmal sehr lange dauern kann, bis die Suche aufgenommen wird, und dass seine Chancen umso geringer sind, je tiefer er letztendlich in der zum Stillstand gekommenen Lawine eingeschlossen ist. In einem Laden für Wassersportbedarf entdeckte er vor einigen Jahren eine sich selbst aufblasende Schwimmweste und kam auf die Idee eines Lawinenrettungsgeräts für Wintersportler abseits der Pisten. In mehrjähriger Entwicklungszeit entstand ein Airbag („Boarder's Balloon", BB), welcher sich nach Auslösung durch eine Reissleine auf etwa 200 Liter aufbläst. Dieser sorgt dafür, dass das Lawinenopfer an der Oberfläche der Lawine „schwimmt" und nicht mehr unter meterhohen Massen begraben wird. Der BB kann als System mit Gurten gefertigt werden, das wie eine Schwimmweste über der Kleidung getragen wird oder er kann in die Schulter-Kragen-Partie von entsprechend modifizierten, hochwertigen Anoraks integriert werden.

Die Mittel für die Entwicklung stammen von einem Businessangel (25.000 €) und einem Frühphasenfinanzierer (150.000 €). Sie wurden unter anderem für die Zulassung der pyrotechnischen Anwendung (die Komponenten werden von einem Automobilzulieferer bezogen) und für den Patentschutz in Europa und Nordamerika verwendet.

Die Prototypen wurden auf der letztjährigen ISPO Fachhändlern und Konfektionsherstellern vorgestellt und stießen auf derart reges Interesse, dass im Falle einer Markteinführung an einem durchschlagenden Erfolg nicht zu zweifeln ist.

Derzeit stehen zwei Geschäftsmodelle für die Vermarktung der Idee zur Überlegung, die eventuell parallel umgesetzt werden können:

a) Einbau in Anoraks eines oder mehrer Hersteller. Hierfür sollen entsprechende Sätze an die Textilindustrie geliefert werden.

b) Verkauf als eigenes Produkt (vergleichbar einer aufblasbaren Schwimmweste)

In beiden Fällen ist der Aufbau einer Fertigungslinie erforderlich, welche im zweiten Fall um einen textilen Bereich erweitert werden muss. Hierfür sind Investitionen von € 200.000 (a) bzw. € 300.000 (b oder a + b) erforderlich, sowie weitere € 300.000 (a), € 400.000 (b) bzw. € 600.000 (a + b) für Working Capital. An Anlaufverlusten würden in den ersten beiden Jahren etwa € 500.000 (a), € 700.000 (b) bzw. € 900.000 (a+b) anfallen. Ab dem dritten Jahr sollte BB profitabel arbeiten.

Daher sucht BB Beteiligungskapital, um die Cash-Flow-Lücke der nächsten beiden Jahre in einer Größenordnung von € 1.000.000 bis € 1.800.000 zu decken.

2. Motivlage des Unternehmers/Alteigentümers

2060 Im Gegensatz zur Seedfinanzierung geht es in diesem Stadium nicht mehr darum, das Projekt „irgendwie zum Fliegen" zu kriegen. Häufig wäre, wenn das Projektvolumen reduziert und die Geschwindigkeit des Ausbaus verringert wird, das Überleben aus eigener Kraft möglich.

2061 Im bisherigen Verlauf des Projektes konnten sich die Gründer auch ein Netzwerk von strategischen (in der Regel Abnehmer oder Partner) und finanziellen (häufig auf Vermittlung der Seed-Finanzierer) Kontakten erschließen. Diese sind nach dem erfolgten „Proof of Concept" daran interessiert, das Prosperieren des jungen Unternehmens (nicht zuletzt zu ihrem eigenen Nutzen) zu fördern.

2062 Die Gründer stehen daher nicht mehr mit dem Rücken zur Wand und haben Handlungsfreiheit gewonnen. Es geht nicht mehr um das „ob", sondern um das „wie", bzw. „zu welchen Konditionen". Zudem nimmt die Bedeutung des nicht-finanziellen Nutzens (Beratung, Coaching), welchen die Finanzinvestoren zu stiften vermögen, mit zunehmender Reife des Unternehmens ab. Das Management sollte inzwischen weitgehend komplett sein und alle Aufgabenbereiche abdecken können und die Finanziers der ersten Stunde (Business Angel und Frühphasenfinanzierer) stehen immer noch als Berater zur Verfügung.

2063 Deren Interessen müssen nunmehr ebenfalls berücksichtigt werden, und die sind primär finanzieller Natur.

2064 Entsprechend rücken Bewertungsfragen in den Vordergrund. Der Verwässerungseffekt sollte minimiert werden. Daneben ist noch von Bedeutung, ob der

neue Investor die Potenz mitbringt, erforderlichenfalls weitere Finanzierungsrunden substanziell zu unterstützen und ob er gegebenenfalls operative Synergien (z.B. Nutzung von Vertriebskanälen bei Corporate VCs; siehe auch erster
Teil Kapitel D.IV.2) einbringen kann.

3. Erwartungen des Finanziers

Im Rahmen einer Zweit- oder Drittrundenfinanzierung investieren Venture Capitalisten (VCs) oder strategische Investoren nicht mehr in Ideen oder Konzepte, sondern in lebende Firmen. Diese sollten, abgesehen von finanziellen
Restriktionen, in der Lage sein, ihr Geschäftsmodell weitgehend ohne fremde
Hilfe umsetzen zu können. Dies bedeutet im Einzelnen: **2065**

- Das Unternehmen sollte über ein komplettes **Managementteam** verfügen.
  Vakanzen werden nur noch in Ausnahmefällen toleriert. In diesem Fall muss
  schlüssig dargelegt werden, wie die Lücke geschlossen werden soll (und
  warum das bislang noch nicht erfolgen konnte).

- Das Unternehmen sollte über fertig entwickelte **Produkte**, zumindest in
  einer Betaversion, verfügen. Sofern noch Entwicklungsleistungen zu erbringen oder etwa noch Zulassungen zu erwirken sind, muss exakt dargelegt
  werden, wie hoch der noch zu erbringende Aufwand ist.

- Anhand der Betaversion oder einer Vorserie sollte die **Marktakzeptanz** des
  Produktes nachgewiesen sein. Eine Möglichkeit, dies zu belegen, sind etwa
  erste Lieferverträge oder Vorbestellungen. Aussagen wie „potenzielle Abnehmer äußerten Interesse" genügen zu diesem Zeitpunkt meist nicht mehr. Sofern das Unternehmen in einen zum Gründungszeitpunkt noch nicht existierenden Markt gestartet sein sollte (lediglich vermutetes Bedürfnis; vergleich-
  che erster Teil, Kapitel A.I.3), sollten spätestens jetzt auch erste Umsätze erkennbar sein.

- Das Zielunternehmen sollte auf unerwartete Änderungen der Rahmenbedingungen mit konstruktiven **Strategien** reagieren können. Es wird nicht alles
  auf „eine Karte", sprich auf ein Produkt oder einen Abnehmer, gesetzt.

- Strategische Investoren müssen eine konkrete Vorstellung davon haben, wie
  das Unternehmen ggf. in ihren bestehenden Betrieb integriert werden kann.
  Finanzinvestoren müssen eine konkrete Exitperspektive vor Augen haben.

- Schließlich erwartet der Investor eine risikoadäquate **Rendite**. Erfahrungsgemäß gehen die Vorstellungen über die Höhe der Risiken und den angemessenen Preis für die Übernahme von Risiken anfangs auseinander.

4. Ablauf

Der Ablauf entspricht dem im Kapitel „Erst- und Anlauffinanzierung" darge- **2066**
stellten Prozess zur Aufnahme von Venture Capital (siehe Erster Teil, Kapitel
D.IV.4). Im Rahmen einer Zweit- oder Drittrundenfinanzierung sollte man jedoch bei der Erstansprache keinen kompletten Businessplan überreichen, so-

lange von Seiten des potenziellen Investors kein substanzielles Interesse geäußert wurde. Das Einholen einer Vertraulichkeitserklärung ist unerlässlich. In diesem Stadium dürfte der Businessplan doch bereits eine Reihe von relevanten Geschäftsgeheimnissen enthalten.

II. Unternehmensbewertung

1. Grundüberlegungen

2067 Das Grundprinzip jeder Bewertung ist der Vergleich mit Alternativinvestitionen, wobei für den Vergleich unterschiedliche Kriterien herangezogen werden.

2068 Der Wert eines Unternehmens ist eine subjektive Größe und wird durch den **Nutzen** bestimmt, den der Erwerber oder der Eigentümer aus dem Unternehmen künftig ziehen zu können erwartet. Der Nutzen wiederum kann differenziert werden in unmittelbar monetäre oder finanzielle Bestandteile und übrige Nutzenbestandteile (beispielsweise erworbenes Know-How, Image oder Marken). Unter der Voraussetzung ausschließlich finanzieller Ziele bestimmt sich der Wert eines Unternehmens durch den Barwert der Nettozuflüsse an die Unternehmenseigner.[1]

2069 Zur Ermittlung des Barwertes sind im Wesentlichen vier **Verfahren** gebräuchlich:

- Ertragswertverfahren
- Discounted Cash Flow – Verfahren (DCF-Verfahren)
- Multiplikatorverfahren
- Substanzwertverfahren

2070 Die ersten beiden Verfahren sind dynamische, d. h. mehrperiodische Verfahren, die anderen beiden sind statisch, d. h. einperiodisch und damit weniger aufwändig, wobei das Substanzwertverfahren auch dynamisch gestaltet werden kann.

2071 Die Bewertung selbst erfolgt bei jedem der Verfahren in drei **Schritten**:[2]

- Definition und Prognose der diskontierungsfähigen bzw. kapitalisierbaren Größen
- Ermittlung des angemessenen Diskontierungszinssatzes bzw. Multiplikators
- Ermittlung des Barwertes

2072 Im ersten Schritt werden bei den dynamischen Verfahren zunächst die ausschüttungsfähigen Überschüsse, bei den statischen Verfahren die zu kapitalisierenden Basiswerte definiert. Anschließend werden die Größen mittels Modellrechnungen für den relevanten Prognosezeitraum abgeschätzt.

---

1 Vgl. Institut der Wirtschaftsprüfer in Deutschland e.V. (Hrsg.): „Grundsätze zur Durchführung von Unternehmensbewertungen (IDW S 1)" in Fachnachrichten 8/2000, S. 415–441, Tz. 4.
2 Das Konzept der Kapitalisierung von Basisgrößen wird im Einzelnen unter den Punkten H.II.5. bis H.II.7. vorgestellt.

Im zweiten Schritt wird ermittelt, mit welchen Zinssätzen bzw. Multiplikatoren **2073** die Kapitalisierung erfolgen soll. Hierfür wird regelmäßig ein Marktvergleich angestellt.

In einem dritten Schritt werden die im ersten Schritt ermittelten Zahlungsreihen **2074** bzw. statischen Größen mit den aus Schritt 2 gewonnenen Zinssätzen bzw. Multiplikatoren kapitalisiert.

2. Grundsätze zur Ermittlung von Unternehmenswerten

Das Institut der Wirtschaftsprüfer in Deutschland e.V., Düsseldorf, (IDW) hat **2075** Grundsätze zur Ermittlung von Unternehmenswerten aufgestellt und zuletzt im Jahr 2000 im Standard 1 (IDW S 1) festgehalten.[3] Im gegebenen Fall (Bewertungsüberlegungen eines Alteigentümers bzw. eines potenziellen Investors für eigene Zwecke) ist keine der Parteien bei der Bewertung einem Dritten gegenüber zur Sorgfalt verpflichtet, daher brauchen die in IDW-S1 kodifizierten Grundsätze formal nicht beachtet zu werden. Einige der Grundsätze werden jedoch implizit berücksichtigt, weshalb sich eine Auseinandersetzung mit dem Thema lohnt.

Die sieben Grundsätze lauten: **2076**

a) Maßgeblichkeit des Bewertungszwecks
b) Bewertung der wirtschaftlichen Unternehmenseinheit
c) Stichtagsprinzip
d) Bewertung des betriebsnotwendigen Vermögens
e) gesonderte Bewertung nicht betriebsnotwendigen Vermögens
f) Unbeachtlichkeit des (bilanziellen) Vorsichtsprinzips
g) Nachvollziehbarkeit der Bewertungsansätze

ad a) Grundsatz der Maßgeblichkeit des Bewertungszwecks

Das Ergebnis der Bewertung wird maßgeblich von der **Intention** des Bewerters **2077** bestimmt. Der Verkäufer trifft regelmäßig andere **Annahmen** als der Verkäufer, was zu abweichenden Wertvorstellungen führt.

> *Fortsetzung des „Boarder's Balloon"-Beispiels:*
>
> Johnny H. erwartet „mit 90%iger Wahrscheinlichkeit", mit einem bestimmten Hersteller von Snowboard-Anoraks ins Geschäft zu kommen. Jener wiederum könne aufgrund seiner Reputation und Marktmacht „praktisch jeder sinnvollen Innovation zum Durchbruch verhelfen". Ein in Sportartikeln erfahrener Venture Capitalist meint, er sei froh, wenn sich die Hälfte der von ihm finanzierten Innovationen am Markt durchsetzen würden und will auch hier diese Wahrscheinlichkeit anlegen.
>
> Aufgrund ihrer unterschiedlichen Informations- und Interessenlage legen beide Parteien ihrer Wertermittlung unterschiedliche Annahmen zu Grunde und kommen so auch zu unterschiedlichen Ergebnissen.

---

3 Vgl. Institut der Wirtschaftsprüfer in Deutschland e.V. (Hrsg.): IDW S 1, Düsseldorf 2000, Tz. 17–72.

ad b) Grundsatz der Bewertung der wirtschaftlichen Unternehmenseinheit

2078 Soweit ein Unternehmen als Ganzes zur Disposition steht, ist es auch als **wirtschaftliche Einheit** zu bewerten. Eine isolierte Betrachtung von Einzelwerten scheidet daher aus.

> *Fortsetzung des „Boarders' Balloon"-Beispiels:*
>
> Johnny H. argumentiert, „alleine das Patent für den Boarder's Balloon" sei „mindestens € 10 Mio. wert". Der Wert der gesamten Firma könne daher ja wohl keinesfalls darunter liegen. Derartige Überlegungen werden von Investoren regelmäßig nicht geteilt, sofern ihnen nicht das isolierte Patent angeboten wird. Eventuell müssen sich die Investoren an Verbindlichkeiten und anderen Verpflichtungen wie künftigen (Anlauf-)Verlusten beteiligen.

ad c) Stichtagsprinzip

2079 Die Bewertung erfolgt stets zu einem bestimmten **Stichtag**. Als Stichtag wird meist das Datum gewählt, zu welchem sich der neue Eigentümer engagieren wird. Vom Stichtag hängt erstens ab, welche Überschüsse der Bewertung zugrunde gelegt werden. Zweitens hat der gewählte Stichtag Einfluss auf den Diskontierungsfaktor bzw. den Multiplikator, da diese Größen die Kapitalmarktverhältnisse am Bewertungsstichtag wiedergeben. Drittens wird bei den dynamischen Verfahren auf eben diesen Stichtag abgezinst.

ad d) Bewertung des betriebsnotwendigen Vermögens

2080 Die vom IDW S 1 beschriebenen Grundlagen für die Bewertung des betriebsnotwendigen Vermögens beziehen sich zunächst auf das Ertragswert- und das DCF-Verfahren. Sie sind jedoch teilweise auch auf das Multiplikator- und das Substanzwertverfahren übertragbar.

2081 Maßgebend für die Bewertung des Unternehmens sind die **Nettoeinnahmen**, welche die Unternehmenseigner aus ihrer Beteiligung beziehen. Bestandteile der Nettoeinnahmen sind die vom Unternehmen erwirtschafteten und ausgeschütteten finanziellen Überschüsse (nach Unternehmenssteuern) abzüglich der persönlichen Steuern der Eigentümer und der in den Folgeperioden noch zu erbringenden Einlagen. Daher ist es erforderlich zu untersuchen, ob die erzielten Ertragsüberschüsse oder Einnahmeüberschüsse auch ausschüttbar sind, oder ob der Ausschüttung Finanzierungsgründe (bei der Ertragsüberschussrechnung) bzw. rechtliche Gründe (bei der Einnahmeüberschussrechnung) entgegenstehen.

2082 Jede Partei geht bei der Ermittlung des Unternehmenswertes von der bestmöglichen Nutzung der individuell realisierbaren **Potenziale** aus. Hierzu können aus Sicht eines Erwerbers auch Änderungen des Unternehmenskonzeptes (z. B. zusätzliche oder unterlassene Investitionen, Änderungen des Produktprogramms), Änderungen im Management oder Synergieeffekte zählen, sofern der Investor den nötigen Einfluss gewinnt, um die entsprechenden Maßnahmen zu veranlassen. Diese Überlegungen sind damit insbesondere für strategische Investoren von Belang.

Eventuell kann ein Erwerber durch **Finanzierungsannahmen** Mehrwert schaf- **2083**
fen, etwa indem er Fremdkapital billiger zur Verfügung stellen oder vermitteln
kann, als dies stand-alone möglich gewesen wäre.

Durch die Einbeziehung von persönlichen **Ertragsteuern** auf die Zuflüsse an **2084**
die Eigner wird dem unterschiedlichen Umfang und Zeitpunkt der Besteuerung
gegenüber einer Vergleichsinvestition Rechnung getragen. Bei der Bewertung
von Kapitalgesellschaften ist ergänzend das Halbeinkünfteverfahren zu berücksichtigen.

ad e) Grundsatz der Bewertung des nicht betriebsnotwendigen Vermögens

Die nicht betriebsnotwendigen Vermögensteile sind gesondert zu bewerten, wo- **2085**
bei die bestmögliche Verwertung (i. d. R. die Veräußerung) anzunehmen ist. Für
die Bewertung von jungen Unternehmen ist der Grundsatz jedoch naturgemäß
von geringer Relevanz.

ad f) Grundsatz der Unbeachtlichkeit des Vorsichtsprinzips

Dieser Grundsatz ist bei der Ermittlung von subjektiven Entscheidungswerten **2086**
formal nicht von Relevanz. Ein potenzieller Investor trifft aufgrund seiner In-
teressen- und Informationslage in der Regel vorsichtige Annahmen.

ad g) Grundsatz der Nachvollziehbarkeit der Bewertungsansätze

Der Grundsatz ist formal nicht von Relevanz. Sofern die Bewertung neben der **2087**
Ermittlung eigene Entscheidungswerte auch der Argumentation in Verhandlungssituationen dienen soll, empfiehlt es sich jedoch, die Ableitung des Wertes
für die andere Partei nachvollziehbar darzustellen.

3. Definition und Prognose kapitalisierungsfähiger Größen

In der Ermittlung von kapitalisierbaren[4] Größen liegt unabhängig vom gewähl- **2088**
ten Verfahren das oft schwierigste Kernproblem einer Unternehmensbewertung.
Bei jedem Verfahren, egal ob dynamisch oder statisch, werden künftige, d. h.
für die Zukunft geschätzte, Größen kapitalisiert. Für den Vergleich mit Alternativinvestitionen ergeben sich im Zuge der Ermittlung kapitalisierbarer Überschüsse zwei Problemkreise: Die Abgrenzung bzw. Definition der Größe einerseits und die Prognose der Entwicklung der Größe andererseits.

Im Zuge der **Abgrenzung** bzw. **Definition** der Größen ist bei den dynamischen **2089**
Verfahren darauf zu achten, dass ausschüttungsfähige Nettoergebnisse ermittelt
werden. Überschüsse, welche zur Sicherung der künftigen Einnahme (re-)inves-
tiert werden müssen (Abschreibungen oder Reinvestitionsraten), oder welche
den Fremdkapitalgebern zustehen (Zins und Tilgung) sind keine Bestandteile

---

4 Das Konzept der Kapitalisierung von Basisgrößen wird im Einzelnen unter den Punkten H.II.5.
bis H.II.7. vorgestellt.

des Net Cash Flow und bleiben bei der direkten Ermittlung des Eigenkapitalwertes außer Ansatz.

2090 Bei Anwendung statischer Verfahren, die meist einen Vergleich über Bewertungsrelationen innerhalb einer Peer Group (Gruppe von Vergleichsunternehmen) implizieren, ist darauf zu achten, dass für die Basisgrößen einheitliche Definitionen verwendet werden. Dies klingt zunächst trivial, ist jedoch insbesondere bei nicht selbst ermittelten Vergleichsdaten bisweilen problematisch. Als Beispiele hierfür mögen etwa die unterschiedlichen Definitionen für EBIT, Cash Flow oder Substanzwert dienen.

2091 Die **Prognose** der kapitalisierungsfähigen Größen sollte mittels eines integrierten Planungssystems erfolgen (siehe auch erster Teil, Kapitel A.II.3). Im Stadium der Folgefinanzierung gibt es üblicherweise eine ausreichend lange Geschichte des Unternehmens, die es gestattet, eine Vergangenheitsanalyse mit einfließen zu lassen, sodass die Prognose im Idealfall nahtlos an die Historie anknüpfen kann. Die potenziellen Investoren greifen bei ihren Überlegungen auf das Planungssystem des Unternehmens zurück, wobei sie in der Regel einige wesentliche Prämissen modifizieren. Bei dynamischen Verfahren wird die Planung zumindest um eine Phase der „ewigen Rente" ergänzt, bisweilen wird vorher noch eine weitere Phase eingeschoben, in welcher nicht mehr integriert geplant, sondern lediglich die zu kapitalisierende Größe für einige Perioden fortgeschrieben wird (meist, um eine absehbar endliche Phase höheren Wachstums abbilden zu können).

2092 Diese pauschal geplanten Phasen haben einen hohen Anteil am ermittelten Gesamtwert des Unternehmens. Sollten beispielsweise 4 Jahre integriert beplant worden sein, liegt der Wertanteil der folgenden Perioden bei Kapitalisierungszinssätzen von 10% bis 15% und konstanten Erträgen bei 50 bis 60%. Unter der Annahme steigender Erträge und des einen oder anderen Jahres mit Anlaufverlusten bzw. anfänglich negativem Cash Flow erreicht der Wertbeitrag der nicht mehr detailliert beplanten Perioden durchaus einen Anteil von über 90%. Daher kommt der kritischen Hinterfragung der Annahmen für diese Perioden besondere Bedeutung zu. Insbesondere sollte hinterfragt werden, ob die Ansätze der ersten Phase tatsächlich fortgeschrieben werden können.[5]

4. Berücksichtigung von Risiken

2093 Die Investition in ein Unternehmen birgt naturgemäß Risiken, deren Übernahme sich die Marktteilnehmer durch Risikoprämien abgelten lassen. Im Rahmen der Unternehmensbewertung gibt es grundsätzlich zwei Ansätze, um die Risiken zu berücksichtigen: als Zuschlag zum Basiszinssatz (**Zinszuschlagmethode**) oder als Abschlag vom Erwartungswert der finanziellen Überschüsse (**Ergebnisabschlagmethode**). Formal etwas anders funktioniert die Berücksichtigung bei den statischen Verfahren.

---

5 Vgl. Institut der Wirtschaftsprüfer in Deutschland e.V. (Hrsg.): IDW S 1, Tz. 84.

a) Zinszuschlagmethode

In den meisten Fällen wird bei der Bewertung mit einem **risikoadäquaten** oder **2094** risikoadjustierten **Zinssatz** gearbeitet. Dem liegt die Überlegung zu Grunde, dass die prognostizierten Überschüsse nicht risikolos sind, d.h. nicht geplanten Abweichungen unterliegen. Daher muss das eingesetzte Kapital, so weit es das Risiko abdeckt, eine höhere Rendite abwerfen, als eine risikolose Anlage. Die geforderte Gesamtverzinsung setzt sich somit zusammen aus einem risikolosen Basiszins sowie einem Zuschlag als Entgelt für das mit der Anlage verbundene Risiko. Die Höhe des Risikozuschlages bemisst sich nach den Aufschlägen für Alternativanlagen gleichen Risikos.

Als Methode für die Ermittlung des Zuschlags hat sich das **Capital Asset Pri- 2095 cing Model (CAPM)** etabliert.[6] Hierbei wird die historische Rendite für kapitalmarktnotierte Eigenkapitaltitel (gemessen beispielsweise an Dow Jones Industrial Average (DJIA), Standard & Poor's 500 (S&P 500), Financial Times Stock Exchange Index (FTSE) oder Dax Performance Index (DAX)) in einen Teil für die risikolose Verzinsung und eine Risikoprämie aufgespalten.

Die **risikolose Verzinsung** oder **Basiszinssatz** bemisst sich bei diesem Verfah- **2096** ren an der Rendite langfristiger Staatsanleihen. Sie liegt je nach betrachtetem Markt und Untersuchungszeitraum bei rund 5% bis 7%.

Die **Marktrisikoprämie**, oder Marktpreis des Risikos, verstanden als Differenz **2097** von Gesamtrendite von Eigenkapitaltiteln und risikoloser Verzinsung, liegt je nach betrachtetem Markt und Untersuchungszeitraum bei rd. 4% bis 8%. Sodann wird für die Einzeltitel als individuelles Risikomaß ein Betafaktor (β) ermittelt. In diesen fließt die relative Volatilität des Einzeltitels (gemessen an der Volatilität des Gesamtmarktes) und die Korrelation der Schwankungen des Einzeltitels mit den Schwankungen des Gesamtmarktes ein.

$$r_i = r_F + (r_m - r_F) \cdot \beta_i$$

Somit ist für die Ermittlung des individuellen Risikozuschlags für ein Investment **2098** die Abschätzung des β erforderlich. Während dies bei börsennotierten Unternehmen relativ einfach ist (Verwendung der historischen Kursdaten), stellt die Ermittlung den Bewerter bei der Finanzierung junger Unternehmen vor ein weiteres Schätzproblem. In der Praxis behilft man sich durch Betrachtung vergleichbarer börsennotierter Unternehmen, denen man ein ähnliches Risikoprofil unterstellt. Diese Vergleichsunternehmen sollten verwandte Produkte (eventuell Konkurrenten), das gleiche Geschäftsmodell und nach Möglichkeit ähnliche Risiken im finanziellen und operativen Bereich aufweisen. Die Wahl der richtigen Vergleichsunternehmen erfordert von Seiten des Bewerters profunde Marktkenntnisse.

Die Akzeptanz des Verfahrens beruht nicht zuletzt darauf, dass es sich auf em- **2099** pirisch beobachtbare Marktmechanismen stützen kann.

---

6 Zur Ermittlung des Risikozuschlags nach CAPM vgl. Ballwieser, W. in: Die Wirtschaftsprüfung 14/2002, S. 738 ff.

b) Ergebnisabschlagmethode

2100 Alternativ kann das einer Investition in ein Unternehmen immanente Risiko in der Planungsrechnung berücksichtigt werden. Im einfachsten Fall erfolgt dies, indem eine entsprechend vorsichtige Planung aufgestellt wird, deren ausgewiesene diskontierungsfähige Überschüsse unter den tatsächlichen Erwartungswerten liegen. Allerdings wohnt diesem Verfahren eine gewisse Willkür inne, da die Frage, wie weit die ausgewiesenen Werte bei gegebenem, aber subjektiv eingeschätztem Risiko unter den „tatsächlichen" Erwartungswerten liegen sollten, auf direktem Wege nicht mit mathematischer Exaktheit beantwortet werden kann (eine retrograde Ermittlung nachdem bereits über andere Verfahren der Unternehmenswert bestimmt wurde, ist natürlich möglich).

2101 Eine mathematisch beherrschbare Methode ist hingegen die Bildung von **Szenarien**. Hierbei werden die Input-Faktoren variiert (Szenarienbildung) und die Szenarien mit (allerdings subjektiv geschätzten) Wahrscheinlichkeiten belegt. Das Risiko wird hierbei durch eine überproportionale Gewichtung der ungünstigeren Szenarios abgebildet. Auf diese Weise kann eine synthetische Reihe von kapitalisierbaren Überschüssen generiert werden, welche ein Äquivalent zu einer Reihe von sicheren Überschüssen darstellt. Diese sind dann mit dem risikofreien Zinssatz zu diskontieren (anderenfalls würde das Risiko doppelt erfasst).

c) Berücksichtigung bei statischen Verfahren

2102 Bei den statischen Verfahren wird eine Basisgröße (in der Regel auf einen zukünftigen Zeitpunkt) bestimmt und mittels eines Multiplikators kapitalisiert. Das Risiko wird im Multiplikator berücksichtigt (siehe auch unten: Kapitel H.II.7.).

5. Ertragswertverfahren

2103 Das Ertragswertverfahren und das Discounted Cash-Flow-Verfahren beruhen auf der gleichen konzeptionellen Grundlage: es wird der Barwert künftiger Überschüsse ermittelt. Bei gleichen Annahmen führen beide Verfahren zu identischen Ergebnissen.[7]

2104 Das Ertragswertverfahren ist ein mehrperiodisches und damit dynamisches Verfahren. Der Unternehmenswert wird durch Diskontierung (Ermittlung des Barwertes) der künftig an die Unternehmenseigner ausgeschütteten Gewinne ermittelt. Diese **Ausschüttungen** wiederum werden aus den bilanziellen Erträgen (daher der Name) der Planungsrechnung abgeleitet. Der Wert des Eigenkapitals wird direkt ermittelt (direktes Verfahren oder Nettoverfahren)

2105 Um die prognostizierten Nettoausschüttungen zu ermitteln, ist der Jahresüberschuss um Effekte auf Unternehmens- und Anteilseignerebene zu bereinigen. Auf Unternehmensebene sind dies

---

7 Vgl. Institut der Wirtschaftsprüfer in Deutschland e.V. (Hrsg.): IDW S 1, Tz. 106.

- Thesaurierung aufgrund rechtlicher oder vertraglicher Erfordernisse: Zu beachten sind Ausschüttungssperren, insbesondere soweit Grundkapital und Rücklagen nicht 110% des Grundkapitals erreichen (§ 150 AktG).

- Thesaurierung aufgrund wirtschaftlicher Erfordernisse: Künftiges Unternehmenswachstum geht in der Regel mit einer steigenden Mittelbindung einher. Die zusätzliche Mittelbindung kann, insbesondere bei der Annahme ewigen Wachstums, nicht oder nicht vollständig mit Fremdkapital finanziert werden.

- Ausschüttung von Rücklagen, ggf. auch nach vorangegangener Kapitalherabsetzung: Sofern das Unternehmen nicht mehr wächst oder gar schrumpft, kann die Kapitalbindung zurückgehen. Aufgrund einer sich damit ergebenden Überkapitalisierung kann auch das nun nicht mehr erforderliche Eigenkapital an die Unternehmenseigner ausgeschüttet werden. Für kapitalsuchende Wachstumsunternehmen ist diese Überlegung naturgemäß nicht von Relevanz.

Auf der Ebene des Anteilseigners mindern die persönlichen Ertragsteuern bei Kapitalgesellschaften unter Berücksichtigung des Halbeinkünfteverfahrens die den Unternehmenseignern zufließenden Ausschüttungen. Diese steuerliche Belastung ist bei der Ermittlung der finanziellen Überschüsse in Abzug zu bringen, um dem möglichen unterschiedlichen Umfang und Zeitpunkt der Besteuerung gegenüber der Vergleichsinvestition Rechnung zu tragen. Der Investor berücksichtigt dabei seine individuellen Verhältnisse (Grenzsteuersätze) und verwendet keine typisierenden Sätze. **2106**

Bei der Ermittlung des Diskontierungszinssatzes ist, unabhängig vom gewählten Verfahren zur Berücksichtigung des Risikos (Zinszuschlag vs. Ergebnisabschlag), korrespondierend ebenfalls der persönliche Grenzsteuersatz in Abzug zu bringen, um der Besteuerung der Altnativinvestition Rechnung zu tragen. **2107**

6. Discounted Cash-Flow-Verfahren (DCF-Verfahren)

Das DCF-Verfahren ist ebenfalls ein mehrperiodisches (dynamisches) Verfahren. Die zu diskontierenden Cash Flows stellen erwartete Zahlungen an die Kapitalgeber dar. Der Wert des Eigenkapitals wird je nach Ausprägung des Verfahrens direkt (**Equity-Ansatz**, Nettoverfahren) oder indirekt (**Entity-Ansatz**, Bruttoverfahren) ermittelt. **2108**

Die künftigen **Cash Flows** sind jene finanziellen Überschüsse, die unter Berücksichtigung gesellschaftsrechtlicher Ausschüttungsbeschränkungen den Kapitalgebern zur Verfügung stehen. Die finanziellen Überschüsse sind nach Investitionen und Unternehmenssteuern, sowie beim Equity-Ansatz nach Zinsen, Kreditaufnahme und Tilgung (Entity-Ansatz: vor Zinsen, Kreditaufnahme und Tilgung) zu ermitteln. **2109**

Beim **Equity-Ansatz** sollten die den Eignern zuzurechnenden künftigen Zahlungsströme identisch mit den im Ertragswertverfahren auf anderem Wege ermittelten Ausschüttungen sein. Da ebenfalls die persönlichen Steuern berücksichtigt werden und der Zinssatz für die Diskontierung identisch ist, führt das **2110**

DCF-Verfahren im Equity-Verfahren zwangsläufig zum gleichen Ergebnis wie das Ertragswertverfahren.

2111 Beim **Entity-Ansatz** wird der Wert der allen Kapitalgebern (einschließlich Fremdkapitalgebern) zustehenden Zahlungsströme ermittelt und anschließend der Wert des Fremdkapitals abgezogen, um den Wert des Eigenkapitals zu ermitteln. Der Diskontierungszinssatz wird hierbei für ein einheitlich finanziertes Unternehmen ermittelt, wobei sich zwei Varianten etabliert haben. Beim **WACC-Ansatz** (Weighted Average Cost of Capital) wird ein kapitalgewogener Durchschnittszins zwischen der Eigenkapitalrenditeforderung für ein marktüblich verschuldetes Unternehmen und der Renditeforderung der Fremdkapitalgeber ermittelt. Beim **APV-Ansatz** (Adjusted Present Value) wird abgeschätzt, welche Rendite ein Eigenkapitalgeber fordern würde, wenn das gesamte Unternehmen mit Eigenkapital zu finanzieren wäre.

2112 Konzeptionell sollte das Vorgehen beim WACC-Ansatz und beim APV-Ansatz zum gleichen Ergebnis wie der Equity-Ansatz führen. In der Praxis ergeben sich durch die etwas andere Ermittlung des Diskontierungszinssatzes stets abweichende Ergebnisse. Die Abweichungen sind bei verständiger Wertermittlung jedoch nicht substanziell.

7. Multiplikatorverfahren

2113 Bei den Multiplikatorverfahren wird eine Basisgröße für eine zukünftige Periode geschätzt und mittels eines Vervielfältigers (Multiplikator) kapitalisiert. Es handelt sich somit um ein einperiodisches oder statisches Verfahren.

2114 Die Wertermittlung umfasst folgende Problemkreise, welche z.T. bereits erörtert wurden:

a) Sachgerechte Definition der zu kapitalisierenden Größen

2115 Die Basisgröße muss einen direkten Bezug zur ermittelten Kapitalisierungsgröße aufweisen. Kriterien für die Zweckmäßigkeit sind:

- **Kausalität**: Der Zusammenhang von Basisgröße und Kapitalisierungsgröße muss theoretisch erklärbar sein. Dies ist beispielsweise beim Begriffspaar „Gewinn und Wert des Eigenkapitals" gegeben. „Personalaufwand und Wert des Eigenkapitals" sind zwar ebenfalls positiv korreliert (siehe unten: „Empirie"), aus theoretischer Sicht verkörpert „Personalaufwand" jedoch kein kapitalisierbares Asset. Etwas diffiziler ist die Verwendbarkeit von Bruttoerträgen als Basisgrößen (siehe unten „Linearität").

- **Linearität**: Die Kapitalisierung einer Basisgröße mit einem Multiplikator unterstellt einen linearen Zusammenhang. Die zugehörige Funktion verläuft durch den Nullpunkt (Basisgröße und Wert sind gleichzeitig Null). Sofern als Basisgrößen Bruttogrößen verwendet werden, welche Ergebnisbestandteile enthalten, die nicht den Eigenkapitalgebern zustehen, sollten die Basisgrößen auch nur zur Erklärung entsprechender Bruttokapitalisierungsgrößen

(Gesamtkapitalisierung) verwendet werden. Beispiele hierfür sind das EBIT (Earnings before Interest and Taxes), EBITDA (Earnings before Interest, Taxes, Depreciation and Amortisation) oder der Umsatz.

- **Empirie**: Der unterstellte Zusammenhang zwischen Basisgröße und Kapitalisierungsgröße sollte für die Vergangenheit belegbar sein.

b) Prognose künftiger Ergebnisse

Die zu kapitalisierende Basisgröße wird aus der **integrierten Planungsrechnung** abgeleitet (siehe oben: Kapitel H.II.3.). **2116**

c) Abgrenzung der Peer Group

Die „Peer Group" ist eine Gruppe vergleichbarer Unternehmen, für welche **2117** zum einen aktuelle Marktpreise bekannt sind (Börsenkurse oder Kaufpreise aus jüngst erfolgten Transaktionen), und für die zum anderen identische Preisbildungsmechanismen unterstellt werden können, die sich durch das Multiplikatorverfahren simulieren lassen. Für Letzteres ist eine Vergleichbarkeit der Peer-Group-Unternehmen untereinander und mit dem Zielunternehmen erforderlich. Die Vergleichbarkeit kann beruhen auf der Zugehörigkeit zur selben Branche, ähnlichen (konkurrierenden) Produkten, gleichem Geschäftsmodell und ähnlichen operativen und finanziellen Risiken. Werden die Peer-Group-Werte sorgfältig ausgewählt, ist im Multiplikator das Risiko angemessen berücksichtigt.

d) Schätzung der Ergebnisse für die Peer-Group-Unternehmen und Ableitung des Multiplikators

Aus der Untersuchung der Peer-Group-Unternehmen werden die Multiplikatoren abgeleitet, mit welchen die Basisgrößen des Zielunternehmens kapitalisiert **2118** werden. Die Multiplikatoren müssen für alle Unternehmen (Peer Group und Target) methodisch einheitlich ermittelt bzw. verarbeitet werden. Zum einen müssen sich die Multiplikatoren auf identische Zeiträume beziehen. Soll also die Bewertung für das Zielunternehmen beispielsweise auf einem Überschuss fußen, welcher zwei Jahre in der Zukunft liegt, so ist der Multiplikator anhand von Überschüssen der Peer Unternehmen abzuleiten, welche ebenfalls in zwei Jahren erzielt werden sollen. Dies erfordert für die Peer Group bezüglich der Basisgrößen Schätzungen, welche ebenso weit in die Zukunft reichen, wie die entsprechenden Schätzungen für das Zielunternehmen. Will oder kann der Bewerter keine eigenen Schätzungen für die Peer Unternehmen anfertigen, ist er hier regelmäßig auf die Schätzungen Dritter angewiesen. Daraus ergeben sich Beschränkungen für das Verfahren: Zum einen reichen die externen Schätzungen oft nicht so weit in die Zukunft wie die eigenen Schätzungen für das Zielunternehmen, wodurch Letztere nur noch begrenzt verwertbar sind.

Zum anderen hat der Bewerter keinen Einfluss auf die Prämissen der Vergleichsrechnungen und die Definition der Multiplikatoren, sofern diese von den Dritten direkt übernommen werden.

2119 Als Beispiele für abweichende Definitionen mögen etwa das EBIT (mit oder ohne Zinserträge), der Cash Flow (vor oder nach Investitionen, vor oder nach Fremdkapitaldienst) oder der Substanzwert (Rekonstruktionswert oder Liquidationswert, Liquidationswert vor oder nach Steuern) dienen. Auch bei selbst ermittelten Größen ist die Vergleichbarkeit der Größen durch unterschiedliche Rechnungslegungsstandards oder Steuersysteme unter Umständen eingeschränkt.

2120 Die Multiplikatoren der Peer Group weisen naturgemäß eine gewisse Bandbreite auf. Die Ursache liegt darin, dass die Bewertung durch die Marktteilnehmer nicht einem monokausalen Muster folgt, sondern unterschiedlichste Faktoren berücksichtigt werden. Die Festlegung, wo das Zielunternehmen innerhalb der Peer Group einzuordnen ist, erfordert vom Bewerter eingehende Kenntnis der Peer Unternehmen und der jeweiligen besonderen Umstände (welche Faktoren beeinflussen den Preis und wodurch könnten die Parameter im Einzelfall verzerrt worden sein?). Sind diese Bedingungen erfüllt, steht die Belastbarkeit der aus dieser Methode gewonnenen Ergebnisse jener aus den dynamischen Verfahren um nichts nach.

e) Gebräuchliche Verfahren

2121 Die in der Praxis am häufigsten verwendeten Multiplikatorverfahren sind:

- **KGV**: Beim Kursgewinnverhältnis (KGV) wird die Marktkapitalisierung, verstanden als Marktwert des Eigenkapitals, mit dem erwarteten Gewinn einer künftigen Referenzperiode ins Verhältnis gesetzt. Bei Anwendung des KGVs wird ein linearer Zusammenhang zwischen der Höhe des Jahresüberschusses und dem Wert des Eigenkapitals unterstellt. Sofern das durchschnittliche KGV einer Peer Group unmodifiziert auf das Zielunternehmen übertragen wird, wird außerdem implizit eine gleichlaufende Ergebnisentwicklung (Ergebniswachstum) für die Jahre nach der Referenzperiode unterstellt. Ferner setzt das Verfahren sowohl für das Zielunternehmen als auch für die Peer Unternehmen positive Ergebnisse für die Referenzperiode voraus.

- **PEG**: Die Price/Earnigs/Growth-Rate (PEG, auch als „dynamisches KGV" bekannt), setzt das KGV mit der erwarteten Wachstumsrate des Ergebnisses eines künftigen Zeitraums (z. B. 3, 5, oder 10 Jahre) ins Verhältnis. Einem Unternehmen mit einem (relativ zur Peer Group) n-fachen Gewinnwachstum wird damit ein n-faches KGV zugebilligt. Unter bestimmten Prämissen ist das Ergebnis in das einer direkten KGV-Bewertung überführbar. Das Verfahren macht die Annahme eines zur Peer Group gleichlaufenden künftigen Wachstums überflüssig. Es eignet sich damit besonders zur Bewertung junger Wachstumsunternehmen kurz nach Erreichung des Break Even. In der Schätzung eines nachhaltigen Ergebniswachstums über einen längeren Zeitraum liegt naturgemäß eine beachtliche Fehlerquelle, weshalb die Belastbarkeit des Verfahrens gering ist.

- **EV/EBIT**: Beim Enterprise Value/EBIT-Ratio (EBIT = Earnings before Interest and Taxes) wird der Unternehmenswert mit dem Ergebnis vor Zinsen und Steuern einer künftigen Referenzperiode ins Verhältnis gesetzt. Der Unternehmenswert versteht sich hierbei als der Marktwert von Eigenkapital plus Fremdkapital. Im Übrigen liegen dem Verfahren die gleichen Überlegungen wie beim KGV zu Grunde.

• **EV/EBITDA**: Beim Enterprise Value/EBITDA-Ratio (EBITDA = Earnings before Interest, Taxes Depreciation and Amortisation) wird der Unternehmenswert mit dem Ergebnis vor Abschreibungen, Zinsen und Steuern einer künftigen Referenzperiode ins Verhältnis gesetzt. Auch hierbei wird ein Bruttowert (einschließlich Fremdkapital) ermittelt. Da auch Ergebnisbestandteile mit kapitalisiert werden, die nicht nachhaltig an die Kapitalgeber ausgeschüttet werden können (zu reinvestierende Teile der Abschreibungen) ist der ermittelte Wert insbesondere bei stark unterschiedlicher Ergebnisstruktur nicht belastbar. Gleichwohl ist das Verfahren in einigen Branchen (z. B. Versorgung) gebräuchlich und geeignet, die Marktmechanismen abzubilden.

8. Substanzwertverfahren

Für die Ermittlung des Substanzwerts gibt es zwei Konzepte, den Liquidationswert und den Rekonstruktionswert. **2122**

Bei der Ermittlung des **Liquidationswertes** wird untersucht, was im Falle der Auflösung eines Unternehmens für die Einzelteile am Markt erlöst werden könnte (Zerschlagungsfiktion). Die Summe dieser Werte abzüglich der zu begleichenden Verbindlichkeiten und der im Zuge der Liquidation anfallenden Aufwendungen (z. B. Maklerprovisionen, Steuern) ergibt den Liquidationswert. Dieser Wert ist bei der Wertermittlung junger kapitalsuchender Unternehmen naturgemäß nicht relevant. **2123**

Bei der Ermittlung des **Rekonstruktionswertes** wird untersucht, welcher Betrag erforderlich wäre, um ein Unternehmen, so wie es heute steht und liegt, wieder aufzubauen. Die Verbindlichkeiten sind von der Summe der Einzelwerte in Abzug zu bringen. Strategische Investoren könnten an den Produkten, den Patenten, dem Kundenstamm oder der gewachsenen Infrastruktur interessiert sein. Im Zuge einer Make-or-buy-Entscheidung ermitteln sie nun, ob es günstiger ist, die Produkte usw. selbst zu entwickeln, oder die Zielgesellschaft zu erwerben. Als weitere weiche Parameter fließen hierbei das Entwicklungsrisiko (nicht jede Entwicklung funktioniert auf Anhieb; die Anzahl der erforderlichen Versuche kann ex ante nur ungenau geschätzt werden) und der Zeitgewinn (Zielgesellschaft mit Know-how kann sofort erworben werden, Eigenentwicklung benötigt Zeit) ein. Der Rekonstruktionswert kann im Falle des Einstiegs strategischer Investoren für die Wertermittlung insofern durchaus von Relevanz sein. **2124**

Je nach Vorgehen bei der Ermittlung kann das Substanzwertverfahren dynamisch (Rekonstruktion oder Liquidation werden als Prozess abgebildet) oder statisch (Momentaufnahme: was wäre ein Dritter überschlagsweise aufgrund der Substanz zu zahlen bereit?) ausgestaltet sein. Aus Vereinfachungsgründen, **2125** und da die Rekonstruktion bzw. Zerschlagung in einem überschaubaren Zeitraum stattfindet, wird in der Praxis überwiegend die statische Variante gewählt.

9. Würdigung der gewonnenen Erkenntnisse

2126 In der Praxis führen Investoren die Bewertung nach mehreren Verfahren durch, wobei mehrere Parameter variiert werden.

2127 Daraus ergeben sich für einige Verfahren Punktwerte, für andere wiederum Wertspannen. Die Belastbarkeit der einzelnen Ergebnisse hängt von den Umständen ab. Manche Verfahren werden nur als grobe Plausibilisierung durchgeführt (typischerweise Multiplikatoren, welche lediglich auf indirekt wertbildende Faktoren aufsetzen, wie etwa Kapitalisierung/Kunde, Kapitalisierung/Ladenfläche, Kapitalisierung/Installation). Durch die Kombination unterschiedlicher Verfahren erhält der Investor eine **Bewertungsbandbreite**, innerhalb welcher er über den Preis zu verhandeln bereit ist.

III. Finanzierung durch Finanzinvestoren (Beteiligungsgesellschaften, insbesondere VCs)

2128 Das VC-Umfeld, die Interessenlage der VCs und der Prozess einer VC-Finanzierung wurden im ersten Teil, Kapitel D.IV. umfassend erläutert. Insofern beschränken sich die folgenden Ausführungen auf die Darstellung von Abweichungen oder Ergänzungen, welche sich durch den fortgeschrittenen Reifeprozess des Zielunternehmens und die Erweiterung des Kreises der potenziellen Investoren auf alle Private-Equity-Häuser ergeben. Unter „Private Equity" ist jede Form von Beteiligungskapital zu verstehen, welches von Finanzinvestoren zur Verfügung gestellt wird. Im Gegensatz zu den VCs meiden die übrigen Private Equity-Geber hohe Risiken. Ihre Kernkompetenz liegt nicht in der Betreuung junger und entsprechend risikobehafteter Unternehmen, vielmehr steht die Finanzierung im Vordergrund.

2129 Vier wesentliche Unterschiede bedingen die Unterschiede im Ablauf der zweiten Finanzierungsrunde:

- **Reife**: Das Zielunternehmen hat zum Zeitpunkt der nun durchzuführenden Zweit- oder Drittrundenfinanzierung typischerweise ein Alter von mindestens einem, oft schon zwei oder mehr Jahren erreicht. Der augenfälligste Unterschied zur Erstrundenfinanzierung ist daher die Reife, welche das Unternehmen inzwischen erlangt hat. Diese äußert sich zum einen in (zumindest weitgehend) fertig entwickelten Produkten, die im Markt bereits positive Resonanz erfahren haben. Damit ist das Proof of Concept erbracht, und die potenziellen Investoren haben die Gewissheit, dass das Geschäftsmodell funktioniert. Zum anderen ist das Managementteam inzwischen komplett. Es hat das Unternehmen in den letzten Jahren erfolgreich geführt und wird in einer Zweitrundenfinanzierung von den Investoren als absolutes Muss angesehen. Da eine Reihe von Risiken gegenüber der Frühphasenfinanzierung deutlich reduziert wurde (Entwicklungsrisiko, Proof of Concept, Managementteam), verringern sich auch die Renditeforderungen der Finanzinvestoren. Bei der Wertermittlung treten an die Stelle von vereinfachenden **Bewertungsverfahren** wie der Venture-Capital-Methode (siehe erster Teil, Kapitel D.IV.3) nun die oben (Kapitel H.II.)beschriebenen Verfahren, welche auf eine belastbare Planungsrechnung aufsetzen. Die Diskontierungssätze werden jedoch in der Regel nicht durch das CAPM abgeleitet, sondern ergeben sich aus den individuellen Vorstellungen der Kapitalgeber. Gegenüber einer Erstrundenfinanzierung ist eine Halbierung des Diskontierungszinssatzes nicht ungewöhnlich.

- **Rolle der Erstrunden-VCs**: Weitere Unterschiede in der Verhandlungsposition und -führung ergeben sich dadurch, dass bereits Finanzinvestoren aus vorangegangenen Finanzierungsrunden engagiert sind. Deren Interessenlage wandelt sich nun: während sie in der Erstrunde an einem möglichst günstigen Einstieg interessiert waren, wollen sie nunmehr auch ihr Erstinvestment schützen.

  Soweit sie bei einer Folgefinanzierung durch weitere Einlagen ihre Beteiligungsquote konstant halten, möchte man meinen, der Preis könne ihnen gleichgültig sein. Doch selbst in diesem Fall ist die Folgefinanzierung ein Markttest, und die Investoren der ersten Stunde hätten gerne eine Bestätigung dafür, dass ihre erste Investitionsentscheidung richtig war und sich erwartungskonform verzinst hat. Zudem hat der nun erzielte Preis Signalwirkung für die folgenden Transaktionen, die mit einem (Teil-)Exit einhergehen können.

  Üblicherweise ändern sich jedoch im Zuge einer Folgefinanzierung die Beteiligungsverhältnisse. Dies kann auch für Erstrunden-VCs gelten, die bei der nunmehr anstehenden Finanzierungsrunde nicht in vollem Umfang mitziehen und somit ihren Anteil am Unternehmen reduzieren. Steigen nunmehr neue Investoren zu einem zu niedrigen Preis ein, werden die Anteile der Erstinvestoren verwässert und ihre Vermögensposition verschlechtert sich. Somit ist offensichtlich, dass die Erstinvestoren bei einer drohenden Verwässerung ein originäres Interesse an einer möglichst hohen Bewertung haben.

  Bei der Suche nach weiteren Investoren kann oftmals auf das Netzwerk des Erstinvestors zurückgegriffen werden. Die renommierten Beteiligungsgesellschaften sind gut vernetzt und verfügen über eine Vielzahl von entsprechenden Kontakten. Es liegt in ihrem ureigensten Interesse, den Prozess der Folgefinanzierung zu unterstützen, schließlich ist ihr Ziel in diesem Kontext wie oben dargestellt die Maximierung der Bewertung. Diese Hilfestellung kann bei den renommierten Beteiligungsgesellschaften aufgrund der Erfahrung im Finanzierungsprozess und der guten nationalen Vernetzung ziemlich umfassend geleistet werden. Sofern jedoch explizit ein ausländischer (oder auch ein strategischer, s. u.) Investor gesucht wird, ist in der Regel doch externe Unterstützung erforderlich.

- **Finanzierungsvolumen**: Der dritte wesentliche Unterschied liegt im in der Regel deutlich höheren Finanzierungsvolumen einer Folgerunde. Der negative Cash Flow erreicht in der Phase der Expansionsfinanzierung sein Maximum (vgl. erster Teil, Kapitel D.II.). Aus Gründen der Risikostreuung schließen sich Finanzinvestoren bei größeren Finanzierungen gerne zu einem **Syndikat** oder **Konsortium** zusammen. Diese Tendenz ist bei Finanzierungen ab einer Größenordnung von € 3–5 Mio. zu beobachten, bei € 10 Mio. ist es bereits die Norm. Innerhalb des Konsortiums übernimmt in der Regel ein Investor die Leadfunktion. Von ihm erwarten die übrigen Investoren ein hohes Maß an fachlicher Expertise. Diese muss durch einen entsprechenden Track Record (Portfolioschwerpunkt, erfolgreiche Investments in vergleichbare Unternehmen) und branchenverwurzelte Mitarbeiter belegt sein. Wenn sich ein Investor mit entsprechend hoher Reputation zu einem Unternehmen bekennt und bereit ist, sich substanziell mit eigenen Mitteln zu engagieren, sind die übrigen Investoren oftmals bereit, sich ohne eigene Due Diligence dem Urteil des Leadinvestors, welches Signalwirkung hat, anzuschließen. Eine der Voraussetzungen ist allerdings auch die „Unbefangenheit" des Leads, d. h. er darf nicht bereits aus einer früheren Runde engagiert sein.

● **Aufsichtsrat**: Ein vierter Unterschied zur Erstfinanzierung kann sein, dass spätestens jetzt ein Aufsichtsrat eingerichtet wird. Dieser wird wenn möglich nicht nur mit Managern der Beteiligungsgesellschaften, sondern auch mit externen Branchenvertretern und bei hoch innovativen Gesellschaften möglichst mit Wissenschaftlern besetzt. Der Aufsichtsrat bringt weitere fachliche und wissenschaftliche Expertise in das Unternehmen ein und soll mit dazu beitragen, das Netzwerk des Unternehmens auszubauen und wertvolle Kontakte herzustellen. Andererseits gibt er den Investoren auch zusätzliche Sicherheit, da sie zu vielen aktuellen Fragestellungen auch einmal eine dritte Meinung erhalten.

IV. Finanzierung durch strategische Investoren

2130   Eine weitere Option im Zuge einer Folgefinanzierung ist die Aufnahme eines strategischen Investors. Strategische Investoren sind dauerhafte Investoren, deren Geschäftsgegenstand nicht die Bereitstellung von Kapital ist. Sie gehen vielmehr einem klassischen Gewerbe nach und die Beteiligung an dem Zielunternehmen ist geeignet, die Umsetzung ihrer Strategien im Stammgeschäft zu unterstützen (daher die Bezeichnung).

1. Motivlage strategischer Investoren

2131   Um den angestrebten Mehrwert realisieren zu können, müssen sich die beiden Unternehmen in irgendeiner Weise ergänzen. Typischerweise ist der strategische Investor in der gleichen Branche wie das Zielunternehmen aktiv. Das Zielunternehmen kann ein direkter Konkurrent sein, eine horizontale Erweiterung des Produktprogramms, eine vertikale Ergänzung (Lieferant oder Abnehmer), eine regionale Erweiterung oder eine Ergänzung des Kundenkreises einbringen.

2132   Damit wird auch deutlich, dass der strategische Investor bei der **Bewertung** ein anderes Kalkül verfolgt, als der Finanzinvestor. Seine Rendite bestimmt sich nicht über die drei Zahlungsgrößen Kaufpreis, Ausschüttungen und Verkaufspreis. Zum einen wird der Weiterverkauf nicht einkalkuliert, zum anderen resultiert der Nutzen nicht nur aus den empfangenen Ausschüttungen, sondern auch aus den oben angesprochenen Synergien (höhere Erträge beim Erwerber) und Einsparungen (z. B. Entwicklungskosten, Markterschließungskosten). Der strategische Investor stellt daher entweder ein Buy-and-hold-Kalkül (Beteiligung rechnet sich ausschließlich über die Ausschüttungen und die zusätzlichen Erträge beim Erwerber) oder ein Make-or-buy-Kalkül (Erwerber würde andernfalls die mit der Beteiligung erworbenen Produkte, Märkte etc. selbst entwickeln) an.

Um die Realisierung dieser Ziele abzusichern, muss es dem strategischen Investor möglich sein, auf die Zielgesellschaft direkten **Einfluss** auszuüben. Der Zielgesellschaft werden neben finanziellen Mitteln in oft nicht unerheblicher Höhe auch Know-how und interne Informationen zur Verfügung gestellt; zur Realisierung von Synergiepotenzialen wird die Zielgesellschaft in den Konzern des Investors, sprich sein engstes Netzwerk eingebunden; so kann die Zielgesellschaft schließlich zu einem Baustein der Strategie des Investors erweitert werden. Aus diesen Überlegungen ist das übliche Bestreben strategische Investoren, Zugriff auf Produkte, Patente etc. zu erhalten, verständlich. Dies äußert sich im Wunsch, unmittelbar eine Mehrheitsbeteiligung zu erwerben und ein Vorkaufsrecht für die übrigen Anteile zu erhalten. **2133**

2. Gründe für die Aufnahme strategischer Investoren

Es gibt – neben den Gründen, die für Finanzinvestoren sprechen – drei wesentliche Argumente, weshalb strategische Investoren in den Kreis der Gesellschafter aufgenommen werden sollten: **2134**

- **Beschleunigung der Entwicklung**: Strategische Investoren können durch das aktive Einbringen ihrer Branchenexpertise und die Einbindung ihrer Beteiligungen in ihre Netzwerke als Katalysator für die Beteiligungsunternehmen wirken. Die Logik gleicht formal jener, die für die Aufnahme von Corporate Venture Capitalisten spricht (vgl. erster Teil, Kapitel D.IV.2). Im Falle einer Direktbeteiligung strategischer Investoren ist jedoch auch die Anbindung entsprechend näher. Diese kann beispielsweise einen Austausch von Management oder die gemeinsame Nutzung von Ressourcen (Verwaltung, Buchhaltung, Produktionsstätten, Lager etc.) beinhalten.

- **Höherer Preis**: Wie oben dargestellt zieht der strategische Investor seinen Nutzen der Beteiligung nicht nur aus den empfangenen Ausschüttungen, sondern auch aus Synergien und Einsparungen. Zudem kann er durch seinen Einfluss das Risiko der Investition reduzieren. Außerdem ist es möglich, dass er aufgrund seines besonders guten Verständnisses der Produkte und des Marktumfeldes die bestehenden Risiken ceteris paribus als geringer einschätzt als ein branchenfremder Finanzinvestor. Diese Faktoren werden in der Regel zumindest partiell eingepreist und schlagen sich erfahrungsgemäß in einer niedrigeren geforderten Rendite bzw. einem höheren Wert als bei Finanzinvestoren nieder.

- **Exitperspektive**: Der strategische Investor will zum Schutz seiner Investition in der Regel langfristig die Kontrolle über die Beteiligung erhalten. Im Idealfall bedeutet das eine Komplettübernahme. Der dritte besondere Aspekt eines Investments durch einen strategischen Investor ist somit die Exitperspektive, welche er den anderen Investoren bietet. Dies ist insbesondere in Zeiten eines schwierigen Börsenumfelds als Alternative zum Initial Public Offering (IPO) für die bereits engagierten Finanzinvestoren von Bedeutung. Der Prozess des Exits an einen strategischen Investor wird im Dritten Teil, Kapitel B. „Trade Sale" im Detail vorgestellt.

3. Abwägung strategische Investoren versus Finanzinvestoren

2135 Aus den vorgenannten Gründen ist bei einem Engagement strategischer Investoren tendenziell mit höheren Bewertungen zu rechnen. Den höheren Preis erkaufen sich die Gründer mit der Aufgabe ihrer Unabhängigkeit.

2136 Der Verlust der Unabhängigkeit kann oftmals ohnehin nur temporär verhindert, also verzögert werden: Die Finanzinvestoren aus früheren Finanzierungsrunden benötigen einen Exit, und die Gründer können mangels entsprechender Mittel die Anteile in der Regel nicht zurückerwerben. Wenn ein IPO nicht möglich ist oder einen geringeren Erlös erbringt als die Abgabe an einen strategischen Investor, ist in vielen Fällen die Abgabe an einen Strategen langfristig nicht zu vermeiden.

2137 Der Entscheidungsprozess für oder gegen eine Beteiligung dauert bei institutionellen Investoren häufig wesentlich länger als bei Finanzinvestoren. Investitionen in andere Gesellschaften gehören nicht zu ihrem Tagesgeschäft. Der Prozess der Entscheidungsfindung ist daher nicht entsprechend institutionalisiert und erheblich langwieriger. Sofern die Altgesellschafter unter Zeitdruck stehen, kann das durchaus den Ausschlag geben.

2138 Insgesamt ist die Einbindung strategischer Investoren in vielen Fällen keine Alternative zum Engagement von Finanzinvestoren, sondern eine (langfristig ohnehin unvermeidliche) Ergänzung des Gesellschafterkreises.

4. Prozess

2139 Der Prozess zur Aufnahme eines strategischen Investors gleicht weitgehend jenem zur Finanzierung durch einen Venture Capitalisten (vgl. erster Teil, Kapitel D.IV.4). Daher beschränkt sich dieses Kapitel auf die Darstellung der Unterschiede und Ergänzungen.

2140 Die **Vorbereitungsphase** verläuft identisch. Bei der Auswahl der Berater sind die bereits engagierten Venture Capitalisten gerne behilflich, sofern dies erforderlich sein sollte.

2141 Die **Identifikation von Investoren** erfolgt formal in den gleichen Schritten wie bei der Suche nach Finanzinvestoren. Für die Zusammenstellung der Long List ist in der Regel keine externe Hilfe erforderlich, es genügt ein Sparringspartner.

Eine notwendige Bedingung für den Erfolg der Verhandlungen ist, dass der **2142** strategische Investor erkennt, welchen **Mehrwert** er durch die Realisierung der oben beschriebenen Nutzeneffekte (Synergien) generieren kann. Die wichtigsten Kriterien für die Entwicklung eines Profils zur Identifizierung möglicher Interessenten sind daher:

- bestehende Kundenbeziehung
- bestehende Lieferantenbeziehung
- konkurrierende Produkte
- sich ergänzende Produkte
- räumliche Überschneidung des Vertriebsgebietes (Synergiepotenzial)
- räumliche Ergänzung des Vertriebsgebietes (Wachstumspotenzial)

Aus dem Profil ergibt sich in den meisten Fällen zwangsläufig, dass die beiden Un- **2143** ternehmen bereits Berührungen hatten, und, auch wenn es in der Folge nicht zu einer Beteiligung kommen sollte (was bei allen Long-List-Unternehmen bis auf maximal eine Ausnahme zwangsläufig der Fall sein muss), auch wieder haben werden. Daraus folgen operative Risiken, welche sich für das kapitalsuchende Unternehmen während des Finanzierungsprozesses oder auch darüber hinaus ergeben:

Zum einen kann das Gerücht, eine Firma stünde zum Verkauf und benötige **2144** gleichzeitig frisches Kapital, Lieferanten wie Kunden gleichermaßen irritieren. Insbesondere ist kaum zu verhindern, dass dieses Argument von (entsprechend informierten) Konkurrenten in Gesprächen gebraucht wird.

Zum anderen erhalten die angesprochenen Interessenten im Zuge der Gesprä- **2145** che einen sehr intimen Einblick in geschäftliche Interna (Situation der Gesellschaft, Ressourcen, Entwicklungsprojekte, Pläne und Strategien) und erhalten im Lauf des Verfahrens eventuell die Möglichkeit zu einer Due Diligence, bei welcher nichts verborgen bleibt. Da jeder Interessent bis zum letzten Verhandlungstag die Möglichkeit hat, von einem Engagement zurückzutreten und ohnehin nur einer der Interessenten den Zuschlag erhalten kann, ist kaum zu verhindern, dass bislang vertrauliche Informationen das Unternehmen verlassen und von Konkurrenten verwendet werden könnten.

Daher muss Bestandteil der Strategie im Zuge der Investorensuche sein, die **2146** Verkaufsabsicht und vertrauliche Informationen nur einem sorgfältig definierten Kreis Externer bekannt zu machen. Die Devise sollte hierbei lauten „so viele wie nötig und so wenige wie möglich" einzuweihen. Konkret bedeutet dies, bereits die Long List durch eine anonyme Anfrage, ob abstraktes Interesse besteht und eine Recherche, ob die (finanzielle und organisatorische) Potenz zur Übernahme besteht, zu verkürzen. Für diese Aufgaben ist der Einsatz eines externen Beraters beinahe unverzichtbar. Die Reputation des Beraters erhöht dabei die Resonanz auf die anonyme Anfrage.

Bei der Prüfung des Engagements durch einen strategischen Investor ist zu dif- **2147** ferenzieren zwischen der Commercial **Due Diligence** und den übrigen Bereichen (Financial, Tax, Legal etc.). Die Commercial Due Diligence wird regelmäßig vom Investor selbst durchgeführt und ist bei mittelständischen Investoren

„Chefsache". Es ist offensichtlich, dass der Interessent über die erforderliche Expertise verfügen muss, um selbst zu beurteilen, ob das Zielunternehmen Zukunftspotenzial hat, seine Produkte markt- und konkurrenzfähig und seine Strategie marktkonform und erfolgversprechend sind. Nicht zuletzt kann der Investor besser als ein Dritter beurteilen, ob er das Zielunternehmen in das eigene Unternehmen (in welcher Form auch immer) integrieren kann. Für die o.g. übrigen Prüfungsbereiche der Due Diligence bedienen sich strategische Investoren meist der Hilfe Dritter. Hier gilt es für das Zielunternehmen, sich ebenso wie bei Verhandlungen mit Finanzinvestoren sorgfältig auf die Due Diligence vorzubereiten, gegebenenfalls durch eine Pre Due Diligence, welche durch den eigenen Berater durchgeführt werden kann.

2148   Zwei wesentliche Elemente der **Vertragsgestaltung**, durch welche sich der Beteiligungsvertrag bzw. Gesellschaftsvertrag mit einem strategischen Investor regelmäßig von jenem mit einem Finanzinvestor unterscheidet, sind Vorkaufsrechte und Optionen auf weitere Anteile.

2149   Der strategische Investor stiftet regelmäßig Nutzen durch die Einbringung von eigenem Know How und die Einbindung in den eigenen Konzern. Somit wird eigenes Wissen auf die neue Beteiligung übertragen, darunter auch Geschäftsgeheimnisse. Um dieses Wissen zu schützen ist es nicht unüblich, dass sich ein strategischer Investor ein **Vorkaufsrecht** für die übrigen Anteile einräumen lässt. Es ist nachvollziehbar, dass er es nicht gerne sähe, wenn einer seiner Konkurrenten, Kunden oder Lieferanten ohne seine Zustimmung an einer seiner Konzerngesellschaften beteiligt wäre.

2150   Sofern sich die Beteiligung positiv entwickelt und längerfristig zu einem Baustein der Konzernstrategie des strategischen Investors ausgebaut werden soll, ist der Investor regelmäßig bestrebt, seine Beteiligung an der Tochtergesellschaft auf eine Mehrheit bis hin zu 100 % auszubauen. Dies gilt ebenso, falls sich die Beteiligung nicht wie geplant entwickelt und die Voraussetzungen für eine erfolgreiche Sanierung besser sind, falls der Investor völlige Durchgriffsmöglichkeiten hat. Aus diesen Gründen ist ein strategischer Investor, so er nicht bereits beim Einstieg die Möglichkeit hat, alle Anteile zu übernehmen, bestrebt, sich eine **Option auf den Erwerb weiterer Anteile** (Calloption) einräumen zu lassen. Für die übrigen Investoren ist diese Regelung isoliert betrachtet wenig attraktiv, zumal sie regelmäßig (aus ihrer Sicht) zur Unzeit und zu ungünstigen Konditionen ausgeübt wird. Die übrigen Investoren sollten eine Calloption daher nur akzeptieren, falls sie mit einem entsprechend hohen Kaufpreis vergütet oder durch eine Putoption (Andienungsrecht) kompensiert wird.

V. Steuerrechtliche Besonderheiten

1. Wegfall des Verlustvortrags

2151   Aus steuerlicher Sicht ist im Zusammenhang mit Finanzierungsrunden insbesondere die gesetzliche Beschränkung zum Erhalt von steuerrechtlichen Verlust-

vorträgen (§ 8 Abs. 4 KStG, § 10 a GewStG) zu nennen. Im Rahmen einer geplanten oder auch ungewollten zweiten, dritten oder vierten Finanzierungsrunde, die über Kapitalerhöhungen durchgeführt wird, führt dies in zahlreichen
Fällen zu einer Übertragung von insgesamt mehr als 50% der Anteile an dem
Jungunternehmen gegenüber der Anteilseignerzusammensetzung bei Gründung.
Insofern kann von einer schleichenden Steuerfalle gesprochen werden, die über
einen relativ langen Zeitraum von 5 Jahren latent auf Finanzierungsvorgängen
von jungen Unternehmen lastet.

Eine ausführliche Darstellung der gesetzlichen Regelung sowie dem aktuellen –   **2152**
konfusen – Stand der steuerrechtlichen Auslegung seitens der Gerichte ist in
Teil I, Abschnitt I.5. enthalten. Daher geben wir an dieser Stelle nur kurz folgende Zusammenfassung:

Ein Wegfall von ertragsteuerlichen Verlustvorträgen einer Kapitalgesellschaft   **2153**
droht immer dann, wenn innerhalb eines Zeitraums von 5 Jahren die wirtschaftliche Identität der Gesellschaft verloren geht. Dies ist nach Ansicht der gesetzlichen Regelung des § 8 Abs. 4 KStG insbesondere dann der Fall, wenn mehr
als die Hälfte der Anteile an der Gesellschaft übertragen werden **und** die Gesellschaft ihren Geschäftsbetrieb mit überwiegend neuem Betriebsvermögen
fortführt oder wieder aufnimmt. Beide Kriterien müssen kumulativ erfüllt sein,
damit die gesetzlichen Beschränkungen eingreifen.[8]

Bei der Durchführung von typischen Finanzierungsrunden kommt es eben zu   **2154**
Kapitalerhöhungen, die den Anteilsübertragungen gleichgestellt sind sowie zur
Zuführung von neuem Betriebsvermögen. Unabhängig ist in diesem Zusammenhang, ob von Seiten der Investoren Einlagen in das Nominalkapital oder in
das Agio der Gesellschaft geleistet werden.

Bei sorgfältiger Planung sowie entsprechenden Ausgangsparametern können   **2155**
diese gesetzlichen Klippen überwunden werden. Wir verweisen hierzu auf unsere Ausführungen im Teil I, Abschnitt I. 5.

2. Vorsteuerabzug

Unternehmen, die einen Börsengang planen oder bereits durchgeführt haben und   **2156**
alle Unternehmen, die lediglich eine Kapitalerhöhung vorgenommen haben, können sich unversehens mit dem Problem konfrontiert sehen, dass ihnen die Finanzverwaltung den Vorsteuerabzug in Bezug auf solche Kosten versagt, die im Zusammenhang mit dem Börsengang bzw. der Kapitalerhöhung entstanden sind.[9]

> *Beispiel: Die Durchstart-AG*
>
> Die Durchstart-AG (D-AG), die seit Februar 2001 an der Börse notiert ist, nahm im
> März und Juni 2001 jeweils eine Kapitalerhöhung vor. In diesem Zusammenhang
> waren der D-AG folgende externe Kosten entstanden:

---

8 Hermann/Heuer/Raupach, Rn. G7 zu § 8 KStG; Neyer in BB 2001; S. 173.
9 Ausführlich zur der Frage des Vorsteuerabzuges beim Börsengang bzw. bei Kapitalerhöhungen
   vgl. Kast/Peters, BB 2001, 1821 ff.; Reiss UR 2001, 41 ff.; Burgmaier UStB 2002, 57 ff.

- Prüfungs- und Beratungskosten (Rechtsanwalt, Wirtschaftsprüfer, Steuerberater, Unternehmensberater, Notar)
- Aufwendungen für Werbung und Öffentlichkeitsarbeit (Erstellung des Emissionsprospekts, Kosten der Pressekonferenzen)
- Kosten für die Mandatierung der Konsortialbank
- Kosten für die Umstellung des Buchungssystems

Die Kosten sind zum Teil vor und zum Teil nach Durchführung der Aktienausgabe bzw. der Kapitalerhöhung entstanden. Die D-AG kann die Kosten der Eingangsleistungen aufgrund nachvollziehbarer Dokumentation zu einem Großteil einzelnen Ausgangsleistungen unmittelbar zuordnen.

Innerhalb der ersten Betriebsprüfung kündigt der Betriebsprüfer der D-AG an, ihr den Vorsteuerabzug für diese Kosten vollständig zu versagen. Zur Begründung führt er aus, die Kosten seien im Zusammenhang mit dem Börsengang bzw. der Kapitalerhöhung entstanden, bei denen es sich um steuerfreie Ausgangsumsätze handle.

a) Stellungnahme

2157 Nach allgemeinen Grundsätzen setzt der Vorsteuerabzug voraus, dass die D-AG die im Zusammenhang mit dem Börsengang bzw. der Kapitalerhöhung empfangenen Leistungen nicht „abzugsschädlich" verwendet. Eine schädliche Verwendung liegt vor, wenn die empfangenen Eingangsleistungen für steuerbare jedoch steuerfreie Umsätze im Inland verwendet werden.[10]

2158 Die Oberfinanzdirektion (OFD) München[11] sieht in der Ausgabe von Aktien durch eine AG einen steuerbaren Leistungsaustausch zwischen Emittent und Zeichner, bei dem Gesellschafterrechte gegen Entgelt gewährt werden. Die im Zusammenhang mit dem Börsengang beim Emittenten anfallenden Kosten (z. B. Beratungs-, Notar-, Werbekosten und Kosten der Unternehmensbewertung) ordnet sie pauschal der Aktienemission zu, bei der es sich um steuerbare jedoch steuerfreie Wertpapiergeschäfte handle.[12] Daher vertritt die OFD München den Standpunkt, der Vorsteuerabzug für Kosten im Zusammenhang mit dem Börsengang sei ausgeschlossen. Gleiches gelte auch für Kapitalerhöhungen. Das FG Nürnberg hat sich dieser Auffassung in seinem Urteil vom 30.01.2001[13] angeschlossen. Zwar besteht nach Ansicht der OFD München bei einer Aktienplatzierung über inländische Kreditinstitute die Möglichkeit, für die Steuerpflichtigkeit der Ausgabe junger Aktien zur Umsatzsteuer zu optieren,[14] da die unmittelbaren Empfänger der Aktien Unternehmer wären. In diesem Fall wäre ein Vorsteuerabzug möglich, da aus der steuerfreien- eine steuerpflichtige Ausgangsleistung würde. Die Option verlagert jedoch die Frage des Vorsteuerabzugs auf die Ebene der Banken,[15] da diese in den meisten Fäl-

---

10 § 15 Abs. 2 Satz 1 Nr. 1 UStG.
11 OFD München, Verfügung vom 25.05.2000, S – 7304 – 7 St 431, Umsatzsteuerrundschau 2000, S. 353 f.
12 Vgl. § 4 Nr. 8 e UStG.
13 EFG 2001, S. 1572 ff.
14 § 9 Abs. 1 UStG.
15 Ebenso bereits Thiede/Steinhauser, DB 2000, 1295 (1296).

len wegen der nachfolgenden Ausführung steuerfreier Umsätze[16] vielfach wiederum nicht zum Vorsteuerabzug berechtigt sind. Von daher wird sich häufig eine Option zur Umsatzsteuer „nicht rechnen"[17] bzw. von den Banken nicht erwünscht sein.

Dementsprechend könnte die D-AG die im Rahmen des Börsenganges bzw. der **2159** Kapitalerhöhung entstandene Vorsteuer tatsächlich nicht abziehen. Die Auffassung der OFD München überzeugt jedoch nicht. Der D-AG ist daher zu raten, gegen etwaige Bescheide, die den Vorsteuerabzug versagen, fristgemäß Einspruch einzulegen. Die Begründung sollte die folgenden Gesichtspunkte enthalten:

- Die Ansicht der OFD München steht im Widerspruch zur Rechtsprechung des Europäischen Gerichtshofs (EuGH). Der EuGH bejaht einen Leistungsaustausch nur für die Weiterveräußerung von Aktien durch die Banken an Anleger, nicht jedoch für die erstmalige Übernahme der Aktien.[18] Daneben verneint der EuGH im Hinblick auf Stilllegungsverpflichtungen gegen Entschädigung einen steuerbaren Leistungsaustausch, da Maßnahmen der Kapitalbeschaffung generell nicht als individuell konsumierbare Leistung für Endverbraucher in Betracht kommen.[19] Eine Aktienemission oder eine schlichte Kapitalerhöhung als Maßnahme der Kapitalbeschaffung ist demnach kein umsatzsteuerbarer Leistungsaustausch.

- Ferner hat der EuGH in seinem Urteil vom 22.02.2001 (Abbey National)[20] entschieden, dass Kosten für Eingangsleistungen, die der Veräußerer zur Durchführung einer nicht steuerbaren Geschäftsveräußerung (Ausgangsumsatz) in Anspruch nimmt, einen direkten und unmittelbaren Zusammenhang mit der gesamten wirtschaftlichen Tätigkeit des Steuerpflichtigen aufweisen. Eingangsleistungen, die direkt der Geschäftsveräußerung zuzurechnen sind, berechtigen nicht zum Vorsteuerabzug, da insoweit kein steuerbarer und steuerpflichtiger Ausgangsumsatz vorliegt. Allerdings ist – aufgrund der Zurechnung der Veräußerungskosten zur gesamten wirtschaftlichen Tätigkeit des Unternehmens – der Vorsteuerabzug insoweit zulässig, als dass die Eingangsleistungen steuerbaren und steuerpflichtigen Ausgangsumsätzen zugerechnet werden können. Tätigt der Steuerpflichtige also (neben der Geschäftsveräußerung) zum Teil auch Umsätze, die zum Vorsteuerabzug berechtigen, kann er die Vorsteuer anteilig abziehen.

> Die D-AG kann sich auf den Standpunkt stellen, dieser vom EuGH für die nicht steuerbare Geschäftsveräußerung aufgestellte Grundsatz gilt gleichfalls für die nicht steuerbare Ausgabe von Aktien. Der Vorsteuerabzug aus Eingangsleistungen im Zusammenhang mit dem Börsengang bzw. einer Kapitalerhöhung kann daher nicht – wie von der OFD München vertreten – pauschal ausgeschlossen sein.

---

16 Vgl. § 4 Nr. 8 UStG.
17 Zutreffend Berz/Beck, DStR 2000, 1298 (1299).
18 EuGH-Urteil vom 20.06.1991 – C 60/90).
19 EuGH-Urteil vom 29.02.1996 – C – 215/94.
20 EuGH-Urteil vom 22.02.2001 – C – 408/98 (Abbey National).

noch
2159

Vielmehr muss im Einzelfall geprüft werden, ob die Eingangsleistungen unmittelbar anderen steuerbaren und steuerpflichtigen Ausgangsleistungen zugeordnet werden können. Insoweit ist ein Vorsteuerabzug möglich. Sofern die Eingangsleistungen demgegenüber nichtsteuerbaren bzw. steuerbaren aber steuerfreien Ausgangsleistungen zuzurechnen sind, ist der Vorsteuerabzug ausgeschlossen. Falls eine unmittelbare und direkte Zuordnung der Eingangsleistungen zu Ausgangsleistungen (teilweise) nicht möglich ist, ist ein anteiliger Vorsteuerabzug anhand eines sachgerechten Aufteilungsmaßstabes zulässig.[21] Zweckmäßigster Aufteilungsmaßstab dürften die Entgelte sein,[22] allerdings kann das Unternehmen auch jeden anderen nachvollziehbaren und objektiven Aufteilungsmaßstab anwenden.

- Selbst wenn man der vorstehenden Ansicht nicht folgen würde, ergäben sich auch hinsichtlich der pauschalen Zurechnung der Kosten zur Aktienemission durch die OFD München Differenzen mit der Rechtsprechung des EuGH. Die OFD unterscheidet nicht zwischen Kosten, die **vor** und solchen die **nach** der Durchführung der Aktienausgabe entstehen. Der EuGH hat jedoch in den Urteilen Midland Bank[23] und Abbey National klargestellt, dass Kosten, die Konsequenz eines Ausgangsumsatzes sind und diesem zeitlich nachfolgen, keine Kostenelemente dieses Ausgangsumsatzes sein können. Folglich muss eine zeitliche Trennung der Kosten erfolgen.

In der Einspruchsbegründung kann die D-AG zusätzlich ausführen, dass auch die österreichische Finanzverwaltung[24] bereits auf das Urteil des EuGH (Abbey National) reagiert hat und die Auffassung vertritt, der Ausschluss vom Vorsteuerabzug gelte nicht für Kosten, die im Zusammenhang mit der Ausgabe von Gesellschaftsanteilen, einer Kapitalerhöhung oder dem Börsengang eines Unternehmens angefallen seien. Diese Kosten stellen allgemeine Kosten des Unternehmers dar und gehen als solche in den Preis seiner Produkte ein. Damit weisen die Dienstleistungen einen direkten und unmittelbaren Zusammenhang mit diesem Teil der wirtschaftlichen Tätigkeit des Unternehmens auf. Sind die Umsätze aus diesem Bereich steuerpflichtig, so kann der Unternehmer die gesamte Umsatzsteuer abziehen, die seine Ausgaben für die Vergütung dieser Dienstleistungen belastet.

- Zudem kann sich die D-AG auch auf den Erlass des Finanzministeriums NRW[25] beziehen, in dem darauf hingewiesen wird, dass die Thematik (Börsengang/Kapitalerhöhung und Vorsteuerabzug) unter Berücksichtigung der neusten Entwicklungen (Abbey National bzw. Erlass der österreichischen Finanzverwaltung) erneut auf Bundesebene diskutiert werde. Daher empfiehlt der Erlass, dass Einspruchsverfahren, in denen diese Rechtsfrage relevant sei, mit Einverständnis des Steuerpflichtigen zunächst zurückgestellt werden.

- Letztendlich widerlegt auch die Entscheidung des Europäischen Gerichtshofs vom 26.06.2003[26] die Auffassung der OFD München. Der EuGH hat nun-

---

21 § 15 Abs. 4 UStG.
22 Reiss, UR 2001, 41 (46).
23 EuGH-Urteil vom 08.06.2000 – C-98/98 (Midland Bank).
24 Erlass des österreichischen Ministeriums der Finanzen vom 06.04.2001.
25 FinMin. NRW v. 10.07.2001 – S7100 – 194 – V C 4, UR 2001, 460.
26 EuGH-Urteil vom 26.06.2003 – C-442/01 (Kop Hag).

mehr entschieden, dass die Aufnahme eines Gesellschafters bei einer Personengesellschaft gegen Zahlung einer Bareinlage an diese keine wirtschaftliche Tätigkeit im Sinne der sechsten Richtlinie sei.

Die praktischen Auswirkungen dieser Entscheidung werden mit den Auswirkungen korrespondieren, die schon durch die EuGH-Entscheidung Cibo Participations S.A.[27] hervorgerufen worden waren. Nach Ansicht des EuGH gehen Vorsteuern, die im Zusammenhang mit dem Erwerb von Beteiligungen und nunmehr auch im Zusammenhang mit der Aufnahme von Gesellschaftern anfallen, in die allgemeinen Kosten der Gesellschaft ein, da der Erwerb von Beteiligungen wie auch die Aufnahme von Gesellschaftern mangels Erbringen einer Dienstleistung durch die Gesellschaft keinen steuerbaren Umsatz darstellen. Aufgrund der vorliegenden EuGH-Rechtsprechung wird der Bundesfinanzhof eine Trendwende in seiner Rechtsprechung betreffend die Steuerbarkeit der Ausgabe von Gesellschaftsanteilen vornehmen müssen.

Nach Auffassung der Autoren ist die vorliegende EuGH-Entscheidung analog anwendbar bei der Aufnahme neuer Gesellschafter in Kapitalgesellschaften, z.B. im Rahmen von Börsengängen oder anderen Kapitalerhöhungen.

In Bezug auf die von der D-AG konkret erhaltenen Leistungen dürfte Folgendes **2160** gelten:

b) Prüfungs- und Beratungskosten

Beratungsleistungen, die die D-AG im Rahmen einer Kapitalerhöhung von drit **2161** ter Seite in Anspruch genommen hat, sind nach der hier vertretenen Ansicht ausschließlich unternehmensbezogen. Soweit daher die allgemeinen Voraussetzungen des Vorsteuerabzuges vorliegen (Rechnung mit Umsatzsteuerausweis), ist die D-AG zum vollen Vorsteuerabzug berechtigt.

Soweit die Beratungsleistungen **nach** der Kapitalerhöhung und der Zeichnung **2162** der Aktien erbracht wurden, berechtigen sie ebenfalls zum vollen Vorsteuerabzug, wenn sie zur Ausführung steuerpflichtiger Umsätze verwendet wurden.

c) Werbung und Öffentlichkeitsarbeit

Soweit die Werbung steuerpflichtigen Umsätzen zugeordnet werden kann, be **2163** steht ein Vorsteuerabzug.

Wurden die Werbeleistungen erst **im Anschluss** an die Zeichnung der Aktien **2164** durch das Kreditinstitut in Anspruch genommen, können diese Marketingleistungen nicht dem vorangegangenen Börsengang bzw. der Kapitalerhöhung zugeordnet werden. Für zeitlich nachgelagerte Werbeleistungen besteht daher ein Vorsteuerabzug, entsprechend der allgemeinen Vorsteuerquote der D-AG.

---

27 EuGH-Urteil vm 27.09.2001, C-16/00 (Cibo Participations S.A.), Umsatzsteuerrundschau 2001, S. 500 ff.

d) Die Mandatierung der Konsortialbank

2165 Da die Bank regelmäßig umsatzsteuerfreie Leistungen erbringt,[28] stellt sich für die Frage nach einem Vorsteuerabzug nicht. Sollte das Kreditinstitut jedoch steuerpflichtige Leistungen für die D-AG erbracht haben oder für eine Steuerpflicht optiert haben, würden auch diese Eingangsleistungen anteilig zum Vorsteuerabzug berechtigen, soweit die D-AG im Übrigen vorsteuerabzugsberechtigt ist.

2166 Soweit das Kreditinstitut seine Leistungen **nach** Zeichnung der Aktien für die D-AG erbracht hat, dienten sie allein der Stärkung der Ertragskraft des Unternehmens und der Erzielung weiterer Umsätze. Die im Anschluss an die Zeichnung von Seiten des Kreditinstituts zu erbringenden Leistungen können daher nicht mehr der vorangegangenen Zeichnung der Aktien wirtschaftlich zugeordnet werden.

e) Umstellung des Buchungssystems

2167 Aufgrund der Zulassungsvoraussetzungen des Premium Segments am Neuen Markt haben Emittenten ihre Rechnungslegung und die zugrunde liegenden Systeme auf IAS oder US-GAAP umzustellen. Die hierfür anfallenden Aufwendungen stehen nur dann nicht in einem unmittelbaren Zusammenhang mit der Kapitalerhöhung bzw. dem Börsengang, wenn die Umstellung bereits deutlich zeitlich vor diesen Vorgängen durchgeführt wurde. In diesem Fall wäre nach der hier vertretenen Auffassung ein voller Vorsteuerabzug gegeben. Soweit der Zusammenhang mit dem Börsengang gegeben ist, besteht ein Vorsteuerabzug, soweit das Unternehmen auch im Übrigen vorsteuerabzugsberechtigt ist.

3. Einbindung des (Top-)Managements

2168 Die Durchführung von Finanzierungsmaßnahmen sowie eines Börsengangs führt oftmals dazu, dass der Anteil der Gründungsgesellschafter an dem Unternehmen so sehr verwässert wird, dass ihre Beteiligung nur noch unwesentlich im wirtschaftlichen Sinne, regelmäßig unter 10 %, beträgt. Insbesondere bei Gründungsgesellschaftern, die aktiv im Management des Unternehmens tätig und dort auch von wesentlicher Bedeutung für das Unternehmen sind, wird dies als wirtschaftlich nicht vertretbar eingeordnet. Dasselbe Problem stellt sich oftmals im Falle eines Börsengangs, wenn von außerhalb neue Vorstandsmitglieder für das Unternehmen gewonnen werden sollen, die bisher keine Beteiligung am Kapital der Gesellschaft haben.

2169 Eine Beteiligung an einer Kapitalerhöhung zu den Unternehmenswerten, die von den Finanzinvestoren akzeptiert werden, ist hier oftmals aus finanziellen Gründen nicht möglich. Ein Anteilserwerb zum Nominalwert – also zu erheblich günstigeren Preisen als Finanzinvestoren – scheitert im Regelfall an der damit verbundenen steuerlichen Belastung des Geschäftsführungsmitglieds.[29] Die

---

28 § 3 Abs. 9 i.V.m. § 4 Nr. 8 e UStG.

29 Die verbilligte Überlassung von Aktien an bestehende oder zukünftige Vorstandsmitglieder führt zu einem lohnsteuerpflichtigen Vorteil und einer damit verbundenen Einkommensteuerbelastung. Vgl. im Einzelnen hierzu Teil I, Abschnitt I.1.

Zielsetzung der Beteiligten geht daher dahin, den Gründungsgesellschaftern oder dem neuen Managementmitglied eine Kapitalbeteiligung an dem Unternehmen zu einem finanzierbaren Entgelt zu verschaffen.

In Bezug auf die Einbeziehung von Gründungsgesellschaftern wird hier oftmals **2170** mit so genannten Nachbewertungsvereinbarungen oder Rückerwerbvereinbarungen gearbeitet.[30]

Soweit diese Möglichkeiten nicht zur Verfügung stehen, wird in der Praxis re- **2171** gelmäßig eine Kapitalerhöhung mittels eines „Treuhandmodells" durchgeführt oder die zu begünstigenden Mitglieder der Unternehmensführung erhalten Optionen auf den Erwerb von Aktien.

Bei dem so genannten „Treuhandmodell" wird regelmäßig ein Teil der durchzu- **2172** führenden Kapitalerhöhung von einer den Finanzinvestoren nahe stehenden Person gezeichnet (oftmals eine Kapitalgesellschaft oder ein Rechtsanwalt). Dieser Dritte hält die Anteile allerdings nicht im eigenen Namen, sondern schließt seinerseits wiederum die schuldrechtliche Vereinbarung mit den Vorständen. Diese beinhaltet regelmäßig das Recht der Vorstände, die treuhänderisch gehaltenen Aktien unter bestimmten Voraussetzungen (regelmäßig die Erreichung von Performance-Zielen) zum Nominalwert zu erwerben.

Diese Treuhandmodelle sind nach unserer Auffassung steuerrechtlich als sehr **2173** kritisch einzustufen. Fraglich ist hier schon, wer im Zeitpunkt der Anteilszeichnung bei Kapitalerhöhung wirtschaftlicher Eigentümer im Sinne von § 39 AO der neuen Anteile ist. Fraglich ist sodann die steuerliche Behandlung der zukünftigen „Anteilsübertragung" vom Treuhänder auf die Managementmitglieder. Soweit das wirtschaftliche Eigentum an den Anteilen bereits im Zuge der Durchführung der Kapitalerhöhung den Managementmitgliedern zuzusprechen sein sollte, wird ein verbilligter Erwerb unter dem Preis, den die übrigen Zeichner (Finanzinvestoren) geleistet haben, zu einer sofortigen Besteuerung als lohnsteuerpflichtiger Vorteil. Soweit die Anteile erst im Zuge der Erreichung von Performance-Zielen später vom Treuhänder auf die Geschäftsführungsmitglieder übertragen werden, ist in diesem Zeitpunkt zu prüfen, ob der zu leistende Kaufpreis geringer ist, als der gemeine Wert der Anteile zu diesem Zeitpunkt. In diesem Fall liegt wiederum ein lohnsteuerpflichtiger Vorteil vor, der in voller Höhe zu besteuern ist. Zudem führt dieser Veräußerungstatbestand auch auf Ebene des Treuhänders regelmäßig zu einer Besteuerungspflicht in Höhe der Differenz zwischen eigenem Kaufpreis und erzieltem Veräußerungserlös.[31] Weiterhin führt im Rahmen einer Vorbereitung eines Börsengangs die Frage der wirtschaftlichen Zurechnung dieser von Treuhändern gehaltenen Anteile regelmäßig zu einem erhöhten Nachfragebedarf im Rahmen der Börsenzu-

---

30 Vgl. hierzu Teil I, Kapitel I., VI.
31 Dabei ist es unerheblich, ob er einen Veräußerungsmehrerlös in die Kapitalrücklage der Gesellschaft einlegt; Ausnahmen bestehen nur dann, wenn der Treuhänder mit weniger als 1% am Kapital der Gesellschaft beteiligt ist und die Weiterveräußerung nach Ablauf der Spekulationsfrist von derzeit 12 Monaten erfolgt, oder soweit der Treuhänder eine Kapitalgesellschaft ist und ein Veräußerungsgewinn nach § 8 b Abs. 2 KStG nicht besteuert wird.

lassung und zu komplexen vertraglichen Gestaltungen hinsichtlich der mit der Konsortialbank zu vereinbarenden Haltefristen.

2174 Insgesamt sind damit solche „Treuhandlösungen" unseres Erachtens nur sehr bedingt geeignet, die wirtschaftlichen Vorstellungen der Parteien zu verwirklichen.

2175 Alternativ hierzu werden regelmäßig Optionspläne für das Management aufgelegt. Dieses klassische Beteiligungsinstrument kann anhand der individuellen Bedürfnisse der Beteiligten ausgestaltet werden und erfüllt damit regelmäßig deren Interessen. Hinsichtlich der wirtschaftlichen und steuerrechtlichen Einzelheiten verweisen wir auf unsere nachfolgenden Ausführungen im Teil II, Kapitel I.

2176 Als weiteres Modell für die Beteiligung von Geschäftsführungsmitgliedern am Kapital von jungen Unternehmen hat sich in unserer Praxis die Auflegung von Wandelschuldverschreibungen bewährt. Diese können – wie Aktienoptionen – sehr flexibel ausgestaltet werden. Zusätzlich zu den Aktienoptionen kann von den designierten Begünstigten bereits im Vorfeld eine angemessene finanzielle Beteiligung eingefordert werden. Auch hier verweisen wir hinsichtlich der weiteren Ausgestaltung auf unsere Ausführungen im nachfolgenden Teil III, Abschnitt I.

VI. Handels- und gesellschaftsrechtliche Tücken bei der Ausgestaltung von Finanzierungsrunden

2177 Die zu treffenden Entscheidungen der Gründer einerseits und der Investoren andererseits über Höhe und Form der Beteiligung, den Inhalt von Folgevereinbarungen und die Vermeidung ungewünschter steuerlicher Folgen bilden in der Regel den Schwerpunkt der Überlegungen im Rahmen von Finanzierungsrunden. Unter rechtlichen Gesichtspunkten werden sich zudem professionelle VC-Investoren grundsätzlich nur im Rahmen rechtlich abgesicherter Gestaltungen beteiligen. Die Nichtbeachtung handels- und gesellschaftsrechtlicher Vorgaben bei Kapitalerhöhungen kann allerdings manchmal zum Fallstrick für die Gründer werden. Nachfolgend einige Beispiele für typische Konstellationen, in denen handels- und gesellschaftsrechtliche Vorschriften von den Gründern leicht übersehen werden.

2177a *Beispiel:*

An der Schnellstart GmbH sind die drei Gründer Alfons, Bertil und Christoph mit einem Geschäftsanteil von je € 10.000 am insgesamt € 30.000 betragenden Stammkapital beteiligt. Zunächst soll im ersten Schritt als weiterer Gesellschafter ein privater Kapitalgeber beteiligt werden, der seine Beteiligung über ein öffentlich gefördertes Existenzgründungsprogramm refinanziert. Die Investition des Kapitalgebers soll insgesamt € 200.000 betragen. Man einigt sich schließlich darauf, dass der Investor gegen eine Einlage von € 50.000 einen Geschäftsanteil von nominal € 10.000 erwerben soll (€ 10.000 Bareinlage und € 40.000 Agio). Der Restbetrag von € 150.000 wird der Gesellschaft in Form einer „stillen Beteiligung" zur Verfügung gestellt, die neben einer Festverzinsung von 7% p. a. eine anteilige Gewinnbeteiligung des stillen Gesellschafters vorsieht.[32] Wegen der (eingeplanten) Anlaufverluste droht der Gesellschaft bereits nach kurzer Zeit die Überschuldung. Wirtschaftsprüfer W empfiehlt zur Überschuldungsvermeidung die Abgabe einer Rangrücktrittserklärung hinsichtlich der stillen Beteiligung.

Die gängigen Beteiligungs- und Finanzierungsvarianten durch externe Investoren sehen oft eine Kombination von Eigen- und Fremdkapitalfinanzierung vor, bei denen nicht selten ein Teil des Beteiligungskapitals in Form von partiarischen Darlehen oder typischen stillen Gesellschaften zur Verfügung gestellt wird. Nach den vertraglichen Gestaltungen ist dabei nicht selten eine garantierte Mindestverzinsung des Fremdkapitalanteils vereinbart.[33] Aus Sicht des Investors ist diese Form der Mittelbereitstellung in mehrer Hinsicht vorteilhaft. **2178**

Zunächst generiert eine gewinnunabhängige Verzinsung auch in Verlustzeiten Erträge, die bei privaten Kapitalgebern teilweise zur Bedienung ihres Refinanzierungsdarlehens benötigt werden. Hierbei darf aber nicht übersehen werden, dass das Darlehen oder die stille Einlage dann, wenn der Investor daneben auch in nennenswertem Umfang am Grund- oder Stammkapital der Gesellschaft beteiligt ist, oft eigenkapitalersetzenden Charakter hat und in Verlustsituationen der Gesellschaft einem Rückzahlungsverbot unterliegen kann.[34] Das Rückzahlungsverbot erfasst hierbei auch Zinszahlungen.[35] Ist daher das Stammkapital der Gesellschaft durch Verluste angegriffen und das Gesellschafterdarlehen oder die stille Einlage eines Gesellschafters als eigenkapitalersetzend zu qualifizieren, darf die Gesellschaft die vertraglich vereinbarten Zinsen nicht an den Gesellschafter auszahlen. Dieses Zinszahlungsverbot wird nicht selten übersehen. Darüber hinaus werden die Zinszahlungen der Gesellschaft vom Kapitalgeber oft zur Bedienung seiner eigenen Refinanzierung benötigt, was bei einem Zinszahlungsverbot zu Problemen führt. **2179**

Vorteilhaft für den Kapitalgeber ist die Fremdkapitalfinanzierung zunächst auch dadurch, dass ihm hinsichtlich seiner stillen Einlage oder seines partiarischen Darlehens ein Rückzahlungsanspruch zusteht, der nach Ablauf der vereinbarten Laufzeit oder nach Kündigung geltend gemacht werden kann. Darlehen und meist auch die stille Einlage haben aus Sicht der Gesellschaft Fremdkapitalcharakter und sind daher, anders als eine Einlage in das Eigenkapital, bei der Ermittlung einer etwaigen Überschuldung der Gesellschaft als Verbind- **2180**

---

32 Zu den typischen Beteiligungsformen sowie deren Bewertung und steuerlichen Folgen siehe bereits Abschnitt D im Ersten Teil.

33 Sofern eine stille Beteiligung eine gewinnunabhängige Festverzinsung vorsieht, ist bereits die Charakterisierung als stille Beteiligung zweifelhaft, da die Gewinnteilnahme des stillen Gesellschafters von einem Gewinn des Beteiligungsunternehmens abhängig ist. In diesen Fällen liegt im Zweifel ein partiarisches Darlehen vor. Die gewinnunabhängige Verzinsung von so genannten „stillen Einlagen" ist in der Praxis dennoch nicht selten.

34 Zu den entsprechenden Kapitalerhaltungsvorschriften siehe bereits Abschnitt H im ersten Teil sowie Abschnitt J. IV. 2. im zweiten Teil.

35 Scholz, GmbHG, § 32a, 32b RN 77.

lichkeiten zu berücksichtigen.[36] Etwas anderes gilt nur dann, wenn der Darlehensgeber oder stille Gesellschafter eine Rangrücktrittserklärung abgegeben hat, also sinngemäß erklärt hat, er wolle wegen der genannten Forderungen erst nach der Befriedigung sämtlicher Gesellschaftsgläubiger und – bis zur Abwendung der Krise – auch nicht vor, sondern nur zugleich mit den Einlagerückgewähransprüchen seiner Mitgesellschafter berücksichtigt, also so behandelt werden, als handele es sich bei seiner Gesellschafterleistung um statuarisches Kapital.[37] Im Fall der Refinanzierung des Engagements eines Investors durch öffentliche Mittel, meist Existenzgründungsprogramme, können der Abgabe einer überschuldungsbeseitigenden Rangrücktrittserklärung aber die Refinanzierungsbedingungen entgegenstehen. Diese sehen zum Teil bestimmte Einschränkungen hinsichtlich der Abgabe von Rangrücktrittserklärungen vor, insbesondere bestimmte Vorgaben für dessen Formulierung. So müssen teilweise Forderungen von Mitgesellschaftern und deren Angehörigen ausdrücklich vom Rangrücktritt ausgenommen werden. Dies kann abhängig vom Einzelfall dazu führen, dass der überschuldungsbeseitigende Charakter des Rangrücktritts wegen seiner einschränkenden Formulierung zweifelhaft ist oder verfehlt wird.

2181 Bei Finanzierungsformen mit Fremdkapitalcharakter sollte daher

- darauf geachtet werden, dass gerade in der Anfangsphase durch Verluste der Gesellschaft gesellschaftsrechtliche Schranken für die Bedienung von vereinbarten Festverzinsungen bestehen und
- Refinanzierungsbedingungen frühzeitig auf Einschränkungen für die Abgabe eines umfassenden Rangrücktritts durchgesehen werden.

2181a   *Beispiel:*

Die Schnellstart GmbH mit einem Stammkapital von € 50.000, an der bislang die drei Gründer Alfons, Bertil und Christoph sowie ein Business Angel zu je einem Viertel beteiligt sind, befindet sich in Verhandlungen über die nächste Finanzierungsrunde, bei der sich drei weitere VCs im Rahmen einer Kapitalerhöhung an der Gesellschaft beteiligen sollen. Ebenfalls beabsichtigt ist, im Rahmen der anstehenden Kapitalerhöhung auch dem neuen CFO Dagobert eine Beteiligung an der Gesellschaft einzuräumen. Während man sich mit Dagobert über die Konditionen seiner Beteiligung einig ist, stehen die Details der VC-Beteiligungen noch nicht fest. Als sich die Verhandlungen mit den VCs hinziehen und die Liquiditätslage der Gesellschaft kritisch wird, entschließt sich Dagobert, seine Einlage vorab als Darlehen zur Verfügung zu stellen, um die Liquidität der Gesellschaft übergangsweise zu sichern und so die Verhandlungsposition gegenüber den VC-Investoren zu verbessern. Er überweist daher bereits im Januar 2003 € 25.000 mit dem Verwendungszweck „bridge loan". Im März 2003 wird dann Einigung über die VC-Beteiligungen erzielt und die Kapitalerhöhung gegen Bareinlage beschlossen. Die Gründer sind sich einig, dass der von Dagobert zur Verfügung gestellte Darlehensbetrag auf dessen Stammeinlage nebst Agio „angerechnet" wird.

---

36 Dies gilt grundsätzlich auch dann, wenn sie wegen ihres eigenkapitalersetzenden Charakters einem Rückzahlungsverbot unterliegen.

37 Vgl. BGH, NJW 2001, 1280 ff. Zur Überschuldungsermittlung, sich aus einer Überschuldung ergebenden Rechtsfolgen und weiteren überschuldungsbeseitigenden Gestaltungen vgl. Abschnitt J.

Es kommt nicht selten vor, dass die Eigenkapitalbasis einer Gesellschaft kurzfristig **2182** gestärkt werden soll und Mittel deshalb bereits vor Beurkundung eines formellen Kapitalerhöhungsbeschlusses und einer Erklärung über die Übernahme der neuen Stammeinlage bereitgestellt werden. Die Zulässigkeit und die Voraussetzungen einer solchen Vorauszahlung auf zukünftige Einlageverpflichtungen sind jedoch umstritten. Nach der Rechtsprechung des Bundesgerichtshofes sind Voreinzahlungen auf künftige Einlagepflichten grundsätzlich nicht als Bareinzahlungen anzusehen und kommen allenfalls unter bestimmten Voraussetzungen im Fall der Sanierung der Gesellschaft in Betracht, wobei die Einzelheiten noch nicht abschließend geklärt sind.[38] Liegen diese Voraussetzungen nicht vor, muss jedenfalls davon ausgegangen werden, dass eine Vorleistung die spätere Einlageverpflichtung nur dann tilgen kann, wenn sich der Betrag im Zeitpunkt des Entstehens der Einlageverpflichtung noch im Vermögen der Gesellschaft befindet.[39] Ist die Vorleistung nach diesen Grundsätzen nicht als zulässige Einlageleistung anzusehen, muss der Übernehmer der Stammeinlage die Einlage gegebenenfalls später noch einmal leisten.[40] Vorausleistungen auf Einlageverpflichtungen vor Fassung des Kapitalerhöhungsbeschlusses und Abgabe der Übernahmeerklärung sind daher mit nicht unerheblichen Risiken behaftet und sollten generell möglichst vermieden werden.

Auch so weit eine Vorausleistung auf zukünftige Stammeinlageverpflichtungen **2183** im Ausnahmefall zulässig sein sollte, gilt dies aber nur, wenn die Leistung an die Gesellschaft eindeutig und für Dritte erkennbar als Vorausleistungen auf eine Einlageverpflichtung erfolgt.[41] Demgegenüber ist die spätere Umqualifizierung einer Darlehensvergabe in eine Einlageleistung unzulässig.[42] Neben der ohnehin riskanten Vorausleistung hat Dagobert somit noch den Fehler gemacht, die Einzahlung als Darlehen zu deklarieren. Eine Qualifizierung der Einzahlung als zulässige Einlageleistung ist damit unmöglich. Dem Gesellschafter ist auch die Aufrechnung seiner Einlageverpflichtung mit einer ihm gegen die Gesellschaft zustehenden Gegenforderung untersagt, § 19 Abs. 2 Satz 2 GmbHG. Die Gesellschaft darf ebenfalls nur in engen Ausnahmefällen gegen die Einlageverpflichtung des Gesellschafters aufrechnen.[43] Jedenfalls unzulässig ist aber eine Aufrechnung oder Verrechnung von Einlageforderung und so genannten „Altforderungen" des Gesellschafters, gleich von wem sie vorgenommen wird. Unter Altforderungen werden dabei solche Forderungen verstanden, die im Zeitpunkt der Kapitalerhöhung bereits bestanden, und zwar auch dann, wenn sie aus der Gewährung eines baren Darlehens stammen[44].

---

38 BGH, NJW 1992, 2222; NJW 1995, 460.
39 BGH, NJW 2001, 67, 68.
40 Zwar besteht dann grundsätzlich ein Rückzahlungsanspruch auf die fehlerhafte Vorleistung, im Fall der Insolvenz der Gesellschaft ist dieser aber regelmäßig wertlos, sodass es zu einer Doppelinanspruchnahme des Gesellschafters kommt.
41 Scholz, GmbHG, § 56a RN 17.
42 Scholz, GmbHG, § 56a RN 16.
43 Nämlich dann, wenn die Forderung des Gesellschafters fällig und vollwertig ist und zweifelsfrei feststeht oder aber die Einlageforderung gefährdet ist, vgl. Scholz, GmbHG, § 56 RN 50ff.
44 Scholz, GmbHG, § 56 RN 58.

2184 Im vorliegenden Fall wäre daher nur eine Einbringung oder ein Erlass der Darlehensforderung von Dagobert in Form einer Sacheinlage zulässig gewesen. Die Einbringung oder der Erlass der Darlehensforderung hätte daher ausdrücklich als Sacheinlage im Kapitalerhöhungsbeschluss festgesetzt werden müssen. Darüber hinaus hätten die für Sacheinlagen geltenden sonstigen Vorschriften beachtet werden müssen, insbesondere wäre im Rahmen der Handelsregisteranmeldung der Kapitalerhöhung die Werthaltigkeit der Darlehensforderung von Dagobert gegenüber dem Registergericht nachzuweisen gewesen.

2184a   *Beispiel:*

Die Frühstart AG wurde durch ihre drei Gründer im Herbst 2002 mit einem Grundkapital von € 50.000 errichtet. Im Frühjahr 2003 einigt man sich mit der KO Kapitalbeteiligungsgesellschaft über die Bedingungen eines Investments. Die KO beteiligt sich danach mit € 1000.000 und erhält dafür zunächst 50% an der Gesellschaft. Hierzu wird das Grundkapital der Gesellschaft gegen eine Einlage der KO von € 50.000 um € 50.000 auf € 100.000 erhöht. Der Restbetrag des Engagements von € 950.000 wird von der KO außerhalb der Kapitalerhöhung als sonstige Zuzahlung in die Rücklagen der Frühstart AG eingezahlt. Im Rahmen einer Gesellschaftervereinbarung kommt man darüber hinaus überein, ein Aktienoptionsprogramm für Mitarbeiter aufzulegen. Die Mitarbeiter sollen insgesamt mit bis zu 5% an der Gesellschaft beteiligt werden können. Die hierfür erforderlichen Aktien sollen im Rahmen einer bedingten Kapitalerhöhung geschaffen werden. Allerdings ist man sich einig, dass die bei einem Grundkapital von € 100.000 für das Mitarbeiterprogramm zur Verfügung stehenden ca. 500 Aktien im Nennbetrag von € 1,00 optisch nicht viel hergeben, da den Mitarbeitern jeweils nur einzelne Aktien gewährt werden können. Um die verfügbare Aktienanzahl zu erhöhen, soll daher das Grundkapital aus den Rücklagen um € 700.000 auf € 800.000 erhöht werden, womit für das Mitarbeiteroptionsprogramm ca. 4.000 Aktien zur Verfügung stünden. Im Mai 2003 wird daher eine Zwischenbilanz erstellt und geprüft, in der Kapitalrücklagen von € 950.000 ausgewiesen werden, und eine Kapitalerhöhung aus Gesellschaftsmitteln beschlossen. Die Eintragung der Kapitalerhöhung wird vom Handelsregister jedoch mit Hinweis darauf abgelehnt, dass die Gesellschaft im Jahresabschluss zum 31. Dezember 2002 noch keine Rücklagen ausgewiesen hat.

2185 Bei der Kapitalerhöhung aus Gesellschaftsmitteln wird das Grundkapital durch Umwandlung von Kapitalrücklagen oder Gewinnrücklagen in Grundkapital erhöht. Die Grundkapitalziffer erhöht sich damit ohne zusätzliche Zuführung von Mitteln von außen. Sofern ausreichend Kapital- oder Gewinnrücklagen vorhanden sind, besteht damit die Möglichkeit, ein höheres Grundkapital auszuweisen, ohne dass die Aktionäre zu weiteren Einlageleistungen verpflichtet sind, beispielsweise im Vorfeld eines Börsengangs oder – wie im Beispielsfall – um das Grundkapital für Zwecke eines Optionsprogramms in eine höhere Anzahl von Aktien zerlegen zu können, also kleinteiligere Beteiligungsstückelungen zu ermöglichen. Neue Aktien aus der Kapitalerhöhung aus Gesellschaftsmitteln stehen den bisherigen Aktionären im Verhältnis am bisherigen Grundkapital zu. Die quotalen Beteiligungsverhältnisse ändern sich also nicht.

2186 Der Kapitalerhöhung aus Gesellschaftsmitteln muss eine Bilanz zu Grunde gelegt werden, in der die umzuwandelnden Rücklagen ausgewiesen sind. Dies kann die Bilanz des letzten Jahresabschlusses sein, wenn sie geprüft und festgestellt ist und ihr Stichtag höchstens acht Monate vor der Anmeldung der Kapitalerhöhung zur Eintragung in das Handelsregister liegt. Wird der Kapitalerhöhung nicht die letzte Jahresbilanz, sondern eine andere Bilanz zu Grunde gelegt, muss diese ebenfalls von einem Abschlussprüfer geprüft und ein uneingeschränkter Bestätigungsvermerk erteilt worden sein.

Wird eigens für Zwecke der Kapitalerhöhung aus Gesellschaftsmitteln eine Bilanz erstellt und geprüft, müssen trotzdem folgende Voraussetzungen vorliegen:　**2187**

- Der letzte Jahresabschluss der Gesellschaft muss festgestellt worden sein;
- Der Stichtag der für die Kapitalerhöhung erstellten und geprüften Bilanz darf nicht mehr als acht Monate vor der Handelsregisteranmeldung der Kapitalerhöhung liegen;
- Kapitalrücklagen der Gewinnrücklagen dürfen nicht umgewandelt werden, soweit in der zu Grunde gelegten Bilanz ein Verlust oder ein Verlustvortrag ausgewiesen ist. Der maximale Kapitalerhöhungsbetrag ergibt sich daher aus den zur Verfügung stehenden Rücklagen abzüglich des ausgewiesenen Verlustes und Verlustvortrags;
- Seit dem Stichtag der der Kapitalerhöhung zu Grunde gelegten Bilanz dürfen bis zur Handelsregisteranmeldung bei der Gesellschaft keine Vermögensminderungen eingetreten sein, die der Kapitalerhöhung entgegenstünden, wenn sie zum Zeitpunkt der Handelsregisteranmeldung beschlossen worden wäre. Der maximale Kapitalerhöhungsbetrag vermindert sich daher um etwaige zwischenzeitliche Verluste zusätzlich;
- Gewinnrücklagen dürfen nur insoweit umgewandelt werden, als dies mit ihrer etwaigen Zweckbindung vereinbar ist;
- Die umzuwandelnden Kapitalrücklagen müssen in der Bilanz und zusätzlich in der letzten Jahresbilanz ausgewiesen sein.

Im Beispielsfall fehlt es an dem zusätzlichen Ausweis der umzuwandelnden　**2188** Rücklagen in der letzten Jahresbilanz. Diese kann nicht durch die Aufstellung einer gesonderten Bilanz ersetzt werden, die gesonderte Bilanz kann lediglich die fehlende Aktualität der letzten Jahresbilanz ausgleichen. Da es damit immer auf den Ausweis von Rücklagen im letzten Jahresabschluss ankommt und etwaige Verluste und Verlustvorträge den Kapitalerhöhungsbetrag mindern, kommt es bei einer Kapitalerhöhung aus Gesellschaftsmitteln insbesondere in der Anfangsverlustphase auf ein genaues Timing der Kapitalerhöhung aus Gesellschaftsmitteln an. Da eine gesonderte Kapitalerhöhungsbilanz den erforderlichen Ausweis der Rücklagen in der letzten Jahresbilanz nicht ersetzt, kann es im Einzelfall sinnvoll sein, für Zwecke einer Kapitalerhöhung aus Gesellschaftsmitteln das Geschäftsjahr der Gesellschaft umzustellen, um zum richtigen Zeitpunkt einen geeigneten Jahresabschluss erstellen und prüfen lassen zu können.

I. Mitarbeiterbeteiligungen

Literaturauswahl:

BFH Urteil vom 20.06.2001, DStR 32/2001, S. 1341ff.; BFH Urteil vom 24.01.2001, BStBl. II 2001, S. 509ff.; BFH Urteil vom 24.01.2001, BStBl. II 2001, S. 512ff.; BMF vom 10.03.2003, BStBl. I 2003, S. 234; FinMin NRW vom 27.03.2003, DStR 17/2003, S. 689f.; BGH vom 15.05.2000 DB 2000, S. 1392ff.; OLG Koblenz, Urteil vom 16.05. 2002, rechtskräftig, A68/2003, S. 453ff.; OLG Stuttgart, Beschluss vom 16.01.2002, rechtskräftig, DB 2002, S. 2638ff.; LG München I, Urteil vom 07.12.2000, ZIP 7/2001, S. 287ff.; FG Düsseldorf, Beschluss vom 11.4.2001, rechtskräftig, DStRE 13/2001, S. 693f.; BFH Urteil vom 04.04.2001, DStR 36/2001, S. 1522ff.

I. Überblick über die verschiedenen Gestaltungsmöglichkeiten

2189 Junge und wachstumsorientierte Unternehmen stehen nicht nur im Wettbewerb mit etablierten Unternehmen hinsichtlich ihrer Produkte, der Kunden sowie der Marktanteile. Der Wettbewerb erstreckt sich auch auf die Gewinnung bzw. das Halten von fähigen Mitarbeitern und Führungskräften. Es liegt auf der Hand, dass junge Unternehmen regelmäßig nicht die Spitzengehälter bezahlen können, wie dies etablierten Mittelständlern und Großunternehmen möglich ist. Dementsprechend haben Mitarbeiterbeteiligungsmodelle für diese Unternehmen eine erhebliche Bedeutung, um im Wettbewerb um die besten Mitarbeiter mit den Branchenriesen bestehen zu können.

2190 In der nachfolgenden Übersicht sind die üblichen sowie einige seltenere Arten von Beteiligungsmodellen für Mitarbeiter eines Unternehmens dargestellt.

2191 Die Zielvorstellungen, die üblicherweise an Beteiligungsmodellen seitens der Unternehmensführung und der Investoren gestellt werden, sind im Wesentlichen:

- Motivation der Mitarbeiter
- Bindung der Mitarbeiter an das Unternehmen
- Liquiditätsentlastung beim Unternehmen[1]
- Ausgleich der Beteiligungsverhältnisse zwischen Investoren und Gründern/ Mitarbeitern
- Erhöhung der Attraktivität des Unternehmens zur Gewinnung neuer Mitarbeiter.

2192 Bei der Auswahl und der Ausgestaltung eines Mitarbeiterbeteiligungsmodells sind nach den Erfahrungen der Autoren daher insbesondere folgende Anforderungen von Bedeutung:

- Gesellschaftsrechtliche Vorgaben
- Arbeitsrechtliche Anforderungen
- Bilanzielle Behandlung (HGB, IAS [künftig: IFRS], US-GAAP)

---

1 Dies trifft auf virtuelle Programme oder Beteiligungsmodelle, bei denen die Gesellschaft die an die Mitarbeiter auszugebenden Aktien durch Rückkauf eigener Aktien erwirbt, nicht zu.

Übersicht über die verschiedenen Beteiligungsmodelle

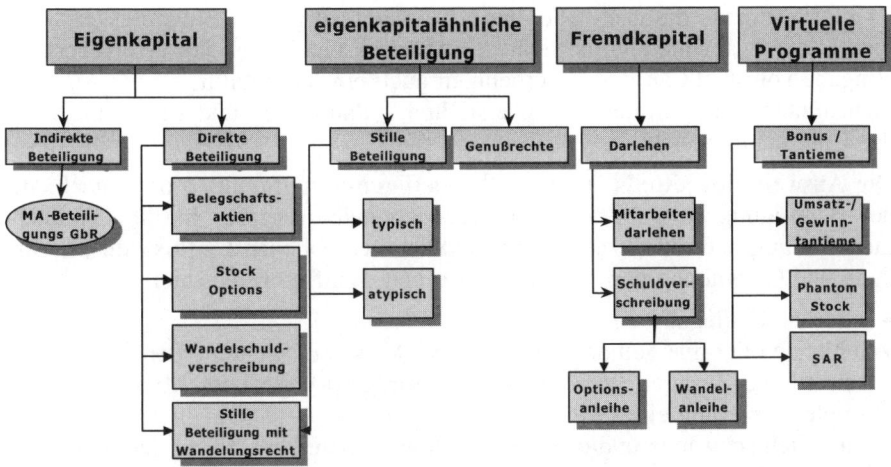

Abbildung 40: Übersicht Beteiligungsmodelle

- Steuerrechtliche Gestaltungsmöglichkeiten
- Wertpapierhandelsrechtliche Punkte
- Internationale Verwendung (für ausländische Tochterunternehmen)
- Verwaltung des Modells.

Die nach unseren Erfahrungen gängigsten Formen der Mitarbeiterbeteiligung **2193** sind Optionsmodelle und Wandelschuldverschreibungen. Erstere haben den wohl entscheidenden Vorteil, dass sie unentgeltlich den Arbeitnehmern einge- räumt werden können. Ein Investment der Begünstigten findet regelmäßig erst später, bei Optionsausübung, statt. Ebenso sind Optionen nicht liquiditätsbelas- tend für das Unternehmen, so weit diese – wie üblich – aus neuen Anteilen auf- grund einer Kapitalerhöhung gespeist werden. Insofern ist es nicht verwunder- lich, dass auch zahlreiche innovative Großunternehmen auf Optionsmodelle zu- rückgreifen, um ihre Mitarbeiter zum Wohl des Unternehmens zu motivieren.[2]

Wandelschuldverschreibungen werden regelmäßig als Beteiligungsform für die **2194** erste und zweite Führungsebene eines Unternehmens gewählt. Die beiden we- sentlichen Unterschiede zu Optionsmodellen sind, dass der Kreis der zur Teil- nahme berechtigten Personen weiter ist und die Begünstigten dem Unterneh- men einen Geldbetrag für eine bestimmte Laufzeit verzinslich zur Verfügung stellen. Gleichzeitig erhalten sie das Recht, statt der Kapitalrückzahlung am Ende der Laufzeit Anteile des Unternehmens auf der Grundlage eines heute festgelegten Unternehmenswerts zu zeichnen (Wandel der gewährten Anleihe

---

2 Vgl. hierzu das jüngste Optionsprogramm vom Juni 2002 von vodafone plc., das für ca. 55.000 Mitarbeiter in 15 Ländern ausgestaltet und in Bezug auf die gewählte Kommunikationsstruktur ausgezeichnet wurde.

in Unternehmensanteile). Aufgrund der anfangs erforderlichen Bereitstellung von Geld an das Unternehmen tätigen die Begünstigten ein echtes risikobehaftetes Investment, das sich allerdings bei planmäßiger Unternehmensentwicklung allemal „rechnet". Aus Sicht der Altgesellschafter ist das Erfordernis der Hingabe vom Geld an das Unternehmen auch ein Indiz dafür, ob das Management hinter den – oftmals selbst erstellten – Planzahlen und Erwartungen für das Unternehmen steht.

2195 Die Auswahl des jeweils „richtigen" Beteiligungsprogramms (oder verschiedener Beteiligungsprogramme) ist eine bedeutende Aufgabe für die Unternehmensführung und die Gesellschafter und kann erheblichen Einfluss auf die Bindung und Gewinnung von Mitarbeitern haben. Häufige Fehler hierbei sind:

- zu frühe Festlegung eines Modells
- fehlende oder mangelnde Abwägung der Vor- und Nachteile der Modelle
- schriftliche Zusagen (z. B. in Arbeitsverträgen) gegenüber Mitarbeitern vor Implementierung eines Modells
- inhaltlich schwache und/oder technisch unsaubere Umsetzung des Modells
- Fehleinschätzung der steuerlichen Folgen (insbesondere bei Mitarbeiter-Beteiligungs GbR's.).

2196 Die folgenden Ausführungen beschränken sich auf die gängigen Beteiligungsmodelle Stock Option Plan, Wandelschuldverschreibung, Belegschaftsaktien, virtuelle Beteiligungsprogramme und die Mitarbeiter-Beteiligungs GbR. Ziel der Darstellung ist, eine sachliche Hilfestellung bei der Entscheidungsfindung für ein Modell sowie der Festlegung der bestimmenden Ausgestaltungsmerkmale der gewählten Form zu geben.

II. Stock Options

1. Wesentliche Merkmale

2197 Optionsrechte auf Unternehmensanteile gewähren ihrem Inhaber das Recht zu einer bestimmten Zeit (oder innerhalb einer Zeitspanne) zu einem bestimmten (oder noch festzulegenden) Preis, Anteile an einem Unternehmen (regelmäßig Aktien, aber auch GmbH-Geschäftsanteile) zu erwerben. Optionsprogramme haben sich insbesondere bei Aktiengesellschaften und mit diesen verbundenen Unternehmen als gängiges Mitarbeiterbeteiligungsmodell auch in Deutschland durchgesetzt.

2198 Die AG gewährt hierbei den zu begünstigenden Mitarbeitern unentgeltlich[3] Stock Options, zu deutsch Aktienoptionsrechte. Der Besitz einer Kaufoption auf eine Aktie ist regelmäßig gleichbedeutend mit dem Recht, bei Erreichen festgelegter Erfolgsziele zu einem späteren Zeitpunkt eine Aktie der Gesell-

---

3 Die entgeltliche Einräumung ist denkbar, jedoch nicht verbreitet. Wird ein Investment des Mitarbeiters schon zu Beginn des Beteiligungsprogramms gewünscht, bietet es sich an, eine Wandelschuldverschreibung zu begeben.

schaft[4] zu einem bei Gewährung der Optionen festgelegten Preis, dem Bezugspreis, von der Gesellschaft als Stillhalter zu kaufen. Der Optionsinhaber hat damit die Chance zukünftig Aktionär der Gesellschaft zu werden. Eine Pflicht zum Aktienerwerb wird durch den Besitz einer Kaufoption nicht begründet.

Die Optionsmodelle stellen somit eine besondere Form der Mitarbeiterbeteiligung über Eigenkapital dar. **2199**

Auch **Optionsmodelle für GmbH's** sind möglich. Entsprechende Gestaltungen **2200** wurden im Schrifttum bislang nur bruchstückhaft beleuchtet und sind in der Praxis nicht verbreitet. Letzteres dürfte im Wesentlichen auf die Besonderheiten bei den Formvorschriften der Kapitalbereitstellung (Erfordernis der notariellen Beurkundung, vgl. § 15 Abs. 3, 4 GmbHG) und des Umfangs der Stückelung der Optionsrechte (Mindestbeteiligung im Nennwert von € 100 des Stammkapitals; vgl. § 5 Abs. 1, 3 GmbHG) zurückzuführen sein. Dennoch halten wir es für praktikabel, auch Optionsmodelle für GmbH's zu implementieren,[5] insbesondere dann, wenn die GmbH planmäßig vor der erstmaligen Optionsausübung den Formwechsel in eine Aktiengesellschaft vollzieht.

Aktienoptionsrechte werden typischerweise Mitgliedern der Geschäftsführung **2201** und echten Arbeitnehmern gewährt. Dritte (z. B. Geschäftspartner) oder Aufsichtsräte dürfen an Optionsplänen nicht teilnehmen, wenn die Kapitalbeschaffung (wie üblich) über bedingtes Kapital[6] erfolgt.

Die wirtschaftliche Wirkweise der Optionsmodelle wird dadurch gekennzeich- **2202** net, dass der Vermögenszuwachs, den die Optionsinhaber im Falle der Ausübung ihrer Bezugsrechte realisieren, bei einer Kapitalbereitstellung über bedingtes oder genehmigtes Kapital nicht die Liquidität des Unternehmens belastet, sondern durch die Altgesellschafter ermöglicht und durch den Kapitalmarkt finanziert wird.[7] Eine nicht zu realisierende Ertragschance entsteht für das Unternehmen (bzw. die Altgesellschafter) allerdings insofern, als es sich der Möglichkeit begibt, die an die Begünstigten ausgegebenen Aktien selbst gegen ein höheres Aufgeld am Markt zu platzieren.

Die Zuteilung von Optionen an Mitarbeiter, ist – einen während der Laufzeit **2203** des Programms steigenden Unternehmenswert vorausgesetzt – ein attraktives Instrument der Mitarbeiterbeteiligung, da der Inhaber der Kaufoptionen in vollem Umfang an dieser Kurssteigerung partizipieren kann. Bleibt der Kurs dagegen während der gesamten Laufzeit unterhalb des Bezugspreises, so wird der

---

4 Im Konzern werden oft Optionsrechte ausgegeben, die zum Erwerb von Aktien der Konzernmutter berechtigen.
5 Soweit im Vergleich zu Aktienoptionsmodellen Besonderheiten zu beachten sind, werden diese nachfolgend im Rahmen der Gesamtdarstellung an entsprechender Stelle besprochen.
6 Vgl. hierzu sogleich Abschnitt II.3.
7 Anders bei Bedienung über erworbene eigene Aktien: Hier führt der (Rück)Erwerb der – eigenen – Anteile zu einem Liquiditätsabfluss beim Unternehmen. Zudem wären die Aktien erfahrungsgemäß von den Gründern zu erwerben, die dann zusätzlich einen steuerpflichtigen Veräußerungsvorgang realisieren würden.

einzelne Optionsinhaber die Option regelmäßig nicht ausüben. Der Verlust eines Investments ist für den Arbeitnehmer bei unentgeltlicher Optionseinräumung damit nicht verbunden. Er kann „lediglich" eine Gewinnchance nicht realisieren.

2. Ausgestaltungsmerkmale

2204 Die zur Umsetzung entsprechender Beteiligungsprogramme erforderlichen Optionspläne enthalten in ihren Bezugsrechtsbedingungen regelmäßig Regelungen zu folgenden Bereichen:

- (Ausschluss der) Übertragung, Beleihung, Verpfändung oder der sonstigen Verfügung über die Bezugsrechte
- Bezugspreis der Aktien
- Erfolgsziel für die Bezugsrechtsausübung
- Wartefristen bis zur erstmaligen Ausübung
- Verfall der Bezugsrechte bei Ausscheiden aus dem Arbeitsverhältnis
- Ausübung der Bezugsrechte, Handelsfenster und Bezugsstelle
- Trade Sale Regelung
- Anpassung der Bezugsrechte bei Kapitalmaßnahmen
- Anpassung der Bezugsrechte bei Statusänderungen
- Freiwilligkeitsvorbehalt
- Durchführungsbestimmungen und Nebenpflichten.

2205 Nachfolgend werden die wesentlichen Kernelemente der vorstehenden Aufzählung erläutert.

a) (Ausschluss der) Übertragung, Beleihung, Verpfändung oder sonstigen Verfügung über die Bezugsrechte

2206 Die Übertragung, Beleihung, Verpfändung oder sonstige Verfügung über die Bezugsrechte sollte sowohl aus unternehmenspolitischen als auch aus steuerlichen Gründen ausgeschlossen werden. Die Regelungen betreffend die vererbliche Ausgestaltung sind in der Praxis uneinheitlich. Nicht vergessen werden sollten Regelungen über die Sanktionen etwaiger Zuwiderhandlungen (z. B. Verfall oder Schadensersatzansprüche) in den Bezugsrechtsbedingungen.

b) Bezugspreis der Aktien

2207 Der **Bezugspreis** ist der Preis, den der Mitarbeiter bei Ausübung seiner Optionsrechte zum Erwerb der zugrunde liegenden Aktien aufwenden muss. Er kann vom Unternehmen frei festgelegt werden.[8] Das Aktienrecht fordert lediglich, dass die Interessen der (Alt-)Aktionäre in ausreichendem Maße gewahrt werden.[9] Die internationale Praxis bemisst den Bezugspreis am Unternehmens-

---

8 Der Bezugspreis sollte aber mindestens dem Nominalwert entsprechen, sonst ist eine Bedienung durch eine Kapitalerhöhung nicht möglich (Verbot der Unter-Pari-Emission).
9 Dies wird regelmäßig durch einen ausreichend hoch bemessenen Bezugspreis oder durch die Aufnahme anderer Erfolgsziele erreicht.

wert zum Zeitpunkt der Zuteilung der Optionsrechte.[10] Dies soll bewirken, dass der Mitarbeiter während der Wartefrist am Zuwachs des Unternehmenswertes und somit dem Zuwachs des Wertes der ihm in Aussicht gestellten Aktien vollumfänglich profitiert.

Sowohl ein zu hoch als auch ein zu niedrig gewählter Bezugspreis gefährden die motivierende Wirkung des Programms und können bei nicht planmäßiger Entwicklung der Gesellschaft zu Unzufriedenheit bei den teilnehmenden Mitarbeitern führen.[11]   **2208**

c) Erfolgsziel für die Bezugsrechtsausübung

Das Aktiengesetz fordert für Optionspläne, die über eine bedingte Kapitalerhöhung gespeist werden, die **Erreichung eines Erfolgsziels** (§ 193 Abs. 2 Nr. 4 AktG) als Voraussetzung für die Optionsrechtsausübung. Das Gesetz definiert allerdings nicht, was ein Erfolgsziel in diesem Zusammenhang darstellt.   **2209**

Das Ziel oder die Ziele können im Zusammenhang mit der Entwicklung des Unternehmens (Umsatz, Unternehmenswert) oder mit der Entwicklung von bestimmten Vergleichsindizes oder auch unternehmenswertunabhängig definiert werden. Nicht abschließend geklärt ist, ob das von der Gesellschaft frei wählbare Erfolgsziel einer zumindest eingeschränkten materiellen Inhaltskontrolle unterliegt. Soll das Erfolgsziel danach sicherstellen, dass der Begünstigte die Optionen nur ausüben kann, wenn ein Mindesterfolg des Unternehmens erreicht ist, der die mit der Ausgabe neuer Aktien einhergehende wirtschaftliche Verwässerung der Anteile der Altaktionäre aufwiegt, wäre als Erfolgsziel ein wie auch immer gearteter shareholder value Anstieg bis zum Einritt der erstmaligen Ausübbarkeit der Optionen zu fordern. In Anlehnung an die Vorgaben zur Zulässigkeit eines Bezugsrechtsausschlusses im Aktienrecht dürften Minimal-Erfolgsziele unter Umständen den gesetzlichen Anforderungen nicht genügen. Dies wäre z. B. der Fall, wenn der Bezugspreis schon im Zeitpunkt der Optionsgewährung nur geringfügig über oder gar unter dem aktuellen Aktienkurs liegt und kein weiteres Erfolgsziel vor der Ausübbarkeit der Optionsrechte steht. In diesen Fällen wäre die Aufnahme eines weiteren Erfolgsziels in den Optionsplan erforderlich.[12]   **2210**

Ob das Erfolgsziel als echte Bedingung im rechtlichen Sinne derart ausgestaltet sein muss, dass die Ausübung nur bei Erreichen eines bestimmten objektiv messbaren Ziels zulässig sein soll (z. B. Jahresumsatz > € … Mio.; Bilanzgewinn > € … Mio. etc.), oder ob auch wirtschaftliche Erfolgsziele genügen (z. B. der Bezugspreis beträgt 140 % des Aktienwerts bei Optionsgewährung), ist bislang nicht abschließend geklärt. Einer rechtlichen Ausübungshürde sind unseres   **2211**

---

10 Zum notwendigen Zuschlag bei wirtschaftlichen Erfolgszielen s. nachstehende Absätze; der Zuschlag bei Aufnahme echter Bedingungen im rechtlichen Sinne ist entbehrlich.

11 Dies hat sich in der Baisse seit 2001 deutlich gezeigt. Aktienoptionsprogramme werden aufgrund der schlechten Erfahrungen am Aktienmarkt kritischer gewürdigt und teilweise von den Mitarbeitern als Alternative zu Vergütungselementen in Geld abgelehnt.

12 Vgl. auch: OLG Koblenz vom 16.05.2002, AG 2003, S. 453.

Erachtens Regelungen gleichzustellen, die die Ausübung bis zum Erreichen eines festgelegten wirtschaftlichen Ziels wirtschaftlich unsinnig machen. Das Erfolgsziel kann daher in Form eines Aufschlages auf den unter Zugrundelegung des Unternehmenswertes bei Gewährung der Optionsrechte zu ermittelnden Aktienwert definiert werden (sog. wirtschaftliches Erfolgsziel).

2212 Ein Bezugspreis von beispielsweise 125% des Aktienwerts bei Begebung der Optionsrechte formuliert ein Erfolgsziel im wirtschaftlichen Sinne. Ein wirtschaftliches Erfolgsziel vermeidet zukünftigen Streit darüber, ob die Bedingungen für die Ausübung der Optionsrechte eingetreten sind. In der praktischen Umsetzung wurden entsprechende Regelungen nach unserem Kenntnisstand bislang nicht von den Registergerichten in Frage gestellt.[13]

2213 Bei der Aufnahme von als echten Bedingungen im rechtlichen Sinne ausgestalteten Erfolgszielen sollte das Unternehmen vermeiden, Bedingungen aufzustellen, die entweder nicht zweifelsfrei definiert sind oder an Unternehmenswerte anknüpfen. In beiden Fällen kann es zu einem Streit über den Bedingungseintritt kommen. Zur Vermeidung dieses Streits empfehlen wir die Aufnahme eines wirtschaftlichen Erfolgszieles.

d) Wartefristen bis zur erstmaligen Ausübung

2214 Die Wartefrist bestimmt den Zeitraum, bis zu dem der Mitarbeiter auf den Umtausch seiner Optionsrechte in Aktien warten muss (Eintritt der erstmaligen Ausübbarkeit eines Optionsrechtes). Die Wartefrist ist von der so genannten Verfallfrist zu unterscheiden, die den Zeitraum bezeichnet, bis zu dem ein Mitarbeiter ein Optionsrecht noch verlieren kann.[14]

2215 Wirtschaftlich sinnvoll ist eine Optionsausübung regelmäßig erst, wenn die Aktien marktgängig sind, d.h. wenn es dem Mitarbeiter möglich ist, Käufer für seine Anteile zu finden. Dies ist der Fall, wenn die Anteile an einer Börse oder einer vergleichbaren Handelsplattform gehandelt werden. Die Wartefrist bis zur erstmaligen Ausübungsmöglichkeit sollte dementsprechend bei jungen Unternehmen, die einen Börsengang erst planen, ausreichend lang bemessen sein. In der Praxis bewährt hat sich eine **Wartefrist** von fünf bis sieben Jahren, die sich im Falle eines Börsenganges auf drei oder vier Jahre verkürzt.[15] Eine Wartezeit von weniger als drei Jahren halten wir mit Blick auf die angestrebte Bindungs- und Motivationswirkung des Programms nur in Ausnahmefällen für sinnvoll.

---

13 Das OLG Stuttgart hat ein rein wirtschaftlich definiertes Erfolgsziel zwar nicht ausdrücklich gebilligt, in seinem Urteil jedoch den entsprechenden Hauptversammlungsbeschluss in seiner Gesamtheit für wirksam erachtet (OLG Stuttgart vom 13.06.2001 in AG 2001, S. 540). Eine Überprüfung dieses Berufungsurteils durch den BGH steht noch aus.

14 Vergleiche hierzu die nachstehende Darstellung zur Ausgestaltung der Verfallfrist. Die Warte- und Verfallfristen können identisch sein. Wie aus nachfolgenden Ausführungen ersichtlich, favorisieren wir im Regelfall für Start-up Unternehmen Wartefristen, die länger als die Verfallfristen bemessen sind.

15 Für über bedingtes Kapital abgesicherte Beteiligungsprogramme ist eine Wartefrist von mindestens zwei Jahren gesetzlich vorgeschrieben.

Eine zeitliche Differenzierung der Ausübungsmöglichkeit aller einem Mitarbei- **2216** ter zu gewährenden Optionsrechte (z.B. 30% der Optionsrechte dürfen nach 3 Jahren ausgeübt werden, weitere 20% nach 4 Jahren...) ist bei der Ausgabe einer großen Anzahl von Optionsrechten sinnvoll, um durch eine gestaffelte Ausübung den Anreiz über einen längeren Zeitraum aufrecht zu erhalten. Werden die Mitarbeiter hingegen in mehreren Runden mit kleineren Optionsmengen beteiligt, ist diese Differenzierung entbehrlich.

e) Verfallregelungen

Um die gewünschte Bindungswirkung für die Mitarbeiter zu erreichen, ist es **2217** erforderlich, **Verfallregelungen** zu vereinbaren für den Fall, dass ein Arbeitnehmer (vorzeitig) aus seinem Arbeitsverhältnis ausscheidet. Üblicherweise findet hier bei einem Ausscheiden innerhalb der ersten zwei bis vier Jahre seit Gewährung der Optionsrechte ein vollständiger Verfall derselben statt. In den anschließenden Jahren findet ein anteiliger Verfall bei einem Ausscheiden aus dem Arbeitsverhältnis statt.[16]

f) Ausübung der Optionsrechte, Handelsfenster und Bezugsstelle

Die Ausübung der Optionsrechte nach Ablauf der Wartefrist sollte weder jeder- **2218** zeit noch unbegrenzt möglich sein. Als praktikabel haben sich zweiwöchige Handelsfenster erwiesen, die es dem Teilnehmer ermöglichen, jeweils in den ersten zwei Wochen nach einer ordentlichen Hauptversammlung sowie nach Veröffentlichung des Zwischenberichtes der Gesellschaft für das dritte Quartal des Geschäftsjahres die Optionsrechte auszuüben. Verbreitet ist ebenfalls die Einräumung von vier Handelsfenstern im Jahr. Die Aufnahme von Handelsfenstern dient der Bündelung der Ausübungen, damit der Verwaltungsaufwand in Folge der Ausübung von Optionsrechten für die Gesellschaft überschaubar bleibt und hat des Weiteren wertpapierhandelsrechtliche Gründe.

Um zu vermeiden, dass ein Mitarbeiter beispielsweise 15 Jahre nach Ablauf der **2219** Wartefrist seine Optionsrechte ausübt, ist eine Regelung über den Zeitpunkt der letztmaligen Ausübungsmöglichkeit in die Bezugsbedingungen aufzunehmen.

Zur Entlastung des Vorstandes kann das Aktienoptionsprogramm vorsehen, **2220** dass Dritte zur organisatorischen Durchführung der dem Vorstand im Zusammenhang mit dem Aktienoptionsprogramm obliegenden Aufgabe ermächtigt werden. So kann firmenintern eine Bezugsstelle eingerichtet werden oder extern ein Dienstleistungsunternehmen mit der Verwaltung betraut werden. Insbe-

---

16 Hier gibt es natürlich einen erheblichen Gestaltungsspielraum, der allerdings auch unter arbeitsrechtlichen Gesichtspunkten zu würdigen ist. Unzulässig wäre aus unserer Sicht die Anordnung eines vollständigen Verfalls aller Optionsrechte für einen Zeitraum von mehr als maximal vier Jahren. Dies stellt eine erhebliche Kündigungserschwerung dar. Zudem sollte eine Differenzierung nach den einzelnen Gründen für die Beendigung des Arbeitsverhältnisses (arbeitnehmer- oder arbeitgeberseitige Kündigung, Berufsunfähigkeit, Tod etc.) vorgenommen werden, um arbeitsrechtlichen Risiken zu begegnen.

sondere Konzerne lassen ihre Mitarbeiterbeteiligungsprogramme regelmäßig von externen Dienstleistern verwalten.

g) Trade-Sale-Regelung

2221 Bei jungen Unternehmen kommt als Möglichkeit eines Exit der Altgesellschafter und Investoren häufig die Veräußerung der Gesellschaftsrechte beispielsweise an einen Brancheninvestor in Betracht (sog. Trade Sale). Um zu verhindern, dass mögliche Investoren mit Blick auf die Optionsrechte von einer Übernahme Abstand nehmen, sollte eine „Trade Sale Regelung" in das Optionsprogramm aufgenommen werden. In dieser ist der Gesellschaft oder einem möglichen Übernehmer das Recht auf Ankauf der Stock Options vom Teilnehmer einzuräumen. Nur so kann sichergestellt werden, dass der Investor nicht das Entstehen lästiger Aktionäre durch Optionsrechtsausübung fürchten muss.

2222 Aus Billigkeitsgründen sollte der Ankaufspreis an den Bedingungen orientiert sein, die die veräußernden Altgesellschafter mit dem Übernehmer vereinbart haben.

2223 Teilweise wird auch dem Mitarbeiter ein Recht zum Verkauf der Stock Options im Falle eines Trade Sale eingeräumt.

h) Anpassung der Bezugsrechte bei Kapitalmaßnahmen

2224 Zum Schutz der teilnehmenden Mitarbeiter sind Regelungen aufzunehmen, die sie vor einer Verwässerung des Wertes ihrer Optionsrechte schützen. Ohne diese Maßnahmen bestünde die Möglichkeit, dass das Unternehmen gesellschaftsrechtliche Maßnahmen trifft, die zu einer Erhöhung des Grundkapitals führen und somit bei gleichbleibender Anzahl der Optionsrechte und gleichbleibendem Bezugspreis zu einer wirtschaftlichen Entwertung der Optionsrechte führen würden. Es bietet sich an, für Verschmelzungen, Umwandlungen oder Kapitalerhöhungen aus Gesellschaftsmitteln sowie für vergleichbare gesellschaftsrechtliche Maßnahmen eine Anpassungsklausel aufzunehmen, nach der der Rechtsgedanke aus § 23 UmwG sowie § 216 Abs. 3 AktG Anwendung finden soll. Ausgeschlossen werden sollte jedoch eine Anpassung im Falle von Wertveränderungen, die auf äußere Einflüsse zurück zu führen ist.

i) Anpassung der Bezugsrechte bei Statusänderungen

2225 Veränderungen von Art und Umfang der Mitarbeit des Begünstigten während der Laufzeit des Aktienoptionsprogramms, sog. „Statusänderungen", können ohne Regelungen im Beteiligungsprogramm zu Auslegungsschwierigkeiten führen.

2226 So sollte insbesondere geregelt werden, wie die Bezugsrechtsbedingungen angepasst werden, wenn ein Mitarbeiter seine regelmäßige Arbeitszeit erhöht oder verringert (Teilzeitbeschäftigung) oder für einen längeren Zeitraum keine Arbeitsleistung erbringen kann (z.B. wegen Krankheit, Wehr- oder Zivildienst, Mutterschutz oder Elternzeit).

j) Freiwilligkeitsvorbehalt

In die Bezugsrechtsbedingungen selbst oder zumindest in das Anschreiben an **2227** den Mitarbeiter, in dem ihm die Teilnahme am Aktienoptionsprogramm angeboten wird, ist aus arbeitsrechtlichen Gründen ausdrücklich ein Freiwilligkeitsvorbehalt aufzunehmen. Dies ist aus den gleichen Gründen geboten, aus denen zusätzliche Entgeltbestandteile wie Weihnachtsgeld von Arbeitgebern regelmäßig unter den Vorbehalt der Freiwilligkeit gestellt werden.

k) Durchführungsbestimmungen und Nebenpflichten

Wir empfehlen des Weiteren, den Mitarbeiter in den Bezugsrechtsbedingungen **2228** zur Verschwiegenheit gegenüber Dritten über das Beteiligungsprogramm und dessen Bedingungen zu verpflichten und klarzustellen, dass diese Verpflichtung auch für einen gewissen Zeitraum nach Ausscheiden aus dem Unternehmen fortwirkt.

Weitere Regelungen sollten die Datenspeicherung, den Erfüllungsort und Ge- **2229** richtsstand, das anwendbare Recht und die sog. „salvatorische Klausel" zum Gegenstand haben. Der Teilnehmer ist schließlich ausdrücklich auf die voraussichtlichen Besteuerungsfolgen sowie die Sozialversicherungspflicht im Zusammenhang mit der Ausübung der Optionsrechte hinzuweisen.

Ob im Rahmen der Bezugsrechtsbedingungen oder im Wege einer gesonderten **2230** Vereinbarung der Begünstigte für den Fall der Ausübung der Optionsrechte zum Beitritt zu einer gegebenenfalls dann bestehenden Aktionärsvereinbarung wirksam verpflichtet werden kann und ob es hierzu erforderlich ist, ihm die zum Zeitpunkt der Zuteilung der Optionsrechte gültige Aktionärsvereinbarung bzw. deren wesentlichen Bestandteile offen zu legen, ist strittig.

3. Gesellschaftsrechtliche Anforderungen

Werden Optionsrechte durch die Geschäftsführung ohne entsprechende Er- **2231** mächtigung und Kapitalbereitstellung aus dem Gesellschafterkreis ausgegeben, so sind diese dennoch wirksam. Die Zuteilung der Optionsrechte stellt einen Pflichtverstoß der Handelnden dar und kann eine Schadensersatzpflicht des Vorstandes begründen.

Daher ist vor Einräumung der Optionsrechte bei Beteiligungsprogrammen einer **2232** AG das zur späteren Bedienung der Optionsrechte erforderliche Kapital durch bedingtes Kapital (§§ 192 ff. AktG), genehmigtes Kapital (§§ 202 ff. AktG) und/oder über den Erwerb eigener Anteile (§§ 71–71 e AktG) durch die Gesellschaft bereit zu stellen. Typischerweise erfolgt eine **Kapitalbereitstellung über bedingtes Kapital**. Zu beachten ist, dass das für Mitarbeiterbeteiligungen geschaffene bedingte Kapital einer AG insgesamt 10 % des Grundkapitals nicht übersteigen darf.[17]

---

17 § 192 Abs. 3 AktG. Soll ein Volumen von mehr als 10 % des Grundkapitals bereit gestellt werden, so ist genehmigtes Kapital zu schaffen [str., ob >10 % für MA-Beteiligung zulässig], die

2233   Das bedingte Kapital wird im Wege eines Hauptversammlungsbeschlusses mit einer Mehrheit von mindestens ¾ des bei der Beschlussfassung vertretenen Grundkapitals geschaffen. Von den umfangreichen gesetzlichen Anforderungen an den Hauptversammlungsbeschluss sei hervorgehoben, dass der Hauptversammlungsbeschluss den Bezugspreis bzw. dessen Berechnungsgrundlage und die Aufteilung der Optionsrechte auf die Begünstigten nennen muss.[18] Für nicht zulässig erachten wir eine Regelung, nach der Optionsrechte, die in der einen Gruppe nicht benötigt werden, nachträglich der anderen Gruppe zur Verfügung gestellt werden können. Dies verstieße gegen den Gesetzeswortlaut des § 193 Abs. 2 Nr. 4 AktG und würde eine Umgehung der zwingenden gesetzlichen Regelung darstellen.

2234   Das GmbH-Recht kennt kein der bedingten Kapitalerhöhung vergleichbares Instrument. Die notwendige Absicherung, dass zukünftig bei Ausübung der Optionsrechte das zur Bedienung erforderliche Kapital tatsächlich bereit steht, kann daher nur durch Vereinbarung aller Gesellschafter, einer zukünftigen Kapitalerhöhung zur Bedienung der Optionsrechte zuzustimmen, erfolgen.

2235   Eine entsprechende Regelung, nach der sich die Gesellschafter verpflichten, einer Kapitalerhöhung unter Ausschluss ihres Bezugsrechtes zum Zeitpunkt der Optionsausübung zuzustimmen, kann außerhalb der Satzung vereinbart werden oder in diese aufgenommen werden. Die Regelung muss die Höchstgrenze der zu schaffenden Geschäftsanteile bestimmen und unwiderruflich sein.

2236   Entsprechende Regelungen werden rechtlich als Stimmbindungsvereinbarungen eingeordnet. Wir empfehlen auch, eine Regelung innerhalb der Satzung vorzunehmen.

2237   Da in der Praxis noch nicht abschließend geklärt ist, ob eine solche Stimmbindungsvereinbarung in der Satzung als echter Satzungsbestandteil neue Gesellschafter automatisch bindet, empfehlen wir zudem, Neugesellschafter bei deren Anteilserwerb zu veranlassen, die Klausel einzelvertraglich ausdrücklich anzuerkennen.

2238   Zu berücksichtigen ist, dass der Mindestnennwert für Stammeinlagen im GmbH-Recht € 100,00 beträgt und der Betrag der Stammeinlage bei höheren Geschäftsanteilen durch € 50,00 teilbar sein muss. Dies kann bei Unternehmen mit relativ geringem Stammkapital dazu führen, dass eine angemessene Beteiligung nicht vorgenommen werden kann, da der Mindestgeschäftsanteil von € 100,00 je Gesellschafter zu einer zu hohen Beteiligung führen würde.

2239   Denkbar wäre es auch, Optionen auf Teilgeschäftsanteile von weniger als € 50,00 zu gewähren. Dann wären jedoch Begünstigtenpools zu bilden, die als

---

Ermächtigung zum Rückkauf eigener Aktien zu beschließen oder eine Mischform aus den drei Instrumenten zu wählen.

18 Für die Aufteilung genügt eine Differenzierung nach Beschäftigtengruppen. Hier ist bislang nicht zweifelsfrei geklärt, ob die Unterteilung der Gruppen Geschäftsführung/übrige Mitarbeiter genügt (so OLG Koblenz vom 16.05.2002) oder ob diese beiden Gruppen noch nach Zugehörigkeit zum Unternehmen selbst oder zu verbundenen Unternehmen erforderlich ist.

Erwerbsgesellschaften bürgerlichen Rechts gemeinsam einen Geschäftsanteil inne hätten. Eine solche Vorgehensweise dürfte in der Praxis nicht durchsetzbar sein.

Insofern verbleibt als Alternative bei zu geringem Stammkapital einer GmbH nur eine Erhöhung des Stammkapitals als Kapitalerhöhung aus Gesellschaftsmitteln, falls die Voraussetzungen hierfür vorliegen. **2240**

Eine weitere Möglichkeit, das Problem dieser „Mindeststückelung" zu lösen, besteht darin, für die Ausübung der Optionen einen vorherigen Formwechsel in die Rechtsform einer Aktiengesellschaft als echte Bedingung in das Optionsprogramm aufzunehmen. Dann könnte eine Beteiligung mit einer Aktie (im Regelfall anteiliger Betrag am Grundkapital in Höhe von € 1,00) erfolgen. **2241**

Bei einer Bereitstellung des erforderlichen Kapitals im Wege einer bedingten Kapitalerhöhung dürfen Aktienoptionsrechte nur an Mitglieder des Vorstandes und Arbeitnehmer der AG und mit dieser verbundenen Unternehmen gewährt werden. Mitglieder des Aufsichtsrates, von Beiräten, anderen Verwaltungsgremien sowie freie Mitarbeiter, externe Berater oder Geschäftspartner dürfen hingegen keine Bezugsrechte erhalten. In Konzernstrukturen können Aktienoptionen auch an Mitarbeiter oder Mitglieder der Geschäftsführung verbundener Unternehmen ausgegeben werden. Dies erfolgt regelmäßig in internationalen Großkonzernen dadurch, dass im Rahmen des Arbeitsverhältnisses bei einer Konzerntochter deren Mitarbeitern Aktienoptionsrechte eingeräumt werden, die zum Bezug von Aktien der Konzernmutter berechtigen.[19] **2242**

Dem GmbH-Recht sind vergleichbare Beschränkungen des Begünstigtenkreises unbekannt, doch sollten auch hier mit Blick auf einen künftigen Formwechsel der GmbH in die Rechtsform der AG nur den Mitarbeitern Optionsrechte gewährt werden, die auch Teilnehmer an einem Aktienoptionsprogramm sein können. **2243**

4. Arbeitsrechtliche Aspekte

Vor Zuteilung der Optionen ist zu bestimmen, auf welcher rechtlichen Grundlage dies gegenüber den Arbeitnehmern erfolgen soll.[20] Zum einen besteht die Möglichkeit, eine Betriebsvereinbarung zu schließen.[21] Der Vorteil einer Betriebsvereinbarung ist, dass sie unmittelbar bindend gegenüber allen Mitarbei- **2244**

---

19 In internationalen Konzernstrukturen sind zwei Konzepte zu unterscheiden: Entweder wird ein in allen Ländern anzuwendender Plan entwickelt oder es wird ein Rahmenplan mit für die teilnehmenden Länder unterschiedlichen sog. „Subplänen" entwickelt. Der Nachteil des Einplansystems liegt darin, dass die Bedürfnisse der einzelnen Ländergesellschaften und eventuelle steuerliche Begünstigungen in diesen Ländern regelmäßig nicht oder zumindest nicht vollumfänglich genutzt werden können. Dennoch bevorzugen es die meisten Konzerne, ein ihnen bekanntes Konzept weltweit anzuwenden.
20 Zu den arbeitsrechtlichen Aspekten der Aktienoptionen im Einzelnen vgl. Baeck/Diller, DB 1998, S. 1405 ff.; Legerlotz/Laber, DStR 1999, 1658 ff.
21 Vgl. § 88 Nr. 3 BetrVG; es ist zudem darauf hinzuweisen, dass die Einführung und Ausgestaltung der Mitarbeiterbeteiligung ggf. der Mitbestimmung des Betriebsrates unterliegt.

tern wirkt, also unmittelbar Rechte und Pflichten nicht nur des Arbeitgebers, sondern auch der Arbeitnehmer begründet. Eine Betriebsvereinbarung darf den Mitarbeiter jedoch nicht zwingen, Aktionär zu werden. Es darf nur geregelt werden, wer in welchem Umfang Anspruch auf das Angebot von Aktienoptionen hat und zu welchen Konditionen.

2245 Der Arbeitgeber hat zum anderen die Möglichkeit, die Optionsausgabe im Rahmen einer sog. Gesamtzusage an die Mitarbeiter zu regeln. Unter einer Gesamtzusage versteht man eine gleichlautende schriftliche oder formlose Mitteilung an die Mitarbeiter, in der über die Einführung einer betrieblichen Sozialleistung informiert wird.[22]

2246 Schließlich hat der Unternehmer auch die Möglichkeit, mit einzelnen Mitarbeitern die Ausgabe von Aktienoptionen in individuellen Verträgen zu vereinbaren. Eine solche Vereinbarung kann schon im Anstellungsvertrag getroffen werden, wovon wir jedoch abraten.

2247 In Unternehmen mit Betriebsrat sind dessen Mitbestimmungsrechte zu beachten.[23]

2248 Bei der Entscheidung, welchen Arbeitnehmern die Teilnahme am Mitarbeiterbeteiligungsprogramm angeboten wird und wie die Gesamtzahl der zu gewährenden Optionsrechte im Kreis der Begünstigten aufgeteilt wird, hat die Gesellschaft den arbeitsrechtlichen Gleichbehandlungsgrundsatz zu beachten. Aufgrund dieser arbeitsrechtlichen Anforderung ist es dem Arbeitgeber verboten, einzelne Arbeitnehmer oder Arbeitnehmergruppen unterschiedlich zu behandeln, ohne dass dies sachlich gerechtfertigt wäre.[24]

2249 Neben den „normalen" Arbeitern und Angestellten (vgl. hierzu § 5 ArbGG) sind auch leitende Angestellte grundsätzlich Arbeitnehmer. Organmitglieder (z. B. Vorstandsmitglieder einer AG oder die Geschäftsführer einer GmbH[25]) dagegen sind keine Arbeitnehmer.

2250 Basierend auf sachlichen Gründen ist ein Ausschluss von **Auszubildenden** von der Teilnahme am Mitarbeiterbeteiligungsprogramm zulässig. Zu den Arbeitnehmern gehören auch **Teilzeitbeschäftigte, geringfügig Beschäftigte** und **befristet beschäftigte Arbeitnehmer**.

2251 Besteht ein Unternehmen aus mehreren Betrieben oder Betriebsstätten, so sind nach einer im Vordringen befindlichen Meinung in die Auswahl der Begünstigten sämtliche Arbeitnehmer mit einzubeziehen. Sollten mehrere Unternehmen in einem Konzern verbunden sein, so gilt der Gleichbehandlungsgrundsatz nicht unternehmensübergreifend.

---

22 Auch bei einer Gesamtzusage müssen die Mitbestimmungsrechte des Betriebsrates gewahrt werden.

23 Dies betrifft insbesondere die Festlegung des Verteilungsschlüssels für die Optionsrechte.

24 Vgl. hierzu grundsätzlich Schaub, Arbeitsrecht-Handbuch, 10. Auflage 2002, S. 1206 ff.

25 Allerdings lässt das BAG für Geschäftsführer einer GmbH Ausnahmen zu, wenn die Ausgestaltung des konkreten Dienstverhältnisses eine persönliche Abhängigkeit des Geschäftsführers begründet.

Unter allen in die Auswahl einzubeziehenden Arbeitnehmern sind nach sach- **2252**
lich gerechtfertigten d. h. nach objektiven, nicht willkürlichen Kriterien Gruppen zu bilden.

Maßgebliche Abgrenzungskriterien können z. B. sein **2253**

- die Zugehörigkeit zu einer bestimmten Hierarchieebene oder einem bestimmten Geschäftsbereich,
- die Arbeitsleistung,
- die fachliche oder berufliche Qualifikation,
- die Dauer der Betriebszugehörigkeit oder
- das Lebensalter.

Zunächst steht es im freien Ermessen der Unternehmensführung zu entscheiden, **2254**
welche Gruppen von Mitarbeitern überhaupt in ein Beteiligungsprogramm einbezogen werden. So kann ein Beteiligungsprogramm z. B. auf die erste (Geschäftsführung) oder zweite (Prokuristen) Führungsebene beschränkt sein oder
alle fest angestellten Mitarbeiter zu unterschiedlichen Anteilen mit einbeziehen.

In jedem Fall sollte von Seiten der Unternehmensführung der Auswahlprozess **2255**
hinsichtlich der einzubeziehenden Mitarbeiter oder Mitarbeitergruppen klar dokumentiert werden um spätere Nachweisprobleme zu vermeiden.

Die Autoren empfehlen zudem zur internen Dokumentation eine Auswahlma- **2256**
trix zu erstellen, aus der die sachlichen Zuteilungskriterien für die einzelnen
Mitarbeitergruppen ersichtlich werden.

Üblich ist es, im Rahmen von Mitarbeiterbeteiligungsprogrammen die Abgren- **2257**
zung maßgeblich an den Hierarchieebenen und den Geschäftsbereichen festzu-
machen. Hierbei sollte jedoch eine klare Identifizierung und Abgrenzung nach
Mitarbeiterstufen und Tätigkeitsmerkmalen vorgenommen werden. Die Hierarchieebenen sind von der Definition von Mitarbeiterstufen, die Geschäftsbereiche von der tatsächlichen Organisation des Unternehmens abhängig.

Eine Differenzierung nach Leistungsunterschieden ist nur in den Bereichen **2258**
sinnvoll, in denen der Umfang der Leistung des Mitarbeiters an objektiven Faktoren festgemacht werden kann. Dies ist relativ einfach im Vertrieb möglich
(z. B. Vertragsabschlüsse, Umsatz), kann aber auch in der Entwicklung durch
Zielerreichungspläne erfolgen. Schließlich ist auch die Bevorzugung wegen für
das Unternehmen besonders wichtiger Leistungen denkbar, wobei hier eine Ein-
zelfallbetrachtung erforderlich ist. So könnte z. B. ein für die Entwicklung eines
für das Unternehmen besonders bedeutsamen Produktes zuständiges Team eine
gesonderte Gruppe bilden. Insgesamt raten wir allerdings bei einer Gruppenbildung nach Leistungskriterien zur Vorsicht, da hier der objektive Überprüfungs-
maßstab leicht in Frage gestellt werden kann.

Verschiedene Kriterien können bei der Gruppenbildung auch kombiniert wer- **2259**
den (z. B. Hierarchieebene und Dauer der Betriebszugehörigkeit). Innerhalb der
sich am Ende ergebenden Gruppen sind deren Mitglieder zwingend gleich zu
behandeln.

2260 Eine Orientierung (allein) am Gehalt der Mitarbeiter für die Bemessung des Umfangs der zu übertragenden Optionsrechte wird zwar nach einem Urteil des BAG teilweise für zulässig erachtet, birgt nach unserer Auffassung aber arbeitsrechtliche Risiken in sich. Erhalten Mitarbeiter, die dieselben Tätigkeiten verrichten und auf derselben Hierarchieebene im Unternehmen angesiedelt sind, unterschiedliche Gehälter und werden, orientiert allein an der Höhe der Gehälter, Optionsrechte in verschiedenem Umfang gewährt, dürfte hierin ein Verstoß gegen den Gleichbehandlungsgrundsatz liegen.

5. Bilanzierung

2261 Nach neuerer Auffassung ist die Ausgabe von Optionen an Mitarbeiter für Programme, die über bedingtes Kapital abgesichert sind, in der Handelsbilanz erfolgswirksam zu erfassen. Das IDW hat sich mit Schreiben vom 19. Oktober 2001 unter Berufung auf betriebswirtschaftliche Argumente grundsätzlich zustimmend zu dem Entwurf E-DRS 11 geäußert.

2262 Danach ist die Gewährung von Aktienoptionen als Gegenleistung für Arbeitsleistungen anzusehen. Der Gesamtwert der Optionen ist bei Ausgabe der Optionsrechte zu ermitteln und als Personalaufwand über den gesamten Leistungszeitraum zu verteilen. Die Bewertung der Optionsrechte soll anhand anerkannter finanzmathematischer Optionsbewertungsmodelle (z. B. Black-Scholes-Formel, Binomial-Modell) vorgenommen werden. Veränderungen des Wertes der Optionsrechte im Leistungszeitraum bleiben unberücksichtigt. Der Leistungszeitraum soll in aller Regel der Dauer der Laufzeit der Optionen bis zur Nichtverfallbarkeit entsprechen. Die Erfassung ist jeweils am Ende jeder Periode des Leistungszeitraums zeitanteilig vorzunehmen.

2263 Die Verbuchung setzt dabei voraus, dass die Arbeitsleistung bis zum Ausübungszeitpunkt durch den Begünstigten erbracht wird. Scheidet ein Begünstigter aus dem Unternehmen vor Ablauf der Sperrfrist aus, so werden insoweit keine weiteren Buchungen mehr vorgenommen. Bereits erfasste Buchungen bleiben unberührt, auch wenn das Ausscheiden zum Erlöschen von Aktienoptionen führt.

2264 Bei der Ausübung der Aktienoptionen fließt der Gesellschaft der vereinbarte Bezugspreis zu. Der Bezugspreis ist entsprechend der Aufteilung auf den Nennwert und das darüber hinaus erzielte Agio in das gezeichnete Kapital und die Kapitalrücklage einzustellen.

2265 Nach herrschender Auffassung sind Aktienoptionsprogramme, die durch bedingtes Kapital bedient werden, für das Unternehmen steuerlich ergebnisneutral.

6. Besteuerung

2266 Die verbilligte Gewährung von Beteiligungen am Unternehmen des Arbeitgebers durch die Einbeziehung der Arbeitnehmer in ein Optionsprogramm stellt steuerlich Arbeitslohn dar, der grundsätzlich als geldwerter Vorteil von den Begünstigten zu versteuern ist.

Nach nunmehr gefestigter höchstrichterlicher Rechtsprechung ist, zumindest bei **2267** nicht handel- bzw. übertragbaren Optionsrechten, für die Besteuerung des geldwerten Vorteils auf den Zeitpunkt der **tatsächlichen Ausübung** abzustellen.[26]

Insofern versteuert der begünstigte Arbeitnehmer den tatsächlich erzielten Wert- **2268** zuwachs „seiner" Aktien, gemessen an seinen Anschaffungskosten (Bezugspreis). Dieser Gewinn unterliegt als Arbeitslohn einer ungemilderten Einkommensbesteuerung zzgl. SoliZ und ggf. Kirchensteuer.

Der geldwerte Vorteil bemisst sich nach der Differenz zwischen Bezugspreis **2269** und dem gemeinen Wert der bezogenen Aktie im Zeitpunkt der Ausübung. Bei börsennotierten Aktiengesellschaften entspricht der gemeine Wert dem aktuellen Börsenkurs der jeweiligen Aktie (§ 11 Abs. 1 BewG).

Inwieweit nach Änderung der Vorschrift des § 19a EStG mit Wirkung vom **2270** 01.01.2002 die Steuerfreistellung von maximal € 154,00 p.a. und Arbeitnehmer auch Vorteile aus Optionsplänen im Jahr der Optionsausübung umfasst, wird bislang nicht einheitlich beurteilt.

Umstritten ist des Weiteren, ob der begünstigte Steuersatz nach § 34 Abs. 1 **2271** EStG (Fünftel-Regelung) anwendbar ist.[27] Diese Regelung kann zu einer Ermäßigung des Steuersatzes für Einkünfte aus dem Beteiligungsprogramm führen, indem fiktiv ein über fünf Jahre gestreckter Zufluss unterstellt wird und dadurch regelmäßig ein ermäßigter Steuersatz ermittelt wird. Sollten einem Arbeitnehmer Einkünfte aus einem Mitarbeiterbeteiligungsprogramm in einem Zeitpunkt zufließen, ist die Regelung dem Wortlaut nach anwendbar. Die Tarifbegünstigung wird in aller Regel verwehrt, wenn der Zufluss beim Arbeitnehmer in mehreren Veranlagungszeiträumen erfolgt.

Der Arbeitgeber ist zur Einbehaltung und Abführung der anfallenden Steuerbe- **2272** träge (Lohnsteuer, Solidaritätszuschlag, Kirchensteuer) sowie Sozialabgaben verpflichtet. Soweit im Besteuerungszeitpunkt die Lohnsteuer die dem Arbeitgeber zustehende Einbehaltungsmasse (Bruttogehalt nach anderen Abzügen) übersteigt, empfehlen wir, die Arbeitnehmer ausdrücklich zu verpflichten, den Differenzbetrag unverzüglich dem Arbeitgeber zur Verfügung zu stellen.[28] Sollte der Arbeitnehmer dieser Verpflichtung nicht nachkommen, kann die Gesellschaft dies ihrem zuständigen Betriebsstättenfinanzamt unverzüglich und in der nach Abschnitt 138 der Lohnsteuerrichtlinien (LStR) vorgesehenen Form anzeigen, um sich von der Lohnsteuerhaftung zu befreien.[29]

Wenn ausgeschiedene Arbeitnehmer Bezüge in Form von geldwerten Vorteilen **2273** aus ihrem ehemaligen Arbeitsverhältnis erhalten, so hat der ehemalige Arbeit-

---

26 BFH-Urteil vom 20.06.2001, DStR 2001, S. 1341ff.; BFH Urteile vom 24.01.2001, BStBl II 2001, S. 509ff. und 512ff.; BMF vom 10.03.2003, DStR 2003, S. 509; FinMin NRW vom 27.03.2003, DStR 2003, S. 689.
27 Bejahend: Jürgen Hoffmann, EFG 2002, S. 135; Christian Frystatzki in EStB 2001, S. 397; Hendrik Vater in FinanzBetrieb 2001, S. 433 [438].
28 § 38 Abs. 4 Satz 1 EStG.
29 § 42d Abs. 2 Nr. 1 EStG; H 129 LStR.

geber die Pflicht, sich zur Durchführung des Lohnsteuerabzugs deren Lohn-steuerkarte vorlegen zu lassen oder gegebenenfalls den Lohn nach § 39 c EStG zu ermitteln.[30] Es empfiehlt sich, im Innverhältnis vertragliche Absicherungen mit ausscheidenden Mitarbeitern zu schließen, um Haftungsrisiken[31] aufzufangen.

7. Wertpapierhandelsrecht

2274 § 14 Wertpapierhandelsgesetz (WpHG) verbietet sog. Insidergeschäfte. Zudem macht sich derjenige strafbar, der als Insider unter Ausnutzung einer Insidertat-sache Insiderpapiere erwirbt oder veräußert. Der Strafrahmen reicht von einer Geldstrafe bis zu einer fünfjährigen Freiheitsstrafe.[32] Insider ist, wer als Mit-glied der Geschäftsführung oder als Aufsichtsrat des Unternehmens oder eines mit diesem verbundenen Unternehmen oder aufgrund seines Berufs oder Tätig-keit oder seiner Aufgabe bestimmungsgemäß Kenntnis von Insidertatsachen hat.[33] Die im Rahmen von Optionen begünstigten Personen (i. d. R. Vorstands-mitglieder und Führungskräfte des Unternehmens) erlangen aufgrund ihrer Or-ganfunktion oder ihrer beruflichen Tätigkeit Kenntnisse über nicht öffentlich bekannte Tatsachen. Diese sind – im Falle ihres öffentlichen Bekanntwerdens – geeignet, den Kurs der Aktien erheblich zu beeinflussen (Insidertatsache[34]). In-siderrechtlich relevant sind jedoch grundsätzlich nur solche Optionspläne, in deren Rahmen Aktien überlassen werden, die bereits zum Handel an der Börse zugelassen sind.[35] Dies ist nicht schon dann der Fall, wenn die emittierende Ge-sellschaft börsennotiert ist. Vielmehr müssen die Aktien zum Börsenhandel zu-gelassen sein. Vor dem Börsengang kann ein entsprechendes Verhalten unter den Voraussetzungen von § 263 StGB als Betrug geahndet werden.

2275 Insiderrechtliche Probleme bei der Zuteilung der Optionen lassen sich vermei-den, wenn der Ausübungspreis der Optionen entweder nicht beeinflusst werden kann[36] oder er von dem Zeitpunkt der Zuteilung unabhängig ist. Wählt das Un-ternehmen eine variable Preisgestaltung, die z. B. von der Kursentwicklung der Aktien abhängt, sollten die Planbedingungen bestimmte Ausübungszeiträume für den Bezug der Aktien festlegen.[37] Die Ausübungszeiträume der Optionen können z. B. auf zwei bis vier Wochen nach der Hauptversammlung oder sonsti-gen turnusmäßigen Veröffentlichungen von Unternehmensdaten beschränkt wer-den. Es ist davon auszugehen, dass die Öffentlichkeit innerhalb dieser Zeit-spanne über Umstände informiert wurde, die andernfalls als Insidertatsachen

---

30 Vgl. Blümich-Thürmer, EStG, § 38 Rn. 122.
31 Vgl. hierzu BFH-Urteil vom 09.10.2002; BStBl II 2002, S. 884 ff.
32 § 38 WpHG.
33 § 13 Abs. 1 Nr. 1 und 2 WpHG.
34 Zur Definition der Insidertatsache vgl. § 13 Abs. 1 a. E. WpHG.
35 Mangels zugelassener Wertapiere sind „virtuelle" Optionspläne (d. h. solche, die die Ausgabe von Wertsteigerungsrechten vorsehen) in der Regel insiderrechtlich nicht relevant.
36 Z. B. wegen des feststehenden Zuteilungszeitpunktes.
37 Statt Ausübungszeiträume können auch Sperrfristen (sog. Blocking Periods) vorgesehen wer-den, in denen die Optionen nicht ausgeübt werden dürfen.

zu qualifizieren wären. Bei der Festlegung des Ausübungszeitraumes ist zu beachten, dass die Möglichkeit für den Begünstigten, Insiderkenntnisse auszunutzen, bei einer sehr kurzen Zeitspanne besonders gering ist.

Nach dem Bezug der Aktien ist die Gefahr von Insiderverstößen besonders **2276** hoch. Auch hier kann die Gefahr von Verstößen gegen das Insiderverbot verringert werden, wenn die Veräußerung der Aktien auf bestimmte Zeiträume (sog. Trading Windows) beschränkt wird. Eine weitere Möglichkeit besteht darin, einem weisungsunabhängigen Treuhänder die Aktienverwaltung zu übertragen.[38]

8. Verwaltung

Die Verwaltung eines Mitarbeiterbeteiligungsprogramms wird nach unserer Er- **2277** fahrung generell leicht unterschätzt.

Hervorzuheben ist zunächst, dass es sich einerseits um den Umgang mit sensib- **2278** len, personenbezogenen und gleichzeitig auch unternehmensrelevanten Daten handelt. Insofern ist immer zu prüfen, ob die dauerhafte Verwaltung eines solchen Programms intern oder extern erfolgen sollte.[39] Bei jungen Unternehmen und Beteiligungsprogrammen für oftmals weniger als 25 Mitarbeiter bleibt erfahrungsgemäß die Verwaltung des Beteiligungsprogramms in den ersten drei bis fünf Jahren Aufgabe des CFO bzw. dessen Sekretärin. In diesen Fällen ist es ratsam, eine „doppelte Aktenführung" von allen Vorfällen, die mit dem Beteiligungsprogramm in Zusammenhang stehen, zu führen. Dies dient einer Absicherung des Unternehmens für den Fall des Ausscheidens des bisherigen „Verwalters des Beteiligungsprogramms" aus dem Unternehmen. Zudem sollte das eingebezogene Personal schriftlich zur Verschwiegenheit verpflichtet werden.

Daneben ist zu beachten, dass die ordnungsgemäße Verwaltung einer Vielzahl **2279** organisatorischer Vorkehrungen bedarf. Insbesondere sind laufende Geschäftsvorfälle (z.B. Ausscheiden eines Mitarbeiters; Statusveränderungen) zeitnah zu verarbeiten. Zudem sind Handlungstermine (z.B. Hinweise auf die Unverfallbarkeit von einzelnen Optionen, Ausübungsmöglichkeiten etc.) zu beachten sowie entsprechende gesellschaftsrechtliche Vorkehrungen (Abstimmung mit der Geschäftsführung und dem Notar zur Durchführung der bedingten Kapitalerhöhung) rechtzeitig vorzubereiten und zu organisieren. Im späteren Verlauf des Beteiligungsprogramms, insbesondere wenn die Möglichkeit der Ausübung der Optionen besteht, sind die Auslieferung der Aktien gegebenenfalls in Zusammenarbeit mit der depotführenden Bank zu organisieren und die steuerrechtlichen Folgen (Lohnsteuereinbehalt etc.) zu beachten.

---

38 Wegen der zusätzlichen Kosten dürfte die Akzeptanz der Einschaltung eines Treuhänders gering sein.
39 Für größere Beteiligungsprogramme ab ca. 100 Mitarbeiter bieten sich hierfür z.T. Wirtschaftsprüfungsgesellschaften als auch spezialisierte Dienstleister an, im internationalen Bereich beispielsweise die Firma Mourant, siehe www.mourant.com/Stichwort: Services we offer.

III. Wandelschuldverschreibungen

1. Wesentliche Merkmale

2280 Die Wandelschuldverschreibung[40] ist eine der klassischen Möglichkeiten der Kapitalbeschaffung für Unternehmen. Die Wandelschuldverschreibung im Sinne des § 221 Abs. 1 S. 1 Alt. 1 AktG besteht aus zwei Komponenten, dem Schuldverschreibungs- und dem Wandlungsteil.

2281 Im Schuldverschreibungsteil[41] werden der Ausgabepreis, den das Unternehmen vom Zeichner der Wandelschuldverschreibung erhält, sowie Laufzeit, Höhe der Verzinsung während der Laufzeit und Höhe des Rückzahlungsbetrages festgelegt. Die zweite Komponente bildet das Wandlungsrecht. Man spricht hier auch vom Umtauschrecht, das die Möglichkeit eröffnet, anstelle der Rückzahlung in Geld Aktien der emittierenden Gesellschaft zu erhalten. In Abhängigkeit von dem gewählten Wandlungs- oder Umtauschverhältnis kann bei Wandlung durch den Gläubiger eine Zuzahlung (sog. Wandlungspreis) zu leisten sein.

2282 Die Kombination der beiden beschriebenen Komponenten eröffnet dem Unternehmen die Möglichkeit, einerseits bei der Wandelschuldvereinbarung den Schwerpunkt auf die Beschaffung von Fremdkapital zu setzen und zum anderen die Vorteile als Beteiligungsprogramm wie Motivation und Bindung der Mitarbeiter an das Unternehmen zu nutzen. Die Anleihebedingungen können so ausgestaltet werden, dass der Teilnehmer seiner Verbundenheit mit dem Unternehmen und seinem Vertrauen in die Gesellschaft auch durch ein merkliches finanzielles Engagement schon im Zeitpunkt der Begebung der Wandelschuldverschreibung Ausdruck verleiht.[42] Diese Möglichkeit wird in der Praxis insbesondere für Personen genutzt, die für das Unternehmen besonders wertvoll sind (key employees).

2283 Die Verwendung von Wandelschuldverschreibungen als Beteiligungsmodell wurde in einer Zeit entwickelt, in der die Ausgabe von so genannten nackten Aktienoptionsrechten nach deutschem Aktienrecht nicht zulässig oder zumindest höchst zweifelhaft war. Dennoch werden auch derzeit von vielen Unternehmen Wandelschuldverschreibungen neben oder an Stelle von Aktienoptionsmodellen aufgelegt, was seine Ursache unter anderem in der höheren Flexibilität bei der Festlegung des Teilnehmerkreises haben dürfte.

---

40 Zu unterscheiden ist die Wandelschuldverschreibung von der Optionsanleihe und der Wandelanleihe. Die Optionsanleihe gewährt statt des Umtauschrechts ein zusätzlich zum Rückzahlungsanspruch bestehendes Aktienbezugsrecht. Die Wandelanleihe sieht den Bezug von Aktien einer anderen Gesellschaft vor. Die Wandelanleihe wird vom Anwendungsbereich des § 221 AktG nicht erfasst. Die Begrifflichkeiten werden in der Praxis teilweise abweichend definiert oder nicht mit der gebotenen Genauigkeit unterschieden. Denkbar ist des Weiteren die Ausgabe von Wandelschuldverschreibungen durch GmbH's, wobei auch hier im Rahmen der Kapitalbereitstellung die Lösungsansätze für Stock Options entsprechend heranzuziehen sind; diese Wandelschuldverschreibungen werden u.E. vom Anwendungsbereich des § 221 AktG auch nicht in entsprechender Anwendung erfasst.
41 Es handelt sich um eine Schuldverschreibung im Sinne von § 793 BGB.
42 Siehe sogleich unter Abschnitt III.2.

Anders als bei Aktienoptionsprogrammen ist im Rahmen von Wandelschuldver- **2284**
schreibungen aus Sicht der gewährenden Gesellschaft grundsätzlich die Beteiligung von jedermann, neben Arbeitnehmern somit z. B. auch von Aufsichtsräten,
freien Mitarbeitern, wissenschaftlichen Beratern oder auch anderen Unternehmen als Gläubiger zulässig. Es kann somit auch die Begebung von Wandelschuldverschreibungen an Unternehmen oder Personen erfolgen, mit denen das
Unternehmen in Geschäftsbeziehung steht. Eine Festlegung der geplanten pro-
zentualen Aufteilung der Wandelschuldverschreibungen zwischen den einzelnen Gruppen durch die Hauptversammlung ist anders als bei Aktienoptionsplänen gesetzlich nicht vorgeschrieben.

2. Ausgestaltungsmerkmale

Der Regelungsbereich der Anleihebedingungen ähnelt dem der Bezugsrechtsbe- **2285**
dingungen von Aktienoptionsplänen. Markante Unterschiede sind die zusätzlichen Regelungen zur Verzinsung sowie die Tatsache, dass die Aufnahme eines
Erfolgszieles nicht gesetzlich vorgeschrieben ist.

Gegenstand der Bezugsrechtsbedingungen sind regelmäßig folgende Regelun- **2286**
gen:

- (Ausschluss der) Übertragung, Beleihung, Verpfändung der oder sonstigen
  Verfügung über die Wandelschuldverschreibung
- Verzinsung des Anlagebetrages
- Wandlungsverhältnis und Wandlungspreis
- Laufzeit der Wandelschuldverschreibung
- Verfall des Wandlungsrechts
- Kündigung der Wandelschuldverschreibung
- Tilgung der Wandelschuldverschreibung und (vorzeitige) Wandlungsmöglich-
  keiten, Ausübungsfenster
- Trade Sale Regelung
- Anpassung der Bezugsrechte bei Kapitalmaßnahmen
- Anpassung der Bezugsrechte bei Statusänderungen
- Durchführungsbestimmungen und Nebenpflichten

a) (Ausschluss der) Übertragung, Beleihung, Verpfändung der oder
sonstigen Verfügung über die Wandelschuldverschreibung

Abweichend von den üblichen Regelungen zu Aktienoptionen besteht bei Wan- **2287**
delschuldverschreibungen zusätzlicher Gestaltungsspielraum aufgrund der Einordnung als Schuldverschreibung und somit als Wertpapier. Es bietet sich an,
die Schuldverschreibungen als Namensschuldverschreibungen auszugestalten.
Sie sollten für eine Übertragung der Zustimmung der Organe der Emittenten
bedürfen. Für Beleihung, Verpfändung oder nicht genehmigte Verfügungen sind
in den Optionsrechten vergleichbare Regelungen aufzunehmen.[43]

---

43 Siehe oben, Abschnitt II.2.

b) Verzinsung des Anlagebetrages

2288 Der von dem Begünstigten zur Verfügung gestellte Kapitalbetrag ist für die Laufzeit, längstens jedoch bis zum Zeitpunkt der Wandlung, zu verzinsen.

2289 Die Zinsen für den Anlagebetrag sollten jährlich nachschüssig oder kumuliert am Ende der Laufzeit gezahlt werden. Der Zinssatz kann unterschiedlich festgelegt werden, wobei eine Verzinsung in Höhe von 5,5% p. a. derzeit auch zu lohnsteuerlichen Zwecken anerkannt wird, so dass im Zusammenhang mit der Verzinsung keine lohnsteuerlichen Besonderheiten eintreten.

c) Wandlungsverhältnis und Wandlungspreis

2290 Wenn Wandelschuldverschreibungen heute im Rahmen eines Beteiligungsprogramms aufgelegt werden, wird das Wandlungsverhältnis in der Regel dergestalt festgelegt, dass ein Euro des Nennbetrages der Wandelschuldverschreibung zum Bezug einer Aktie mit anteiligem Betrag am Grundkapital bzw. im Nennbetrag von € 1,00 berechtigt. Zusätzlich wird ein Wandlungspreis vereinbart, der ungefähr dem Aktienwert (Verkehrswert) im Zeitraum der Begebung der Wandelschuldverschreibung entspricht. Dadurch soll ähnlich der Ausgestaltung von Aktienoptionsprogrammen erreicht werden, dass der Begünstigte von einer möglichen Steigerung des Unternehmenswertes und damit Erhöhung des Aktienkurses im Zeitraum zwischen Begebung und Wandlung profitiert, ohne ein Eigeninvestment von nennenswertem Umfang tätigen zu müssen.

2291 Wünscht die Gesellschaft hingegen aus den oben[44] skizzierten Gründen ein erhebliches Eigeninvestment des Teilnehmers, wird eine Ausgestaltung gewählt, bei der schon bei Ausgabe der Wandelschuldverschreibung der gesamte später zur Wandlung berechtigende Preis zu leisten (und vom Emittenten zu verzinsen) ist; die spätere Wandlung erfolgt dann ohne eine weitere Zuzahlung an die Gesellschaft.

d) Laufzeit der Wandelschuldverschreibung

2292 Die Laufzeit der einzelnen Wandelschuldverschreibungen kann bei einer Absicherung über bedingtes Kapital frei gewählt werden. Da die Wandelschuldverschreibung auch in der klassischen Form als Zinsinstrument im Vergleich zu der erwarteten Wertsteigerung des Unternehmens von vergleichsweise geringem Interesse sein dürfte, sollte die Laufzeit der Wandelschuldverschreibungen nur so lange bemessen sein, wie dies zur Erlangung der beabsichtigten Ziele erforderlich ist. Üblich sind bei Start up Unternehmen Laufzeiten von ca. 5 Jahren. Ein ausreichend lang bemessener Zeitraum erlaubt es, die Wahrscheinlichkeit von Wandlungen vor einem möglichen Börsengang oder Trade Sale der Gesellschaft zu minimieren, um die Handhabung der Hauptversammlung bis zu diesem Zeitpunkt zu erleichtern. Die notwendige Flexibilität zur Reaktion auf bestimmte Unternehmensentwicklungen wie einen Trade Sale oder Börsengang bietet die Einräumung vorzeitiger Wandlungsmöglichkeiten.

---

44 Vgl. Abschnitt III.1.

e) Verfall des Wandlungsrechts

Um die Motivations- und Bindungswirkung des Zeichners für das Unternehmen **2293** sicherzustellen, bietet es sich an, für den Fall eines – vorzeitigen – Ausscheidens eines Arbeitnehmers aus seinem Angestelltenverhältnis das Wandlungsrecht zu versagen. Dem Gläubiger bliebe dann nur der Zinsanspruch sowie der Anspruch auf Kapitalrückzahlung am Ende der Laufzeit. Bei außenstehenden Zeichnern können ähnliche Bindungswirkungen vereinbart werden.

f) Kündigung der Wandelschuldverschreibung

Anstelle der für Aktienoptionen üblichen Verfallregelungen sollte ein Kündi- **2294** gungsrecht vor dem Ende der vorgesehenen Laufzeit sowohl dem Gläubiger als auch der Emittentin nur unter genau definierten Voraussetzungen eingeräumt werden. Dieses außerordentliche Kündigungsrecht ist in Fällen der vorsätzlichen sittenwidrigen Schädigung der Gesellschaft durch den Gläubiger und auch in Fällen, die zur außerordentlichen Kündigung eines Dienstleistungs- oder Arbeitsverhältnisses durch die Emittentin oder den Gläubiger berechtigen, sinnvoll.

Inwieweit darüber hinaus der Gesellschaft weitere Kündigungsmöglichkeiten **2295** eingeräumt werden können, bedarf bei Mitarbeitern als Zeichnern einer Kontrolle nach allgemeinen arbeitsrechtlichen Grundsätzen.

g) Tilgung der Wandelschuldverschreibung und (vorzeitige) Wandlungsmöglichkeiten, Ausübungsfenster

Am Ende der Laufzeit hat der Gläubiger ein Wahlrecht, sich entweder den **2296** Nennbetrag der Wandelschuldverschreibung (d. h. den von ihm bei Laufzeit zu Beginn geleisteten Betrag) zurückzahlen zu lassen oder stattdessen, den Bezug von Aktien zu fordern.[45] Wandlungen oder vorzeitige Wandlungen sollten nur in sog. Ausübungsfenstern zulässig sein. Diese entsprechen den Handelsfenstern bei Aktienoptionen und sind vergleichbar auszugestalten.

h) Trade-Sale-Regelung

Für den Fall eines mehrheitlichen Anteilseignerwechsels sollte eine der Trade **2297** Sale Regelung bei Aktienoptionen entsprechende Klausel über einen möglichen Erwerb der Wandelschuldverschreibungen vom Gläubiger zu angemessenen Bedingungen vorgesehen werden. Zu den Gründen und zur inhaltlichen Ausgestaltung gelten die Ausführungen zu Aktienoptionen unter Abschnitt II.2. entsprechend.

---

45 Die am Kapitalmarkt verbreiteten Anleihen sehen demgegenüber häufig ein Wahlrecht der Emittentin vor. Dies ist für das hier beschriebene Mitarbeiterbeteiligungsmodell nicht geeignet und wäre für den Gläubiger nur akzeptabel, wenn das von ihm investierte Kapital höher als marktüblich verzinst wird. Als zusätzliches Anreizinstrument empfiehlt es sich, vorzeitige Wandlungsmöglichkeiten in die Anleihebedingungen aufzunehmen. Diese könnten entsprechend der verkürzten Wartefristen ausgestaltet werden, z. B. vorzeitige Wandlungsmöglichkeiten im Falle eines Börsenganges.

i) Anpassung der Wandelschuldverschreibung bei Kapitalmaßnahmen

2298 Der Verwässerungsschutz der Gläubiger wird von Gesetzes wegen umfassender geregelt, als dies bei Aktienoptionsplänen der Fall ist. Dennoch sollte ergänzend eine Regelung zum Schutze des Gläubigers aufgenommen werden, die ihn vor einer wirtschaftlichen Entwertung aufgrund von Maßnahmen der Emittentin schützt.

j) Anpassung der Wandelschuldverschreibung bei Statusänderungen

2299 Für den Fall, dass Wandelschuldverschreibungen nur einzelnen Mitarbeitern oder Key Employees angeboten werden, können Regelungen für den Fall von Statusänderungen entbehrlich sein. Dient die Wandelschuldverschreibung jedoch der Beteiligung eines breiten Personenkreises der Arbeitnehmerschaft, sollten für diese die unter Abschnitt II.2. „Anpassung der Optionsrechte bei Statusänderungen" beschriebenen Regelungen in sinngemäßer Anwendung in die Bezugsbedingungen aufgenommen werden.

k) Durchführungsbestimmungen und Nebenbestimmungen

2300 Für die Durchführungs- und Nebenbestimmungen gelten die Ausführungen zu den Aktienoptionen entsprechend.

3. Gesellschaftsrechtliche Anforderungen

2301 Zum Schutz der Altaktionäre definiert § 221 AktG Hürden für die Schaffung von Wandelschuldverschreibungen. Will eine Aktiengesellschaft Wandelschuldverschreibungen ausgeben, so sind hierfür zwei Beschlüsse der Hauptversammlung erforderlich. Zum einen muss nach § 221 AktG die Ausgabe einer Wandelschuldverschreibung beschlossen werden (in der Regel in Form eines Ermächtigungsbeschlusses). Zum anderen ist in einem weiteren Beschluss zu bestimmen, auf welchem Wege das erforderliche Kapital bereitgestellt werden soll. Diese beiden Beschlüsse werden in der Praxis als ein einheitlicher Beschluss ausformuliert.

2302 Das erforderliche Aktienkapital wird zumeist über bedingtes oder genehmigtes Kapital für die nach Wandlung auszugebenden Aktien bereitgestellt. Alternativ denkbar ist auch hier der Rückkauf eigener Aktien. Regelmäßig dürfte jedoch die Ausgabe neuer Aktien der geeignetere Weg sein. Zu beachten ist hierbei, dass die Obergrenze für das zu schaffende Kapital bei 50% des zum Zeitpunkt der Beschlussfassung bestehenden und im Handelsregister eingetragenen Grundkapitals liegt.

2303 Im Beschluss der Hauptversammlung besonders zu regeln sind die Dauer der Ermächtigung zur Begebung von Wandelschuldverschreibungen (maximal fünf Jahre) und die Obergrenze des Gesamtnennbetrages der Wandelschuldverschreibung. Bei der Ausgestaltung des Hauptversammlungsbeschlusses ist der Kreis der Bezugsberechtigten abschließend aufzuzählen. Es wird empfohlen, diesen Kreis möglichst weit zu fassen, um die Flexibilität bei der Auswahl der Teilnehmer nicht ohne Not einzuschränken.

Für die Beschlussfassung ist die Zustimmung von mindestens ³/₄ des bei Be- **2304** schlussfassung vertretenen Grundkapitals erforderlich (§ 221 Abs. 1 Satz 2 AktG). Zudem muss die Mehrheit der abgegebenen Stimmen den Beschluss befürworten (§ 133 Abs. 1 AktG).[46]

Bei der Beteiligung von Aufsichtsräten sind die aktienrechtlichen Vergütungs- **2305** bestimmungen für Aufsichtsräte (§ 113 AktG) zu beachten, was in der Praxis regelmäßig missachtet wird.

4. Arbeitsrechtliche Aspekte

Für den Fall, dass Arbeitnehmer als Zeichner der Wandelschuldverschreibung **2306** auftreten, sind wie bei Aktienoptionsprogrammen arbeitsrechtliche Vorgaben zu berücksichtigen.[47]

Teilweise vertreten wird die Auffassung, dass der arbeitsrechtliche Schutz der **2307** Arbeitnehmer mit der Argumentation, auch Nicht-Arbeitnehmer könnten Gläubiger der Wandelschuldverschreibung zu identischen Bedingungen werden, eingeschränkt werden kann. Eine solche Argumentation verkennt, dass die Wandelschuldverschreibung im Rahmen der Mitarbeiterbeteiligung regelmäßig einen Vergütungscharakter besitzt und einem fremden Dritten, der keine weiteren Geschäftsbeziehungen zu der Gesellschaft unterhält, regelmäßig nicht angeboten würde.

Beim Einsatz von Wandelschuldverschreibungen als Instrument der Mitarbei- **2308** terbeteiligung sollte daher insbesondere der arbeitsrechtliche Gleichbehandlungsgrundsatz beachtet werden.

5. Bilanzierung

Nach inzwischen im Vordringen befindlicher Auffassung ist bei an Mitarbeiter **2309** des Unternehmens zu Vorzugskonditionen ausgegebenen Aktienbezugsrechten der darin enthaltene Vergütungsbestandteil als Personalaufwand zu bilanzieren, auch wenn keine tatsächliche Zahlung erfolgt und die Vergütung durch die bei den Altaktionären eintretende Verwässerung wirtschaftlich von diesen getragen wird. Nach den Ausführungen des DRS[48] sind die Grundsätze der bilanziellen Erfassung von Aktienoptionen auch im Rahmen der bilanziellen Erfassung von Wandelschuldverschreibungen auf die Wandlungskomponente anzuwenden.[49]

---

46 Während die letztgenannte Hürde nicht im Wege einer Satzungsänderung gesenkt werden kann, ist eine Absenkung des Mehrheitserfordernisses des § 221 Abs. 1 Satz 2 im Wege der Satzungsänderung (§ 179 Abs. 2 AktG) rechtlich zulässig. Dieser Spielraum kann aber wegen der entgegenstehenden strengeren Regeln für bedingte und genehmigte Kapitalerhöhungen nicht genutzt werden, da für die Kapitalbereitstellung zwingend die Mehrheit von mindestens ³/₄ des bei der Beschlussfassung vertretenen Grundkapitals erforderlich ist (§ 193 Abs. 1 AktG bzw. § 202 Abs. 2 AktG).
47 Siehe Abschnitt II.2.
48 Siehe Abschnitt II.3.
49 E-DRS 11 Tz. 23.

2310   Der Unterschied zwischen der bilanziellen Erfassung von Stock-Options und Wandelschuldverschreibungen liegt in der getrennten Bilanzierung des Schuldverschreibungs- von dem Wandlungsteil.

2311   Hat die Wandelschuldverschreibung im Zeitpunkt der Begebung unter Berücksichtigung des Nennbetrages und der konkreten Anleihebedingungen einen wirtschaftlichen Wert, so wendet die Gesellschaft dem Gläubiger diesen Wert unentgeltlich zu.

2312   Bei Begebung der Wandelschuldverschreibung an Mitarbeiter würde es sich dabei um Personalaufwand, bei der Begebung an Aufsichtsratsmitglieder und Berater um eine Vergütung handeln. Die Ausgabe an externe Personen oder Unternehmen ist als Entgelt für Lieferungen oder sonstige Dienstleistungen zu behandeln.[50] Die Grundsätze der aufwandswirksamen Bilanzierung sollen nach Angabe des DSR auf alle Einsatzmöglichkeiten von Wandelschuldverschreibungen Anwendung finden.[51] Dem ist zuzustimmen, so weit die Begebung der Wandelschuldverschreibung an Externe laufenden Geschäftsbeziehungen zugeordnet werden kann.

2313   Der vom Gläubiger bei Zeichnung geleistete und im Falle der Tilgung bei Endfälligkeit ohne Wandlung zurück zu zahlende Nennbetrag ist als Verbindlichkeit in die Bilanz der Gesellschaft aufzunehmen.

2314   Die laufenden Zinszahlungen stellen bei marktüblicher Verzinsung in vollem Umfang Zinsaufwand für die Gesellschaft dar, der nach allgemeinen Regeln bilanziell zu erfassen ist. Bei niedrig- oder hochverzinslichen Anleihen sind Besonderheiten der bilanziellen Darstellung zu berücksichtigen.[52]

2315   Im Zeitpunkt der Wandlung sind beim Emittenten der passivierte Anleihebetrag und der Wandlungspreis gegen das „gezeichnete Kapital" und die „Kapitalrücklage" zu buchen. Das gezeichnete Kapital ist zum Nennbetrag anzusetzen (§ 283 HGB). Der verbleibende Differenzbetrag ist in die Kapitalrücklage einzustellen (§ 272 Abs. 2 Nr. 1 HGB).

2316   Angaben über die Zahl und Art der Wandelschuldverschreibungen sind in den Anhang der Bilanz mit aufzunehmen (§ 160 Abs. 1 Nr. 5 AktG).

2317   Eine Berücksichtigung des in Folge der Gewährung des Wandlungsrechtes möglicherweise bei der Emittentin bilanziell erfassten Aufwands zu steuerlichen Zwecken kommt nach überwiegender Meinung nicht in Betracht. Die laufenden Zinsen sind als laufende Dauerschulden zu Gewerbesteuerzwecken gem. § 8 Nr. 1 GewStG regelmäßig nur zur Hälfte abziehbar.

---

50 E-DRS 11 Tz. 4.
51 E-DRS 11 Tz. 4.
52 Zu beachten sind des Weiteren Besonderheiten bei der Zahlung eines Agios schon im Zeitpunkt der Begebung der Wandelschuldverschreibung (z. B. bei Niederverzinslichkeit oder offenem Aufgeld).

6. Besteuerung

Sind Arbeitnehmer Gläubiger von Wandelschuldverschreibungen des Arbeitgebers, stellt sich wie bei Aktienoptionsprogrammen die Frage, ob und gegebenenfalls wann diesen im Rahmen des Beteiligungsprogramms ein steuerpflichtiger geldwerter Vorteil zufließt. Ein solcher geldwerter Vorteil ist bei Zufluss nach § 19 EStG im Rahmen der Ermittlung der Einkünfte aus nichtselbstständiger Arbeit zu versteuern.[53] Daneben ist die Besteuerung der Zinszahlungen und eventueller Veräußerungsgewinne zu beachten. **2318**

Die von der Gesellschaft geleisteten **Zinszahlungen** stellen für den Gläubiger steuerpflichtige Kapitalerträge gem. § 20 Abs. 1 Nr. 7 EStG dar. Die ausgebende Gesellschaft ist als Schuldner der Zinszahlungen verpflichtet, Kapitalertragsteuer in Höhe von 25 % des Kapitalertrages einzubehalten und an das Finanzamt abzuführen (§ 43 Abs. 1 S. 1 Nr. 2 EStG, § 43 a Abs. 1 Nr. 2 EStG, § 44 EStG). **2319**

Ein Kapitalertrag im Sinne des § 20 EStG auf Grund der Wandlung liegt nach allgemeiner Auffassung in der Fachliteratur nicht vor. **2320**

Die Durchführung der Wandlung stellt keine Gewinnverwirklichung dar, denn der Gläubiger erwirbt mit der Wandelschuldverschreibung das Recht auf den Erwerb der Aktien und dieses Recht ist **untrennbar** mit der Wandelschuldverschreibung verbunden, so die ständige Rechtsprechung des Bundesfinanzhofs seit 1944 und davor des Reichsfinanzhofs. Es findet kein Tausch im Sinne der Hingabe der Wandelschuldverschreibungen gegen Anschaffung von Aktien statt, sondern der Aktienerwerb erfolgt im Rahmen eines einheitlichen Rechtsvorgangs, der seinen Beginn im Zeitpunkt der Begebung der Wandelschuldverschreibung hat. **2321**

Eine Besteuerung nach § 23 EStG im Zeitpunkt der Wandlung scheidet bei Anwendung dieser Rechtsprechungsgrundsätze aus. Eine Besteuerung findet ebenfalls nicht nach § 17 EStG statt, da die Wandlung weder eine Veräußerung noch einen veräußerungsgleichen Vorgang darstellt. **2322**

Auch wenn bei der Wandlung keine Besteuerung nach §§ 17, 20, 23 EStG erfolgt, kommt der **Zufluss eines geldwerten Vorteils im Rahmen der Einkünfte aus dem Arbeitsverhältnis** gem. § 19 EStG entsprechend der Besteuerung von Aktienoptionen für Arbeitnehmer in Betracht. Dem liegt der Gedanke zu Grunde, dass die Wandelschuldverschreibung den Mitarbeitern den Aktienerwerb zu Konditionen ermöglicht, die einem Dritten ohne Verbindungen zum Unternehmen nicht eingeräumt würden. Der Wert dieser Vergünstigung stellt eine zusätzliche Entlohnung dar und ist im Rahmen der Einkünfte aus nichtselbstständiger Arbeit der Besteuerung zu unterwerfen. **2323**

---

53 Hiervon zu trennen ist die steuerliche Behandlung von Aufsichtsräten und externen Zeichnern wie Beratern oder Geschäftspartnern. Für Aufsichtsräte liegt im zugewandten Vorteil eine Aufsichtsratsvergütung (Satzungsregelung erforderlich; vgl. Abschnitt III.3. am Ende); bei Externen kann es sich um eine steuerpflichtige Gegenleistung für eine Lieferung oder (Dienst-)leistung handeln.

2324 Strittig ist, ob als Besteuerungszeitpunkt

- die Wandlung (sog. Ausübungsbesteuerung) oder schon
- die Begebung der Wandelschuldverschreibung (sog. **Anfangsbesteuerung oder Up-front-Besteuerung**)

maßgebend ist.

2325 Die Fachliteratur tendiert zur Anfangsbesteuerung. Diese Ansicht wird mit der oben beschriebenen Rechtsprechung begründet, wonach die Wandelschuldverschreibung ein einheitliches Wirtschaftsgut sei. Demnach würde dem Begünstigten bei Wandlung kein selbstständiges Wirtschaftsgut vom Arbeitgeber zugewendet, was eine Besteuerung bei Wandlung denklogisch unmöglich machen würde. Es wäre der Wert der Wandelschuldverschreibung im Zeitpunkt der Begebung zu ermitteln und, soweit ein lohnsteuerpflichtiger Vorteil vorliegt, dieser zu besteuern. [54]

2326 Eine andere Sichtweise wird überwiegend von der Finanzverwaltung vertreten. Welche Auffassung die zuständige Finanzverwaltung im konkreten Einzelfall vertritt, kann im Rahmen einer Lohnsteueranrufungsauskunft festgestellt werden. Zur Vermeidung eines Haftungsrisikos für die Gesellschaft kann versucht werden, auf diesem Wege vor Begebung von Wandelschuldverschreibungen an Mitarbeiter verbindlich die Höhe eines möglichen geldwerten Vorteils festzustellen. [55] Unsere Erfahrungen haben gezeigt, dass die Finanzbehörden in der Praxis äußerst zurückhaltend mit der Erteilung entsprechender Auskünfte sind.

2327 Eine abschließende Klärung dieser Fragen durch den BFH steht noch aus. Es ist ungewiss, ob der BFH unter Berufung auf seine Rechtsprechung zu Aktienoptionsrechten einen Zufluss erst bei Ausübung des Wandlungsrechtes annehmen wird, oder ob er für Arbeitnehmer einen Zufluss schon bei Begebung der Wandelschuldverschreibung bejahen wird. [56]

2328 Im Zeitpunkt der Veräußerung der durch Wandlung erworbenen Aktien kommt eine Besteuerung des Veräußerungsgewinns nach § 23 EStG sowie ggf. nach § 17 EStG in Betracht. [57]

7. Wertpapierhandelsrecht

2329 Hinsichtlich der zu beachtenden Gesichtspunkte bezüglich der Gefahr des Insiderhandels gem. § 14 WpHG und § 263 StGB auf Grund des Ausnutzens von

---

54 Regelmäßig liegt dieser bei Null, wenn eine marktübliche Verzinsung und ein Wandlungspreis, der deutlich über dem Aktienkurs bei Ausgabe liegt, gewählt werden. Dies macht die Anfangsbesteuerung für den Arbeitnehmer attraktiv.

55 Eine Bindungswirkung gilt nicht für das Wohnsitzfinanzamt des Arbeitnehmers; dieses folgt jedoch im Rahmen der Veranlagung in aller Regel den Aussagen in Lohnsteueranrufungsauskünften.

56 Für Wandelschuldverschreibungen von GmbH's dürften die Erfolgsaussichten geringer sein, da eine direkte Anwendung der dargestellten Rechtsprechung ausscheidet.

57 Strittig ist, ob die einjährige Spekulationsfrist des § 23 EStG erst nach Wandlung beginnt (h. M.) oder ob der Zeitraum des Optionsbesitzes anzurechnen ist.

Wissensvorsprung durch die Begünstigten kann auf die Ausführungen zu den Aktienoptionsprogrammen verwiesen werden. [58]

8. Verwaltung

Die konkrete Umsetzung des Beteiligungsprogramms in Form einer Wandel-   **2330**
schuldverschreibung erfolgt regelmäßig wie nachfolgend skizziert:

- Grundsatzentscheidung durch die Gesellschafter
- Ausgestaltung der Zuteilungskriterien durch die Geschäftsführung/Gesellschafter
- Herbeiführung eines Beschlusses der Hauptversammlung
- Umsetzung

Während bei der Begebung von Wandelschuldverschreibungen in großem Um-   **2331**
fang in der Regel Banken eingeschaltet werden, ist es ebenfalls zulässig und
bei noch übersichtlichem Umfang der Wandelschuldverschreibung auch praktikabel, dass die Gesellschaft die Schuldverschreibung selbst ausgibt. Hierzu
muss sie Urkunden fertigen und diese dem Gläubiger aushändigen.

Die Begebung von Schuldverschreibungen fällt in den Aufgabenbereich des   **2332**
Vorstandes. Zur Vermeidung eines Haftungsrisikos hat der Vorstand sicherzustellen, dass bei späterer Wandlung der ausgegebenen Wandelschuldverschreibungen der Betrag des hierfür maximal zur Verfügung gestellten bedingten Kapitals nicht überschritten werden kann.

Nach der Ausgabe der Wandelschuldverschreibungen sind durch Vorstand und   **2333**
Aufsichtsratsvorsitzenden der Beschluss der Hauptversammlung über die Ausgabe der Anleihen und eine Erklärung über deren Ausgabe beim Handelsregister zu hinterlegen (§ 221 Abs. 2 Satz 2 AktG). Eintragungspflichtig sind ebenso
die Hauptversammlungsbeschlüsse über die Schaffung bedingten oder genehmigten Kapitals. Weiterhin ist eine Bekanntmachung des Hauptversammlungsbeschlusses in den Gesellschaftsblättern vorzunehmen (§ 25 AktG).

Wie die Verwaltung der Zinszahlungen erfolgt, ist der Gesellschaft freigestellt.   **2334**
Hier ist zum einen denkbar, ebenfalls auf der Urkunde sämtliche Zinszahlungen
zu vermerken. Zum anderen kann dies aber auch in internen Unterlagen der
Gesellschaft erfolgen.

IV. Belegschaftsaktien

1. Wesentliche Merkmale

Belegschaftsaktien stellen ein klassisches Instrument der Mitarbeiterbeteiligung   **2335**
bei bereits börsennotierten nationalen und internationalen Unternehmen dar.
Anders als bei Optionsmodellen oder virtuellen Beteiligungsformen wird der
Arbeitnehmer ohne zeitliche Verzögerung direkt am Unternehmen beteiligt.

---

58 Siehe unter Abschnitt II.7.

Der Arbeitnehmer erwirbt Aktien (oder GmbH-Anteile) seines Arbeitgebers und wird unmittelbar Gesellschafter des Unternehmens, mit allen dazugehörigen gesellschaftsrechtlichen Rechten und Pflichten.[59]

2336 Üblicherweise werden den Arbeitnehmern diese Aktien „verbilligt" überlassen.[60]

2337 Belegschaftsaktien ermöglichen nicht nur eine nominelle Kapitalbeteiligung, sondern über die Kursentwicklung auch die Teilhabe an der zukünftigen Unternehmensentwicklung. Unternehmen, die Belegschaftsaktien ausgeben, gehen keinerlei Liquiditätsrisiken ein: Die Kapitalzufuhr zum Unternehmen ist endgültig. Zukünftige Auszahlungsverpflichtungen entstehen nicht, was von Vorteil gegenüber den virtuellen Beteiligungsprogrammen ist.

2. Gesellschaftsrechtliche Anforderungen

2338 Beim Kauf von Belegschaftsaktien handelt es sich um eine unmittelbare Beteiligung des Mitarbeiters an seinem Arbeitgeber. Im Rahmen sog. Aktienkaufpläne hat der Mitarbeiter die Möglichkeit, über einen bestimmten Zeitraum in regelmäßigen Abständen Aktien des Arbeitgebers zu erwerben. Aktien, die an die Belegschaft ausgegeben werden, können auf verschiedene Arten beschafft werden:

2339 Die Ausgabe von Belegschaftsaktien kann grundsätzlich im Rahmen einer ordentlichen Bar-Kapitalerhöhung durchgeführt werden. In der Praxis wird eine derartige Mitarbeiter-Beteiligung häufig mittels genehmigten Kapitals durchgeführt. So kann die Satzung vorsehen, dass neue Aktien aus einem genehmigten Kapital an Mitarbeiter ausgegeben werden (§ 202 Abs. 4 AktG). Der Vorstand ist zur Überlassung von Aktien an Mitarbeiter dann befugt, wenn die von der Hauptversammlung erteilte Ermächtigung zur Inanspruchnahme des genehmigten Kapitals auch die Entscheidung über den Ausschluss des Bezugsrechts umfasst. Der Ausschluss des Bezugsrechts zum Zwecke der Ausgabe von Aktien ist grundsätzlich zulässig. Bei dieser Gestaltung muss der Mitarbeiter grundsätzlich sofort die Einlage für die gezeichneten Aktien leisten.[61]

2340 Belegschaftsaktien können jedoch auch in der Weise ausgegeben werden, dass die auf sie zu leistende Einlage aus dem Teil des Jahresüberschusses gedeckt wird, der andernfalls vom Vorstand und Aufsichtsrat in andere Gewinnrücklagen eingestellt werden könnte (§ 204 Abs. 3 i.V.m. § 58 Abs. 2 AktG). Voraussetzung ist, dass der zugrunde liegende Jahresabschluss mit einem uneingeschränkten Bestätigungsvermerk versehen ist. Wirtschaftlich entspricht die Ausgabe von Belegschaftsaktien einer Kapitalerhöhung aus Gesellschaftsmitteln

---

59 Unterschieden wird zwischen der (sofortigen) Gewährung von Belegschaftsaktien, Aktiensparplänen und sog. restricted stock plans.
60 Börsennotierte Unternehmen gewähren hier üblicherweise einen Preisnachlass von 10% bis 20% auf den aktuellen Kurswert des Unternehmens kurz vor oder im Zeitraum der Zeichnungsmöglichkeit für die Arbeitnehmer.
61 Roschmann/Erwe, in: Harrer (Hrsg.) Mitarbeiterbeteiligungen und Stock-Option-Pläne, S. 49.

mit der Ausnahme, dass die neuen Aktien nicht den Aktionären sondern den Arbeitnehmern der Gesellschaft zustehen sollen.[62]

Schließlich kann die Ausgabe von Belegschaftsaktien auch über eine bedingte **2341** Kapitalerhöhung erfolgen. Gemäß § 192 AktG beschließt die Hauptversammlung eine bedingte Kapitalerhöhung, um den Arbeitnehmern Belegschaftsaktien gegen die Einlage von Geldforderungen anzubieten, die den Arbeitnehmern aus einer ihnen von der Gesellschaft eingeräumten Gewinnbeteiligung zustehen.[63]

Mit der Belegschaftsaktie sind die gleichen Rechte verbunden, wie mit anderen **2342** Aktien. Eine besondere Ausgestaltung der Beteiligung ist daher nicht erforderlich. Das Unternehmen kann die Art der Aktien selbst bestimmen. Es kann zwischen Stammaktien und Vorzugsaktien wählen. Stammaktien beinhalten das Stimmrecht auf der Hauptversammlung, während Vorzugsaktien oftmals kein Stimmrecht gewähren, dafür aber eine höhere Dividende oder andere Vergünstigungen beinhalten.

3. Arbeitsrechtliche Aspekte

Hinsichtlich der arbeitsrechtlichen Aspekte kann auf die entsprechenden Aus- **2343** führungen zu Stock-Options verwiesen werden. Der Unternehmer sollte sich im Vorfeld überlegen, auf welche Art und Weise er seinen Mitarbeitern die Belegschaftsaktien zukommen lassen will (z.B. Betriebsvereinbarung, Gesamtzusage oder Individualvereinbarung). Auch bei der Ausgabe von Belegschaftsaktien muss der Arbeitgeber neben der Vereinbarung von Veräußerungsverboten bzw. Verfallsklauseln – wie bei jeder betrieblichen Sozialleistung – den arbeitsrechtlichen Gleichbehandlungsgrundsatz beachten.[64] Bei der Ausgabe von Belegschaftsaktien hat der Betriebsrat grundsätzlich ein Mitspracherecht. Er kann die Einführung von Belegschaftsaktien allerdings nicht verhindern.

4. Bilanzierung

Die im Rahmen von Belegschaftsaktienprogrammen gewährten Erwerbsrechte **2344** auf Aktien des Unternehmens stellen Optionen auf Aktien des Unternehmens dar. Sie sind deshalb nach den gleichen Grundsätzen zu bilanzieren, die für Aktienoptionen gelten.[65]

5. Besteuerung

Überlässt ein Unternehmen seinen Mitarbeitern im Rahmen eines Mitarbeiter- **2345** beteiligungsprogramms verbilligt Aktien, so stellt die Differenz zwischen tat-

---

62 ADS-Kommentar, § 322 HGB, Rn. 40.
63 Die vorgehend dargestellten Methoden der Ausgabe von Belegschaftsaktien sind durch die Ausgabe von neuen Aktien charakterisiert. Nach § 71 AktG kann eine AG jedoch auch eigene Aktien bis zu einer Höhe von 10% des Grundkapitals erwerben, um sie den Mitarbeitern der Gesellschaft anzubieten. Diese Form der Finanzierung wird zumeist in Großunternehmen praktiziert. Durch den Kauf an der Börse werden für die AG keine positiven Finanzierungseffekte erzielt, da kein neues Kapital geschaffen wird.
64 Einzelheiten s.o.A.II.2. (arbeitsrechtliche Aspekte der Stock Options).
65 Vgl. A.II.3.

sächlichem Wert und verbilligten Ausgabewert (Kaufpreis) einen geldwerten, lohnsteuerpflichtigen Vorteil dar.

2346 Unter den Voraussetzungen des § 19a Abs. 1 EStG steht dem Arbeitnehmer ein Freibetrag in Höhe von 154 € p. a. zu. Für die Bestimmung des tatsächlichen Werts der Aktien sieht § 19a Abs. 8 Satz 2 EStG eine Spezialregelung für an einer deutschen Börse oder am geregelten Markt zum Handel zugelassene Aktien vor.

2347 Ob auch die Begünstigung nach § 34 EStG in Anspruch genommen werden kann, ist ungeklärt. Voraussetzung hierfür wäre jedenfalls, dass die verbilligte Aktienüberlassung in einem Veranlagungszeitraum zur Entlohnung von Arbeitsleistung in mehreren Jahren erfolgt.

2348 Veräußert der Mitarbeiter seine Belegschaftsaktien, kann es sich um ein nach § 23 EStG steuerpflichtiges privates Veräußerungsgeschäft mit Wertpapieren handeln. Danach sind Gewinne aus der Veräußerung von Aktien, die innerhalb der Spekulationsfrist von 12 Monaten erzielt werden, zu versteuern.[66]

2349 Besitzt (oder besaß) der Mitarbeiter ein Aktienpaket von mindestens einem Prozent, ist die Veräußerung nach Ablauf der Spekulationsfrist steuerpflichtig nach § 17 EStG.[67]

6. Wertpapierhandelsrecht

2350 Hinsichtlich der Gefahr des Insiderhandels gem. § 14 WpHG und Betruges § 263 StGB auf Grund des Ausnutzens von Wissensvorsprung durch die Begünstigten so kann auf die Ausführungen zu den Aktienoptionsprogrammen verwiesen werden.[68]

7. Verwaltung

2351 Die Verwaltung entsprechender Beteiligungsprogramme entspricht hinsichtlich der organisatorischen Anforderungen im Wesentlichen denen bei Optionsprogrammen. Insofern verweisen wir auf unsere dortigen Ausführungen.[69]

2352 Erwähnt sei allerdings, dass nach dem Verkauf der Aktien der Aufwand sich im Wesentlichen auf die zutreffende Erfassung der Besteuerung beschränkt.

---

66 Die Gewinne aus § 23 EStG werden im Zeitpunkt des Zuflusses besteuert. Sie müssen im Rahmen der Steuererklärung erklärt werden. Der Gewinn/Verlust berechnet sich bei der Veräußerung von Wertpapieren nach dem Unterschied zwischen dem hälftigen Veräußerungspreis einerseits sowie den hälftigen Anschaffungskosten zuzüglich hälftiger Werbungskosten (z. B. Gebühren) andererseits (Halbeinkünfteverfahren). Bei der Veranlagung bleiben allerdings Gewinne steuerfrei, wenn der aus allen privaten Veräußerungsgeschäften erzielte Gesamtgewinn im Kalenderjahr weniger als € 512 (Single) betragen hat (Freigrenze). Im Falle der Überschreitung dieser Grenze wird der gesamte Gewinn versteuert.
67 Auch hier gilt das Halbeinkünfteverfahren.
68 Siehe unter Abschnitt II.7.
69 Siehe unter Abschnitt II.8.

V. Die Mitarbeiterbeteiligungs-GbR

1. Wesentliche Merkmale

Die Mitarbeiterbeteiligungs-GbR stellt eine indirekte Beteiligung von Arbeit- **2353**
nehmern am Unternehmen ihres Arbeitgebers dar. Dabei werden zunächst Anteile des Unternehmens – regelmäßig in Form einer Kapitalgesellschaft – von
einer Gesellschaft bürgerlichen Rechts (GbR) erworben. Die Gesellschafter dieser GbR sind meist zwei Altgesellschafter des operativen Unternehmens. Die
von der GbR gehaltenen Aktien oder GmbH-Anteile stammen im Regelfall aus
dem Privatvermögen der GbR-Gesellschafter, in Ausnahmefällen werden sie
von anderen Gesellschaftern des operativen Unternehmens an die GbR veräußert oder die GbR beteiligt sich im Rahmen einer Kapitalerhöhung an der
operativen Gesellschaft. Die Mitarbeiter des operativen Unternehmens beteiligen sich nun „atypisch still" an der Mitarbeiterbeteiligungs-GbR. Hierzu müssen sie regelmäßig der GbR ein Entgelt bezahlen. Die Gegenleistung hierfür
entspricht wirtschaftlich dem Wert des Anteils an der operativen Gesellschaft,
der ihnen über die atypisch stille Beteiligung an der GbR wirtschaftlich zugerechnet werden soll.

Die Struktur einer solchen Beteiligung lässt sich wie in Abbildung 41 darstel- **2354**
len.

Durch die Struktur soll erreicht werden, dass die Mitarbeiter – wie bei Beleg- **2355**
schaftsaktien – über einen Erwerb einer Beteiligung wirtschaftlich den Wert

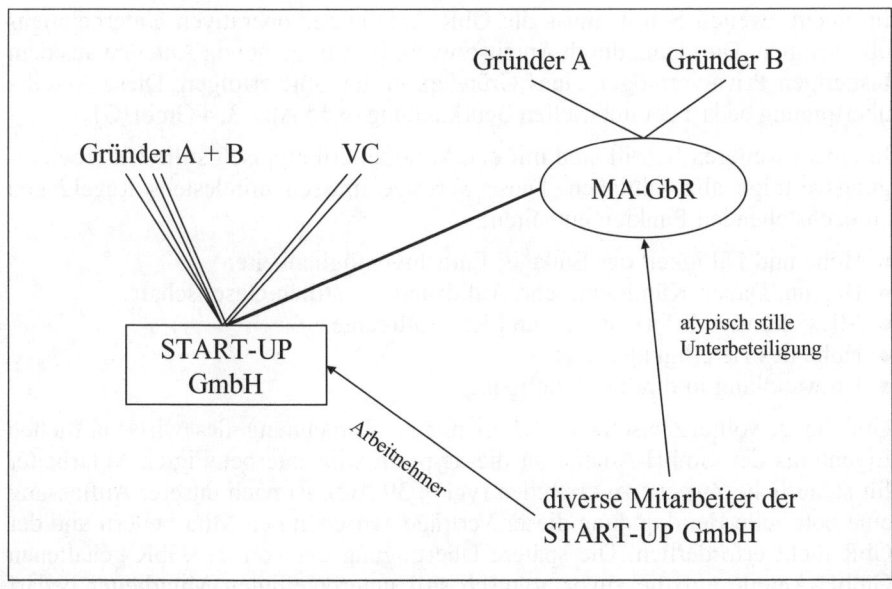

Abbildung 41: Struktur Mitarbeiterbeteiligungs-GbR

eines Anteils an der operativen Gesellschaft zum aktuellen Zeitwert erhalten. Gleichzeitig soll die Mitarbeiterbeteiligungs-GbR eine Abschirmwirkung gegenüber den Mitarbeitern auf die direkte Gesellschafterstellung bei der operativen Gesellschaft bewirken. Zielsetzung ist dabei regelmäßig, eine Einflussnahme der Mitarbeiter als Gesellschafter des operativen Unternehmens zu vermeiden. Auch sollen zukünftige Änderungen in der Gesellschafterstruktur des operativen Unternehmens nicht durch Formerfordernisse (Einladung zu Gesellschafterversammlungen etc.) behindert werden.

2356 Je nach Ausgestaltung der atypisch stillen Unterbeteiligung ist dann nach planmäßiger Unternehmensentwicklung beabsichtigt, nach einer Zeit von meist drei bis fünf Jahren dass die Mitarbeiter ihre atypisch stille Unterbeteiligung auflösen und als Gegenleistung für diese bisherige Beteiligung den wirtschaftlich dahinter stehenden Anteil an der operativen Gesellschaft direkt zugeordnet erhalten.

2. Gesellschaftsrechtliche Anforderungen

2357 Erforderlich ist zunächst die Errichtung einer Gesellschaft bürgerlichen Rechts (§§ 705 ff. BGB) durch mindestens zwei Gesellschafter (oder auch fremde Dritte) der operativen Gesellschaft. Der Gesellschaftsvertrag dieser GbR muss dabei bereits als Inhalt die Beteiligung der GbR an dem operativen Unternehmen sowie der Abschluss von atypisch stillen Unterbeteiligungen mit Mitarbeitern des Unternehmens beinhalten. Der Gesellschaftsvertrag kann formlos geschlossen werden, Schriftform ist allerdings geboten.

2358 In einem zweiten Schritt muss die GbR Anteile des operativen Unternehmens übernehmen. Dies kann durch Anteilserwerb, Übertragung von Anteilen aus dem bisherigen Privatvermögen eines Gründers in die GbR erfolgen. Diese Anteilsübertragung bedarf der notariellen Beurkundung (§ 15 Abs. 3, 4 GmbHG).

2359 In einem weiteren Schritt sind mit den Mitarbeitern atypisch stille Unterbeteiligungsverträge abzuschließen. Diese Verträge müssen mindestens Regelungen zu nachstehenden Punkten enthalten:

● Höhe und Fälligkeit der Einlage; Entnahmemöglichkeiten
● Beginn, Dauer, Kündigung und Auflösung der stillen Gesellschaft
● Mitwirkungs-, Informations- und Kontrollrechte
● Höhe des Beteiligungsentgelts
● Umwandlung in direkte Beteiligung.

2360 Um die gewollte Zielsetzung, nämlich eine Zurechnung des wirtschaftlichen Eigentums der GmbH-Anteile an die atypisch still unterbeteiligten Mitarbeiter für steuerliche Zwecke zu erreichen (vgl. § 39 AO), ist nach unserer Auffassung eine notarielle Beurkundung dieser Verträge zwischen den Mitarbeitern und der GbR nicht erforderlich. Die spätere Übertragung der von der GbR gehaltenen GmbH-Anteile auf die zuvor atypisch still unterbeteiligten Mitarbeiter bedarf allerdings der notariellen Beurkundung (§ 15 Abs. 3, 4 GmbHG).

Zu beachten ist weiterhin, dass während der Laufzeit einer solchen komplexen **2361** Struktur die GbR und atypisch still selbst als Personengesellschaft eigenständigen gesellschaftsrechtlichen Rechten und Pflichten unterliegt.[70]

3. Arbeitsrechtliche Aspekte

Es gelten die allgemeinen arbeitsrechtlichen Grundsätze. Beim Einsatz der Un- **2362** terbeteiligungs-GbR als Mitarbeiterbeteiligungsmodell ist insbesondere der Gleichbehandlungsgrundsatz zu beachten.

4. Bilanzierung

Für die operative Kapitalgesellschaft hat diese Beteiligungsstruktur keine Aus- **2363** wirkungen auf die Handels- oder Steuerbilanz. Es findet lediglich ein Gesellschafterwechsel (Anteile werden von einem Altgesellschafter oder im Rahmen einer Kapitalerhöhung auf die GbR übertragen) statt.

Schwierig hingegen ist die bilanzielle Behandlung der Struktur auf Ebene der **2364** GbR und atypisch still. Regelmäßig wird die GbR zunächst die von ihr erworbenen (oder sonst erhaltenen) GmbH-Anteile mit ihren Anschaffungskosten oder im Falle der Einlage mit dem Teilwert aktivieren. Regelmäßig besteht gleichzeitig eine Kaufpreisverpflichtung gegenüber dem Veräußerer bzw. ein entsprechender Kapitalanteil des übertragenden Altgesellschafters. Mit der Errichtung der atypisch stillen Gesellschaft erhält die GbR vom Mitarbeiter einen Liquiditätszufluss, der dem Wert der atypisch stillen Einlage entspricht. Diese ist seitens der GbR auch passivisch zu erfassen. In Abhängigkeit der konkreten Vertragsgestaltung sind dann etwaige Zinsen aus der Einlage der atypisch stillen Gesellschafter, etwaige Dividendenerträge aus der GmbH-Beteiligung sowie laufende Kosten der GbR (z. B. Buchführungs- und Abschlusskosten) zu verarbeiten.

5. Besteuerung

Bei entsprechender Ausgestaltung ist der atypisch still Beteiligte auch zu steu- **2365** erlichen Zwecken von Anfang an wie ein Gesellschafter der operativen Gesellschaft zu behandeln. Er erzielt Einkünfte aus Kapitalvermögen, die dem Halbeinkünfteverfahren unterliegen.

In der Praxis sind die zugrunde liegenden Beteiligungsverträge sowie die tat- **2366** sächliche Umsetzung derselben oftmals aber so mangelhaft, dass die erwünschte wirtschaftliche Zurechnung des GmbH-Anteils beim Mitarbeiter für steuerliche Zwecke nach § 39 AO nicht erreicht wird. In diesem Fall führt erst die spätere Übertragung des GmbH-Anteils nach Auflösung der Mitarbeiterbeteiligungs-GbR zu einer Beteiligung des Arbeitnehmers an der operativen Gesellschaft. In diesem Zeitpunkt ist dann der von ihm – oftmals Jahre zuvor geleistete Kaufpreis – mit dem tatsächlichen Wert der GmbH-Beteiligung zu

---

70 Vgl. §§ 705–741 BGB, §§ 231 ff. HGB.

vergleichen. Liegt Letzterer über dem Kaufpreis, liegt ein lohnsteuerpflichtiger geldwerter Vorteil vor. Dies führt bei einer – allseits gewünschten – positiven Wertentwicklung des Unternehmens zu empfindlichen Steuerbelastungen.

2367 Auch wenn die Verträge so ausgestaltet sind, dass die atypisch stille Beteiligung an der GbR dazu führt, dass dem Arbeitnehmer für steuerliche Zwecke der dahinterstehende GmbH-Anteil zuzurechnen ist, ist jeweils zu prüfen, ob der von ihm hierfür geleistete Kaufpreis angemessen ist. Ein zu niedrig bemessener Kaufpreis führt auch hier zu einem lohnsteuerpflichtigen Vorteil.

2368 Auf der Ebene der Gründungsgesellschafter der GbR ist gleichzeitig zu prüfen, ob die Einbringung des zuvor im Privatvermögen gehaltenen GmbH-Anteils in die GbR zu einem steuerpflichtigen Veräußerungsvorgang führt.

6. Wertpapierhandelsrecht

2369 Diese Beteiligungsstruktur wird regelmäßig nur in sehr frühen Stadien einer Unternehmensentwicklung angewendet. Planmäßig endet sie spätestens mit einem Börsengang der operativen Gesellschaft. Wertpapierhandelsrechtliche Vorschriften sind daher hier nicht zu beachten.

7. Verwaltung

2370 Auf Ebene der operativen Kapitalgesellschaft fällt an sich kein Verwaltungsaufwand an. Dieser entsteht für die gesellschafts-, handels- und steuerrechtliche Unterhaltung der GbR als eigenständige Personengesellschaft. Diese ist auch als eigenständiges Steuersubjekt bei der Finanzverwaltung anzumelden. Die Gewinne/Verluste der GbR Gesellschafter sind jährlich gesondert und einheitlich zu ermitteln (vgl. § 180 Abs. 1 Nr. 2a AO). Nach unseren Erfahrungen wird dieser laufende Verwaltungsaufwand regelmäßig unterschätzt.

2371 Weiterhin ist zu beachten, dass insbesondere dann ein zusätzlicher Aufwand für die GbR entsteht, wenn einzelne Mitarbeiter während der geplanten Laufzeit aus ihrem Angestelltenverhältnis bei der operativen Gesellschaft ausscheiden und damit gegebenenfalls auch ihre atypisch stille Unterbeteiligung kündigen. Hier müssen die Verträge abgewickelt und die Mitarbeiter auch ausbezahlt werden. Weiterer Aufwand fällt zudem bei der Aufnahme neuer atypisch stiller Unterbeteiligter an. Hier ist insbesondere die Frage der angemessenen Wertermittlung der stillen Unterbeteiligung von Bedeutung.[71]

---

71 Um die gewünschte steuerliche Wirkung zu erzielen, muss die Einlage des atypisch stillen Gesellschafters im Zeitpunkt eines Beitritts dem Verkehrswert (gemeinen Wert) des dahinter stehenden GmbH-Anteils entsprechen. Insofern ergeben sich für die unterjährige Beteiligung weiterer Arbeitnehmer oftmals erhebliche Bewertungsprobleme.

VI. Virtuelle Beteiligungsmodelle

1. Wesentliche Merkmale

Im Gegensatz zu den vorgenannten Modellen entspricht es dem Wesen virtuel- **2372**
ler Beteiligungsmodelle, den Begünstigten in bar zu entlohnen. Virtuelle Beteiligungsprogramme sind somit einer Tantieme vergleichbar. Sie bedienen sich
zur Ermittlung der Höhe der Zuwendung jedoch der Techniken der eigenkapi-
talorientierten Mitarbeiterbeteiligungsmodelle. Dementsprechend führen sie zu
einer Liquiditätsbelastung des Unternehmens und schaffen Personalaufwand in
entsprechender Höhe. Virtuelle Beteiligungsprogramme sind somit **keine
Eigenkapitalinstrumente.** Wie sogleich zu zeigen sein wird, sollten diese Instrumente zur Vermeidung von Bewertungsschwierigkeiten nur bei börsennotierten Unternehmen oder solchen Gesellschaften, die am Ende der Laufzeit
des Programms voraussichtlich börsennotiert sein werden, zum Einsatz kommen. Ein Vorteil dieser Beteiligungsarten ist, dass sie ebenso wie die „normale"
Mitarbeitervergütung in der Regel keinen Zustimmungsbedürfnissen der Hauptversammlung unterliegen.

Die gängigsten Modelle sind die **2373**

• Stock Appreciation Rights (SAR) und
• Phantom Stocks.

Bei Stock Appreciation Rights erhalten die beteiligten Arbeitnehmer fiktive **2374**
Bezugsrechte auf Aktien des Unternehmens des Arbeitgebers oder auch auf
einen Index. Die SAR können wie Optionspläne ausgestaltet werden, d. h. einen
Ausübungspreis, Erfolgsziele, Wartefristen und Verfallregeln enthalten. Bei
Ausübung der virtuellen Optionsrechte wird dem Begünstigten regelmäßig die
Differenz zwischen dem festgelegten Ausübungspreis und dem tatsächlichen
Wert der zugrunde gelegten Aktien im Zeitpunkt der Ausübung ausgezahlt.

Die Besonderheit von Phantom Stocks ist, dass der Begünstigte während der **2375**
Laufzeit des Programms so behandelt wird, als besäße er Aktien eines börsennotierten Unternehmens. Dies führt dazu, dass regelmäßig nicht nur eine etwaige Wertsteigerung des Papiers, sondern auch die während der Laufzeit auf
diese Aktien ausgeschütteten Dividenden vergütet werden.

2. Gesellschaftsrechtliche Anforderungen

Gesellschaftsrechtliche Besonderheiten bestehen nicht, da die Entlohnung von **2376**
Mitarbeitern über virtuelle Beteiligungsprogramme regelmäßig keine von den
Gesellschaftern gesondert zu genehmigende Maßnahme darstellt.

3. Arbeitsrechtliche Aspekte

Die Zuteilung von virtuellen Rechten folgt den allgemeinen für die Vergütung **2377**
von Mitarbeitern gültigen gesellschafts- und arbeitsrechtlichen Grundsätzen.
Auch insofern kommt insbesondere für die Frage der Höhe der Zuteilung für

die einzelnen Arbeitnehmer der arbeitsrechtliche Gleichbehandlungsgrundsatz zur Anwendung. Wir verweisen hierzu auf Abschnitt II. 3.

4. Bilanzierung

2378 In welchem Umfang und zu welchem Zeitpunkt Personalaufwand aus virtuellen Beteiligungsprogrammen bei der Gesellschaft zu erfassen ist, ist umstritten. Nach E-DRS 11[72] soll der Gesamtwert der virtuellen Rechte über die Dauer der Sperrfrist ratierlich als Personalaufwand über eine Rückstellungsbildung erfasst werden. Zwischenzeitliche Wertveränderungen sind bei der Rückstellungsbildung zum jeweiligen Bilanzstichtag zu erfassen. Wertverluste sind ebenfalls erfolgswirksam zu erfassen. Zwar soll die Ermittlung des Wertes der virtuellen Optionsrechte nach den gleichen Regeln erfolgen, die für echte Optionsrechte gelten. Doch soll im Ergebnis über eine ratierliche Ansammlung der tatsächliche Zahlungsbetrag als Personalaufwand erfasst werden. Deshalb erfolgen anders als bei der Bilanzierung echter Optionsrechte sowohl während als auch nach Ablauf der Sperrfrist Wertanpassungen (z. B. neben Wertänderungen des zugrunde liegenden Wertpapiers auch Berücksichtigung von Fluktuations- und Sterbewahrscheinlichkeiten).

2379 Auch wenn die üblichen Unwägbarkeiten bei der Wertbestimmung vorliegen, ist dem Vorschlag des DSR insoweit zuzustimmen, dass im Ergebnis Personalaufwand in Höhe der tatsächlich an die Begünstigten gezahlten Beträge in der Gewinn- und Verlustrechnung zu erfassen ist. Eben dieser Betrag ist auch als Personalaufwand zu steuerlichen Zwecken anzuerkennen, da ein Mittelabfluss (und keine Verwässerung der Anteile der Altaktionäre wie bei echten Optionsmodellen) stattgefunden hat.

5. Besteuerung

2380 Beim Begünstigten sind die Zahlungen entsprechend den Grundsätzen der Besteuerung von Tantiemen zu behandeln. Es handelt sich bei Arbeitnehmern um Einkünfte aus nichtselbstständiger Tätigkeit, die zum Zeitpunkt des Zuflusses der Besteuerung zu unterwerfen sind.

6. Verwaltung

2381 Wie aufwändig sich die Verwaltung gestaltet, hängt von der Ausgestaltung der Teilnahmebedingungen des Beteiligungsprogramms ab und entspricht dem Verwaltungsaufwand für echte Optionsprogramme hinsichtlich Bewertung, Bilanzierung, Überwachung der Verfall- und Wartefristen. Dennoch sind virtuelle Programme bedeutend einfacher zu verwalten, da regelmäßig keine gesellschaftsrechtlichen Maßnahmen bei der Implementierung oder Ausübung erforderlich sind.

---

72 Vgl. E-DRS 11 Rz. 33–35 und Anhang E, Beispiel 4.

J. Umgang mit Unternehmenskrisen

Literaturauswahl

Fechner, Dietrich, Praxis der Unternehmenssanierung, 1. Auflage 1999; Gottwald, Peter (Hrsg.), Insolvenzrechtshandbuch, 2. Auflage, 2001; Harz, Michael/Hub, Heinz-Günther/ Schlarb, Eberhard, Sanierungsmanagement, 2. Auflage, 1999; Hess, Harald/Fechner, Dietrich, Sanierungshandbuch, 3. Auflage, 2000; v. Gerkan, Hartwin/Hommelhoff, Peter (Hrsg.), Handbuch des Kapitalersatzrechts, 1. Auflage, 2000; Schmidt, Karsten/Uhlenbruck, Wilhelm (Hrsg.), Die GmbH in Krise, Sanierung und Insolvenz, 1. Auflage, 1999.

> *Beispiel: Die bankarupta GmbH in der Krise*
>
> Die bankarupta GmbH berät und implementiert Komplettlösungen im Bereich der Datensicherheit im Bankgewerbe. Nachdem die mit einem Eigenkapital von Euro 100.000 ausgestattete Gesellschaft in den ersten zwei Geschäftsjahren nach Gründung – wie geplant – jeweils einen Jahresfehlbetrag von umgerechnet Euro 25.000 ausweisen musste, trat im dritten Geschäftsjahr nicht der vorgesehene Break Even ein. Vielmehr teilte das Controlling der Gesellschaft dem Geschäftsführer Fred Faillito schon zu Beginn des vierten Quartals mit, dass hochgerechnet bis zum Ende des Geschäftsjahres ein erneuter Fehlbetrag von mindestens 50.000 Euro zu erwarten sei.

Gerade junge, mittelständische Unternehmen sterben früh, wie die Insolvenzstatistik zeigt: Fast jede fünfte Unternehmensinsolvenz trifft Unternehmen, die höchstens 24 Monate bestanden haben. Die Hälfte aller insolventen Unternehmen ist nicht älter als sechs Jahre (das sprichwörtliche „verflixte siebte Jahr").[1] Gleichwohl fühlt man sich häufig an den Plattentitel von Supertramp „Crisis? – What Crisis?" erinnert, wenn man das Management eines Unternehmens mit der Krise des Unternehmens konfrontiert. Auch wenn man unterstellen mag, dass einige Manager lieber den Kopf vor den erkannten Problemen in den Sand stecken, so dürfte bei den meisten doch Unkenntnis bezüglich der rechtlichen Risiken im Falle einer Krise vorliegen. Das möglichst frühzeitige Erkennen einer Krise und deren Ursachen ist jedoch Voraussetzung für ein erfolgreiches Umsteuern. **2382**

Wann liegt nun eine Krise vor? Die Frage ist nicht einheitlich zu beantworten. Die Betriebswirtschaft definiert den Begriff der Krise allgemein als „einen Zustand des Unternehmens, welcher die Lebensfähigkeit bedroht."[2] Juristisch gesehen befindet sich ein Unternehmen dann in der Krise, wenn es nicht mehr zu marktüblichen Bedingungen Kredite erhält, also kreditunwürdig ist.[3] Endpunkt der Krise, und von dieser zu unterscheiden, ist die Insolvenz, die sich in der Zahlungsunfähigkeit oder Überschuldung der Gesellschaft manifestiert. Ausgehend hiervon bedeutet Krise also jegliche Entwicklung, die zu einer Bestandsgefährdung des Unternehmens führt und, wenn sie nicht unterbrochen wird, in die Insolvenz des Unternehmens mündet. Ist das Unternehmen in der Krise, aber noch nicht in der Insolvenz, so besteht die Möglichkeit einer sog. außerge- **2383**

---

1 Creditreform, Presseveröffentlichung vom 08.05.2002, www.creditreform.de/presse.
2 Schmidt/Uhlenbruck, Die GmbH in Krise, Sanierung und Insolvenz, Rdnr. 1.
3 Baumbach/Hueck, GmbHG, § 32a Rdnr. 43.

richtlichen Sanierung. Tritt dagegen die Insolvenz des Unternehmens ein, so können, schon aus haftungsrechtlichen Gesichtspunkten, Möglichkeiten der außergerichtlichen Sanierung lediglich innerhalb eines sehr kurzen Zeitraumes versucht werden; im Übrigen ist nur noch eine (gerichtliche) Sanierung im Insolvenzverfahren möglich und rechtlich zulässig.

2384 Wird die Krise oder Insolvenz des Unternehmens erkannt, so muss daher als Erstes die Entscheidung darüber getroffen werden, ob das Insolvenzverfahren beantragt oder eine außergerichtliche Lösung versucht werden soll (Prüfung der Sanierungsfähigkeit und -würdigkeit). Danach müssen die für das gewählte Sanierungsverfahren geeigneten und erforderlichen Schritte unverzüglich getätigt werden.

2385 Doch beginnen wir mit der Krisenerkennung, bevor wir uns mit den Möglichkeiten der Krisenabwehr beschäftigen.

I. Krisenerkennung und Feststellen der Insolvenz

2386 Schon in Teil II B – Risikofrüherkennungssysteme – wurde dargelegt, dass insbesondere Kapitalgesellschaften ein Risikofrüherkennungssystem vorzuhalten haben, welches den unbemerkten Zusammenbruch des Unternehmens verhindern helfen soll, indem es dem Management des Unternehmens zeitnah die relevanten betriebswirtschaftlichen Kennziffern übermittelt. Neben diesem, auf der Auswertung vergangener Daten beruhendem operativen Früherkennungssystem, existieren aber auch strategische Frühwarnsysteme, die zukunftsorientiert arbeiten.[4] Demgegenüber stellt die Insolvenz, welche durch die Insolvenzgründe der Zahlungsunfähigkeit und Überschuldung festgelegt wird, eine Zäsur dar. Im Falle der Insolvenz müssen die außergerichtlichen Sanierungsbemühungen nämlich schon zur Vermeidung von Haftungsrisiken eingestellt werden. Deswegen sollte bei Auftreten einer Krise und im Rahmen der außergerichtlichen Sanierung immer wieder geprüft werden, ob einer der Insolvenzgründe vorliegt.

1. Methoden der Krisenerkennung[5]

2387 Typischerweise durchläuft eine Unternehmenskrise drei Stadien, nämlich die Strategiekrise, die Ertrags- oder Erfolgskrise und schließlich die Liquiditätskrise.[6]

2388 Die strategische Krise eines Unternehmens kann einfach aus einer falschen Produktentscheidung heraus entstehen. Kommt ein Produkt beim Konsumenten nicht an, so wird das natürlich Folgen für das Unternehmen haben. Aber auch Maßnahmen von Wettbewerbern, wie Fusionen mit weiteren Unternehmen, können Auswirkungen auf das eigene Unternehmen haben. Die strategische Krise

---

4 Siehe vertiefend hierzu Schmidt/Uhlenbruck, Die GmbH in Krise, Sanierung und Insolvenz, Rdnr. 5 ff.
5 Checklisten für Unternehmenskrisen sind bei Industrie- und Handelskammern, Wirtschaftsauskunfteien oder direkt über das Internet zu beziehen.
6 Fechner, Praxis der Unternehmenssanierung, S. 21.

kann, wenn nicht in geeigneter Weise gegengesteuert wird, zu einer Ertrags-
und Erfolgskrise führen, weil bisherige Hauptabnehmer wegen der „schlechten"
Produkte zur Konkurrenz wechseln. Für sich genommen kann aber auch ein unternehmensinterner Krisenkreislauf zu einer Ertragskrise führen: so, wenn Lieferfristen nicht eingehalten werden und Kunden deswegen ihre Aufträge stor-
nieren. Oder der Preisdruck durch die Konkurrenz kann nicht (rechtzeitig)
durch eine Effizienzsteigerung und Kostensenkung im Bereich der Produktion
aufgefangen werden, sodass der Cash-Flow des Unternehmens ins Negative
dreht (Liquiditätskrise). Ist die Krise erst einmal bei der Ertragslage angekom-
men und verschlechtert sich der Cash-Flow, so schlagen die operativen Frühwarnsysteme Alarm. Die Unternehmenskennzahlen sollten dem Management
den Umfang der Krise aufzeigen. Werden nunmehr nicht die geeigneten Maßnahmen ergriffen, so folgt ziemlich schnell die Liquiditätskrise und – als End-
stadium – die Insolvenz des Unternehmens.

Diese kurze Darstellung der Krisenstadien zeigt aber auch schon die Methoden **2389**
der Krisen(früh)erkennung auf: ständige Beobachtung des Marktes und der
Wettbewerber sowie der dauernde Kontakt mit den eigenen Mitarbeitern, die, je
nach Arbeitsgebiet, einen viel besseren Einblick in mögliche Fehlentwicklungen
haben.[7] Spätestens im Bereich der Ertragskrise ist ein gut funktionierendes
Controlling für die Anzeige der Krisenindikatoren unverzichtbar.

> Fred Faillito beruft sofort eine Sitzung der Abteilungsleiter ein, um sich über die
> Ursachen der Krise unterrichten zu lassen. Hierbei stellt sich heraus, dass im Zuge
> des Einstiegs eines amerikanischen Großkonzerns in den deutschen Markt im Drit-
> ten Quartal die bankarupta GmbH ihre Beraterhonorare teilweise um ein Drittel
> kürzen musste, um am Markt wettbewerbsfähig zu bleiben. Damit aber waren vom
> Eigenkapital der Gesellschaft i. H. v. ursprünglich Euro 100.000 zu Beginn des vier-
> ten Quartals schon Euro 75.000 verbraucht.

2. Insolvenzgründe

Ist es nicht gelungen, die Krise zu meistern, so wird auch das Controlling nur **2390**
noch das Vorliegen der nach der Insolvenzordnung (InsO) festzustellenden Insolvenzgründe vermelden können. Die Insolvenzordnung kennt insgesamt drei
Insolvenzgründe, nämlich die Zahlungsunfähigkeit (§ 17 InsO), die drohende
Zahlungsunfähigkeit (§ 18 InsO) und die Überschuldung (§ 19 InsO).

a) Zahlungsunfähigkeit

Eine Gesellschaft ist dann zahlungsunfähig im Sinne des § 17 InsO, wenn sie **2391**
nicht in der Lage ist, ihre fälligen Zahlungsverpflichtungen zu erfüllen. In diesem Zusammenhang stellt die tatsächliche (und nach außen erkennbare) Zah-
lungseinstellung das stärkste Indiz für die Zahlungsunfähigkeit dar. Die Zahlungsunfähigkeit kann jedoch schon vorher indiziert sein, z. B. dann, wenn der

---

7 Fechner, Praxis der Unternehmenssanierung, S. 30 weist denn auch zu Recht darauf hin, dass das
Management viel zu selten den Kontakt zu den Mitarbeitern als Krisenindikator nutzt.

Schuldner seine fälligen Verbindlichkeiten bis auf ganz geringe Liquiditätslücken nicht in unmittelbarem zeitlichen Zusammenhang ausgleichen kann. Für die Feststellung der Zahlungsunfähigkeit kommt es grundsätzlich nicht auf die Dauer der Liquiditätslücke oder auf ein ernsthaftes Einfordern der jeweiligen Verbindlichkeit durch den Gläubiger an. Kann sich der Schuldner allerdings durch Liquidierung bestehender Vermögenswerte oder Kreditaufnahme kurzfristig liquide Mittel verschaffen, so liegt nur eine Zahlungsstockung vor. Aufgrund der Zielsetzung der Insolvenzordnung, eine möglichst rechtzeitige Verfahrenseröffnung zur Rettung des Unternehmens zu ermöglichen, ist eine kurzfristige Liquiditätslücke nach dem derzeitigen Stand der Rechtsprechung und Literatur wohl nur bis zu einem Zeitraum von bis zu zwei Wochen anzunehmen. Auch hat der Gesetzgeber im Zuge der Reform des Insolvenzrechts auf das Merkmal der „wesentlichen" Verbindlichkeiten verzichtet. Dies bedeutet, dass nur bei Vorliegen ganz geringer Liquiditätslücken die Zahlungsunfähigkeit nicht vorliegen soll. Wie groß diese Liquiditätslücke sein darf, ist bisher nicht abschließend geklärt, jedoch ist davon auszugehen, dass sie 10 % der Gesamtsumme der Verbindlichkeiten nicht übersteigen darf.

2392 Bei der Berechnung der Höhe der Gesamtverbindlichkeiten ist in diesem Zusammenhang zu beachten, dass diese Verbindlichkeiten zum Zeitpunkt der Berechnung auch fällig sein müssen. Noch nicht fällige, oder bereits verjährte, Forderungen gegen die Gesellschaft sind in die Betrachtung nicht mit einzubeziehen.

> Die laufenden fälligen Verbindlichkeiten der bankarupta GmbH für Gehälter, Miete, etc. betragen derzeit ca. Euro 250.000 monatlich. Gleichzeitig beträgt der durchschnittliche Zahlungseingang auf Konten der Gesellschaft rund Euro 230.000 pro Monat. Daneben hat die Sparkasse Nieder-Olm der GmbH einen Kontokorrent – Rahmenkredit in Höhe von Euro 300.000 eingeräumt, von dem noch rund Euro 200.000 offen sind. Die bankarupta GmbH könnte also selbst ohne eingehende Zahlungen noch die Verbindlichkeiten für fast einen Monat aus vorhandenen liquiden Mitteln decken, sodass eine Zahlungsunfähigkeit zum gegenwärtigen Zeitpunkt zu verneinen ist.

b) Drohende Zahlungsunfähigkeit

2393 Dieser Eröffnungsgrund – der als Antragsgrund nur dem Schuldner zur Verfügung steht – stellt ein Novum in der Insolvenzgesetzgebung dar und manifestiert den Willen des Gesetzgebers zur Vorverlagerung der Insolvenzeröffnung. Die drohende Zahlungsunfähigkeit liegt vor, wenn der Schuldner voraussichtlich nicht in der Lage sein wird, die bestehenden Zahlungspflichten im Zeitpunkt der Fälligkeit erfüllen zu können. Der Schuldner ist voraussichtlich nicht in der Lage, die dann fälligen Verbindlichkeiten zu erfüllen, wenn sich aus dem Vergleich zwischen den mit an Sicherheit grenzender Wahrscheinlichkeit zu begründenden Verbindlichkeiten und den voraussichtlichen Einnahmen im Rahmen eines vom Schuldner aufzustellenden Finanzplans ergibt, dass der Eintritt der Zahlungsunfähigkeit zu einem bestimmten Zeitpunkt wahrscheinlicher ist als deren Vermeidung.[8] Ähnlich wie bei der Fortführungsprognose im Rahmen der Überschuldung (siehe sogleich nachfolgend) sollte der Prognosezeitraum nicht über zwei Jahre hinaus ausgedehnt werden, da ein längerer Zeitraum kaum erfassbar und sicher abschätzbar sein dürfte.

Im Gegensatz zu den Insolvenzgründen der Zahlungsunfähigkeit und Über- **2394** schuldung besteht im Zusammenhang mit einer drohenden Überschuldung nach § 18 InsO keine Rechtspflicht zur Insolvenzantragstellung für den Schuldner. Diese Norm gewährt vielmehr nur das Recht zu einer Antragstellung.

> Angesichts des derzeitigen Liquiditätsdeltas i. H. v. Euro 20.000 monatlich wird die bankarupta GmbH innerhalb der nächsten 10 Monate ihre Liquidität verbraucht haben, wenn die Liquiditätslage der Gesellschaft nicht nachhaltig verbessert werden kann. Damit ist der Insolvenzantragsgrund der drohenden Zahlungsunfähigkeit derzeit erfüllt.

c) Überschuldung

Eine Überschuldung der Gesellschaft nach § 19 InsO liegt dagegen vor, wenn **2395** die Verbindlichkeiten der Gesellschaft ihr Vermögen übersteigen. Der Ausweis eines negativen Eigenkapitals in der Bilanz der Gesellschaft (sog. bilanzielle Überschuldung) stellt insoweit nur ein Indiz für die (insolvenzrechtliche) Überschuldung dar.[9] Die insolvenzrechtliche Überschuldung muss durch einen nach eigenständigen Regeln aufzustellenden Insolvenzstatus (Überschuldungsstatus) festgestellt werden. Hierbei ist nach § 19 Abs. 2 Satz 2 InsO bei der Bewertung des Vermögens des Schuldners grundsätzlich die Fortführung des Unternehmens zu Grunde zu legen, wenn diese nach den Umständen überwiegend wahrscheinlich ist (Fortführungsprognose). Ist die Fortführung nicht überwiegend wahrscheinlich, so sind Zerschlagungswerte anzusetzen. Hintergrund des verschiedenartigen Ansatzes der Vermögenswerte ist, dass im Falle der Zerschlagung des Unternehmens die Vermögensgegenstände als Einzelobjekte gewöhnlicherweise nicht den Verkehrswert erreichen, den das Betriebsvermögen als Sachgesamtheit erreichen würde.

Im Rahmen der Fortführungsprognose muss die Frage beantwortet werden, ob **2396** das Unternehmen mittelfristig in der Lage sein wird, die notwendige Finanzkraft zu entwickeln, um wirtschaftlich überlebensfähig zu sein. Dazu muss ein Finanz- und Ertragsplan aufgestellt werden, in dem die finanzielle Entwicklung des Unternehmens über einen Zeitraum von etwa 2 Jahren hinweg betrachtet wird. Diese sog. „mittelfristige" Betrachtung sollte also das laufende und das nächste Geschäftsjahr einbeziehen. Darunter liegende Zeiträume dürften als zu kurz anzusehen sein; darüber hinausgehende Zeiträume dürften die Prognose verwässern. Bei der Erstellung der Fortführungsprognose ist die Sorgfalt eines ordentlichen Geschäftsleiters zu Grunde zu legen. Es ist darauf hinzuweisen,

---

8 Kübler/Prütting, InsO, § 18 Rdnr. 9.
9 Von der Überschuldung zu unterscheiden ist die sog. Unterbilanz, die entsteht, wenn das gezeichnete Kapital der Gesellschaft in der Bilanz nicht mehr erreicht wird.

dass die Organe der juristischen Person die Beweislast für die Aufstellung und Richtigkeit der positiven Fortführungsprognose tragen.[10] Die Fortführungsprognose ist dann positiv, wenn mittelfristig eine ausreichende Liquidität als überwiegend wahrscheinlich dargestellt werden kann.

2397 Eine weitere Besonderheit bei der Aufstellung des Überschuldungsstatus betrifft die Frage, welche Positionen auf der Aktiv- und Passivseite des Überschuldungsstatus einzusetzen sind. Da der Überschuldungsstatus weitestgehend eigenen Regeln folgt, bleiben handelsrechtliche Bewertungsansätze häufig außer Betracht.

2398 Auf der Aktivseite zu erfassen sind sämtliche Gegenstände des Anlage- und Umlaufvermögens, sowie der Wert der Grundstücke und sonstiger Sach- und Finanzanlagen. Soweit Forderungen vorhanden sind, muss deren Realisierbarkeit und Vollwertigkeit berücksichtigt werden, insbesondere sind solche Forderungen, die erst durch die Eröffnung eines Insolvenzverfahrens entstehen würden – z.B. Anfechtungsansprüche – nicht zu berücksichtigen. Dagegen sind Ansprüche gegen Gesellschafter, z.B. wegen ausstehender Einlagen, auf Rückzahlung ausgekehrter Einlagen oder wegen erhaltener Zahlungen auf kapitalersetzende Darlehen nach h.M. zumindest in Höhe ihrer Werthaltigkeit zu berücksichtigen. Darüber hinaus sind auch aus Sanierungsmaßnahmen resultierende Vermögenswerte, wie z.B. aus Patronatserklärungen, aufzunehmen (siehe sogleich unten). Die Aktivierbarkeit des Firmenwertes ist streitig und sollte aus dem Gebot der handelsrechtlichen Vorsicht heraus grundsätzlich nicht erfolgen, jedoch sind sonstige immaterielle Vermögenswerte, wie z.B. Markenrechte, Konzessionen und Patente zu aktivieren.

2399 Auf der Passivseite hat das Eigenkapital außer Betracht zu bleiben. Kapitalersetzende Gesellschafterdarlehen dürfen nur dann nicht in Ansatz gebracht werden, wenn über diese Verbindlichkeit eine wirksame Rangrücktrittserklärung abgegeben wurde. Streitige Verbindlichkeiten, über die in einem anhängigen Prozess noch nicht entschieden ist, sollen nicht zu passivieren sein.[11]

2400 Ergibt die Aufstellung des Überschuldungsstatus unter Ansatz von Fortführungswerten, dass eine Überschuldung nicht vorliegt, so ist § 19 InsO nicht erfüllt. Ergibt sich dagegen eine Überschuldung selbst bei Ansatz von Fortführungswerten oder müssen die Vermögenswerte mit ihrem Liquidationswert angesetzt werden, weil eine positive Fortführungsprognose nicht gestellt werden kann und ergibt sich dann eine Überschuldung, so ist das Vorliegen der insolvenzrechtlichen Überschuldung nach § 19 InsO zu bejahen.

> Bei der Auswertung der Bilanz stellt Fred Faillito fest, dass zumindest bis zum Jahresende das Eigenkapital der Gesellschaft aufgebraucht sein wird, wenn nicht schon früher. Bei der Erstellung der Fortführungsprognose tut er sich schwer, denn derzeit sind auf Grund der IT-Flaute keine neuen Investoren in Sicht und auch die Liquiditätslage sieht ohne weitere Investoren nicht gut aus. Würde er aber bezüglich des restlichen Vermögens der Gesellschaft Zerschlagungswerte ansetzen, so ist er sich

10 Kübler/Prütting, InsO § 19 Rdnr. 17.
11 OLG Köln, Urteil vom 1. September 1999, DStR 2000, 1662.

nicht sicher, ob er nicht schon insolvent ist. Um sicher zu gehen, beauftragt er den Wirtschaftsprüfer Gernod Genau mit der Erstellung eines Insolvenzstatus und versucht sich gleichzeitig über die Möglichkeiten der Unternehmenssanierung zu informieren.

II. Außergerichtliche Sanierung

Hören Unternehmensführer jeglicher Couleur die Worte „Insolvenz" oder „Konkurs", so läuft ihnen zumeist ein kalter Schauer über den Rücken und sie denken an den Schuldturm oder ähnliches. Deswegen versuchen sie zumeist auch ein Insolvenzverfahren zu vermeiden, allerdings häufig ohne die möglichen und erforderlichen Schritte einer außergerichtlichen Sanierung hinreichend zu betreiben. Häufig wird übersehen, dass vor einer Entscheidung über die Sanierung erst einmal die Prüfung der Sanierungsfähigkeit des Unternehmensträgers stehen muss. Die Gesellschaft ist nämlich nur dann sanierungsfähig, wenn sie nach der Durchführung von Sanierungsmaßnahmen nachhaltig einen Überschuss der Einnahmen über die Ausgaben erzielen kann. Anderenfalls ist sie liquidationsbedürftig.[12] Zwar sind eine Vielzahl von Methoden der Sanierungsfähigkeitsprüfung entwickelt worden, die meisten lehnen sich jedoch an die Grundsätze der Unternehmensbewertung an.[13] Neben dieser rein betriebswirtschaftlichen Bewertung der Sanierungsfähigkeit sind bei der Entscheidung über eine außergerichtliche Sanierung aber auch ein Bündel von Vor- und Nachteilen der außergerichtlichen Sanierung zu berücksichtigen, die sich aus anderen Gesichtspunkten ergeben.

2401

1. Chancen und Risiken der außergerichtlichen Sanierung

Der wohl größte Vorteil einer außergerichtlichen oder freien Sanierung ist, dass sie häufig ohne schädliche Publizität, also „geräuschlos" ablaufen kann. Weiterhin schlägt aber auch die gegenüber einem gerichtlichen Insolvenzverfahren schnellere Abwicklung des außergerichtlichen Sanierungsverfahrens positiv zu Buche. Allgemein stellt sich die außergerichtliche Sanierung zudem als kostengünstiger dar, als die gerichtliche Sanierung, weil die Kosten für den Insolvenzverwalter und das Insolvenzgericht entfallen. Auch hängt die Einleitung der außergerichtlichen Sanierung nicht vom Vorliegen eines Insolvenzgrundes ab, sodass sie noch weit vor der eigentlichen Insolvenz des Unternehmens beginnen kann. Bei einer freien Sanierung entfallen auch die förmlichen Vorraussetzungen, die im Rahmen eines Insolvenzplanverfahrens zu beachten sind, was sich insbesondere im Hinblick auf die Vereinfachung der Erstellung eines außergerichtlichen Sanierungsplans positiv auswirken kann.[14] Weiterhin bleibt das ur-

2402

---

12 Schmidt/Uhlenbruck, Die GmbH in Krise, Sanierung und Insolvenz, Rdnr. 246.
13 Schmidt/Uhlenbruck, Die GmbH in Krise, Sanierung und Insolvenz, Rdnr. 246.
14 Allerdings sollten auch im Rahmen einer außergerichtlichen Sanierung formelle Vorgaben beachtet werden, um eine Haftung der Geschäftsführung wegen Sorgfaltspflichtverletzung zu vermeiden.

sprüngliche oder ein neu eingewechseltes Management beim außergerichtlichen Sanierungsversuch am Ruder, während im Insolvenzverfahren mit Ausnahme der sog. Eigenverwaltung (siehe dazu unten) der Insolvenzverwalter im Rahmen des Insolvenzverfahrens die Steuerung des Unternehmens übernehmen wird.

2403 Diesen potenziellen Vorteilen einer außergerichtlichen Sanierung stehen jedoch mannigfaltige Nachteile gegenüber, die mit den vorgenannten Vorteilen sorgfältig abgewogen werden müssen, um unangenehme Überraschungen zu vermeiden. Insbesondere die Haftungsrisiken für die Organe der juristischen Person im Falle des Fehlschlagens einer freien Sanierung sind beträchtlich und sollen in einem getrennten Abschnitt (IV – Haftungsgefahren) behandelt werden. Zu beachten ist insbesondere, dass außergerichtliche Sanierungen Konsenslösungen darstellen. Gläubiger der Gesellschaft können nicht zu einem außergerichtlichen Vergleich gezwungen werden. Anders als beim gerichtlichen Vergleich sind hier keine Mehrheitsentscheidungen zulässig, durch die eine Mehrheit die Minderheit binden könnte. Insbesondere entfaltet der außergerichtliche Vergleich keinerlei Bindungswirkung für diejenigen Gläubiger, die sich dem Vergleich nicht angeschlossen haben. Diese Situation ist prinzipiell einladend für sog. „Akkordstörer", die sich durch die vordergründige Ablehnung des Vergleichs einen gesonderten Vorteil erhoffen. Hierbei ist auch zu beachten, dass nicht zustimmende Gläubiger grundsätzlich nicht rechtsmissbräuchlich handeln, wenn sie ihre Ansprüche gegen die Gesellschaft trotz des außergerichtlichen Vergleichsvorschlages im vollem Umfang geltend machen.[15] Dementsprechend ist auch beim außergerichtlichen Vergleich der Grundsatz der Gläubigergleichbehandlung ebenso wie in der Insolvenz zu beachten, d. h. es dürfen insbesondere keine Gläubiger gegenüber anderen bevorzugt werden.

2404 Ähnlich wie die Bekanntgabe des Insolvenzantrages, so kann auch das zufällige Bekanntwerden eines außergerichtlichen Sanierungsversuchs den Gläubigern die prekäre Situation des Schuldners erkennbar werden lassen. Besicherte Gläubiger könnten dann versucht sein, durch Rückgriff auf ihre Sicherungsrechte nicht nur sich persönlich Vorteile zu sichern, sondern auch dem gesamten außergerichtlichen Vergleichsverfahren die Grundlage entziehen, indem sie dringend im Unternehmen benötigte Vermögenswerte aus dem Unternehmen abziehen.

2. Sanierungsmaßnahmen

2405 Ergibt die Sanierungsfähigkeitsprüfung, dass das Unternehmen sanierungsfähig ist und kommt die Geschäftsleitung auch nach Abwägung der vorgenannten Aspekte zu dem Ergebnis, dass eine außergerichtliche Sanierung versucht werden soll, so müssen die geeigneten Sanierungsmaßnahmen ergriffen werden. Die Sanierung wird natürlich nur dann erfolgreich sein, wenn die ergriffenen Sanierungsmaßnahmen auch auf der Ebene greifen, die zuvor als Wurzel der Krise erkannt worden ist. Somit muss eine strategische Krise grundsätzlich

---

15 BGH, Urteil vom 12. Dezember 1991, NJW 1992, 967.

auch auf strategischer Ebene, eine operative Krise auf operativer Ebene beseitigt werden. Gleichwohl wird die Krise häufig so weit fortgeschritten sein, dass Einzelmaßnahmen nicht mehr ausreichen, sondern vielmehr ein Maßnahmenbündel erforderlich ist, um die Krise wirksam und nachhaltig zu bekämpfen. Nachfolgend sollen einige dieser Sanierungsmaßnahmen – die eher auf operativer denn auf strategischer Ebene greifen – dargestellt werden, die sich ggf. auch untereinander kombinieren lassen.

a) Außergerichtlicher Vergleich

Der außergerichtliche Sanierungsvergleich ist im Gesetz nicht geregelt, für ihn **2406** gilt vielmehr das Prinzip der Vertragsfreiheit. Er stellt sich somit als Ergebnis von Verhandlungen mit den jeweiligen Gläubigern dar. Im Rahmen der Vergleichsverhandlungen wird der Schuldner bemüht sein, entweder eine der nachfolgend genannten Sanierungsmaßnahmen, einen (Teil-) Verzicht der Gläubiger auf ihre Forderungen oder eine Kombination der vorgenannten Mittel zu erreichen. Darüber hinaus wird in einem solchen Vergleich häufig eine (zeitlich beschränkte) Selbstverpflichtung der Gläubiger, von Maßnahmen der Zwangsvollstreckung gegen den Schuldner abzusehen, vereinbart. Wie schon oben angeführt, ist bei einem außergerichtlichen Sanierungsvergleich auch der Gläubigergleichbehandlungsgrundsatz zu beachten. Jedoch ist es aufgrund der Vertragsfreiheit möglich, dass einzelne Gläubiger, in Kenntnis aller relevanten Umstände, mit ihren Rechten noch weiter zurücktreten als andere Gläubiger. Dieser freiwillige Verzicht setzt natürlich eine umfassende Information der betroffenen Gläubiger voraus. Innerhalb eines Vergleiches werden häufig die nun nachfolgend beschriebenen Sanierungsmechanismen, wie etwa der Forderungsverzicht, vereinbart.

b) Änderung der Gesellschafts- oder Betriebsstruktur

Kennzeichnend für diese Methoden der Sanierung ist, dass die rechtliche oder **2407** zumindest vermögensrechtliche Struktur des bedrohten Unternehmensträgers selbst oder die Zusammensetzung der Gesellschafter verändert wird. Dieses kann geschehen durch die Veräußerung der Gesellschaft (sog. share deal), die Veräußerung von Betriebsteilen auf einen anderen Rechtsträger (sog. asset deal) oder die Restrukturierung von Gesellschaften nach dem Umwandlungsgesetz (UmwG).

Die Veräußerung von Anteilen an einer Kapitalgesellschaft im Wege eines **2408** **share deals** stellt an sich keine Sanierung dar, da sich an der Krise der Gesellschaft selbst erst einmal nichts ändert. Allerdings schafft gerade die Anteilsveräußerung neben der (nachfolgend besprochenen) Kapitalerhöhung häufig die Voraussetzung um Dritte „ins Boot zu nehmen", die dann ihrerseits die Krise bekämpfen können.

Die Übertragung von Vermögenswerten im Wege eines **asset deals** zielt dagegen **2409** häufig darauf ab, die Altverbindlichkeiten, die zur Krise der Gesellschaft geführt haben, in der Altgesellschaft „abzustreifen" und mit den übertragenen Vermögenswerten in der neuen Gesellschaft („Auffanggesellschaft") einen Neustart durchzuführen. Diese Methode der Sanierung wird auch als „übertragende Sanierung" bezeichnet. Naturgemäß kann diese Übertragung auch zu einem „Ausleeren" des Krisenunternehmens zu Lasten der Gläubiger führen, weswegen auch verschiedene Regelungen zum Schutz der Gläubiger zu beachten sind.

2410   Zum einen kann die Übertragung von Vermögenswerten angreifbar nach den Regeln über die Insolvenzanfechtung, §§ 129 ff. InsO, sein. Danach ist eine Rechtshandlung, die die Gläubiger benachteiligt, in einem Insolvenzverfahren über das Krisenunternehmen anfechtbar. Eine Anfechtung nach diesen Vorschriften hat – bis auf die Anfechtung wegen vorsätzlicher Gläubigerbenachteiligung, § 133 InsO – allerdings dann nur geringe Erfolgsaussichten, wenn eine angemessene Gegenleistung für die erworbenen Vermögensgegenstände gezahlt wurde.

2411   Zum anderen kann zum Schutz der Arbeitnehmer in einem solchen Fall auch § 613a BGB eingreifen, der bei einer Übertragung des Betriebes oder eines Betriebsteils auch den Übergang der diesbezüglich bestehenden Arbeitsverhältnisse vorsieht. Der „kalten Kündigung" der Mitarbeiter durch Verschiebungen von Betriebsteilen soll so ein Riegel vorgeschoben werden.

2412   Führt der Erwerber das Unternehmen unter der bisherigen Bezeichnung („Firma") fort, so droht ihm schließlich auch die (Mit-) Haftung für alle im übertragenden Unternehmen begründeten Verbindlichkeiten. In dieselbe Richtung geht § 75 AO in Bezug auf bestehende Steuerforderungen des übertragenden Unternehmens.

2413   Aus der Darstellung der Risiken wird deutlich, dass die übertragende Sanierung mit vielen Unwägbarkeiten verbunden ist, sodass eine überstürzte und schlecht vorbereitete Übertragung schon die erste Krise für die Auffanggesellschaft impliziert.

2414   Bei der Umwandlung des in der Krise befindlichen Rechtsträgers spielt heute vor allen Dingen die **Verschmelzung** im Rahmen der sog. Sanierungsfusion eine Rolle.[16] Im Gegensatz zur Übertragung von Vermögenswerten an einen Dritten, die zu einer Aufteilung der Vermögensmassen führt, werden bei der Verschmelzung eines Krisenunternehmens mit einem anderen Unternehmen zwei verschiedene Vermögensmassen zu einer vereinigt. Da insbesondere die Verschmelzung eines insolventen Rechtsträgers mit einem finanziell gesunden gestattet ist, bietet die Verschmelzung des Krisenunternehmens eine Möglichkeit der Sanierung. Allerdings ist dieses Verfahren, ebenso wie der asset deal, nicht einfach, zumal bestimmte Formalien (notarielle Beurkundung) einzuhalten sind.

---

16 Siehe zu anderen Möglichkeiten der Umwandlung auch Schmidt/Uhlenbruck, Die GmbH in Krise, Sanierung und Insolvenz, Rdnr. 257 f.

c) Kapitalmaßnahmen

Eine nahe liegende Möglichkeit, sowohl die Überschuldung als auch die Zah- **2415** lungsunfähigkeit der Gesellschaft zu beseitigen, stellt die Kapitalerhöhung dar, also die direkte Zuführung neuer Mittel in das Eigenkapital der Gesellschaft. Voraussetzung hierfür ist, dass der Gesellschaft zusätzliche Eigenmittel durch bisherige oder neu hinzutretende Gesellschafter zugeführt oder dass bereits vorhandene Fremdmittel in Stammkapital umgewandelt werden können.

Eine solche Zuführung von neuen Mitteln kann zum einen durch eine **effektive** **2416** **Eigenkapitalerhöhung** erfolgen. Bis auf wenige formale Unterschiede gelten für eine solche Kapitalerhöhung die gleichen Regeln wie für die Leistung der Stammeinlage bei Gründung. Grundsätzlich ist somit die Einlagepflicht durch Bareinlagen, also in „cash" zu erfüllen. Einer der Nachteile einer reinen Kapitalerhöhung liegt in der Zeitspanne, die bis zu ihrer formellen Wirksamkeit vergehen kann. Denn die Kapitalerhöhung bedarf der notariellen Beurkundung und Eintragung ins Handelsregister. Schon deswegen bietet sich eher eine Einlage in die Kapitalrücklage nach § 272 Abs. 2 Nr. 4 HGB an. Diese erfordert nämlich lediglich die faktische Einzahlung verbunden mit der Widmung, dass die Zahlung in die Eigenkapitalrücklage erfolgen soll.

Eine weitere Kapitalmaßnahme stellt der sog. „**Kapitalschnitt**" dar, bei dem, **2417** vereinfacht gesagt, eine nominelle Kapitalherabsetzung mit einer sofortigen – im Idealfall durch ein und denselben Beschluss gefassten – Kapitalerhöhung verbunden ist. Die Kapitalherabsetzung bewirkt, dass die Stammkapitalziffer dem auf Grund eingetretener Verluste bereits reduzierten Vermögen der Gesellschaft angepasst wird. Sie dient nur der rechnerischen Beseitigung von Verlusten in der Bilanz, die zu einer Unterbilanz oder gar zu einer Überschuldung geführt haben. Im Gegensatz zu einer effektiven Kapitalherabsetzung werden somit keine Mittel zur Verteilung an die Gesellschafter frei. Aufgabe der Kapitalherabsetzung ist es vielmehr, im Wege einer Bilanzbereinigung mit den Altgesellschaftern sozusagen „reinen Tisch" zu machen, indem ihre Anteile wertmäßig berichtigt werden und auf diese Weise gleichsam den Boden für die nachfolgende Sanierung durch die gleichzeitig beschlossene Kapitalerhöhung zu bereiten. Denn nur, wenn durch den Kapitalschnitt gewährleistet ist, dass die bisherigen Verluste ausschließlich von den Inhabern der Altanteile getragen werden, die die bisherigen Ergebnisse zu verantworten haben, das Stimmrecht der Übernehmer neuer Anteile nicht durch die Einbeziehung von Altanteilen reduziert wird und die Ausschüttungssperre des § 30 Abs. 1 GmbHG für die Auszahlung künftiger Jahresüberschüsse überwunden werden kann, werden sich neue Kapitalgeber – oder auch die alten – zu einem neuen Engagement bereit finden.

Diese Investoren werden im Zuge der Kapitalerhöhung zu neuen Gesellschaf- **2418** tern oder ihre bisherigen Gesellschaftsanteile werden durch neue crsctzt oder ergänzt. Fraglos stellt dieser Teil der Unternehmenssanierung, die Zuführung neuen haftenden Kapitals zur Verbesserung der Liquidität und zur Beseitigung der Verlustsituation in der Praxis letztlich die schwierigste Aufgabe dar.[17] Denn letztlich müssen hier Investoren von der Tragfähigkeit des Sanierungskonzeptes überzeugt werden.

2419 Die sog. **Forderungsumwandlung** (neudeutsch „Debt-Equity-Swap") unterscheidet sich vom Kapitalschnitt dadurch, dass keine Kapitalherabsetzung durchgeführt wird und auch kein neues Eigenkapital zugeführt wird, sondern bestehende Forderungen von Dritten in Eigenkapital umgewandelt werden, diese bisherigen Darlehensgeber also am Eigenkapital der Gesellschaft beteiligt werden. Damit kann eine Forderungsumwandlung auch zur Abwendung der Zahlungsunfähigkeit genutzt werden. Die Umwandlung einer Forderung in Stammkapital wird von der Rechtsprechung als Sacheinlage angesehen, sodass die Vorschriften über eine Kapitalerhöhung durch Sacheinlagen Anwendung finden. Insbesondere ist grundsätzlich ein sog. Sacherhöhungsbericht zu erstatten.[18] Bei einer überschuldeten Kapitalgesellschaft ist weiterhin zu beachten, dass aus dem Fortfall einer ungesicherten Verbindlichkeit nur insoweit ein Zuwachs an nicht durch Schulden neutralisiertem Gesellschaftsvermögen entsteht, als der Nennwert der eingebrachten Forderungen die Überschuldung übersteigt. Nur in Höhe dieses überschießenden Betrages bildet sich effektiv Eigenkapital, welches den Gläubigern als zusätzliche Haftungsmasse zur Verfügung steht.

d) Sanierungsbeiträge Dritter, insbesondere der Banken

2420 Zwar erschöpfen sich die Sanierungsbeiträge von Banken nicht nur in der Gewährung weiterer Kredite, jedoch ist die Vergabe von Sanierungskrediten ein häufig verwandtes Sanierungsinstrument, um die Zahlungsunfähigkeit der Gesellschaft abzuwenden. Die damit einhergehende Erhöhung der Verschuldung bewirkt allerdings eine Verschlechterung auf der Passivseite der Bilanz und auch des Überschuldungsstatus. Ungeachtet dessen ist die Vergabe von Krediten in der Krise auch aus anderen Gründen problematisch, denn nur **Sanierungskredite**, die geeignet sind Unternehmen zu retten, werden in dieser Phase von der Rechtsprechung als zulässig erachtet. Dagegen können Kredite, welche bei Insolvenzreife gewährt werden, ohne zur Sanierung geeignet zu sein, sittenwidrig sein, wenn sie zu Lasten anderer Gläubiger den Zusammenbruch des Unternehmens nur hinauszögern. Dagegen sind sog. Überbrückungskredite grundsätzlich immer zulässig.[19]

2421 Ein weiteres Sanierungsinstrument, welches sowohl die Zahlungsunfähigkeit als auch die Überschuldung der Gesellschaft abwenden kann, stellt der **Forderungsverzicht mit Besserungsschein** dar. Der Forderungsverzicht, der sich auf die Forderung selbst und/oder auf Nebenforderungen, wie z.B. Zinsen, erstrecken kann, kommt durch Erlassvertrag zu Stande. In diesem erklärt der Forderungsinhaber, dass der Schuldner seine Forderungen (ganz oder teilweise) nicht

---

17 Maser/Sommer, die Neuregelung der „sanierenden Kapitalherabsetzung" bei der GmbH, GmbHR 1996, 22.
18 Groß, GmbHR 1983, 290, 293.
19 Schmidt/Uhlenbruck, GmbH in Krise, Sanierung und Insolvenz, Rdnr. 309 ff.

mehr zu begleichen braucht. Der Erlassvertrag kann formfrei geschlossen werden und setzt lediglich voraus, dass der Verzicht auf die erlassene Forderung eindeutig gewollt ist. Unter dem sog. „Besserungsschein" wird allgemein das Versprechen des Schuldners verstanden, einen Teil oder die gesamte Restforderung zu erfüllen, so weit sich seine wirtschaftliche Lage verbessert hat.[20] Allerdings ist ein aus dem Forderungsverzicht entstehender bilanzieller Sanierungsgewinn seit einiger Zeit nicht mehr steuerfrei. Aus diesem Grunde hat eine Sanierung über den Forderungsverzicht in den letzten Jahren grundlegend an Attraktivität verloren.

Dem gegenüber gilt mittlerweile der sog. **Rangrücktritt** als probates Mittel, um die Überschuldung einer Gesellschaft abzuwenden. Die Insolvenzordnung unterscheidet zwischen mehreren Gruppen von Gläubigern, so auch zwischen einfachen und nachrangigen Insolvenzgläubigern. Nachrangige Insolvenzgläubiger werden erst dann befriedigt, wenn alle anderen Gläubigergruppen zu 100 % befriedigt sind. Es ist rechtlich zulässig, den Nachrang vertraglich durch den Rangrücktritt zu vereinbaren.[21] Nur solche, auf Grund vertraglicher Vereinbarung mit der Nachrangposition belegte Verbindlichkeiten, sind in einem Überschuldungsstatus nicht zu passivieren. Damit bietet sich der Rangrücktritt als Sanierungsmaßnahme gerade in Bezug auf eigenkapitalersetzende Darlehen an, zumal er formfrei ist und seit einem Urteil des *BGH* aus dem Jahre 2001 auch nicht mehr mit einem auf den Insolvenzfall bedingten Forderungsverzicht verbunden sein muss.[22]   **2422**

Ein weiteres, vor allen Dingen innerhalb von Konzernstrukturen verwendetes, Sanierungsinstrument ist die sog. **Patronatserklärung**. Inhalt der Erklärung ist zumeist der Hinweis auf die wirtschaftliche oder sonstige Unterstützung des Schuldners durch den Erklärenden.[23] Die Rechtsfolgen solcher Erklärungen differenzieren stark, je nachdem, ob es sich um sog. „harte" oder „weiche" Patronatserklärungen handelt. Während aus weichen Patronatserklärungen keine oder nur eingeschränkte rechtliche Verpflichtungen des Erklärenden entstehen, ergeben sich aus harten Patronatserklärungen für den Erklärenden Verpflichtungen ähnlich wie bei Bürgschaft oder Garantie. Im Rahmen einer Sanierung kommt deswegen auch nur eine harte Patronatserklärung, bei der der Erklärende gegenüber einem Kreditgeber der Gesellschaft rechtsverbindlich die Verpflichtung übernimmt, die Gesellschaft finanziell so auszustatten, dass sie ihre Verpflichtung aus dem Kreditverhältnis erfüllen kann (sog. „Ausstattungsverpflichtung"), in Betracht. Der Wert einer harten Patronatserklärung ergibt sich aus der Schadensersatzverpflichtung wegen Nichterfüllung des Erklärenden bei   **2423**

---

20 Schulze/Osterloh, WPG 1996, 97, 102; siehe auch Schmidt/Uhlenbruck, Die GmbH in Krise, Sanierung und Insolvenz, Rdnr. 322 ff.
21 Daneben zählen Gläubiger mit Forderungen auf Rückgewähr sog. eigenkapitalersetzender Darlehen (also Darlehen, die vom Gesellschafter in der Krise der Gesellschaft gegeben werden) zu den nachrangigen Gläubigern, siehe hierzu auch IV.2.b.).
22 BGH-Urteil vom 8. Januar 2001, DB 2001, 373.
23 Vertiefend hierzu Hellner/Steuer, Bankrecht und Bankpraxis, Band II, Rdnr. 4/2855 ff.

Insolvenz des Schuldners. Daraus folgt im Insolvenzfall der Gesellschaft ein Direktanspruch des Erklärungsempfängers gegen den Erklärenden.

2424 Häufig wird die Patronatserklärung auch mit der **Verlustübernahmeerklärung** verwechselt, weil sich die Erklärungen inhaltlich sehr ähnlich sind. Die Verlustübernahmeerklärung, die sowohl zur Beseitigung einer Zahlungsunfähigkeit als auch einer Überschuldung dienen kann, ist jedoch eher als Unterfall eines Unternehmensvertrages anzusehen, denn als bürgschaftsähnliche Erklärung. Gegenüber einem Beherrschungs- oder Ergebnisabführungsvertrag innerhalb eines Konzerns bietet die Verlustübernahmeerklärung den Vorteil, dass sie nicht den formalen Regeln über den Abschluss derartiger Verträge unterliegt. So müssen die Gesellschafter einer Verlustübernahmeerklärung nicht zustimmen und auch eine Eintragung im Handelsregister ist nicht erforderlich.[24] Mit Abgabe der (auch summenmäßig beschränkbaren) Verlustübernahmeerklärung wird praktisch nur die Verlustausgleichspflicht eines Beherrschungs- oder Ergebnisabführungsvertrages im Konzern vertraglich übernommen. Die Gesellschaft kann somit den jeweiligen Jahresfehlbetrag direkt als Forderung gegen den Gesellschafter in der Bilanz buchen und eine Überschuldung der Gesellschaft ist bei einem finanzkräftigen Gesellschafter ausgeschlossen.

2425 Generell sind Befristungen der vorgenannten Erklärungen (Forderungsverzicht, Rangrücktritt, Patronatserklärung und Verlustübernahmeerklärung) nicht zulässig, jedoch sind betragsmäßige Begrenzungen möglich.

> Fred Faillito weiß, dass ihm die Zeit davon rennt, also macht er sich sofort daran, einen Sanierungsplan aufzustellen. Zum einen will er versuchen, die kreditgebenden Banken zu einem Forderungsverzicht mit Besserungsschein zu überreden, zum anderen die Gesellschafter A, B und C, die neben ihren Stammeinlagen auch erhebliche Darlehen eingezahlt haben, zur Abgabe eines Rangrücktritts zu bewegen. Allerdings weiß er, dass auch das seine prekäre Liquiditätslage nicht verbessern wird und er nur eine Atempause gewonnen hat, selbst wenn ihm dieses Unterfangen gelingen sollte. Aber wie kann er den neu auf den Markt getretenen Wettbewerber im Zaum halten? Wahrscheinlich nicht durch eine Patronatserklärung. Eher schon, indem er innovative Beratungsprodukte entwickelt, die Anzahl der Mitarbeiter überprüft und so weiter. Er muss also jetzt auf strategischer Ebene die Wurzeln der Krise angehen.

III. Unternehmensinsolvenz

2426 Versagen die durchgeführten Sanierungsmaßnahmen oder ist von Anfang an klar, dass eine außergerichtliche Sanierung ohne Chance ist, bleibt der Geschäftsführung des Unternehmens nur noch der Gang zum Insolvenzrichter; Insolvenzantrag muss gestellt werden. Das sich daran anschließende Insolvenzverfahren wird bestimmt durch die Regelungen der Insolvenzordnung (InsO), einem seit 01.01.1999 geltendem Gesetz, das die zuvor geltenden Regelungen

---

24 Vgl. vertiefend hierzu Emmerich/Sonnenschein, Konzernrecht, S. 149 ff.; K. Schmidt, Festschrift für W. Werner, 1984, S. 777, 783 ff.

der Konkursordnung (KO), der Vergleichsordnung (VglO) und der nur für die neuen Bundesländer geltenden Gesamtvollstreckungsordnung (GesO) in einem Gesetz zusammenführt.

Erklärtes Ziel der Insolvenzordnung ist es, die bisher hohe Zahl massearmer **2427** oder masseloser Insolvenzen durch die Möglichkeit, ein Insolvenzverfahren möglichst frühzeitig zu eröffnen, zu reduzieren. Dementsprechend enthält die Insolvenzordnung mit § 18 InsO – drohende Zahlungsunfähigkeit – einen Insolvenzgrund, der es dem Schuldner ermöglicht, sich schon zu Beginn einer Krise unter den Schutz der Insolvenzordnung zu stellen. Nach wie vor ist jedoch vorrangiges Ziel der Insolvenzordnung die gleichmäßige Befriedigung aller Gläubiger. Daneben wurde für natürliche Personen die sog. Restschuldbefreiung eingeführt, wonach dem Schuldner bei Durchführung des Insolvenzverfahrens und einer sich anschließenden sechsjährigen Wohlverhaltensperiode die restlichen Verbindlichkeiten erlassen werden. In Bezug auf Unternehmen wurde das sog. Insolvenzplanverfahren eingeführt, das einem Unternehmen die Sanierung innerhalb eines Insolvenzverfahrens ermöglicht.

1. Überblick über das Insolvenzverfahren

Das Insolvenzverfahren wird durch die Stellung des Insolvenzantrages in Gang **2428** gesetzt. Antragsberechtigt sind der Schuldner und Gläubiger (diese können sich allerdings nicht auf die drohende Zahlungsunfähigkeit berufen). Der Insolvenzantrag muss vor dem Insolvenzgericht, welches für den Sitz des betroffenen Unternehmens örtlich zuständig ist, gestellt werden.

Nach Antragstellung setzt das Insolvenzgericht je nach Art und Größe des in- **2429** solventen Unternehmens entweder einen Gutachter oder sofort einen vorläufigen Insolvenzverwalter ein, dessen vorrangige Aufgabe die Prüfung ist, ob das Verfahren eröffnet werden kann oder mangels zumindest die Kosten des Verfahrens deckendes Vermögen (die sog. „Masse") abgewiesen werden muss. Weiterhin kann das Insolvenzgericht Maßnahmen zur Sicherung des noch bestehenden Vermögens treffen.

Der vom Gericht eingesetzte Gutachter/vorläufige Insolvenzverwalter wird sich **2430** umgehend mit der Geschäftsführung in Verbindung setzen, um eine Prüfung beginnen zu können. Kommt der Gutachter/vorläufige Insolvenzverwalter zu dem Ergebnis, dass eine die Kosten deckende Masse nicht zur Verfügung steht, so wird er dem Gericht vorschlagen, das Verfahren mangels Masse abzuweisen. Die Abweisung mangels Masse führt bei juristischen Personen und Gesellschaften ohne eigene Rechtspersönlichkeit und ohne mindestens einen persönlich haftenden Gesellschafter (z.B. GmbH & Co. KG) zur Auflösung der Gesellschaft.[25] Allerdings ist zu beachten, dass nach einer Abweisung mangels Masse die Gesellschaft noch nicht voll beendet ist, sodass bei Vorhandensein von Ver-

---

25 Vgl. Kübler/Prütting, InsO, § 26 Rdnr. 49; § 131 Abs. 2 Nr. 1 HGB für die GmbH & Co. KG, § 262 Abs. 1 Nr. 4 AktG und § 289 Abs. 2 Nr. 1 AktG für die Aktiengesellschaft, § 60 Abs. 1 Nr. 5 GmbHG für die GmbH; § 81 a Nr. 1 GenG für die Genossenschaft.

mögensgegenständen weiterhin Ansprüche gegen die aufgelöste Gesellschaft geltend gemacht werden können. Somit ist zumindest dann die Zwangsvollstreckung durch einzelne Gläubiger, die im Insolvenzverfahren verhindert wird, erneut möglich.

2431 Kommt der Gutachter/vorläufige Insolvenzverwalter dagegen zu dem Ergebnis, das ausreichend Masse zur Kostendeckung zur Verfügung steht, so wird er die Eröffnung des Insolvenzverfahrens empfehlen. Das Insolvenzgericht wird daraufhin normalerweise das Insolvenzverfahren eröffnen und einen Insolvenzverwalter bestimmen. Aufgabe des Insolvenzverwalters ist es dann, die vorhandene Masse sowie die Ansprüche der einzelnen Gläubiger festzustellen und das noch vorhandene Vermögen an diese zu verteilen. Eine von dieser „Zerschlagungslösung" abweichende Regelung kann durch einen Insolvenzplan getroffen werden (dazu sogleich nachfolgend III.2. – Insolvenzplanverfahren). Der Insolvenzverwalter wird bei der Durchführung des Verfahrens einerseits vom Insolvenzgericht kontrolliert. Andererseits hat er bestimmte Maßnahmen entweder mit der Gläubigerversammlung oder einem aus der Gläubigerversammlung heraus gewählten Gläubigerausschuss abzustimmen. Dieses Abstimmungserfordernis trifft insbesondere für Fälle der Veräußerung von Betriebsteilen oder Liegenschaften des Unternehmens zu.

2432 Mit Eröffnung des Insolvenzverfahrens sind Maßnahmen der Einzelzwangsvollstreckung grundsätzlich unzulässig[26] und noch anhängige zivilrechtliche Prozesse gegen den Insolvenzschuldner ruhen.[27]

2433 Hat der Insolvenzverwalter die Masse des Unternehmens verwertet, so verteilt er den Erlös anteilig an die Gläubiger, deren Forderungen von ihm anerkannt wurden. Derzeit bewegen sich die sog. Insolvenzquoten in einem normalen Verfahren zwischen 2% und 5% der geltend gemachten Forderungen, d.h., dass je geltend gemachte € 100 nur € 2 bis € 5 vom Insolvenzverwalter an den betreffenden Gläubiger ausgeschüttet werden.

2. Insolvenzplanverfahren

2434 Auch um diese geringe Quote der Gläubigerbefriedigung zu erhöhen, wurde das sog. Insolvenzplanverfahren eingefügt.[28] Vorlageberechtigt hierfür sind der Insolvenzverwalter und der Schuldner, wobei der Planentwurf auch zusammen mit dem Insolvenzantrag vorgelegt werden kann (sog. „Pre-packaged-Plan"). Der Plan muss einen darstellenden Teil enthalten, in dem alle Maßnahmen, die zur Erreichung des Planziels getroffen wurden oder noch getroffen werden müssen (z.B. Personalmaßnahmen, organisatorische Maßnahmen, Sanierungsdarlehen, etc.) beschrieben werden. Im daran anschließenden gestaltenden Teil muss festgelegt werden, wie die Rechtsstellung der Beteiligten durch den Plan geändert werden soll. Darüber hinaus muss eine Gruppenbildung stattfinden, in

---

26 § 89 InsO.
27 § 240 ZPO.
28 Vgl. §§ 1, 217 ff. InsO.

der jeweils vergleichbare Gläubiger zusammengefasst werden (z. B. alle Gläubiger, die Sicherheiten über das Vermögen des insolventen Unternehmens halten). Schließlich sind dem Planentwurf diverse Anlagen beizufügen.

Gerade im Bereich des Insolvenzplanverfahrens bietet sich für den Schuldner **2435** zusätzlich die Möglichkeit, das Verfahren der sog. Eigenverwaltung beim Insolvenzgericht zu beantragen.[29] Bei der Eigenverwaltung wird das Insolvenzverfahren nicht – wie sonst – von einem Insolvenzverwalter betrieben, sondern der Insolvenzschuldner selbst betreibt das Verfahren. Er steht dabei allerdings unter der Aufsicht eines sog. Sachwalters. Durch diese Verfahrensart soll einer der Nachteile des gerichtlichen Sanierungsverfahrens, nämlich der Verlust der Unternehmensleitung durch das bisherige Management, ausgeräumt werden. Denn gerade der Verlust der Führungsposition stellt zumindest eine psychische Barriere dar, schon vor Vorliegen der Insolvenzantragsfristen das Insolvenzverfahren zu beantragen. Untersuchungen haben allerdings gezeigt, dass sehr häufig gerade das Management eines Unternehmens Auslöser für die Unternehmenskrise war.[30] Deswegen darf die Anordnung der Eigenverwaltung auch nur dann erfolgen, wenn keine Nachteile hierdurch für die Gläubiger zu befürchten sind oder wenn die Gläubigerversammlung nicht dagegen stimmt. Eine sorgfältige Erstellung des Insolvenzplanes und eine möglichst frühzeitige Einbindung des Insolvenzgerichts können die Chance für ein Verfahren mit Eigenverwaltung beträchtlich erhöhen.

Sieht das Insolvenzgericht den Planentwurf nach eingehender Prüfung als zulässig an, so leitet es ihn an die Gläubigerversammlung weiter, die in einem gesonderten Termin über die Annahme und Bestätigung des Plans entscheidet. Um die häufig anzutreffende ablehnende Haltung einiger Gläubiger nicht zum Hindernis für den gesamten Plan werden zu lassen, wurde ein sog. Obstruktionsverbot, vgl. § 245 InsO, geschaffen. Danach ist die Zustimmungsverweigerung eines Gläubigers dann unbeachtlich, wenn er nicht schlechter gestellt ist, als er ohne den Plan stünde und wenn er am Ergebnis des Gesamtplans angemessen beteiligt ist. Darüber hinaus muss die Mehrheit der abstimmenden Gläubigergruppen dem Plan zugestimmt haben, damit der Plan als von den Gläubigern angenommen gilt. Eine angemessene Beteiligung ist gegeben, wenn kein anderer Gläubiger oder der Schuldner gegenüber dieser Gruppe im Vergleich zu einer (hypothetischen) Befriedigung außerhalb eines Plans bevorzugt wird.

Wird eine Bestätigung des Plans erreicht und stimmt auch das Insolvenzgericht **2437** abschließend dem Insolvenzplan zu, so entscheidet es durch erneuten Beschluss über die Aufhebung des Insolvenzverfahrens.[31] Bei Aufhebung des Insolvenzverfahrens treten die im Plan vorgesehenen rechtsgestaltenden Wirkungen unmittelbar in Kraft und – so der Schuldner im durch den Plan gesteckten Rahmen die Gläubiger befriedigt – tritt auch seine Restschuldbefreiung ein. Damit

---

29 §§ 270 ff. InsO.
30 WP-Handbuch, Band II, Teil F Rdnr. 7.
31 § 258 InsO.

hat er die Sanierung im Insolvenzverfahren durchlaufen und kann seine normale Geschäftstätigkeit fortsetzen.

> Zwar kann Fred Faillito in der Folgezeit durch Kündigung von Mitarbeitern und andere Einsparungen die Finanzlage der bankarupta GmbH stabilisieren. Auch gelingt es ihm, durch das neue Beratungsprodukt „Banka-Locta" die Gesellschaft strategisch besser zu positionieren. Aber jetzt drohen ihm die Mieten der sehr repräsentativen Gebäude, die auf Grund des Mitarbeiterabbaus nunmehr zu einem großen Teil ungenutzt sind, den wirtschaftlichen Garaus zu machen. Unglücklicherweise sind die Mietverträge zu einer Zeit geschlossen worden, als Geld keine Rolle zu spielen schien und sie sind auch auf sehr, sehr lange Zeit geschlossen. Der Vermieter denkt auch nach nachdrücklichsten Verhandlungen nicht im Traum daran, die Miete zu senken, eine außerordentliche Vertragsaufhebung zu akzeptieren oder ähnliche Sanierungsschritte mit zu tragen. Nach Rücksprache mit Gernod Genau muss Fred Faillito feststellen, dass weiterhin die Zahlungsunfähigkeit oder Überschuldung innerhalb der nächsten zwei Jahre droht. Da es neben den Mietsorgen auch noch andere Problembereiche gibt, setzt er sich mit dem erfahrenen Sanierer und Insolvenzverwalter Pluto zusammen, um die Möglichkeiten eines Insolvenzplanverfahrens auszuloten. Dabei ergibt sich, dass im Rahmen eines Insolvenzverfahrens z. B. Mietverhältnisse unter Einhaltung der kurzen gesetzlichen Kündigungsfrist und unabhängig von der ursprünglich vertraglich vereinbarten Kündigungsfrist aufgelöst werden können.[32] Umgehend macht er sich zusammen mit Pluto daran, einen Insolvenzplan zu erstellen.

IV. Haftungsgefahren in der Unternehmenskrise

2438 Im Falle der Krise des Unternehmens bestehen erhöhte Haftungsrisiken für die Geschäftsleitung, aber auch für die Gesellschafter. Nachfolgend soll ein Überblick über diese Haftungsrisiken gegeben werden.

1. Allgemeine Haftung der Geschäftsleitung

2439 Schon außerhalb der Krise treffen die Geschäftsführung einer Gesellschaft erhöhte Sorgfaltspflichten. Sowohl der Geschäftsführer einer GmbH als auch der Vorstand einer Aktiengesellschaft haben bei ihrer Geschäftsführung die Sorgfalt eines ordentlichen und gewissenhaften Geschäftsleiters anzuwenden.[33] Verletzt die Geschäftsführung diese erhöhte Sorgfaltspflicht, so haftet sie der Gesellschaft auf Schadensersatz. Allerdings ist die Haftung grundsätzlich ausgeschlossen, wenn die Geschäftsführung im – auch stillschweigenden – Einverständnis mit den Gesellschaftern handelte. Diese Sorgfaltspflichten erhöhen sich, je weiter die Krise fortschreitet. So müssen z. B. bestimmte Antragserfordernisse bei Vorliegen von Insolvenzgründen beachtet werden und auch Buchführungspflichten werden zwar nicht inhaltlich, aber durch die Vermehrung der möglichen Sanktionsmechanismen, verschärft. Die Haftung bei Verletzung die-

---

32 Vgl. § 109 InsO.
33 Vgl. § 43 Abs. 1 GmbHG, § 93 Abs. 1 AktG.

ser Sorgfaltspflichten kann sich einmal zivilrechtlich im Rahmen von Schadensersatzforderungen, zum anderen aber auch strafrechtlich auswirken.

a) Sicherung des Eigenkapitals der Gesellschaft

Das von den Gesellschaftern in die Gesellschaft eingebrachte Kapital unterliegt **2440** besonderen Schutzbestimmungen, da es den „Preis" für die Haftungsbeschränkung auf das Vermögen der Gesellschaft darstellt und damit den Gläubigern im Falle der Insolvenz zur Verfügung stehen soll. Folglich darf das Eigenkapital einer Gesellschaft, welches zwar durchaus im normalen Geschäftsbetrieb aufgebraucht werden darf, nicht an die Gesellschafter zurückgezahlt werden.[34] Wird es dennoch zurückgezahlt, so haftet einerseits der Gesellschafter persönlich auf die Rückzahlung dieser ausgekehrten Einlage. Andererseits jedoch haften die Geschäftsleiter selbst auch persönlich.[35] Die Auskehr des Eigenkapitals kann auch als Untreue bestraft werden.

Darüber hinaus ist die Geschäftsführung verpflichtet, im Falle des Verlustes der **2441** Hälfte des Eigenkapitals eine Gesellschafterversammlung einzuberufen und dieser den Verlust anzuzeigen.[36] Kommt sie dieser Verpflichtung nicht nach, so verstößt sie gegen ihre Sorgfaltspflicht als ordentliche Geschäftsleitung und macht sich schadensersatzpflichtig und strafbar.

b) Insolvenzverschleppung

Stellt die Geschäftsführung die Zahlungsunfähigkeit (§ 17 InsO) oder Über- **2442** schuldung (§ 19 InsO) der Gesellschaft fest, so ist sie verpflichtet, unverzüglich, jedoch nicht später als drei Wochen nach Feststellung des Insolvenzgrundes, einen Antrag auf Eröffnung des Insolvenzverfahrens beim zuständigen Amtsgericht zu stellen oder Maßnahmen zu treffen, die den Insolvenzgrund innerhalb dieser Frist nachhaltig abwenden.[37] Diese Verpflichtung trifft jeden Geschäftsleiter unabhängig von der Vertretungsbefugnis oder internen Ressortverteilung. Auch eine entgegenstehende Weisung der Gesellschafter entbindet die Geschäftsführung nicht von dieser Pflicht. Darüber hinaus verlängern etwaige Sanierungsbemühungen diese Drei-Wochen-Frist genauso wenig, wie die Neubestellung eines Geschäftsführers die Frist erneut auslösen kann.

Verstößt der Geschäftsleiter gegen die Insolvenzantragspflicht, so resultiert **2443** hieraus das Risiko einer zivilrechtlichen Haftung und Strafbarkeit auf Grund sog. Insolvenzverschleppung. Der Geschäftsleiter haftet insbesondere für Zahlungen, die nach Eintritt der Insolvenz erfolgen.[38] Diese Haftung tritt jedoch nicht ein, wenn die Zahlung mit der Sorgfalt eines ordentlichen Geschäftsleiters vereinbar ist. Dies ist insbesondere der Fall, wenn die Zahlung geleistet wird,

---

34 § 30 GmbHG; § 57 AktG.
35 § 43 Abs. 3 GmbHG; § 93 Abs. 3 Nr. 1 und 2 AktG.
36 § 49 Abs. 3 GmbHG; § 92 Abs. 1 AktG.
37 § 64 Abs. 1 GmbHG; § 92 Abs. 2 AktG.
38 § 64 Abs. 2 GmbHG, § 92 Abs. 3 AktG.

- um den sofortigen Zusammenbruch des Geschäftsbetriebs innerhalb der vorgenannten Drei-Wochen-Frist zu vermeiden;
- um die Forderung eines gesicherten Gläubigers zu befriedigen, soweit die Sicherung dadurch wieder frei wird;
- um eine gleichwertige Gegenleistung für die Gesellschaft zu erhalten.

2444 Weiterhin können sich neben den vorgenannten Haftungsgefahren aus Spezialnormen noch weitere aus allgemeinen zivilrechtlichen Haftungsregelungen realisieren.

c) Strafrechtliche Verantwortlichkeit

2445 Gerade bezüglich der Strafbarkeit bestehen im Rahmen der Unternehmenskrise erhebliche Risiken für die Geschäftsleitung. Wie schon aufgezeigt, kann die Auskehr des Eigenkapitals oder die Nichtanzeige des Verlustes der Hälfte des Eigenkapitals zu einer strafrechtlichen Verantwortung der Geschäftsleitung führen. Darüber hinaus ist die Insolvenzverschleppung nicht nur wegen der damit verbundenen Schadensersatzansprüche haftungsträchtig, sondern auch wegen ihrer strafrechtlichen Absicherung. Für das Unterlassen eines Insolvenzantrages nach Ablauf der oben geschilderten Drei-Wochen-Frist kann eine Freiheitsstrafe bis zu 3 Jahren oder eine Geldstrafe verhängt werden.[39]

2446 Bei einer Unternehmenskrise sind häufig noch weitere Delikte einschlägig, so z. B. der Katalog der sog. Insolvenzstraftaten nach den §§ 283 ff. StGB. In diesen Vorschriften werden unter anderem Vermögensverschiebungen in der Krise und Verletzungen der Buchführungspflicht nach HGB erfasst. Schließlich kann die Veranlassung von Zahlungen durch die Geschäftsleitung der insolventen Gesellschaft – auch wenn sie keine Auskehr von Eigenkapital bedeutet – eine Untreuehandlung gemäß § 266 StGB darstellen. Auch kann ein Betrug nach § 263 StGB z. B. dann vorliegen, wenn nach Eintritt der Zahlungsunfähigkeit Verträge mit Lieferanten abgeschlossen werden. Denn nach ständiger Rechtsprechung ist in der Eingehung jeder vertraglichen Verpflichtung nach der Verkehrsanschauung die stillschweigende Erklärung des Schuldners enthalten, dass er zur Erfüllung des Vertrages Willens und nach seinem Urteil über die eigene Zahlungsfähigkeit bei Fälligkeit auch in der Lage sei.

2447 Schließlich wird gerade bei Unternehmenskrisen auch die Strafbarkeit wegen Nichtabführung von Sozialleistungen nach § 266 a StGB relevant. In diesem Bereich hat der *BGH* neuerdings die Strafbarkeit von Arbeitgebern ausgeweitet. Bisher entfiel nämlich eine Strafbarkeit nach dieser Vorschrift dann, wenn das Unternehmen bei Fälligkeit der Beiträge zahlungsunfähig war. Der *BGH* lässt diesen Einwand nun aber dann nicht mehr gelten, wenn der Arbeitgeber es versäumt hat, bei Erkennbarkeit der Liquiditätsprobleme Rücklagen zu bilden und einen Liquiditätsplan aufzustellen. Eine Strafbarkeit kommt demnach selbst dann in Betracht, wenn der Arbeitgeber nicht mehr in der Lage ist, Löhne und Gehälter zu zahlen.[40]

---

39 § 84 GmbHG, § 401 AktG.
40 BGH-Beschluss vom 28. Mai 2002, NJW 2002, 2480.

Beissenhirtz

Aber auch der Steuerfiskus sichert die ihm gebührenden Steuerzahlung durch **2448** strafrechtliche Nebenregelung ab. Insbesondere eine Strafbarkeit nach § 370 AO wegen Nichtanmeldung und Nichtabführung der Lohnsteuer ist ein sehr häufig im Rahmen von Unternehmenskrisen anzutreffendes Delikt.

> Erst jetzt stellt Fred Faillito fest, dass er den schon im letzten Geschäftsjahr einge-
> tretenen Verlust der Hälfte des Stammkapitals der bankarupta GmbH weder in
> einer ordentlichen und erst recht nicht in einer außerordentlichen Gesellschafterver-
> sammlung bekannt gegeben hat. Auch befindet er die Buchführung im Unterneh-
> men bei Lichte besehen als eher kreativ. Chaotisch wäre auch ein zutreffender Aus-
> druck. Dann fällt ihm zu seinem Verdruss noch ein, dass ja der Jahresabschluss für
> das vergangene Geschäftsjahr noch nicht erstellt ist. Sanierer Pluto rät ihm deswe-
> gen dazu, erst einmal die förmliche Berichterstattung an die Gesellschafter nachzu-
> holen und die Buchführungsfragen abschließend zu klären, bevor er sich mit einem
> Insolvenzplan beschäftigt.

2. Haftung der Gesellschafter

Neben den Geschäftsführern droht auch den Gesellschaftern eine Haftung und **2449** strafrechtliche Verfolgbarkeit bei Unternehmenskrisen, wenn sie bestimmte Sorgfaltspflichten nicht beachten.

Lässt sich z. B. der Gesellschafter das zur Erhaltung des Eigenkapitals der Ge- **2450** sellschaft erforderliche Vermögen auskehren, so haftet er der Gesellschaft auf Rückgewähr des ausgekehrten Betrages.[41] Auch kann die Anweisung an die Geschäftsführung, einen erforderlichen Insolvenzantrag nicht zu stellen, als An- stiftung zur Insolvenzverschleppung gewertet werden.

a) Durchgriffshaftung

Eine Durchgriffshaftung, also die persönliche Haftung des Gesellschafters für **2451** Verbindlichkeiten der Gesellschaft, ist nur unter bestimmten Voraussetzung möglich. Ein Durchgriff durch den Haftungsschirm der Kapitalgesellschaft auf Grund Unterkapitalisierung – also für den Fall dass das Eigenkapital für den Kapitalbedarf nach Art und Umfang der Geschäftstätigkeit nicht ausreicht – wird zwar diskutiert. Die Rechtsprechung lehnt jedoch ein generelles Unterka- pitalisierungsverbot und folglich eine darauf beruhende allgemeine Durchgriffs- haftung ab.[42] Möglich ist in diesem Zusammenhang aber eine Haftung wegen sittenwidriger Schädigung nach § 826 BGB z. B. bei Missbrauch einer be- schränkt haftenden Gesellschaft für bestimmte riskante und kapitalintensive Projekte, sodass die Durchführung von vorn herein als „Spekulation auf Kosten der Gläubiger" anzusehen war.

Im Übrigen spielt die Durchgriffshaftung vor allen Dingen im Bereich des Kon- **2452** zernrechts im Rahmen der Haftung auf Grund sog. „faktischer" oder „qualifi- ziert faktischer Konzernierung" eine Rolle.[43] Dabei wird im Grundsatz darauf

---

41 § 31 GmbHG; § 62 AktG.
42 BAG-Urteil vom 10. Februar 1999, ZIP 1999, 878.
43 Siehe vertiefend hierzu Emmerich/Sonnenschein, Konzernrecht, S. 362 ff.

abgestellt, dass der Gesellschafter (meist eine Holding) so in die Geschäftsleitung des abhängigen Unternehmens eingegriffen hat, dass dieses einen Nachteil erlitten hat. Diese Nachteilszufügung ist dann vom Gesellschafter im Rahmen der sog. Konzernhaftung auszugleichen, obwohl es sich um originäre Verbindlichkeiten der abhängigen Gesellschaft handelt.

b) Eigenkapitalersetzende Darlehen

2453 Führen die Gesellschafter der Gesellschaft zu einem Zeitpunkt, in dem sie ihr als ordentliche Kaufleute Eigenkapital zuführen müssten (Krise der Gesellschaft), stattdessen ein Darlehen zu, so können sie den Anspruch auf Rückgewähr des Darlehens im Insolvenzverfahren über das Vermögen der Gesellschaft nur als nachrangige Insolvenzgläubiger geltend machen.[44] Ein Unternehmen ist nach h.M. dann in der Krise, wenn es sich nicht mehr zu marktüblichen Bedingungen Kredite beschaffen kann, also kreditunwürdig ist.

2454 Im Ergebnis wird ein eigenkapitalersetzendes Darlehen wie unmittelbar haftendes Eigenkapital behandelt, mit der Folge, dass eine Auszahlung in der Krise der Gesellschaft nicht zulässig ist. Eine gleichwohl erfolgte Rückzahlung muss wie Eigenkapital neu eingefordert werden, und schließlich kann die Darlehensforderung in der Insolvenz nur als nachrangige Forderung angemeldet werden.

2455 Ebenso führt das Belassen eines Darlehens in der Krise zum Eigenkapitalersatz. Hierfür ist nicht einmal eine bewusste Finanzierungsentscheidung erforderlich, es reicht vielmehr aus, dass der Gesellschafter die Krise hätte erkennen und somit reagieren können.[45] Die Eigenkapitalersatzregeln gelten auch für die Bestellung von Sicherheiten (z.B. Bürgschaften).[46] Schließlich kann auch die kostenlose Nutzungsüberlassung z.B. eines Industriegrundstückes durch den Gesellschafter an die Gesellschaft eigenkapitalersetzend sein. Folge ist hier die Verpflichtung des Gesellschafters, die Nutzung kostenlos auch in der Krise bzw. Insolvenz weiter zu gewähren und die von der GmbH während der Krise vereinnahmten Nutzungsentgelte zurückzuzahlen.

2456 Durch eine Reform im Jahre 1998 wurden diese Eigenkapitalersatzregeln zum Teil entschärft, sodass sie nicht für den nicht-geschäftsführenden Gesellschafter, der nur zu höchstens 10% am Gesellschaftskapital beteiligt ist, gelten. Weiterhin treffen sie nicht denjenigen Gesellschafter, der als Darlehensgeber erst in der Krise der Gesellschaft zum Zwecke der Überwindung der Krise Gesellschaftsanteile erwirkt.

3. Insolvenzanfechtung

2457 Spitzt sich die Krise des Unternehmens zu, so werden einerseits Gläubiger des Unternehmens versucht sein, durch Druck noch Zahlungen seitens der Gesellschaft für sich zu erreichen, andererseits werden auch Geschäftsführer und Ge-

---

44 § 32a Abs. 1 GmbHG; für die AG ergibt sich das aus BGHZ 90, 381, 387.
45 BGH-Urteil vom 7. November 1994, NJW 1995, 326.
46 BGH-Urteil vom 6. Juli 1998, ZIP 1998, 1437.

sellschafter versucht sein, „zu retten, was zu retten ist." Die Regeln über die Insolvenzanfechtung verlagern jedoch den eigentlich nur innerhalb eines Insolvenzverfahrens geltenden Grundsatz der Gläubigergleichbehandlung vor die
eigentliche Insolvenzeröffnung.

Nach den §§ 129 ff. InsO unterliegen Rechtshandlungen, die die Gläubiger be-   **2458**
nachteiligen, der Insolvenzanfechtung. Grundsätzlich ist damit jede Auskehrung
von Vermögenswerten bis zur Eröffnung des Insolvenzverfahrens anfechtbar
und zwar unabhängig vom guten Glauben der Geschäftsleitung oder des jeweiligen Geschäftspartners. Allerdings beträgt der kritische Zeitraum für diese
strikte Form der Insolvenzanfechtung lediglich drei Monate vor Antragstellung
auf Eröffnung des Insolvenzverfahrens. Zeitlich weiter zurückliegende Rechtshandlungen sind z. B. anfechtbar, wenn sie unentgeltlich oder mit dem Vorsatz
erfolgten, die übrigen Gläubiger zu benachteiligen. In Bezug auf sog. „nahe
stehende Personen", § 138 InsO werden bestimmte Tatbestandsmerkmale der jeweiligen Anfechtungsnormen vermutet. Nahe stehende Personen sind z. B. Ehe-
partner, Verwandte, aber auch Gesellschafter mit einem bestimmten Einfluss.
Die Anfechtung ist jedoch grundsätzlich dann ausgeschlossen, wenn im Gegenzug zu dieser Rechtshandlung ein gleichwertiger Vermögenswert in das Vermögen der Gesellschaft gelangt.[47]

Insbesondere im Rahmen übertragender Sanierungen kommt eine Anfechtung   **2459**
in Betracht. Aber auch die in der Praxis nicht unübliche Regelung, bei Liquiditätsengpässen bestimmte Rechnungen mit Waren zu bezahlen, ist unter anfech-
tungsrechtlichen Gesichtspunkten eher kritisch zu beurteilen.

> An dieser Stelle stellt Fred Faillito fest, dass er im Laufe der letzten Zeit ziemlich
> häufig dem Druck der Gesellschafter nachgegeben hat und Darlehensforderungen
> gegenüber ihnen ausgeglichen hat. Zum anderen erinnert er sich plötzlich, dass er
> etliche PC's, die von freigestellten Mitarbeitern hinterlassen wurden, zur „Bezah-
> lung" von Handwerksrechnungen verwenden wollte und seiner Sekretärin auch
> schon entsprechende Anweisungen erteilt hatte.
>
> Auf Grund der deswegen möglichen Gesetzesverletzungen sieht Sanierer Pluto die
> Durchführung eines Insolvenzplanverfahrens gefährdet. Allerdings sind die Gesell-
> schafter, an die Darlehen zurückgezahlt wurden, durchaus bereit, dieses Kapital
> wieder einzubringen, wenn die Gesellschaft „eine Zukunft hat." Auch schafft es
> Fred Faillito, die Übergabe der Rechner zu verhindern und zu erreichen, dass ein
> Gesellschafter die deswegen noch offen stehenden Rechnungen der Gesellschaft
> aus eigener Tasche bezahlt.
>
> Nachdem nunmehr die Gesellschaft insgesamt „bereinigt" ist, geht der Sanierer
> Pluto von einer hohen Erfolgswahrscheinlichkeit eines Insolvenzplans aus.

V. Zusammenfassung

Eine möglichst frühzeitige Erkennung der Krise ist erforderlich, um entweder   **2460**
noch vorhandene Sanierungschancen zu realisieren oder zumindest den Haf-

---

47 § 142 InsO.

tungsgefahren, die mit einer verspäteten Insolvenzantragstellung verbunden sind, zu entgehen. Ist das Unternehmen noch sanierungsfähig (und -würdig), so müssen die geeigneten Sanierungsmaßnahmen ergriffen werden. Häufig wird ein Bündel von Maßnahmen auf strategischer wie operativer Ebene ansetzen. Zu den Maßnahmen auf operativer Ebene gehören Sanierungsvergleiche (die oftmals auch andere Sanierungsmaßnahmen bündeln), Kapitalmaßnahmen oder Umstrukturierungen des Unternehmens.

2461 Lassen sich die Insolvenzgründe der Zahlungsunfähigkeit oder Überschuldung jedoch nicht abwenden, so bleibt nur der Gang zum Insolvenzrichter. Im Insolvenzverfahren bietet sich dem Schuldner nunmehr erneut die Möglichkeit der Sanierung, nämlich im Insolvenzplanverfahren. Bietet ein Sanierungsversuch allerdings keine Aussicht auf Erfolg, so wird das Unternehmen zerschlagen, die verbleibenden Vermögenswerte an die Gläubiger verteilt.

2462 In der Krise der Gesellschaft verschärfen sich die Sorgfaltspflichten, die die Geschäftsleitung zu beachten hat. Aber auch die Gesellschafter können mit „ihrer" Gesellschaft nicht mehr so verfahren, wie außerhalb der Krise. Hier lauern Gefahren der persönlichen Haftung. Aber auch Vermögensverschiebungen in der Krise unterliegen einer besonderen Kontrolle und können in bestimmten Fällen wieder zum Vermögen der Gesellschaft gezogen werden.

Dritter Teil:

Trade Sale und/oder Börsengang

A. Einleitung

I. Ausgangssituation

Typischerweise hat das Unternehmen inzwischen einige erfolgreiche Geschäfts- **2463** jahre hinter sich und ist entsprechend etabliert. Die Geschäftsidee hat sich als tragfähig erwiesen und mit ausgereiften Produkten wird eine stabile, stetig wachsende Kundenbasis bedient. Das Ergebnis ist bereits positiv oder wenigstens ist der break even absehbar und sein Erreichen nur noch eine Frage der Zeit. Der Cash Flow mag wegen hoher Investitionen für die anhaltende Expansion noch negativ sein, weshalb die Mittelbindung immer noch mit hohen Raten zunimmt. Eventuell ergibt sich darüber hinaus die Möglichkeit, erste Wettbewerber, die operativ bereits überholt wurden, zu übernehmen. Dies kann dazu beitragen, die Marktposition zu festigen und das Wachstum noch einmal zu beschleunigen.

Das Unternehmen verkörpert inzwischen einen beträchtlichen Wert. Dieser ist **2464** in der Regel noch nicht an den aktuellen Ertragszahlen ablesbar, sondern liegt in den Potenzialen:

- marktfähige und ausgereifte Produkte
- aufnahmefähige Märkte, an denen die Produkte eingeführt sind
- erprobte und tragfähige Strategien, um die Potenziale zu realisieren
- Management und Mitarbeiter, welche bewiesen haben, dass sie die Strategie umsetzen können.

Durch den Proof of Concept haben sich die Risiken für die Investoren deutlich **2465** reduziert. Erstmals in der Unternehmenshistorie ist nun nicht mehr das Management, sondern zunehmend das Kapital der kritische Erfolgsfaktor.

In dieser Situation kann durch die Zuführung von frischen Mitteln, eventuell **2466** gepaart mit einer strategischen Partnerschaft, der Unternehmenswert noch einmal beträchtlich gesteigert werden. Durch eine entsprechende Kapitalmaßnahme erschließt sich dem Unternehmen die Möglichkeit, einen weiteren erheblichen Wachstumsschub zu realisieren. Es erhält die kritische Masse, um zu den wichtigsten Playern in seinem Marktsegment aufzuschließen. Die hierfür erforderliche finanzielle Dimension übertrifft in der Regel die vorangegangenen Finanzierungsrunden und überfordert häufig die Altgesellschafter.

Aus dieser gefestigten Position mit interessanten Perspektiven heraus kann es **2467** dem Unternehmen nun erstmals gelingen, die Aufmerksamkeit größerer, finanzkräftiger Konzerne auf sich zu ziehen und als Partner akzeptiert zu werden. Die Einzelheiten eines Trade Sales werden im folgenden Abschnitt B dargestellt. Bei Unternehmenswerten von über € 100 Mio. ist häufig auch der Börsengang eine attraktive Alternative. Die Voraussetzungen hierfür werden im Einzelnen weiter unten (siehe Abschnitt C) diskutiert.

II. Motivlage der Gründer und Alteigentümer

2468 Die **Gründer** tragen meist ein sehr hohes ökonomisches Risiko: Der größte Teil des persönlichen Vermögens ist in der Firma gebunden (durch persönliche Verschuldung zur Finanzierung des Unternehmens oft sogar über 100%). Dadurch haben sie auch keine Möglichkeit in andere Anlageformen zu diversifizieren, um die persönlichen Risiken zu mindern. Erst Recht haben sie nicht finanzielle Potenz, in der nun gegebenen Situation zusätzliche Mittel aufzubringen, um die weitere Expansion oder Übernahmen durch Einlagen zu begleiten.

2469 Daher ist es ihr **Ziel**, finanzstarke Investoren zu finden, welche zumindest bereit sind, alle künftigen negativen Cash Flows auszugleichen. Darüber hinaus ist es aus Sicht der Gründer meist erwünscht, einen Teil ihres Engagements abzugeben, um ihre persönliche Entschuldung zu finanzieren und ihnen die Möglichkeit zu geben, mit Teilen ihres Vermögens in andere Anlageformen (Immobilien, Wertpapiere) zu diversifizieren.

2470 **Nebenbedingungen** der Gründer können sein:

- **Preis**: Die Bewertung muss den Gründern angemessen erscheinen und die Realisierung der o.g. monetären Ziele ermöglichen. Bei der Angemessenheit orientieren sie sich an Kriterien wie dem eigenen Einsatz, den Bewertungen bei vorangegangenen Finanzierungsrunden und den Bewertungen anderer, vergleichbarer Unternehmen. Die Realisierung der monetären, sowohl betrieblichen (Finanzbedarf des Unternehmens) als auch privaten Ziele bei gleichzeitiger Wahrung eines Mindestanteils am Unternehmen für die Gründer ist dabei ein Rechenexempel.

- **Erhalt** des persönlichen **Arbeitsplatz**es: Die Gründer haben in den letzten Jahren mit großem Einsatz das Unternehmen aufgebaut und würden gerne weiter in ihm fortwirken.

- **Erhalt** der Firma als **Lebenswerk**: Wenn der Aufbau bereits ein Jahrzehnt oder länger in Anspruch genommen hat, besteht üblicherweise eine sehr starke emotionale Bindung an das Unternehmen. Die Gründer betrachten die Firma häufig als ihr Lebenswerk, welches sie auch über den Zeitpunkt eines eventuellen Ausscheidens hinweg erhalten wissen wollen. Dies betrifft häufig auch Punkte wie den Firmennamen, Produktbezeichnungen und -eigenschaften, oder Strukturen in der Firma.

- **Erhalt von Einfluss**: Sofern die Gründer sowohl im Kreis der Beschäftigten als auch der Gesellschafter verbleiben, ist es ihnen oft wichtig, dass ihr Einfluss erhalten bleibt und sie weiterhin die Möglichkeit haben, die Entwicklung der Gesellschaft aktiv mitzugestalten.

● **Nachfolgeregelung**: Ältere Gründer haben unter Umständen nicht mehr die Möglichkeit, die Geschicke des Unternehmens über einen längeren künftigen Zeitraum zu bestimmen. Sie suchen folglich einen Investor, damit das Unternehmen erhalten werden kann. Der Erhalt von Strukturen oder Namen spielt häufig keine Rolle, eher der Erhalt des Unternehmenswertes, welcher im Falle einer altersbedingten Betriebsaufgabe zum größten Teil unterginge (Liquidationswert ggü. Fortführungswert).

Finanzinvestoren (in der Regel Venture Capitalisten oder Beteiligungsgesell- **2471** schaften) und andere Alteigentümer („drei f" oder Business Angels) haben oft den überwiegenden Teil der bisherigen Entwicklung und Expansion finanziert. Ihr Motiv war von Anfang an die Realisierung einer angemessenen Rendite auf ihr eingesetztes Kapital. Die Rendite wiederum wird gespeist aus laufenden Ausschüttungen und einem Überschuss bei der späteren Veräußerung ihrer Beteiligung. Bei Investments in junge Unternehmen, also dem hier gegebenen Fall, fällt die erste Komponente praktisch völlig aus. Sie sind daher bedingt durch ihr Geschäftsmodell auf einen Exit oder Teilexit nach einem überschaubaren Zeitraum angewiesen. Nur so können sie ihre eigenen laufenden Ausgaben, die Ausschüttungen an ihre eigenen Kapitalgeber und nicht zuletzt neue Engagements finanzieren.

Häufig vollziehen die Finanzinvestoren den Ausstieg in mehreren Schritten **2472** (Teilexits). Hierfür sind eine Reihe von Gründen ausschlaggebend:

● **Partizipation an künftigen Wertsteigerungen**: Der Einstieg eines großen strategischen Investors oder der Börsengang sollen vor dem Hintergrund der aktuellen Situation des Unternehmens (Kapital als restriktiver Faktor) einen Wachstumsschub ermöglichen. Dieser kann sich in einer signifikanten Steigerung des Unternehmenswertes niederschlagen. Daher kann es vorteilhaft sein, einen größeren Teil der Beteiligung erst einige Jahre später zu veräußern.

● **Steuerung der eigenen Erträge**: Für Finanzinvestoren kann es von Interesse sein, kontinuierliche Erträge auszuweisen. Die Verteilung des Gewinns aus der Auflösung eines besonders lukrativen Engagements über mehrere Jahre kann zu einer Glättung ihrer Ergebnisse beitragen.

● **Ermittlung eines Marktpreises**: Es kann für Finanzinvestoren von Interesse sein, Marktpreise für Portfoliounternehmen zu ermitteln, um die Bilanzansätze zu bestätigen oder eine marktpreisgestützte Bewertung des Portfolios vornehmen zu können (Nachweis von stillen Reserven). Aus diesem Grunde könnte der Investor bereit sein, einen Teil seiner Beteiligung schon vor dem eigentlich vorgesehenen, optimalen Exit-Zeitpunkt zu veräußern.

Grundsätzlich gibt es für die Befriedigung der Interessen von Unternehmen, **2473** Gründern und Finanzinvestoren zwei **Alternativen.**

- **Trade Sale**: Ein strategischer Investor kauft einen Teil oder das ganze Unternehmen. Neben zusätzlichem Kapital bringt er in der Regel auch seine Verbindungen und strategische Überlegungen mit ein. Dadurch generiert er einen Mehrwert. Im folgenden Abschnitt B. werden der Ablauf und die kritischen Punkte des Trade Sales im Einzelnen beleuchtet.

- **Börsengang**: Das Unternehmen wird ganz oder teilweise an der Börse verkauft. Der Börsengang (auch Initial Public Offering oder IPO) kann mit einer Kapitalerhöhung verbunden werden, durch die dem Unternehmen selbst ebenfalls neue Mittel zufließen. Ebenso ist die Abgabe von Aktien durch die Gründer und Finanzinvestoren optional. Der Börsengang wird im Abschnitt C. detailliert erläutert.

B. Trade Sale

Literaturauswahl:

Picot, G. (Hrsg.) u.a., Handbuch Mergers & Acquisitions, Stuttgart 2002; Vogel, D., M&A – Ideal und Wirklichkeit, Wiesbaden 2002.

I. Strategische Überlegungen und Zielrichtungen der einzelnen Beteiligten

An der Transaktion des Trade Sales sind typischerweise drei Parteien mit teils   **2474**
konträren, teils gleichgerichteten Interessen beteiligt:

- **Gründer (Verkäufer)**: Die Gründer werden meist von dem primären Ziel geleitet, die weitere Expansion ihrer Firma nicht mehr aus ihrem Privatvermögen finanzieren zu müssen.

  Um ihre persönliche Vermögenssituation neu zu ordnen, sind sie bereit, Anteile an ihrem Unternehmen abzugeben. Andererseits würden sie vielleicht gerne weiter an der Entwicklung des Unternehmens mitwirken und ihren Arbeitsplatz erhalten. In diesem Fall streben sie eine langwährende Partnerschaft mit dem strategischen Investor an. Je mehr die letztgenannte Überlegung in den Vordergrund rückt, umso wichtiger werden weiche Faktoren wie beispielsweise ein gemeinsames Werteverständnis mit dem Investor, und umso gelassener sehen die Gründer erfahrungsgemäß die Preisdiskussion.

- **Finanzinvestoren (Verkäufer)**: Primäres Ziel der Finanzinvestoren ist der Exit aus ihrer Beteiligung. Die Erträge aus Beteiligungsverkäufen sind die wichtigste Ertragsquelle der Finanzinvestoren, und das Erzielen von Erträgen in der Regel einziger Unternehmenszweck. Der erzielbare Veräußerungserlös ist daher von größter Bedeutung für die Finanzinvestoren. Die Pläne, welche der strategische Investor mit dem Unternehmen verfolgt, sind hingegen eher nachrangig.

- **Strategischer Investor (Käufer)**: Das Interesse des strategischen Investors konzentriert sich primär auf die Produkte, Verfahren, Rechte und Märkte des Unternehmens. Der strategische Investor steht in der Mehrzahl der Fälle von allen Beteiligten unter dem geringsten Handlungsdruck. Er handelt opportunistisch und ist nur bereit, zu kaufen, wenn er sich davon hohen Profit verspricht. Mit spitzem Bleistift rechnet der strategische Investor allenfalls, wenn er gegen Konkurrenten bieten muss.

II. Prozessablauf, Planung und Steuermöglichkeiten

1. Überblick

2476 Die Veräußerung von Anteilen oder des ganzen Unternehmens an einen strategischen Investor ist ein Prozess, der mehrere Monate in Anspruch nimmt. Der Prozess kann, wenn er optimal strukturiert ist, in drei Phasen unterteilt werden.

Die drei Phasen des Trade Sales

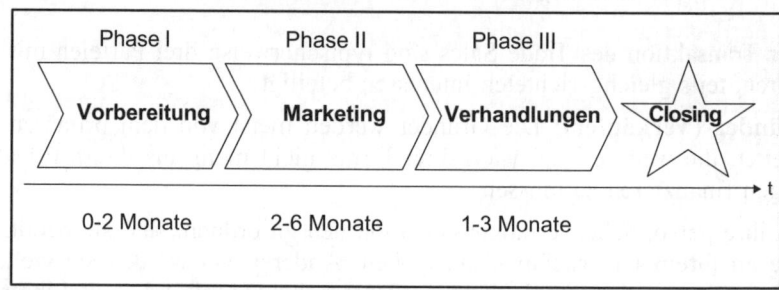

Abbildung 42: Trade Sale: Phasen

2477 Ein Transaktionsteam aus Mitgliedern der Geschäftsführung und externen Beratern trifft zunächst Vorbereitungen, wobei relevante Informationen zusammengestellt und aufbereitet werden (Phase I). In der Marketingphase werden die potenziellen Erwerber angesprochen und über das Unternehmen werbend informiert (Phase II). In der letzten Phase werden die Angebote der Erwerber verglichen und verhandelt (Phase III).

2478 Der gesamte Prozess kann zwischen drei Monaten und einem Jahr in Anspruch nehmen. Die tatsächliche Dauer hängt im Wesentlichen vom Grad des Interesses der potenziellen Erwerber ab, welcher je nach Branche, Produkt und Kapitalmarktumfeld stark unterschiedlich ausfällt. Je höher das originäre Interesse, umso weniger Adressen müssen in der Marketingphase angesprochen werden, umso schneller erfolgt die Resonanz und umso unkomplizierter verlaufen die anschließenden Verhandlungen.

2. Team

2479 Die professionelle Durchführung eines erfolgreichen Trade Sales erfordert vielschichtige Kompetenzen, die verständlicherweise nicht im operativen Tagesgeschäft des Unternehmens erworben werden können. Zudem wird durch die Transaktion ein erheblicher Teil der Managementkapazitäten des Unternehmens gebunden, während der normale Geschäftsbetrieb aufrechterhalten werden muss.

2480 Sowohl die erforderliche Qualifikation als auch die begrenzten personellen Ressourcen sprechen dafür, die Unterstützung Dritter in Anspruch zu nehmen. Erfahrene externe Berater bilden gemeinsam mit der Unternehmensleitung ein in Prozessfragen, unternehmerischen, steuerlichen, rechtlichen und kapitalmarktrelevanten Fragen kompetentes Transaktionsteam. Die Teammitglieder sind im Folgenden aufgeführt.

a) Unternehmensleitung

Die wichtigsten Mitglieder im Transaktions-Team sind die Geschäftsführer bzw. **2481** Vorstände des Unternehmens. Letztlich müssen diese das Unternehmen und sich selbst „verkaufen". Trotz der Unterstützung durch die übrigen Teammitglieder wird während aller Prozessphasen ein bedeutender Teil der Managementkapazität der Unternehmensleitung durch das Projekt gebunden werden.

Zur Entlastung der Geschäftsleitung trägt der Leiter Rechnungswesen/Control- **2482** ling bei. Er stellt die Informationen über das Unternehmen zusammen und bereitet sie auf. Daneben erarbeitet er gemeinsam mit der Geschäftsführung die interne Planung für die Investoren und kann die Umsetzung der Prämissen in der Planungsrechnung im Detail erläutern.

b) Projektmanager

Der externe Projektmanager hat im Wesentlichen vier Funktionen: **2483**

- „Lotse": Der Projektmanager dient dem Unternehmer als Führer im Prozess des Trade Sales. Er weiß, wer wann was tun muss, um optimale Resultate für die Alteigentümer zu erzielen. Er entwirft den Plan und steuert den Prozess. Hierfür bedarf es einer Menge Erfahrung. Der Projektmanager sollte den Prozess schon mehrere Male begleitet und dabei nach Möglichkeit beide Seiten (Käufer und Verkäufer) betreut haben.

- „Coach": Der Projektmanager berät die Geschäftsführer und bereitet sie auf kritische Situationen vor. Hierfür bedarf es einigen Vertrauens. Die Chemie zwischen dem Projektmanager und den Geschäftsführern muss stimmen.

- „Bote": Üblicherweise wird dem Projektmanager die (anonyme) Erstansprache der potenziellen Investoren übertragen. Auch im weiteren Verlauf des Prozesses kann es vorteilhaft sein, wenn bestimmte (z. B. unangenehme) Nachrichten nicht durch das Management oder die Alteigentümer, sondern durch den Berater als „Blitzableiter" überbracht werden. Für die Akzeptanz der anonymen Ansprache durch die Adressaten bedarf es eines Mindestmaßes an Reputation.

- „Moderator": Der Projektmanager kann in der Verhandlungsführung moderieren. Es gehört zu seinen originären Aufgaben, die Gespräche (eventuell mit mehreren Parteien parallel) in Gang zu halten. Nimmt er hierbei nach außen eine neutrale, vermittelnde Rolle ein, kann er regelmäßig mehr Nutzen für seinen Mandanten stiften, als wenn er als sein Interessenvertreter auftritt. Um in dieser Funktion von beiden Seiten akzeptiert zu werden bedarf es der Seniorität.

c) Steuerberater und Rechtsanwalt

2484 Die Veräußerung von Gesellschaftsanteilen hat regelmäßig steuerliche Folgen für die Gründer und Altaktionäre. Bei entsprechend weitsichtiger Vorbereitung können Konstruktionen gefunden werden, durch welche die Steuerbelastung verringert oder in spätere Perioden verlagert wird. Umgekehrt kann sich bei ungünstiger Gestaltung eventuell bereits ein zu versteuernder Gewinn ergeben, bevor der Kaufpreis tatsächlich geflossen ist. Daher ist es unbedingt ratsam, einen **Steuerberater** hinzuzuziehen. Dieser unterstützt den Projektmanager und das Management des Unternehmens bei der Strukturierung des Deals hinsichtlich steuerlicher Konsequenzen für alle Parteien.

2485 Aufgabe des **Rechtsanwaltes** ist es primär, bei der Gestaltung des Kaufvertrages zu beraten. Daneben können noch andere Aspekte zum Tragen kommen, wie etwa die Entflechtung der Leistungsbeziehungen zwischen den Gründern und der Gesellschaft oder der Entwurf neuer Arbeitsverträge für die Gründer oder das Verfassen einer neuen Satzung.

3. Vorbereitung

2486 Der Prozess der Vorbereitung eines Trade Sales beinhaltet drei Teilschritte, die bei straffer Organisation binnen längstens 2 Monaten abgearbeitet werden können. Im Wesentlichen geht es darum, die im weiteren Prozessverlauf erforder-

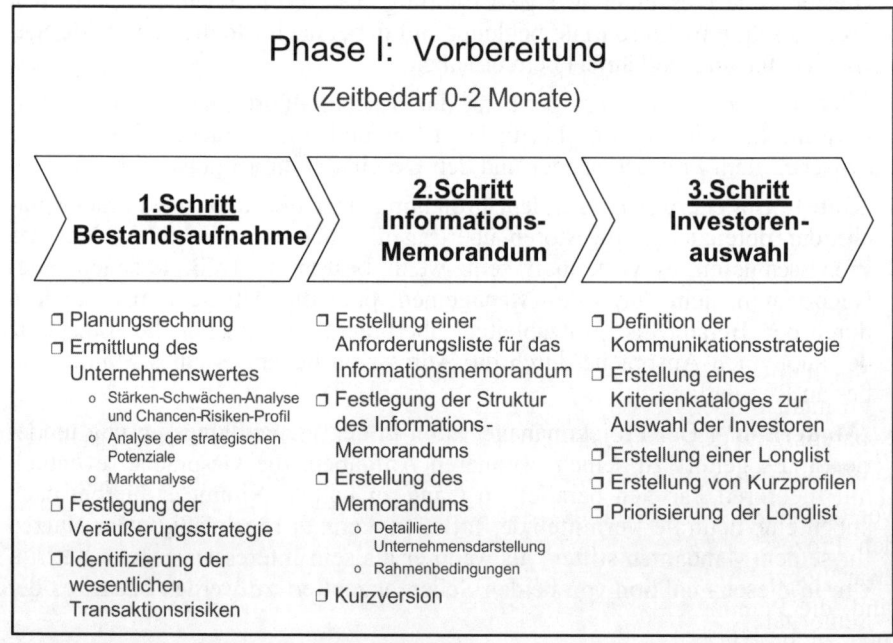

Abbildung 43: Trade Sale: Vorbereitung

lichen Informationen zusammenzutragen und in professioneller, das heißt in investorengerechter, Weise aufzubereiten.

a) Bestandsaufnahme

In den Gesprächen mit den potenziellen Investoren werden der Markt, die Produkte des Unternehmens, die Strategie und letztlich die daraus abgeleiteten quantifizierten Planungen und Bewertungen den breitesten Raum einnehmen. Der komplexeste Teil sind hierbei die Bereiche Planung und Bewertung. Für beide Bereiche gilt als Primat, dass sich die potenziellen Investoren mit der Form (nicht unbedingt mit dem Inhalt) der Berechnungen identifizieren können müssen. Das erleichtert die Kommunikation und die Akzeptanz der Berechnungen schlägt sich am Ende des Veräußerungsprozesses unmittelbar im realisierten Unternehmenswert nieder. **2487**

Vor dem Hintergrund dieser Randbedingung sollte die **Planungsrechnung** neben den im ersten Teil, Kapitel A.II.3 dargestellten Grundprinzipien folgende Besonderheiten aufweisen und ist entsprechend zu modifizieren: **2488**

- **Transparenz** und **einfacher Aufbau**: Die Planungsrechnung sollte ein Höchstmaß an Transparenz und Verständlichkeit aufweisen. Um von potenziellen Investoren akzeptiert zu werden, muss sie leicht nachvollziehbar sein. Viele Systeme wurden jahrelang perfektioniert, um die Realität so detailgetreu wie möglich nachmodellieren zu können. Sie erweisen sich im Rahmen des Trade Sale Prozesses als zu komplex und müssen nun vereinfacht werden.

- **Szenarienbildung**: Die Investoren sollten die Möglichkeit haben, die Modellannahmen individuell zu modifizieren. Es ist sehr komfortabel, wenn das Modell es gestattet, eigene Szenarien zu bilden und zu hinterlegen.

- **Abbildung von Synergien**: Die Investoren sollten die Möglichkeit haben, zusätzliche Komponenten (für eigene Produkte, Synergieeffekte oder ähnliches) im Modell zu berücksichtigen. Hierfür muss es das Modell gestatten, weitere Bereiche einzufügen, ohne Veränderungen an der Struktur vornehmen zu müssen.

- **Autonome Lauffähigkeit**: Das Modell soll von den Investoren in unveränderter Form genutzt werden können. Hierfür muss es auf deren PCs mit Standardsoftware (MS-Office) lauffähig sein. Das Modell darf keine Links zu nicht mitgelieferten Dateien aufweisen (was im Übrigen auch der Transparenz zuwider liefe) und es darf kein Datenimport aus anderen Systemen (etwa Management Information System, Controlling) erfolgen.

Vor der Summe dieser Anforderungen erweist es sich oft als zweckmäßig, für den Prozess des Trade Sales ein neues System aufzubauen. Dies verursacht zwar hohen Aufwand, wenn jedoch die potenziellen Investoren gezwungen sind, die Planungsrechnung nachzumodellieren und mit ihren eigenen Annahmen zu beschicken, gibt der Verkäufer an dieser Stelle ohne Not ein gutes Stück Kontrolle über den Prozess ab. **2489**

2490 Für die Definition der eigenen Verhandlungsbasis ist es erforderlich, sich bereits frühzeitig realistische Vorstellungen über den **Unternehmenswert** zu bilden. Die hierfür gebräuchlichen Verfahren werden im zweiten Teil, Kapitel H.II eingehend beschrieben. Die Divergenzen in den Wertvorstellungen von Verkäufer und Käufer resultieren erfahrungsgemäß weniger aus den verwendeten Verfahren (z.B. DCF-Verfahren vs. Multiplikatorverfahren) oder den Bewertungsparametern (z.B. unterschiedliche Diskontierungszinssätze), sondern zum ganz überwiegenden Teil aus unterschiedlichen Prämissen. Daher sollten im Vorfeld der Bewertung die möglichen Bandbreiten für die Prämissen abgesteckt werden. Die qualitative Basis hierfür kann durch eine SWOT-Analyse (Stärken-Schwächen-Analyse und Chance-Risiko-Profil), ergänzt durch eine Analyse der strategischen Potenziale und eine Marktanalyse gewonnen werden. Aus den Prämissen werden nun Szenarien abgeleitet, welche als Basis in die Wertermittlung einfließen. Diese sollten auch die möglichen Maßnahmen der Erwerber, sprich die echten und unechten Synergieeffekte abbilden. So können auch wesentliche Teile der später folgenden Preisverhandlungen bereits zu einem sehr frühen Zeitpunkt (und häufig mit verblüffender Präzision) antizipiert werden.

2491 Aufbauend auf die Erkenntnisse über die im Rahmen der Analyse identifizierten Werttreiber, mögliche Pläne der Erwerber und unterschiedliche Wertvorstellungen wird nun die **Veräußerungsstrategie** fixiert. Diese beinhaltet die finanzielle Strukturierung (z.B. Voll- oder Teilverkauf, Rückzug oder Verbleib des Managements), die Form des Verfahrens (serielle Gespräche mit ausgewählten Interessenten oder kompetitives Bieterverfahren), die zeitliche Planung des weiteren Prozesses und die grobe Definition der möglichen Interessenten.

2492 Auch empfiehlt es sich, rechtzeitig die wesentlichen **Transaktionsrisiken** zu identifizieren. Teilweise können diese entschärft werden.

> *Beispiel:*
>
> Der Gründer und Medienunternehmer Fritz Funk (FF) hat innerhalb von 10 Jahren einen kleinen Konzern mit einer Holdinggesellschaft (H GmbH; H) und zwei Tochtergesellschaften aufgebaut. Die Tochter A GmbH (A) betreibt einen schwunghaften Handel mit Filmrechten, die Tochter B GmbH (B) besitzt eine Reihe von Fernsehsendern, welche von A und Dritten mit Rechten versorgt wird. A hat noch nie Gewinne ausgewiesen, jedoch einen beachtlichen Rechtebestand mit erheblichen stillen Reserven aufgebaut. B ist seit mehreren Jahren hoch profitabel. H ist unverschuldet. Einziger Geschäftszweck ist das Halten der Beteiligungen an A und B. Der Gesamtkonzern weist ein knapp positives Ergebnis aus, der Cash Flow ist wegen des starken Wachstums insbesondere bei A negativ.
>
> FF kann die weitere Expansion nicht mehr aus eigener Kraft finanzieren und will sich außerdem in den Ruhestand zurückziehen. Daher sucht er einen Käufer für H. Er schätzt den Wert von A und B auf je € 1 Mrd., den Wert des Gesamtkonzerns mithin auf rund € 2 Mrd.
>
> Im Laufe des Trade Sale Prozesses bekundet eine Reihe von großen Medienunternehmen Interesse an H. Im Dataroom decken alle Bieter hohe Risiken bei A auf

(Abnahmeverpflichtungen gegenüber Produzenten, Zweifel an der Höhe der stillen Reserven). Ihr Interesse konzentriert sich auf den Erwerb der Fernsehsender welche bei B liegen. Es stellt sich heraus, dass die Bieter für B alleine interessante Preise zu zahlen bereit sind (rund € 1,2 Mrd.), für den gesamten Konzern (A+B) wegen der Risiken und dem negativen Ertragswert von A jedoch kaum ein Käufer gefunden werden kann (bestes Gebot € 0,5 Mrd.). Da die eigentliche Due Diligence noch aussteht, sehen FF's Berater ein erhebliches Transaktionsrisiko.

Daher entschließt sich FF, B aus dem Konzern herauszulösen und getrennt zu veräußern. Die wertvernichtende Tochter A wird anschließend still liquidiert (Erlös rund € 500 Mio.).

Auf diese Weise wird das Transaktionsrisiko entschärft. Der Gesamterlös von € 1,7 Mrd. liegt zwar unter der ursprünglichen Vorstellung von € 2 Mrd., es wird jedoch ein erheblicher Mehrwert gegenüber den ursprünglichen Geboten (€ 0,5 Mrd.) realisiert und das Risiko eines Scheiterns der Transaktion vermieden.

Falls Risiken verbleiben, sollten Alternativen ausgearbeitet werden, um nicht **2493** unter Handlungsdruck zu geraten. Insgesamt kann damit die eigene Verhandlungsposition deutlich gestärkt werden.

b) Informationsmemorandum

Das Informationsmemorandum wird jenen Investoren übergeben, die nach einer **2494** ersten Anfrage substanzielles Interesse bekunden. So wird eine gemeinsame Basis für die Gespräche geschaffen. Es sollte ebenso aufgebaut werden wie der Businessplan (vgl. erster Teil, Kapitel A.II). Wichtig ist aus Haftungsgründen, dass die Unverbindlichkeit der Angaben erklärt wird und dass das Memorandum explizit nicht Bestandteil eines späteren Kaufvertrages werden soll.

Für die Verbesserung der Kommunikation zwischen den Parteien und die Optimie- **2495** rung des Verhandlungsergebnisses ist es förderlich, ein gemeinsames Verständnis bezüglich des Geschäftsmodells und der qualitativen Prämissen zu erreichen. Nur dies gibt die Chance, dass die Erwerber die Struktur der Unternehmensplanung übernehmen, und dass beide Parteien ihre Modelle zur Wertermittlung mit zumindest vergleichbaren Daten beschicken. Entsprechend wichtig ist die sorgfältige und leicht nachvollziehbare Darstellung der Annahmen im Memorandum.

Für die Erstansprache empfiehlt sich die Anfertigung einer **anonymisierten** **2496** **Kurzversion** des Memorandums.

c) Investorenauswahl

Die Investorenansprache sollte sorgfältig organisiert erfolgen. Es ist daher zu- **2497** nächst eine generelle **Kommunikationsstrategie** zu definieren, in der festgelegt wird,

- welche Adressen
- wann (Reihenfolge)
- von wem

angesprochen werden. **2498**

2499 Für die systematische Zusammenstellung der Adressen sind **Kriterien** festzulegen. Diese könnten umfassen:

- Konkurrenten
- Partner
- Lieferanten
- Kunden
- Anbieter komplementärer Produkte

2500 sowie in einer zweiten Ebene

- Größe, Finanzkraft
- regionale Präsenz
- Vertriebssystem
- vermutete Synergiepotenziale
- persönliche Berührungspunkte (Sympathie oder Antipathie)
- Zugang (bestehende Kontakte)

2501 In einem weiteren Schritt werden nach Maßgabe dieser Kriterien systematisch Adressen gesucht, wobei durchaus Datenbanken (z. B. Markus, Hoppenstedt, Mitgliederlisten von Verbänden, Ausstellerverzeichnisse von Messen) hinzugezogen werden sollten. Ergebnis dieser Recherche ist eine **Longlist**.

2502 Zu den Unternehmen der Longlist werden anschließend **Kurzprofile** erstellt. Diese dienen der systematischen Abschätzung der Erfolgsaussichten bei der konkreten Adresse einerseits, sowie der Festlegung einer individuellen zielorientierten Kommunikationsstrategie für die Adresse andererseits (z. B. Nutzung der Mitgliedschaft des Vorstandes in einem bestimmten Verein oder Identifizierung von gemeinsamen Zielen).

2503 Schließlich werden die Zieladressen priorisiert. Kriterium ist üblicherweise die Erfolgswahrscheinlichkeit einer Ansprache. Sofern Liste um die weniger aussichtsreichen oder nicht erwünschten Adressen gekürzt wird, erhält man eine **Shortlist**. Dieser optionale Schritt wird nicht in jedem Fall vollzogen.

4. Marketing

2504 In der zweiten Phase wird das Unternehmen mit im Verlauf zunehmendem Detailgrad den potenziellen Investoren als „Target" vorgestellt.

a) Ansprache

2505 Das Marketing beginnt mit der Erstansprache der potenziellen Investoren. Dabei stehen die Verkäufer in einem Zielkonflikt.

2506 Eine gleichzeitige Ansprache einer möglichst großen Zahl von Interessenten erhöht prinzipiell die Erfolgswahrscheinlichkeit, einen Investor zu finden. Außerdem kann ausschließlich in einem Verhandlungsprozess mit parallel geführten Gesprächen eine Konkurrenzsituation aufgebaut und aufrecht erhalten werden, was tendenziell preiserhöhend wirkt.

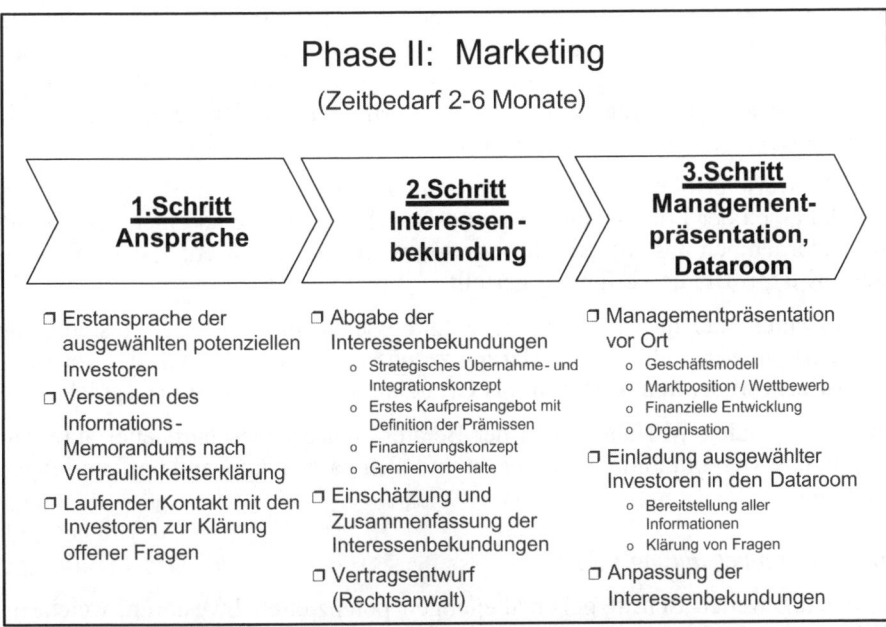

Abbildung 44: Trade Sale: Marketing

Andererseits kann gerade dieses Vorgehen zu erheblichen Irritationen im opera- **2507**
tiven Geschäft führen. Insbesondere gewerbliche Kunden sehen die Gefahr
einer mit dem Verkauf möglicherweise einhergehenden Konzentrationsbewe-
gung häufig mit Argwohn. Wenn die Suche nach einem größeren Investor zudem in (und sei es nur vermutetem) kausalem Zusammenhang mit sich ab-
zeichnenden Finanzierungserfordernissen steht, könnte sich für die Dauer der
Investorensuche auch ein verändertes Verhalten von Lieferanten einstellen.
Wenn das Gerücht einer Investorensuche die Runde macht, sind zurückhaltende
Reaktionen von Lieferanten und Abnehmern möglich, mit der Folge, dass das
operative Geschäft und damit der Unternehmenswert Schaden leiden.

Die jeweils optimale Lösung hängt von der Ausgangssituation ab: **2508**

- Wenn entweder der Preis für die Unternehmensanteile nachrangig ist, oder
  wenn der Nutzen der Diskretion für das operative Geschäft größer ist als der
  Nutzen eines Bieterwettbewerbs können die vermuteten Interessenten sukzessive einzeln angesprochen werden. In diesem Fall kann sich allerdings auch
  die Dauer des Veräußerungsprozesses erheblich verlängern.
- Wenn der Preis von Bedeutung und operativer Schaden durch Bekanntwerden der Investorensuche zu befürchten sind, empfiehlt es sich, die Longlist
  bereits in diesem Stadium durch sorgfältige Selektion auf eine Shortlist zu
  verkürzen, und eine solchermaßen begrenzte Zahl von Interessenten zeit-
  gleich anzusprechen.

- Ist der Preis von Bedeutung und operativer Schaden nicht zu befürchten (etwa, weil das Unternehmen aufgrund des exzellenten Standings über jeden Zweifel erhaben und der Markt atomisiert ist, kann im Extremfall ein offenes Bieterverfahren durchgeführt werden. Hierbei werden gleichzeitig alle Adressen angesprochen, bei denen Interesse zu vermuten ist.

2509   Üblicherweise erfolgt die **erste Ansprache anonymisiert**. Der Berater fragt bei den Adressen der Longlist an, ob grundsätzliches Interesse an einer Beteiligung am Unternehmen besteht. Als Information wird den Interessenten das anonymisierte Kurzprofil zur Verfügung gestellt.

2510   Interessenten, die das grundsätzliche Interesse bejahen und bereit sind, eine vorgefertigte Vertraulichkeitserklärung zu unterzeichnen, erhalten das vorbereitete **Informationsmemorandum** als Grundlage für die weiteren Gespräche.

2511   In den folgenden Wochen sollten der Berater oder die Geschäftsleiter aktiv anbieten, das Memorandum zu erläutern und sich daraus ergebende offene Fragen zu klären.

b) Interessenbekundung

2512   In einem zweiten Schritt geben diejenigen potenziellen Investoren, welche in die weiteren Verhandlungen einbezogen werden wollen, **Interessenbekundungen** ab. Im Zuge dieser meist als Letter of Intent (LoI, vgl. erster Teil, Kapitel C.XII) abgefassten Erklärung, sollten die Interessenten auch einige Rahmenbedingungen darlegen.

- **Übernahmekonzept**: Soll die Übernahme als Share Deal oder als Asset Deal gestaltet werden? Sollen alle Anteile oder nur ein Teil übernommen werden? Erfolgt die Übernahme in einem oder mehreren Schritten?

- **Integration**: Wie soll die neue Beteiligung weiterentwickelt oder integriert werden? Bleiben die Strukturen erhalten oder erfolgt die Integration in das Unternehmen des Erwerbers? An welchen Produkten ist der Erwerber tatsächlich interessiert?

- **Preis**: Wie sehen die ersten Vorstellungen des Käufers aus? Welche Prämissen wurden hierbei getroffen? Wie verändert sich der Preis in Abhängigkeit von den Prämissen?

- **Finanzierung**: Ist die Finanzierung gesichert? Wie soll der Erwerb finanziert werden?

- **Vorbehalte**: Wer hat ein Mitspracherecht? Wer kann entscheiden?

2513   Die eingegangenen Interessenbekundungen sind in der Regel nicht direkt vergleichbar, da sie sich in mehreren Parametern gleichzeitig unterscheiden, auf unterschiedlichen Prämissen fußen und einen unterschiedlichen Grad an Verbindlichkeit aufweisen. Daher ist der Vergleich ein komplexes Problem und kann einige Zeit und Rückfragen erforderlich machen. Anhand der Einschätzung der Interessenbekundungen wird entschieden, mit welchen Investoren weitere Gespräche geführt werden sollen (Shortlist). Üblich ist eine Beschränkung auf 3–5 Adressen. Auf diese Weise ist gewährleistet, dass

- die „beste" Adresse mit hoher Wahrscheinlichkeit mit berücksichtigt wird
- bis zum Schluss eine (preisoptimierende) Konkurrenzsituation aufrecht erhalten werden kann
- der Prozess durch die überschaubare Zahl der Verhandlungsparteien beherrschbar bleibt.

In Kenntnis der Inhalte der Interessenbekundungen kann der Rechtsanwalt erste **Vertragsentwürfe** als Ausgangspunkt der Verhandlungen fertigen. **2514**

c) Managementpräsentation und Dataroom

Die erklärtermaßen interessierten und für den weiteren Prozess ausgewählten Parteien werden nun eingeladen, das Management und das Unternehmen vor Ort kennen zu lernen. Im Rahmen einer **Managementpräsentation** erhalten sie einen tiefen Einblick in das Geschäftsmodell, das Marktumfeld und die Wettbewerber, die Besonderheiten der Produkte und der Fertigung, die historische, jüngste und geplante finanzielle Entwicklung, die Organisation und weitere Besonderheiten. **2515**

Fortbestehendes Interesse von beiden Seiten vorausgesetzt, werden die Investoren in der Folge in den **Dataroom** eingeladen. In diesem werden die entscheidenden Dokumente, eventuell einschließlich des Modells der Planungsrechnung, bereitgestellt, um die Situation der Gesellschaft und die Perspektiven analysieren und bewerten zu können. **2516**

Anschließen werden die Investoren entsprechend der Erkenntnisse, welche sie im Dataroom gewonnen haben, ihre **Interessensbekundungen** bzw. Letters of Intent **anpassen**. **2517**

5. Verhandlung

Innerhalb der Verhandlungsphase müssen die Vorstellungen der Verkäufer mit denen der Kaufinteressenten zur Deckung gebracht werden. Hierfür erhalten die Bieter zunächst Gelegenheit, sich von der Richtigkeit aller Angaben durch die Durchführung einer Due Diligence zu überzeugen. In einem zweiten Schritt geben die Käufer bindende Angebote ab, welche abgewogen und im dritten Schritt endverhandelt werden. **2518**

a) Due Diligence

Zu Beginn der Verhandlungsphase legen sich die Verkäufer in der Regel auf jene zwei bis drei Investoren fest, welche in Kenntnis der Informationen aus dem Dataroom die besten Interessenbekundungen abgegeben haben. Nur bei sehr großvolumigen Projekten werden die Verhandlungen an dieser Stelle noch mit einer größeren Zahl von Interessenten fortgeführt. **2519**

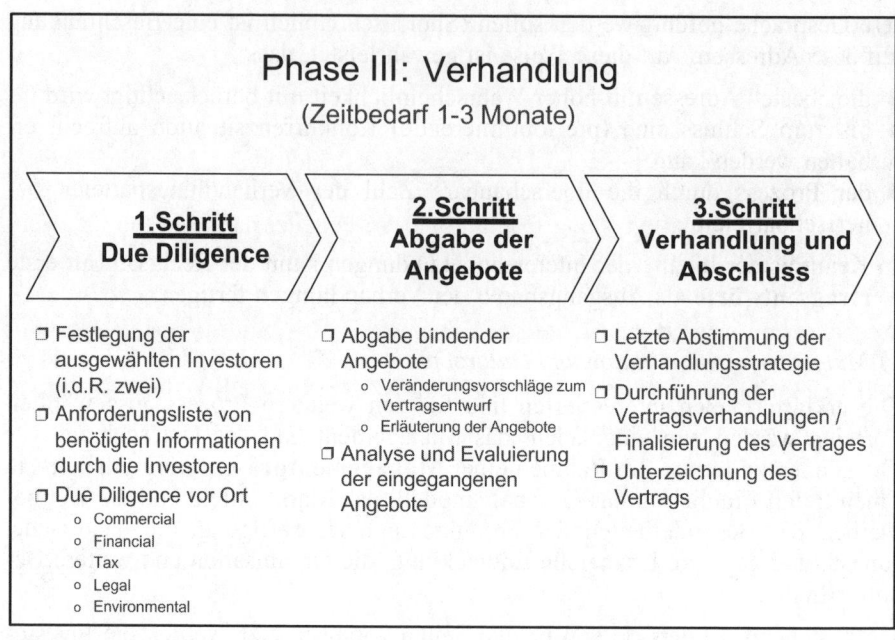

Abbildung 45: Trade Sale: Verhandlung

2520 Die Due Diligence, wörtlich übersetzt „angemessene Sorgfalt", bezeichnet die gewissenhafte Prüfung des Kaufobjektes durch den Käufer. Ziel der Prüfung ist es, alle erkennbaren Risiken und Potenziale aufzudecken, da eine spätere Wandlung oder Minderung üblicherweise im Kaufvertrag ausgeschlossen werden. Der Umfang der durchzuführenden Untersuchungen hängt wesentlich vom Kenntnisstand und der eigenen Expertise des Käufers, sowie der Geschäftstätigkeit des zu kaufenden Unternehmens ab[1].

2521 Meist betraut der Käufer mit der Durchführung Wirtschaftsprüfer und Rechtsanwälte, oder lässt sich zumindest von ihnen unterstützen. Vor Beginn der Due Diligence übermitteln die Vertreter des Käufers eine **Anforderungsliste**, in welcher die Themengebiete und konkreten Unterlagen aufgeführt sind, welche abgeprüft werden sollen. Diese kann wenige bis zwei Dutzend Seiten umfassen. Der größte Teil der Dokumente sollte allerdings bereits für den Datenraum zusammengestellt worden sein.

2522 Die Due Diligence umfasst mindestens die **Teilbereiche Finance** (wirtschaftliche Grundlagen, Vermögens-, Finanz- und Ertragslage), **Commerce** (Marktumfeld, Planung), **Tax** (steuerliche Grundlagen) und **Legal** (rechtliche Grundlagen). Sie kann fallweise um spezielle Prüfungsfelder ergänzt werden, wie etwa **Environment** (Umweltrisiken) oder **Human Resources** (Personalwesen).

---

1 Vgl. Fluck, A. und Roos, R.: Unternehmenskauf und -verkauf in Finanzbetrieb 2001, S. 10 ff.

Im Einzelnen werden die Funktion, die Handlungen und die Folgen der Due Di- **2523**
ligence nachfolgend in Kapitel B.IV. erläutert.

b) Abgabe der Gebote

Nachdem die Bieter in der Due Diligence das Unternehmen in allen Details **2524**
durchleuchten konnten, werden sie aufgefordert, **bindende Gebote** abzugeben.
In diesen entfallen alle bislang formulierten Vorbehalte, da die Bieter Gelegenheit hatten, die entsprechenden Bedingungen im Rahmen der Due Diligence zu
klären. Die Interessenten erläutern ihre Gebote bei der Abgabe im Detail.

Anschließend werden die **Gebote** von den Verkäufern und ihren Beratern **ana-** **2525**
lysiert und evaluiert. In einem großen Teil der Fälle sind die Gebote nicht direkt vergleichbar, da beispielsweise Teile des Kaufpreises über eine Nachbesserung geleistet werden sollen oder zu stunden sind[2]. In diesen Fällen müssen
subjektive Erwartungswerte bzw. Eintrittswahrscheinlichkeiten für die relevanten Parameter aus Sicht der Verkäufer ermittelt werden. Hinzu kommt eine Bewertung des Risikos (Abweichung des Parameterwertes vom Erwartungswert
und Adressausfallrisiko des Käufers) um den Zeitwert der Nachzahlung oder
Nachbesserung zu errechnen.

Neben diesen harten, quantifizierbaren Merkmalen sind qualitative Faktoren zu **2526**
berücksichtigen, wie etwa Beschäftigungsgarantien für die Gründer selbst und
ihre Mitarbeiter, erwartete Synergieeffekte mit dem Unternehmen des Erwerbers (nur relevant bei Teilverkäufen) oder die Zusage des Erhalts der wirtschaftlichen Einheit.

c) Verhandlung und Abschluss

Der letzte Schritt im Prozess des Trade Sales ist die abschließende Verhandlung **2527**
der Kaufverträge mit den verbliebenen Interessenten.

Unter Berücksichtigung der letzten Angebote und der Erläuterungen wird vor- **2528**
bereitend die **Verhandlungsstrategie** abgestimmt. An dieser Stelle erweist es
sich als absolut entscheidend, über **strategische Alternativen** zu verfügen, um
nicht durch einen Interessenten erpressbar zu sein.

Mögliche **Alternativen** können in dieser Situation sein: **2529**

• **Angebote anderer Bieter**: Die Konkurrenz mehrerer Bieter ist der Königs-
weg für die Verhandlung. Allerdings muss es gelingen, mehrere Bieter parallel (d.h. mit gleichlaufendem Zeitplan) durch den gesamten Prozess zu führen, um eine Konkurrenzsituation aufzubauen, aufrecht zu erhalten und am
Ende des Prozesses preiserhöhend zu nutzen.

• **Weitere Finanzierungsrunde mit Finanzinvestoren**: Stellt sich heraus,
dass der Zeitpunkt für einen Verkauf an einen strategischen Investor ungüns-
tig ist, etwa wegen eines schwierigen Marktumfeldes oder weil die Gesell-

---

2 Zu den Möglichkeiten der Gestaltung vgl. Kapitel B.V.

schaft noch nicht reif ist, können eventuell Finanzinvestoren im Rahmen eines Bridge Financing gewonnen werden. Diese Alternative muss allerdings sehr frühzeitig initiiert werden. Die Finanzinvestoren fordern eine lukrative und realistische Exitperspektive innerhalb eines überschaubaren Zeitraums. Haben die strategischen Investoren im Rahmen eines Trade Sales bereits große Zurückhaltung erkennen gelassen, sinken die Chancen, einen neuen Finanzinvestor zu finden („Das Unternehmen hat Markttest nicht bestanden.", „An wen sollen wir später verkaufen?").

- **weitere Finanzierungsrunde mit Altgesellschaftern**: Wenn die Altgesellschafter willens und in der Lage sind, die Finanzierungsrunde zu tragen, nimmt dies den Druck, für jeden Preis abschließen zu müssen, aus den Verhandlungen.

- **interne Finanzierung** oder **Aufnahme von Fremdkapital**: Ebenfalls günstig für die Verhandlungsposition ist es, wenn kein Zeitdruck für einen Abschluss besteht, da sich die Gesellschaft aus dem laufenden Geschäft oder noch vorhandenen Reserven selbst finanzieren kann. Die gleiche Wirkung geht von nicht genutzten Kreditlinien aus.

2530   Für die **Vertragsverhandlungen** und die **Finalisierung** des Vertrages sollte der Rechtsanwalt unbedingt mit an den Verhandlungstisch. Der Rechtsanwalt soll zwar nicht selbst die Verhandlung führen, dies ist Sache der Alteigentümer und des Beraters. Seine primäre Aufgabe ist es, die Vorschläge auf rechtliche Praktikabilität zu prüfen und umzusetzen. Je nach Rechtsform der Gesellschaft kann eine notarielle Beurkundung des Vertrags erforderlich sein.

III. Unternehmensbewertung

2531   Die Grundlagen der Unternehmensbewertung sind im zweiten Teil, Kapitel H.II im Detail dargestellt. Insofern beschränken sich die folgenden Ausführungen auf Besonderheiten und Ergänzungen im Falle eines Trade Sales.

1. Kalkül abgebender Gründer

2532   Grundsätzlich können die Gründer ihren Grenzpreis nach zwei völlig unterschiedlichen Betrachtungsweisen ermitteln:

- **Vergütung für eingebrachte Leistungen**: Einerseits sollte der Kaufpreis, den der strategische Investor erbringt, die für den Aufbau des Unternehmens erbrachten Leistungen der Gründer abgelten. Diese sind im Wesentlichen

  - **Geschäftsidee**: Mit dem Verkauf der Gesellschaft gehen die Geschäftsidee sowie das Instrumentarium zu ihrer Verwertung auf den Erwerber über. Die Verwertung ist in den meisten Fällen für den Verkäufer kurzfristig nicht reproduzierbar. Oft ist sie durch Schutzrechte abgesichert, oder mit dem Verkauf wird ein Konkurrenzverbot vereinbart. Selbst wenn keine formalen Beschränkungen bestehen sollten wäre es in den übrigen Fällen schwierig, mit einer Neugründung den Vorsprung der verkauften Gesellschaft aufzuholen.

- **eingelegtes Kapital**: Neben der Idee haben die Gründer oft in erheblichem Umfang eigene Mittel in das Unternehmen investiert. Diese mögen zum Zeitpunkt des Verkaufs formal untergegangen sein (Anlaufverluste), können sich jedoch in nicht aktiviertem Goodwill niederschlagen.
- **erbrachte Arbeitsleistung**: Die Gründer haben viele Jahre Arbeitsleistung in den Aufbau des Unternehmens investiert, die nunmehr kapitalisiert werden sollen. Es darf jedoch nicht vergessen werden, die in diesem Zeitraum bezogenen Gehälter gegenzurechnen.
- **getragenes Risiko und Verzinsung**: Seit dem Zeitpunkt der Gründung trugen die Initiatoren das meist nicht unerhebliche Risiko, dass sich ihre Idee nicht am Markt durchsetzen würde, ihr eingelegtes Kapital und die eigene Arbeitsleistung mithin verloren gehen könnten. Die drei Faktoren waren somit einem erheblichen Risiko ausgesetzt. Dieses Risiko sollte vergütet und alle vier Faktoren (Idee, Kapital, Arbeitsleistung, Risiko) verzinst werden.

- **Vergütung für abgegebene Ertragskraft**: Andererseits sollte der Kaufpreis mindestens den Wert der von den Gründern aufgegebenen künftigen Ertragsströme abgelten. Dies entspricht dem konventionellen, im zweiten Teil, Kapitel H.II dargestellten Ansatz.

2. Kalkül abgebender Finanzinvestoren

Ebenso wie die Gründer sehen die Finanzinvestoren einerseits auf ihren Einstand und andererseits auf den Wert der abgegebenen Ertragsströme.   **2533**

- **Vergütung für die eingelegten Leistungen**: Die Finanzinvestoren haben in unterschiedlicher Form Leistungen an das zum Verkauf stehende Unternehmen erbracht:
  - **eingelegtes Kapital**: In einer oder mehreren Finanzierungsrunden haben die Finanzinvestoren Kapital zur Verfügung gestellt. Dies muss nicht ausschließlich in Form von Eigenkapital erfolgt sein. Soweit Fremdkapital zur Verfügung gestellt wurde, erwarten die Finanzinvestoren, dass dieses abgelöst oder übernommen wird.
  - **Arbeitskraft**: Die Finanzinvestoren haben oftmals in erheblichem Umfang Beratungs- und Verwaltungsleistungen für ihr Portfoliounternehmen erbracht. Ebenso wie im Falle der Arbeitsleistung der Gründer sind allerdings dafür gewährte Vergütungen gegenzurechnen.
  - **getragenes Risiko und Verzinsung**: Die Geld- und Dienstleistungen, mit denen die Finanzinvestoren in Vorlage getreten sind, sollen angemessen verzinst und das getragene Risiko soll vergütet werden. Bereits gewährte Vergütungen (Ausschüttungen auf die Einlagen und Kreditzinsen) sind gegenzurechnen.

- **Vergütung für abgegebene Ertragskraft**: Andererseits sollte ebenso wie bei den Gründern der Kaufpreis mindestens den Wert der aufgegebenen künftigen Ertragsströme abgelten. Dieser liegt bei erfolgreichen Investments weit über dem Wert, welcher sich aus dem Einsatz (eingelegte Leistungen) errechnet.

2534 Am Markt ist zu beobachten, dass Finanzinvestoren auch bei weniger erfolgreichen Investments („living deads") zunächst versuchen, wenigsten ihren Einsatz (allerdings ohne Zinsen etc.) zurückzuholen. Letztlich verhalten sie sich in der Verhandlungssituation sehr rational. Aus ihrer Marktkenntnis heraus können sie die maximal erzielbaren Grenzpreise abschätzen. Auch erkennen sie sehr wohl, wenn ein Unternehmen langfristig nicht alleine überlebensfähig ist und sehen sich mit der Alternative einer Totalabschreibung konfrontiert. Da die Finanzinvestoren in der Regel über ein diversifiziertes Portfolio verfügen, können sie einzelne Underperformer durch erfolgreichere Investments alimentieren, was in diesen Fällen die Preisdiskussion entspannt.

3. Kalkül des strategischen Investors

2535 Strategische Investoren lassen sich üblicherweise von zwei Überlegungen leiten, welche das Kalkül der abgebenden Investoren quasi spiegelbildlich wiedergeben:

- **Vergütung für ersparte Ausgaben**: Das besondere Interesse des strategischen Investors erstreckt sich stets auch auf die Produkte, Verfahren, Rechte und/oder den Kundenstamm des Unternehmens. Er ist davon überzeugt, dass diese für sein eigenes Unternehmen einen Mehrwert darstellen. Somit trifft er immer auch eine **Make-or-buy-Entscheidung**. Er kalkuliert, was ihn die Entwicklung entsprechender Produkte, die Erschließung der Märkte etc. kosten würden, so er sie selbst betriebe. Die reine Rekonstruktion scheint in den meisten Fällen auf den ersten Blick billiger durchführbar, als dies den Gründern möglich war, da der Käufer implizit davon ausgeht, er könne Fehler, welche den Gründern unterliefen, vermeiden. Beispiele hierfür sind Sackgassen bei der Produktentwicklung oder Produktionskapazitäten, die ex post fast immer falsch dimensioniert sind (entweder zu groß oder zu klein). Auf der anderen Seite wird der Käufer berücksichtigen, dass er bei einer Rekonstruktion

  – „um den Verkäufer herum" operieren muss: Der Verkäufer hat den Markt bereits besetzt und tritt als Konkurrent auf; eventuell hat er Schutzrechte (Patente), die umgangen werden müssen etc.

  – wertvolle Zeit verliert: Der Wert eines Produktes hängt in höchstem Maße vom Bewertungszeitpunkt ab. Bis der Käufer ein eigenes Produkt entwickelt und am Markt eingeführt hat, ist es möglicherweise nicht mehr gefragt oder es trifft auf große Konkurrenz und könnte damit wertlos sein (Bsp. Medikament, das die klinischen Tests erfolgreich absolviert hat und nun mit einer Monopolstellung starten kann; bei Eigenentwicklung vergehen mehrere Jahre, dann gibt es evtl. bereits andere (bessere) Verfahren).

Das konventionelle make-or-buy-Kalkül muss daher um den Monopol- und den Zeitfaktor ergänzt werden. Eine zum eingeführten Produkt gereifte Idee ist heute weitaus wertvoller als morgen. Aus diesem Grund ist es möglich, dass der Käufer die ersparten Ausgaben höher ansetzt, als sie dem Verkäufer tatsächlich entstanden sind.

- **Vergütung für erworbene Ertragskraft**: Der Käufer bildet sich eine individuelle Meinung über die Höhe der erworbenen Gewinnansprüche und die angemessene Kapitalisierung.

  - **Kapitalisierungszinssatz**: Die Umsatz- und Ergebnisprojektionen der Verkäufer sind naturgemäß risikobehaftet. Die Risiken werden vom Käufer stets höher bewertet als von den Verkäufern, welche das Unternehmen und den Markt besser kennen. Modelltheoretisch kann dies aus der Informationsasymmetrie abgeleitet werden: Die Verkäufer sollten die Firma, die sie jahrelang aufgebaut haben, besser kennen, und in der Due Diligence wird eben doch nicht alles aufgedeckt. Zudem bewerten die (begeisterten und von ihrer Idee überzeugten) Gründer die Risiken anders, als ein Investor, welcher das „Investitionsobjekt" distanziert und nüchtern betrachtet. Aus diesem Grund wird der Käufer, so er die Geschäftsprognosen des Verkäufers übernimmt, höhere Risikozuschläge kalkulieren und die Ergebnisse mit einem höheren risikoadjustierten Zinssatz diskontieren. Sinngemäß gilt diese Aussage auch für Multiple-Verfahren.

  - **Höhe der Gewinnansprüche**: Andererseits kann der strategische Erwerber gegenüber der Stand-alone-Planung des Verkäufers regelmäßig Synergieeffekte (echte und unechte Synergien) realisieren. Die unechten Synergien (z.B. Nutzung von Verlustvorträgen) können von beinahe jedem potenziellen Käufer realisiert werden. Die echten Synergien kann einzig der individuelle Käufer nutzen. Synergieeffekte sind bei Trade Sales regelmäßig von hoher Bedeutung (gerade dadurch unterscheidet sich der „Stratege" vom Finanzinvestor).

4. Preisermittlung

Die Parteien eines Trade Sales werden nur handelseinig, wenn der Käufer bereit ist, mehr zu zahlen, als die Verkäufer mindestens fordern. Hierbei versuchen beide Seiten, ihre „wahren" Grenzpreise nicht offen zu legen. Sie tun dies allenfalls, wenn der Deal zu scheitern droht: In diesem Fall gehen sie mit ihren (An-)Geboten bis an ihren Grenzpreis, aber nicht weiter.   **2536**

Die Betrachtungsweisen sind wie oben dargelegt spiegelbildlich (geleistete bzw. ersparte Ausgaben und abgegebene bzw. erworbene Ertragskraft), die gewählten Parameter jedoch individuell verschieden.   **2537**

In der Regel kann der Käufer höhere Erträge zugrunde legen als der Verkäufer (echte und unechte Synergien), wird diese jedoch mit einem höheren risikoadjustierten Zinssatz diskontieren. Voraussetzung für einen Vertragsabschluss ist,   **2538** dass der erste Effekt den Zweiten überkompensiert, damit die Wertvorstellung des Käufers über jener des Verkäufers liegt.

Beispiel (Fortsetzung)

Der Medienunternehmer FF erwartet, dass seine Sender-Gesellschaft B nachhaltig ein Brutto-Jahresergebnis von € 100 Mio. erwirtschaften kann. Er hält einen Diskontierungszinssatz von 10 % für angemessen.

Die interessierten potenziellen Erwerber unter denen sich auch der Medientycoon Don Coleone (D) befindet, können durch Synergien, die sich aus der Kooperation ihren jeweiligen eigenen Sendern ergeben, nachhaltige Ergebnisverbesserungen von je € 50 Mio. p.a. realisieren. Aufgrund ihrer Risikoeinschätzung setzen die Erwerber jeweils einen Zinssatz von 12 % an.

D kann darüber hinaus Filme, für die er europaweite Rechte erworben hat, die er bislang aber nur in Südeuropa über eigene Sender ausstrahlen konnte, nun auch in Deutschland selbst verwerten. Er taxiert daher in seinem Fall die Synergieeffekte auf insgesamt € 100 Mio. p.a. Da es sich um D's erstes Engagement in Deutschland handelt, kalkuliert er aus Vorsichtsgründen mit einem Zinssatz von 14 %.

Partei	FF	andere Bieter	D
Jahresergebnis lt. Planung	100	100	100
unechte Synergien		50	50
echte Synergien			50
Jahresergebnis, individuelle Erwartung	100	150	200
Kapitalisierungszinssatz	10%	12%	14%
Unternehmenswert	1.000	1.250	1.429

Falls FF die Beteiligung an B behält, liegt der Ertragswert bei € 1.000 Mio. Der Ertragswert für die anderen Bieter liegt aufgrund der eingepreisten unechten Synergien bei € 1.250 Mio. Diesen Betrag wird FF (mit Aussicht auf Erfolg) mindestens fordern, da konkurrierende Gebote vorliegen. D könnte aufgrund weiterer Synergien, die nur bei ihm anfallen, über € 1,4 Mrd. bieten.

2539 Völlig offen ist in jeder Preisverhandlung die Frage, wie der durch die Übernahme generierte Mehrwert aus echten Synergien verteilt wird. Im obigen Beispiel ist eine Einigung zu jedem Preis zwischen € 1,25 Mrd. und € 1,43 Mrd. möglich. Zu welchem Preis der Abschluss erfolgt, hängt alleine vom Verhandlungsgeschick der beiden Parteien ab.

IV. Vorbereitung und Durchführung der Due Diligence

Literaturauswahl:

Barthel, Carl, Unternehmenswert-Ermittlung vs. Due-Diligence-Untersuchung, DStZ 99, 73–81 und 136–143; Barthel, Carl, Kaufpreisfundierung mittels Schwerpunktanalysen im Rahmen einer Due Diligence, DStZ 99, 365–376; Berens, Wolfgang/Brauner, Hans/ Strauch, Joachim, Due Diligence bei Unternehmensakquisitionen, 3. Auflage, 2002; Bihr, Dietrich, Due Diligence: Geschäftsführungsorgane im Spannungsfeld zwischen Gesellschafts- und Gesellschafterinteressen, BB 98, 1198–1201; Fleischer, Holger/Körben, Torsten, Due Diligence und Gewährleistung beim Unternehmenskauf, BB 01, 841–849; Ganzert, Siegfried/Kramer, Lutz, Due Diligence Review – eine Inhaltsbestimmung, WPg 95, 576–518; Harrer, Herbert, Die Bedeutung der Due Diligence bei der Vorbereitung eines Unternehmenskaufs, DStR 93, 1673–1675; Krüger, Dirk/Kalbfleisch, Eberhard, Due Diligence bei Kauf und Verkauf von Unternehmen – Rechtliche und steuerliche Aspekte der Vorprüfung beim Unternehmenskauf, DStR 99, 174–180; Lechtape, Anja/Krumbholz, Marcus, Due Diligence Reviews – nur eine Modeerscheinung aus den USA?, StuB 99, 826–827; Löffler, Christoph, Tax Due Diligence beim Unternehmenskauf, Diss., Düsseldorf, 2002; Loges, Rainer, Der Einfluss der „Due Diligence“ auf die Rechtsstellung des Käufers eines Unternehmens, DB 97, 965–969; Marx, Franz/Löffler, Christoph, Die Berücksichtigung von Risiken und Chancen im Rahmen der Tax Due Diligence beim Unternehmenskauf, StuB 00, 333–340; Scott, Cornelia, Due Diligence in der Praxis, Wiesbaden, 2001; Schanz, Kay-Michael, Börseneinführung, Recht und Praxis des Börsengangs, München, 2000; Spill, Joachim, Due Diligence – Praxishinweise zur Planung, Durchführung und Berichterstattung, DStR 99, 1786–1792; Vogt, Gabriele, Die Due Diligence – ein zentrales Element bei der Durchführung von Mergers & Acquisitions, DStR 2001, 2027–2034; Weitnauer Wolfgang, Handbuch Venture Capital, 2. Aufl., München, 2001, S. 469–475.; Wagner, Wolfgang: Due Diligence, in: Wirtschaftsprüfer Handbuch 2002, Band II, IDW-Verlag 2002.

1. Zur Herkunft des Begriffes und zur Bedeutung der Due Diligence

Der Begriff der „Due Diligence" entstammt den US-amerikanischen Securities **2540** Laws, die die Haftungsregeln für Investmentbanker, Anwälte, Wirtschaftsprüfer und andere mit Handel und Ausgabe von Wertpapieren befassten Berufsträgern enthalten. Er bezeichnet den diese treffenden Sorgfaltsmaßstab und bedeutet wörtlich übersetzt „gebührende Sorgfalt". Das gängige Begriffsverständnis geht dahin, die Due Diligence als die Durchleuchtung und Beurteilung des Zielunternehmens vor dessen Erwerb zu verstehen. Insofern handelt es sich bei einer Due Diligence um eine sorgfältige Untersuchung und Analyse des Zielunternehmens im Rahmen der Vorbereitung und Durchführung einer Transaktion um die für die Transaktion wesentlichen Einflussfaktoren aufzuzeigen und zu analysieren.[3] Die Due Diligence soll im Verhandlungsprozess noch vor der verbindlichen Kaufentscheidung klären, welche werttreibenden Faktoren im Zielunternehmen stecken, welche Risiken zu bewältigen sind und ob die Integration des Zielunternehmens beim Erwerber Erfolg versprechend erscheint bzw. was dieser Integration entgegensteht. Die im abschließenden Due Diligence Report festgehaltenen Erkennt-

---

3 Vgl. Wagner, Wolfgang: Due Diligence, in Wirtschaftsprüferhandbuch Band II, Seite 997 ff.

nisse sind – es sei denn, sie bringen gar einen sog. „dealbreaker" zu Tage – gleichzeitig bewertungsrelevant. Dies macht die Due Diligence kaufpreisbestimmend und für den Erwerber so zentral wie für den Veräußerer.

Klassisch der Blick zurück – modern der Blick nach vorn

2541 Inhalt und Anforderungen an die Due Diligence haben sich in den letzten Jahren gewandelt und erweitert. Das klassische Verständnis ging vor allem dahin, dass der zeitliche Blickwinkel der Due Diligence in die Vergangenheit gewandt war. Sie prüfte, ob aus in der Vergangenheit erfolgten Geschäftsvorfällen, geschlossenen Verträgen etc. für die Zukunft Risiken resultieren. Dabei fokussierte sich die Due Diligence im Wesentlichen auf die Richtigkeit der „harten Fakten" des Unternehmens wie Eigentumsverhältnisse, langfristige Verträge, Finanzdaten, und Zahlungsströme. Die Erfahrung hat aber gezeigt, dass diese „Rückschau" nicht genug war. In vielen Branchen erwiesen sich Unternehmenserwerbe als Misserfolg oder waren mit erheblichen Friktionen verbunden, obwohl die Due Diligence, nach ihren Maßstäben gemessen, korrekt durchgeführt wurde und zu keinen – oder zumindest beherrschbaren – Beanstandungen Anlass bot. Empirische Untersuchungen kamen hingegen zu dem Ergebnis, dass Unternehmensakquisitionen in 30% – 50% aller Fälle nicht nur nicht zu den erhofften Ergebnissen führten, sondern im mittel- oder langfristigen Ergebnis fehlschlugen.[4] Die Due Diligence im modernen Sinne soll dazu beitragen, solche Fehleinschätzungen im Vorfeld von Unternehmenstransaktionen zu vermeiden. Insofern wird der klassische Prüfungsgegenstand, der sich meist auf die Bereiche

- Financial Due Diligence: Analyse der Jahresabschlüsse und der Planungsrechnung
- Tax Due Diligence: Analyse der steuerlichen Veranlagung, Identifikation steuerlicher Risiken
- Legal Due Diligence: Analyse der rechtlichen Rahmenbedingungen, z. B. gesellschaftsrechtliche Grundlagen, wesentliche Verträge, Haftung des Unternehmens

erstreckte, erweitert um über die Planungsrechnung hinausgehende zukunftsorientierte Elemente, die zum Teil auch „weiche Faktoren" beinhaltet:

- Commercial Due Diligence: Analyse der Unternehmensstrategie, Beurteilung der Nachhaltigkeit des Geschäftsmodells, Identifikation von Marktgegebenheiten
- Management and Human Resources Due Diligence: Analyse der Qualifikations- und Vergütungsstrukturen, der Systeme zur Bindung von Schlüsselmitarbeitern und der Management-Qualität.

---

4 Scott, Cornelia, Due Diligence in der Praxis, Wiesbaden, 2001, S. 171 m. w. N.; Löffler, Christoph, Tax Due Diligence beim Unternehmenskauf, 2002, S. 2, 40 m. w. N.; Lechtape, Anja/Krumbholz, Marcus, Due Diligence Reviews – nur eine Modeerscheinung aus den USA?, StuB 99, 826.

- Organizational Due Diligence: Analyse der Führungsstruktur, der Aufbau- und Ablauforganisation und der Informationssysteme.

Je nach Einzelfall werden bei unterstellter Zweckmäßigkeit weitere Bestandteile **2542** in die Due Diligence Untersuchung einbezogen werden, wie z. B. die Environmental Due Diligence, die sich mit Fragen der Einhaltung umweltrechtlicher Bestimmungen durch das Unternehmen und damit einhergehender möglichen Umweltrisiken beschäftigt, oder die Technical Due Diligence, die sich mit dem Zustand der Produktionsanlagen und der Effizienz der Produktionsabläufe beschäftigt.

Zur Vermeidung von Missverständnissen: Die Durchführung einer Due Dili- **2543** gence Untersuchung durch das akquirierende Unternehmen ist keine gesetzlich verankerte Pflicht,[5] auch der Umfang der Due Diligence Untersuchungen wird durch das akquirierende Unternehmen nach eigenem Ermessen selbst festgelegt. Da der Umfang einer Due Diligence – anders als z. B. bei einer Jahresabschlussprüfung – nicht (gesetzlich) festgelegt ist, ist es im Hinblick auf den Erfolg der Due Diligence nicht aussreichend, wenn das akquirierende Unternehmen schlicht eine „Due Diligence" in Auftrag gibt. Vielmehr ist genau zu spezifizieren, welchen Umfang die Untersuchungen haben sollen (sog. „Scoping"). Studien[6] zeigen, dass die Beauftragung von Financial, Legal-, Tax- und Commercial-Due Diligence am weitesten verbreitet sind.

2. Vendorside und buyerside Due Diligence

In der Praxis am weitesten verbreitet ist die vom Kaufinteressenten in Auftrag **2544** gegebene Due Diligence (buyerside Due Diligence). Vielfach steht vor der buyerside Due Diligence auch eine vom Verkäufer in Auftrag gegebene Untersuchung gleichwertigen Inhalts (vendorside Due Diligence). Diese kann als eine Art Generalprobe verstanden werden, umso vor dem Verkauf Schwachstellen im eigenen Unternehmen aufzudecken, damit diese dann abgestellt werden, bevor der Kaufinteressent seine eigene Due Diligence durchführen lässt. Dabei mag der Veräußerer auch die Intention verfolgen, Kontrolle über den Prozess zu gewinnen, indem er den Prüfungsgegenstand definiert und das Ergebnis vorab diskutiert und kommuniziert. Der mit dieser Intention verbundene Idealfall aus Sicht des Veräußerers, dass die von ihm veranlasste vendorside Due Diligence an die Stelle einer Käufer-Due-Diligence tritt, lässt sich nur in den seltensten Fällen erreichen, da der Käufer aus eigenen Risikoerwägungen selbst die Kontrolle über den Prozess – insbesondere aber über die Breite der Untersuchungen – behalten will. Im Regelfall wird der Bericht über die vendorside Due Diligence anschließend auch dem Kaufinteressenten zur Verfügung ge-

---

5 Wenngleich nach deutschem Recht keine explizite Pflicht zur Durchführung von Due Diligence Untersuchungen besteht, hat sich selbige mittlerweile als Verkehrssitte etabliert. Insofern könnte der Vorstand eines akquirierenden Unternehmens möglicherweise grob fahrlässig handeln, wenn er trotz Möglichkeit auf die Durchführung einer Due Diligence verzichtet (vgl. Wagner, Wolfgang, a. a. O., S. 1000).

6 Vgl. Marten/Köhler, Due Diligence in Deutschland. Eine empirische Untersuchung, Finanzbetrieb 1999, S. 339.

stellt, womit eine Effizienzsteigerung der buyerside Due Diligence erreicht werden kann. Auch ist die „vendorside Due Diligence" im Sinne der eigenen Generalprobe zu verstehen, muss dann im Prozessablauf jedoch deutlich früher durchgeführt werden [vgl. II.3.a („Bestandsaufnahme")]. Daher soll an dieser Stelle nicht näher auf die vendorside Due Diligence eingegangen werden, die buyerside Due Diligence rückt in das Blickfeld der Betrachtung, allerdings aus Sicht des Zielunternehmens.

2545 Die nachfolgende Beschreibung des typischen Ablaufes und Inhalts der Due Diligence soll es dem Verkäufer ermöglichen, sich auf dieses Verfahren einzustellen und sein Unternehmen so zu präsentieren, dass er unnötige „Patzer" vermeidet und nicht (unnötig) geschwächt aus der Due Diligence hervorgeht. Dabei ist auch auf das „strukturelle Problem" hinzuweisen, welches sich daraus ergibt, dass der Verkäufer sich regelmäßig zum ersten Mal einer Due Diligence stellt, während der Kaufinteressent transaktionserfahrene Routiniers zum Verkäufer entsendet.

3. Die Stellung der Due Diligence im Prozessablauf

2546 Vergegenwärtigen wir uns nochmals,[7] an welcher Stelle die Due Diligence im Akquisitionsprozess steht:

– In der ersten Phase finden der Kaufwillige und der Verkäufer zum Entschluss zu kaufen bzw. zu verkaufen.
– Zeigt die Vorverhandlungsphase positive Signale auf beiden Seiten, wird sie mit einem Letter of Intent abgeschlossen, der bereits eine Reihe von Rahmendaten fixiert.
– In die Hauptverhandlungsphase fallen die Due Diligence und die Unternehmensbewertung. Die Due Diligence steht in engem Zusammenhang mit der Unternehmensbewertung; sie stellt die Annahmen bereit, auf denen die Unternehmensbewertung beruht,[8] oder überprüft sie. Wesentliches Kriterium dieser Phase ist auch, dass die Vertragsbestimmungen ausgehandelt werden. Die Hauptverhandlungsphase schließt mit der Vertragsunterzeichnung ab.
– Im Anschluss steht die Erfolgskontrolle oder in Abhängigkeit vom Motiv des Unternehmenserwerbs die Integrationsphase.

4. Ablauf und Tücken einer Due Diligence

2547 Am anschaulichsten verdeutlicht ein leicht überspitzt gestaltetes Beispiel, wie eine Due Diligence Untersuchung im ungünstigen Fall verlaufen kann.

Beispiel: Die Homesound-GmbH

Die Gründer der Homesound-GmbH sind Idealisten geblieben, die sich dem big business (Börsengang) nicht stellen möchten und sich zum Trade Sale entschlossen haben. Das Unternehmen ist gut auf den Weg gebracht. Nach Jahren, in denen sie

---

7 Vgl. oben, Dritter Teil, Abschnitt B. II.
8 Schanz, Kay-Michael, Börseneinführung, Recht und Praxis des Börsengangs, München, 2000, S. 238.

ihre persönlichen Bezüge gering gehalten und ihre Mittel und ihre Kraft ganz über- noch
wiegend der Homesound zur Verfügung gestellt haben, soll die Zeit gekommen **2547**
sein, da sich ihr Einsatz auch finanziell auszahlt. Ein Kaufinteressent ist mit dem
großen B-Konzern leicht ausgemacht und erste Kontakte sind schnell geknüpft. In
Vorverhandlungen zeigt der B-Konzern ernsthaftes Interesse, und die Gründer der
Homesound und der B-Konzern unterzeichnen einen Letter of Intent. In diesem sichern sich die Parteien gegenseitig Exklusivität zu, nennen die Gründer der Homesound ihre Kaufpreisvorstellung, die sich auf eine extern angefertigte Unternehmensbewertung stützt und stimmt der Initiative des B-Konzerns zu, dass wesentliche Parameter des Unternehmens im Rahmen einer Due Diligence definiert und/
oder verifiziert werden. Die Gründer der Homesound haben für diese nicht nur Verständnis, sie fühlen sich sogar durch die Aufmerksamkeit, die ihnen mittels der
Due Diligence zuteil wird und den Umstand dass der B-Konzern die anfallenden
Kosten alleine tragen möchte, auch ein Stück weit geehrt. Über die kurze Passage
im Letter of Intent und eine Festlegung des Anfangstermins hinaus findet keine nähere Absprache bezüglich der Due Diligence statt.

Eines Tages ist es dann so weit. Als der Wagen des B-Konzerns, vollgepackt mit
Spezialisten und Laptops vorfährt, haben die Gründer und Mitarbeiter zwar einen
kurzen Moment das Gefühl, dies sei der Beginn einer Invasion, sind dann aber von
den vielen Titeln der Spezialisten (Wirtschaftsprüfer, Rechtsanwälte, Steuerberater,
Unternehmensberater, Branchenexperten und Geologen, jeweils in Begleitung ihrer
jüngeren Mitarbeiter) und deren professionellem Auftreten sehr beeindruckt. Allerdings erfahren sämtliche Schlüsselpositionen im Unternehmen infolge Befragungen
und Einbindung in die Durchsicht geschäftlicher Unterlagen eine tage- bis wochen-
lange Lähmung und diese schlägt bedauerlicherweise auf die nachgeordneten Mitarbeiter durch. Den Geschäftspartnern, deren Angelegenheiten nicht bearbeitet werden können, teilen die Mitarbeiter der Homesound mit, Grund für die Zurückstel-
lung sei, dass eine Due Diligence im Haus sei. Jedes im Unternehmen befindliche
Papierstück wird durchgesehen, viele werden kopiert und alles wird hinterfragt.
Den Gründern der Homesound ist schnell klar, dass die Kosten der entstehenden
Unruhe im Unternehmen und die damit einhergehenden Störungen im Betriebsab-
lauf, die sie treffen, höher sind als die der Due Diligence. Sie halten das aber vor
dem Hintergrund des Verkaufes für erforderlich und berechtigt.

Nach drei Wochen lädt der B-Konzern zu einem Besprechungstermin in seine Zentrale und erörtert die Ergebnisse der vorläufigen Fassung des Due Diligence Reports. Die Verantwortlichen des B-Konzerns runzeln die Stirn: noch immer ein tol-
les Unternehmen, „ja aber", dennoch, man habe sich das etwas anders vorgestellt.
Es ist, wovon sich die Gründer der Homesound überzeugen lassen, nicht so, dass
die Verfasser des Due Diligence Reports sich auf Nörgeln eingeschossen hätten
oder sich als Miesepeter erweisen würden – dazu sind die Berater viel zu professionell. Die Einwände, die sie vortragen, haben in der Tat sämtlich Hand und Fuß.
Dutzendfach wird dargelegt, wie die Gründer hätten vorgehen können und müssen,
um den dann berechtigten höheren Kaufpreis fordern zu können. So wie es gelau-
fen ist sind indessen, und dies wird absolut überzeugend begründet, reihenweise
Kaufpreisabschläge geboten. Ganz nebenbei wird das Gros der Annahmen, auf die
sich die externe Unternehmensbewertung gestützt hat, widerlegt. Last but not least
bringt die Due Diligence Interna von opponierenden Netzwerken der Mitarbeiter zu
Tage, die in diesem Umfang nicht einmal den Gründern bekannt waren und belegt,
dass persönlich frustrierte und unzufriedene und bei Beförderungen aus ihrer Sicht

zu Unrecht übergangene Mitarbeiter zentral für eine einsetzende Vergiftung des Betriebsklimas verantwortlich sind, die sich in der Zukunft sogar verschärfen wird und einen deutlichen Produktivitätsrückstand gegenüber einem Unternehmen mit hoher Mitarbeitermotivation bedeutet.

Zurück zu Haus sehen sich die Gründer der Homesound in einer schwierigen Lage. Der für sie subjektiv ursprünglich angemessene Kaufpreis ist mit dem B-Konzern nicht zu erzielen. Den Deal mit dem B-Konzern nicht abschließen zu wollen, wäre aber in mehrfacher Sicht ebenfalls nachteilhaft. Zum einen dürfte sich in der Branche bereits herumgesprochen haben, dass der B-Konzern „dran ist" und wäre die erst spätere Aufnahme von Verhandlungen für die Konkurrenten ein negatives Indiz, dem sie ebenfalls über einen niedrigen Kaufpreis Rechnung tragen würden. Der Aufnahme von Verhandlungen mit Konkurrenten stünde außerdem entgegen, dass der B-Konzern dargelegt hat, dass aufgrund zeitlicher Eckdaten seiner strategischen Planung mit ihm der Deal nur innerhalb der nächsten sechs Wochen zu machen sein kann, viel zu wenig Zeit für Vorverhandlungen und eine Due Diligence eines Konkurrenten, ganz ungeachtet der Tatsache, dass sich eine solche als unzulässig darstellen würde, weil die Gründer der Homesound und der B-Konzern sich für die Dauer ihrer Verhandlungen im Letter of Intent Exklusivität zugesichert haben. Äußerst problematisch ist weiter, dass andere Kaufinteressenten nach einem Exemplar des vorhandenen Due Diligence Report fragen würden – sofern der Bericht mit den getroffenen Feststellungen oder zumindest die Management Summary mit den aggregierten Ergebnissen dem Vorstand zugänglich gemacht wurden –, womit der gemachte Fehler perpetuiert wäre, d.h. es praktisch unmöglich ist, die Unerfahrenheit bei der ersten Due Diligence wieder auszubügeln. Schließlich bereitet Unbehagen, dass alle Einzelheiten der Geschäftsidee und des strategischen Vorgehens dem B-Konzern offen gelegt wurden. Die Gründer der Homesound sehen ihr Lebenswerk in ernsthafter Gefahr.

2548 Was hätte besser laufen können? Wie hätten sich die Gründer der Homesound, wenn sie sich professionell verhalten hätten, auf die Käufer-Due Diligence vorbereiten können und müssen?

2549 Zunächst wäre zu bedenken gewesen, dass unter dem Gesichtspunkt der verfahrensmäßigen Durchführung mehrere Typen der Due Diligence zur Verfügung stehen.

2550 Der im Sinne der Geheimhaltung nicht sensible Teil der Due Diligence hätte schriftlich erledigt und erhebliche Störungen der betrieblichen Abläufe dabei vermieden werden können. Auf Grundlage einer vom Kaufinteressenten übermittelten Anforderungsliste (sie ist der im Anhang abgedruckten Due Diligence Checkliste angenähert) übersendet der Verkäufer die Unterlagen. Wo die Anforderung einzelner Informationen detaillierter ist, als aus Sicht des Verkäufers für den Kaufinteressenten erforderlich, ist der Umfang der Prüfung verhandelbar.

2551 Es kann als ausreichend vereinbart werden, in Bezug auf alle oder einzelne der bestehenden Arbeitsverhältnisse nur Eckdaten zu nennen, sodass sich der Kaufinteressent ein Bild der laufenden Belastungen, von Altersstruktur, Pensionsverpflichtungen, Schwerbehindertenanteil etc. machen kann, aber nicht in den Besitz sämtlicher Namen und Daten gelangt (die es dem Kaufinteressenten erleichtern würden, Arbeitnehmer außerhalb der Due Diligence anzusprechen).

Soweit Geheimhaltung geboten ist, hätte bezüglich einzelner in der Anforde- **2552** rungsliste genannter Unterlagen auf das **Data-Room**-Verfahren verwiesen werden können. Dabei richtet der Verkäufer für den Kaufinteressenten einen speziellen Raum ein, in dem die Daten eingesehen, aber im Regelfall nicht kopiert werden dürfen. Auch legt der Verkäufer die Regeln für die Nutzung des Datenraums fest, die vorab dem Kaufinteressenten mitzuteilen sind. Zu diesen Regeln gehören u. a. die Dauer der Nutzungsmöglichkeit, die maximale Anzahl der einsichtnehmenden Personen und – von großer Bedeutung – die Möglichkeit des strukturierten Nachfragens. Ziel muss es sein, den operativen Betrieb des Unternehmens so wenig wie möglich zu beeinträchtigen.

Soweit Informationsinteressen des Kaufinteressenten nämlich durch den Daten- **2553** raum nicht gedeckt wurden, können für den Kaufinteressenten Gespräche mit einzelnen Mitarbeitern vereinbart werden – nicht aber, dass der Kaufinteressent durch das Unternehmen geht und einfach jeden beliebigen Mitarbeiter anspricht. Zur Vermeidung von Missverständnissen empfiehlt es sich, allergrößte Aufmerksamkeit der Frage zu widmen, welche seiner Mitarbeiter bevorzugte Kontaktpersonen für die Due Diligence sind.

Positive Wirkungen der Due Diligence auf beiden Seiten

So richtig es ist, dass die eben besprochene Gefahrenlage im Grunde besteht **2554** und dass es am Verkäufer liegt, dagegen Vorsorge zu treffen, dass er nicht über den Tisch gezogen wird, so richtig ist es weiter, dass der Kaufinteressent ein dem Grunde nach äußerst berechtigtes Interesse an der Due Diligence hat. Kein redlicher Verkäufer würde vom Kaufinteressenten verlangen, dass dieser die „Katze im Sack" kaufen soll. Auf die gelungene Grenzziehung, die sich ganz nach dem Einzelfall richtet, kommt es an.

Neben dem gebotenen Hinweis auf die genannten mögliche Fallstricke ist daher **2555** die Rückkehr zur „roten Linie" vonnöten, die die Due Diligence selbstverständlich als unverzichtbares Element der Verhandlungsphase ansieht. Der Verkäufer sollte sich darum vergegenwärtigen, dass eine erfolgreiche Due Diligence sehr positive Wirkungen zeigt. Wird sie auch von ihm professionell angegangen und belegt die Due Diligence, dass das Unternehmen sorgfältig und risikobewusst gesteuert wird, so halten sich Friktionen für das Unternehmen und den Verkäufer in Grenzen. Über die gefundene Objektivierung und Verifizierung der Unternehmensdaten hinaus ergibt sich ein beruhigendes Element, das dem Zustandekommen des Trade Sale weiter dienlich ist. Aus einer gelungenen Due Diligence gehen daher Kaufinteressent und Verkäufer gestärkt hervor.

Begrenzung der Due Diligence durch den Verkäufer

Die vorstehenden Ausführungen haben gezeigt, dass es für den Veräußerer sinn- **2556** voll sein kann, (zu) weitgehende Forderungen des Kaufinteressenten nach einer umfassenden Due Diligence inhaltlich zu begrenzen. Dem Kaufinteressenten kann klar gemacht werden, dass es gute Gründe gibt, nicht alle unternehmensrelevanten Tatsachen offen zu legen, sondern sensible Teile auszunehmen.

2557 In Betracht kommt, dass die Gestattung der Due Diligence beim Trade Sale davon abhängig gemacht wird, dass sie von beruflich zur Verschwiegenheit Verpflichteten durchgeführt wird (Anwälte, Wirtschaftsprüfer, Steuerberater), die sich zudem verpflichten, nicht alle aufgenommenen Einzeldaten an den Kaufinteressenten weiterzugeben, sondern nur einen im Umfang klar definierten Due Diligence Report.

2558 Wichtig sind auch Überlegungen dazu, wer beim Verkäufer die Eingrenzung vornimmt. Bei der Betriebsveräußerung ist das regelmäßig der Unternehmensinhaber. Möchten allerdings Gesellschafter eine Gesellschaft veräußern, bestehen rechtlich im Grundsatz (soweit sie praktisch nicht wieder über Personalunion zusammengeführt werden) zwei Ebenen: Die Gesellschafter möchten die Gesellschaft veräußern, aber zu gestatten ist die Due Diligence weitestgehend, nämlich so weit die Daten der Gesellschaft betroffen sind, vom Leitungsorgan der Gesellschaft. Ist die Gesellschaft eine GmbH oder eine GmbH & Co. KG, bestehen ungeachtet der beiden rechtlich auseinander fallenden Ebenen keine Probleme, denn die Gesellschafter haben gegenüber dem Geschäftsführer Weisungsrechte[9] und können über ihre Weisungen die Due Diligence jedenfalls ermöglichen. Anders ist dies, wenn die zu veräußernde Gesellschaft eine Aktiengesellschaft oder eine Kommanditgesellschaft auf Aktien ist. § 76 AktG regelt hier, dass der Vorstand Weisungen gerade keine Folge zu leisten braucht (einzige Ausnahme: die AG hat einen Beherrschungsvertrag als Untergesellschaft abgeschlossen), oder, anders ausgedrückt, dass der Vorstand ein recht weitgehendes Leitungsermessen hat.[10] Der Vorstand kann bei seiner pflichtgemäßen Prüfung zu dem Ergebnis gelangen, dass ein Verkauf der Gesellschaft an den Kaufinteressenten und eine Due Diligence den Unternehmensinteressen aus geschäftspolitischen Gründen zuwiderläuft und sich auf das Recht und die Pflicht zur Verschwiegenheit berufen (§§ 93, 404 AktG). Sofern mit dem Trade Sale die Aufnahme weiterer Finanzmittel beabsichtigt ist, dürfte das diesbezügliche Interesse des Vorstandes jedoch stärker zu gewichten sein.

5. Untergliederungen Due Diligence

2559 Due Diligence Untersuchungen lassen sich – wie bereits ausgeführt – inhaltlich in mehrere Teilbereiche untergliedern, die regelmäßig auch von verschiedenen

---

9 §§ 37, 46 Abs. 1 Nr. 6 GmbHG. Weitergehend soll nach Peters, Kai, Informationsrechte und Geheimhaltungsverpflichtungen im Rahmen einer Due Diligence und daraus resultierende Haftungsrisiken, Aachen, 2002, der Gesellschafter die Due Diligence bereits über § 51a GmbHG durchsetzen können. Zurecht weisen Fleischer, Holger/Körber, Torsten in Berens, Wolfgang/Brauner, Hans/Strauch, Joachim, Due Diligence bei Unternehmensakquisitionen, 3. Auflage, 2002, S. 232 ff. jedoch darauf hin, dass ein Gesellschafter die mittels § 51a GmbHG erlangten Informationen nicht weitergeben darf. Richtiger ist daher der Weg, die Due Diligence über das Weisungsrecht durchzusetzen.

10 Fleischer, Holger/Körber, Torsten in Berens, Wolfgang/Brauner, Hans/Strauch, Joachim, Due Diligence bei Unternehmensakquisitionen, 3. Auflage, 2002, S. 226 unter Verweis auf die ARAG/Garmenbeck-Entscheidung des BGH Einschränkungen i. S. d. „business judgement rule".

Experten (Steuerberater, Rechtsanwälter, Wirtschaftsprüfer, Marktexperten etc.) durchgeführt werden werden.

a) Legal Due Diligence

Gegenstand der Legal Due Diligence sind die rechtlichen Verhältnisse des Ziel-   **2560** unternehmens, seine Rechtspositionen und Rechtsbeziehungen. Ausgenommen von der allgemeinen Legal Due Diligence sind rechtliche Fragestellungen, soweit hierfür Spezialuntersuchungen vorgesehen sind. Beispielsweise entfallen arbeitsrechtliche Prüfungen im Fall einer gesonderten Human Resources Due Diligence[11] sowie umweltrechtliche Fragestellungen im Fall der Durchführung einer gesonderten Environmental Due Diligence.[12] Daneben kann auch die Prüfung, ob kartellrechtliche Hindernisse dem geplanten Erwerb entgegenstehen oder aber diesbezügliche Anzeige- oder Genehmigungserfordernisse zu berücksichtigen sind, zum Gegenstand der Legal Due Diligence gemacht werden. Kartellrechtliche Prüfungen finden in der Regel durch den Käufer statt, da dessen Unternehmenszahlen und die mit dem Käufer verbundenen Unternehmen bei der Prüfung zu berücksichtigen sind.

Im Rahmen der Legal Due Diligence werden die rechtlichen Verhältnisse in   **2561** drei Richtungen untersucht, nämlich auf **direkte Risiken für den Käufer** im Fall eines Kaufvertragsabschlusses, auf **Risiken auf Ebene des Zielunternehmens**, die wertbeeinflussend sein und/oder den Geschäftsbetrieb des Zielunternehmens beeinträchtigen können, sowie hinsichtlich der **bestehenden Gestaltungsspielräume** auf Ebene des Zielunternehmens abhängig von der vom Käufer verfolgten Integrations- und künftigen Unternehmensstrategie.

Direkte Risiken des Käufers im Fall des Kaufvertragsabschlusses können bei   **2562** einem geplanten Anteilserwerb bestehen, wenn der lastenfreie Erwerb der Anteile am Zielunternehmen gefährdet oder nicht sichergestellt ist oder durch den Erwerb unmittelbare Ansprüche gegen den Käufer resultieren können. Insofern wird in diesem Zusammenhang die ordnungsgemäße Errichtung des Zielunternehmens und die rechtliche Existenz der den Kaufgegenstand bildenden Beteiligung geprüft. Gegenstand der rechtlichen Untersuchungen ist insoweit auch die lastenfreie Anteilseignerstellung des Verkäufers, sodass etwaige Anteilsübertragungen seit der Gründung des Zielunternehmens sowie etwaige Belastungen der Beteiligung durch z. B. Verpfändungen oder Einräumung von sonstigen Rechten an der Beteiligung (Unterbeteiligung, Nießbrauch) ebenfalls zu überprüfen sind. Prüfungsgegenstand sind auch etwaige Zustimmungs- oder Genehmigungserfordernisse für eine Anteilsübertragung. Schließlich ist die Einhaltung von Kapitalaufbringungs- und -erhaltungsvorschriften[13] seit Unternehmensgründung zu überprüfen, da ein Anteilserwerber im Fall der nicht ordnungsgemäßen Kapitalaufbringung oder bei offenen oder verdeckten Kapital-

---

11 Vgl. nachfolgend Abschnitt e).
12 Vgl. nachfolgend Abschnitt f).
13 Vgl. hierzu u. a. Abschnitt C. VII. im Ersten Teil.

rückzahlungen durch seinen Rechtsvorgänger oder einen späteren Mitgesellschafter selbst einem Haftungsrisiko ausgesetzt sein kann. Zu berücksichtigende unmittelbare Rechtswirkungen für einen Erwerber bestehen auch im Fall einer Beschränkung der Gesellschafterrechte z. B. durch Bestimmungen des Gesellschaftsvertrages, insbesondere wenn nicht alle Anteile am Zielunternehmen erworben werden.

2563 Auf **Ebene des Zielunternehmens** ist bei der Ermittlung von Risiken zunächst sicherzustellen, dass keine rechtlichen Ansprüche Dritter auf das Ergebnis des Unternehmens bestehen, beispielsweise aus Unternehmensverträgen oder stillen Beteiligungen.

2564 Darüber hinaus sind etwaige **Bestandsgefährdungen** oder rechtliche Hindernisse, die einer Fortführung der bisherigen und geplanten Geschäftstätigkeit entgegenstehen können, zu ermitteln. Beispiele für derartige Risiken, die sich als Deal Breaker herausstellen können, sind insbesondere

– Insolvenztatbestände,
– das Fehlen für den Geschäftsbetrieb erforderlicher behördlicher Erlaubnisse, Genehmigungen oder Zulassungen, deren künftiger Wegfall; Verstöße gegen behördliche Auflagen,
– Verstöße gegen öffentlich-rechtliche Vorschriften, die eine behördliche Untersagungs- oder Stilllegungsverfügung zur Folge haben können,
– der Geschäftstätigkeit der Gesellschaft entgegenstehende Rechte Dritter, z. B. Verstöße gegen fremde gewerbliche Schutzrechte, aus denen sich Unterlassungsansprüche gegen die Gesellschaft ergeben können,
– Kündigungsmöglichkeiten aus oder zeitlicher Ablauf von wesentlichen Verträgen, z. B. Lizenzverträgen, Vertriebsverträgen, Abnahmeverträgen, Lieferverträgen, Darlehensverträgen, insbesondere aus Anlass eines Gesellschafterwechsels,
– mögliche wegen ihres Umfangs bestandsgefährdende sonstige Ansprüche gegen die Gesellschaft, z. B. im Rahmen von anhängigen oder drohenden Prozessen oder behördlichen Verfahren, Produkthaftungs-, Schadensersatz- oder Erfüllungsansprüche sowie Rückzahlungsansprüche betreffend Fördermittel und Subventionen.

2565 Die Prüfung der Sicherstellung des Geschäftsbetriebs umfasst auch die Frage, ob die Gesellschaft Inhaberin der erforderlichen gewerblichen Schutzrechte (z. B. Marken, Patente) ist und für welche Staaten dieser Schutz besteht.

2566 Die o. g. Risiken können, auch wenn sie den Bestand des Unternehmens nicht gefährden, zu seitens des Käufers einzukalkulierenden **zukünftigen Belastungen** führen, die Vermögens-, Finanz- und Ertragslage des Zielunternehmens beeinträchtigen. Derartige Beeinträchtigungen können sich auch aus anderen Rechtsbeziehungen des Unternehmens ergeben und sind daher im Rahmen der Legal Due Diligence ebenfalls zu ermitteln. Beispiele möglicher Rechtsbeziehungen, die zu Beeinträchtigungen führen können, sind ungewöhnliche oder wirtschaftlich bedeutsame Zusagen gegenüber Arbeitnehmern, z. B. im Rahmen der Altersversorgung, Bindungen durch Betriebsvereinbarungen oder Tarifverträge, Steuer- und Sozialversicherungsverpflichtungen aus Verträgen mit freien Mitarbeitern (sog. Scheinselbstständigkeit), wirtschaftlich ungünstige oder langfristige Bindungen an Verträge mit Lieferanten und Abnehmern, Verpflichtungen aus Miet-, Pacht-, Leasing-, Versicherungsverträgen oder Veräußerungs- oder Erwerbsverpflichtungen hinsichtlich wesentlicher Vermögensgegenstände, z. B. Grundstücke. Verpflichtungen können sich beispielsweise auch aus Haftungsverhältnissen wie ausgereichten Bürgschaften, Garantien, Freistellungsverpflichtungen oder Patronatserklärungen für Verbindlichkeiten Dritter ergeben.

Über die Risikoermittlung hinaus dient die Legal Due Diligence auch der **2567** Sammlung und rechtlichen Auswertung von Informationen, die im Rahmen der zukünftig vom Erwerber geplanten **Unternehmensstrategie** oder **Integration** des Zielunternehmens in das Erwerberunternehmen zu beachten sind. Hier können den Vorstellungen des Erwerbers über die künftige Geschäftstätigkeit insbesondere langfristige vertragliche Bindungen gegenüber Lieferanten, Kunden, Vertriebspartnern, Handelsvertretern, Vermietern oder Leasinggebern, aber auch arbeitsrechtliche Sachverhalte oder Vereinbarungen entgegenstehen.

Die Auswirkungen der Ergebnisse der Legal Due Diligence auf den Transakti- **2568** onsprozess können unterschiedlich sein. In Betracht kommt zunächst eine Berücksichtigung im Rahmen der Kaufpreisfindung oder den vertraglichen Gewährleistungen. Daneben können die Beseitigung entdeckter Sachverhalte vor einem Vertragsabschluss durch den Käufer oder aber eine andere als die zunächst vorgesehene Strukturierung des Erwerbs (z. B. Asset Deal statt Share Deal oder umgekehrt) erforderlich sein. Schließlich können nicht ausräumbare Deal Breaker auch zum Abbruch der Verhandlungen und zum Scheitern der Akquisition führen.

Wichtig ist last but not least die kartellrechtliche Prüfung. Es geht darum, ob un- **2569** ter dem Gesichtspunkt des Entstehens einer marktbeherrschenden Stellung oder ihrer Verstärkung Vorschriften des nationalen oder des europäischen Rechts dem Unternehmenserwerb entgegenstehen. Für die Prüfung sind nicht nur die Kennzahlen beim Zielunternehmen von Bedeutung, sondern auch diejenigen des Kaufinteressenten heranzuziehen, weshalb die kartellrechtliche Prüfung der vorgesehenen Transaktion im Regelfall vom Käufer sichergestellt wird.

b) Financial Due Diligence

Im Rahmen der Financial Due Diligence werden die externen und internen Re- **2570** chenwerke sowie die Planungsrechnungen des Unternehmens einer kritischen Analyse unterzogen.[14] Gegenstand ist die Analyse der Vermögens-, Finanz- und Ertragslage sowie darauf aufbauend der Planungsrechnung. Ziel der Financial Due Diligence ist es neben der Identifikation wesentlicher stiller Reserven und Lasten, die Nachhaltigkeit der wesentlichen Ertrags- und Cash-Flow-Treiber zu

---

14 Vgl. Wagner, Wolfgang, Due Diligence, in: Wirtschaftsprüferhandbuch 2002, 2. Band, 2002, S. 1025.

identifizieren und zu bewerten. Der Schwerpunkt liegt darin, den Status der Vermögens- und Ertragslage auf außergewöhnliche bzw. einmalige Vorfälle hin zu untersuchen. Diese können z. B. in Einmalumsätzen mit Großabnehmern oder aber in aperiodischen Einflüssen und Umstrukturierungen liegen. Ziel ist es, die vorhandenen Finanzdaten zu normalisieren und um nicht operative oder nicht wiederkehrende Aufwendungen, Erträge und Zahlungen zu bereinigen, um hieraus auch Rückschlüsse auf die Nachhaltigkeit der Geschäftsplanung ziehen zu können. Aus dieser Tätigkeit resultieren häufig entscheidungsrelevante Feststellungen – die manchmal gar als Deal-Breaker einzustufen sind – wie z. B. rückläufige Margen in Kerngeschäftsfeldern, verustbringende langlaufende Beschaffungs- oder Absatzverträge, die Abhängigkeit von wenigen Kunden.

2571 Vor dieser Tätigkeit steht allerdings häufig die Analyse der in den vorliegenden Finanzinformationen angewandten Bilanzierungs- und Bewertungsmethoden. Bekanntlich lässt sich durch bilanzpolitische Maßnahmen die Darstellung der Vermögens-, Finanz- und Ertragslage in gewissen Grenzen steuern. Diese Effekte gilt es im Rahmen der Due Diligence zu erkennen und zu beseitigen.

2572 In diesem Zusammenhang ergeben sich i. d. R. folgende Themenkreise:

- Anlagevermögen: Klärung der Eigentumssituation, Werthaltigkeit, Verifikation der unterstellten Nutzungsdauern, Identifikation der Restlaufzeiten von Nutzungsrechten, Lizenzen und Patenten, Analyse des Investitionsverhaltens und Identifikation etwaiger Investitionsstaus, Aufnahme der Fertigungskapazitäten und Erhebung der Anlagenauslastung, Identifikation und – falls möglich – Bewertung des nichtbetriebsnotwendigen Vermögens.

- Working Capital: Reichweitenanalyse im Vorratsvermögen, Durchsicht der ggf. von der Gesellschaft vorgenommenen Analyse des Auftragseingangs und -bestandes. Kritische Beurteilung der Bewertung der unfertigen Erzeugnisse und Leistungen im Rahmen langfristiger Auftragsfertigung, Analyse der Altersstruktur der Forderungen und der Angemessenheit von erfassten Wertberichtigungen, Durchsicht der Kundenverzeichnisse auf Auffälligkeiten hinsichtlich Zahlungsvereinbarungen und -verhalten, Verfügbarkeit der Zahlungsmittelbestände, Analyse des Lieferantenkontorrents.

- Finanzverbindlichkeiten: Aufnahme der bestehenden Kreditlinien und deren Ausschöpfung, Beurteilung der Möglichkeit von künftigen Liquiditätsengpässen und Zahlungsstockungen, Durchsicht bestehender Kreditverträge auf Restlaufzeiten, Bedingungen und Kündigungsmöglichkeiten (z. B. sog. „Change-of-Control"-Klauseln).

- Rückstellungen: Prüfung der Vollständigkeit gebildeter Rückstellungen (Ausübung von Ansatzwahlrechten gem. § 249 HGB bzw. Art 28 EGHGB) und deren Bewertung, Dotierung von Rückstellungen bezüglich etwaig bestehender Altersversorgungssysteme.

- Haftungsverhältnisse, Eventualverbindlichkeiten, finanzielle Verpflichtungen: Aufnahme und Beurteilung von z. B. Bürgschafts- und Gewährleistungs-

verträgen sowie Besserungsscheinen, Identifikation bestehender Zahlungsverpflichtungen aus bestehenden Beschaffungsverträgen, z. B. Leasing-,
Miet-, Abnahmeverträgen. Durchsicht von Absatzverträgen auf Pönalen etc.

• Analyse der Ertragslage: Ermittlung des nachhaltigen operativen Ergebnisses
durch Eliminierung einmaliger, außergewöhnlicher und bilanzpolitisch ge-
triebener Einflüsse. Analyse der Umsätze und Deckungsbeiträge je Produkt,
Produktgruppe bzw. Geschäftsfeld. Untersuchung des Umsatzes durch Ableitung eines Mengen-Preisgerüstes sowie Identifikation von bestehenden Abhängigkeiten von bestimmten Kundengruppen. Analyse der Sensitivität der
Rohmargen in Abhängigkeit von Einstandspreisen.

• Cash-Flow-Analyse: Identifikation von Finanzierungsspielräumen, Bestimmung der Nachhaltigkeit des operativen Cash-Flows z. B. durch Eliminierung
einmaliger Mittelzuflüsse, Bildung von Liquiditätsgraden etc.

Ein weiteres Aufgabenfeld der Financial Due Diligence ist die Durchsicht der **2573**
Planungsrechnung auf Plausibilität. Ausgangspunkt ist hier häufig die Beurteilung der Planungstreue, d. h. die Untersuchung der bisherigen Planerreichung.
Eine stetige wesentliche Planabweichung lässt auch für den im Rahmen der
Financial Due Diligence zu untersuchenden Planungsrechnung kein wesentlich
besseres Ergebnis erwarten. Gegenstand der Durchsicht der Planungsrechnung
ist neben der rechnerischen Richtigkeit des Planungsmodells insbesondere die
Identifikation und Beurteilung der wesentlichen Planungsprämissen. Beispiele
hierfür sind die Entwicklung der Absatzmengen und -preise, der Beschaffungspreise sowie der Personalkosten. Im Hinblick auf die integrierte Cash-Flow-
Planung wird i. d. R. auch untersucht, mit welchem durchschnittlichen Zahlungsziel lieferanten- und kundenseitig geplant wird. Zu Unverständnis führen
in diesem Zusammenhang Planungsrechnungen, die nur teilweise zur doku-
mentierten Unternehmensstrategie passen: Nicht gerade selten wird festgestellt, dass zwar für bestimmte Märkte (Produkte, Regionen) signifikante Er-
lössteigerungen geplant werden, diese jedoch noch in keiner Weise durch strategische Überlegungen, wie diese Märkte erschlossen werden sollen, untermau-
ert sind.

Weiterhin ist regelmäßig – aber immer in Abhängigkeit von der Interessenlage **2574**
des kaufenden Unternehmens – das Rechnungswesen sowie das Steuerungssystem (bzw. Management-Informations-System) des Unternehmens Gegenstand
der Financial Due Diligence. Hier soll analysiert werden, welchen Aktualitäts-
und Verbindlichkeitsgrad die intern und extern vorhandenen Finanzdaten haben.

c) Tax Due Diligence

Die wesentlichen Ziele der Tax Due Diligence liegen darin, die laufende Steu- **2575**
erbelastung des Zielunternehmens zu verifizieren, steuerliche Risiken auszuma-
chen oder ihr Bestehen auszuschließen, steuerliche Strukturchancen für die Zukunft aufzutun und die Grundlagen für Steuerwirkungen verschiedener Struk-
turvarianten der Akquisition zu ermitteln.

2576 Einige besonders bedeutsame steuerliche Fallstricke und zugleich Prüfungs-
punkte, die häufig zentral in einer Due Diligence sind, sollen gesondert erläutert werden, womit gleichzeitig plastisch illustriert wird, worum es bei der Tax
Due Diligence geht und wie man sich diese vorzustellen hat.

- Die laufende Belastung mit Steuervorauszahlungen wird ermittelt und überprüft, ob die Vorauszahlungen so festgesetzt sind, dass sie den voraussichtlichen Gewinn decken, oder ob mit Nachzahlungen oder Erstattungen zu rechnen ist.

- Die Steuererklärungen und Bescheide der letzten Jahre werden geprüft. Es
  wird analysiert, ob ihnen steuerliche Besonderheiten entnommen werden
  können, die ihrerseits Anlass für weitere Nachforschungen sind. Herangezogen werden auch die Berichte der Außenprüfer (Betriebsprüfung, Umsatzsteuersonderprüfungen) sowie sonstige Unterlagen hinsichtlich steuerrechtlicher Einspruchs- oder Strafverfahren.

- Weiter wird notiert, ob Steuerbescheide vorläufig sind oder unter Vorbehalt
  stehen. Es wäre jedoch irrig zu glauben, dass aus deren Fehlen ein hohes
  Maß an Sicherheit abgeleitet werden könnte. Nur der Grad der Änderbarkeit
  ist verschieden. Auch nicht vorläufige und nicht unter Vorbehalt stehende
  Steuerbescheide kann das Finanzamt ändern, zwar schwerer aber doch z.B.
  dann, wenn es von neuen Tatsachen Kenntnis erhält. Definitiven Schutz vor
  Änderung gibt es nur, wenn die sog. Festsetzungsfrist abgelaufen ist und
  einen sehr weitgehenden Schutz insoweit, als für einen bestimmten Zeitraum
  bereits eine Betriebsprüfung stattgefunden hat (praktisch und rechtlich, sog.
  Änderungssperre, § 173 Abs. 2 AO).

- Zudem ist noch immer die Frage, in welcher Höhe das Zielunternehmen
  über festgestellte (und möglichst „betriebsprüfungsfeste") Verlustvorträge
  verfügt, sehr wesentlich, da sich über diese die Möglichkeit bietet, künftige
  Gewinne ertragsteuerlich abzuschirmen. Dies ist für den Erwerber ein wichtiges Entscheidungskriterium für einen Erwerb von Gesellschaftsanteilen –
  anstelle des Betriebes.

- Standardmäßig wird erfragt, ob in der Vergangenheit (bis 2001) Teilwertabschreibungen geltend gemacht wurden, da bei diesen stets das praktische Risiko hoch ist, dass die Finanzbehörden deren Berechtigung bestreiten und
  hohe Anforderungen an die Nachweispflicht zur sog. „voraussichtlich dauerhaften Wertminderung" richten oder ein Wertaufholungsgebot annehmen.

- Geprüft wird auch, ob die steuerliche Situation des Unternehmens in der
  Zeit vor der beabsichtigten Veräußerung derart gestaltet wurde, dass für den
  Zeitpunkt nach der Veräußerung in erhöhtem Maße Steuern anfallen werden.
  Beispielsweise kann Sonder-AfA in Anspruch genommen worden sein, so-
  dass wirtschaftlich neuwertige Güter nur noch geringes AfA-Volumen haben.
  Ähnliche Überlegungen werden angestellt, wenn Rücklagen, insbesondere
  nach § 6 b EStG auf neue Wirtschaftsgüter übertragen wurden. Weiter wird
  erfasst, ob Rückstellungen oder zeitlich beschränkte Anspar- oder 6b-Rück-

lagen aufzulösen sein werden und ob Abweichungen der Steuer- von der Handelsbilanz bestehen, die zu ähnlichen Effekten führen.

- Die Due Diligence prüft weiter, ob das Zielunternehmen aggressive Steuermodelle gefahren hat, die, z. B. mit Blick auf § 42 AO besondere Risiken der Steuernacherhebung in sich bergen.

- Generell sind Geschäftsbeziehungen zu nahe stehenden Personen bzw. verbundenen Unternehmen risikoträchtig. Werden nicht marktübliche Bedingungen vereinbart und/oder die Vereinbarungen nicht wie unter fremden Dritten durchgeführt, drohen negative steuerliche Maßnahmen; Schlagworte sind hier im Bereich der Kapitalgesellschaften verdeckte Gewinnausschüttungen, bei Personenunternehmen die Entnahmegrundsätze und im Bereich mit ausländischen Nahestehenden die Verwaltungsgrundsätze zu den sog. Verrechnungspreisen.

- Für Bezüge, die das Zielunternehmen an Gesellschafter-Geschäftsführer gezahlt hat, bestehen Höchstgrenzen, bis zu denen nur diese als steuerlich angemessen und damit abzugsfähig behandelt werden können. Wurden diese Grenzen überschritten, sind Buchführung und Steuererklärungen des Zielunternehmens zu Unrecht von abzugsfähigen, d. h. gewinnmindernden Personalaufwendungen ausgegangen und ergeben sich Steuernachforderungen.

- Ungemach kann, soweit betriebliche Altersvorsorge zugesagt wurde, aus anderer Sicht drohen, nämlich bei Ansatz der handelsbilanziell und steuerlich zutreffenden Werte. Die Werte mögen zwar mit § 6a EStG in Einklang stehen, jedoch gestattet die Vorschrift nur den Ansatz sehr reglementierter Rückstellungen. Die wahren Belastungen sind regelmäßig deutlich höher.

- Kapitalertragsteuerproblematiken können sich insbesondere stellen, wenn das Zielunternehmen in der Vergangenheit Ausschüttungen vorgenommen hat, ausländischen Lizenzgebern Gebühren oder in- und ausländischen Bauunternehmern Vergütungen gezahlt hat. Zu prüfen ist, ob ein Steuerabzug in zutreffender Höhe vorgenommen wurde, oder zu recht unterlassen wurde, was voraussetzt dass Freistellungsbescheinigungen vorlagen.

- Im Bereich Personal wird geprüft, ob angeblich freie Mitarbeiter aus sozialversicherungsrechtlicher Sicht (mit der Folge der Nacherhebung von Sozialversicherungsbeiträgen) und aus steuerlicher Sicht (mit der Folge der Nacherhebung von Lohnsteuer) als Arbeitnehmer zu qualifizieren sind. Der Status geringfügig und kurzfristig Beschäftigter wird ebenso überprüft, wie die Frage, ob die Voraussetzungen von Pauschalierungen nach §§ 40 ff. EStG vorlagen.

- Von erheblichem Interesse ist, ob das Zielunternehmen an einer steuerlichen Organschaft teilnimmt oder teilnahm. Dies braucht dem Zielunternehmen nicht einmal bewusst gewesen sein; die Folgen insbesondere der umsatzsteuerlichen Organschaft greifen bei Vorliegen einer sog. Eingliederung zwingend, und bis 2001 war dies auch bei der gewerbesteuerlichen Organschaft so. Unter diesem Gesichtspunkt ist es möglich, dass die beteiligten Gesellschaften unvollständige Steuererklärungen abgegeben haben, und es beim Zielunternehmen zur Steuernacherhebung kommt (während es bei einer anderen Gesellschaft zu Steuererstattungen kommt). Haben die Beteiligten einer umsatzsteuerlichen Organschaft einander Rechnungen geschrieben, verschiebt sich deren umsatzsteuerliches Ergebnis ebenfalls; außerdem fallen bei Beratern Zeit und Kosten für das Handling der Problematik an.

- Steuerliche Risiken können sich ergeben, wenn der/die Gesellschafter das Zielunternehmen über Forderungsverzichte finanziert haben. Würde eine spätere Betriebsprüfung nachweisen, dass die Forderungen gegen die Zielgesellschaft zum Zeitpunkt des Verzichts nicht oder nicht voll werthaltig waren, wäre steuerlich (fiktiver) Ertrag anzunehmen, mit der Folge, dass sich eine Steuernachforderung ergäbe, oder die Kürzung von Verlustvorträgen.

- Wenn beim Zielunternehmen eine Betriebsaufspaltung vorliegt, würde die Veräußerung der Betriebskapitalgesellschaft eine Besteuerung auch der stillen Reserven des Besitzunternehmens nach sich ziehen.

- Im steuerlichen Bereich mitangesiedelt wird regelmäßig die Prüfung, ob das Zielunternehmen Fördergelder empfangen hat und die Fördergesetze oder -richtlinien Haltefristen vorsehen, die durch den Trade Sale verletzt würden – mit der Folge der Rückgewährpflicht für empfangene Fördergelder.

- Die Due Diligence hat mit Vollständigkeitsanspruch zu ermitteln, welche Wirtschaftsgüter zu den wesentlichen Betriebsgrundlagen zählen. Danach bestimmt sich, ob die Veräußerung des Betriebes zwingend nicht umsatzsteuerbar ist (§ 1 Abs. 1a UStG).

- Verträge mit ausländischen Auftragnehmern werden danach geprüft, ob von Vergütungen für Leistungen oder Werklieferungen ein umsatzsteuerlicher Einbehalt vorgenommen werden musste (§13b UStG n.F., § 51 UStDV a.F.).

- Zudem ist beim Zielunternehmen generell zu prüfen, ob es Maßnahmen oder Gestaltungspotenziale gibt, die es ermöglichen, steuerliche Verbesserungen zu erzielen.

(1) Ist die Tax Due Diligence verzichtbar wenn Risiken schon durch eine Steuerklausel abgedeckt?

2577 Bisweilen wird die Tax Due Diligence als verzichtbar mit Blick darauf empfunden, dass der Vertrag zwischen Veräußerer und Erwerber eine Steuerklausel oder Bilanzgarantie oder Eigenkapitalgarantie enthält. Die Steuerklausel folgt, ganz gleichgültig ob eine Due Diligence stattgefunden hat, oder nicht, meist folgendem Strickmuster:

2578 „Steuernachzahlungen des Unternehmens (der Gesellschaft) für Sachverhalte vor dem Veräußerungsstichtag, auch soweit sie sich erst nachträglich ergeben (z.B. aufgrund einer Betriebsprüfung, durch einen berichtigten oder geänderten Steuerbescheid oder durch die Aberkennung eines ursprünglich geltend gemachten Vorsteuerabzugs), gehen zu Lasten der Verkäufer."

2579 Bilanzgarantien oder Eigenkapitalgarantien erreichen dieselbe Wirkung. Sie knüpfen daran an, dass die Passivseite der Bilanz des Zielunternehmens am

Stichtag bestimmte Verbindlichkeiten- oder Rückstellungswerte nicht überschreitet (welche das Eigenkapital verringern, so weit dies nicht durch höhere Werte bei den Aktiva ausgeglichen wird). Steuernachzahlungen für die Zeit vor dem Stichtag wären aber in der Stichtagsbilanz als Steuerrückstellung auszuweisen gewesen; der unterlassene Ausweis löst den Garantiefall aus, was – ebenso wie bei der Steuerklausel – zur Folge hat, dass der Veräußerer für die nacherhobenen Steuern aufkommen muss.

In Anbetracht solcher Regelungen mag sich die Frage stellen, warum Zeit und **2580** Kosten aufgewendet werden sollen, um mögliche Steuerrückstände zu prüfen, sowie bisher in ihrer steuerlichen Relevanz nicht erkannte Sachverhalte, wenn es die Steuerklausel oder die Bilanz-/Eigenkapitalgarantie doch ermöglicht, dass sich der Erwerber für den Fall, dass es tatsächlich zu Steuernachforderungen kommt, beim Veräußerer schadlos hält.

Die Antwort liegt darin, dass die vereinbarte Steuerklausel dem Erwerber zwar **2581** einen Anspruch verschafft, aber noch lange nicht, dass er, wenn die Finanzbehörden die Steuernachzahlungen erheben, die zur Begleichung erforderlichen Mittel auch vom Veräußerer erhält. Zwischen Veräußerung und Geltendmachung der Steuernachforderung durch die Finanzbehörden können viele Jahre liegen. Der Veräußerer kann in der Zwischenzeit in Vermögensverfall geraten sein, oder ist nicht mehr greifbar, oder tritt der Berechtigung der Steuernachforderung inhaltlich entgegen und muss, was dann weitere Jahre nach sich zieht, verklagt werden.

Allenfalls dann, wenn der Veräußerer veranlasst, dass der Erwerber zwecks liquider Besicherung seiner Ansprüche aus dem Kaufvertrag eine Bankbürgschaft auf erstes Anfordern erhält, und diese eine ausreichende Höhe und Laufzeit aufweist, lässt sich über die Entbehrlichkeit der Tax Due Diligence ernsthafter nachdenken. **2582**

Alles andere heißt, dem Prinzip Hoffnung und der Ehrenhaftigkeit des Veräuße- **2583** rers und seiner künftigen Liquidität zu vertrauen. Und dies mag dem Kaufinteressenten schwer fallen, denn er hat allen Grund zur Vorsicht. Die nicht eingeplanten Steuerverbindlichkeiten können im Fall des Erwerbs von Gesellschaftsanteilen (share deal) die Gesellschaft in die Insolvenz treiben und im Fall des Erwerbs eines Betriebes (asset deal) ihn selbst; denn für nacherhobene Betriebssteuern haftet zwingend der übernommene Betrieb (§ 75 AO, s. a. § 11 GrdStG) und bei Firmenfortführung der Erwerber mit seinem gesamten Vermögen (§ 25 Abs. 1 HGB).

(2) Weitere Funktionen der Tax Due Diligence

Eine neuere Funktion der Due Diligence hat sich verstärkt ausgebildet, seit das **2584** nationale Schachtelprivileg (§ 8 b Abs. 2 KStG) eingeführt wurde und der steuerfreie step-up (die Buchwertaufstockung) entfallen ist. Es geht um die Bestimmung des Abschlages (discounts), den der Erwerber vom Veräußerer dafür verlangt, dass er nicht Betriebsvermögen erwirbt, sondern Anteile an einer Kapitalgesellschaft.

2585 Die Bestimmung der Grundlagen des Abschlages kann theoretisch von der Unternehmensbewertung übernommen werden, sie ist dort allerdings klassischerweise nicht angesiedelt. Was für die Unternehmensbewertung maßgeblich ist, wurde oben, im zweiten Teil unter Abschnitt H. näher dargestellt. Die Strukturierung der Veräußerung und die im Unternehmen enthaltenen stillen Reserven (die Differenz zwischen den bilanziell ausgewiesenen Werten und den Teilwerten) wurde dabei ebenso wenig als ausschlaggebend angesehen, wie die Frage, ob sich aufgrund Verkaufes beim Veräußerer eine Steuerbelastung ergibt. Das bisherige Verständnis traf den früheren Zeitgeist mehr als den heutigen, hatte der Veräußerer doch Veräußerungsgewinne regelmäßig auch zu versteuern, wenn er Anteile an Kapitalgesellschaften veräußert hatte und betrafen Fragen der Buchwertaufstockung (des step-ups) mehr den Erwerber.

2586 Für Veräußerungen inländischer Kapitalgesellschaftsanteile gelten seit 2002 regelmäßig die sog. nationalen Schachtelprivilegien; schon zuvor wurde gesetzlich festgezurrt, dass bei deren Nutzung auch auf Umwegen keine Buchwertaufstockung erreicht werden kann. Bei Verkauf von Anteilen an einer Kapitalgesellschaft erzielt der Veräußerer einen steuerfreien Veräußerungsgewinn, aber kann der Erwerber keine aufgrund von Veräußerung/Erwerb erhöhten Buchwerte steuerlich nutzen. Dem steht die Veräußerung eines Betriebes oder von Anteilen an einer Personengesellschaft gegenüber, die zwar für den Veräußerer steuerpflichtig ist, aber beim Erwerber über den step-up steuerliche Vorteile generiert. Im Vergleich ist der Verkauf der Kapitalgesellschaft für den Veräußerer günstiger und für den Erwerber nachteiliger. Der Kaufpreisabschlag vermittelt in diesem Interessengegensatz.

d) Commercial Due Diligence

2587 Fokus der Commercial Due Diligence ist die Beurteilung der strategischen Stellung des Unternehmens im Wettbewerb sowie die Wirksamkeit der wesentlichen Geschäftsprozesse. Wesentliche Aufgaben der Commercial Due Diligence sind:

● Festlegung des relevanten Marktes für die vom Zielunternehmen angebotenen Produkte und Dienstleistungen. Ermittlung des Marktvolumens und Abschätzung des Marktpotenzials, Analyse der vom Unternehmen angebotenen Produkte und Dienstleistungen im Hinblick auf ihre Stellung im Produktlebenszyklus

● Analyse des gesamtwirtschaftlichen Marktumfeldes und Erkennen künftiger Bedarfspotenziale, Auswirkungen konjunktureller Einflüsse (Zyklik des Geschäftes), Identifikation von Substitutionsrisiken bzw. bestehender Markteintrittsbarrieren, Marktlebenszyklusanalyse

● Identifikation wesentlicher gegenwärtiger und potenzieller Marktteilnehmer, Gegenüberstellung der bestehenden Wettbewerbsvor- und -nachteile (SWOT-

Analyse), Beurteilung der eigenen Marktstellung im Verhältnis zu den Wettbewerbern. Beurteilung der Chancen des Zielunternehmens, von wachsenden Märkten zu profitieren

- Identifikation von bestehenden Diversifikations-, Synergie und Kostensenkungspotenzialen
- Überprüfung der Marktkonformität der Unternehmensstrategie
- Spiegelung der Unternehmensplanung an den bei der Markt- und Strategieanalyse gewonnenen Erkenntnisse, insbesondere hinsichtlich der Plausibilität der Umsatz- und Ertragsentwicklung.

e) Human Resources Due Diligence

Die Human Resources Due Diligence prüft zum ersten die Arbeitsverträge, ins- **2588** besondere ob sie adäquate Regelungen in neuralgischen Punkten enthalten, z.B. Wettbewerbsverbote (vor allem die nachvertraglichen Wettbewerbsverbote) und ob Arbeitnehmererfindungen geregelt sind. Sie prüft Restriktionen durch sog. betriebliche Übungen, Betriebsvereinbarungen, Tarifverträge, untersucht die Personalkostensituation und die Effektivität der Organisationsstrukturen.

Zum zweiten beurteilt sie aber auch die soft facts, das Betriebsklima, die Mitar- **2589** beiterbindung und die Mitarbeitermotivation, mit der alles steht und fällt, wie auch die Abhängigkeit des Geschäfts von einzelnen Mitarbeitern, deren (objektive wie auch subjektiv empfundene) Perspektive und die Wahrscheinlichkeit, dass sie dem Unternehmen langfristig erhalten bleiben.

f) Environmental Due Diligence

Bei der Environmental Due Diligence (Umwelt Due Diligence) wird geprüft, **2590** ob und in welchem Maße Umweltschäden und -risiken bestehen, ob behördliche Auflagen eingehalten oder etwa vernachlässigt werden, und die Maßnahmen dargestellt und kostenmäßig quantifiziert, die erforderlich sind, um das Unternehmen an moderne Standards anzupassen und im Einklang mit bestehenden umweltrechtlichen Vorschriften zu führen. Ein zentraler Punkt ist die Frage, ob es Altlasten gibt, und zwar nicht nur, wenn das Zielunternehmen Eigentümer der Immobilien ist, sondern stets, wenn es Immobilien nutzt, auch als Mieter bzw. Leasingnehmer. Ist die Tätigkeit des Zielunternehmens unter Umweltgesichtspunkten sensibel, lässt der Kaufinteressent prüfen, ob ausreichende Umwelthaftpflichtversicherungen bestehen.

V. Sonstige Einzelpunkte

1. Kaufpreisklauseln

Bei Abschluss des Kauf- oder Beteiligungsvertrages treffen sowohl die Altaktio- **2591** näre als auch der Erwerber eine Entscheidung unter Unsicherheit: Sie kennen die künftige wirtschaftliche Entwicklung des Unternehmens nicht. Jede Partei misst dem Unternehmen einen subjektiven Mindest- und Höchstwert bei. Dazwischen gibt es jeweils einen Grenzbereich des Zweifels. Die Parteien sind sich jeweils zum Zeitpunkt des Vertragsabschlusses nicht sicher, ob sich diese Wertpotenziale durch die künftige Geschäftsentwicklung tatsächlich realisieren lassen.

2592   Sofern sich die Bereiche der „gesicherten" Wertvorstellung überlappen, öffnet sich dazwischen eine Verhandlungsspanne innerhalb derer ein Preis auf dem Verhandlungsweg festgelegt wird (Normalfall).

> *Beispiel:*
>
> Der Käufer K ist sich „sicher", dass das Unternehmen U unter Einbeziehung von Synergieeffekten im worst case mindestens € 14 Mio. wert ist. K hält es für vorstellbar, dass sich bei günstiger künftiger Entwicklung ex post auch ein Kaufpreis von € 18 Mio. als vorteilhaft herausstellen könnte. Als vorsichtiger Kaufmann wird er diese „zweifelhaften" Werte jedoch keinesfalls ohne Not vergüten.
>
> Der Verkäufer V, der die Synergien selbst nicht realisieren kann, glaubt, dass sich stand-alone unter günstigen Umständen ex post ein Wert von € 10 Mio. für U als fair herausstellen könnte. Für diesen Preis wäre V sofort zu verkaufen bereit. Unter weniger günstigen Umständen könnte sich nach Vs Meinung später auch ein Kaufpreis von nur € 7 Mio. als angemessen herausstellen.
>
> In dieser Konstellation dürften sich K und V auf einen Preis zwischen € 10 Mio. und € 14 Mio. einigen. Innerhalb dieser Verhandlungsspanne glauben beide Parteien, ein für sie jeweils vorteilhaftes Geschäft abgeschlossen zu haben.

2593   Sofern zwischen den „gesicherten" Vorstellungen eine Lücke klafft, ist es nicht möglich, zu einer festen Preisvereinbarung zu finden, bei der sich beide Parteien wohl fühlen. Es besteht daher die ernsthafte Gefahr, dass die Verhandlungen scheitern.

> *Abwandlung:*
>
> Der Käufer K ist sich „sicher", dass das Unternehmen U unter Einbeziehung von Synergieeffekten im worst case mindestens € 9,5 Mio. Wert ist. K hält es für vorstellbar, dass sich bei günstiger künftiger Entwicklung ex post auch ein Kaufpreis von € 14,5 Mio. als vorteilhaft herausstellen könnte. Als vorsichtiger Kaufmann wird er diese „zweifelhaften" Werte jedoch keinesfalls ohne Not vergüten und ein Bargebot von höchstens € 9,5 Mio. abgeben.
>
> Der Verkäufer V, der die Synergien selbst nicht realisieren kann, glaubt, dass sich stand-alone unter günstigen Umständen ex post ein Wert von € 13,5 Mio. für U als fair herausstellen könnte. Für diesen Preis wäre V sofort zu verkaufen bereit. Unter weniger günstigen Umständen könnte sich nach Vs Meinung später auch ein Kaufpreis von nur € 9 Mio. als angemessen herausstellen.
>
> K muss bei einem Preis von über € 9,5 Mio. und V bei einem Preis von unter € 13,5 Mio. jeweils befürchten, bei Ex-post-Betrachtung übervorteilt worden zu sein. Somit ist ein Barpreis, bei dem beide Parteien zum Zeitpunkt des Vertragsabschlusses sicher sind, ein vorteilhaftes Geschäft abgeschlossen zu haben, nicht ermittelbar.
>
> Gleichwohl sollte eine Einigung möglich sein, da V sowohl im best case als auch im worst case ex post mit einem jeweils niedrigeren Preis als K zufrieden wäre.

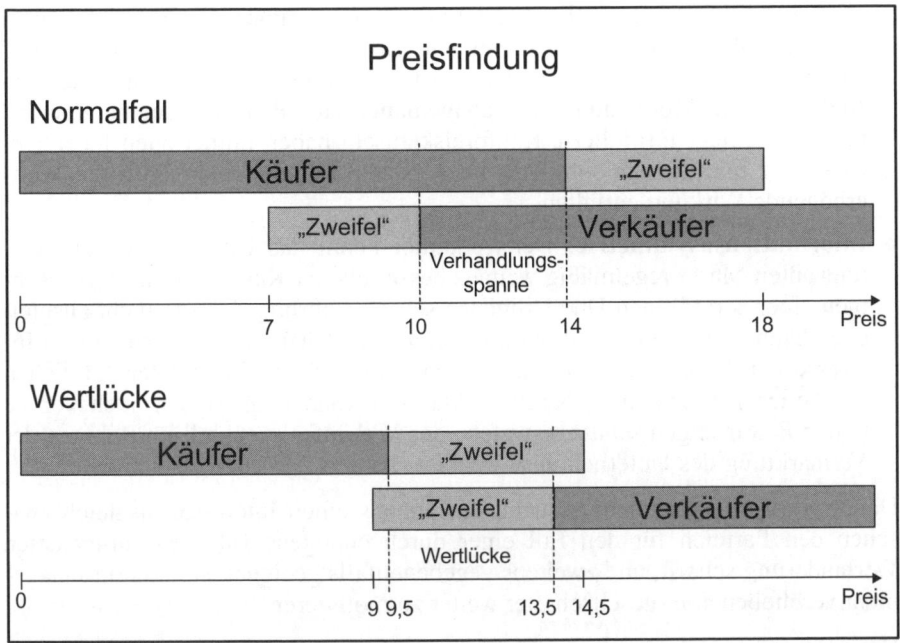

Abbildung 46: Trade Sale: Preisfindung

Eine Verhandlungslösung könnte daher eine Barpreiskomponente zwischen € 9,5 Mio. und € 13,5 Mio. beinhalten, die ex post entsprechend der tatsächlich eingetretenen Unternehmensentwicklung um eine positive oder negative Nachbesserung (Earn Out) ergänzt wird.

Die Gründe für die Abweichungen des ex post bestätigten vom ex ante ermittelten Wert sind vielschichtig: **2594**

- **Kapitalmarkt**: Die Bewertungsmaßstäbe am Kapitalmarkt ändern sich ständig. Zinssätze, KGVs und Dividendenrenditen sind nicht konstant sondern unterliegen Schwankungen und Trends. Daher verändert sich der Wert eines Unternehmens im Zeitablauf selbst bei stabilen Ertragsprognosen. Diese Komponente der Wertänderung soll durch Kaufpreisklauseln regelmäßig **nicht** erfasst werden.

- **Exogene operative Faktoren**: Die Entwicklung des operativen Geschäfts wird einerseits durch exogene (d. h. fremdbestimmte) Faktoren beeinflusst. Hierzu gehören beispielsweise das konjunkturelle Umfeld, das Verhalten von Wettbewerbern oder geänderte politische Rahmenbedingungen. Insbesondere die Veränderung des Branchenumfelds (z. B.: setzt sich eine neue Technologie durch? entwickelt sich das Konsumentenverhalten prognosekonform?) soll durch die Kaufpreisklauseln erfasst werden.

- **Endogene operative Faktoren (Principal-Agent-Problematik)**: Andererseits wird die Entwicklung des Unternehmens durch endogene (d. h. selbstbestimmte) Faktoren beeinflusst. Hierzu gehören primär die Entscheidungen und Maßnahmen des Managements und die Leistung der Mitarbeiter. Soweit das Management und die Verkäufer des Unternehmens personenidentisch sind, lässt die Motivation des Managements nach dem Verkauf naturgemäß nach. Geschickt formulierte Kaufpreisklauseln haben immer auch Incentive-Charakter und können somit für beide Seiten (Käufer und Verkäufer) werterhöhende Wirkung entfalten.

- **Informationsasymmetrie**: Der Verkäufer kennt das Unternehmen und den relevanten Markt regelmäßig weitaus besser als der Käufer, der auch im Rahmen einer sorgfältigen Due Diligence seine Erfahrungsdefizite nicht ausgleichen kann. Die Problematik wird dadurch verschärft, dass es gar nicht im Interesse der Verkäufer liegen kann, den Käufer über alle Risiken („Leichen im Keller") aufzuklären. Kaufpreisklauseln können in Maßen auch vor zu hohen Erwartungen schützen, welche der Verkäufer eventuell im Rahmen der Vermarktung des Unternehmens weckt.

2595 Daher wird ein Instrument gesucht, das erstens einen Interessenausgleich zwischen den Parteien für den Fall einer durch endogene Faktoren verursachten Wertänderung schafft, und zweitens gegebenenfalls geeignet ist, die im Management verbliebenen Exgesellschafter weiter zu motivieren.

2596 Bei noch jungen Unternehmen kann dies weitgehend durch eine an die Erreichung von Milestones geknüpfte Zahlung in mehreren Tranchen gewährleistet werden. Dieses Verfahren wurde im ersten Teil, Kapitel D.IV.3 dargestellt.

2597 Bei reifen Unternehmen, insbesondere im Falle des Trade Sales, bietet sich dagegen eher eine als Earn-Out-Agreement (Nachbesserung) gestaltete Kaufpreisklausel an.

2598 Hierbei sagt eine der beiden Parteien zu, bei Eintreten vorher exakt definierter Bedingungen, der anderen Partei einen Ausgleich zu gewähren. Faktisch handelt es sich dabei um eine nachträgliche Erhöhung oder Senkung des Kaufpreises.

2599 Im Rahmen der zu formulierenden Vereinbarung, die Teil des Kauf- bzw. Beteiligungsvertrags wird, müssen mindestens fünf Parameter festgelegt werden:

- **Vorzeichen der Nachbesserung**: Zunächst ist festzulegen, welche Partei die Leistende sein soll. Es ist sowohl möglich, zunächst einen **hohen Kaufpreis** zu vereinbaren, welcher bei unbefriedigendem Geschäftsverlauf **nachträglich reduziert** wird (Leistung des Verkäufers an den Käufer), als auch einen **niedrigen Kaufpreis** bei gutem Geschäftsverlauf **nachträglich** zu **erhöhen** (Leistung des Käufers an den Verkäufer). In der überwiegenden Zahl der Fälle wird die zweite Variante gewählt. Dies eröffnet für den Fall, dass die Altaktionäre weiter am Unternehmen beteiligt bleiben (Teilverkauf oder Aufnahme des strategischen Investors über eine Kapitalerhöhung) und das Unternehmen in der Rechtsform einer Kapitalgesellschaft geführt wird, auch die Möglichkeit, die Nachzahlung nicht an die Altaktionäre, sondern steuerneu-

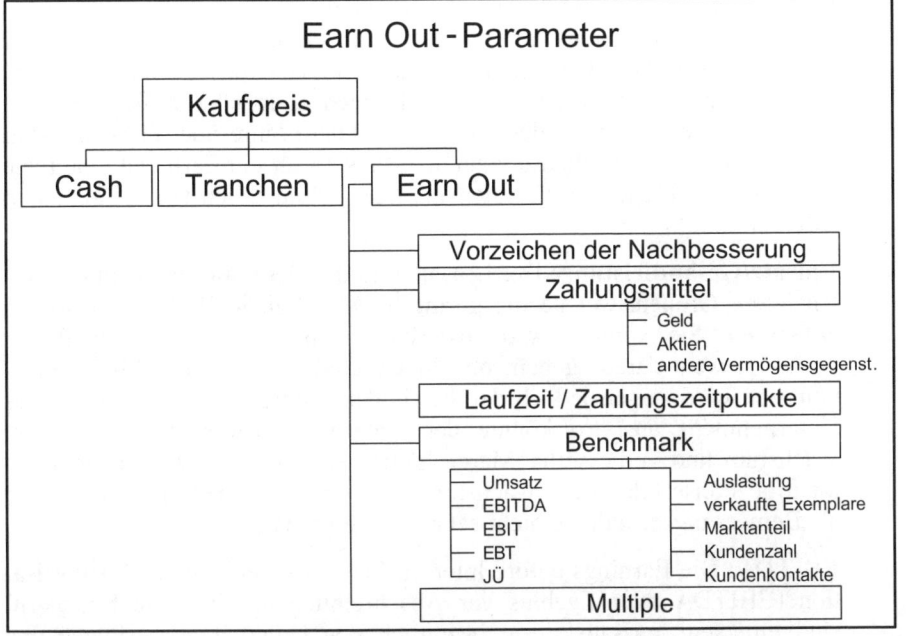

Abbildung 47: Earn-Out-Parameter

tral an die Gesellschaft zu leisten. Auch eine **Kombination** der beiden Verfahren (moderater Kaufpreis, der später je nach tatsächlicher Entwicklung reduziert oder erhöht wird) ist möglich.

- **Zahlungsmittel**: In der überwiegenden Zahl der Fälle wird die Ausgleichszahlung in bar geleistet. Ebenso ist es jedoch möglich, dass andere Vermögensgegenstände (insbesondere Forderungen oder Forderungsverzichte) übertragen werden. Hier können ebenso steuerliche Gründe wie Überlegungen zur Liquidität ausschlaggebend sein. Eine andere Variante ist die Übertragung von Anteilen an der Gesellschaft, sofern die Altgesellschafter nach Vollzug eines Teilverkaufs noch über solche verfügen.

- **Laufzeit/Zahlungszeitpunkte**: An einem oder mehreren Zeitpunkten wird anhand einer Referenzgröße (siehe folgend: Benchmark) ermittelt, ob und in welcher Höhe eine Leistung zu erfolgen hat. Festzulegen ist auch der Zeitpunkt der Leistung, der regelmäßig vom Zeitpunkt der Ermittlung abweicht. In der überwiegenden Zahl der Fälle wird jedoch nur einmal geleistet, selbst wenn sich die Referenzgröße auf mehrere Perioden bezieht (beispielsweise das kumulierte EBIT von drei Geschäftsjahren, Leistung 6 Monate nach Abschluss des dritten Jahres).

- **Benchmark**: Die Benchmark (oder Referenzgröße) wird mittels eines Multiples (siehe folgend) kapitalisiert. Sie dient zur Ermittlung des Ausgleichsanspruchs dem Grunde und der Höhe nach. Die Benchmark muss geeignet sein, den Unternehmenserfolg zu messen. Zugleich sollte sie dem Management bzw. den neuen Eignern möglichst wenig Gestaltungsspielraum bei der Ermittlung lassen. Die Benchmark soll daher aussagekräftig, transparent und nicht manipulierbar definiert werden. Als buchhalterische Größen sind alle Zwischensummen zwischen dem Umsatz und dem Jahresüberschuss denkbar und auch gebräuchlich. Ebenso kann als Maßstab für ein Earn Out eine reale betriebswirtschaftliche Größe dienen. Die gebräuchlichsten **bilanziellen Größen** sind:

– **Umsatz/Gesamtleistung**: Der Umsatz und die Gesamtleistung sind die bilanziellen Größen, welche die geringste Anfälligkeit für Manipulationen aufweisen. Sie können zwar insbesondere bei jüngeren Unternehmen einen Hinweis darauf geben, ob ein Geschäftsmodell vom Markt angenommen wird, sagen jedoch darüber hinaus wenig über den Erfolg eines Unternehmens aus. So könnte der Unternehmenswert bei geringerem Wachstum und verbesserter Marge höher sein, als bei hohem aber durch niedrige Preise erkauftem Wachstum. Aus diesem Grunde ist der Umsatz als Bemessungsgrundlage nicht sehr weit verbreitet.

– **EBITDA**: Die Earnings before Interest, Taxes, Depreciation and Amortisation (EBITDA oder Egebnis vor Abschreibungen, Zinsen und Steuern) sind einerseits aussagekräftig bezüglich des Unternehmenserfolges und andererseits relativ resistent gegenüber Bilanzierungsspielräumen. Die Gestaltungsmöglichkeiten beschränken sich im Wesentlichen auf die Bewertung von nicht abgerechneten Leistungen und die Bildung/Auflösung von Rückstellungen. Haben die Vertragparteien dies erkannt, können sie diese Effekte per Definition auch noch ausschließen. Aus diesen Gründen erfreut sich das (ggf. modifizierte) EBITDA großer Beliebtheit.

– **EBIT**: Die Earnings before Interest and Taxes (EBIT oder Ergebnis vor Zinsen und Steuern) beinhalten auch den durch die Leistungserbringung verursachten Werteverzehr im Anlagevermögen. Bezüglich des Unternehmenserfolges ist die Größe damit noch aussagekräftiger als das EBITDA. Sofern für Zwecke der Wertermittlung lediglich Normalabschreibungen angesetzt werden, sind die Gestaltungsspielräume ebenso gering wie beim EBITDA. Wir empfehlen, darüber hinaus die gleichen Modifikationen wie beim EBITDA vorzunehmen. Das EBIT ist gemeinsam mit dem EBITDA die gebräuchlichste Messgröße.

– **EBT**: Die Earnings before Taxes (EBT oder Vorsteuerergebnis) werden teilweise vor und teilweise nach sonstigen Steuern und Gewerbesteuern definiert. Darüber hinaus unterscheidet sich die Größe vom EBIT durch das Finanzergebnis des Unternehmens. Da dieses vom Erwerber gesteuert werden kann (und aus Gründen der Konzernfinanzierung auch gesteuert wird) ist es zur Ermittlung der durch Markteinflüsse verursachten Unternehmenswertveränderung wenig geeignet. Die Größe wird daher nicht sehr häufig verwendet.

– **Jahresüberschuss**: Der Jahresüberschuss (JÜ) ist zwar in höchstem Maße aussagekräftig über den Unternehmenserfolg, weist aber auch die höchste Sensitivität gegenüber der Nutzung von Gestaltungsspielräumen auf. Wir raten von der Verwendung dieser Größe ab.

Die gebräuchlichsten realen **betriebswirtschaftlichen Größen** sind: **2600**

– **Auslastung**: Die durchschnittliche Auslastung ist einfach zu ermitteln und ceteris paribus sehr aussagekräftig bezüglich des Unternehmenserfolgs. Die Prämisse der unveränderten Rahmenbedingungen ist jedoch meist nicht gegeben. So wird die Auslastung wesentlich durch flankierende Maßnahmen bestimmt, die wiederum selbst direkte und partiell konterkarierende Auswirkungen auf den Unternehmenserfolg haben (z. B. Preispolitik, qualitative Ausstattung, Werbung). Die Größe ist nur zielführend, wenn der Erwerber keine Erweiterung des Betriebs anstrebt. Wenn darüber hinaus Grenzen für die flankierenden Maßnahmen (Werbe- und Instandhaltungsbudgets, Preiskorridor) vereinbart werden, ist die Größe für bestimmte Branchen geeignet und gebräuchlich (Immobilienwirtschaft, Hotels, Krankenhäuser, Parkhäuser).

– **verkaufte Exemplare**: Die Zahl der verkauften Exemplare bietet sich an, wenn in einem überschaubaren Zeitraum keine ungeplante Veränderung des Produktsortiments vorgenommen wird. Die Kennzahl ist beispielsweise bei Softwareunternehmen oder Verlagen gut einzusetzen.

– **Kundenzahl**: Bei Verwendung dieser Kennzahl sollte durch den einzelnen Kunden ein stabiler durchschnittlicher Nutzen (Ergebnisbeitrag) generiert werden, wodurch sich ein enger Zusammenhang zwischen dem Geschäftserfolg und der Zahl der Kunden ergibt. Beispiele für die Anwendbarkeit sind Mobilfunkunternehmen, Kabelnetzbetreiber, Pay-TV oder Internetbanken.

– **Marktanteil**: Der Marktanteil wird als Bemessungsgrundlage nur selten verwendet, da die Größe von (zu) vielen Variablen abhängt und insbesondere bei sehr schnell wachsenden Märkten auch nicht sehr eng mit dem Unternehmenswert korreliert. Darüber hinaus ergibt sich in vielen Branchen ein Problem bei der Erfassung des Gesamtmarkts. Faktisch beschränkt sich damit die Verwendbarkeit auf moderat wachsende Märkte mit amtlichen Zahlen (beispielsweise Fahrzeuge, Mineralöl, Strom, Bier oder Sekt).

• **Multiple**: Das Multiple (je nach Ausprägung auch Zinssatz oder Vervielfacher) ist die zweite Größe, mittels welcher die Benchmarkgröße kapitalisiert wird. Ihre Festlegung ist Verhandlungssache. Hierbei können branchenübliche Vergleichs- oder Durchschnittswerte als Orientierungshilfe herangezogen werden.

Um dem bilanziellen und operativen Gestaltungsspielraum und -drang des Er-   **2601**
werbers angemessen zu begegnen, empfehlen wir, mehrere Verfahren kombiniert zu verwenden (z. B. EBITDA und Auslastung).

Beispiel (Fortsetzung)

K und V vereinbaren einen Barpreis in Höhe von € 11,5 Mio. Diesem Preis liegt die von beiden Seiten geteilte Erwartung zugrunde, dass die zu verkaufende Gesellschaft im nächsten Geschäftsjahr ein EBITDA in Höhe von € 2 Mio. erwirtschaftet.

Bei einem tatsächlich erreichten EBITDA von über € 2,2 Mio. ist der Kaufpreis durch K nachzubessern. Die Nachbesserung (Earn Out) soll bei einem EBITDA von mindestens € 3,0 Mio. einen Betrag von € 2,0 Mio. erreichen. Bei EBITDAs zwischen € 2,2 Mio. und € 3,0 Mio. wird der Betrag der Nachzahlung durch lineare Interpolation ermittelt.

Bei einem EBITDA von unter € 1,8 Mio. hat V einen Teil des Kaufpreises zu erstatten. Die Rückerstattung soll bei einem EBITDA von unter € 1,0 Mio. einen Betrag von € 2,0 Mio. erreichen. Bei EBITDAs zwischen € 1,8 Mio. und € 1,0 Mio. wird der Betrag der Kaufpreisminderung durch lineare Interpolation ermittelt.

Somit beträgt der vorläufige Kaufpreis € 11,5 Mio. Dieser wird bei gutem Geschäftsverlauf nachträglich auf bis zu € 13,5 Mio. nachgebessert. Bei schlechtem Geschäftsverlauf reduziert sich der Kaufpreis nachträglich auf bis zu € 9,5 Mio.

2602 Insgesamt sind Kaufpreisklauseln ein probates Mittel, um insbesondere dem Käufer, der das Unternehmen und den relevanten Markt naturgemäß nicht so gut kennen kann wie der Verkäufer, mehr Sicherheit zu geben. Dadurch erweitert sich der Verhandlungsspielraum des Käufers (geringere Sicherheitsabschläge). Letztlich wird bei Anwendung dieses Verfahrens der Preis für das Unternehmen erst ex post festgelegt, wenn die tatsächliche Markt- und Unternehmensentwicklung bekannt ist. Geschickt vereinbarte Kaufpreisklauseln können somit der Unsicherheit bezüglich exogener Faktoren, Informationsasymmetrie und Leistungen des Managements Rechnung tragen und einen Interessenausgleich zwischen den Parteien schaffen. Erfahrungsgemäß fallen die Nachbesserungen geringer aus, als die Verkäufer dies erwarten. Dies ist teilweise einer zu hohen Markterwartung, teilweise aber auch den Gestaltungsspielräumen der Käufer bei suboptimal definierten Bemessungsgrundlagen geschuldet.

2. Gewährleistungen, Garantien

2603 Neben der Kaufpreisfindung nehmen die Verhandlungen über die in einen Unternehmens- oder Anteilskaufvertrag aufzunehmenden Garantien und Gewährleistungen sowohl die meiste Zeit der Verhandlungen als auch den überwiegenden Teil des Vertragstextes in Anspruch.

2604 Der Erwerb eines Unternehmens oder einer Unternehmensbeteiligung kann mit erheblichen Risiken behaftet sein. Das bisherige Kaufgewährleistungsrecht wurde als ungeeignet angesehen, den Besonderheiten eines Unternehmens- oder Anteilskaufes gerecht zu werden. Während zum einen für den Käufer bedeutsame Umstände von der Rechtsprechung nicht als Gewährleistungsansprüche begründende Fehler des Unternehmens oder der Beteiligung angesehen wurden, wurde andererseits das nach Kaufgewährleistungsrecht im Fall eines Mangels regelmäßig bestehende Recht zur Rückgängigmachung des Kaufvertrages allgemein als unpassend angesehen, da von Ausnahmen abgesehen die

Rückabwicklung eines Unternehmenskaufvertrages immer vermieden werden sollte. Denn zwischenzeitliche Maßnahmen des Käufers im Unternehmen können dazu führen, dass der Verkäufer ein entgegen seiner eigenen bisherigen unternehmerischen Tätigkeit umstrukturiertes oder gar ausgehöhltes Unternehmen zurückerhält und die Auseinandersetzungen der Parteien über gegenseitige Ansprüche im Rahmen der Rückabwicklung regelmäßig zu nicht lösbaren Problemen führen. Anteils- und Unternehmenskaufverträge enthalten daher in der Praxis ein vollständig eigenes, in sich abgeschlossenes und von der gesetzlichen Kaufgewährleistungsregelung unabhängiges Gewährleistungssystem. Vollständig und möglichst abschließend werden dabei geregelt

– die Gewährleistungsansprüche begründenden Umstände,
– die Rechtsfolgen der Verletzung einer Garantie oder Gewährleistung,
– Ausschluss- und Verjährungsfristen für Gewährleistungsansprüche und
– etwaige Sicherheiten oder Kaufpreiseinbehalte zur Sicherung von Käuferansprüchen.

a) Zusammenhang von Due Diligence und Gewährleistung

Erster Diskussionspunkt zwischen Verkäufer- und Käuferseite ist in der Regel **2605** das Verhältnis zwischen der meist vom Käufer durchgeführten Due Diligence und dem Umfang der vom Verkäufer zu übernehmenden Gewährleistungen. Der Verkäufer vertritt dabei grundsätzlich den Standpunkt, dem Käufer sei infolge der im Rahmen der Due Diligence offen gelegten Informationen und Umstände die Beschaffenheit des Kaufgegenstandes (also das Unternehmen oder die Beteiligung) einschließlich etwaiger Mängel oder Risiken in vollem Umfang bekannt, für Gewährleistungen bestehe daher keinerlei Bedarf mehr. Der Käufer vertritt demgegenüber regelmäßig die Auffassung, da er ja nicht wissen könne, ob tatsächlich alle relevanten Umstände offen gelegt wurden, ändere die durchgeführte Due Diligence nichts am Erfordernis einer umfassenden Gewährleistung des Verkäufers.

Zwischen den Standpunkten der Parteien muss daher vorab eine grundlegende **2606** Einigung über den Einfluss der durchgeführten Due Diligence auf die vertragliche Gewährleistung gefunden werden, die regelmäßig von den Umständen des Einzelfalls abhängig sein wird. Dabei wird es für die Frage des erforderlichen Gewährleistungsumfangs zunächst auf den Umfang der offen gelegten Unterlagen und Informationen ankommen. Je mehr Informationen dem Käufer vor Vertragsabschluss offen gelegt und von diesem als unproblematisch angesehen wurden, desto weniger diesbezüglicher Gewährleistungen sind erforderlich. Denn Umstände, die dem Käufer positiv bekannt und von ihm als nicht risikobehaftet angesehen werden, sollten nicht nachträglich als gewährleistungsbegründende Sachverhalte herangezogen werden können. Andererseits kann der Käufer tatsächlich nicht beurteilen, ob ihm alle für ihn entscheidungserheblichen Umstände vorlagen. Insoweit ist es sinnvoll, Umstände zum Gegenstand der Gewährleistung zu machen, eine Gewährleistung für insoweit offen gelegte Informationen aber ausdrücklich auszunehmen. Insbesondere für den Verkäufer ist es dann aber erforderlich, den Umfang der offen gelegten Informationen nachweisbar zu dokumentieren, sei es als ausdrücklicher Hinweis im Vertragstext, als Anlage zum Vertrag oder im Rahmen einer gesonderten notariellen Bezugsurkunde oder in geeigneter Form außerhalb des Vertrages. Die Art der Dokumentation ist dabei nicht zuletzt vom Umfang der Dokumente abhängig.

2607 Soweit es für den Umfang der Gewährleistung auf Kenntnis der Verkäufer- oder Käuferseite ankommt, ist näher zu definieren, was darunter zu verstehen ist. Zum einen kann nur die positive Kenntnis gemeint sein, zum anderen aber auch alles, was von der einen oder anderen Vertragspartei bei sorgfältiger Prüfung hätte erkannt werden können. Insbesondere bei Beteiligung einer Mehrzahl von Personen auf beiden Seiten, z. B. Beratern oder Mitarbeitern des Unternehmens selbst, ist ggf. auch zu definieren, wessen Kenntnis sich der Verkäufer und der Käufer in diesem Zusammenhang zurechnen lassen müssen.

2608 Bei der Behandlung von offen gelegten, aber vom Käufer als Risiko identifizierten Umständen sind mehrere Varianten denkbar. Zum einen kann das Risiko bereits im Rahmen der Kaufpreisbemessung Berücksichtigung finden, eine nochmalige diesbezügliche Gewährleistung entfällt dann. Bei Umständen, hinsichtlich derer die Risikoeinschätzung des Verkäufers vom Käufer nicht geteilt wird, kommt alternativ eine ausdrückliche Gewährleistungsregelung unabhängig von der Offenlegung des entsprechenden Umstandes durch den Verkäufer und die diesbezügliche Kenntnis des Käufers in Betracht.

b) Gewährleistungsbegründende Umstände

2609 Neben der Abhängigkeit des Umfangs der gewährleistungsbegründenden Umstände und diesbezüglichen Gewährleistungsregelung von der durchgeführten Due Diligence und der Kenntnis des Käufers über das Unternehmen richtet sich der Gegenstand der Gewährleistung nach den Umständen des Einzelfalls.

2610 Üblich sind beim Anteilsverkauf zunächst grundlegende Gewährleistungen über die gesellschaftsrechtlichen Verhältnisse der Gesellschaft. Diese umfassen neben der ordnungsgemäßen Errichtung und der Anteilseignerstellung des Käufers vor allem den Inhalt des Gesellschaftsvertrages, die ordnungsgemäße Kapitalaufbringung und -erhaltung, das Nichtbestehen von Rechten an den Geschäftsanteilen oder diesbezüglichen Verfügungsbeschränkungen (Pfandrechte, Nießbrauch, Unterbeteiligungen, Vorkaufsrechte, erforderliche Genehmigungen für eine Anteilsübertragung o. ä.), die Gesellschafterzusammensetzung und etwaige Vereinbarungen der Gesellschafter untereinander, Unternehmensverträge, stille Beteiligungen und sonstige Vereinbarungen, die etwaige Rechte Dritter am Ergebnis des Geschäftsbetriebs der Gesellschaft begründen können.

2611 Gegenstand der Gewährleistung sind im Regelfall auch stets Angaben zu den bisherigen Jahresabschlüssen der Gesellschaft, deren Richtigkeit und Vollständigkeit sowie den angewandten Ansatz- und Bewertungsvorschriften. Hierbei ist die Formulierung im Einzelnen Verhandlungssache, da einerseits die Vermögens-, Finanz- und Ertragslage für den Käufer wesentliche Umstände sind. Andererseits sind bei zu weit reichenden Bilanzgarantien, insbesondere einer zu weitgehende Eigenkapitalgewährleistung, Auseinandersetzungen zwischen den Parteien nahezu vorprogrammiert, da über den Wertansatz des Aktivvermögens wie auch Rückstellungserfordernisse für bestimmte Sachverhalte die Auffassungen der Vertragsparteien schnell auseinander gehen. Dies gilt insbesondere für nicht durch einen Abschlussprüfer geprüfte Jahres- oder Zwischenabschlüsse.

Gegenstand von Gewährleistungen sind darüber hinaus im Regelfall diejenigen **2612** Punkte, die im Rahmen der Due Diligence geprüft werden. Insoweit können die entsprechenden Due-Diligence-Listen, so weit einschlägig, als „Gliederungsübersicht" auch der kaufvertraglichen Gewährleistungsregelungen angesehen werden.

c) Form der Gewährleistung, Rechtsfolgen, Fristen und Sicherheiten

Im Rahmen des Beteiligungs- oder Unternehmenskaufes streben die Parteien, **2613** wie bereits erwähnt eine möglichst eigenständige und umfassende Gewährleistungsregelung insbesondere auch hinsichtlich der Rechtsfolgen im Gewährleistungsfall an. In der Vergangenheit war eine solche abschließende Regelung auch weitgehend unproblematisch möglich und üblich. Durch die zum 01.01. 2002 in kraft getretene Schuldrechtsreform, durch die das BGB einschließlich des Kaufgewährleistungrechts umfassend geändert wurde, sind insoweit allerdings rechtliche Unsicherheiten über die Möglichkeit einer solchen abschließenden Regelung eingetreten, die letztlich zu einem derzeit nicht abschließend geklärten Risiko für den Verkäufer führen können.

Nach dem neuen § 444 BGB kann sich der Verkäufer auf eine Vereinbarung, **2614** durch die die Rechte des Käufers wegen eines Mangels der Kaufsache ausgeschlossen oder beschränkt werden, nicht berufen, wenn er den Mangel arglistig verschwiegen oder eine Garantie für die Beschaffenheit der Sache übernommen hat. Danach scheint eine Haftungsbeschränkung ausgeschlossen zu sein, wenn zuvor eine Garantieerklärung abgegeben wurde. Die nicht abschließend geklärten Auswirkungen der Vorschrift auf Unternehmensverkäufe haben zu einer intensiven Diskussion geführt, wie Gewährleistungsregelungen in Kaufverträgen zukünftig gestaltet werden sollen, um die bislang praktizierte und sinnvolle abschließende Regelung innerhalb des Vertrages weiterhin umzusetzen zu können. Hierbei werden unterschiedliche Lösungswege diskutiert. Nach einer Auffassung ist § 444 BGB insoweit von vornherein einschränkend zu verstehen. Danach ist es den Parteien weiterhin unbenommen, den Inhalt wie auch den Umfang einer Garantie vertraglich festzulegen.[15] § 444 BGB gelte von vornherein nur in dem Umfang, in dem eine Garantie auch übernommen worden ist. Die Vorschrift soll daher der Einschränkung einer Garantie nicht entgegenstehen, soweit Inhalt und Umfang der Garantie von vornherein als Inhalt der Garantieerklärung eingeschränkt werden. Nach anderer Auffassung ist zu unterscheiden zwischen Beschaffenheitsgarantien im Sinne des § 444 BGB einerseits und

---

15 Wolf/Kaiser, DB 2002, 411, 419.

selbstständige Garantieversprechen. Bei Letzteren soll eine Beschränkung der Haftung zulässig sein. Insoweit wäre im Unternehmens- oder Anteilskauf von den Parteien klarzustellen, dass es sich bei den Gewährleistungsregeln um ein selbstständiges Garantieversprechen und nicht um eine Beschaffenheitsgarantie im Sinne des § 444 BGB handelt.[16] Eine dritte Meinung schließlich rät dazu, Gewährleistungen im Rahmen von Unternehmenskaufverträgen nicht als Garantien, sondern als Angaben des Verkäufers über die Beschaffenheit des Kaufgegenstandes zu vereinbaren.[17] Derartige Beschaffenheitsangaben sollen danach nicht unter die Regelung des § 444 BGB fallen, da es sich nicht um Garantien handelt.

2615 Im Ergebnis besteht insoweit aber nahezu Einigkeit, dass sich inhaltlich nichts daran geändert haben soll, dass die Rechtsfolgen von Gewährleistungen im Rahmen eines Unternehmenskaufvertrages wie bisher vertraglich vereinbart werden können. Die diesbezügliche weitere Entwicklung bleibt aber abzuwarten, so dass derzeit sowohl hinsichtlich der Zulässigkeit der Gewährleistungsbeschränkung als auch die vertragliche Gestaltung für den Verkäufer Risiken verbleiben.

2616 Inhaltlich soll die eigenständige Gewährleistungsregelung innerhalb des Unternehmenskaufvertrages die Haftung des Verkäufers der Art und der Höhe nach sowie zeitlich beschränken.

2617 Übliche Haftungsfolge einer Gewährleistungsverletzung ist beispielsweise, dass der Verkäufer verpflichtet wird, den Zustand herzustellen, der bestehen würde, wenn die Gewährleistung zutreffend gewesen wäre, oder alternativ den hierzu erforderlichen Geldbetrag zur Verfügung stellen muss. Eine Rückabwicklung des Kaufvertrages als Rechtsfolge wird dagegen von ganz engen Ausnahmen abgesehen ausgeschlossen, ebenso oft eine Kaufpreisminderung, da deren Bemessung im Regelfall schwierig wäre.

2618 Die Beschränkung der Verkäuferhaftung der Höhe nach bezieht sich zum einen auf die absolute Haftung des Verkäufers (z.B. nur in Höhe des Kaufpreises oder eines bestimmten Teils des Kaufpreises). Zum anderen wird zur Vermeidung von Streitigkeiten über Kleinbeträge teilweise vereinbart, dass der Verkäufer nur dann haften soll, wenn die Ansprüche des Käufers einen bestimmten Betrag überschreiten (Bagatellgrenze), bzw. soweit die Ansprüche des Käufers einen bestimmten Betrag überschreiten (Freibetrag).

2619 Zeitlich soll die Haftung des Verkäufers auf einen Zeitraum beschränkt sein, innerhalb dessen einerseits dem Verkäufer zugemutet werden kann, etwaige Ansprüche anzumelden, andererseits noch eine hinreichende Möglichkeit zur Beweisführung über das Vorliegen des Mangels besteht. Die diesbezüglichen kaufvertraglichen Verjährungsregeln sind üblicherweise nach dem Gegenstand

---

16 Gronstedt/Jörgens, ZIP 2002, 52; zur Unterscheidung zwischen § 444 BGB und selbstständigem Garantieversprechen siehe auch Seibt/Raschke/Reiche, NZG 2002, 256; Knott, NZG 2002, 251; Weitnauer, NJW 2002, 2511; Jaques, BB 2002, 417.
17 Triebel/Hölzle, BB 2002, 521; Hermanns, ZIP 2002, 696.

der Gewährleistung gestaffelt. So haftet der Verkäufer üblicherweise länger für den Bestand und die Freiheit einer verkauften Beteiligung von Rechten Dritter sowie für eine ordnungsgemäße Kapitalaufbringung als für die Werthaltigkeit bestimmter Vorräte. Sonderregelungen hinsichtlich der Verjährung sind auch für steuerliche Sachverhalte üblich, da diese sich relativ spät im Rahmen einer Betriebsprüfung herausstellen können. Für den Fall späterer Auseinandersetzungen mit der Finanzverwaltung über steuerliche Sachverhalte ist auch die Vereinbarung einer Mitwirkungspflicht und eines Mitwirkungrechts des Verkäufers sowie einer frühzeitigen Informationspflicht des Käufers üblich.

Schließlich ist gegebenenfalls zu vereinbaren, ob und ggf. wie lange der Käufer **2620** zur Sicherstellung seiner Gewährleistungsansprüche eine Kaufpreisteil vorläufig einbehalten darf oder der Verkäufer eine Sicherheit für solche Ansprüche stellen muss.

3. Umgang mit Mitarbeiterbeteiligungen

Die Behandlung eines bestehenden Mitarbeiterbeteiligungsprogramms im Rah- **2621** men eines Verkaufs des Unternehmens ist anhand der bestehenden Vorgaben des einzelnen Modells vorzunehmen.

Ein gutes Mitarbeiterbeteiligungsprogramm, z.B. in der Form eines Stock Op- **2622** tion Plans oder einer Wandelschuldverschreibung, enthält immer eine sog. „Trade Sale Regelung", die regelt, ob sich aus einem Unternehmensverkauf, der im Regelfall als Anteilsverkauf (sog. Share Deal) ausgestaltet ist, Rechte der Mitarbeiter gegenüber dem Unternehmen, den bisherigen Anteilseignern oder den neuen Anteilseignern herleiten. Diese Trade Sale Klausel sollte im Regelfall so ausgestaltet sein, dass sie Verhandlungen mit Investoren nicht belastet. Ziel des Investors wird oftmals sein, das gesamte Kapital eines Unternehmens zu erwerben. Dementprechend ist es für ihn von Bedeutung, dass er die Möglichkeit hat, den Mitarbeitern bestehende Anrechte auf eine Unternehmensbeteiligung zu einem fairen Preis abzukaufen. Um gleichzeitig die Motivation der Mitarbeiter für den neuen Gesellschafter zu erhalten, sollte der Preis für ausstehende Optionsrechte der Mitarbeiter oder gar für deren bestehende Gesellschaftsrechte (Aktien- oder GmbH-Anteile etc.) nicht unter dem Preis liegen, den der Investor für die Anteile der übrigen Veräußerer (Unternehmensgründer, Altinvestoren) bezahlt.

In jedem Fall ist hier eine Prüfung der erforderlichen Schritte im jeweiligen **2623** Einzelfall notwendig.

Zudem sind gegebenenfalls Informationsverpflichtungen gegenüber der Beleg- **2624** schaft zu beachten und rechtzeitig wahrzunehmen. Soweit im Rahmen eines Unternehmenserwerbs auch ausstehende Mitarbeiterbeteiligungen (z.B. Optionsrechte) oder schon von den Mitarbeitern gehaltene Anteile am Unternehmen (Aktien, GmbH-Anteile etc.) miterworben werden, löst dies bei den Veräußerern steuerliche Folgen aus. Diese werden im nachfolgenden Abschnitt behandelt.

VI. Besteuerung des Unternehmensverkaufs

1. Allgemeines

2625 Der Kauf und Verkauf eines Unternehmens[18] löst sowohl auf der Seite des Veräußerers als auch auf der Erwerberseite regelmäßig Überlegungen aus, wie die Transaktion steuerlich optimiert werden kann. Das Interesse des Veräußerers besteht naturgemäß darin, die Steuerbelastung des Veräußerungserlöses zu minimieren. Aus der Sicht des Erwerbers konzentrieren sich die Überlegungen vor allem darauf, alle im Zusammenhang mit dem Erwerb der Anteile stehenden Ausgaben so weit und so schnell wie möglich steuermindernd geltend zu machen. Denn ein steuerlicher Abzug der vom Erwerber aufgewendeten Anschaffungskosten im Wege der Abschreibung hat zur Folge, dass sich die steuerliche Bemessungsgrundlage reduziert, womit im Regelfall eine Steuerersparnis verbunden ist. Diese Steuerersparnis erhöht zugleich die liquiden Mittel (cashflow) und kann für Zins- und Tilgungsleistungen im Rahmen der Kaufpreisfinanzierung eingesetzt werden.

2626 Wie nachfolgend aufgezeigt wird, bedingen die steuerlichen Zielsetzungen aus Sicht des Veräußerers regelmäßig einen sog. share deal (Veräußerung von Anteilen bzw. Mitgliedschaftsrechten an einer Gesellschaft im Wege der Gesamtrechtsnachfolge). Aus Sicht des Käufers ist demgegenüber unter steuerlichen Aspekten grundsätzlich ein sog. asset deal (Veräußerung der einzelnen Wirtschaftsgüter der Gesellschaft im Wege der Einzelrechtsnachfolge) vorteilhafter.[19]

2627 Da für die Besteuerung des Unternehmensverkaufes unterschiedliche Rahmenbedingungen gelten, ist auf der Ebene der Veräußerers danach zu differenzieren, ob es sich um eine natürliche Person oder um eine Kapitalgesellschaft handelt. Ferner kommt es – jedenfalls im Fall der Veräußerung durch eine natürliche Person – darauf an, ob die Anteile im Privat- oder im Betriebsvermögen gehalten werden. Auf Seiten des Erwerbers wird ebenfalls zwischen natürlichen Personen und Kapitalgesellschaften unterschieden. Ferner ist es für steuerliche Aspekte wichtig, ob Anteile an einer Personengesellschaft oder an einer Kapitalgesellschaft veräußert werden.

2628 Besondere Besteuerungsfolgen können sich zudem ergeben, wenn der Kaufpreis nicht fest vereinbart, sondern z.B. ergebnisabhängig anhand der Performance des Unternehmens vereinbart wird (sog. „Earn-out" oder Nachbesserungklauseln) und/oder wenn der Kaufpreis verteilt über mehrere Jahre in Raten bezahlt wird.[20] Eine Abhandlung aller hierbei erdenklichen Konstellationen ist naturge-

---

18 Einzelunternehmen, Mitunternehmeranteile, Anteile an Kapitalgesellschaften etc.
19 Zu den steuerlichen Aspekten eines Unternehmensverkaufs unter besonderer Berücksichtigung der Vor- und Nachteile eines asset deals bzw. share deals vgl. auch die lesenswerten Beiträge von Scheffler, StuW 2001, 293 ff.; Ott, Gestaltende Steuerberatung 2001, 253 ff.; Elser, DStR 2002, 1827 ff.; Streit/Baar, Beilage zu BBK 2002, 1 ff.; Förster, DB 2002, 1394.
20 Besonders zu beachten ist, dass bei Ratenzahlungsmodellen ein wesentlicher Punkt in der Absicherung des Veräußerers gegenüber einer Insolvenz des Erwerbers liegt.

mäß nicht möglich. Wir weisen aber an einigen Stellen auf mögliche Besonderheiten hin.

Ergänzend sei darauf hingewiesen, dass es im Falle eines Unternehmens(ver)-   2629
kaufes über die nachfolgend beschriebenen ertragsteuerlichen Konsequenzen
hinaus auch zu teilweise nicht unerheblichen verkehrssteuerlichen Belastungen
kommen kann. Während im Ergebnis meist keine Umsatzsteuer anfällt,[21] kann
die möglicherweise anfallende **Grunderwerbsteuer** zu einer merklichen Belastung führen.[22]

2. Verkauf von Anteilen an Kapitalgesellschaften

a) Steuerfolgen für natürliche Personen

Gewinne aus der Veräußerung von Anteilen an Kapitalgesellschaften, die ein   2630
Steuerpflichtiger in seinem Privatvermögen hält, unterliegen grundsätzlich nur
dann der Einkommensbesteuerung, wenn die Veräußerung innerhalb einer Behaltefrist von einem Jahr erfolgt (§ 23 EStG) oder eine bestimmte Beteiligungshöhe überschritten wird (§ 17 EStG). Darüber hinaus unterliegen auch die Gewinne aus der Veräußerung von sog. „einbringungsgeborenen Anteilen"[23] nach
§ 21 UmwStG in Verbindung mit § 16 EStG der Einkommensbesteuerung.

Bei Einkünften im Privatvermögen unterliegen Veräußerungsgewinne der hälftigen Besteuerung (sog. „Halbeinkünfteverfahren") im Rahmen der persönlichen   2631
Einkommensteuerveranlagung, soweit diese unter die Voraussetzungen der
§§ 17 oder 23 EStG fallen (§ 3 Nr. 40 Satz 1 lit c und lit j EStG). Veräußerungsverluste werden dementsprechend ebenfalls nur hälftig bei der persönlichen Einkommensteuerveranlagung des Veräußerers berücksichtigt. Die Besteuerung nach dem Halbeinkünfteverfahren findet grundsätzlich für Gewinne
oder Verluste Anwendung, die ab dem Jahr 2002 entstehen.[24]

(1) Private Veräußerungsgeschäfte (§ 23 EStG)

Ein privates Veräußerungsgeschäft liegt regelmäßig dann vor, wenn der Zeit-   2632
raum zwischen Anschaffung und Veräußerung der sich im Privatvermögen befindlichen Wertpapiere (Anteile) nicht mehr als ein Jahr beträgt.[25] Bei einer

---

21 Regelmäßig liegt aus Sicht des Veräußerers eine nicht steuerbare Geschäftsveräußerung im
Ganzen (§ 1 Abs. 1a UStG) vor. Andernfalls kommt u. U. eine Steuerbefreiung nach § 4 Nr. 8
lit f UStG (Umsätze von Gesellschaftsanteilen) in Betracht.
22 Gehört zum Vermögen einer Gesellschaft ein inländisches Grundstück, kommt es zum Anfall
von Grunderwerbsteuer, wenn mindestens 95% der Anteile auf den Erwerber übertragen werden
oder durch die Übertragung in der Hand des Erwerbers vereinigt werden (§ 1 Abs. 2a, Abs. 3
GrEStG). Der Anfall von Grunderwerbsteuer kann vermieden werden, wenn ein Zwergenanteil
von einem unabhängigen Dritten oder von dem Verkäufer gehalten wird, sodass die Schädlichkeitsgrenze von 95% nicht erreicht wird.
23 Zur Definition und steuerlichen Behandlung von einbringungsgeborenen Anteilen nachfolgend
Abschnitt 2a (3).
24 Zur erstmaligen Anwendung des Halbeinkünfteverfahrens vgl. § 52 Abs. 4a Nr. 2 EStG.
25 § 23 Abs. 1 Nr. 2, § 22 Nr. 2 EStG.

Veräußerung, die später als ein Jahr nach der Anschaffung der Wertpapiere erfolgt, gilt § 17 EStG, vorausgesetzt, es handelt sich um eine wesentliche Beteiligung.[26] Der nach dem Halbeinkünfteverfahren zu besteuernde Veräußerungsgewinn/-verlust des § 23 EStG ermittelt sich wie folgt:

Hälftiger Veräußerungspreis
./. hälftige Anschaffungskosten und Werbungskosten
./. hälftige Veräußerungskosten
_____
= steuerpflichtiger Veräußerungsgewinn[27]

2633 Gewinne aus privaten Veräußerungsgeschäften bleiben steuerfrei, so weit sie insgesamt im Kalenderjahr weniger als € 512 betragen (Freigrenze).[28]

> *Beispiel:*
>
> Unternehmensgründer A ist mit 25 % an der Start AG beteiligt. Seine 25.000 Aktien à € 1,00 hat er zum Nominalwert erworben. A veräußert seine Anteile innerhalb von einem Jahr nach der Anschaffung zu einem Preis von € 100.000. A entstehen hierbei (Steuer-)Beratungskosten von insgesamt € 3.600. Der steuerpflichtige Veräußerungsgewinn ermittelt sich wie folgt:
>
> | | |
> |---|---:|
> | Hälftiger Veräußerungserlös | € 50.000 |
> | abzüglich hälftige Anschaffungskosten | € 12.500 |
> | abzüglich hälftige Beratungskosten | € 1.800 |
> | Veräußerungsgewinn | € 35.700 |
>
> Die Freibetragsgrenze von € 512 ist überschritten. Der Gewinn ist damit in voller Höhe einkommensteuerpflichtig. Der Gewinn ist im Jahr des Zuflusses des Veräußerungserlöses zu erfassen.[29]

2634 Seit 01.01.2002 können Verluste aus privaten Veräußerungsgeschäften entsprechend der oben genannten Ermittlung nur zur Hälfte steuerlich berücksichtigt werden. Zudem können sie für steuerliche Zwecke nur mit Gewinnen aus privaten Veräußerungsgeschäften verrechnet werden.[30]

(2) Veräußerung von wesentlichen Beteiligungen (§ 17 EStG)

2635 Derzeit (Stand März 2003) unterliegt der Veräußerungsgewinn, den eine natürliche Person im Falle der Veräußerung einer im Privatvermögen gehaltenen Beteiligung an einer Kapitalgesellschaft nach Ablauf der einjährigen Behaltefrist[31] erzielt, nur dann der Einkommensteuer, wenn die Beteiligung wesentlich ist.

---

26 Einzelheiten zu § 17 EStG s. u.
27 Vgl. im Einzelnen § 3 Nr. 40 lit. j, § 3 c Abs. 2 EStG.
28 § 23 Abs. 3 Satz 6 EStG.
29 § 11 Abs. 1 EStG.
30 Vgl. § 23 Abs. 3 Satz 8, 9 EStG.
31 Erfolgt die Veräußerung vor Ablauf eines Jahres nach Anschaffung greift § 23 EStG.

Eine wesentliche Beteiligung liegt vor, soweit der Veräußerer (irgendwann) in- **2636** nerhalb der letzten fünf Jahre zumindest mit 1% am Grund- oder Stammkapital an einer Kapitalgesellschaft beteiligt war (§ 17 Abs. 1 Satz 1 EStG).

Der Veräußerungsgewinn ist der Betrag, um den der (hälftige) Veräußerungs- **2637** preis nach Abzug der (hälftigen) Veräußerungskosten die (hälftigen) Anschaffungskosten übersteigt.[32] Ein Veräußerungsverlust ist steuerlich nur eingeschränkt zu berücksichtigen.[33]

Im Gegensatz zu einem privaten Veräußerungsgeschäft nach § 23 EStG (s. o.) **2638** wird der Veräußerungsgewinn im Falle des § 17 EStG nur insoweit besteuert, so weit er den Teil von € 10.300 übersteigt, der dem veräußerten Anteil an der Kapitalgesellschaft entspricht (Freibetrag). Dieser Freibetrag ermäßigt sich um den Betrag, um den der Veräußerungsgewinn den Teil von € 41.000 übersteigt, der dem veräußerten Anteil an der Kapitalgesellschaft entspricht.[34]

Beispiel:

Wie zuvor, allerdings veräußert A seine Anteile erst zwei Jahre nach der Anschaffung. Der nach § 17 EStG steuerpflichtige Veräußerungsgewinn ermittelt sich wie folgt:

Hälftiger Veräußerungserlös	€ 50.000
abzüglich hälftige Anschaffungskosten	€ 12.500
abzüglich hälftige Beratungskosten	€ 1.800
Veräußerungsgewinn	€ 35.700
./. Freibetrag (25% von 10.300) = 2.575[35]	€ 0
Steuerpflichtiger Veräußerungsgewinn	€ 35.700

Im Gegensatz zum Ausgangsfall (Besteuerung nach § 23 EStG), ist der Gewinn nicht erst im Zeitpunkt des Zuflusses des Veräußerungserlöses zu besteuern. Der unter § 17 EStG fallende steuerpflichtige Veräußerungsgewinn entsteht in dem Zeitpunkt, in dem das wirtschaftliche Eigentum an den veräußerten Anteilen vom Veräußerer auf den Erwerber übergeht. Es erfolgt eine Stichtagsbewertung, zu der Veräußerungspreis, -kosten sowie Anschaffungskosten im Zeitpunkt der Veräußerung gegenüberzustellen sind.[36] Ausnahmen ergeben sich bei der Veräußerung gegen wiederkehrende Bezüge (Kaufpreisraten, Zeitrente, Leibrente). Unter bestimmten Voraussetzungen besteht ein Wahlrecht zwischen Sofortversteuerung und laufender Besteuerung im Jahr des Zuflusses.[37]

---

32 § 17 Abs. 2 EStG i.V.m. § 3 Nr. 40 Satz 1 lit c, § 3 c Abs. 2 EStG.
33 Einzelheiten zur Verlustberücksichtigung enthält § 17 Abs. 2 Satz 4 EStG.
34 § 17 Abs. 3 EStG.
35 Dieser Freibetrag in Höhe von € 2.575 ermäßigt sich jedoch um die Differenz zwischen dem Veräußerungsgewinn (€ 35.700) und € 10.250 (= 25% v. € 41.000) = € 27.500 sodass im vorliegenden Beispielsfall kein Freibetrag mehr gewährt wird.
36 H 140 Abs. 7 EStH (Stichtagsbewertung).
37 Abschnitt 140 Abs. 7 Satz 2 EStR i.V.m. Abschnitt 139 Abs. 11 EStR; zum Wahlrecht siehe auch nachfolgend: 3.a. Steuerfolgen für natürliche Personen (Gestaltungshinweis).

2639 Die vorgenannten Regelungen sind auch dann anzuwenden, wenn eine Kapitalgesellschaft aufgelöst wird oder wenn ihr Kapital herabgesetzt und zurückgezahlt wird oder wenn Beträge aus dem steuerlichen Einlagekonto im Sinne von § 27 KStG ausgeschüttet oder zurückgezahlt werden.[38]

(3) Veräußerung einbringungsgeborener Anteile (§ 21 UmwStG)

2640 Einbringungsgeborene Anteile liegen regelmäßig dann vor, wenn ein Steuerpflichtiger einen Betrieb, Teilbetrieb oder Mitunternehmeranteil zum Buchwert als Sacheinlage in eine Kapitalgesellschaft eingebracht hat und im Gegenzug von der Kapitalgesellschaft Gesellschaftsrechte gewährt bekommt. Diese – im Zuge der Einbringung zu Buchwerten – erhaltenen Gesellschaftsrechte werden als sog. einbringungsgeborene Anteile bezeichnet.[39] Da diese Anteile beim Einbringenden zum Buchwert[40] angesetzt werden, entsteht bei ihm zunächst kein Veräußerungsgewinn. Um die mitübertragenen und nicht aufgedeckten stillen Reserven nicht endgültig der Besteuerung zu entziehen, wird der bei der späteren Veräußerung der einbringungsgeborenen Anteile entstehende Veräußerungsgewinn von § 16 EStG[41] erfasst. Dies gilt unabhängig von der Beteiligungshöhe. Der Veräußerungsgewinn ist der Betrag, um den der Veräußerungspreis nach Abzug der Veräußerungskosten die Anschaffungskosten übersteigt.[42] Das Halbeinkünfteverfahren kommt hier grundsätzlich nicht zur Anwendung. Soweit allerdings zwischen dem Zeitpunkt der Einbringung und der steuerpflichtigen Veräußerung eine siebenjährige Behaltefrist für diese einbringungsgeborenen Anteile abgelaufen ist, unterliegen die Gewinne aus der Veräußerung von einbringungsgeborenen Anteilen dann auch dem Halbeinkünfteverfahren.[43]

b) Steuerfolgen für Kapitalgesellschaften

2641 Gewinne, die Kapitalgesellschaften aus der Veräußerung von Anteilen an Kapitalgesellschaften erzielen, sind seit der Unternehmenssteuerreform 2001 generell steuerfrei.[44] Dies gilt unabhängig davon, ob Anteile in- oder ausländischer Kapitalgesellschaften veräußert werden.[45] Eine Bindung an eine Mindestbeteiligung oder Mindestbehaltefrist besteht nicht.

2642 Die Steuerbefreiung auf die Veräußerung von Anteilen an einer Kapitalgesellschaft gilt nicht, soweit in früheren Jahren auf die Anschaffungskosten der Be-

---

38 Vgl. im Einzelnen hierzu § 17 Abs. 4 EStG.
39 § 21 Abs. 1 Satz 1 UmwStG.
40 Zwar hat der Einbringende ein Wahlrecht, ob er das eingebrachte Betriebsvermögen zum Buchwert oder mit einem höheren Wert (maximal: Teilwert) ansetzt (§ 20 Abs. 2 UmwStG). Allerdings handelt es sich nach der gesetzlichen Definition nur beim Ansatz unter dem Teilwert um einbringungsgeborene Anteile.
41 Einzelheiten zu § 16 EStG s. u. 3.
42 § 21 Abs. 1 Satz 1 UmwStG.
43 § 3 Nr. 40 Satz 1 lit b, Sätze 3 und 4 EStG.
44 § 8 b Abs. 2 KStG.
45 Demgegenüber war vor der Unternehmenssteuerreform bis einschließlich 2001 nur der Verkauf von Anteilen an ausländischen Kapitalgesellschaften steuerfrei, vgl. § 8 b Abs. 2 KStG a. F.

teiligung eine steuerwirksame Teilwert-Abschreibung vorgenommen wurde und diese Teilwert-Abschreibung nicht durch eine Wertaufholung wieder rückgängig gemacht worden ist.[46]

Beispiel:

Die A-GmbH ist zu 100% an der B-GmbH beteiligt. In der Bilanz war die Beteiligung mit Anschaffungskosten zu € 100.000 ausgewiesen. Im Jahr 2000 hat die A-GmbH aufgrund der schlechten Geschäftsentwicklung bei der B-GmbH eine Teilwert-Abschreibung auf die Beteiligung in Höhe von € 50.000 vorgenommen. Da sich die wirtschaftliche Situation bei der B-GmbH in den folgenden Jahren wieder positiv entwickelte, nahm die A-GmbH in 2003 eine Zuschreibung in Höhe von € 30.000 vor. In 2004 wurde die Beteiligung für € 150.000 veräußert.

Lösung:

Der Gewinn aus der Veräußerung der Beteiligung an der B-GmbH beträgt € 70.000 (Veräußerungspreis € 150.000./. Buchwert € 80.000). Dieser Gewinn ist jedoch nur in Höhe von € 50.000 steuerfrei. Da im Jahr 2000 eine Teilwert-Abschreibung in Höhe von € 50.000 vorgenommen wurde und diese aufgrund der Zuschreibung in 2003 nur in Höhe von € 30.000 ausgeglichen wurde, ist ein Betrag von € 20.000 steuerpflichtig. Der steuerpflichtige Teil des Veräußerungsgewinns (€ 20.000) unterliegt bei der A-GmbH ungemildert der Gewerbe- und Körperschaftsteuer.

Die Steuerbefreiung gilt ebenfalls grundsätzlich nicht, wenn es sich bei den veräußerten Anteilen um einbringungsgeborene Anteile i.S.d. § 21 UmwStG handelt.[47] **2643**

Beispiel:

Die A-GmbH bringt ihren Betrieb zum 01.01.2002 zu Buchwerten (€ 200.000) gegen Gewährung von Gesellschaftsrechten in die B-GmbH (Stammkapital € 200.000) ein (§ 20 UmwStG). Der Teilwert des Betriebsvermögens beträgt zu diesem Zeitpunkt € 600.000. Zum 01.01.2004 veräußert die B-GmbH ihre Anteile an der A-GmbH zu einem Preis von € 1,0 Mio.

Lösung:

Bei den Anteilen an der B-GmbH handelt es sich um einbringungsgeborene Anteile, deren Anschaffungskoten € 200.000 betragen. Der Veräußerungsgewinn in Höhe von € 800.000 ist nicht steuerbefreit und unterliegt der Gewerbe- und Körperschaftsteuer.

Veräußert die Körperschaft die einbringungsgeborenen Anteile allerdings erst nach Ablauf einer Sperrfrist von 7 Jahren, ist der Veräußerungsgewinn steuerfrei.[48] **2644**

---

46 § 8b Abs. 2 Satz 2 KStG.
47 § 8b Abs. 4 Satz 1 Nr. 1 KStG; darüber hinaus kommt die Steuerbefreiung i.d.R. nicht in Betracht, soweit die Anteile durch eine Körperschaft unmittelbar oder mittelbar über eine Mitunternehmerschaft von einem Einbringenden, bei dem der Veräußerungsgewinn nicht nach § 8b Abs. 2 KStG steuerfrei gewesen wäre, zu einem Wert unter dem Teilwert erworben worden sind (§ 8b Abs. 4 Satz 1 Nr. 2 KStG).
48 § 8b Abs. 4 Satz 2 Nr. 1 KStG.

c) Sonstige steuerliche Besonderheiten

2645 Seit 01. 01. 2002 sind zudem sämtliche Gewinnminderungen im Zusammenhang mit Anteilen i. S. d. § 8 b Abs. 2 KStG bei der Gewinnermittlung nicht mehr zu berücksichtigen.[49] Hierunter fallen insbesondere:

- Gewinnminderungen durch den Ansatz des niedrigeren Teilwerts der Anteile (Teilwert-Abschreibung)
- Verluste durch die Veräußerung der Anteile oder Herabsetzung des Nennkapitals.

> *Beispiel:*
>
> Die A-GmbH hält eine Beteiligung i. H.v. 100% an der B-GmbH (Anschaffungskosten: € 1,0 Mio.). Aufgrund der schlechten Geschäftsentwicklung bei der B-GmbH nimmt die A-GmbH zum 31. 12. 2002 eine Teilwertabschreibung i. H.v. € 500.000 vor.

2646 Diese handelsrechtlich erforderliche Teilwert-Abschreibung ist für steuerliche Zwecke außerbilanziell wieder hinzuzurechnen.

2647 Im Falle der Veräußerung von Anteilen an einer ausländischen Kapitalgesellschaft wird der Abzug von Betriebsausgaben, die im wirtschaftlichen Zusammenhang mit dieser Beteiligung stehen, pauschal in Höhe von 5% versagt.[50] Die Beschränkung auf 5% gilt unabhängig davon, in welcher Höhe konkret Betriebsausgaben im Zusammenhang mit der Anteilsveräußerung angefallen sind.[51] Die pauschale Versagung des Betriebsausgabenabzuges gilt nicht im Falle der Veräußerung von Anteilen an inländischen Kapitalgesellschaften. In diesem Fall kommt es auf die konkrete Höhe der Betriebsausgaben an. Der Abzug dieser Betriebsausgaben, die im unittelbaren wirtschaftlichen Zusammenhang mit der Veräußerung von Anteilen an einer inländischen Kapitalgesellschaft angefallen sind, ist insgesamt ausgeschlossen.[52]

> *Beispiel:*
>
> Die A-GmbH veräußert Anteile an der inländischen B-GmbH und erzielt dabei einen Gewinn i. H.v. € 100.000. Im Zusammenhang mit der Veräußerung entstanden Notarkosten i. H.v. € 4.000.
>
> Der Veräußerungsgewinn ist steuerfrei nach § 8 b Abs. 2 KStG. Die Notarkosten sind zwar bei der handelsrechtlichen Gewinnermittlung anzusetzen, aber für Zwecke der Besteuerung gemäß § 3 c Abs. 1 EStG nicht berücksichtigungsfähig.

---

49 § 8 b Abs. 3 KStG.

50 § 8 b Abs. 5 KStG.

51 Eine erhebliche Streitfrage wird hier zukünftig noch sein, ob dieses pauschale Abzugsverbot eine Diskriminierung von ausländischen Beteiligungen gegenüber inländischen Beteiligungen darstellt, gegen das Postulat der Niederlassungsfreiheit innerhalb der EU verstößt und damit EU-rechtswidrig ist.

52 § 3 c Abs. 1 EStG. Ungeklärt ist hier, welche Betriebsausgaben unter dieses Abzugsverbot fallen und nach welchen handhabbaren Kriterien Ausgaben eines Unternehmens einzelnen Bereichen zuzuordnen sind. Auch diese Unklarheit des Gesetzgebers wird die Finanzgerichte zukünftig in Deutschland vermehrt beschäftigen.

Abwandlung:

Fall wie zuvor – allerdings handelt es sich bei der Gesellschaft, deren Anteile veräußert werden, um eine französische S.A.

Nach § 8b Abs. 5 KStG gelten 5% des Veräußerungsgewinns i. H.v. € 100.000 pauschal als nicht abzugsfähige Betriebsausgabe (5% v. € 100.000 = € 5.000). Dieser Betrag ist bei der steuerlichen Gewinnermittlung dem Einkommen der A-GmbH wieder hinzuzurechnen. Unerheblich ist, dass der A-GmbH tatsächlich nur € 4.000 Veräußerungskosten entstanden sind.

Die Regelungen des § 8b Abs. 2–5 KStG gelten auch, wenn die Kapitalgesell- **2648** schaft nicht unmittelbar an einer anderen Kapitalgesellschaft beteiligt ist, sondern mittelbar über eine Mitunternehmerschaft.[53]

Beispiel:

Die A-GmbH ist zu 25% an der X-KG beteiligt. Die X-KG ist ihrerseits mit 50% an der B-GmbH beteiligt. Die X-KG veräußert die Anteile an der B-GmbH mit einem Gewinn von € 60.000. Im Rahmen der gesonderten und einheitlichen Gewinnfeststellung der X-KG entfallen von diesem Betrag € 12.500 auf die A-GmbH. Dieser Betrag ist bei der A-GmbH steuerfrei.

3. Verkauf von Beteiligungen an Personengesellschaften

a) Steuerfolgen für natürliche Personen

Gewinne aus der Veräußerung von Beteiligungen an gewerblich tätigen Perso- **2649** nengesellschaften[54] unterliegen der normalen Einkommensbesteuerung mit dem individuellen Steuersatz des Veräußerers. Der steuerpflichtige Veräußerungsgewinn ermittelt sich wie folgt:

Veräußerungserlös
./. Buchwert der Beteiligung anhand der Kapitalkonten der Veräußerers
./. Buchwert des Veräußerers aus etwaigen Ergänzungsbilanzen/Sonderbilanzen
./. Veräußerungskosten

= Veräußerungsgewinn/-verlust

Veräußerungsgewinn ist der Betrag, um den der Veräußerungspreis nach Abzug **2650** der Veräußerungskosten den Wert des Mitunternehmeranteils übersteigt.[55] Der Buchwert des Mitunternehmeranteils setzt sich zusammen aus den Buchwerten in der Handelsbilanz der Personengesellschaft (Kapitalkonto) sowie den Buchwerten in einer Ergänzungsbilanz sowie Sonderbilanz des Veräußerers. Im Falle einer Veräußerung eines negativen Kapitalkontos müssen Veräußerungspreis und Wert der Kapitalkontos addiert werden (Minus und Minus ergibt Plus!).

---

53 § 8b Abs. 6 KStG.
54 Besonderheiten gelten für im Privatvermögen gehaltene Anteile an rein vermögensverwaltenden Personengesellschaften, die häufig im Bereich der Publikums-KG's, z.B. im Immobilienbereich anzutreffen sind.
55 § 16 Abs. 2 Satz 1 EStG.

Veräußerungsgewinne, die im Falle der Veräußerung des **gesamten** Mitunternehmeranteils bei dem Gesellschafter einer Personengesellschaft entstehen, werden u. U. begünstigt besteuert.[56]

2651 Die Anwendung des § 16 EStG setzt voraus, dass der gesamte Mitunternehmeranteil veräußert wird. Die Veräußerung von nur einem Anteil der Beteiligung ist seit dem 01.01.2002 nicht (mehr) begünstigt.[57] Solche Gewinne sind vielmehr laufende Gewinne aus Gewerbebetrieb.[58] Ungeklärt ist dabei, ob die Begünstigung gewährt wird, wenn der Veräußerer etwaiges Sonderbetriebsvermögen[59] zurückbehält.

2652 Ferner setzt die begünstigte Besteuerung nach § 16 EStG voraus, dass die Personengesellschaft, deren Anteile veräußert werden, ein gewerbliches Unternehmen betreibt[60] oder ihre Tätigkeit als Gewerbebetrieb gilt (gewerblich geprägte Personengesellschaft).[61] Denn nur dann liegt begrifflich ein „Mitunternehmeranteil" vor. Kein Mitunternehmeranteil ist z. B. gegeben, wenn die Gesellschaft nur vermögensverwaltend tätig ist (z. B. eine Immobilien-KG). Der Verkauf dieser Anteile richtet sich ebenfalls nach den bereits diskutierten Vorschriften §§ 23, 17 EStG.

2653 Einem Veräußerer, der im Zeitpunkt der Veräußerung entweder

– das 55. Lebensjahr vollendet hat oder
– im sozialversicherungsrechtlichen Sinne[62] dauernd berufsunfähig ist

2654 wird auf Antrag ein Freibetrag in Höhe von € 51.200 gewährt. Er mindert sich um den Betrag, den der Veräußerungsgewinn € 154.000 übersteigt.[63] Durch diese Freibetragsgrenze von € 154.000 entfällt der Freibetrag ab einem Veräußerungsgewinn von € 205.200.

2655 Der Freibetrag ist jedem Veräußerer nur einmal im Leben zu gewähren, d. h. er ist auf einen Veräußerungsvorgang beschränkt. Ein Freibetrag ist auch dann voll „verbraucht", wenn er nicht ausgeschöpft wird, weil der Veräußerungsgewinn niedriger ist, als der Freibetrag. Eine Übertragung des nicht ausgenutzten Freibetrags auf einen anderen Veräußerungsvorgang ist nicht zulässig.[64]

---

56 § 16 Abs. 1 Satz 1 Nr. 2 EStG i. V. m. § 34 EStG.
57 § 52 Abs. 34 Satz 1 EStG.
58 § 15 Abs. 1 Nr. 2 EStG.
59 Vgl. grundsätzlich hierzu R 13 Abs. 2 Einkommensteuerrichtlinien; zu sog. Sonderbetriebsvermögen I gehört z. B. ein Grundstück im Eigentum eines Mitunternehmers, das dieser seiner Gesellschaft entgeltlich zu betriebliche Zwecke zur Nutzung überlässt.
60 § 15 Abs. 1 Nr. 1 i. V. m. Abs. 2 EStG.
61 Eine gewerblich geprägte Personengesellschaft liegt vor, wenn die Personengesellschaft keine gewerbliche Tätigkeit i. S. d. § 15 Abs. 1 Satz 1 Nr. 1 EStG ausübt und bei ihr ausschließlich eine oder mehrere Kapitalgesellschaften persönlich haftende Gesellschafter sind und nur diese oder Personen, die nicht Gesellschafter sind, zur Geschäftsführung befugt sind (§ 15 Abs. 3 Satz 1 Nr. 2 EStG).
62 § 43 Abs. 2 SGB VI.
63 § 16 Abs. 4 EStG.
64 R 139 Abs. 8 Satz 4 EStR.

Beispiel:

Der 65 jährige A veräußert seinen gesamten Mitunternehmeranteil an der X-KG zu einem Veräußerungspreis von € 100.000 (Buchwert € 25.000). Bei der Veräußerung entstehen Kosten in Höhe von € 1.000.

Der Veräußerungsgewinn berechnet sich wie folgt:

Veräußerungspreis:	€ 100.000
./. Veräußerungskosten	€ 1.000
./. Buchwert Kapitalkonto	€ 25.000
= Veräußerungsgewinn	€ 74.000

Freibetrag (A hat das 55. Lebensjahr vollendet):

€ 74.000 ./. € 51.000 = € 23.000; keine weitere Reduktion des Freibetrags, da der Veräußerungsgewinn nicht € 154.000 übersteigt).

Der verbleibende Veräußerungsgewinn in Höhe von € 51.000 (€ 74.000 ./. € 23.000) wird nach § 34 Abs. 3 EStG bei dem A mit dem hälftigen Steuersatz der Einkommenssteuer unterworfen.

Veräußerungsgewinn	€ 74.000
./. Freibetrag	€ 23.000
steuerpflichtiger Veräußerungsgewinn	€ 51.000
darauf den hälftigen EStSatz von angenommen 24,25 % zzgl. 3,5 % SoliZ- = Steuerbelastung	€ 13.050
Veräußerungsgewinn nach Steuern	€ 37.950

Der Gewinn ist in dem Veranlagungszeitraum zu versteuern, in dem das wirtschaftliche Eigentum („Nutzungen und Lasten") an dem Mitunternehmeranteil auf den Käufer übergeht. Unerheblich ist, wann der Kaufpreis dem Veräußerer tatsächlich zufließt. Ausnahmen ergeben sich bei der Veräußerung gegen wiederkehrende Bezüge (Leib- oder Zeitrenten) sowie bei Kaufpreisraten mit besonders langer Laufzeit. Unter bestimmten Voraussetzungen besteht ein Wahlrecht zwischen Sofortversteuerung und laufender Besteuerung im Jahr des Zuflusses.[65]

Gestaltungshinweis

2656 In der Praxis kommt es häufig vor, dass Mitunternehmeranteile entgeltlich gegen langfristig wiederkehrende Bezüge, meistens gegen Zahlung einer Leibrente, veräußert werden. Beim Verkauf des Mitunternehmeranteils gegen eine Veräußerungsleibrente kann der Veräußerer wählen zwischen

– einer Sofortversteuerung des Veräußerungsgewinns i. H. d. Differenz zwischen dem Rentenbarwert im Zeitpunkt der Veräußerung abzgl. des Buch-

---

65 Siehe auch den nachfolgenden Gestaltungshinweis.

werts und der Veräußerungskosten als begünstigter Veräußerungsgewinn (§§ 16, 34 EStG) und Versteuerung der Rente mit dem Ertragsanteil als sonstige Einkünfte (§ 22 Nr. 1 Satz 3 EStG) und

- einer nachträglichen Besteuerung als nicht begünstigte nachträgliche Einkünfte aus Gewerbebetrieb im jeweiligen Jahr des Zuflusses des Veräußerungserlöses (§ 24 Nr. 2 EStG), sobald und soweit die Zahlungen in der Summe den Buchwert und die Veräußerungskosten übersteigen[66].

Beispiel:

Unternehmer A (63 Jahre) veräußert seinen Mitunternehmeranteil an B gegen eine monatlich im Voraus zu zahlende Leibrente, deren Barwert € 269.000 beträgt. Die monatlichen Rentenzahlungen betragen € 2.500. Das steuerliche Kapitalkonto des A beläuft sich im Zeitpunkt der Veräußerung auf € 105.000. A entstehen Veräußerungskosten in Höhe von € 2.000.

Lösung:

a) Sofortbesteuerung

Bei Wahl der Sofortbesteuerung entsteht A ein Veräußerungsgewinn in Höhe der Differenz zwischen dem Rentenbarwert (€ 269.000), den Veräußerungskosten (€ 2.000) und seinem steuerlichen Kapitalkonto (€ 105.000) also i. H.v. € 162.000. Vom Veräußerungsgewinn bleiben auf Antrag € 43.200 steuerfrei (€ 51.200 ./. € 8.000 wg. Höchstbetragregelung, vgl. § 16 Abs. 4 EStG). Der verbleibende Veräußerungsgewinn von € 118.800 wird dem hälftigen Steuersatz unterworfen.

Rentenbarwert		€ 269.000
./. Veräußerungskosten		€ 2.000
./. Kapital		€ 105.000
= Veräußerungsgewinn „brutto"		€ 162.000
Freibetrag	€ 51.200	
Höchstbetrag	€ 154.000	
Veräußerungsgewinn	€ 162.000	€ 8.000
= verbleibender Freibetrag	€ 43.200	
./. Freibetrag	€ 43.200	
= steuerpflichtiger Veräußerungsgewinn	€ 118.800	

Die monatlichen Rentenzahlungen i.H.v. jeweils € 2.500 unterliegen bei A mit ihrem Ertragsanteil (hier. 29%[67]) als sonstige Einkünfte zusätzlich der Einkommensteuer:

€ 2.500 · 12 = € 30.000, 29% =	€ 8.700
./. Werbungskosten-Pauschbetrag, § 9a Nr. 3 EStG	€ 102
= sonstige Einkünfte	€ 8.598

b) Laufende Besteuerung

Wählt A die sog. Zuflussbesteuerung, liegt ein steuerpflichtiger Zufluss erst vor, wenn die monatlichen Rentenzahlungen das steuerliche Kapitalkonto des A im Zeitpunkt der Veräußerung (zzgl. etwaiger von ihm getragener Veräußerungskosten) übersteigen. Hier erst nach drei Jahren, da die monatlichen Rentenzahlungen

---

66 Abschnitt 139 Abs. 11 EStR.
67 Vgl. Tabelle zu § 22 Nr. 1 Satz 3 EStG.

(2.500 · 12 = € 30.000) zunächst mit dem steuerlichen Kapitalkonto (€ 105.000) verrechnet werden. Es handelt sich nicht um einen Veräußerungsgewinn sondern um nachträgliche gewerbliche Einkünfte (§ 24 Nr. 2 EStG). Diese nachträglichen Einkünfte sind nicht begünstigt, sondern mit dem regulären Steuersatz zu versteuern.

Das Wahlrecht gilt auch, wenn ein Mitunternehmeranteil gegen einen in Raten **2657** zu zahlenden Kaufpreis veräußert wird, vorausgesetzt, die Raten sind während eines Zeitraumes von mehr als 10 Jahren zu zahlen und die Absicht des Veräußerers, sich eine dauernde Versorgung zu schaffen, kommt eindeutig hervor. An die Stelle des Rentenbarwerts tritt dann der Barwert der Raten.[68]

Schließlich besteht das Wahlrecht auch bei der Veräußerung gegen eine Zeit- **2658** rente mit einer langen, nicht mehr überschaubaren Laufzeit, wenn sie auch mit dem Nebenzweck vereinbart ist, dem Veräußerer langfristig eine zusätzliche Versorgung zu schaffen.[69]

Ergänzend ist darauf hinzuweisen, dass im Falle der Veräußerung eines Mitun- **2659** ternehmeranteils gegen wiederkehrende Bezüge das Hauptproblem des Veräußerers in der Absicherung der Renten- bzw. Ratenzahlungen gegen eine **Insolvenz** des Erwerbers liegt. Daher sollten die Beteiligten auf eine solche Absicherung besonderen Wert legen.

b) Steuerfolgen für Kapitalgesellschaften

Die Veräußerung eines Mitunternehmeranteils durch eine Kapitalgesellschaft **2660** richtet sich ebenfalls nach § 16 EStG. Grundsätzlich kann daher auf die vorstehenden Ausführungen zu der Veräußerung von Mitunternehmeranteilen durch eine natürliche Person verwiesen werden.

Allerdings ist die Freibetragsregelung nicht anzuwenden, weil sie eine perso- **2661** nenbezogene Vorschrift ist, die nur für natürliche Personen gilt.[70] Dasselbe gilt für die hälftige Besteuerung des Veräußerungsgewinns nach § 34 Abs. 2 EStG. Auch diese Regelung ist personenbezogen und findet für Kapitalgesellschaften keine Anwendung.

Ein Gewinn aus der Veräußerung einer Beteiligung an einer Personengesellschaft **2662** unterliegt auf Ebene der veräußernden Kapitalgesellschaft der Körperschaftsteuer (Steuersatz 2002: 25%; Steuersatz 2003: 26,5%) sowie dem Solidaritätszuschlag auf die Körperschaftsteuer. Zudem unterliegt der Veräußerungsgewinn seit 01.01.2002 auch der Gewerbesteuer (§ 7 Satz 2 Nr. 2 GewStG).

Beispiel:

Die A-AG veräußert ihren gesamten Mitunternehmeranteil an der X-KG zu einem Veräußerungspreis von € 100.000 (Buchwert € 25.000). Bei der Veräußerung entstehen Kosten in Höhe von € 1.000.

---

68 H 139 Abs. 11 EStH (Ratenzahlungen).
69 H 139 Abs. 11 EStH (Zeitrente).
70 Schmidt, EStG, 21. Auflage 2002, § 16, Rn. 579.

Der Veräußerungsgewinn ermittelt sich wie folgt:

Veräußerungspreis:	€	100.000
./. Veräußerungskosten	€	1.000
./. Buchwert Kapitalkonto	€	25.000
Veräußerungsgewinn	€	74.000
darauf Gewerbesteuer[71]	./. €	12.950
Gewinn nach Gewerbesteuer	€	61.050
darauf 25% Körperschaftsteuer	./. €	15.262
zzgl. 5,5% SoliZ auf KSt	./. €	839
Veräußerungsgewinn nach Steuern	€	44.949

4. Veräußerung von Betriebsvermögen (Asset Deal)

a) Interessenslage

2663 Im Gegensatz zu dem Verkauf von Anteilen an Kapitalgesellschaften im Wege der Gesamtrechtsnachfolge (share deal) können die Wirtschaftsgüter auch einzeln übertragen werden (asset deal). Vertragspartner als Verkäufer ist hierbei das operative Unternehmen selbst und nicht seine Anteilseigner. Bei ihm entsteht auch ein etwaiger Veräußerungsgewinn, der anschließend an die Gesellschafter ausgeschüttet werden kann. Eine Übertragung im Wege des asset deals entspricht regelmäßig den Interessen des Erwerbers, der den gezahlten Kaufpreis in den Folgejahren aufwandswirksam (im Wege der Abschreibung) geltend machen möchte. Deshalb strebt er die Übernahme der einzelnen Wirtschaftsgüter an. Für die Gesellschafter eines Unternehmens wird hierbei oft als störend empfunden, dass sie auf der „leeren Hülle" des veräußernden Unternehmens sitzen bleiben und dieses – mangels anderweitiger Verwendung – noch abwickeln müssen.

2664 Demgegenüber scheidet im Falle des share deals von Anteilen an Kapitalgesellschaften für den Erwerber eine laufende Abschreibung auf die Anteile aus, weil es sich um den Erwerb nicht abnutzbarer Wirtschaftsgüter handelt.[72] Aus steuerlicher Sicht ist es daher für den Erwerber regelmäßig günstiger, die den Betrieb der Kapitalgesellschaft repräsentierenden Wirtschaftsgüter im Wege der Einzelrechtsnachfolge zu übernehmen. In einem solchen Fall entstehen unmittelbar abschreibbare Anschaffungskosten für die erworbenen materiellen und immateriellen Wirtschaftsgüter einschließlich eines Firmenwertes. Der steuerlich beratene Erwerber, der Anteile an Kapitalgesellschaften im Wege des share deals erwirbt, wird daher zumindest einen Teil der bei ihm eintretenden Steuernachteile im Verhandlungsweg quasi „vom Kaufpreis abziehen".

---

71 Gewerbesteuerhebesatz 420 v. H. des Messbetrags (5% von 74.000), davon 5/6 dies entspricht rd. 18% des Veräußerungsgewinns vor Gewerbesteuer..

72 Beim Erwerb von Anteilen an Personengesellschaften ist der Kaufpreis in Ergänzungsbilanzen den anteilig erworbenen Wirtschaftsgütern zuzuordnen. Über die Abschreibungen in den Ergänzungsbilanzen erhält der Erwerber eine Steuerminderung.

b) Steuerliche Folgen beim Veräußerer

Ein asset deal beinhaltet den Verkauf von Einzelwirtschaftsgütern (Aktive und **2665** ggf. Passiva). Ein Veräußerungsgewinn entsteht dabei, so weit der vereinbarte Kaufpreis den Buchwert der übertragenden Wirtschaftgüter übersteigt.

Für das veräußernde Unternehmen stellt sich dies wie ein laufender Geschäfts- **2666** vorfall dar, der im Rahmen der Buchhaltung zu erfassen ist. Ein etwaiger Ver- äußerungsgewinn unterliegt damit der normalen Ertragsbesteuerung. Bei veräu- ßernden Kapitalgesellschaften sind dies auf der Ebene der Kapitalgesellschaft die Körperschaft- und Gewerbesteuer. Für Zwecke der Gewerbesteuer gehört der Gewinn aus der Veräußerung von Mitunternehmeranteilen nach neuer Rechtslage ebenfalls zum Gewerbeertrag.[73]

Im Falle einer Personengesellschaft wird der Gewinn auf der Ebene der Gesell- **2667** schaft ermittelt und sodann im Rahmen der einheitlichen und gesonderten Ge- winnfeststellung den Gesellschaftern zugewiesen. Die Gesellschafter haben den auf sie entfallenden Gewinn im Rahmen ihrer persönlichen Einkommenssteuer zu versteuern. Allerdings ist eine Personengesellschaft für Zwecke der Gewer- besteuer selbstständiges Besteuerungsobjekt. Der Gewinn infolge der Veräuße- rung eines Mitunternehmeranteils durch eine Personengesellschaft gehört eben- falls zum Gewerbeertrag.[74]

> **Hinweis:**
> In jedem Fall beinhaltet eine Flexibilität beim Veräußerer hinsichtlich der Frage as- set deal oder share deal einen Verhandlungsspielraum hinsichtlich des zu erzielen- den Kaufpreises der von beiden Seiten genutzt werden kann.[75]

VII. Fördermittel

Ein Unternehmensverkauf hat oftmals auch erhebliche Auswirkungen auf den **2668** Bereich der Fördermittel. Für alle zukünftigen Gestaltungen ist stets die Frage nach den Auswirkungen auf die vom Zielunternehmen übernommenen Ver- pflichtungen im Zusammenhang mit dem Erhalt von Fördermitteln zu prüfen. Der Bereich Fördermittel wird dabei oftmals im Bereich TAX oder LEGAL be- handelt, weil i.d.R. die Investitionszulage oder Haftungsfragen Themenschwer- punkte sind.

---

73 § 7 Satz 2 Nr. 2 GewStG; insoweit ist Abschnitt 39 Abs. 1 Nr. 1 Sätze 8–12 GewStR überholt; zur Veräußerung von Mitunternehmeranteilen und gewerbesteuerlichen Fragen vgl. auch Behrens/Schmitt, BB 2002, 860ff.
74 Vgl. Wortlaut des § 7 Nr. 2 Satz 2 GewStG a.E: „Zum Gewerbeertrag gehört auch der Gewinn … soweit er nicht auf eine natürliche Person als **unmittelbar beteiligter Mitunternehmer ent- fällt.**"
75 Vgl. auch Elser, Asset deal versus share deal – Steuerlicher Vorteilhaftigkeitsvergleich und Preiswirkungen in DStR 42/2002, Seite 1827ff.

2669 Als vorweggenommenes Ergebnis kann festgehalten werden, dass bereits geringe Verstöße – auch formeller Art – ausreichen können um ggf. erhebliche Rückforderungsansprüche der Förderinstitute oder (im Falle der Investitionszulage) der Finanzämter zu begründen. Es ist deshalb im Rahmen dieses Buches nicht möglich für alle Förderprogramme, Fördervoraussetzungen und denkbaren Problemalternativen Lösungsmöglichkeiten theoretisch zu diskutieren. Es sollte vielmehr deutlich werden, dass es stets einer individuellen Überprüfung der Materie und einer frühzeitigen Kontaktaufnahme zum Förderinstitut bedarf, wenn sich Probleme bei der Erfüllung der Fördervoraussetzungen ergeben.

2670 In der Folge werden zur Veranschaulichung die Themenschwerpunkte GA-Förderung und Investitionszulage dargestellt, die in der Beratungspraxis der vergangenen Jahre immer wieder thematisiert werden mussten.

1. GA-Zuschüsse

2671 Aus den Förderrichtlinien, dem vorliegenden Zuwendungsbescheid (nebst Folgebescheiden), dem Finanzierungsplan sowie besonderen Nebenbestimmungen ist regelmäßig zu entnehmen unter welchen Voraussetzungen und in welcher Höhe GA-Zuschüsse bewilligt worden sind.

2672 Grundsätzlich ist festzustellen, dass der Zuwendungsbescheid vorbehaltlich weniger Ausnahmen (vgl. TZ. 4.2 und 4.3 GA-Rahmenplan), wie z. B.

- bei der Verfehlung bestimmter Arbeitsplatzziele oder
- bei geringfügigem Unterschreiten des erforderlichen Investitionsbetrages

vom Förderinstitut immer dann widerrufen werden kann, wenn dem Zuwendungsbescheid zu Grunde liegende Fördervoraussetzungen nach Abschluss des Investitionsvorhabens oder der betrieblichen Maßnahme nicht mehr erfüllt sind. Deshalb ist stets zu bedenken, dass die Förderbedingungen des Zielunternehmens stets auch nach einem TRADE SALE weiter einzuhalten sind. Dies können z. B. sein:

- die geförderte Betriebsstätte muss mindestens 5 Jahre über das Ende des Investitionszeitraumes hinaus betrieben werden,
- die geförderten Wirtschaftsgüter müssen bis zu 5 Jahre nach Abschluss des Vorhabens in der geförderten Betriebsstätte verbleiben, es sei denn, sie werden durch gleich- oder höherwertige Wirtschaftsgüter ersetzt,
- innerhalb der Zweckbindungsfrist dürfen die Wirtschaftsgüter grundsätzlich nicht vermietet werden. Ausnahmen diesbezüglich sind ggf. nur für den Fall einer steuerlich anerkannten Betriebsaufspaltung, Mitunternehmer- oder Organschaft zugelassen,
- bei einer Veräußerung oder Vermietung der geförderten Wirtschaftsgüter innerhalb der o. g. Zweckbindungsfrist ist das Unternehmen verpflichtet, dem Förderinstitut dies umgehend mitzuteilen,
- die Besetzung der nach Zuwendungsbescheid zu schaffenden Arbeits- und Ausbildungsplätze ist für einen Zeitraum von z. B. fünf Jahren durchgängig

zu gewährleisten (der Überwachungszeitraum kann hier auf bis zu acht Jahre verlängert werden, wenn die neugeschaffenen Dauerarbeitsplätze z.B. nur drei Jahre ununterbrochen zur Verfügung gestellt werden können).

Werden die Förderverpflichtungen nicht eingehalten, so kann das Förderinstitut **2673** die gezahlten Zuschüsse (ggf. anteilig) zurückfordern. Die Erfahrung zeigt aber auch, dass die Förderinstitute bereit sind, gewährte Fördermittel nicht zurückzufordern, wenn die Ziele der Förderung (hier: Stärkung der Wettbewerbs- und Anpassungsfähigkeit der Wirtschaft und Schaffung neuer oder Sicherung bestehender Arbeitsplätze) weiterhin gesichert bleiben. Sollten deshalb auch nach einem TRADE SALE die Ziele der Förderung grundsätzlich weiter erfüllt werden können, ist es i.d.R. möglich (oftmals Ermessensentscheidung des Förderinstituts), die Förderung nicht zurückzahlen zu müssen.

In diesem Zusammenhang ist auch kurz auf mögliche Haftungsaspekte hinzu- **2674** weisen. Aufgrund von Nebenbestimmungen, z.B. den Allgemeinen Nebenbestimmungen für Zuwendungen zur Projektförderungen (ANBest-P) ist regelmäßig zu prüfen, ob die Altgesellschafter der Gesellschaft ggf. eine (gesamtschuldnerische) Haftung für mögliche Erstattungs- und Verzinsungsansprüche des Förderinstitutes übernommen haben. Auch zur Klärung dieser Frage ist ggf. vor Beginn einer Umstrukturierung Kontakt mit dem Förderinstitut aufzunehmen.

2. Investitionszulagen

Auch für erhaltene Investitionszulagen ist stets sicherzustellen, dass die Zuge- **2675** hörigkeits-, Verbleibens-, Nutzungs- und weiteren Voraussetzungen gemäß § 2 Abs. 1 InvZulG 1999 für die mit den Zulagen angeschafften Wirtschaftsgüter für mindestens 5 Jahre nach Anschaffung oder Herstellung der Wirtschaftsgüter sichergestellt sind. Sofern die Investitionen vor dem 01. Januar 2000 getätigt wurden, besteht eine nur dreijährige Bindefrist.

Die angeschafften Wirtschaftsgüter müssen während der o.g. Fristen **2676**

- zum Anlagevermögen eines Betriebs oder einer Betriebsstätte im Fördergebiet gehören,
- in einer Betriebsstätte im Fördergebiet verbleiben,
- in jedem Jahr zu nicht mehr als 10% privat genutzt werden,
- in einem Betrieb der sog. begünstigten Wirtschaftszweige verbleiben und dürfen nicht in einen sensiblen Sektor gelangen.

Hinsichtlich der Investitionszulage ist die Veräußerung oder Nutzungsüberlas- **2677** sung eines Wirtschaftsgutes unschädlich, solange das jeweilige Wirtschaftsgut zum Anlagevermögen irgendeiner Betriebsstätte im Fördergebiet gehört und in einer Betriebsstätte der begünstigten Wirtschaftszweige im Fördergebiet verbleibt. Der Erwerber tritt in diesem Fall in die Rechtsstellung des Antragstellers ein und übernimmt insoweit dessen Rechte und Pflichten.

Fallen die Voraussetzungen für die Gewährung von Investitionszulagen bei **2678** einem Wirtschaftsgut weg, so ist dies durch die Geschäftsführung anzuzeigen.

In diesem Fall ist der Investitionszulagenbescheid insoweit aufzuheben oder zu Ungunsten des Unternehmen zu ändern. Außerdem ist die Investitionszulage innerhalb eines Monats nach Bekanntgabe des Bescheides zurückzuzahlen.

2679 Zu beachten ist außerdem, dass der Rückforderungsanspruch zu verzinsen ist und der Zinslauf am Tage des Wegfalls der Anspruchsvoraussetzungen beginnt. Der Zins beträgt für jeden vollen Monat 0,5 v. H. des Rückforderungsbetrages.

2680 Es ist deshalb sicherzustellen, dass die Zugehörigkeits-, Verbleibens-, Nutzungs- und weiteren Voraussetzungen gemäß § 2 Abs. 1 InvZulG 1999 auch nach einem TRADE SALE weiter erfüllt werden.

2681 Der Erwerber wird die Erfüllung der o.g. Voraussetzungen erfahrungsgemäß regelmäßig notariell zusichern und sich im Fall der Nichterfüllung zu entsprechendem Schadensersatz verpflichten müssen.

C. Börsengang

Literaturauswahl:

Jakob, E., Initial Public Offerings, Wiesbaden 1998; Koch, W./Wegmann, J., Praktiker-Handbuch Börseneinführung, 2. Auflage, Stuttgart 2000; Korts, P./Korts, S., Der Weg zur börsennotierten Aktiengesellschaft, Wiesbaden 2001.

I. Motive für den Börsengang

In den Jahren 1998 bis 2000 waren Börsengänge (im Folgenden auch synonym **2682** „Neuemissionen", „Initial Public Offerings" oder „IPOs") eine äußerst ergiebige Finanzierungsquelle. Der 1997 ins Leben gerufene Neue Markt entwickelte sich binnen kürzester Zeit zum von Emittenten und Investoren bevorzugten Marktsegment für Neuemissionen in Deutschland. Insbesondere junge Unternehmen in relativ frühen Entwicklungsstadien wurden von dem attraktiven Bewertungsniveau angezogen und konnten sich zu konkurrenzlos günstigen Konditionen mit Eigenkapital versorgen.

Mitte des Jahres 2000 kam die Neuemissionswelle abrupt zum Stillstand. Aus **2683** Sicht der Investoren erwiesen sich viele der bislang emittierten und immer noch angebotenen Aktien als qualitativ unbefriedigend und überteuert. Aus Emittentensicht ging ab diesem Zeitpunkt das Bewertungsniveau deutlich zurück, während sich die qualitativen Standards der Financial Community seither stetig erhöhten.

Im Herbst 2002 reagierte die Deutsche Börse AG auf den fortdauernden Reputationsverlust des Neuen Marktes und nahm eine neue Segmentierung des Börsenhandels vor. Seit dem Jahr 2003 gibt es an der Frankfurter Wertpapierbörse nur noch drei Marktsegmente: den General Standard, den Prime Standard und den Freiverkehr.

- **General Standard**: Im Segment General Standard müssen Unternehmen die gesetzlichen Mindestanforderungen des amtlichen Marktes oder des Geregelten Marktes erfüllen. Die formalen Voraussetzungen werden im Einzelnen in Kapitel C.IX. erläutert.

- **Prime Standard**: Im Segment Prime Standard müssen Unternehmen über die gesetzlichen Mindestanforderungen hinaus hohe internationale Transparenzanforderungen erfüllen. Die materiell wichtigsten Elemente der privatrechtlichen Regelwerke für den Neuen Markt und den SMAX wurden in die Börsenordnung[1] übernommen (im Wesentlichen: internationale Abschlüsse gemäß FRS oder US-GAAP, englische Sprache, Quartalsberichterstattung, Analystenveranstaltungen). Im Einzelnen werden die formalen Voraussetzungen in Kapitel C.IX. erläutert. Der Prime Standard hat die Segmente Neuer Markt und SMAX faktisch abgelöst.

---

[1] Deutsche Börse AG: Börsenordnung für die Frankfurter Wertpapierbörse, Stand 01.01.2003.

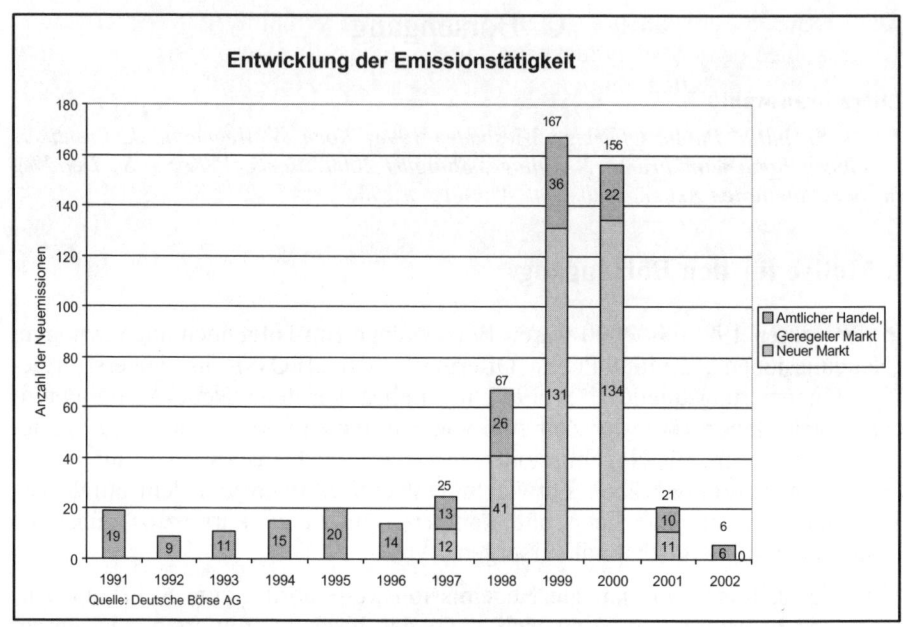

Abbildung 48: Entwicklung der Emissionstätigkeit

- **Freiverkehr**: Der Freiverkehr weist die geringste Regelungsdichte auf. Die Zulassung ist damit relativ einfach zu erlangen. Andererseits ist der Nutzen für kapitalsuchende Emittenten wegen der geringen Akzeptanz der Anleger gering.

2685 Für Emittenten, welche die kodifizierten und nicht kodifizierten Anforderungen erfüllen, und damit die Interessen der Investoren treffen, ist der Prime Standard das Marktsegment mit der höchsten Liquidität und Ergiebigkeit. Durch einen erfolgreichen Börsengang können sich die Emittenten eine beinahe unerschöpfliche Finanzierungsquelle und die Alteigentümer, das heißt die Gründer und Finanzinvestoren, einen aufnahmefähigen und attraktiven Exit-Kanal erschließen.

2686 Mit dem Börsengang beginnt für das Unternehmen eine neue Ära. Das Unternehmen erhält einerseits neue Mittel in bislang nicht gekannter Dimension, welche einen neuerlichen Wachstumsschub ermöglichen, und öffnet sich andererseits einem breiten Anlegerpublikum, erfährt also eine Erweiterung des Eigentümerkreises.

2687 Von diesen Veränderungen sind mehrere Parteien betroffen und haben daher Interesse an einem Börsengang (oder eben an der Verfolgung einer anderen Alternative):

- Eigentümer (Gründer und VCs)
- Management
- Mitarbeiter
- Kreditgeber

656　　　　　　　　　　　*Brandl*

Die Motive der einzelnen Parteien spiegeln deren Verhältnis zum Unternehmen **2689** (Shareholder oder Stakeholder) und ihre individuelle Ausgangsposition wider. Die **Gründe für einen Börsengang** sind daher vielschichtig:

- **Zusätzliches Eigenkapital**: Das primäre Motiv ist wohl bei jeder Überlegung zum Börsengang die Beschaffung weiteren Eigenkapitals. Mit den neuen Mitteln kann eine ausreichende Kapitalbasis geschaffen werden, um das weitere Unternehmenswachstum finanziell abzusichern. Dadurch kann letztlich auch die Wettbewerbsposition des Unternehmens langfristig gestärkt werden.

  Beispiel:

  Hermann H., der geniale Kochtüftler aus dem ersten Teil (Kapitel D.I) hatte inzwischen mit der IsoGar GmbH durchschlagenden Erfolg. Nachdem er auf dem Gebiet der Mikrowellenöfen zu den Top-Anbietern in Westeuropa aufgestiegen war, übernahm er den kleinen Bereich „Kochen/Gastronomie" von einem Hersteller von weißer Ware und zählt nun zu den führenden Anbietern von elektrischen Öfen für die Gastronomie (Mikrowellengeräte, Induktionsherde, elektrische Backöfen, Fritteusen) in Westeuropa.

  Er macht mit über 100 Mitarbeitern etwa € 50 Mio. Umsatz, gute Gewinne (EBIT € 15 Mio., JÜ € 10 Mio.) und auch der Cash Flow ist positiv (€ 4 Mio.).

  Hermann überlegt, sein Absatzgebiet nach Nordamerika und Asien auszudehnen. Neben Vertriebsorganisationen will er dort auch Produktionsstätten aufbauen. Der Umsatz soll sich auf Sicht der nächsten drei Jahre verdoppeln. Hierfür benötigt er weitere € 30 Mio. für Investitionen, Working Capital und erwartete Anlaufverluste.

- **Akquisitionswährung**: Durch die mit dem Börsengang einhergehende Börsennotierung kann der (Markt-)Wert des Unternehmens jederzeit einfach bestimmt werden. Dadurch und durch die Fungibilität der Anteile werden Aktien zur gerne akzeptierten Tauschwährung bei Übernahmen. Unter bestimmten Konstellationen kann somit durch einen Börsengang die vorhandene Liquidität des Unternehmens geschont werden.

  Hermann erfährt, dass ein amerikanischer Hersteller von Elektroöfen für die Gastronomie zum Verkauf steht. Das Unternehmen ist etwa halb so groß wie IsoGar (EBIT € 8 Mio.) und soll rund € 40 Mio. kosten. Diesen Betrag kann Hermann weder vor noch nach einem IPO der IsoGar in bar aufbringen. Jedoch besteht berechtigte Hoffnung, dass im Falle eines IPOs ein Aktientausch (Kapitalerhöhung gegen Sacheinlage) akzeptiert würde. Der Verkäufer würde Miteigentümer der (nach Übernahme) entsprechend größeren IsoGar. Seitens der IsoGar selbst oder Hermanns würde kein Geld fließen. Falls der Verkäufer Bares wünscht, kann er die IsoGar-Aktien später über die Börse verkaufen.

- **Bonität und Rating**: Die größere Haftungsmasse bzw. die höhere Eigenkapitalquote schlägt sich unmittelbar in einer gesteigerten Bonität und damit einem besseren Rating bei kreditgebenden Banken nieder. In manchen Fällen mag dies Voraussetzung sein, um überhaupt in nennenswertem Umfang Fremdkapital zur Verfügung gestellt zu bekommen, in allen anderen Fällen werden sich daraus zumindest Kostenvorteile bei der Fremdkapitalaufnahme noch
2689 ergeben. Die Eigenkapitalquote ist bei allen Ratingsystemen, welche den Anforderungen von Basel II entsprechen, der Faktor mit dem größten Einfluss. Bei bereits bestehenden Verbindlichkeiten wird die Abhängigkeit von den derzeitigen Fremdkapitalgebern deutlich vermindert: Zum einen können in hohem Umfang Verbindlichkeiten abgebaut werden, zum anderen wird es nun wesentlich einfacher, die Kreditgeber zu wechseln.

- **Zugang zum Kapitalmarkt**: Wichtiger als der einmalige Zufluss neuer Mittel aus dem Börsengang ist für die langfristige Entwicklung eines Unternehmens der Zugang zum Kapitalmarkt als dauerhafte Finanzierungsquelle. Unternehmen, welche seit mehreren Jahrzehnten börsennotiert sind, haben in aller Regel über spätere Kapitalerhöhungen ein Vielfaches der Mittel eingeworben, welche sie beim IPO erhielten. In vielen Fällen floss dem Unternehmen mit jeder einzelnen Kapitalerhöhung mehr Kapital zu, als beim ursprünglichen Börsengang. Hinzu kommt, dass ein über mehrere Jahre erworbenes Standing am Kapitalmarkt auch genutzt werden kann, um andere Finanzierungsinstrumente zu platzieren. Dies betrifft in erster Linie Schuldverschreibungen und Anleihen, welche im Zuge der wesentlich restriktiveren und teureren Kreditvergabe durch Banken (Basel II) als attraktive Alternative an Bedeutung gewinnen. Auch weitere Kapitalmarktinstrumente wie Wandelschuldverschreibungen, Optionsanleihen oder Genussscheine sind für börsennotierte Emittenten wesentlich einfacher zu platzieren.

> Hermann befürchtet, dass bei einer Bezahlung der neuen US-Beteiligung in Aktien der Verwässerungseffekt zu hoch ausfällt. Daher überlegt er, alternativ eine Kapitalerhöhung durchzuführen, um die Tochter gegen eine Barzahlung zu erwerben.

- **Exit**: Neben der Finanzierung des Unternehmens ist in den meisten Fällen der mögliche Exit für die Altgesellschafter ein wichtiger Grund für den Gang an die Börse. Das betrifft sowohl Venture Capitalisten, deren Geschäftsmodell darauf aufbaut, sich nach einer Reifephase von den Beteiligungen zu trennen, als auch die Gründungsgesellschafter. Die Gründer haben oft den größten Teil ihres Vermögens in der Beteiligung am eigenen Unternehmen gebunden. Über die Börse haben sie nun erstmals Gelegenheit, Anteile zu verkaufen. Das eröffnet ihnen die Möglichkeit, bei der Anlage ihres Vermögens zu diversifizieren.

- **Unternehmerische Unabhängigkeit**: Die Notwendigkeit der Venture Capitalisten, Anteile aus ihrem Beteiligungsportfolio zu veräußern einerseits, sowie die Finanzierungserfordernisse des Unternehmens andererseits machen die Aufnahme neuer Gesellschafter unvermeidlich. Durch einen Börsengang kann auch die somit andernfalls erforderliche Aufnahme eines unternehmerischen Partners (oft ein Konkurrent, siehe Kapitel B.) vermieden werden. Dies sichert den Gründern die unternehmerische Unabhängigkeit und weitere Freiheitsgrade.

- **Motivation und Bindung von Management und Mitarbeitern**: Der Börsengang eröffnet die Chance, die Bindung von Management und Mitarbeitern an das Unternehmen zu verbessern. Grundsätzlich weisen börsennotierte Unternehmen bei qualifizierten Führungskräften eine höhere Attraktivität auf. Das liegt neben dem höheren Bekanntheitsgrad an den Freiheiten, welche das Management genießt. Schon formal ist der Vorstand einer Aktiengesellschaft in seinen Entscheidungen unabhängiger (da primär der Gesellschaft und nicht den Gesellschaftern verpflichtet). Hinzu kommt, dass auch die Entscheidungen der Eigentümer weniger von den Interessen einzelner geprägt sind, als bei den meisten Gesellschaften in Familienbesitz.

- **Mitarbeiterbeteiligungen**: Durch die Umwandlung in eine Aktiengesellschaft und die Zulassung der Aktien an der Börse als öffentlichem Handelsplatz wird die Fungibilität der Unternehmensanteile deutlich erhöht. Somit wird es einfacher, das Management und die Arbeitnehmer am Unternehmen zu beteiligen. Die Beteiligung kann direkt über Mitarbeiteraktien oder über Aktienoptionsprogramme ausgestaltet werden (siehe auch zweiter Teil, Kapitel I.). Voraussetzung für die erwünschten positiven Effekte auf die Motivation der Begünstigten ist allerdings in jedem Fall die erfolgreiche Performance der Aktie an der Börse.

- **Nachfolgeregelung**: Der Börsengang kann ein wichtiger Baustein für eine Unternehmensnachfolge in Familienunternehmen sein. Er erleichtert die Suche nach externen Managern, um die Trennung von Eigentum und Unternehmensführung zu vollziehen. Durch die frühzeitige und geordnete Übergabe der Leitung an externe Manager wird beim späteren Erbfall die Unternehmenskontinuität gewahrt und eine Wertvernichtung vermieden. Die Übergabe sollte allerdings bereits frühzeitig vor dem Börsengang erfolgen, keinesfalls im engen zeitlichen Umfeld oder gar danach (siehe auch Kapitel III. „Börsenreife"). Das IPO ist in diesem Sinne kein Mittel für eine Nachfolgeregelung, kann jedoch die Konstruktion einer dauerhaften Lösung vereinfachen.

Neben den oben geschilderten direkten Effekten, die überwiegend aus der Handelbarkeit der Anteile und der Finanzierungswirkung resultieren, sind bei erfolgreichen Börsengängen Sekundäreffekte zu beobachten. Mit einem Börsengang und der daraus folgenden regelmäßigen Berichterstattung in der (Wirtschafts-)Presse geht eine Steigerung des Bekanntheitsgrades einher. Die positiven Publizitäts- und Imageeffekte schlagen sich, wenn auch oft nur latent, bei Gesprächen mit Kunden, Lieferanten oder Banken nieder, welche die Börsennotierung als Bonitätsmerkmal würdigen. **2690**

Im Einzelfall mag auch eine Reihe von gewichtigen **Gründen gegen einen Börsengang** sprechen. **2691**

- **Publizitätsanforderungen**: Die zwingend nötige Rechtsform der AG oder KGaA, das IPO und die nachfolgende Notierung bringen weit reichende Publizitätsanforderungen mit sich. Diese Anforderungen verursachen erheblichen finanziellen und zeitlichen Mehraufwand. Dass damit Dritten Einblick in einen wesentlichen Teil der persönlichen wirtschaftlichen Verhältnisse der Alteigentümer gewährt wird, ist vielen Unternehmern auch nicht angenehm. In manchen Fällen sind die Informationen, die entweder aus rechtlichen Gründen gegeben werden müssen, oder erforderlich sind, um Akzeptanz am Kapitalmarkt zu finden, geeignet, um dem Unternehmen operativ zu schaden. Beispielsweise kann das Bekanntwerden hoher Margen die Verhandlungsposition von Kunden und Lieferanten stärken oder bislang nur potenzielle Konkurrenten zum Vollzug des Markteintritts bewegen. Die Konkurrenten könnten in manchen Fällen auch hohes Interesse an den Strategien und Plänen haben, welche den Zeichnern bzw. Aktionären offen gelegt werden sollen oder müssen.

- **Verlust von unternehmerischem Einfluss**: Durch einen Börsengang geben die Alteigentümer stets einen Teil ihres unternehmerischen Einflusses an die neuen Aktionäre ab. Ob dies als belastend empfunden wird, hängt vom Einzelfall ab. Soweit der Einfluss etwa von VCs auf Streubesitz-Aktionäre übergeht, könnte dies aus der Sicht der Gründer eher positiv gesehen werden. Wenn vorher alle Anteile in Familienbesitz lagen, ist mit der Einbeziehung der Publikumsaktionäre in Entscheidungsprozesse eine Umstellung verbunden. Im (allerdings seltenen) Extremfall ist auch eine Paketbildung bei unerwünschten strategischen Investoren (beispielsweise Konkurrenten) möglich.

- **Erfolgsdruck**: Bislang waren die geschäftsführenden Gesellschafter nur sich selbst sowie gegebenenfalls einer überschaubaren Zahl von Familiengesellschaftern und VCs verpflichtet. Nun stehen sie unter dem Erfolgsdruck, den Erwartungen der Publikumsaktionäre bezüglich eines positiven Geschäftsverlaufs zu entsprechen. Die Erwartungshaltung wird wesentlich durch die veröffentlichten Ziele und Prognosen bestimmt. Sie kann daher gesteuert werden.
Je höher die Erwartung der Marktteilnehmer ist, umso höher ist der Wert, welchen sie der Gesellschaft beimessen und umso höher ist der Kurs der Aktie. Steigende Kurse (im Sekundärmarkt) erfordern ceteris paribus steigende bzw. letztlich übertroffene Erwartungen der Investoren. Aus dieser Konstellation ergeben sich unterschiedliche **Interessen der involvierten Parteien**:

  - **abgebende Finanzinvestoren**: Die Finanzinvestoren sind aufgrund ihres Geschäftsmodells bestrebt, für ihre abgegebenen Aktien einen möglichst hohen Preis zu erlösen. Soweit sie im Zuge des IPOs Aktien verkaufen, wünschen sie eine Maximierung des Ausgabekurses, was progressive Prognosen erfordert.

  - **Management**: Die Führungskräfte, allen voran der Vorstand, müssen sich gegenüber den künftigen Aktionären verantworten. Die neuen Eigentümer entscheiden (teils mittels des Aufsichtsrats) über Entlastungen, Vertragsverlängerungen und Vergütungen. Das oberste Interesse der neuen Aktionäre ist eine möglichst gute Sekundärmarktperformance. Diese ist am ehesten mit einem moderaten Emissionspreis und konservativen Prognosen zu realisieren.

  - **geschäftsführende Gesellschafter**: Die tätigen Gründer stehen zwischen den Finanzinvestoren und dem Management. Sie wollen auf der einen Seite für die Aktien, welche sie im Zuge des IPO abgeben, einen möglichst hohen Erlös realisieren und mit den verbliebenen Aktien nicht stärker als nötig verwässert werden (maximaler Emissionspreis), andererseits wollen sie (zumindest in der Theorie) die neuen Aktionäre partnerschaftlich behandeln und nicht schädigen (niedriger Emissionspreis). Die Gründer streben daher eine marktdurchschnittlich positive Sekundärmarktperformance an. Der Emissionspreis müsste hierfür fair bestimmt werden, was eine realistische Prognose erfordert.

Letztlich werden die Ziele im Zuge des Börsengangs überwiegend hoch gesteckt, um einen für die Altgesellschafter attraktiven Emissionspreis realisieren zu können. Im Mittel der Emissionen der letzten Jahre stellten sich die Prognosen als zu ambitioniert heraus. Eine für die neuen Aktionäre wenig erfreuliche Sekundärmarktperformance in den Jahren 2000 bis 2002 war die unmittelbare Folge.

- **Emissionskosten**: Ein sehr gewichtiges Argument gegen ein IPO sind die mit der Emission verbundenen Kosten. Es ist zu unterscheiden zwischen **offenen** und **verdeckten**, sowie zwischen **einmaligen** und **laufenden Kosten (Folgekosten)**.
  Einmalige Kosten: Die **einmaligen Kosten** entfallen auf die Vorbereitung sowie die Emission im engeren Sinn. Hierbei entstehen offene Kosten durch den Bezug von Leistungen Dritter sowie verdeckte Kosten durch die Bindung interner Ressourcen. Die offenen einmaligen Kosten fallen an für:
  – **Umwandlung** in die AG
  – **Beratung**: Steuer- und Rechtsberater, IPO-Berater, due diligence
  – **Marketing**: Konzeption der Kampagne, Printwerbung, Produktion und Ausstrahlung von Fernsehspots, Road Show mit one-on-ones, Analystenkonferenz(en) und Pressekonferenz
  – **Börseneinführungsprovision**: an das Bankenkonsortium für Erstellung Verkaufsprospekt und Börsenzulassungsprospekt, Stellung Zulassungsantrag, die Verhandlungsführung mit der Börse und die Übernahme der Prospekthaftung
  – **Platzierungsprovision**: an das Bankenkonsortium für Verkauf der Aktien, Haftung und Garantien
  – weitere **sachliche Kosten**: Druck und Versand der unvollständigen und vollständigen Verkaufs-/Börsenzulassungsprospekte, Veröffentlichung von Verkaufsangebot, Hinweisbekanntmachung, Nachtrag und weiterer Pflichtveröffentlichungen, Gebühren für Zulassung und Einführung der Aktien zum Handel und Ähnliches

Ein großer Teil der Kosten ist annähernd fix, verändert sich also kaum mit dem Volumen der Emission. Dies betrifft beispielsweise große Teile des Marketingbudgets, Veröffentlichungen, Prüfungskosten, Beraterhonorare und Verwaltungskosten der Banken, welche diese in ihrer (degressiven) Konditionengestaltung weitergeben. Daher liegen die **offenen Kosten** für ein IPO bei einem Emissionsvolumen von unter € 10 Mio. erfahrungsgemäß über 10 % des Volumens, sinken bei einem Volumen von € 50 Mio. auf etwa 6–8 % und können bei einem Volumen von € 500 Mio. bis auf etwa 5–6 % sinken.

Hinzu kommen **verdeckte** interne **Kosten**, die durch die Bindung von Management und Verwaltung, sowie bei etwas größeren Emissionen den Aufbau einer Stelle für Investor Relations anfallen. Bereits bei kleinen Emissionen ist davon auszugehen, dass ein Vorstandsmitglied mehrere Monate mit seiner gesamten Arbeitskraft durch das Projekt gebunden wird. Die internen Kosten fallen ebenfalls stark degressiv an. Als grobe Näherung kann etwa $1/4$ bis $1/2$ der oben ermittelten externen Kosten angenommen werden.

Beispiel:

Hermann H. kalkuliert gemeinsam mit seinem Berater die überschlägigen Kosten des Börsengangs unter der Annahme eines Emissionsvolumens von € 30 Mio.:

	EURO
Umwandlung	20.000
Beratung, Due Diligence	280.000
Marketing	550.000
Bankenprovision	1.500.000
sachliche Kosten	50.000
Gesamtkosten	2.400.000

Die Gesamtkosten betragen in diesem Fall etwa 8% des Emissionsvolumens.

Laufende Kosten (Folgekosten): Durch die laufende Börsenotierung fallen weitere interne und externe Folgekosten an. Diese entstehen für:

- **laufende Notierung**: Börse, Designated Sponsor; ab ca. € 50.000 p.a.
- **Prüfung**: von Jahres- und Zwischenabschlüssen ab ca. € 30.000 p.a.
- **Publizität**: Pflicht- und freiwillige Veröffentlichungen, Quartals- und Geschäftsberichte ab ca. € 40.000 p.a.
- **Investor Relations**: ab ca. € 50.000 p.a.
- **Veranstaltungen**: Hauptversammlungen, Analystenveranstaltungen und Pressekonferenzen; ab ca. € 30.000 p.a.

Die Folgekosten können sich somit bereits bei kleineren Unternehmen, welche die Corporate Governance (vgl. Kapitel VIII.2.) ernst nehmen, auf mehrere hunderttausend Euro jährlich belaufen

- **Emissionsrisiko**: Es gibt trotz sorgfältigster Vorbereitung niemals eine Garantie dafür, dass das IPO erfolgreich und im Rahmen der ursprünglichen Planungen abgeschlossen werden kann. Seit dem Jahr 2000 musste die überwiegende Zahl der Börsengänge nachgebessert (Anpassung der Strukturierung, einschließlich des Preises), verschoben (dann immer auch mit Anpassung der Strukturierung) oder abgesagt werden. Dadurch erhöhen sich (im Falle der Nachbesserung oder Verschiebung) zwangsläufig die Emissionskosten, denen oftmals (im Fall des Abbruchs) keinerlei Nutzen gegenübersteht.

Insgesamt bedarf es einer sehr sorgfältigen Abwägung, ob der Mittelzufluss, **2692** der Gewinn an unternehmerischer Freiheit und die gewonnene Reputation die Nachteile eines Börsengangs (Kosten, Performancedruck und Einblick für Dritte) aufwiegen, zumal die Entscheidung nur sehr schwer reversibel ist.

II. Prozessablauf, Planung und Steuerungsmöglichkeiten

1. Überblick

Der Börsengang ist als ein komplexes Projekt zu verstehen, das zweckmäßiger- **2693** weise in mehrere Phasen gegliedert wird. Ein Team aus Mitarbeitern und exter- nen Beratern führt das Unternehmen zunächst zur Börsenreife (Phase I), erar- beitet dann ein Grundkonzept und trifft die wesentlichen Vorbereitungen (Pha- se II), betreibt das Zulassungsverfahren und damit die eigentliche Durchfüh- rung (Phase III), die mit der Platzierung und Erstnotierung (Phase IV) ihren Höhepunkt und Abschluss findet. Damit beginnt das Leben an der Börse mit seinen neuen Spielregeln (Phase V). Die fünf Phasen werden in den folgenden Kapiteln eingehend erläutert.

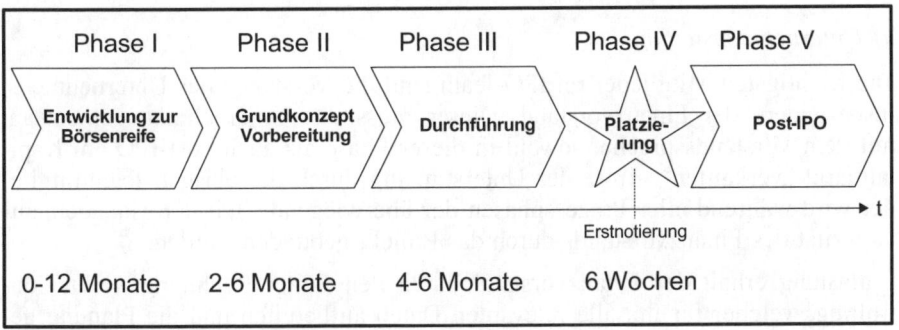

Abbildung 49: Börsengang: Phasen

Die Dauer des Projektes bis zum Abschluss der Platzierung liegt üblicherweise **2694** in einer Spanne von 9 bis 24 Monaten. Sie hängt sehr stark vom angestrebten Marktsegment und von der Ausgangssituation ab. Der größte Teil der Streuung entfällt auf die Entwicklung zur Börsenreife. Manche Unternehmen werden be- reits in Privathand so geführt, wie es für eine börsennotierte Gesellschaft ange- messen wäre, sodass ab dem Zeitpunkt, an dem entschieden wird, an die Börse zu gehen, keine strukturellen Veränderungen mehr erforderlich sind. In anderen Fällen kann es zweckmäßig (und auch kostensparend) sein, sich ein ganzes Jahr Zeit zu nehmen. Das gilt insbesondere, wenn erhebliche Anpassungen im Rechnungswesen erforderlich werden, oder die erste Führungsebene noch Lü- cken aufweist.

2. Team

2695 Die professionelle Durchführung eines erfolgreichen Börsengangs ist ein komplexes Projekt und erfordert sehr vielschichtige Kompetenzen. In dem **Projektteam**, welches gemeinsam den Börsengang zum Erfolg führt, sind all diese Kompetenzen vereint. Das breite Aufgabenspektrum bindet einen erheblichen Teil der Management- und Organisationskapazitäten des Unternehmens, während der normale Geschäftsbetrieb weitergehen und oftmals gerade im zeitlichen Umfeld des Börsengangs erheblich ausgebaut werden soll. Das Dilemma betrifft insbesondere den Vorstand und den Leiter Finanzen (Rechnungswesen, Controlling, Planung). Zudem ist in der Regel die erforderliche spezielle Expertise aufgrund des Neuigkeitscharakters des IPOs nur in begrenztem Maße im Unternehmen verfügbar.

2696 Vor diesem Hintergrund und den enormen Belastungen, die aus Fehlentwicklungen in diesem sensiblen Stadium resultieren können, ist es zweckmäßig, den Prozess des IPOs frühzeitig einem erfahrenen externen Projektmanagement zu übertragen. Der Projektmanager wird gemeinsam mit einem in unternehmerischen, steuerlichen, rechtlichen und kapitalmarktrelevanten Fragen versierten Team den Börsenkandidaten erfolgreich durch den IPO-Prozess begleiten.[2]

a) Unternehmensleitung

2697 Die wichtigsten Mitglieder im IPO-Team sind die Vorstände des Unternehmens, insbesondere der Finanzvorstand. Dieser muss das Unternehmen gemeinsam mit dem Vorstandssprecher sowohl in dieser Phase als auch post-IPO am Kapitalmarkt „verkaufen". Trotz der Unterstützung durch die übrigen Teammitglieder wird während aller Prozessphasen der überwiegende Teil der Managementkapazität des Finanzvorstands durch das Projekt gebunden werden.

2698 Entlastung erhält der Finanzvorstand durch den Leiter Rechnungswesen/Controlling, welcher für ihn alle relevanten Daten aufbereiten und die Planung gemeinsam mit ihm erstellen und pflegen wird.

b) Emissionsberater

2699 Der Emissionsberater ist die erste Anlaufstelle für ein Unternehmen auf dem Weg an die Börse. Er ist der **Projektleiter** für das Unterfangen „Börsengang" und seine Aufgabe besteht darin, den gesamten Prozess des IPOs von der Entwicklung zur Börsenreife bis über die Erstnotierung hinaus zu steuern. Er ist mit allen Facetten des Börsengangs vertraut und weiß, wer was wann in welcher Qualität zu leisten hat. Insbesondere kennt er die Interdependenzen zwischen den einzelnen Aufgaben und kann daher auch abschätzen, welche Folgen sich für den Gesamtprozess ergeben, wenn eine bestimmte Leistung nicht zum vorgesehenen Zeitpunkt oder nicht in der geforderten Qualität erbracht wird.

---

2 Vgl. Wieselhuber, N. in Dr. Wieselhuber & Partner (Hrsg.): Börseneinführung mit Erfolg, Wiesbaden 1996, S. 104 f.

Eine seiner ersten konkreten Aufgaben besteht darin, gemeinsam mit den Ei- **2700** gentümern die weiteren Mitglieder des **Projektteam**s zusammenzustellen. Hierbei ist erforderlich, dass er schon Erfahrungen mit einer Vielzahl von Akteuren der jeweiligen Profession gesammelt hat, um beurteilen zu können, wer im konkreten Fall am besten zum Unternehmen passt. Bei der Koordination und Überwachung der einzelnen Teilaufgaben achtet er stets auf die Kapitalmarktadäquanz bei der Ausführung. Konkret bedeutet das, dass einzelne Maßnahmen nicht nur „korrekt", sondern so durchgeführt werden müssen, dass sie ein Maximum an Zustimmung bei den aktiven Akteuren am Kapitalmarkt finden. Durch die Kapitalmarktadäquanz wird zusätzlicher Unternehmenswert geschaffen und der Emissionserlös erhöht.

Weitere Aufgaben sind die Beratung des Unternehmens im Hinblick auf die **2701** Entwicklung der Börsenreife und die **Positionierung des Unternehmens** gegenüber Marktteilnehmern und Intermediären, insbesondere den emissionsbegleitenden Banken. Letzteres geschieht durch Vorbereitung des Managements auf die Gespräche und die Unterstützung in den Gesprächen, etwa auch durch die Erstellung des Fact-Books.

Aufgrund seiner Verantwortung für den Projekterfolg und der Dauer seines Wir- **2702** kens kommt dem Emissionsberater eine Schlüsselfunktion zu. Die beiden wichtigsten **Kriterien zur Auswahl** des verantwortlichen Emissionsberaters sind seine Erfahrung in allen (!) Teilbereichen des Prozesses und seine Unabhängigkeit. Es muss gewährleistet sein, dass der Emissionsberater ausschließlich die Interessen der Eigentümer und des Unternehmens vertritt. Daneben gibt es, wie bei allen anderen Beratern, auch hier neben fachlicher Qualifikation eine „persönliche" Komponente, deren Bedeutung entsprechend der langen Dauer der Zusammenarbeit recht hoch ist. Der Arbeitsstil und die Wertschöpfung der Emissionsberater unterliegen erheblichen Streuungen, weshalb ein Vergleich dringend anzuraten ist.

c) Wirtschaftsprüfer

Die Wirtschaftsprüfer sind im Emissionsprozess in vielfältigen Funktionen für **2703** unterschiedliche Parteien tätig. Im Zuge der Gründung oder Umwandlung in eine Aktiengesellschaft nehmen sie die Gründungs- oder Umwandlungsprüfung vor. Bei der Entwicklung zur Börsenreife unterstützen sie beratend in Bezug auf

- die Einrichtung des **Rechnungswesen**s: Dieses muss in der Lage sein, binnen weniger Tage nach Quartalsende korrekt abgegrenzte Zwischenabschlüsse zu generieren.

- die Installation eines **Planungs- und Controlling**-Instrumentariums: Dieses liefert zeitnah aussagekräftige Soll-/Ist-Analysen. Wir empfehlen die frühzeitige Einrichtung (mehrere Planungsperioden vor dem IPO). Hierdurch erhöht sich die Planungssicherheit und die externe Akzeptanz der Planungsrechnung erheblich.

- die Installation eines **Internen Kontrollsystem**s (IKS). Das IKS gewährleistet Schutz vor Schäden durch Fehler und Fehlverhalten von Mitarbeitern

- die Installation eines **Risikofrüherkennungssystem**s zur frühzeitigen Identifizierung von Risiken und Fehlentwicklungen

- die Umstellung des Rechnungswesens auf **FRS** bzw. **US-GAAP**: Die frühzeitige Umstellung erspart zusätzlichen Aufwand durch Überleitungsrechnungen

- die Erstellung von vergleichbaren **(Als-ob-)Abschlüsse**n für Vorperioden

- Durchführung einer **„Pre-Due Diligence"** zur Aufdeckung von Schwachstellen vor dem IPO und Vorbereitung von Unternehmen und Management auf die Due Diligence der Konsortialbanken.

2704 Nicht zuletzt testieren sie die Jahresabschlüsse sowie gegebenenfalls im laufenden Geschäftsjahr des Börsengangs die vor dem IPO erstellten Zwischenabschlüsse.

2705 Aufgrund möglicher **Interessenskonflikte** werden im Zuge des IPO-Prozesses unterschiedliche Wirtschaftsprüfer eingeschaltet. So kann beispielsweise der Abschlussprüfer nicht die Due Diligence durchführen und ist, insbesondere bei dual listings (gleichzeitige Notierungsaufnahme an einem ausländischen Börsenplatz), oft auch an der Wahrnehmung von beratenden Tätigkeiten gehindert.[3]

2706 Im Hinblick auf die Kapitalmarktadäquanz sollten insbesondere die Ausgestaltung des Planungssystems (die Unternehmensbereiche müssen beispielsweise „analystengeeignet" abgegrenzt und bezeichnet werden, was manchmal nicht den historisch gewachsenen Strukturen entspricht) und die Ausübung bilanzieller Wahlrechte mit dem Projektleiter abgestimmt werden.

2707 Die Differenzierungsmerkmale, welche für die Wahl des Wirtschaftsprüfers bzw. der Wirtschaftsprüfungsgesellschaft ausschlaggebend sein sollten sind:

- **Reputation in der Finanzbranche**: Der Wirtschaftsprüfer garantiert die Qualität der Abschlüsse. Subjektiv ist der Wert der Garantie eng mit dem Bekanntheitsgrad verbunden. Seit dem Jahr 2001, als vermehrt Unregelmäßigkeiten bei großen börsennotierten Gesellschaften auftraten, ist die Sensitivität für die Verlässlichkeit von Prüfungstestaten gestiegen. Sofern die Aktien später im Primär- oder Sekundärmarkt ausländische Käufer finden sollen, sollte bereits bei der Wahl der Wirtschaftsprüfungsgesellschaft beachtet werden, dass deren Bekanntheitsgrad bis ins relevante Ausland reicht.

- **Erfahrung mit börsennotierten Mandaten**: Im Zuge eines Börsengangs wird von den Wirtschaftsprüfern ein sehr umfangreiches Leistungsspektrum mit hohem Beratungsanteil erbracht. Bei der überwiegenden Zahl der Leistungen ist zudem auf die Kapitalmarktadäquanz zu achten.

---

3 Dies gilt insbesondere für dual listings in den USA durch den Sarbanes-Oxley-Act, welcher die Möglichkeiten für einen Abschlussprüfer, bei derselben Gesellschaft auch beratend tätig zu werden, in sehr hohem Maße einschränkt. Hintergrund ist das Primat der Unabhängigkeit des Abschlussprüfers.

● **Erfahrung mit FRS und US-GAAP**: Die Entscheidung für eines der beiden Rechnungslegungssysteme ist zum Zeitpunkt der Wahl des Wirtschaftsprüfers manchmal noch nicht gefallen. Um in dieser Hinsicht objektiv beraten zu können, sollte der Wirtschaftsprüfer beide Systeme beherrschen. Der Emissionsberater gibt gerne Auskunft über die Kapitalmarktakzeptanz der Systeme per se und der sich ergebenden Wahlrechte.

● **Internationalität**: Sofern das Unternehmen bereits über ausländische Töchter verfügt oder ein Gang ins Ausland beabsichtigt ist, sollte der Wirtschaftsprüfer selbst oder über einen Verbund, welchem er angehört, vor Ort prüfen (und testieren) können. Anderenfalls ist die Einbindung weiterer Wirtschaftsprüfer erforderlich. Das Zusammenspiel mehrerer Prüfer verursacht zusätzliche Kosten und ist weder der Qualität noch der Akzeptanz des Ergebnisses dienlich, wie prominente Beispiele belegen.

Neben diesen Tätigkeiten für die Emittentin führen Wirtschaftsprüfer auch re-   **2708**
gelmäßig im Auftrag der Konsortialbanken die Due Diligence durch. Der Due Diligence-Prüfer wird von der konsortialführenden Bank in Abstimmung mit der Emittentin ausgewählt und ist aus Gründen der Unabhängigkeit niemals gleichzeitig für die Emittentin (z. B. als Abschlussprüfer) aktiv.

d) Steuerberater

im Zuge der Vorbereitung des IPOs treten regelmäßig drei Themenkreise auf,   **2709**
bei denen die Hinzuziehung eines Steuerberaters ratsam ist. Auf diese gehen wir im Wesentlichen auch im Kapitel XV. ein.

● **Umwandlung und Umstrukturierung der Gesellschaft**: Für eine Börsennotierung der (Mutter-)Gesellschaft selbst ist die Rechtsform der AG oder KGaA zwingend, was gegebenenfalls zumindest einen Formwechsel erfordert. Im Hinblick auf die Kapitalmarktadäquanz (Transparenz wird vergütet) sollten außerdem für den Börsengang einfache gesellschaftsrechtliche Strukturen geschaffen werden (siehe auch Kapitel C.III.1.b.). Dies zieht steuerlich relevante Fragestellungen nach sich.

● **Gestaltung der Beraterverträge**: Die Berater- und sonstigen Dienstleistungsverträge sollten so gestaltet werden, dass ein möglichst großer Teil der Honorare umsatz- und ertragsteuerlich abzugsfähig ist.

● **Veräußerung von Anteilen der Altgesellschafter**: Bei den meisten Börsengängen wollen die Altgesellschafter einen Teil des Emissionserlöses selbst vereinnahmen. Oft sind sie dazu faktisch gezwungen, da sie sich privat verschuldet haben, um der Gesellschaft Mittel für ihre Expansion zur Verfügung zu stellen. Durch eine geschickte Sachverhaltsgestaltung kann ein Teil der daraus resultierenden Steuerbelastung vermieden oder zeitlich verlagert werden. Vor dem Hintergrund der Kapitalmarktadäquanz ist jedoch nicht alles ratsam, was machbar ist.

Bei der Wahl des Steuerbraters ist das wesentliche Entscheidungskriterium die   **2710**
Erfahrung in steuerschonenden Umstrukturierungen. IPO- oder Kapitalmarkter-

fahrung sind nicht zwingend erforderlich: Aus steuerlicher Sicht können die Fragestellungen auch bei nicht börsennotierten Unternehmen auftreten und auf die Kapitalmarktadäquanz der Maßnahmen achtet der Emissionsberater.

2711 Von den Konsortialbanken werden Steuerberater regelmäßig im Zuge der Due Diligence (hier: Tax Due Diligence) herangezogen, um die steuerlichen Rahmenbedingungen (z. B. Fortbestand von Verlustvorträgen, steuerliche Risiken aus Einbringungen oder Verschmelzungen) zu prüfen.

e) Rechtsanwälte und Notare

2712 Hauptbetätigungsfelder der Juristen im Zusammenhang mit dem Börsengang sind:

- **Gesellschaftsrecht**: Die Umwandlung in eine AG oder KGaA und die Schaffung transparenter gesellschaftsrechtlicher Strukturen erfordern die Erstellung von neuen Satzung(en) und Verträgen.

- **Schuld- und Arbeitsrecht**: Die Entflechtung der Leistungsbeziehungen zwischen Alteigentümern und Gesellschaft erfordert oft Neuregelungen in erheblichem Umfang (Miet- und Arbeitsverhältnisse). Zudem sind Verträge von erheblicher Bedeutung mit den Banken und Finanzinvestoren zu schließen (Übernahmeverträge, Optionsverträge).

- **Prospekt**: Der Verkaufs- und Börsenzulassungsprospekt (oder Unternehmensbericht) wird vom Unternehmen gemeinsam mit der konsortialführenden Bank erstellt. Diese Dokumente begründen die Prospekthaftung und können daher enorme Tragweite haben. Es empfiehlt sich dringend, bei der Erstellung Juristen mit entsprechender Erfahrung hinzuzuziehen.

2713 Bei der Wahl der involvierten Juristen ist die Erfahrung mit Börsengängen wegen der teilweise speziellen Expertise ein wichtiges Kriterium. Die Kapitalmarktadäquanz des Ergebnisses ist erfahrungsgemäß nur durch das Zusammenspiel mit dem Emissionsberater sicherzustellen.

f) Kommunikationsagentur

2714 Die erfolgreiche Werbung für die „Ware Aktie" erfordert eine andere Qualifikation als jene für Konsumgüter. Eine Reihe von Kommunikationsagenturen ist auf Investor Relations (IR) und Finanzmarketing spezialisiert. Beim Finanzmarketing geht es in erster Linie darum, die für Anleger relevanten Informationen zielgruppenspezifisch zusammenzustellen und jeweils so aufzubereiten, dass sie über verschiedene Medien (Print, Rundfunk, Internet, Präsentationen) mit maximalem Aufmerksamkeitswert vermittelt werden können.

2715 Die **Aufgaben** der Kommunikationsagentur umfassen:

- Konzeption der Kampagne
- Produktion von Printmotiven, Imagebroschüre, Imagevideo (optional), Fernseh- und Hörfunkspots (optional), Buchung von Anzeigen und Werbezeiten

- Layout für Präsentationen und Gestaltung des Imageteils in den Präsentationen
- Produktion von Finanzpublikationen
- Vermittlung von Terminen (redaktionelle Beiträge in Presse und Rundfunk)
- Formulierung Pressemitteilungen
- Vorbereitung von Analystenveranstaltungen, Presseterminen und späteren Hauptversammlungen

Der Kommunikationsberater muss ein hohes Maß an Verständnis für das Geschäftsmodell des Unternehmens einerseits und die Funktionsweise des Kapitalmarktes andererseits entwickeln bzw. mitbringen. Er muss genau einschätzen können, welche Zielgruppe von Anlagern für eine Aktie in Frage kommt, und wie sie auf bestimmte Informationen reagiert.   **2716**

Die Differenzierungsmerkmale und damit die **Auswahlkriterien** für die IR-Agenturen sind: **2717**

- **analytisches Verständnis**: Es wird kein Konsumprodukt beworben, sondern komplexe ökonomische Sachverhalte vermittelt. Die Generierung eines Mehrwerts durch eine besonders einleuchtende Darstellung setzt das Verständnis des Sachverhalts voraus.
- **Erfahrung aus früheren relevanten Projekten**: Einige Kommunikationsberater haben bereits mehrere Dutzend Börsengänge betreut. Unter Umständen finden sich darunter sogar Projekte aus der gleichen Branche. Der erfahrene IPO-Berater lässt sich die Referenzen zeigen und kann die qualitativen Unterschiede erläutern.
- **Leistungsspektrum**: Jeder Kommunikationsberater hat Teilgebiete, auf denen er über besonders hohe Kompetenz verfügt. Nicht alle Berater sind Full-Service-Anbieter. Es ist zu prüfen, ob zumindest die zwingend erforderlichen Kernleistungen abgedeckt sind und im Übrigen das Profil sich mit den Bedürfnissen des Börsenkandidaten deckt.
- **Kreativität**: Die Equity Story jedes Börsenkandidaten hat ihre Besonderheiten, die im Zuge der Bewerbung pointiert herausgearbeitet werden sollten. Da die Kaufentscheidung für eine Aktie eher rational getroffen wird, hat die für die Vermarktung erforderliche Kreativität allerdings keine so große Bedeutung, wie beim Marketing von Konsumgütern.

Die qualitativen Unterschiede der Agenturen sind erheblich, insbesondere was die analytische Kompetenz betrifft. Der Emissionsberater schlägt üblicherweise einige Agenturen vor, die sich jeweils mit Arbeitsproben und einem ersten Konzept vorstellen.   **2718**

g) Konsortialbanken

Ein Zusammenschluss (Konsortium) von Banken führt letztlich die Emission im engeren Sinne durch. Das Konsortium wird angeführt von einer konsortial-   **2719** führenden Bank (**Konsortialführer**in oder „Lead Manager"), die in der Regel gemeinsam mit der Emittentin die übrigen Konsortialmitglieder bestimmt und im Folgenden im Namen des gesamten Konsortiums gegenüber der Emittentin agiert. Die übrigen **Konsortialmitglieder** werden (je nach Größe des Konsortiums) mit wohlklingenden Anglizismen bedacht (z.B. Co-Lead Manager, Manager, Co-Manager, …) die rechtlich jedoch alle auf der gleichen Stufe stehen. Daneben gibt es noch „Seller" oder „Sales Agents", die formal nicht dem Konsortium angehören, jedoch auch mit der Platzierung der Aktien betraut sind.

2720 Die Aufgaben der Konsortialbanken umfassen:

- **Prospekt**: Der Prospekt wird von der Konsortialführerin gemeinsam mit der Emittentin und ihren Anwälten, Steuerberatern und Wirtschaftsprüfern erstellt und von allen Konsortialbanken unterzeichnet.

- **Zulassungsantrag**: Der Zulassungsantrag wird von der Emittentin gemeinsam mit einem Kreditinstitut (in der Regel die Konsortialführerin) gestellt.

- **Emissionsstudien**: Jedes Konsortialmitglied erstellt und veröffentlicht eine Wertpapieranalyse über die Emittentin.

- **Verkauf/Platzierung**: Alle Konsortialmitglieder bieten die Aktien der Emittentin zum Verkauf an, bzw. nehmen Zeichnungsaufträge entgegen.

- **Bookrunning**: Die Konsortialführerin führt das „Buch" der Emission, in welchem die eingegangenen Zeichnungsaufträge erfasst werden.

- **Zuteilung**: Die Konsortialführerin teilt (eventuell gemeinsam mit der Emittentin und in Abstimmung mit den übrigen Konsortialmitgliedern) die zu verkaufenden Aktien den vorliegenden Zeichnungsaufträgen zu.

- **Verwaltung der Mehrzuteilungsoption**: Bei einer eventuell eingeräumten Mehrzuteilungsoption („Greenshoe") kauft die Konsortialführerin überschüssige Aktien am Markt zurück.

- **Designated Sponsor** (siehe auch Kapitel III.1.a.): Je nach Marktsegment und Liquidität der Aktie kann zur Betreuung ein Designated Sponsor erforderlich sein (Empfehlung der Deutschen Börse: besser zwei). Diese rekrutieren sich regelmäßig aus dem Kreis der Konsortialbanken.

2721 Kernaufgabe der Konsortialbanken ist letztlich die Platzierung der Aktien. Für den Erfolg der Platzierung sind die zwei Merkmale Platzierungskraft und Reputation bzw. Research entscheidend. Jedes Kreditinstitut hat in dieser Hinsicht ein spezifisches Profil, das der Emissionsberater kennt (und eine Vorauswahl trifft) und welches die Bank bei einem Beauty-Contest (vgl. Kapitel C.VI.) im Detail vorstellt und erläutert.

III. Entwicklung zur Börsenreife

2722 Voraussetzung für die erfolgreiche Platzierung von Aktien einer Gesellschaft am Kapitalmarkt ist, dass das Unternehmen „Börsenreife" erlangt hat. Die Börsenreife erarbeitet das Unternehmen in der ersten von fünf Phasen eines Börsengangs gemeinsam mit dem Emissionsberater. Der Prozess der Entwicklung der Börsenreife kann erfahrungsgemäß innerhalb eines Jahres abgeschlossen werden. Je nach dem Reifegrad, welcher zum Zeitpunkt der Entscheidung für den Börsengang bereits erreicht ist, sind auch erheblich kürzere Zeiträume möglich.

Elemente der Börsenreife sind einerseits die Erfüllung der formalen Zulassungskriterien für das jeweilige Marktsegment und andererseits weiche Merkmale, deren Erfüllung von den Marktteilnehmern erwartet wird. **2723**

1. Merkmale der Börsenreife

Die formalen Kriterien sind im Aktiengesetz (AktG), im Börsengesetz (BörsG), im Wertpapierhandelsgesetz (WPhG), in der Börsenzulassungsverordnung (BörsZulVO), in den jeweiligen Börsenordnungen (BörsO), in der Verkaufsprospektverordnung (VerkProspVO) und im Prospektgesetz (ProspG) kodifiziert. Die weichen Kriterien entspringen den Usancen der Marktteilnehmer (Anleger), welche letztlich die Emittentin nach ihren eigenen, bisweilen höchst subjektiven, Maßstäben beurteilen, um zu einer Kauf- oder Verkaufsentscheidung zu gelangen. Die Erfüllung der weichen Kriterien entscheidet letztlich darüber, ob ein Börsengang erfolgreich sein wird und ob die Sekundärmarktperformance weitere Kapitalmaßnahmen zulassen wird. **2724**

a) Formale Kriterien der Börsenreife

Die überwiegende Zahl der **formalen Kriterien** (siehe auch Kapitel IX.) stellt für börseninteressierte Unternehmen keine ernsthafte Hürde dar. Die Kriterien **Rechtsform, Mindestkurswert, Mindestzahl der Aktien** und **Mindeststreubesitzquoten**, die je nach Börsensegment unterschiedlich definiert sind, erfüllen die Unternehmen meist bereits aus eigenem Interesse, um die Kosten der Emission in einem vertretbaren Verhältnis zum eingeworbenen Kapital zu halten. Wenn ein Unternehmen ein Konsortium zur Übernahme und Platzierung der Aktien zusammenstellen konnte, so wird sich aus dem Kreis der Konsorten auch ein **Kreditinstitut für die Stellung des Zulassungsantrags** finden. Es gibt allerdings zwei formale Kriterien, welche in der Tat die Aufnahme in das gewünschte Marktsegment oder gar den Börsengang insgesamt verhindern können: **2725**

- **Publizitätspflichten**: Eine Börsennotierung bringt (gegenüber einer privaten Gesellschaft, womöglich in der Form einer Personengesellschaft) eine erhebliche Erweiterung der Informationspflichten gegenüber den Anlegern und der interessierten Öffentlichkeit (Publizitätspflichten) mit sich.
Unabhängig vom Börsensegment ist jährlich ein Geschäftsbericht zu erstellen und eine ordentliche Hauptversammlung abzuhalten (siehe auch Kapitel C.VIII.). In beiden Medien ist über den Verlauf und die Ergebnisse des letzten Jahres zu berichten und der Vorstand muss Rechenschaft für sein Handeln ablegen. Hinzu kommt, dass einem nicht mehr zu beeinflussenden Kreis interessierter Aktionäre die Strategien und Planungen für die nächsten Jahre offen gelegt werden müssen. Über Ereignisse von besonderer Bedeutung, die

noch
2725
geeignet sind, den Kurs der Aktie zu beeinflussen, muss auch während des Jahres im Zuge der Verpflichtung zur Ad-hoc-Publizität unverzüglich berichtet werden.

Je nach Börsensegment und angestrebter Indexzugehörigkeit erweitern sich diese Pflichten um die Erstellung und fristgerechte Veröffentlichung von Halbjahresberichten (Amtlicher Handel, Geregelter Markt) und Quartalsberichten, zweisprachige Berichterstattung, Rechnungslegung nach FRS oder US-GAAP, und die Veranstaltung von Analystenveranstaltungen (jeweils Prime Standard).

Die Einhaltung der Publizitätspflichten kann zum einen technische Schwierigkeiten bereiten. Beispielsweise hat die Rechnungslegung nach FRS oder US-GAAP so zu erfolgen, als habe das Unternehmen seit seiner Gründung nach diesen Regeln bilanziert. Die Aufbreitung von Geschäftsvorfällen aus weiter zurückliegenden Perioden, welche bis in die Gegenwart hineinwirken (z. B. Rückstellungsbildung und -ausflösung, Investitionen und Abschreibungen) kann hohen Aufwand und viel Zeit erfordern. Bei der erstmaligen Erstellung von Quartalsabschlüssen kann die Ermittlung von Vergleichszahlen aus den Vorjahren das Unternehmen vor enorme Schwierigkeiten stellen, wenn eine entsprechende Abgrenzung in der Vergangenheit nicht vorgenommen wurde. Diese Facette der Börsenreife kann daher eine längere Vorbereitungszeit in Anspruch nehmen.

Zum anderen sind die Publizitätspflichten mit den Strategien mancher Unternehmen oder Unternehmer nicht kompatibel. Beispielsweise kann die in FRS und US-GAAP geforderte Segmentberichterstattung dazu führen, dass ein großer Kunde, welcher als Abnehmer ein Segment eines Unternehmens dominiert, über das publizierte Segmentergebnis Einblick in die bislang sorgsam als Geheimnis gehütete Kalkulation seiner Aufträge erhält. Das kann sich nachvollziehbar negativ auf das operative Geschäft auswirken. Auch gibt es Fälle, in welchen Unternehmen aus Prinzip nicht quartalsweise über ihren Geschäftsverlauf berichten wollen. So entschied die Dr. Ing. h.c. F. Porsche AG, sich im Jahr 2001 aus dem MDAX zurückzuziehen, um nicht quartalsweise berichten zu müssen.

- **Designated Sponsor**: Die Aufnahme eines fortlaufenden Handels[4] erfordert bei zu geringer Liquidität[5] (Umsatzvolumen) einer Aktie die Verpflichtung von mindestens einem Designated Sponsor. Kann dieser nicht gestellt werden, wird die Aktie lediglich im Auktionsverfahren[6] gehandelt.

---

4 Im fortlaufenden Handel können während der Handelszeiten jederzeit Aufträge in XETRA eingestellt werden und (bei entsprechendem Matching) sofort zur Ausführung kommen.

5 Die Kriterien sind: XETRA-Liquiditäts-Maß unter 100 Basispunkte oder durchschnittliches Orderbuchvolumen unter € 2,5 Mio. (Quelle: Deutsche Börse (Hrsg.): Stocks & Standards 07/2002, Frankfurt 2002). Diese Kriterien werden nur von sehr marktbreiten Aktien erfüllt. Ihr Kreis deckt sich nach den Berechnungen der Deutschen Börse vom November 2002 überwiegend mit dem DAX-30.

6 Beim Auktionshandel („auction only") können zwar ebenfalls jederzeit Aufträge in XETRA eingestellt werden. Eine Kursfeststellung und damit ein Handel mit möglicher Ausführung der Order erfolgt jedoch lediglich zu bestimmten Zeitpunkten.

Brandl

Designated Sponsors sind Banken, Makler oder Wertpapierhandelshäuser, deren Aufgabe es ist, durch Stellen von Geld- und Briefkursen mit einem vorgegebenen maximalen Spread und einem vorgegebenen Mindestvolumen die jederzeitige Handelbarkeit zu gewährleisten und die Liquidität der Aktie zu erhöhen. Designated Sponsors sorgen für diese höhere Liquidität, indem sie verbindliche Preise für den An- und Verkauf der Aktien stellen. Die Wahrscheinlichkeit, dass erteilte Orders Dritter ausgeführt werden, steigt dadurch beträchtlich. Nach dem Prinzip „Liquidität zieht Liquidität an" steigen aktiv betreute Aktien in der Gunst der Anleger. Designated Sponsors unterstützen Emittenten zusätzlich, indem sie durch weitere individuelle Services Transparenz schaffen und neue Investorengruppen erschließen

Im Zuge des IPOs ist es üblich, dass die konsortialführende und eine weitere Konsortialbank ein Sponsorshipmandat für einen Zeitraum von zunächst mindestens 12 Monaten übernehmen. Aus den vorgenannten Rahmenbedingungen ergeben sich für die Designated Sponsors erhebliche Risiken: sie können sich bei diffuser Informationslage nicht vorübergehend aus dem Handel zurückziehen und zudem ist zu vermuten, dass es in diesen Situationen Marktteilnehmer gibt, die besser informiert sind, oder gegebene Informationen besser interpretieren können als der Makler. Daher erwirtschaften die Designated Sponsors erfahrungsgemäß aus dem Handelsgeschäft im Mittel Verluste. Um die Handelsverluste gering zu halten, erwarten die Sponsors, von den Unternehmen über Neuigkeiten direkt und zeitnah informiert zu werden. Zudem benötigen sie zum Ausgleich der ihnen entstehenden Verluste eine Vergütung, die pro Mandat in der Größenordnung von € 25.000 bis € 100.000 jährlich liegen kann. Fühlt sich ein Sponsor durch das Unternehmen schlecht informiert, wodurch ihm hohe Verluste erwachsen können, kündigt er in der Regel das Mandat, wie in der Vergangenheit vielfach geschehen. Sofern es dem Unternehmen nicht kurzfristig gelingt, Ersatz zu beschaffen, verliert es die Zulassung und wird in den General Standard umgelistet bzw. es verliert die Indexzugehörigkeit.

b) Weiche Kriterien der Börsenreife

Schwieriger als die formalen Kriterien sind meist die weichen Kriterien der Börsenreife zu erfüllen. Bei diesen geht es nicht um in Gesetzes-, Verordnungs- oder Vertragsform kodifizierte Normen, sondern um Usancen, denen das Unternehmen und das Emissionskonzept entsprechen müssen, um vom Kapitalmarkt akzeptiert zu werden. Der Grad der Akzeptanz schlägt sich in der Bewertung des Unternehmens und in der Bereitschaft von Banken, einen Börsengang zu begleiten, nieder. **2726**

- **Perspektiven**: Zunächst muss die **Umsatz- und Ertragsentwicklung nachhaltig gesichert** und aussichtsreich sein. Die Tragfähigkeit des Geschäftsmodells muss bereits durch Umsätze, welche mit positiven Margen realisiert wurden, nachgewiesen sein. Konzept-IPOs, welche in den Jahren 1998 bis 2000 in größerer Zahl durchgeführt wurden, haben in normalen Börsenzeiten keine Chance. Dass diese Usance ihre Berechtigung hat, zeigt die Sekundärmarktentwicklung der entsprechenden Gesellschaften.

- **Equity Story**: Die positiven Zukunftsaussichten einer Gesellschaft müssen sich in einer leicht kommunizierbaren und interessanten Equity Story niederschlagen. Unter einer Equity Story ist die Summe der Erfolgsfaktoren zu verstehen, die das Unternehmensprofil bestimmen. Sie umfasst im Wesentlichen die Produkte der Gesellschaft, welche einen hohen Nutzen stiften müssen, den Markt, welcher bereit ist, die Produkte aufzunehmen und den Nutzen zu vergüten, und ein glaubwürdiges Konzept, wie die Idee künftig ausgebeutet werden soll. Die Equity Story zieht das Interesse eines potenziellen Investors auf eine Aktie und führt letztlich zu einem Engagement

- **rechtliche Strukturen**: Die rechtlichen Strukturen der Emittentin müssen transparent und einfach sein. Jeglicher **Erklärungsbedarf** schlägt sich später in **Preisabschlägen** nieder.

  Zwischen der Muttergesellschaft, die bereits aus formalen Gründen in der Rechtsform der AG oder KGaA geführt werden muss, und den Altgesellschaftern (oder nahe stehenden Personen oder Firmen) sollten keine **(Leistungs-) Verflechtungen** existieren. Dies betrifft insbesondere Mietverträge, Lizenzverträge, Lieferbeziehungen und Beraterverträge. Im Falle von historisch gewachsenen Miet- oder Lizenzverhältnissen ist zur Auflösung meistens eine Einlage (maximal zum Buchwert) einem Kauf der betrieblich genutzten Wirtschaftsgüter vorzuziehen. Beim Kauf (zum Zeitwert) würde sich zum einen die Frage der Angemessenheit (Bewertung) stellen, zum anderen würden der Emittentin Mittel entzogen, während der Börsengang ja gerade der Finanzierung des weiteren Wachstums dienen soll. Bei einer Einlage zum (höheren) Zeitwert stellt sich ebenfalls die Frage der Angemessenheit (die nebenbei auch das Risiko birgt, dass bei einer späteren Überprüfung eventuell festgestellt wird, dass die Einlage nicht in voller Höhe erbracht wurde), daneben ist dieses Verfahren anrüchig, da ohne einen Leistungsaustausch mit Dritten Eigenkapital „generiert" wird (fehlender Markttest). Sowohl der Kauf als auch die Einlage zum Zeitwert ziehen höhere Abschreibungen nach sich, welche über niedrigere Erträge den Unternehmenswert tendenziell (zum Nachteil der Alteigentümer) drücken. Zudem können auch steuerliche Folgen auf der Ebene der Alteigentümer für die Einlage zum Buchwert sprechen.

  Im Sinne einer einfachen **gesellschaftsrechtlichen Struktur** sollten alle Tochtergesellschaften nach Möglichkeit zu 100 % im Eigentum der Mutter stehen, wenn keine schwerwiegenden operativen Gründe dagegen sprechen. Auf keinen Fall sollten die Altgesellschafter (oder nahe stehende Personen oder Firmen) direkt oder indirekt an Tochtergesellschaften der Emittentin beteiligt sein. Derartige Konstruktionen sind erklärungsbedürftig und erregen Misstrauen (wegen der grundsätzlichen Möglichkeit der Gewinnverschiebung). Dadurch wird Unternehmenswert vernichtet.

- **Strukturierung der Emission**: Die erstmalige Zulassung zum Neuen Markt erforderte, dass mindestens 50 % der Aktien aus einer **Kapitalerhöhung**

stammen. Innerhalb einer **Lock-up Periode** von 6 Monaten durften die Alteigentümer keine weiteren Aktien veräußern. Diese im Prime Standard formal
nicht mehr enthaltenen Bestimmungen wurden von vielen Emittenten als re-
striktiv empfunden und stießen auf Unverständnis. Sie spiegeln jedoch lediglich Kapitalmarktusancen wider: Das „Kasse machen" von Altaktionären
wird von den Anlegern als nicht vertauenserweckend empfunden und sollte
im Zuge des IPOs allenfalls in geringem Maße erfolgen. Hierdurch wird die
Interessenidentität der Altaktionäre mit den Neuzeichnern hergestellt bzw.
demonstriert. Zudem finden **Inhaber-Stammaktien** bei den Investoren bessere Akzeptanz als Vorzugsaktien[7] oder vinkulierte Namensaktien.[8] Die
Kombination dieser drei Vorgaben (Kapitalerhöhung, Lock-up-Vereinbarung,
Einheitsaktie) kann limitierend wirken, falls die Gründer gleichzeitig Anteile
abgeben und die Mehrheit der Stimmrechte zur Sicherung ihres unternehmerischen Einflusses behalten wollen.

- **Organisation**: Das Unternehmen muss über eine klare Organisation verfügen. Die Verantwortung an der Spitze sollte auf mehreren Schultern ruhen
und die Vorstände sollten das Unternehmen bereits seit einigen Jahren begleiten. Es ist ein wenig unglücklich, wenn Vakanzen auf oberster Ebene erst
kurz vor dem Börsengang geschlossen werden. Dies ist nicht geeignet, den
Eindruck von Verlässlichkeit und Kontinuität zu wecken, welchen Aktionäre
schätzen. In der zweiten Ebene sollten eventuelle Vakanzen zumindest einige
Monate vor dem Börsengang geschlossen worden sein.

- **Bereitschaft zu Publizität**: Das Unternehmen muss über den rechtlichen
Mindestrahmen hinaus (formale Kriterien der Börsenreife: „Publizitätspflichten") Bereitschaft zur Publizität mitbringen. Informationen sollten frühzeitig,
pro-aktiv (nicht erst auf Anfrage oder rechtlichen Druck, etwa durch die Publizitätspflichten der Börse), unmissverständlich, vollständig und vor allem
richtig gegeben werden. Dadurch wird bei den Anlegern Vertrauen geschaffen, welches sich in einer subjektiv niedrigeren Einschätzung des Risikos und
folglich höheren Kursen niederschlägt. Das klingt alles selbstverständlich, ist
es aber offensichtlich nicht: ein erschreckend hoher Anteil der in den Jahren
1997 bis 2000 an die Börse gegangenen Unternehmen verstieß gegen diese
sehr einfachen Regeln: Negative Entwicklungen wurden erst spät eingeräumt
(„nur das zugeben, was nicht mehr geleugnet werden kann"), wodurch weite-

---

7 Vorzugsaktien gewähren in aller Regel kein Stimmrecht, wofür ihre Eigentümer mit einem Divi-
dendenvorzug (daher die Bezeichnung) entschädigt werden. Die Vorzugsaktionäre erhalten meist
eine höhere Dividende, sowie eine Mindestdividende, welche nach einem Ausfall nachgezahlt
werden muss. Durch die Ausgabe von stimmrechtslosen Vorzugsaktien kann die Struktur der
Stimmrechte von jener der Eigentümer entkoppelt werden. Die Vorzugsaktien genießen jedoch
nur eingeschränkte Akzeptanz, was sich regelmäßig in einem Kursabschlag niederschlägt.

8 Bei der vinkulierten Namensaktie bedarf die Übertragung der Aktie der Zustimmung der Gesellschaft. Auf diese Weise kann ein Kauf durch nicht erwünschte Erwerber verhindert werden.
Diese Ausgestaltung geht regelmäßig zu Lasten der Minderheitsaktionäre, die unter Umständen
nicht an jeden potenziellen Erwerber veräußern können. Die Mehrheitsaktionäre hingegen können durch ihren Einfluss die Übertragung faktisch erzwingen. Auch dies drückt implizit den
Kurs der Aktie und ist somit wertvernichtend.

res Vertrauen verspielt wurde. Die eine oder andere eigentlich mögliche Sanierung wurde so verhindert, da am Kapitalmarkt mangels Vertrauen keine frischen Mittel mehr eingeworben werden konnten.

- **Rechnungswesen und Controlling**: Das Unternehmen muss über ein leistungsfähiges Rechnungswesen und Controlling verfügen. Die Leistungen und zurechenbaren Kosten, gegliedert nach Produkten und Bereichen sollten zeitnah erfasst und verarbeitet werden. Ziel sollte sein, einen korrekt abgegrenzten Abschluss jeweils am 15. des Folgemonats verfügbar zu haben. Das Controlling muss aussagefähige Soll/Ist-Vergleiche liefern können. Dies alles impliziert, dass lange vor einem IPO ein bisher eventuell ausgelagertes (z. B. an den Steuerberater) Rechnungswesen in das Unternehmen integriert werden muss.

- **Planungsrechnung**: Die Planungsrechung (Planungszeitraum ca. 3–5 Jahre) sollte in das Controlling integriert sein und über eine hohe nachgewiesene Prognosesicherheit verfügen. Zudem sollte so vorsichtig geplant werden, dass die Prognosen auch unter ungünstigen Umständen erreicht werden können. Planungsfehler werden am Markt nicht verziehen. Da alle renommierten Konsortialbanken in dieser Hinsicht gebrannte Kinder sind und keine weiteren Fehltritte im Track Record brauchen, werden sie alle erkennbaren Risiken meiden. Sie werden im Zweifel vor Mandaten mit ehrgeiziger Planung und nicht nachgewiesener Prognosesicherheit Abstand nehmen. Letzteres erfordert, das Planungssystem bereits mehrere Jahre vor dem Börsengang zu installieren.

- **Platzierungsvolumen**: Für das IPO muss ein ausreichendes Platzierungsvolumen zur Verfügung stehen. Die Untergrenze liegt bei etwa € 10 Mio. Für einen funktionierenden Handel ist ein Mindestmaß an Sekundärmarktliquidität erforderlich. Ist dies nicht gewährleistet, steigen erfahrungsgemäß die Spreads[9] im Handel, was von den Marktteilnehmern als eine Steigerung der Transaktionskosten bzw. sogar eine Erhöhung des Risikos (Verkauf größerer Positionen nicht jederzeit möglich) wahrgenommen wird.
Institutionelle Investoren sind bei einem frei handelbaren Volumen (free float) von unter € 50 Mio. in der Regel nicht bereit, sich zu engagieren. Hintergrund ist, dass ihre Depotpositionen gewisse Mindestgrößen (mehrere 100.000 € bis einige Mio. €) aufweisen müssen, damit sie sich nicht verzetteln, sie aber andererseits jede Positionen binnen kurzer Zeit veräußern können müssen, ohne dadurch selbst größere Kursbewegungen auszulösen. Zudem ist bei Emissionen unter € 50 Mio. wegen des geringen Handelsvolumens nicht damit zu rechnen, dass Banken ohne Designated Sponsor-Mandat Research betreiben. Unabhängiges Research wiederum ist für viele Institutionelle Investoren eine zwingende Voraussetzung für ein Investment.

2727 Die „Börsenreife" hat eine Vielzahl von Facetten und ist Ergebnis einer längeren Entwicklung des Unternehmens. Es ist offensichtlich, dass (insbesondere

---

9 Der Spread oder auch „Geld-/Brief-Spanne" bezeichnet den Abstand zwischen dem Ankaufskurs (Bid) und dem Verkaufskurs (Ask) an der Börse.

bei Notierungen in anderen Marktsegmenten als dem Prime Standard) nicht alle Kriterien erfüllt sein müssen, um den Weg an die Börse zu finden (andernfalls wäre der Kurszettel heute bedeutend kürzer). Der Grad der Börsenreife hat jedoch unmittelbaren Einfluss auf den erzielbaren Emissionspreis und damit die Eigenkapitalkosten des Unternehmens. Werden zu viele und wesentliche der weichen Kriterien verletzt, kann es unmöglich werden, renommierte Banken für die Mitwirkung zu gewinnen. Auch dürfte darin der Grund für die beträchtliche Zahl der verschobenen und abgebrochenen Börsengänge der letzten Jahre liegen.

2. Vorgehen

Der Prozess der Entwicklung der Börsenreife kann in 4 Teilschritte zerlegt werden, in welchen jeweils Elemente der formalen und der weichen Kriterien erarbeitet werden. **2728**

Die **organisatorischen Strukturen** müssen so ausgelegt sein, dass das Unternehmen völlig autark agieren kann. Die wesentlichen wertschöpfenden Prozesse um die Kernkompetenz des Unternehmens herum, sowie alle Prozesse, welche erforderlich sind, um eine börsennotierte Aktiengesellschaft zu steuern und zu verwalten, müssen nunmehr im Unternehmen erbracht und durch die Organisation abgebildet werden. Vakanzen an Schlüsselpositionen (gleich welcher Ebene) werden vom Kapitalmarkt nicht toleriert. Die erste Ebene sollte bereits mehrere Quartale (besser: 1 bis 2 Jahre) vor dem IPO unverändert und vollständig sein. Auch die zuletzt hinzugestoßenen Vorstandsmitglie- **2729**

Abbildung 50: Entwicklung zur Börsenreife

der sollten die Gesellschaft bereits mit geprägt haben und sich so nach außen als verlässlich und kontinuitätsfördernd darstellen. Last-minute-Besetzungen können den gewünschten Eindruck nicht erwecken und so zum Killer für ein IPO werden.

2730 Die **gesellschaftsrechtlichen Strukturen** sollten den oben dargestellten Standards genügen. Nun ist auch der richtige Zeitpunkt, ein künftiges Mitarbeiter-Beteiligungsprogramm aufzusetzen (siehe auch zweiter Teil, Kapitel I). Dieses Programm ist üblicherweise nicht dazu geeignet, die für eine optimale Stückelung des Grundkapitals erforderliche Pre-IPO-Kapitalausstattung darzustellen. Hierzu müssten die Mitarbeiter in größerem Umfang bereits im Vorfeld des IPOs Aktien des Unternehmens erwerben. Sofern der Börsengang abgebrochen wird, wären die Alteigentümer meist faktisch gezwungen, diese Aktien mit einem Aufschlag zu erwerben, um Frustration der Mitarbeiter zu verhindern. Wenn die Alteigentümer materiell hierzu in der Lage sind, sollten sie eine eventuell erforderliche Pre-IPO-Kapitalerhöhung auch selbst leisten können. Von der Generierung von Eigenkapital durch Einbringungen, Verkäufe und Aufwertungen ist dringend abzuraten. Diese Maßnahmen sind nicht geeignet, Vertrauen am Markt zu gewinnen.

2731 Das **interne Rechnungswesen** und die **externe Rechnungslegung** sollten bereits ein Jahr vor einem Börsengang durch eigene Ressourcen in kapitalmarktadäquater Weise erstellt werden können. Die hierfür notwendigen Maßnahmen sind im Einzelnen im zweiten Teil, Kapitel E dargestellt.

IV. Grundkonzept und Vorbereitung

2732 In der zweiten Phase erarbeitet das börsenreife Unternehmen gemeinsam mit dem Emissionsberater das Grundkonzept des Börsengangs („Strukturierung") und bereitet gemeinsam mit den übrigen Beratern den Börsengang vor.

1. Businessplan

2733 Im ersten Schritt wird der **Businessplan** überarbeitet (siehe erster Teil, Kapitel A.II). Für die spätere Erstansprache der Banken und der institutionellen Anleger wird der Businessplan in einem **Exposé** zusammengefasst. Dieses beinhaltet im Wesentlichen eine erweiterte Executive Summary und einen Ausriss aus der Planungsrechnung (Plan-GuV der nächsten 5 Jahre). Zur Vorbereitung der eigenen Unternehmensbewertung, für die spätere Detailinformation der Bankanalysten und einiger ausgewählter institutioneller Anleger (jener, die eigenes Buy-side-Research betreiben) und die Vorbereitung der Präsentationen sollte ebenfalls zu diesem Zeitpunkt das **IPO-Factbook** erstellt werden. Dieses beinhaltet alle relevanten quantitativen und qualitativen Daten zur Emittentin (Planungen, Produkte, Strategie, SWOT-Analyse; die qualitativen Daten in tabellarischer Form) sowie zu den Wettbewerbern (Peer Group) und zum Marktumfeld. Objektivität (im Sinne einer selbstkritischen Darstellung) ist hierbei ein absolu-

Abbildung 51: Börsengang: Grundkonzept, Vorbereitung

tes Muss! Auch das zweit- und drittbedeutendste Unternehmen einer Branche findet den Weg an die Börse. Mangelndes Urteilsvermögen des Managements wird hingegen von den Anlegern nicht toleriert.

2. Finanzielle Strukturierung

Im zweiten Schritt erfolgt die **finanzielle Strukturierung** der Emission. Die **2734** Basis aller weiteren Überlegungen bildet eine **Unternehmensbewertung**, die der Emissionsberater in Abstimmung mit der Emittentin durchführt. Zweck der Bewertung ist es, eine Grundlage für das Financial Modeling zu schaffen sowie die Verhandlungsbasis für die spätere (Preis-)Diskussion mit den Banken zu definieren.

Die Unternehmensbewertung muss marktkonform erfolgen und der besonderen **2735** Situation (Pricing des IPOs, siehe auch Kapitel XII.) Rechnung tragen. Sie sollte daher nicht lediglich nach einem Verfahren (z. B. DCF) durchgeführt werden, sondern unterschiedliche Verfahren und ihre Ergebnisse gegenüberstellen. Wichtig ist eine eingehende Analyse der Peer Group und die selbstkritische Einordnung innerhalb der Gruppe. Innerhalb des Bewertungsmodells sollten unterschiedliche Szenarien gerechnet werden (Variablen: operative Entwicklung, Kapitalisierungsparameter (KGV, KUV, Diskontierungszinssatz…), nominales Emissionsvolumen). Einerseits können durch die so gewonnene Wertspanne im Financial Modeling alle Eventualitäten berücksichtigt werden, andererseits stärkt insbesondere die intime Kenntnis der Peer Group die Verhandlungsposition gegenüber Banken und Großanlegern erheblich.

2736 Im **Financial Modeling** wird mittels Szenarienbildung das IPO aus finanztechnischer Sicht modellhaft abgebildet. Hierbei werden die wesentlichen Parameter der Emission festgelegt:

- **Zahl und Preis der Aktien**: Üblicherweise bestehen bereits konkrete Vorstellungen über das Emissionsvolumen, etwa da Investitionen oder Übernahmen in bekanntem Volumen finanziert werden sollen. Der spätere Emissionspreis sollte sich in marktkonformen Dimensionen bewegen, das heißt, die Aktie sollte weder zu „schwer" (Emissionspreis über € 100,-) noch zu leicht (Emissionspreis unter € 10,-) sein. Es handelt sich dabei zwar in erster Linie um ein psychologisches oder optisches Problem. Die Einhaltung der Usancen erleichtert jedoch die spätere Platzierung und steigert so den Unternehmenswert. In den letzten Jahren haben sich Emissionspreise von etwa € 20 bis € 50 etabliert. Voraussetzung für den optimalen Emissionspreis ist die richtige Höhe des Grundkapitals vor IPO, welche durch Pre-IPO-Kapitalerhöhungen oder Kapitalherabsetzungen wunschgemäß dimensioniert werden kann.

- **Herkunft der Aktien**: Die zu platzierenden Aktien können aus einer Kapitalerhöhung im Zuge des Börsengangs oder aus dem Besitz von Altaktionären stammen. Grundsätzlich steigt die Akzeptanz des Kapitalmarkts und damit der Unternehmenswert mit einem höheren Anteil aus der Kapitalerhöhung. Abgaben von Altaktionären („Aus-Cashen") haben eine negative Signalwirkung (fehlendes Commitment gegenüber der Gesellschaft). Bei Neuemissionen am Neuen Markt war sogar vorgeschrieben, dass mindestens die Hälfte des Platzierungsvolumens aus einer Kapitalerhöhung stammen musste. Falls sich Abgaben nicht gänzlich vermeiden lassen, macht es noch einen Unterschied, welche Altaktionäre abgeben. Der Kapitalmarkt ist hier bei Finanzinvestoren (VCs) wesentlich nachsichtiger, als bei natürlichen Personen (insbesondere Gründer und ihre Familienangehörigen).

- **Volumen** einer eventuell einzuräumenden **Mehrzuteilungsoption**: Die Mehrzuteilungsoption (siehe auch Kapitel VI.4.) dient primär der Anpassung des Emissionsvolumens an die ex ante nicht hinreichend exakt bestimmbare Nachfrage nach den Aktien der Emittentin. Üblich sind Größenordnungen von 10 bis 20% des Emissionsvolumens. Ein Zusammenhang zwischen der Dimension der Mehrzuteilungsoption und der Akzeptanz für die Emission war bislang nicht nachweisbar.

- **Herkunft** der Aktien der **Mehrzuteilungsoption**: Die Aktien der Mehrzuteilungsoption können grundsätzlich entweder aus einer Kapitalerhöhung oder aus dem Besitz von Altaktionären stammen. Da der Ausübung der Option eine hohe Unsicherheit innewohnt, will die Einräumung sorgfältig abgewogen sein. Aus Kapitalmarktsicht wird eine Mehrzuteilungsoption durch die Altaktionäre eher akzeptiert, als eine „harte" Abgabe von Aktien. Die Altaktionäre machen letztlich nur Kasse, wenn die Emission gut läuft, und in diesem Fall erleiden die Zeichner auch keinen Schaden. Gegebenenfalls muss auch frühzeitig geklärt werden, von welchen Altaktionären die Mehrzuteilungsoption gestellt werden soll.

- **Stimmrechtsverhältnisse**: Aus der Summe der vorgenannten Maßnahmen ergeben sich die Stimmrechtsverhältnisse nach dem IPO. Diese scheinen den Gründern, die sich oft eine Mehrheit erhalten wollen, nicht immer akzeptabel. Neben einer Veränderung der oben angeführten Parameter können durch Poolvereinbarungen (Stimmrechtsbindungen) Mehrheiten über einen längeren Zeitraum gesichert werden. Auch der Unterschied zwischen Kapitalmehrheit und Hauptversammlungsmehrheit, die von den Präsenzquoten abhängt, sollte in diesem Kontext analysiert werden.

- **Aktiengattung**: Die Wahl der Aktiengattung kann die Überwachung oder Gestaltung der Stimmrechtsmehrheiten erleichtern: So kann durch die Emission von stimmrechtslosen Vorzugsaktien die Gesellschaft auch noch mit einer Kapitalminderheit kontrolliert werden. Namensaktien können dabei helfen, die Bildung neuer Mehrheiten frühzeitig zu erkennen. Verhindern können sie diese nur in Verbindung mit einer Vinkulierung.

  Allerdings hat die Wahl der Gattung wegen des unterschiedlichen Akzeptanzgrades auch Einfluss auf den Unternehmenswert. Stimmrechtlose Vorzugsaktien werden von den Marktteilnehmern nur unter erheblichen Preisabschlägen akzeptiert. Zudem wird durch die Aufteilung des Aktienkapitals in mehrere Gattungen die Liquidität in der einzelnen Gattung vermindert, was sich für die Marktteilnehmer durch größere Spreads in erhöhten Transaktionskosten niederschlägt. Auch Namensaktien ziehen erhebliche Mehrkosten nach sich, weshalb ihre Beliebtheit in den letzten Jahren deutlich zurückging. Die Führung des Aktienbuches durch die Gesellschaft kann jährlich Kosten von mehreren hunderttausend Euro verursachen und die Anleger werden beim Handel mit den Kosten der Umschreibung belastet, wodurch sich die Transaktionskosten erhöhen. Aus der Summe der vorgenannten Gründe ergibt sich der Trend zurück zur Inhaber-Stammaktie.

Bei allen Überlegungen ist immer zu berücksichtigen, ob die betrachtete Konzeption noch kapitalmarktkonform ist, oder ob sich (negative) Auswirkungen auf den Platzierungspreis ergeben.

2737

Beispiel:

Der Unternehmenswert der IsoGar AG wird pre-IPO bei einem nachhaltigen Jahresüberschuss von € 10 Mio. und einem überschlägigen KGV von 12 auf rund € 120 Mio. taxiert. Für die weitere Expansion benötigt die Gesellschaft zusätzliche Eigenmittel in Höhe von € 30 Mio.

Hermann H. hält vor dem Börsengang 70% seines Unternehmens, während der VC „A-Venture" (A) mit 30% beteiligt ist. A will sich im Zuge des IPOs zurückziehen. Hermann will, um private Verbindlichkeiten in Höhe von etwa € 10 Mio. abzulösen, die er einging, um die IsoGar aufbauen zu können, ebenfalls 10 Prozentpunkte abgeben.

Das Bankenkonsortium besteht darauf, dass der überwiegende Teil (d. h. mindestens 50%) des Emissionsvolumens dem Unternehmen zufließt. Die Kapitalerhöhung im Zuge des IPOs müsste daher mindestens das Volumen der Umplatzierung erreichen (je 40 Prozentpunkte des pre-IPO-Grundkapitals).

Der erste Vorschlag lautet wie folgt:

	pre-IPO		Umplatzierung		Kapitalerhöhung		post-IPO	
	U´Wert	Anteil	U´Wert	Anteil	U´Wert	Anteil	U´Wert	Anteil
Hermann H.	84	70%	-12	-10%		0%	72	43%
A-Venture	36	30%	-36	-30%		0%	0	0%
Neue Aktionäre			48	40%	48	40%	96	57%
Gesamt	120	100%	0	0%	48	40%	168	100%

Unerwünschte Folgen der Struktur sind einerseits, dass Hermann seine Mehrheit verliert, und dass zweitens das Volumen der Kapitalerhöhung wesentlich höher ausfällt als das Finanzierungserfordernis.

Nach mehreren Optimierungsrunden kann der VC davon überzeugt werden, dass er sich von seinem Engagement in zwei Schritten trennt. Er wird die Hälfte seines Anteils im Zuge des IPOs abgeben, und die andere Hälfte ein bis zwei Jahre später im Zuge einer Umplatzierung im Sekundärmarkt (Secondary Placement).

	pre-IPO		Umplatzierung		Kapitalerhöhung		post-IPO	
	U´Wert	Anteil	U´Wert	Anteil	U´Wert	Anteil	U´Wert	Anteil
Hermann H.	84	70%	-12	-10%		0%	72	48%
A-Venture	36	30%	-18	-15%		0%	18	12%
Neue Aktionäre			30	25%	30	25%	60	40%
Gesamt	120	100%	0	0%	30	25%	150	100%

Somit kann einerseits die Kapitalerhöhung richtig dimensioniert werden, andererseits hält Hermann fast eine absolute Mehrheit der Aktien. Ausgehend von der Annahme, dass die Präsenzquoten der freien Aktionäre auf den Hauptversammlungen 75% nicht übersteigen werden, reicht dies zu komfortablen Hauptversammlungsmehrheiten.

2738 Weitere im Zuge der finanziellen Strukturierung zu klärende (qualitative) Fragen sind:

- **Börsenplatz (Heimatbörse)**: Es ist abzuwägen zwischen dem Bekanntheitsgrad der Gesellschaft (am Finanzplatz) und der Bedeutung des Finanzplatzes. Die Regionalbörsen sind nur für sehr kleine Gesellschaften mit starkem Lokalkolorit eine optimale Lösung. Diese Aktien werden primär von lokal verwurzelten Aktionären mit persönlicher Bindung und selten von Finanzinvestoren erworben. Die Aktien von größeren Unternehmen sollten an der nationalen Leitbörse des Landes mit der größten operativen Bedeutung für die Gesellschaft eingeführt werden. Hier wird der Gesellschaft die größtmögliche Aufmerksamkeit in den Medien sowie bei Kunden und Lieferanten zuteil. Dies wird bei deutschen Emittentinnen in der Regel der Finanzplatz Frankfurt sein.

- **Zahl der Börsenplätze**: Bei der Zahl der Börsenplätze hat sich inzwischen die Erkenntnis durchgesetzt, dass es im Sinne der Liquidität, Transaktionskosten (Spreads), Informationskosten und der Preistransparenz kontraproduktiv ist, eine Aktie an mehreren Börsenplätzen parallel notieren zu lassen. Insbesondere das **Dual Listing** (Gleichzeitige Notierungsaufnahme an einem ausländischen Börsenplatz) wird kritisch gesehen. So trifft etwa ein Amerikaner eine Kaufentscheidung für eine deutsche Aktie kaum deshalb, weil sie auch an der NASDAQ oder der NYSE notiert ist, sondern eher, weil er von den Erfolgsaussichten und der Bewertung der Gesellschaft überzeugt ist. Wenn er die Entscheidung getroffen hat, wird er die Aktie in der Regel an dem Börsenplatz mit der höchsten Liquidität (Handelsvolumen) kaufen, um die Transaktionskosten (über die Spreads) so gering wie möglich zu halten. Dies ist bei einer deutschen Gesellschaft immer die Heimatbörse bzw. XETRA. Institutionelle amerikanische Investoren sind allerdings möglicherweise durch ihre Statuten auf Investments in Aktien beschränkt, welche der amerikanischen Börsenaufsicht (SEC) unterliegen. In diesem Fall würde die Notiz in den USA faktisch nicht abgestrebt, um dort einen Handel in dem Papier aufzubauen, sondern um sich freiwillig unter die Aufsicht der SEC zu stellen. Das sich daraus ergebende Verhältnis von Aufwand und Nutzen lohnt sich nur in Ausnahmefällen.

- **Marktsegment**: Nach der weitgehenden Angleichung der Regelungen für den Geregelten Markt an den Amtlichen Handel und die Aufgabe der Segmente Neuer Markt und SMAX wird es künftig nur noch zwei wesentliche Marktsegmente in Deutschland geben: den General Standard und den Prime Standard.
  Für den **General Standard** gelten die gesetzlichen Mindestanforderungen wie beispielsweise Abschluss nach HGB und Halbjahresberichterstattung.
  Für den **Prime Standard** gelten erhöhte Transparenzanforderungen die sich an den jeweils höchsten internationalen Maßstäben orientieren. Hierzu gehören im Wesentlichen:
  - Quartalsberichterstattung
  - zweisprachige Berichterstattung (deutsch/englisch), auch für ad-hoc-Informationen
  - Anwendung internationaler Rechnungslegungsstandards (FRS, in einer Übergangsfrist auch US-GAAP)
  - Handel auf XETRA
  - Verpflichtung mindestens eines Designated Sponsors
  - Durchführung mindestens einer Analystenkonferenz jährlich

Daneben wird an allen deutschen Börsenplätzen noch das Segment des **Freiverkehrs** unterhalten. Die Zulassung in diesem Segment ist wegen der geringen Regelungsdichte relativ einfach zu erlangen. Entsprechend gering sind auf der anderen Seite das Anlegervertrauen und die wirtschaftliche Bedeutung des Segments.
Der größte Teil der in den Freiverkehr einbezogenen Aktien entfällt auf Multiple Listings. Hierbei sind die Aktien bereits an anderen Börsenplätzen, oft im Ausland, zum Handel zugelassen. Die Einbeziehung in den Freiverkehr

noch
2738

erfolgt dann ohne eine Platzierung. Ziel ist es vielmehr, deutschen Privatanlegern den Kauf der Aktie zu inländischen Spesensätzen zu ermöglichen.

Im Falle einer Erstnotiz deutscher Aktien im Freiverkehr erfolgt in der Regel ebenfalls keine Neu- oder Umplatzierung in größerem Maßstab. Aufgrund der schwachen Reputation des Segmentes ist es nicht möglich, in nennenswertem Volumen Aktien zu platzieren. Für IPOs, bei denen die Finanzierung der Gesellschaft oder ein Exit der Altgesellschafter angestrebt werden, ist der Freiverkehr ohne praktische Relevanz.

Die Prädikatssegmente des Freiverkehrs, wie beispielsweise der **Prädikatsmarkt** in München, spielen nur bei sehr kleinen regionalen Gesellschaften eine Rolle.

2739 Neben der Strukturierung des Börsengangs sollten in diesem Stadium stets auch **strategische Alternativen** erarbeitet werden. Ein großer Teil der Börsengänge wurde in den letzten Jahren aufgrund widriger Marktbedingungen abgebrochen oder verschoben. Ein derartiger Rückschlag, wie er in den Emissionsjahrgängen 2001 und 2002 die Mehrzahl der IPO-Projekte traf, muss einkalkuliert werden und darf für das Unternehmen nicht existenzgefährdend sein. Die drei **Grundregeln** lauten:

2740 1. **Liquidität**: Es muss immer genügend Liquidität vorgehalten und die Planung so gestaltet werden, dass das IPO auch ein Jahr später als ursprünglich angesetzt erfolgen kann, ohne dass dies Auswirkungen auf das operative Geschäft hat.

2741 2. **Alternativen**: Es sollte immer auch eine strategische Alternative (Trade Sale oder Änderung der Pläne) offen gehalten werden, falls aus einer Verschiebung ein endgültiger Abbruch wird. Sofern als Folge eines Abbruchs eine Insolvenz droht, war auch keine Börsenreife gegeben. Ein Börsengang ist keine Sanierungsmaßnahme!

2742 3. **Unabhängigkeit**: Das Unternehmen und die Alteigentümer dürfen keine Verpflichtungen eingehen, welche sich im Falle eines Abbruchs nicht einlösen lassen und zu hohen Kosten führen. Ein Beispiel hierfür ist eine Mitarbeiter-Beteiligung mit dem Versprechen, den Mitarbeitern den „Exit über die Börse" zu ermöglichen. Unabhängig von der rechtlichen Betrachtung ist der Vertrauensschaden bei den Mitarbeitern bereits geeignet, das Unternehmen in wirtschaftliche Schwierigkeiten zu bringen.

3. Vorbereitung Finanzmarketing

2743 Im dritten Schritt wird das **Finanzmarketing** für den Börsengang und die Post-IPO-Phase vorbereitet. Hierbei spielt die Kommunikationsagentur (siehe auch oben: Kapitel II.2.f.) eine zentrale Rolle.

2744 Die börsennotierten Unternehmen unterliegen einem heftigen Wettbewerb im Kampf um Eigenkapital. Die Investoren verfügen über eine Vielzahl von Investitionsalternativen. Es ist nur natürlich, dass sie sich für diejenigen Anlagen entscheiden, die (bei gegebener Renditeerwartung) die geringsten Risiken und die niedrigsten Nebenkosten aufweisen. Ein großer Teil der beiden Größen wird durch die Informationspolitik der Emittentin bestimmt. Die subjektive Wahrnehmung des mit einer Anlage verbundenen Risikos wird maßgeblich durch den Rhythmus und den (Wahrheits-) Gehalt der über ein Unternehmen verbreiteten Informationen bestimmt. Die höchsten Nebenkosten können für den Aktionär bei der Informationsbeschaffung über seine Anlage anfallen (Suche nach und Verarbeitung von Informationen). Kurzum: Die Anleger wollen keinen hohen Zeitaufwand betreiben, um sich unregelmäßig und eher schlecht über ein Unternehmen zu informieren, sondern sie wollen regelmäßig und zeitnah mit bedürfnisgerecht aufbereiteten und verlässlichen Informationen versorgt werden. Somit reduzieren Transparenz und aktives Informieren die Kapitalkosten des Unternehmens. Im Vor- und Umfeld des IPOs ist die Informationsvermittlung Hauptaufgabe des Finanzmarketings, nach dem IPO ist es Gegenstand der Investor Relations (siehe auch Kapitel VII.2.).

Bei der **Auswahl der Kommunikationsagentur** erfordern erhebliche qualita- 2745
tive Unterschiede, Unterschiede im Leistungsspektrum (wobei jedoch nicht jede theoretisch denkbare Leistung im Einzelfall tatsächlich benötig wird) und die unterschiedlichen Bedürfnisse im Einzelfall eine gute Marktkenntnis des Emissionsberaters. Er trifft eine Vorauswahl und lädt zwei bis drei Agenturen zu einer Präsentation ein. Die Entscheidung sollte anhand der in Kapitel II.2.f. genannten Kriterien erfolgen.

Die Agentur sollte etwa 6 bis 8 Monate vor dem vorgesehenen Datum der Erst- 2746
notiz mandatiert werden, um den Medienauftritt (Printmedien, elektronische Medien, eigene Veröffentlichungen) zu gestalten. Die Equity Story wird in eine **Marketingkampagne** umgesetzt und zielgruppengerecht in prägnanter Form kommuniziert. Zweck der Kampagne ist es, die Gesellschaft als Emittentin und damit als Anlageobjekt möglichst vielen potenziellen Investoren vertraut zu machen. Es geht daher bei der Bewerbung der Ware „Aktie" um Informationsvermittlung: Markt – Produkt – Strategie – Perspektive. Wenn die Emittentin nicht gerade ein sehr bekannter Konsumgüterhersteller ist, müssen den künftigen Anlegern zunächst das Produkt und das Marktumfeld erklärt werden. Darauf aufbauend muss die Kampagne die Alleinstellungsmerkmale, das Geschäftsmodell und die Potenziale herausarbeiten.

Das einheitliche Erscheinungsbild der Kampagne muss sich in die Corporate 2747
Identity (CI) der Emittentin einfügen. In einigen Fällen war die Vorbereitung zum Börsengang auch ein Anlass, die CI mit der neuen Agentur zu überarbeiten (was jedoch definitiv nicht deren Aufgabe ist).

Die wichtigsten nunmehr zu gestaltenden Bestandteile des Medien- und Öffent- 2748
lichkeitsauftritts der Emittentin sind:

- **Imagebroschüre**: Die Imagebroschüre für den Börsengang ist ausschließlich auf Investoren ausgerichtet und unterscheidet sich damit von den bislang verwendeten kundenorientierten Publikationen. Viele qualitative Informationen sollten nunmehr quantifiziert werden (Beispiele: Fluktuationsraten statt „zufriedener Mitarbeiter", churn rate statt „starke Kundenbindung", Marktanteile statt „starke Position") und neue Themen kommen hinzu: Situation der Gesellschaft und künftige Strategien, Porträts von Standorten und Erläuterung von Produktionsmethoden, etc.

- **Printmotive**: Im Vorfeld des Börsengangs werden Printmotive in Finanzzeitschriften und Tageszeitungen mit Finanzbezug geschaltet. Ihre Produktion erfordert besondere Fertigkeiten. Neben einem tiefen Verständnis der zu transportierenden ökonomischen Sachverhalte ist die Erfahrung und Kreativität von Marketingprofis für die Verdichtung und einfache Darstellung unabdingbar. Bei reinen Werbeprofis (ohne Finanzerfahrung) geht die Vereinfachung oft mit einer Verfälschung einher.

- **Imagevideo** (optional): Das Video kann als Trailer für Präsentationen oder Fernsehberichte bzw. Fernsehinterviews eingesetzt werden. Die Produktion ist aufwändig (mehrere Zehntausend Euro) und lohnt sich nur, wenn eine mehrfache Verwendung absehbar ist.

- **Fernsehspots** (optional): Die Fernsehspots werden im Vorfeld des Börsengangs in Spartenkanälen (z. B. Bloomberg-TV, n-tv) geschaltet. Die Gesamtkosten je Ausstrahlung sind sehr stark degressiv (hohe Fixkosten durch Produktion, Staffelpreise bei den Sendern). Das Medium ist nur bei größeren IPOs und einer hohen Zahl von Schaltungen lohnend.

- **Layout der Präsentationen und Gestaltung des Imageteils**: Präsentationen haben im IPO-Prozess eine herausragende Stellung. Mit ihrer Hilfe wird den entscheidenden Parteien die Emittentin vorgestellt: den (potenziellen) Konsortialbanken, den Konsortialanalysten, den Finanzanalysten (DVFA-Veranstaltung), der Presse (Pressekonferenz) und bedeutenden institutionellen Investoren (Road Show mit one-on-ones). Es empfiehlt sich, zu diesem Zweck eine umfassende Präsentation mit professioneller Unterstützung zu erstellen Das Layout und der Imageteil der Präsentation sollten von der IR-Agentur gestaltet werden, die Inhalte vom Unternehmen gemeinsam mit dem Emissionsberater. Die so erstellte umfangreiche „Masterpräsentation" wird je nach Einsatzfall gekürzt. Dies stellt eine einheitlich hohe Qualität der Auftritte und die Einheitlichkeit der Aussagen sicher.

- **Produktion Finanzpublikationen**: Geschäftsberichte und Zwischenberichte sollten im Layout der Corporate Identity und im Wording den übrigen Finanzpublikationen entsprechen. Die Jahres- und Quartalsberichte sind die „Visitenkarten", welche das Unternehmen bei interessierten Anlegern verteilt. Sie dienen nicht nur der (vergangenheitsorientierten) Berichterstattung, sondern sollen auch die Ziele der Emittentin, die Strategien zu ihrer Erreichung und die Perspektiven, welche sich daraus für die Anleger ergeben, vermitteln.

2749 Im weiteren Verlauf des Börsengangs nimmt die Kommunikationsagentur einige weitere Aufgaben wahr, die vor der Mandatierung definiert werden müssen

(Festlegung Leistungsumfang) und in den Monaten vor dem Börsengang vorbereitet werden müssen:

- **Buchung von Anzeigen und Werbezeiten**: Einige Medien haben längere Vorlaufzeiten (insbesondere bei 14-tägigem oder monatlichem Erscheinungsrhythmus) und müssen relativ früh gebucht werden. In anderen Medien unterliegen die Vorlaufzeiten erheblichen konjunkturellen Schwankungen.

- **Vermittlung von Terminen**: Fernseh- und Zeitungsinterviews sowie redaktionelle Beiträge über die Emittentin gehören zum Pflichtprogramm beim Marketing für den Börsengang. Die Agentur verfügt über die entsprechenden Kontakte und stellt sie zur Verfügung.

- **Formulierung Pressemitteilungen**: Inhalt (Sache der Emittentin) und Wording (Aufgabe der Agentur) sollten der beabsichtigten Botschaft und dem Adressatenkreis gerecht werden.

- **Vorbereitung von Veranstaltungen**: Die Organisation und Durchführung von Analystenveranstaltungen, Presseterminen und späteren Hauptversammlungen sollten wegen des professionellen Auftritts und der größeren Effizienz an externe Dienstleister delegiert werden, beispielsweise an die IR-Agentur. Die Agentur kann jedoch regelmäßig nur Teilbereiche abdecken und muss selbst viele Leistungen zukaufen. Daher ist zu überlegen, ob nicht gleich ein Full-Service-Anbieter (z. B. DVFA für Analystenveranstaltungen, Hauptversammlungs-Service-Gesellschaften für die HVs) beauftragt wird.

4. Vorbereitung auf die Due Diligence

Der vierte Schritt ist die Vorbereitung auf die Due Diligence (siehe auch Kapitel B.IV. und C.XIII.). Es hat sich bewährt, durch die eigene Wirtschaftsprüfungsgesellschaft eine **Pre-Due Diligence** durchführen zu lassen. Im Zuge dieser Übung werden die Schwachstellen aufgedeckt, welche die Banken später finden würden. Teilweise können die Defizite noch behoben werden, teilweise können auf unangenehme Fragen die passenden Antworten gefunden werden. Auf keinen Fall wird der Vorstand später auf dem „falschen Fuß erwischt" werden. **2750**

Im Zuge der Pre-Due Diligence werden auch alle eventuellen Lücken in der Dokumentensammlung für den Datenraum geschlossen. Dies ist insofern von Bedeutung, als einerseits die Due Diligence meist in einem Zeitraum durchgeführt wird, in welchem jede Verzögerung auch eine Verschiebung des Terminplans verursachen kann und in welchem die internen Mitglieder des Projektteams bereits stark belastet sind (Prospekterstellung, Zwischenabschlüsse, Marketing) und da andererseits jede Verzögerung die Due Diligence verteuert. Diese Kosten werden von der Emittentin zumindest teilweise mitgetragen. **2751**

V. Durchführung

2752 In der dritten Phase, der Durchführungsphase, erwirkt das börsenreife und vorbereitete Unternehmen gemeinsam mit den nun zu bestimmenden Banken die Zulassung und bereitet die Platzierung der Aktien vor. Auch diese Phase kann wiederum in 4 Teilschritte untergliedert werden.

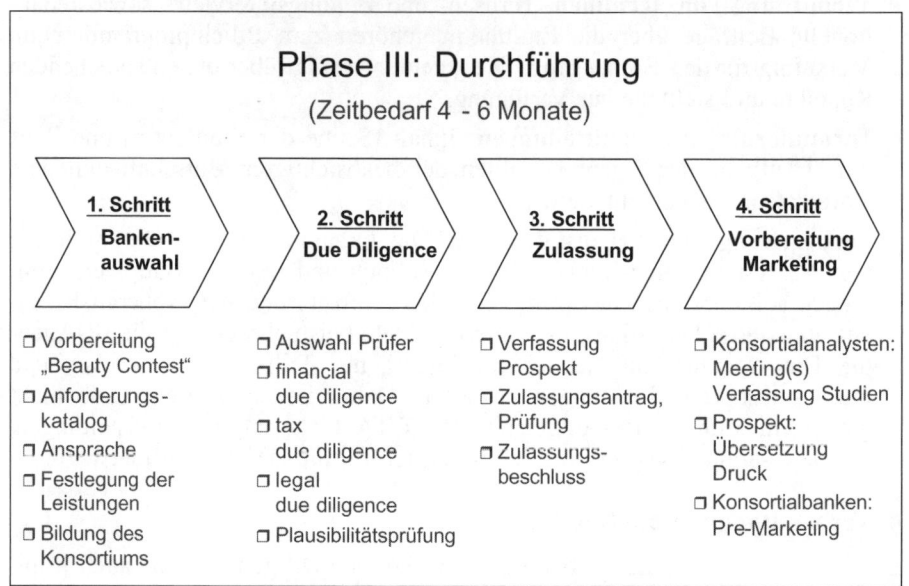

Abbildung 52: Börsengang: Durchführung

1. Bankenauswahl

2753 Im ersten Schritt werden die Banken ausgewählt und das Konsortium zusammengestellt. Zunächst wird der **Beauty Contest** der Banken vorbereitet. Hierfür wird das Profil der Emission (Volumen, Branche, Erklärungsbedürftigkeit des Produktes, Internationalität) mit dem Profil von in Frage kommenden Banken (Größe und Platzierungskraft, Image, Filialnetz, Internationalität, Geschäftsverbindungen zu Emittentin) abgeglichen. Ergebnis dieser Überlegungen ist einerseits ein Anforderungskatalog (welche Kriterien sind wirklich wichtig?), andererseits eine Long List der anzusprechenden Banken. Die Erstansprache kann durch den Emissionsberater erfolgen, der hierbei auch das Exposé der Emittentin (siehe auch Kapitel IV.1.) übergibt. Die Institute, die am anschließenden Beauty Contest teilnehmen, erhalten zur Vorbereitung den vollständigen Businessplan.

2754 Im Rahmen des Beauty Contests erhalten die Banken (üblicherweise vertreten durch Konsortialabteilung und Analysten), zunächst eine Präsentation des Unternehmens, anschließend stellen sie ihr eigenes Profil vor, verdeutlichen ihre

Sicht der Emission und erläutern ihre Vorschläge für ihre Mitwirkung im weiteren Prozess und ihren Wertbeitrag. Die Schwerpunkte liegen hier auf Platzierung (Vertriebskraft) und Research, den beiden letztlich entscheidenden Differenzierungsmerkmalen.

• **Platzierungskraft**: Der Charakter der Platzierung wird bestimmt durch das Volumen, das Verhältnis von Privatkunden (Retail) zu Finanzinvestoren (Institutionals) und die geographische Verteilung (Inland, Ausland). Diese Parameter müssen mit dem Profil der Konsortialbanken kompatibel sein. Große Platzierungen sind eine Domäne der großen Investmentbanken, während kleine Emissionen bei Privatbanken besser aufgehoben sind (hier wären im Falle einer Großbank Zweifel angebracht, ob die Emission die nötige Beachtung innerhalb der Bank fände). Konsumentennahe und bekannte Firmen mit leicht verständlichen Geschäftsmodellen eignen sich eher für eine Platzierung an Privatkunden, daher sollten die Banken in diesen Fällen über ein großes Filialnetz mit adäquater Kundenstruktur verfügen. Erklärungsbedürftige Produkte mit neuen Geschäftsmodellen sind dagegen leichter Finanzinvestoren zu vermitteln. Hier ist folglich die Größe des Institutional Sales Teams und die Qualität der Kontakte entscheidend. Bestimmte Emissionen eignen sich für internationale Platzierungen (hoher Bekanntheitsgrad und großes Volumen). Um hier die Potenziale zu nutzen, bedarf es Banken mit starken Auslandskontakten im Investmentbereich. Umgekehrt wäre ein hoher Platzierungsanteil im Ausland bei der Mehrzahl der Emissionen (kleinere und mittelgroße Gesellschaften) wenig hilfreich. Hier käme es im Sekundärmarkt zu hohen Rückflüssen aus dem Ausland, die auf einen nicht vorbereiteten Inlandsmarkt träfen.

• **Research und Reputation**: Zum einen haben bestimmte Kreditinstitute den Ruf, sich in der Vergangenheit sehr selektiv an besonders soliden Emissionen beteiligt zu haben, und besonders kritisch geprüft zu haben (Due Diligence). Die Konsortialteilnahme oder gar -führung solch eines Institutes ist für eine Emission per se gewissermaßen ein „Gütesiegel". Zum anderen sind einige Institute für ihre besondere Research-Expertise in bestimmten Branchen bekannt. Eine Kaufempfehlung von dieser Seite kann im Platzierungsprozess bei institutionellen Zeichnern wesentlich mehr bewirken, als gleichlautende Empfehlungen anderer Verfasser. Zudem verspricht die Sekundärmarkt-Beobachtung durch die entsprechenden Analysten ein höheres Maß an Transparenz für die Investoren.

Die Institute sollten auch darlegen, was sie für die Aktie im Sekundärmarkt zu **2755** tun gedenken, insbesondere, mit welchen Maßnahmen sie dazu beitragen wollen, die Aufmerksamkeit der Anleger weiterhin hoch zu halten. Nicht zuletzt erklären die Banken natürlich, wie sie die Chancen der Emission einschätzen, welchen Preis sie für angemessen halten, und welche Garantien sie für Preis und Volumen abgeben werden.

Im Nachgang des Beauty Contests werden die Leistungen und Konditionen mit **2756** den Banken verhandelt, das Konsortium gebildet und unter Mitwirkung der eigenen Anwälte die Übernahme- und Verkaufsverträge für die Aktien verhandelt. Die Verträge der Banken stehen regelmäßig unter dem Vorbehalt der Ergebnisse der Due Diligence. Bezüglich des Preises ist regelmäßig nur eine Indikation für eine mögliche Bandbreite der Bookbuildingspanne vorgesehen, welche darüber hinaus noch unter dem Vorbehalt der Ergebnisse eines Pre-Marketing stehen kann (siehe auch unten, Absatz 4.).

2. Due Diligence

2757 Im zweiten Schritt erfolgt eine Due Diligence der Emittentin im Auftrag des Bankenkonsortiums (siehe auch Kapitel B.IV. und C.XIII.). Die Due Diligence ist eigentlich eine originäre Aufgabe der Banken und wurde bis zur ersten Hälfte der 90er Jahre auch überwiegend von der Konsortialführerin selbst durchgeführt. Aufgrund von Kapazitätsengpässen und Risikoüberlegungen (bankintern: Verantwortung der Konsortialabteilung; konsortialiter: Verantwortung oder Haftung der Konsortialführerin gegenüber den Mitkonsorten; extern: Prospekthaftung gegenüber Anlegern) wurde diese Leistung ab Mitte der 90er Jahre an Wirtschaftsprüfungsgesellschaften outgesourced. Genauso alt wie das Outsourcing selbst ist die Diskussion um die Übernahme der Kosten. In der Praxis erfolgt meist eine Aufteilung, wobei die Konsortialführerin ihren Anteil quotal den anderen Konsorten weiterbelastet.

3. Zulassung

2758 Das zentrale Element des Zulassungsprozesses ist für alle Marktsegmente die Erstellung des **Prospektes** (siehe auch Kapitel XIV.). Genaugenommen muss unabhängig vom gewählten Segment ein Verkaufsprospekt für die zu platzierenden Aktien erstellt und vom Bundesaufsichtsamt für den Wertpapierhandel geprüft und gebilligt werden. Diese Prüfung und Billigung wurde im Falle börsennotierter Gesellschaften an die Börsen und ihre Zulassungsstellen delegiert. Für die meisten Segmente ist zusätzlich formal ein Börsenzulassungsprospekt einzureichen und zu billigen. In der Praxis ist der Börsenzulassungsprospekt jedoch wortgleich mit dem Verkaufsprospekt und wird daher in einem Dokument zusammengefasst. Die Erstellung erfordert erfahrungsgemäß rund 2 bis 3 Monate. Verfasst wird das Dokument regelmäßig von der konsortialführenden Bank auf Basis von Unterlagen und Auskünften, die von der Emittentin zur Verfügung gestellt werden. Zum ganz überwiegenden Teil können die bereits für die Due Diligence zusammengestellten Informationen verwendet werden.

2759 Etwa 4 Wochen vor Beginn der Platzierung wird der Prospekt in der Antragsfassung von der Konsortialführerin bei der zuständigen Börse zur Prüfung eingereicht und der **Zulassungsantrag** gestellt. Will die Konsortialführerin sicher gehen, dass im nun folgenden Prüfungsverfahren nicht zu viele Korrekturen gefordert werden, kann sie bereits ein oder zwei Wochen vor der Antragstellung ein Vorprüfungsverfahren an der Börse einleiten.

Der **Zulassungsbeschluss** erfolgt 15 Börsentage nach Stellung des Zulassungs- **2760**
antrags unter der Auflage, dass die von der Börse geforderten Ergänzungen und
Korrekturen noch in die endgültige Version des Prospektes eingearbeitet werden. Der Zulassungsbeschluss ist Voraussetzung für den Beginn des Verkaufs
der Aktien.

Das Timing für die Antragstellung ist ein Optimierungsproblem: Einerseits soll **2761**
neben der 15-tägigen Bearbeitungsfrist noch genügend Zeit für Korrekturen,
eventuell eine Übersetzung und den Druck verbleiben, weshalb der Antrag früh
gestellt werden sollte. Andererseits muss der Prospekt zum Zeitpunkt des Endes
der Verkaufsfrist immer noch aktuell sein, es dürfen sich also im Zeitraum zwischen Antragstellung und erster Notiz keine wesentlichen Veränderungen ergeben.

4. Vorbereitung Marketing

In den letzten Wochen vor Beginn der Verkaufsfrist für die Aktien bereiten die **2762**
Konsortialbanken die direkte Investorenansprache vor. Wichtigstes Werbemittel
der Banken sind die **Emissionsstudien** der Analysten.

Kick Off für die Studien ist ein **internes Analystenmeeting** mit den Analysten **2763**
der Konsortialbanken etwa 3 bis 4 Wochen vor Beginn der Platzierung. Der Vorstand präsentiert hierbei die Emittentin und die Struktur der Emission. Bei der
Darstellung der Emittentin erläutert er insbesondere die Historie, Lage, Strategie und Perspektiven der Gesellschaft sowie die Verwendung der Zuflüsse aus
der Emission im Detail. Die Struktur der Emission umfasst Fragestellungen
wie das Volumen, die Herkunft der Aktien, die aktuelle und die angestrebte
künftige Aktionärsstruktur, sowie die Lock-up-Vereinbarungen mit den Altgesellschaftern.

Die Veranstaltung ist für den Vorstand gleichzeitig die „Feuerprobe" für die **2764**
Präsentationen vor den Analysten der DVFA und vor institutionellen Anlegern.
Basis für die Analysen sind die Unternehmenspräsentation, die Abschlüsse und
Planungsunterlagen der Gesellschaft, der Entwurf oder die Antragsfassung des
Prospektes und insbesondere das Fact Book. In den folgenden Wochen werden
die Entwürfe der Studien mit dem Emissionsberater, der konsortialführenden
Bank und dem Vorstand der Emittentin abgestimmt.

Falls die Platzierung international erfolgen soll, wird zur Vorbereitung der In- **2765**
vestorenansprache der **Prospekt übersetzt** (rechtlich bindend ist jedoch stets
die gebilligte (deutsche) Fassung). Zwischen Billigung und Beginn der Platzierung muss der (gegebenenfalls entsprechend der Auflagen der Zulassungsstelle
überarbeitete) Prospekt (gegebenenfalls mehrsprachig) **gedruckt** werden.

In den letzten ein bis zwei Wochen vor Beginn der Platzierung wird bei bedeu- **2766**
tenderen Emissionen ein **Pre-Markteing** durchgeführt. In diesem Prozess erfra-
gen die Sales Manager der Konsortialbanken bei bedeutenden institutionellen
Kunden, die sie für repräsentativ halten, das grundsätzliche und unverbindliche

Interesse für die Emission. Die potenziellen Zeichner äußern sich auch zu ihren Preisvorstellungen. Ergebnis des Pre-Marketing ist ein ziemlich präzises Profil der Platzierungsmöglichkeiten für die Emission, einschließlich einer belastbaren Indikation für den Nachfragepreis. Im Nachgang und aufbauend auf die Erkenntnisse des Pre-Marketing verhandeln die Konsortialbanken mit der Emittentin die endgültige **Bookbuildingspanne** oder den Festpreis der Emission. Die Bookbuildingspanne ist eine Preisspanne, innerhalb welcher Investoren Kaufangebote abgeben können, und die üblicherweise auch den möglichen Emissionspreis begrenzt.

2767 Insbesondere bei IPO-Projekten ab dem Sommer 2000 war das Ergebnis des Pre-Marketing in vielen Fällen so unbefriedigend, dass Emissionen unmittelbar vor Beginn der Platzierung verschoben oder abgesagt wurden. Zu diesem Zeitpunkt sind bereits erhebliche Kosten für die Emittentin selbst und für das Konsortium angefallen, zudem leidet durch den Abbruch auch der Ruf der Emittentin. Gleichwohl sind sowohl der Imageschaden als auch der materielle Schaden geringer als wenn bei einem anschließenden Angebot nur ein Teil der Aktien platziert werden könnte.

VI. Platzierung

2768 In der vierten Phase, der Platzierung, erfolgt der Börsengang im engeren Sinne. Die Aufgabe des Vorstands ist nun auf die Präsentation des Unternehmens vor unterschiedlichen Gremien reduziert, während der Großteil des Handelns nunmehr bei den Konsortialbanken liegt. Erfahrungsgemäß ist es aus Emittentensicht ratsam, das Handeln der Banken durch den Emissionsberater begleiten zu lassen. Auch diese Phase kann wiederum in 4 Schritte untergliedert werden.

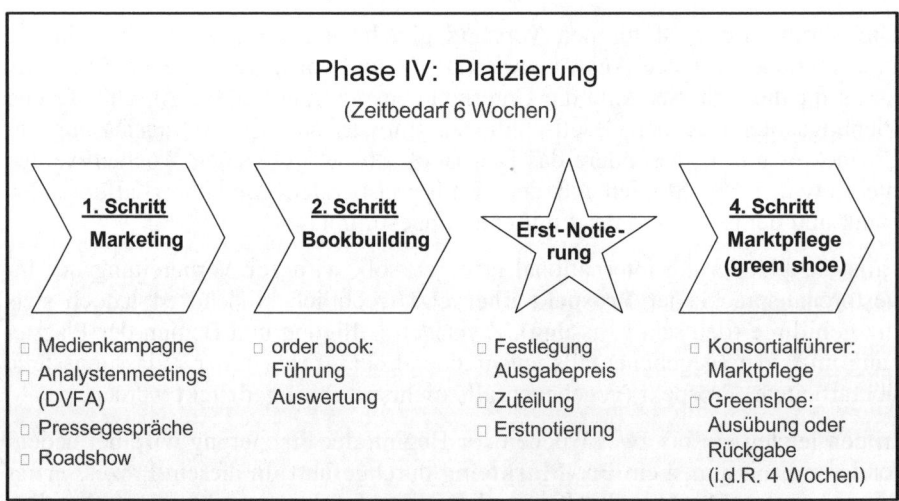

Abbildung 53: Börsengang: Platzierung

1. Marketing

Das Marketing beginnt mit der emissionsbegleitenden **Medienkampagne** etwa 2 bis 3 Wochen vor Beginn der Verkaufsfrist. Das beste Kosten/Nutzen-Verhältnis erzielt die Emittentin im redaktionellen Teil von Print- und elektronischen Medien, gefolgt von Anzeigen in Printmedien (Handelsblatt, Süddeutsche Zeitung, Frankfurter Allgemeine Zeitung, Börsenzeitung, Börse Online, Focus Money, Euro am Sonntag) und Spots in elektronischen Medien (Bloomberg-TV, N24, n-tv etc.). Um das erforderliche Mindestmaß an Aufmerksamkeit zu erwecken, sollte in ausgewählten Medien eine höhere Zahl von Anzeigen, optimalerweise eine Motivserie, geschaltet werden (Wiederholungseffekt). **2769**

Die Vermittlung der Kontakte für redaktionelle Beiträge obliegt der Kommunikationsagentur. Es gibt einen empirisch zu beobachtenden Zusammenhang zwischen Anzeigen, die in einem bestimmten Medium platziert werden und den redaktionellen Beiträgen. Hinzu kommt zweifelsfrei ein umgekehrt proportionaler Zusammenhang zwischen der Zahl der Börsengänge insgesamt und der Möglichkeit, Beiträge über ein einzelnes Unternehmen unterzubringen. Insofern haben sich die Chancen für die besonders effizienten redaktionellen Beiträge in den letzten Jahren tendenziell verbessert. **2770**

Höhepunkt der Marketingkampagne ist das **Analystenmeeting**, das in Deutschland in der Regel am ersten Tag der Verkaufsfrist über die **DVFA** ausgerichtet wird. Die Einladung durch die DVFA bietet die Gewähr, dass praktisch alle namhaften Analysten und einflussreichen Portfoliomanager in Deutschland bezüglich der bevorstehenden Emission persönlich angesprochen und informiert werden. Die insofern sehr exklusive Adresskartei umfasst weit mehr als 1.000 Personen und Institutionen. In der Regel wird die Analystenkonferenz wegen der hohen räumlichen Konzentration interessierter DVFA-Mitglieder in Frankfurt ausgerichtet. Sie ist mit einem zeitlichen Vorlauf von ca. 2 bis 4 Wochen mit der DVFA abzustimmen. Optimal ist es, das Meeting mit dem eines Unternehmens der gleichen Branche zusammenzulegen, um den Nutzen für die teilnehmenden Analysten zu erhöhen. Bei kleinen Emissionen kann es sich aufgrund der überragenden Bedeutung des Meetings in Einzelfällen lohnen, den Emissionstermin in der Feinabstimmung (+/– 2 Tage) auf das Meeting abzustimmen. **2771**

Im Anschluss an das Analystenmeeting findet üblicherweise noch ein Pressegespräch mit Vertretern der Wirtschafts- und Tagespresse (die keinen Zugang zu DVFA-Konferenzen haben) statt. **2772**

Nach diesen beiden Veranstaltungen geht der Vorstand zusammen mit Sales Managern und Analysten der Konsortialbanken auf „**Roadshow**". Bei der Roadshow wird das Unternehmen in etwas knapperer Form als beim DVFA-Meeting wichtigen institutionellen Anlegern und ihren Buy-side-Analysten in Einzelgesprächen vorgestellt. Diese Präsentationen finden während der gesamten Verkaufsfrist am Firmensitz der potenziellen Investoren statt. Da diese sich in vielen Fällen über ganz Europa verteilen, prägte sich der Begriff „Roadshow". **2773**

2774 Wegen des hohen Professionalisierungsgrades ist bei der DVFA-Veranstaltung und der Roadshow mit einer großen Zahl besonders kritischer Fragen („Nasty Questions") zu rechnen, welche gemeinsam mit dem Emissionsberater und den Analysten der Konsortialführerin antizipiert und die Antworten vorbereitet werden sollten. Im Prinzip entscheidet der Auftritt bei diesen beiden Gelegenheiten über den Erfolg einer Emission. Die institutionellen Anleger nehmen bei den meisten Emissionen den überwiegenden Teil der Aktien auf, und ihr Verhalten, gepaart mit den öffentlichen Äußerungen der DVFA-Analysten nach dem Meeting, hat eine starke Signalwirkung auch für den privaten Sektor.

2. Bookbuilding

2775 Der zweite Schritt der Platzierung ist das Bookbuilding. Während der Verkaufsfrist, die meist nur 2 oder 3 Tage dauert, sammelt die Konsortialführerin alle Orders, die bei den Konsortialbanken eingehen und führt das Orderbuch.

2776 Während beim Festpreisverfahren vor Beginn der Verkaufsfrist der Platzierungspreis fixiert wird, wird beim Bookbuildingverfahren lediglich eine **Preisspanne** (meist zwischen 10% und 20% bezogen auf den unteren Wert) festgelegt, innerhalb welcher der Emissionspreis liegen wird. Die Investoren können ihre Kaufaufträge limitiert innerhalb der Preisspanne abgeben. Der Emissionspreis wird erst nach Ende der Verkaufsfrist, wenn die Orderlage bekannt ist, festgelegt. Das Verfahren soll gemeinsam mit einer Mehrzuteilungsoption einem Interessenausgleich zwischen Emittentin (Maximierung Verkaufserlös), Konsortium (Minimierung Risiko und zufriedene Zeichner) und Zeichnern (möglichst keine negativen Zeichnungsrenditen) dienen (siehe auch Kapitel XII.).

2777 Bisweilen wird die Verkaufsfrist bis auf 10 Börsentage ausgedehnt. Dies kann zwei mögliche Gründe haben: Entweder handelt es sich um eine extrem große Emission (ab € 500 Mio.) und die Roadshow beschränkt sich nicht auf ein oder zwei Dutzend europäische Adressen sondern erfordert im wörtlichen Sinne eine Weltreise des Vorstands mit bis zu hundert Terminen. Die Roadshow kann nicht vor Beginn der Zeichnungsfrist beginnen (ein Verkaufsgespräch mit einem Anleger ohne Nennung des Preises macht wenig Sinn und die Preisspanne wird erst bei Beginn der Verkaufsfrist genannt) und die Zeichnungsfrist kann nicht vor Ende der Roadshow enden (ein Verkaufsgespräch nach Ende der Verkaufsfrist macht ebenfalls keinen Sinn). Die andere Möglichkeit ist, dass es sich um eine kleine und extrem „wacklige" Emission handelt, und die Initiatoren hoffen, dass durch eine Verlängerung der Frist mehr Anleger angesprochen werden können.

3. Erstnotierung

2778 Nach Ende des Bookbuilding erfolgt die Analyse des Orderbuches nach Kriterien wie:

- Privatanleger (Retail)/Institutionelle Anleger
- „Friends & Family"

- Konsortialorder/Drittorder
- Inland/Ausland
- Anlegerqualität (bei institutionellen Anlegern)
- Preislimit

Von der getroffenen Klassifizierung hängt ab, ob und in welchem Maße eine Order bei der Ermittlung des Ausgabepreises und der Zuteilung berücksichtigt wird. **2779**

Anschließend wird der **Ausgabepreis** festgelegt, der regelmäßig unter dem theoretisch erzielbaren Grenzpreis liegt (siehe auch Kapitel XII.). **2780**

Die Klassifizierungen der Orders sind von wesentlicher Bedeutung bei der **Zuteilung**. Primäres Ziel ist es, die Aktien von Anfang an nach Möglichkeit in „starke Hände" zu platzieren, denen ein langfristiges Interesse an der Gesellschaft unterstellt wird. Auf diese Weise soll starker Abgabedruck verhindert und eine positive Sekundärmarktperformance unterstützt werden. **2781**

Beispielsweise wird Mitarbeitern, Geschäftspartnern und Familienmitgliedern der Gründer (Friends & Family) eine stärkere Bindung zur Emittentin unterstellt, weshalb diese Gruppe gerne bevorzugt bedient wird. Hohe Auslandsquoten korrelierten in der Vergangenheit mit schwacher Sekundärmarktperformance, da der Inlandsmarkt nicht stark genug aufgebaut wurde (geringe Platzierung an Inländer ist dem Handelsvolumen und dem Bekanntheitsgrad abträglich), um die Rückflüsse aus dem Ausland aufzunehmen, dort wiederum ist es jedoch erheblich schwieriger, Sekundärmarktkäufer zu gewinnen. Höchst unterschiedlich ist die Qualität der institutionellen Anleger: die Sales Manager des Konsortiums können in der Regel ziemlich gut beurteilen, welche ihrer Kunden auf der Suche nach lukrativen Daytrades und welche auf der Suche nach langfristigen Investments sind. Zudem muss hier auf die Einhaltung von Mindestvolumina geachtet werden, da sich die Fondsmanager nicht mit Kleinstpositionen verzetteln wollen. **2782**

Eine eventuell eingeräumte Mehrzuteilungsoption sollte im Interesse der Emittentin wenn möglich in jedem Fall mit zugeteilt werden. **2783**

Insofern hat die Gestaltung der Zuteilung wesentlichen Anteil am späteren Markterfolg der Aktie. Da die Banken hierbei nicht ganz frei von Interessenkonflikten sind (z.B. gute ausländische Bankkunden, denen die Sales Manager einen Gefallen tun wollen), kann es sich für die Emittenten lohnen, ein Auge auf die Modalitäten der Zuteilung zu werfen. **2784**

Im Falle einer Notierung an mehreren Börsenplätzen sollte die Konsortialführerin bei der **Erstnotierung** bestrebt sein, dass der Handel an allen Börsenplätzen gleichzeitig und zu gleichen Kursen beginnt (Abstimmung und Ausgleich zwischen den Maklern). Sofern dies versäumt wird, sind (unnötige) Verstimmungen der Anleger die Folge. **2785**

4. Marktpflege

2786 Die Marktpflege, soweit sie über die normale Tätigkeit der Designated Sponsors hinausgeht, ist während einer Stabilisierungsphase von etwa 20 Börsentagen der Konsortialführerin vorbehalten. Dies wird üblicherweise im Konsortialvertrag bestimmt, der dann auch regelt, dass daraus entstehende Kursverluste bis zu einem definierten Höchstbetrag den anderen Konsorten quotal weiterbelastet werden dürfen.

2787 Während die Konsortialführerin früher in vielen Fällen bei Abgabedruck im Sekundärmarkt erhebliche Teile der Emission in die eigenen Bücher nahm, beschränkt sich die Marktpflege mittlerweile in den meisten Fällen auf die Verwaltung der Mehrzuteilungsoption (**Greenshoe**).

2788 Die Bezeichnung Greenshoe stammt von der erstmaligen Anwendung des Mehrzuteilungsverfahrens beim IPO der Greenshoe Manufacturing Company, Massachusetts, im Jahre 1963.[10] Beim Mehrzuteilungsverfahren ist die Zahl der zu emittierenden Aktien nicht ex ante fixiert, sondern kann um eine Mehrzuteilungsoption erhöht werden. Der Zweck ist, dass das Emissionsvolumen im unmittelbaren zeitlichen Umfeld der Platzierung der Nachfrage angepasst werden kann.

2789 Der Greenshoe, also jene Aktien, die nur eventuell verkauft werden, kann entweder aus dem Besitz der Altaktionäre oder aus einer bedingten Kapitalerhöhung (die nur dann und so weit ausgeübt wird, als der Greenshoe gezogen wird) stammen. Die Entscheidung, ob der Greenshoe ausgeübt wird, kann bis zum Ende der Stabilisierungsphase (in der Regel etwa 20 Börsentage) getroffen werden. In der Praxis heißt das, dass im Primärmarkt alle zur Verfügung stehenden Aktien (einschließlich Greenshoe) platziert werden. Läuft die Emission gut und bewegen sich die Kurse im Sekundärmarkt während des ersten Monats über dem Emissionspreis, wird spätestens am Ende der Stabilisierungsphase veröffentlicht, dass das maximale Emissionsvolumen realisiert wurde. Läuft die Emission weniger gut und sinken die Kurse im Sekundärmarkt aufgrund des Abgabedrucks in die Nähe des Emissionspreises oder darunter, so kann die Konsortialführerin zur Kursstützung Aktien bis zum Volumen des Greenshoes zurückkaufen. Diese Aktien werden dann je nach Herkunft des Greenshoes entweder an die Gesellschafter oder die Gesellschaft selbst zurückgegeben, die dann die bedingte Kapitalerhöhung nicht oder in geringerem Volumen durchführt. Die Altgesellschafter bzw. die Emittentin selbst wissen daher erst am letzten Tag der Stabilisierungsphase, wie viele Aktien sie tatsächlich verkauft haben.

2790 Im Prinzip handelt es sich beim Greenshoe damit um eine Put-Option zu Gunsten des Konsortiums mit der Gesellschaft oder den Altgesellschaften als Stillhalter. Er vermindert das Risiko aus der Marktpflege für die Banken.

---

10 Vgl. Jakob, E.: Initial Public Offerings, Wiesbaden 1998, S. 218.

VII. Post-IPO – Das Leben nach dem Börsengang

Das Leben einer börsennotierten Gesellschaft unterscheidet sich von dem einer   **2791**
anderen Gesellschaft im Wesentlichen in 4 Themenkomplexen.

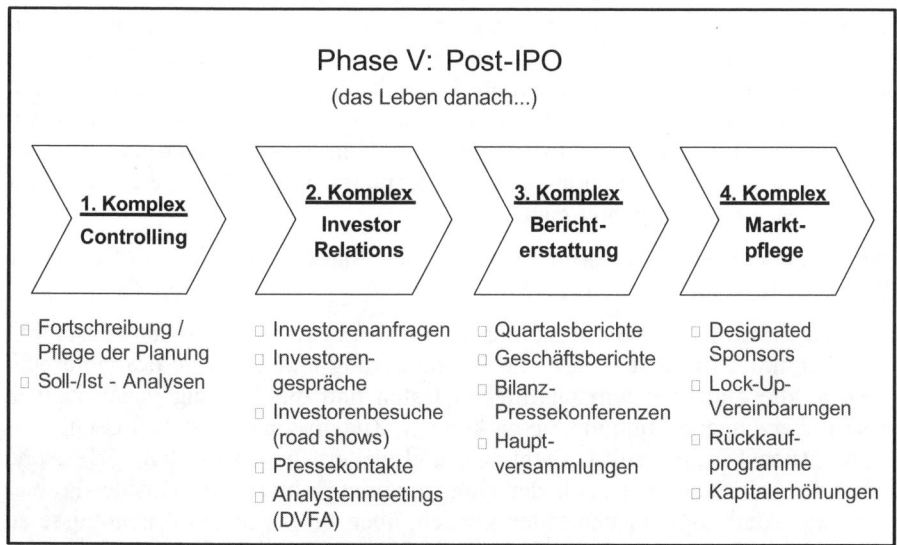

Abbildung 54: Börsengang: Post-IPO

1. Controlling

Sowohl zur Steuerung des Geschäfts als auch für die Kommunikation mit dem   **2792**
Finanzmarkt ist es unerlässlich, das vor dem Börsengang eingerichtete Control-
lingsystem weiter zu entwickeln und zu pflegen. Hierfür ist zwingend erforderlich, dass der Vorstand sich mit der Planung vor dem Börsengang selbst ausein-
andergesetzt, und die Erstellung und Pflege nicht seinem Emissionsberater oder
gar den Banken überlassen hat.

Die zum Börsengang kommunizierte Planung sollte zunächst fortgeschrieben   **2793**
werden. Von enormer und vielfach unterschätzter Wichtigkeit ist, dass Überar-
beitungen unverzüglich am Markt kommuniziert werden. Wann eine Überarbeitung erforderlich ist, ergibt sich aus den Soll-/Ist-Analysen, die mit einem Time-
lag von höchstens 2 Wochen über Abweichungen informieren.

2. Investor Relations

Mit der Börsennotierung beginnt für die Emittentin eine neue Ära der Kommu-   **2794**
nikation: Das Unternehmen steht unter ständiger Beobachtung der privaten und
institutionellen Anleger sowie der Analysten. Als Miteigentümer erwarten die
Aktionäre, über die Lage des Unternehmens auf Anfrage jederzeit und über

neue Entwicklungen sofort informiert zu werden. Die Investor-Relations(IR-) Arbeit umfasst die Pflege der Beziehungen zu diesen drei Gruppen.

2795 Die **Investor Relations - Arbeit** ist ein wichtiger Baustein im Transformationsprozess von Unternehmensdaten über Informationen für den Finanzmarkt zur Kursbildung, die letztlich die Vermögensposition und die Rendite der Investoren bestimmt. Bei gegebener Datenlage wird ein Zweifel an der Qualität der Informationen von den Marktteilnehmern als Risiko wahrgenommen, was ceteris paribus unmittelbar in eine niedrigere Kapitalisierung mündet. Ebenso bewirkt eine diskontinuierliche Information des Marktes jeweils größere (Einzel-) Änderungen der Datenlage und folglich größere Kurssprünge. Auch dies wird als größeres Risiko (als die kontinuierliche Information) mit der Folge einer niedrigeren Bewertung wahrgenommen.

2796 Daraus lassen sich die **Anforderungen** des Marktes an eine professionelle Pflege der Investor Relations ableiten:

- **Qualifikation**: Investor Relations ist keine „Sekretariatsaufgabe". Der mit IR betraute Mitarbeiter muss die Positionierung und Strategie des Unternehmens, die aktuellen wirtschaftlichen Daten und die Planung genau kennen und überzeugend kommunizieren können. Zudem muss er stets wissen, welche Daten bereits veröffentlicht sind und weitergegeben werden dürfen, und welche Informationen noch der Geheimhaltung unterliegen (Insider-Problematik). Auch muss er beurteilen können, über welche neuen Erkenntnisse ad hoc zu berichten ist. Aus diesen Gründen sollte bei kleinen Aktiengesellschaften die IR-Funktion vom Finanzvorstand selbst, bei mittleren und größeren Gesellschaften gemeinsam mit einem IR-Manager, wahrgenommen werden.

- **Reaktionszeit**: Investoren- und Analystenanfragen müssen binnen kürzester Zeit beantwortet werden. Als Faustregel gilt: Analysten, Institutionelle Investoren und Journalisten erwarten einen Rückruf binnen 24 Stunden. Für private Investoren sollte eine schriftliche Äußerung (oft reichen der letzte Zwischenbericht und die jüngsten Presseerklärungen) binnen 2 Werktagen (Postausgang) erfolgen.

- **Inhalte**: Auf Anfragen müssen die letzten veröffentlichten wirtschaftlichen Daten (Zwischenbericht) erläutert, die Situation und Strategie verdeutlicht und die aktuelle offizielle (d. h. veröffentlichte) Planung weitergegeben und erklärt werden. Falls die offizielle Planung signifikante Abweichungen von der aktuellen internen Planung aufweist, ist es an der Zeit, die offizielle Planung anzupassen und zu veröffentlichen, was aber keinesfalls in einem 4-Augen-Gespräch erfolgen darf (Insiderproblematik).

- **weitere Medien und Formate**: Neben der Beantwortung von Anfragen sollten regelmäßig Analystenmeetings durchgeführt werden. Die Meetings sollten öfter als im von einigen Marktsegmenten geforderten Jahresrhythmus, besser 2–3 mal jährlich stattfinden. Dies ist in Kombination mit den Quartalsberichten das effizienteste Medium, um Änderungen der Planung zu kommunizieren. Die Meetings können gefolgt sein von Analysten- und In-vestoren (Einzel-) Gesprächen, und einer Roadshow. Auch Pressekontakte sollten regelmäßig gepflegt werden. Darüber hinaus sind die inhaltliche Ge-staltung der externen Berichterstattung (Quartals- und Jahresberichte) und von ad hoc-Mitteilungen klassische IR-Aufgaben.

- **Umgang mit „bad news"**: Weniger erfreuliche Nachrichten sollten mit der gleichen Offenheit kommuniziert werden wie Plananpassungen nach oben. Dies ist menschlich eine ungeheure Herausforderung, aber an den Finanz-märkten ein absolutes Muss. Andernfalls droht neben der aufgrund der ver-änderten Fundamentaldaten ohnehin unvermeidbaren Reduzierung der Be-wertung ein weiterer (völlig unnötiger) Malus in Form eines Risikoabschlags für mangelnde Transparenz. Einmal verlorenes Vertrauen zurückzugewinnen erfordert sehr hohen Aufwand und viel Zeit.

3. Berichterstattung

Wichtigstes Element der externen Berichterstattung ist der **Geschäftsbericht**. 2797 Er ist die „Visitenkarte" des Unternehmens und dient der detaillierten Informa-tion über die Lage und die Perspektiven der Gesellschaft. Adressaten sind ne-ben den Aktionären die Kreditgeber, Geschäftspartner (Kunden und Lieferan-ten) und die interessierte Öffentlichkeit. Die Bestandteile sind der testierte Ab-schluss (Bilanz, GuV), die Kapitalflussrechnung, der Anhang, sowie die Be-richte von Aufsichtsrat und Vorstand, Letzterer mit einem Ausblick auf das lau-fende Geschäftsjahr. Neben der Vermittlung der Pflichtangaben kann der Geschäftsbericht die Gesellschaft mit ihren Geschäftsbereichen und Produkten porträtieren, sowie die Strategien erläutern. Bei den größeren Publikumsgesell-schaften ist es üblich, mehrere Versionen zu erstellen: neben der Langversion (Bei DAX-100-Werten vielfach weit über 100 Seiten) eine Kurzversion, beides eventuell in einer deutschen und einer englischen Version (Letzteres ist im Marktsegment Prime Standard Pflicht). Im aktienrechtlichen Sinne bindend ist dabei stets die deutsche Langversion. Sie muss nach dem Aktiengesetz einen Monat vor der Hauptsammlung vorliegen, das heißt spätestens sieben Monate nach Ende des Geschäftsjahres. Die Bestimmungen der Börsen und die Kapital-marktusancen erfordern jedoch eine deutlich frühere Berichterstattung über das abgelaufene Jahr (üblicherweise binnen 3 bis 4 Monaten), welche üblicherweise mit der Veröffentlichung des Geschäftsberichts einhergeht.

Die Veröffentlichung erfolgt meist im Rahmen einer **Bilanzpressekonferenz**. 2798 In dieser werden die wesentlichen Inhalte für die Journalisten aufbereitet und kommentiert. Der Redetext sollte in zitierfähiger Form auch schriftlich auslie-gen. Die Bilanzpressekonferenz kann mit einer nachfolgenden **Analystenkonfe-renz** (z.B. DVFA-Veranstaltung) verbunden werden. Die vorgetragenen Inhalte und die Fragen sind im zweiten Fall detaillierter, was sich aus dem anders gela-gerten Interesse und der Qualifikation der Analysten ergibt. Wegen des unter-schiedlichen Erwartungshorizontes sollten die beiden Veranstaltungen auch nicht zusammengelegt werden.

2799 Unterjährig hat die Emittentin je nach Marktsegment die Verpflichtung, **Zwischenberichte** zu veröffentlichen. Für den Prime Standard sind die Zahl, die Fristen, die Form und die Inhalte der Zwischenberichte von der Deutschen Börse AG festgelegt. Die Eckpunkte sind:

- Veröffentlichung binnen 2 Monaten nach Quartalsende
- zweisprachig
- Bilanz, GuV, Kapitalflussrechnung
- Konzern- und ggf. Einzelabschluss
- Vergleichszahlen des Vorjahres
- Angaben zum Ergebnis je Aktie
- Erläuterungen: Die wesentlichen Zahlen (Umsatz, Auftragslage, Preise, Kosten etc.) und Entwicklungen von Bedeutung (Vorgänge, die sich auf den geschäftlichen Erfolg der Emittentin auswirken können) sind zu kommentieren.
- ggf. Testat eines Wirtschaftsprüfers

2800 Im Einzelnen werden die Anforderungen an das Berichtswesen im folgenden Kapitel VIII. dargestellt.

2801 Damit entspricht der Zwischenbericht in Bezug auf die dafür zu leistenden Abschlussarbeiten und Kommentierungen vom Aufwand her weitgehend einem Jahresabschluss. Gemessen an einem Geschäftsbericht entfällt hingegen der Bericht des Vorstands weitgehend. Die technische Ausstattung kann auch etwas einfacher sein, das Layout sollte im Interesse der Markenbildung dem Geschäftsbericht entsprechen.

2802 Der Geschäftsbericht und die Quartalsberichte werden bei guter Ausgestaltung zu den wichtigsten Medien der Unternehmensdarstellung. Dementsprechend lohnt es sich in den meisten Fällen, die Agentur für das Finanzmarketing auch mit der weiteren Betreuung dieser Publikationen zu beauftragen.

2803 Eine weiteres Element der Beziehungspflege zu den Investoren ist die jährliche ordentliche **Hauptversammlung**. Diese wird üblicherweise am Sitz der Gesellschaft ausgerichtet. Bei einigen Aktionären und Aktionärsvertretern ist die Hauptversammlung die einzige Gelegenheit, einen Kontakt aufzubauen und zu pflegen. Es ist zweckmäßig, bekannte Meinungsführer vor der Hauptversammlung direkt anzusprechen und zu versuchen, offene Fragen im Vorfeld zu klären. Dies kann unter Umständen dazu beitragen, die Stimmung auf der Hauptversammlung zu entspannen und einen reibungslosen Ablauf zu gewährleisten.

2804 Im Einzelnen werden die Vorbereitung und der Ablauf der Hauptversammlung im folgenden Kapitel VIII. dargestellt.

4. Marktpflege

2805 Der von der Gesellschaft direkt zu beeinflussende Teil der Marktpflege umfasst im Idealfall vier Elemente.

- **Lock-Up-Vereinbarung**: Auch wenn es nach dem Ende des Neuen Marktes formal nicht mehr erforderlich ist, wird in vielen Fällen zwischen den Altaktionären und den Konsortialbanken eine Lock-Up-Vereinbarung über 6 bis **noch** 24 Monate geschlossen. Mit dieser demonstrieren die Altaktionäre unter an- **2805** derem ihre (nachhaltige) Verbundenheit mit der Gesellschaft. Die Überwachung der Lock-Up-Vereinbarung obliegt der depotführenden Bank der Gesellschafter, gegebenenfalls gemeinsam mit der Konsortialführerin. Mit Auslaufen der Vereinbarung kann bei vielen Gesellschaften Abgabedruck am Markt beobachtet werden. Dieser rührt zum Teil aus tatsächlichen Verkäufen der Altgesellschafter, zum Teil auch aus antizipativen Verkäufen Dritter Aktionäre. Es kann von daher der Sekundärmarktperformance zuträglich sein, wenn es der Emittentin gelingt, die Altgesellschafter zu einer Verlängerung der Lock-Up-Vereinbarung zu bewegen. Falls die Altgesellschafter nicht unmittelbar an einem Verkauf interessiert sind, ist dies auch kein zu großes Opfer.

- **Designated Sponsors**: Das zweite Element der Marktpflege im Sekundärmarkt ist die Bestellung und Pflege der Designated Sponsors. Wie oben erwähnt (siehe Kapitel III.1.a.) ist das Designated Sponsorship für Banken und Finanzdienstleister aufgrund der Informationsasymmetrie primär ein Zuschussgeschäft. Die zu erwartenden Handelsverluste lassen sich durch eine entsprechende Vergütung ausgleichen. Je besser die Informationslage der Designated Sponsors bezüglich der operativen Situation einer Emittentin, desto geringer fallen die Handelsverluste aus, und desto billiger können Finanzdienstleister das Sponsorship anbieten. Es ist daher zweckmäßig, regelmäßige one-on-ones mit den Designated Sponsors durchzuführen, wobei natürlich die Grenzen der Insiderbestimmungen beachtet werden müssen.

- **Aktienrückkauf-Programme**: Ein drittes Element der Marktpflege, mit dem Mehrwert für die Aktionäre geschaffen werden kann, und welches folglich zu einer besseren Performance beitragen kann, sind Aktien-Rückkaufprogramme. Diese ermöglichen es der Gesellschaft, am Markt eigene Aktien zu erwerben. Die so erworbenen Aktien können, je nach der Formulierung der dafür erforderlichen Ermächtigung, anschließend entweder eingezogen, als Akquisitionswährung oder Entlohnung für Mitarbeiter (Mitarbeiter-Aktien oder Stockoption-Programme) verwendet oder in späteren Phasen wieder am Markt veräußert werden. Im Prinzip wirkt jeder Erwerb eigener Aktien ceteris paribus durch die zusätzliche Nachfrage bzw. die Verknappung des Angebotes zunächst und kurzfristig kurserhöhend. Ein Mehrwert für die Gesellschaft und die verbleibenden Aktionäre kann allerdings nur geschaffen werden, wenn der Erwerb zu Kursen unter dem inneren Wert der Aktie erfolgt und wenn der Kurs anschließend wieder steigt. Sofern der Kurs anschließend weiter fällt, verursacht der Erwerb eine Wertvernichtung und wird den Kursverfall noch beschleunigen. Ein kluger Vorstand wird daher das Rückkaufprogramm nach einer Bodenbildung der Aktie zu Tiefstkursen einsetzen, die anschließende Kurserholung noch beschleunigen und für seine (verbliebenen) Aktionäre Mehrwert schaffen.

- **Kapitalerhöhungen**: Das vierte Element der Marktpflege, oder in diesem Kontext vielleicht noch besser „der Nutzung des Marktes" ist die Durchführung von Kapitalerhöhungen. Diese Kapitalbeschaffungsmaßnahmen sind das wichtigste Finanzierungsmedium börsennotierter Kapitalgesellschaften. Da bei nachhaltig erfolgreicher Entwicklung des operativen Geschäfts der Marktzugang immer wieder genutzt werden kann, wird den börsennotierten Unternehmen über diese Emissionsfolgegeschäfte mehr Kapital zur Verfügung gestellt, als über IPOs. In den letzten Jahren setzten sich verstärkt die kleinen Kapitalerhöhungen (maximal 10% des Grundkapitals) ohne Bezugsrecht durch. Voraussetzung ist wie beim Aktienrückkauf ein Hauptversammlungsbeschluss zur Ermächtigung des Vorstands. Die kleinen Kapitalerhöhungen haben den Vorteil, schneller und flexibler umgesetzt werden zu können und weniger Aufwand zu verursachen. Damit können sie neben der Finanzierungsfunktion auch zur Steuerung des Kursverlaufs eingesetzt werden. Sie schaffen unmittelbar zusätzliches Angebot, was in Übertreibungsphasen eine Dämpfung bewirken kann.

VIII. Folgepflichten

2806 Mit der Zulassung der Aktien an einer Wertpapierbörse gelten für den Emittenten die **Folgepflichten** der jeweiligen Börse sowie die allgemeinen Regelungen für Unternehmen, die den organisierten Kapitalmarkt in Anspruch nehmen.

2807 Die allgemeinen gesetzlichen Regelungen finden sich im Wesentlichen im **Börsengesetz** (BörsG), im **Wertpapierhandelsgesetz** (WPHG) und im **Aktiengesetz** (AktG). Darüber hinaus ist seit 2002 auch der **Corporate-Governance Kodex** zu beachten.

2808 Im Rahmen des Börsenbooms der jüngeren Vergangenheit erfreute sich insbesondere der **Neue Markt** der Frankfurter Wertpapierbörse einer besonderen Beliebtheit.

2809 Jedoch hat der Börsenrat der FWB Frankfurter Wertpapierbörse am 16.10.2002 im Grundsatz eine neue Segmentierung des Aktienmarktes an der FWB einstimmig beschlossen. Mit der **Neustrukturierung**, die zum 01.01.2003 in Kraft trat, sind für Aktien und aktienvertretende Zertifikate zwei neue Börsenzulassungssegmente entstanden:

- **General („Domestic") Standard**: Im Segment General Standard müssen Unternehmen die gesetzlichen Mindestanforderungen des amtlichen Marktes oder geregelten Marktes erfüllen.
- **Prime Standard**: Im Segment Prime Standard müssen Unternehmen über die gesetzlichen Mindestanforderungen hinaus zusätzlich hohe internationale Transparenzanforderungen erfüllen.

2810 Da wesentliche Elemente der privatrechtlichen Regelwerke für den Neuen Markt und SMAX in die Börsenordnung übernommen werden, stellte die Deutsche Börse diese Segmente im Juni 2003 ein. Die Regelungen des Prime Standard –

der für Unternehmen, die hohe Qualitätsansprüche erfüllen wollen und können, eingeführt wird – sind in der neuen Börsenordnung der Frankfurter Wertpapierbörse geregelt. Auf sie soll im Folgenden näher eingegangen werden: [11]

1. Folgepflichten des Prime Standards

Im „Prime Standard" werden zukünftig folgende fünf zusätzliche **Zulassungs- folgepflichten** gelten: **2811**

- Veröffentlichung von Quartalsberichten mit bestimmten Mindestangaben (§§ 63, 78 BörsO n. F.);

- Erstellung der konsolidierten Abschlüsse nach der Rechnungslegung **IAS/ IFRS oder US-GAAP** (§§ 62, 77 BörsO n. F.);

- Veröffentlichung eines **Unternehmenskalender**s mit den wesentlichen kapitalmarktspezifischen Terminen (z. B. Hauptversammlung, Bilanzpressekonferenz) (§§ 64, 79 BörsO n. F.);

- Durchführung einer jährlichen **Analystenkonferenz** (§§ 65, 80 BörsO n. F.);

- Veröffentlichung von **Ad hoc-Mitteilungen** (§ 15 WpHG) in englischer Sprache (§§ 66, 81 BörsO n. F.).

a) Quartalsberichterstattung

Gemäß den §§ 63, 78 BörsO n. F. ist ein im Prime Standard notiertes Unternehmen verpflichtet, Quartalsberichte – jeweils in deutscher und in englischer Sprache – zu veröffentlichen. Ziel der Zwischenberichterstattung ist es, den Anlegern und der interessierten Öffentlichkeit **regelmäßige, zeitnahe und verlässliche Informationen** über die Vermögens-, Finanz- und Ertragslage eines Unternehmens und die künftige Entwicklung des Geschäftsjahres zu geben.   **2812**

Diese Quartalsberichte (Zwischenberichte) sind für die ersten drei, sechs und neun Monate des Geschäftsjahres zu erstellen. Der vierte Quartalsbericht wird durch den Jahresabschluss ersetzt. Der Quartalsbericht muss eine Beurteilung ermöglichen, wie sich die Geschäftstätigkeit des Unternehmens in dem jeweiligen Quartal des Geschäftsjahres entwickelt hat.   **2813**

Die Quartalsberichte sind nach **denselben Rechnungslegungsgrundsätzen** – IAS oder US-GAAP – zu erstellen wie die Jahres- bzw. Konzernabschlüsse, die nach den Grundsätzen des Prime Standard ohnehin nach internationalen Grundsätzen zu erstellen sind.   **2814**

Ein Quartalsbericht hat **mindestens** zu enthalten: **2815**

- eine Bilanz zum Ende des aktuellen Quartals und zum Vergleich eine Bilanz des vorangegangenen Geschäftsjahres;

---

11 Für Unternehmen, die z. B. an einer Notierung am Freiverkehr oder im General Standard interessiert sind, sei die Lektüre der entsprechenden Regelungen empfohlen. Siehe hierzu u. a. www.exchange.de, Home > Listing > Marktstruktur > Märkte.

- Gewinn- und Verlustrechnung für das aktuelle Quartal sowie vom Beginn des aktuellen Geschäftsjahres bis zum Ende des aktuellen Quartals fortgeführt und zum Vergleich Gewinn- und Verlustrechnung für die entsprechenden Zeiträume des vorangegangenen Geschäftsjahres;

- eine vom Beginn des aktuellen Geschäftsjahres bis zum Ende des aktuellen Quartals fortgeführte Darstellung der Veränderungen des Eigenkapitals und zum Vergleich eine solche Darstellung für den entsprechenden Zeitraum des vorangegangenen Geschäftsjahres;

- eine vom Beginn des aktuellen Geschäftsjahres bis zum Ende des aktuellen Quartals fortgeführte Kapitalflussrechnung und zum Vergleich eine Kapitalflussrechnung für den entsprechenden Zeitraum des vorangegangenen Geschäftsjahres;

- erläuternde Anhangangaben mit Vergleichsinformationen;

- Angaben zum Geschäftsverlauf mit Vergleichsinformationen und der voraussichtlichen Entwicklung des Geschäftsjahres und

- sofern eine Prüfung oder prüferische Durchsicht durch den Abschlussprüfer stattgefunden hat, eine Berichterstattung über deren Ergebnis.

2816 Darüber hinaus ist der Quartalsbericht um weitere Posten zu ergänzen, die jeweils in Abhängigkeit vom Gegenstand der Unternehmenstätigkeit geeignet sind, die Aussagekraft des Berichts zu erhöhen:

- bei Emittenten, die in ihrer Gewinn- und Verlustrechnung Umsatzerlöse ausweisen, eine Aufgliederung derselben, soweit diese nicht bereits im Rahmen von Segmentangaben erfolgt ist;

- im aktuellen Quartal gezahlte oder vorgeschlagene Dividenden als Gesamtbetrag oder je Aktie, gesondert für Stammaktien und sonstige Aktien;

- Erläuterungen zu eigenen Aktien und Bezugsrechten von Organmitgliedern und Arbeitnehmern entsprechend den Angaben nach § 160 Abs. 1 Nr. 2 und 5 des Aktiengesetzes;

- die Zahl der Aktien des Emittenten, die von den Mitgliedern der Geschäftsführungs- und Aufsichtsorgane gehalten werden, und die Rechte, die diesen Personen auf den Bezug solcher Aktien eingeräumt sind, getrennt für jedes Organmitglied;

- personelle Veränderungen von Geschäftsführungs- oder Aufsichtsorganen;

- die Zahl der Arbeitnehmer am Ende des aktuellen Quartals oder als Durchschnittswert für den Zeitraum vom Beginn des aktuellen Geschäftsjahres bis zum Ende des aktuellen Quartals unter Angabe der Ermittlungsmethode;

- Erläuterungen zu Investitionen und

- Erläuterungen zu Forschungs- und Entwicklungsaktivitäten.

2817 Um den Anlegern und der interessierten Öffentlichkeit **entscheidungsrelevante Informationen** zu vermitteln, sind weiterhin Angaben zum Geschäftsverlauf seit Beginn des Geschäftsjahres, unter besonderer Berücksichtigung der Auftragslage und der Entwicklung von Kosten und Erlösen und zur Lage des Emittenten zu machen, die ein den tatsächlichen Verhältnissen entsprechendes Bild der Vermögens-, Finanz- und Ertragslage vermitteln. Dabei ist auch auf wesentliche Änderungen bei den Risiken der künftigen Entwicklung seit Beginn des Geschäftsjahres einzugehen. Ferner ist einzugehen auf Vorgänge von besonderer Bedeutung nach dem Ende des aktuellen Quartals und die Aussichten für das laufende Geschäftsjahr.

Der Emittent hat den Quartalsbericht **unverzüglich** nach der Fertigstellung, spätestens jedoch innerhalb von **zwei Monaten** nach Ende des Berichtszeitraumes, der Börse in elektronischer Form zu übermitteln.   **2818**

Sofern es einem Unternehmen nicht möglich ist, den Quartalsbericht innerhalb dieser Zwei-Monatsfrist zu erstellen und der Deutsche Börse AG zur Veröffentlichung einzureichen, kann ein Antrag auf **Verlängerung der Offenlegungspflicht** gestellt werden. Es obliegt dann der Deutsche Börse AG, die Frist einmalig um höchstens vier Wochen zu verlängern, sofern das Unternehmen glaubhaft macht, die Frist infolge eines nicht durch ihn verschuldeten Umstandes nicht erfüllen zu können.   **2819**

Die Pflicht zur Veröffentlichung und Mitteilung kursbeeinflussender Tatsachen (Ad-hoc Publizität) gemäß **§ 15 WpHG** gilt uneingeschränkt für jedes gelistete Unternehmen, unabhängig von der gegebenenfalls verlängerten Frist zur Aufstellung und Veröffentlichung des Quartalsberichtes.   **2820**

b) Jahresabschluss und Lagebericht nach internationalen Grundsätzen

Ein im Prime Standard der Frankfurter Wertpapierbörse notiertes Unternehmen muss seinen nach den **„International Accounting Standards"/„International Financial Reporting Standards"** (IAS/IFRS) oder den US-amerikanischen **„Generally Accepted Accounting Principles"** (US-GAAP) erstellen und veröffentlichen (vgl. hierzu Kapitel C.XI). Weiter sind die Zahl der Aktien des Emittenten, die von den Mitgliedern der Geschäftsführungs- und Aufsichtsorgane gehalten werden, mit der entsprechenden Zahl des Vorjahres sowie die Rechte, die diesen auf Bezug solcher Aktien eingeräumt sind, getrennt nach Organmitgliedern anzugeben. Jahresabschluss und Lagebericht müssen in deutscher und englischer Sprache abgefasst sein.   **2821**

Das Unternehmen hat den **Jahresabschluss** mit dem **Bestätigungsvermerk** oder dem Vermerk über dessen Versagung und den **Lagebericht** unverzüglich nach der Bekanntgabe an die Aktionäre, spätestens jedoch innerhalb von drei Monaten nach Ende des Berichtszeitraums, zu veröffentlichen. Gleichzeitig mit der Veröffentlichung sind die Unterlagen der Frankfurter Wertpapierbörse in **elektronischer** Form zu übermitteln.   **2822**

c) Analystenveranstaltungen

2823 Das Unternehmen ist nach Zulassung der Aktien zum Prime Standard verpflichtet, mindestens einmal jährlich eine **Analystenveranstaltung** durchzuführen. Im Rahmen dieser Veranstaltungen – die zunehmend ergänzend auch in Form von Telefonkonferenzen stattfinden – sollen den Aktienanalysten Auskünfte in Bezug auf aktuelle **Finanzdaten**, die **Unternehmensstrategie** und **-planung** erteilt werden.

d) Unternehmenskalender

2824 Eine **offene Informationspolitik** bietet den Grundstein für einen vertrauensvollen Umgang mit Geschäftspartnern und Investoren. Mittels eines Unternehmenskalenders (corporate action time table), der zu Beginn jedes Geschäftsjahres in deutscher und englischer Sprache vom Emittenten zu erstellen und zu pflegen ist, soll ein optimaler Überblick über die Finanztermine und weitere Unternehmensereignisse des laufenden Geschäftsjahres gewährleistet werden. Folgende Eckdaten hat der Unternehmenskalender zu enthalten:

- Zeit und Ort von Hauptversammlungen und Bilanzpressekonferenz
- Veröffentlichung des Jahresergebnisses
- Investor Relation Aktivitäten (z.B. Road Shows, Analystenveranstaltungen)
- Ex-Dividenden-Tag
- Dividendenzahltag
- Veröffentlichungen der Quartalsergebnisse

2825 Jede Änderung dieser Angaben ist vom Unternehmen dem Börsenträger unverzüglich anzuzeigen und in den Unternehmenskalender einzupflegen. Die im Unternehmenskalender genannten Termine sind der Börse mindestens zwei Wochen im Voraus in **elektronischer Form** mitzuteilen und werden von der Deutsche Börse AG dem Publikum zur Verfügung gestellt. Darüber hinaus ist gegebenenfalls der Termin der Veröffentlichung vorläufiger Ergebnisse anzugeben. Die Termine von außerordentlichen Hauptversammlungen sind nach deren Festsetzung zu übermitteln. Falls zu Beginn des Geschäftsjahres ein konkreter Termin noch nicht feststeht, so ist, soweit möglich, zumindest die Kalenderwoche anzugeben. Der konkrete Termin ist nach Fixierung umgehend nachzureichen.

e) Lock-Up-Periode (Veräußerungsverbot der Altaktionäre)

2826 Weiterhin wird der Emittent regelmäßig verpflichtet, unter Beachtung der einschlägigen Regelungen des nationalen Aktienrechts, innerhalb eines Zeitraums von **sechs Monaten** ab dem Datum der Zulassung der Aktien, keine Aktien direkt oder indirekt zur Veräußerung innerhalb dieses Zeitraums anzubieten, zu veräußern, dieses anzukündigen oder sonstige Maßnahmen zu ergreifen, die einer Veräußerung wirtschaftlich entsprechen (z.B. entsprechende Optionsgeschäften). Der Emittent hat ferner die Deutsche Börse AG unverzüglich zu unterrichten, sofern ihm Anhaltspunkte für einen Verstoß gegen das Veräußerungsverbot seitens eines Altaktionärs bekannt wird:

Beispiel:
Verpflichtungserklärung zum Veräußerungsverbot [12]

Ich

Name, Anschrift (Personendaten des Aktionärs der Start-Up AG)

bin als Aktionär an der Start-Up AG in Musterstadt, mit xxx Stück Aktien (Nennwert € xxx) beteiligt. Die Aktien sind bei der/n Depotbank/en xxxx (Name und BLZ) unter der Depot-Nr. xxx eingebucht. Hiermit verpflichte ich mich gegenüber der Start-Up AG unwiderruflich und unter Beachtung der einschlägigen Regelungen des nationalen Aktienrechts, innerhalb eines Zeitraums von sechs Monaten ab dem Datum der Zulassung der Aktien zum Neuen Markt, keine Aktien börslich oder außerbörslich direkt oder indirekt zur Veräußerung innerhalb dieses Zeitraums anzubieten, zu veräußern, dieses anzukündigen oder sonstige Maßnahmen zu ergreifen, die einer Veräußerung wirtschaftlich entsprechen. Ich bin damit einverstanden, dass die Start Up AG der Deutsche Börse AG Auskunft über meinen Aktienbestand erteilt und ihr eine Kopie der vorliegenden Verpflichtungserklärung aushändigt. Ich bin ferner damit einverstanden, dass mein Aktienbestand unter einer die Altaktien der Start-Up AG kennzeichnenden separaten Wertpapier-Kennnummer bei der Depotbank und der Clearstream Banking AG eingebucht wird. Zum Zwecke der Überwachung der Einhaltung des Veräußerungsverbots befreie ich die Depotbank vom Bankgeheimnis und stimme dem gegenseitigen Informations- und Datenaustausch zwischen Start-Up AG, Depotbank, Clearstream Banking AG und Deutsche Börse AG und der Erfüllung entsprechender Auskunftsverlangen im Hinblick auf obigen Aktienbestand zu.

Im Falle einer Zuwiderhandlung gegen das Veräußerungsverbot

(1) verpflichte ich mich zur Zahlung einer Vertragsstrafe zu Gunsten der Deutsche Börse AG in Höhe des Differenzbetrages zwischen Emissionspreis und Veräußerungserlös bzw. des geldwerten Vorteils. Liegt der Veräußerungserlös bzw. geldwerte Vorteil niedriger als der Emissionspreis, werde ich die Differenz zwischen Anschaffungspreis und Veräußerungserlös bzw. geldwertem Vorteil als Vertragsstrafe erstatten. Die Deutsche Börse AG wird diesen Betrag zweckgebunden für die Weiterentwicklung des Neuen Marktes einsetzen;

(2) verzichte ich auf den Anspruch gegenüber der Depotbank auf Ausführung des Geschäfts und Belieferung. Mir ist bekannt, dass im Falle der Zuwiderhandlung gegen das Veräußerungsverbot die Belieferung verweigert werden und ich mich damit gegenüber dem Erwerber schadensersatzpflichtig machen kann.

Ich erkläre mich mit den vorstehenden Regelungen ausdrücklich einverstanden.

Mit dem Veräußerungsverbot soll vermieden werden, dass Altaktionäre sich zu Lasten des Kapitalmarktes und zu Gunsten ihrer persönlichen Vermögenssituation frühzeitig aus dem Unternehmen zurückziehen. Da es diesbezüglich in der Vergangenheit verschiedentlich Auswüchse gab, verlangen die Emissionsbanken i. d. R. eine **freiwillige Verlängerung** der Lock-Up-Periode der Altaktionäre. **2827**

---

12 Wortlaut entsprechend der letzten Fassung des Regelwerkes des Neuen Marktes.

2. Einhaltung des Deutschen Corporate-Governance-Kodex

a) Hintergrund – Die Entstehung des Kodex

2828 Corporate-Governance-Grundsätze sind Verhaltensmaßstäbe für Unternehmensleitung und Unternehmensüberwachung. Der deutschen Tradition folgend sind diese **Verhaltensmaßstäbe für Unternehmensleitung und -überwachung** bei Aktiengesellschaften bislang insbesondere im Aktiengesetz und weiteren gesetzlichen Vorschriften, z.B. des Handelsgesetzbuches und des Mitbestimmungsrechts, kodifiziert. Sie werden innerhalb des Rahmens, den das weitgehend zwingende Recht belässt, durch Satzungen, Geschäftsordnungen, allgemeine Übung oder auch durch gerichtliche Entscheidungen konkretisiert und fortentwickelt.[13]

2829 International hat sich in den letzten Jahren zunehmend eine weitere Quelle für Corporate-Governance-Grundsätze gebildet. Ihren Ausgangspunkt hat diese Entwicklung in **Richtlinien großer institutioneller Investoren** genommen, nach denen diese ihre Portfolio-Gesellschaften beurteilen. Diese Richtlinien vor allem anglo-amerikanischer institutioneller Anleger wurden sodann in übergreifende Regelwerke gefasst und zu **„Codes of Best Practice"** weiterentwickelt. Es handelt sich dabei um Empfehlungen, von mit Experten und Vertretern der betroffenen Wirtschaftskreise besetzten Kommissionen, dazu, was zum Standard guter Unternehmensleitung und -überwachung gehört, also um nichtstaatliches, selbst geschaffenes „Recht" der Wirtschaft.

2830 Die von der Bundesregierung im **September 2001** eingesetzte Regierungskommission hat nach knapp 6-monatigen Beratungen den Deutschen Corporate Governance Kodex verabschiedet und somit das Fundament für eine umfassende Modernisierung des deutschen Unternehmensrechts gelegt. Ihre Empfehlungen dienen der Verbesserung von Unternehmensführung und -kontrolle, Transparenz und Wettbewerb.

2831 Aufgabe der Regierungskommission war es, **konkrete Empfehlungen** zu erarbeiten, wie das deutsche System der Unternehmensführung und -kontrolle besser an die dynamischen wirtschaftlichen und technologischen Veränderungen einschließlich der Kommunikationstechnologien angepasst werden kann. Mit der Einsetzung der Regierungskommission eröffnete sich der deutschen Unternehmenspraxis die Möglichkeit, einen **Corporate Governance Kodex** zu entwickeln, der:

- wesentliche gesetzliche Vorschriften zu Unternehmensleitung und -überwachung börsennotierter Gesellschaften zusammenfasst;
- in Form von Empfehlungen international und national anerkannte Verhaltensstandards berücksichtigt;
- den einzelnen Gesellschaften auch Anregungen für eine gute und verantwortungsvolle Unternehmensführung und -überwachung gibt.

---

13 Vgl. zum Hintergrund und zum Inhalt des Deutschen Coporate Governance Kodex im Einzelnen: www.corporate-governance-code.de.

Vor dem Hintergrund der wachsenden Internationalisierung der Märkte hat die **2832** Kommission Vorschläge für eine Weiterentwicklung des deutschen Systems der Unternehmensführung und -kontrolle entwickelt.

b) Wesentliche Inhalte

Mit dem Ziel, einheitliche Vorgaben für börsennotierte Unternehmen im Inte- **2833** resse einer erhöhten **Transparenz** und verbesserter Kontrollmöglichkeiten zu schaffen, enthält der Kodex Empfehlungen zu verschiedenen Themen der **Unternehmensführung und -kontrolle**. In Bezug auf die Rechnungslegung äußert sich der Kodex zur Notwendigkeit der Erstellung von Zwischenberichten, zur Erfordernis konkreter Angaben über Aktienoptionsprogramme und ähnliche wertpapierorientierte Anreizsysteme im Konzernabschluss und zum Aktienbesitz von Vorstand und Aufsichtsratsmitgliedern im Konzernanhang. Weiterhin fordert der Kodex die **Aufschlüsselung der Bezüge von Vorstand und Aufsichtsratsmitgliedern** im Konzernanhang sowie die Erläuterung der Beziehungen zu nahe stehenden Aktionären im Konzernabschluss. Die Forderung des Kodex, den Konzernabschluss und die Zwischenberichte unter Beachtung international anerkannter Rechnungslegungsgrundsätze (IAS/US-GAAP) zu erstellen, ist für börsennotierte Gesellschaften in der Regel nichts Neues, ebenso wenig wie die Frist, den Konzernabschluss binnen 90 Tagen nach Ende des Geschäftsjahres zu veröffentlichen. Die Frist für Zwischenberichte beträgt 45 Tage nach Quartalsende. Auch im Hinblick auf die Auswahl des Abschlussprüfers und von diesem vor Auftragserteilung abzugebende Erklärungen zur beruflichen Unabhängigkeit enthält der Kodex Regelungen.

c) Entsprechenserklärung

Der Vorstand und der Aufsichtsrat einer börsennotierten Aktiengesellschaft ha- **2834** ben jährlich zu erklären, dass den Empfehlungen der Kodex-Kommission entsprochen wurde und wird oder welche Empfehlungen nicht angewendet wurden oder werden (§ 161 AktG). Diese sog. **Entsprechenserklärung** ist den Aktionären **dauerhaft zugänglich** zu machen (§ 161 AktG), z.B. auf der Investor-Relations-Website des Unternehmens und im Jahres- bzw. Konzernabschluss (Anhang) anzugeben (§ 285 S. 1 Nr. 16, 314 Abs. 1 Nr. 8 HGB) sowie offen zu legen (§ 325 Abs. 1 S. 1 HGB). Der **Abschlussprüfer** hat im Rahmen seiner Prüfung zu beurteilen, ob Vorstand und Aufsichtsrat eine solche Entsprechenserklärung abgegeben und veröffentlicht haben.

3. Die Hauptversammlung der Publikums-AG

Die Hauptversammlung ist das oberste Organ der Gesellschaft mit weit reichen- **2835** den **Mitwirkungs- und Informationsbefugnissen**. Sie entscheidet u.a. über die Satzung bzw. deren Änderung, über die Gewinnverwendung, über die Vertreter der Anteilseigner im Aufsichtsrat, über die Entlastung von Vorstand und Aufsichtsrat, über den Abschlussprüfer sowie über wesentliche unternehmerische Maßnahmen, wie Unternehmensverträge und Umwandlungen, die Ausgabe von neuen Aktien und von Wandel- und Optionsschuldverschreibungen und die Ermächtigung zum Erwerb eigener Aktien. Bei der Ausgabe neuer Aktien haben die Aktionäre grundsätzlich ein ihrem Anteil am Grundkapital entsprechendes Bezugsrecht. Jeder Aktionär ist berechtigt, an der Hauptversammlung teilzunehmen, dort das Wort zu Gegenständen der Tagesordnung zu ergreifen und sachbezogene Fragen und Anträge zu stellen.

2836 Da eine Hauptversammlung von jeder Aktiengesellschaft – also unabhängig von einer Börsennotierung – abzuhalten ist, könnte sich die Frage stellen, warum sie unter den „Folgepflichten" nochmals gesondert angeführt wird (vgl. insbesondere Kapitel C.II.1.e des ersten Teils). Für Börsenneulinge stellt die Organisation der aktienrechtlich gebotenen **Hauptversammlung**, die in jedem Geschäftsjahr mindestens einmal stattzufinden hat, eine ganz besondere **organisatorische Herausforderung** dar, denn nunmehr hat man es nicht mehr mit einem kleinen Kreis namentlich bekannter Aktionäre zu tun, deren Interessen und wirtschaftlichen Hintergrund man kennt und auf den man sich insofern einstellen kann. Vielmehr steht man nunmehr einer mehr oder weniger großen Zahl von Aktionären gegenüber.

2837 Wenngleich die Hauptversammlung nie bis in das letzte Detail planbar ist und insofern immer ein Stück „Ungewissheit" im Spiel ist, sollte man sie nicht als „Pflichtveranstaltung" und „notwendiges Übel" sehen, dem man sich aufgrund der gesetzlichen Vorschriften nicht entziehen kann. Vielmehr stellt die Hauptversammlung das wesentliche **Bindeglied** zwischen Gesellschaft und ihren Aktionären (und damit Kapitalgebern!) dar und sollte daher auch als Chance gesehen werden, das Unternehmen und seine Strategie zu präsentieren sowie über wesentliche Sachverhalte mit den Anteilseignern zu kommunizieren. Eine professionelle Durchführung der Hauptversammlung setzt jedoch eine intensive Vorbereitung in rechtlicher, logistischer und fachlicher Sicht voraus. Die Auseinandersetzung mit den rechtlichen Aspekten der Hauptversammlung soll dabei insbesondere verhindern, dass die Beschlüsse der Versammlung in ihrer Gesamtheit oder einzelne Beschlüsse wirksam angefochten werden können oder von vornherein nichtig sind. Insbesondere sind hierbei Aspekte wie die rechtzeitige und ordnungsmäßige Ladung zur Hauptversammlung einschließlich der Veröffentlichung der Tagesordnung, die Verpflichtung eines Notars, der Auslage der erforderlichen Unterlagen, der Ordnungsmäßigkeit der Präsenzerfassung und -fortschreibung – auch im Hinblick auf die Stimmrechtsausübungen – und der Erfüllung der Auskunftsrechte zu beachten.

2838 Die **logistischen Anforderungen** der Hauptversammlung selbst werden im Wesentlichen durch die Organisation eines angemessenen Versammlungsortes (einschl. Bestuhlung, Beleuchtung, Präsentationstechnik, Beschallung und die Verfügbarkeit von Nebenräumen für Back-Office), die Verfügbarkeit von Service-Personal (Empfang, Boten etc.) und die Bewirtung der Aktionäre bestimmt. Diesem logistischen Bereich sollte man jedoch größte Aufmerksamkeit beimessen, denn er trägt ganz wesentlich zum positiven Eindruck einer professionellen Versammlungsdurchführung bei.

Der fachliche Teil umfasst im Wesentlichen zwei Aspekte: Zum einen die Aus- **2839** arbeitung einer **informativen Rede des Vorstandsvorsitzenden** über das abgelaufene Geschäftsjahr und die Geschäftsstrategie sowie zum anderen die Vorbereitung auf die Fragen der Aktionäre im Rahmen der Aussprache.

Wenngleich auch hier gilt, dass nicht alles planbar ist, es ist mittlerweile gute **2840** Übung, sich bereits im Vorfeld der Hauptversammlung mit den voraussichtlichen Informationswünschen der Aktionäre auseinander zu setzen und entsprechende Antworten vorzubereiten. Da auch ein gut informierter und professionell vorbereiteter Vorstand nicht auf alle Aktionärsfragen eine Antwort parat haben kann, ist es angebracht, solche Fragen über ein **Back-Office** bearbeiten und danach die Antwort vom Vorstand vortragen zu lassen.

IX. Rechtliche Vorgaben des einzelnen Börsensegments

Literatur:

Claussen/Erne, Bank- und Börsenrecht, 2. Aufl. 2000; Groß, Wolfgang, Kapitalmarktrecht, Kommentar zum BörsenG, zur BörsZulVO, zum VerkProspG, zur VerkProspVO, 2. Aufl. 2002; Schanz, Kay-Michael, Börseneinführung, 2. Aufl. 2002; Schlüter, Uwe, Wertpapierhandelsrecht, Handbuch für Banken und Finanzdienstleistungsinstitute, 2000; Ederer, Franz, Going Public (I), BuW 2001, 353; Jäger, Axel, Thema Börse (1): Vorüberlegungen aus Berater- und Unternehmersicht, NZG 1998, 496; ders., Thema Börse (2): Alternative Maßnahmen der Kapitalbeschaffung, NZG 1998, 718; ders., Thema Börse (3): Prüfung der Börsenreife, NZG 1998, 932; ders., Thema Börse (4): Wahl der richtigen Rechtsform, NZG 1999, 101; ders., Thema Börse (5): Wahl des richtigen Börsensegments, NZG 1999, 381; ders., Thema Börse (6): Emissionspartner und Anleger, NZG 1999, 643; Traichel, Christian, Compuserve Channel für Recht und Steuern 10/99; Winterstetter/Paukstadt/Gegmann/Wonnemann, Going Public: Börseneinführung mittelständischer Unternehmen und ihre Emissionsbegleiter, DStR 2000, 1322.

Bevor Aktien oder sonstige Wertpapiere eines Emittenten an einem oder meh- **2841** reren Börsenplätzen für eine breite Öffentlichkeit handelbar sind, müssen die vom Emittenten ausgegebenen Wertpapiere zum Börsenhandel zugelassen werden. Die Zulassung der Aktien des Emittenten erfolgt zumeist, um eine Barkapitalerhöhung des Emittenten zur Kapitalbeschaffung öffentlich zu platzieren.

Gemeinsamer Hintergrund der in den einzelnen Marktsegmenten unterschiedlich **2842** ausgestalteten Zulassungsverfahren ist der Schutz des Anlegerpublikums vor unsoliden Emissionen durch eine hinreichende Unterrichtung über die rechtlichen und wirtschaftlichen Verhältnisse des Emittenten. Der Antrag auf Zulassung beziehungsweise Einbeziehung eines Wertpapiers in den Börsenhandel steht in der Regel am Ende der eigentlichen Emissionstätigkeit der den Börsengang begleitenden Emissionshäuser. Die Börseneinführung kann erst nach erteilter Zulassung erfolgen. Durch die darauf folgende Aufnahme des Börsenhandels kommt es zu ersten Umsätzen und damit zu den ersten Kursfeststellungen.

Da die Emittenten der jeweils emittierten Wertpapiere eine unterschiedliche **2843** Bonität ausweisen, haben sich differenzierte Marksegmente mit unterschiedlichen Zulassungsanforderungen herausgebildet,[14] die einem kontinuierlichen Wandel unterliegen.

(1) Rechtsquellen

2844 Wer einen Börsengang erwägt, sollte daher klären, welches Marktsegment für den Emittenten in Betracht kommt oder sinnvoll erscheint, welche nach dem Börsengang geltenden Vorschriften zu berücksichtigen sind und wie die ihn gegebenenfalls betreffende Börsenorganisation und Börsenaufsicht strukturiert ist. Dabei sind Rechtsquellen auf mehreren Ebenen zu beachten.

2845 Auf der obersten Stufe stehen die bundesrechtlichen Bestimmungen – etwa Börsengesetz (BörsG), Börsenzulassungsverordnung (BörsZulV), Verkaufsprospektgesetz (VerkProspG), Verkaufsprospektverordnung (VerkProspV) sowie das Wertpapierhandelsgesetz (WpHG).

2846 Dem nachgeordnet sind landesrechtliche Bestimmungen, wie etwa die verschiedenen Kursmaklerverordnungen, zu beachten.

2847 Des Weiteren ist das Selbstverwaltungsrecht der jeweiligen Börsen, insbesondere die Börsenordnungen zu berücksichtigen.

2848 Sollen Wertpapiere nicht in gesetzlich geregelte Marktsegmente (amtlicher Markt, geregelter Markt) sondern in den Freiverkehr einbezogen werden, sind die entsprechenden privatrechtlichen Vereinbarungen, etwa die Freiverkehrsrichtlinien der einzelnen Börsen einzuhalten.

(2) Börsenaufsicht

2849 Entsprechend der dargestellten Normenhierarchie vollzieht sich auch die Börsenaufsicht auf mehreren Ebenen. Während auf Bundesebene die Bundesanstalt für Finanzdienstleistungsaufsicht und der bei ihr aus Vertretern der Länder gebildete Wertpapierrat insbesondere unzulässige Insidergeschäfte ahndet, sind die Börsenaufsichtsbehörden der Länder neben der Entscheidung über die Genehmigung zur Errichtung einer Börse für die Handelsüberwachung im Übrigen zuständig. Bei dieser Aufgabe werden die Börsenaufsichtsbehörden der Länder von den bei den einzelnen Börsen als selbstständige Organe eingerichteten Handelsüberwachungsstellen unterstützt, denen gegenüber sie weisungsbefugt sind. Als bedeutende Börsenorgane sind ferner zu nennen der Börsenrat sowie die Geschäftsführung der Börse, die zur Verdeutlichung hinsichtlich ihres Aufgabenbereichs und ihrer Funktion mit Aufsichtsrat und Vorstand einer Aktiengesellschaft verglichen werden können.

(3) Börsenträger, Börsen

2850 Vor dem Hintergrund der zunehmenden Internationalisierung der Kapitalmärkte wurden die früher als Träger der Börsen ausschließlich anzutreffenden Indus-

---

14 Siehe unten 2.

trie- und Handelskammern und privatrechtlichen Vereine von Kapitalgesellschaften abgelöst, deren Gesellschafterkreis sich aus Banken, Kurs- und Freimaklern sowie Trägergesellschaften anderer Börsen zusammensetzt. Das bekannteste Beispiel stellt die Deutsche Börse AG als Trägerin der Frankfurter Wertpapierbörse dar.

Neben der auch international an vorderer Stelle stehenden Frankfurter Wertpapierbörse finden sich Regionalbörsen in Berlin, Bremen, Düsseldorf, Hamburg, Hannover, München und Stuttgart. **2851**

Um zu klären, welches Segment gegebenenfalls an welcher Börse im Einzelfall angestrebt werden sollte, ist zu unterscheiden zwischen gesetzlich und privatrechtlich geregelten Märkten. **2852**

Dabei sei bereits an dieser Stelle der Hinweis gegeben, dass für größere Emissionsvolumina aufgrund der dafür erforderlichen Platzierungskraft je nach Marktlage regelmäßig die gesetzlich geregelten oder darauf aufsetzende Marktsegmente einschlägig sind.[15] **2853**

Die maßgeblichen Voraussetzungen für die gesetzlich geregelten Märkte ergeben sich aus dem Börsengesetz und der Börsenzulassungsverordnung. Die Zulassungsvoraussetzungen für die ausschließlich privatrechtlich organisierten Freiverkehrssegmente werden von der jeweiligen Börse vorgegeben. Zu nennen ist hier beispielsweise der seit Juni 2003 geschlossene Neue Markt als bisher bekanntestes Freiverkehrssegment.[16] **2854**

1. Gesetzlich geregelte Märkte

Gegenwärtig stehen für den Handel von Aktien zwei ganz oder teilweise gesetzlich geregelte Börsensegmente zur Verfügung, der amtliche sowie der geregelte Markt. Diese können seit der jüngsten Änderung des Börsengesetzes durch das 4. Finanzmarktförderungsgesetz im Jahre 2002 jeweils um in der Börsenordnung zu regelnde Teilbereiche ergänzt werden. **2855**

a) Amtlicher Markt

Der amtliche Markt ist das Segment mit den höchsten gesetzlichen Zulassungsvoraussetzungen. Es gibt strenge Vorgaben in Bezug auf Größe und Alter des Unternehmens. Daher ist die Notierung einer Aktie im amtlichen Markt besonders prestigeträchtig und wird vor allem von den großen deutschen Unternehmen mit entsprechenden Emissionsvolumina bevorzugt. Der Umsatz in diesem Segment dominiert in der Regel das Börsengeschehen. An der Frank- **2856**

---

15 Dazu siehe unten 3.
16 Siehe dazu sogleich 2.a(2). – Im Folgenden wird regelmäßig davon ausgegangen, dass es sich bei dem Börsengang um eine Erstnotierung an einer deutschen Börse handelt, das heißt, nicht bereits an einer oder mehreren anderen Börsen im In- oder Ausland eine Notierung des betreffenden Wertpapiers besteht. In Fällen der Zweitnotierungen ist das Einbeziehungsverfahren in den Handel einer weiteren Börse grundsätzlich vereinfacht. Insbesondere kann die Verpflich-

furter Wertpapierbörse als größtem deutschem Börsenplatz, die den amtlichen Markt seit dem 1.1.2003 unter dem Label „General Standard"[17] führt, sind derzeit 555 Aktientitel und rund 4.300 Anleihen im amtlichen Markt notiert.[18]

2857 Die Liste der zum amtlichen Markt zugelassenen Unternehmen liest sich wie das „Who-is-who" der großen deutschen Aktiengesellschaften. Notiert sind hier vor allem Unternehmen aus der Bau-, Chemie-, Finanz- und Autobranche. Wichtige Indizes wie etwa der Deutsche Aktienindex – DAX[19] – und der MDAX[20] setzen eine Notierung im amtlichen Markt voraus. Daher streben einige Gesellschaften an, nach einer Zulassung in einem der anderen Marktsegmente in den amtlichen Markt zu wechseln.

(1) Zulassungsvoraussetzungen

2858 Börsengesetz nebst Börsenzulassungsverordnung sehen ein öffentlich-rechtliches Zulassungsverfahren durch die Zulassungsstelle der jeweiligen Wertpapierbörse vor. Um zu gewährleisten, dass eine erfahrene Institution mit entsprechender Sachkenntnis in das Zulassungsverfahren involviert ist,[21] ist der erforderliche Zulassungsantrag vom Emittenten zusammen mit einem Kreditinstitut oder einem Finanzdienstleistungsinstitut,[22] das seinerseits an einer inländischen Börse mit dem Recht zur Teilnahme am Handel zugelassen sein muss (Emissionsbegleiter), zu stellen. Ein Emittent, der selbst ein solches Institut ist, kann den Antrag alleine stellen.

2859 Über den Antrag auf Zulassung zum amtlichen Markt entscheidet die bei jeder Börse eingerichtete Zulassungsstelle. Form und Inhalt des Zulassungsantrags ergeben sich aus der Börsenzulassungsverordnung.[23] Wesentlicher Bestandteil des Zulassungsantrages ist die Vorlage eines Börsenzulassungsprospekts, dessen Anforderungen sich ebenfalls aus der Börsenzulassungsverordnung ergeben.[24] Der Prospekt soll zur Aufklärung und Unterrichtung der Anleger dienen und über die rechtlichen und wirtschaftlichen Verhältnisse des emittierenden Unternehmens unterrichten.[25] Für die Richtigkeit der Angaben sind der Emittent und

---

17 Mit der seit 01.01.2003 geltenden Fassung der Börsenordnung der Frankfurter Wertpapierbörse führt diese die gesetzlich geregelten Marktsegmente unter den Bezeichnungen „General Standard" (amtlicher und geregelter Markt) und „Prime Standard" (neben der Zulassung zum amtlichen oder geregelten Markt werden weitere Anforderungen gestellt), siehe näher unten 2.a.

18 Stand Januar 2003 nach www.deutsche-boerse.com.

19 DAX oder auch DAX 30: Deutscher Aktienindex; enthält die 30 größten und umsatzstärksten deutschen Aktienwerte.

20 Abkürzung für Mid-Cap Dax: Der Index umfasst 70 Unternehmen, die nach Börsenumsatz und Markkapitalisierung zu den größten in Deutschland gehören. Er beinhaltet die Werte des DAX 100, die nicht im DAX 30 enthalten sind; zur Neustrukturierung der Indizes siehe unten 2.a.

21 Schanz, Börseneinführung § 12 I 1, S. 381 f.

22 Oder einer inländischen Zweigstelle eines ausländischen Instituts (§ 53 Abs. 1 S. 1 oder § 53 b Abs. 1 S. 1 des Gesetzes über das Kreditwesen (KWG)).

23 § 48 BörsZulV.

24 §§ 13 ff. BörsZulV.

25 Zum Inhalt eines solches Prospekts siehe Dritter Teil C. XIV. (Rn. 2996 ff.).

das Kreditinstitut verantwortlich.[26] Sofern es sich – was den Regelfall darstellt – bei dem Zulassungsantrag um ein erstes öffentliches Angebot handelt, ist zugleich ein Verkaufsprospekt nach dem Verkaufsprospektgesetz zu erstellen und der Zulassungsstelle vorzulegen. Da die Anforderungen an einen Börsenzulassungsprospekt die an einen Verkaufsprospekt umfassen, kann der Börsenzulassungsprospekt insoweit zugleich als Verkaufsprospekt verwendet werden.

In den amtlichen Markt werden Unternehmen mit im Wesentlichen folgendem ebenfalls der Börsenzulassungsverordnung zu entnehmendem Anforderungsprofil aufgenommen:[27] **2860**

- das Unternehmen muss mindestens seit 3 Jahren als Aktiengesellschaft bestehen und zur Antragstellung die Jahresabschlüsse der letzten drei Geschäftsjahre vorlegen;
- der voraussichtliche Kurswert der zuzulassenden Aktien oder, falls eine diesbezügliche Schätzung nicht möglich ist, das Eigenkapital des Unternehmens muss 1,25 Mio. Euro betragen;
- lauten die Aktien nicht auf einen Geldbetrag, beträgt die Mindeststückzahl der zuzulassenden Papiere 10.000;
- die zuzulassenden Aktien müssen im Publikum ausreichend gestreut sein, wofür mindestens 25 % des Aktienkapitals an der Börse zu platzieren sind (sog. Free float).

Ein Emittent kann mit einem Antrag gleichzeitig die Zulassung an mehreren inländischen Börsen stellen. Durch ein Listing an einer weiteren Börse kann ein Unternehmen ein breiteres Publikum und zusätzliche Anleger ansprechen. **2861**

Beispiel:
Die Aktiv-AG verfügt über ein Eigenkapital von 2 Mio. Euro und ist bereits seit 7 Jahren als Hersteller von Industriekugellagern tätig. Nunmehr wird überlegt, für die Aktien des Unternehmens die Notierung im amtlichen Markt an den Börsen in Frankfurt und Düsseldorf zu beantragen. Entweder könnte von dem derzeitigen Eigenkapital ein Viertel an der Börse platziert werden, wodurch die Altaktionäre Aktien aus ihren Beständen verkaufen würden, oder aber das Unternehmen beschließt eine Kapitalerhöhung und platziert die daraus resultierenden Aktien, die zuvor von dem Emissionsbegleiter zur Platzierung an der Börse übernommen wurden, an der Börse, wodurch dem Unternehmen neues Kapital zufließen würde. Häufig werden in der Praxis beide Varianten miteinander verknüpft. Als Emissionsbegleiter sucht sich die Aktiv-AG die Begleiter-Bank. Gemeinsam wird der Börsenzulassungsprospekt erarbeitet und ein Zulassungsantrag sowohl an der Frankfurter als auch an der Düsseldorfer Wertpapierbörse gestellt.

Bei Vorliegen der Voraussetzungen besteht ein Anspruch auf Erteilung der Zulassung, den der Emittent gegebenenfalls im Verwaltungsrechtsweg geltend machen kann. Die Zulassung ist nicht in das Ermessen der Zulassungsstelle ge- **2862**

---

26 § 44 Abs. 1 S. 1 BörsG, zur Haftung aufgrund eines fehlerhaften Prospektes s. a. Dritter Teil C. XIV.5. (Rn. 3037 ff.).
27 §§ 1 ff. BörsZulV.

stellt, sondern hat zu erfolgen, sobald die entsprechenden Zulassungsvoraussetzungen erfüllt sind. Lehnt die Zulassungsstelle den Zulassungsantrag ab, so hat sie dies den Zulassungsstellen der anderen Börsen unter Angabe der Gründe für die Ablehnung mitzuteilen.

2863 Werden die Aktien nicht innerhalb einer Frist von drei Monaten nach Veröffentlichung der Zulassungsentscheidung an der Börse eingeführt, erlischt die Zulassung. Die Frist kann auf Antrag durch die Zulassungsstelle angemessen verlängert werden.

2864 Unter bestimmten Voraussetzungen ist die Zulassungsstelle befugt, die Zulassung zu widerrufen. Ferner kann die Börsengeschäftsführung die amtliche Notierung aussetzen oder einstellen, wenn ein ordnungsgemäßer Börsenhandel gefährdet ist oder wenn dies zum Schutz des Publikums geboten erscheint.

(2) Folgepflichten

2865 Nach Aufnahme in den amtlichen Markt hat der Emittent spezielle Folgepflichten zu beachten. Diese sollen nachhaltig die Transparenz der Geschäftsvorgänge des Emittenten gewährleisten und dem Publikum Auskunft über die kursrelevanten Entwicklungen geben. Von besonderer Wichtigkeit sind die Ad-hoc Veröffentlichungen (sog. Ad-hoc Publizität gem. § 15 WpHG). Ein Emittent ist danach verpflichtet, nicht öffentliche Tatsachen aus seinem Tätigkeitsbereich unverzüglich zu veröffentlichen, sofern diese geeignet sind, den Börsenkurs der Aktie erheblich zu beeinflussen.[28]

2866 Seit den Änderungen des Börsengesetzes durch das 4. Finanzmarktfördergesetz (4. FMFG) im Jahre 2002[29] können die Börsenordnungen für Teilbereiche des amtlichen Marktes ergänzend zu den vom Unternehmen einzureichenden Unterlagen weitere Unterrichtungspflichten des Emittenten auf Grund der Zulassung von Aktien oder Aktien vertretender Zertifikate zum Schutz des Publikums oder für einen ordnungsgemäßen Börsenhandel vorsehen. Vor diesem Hintergrund führt bislang nur die Frankfurter Wertpapierbörse seit dem 1.1.2003 den amtlichen Markt ohne weitere Unterrichtungspflichten grundsätzlich unter der Bezeichnung „General Standard" (amtlicher Markt) und darüber hinaus unter der Zuordnung „Prime Standard", der ergänzende Anforderungen an die Unterrichtung des Publikums stellt.[30]

b) Geregelter Markt

2867 Der geregelte Markt wurde vom Gesetzgeber 1987 eingeführt, um einem größeren Kreis von Unternehmen die Möglichkeit eines Börsengangs zu ermöglichen. Gerade kleineren und mittelständischen Unternehmen, die nicht den Anforderungen des amtlichen Marktes genügen, sollte hiermit der Weg geebnet

---

28 Zu den Folgepflichten im Einzelnen s. Dritter Teil C. VIII.
29 4. FMFG v. 21.06.2002 (BGBl. I S. 2010).
30 Einzelheiten siehe unten 2.a)(2) (Rn. 2884 ff.).

werden, sich Kapital über die Börse zu beschaffen. In diesem Segment finden sich vor allem Handelsunternehmen und Unternehmen der Elektro-, Bau- und Konsumgüterbranche.

Aufgrund der Änderungen des Börsengesetzes durch das 4. Finanzmarktförder- **2868** gesetz (4. FMFG) im Jahre 2002[31] können die einzelnen Börsenordnungen nunmehr für Teilbereiche des geregelten Marktes zusätzliche Zulassungsvoraussetzungen sowie – ähnlich wie für den amtlichen Markt – weitere Unterrichtungspflichten des Emittenten zum Schutze des Publikums vorsehen. Vor diesem Hintergrund führt bislang nur die Frankfurter Wertpapierbörse seit dem 01.01.2003 den geregelten Markt, ebenso wie den amtlichen Markt, grundsätzlich unter der Bezeichnung „General Standard" (geregelter Markt) sowie unter der Teilsegmentierung „Prime Standard", der neben der Zulassung zum geregelten Markt weitere Zulassungsfolgepflichten aufstellt.[32]

Trotz der ansonsten vergleichbaren öffentlich-rechtlichen Organisationsstruktur **2869** sind die im geregelten Markt geltenden Zulassungsvoraussetzungen niedriger angesetzt als im amtlichen Markt. Der Zulassungsantrag ist vom Emittent gemeinsam mit einem bei einer inländischen Börse zugelassenen Kredit- oder Finanzdienstleistungsinstitut zu stellen. Über die Zulassung in diesem Segment entscheidet ebenfalls die Zulassungsstelle der jeweiligen Wertpapierbörse. Die rechtlichen Voraussetzungen ergeben sich aus dem Börsengesetz[33] sowie den betreffenden Bestimmungen der jeweils einschlägigen Börsenordnung, wonach für das Zulassungsverfahren zum geregelten Markt die Bestimmungen für die Zulassung zur amtlichen Notierung in der Regel weitgehend entsprechend gelten. Auch hier besteht bei Vorliegen der Zulassungsvoraussetzungen ein Zulassungsanspruch.

(1) Zulassungsvoraussetzungen

Im geregelten Markt wird kein Mindestalter des Unternehmens vorausgesetzt. **2870** Auch im Übrigen bestimmt das Börsengesetz lediglich, dass die Wertpapiere, respektive Aktien zum geregelten Markt zuzulassen sind, wenn

- der Emittent und die Wertpapiere den Anforderungen entsprechen, die für einen ordnungsgemäßen Börsenhandel notwendig sind;
- dem Antrag ein vom Emittenten unterschriebener Unternehmensbericht beigefügt ist, der Angaben über den Emittenten und die Wertpapiere enthält, die notwendig sind, um dem Publikum ein zutreffendes Urteil über den Emittenten und die Wertpapiere zu ermöglichen und im Übrigen
- keine Umstände bekannt sind, die bei Zulassung der Wertpapiere zu einer Übervorteilung des Publikums oder einer Schädigung erheblicher allgemeiner Interessen führen.

---

31 4. FMFG v. 21.06.2002 (BGBl. I S. 2010).
32 Siehe näher unten 2.a.(2) (Rn. 2884 ff.).
33 §§ 49 ff. BörsG.

2871 Darüber hinaus richten sich die Voraussetzungen nach den Bestimmungen in den einzelnen Börsenordnungen.[34] Regelmäßig wird ein Eigenkapital von mindestens 250.000 Euro verlangt und die Mindeststückzahl der zuzulassenden Papiere beträgt 10.000. Geringere Beträge können zugelassen werden, sofern die Zulassungsstelle davon überzeugt ist, dass sich für die Aktien ein ausreichender Markt bildet.

> *Beispiel:*
>
> Die vor einem Jahr gegründete Fit-AG hat ein Eigenkapital von 250.000 Euro und vertreibt Sportartikel. Sie hat sich dabei schnell etabliert und benötigt zur Finanzierung der weiteren Expansion zusätzliches Kapital. Zur Beschaffung dieser finanziellen Mittel soll das Eigenkapital erhöht werden. Die Kapitalerhöhung soll im Rahmen eines Börsenganges unter Zwischenschaltung der Begleiter-Bank vom breiteren Anlegerpublikum übernommen werden. Dazu wird gemeinsam mit dem Emissionsbegleiter Begleiter-Bank ein Unternehmensbericht erstellt und ein Antrag auf Zulassung zum geregelten Markt gestellt.

2872 Der Unternehmensbericht ist zur Veröffentlichung vorzulegen und durch die Zulassungsstelle zu billigen. Er ist vergleichbar mit dem für die Zulassung zur Notierung im amtlichen Markt erforderlichen Börsenzulassungsprospekt. Sein Inhalt bestimmt sich nach der Verkaufsprospektverordnung.[35] Die Anforderungen, die an den Unternehmensbericht gestellt werden, sind dementsprechend weniger umfassend als jene an den Börsenzulassungsprospekt.[36] Erforderlich sind aber auch hier unter anderem Angaben über die Geschäftslage, die Geschäftsaussichten und Angaben über den letzten Jahresabschluss. Ist mit der Zulassung zum geregelten Markt ein erstes öffentliches Angebot der Wertpapiere verbunden, ist der Zulassungsstelle zudem ein Verkaufsprospekt vorzulegen. Als solcher kann ein – insoweit entsprechend ausgestalteter – Unternehmensbericht dienen, dem dann Doppelfunktion zukommt.

(2) Folgepflichten

2873 Wer in der Öffentlichkeit des geregelten Markts steht, muss erhöhte Transparenzanforderungen erfüllen. Insbesondere besteht auch hier die Pflicht zur Ad-hoc Publizität sowie die Auskunftspflicht gegenüber der Zulassungsstelle. Für den an der Frankfurter Wertpapierbörse eingerichteten Teilbereich des geregelten Marktes „Prime Standard" sind erweiterte Unterrichtungspflichten als Folge der Zulassung geregelt.[37]

---

34 So soll – ohne dass dies zwingende Voraussetzung wäre – beispielsweise nach der seit dem 1.1.2003 geltenden Fassung der Börsenordnung der Frankfurter Wertpapierbörse (FWB) ein Aktien emittierendes Unternehmen mindestens drei Jahre als Unternehmen bestanden haben; im Übrigen hat die FWB die Anforderungen an den geregelten Markt im Wesentlichen denen des amtlichen Marktes gleichgestellt.

35 § 51 Abs. 1 BörsG in Verbindung mit §§ 2 ff. VerkProspV.

36 Vgl. auch unten Dritter Teil C. XI.

37 Siehe dazu unten 2.a.(2) (Rn. 2884 ff.).

2. Deutsche Börsenplätze – ihre Freiverkehrssegmente und gesetzlichen Teilsegmentierungen

Neben dem amtlichen und dem geregelten Markt und deren durch die jeweili- **2874** gen Börsenordnungen regelbaren Teilsegmentierungen[38] gibt es die bei den einzelnen Börsen eingerichteten Freiverkehrssegmente. Für diese regeln die jeweiligen Handelsrichtlinien und Freiverkehrsordnungen eine ordnungsgemäße Durchführung des Handels und der Geschäftsabwicklung. Da die dem Freiverkehr zu Grunde liegenden Bestimmungen privatrechtlicher Natur sind, ist in Streitfällen der Zivilrechtsweg zu beschreiten. Ein einklagbarer Anspruch auf Zulassung besteht nicht. Über den Antrag auf Einbeziehung in den Freiverkehr entscheidet der jeweilige Freiverkehrszulassungsausschuss, der vom Träger der Börse oder anderen privatrechtlichen Vereinigungen gewählt wird. Auch hier ist wesentlicher Gegenstand der Zulassungsprüfung, ob für die einzubeziehenden Wertpapiere ein ordnungsgemäßer Börsenhandel zu erwarten ist, wofür nicht zuletzt das Emissionsvolumen beziehungsweise der resultierende Free float ein wichtiges Kriterium ist.

Die von den einzelnen Börsen ausgestalteten Zulassungsverfahren und Anforde- **2875** rungen sind teilweise sehr stark an die der gesetzlich geregelten Märkte angelehnt. Insbesondere wird – beispielsweise vom Freiverkehr der Börse Berlin–Bremen – die Einreichung eines Unternehmensberichtes verlangt. Insgesamt ist jedoch festzustellen, dass die Zulassungsvoraussetzungen der einzelnen Freiverkehrssegmente sehr unterschiedlich ausgestaltet sind. Es lohnt sich daher, im Einzelfall die jeweiligen Anforderungen mit den Erwartungen und Vorstellungen des Emittenten zu vergleichen.

Ist mit der Einbeziehung in den Freiverkehr zugleich ein erstmaliges öffentli- **2876** ches Angebot der jeweiligen Wertpapiere verbunden, sind in jedem Falle die Anforderungen nach dem Verkaufsprospektgesetz sowie der Verkaufsprospektverordnung einzuhalten, die insbesondere die Veröffentlichung eines umfassenden Verkaufsprospektes nach vorheriger Vorlage bei der Bundesanstalt für Finanzdienstleistungsaufsicht vorsehen. In dem Verkaufsprospekt sind wiederum die rechtlichen und wirtschaftlichen Verhältnisse des Emittenten sowie die Umstände, die für die Beurteilung der Wertpapiere erheblich sind, neutral darzustellen.

Obgleich vor dem Hintergrund des privatrechtlich ausgestalteten Zulassungs- **2877** verfahrens sowie der teilweise gegenüber den gesetzlich geregelten Märkten geringeren Zulassungsvoraussetzungen die Annahme nahe läge, dass sich die Freiverkehrssegmente mangels entsprechendem Anlegervertrauen nicht für Börsengänge eignen würde, hat sich durch die Entwicklung der vergangenen Jahre gezeigt, dass durchaus ein Anlegerinteresse an im Freiverkehr notierten Wertpapieren bestehen kann. Allerdings ist hier, wie auch an den übrigen Marktsegmenten aufgrund der wirtschaftlichen Entwicklungen insbesondere der Unter-

---

38 Von einer solchen Teilsegmentierung hat bislang erst die Frankfurter Wertpapierbörse mit dem von ihr angebotenen „Prime Standard" Gebrauch gemacht, siehe sogleich 2.a.

nehmen am Neuen Markt, das Anlegerinteresse in jüngerer Zeit deutlich zurückgegangen.

2878 Neben deutschen Unternehmen sind in den Freiverkehrsegmenten ausländische Wertpapiere stark vertreten.

2879 Die Einbeziehungsvoraussetzungen der jeweiligen Börsen sind im Überblick wie folgt ausgestaltet:

a) Frankfurter Wertpapierbörse

2880 Die Frankfurter Wertpapierbörse ist mit einem Umsatzanteil in Deutschland von über 85 % die mit Abstand größte der acht deutschen Wertpapierbörsen. Weltweit ist es die drittgrößte Wertpapierbörse. Trägerin des Freiverkehrs an der Frankfurter Wertpapierbörse ist die Deutsche Börse AG, die in dieser Eigenschaft die Funktionsfähigkeit des Börsenhandels sicherstellt. Neben deutschen Aktien werden im Frankfurter Freiverkehr überwiegend ausländische Aktien und Optionsscheine gehandelt.

(1) Zulassungsvoraussetzungen zum Freiverkehr

2881 Die Voraussetzungen über die Einbeziehung von Wertpapieren in den Freiverkehr an der Frankfurter Wertpapierbörse[39] (General Quoted)[40] sind in den Richtlinien für den Freiverkehr an der Frankfurter Wertpapierbörse (FVW-FWB) geregelt.[41] Der Antrag ist schriftlich von einem an der Frankfurter Wertpapierbörse zum Börsenhandel zugelassenen Unternehmen zu stellen. Der Antragsteller muss

- nachweisen, dass er die fachliche Eignung und Zuverlässigkeit besitzt, um einen ordnungsgemäßen Börsenhandel zu gewährleisten;

- bei Wertpapieren, die an keinem anderen organisierten Markt gehandelt werden, muss der Antragsteller nähere Angaben über den Emittenten in Form eines Exposés vorlegen, das eine zutreffende Beurteilung des Emittenten ermöglicht.

2882 Handelt es sich um ein erstmaliges öffentliches Angebot von Wertpapieren, ist ergänzend dazu ein von der Bundesanstalt für Finanzdienstleistungsaufsicht genehmigter Verkaufsprospekt zu veröffentlichen, der Angaben über die tatsächlichen und rechtlichen Verhältnisse enthält, die für die Beurteilung der Wertpapiere notwendig sind.

2883 Der Antrag kann abgelehnt werden, wenn nach Auffassung des Freiverkehrsträgers die Voraussetzungen für die Bildung eines börsenmäßigen Markts nicht gegeben sind, der Einbeziehung Anlegerschutzinteressen entgegenstehen oder die Einbeziehung zur Schädigung erheblicher allgemeiner Interessen führen kann.

---

39 www.deutsche-boerse.com.
40 Siehe dazu auch sogleich unter Rn. 2884 ff. zum Neuen Markt; General Standard; Prime Standard und General Quoted.
41 Stand 02.09.2002.

Darüber hinaus kann der Freiverkehrsträger die Einbeziehung widerrufen, wenn Voraussetzungen, die der Einbeziehung zu Grunde lagen, weggefallen sind.

(2) Neuer Markt; General Standard; Prime Standard; General Quoted

In diesem Zusammenhang zu nennen ist auch der seit dem 5. Juni 2003 ge- **2884** schlossene **Neue Markt** als bekanntestes Freiverkehrssegment. Dieses von der Deutschen Börse AG entwickelte Segment wurde im März 1997 eröffnet. Angestrebt wurde eine Verbesserung der börsenmäßigen Möglichkeiten zur Kapitalbeschaffung für kleine und mittlere Unternehmen. Voraussetzung für die Einführung der Wertpapiere zum Neuen Markt war, dass die Papiere zum geregelten Markt zugelassen sind. Darüber hinaus waren weitere Anforderungen zu erfüllen.

Der Neue Markt ist in der Vergangenheit viel kritisiert worden und hat die in ihn **2885** gesetzten Erwartungen zuletzt nicht mehr erfüllen können. Der Börsenrat der Frankfurter Wertpapierbörse (FWB) hat daher im Oktober 2002 im Grundsatz eine neue Segmentierung des Aktienmarktes an der FWB beschlossen. Dieser Neuordnung liegt eine Änderung des Börsengesetzes durch das 4. Finanzmarktfördergesetz im Jahre 2002[42] zu Grunde, nach der nunmehr durch die Börsenordnungen für Teilbereiche des amtlichen Marktes sowie des geregelten Marktes zusätzliche Voraussetzungen für die Zulassung (nur geregelter Markt) sowie daran anknüpfende Zulassungsfolgepflichten betreffend die Unterrichtung des Publikums (amtlicher und geregelter Markt) vorsehen können. Mit der Neustrukturierung durch die FWB, die zum 1. Januar 2003 in Kraft getreten ist, sind für Aktien und aktienvertretende Zertifikate zwei neue Zuordnungen entstanden:

- Für die Zuordnung zum **General Standard** müssen Unternehmen die gesetzlichen Mindestanforderungen des amtlichen oder des geregelten Marktes erfüllen. Dieses „Segment" soll insbesondere kleinere und mittlere Unternehmen ansprechen, die sich überwiegend an nationale Investoren wenden und sich für ein kostengünstiges Listing interessieren. Es handelt sich hierbei genau genommen nicht um ein gesondertes gesetzliches oder privatrechtliches Börsenzulassungssegment sondern lediglich um ein Etikett, mit dem die Frankfurter Wertpapierbörse nunmehr die beiden bisherigen gesetzlich geregelten Marktsegmente amtlicher Markt und geregelter Markt bezeichnet.

- Für die Zuordnung zum **Prime Standard** müssen Unternehmen über die Anforderungen des amtlichen oder des geregelten Markts hinaus zusätzlich internationale Transparenzanforderungen erfüllen. Zugeschnitten ist der Prime Standard auf die Bedürfnisse von Unternehmen, die sich auch gegenüber internationalen Investoren positionieren wollen. Auch kleineren Unternehmen steht dieses Segment offen. Bei der Zulassung zum Prime Standard handelt es sich um einen Teilbereich des amtlichen beziehungsweise des geregelten Marktes. Ähnlich wie der Neue Markt stellt der Prime Standard neben der Zulassung zum amtlichen oder geregelten Markt die besagten Anforderungen

---

42 4. FMFG v. 21.06.2002 (BGBl. I S. 2010).

an die Transparenz der Unternehmensdarstellung. Werden diese gesonderten Anforderungen nicht mehr erfüllt, erfolgt automatisch eine Notierung im amtlichen beziehungsweise geregelten Markt. Im Einzelnen gelten folgende Voraussetzungen und ergänzenden Unterrichtungspflichten:

– Zulassung zum amtlichen oder geregelten Markt;
– Erstellung und Veröffentlichung eines mit Prüfertestat versehenen (konsolidierten) Abschlusses in deutscher und englischer Sprache nach IFRS[43] gemäß den Vorgaben des International Accounting Standards Board (IASB)[44] oder nach US-GAAP[45] gemäß den Vorgaben des Financial Accounting Standards Board (FASB)[46] einschließlich der Angaben, die nach nationalem Recht veröffentlicht werden müssen;
– Veröffentlichung von Quartalsberichten, die entsprechend den vorstehenden für Abschlüsse genannten sowie diese ergänzenden Kriterien erstellt sind und eine Beurteilung ermöglichen, wie sich die Geschäftätigkeit des Emittenten im Berichtszeitraum sowie seit Beginn des Geschäftsjahres entwickelt hat;
– Erstellung, Aktualisierung und Veröffentlichung eines Unternehmenskalenders im Internet jeweils für das laufende Geschäftsjahr in deutscher und englischer Sprache;
– Abhaltung einer Analystenveranstaltung außerhalb der Bilanzpressekonferenz mindestens einmal jährlich;
– Ad-hoc Veröffentlichungen in deutscher und englischer Sprache.

2886 Die Marktteilnehmer haben die Einführung des Prime Standard über die Erwartungen der Deutschen Börse hinaus positiv aufgenommen. Von den rund 900 potenziellen Kandidaten wurden bis Ende Januar etwa 340 antragsgemäß in das Listing des Prime Standards aufgenommen, 360 weitere Anträge lagen zur Bearbeitung vor.

• Darüber hinaus besteht weiterhin der bereits dargestellte Freiverkehr, den die Börsenordnung der Frankfurter Wertpapierbörse nunmehr auch als „**General Quoted**" bezeichnet.

2887 Da wesentliche Elemente des privatrechtlichen Regelwerks für den Neuen Markt nach der Börsenordnung in den Prime Standard übernommen wurden, hat die Deutsche Börse AG den Neuen Markt in 2003 eingestellt.[47] Nachdem in diesem Zusammenhang alle im Neuen Markt gelisteten Unternehmen in die neu eingeführten Segmente Prime Standard und General Standard gewechselt sind, hat die Deutsche Börse AG das privatrechtliche Segment Neuer Markt

---

43 International Financial Reporting Standards.
44 www.iasc.org.uk.
45 US-amerikanische Generally Accepted Accounting Principles.
46 www.fasb.org.
47 Mit der Neufassung der Börsenordnung für die Frankfurter Wertpapierbörse ist seit dem 01.01.2003 der Handel im Neuen Markt auf Aktien und aktienvertretende Zertifikate von Emittenten bereits zum 01.01.2003 in den Neuen Markt einbezogener Wertpapiere beschränkt (§ 90 Abs. 1 BörsO FWB).

zum 5. Juni 2003 geschlossen. Voraussetzung für die Aufnahme von Unternehmen in die von der Frankfurter Wertpapierbörse gepflegten und ebenfalls neu strukturierten Auswahlindizes MDAX, SDAX, TecDAX oder NEMAX50 ist nun die Zulassung zum Prime Standard. Der DAX bleibt unverändert und bildet weiterhin die 30 größten deutschen Werte ab. Der NEMAX 50 soll voraussichtlich noch bis Ende 2004 berechnet werden, um die Kontinuität der darauf begebenen Finanzprodukte zu gewährleisten.

Mit dieser Umstrukturierung soll das Vertrauen der Anleger in den Aktienmarkt **2888** gestärkt werden.

b) Börse Berlin–Bremen (vormals Berliner Wertpapierbörse)

Der Freiverkehr der Börse Berlin–Bremen (vormals Berliner Wertpapier- **2889** börse)[48] sieht sich vor allem als Plattform für kleinere und mittlere, innovative Technologieunternehmen. Dort werden unter anderem bekannte und weniger bekannte Unternehmen aus Osteuropa gehandelt. Mit über 10.000 im Freiverkehr gelisteten Wertpapieren ist das Angebot der Börse Berlin–Bremen überdurchschnittlich groß.

Die Anforderungen an die Einbeziehung eines Wertpapiers in den Freiverkehr **2890** der Börse Berlin–Bremen richten sich – im Falle eines damit verbundenen ersten öffentlichen Angebots – nach den Richtlinien für den Freiverkehr an der Börse Berlin–Bremen sowie ergänzend nach den IPO-Richtlinien.[49] Über den Antrag auf Einbeziehung entscheidet der Freiverkehrsausschuss. Der Antrag auf Einbeziehung ist vom Emittenten zusammen mit einem Kreditinstitut oder einem sonstigen Wertpapierdienstleistungsunternehmen zu stellen, das an der Börse Berlin–Bremen zur Teilnahme am Handel zugelassen ist.

Grundsätzlich ergeben sich im Rahmen eines mit der Einbeziehung verbunde- **2891** nen ersten öffentlichen Angebots folgende Einbeziehungsvoraussetzungen:[50]

- Mindestemissionsvolumen von 0,25 Mio. Euro, wobei der voraussichtliche Kurswert des dem Markt zur Verfügung stehenden Kapitals 1,5 Mio. Euro nicht unterschreiten sollte;

- der Emittent muss als Unternehmen mindestens seit einem Jahr bestehen;

- Vorlage eines Verkaufsprospekts, der den Bestimmungen des Verkaufsprospektgesetzes und der Verkaufsprospektverordnung entspricht (nur bei erstem öffentlichem Angebot) nebst weiteren Gesellschaftsunterlagen einschließlich Jahresabschlüsse und Lageberichte für die letzten Geschäftsjahre ggf. einschließlich der Bestätigungsvermerke der Abschlussprüfer;

---

48 www.berlinerboerse.de. – Gemeinsam mit der Bremer Börse, der Nasdaq Europe sowie unter der Beteiligung von deutschen Banken wurde von März 2003 bis August 2003 versucht, mit der Nasdaq Deutschland AG einen neuen Handelsplatz für Wertpapiere zu errichten.
49 „Voraussetzungen für die Einführung von im Zusammenhang mit einem Initial Public Offering in den Freiverkehr an der Berliner Wertpapierbörse einzuführende Aktien".
50 Vgl. Freiverkehrsordnung der Berliner Wertpapierbörse, IPO-Richtlinien.

- Gegenstand der (erstmaligen) Einbeziehung in den Freiverkehr sollten Aktien aus einer Barkapitalerhöhung sein, die mindestens die Hälfte des zu platzierenden Emissionsvolumens ausmachen;
- ausreichende Streuung des Wertpapiers im Publikum.

2892 Der Freiverkehrsausschuss kann den Antrag insbesondere dann ablehnen, wenn die Einbeziehungsvoraussetzungen nicht vollständig erfüllt sind, die Bildung eines börsenmäßigen Marktes gefährdet erscheint oder Anlegerschutzinteressen der Einbeziehung entgegenstehen.

2893 Der Emittent hat sich gegenüber dem Freiverkehrsausschuss der Börse Berlin–Bremen zur Ad-hoc-Publizität zu verpflichten.

c) Bayerische Wertpapierbörse München

2894 Für die Einbeziehung von Wertpapieren in den Freiverkehrshandel der Bayerischen Wertpapierbörse München[51] gelten die Börsenordnung für die Bayerische Börse[52] sowie die entsprechenden Freiverkehrsrichtlinien.[53] Träger des Freiverkehrs ist die Bayerische Börse AG.

2895 Zur Einbeziehung in den Freiverkehr ist ein Antrag von einem an der Bayerischen Börse mit dem Recht zur Teilnahme am Handel zugelassenen Unternehmen zu stellen. Der Antrag muss die einzuführenden Wertpapiere definieren und Angaben über den Emittenten enthalten. Ferner hat der Antragssteller einen ordnungsgemäßen Börsenhandel und die ordnungsgemäße Abwicklung zu gewährleisten. Im Übrigen sehen die Freiverkehrsrichtlinien keine besonderen Einbeziehungsvoraussetzungen vor. Bei einem ersten öffentlichen Angebot ist jedoch gemäß dem Verkaufsprospektgesetz sowie der Verkaufsprospektverordnung ein Verkaufsprospekt nach Vorlage bei der Bundesanstalt für Finanzdienstleistungsaufsicht zu veröffentlichen.

2896 Der Freiverkehrsausschuss kann den Antrag ablehnen, wenn nach seiner Auffassung insbesondere die Voraussetzungen für die Bildung eines börsenmäßigen Marktes nicht gegeben sind, der Einbeziehung Interessen des Anlegerschutzes entgegenstehen oder die Einbeziehung zur Schädigung erheblicher allgemeiner Interessen führen kann. Aus den gleichen Gründen kann eine erfolgte Einbeziehung widerrufen werden.

(1) Prädikatsmarkt

2897 Im Rahmen des Freiverkehrs bietet die Bayerische Börse das auf den Mittelstand zugeschnittene Segment „Prädikatsmarkt" an. Dieses richtet sich vor allem an junge, noch kleinere Unternehmen. Unternehmen im Prädikatsmarkt erhalten das Gütesiegel „P", welches für eine besondere Publizität und Wertigkeit der Gesellschaft steht. Folgende Voraussetzungen sind zu erfüllen:

---

51 www.bayerischeboerse.de.
52 Stand 01.07.2002.
53 Richtlinien für den Freiverkehr an der Bayerischen Börse (Stand 03.12.2002) – „Freiverkehrsrichtlinien".

- Grundkapital von mindestens 1 Mio. Euro;
- Vorlage bestimmter Unternehmensunterlagen des Emittenten (u. a. Satzung, Handelsregisterauszug, Geschäftsberichte);
- Haltepflicht für Aktionäre mit Organfunktion für mindestens 12 Monate ab Einbeziehung;
- Veröffentlichung eines Verkaufsprospekts gemäß Verkaufsprospektverordnung der zusätzlich das DVFA-Ergebnis[54] des Emittenten enthält;
- Aktienstreuung von mindestens 25 %;
- Verpflichtung zur regelmäßigen Anlegerinformation, u. a. mittels vierteljährlicher Aktionärsbriefe, Ad-hoc Publikation, Bekanntgabe des geprüften Jahresabschlusses.

Wird das Prädikat im unmittelbaren Zusammenhang mit der erstmaligen Einführung in den Freiverkehr (Neuemission) oder innerhalb eines Zeitraums von zwölf Monaten nach dem Börsengang beantragt, wird das Prädikat nur verliehen, wenn der Börsengang im Rahmen einer Barkapitalerhöhung unter Platzierung von mindestens 25 % des gesamten Grundkapitals erfolgt ist. **2898**

(2) Prädikatsmarkt Select

Darüber hinaus hat die Bayerische Börse den „Prädikatsmarkt Select" entwickelt. **2899** Branchenübergreifend soll sich der Prädikatsmarkt Select bundesweit an im geregelten Markt gelistete Unternehmen wenden. Im Hinblick auf Transparenz und Publizität stellt der Prädikatsmarkt Select höhere Anforderungen an den Emittenten als der Prädikatsmarkt oder der geregelte Markt, was durch das Gütesiegel „PS" dokumentiert wird. Für Neuemissionen gelten die folgenden Anforderungen:

- Zulassung zum geregelten Markt;
- Grundkapital von mindestens 3 Mio. Euro;
- Vorlage bestimmter Unternehmensunterlagen des Emittenten (u. a. Jahresabschlüsse und Geschäftsberichte der letzten drei Geschäftsjahre);
- Vorlage eines Unternehmensberichtes einschließlich DVFA-Ergebnis;
- Haltepflicht für Aktionäre mit Organfunktion für mindestens 12 Monate ab Einbeziehung;
- Aktienstreuung von mindestens 30 %;
- voraussichtliches jährliches Wachstum von 10 % EBIDTA[55] für die nächsten drei Jahre;

---

54 Das Ergebnis nach DVFA beruht auf einem von der Deutschen Vereinigung für Finanzanalysen und Asset Management herausgegebenen Ermittlungsschema primär für die Ermittlung des Ergebnisses von Industrie- und Handelsunternehmen. Die Ermittlung des Ergebnisses nach DVFA/SG und des daraus abgeleiteten Ergebnisses je Aktie dient vorrangig dem Ziel einer vergleichenden Kursbeurteilung.
55 Ergebnis der gewöhnlichen Geschäftstätigkeit vor Zinsen, Steuern, Abschreibung und Good-Will-Amortisation.

- mindestens zwei Vorstandsmitglieder;

- Verpflichtung zur regelmäßigen Anlegerinformation, u. a. mittels vierteljährlicher Aktionärsbriefe, Ad-hoc Publikation, Bekanntgabe des geprüften Jahresabschlusses; halbjährliche Research-Studie.

2900 Wird das Prädikat im unmittelbaren Zusammenhang mit der erstmaligen Zulassung in den geregelten Markt (Neuemission) oder innerhalb eines Zeitraums von zwölf Monaten nach der Einführung in den Freiverkehr oder der Zulassung in andere Marktsegmente beantragt, wird das Prädikat nur verliehen, wenn die Einführung oder die Zulassung im Rahmen einer Barkapitalerhöhung unter Platzierung von mindestens 30 % des gesamten Kapitals erfolgt ist.

2901 Erfüllt der Emittent die Bedingungen für das Prädikat nicht mehr, entscheidet die Börsengeschäftsführung nach Anhörung der Zulassungsstelle über den Entzug der vergebenen Prädikate.

d) Rheinisch Westfälische Wertpapierbörse Düsseldorf

2902 Die Zulassung von Wertpapieren im Freiverkehr an der Rheinisch Westfälischen Wertpapierbörse Düsseldorf[56] richtet sich nach der Ordnung für den Freiverkehr sowie der Anlegerschutz-Richtlinie Freiverkehr.[57] Der Emittent muss zusammen mit einem an der Börse zugelassenen Unternehmen einen Einbeziehungsantrag stellen. Über diesen Antrag entscheidet die Börsengeschäftsführung der Börse Düsseldorf AG als Träger des Freiverkehrs im Einvernehmen mit dem Freiverkehrsausschuss. Bei einem Einbeziehungsantrag, der mit einem ersten öffentlichen Angebot verbunden ist, gelten folgende Einbeziehungsvoraussetzungen:

- Mindestnennbetrag der einbezogenen Wertpapiere in Höhe von nominal 250.000 Euro;

- Mindeststückzahl, die dem Markt bei Handelsbeginn zur Verfügung steht, von 100.000 Stück;

- voraussichtlicher Kurswert des dem Markt zur Verfügung stehenden Kapitals von nicht weniger als 1 Mio. Euro;

- Free float der Aktien von wenigstens 20 %;

- bei erstem öffentlichem Angebot: Vorlage eines Verkaufsprospekts, erstellt nach dem Verkaufsprospektgesetz und der Verkaufsprospektverordnung.

2903 Ferner sind dem Antrag bestimmte Unterlagen der Gesellschaft (u. a. Satzung, Handelsregisterauszug, testierte Geschäftsberichte für die letzten Geschäftsjahre, etc.) beizufügen.

---

56 www.rwb.de.
57 Freiverkehrsordnung (Stand Mai 2002) und Anlegerschutz-Richtlinie Freiverkehr (Stand 23.01.2002) der Düsseldorfer Börse.

Zusätzlich bietet die Börse Düsseldorf ein spezielles **IPO-Segment** im Freiver- **2904** kehr. Jungen Unternehmen soll hiermit die Chance für eine schnelle und effektive Kapitalisierung durch einen Börsengang gegeben werden und Anleger sollen von Anfang an in innovative Firmen investieren können. Die Risiken in diesem Markt sollen ergänzend durch umfassende Maßnahmen für den Anlegerschutz transparent gemacht werden:

- Verzicht auf eine Mindestbestehensdauer des Unternehmens, im Gegenzug weiterreichende Berichtspflichten;
- eine auf 24 Monate verlängerte Haltepflicht der Altaktionäre;
- Veröffentlichung des Aktienbesitzes von Vorstand und Aufsichtsrat sowie eine jährliche Researchstudie eines unabhängigen Analysten.

Der Antrag auf Einbeziehung in den Freiverkehr kann abgelehnt werden, wenn **2905** insbesondere die Voraussetzungen für die Bildung eines börsenmäßigen Marktes nicht gegeben sind, der Einbeziehung Anlegerschutzinteressen entgegenstehen oder die Einbeziehung zur Schädigung erheblicher allgemeiner Interessen führen kann. Nicht zuletzt bei nachträglichem Eintreten vorbenannter Gründe kann die Einbeziehung widerrufen werden.

Mit der Einbeziehung verpflichtet sich der Emittent regelmäßig zur Einhaltung **2906** der Ad-hoc-Publizität, der Erstellung von Quartalsberichten, der Pflege eines Unternehmenskalenders sowie weiterer Publizitätsanforderungen.

e) Hanseatische Wertpapierbörse Hamburg

Träger des Freiverkehrs an der Hanseatischen Wertpapierbörse Hamburg[58] ist **2907** die BÖAG Börsen Aktiengesellschaft. Über den Einbeziehungsantrag entscheidet der Freiverkehrsausschuss. Die Freiverkehrsregularien finden sich in der Freiverkehrsordnung.[59]

Die Einbeziehung von Wertpapieren in den Freiverkehr ist grundsätzlich von **2908** einem Kreditinstitut zu beantragen, das an der Hamburger Börse zum Börsenhandel zugelassen ist. Für Wertpapiere, die bereits an einer anderen inländischen Börse amtlich notiert sind oder im geregelten Markt gehandelt werden, kann der Antrag auch von einem anderen an der Hanseatischen Börse zugelassenen Unternehmen gestellt werden. Wird das Wertpapier bereits im Freiverkehr an einer inländischen Börse oder an einer ausländischen Börse gehandelt, deren Zulassungsbestimmungen mit den inländischen Vorschriften vergleichbar sind, kann der Antrag auch von einem an der Hanseatischen Börse zugelassenen freien Makler gestellt werden, der für den Aufruf und die Preisermittlung im Freiverkehr bestimmt ist. Der Antragsteller hat mit dem Antrag einen ordnungsgemäßen Börsenhandel zu gewährleisten.

---

58 www.boerse-hamburg.de. – Die BÖAG Börsen Aktiengesellschaft ist Träger des Freiverkehrs an den Börsenplätzen Hamburg und Hannover.
59 Freiverkehrsordnung der Hanseatischen Wertpapierbörse Hamburg in der Fassung vom 28.02.2000.

2909 Der Antrag muss spezielle Angaben über die Wertpapiere bzw. den Emittenten enthalten. Bei Wertpapieren, die an keinem anderen organisierten Markt gehandelt werden, muss der Antragsteller nähere Angaben über den Emittenten in Form eines Exposés vorlegen, das eine zutreffende Beurteilung des Emittenten ermöglicht. Erfolgt im Zusammenhang mit der Einführung der Aktien ein „erstes öffentliches Angebot" im Inland, so ist ergänzend ein gemäß dem Verkaufsprospekt und der Verkaufsprospektverordnung erstellter Verkaufsprospekt vorzulegen. Darüber hinaus werden keine konkreten Anforderungen an eine Einbeziehung gestellt.

2910 Der Ausschuss kann den Antrag ablehnen, wenn nach seiner Auffassung insbesondere die Voraussetzungen für die Bildung eines börsenmäßigen Marktes nicht gegeben sind oder die Einführung offenbar zu einer Übervorteilung des Publikums oder zur Schädigung erheblicher allgemeiner Interessen führen kann. Fallen die entsprechenden Voraussetzungen später weg, kann die Einbeziehung widerrufen werden.

(1) High Risk Market

2911 Im Rahmen des Freiverkehrs bietet die Hamburger Börse das Handelssegment „High Risk Market" an.[60] In dieses Handelssegment können Wertpapiere von Unternehmen einbezogen werden, deren Wertpapiere weder im amtlichen noch im geregelten Markt bzw. einem vergleichbaren Markt notiert sind. Der Antrag muss genaue Angaben über die Wertpapiere bzw. den Emittenten enthalten. Über den Einbeziehungsantrag entscheidet auch hier der Freiverkehrsausschuss. Die Einbeziehung ist von einem an der Hamburger Börse zum Börsenhandel zugelassenen Wertpapierdienstleistungsunternehmen zu beantragen.

2912 Die Einbeziehung von Aktien ist an die Erfüllung folgender Anforderungen geknüpft:

- Angaben zum Emittenten, den Aktien und zum Antragsteller;
- aktueller Mindestpreis der Aktien von 1 Euro, von dem abgewichen werden kann, wenn die Zahl der einzubeziehenden Wertpapiere einen ordnungsgemäßen Börsenhandel erwarten lässt; der von dem Antragsteller eingereichte Kursverlauf für die Vergangenheit soll diesen Preis nachhaltig bestätigen;
- dem Markt aktuell zur Verfügung stehender Nennbetrag von mindestens 1 Mio. Euro aktuell oder nach Überzeugung des für die Einbeziehung zuständigen Gremiums zumindest in absehbarer Zeit zur Verfügung stehend;
- ausreichende Streuung der einzubeziehenden Aktien, d.h. ein Free float von mindestens 25% des Gesamtnennbetrages der einzubeziehenden Aktien; bei großer Zahl von Aktien derselben Gattung und ihrer breiten Streuung im Publikum ist auch ein niedrigerer Prozentsatz zulässig, wenn ein ordnungsgemäßer Börsenhandel gewährleistet ist.

---

60 §§ 16 ff. Hanseatische Freiverkehrsordnung.

Keunecke

Liegen die Voraussetzungen nicht mehr vor, kann die Einbeziehung in das **2913** High-risk-market-Segment widerrufen werden.

f) Niedersächsische Börse Hannover

Die Niedersächsische Börse Hannover[61] und die Hanseatische Wertpapierbörse **2914** Hamburg haben eine Trägergemeinschaft gebildet, sodass in Bezug auf die Freiverkehrsbestimmungen Gemeinsamkeiten bestehen[62] und auf die dargelegten Ausführungen zur Hanseatischen Wertpapierbörse Hamburg verwiesen wird. Es gibt zwar eine eigene Freiverkehrsordnung,[63] diese ist jedoch weitgehend inhaltsgleich mit der Hanseatischen Freiverkehrsordnung. Allerdings besteht an der Niedersächsischen Börse Hannover nicht das Freiverkehrssegment „High Risk Market".

g) Baden-Württembergische Wertpapierbörse Stuttgart

Auch die Baden-Württembergische Wertpapierbörse in Stuttgart[64] unterhält ein **2915** Freiverkehrssegment. Träger des Freiverkehrs ist die Boerse-Stuttgart AG. Über die Einbeziehung von Wertpapieren in den Freiverkehr entscheidet der Freiverkehrsausschuss gemäß den Freiverkehrsrichtlinien.[65]

Der Antrag auf Einbeziehung von Wertpapieren in den Freiverkehr ist von **2916** einem börsenzugelassenen Unternehmen zu stellen. Der Antragsteller muss den ordnungsgemäßen Börsenhandel und die Abwicklung sowie die rechtzeitige und fortlaufende Unterrichtung des Freiverkehrsausschusses und der Börsengeschäftsführung über alle für die Preisermittlung wesentlichen Umstände sicherstellen. Es müssen die Voraussetzungen für einen börsenmäßigen Markt gegeben sein und die Anlegerschutzinteressen beachtet werden. Darüber hinaus bestehen keine konkreten Vorgaben.

Geht mit der Einbeziehung ein erstes öffentliches Angebot einher, ist gemäß **2917** dem Verkaufsprospektgesetz sowie der Verkaufsprospektverordnung ein entsprechender Verkaufsprospekt zu veröffentlichen.

Der Zulassungsantrag kann insbesondere dann abgelehnt werden, wenn der **2918** Freiverkehrsausschuss die Voraussetzungen für die Bildung eines börsenmäßigen Marktes nicht für gegeben hält oder er der Auffassung ist, dass der Einbeziehung Anlegerschutzinteressen entgegenstehen oder die Einbeziehung zur Schädigung erheblicher allgemeiner Interessen führen kann. Eine erfolgte Einbeziehung kann aus den entsprechenden Gründen widerrufen werden.

---

61 www.logicalline.de; www.boerse-hamburg.de.

62 Die BÖAG Börsen Aktiengesellschaft ist Träger des Freiverkehrs an den Börsenplätzen Hannover und Hamburg.

63 Freiverkehrsordnung der Börse Hannover.

64 www.boerse-stuttgart.de.

65 Richtlinien für den Freiverkehr an der Baden-Württembergischen Wertpapierbörse (Freiverkehrsrichtlinien (Stand 23. 10. 2002).

h) Bremer Wertpapierbörse

2919 Die Bremer Börse[66] bezeichnete sich selbst als „Börse für Privatanleger und Mittelstand". Die Zulassung von Wertpapieren im Freiverkehr erfolgte nach der Bremer Freiverkehrsordnung.[67] Im Frühjahr 2003 wurde die Bremer Wertpapierbörse mit der Berliner Wertpapierbörse fusioniert, so dass auf die Ausführungen zu der daraus entstandenen Börse Berlin–Bremen verwiesen wird.[68]

i) Nasdaq Deutschland

2923 Seit Ende März 2003 gab es Bestrebungen, einen weiteren Handelsplatz für Wertpapiere zu etablieren: die Börsen Berlin, Bremen sowie die Nasdaq sind darüber übereingekommen, gemeinsam mit einigen Banken die Nasdaq Deutschland AG als neuen Wertpapiermarkt in Deutschland zu errichten. Nachdem „The Nasdaq Stock Market" zunächst in den vergangenen Jahren mit seiner Tochtergesellschaft Nasdaq Europe wenig erfolgreich seine Geschäftstätigkeit auf Europa ausgeweitet hatte, sollte nun den bestehenden deutschen Börsenplätzen ein weiterer Wettbewerber gegenübergestellt werden. Die Trägergesellschaft dieses neuen Aktienmarktes entstand durch eine Kapitalerhöhung der Bremer Wertpapierbörse, an der die Berliner Börse, die BWB Holding AG, die Nasdaq Europe sowie einige Banken beteiligt sind. In einem weiteren Schritt fusionierten die Berliner Börse und die Bremer Börse.

2924 Nasdaq Deutschland wurde mit einem innovativen elektronischen Handelssystem beworben. Ein wesentlicher Vorteil von Nasdaq Deutschland sollte überdies der direkte Zugang zum Handel mit US-Aktien auf der konzernzugehörigen Handelsplattform in New York sein, da dort die Aktien auf Grund der höheren Liquidität einfacher handelbar als auf europäischen Märkten sind. Gewöhnlich ist der Handel im Heimatmarkt einer Aktie deutlich reger, als an einem fremdländischen Markt – in diesem Falle beispielsweise der Deutschen Börse in Frankfurt –, was Transaktionen erleichtert.

2925 Angestrebt war zunächst der Handel mit den wichtigsten Aktien des DAX 100, NEMAX 50, Nasdaq 100, EuroSToXX 50 und Dow 30. Mittelfristig sollte der Handel rund 3.000 Werte umfassen. Ferner soll der neue Wertpapiermarkt Wachstumsunternehmen aller Branchen eine attraktive Emissionsplattform bieten.

Allerdings wurde das Projekt bereits nach kurzer Zeit gestoppt. Aufgrund von Konsolidierungsbestrebungen der U.S.-amerikanischen Nasdaq-Muttergesellschaft wurde die Geschäftsfähigkeit der Nasdaq Deutschland AG im August 2003 mangels hinreichender Umsatzzahlen, d.h. mangels hinreichenden Interesses bei den Marktteilnehmern wieder eingestellt.

---

66 www.boerse-bremen.de. – Die Bremer Börse ist im Frühjahr 2003 mit der Berliner Börse zusammengelegt worden, siehe im Einzelnen sogleich unter 2.i. sowie unter 2.b.

67 §§ 66 Börsenordnung der Bremer Wertpapierbörse i.d.F. vom 25.06.2001 in Verbindung mit der Freiverkehrsordnung i.d.F. vom 05.12.2001.

68 S.o. zu 2.b).

3. Die richtige Wahl

Die Entscheidung für eine Börse beziehungsweise ein Börsensegment wird für **2926** einige potenzielle Emittenten bereits durch die jeweils geltenden Zulassungsvoraussetzungen vorgegeben sein. Unternehmen, die unter verschiedenen Segmenten wählen können, mögen sich an den Publizitätsanforderungen orientieren. Je höher die Anforderungen für die Zulassung zur Einbeziehung in ein Segment sind, desto höher mag auch das Vertrauen der Anleger in den entsprechenden Wert sein. Regional wird entscheidend sein, ob sich an einer Börse ein Handelsplatz für bestimmte Unternehmenszweige herausgebildet hat. Diesbezügliches Kriterium wäre, das Unternehmen an einer Börse/einem Börsensegment zu platzieren, wo bereits verstärkt ähnliche Unternehmen angesiedelt sind, sodass eine gesteigerte Vergleichbarkeit mit anderen Unternehmen (Peer Group) für die Investoren erleichtert wird.

Für größere Emissionsvolumina ist regelmäßig eine Emission im geregelten **2927** oder nach Möglichkeit im amtlichen Markt oder darauf aufsetzenden Marktsegmenten, wie etwa dem Prime Standard der Frankfurter Wertpapierbörse, einschlägig. Die (darüber hinaus bestehenden) Freiverkehrssegmente werden – je nach Marktlage – im Allgemeinen nicht die für solche Volumina erforderliche Platzierungskraft aufweisen.

Da die börsenrechtlichen Zulassungsvoraussetzungen, insbesondere der Freiver- **2928** kehrssegmente einem steten Wandel unterliegen, sind die vorstehenden Ausführungen eine Momentaufnahme, die jedoch insoweit von gewissem Bestand ist, als sie Größenordnungen und Orientierungsmaßstäbe vermittelt. Für die Planung eines konkreten Börsengangs sind jedoch die zum jeweiligen Zeitpunkt einschlägigen Regelungswerke hinzuzuziehen, um die erforderliche Planungssicherheit bei der Vorbereitung des Börsengangs zu gewährleisten.

X. Internationale Rechnungslegung (IAS vs. US-GAAP)

Literaturauswahl:

Adler/Düring/Schmaltz, Rechnungslegung und Prüfung der Unternehmen, 5. und 6. Auflage, Stuttgart, 1997; d'Arcy/Leuz, Rechnungslegung am Neuen Markt – Eine Bestandsaufnahme, Der Betrieb, 2000, S. 385ff.; Förschle/Holland/Kroner, Internationale Rechnungslegung: US-GAAP, HGB und IAS, 5. Auflage, Frankfurt 2001; Glaum, Die Internationalisierung der deutschen Rechnungslegung, Zeitschrift für Kapitalmarktorientierte Rechnungslegung, 2001, S. 134f.; Hoyos/Lechner, Kommentierung zu § 292a HGB, in: Budde u.a., Beck'scher Bilanzkommentar, 4. Auflage, München 1999, S. 1.327ff.; Hülsebeck, Der Weg zu den US-Börsen für mittelständische deutsche Unternehmen, in: Deutsches Steuerrecht, 2000, S. 894ff.; Knorr, Hat das Deutsche Rechnungslegungsstandards Comittee (DRSC) eine Daseinsberechtigung über 2004 hinaus?, Zeitschrift für Kapitalmarktorientierte Rechnungslegung, 2001, S. 89f.; Langenbeck, Grundzüge der IAS und US-GAAP – Vergleich mit der Rechnungslegung nach HGB, in: BBK Nr. 3 vom 2. Februar 2001; Leuz/Verrecchia, The Economic Consequences of Increased Disclosure; Working Paper Services: Finance and Accounting, Universität Frankfurt, No. 41, 1999;

Mujkanovic, Befreiende Konzernabschlüsse und Konzernlageberichte, Der Betriebs-Berater, 1999, S. 999f.; Pellens/Gassen, EU-Verordnungsentwurf zur IAS-Konzernrechnungslegung, Zeitschrift für Kapitalmarktorientierte Rechnungslegung, 2001, S. 137f.; Wollmert/Oser, Befreiender internationaler Konzernabschluss (§ 292a HGB), Der Betrieb, 2000, S. 729ff.; Born, Rechnungslegung international, Konzernabschlüsse nach IAS, US-GAAP, HGB und EG-Richtlinien, 2. Auflage, Stuttgart 1999.; Fuchs/Stibi, IOSCO-SEC-EU-Kommission, Finanz Betrieb, Beilage 1/2000, S. 1–7; Haller, Wesentliche Ziele und Merkmale US-amerikanischer Rechnungslegung, in: Ballwieser (Hrsg.), US-amerikanische Rechnungslegung: Grundlagen und Vergleiche mit dem deutschen Recht, 4. Auflage, Stuttgart 2000, S. 1ff.; Hütten/Brakensiek, „Deutsche US-GAAP" ohne eine SEC – Auto ohne Bremsen?, Der Betriebs-Berater, 2000, S. 870ff.; Schildbach, US-GAAP – Amerikanische Rechnungslegung und ihre Grundlagen, 1. Auflage, München 2000; Buchholz, Internationale Rechnungslegung. Die Vorschriften nach IAS, HGB und US-GAAP im Vergleich, Berlin, 2001; Lüdenbach, International Accounting Standards. Der Ratgeber zur erfolgreichen Umstellung von HGB auf IAS, Freiburg, 2001; TEIA: US-GAAP und IAS, Berlin, 2003; Zeimers, Zur erstmaligen Anwendung von International Financial Reporting Standards, Die Wirtschaftsprüfung 2002, S. 1001; Schick/Nolte, Bilanzierung von Internetauftritten nach Handels- und Steuerrecht, Der Betrieb 2002, S. 541; Stubenrath/Löbig, Zur Notwendigkeit von Rechnungslegungsstandards für die Internet-Berichterstattung, Der Betrieb 2002, S. 1333; Niehus, Der EU-Vorschlag für eine „Modernisierung" der Bilanzrichtlinien, Der Betrieb 2002, S. 1385; o.V., Wichtige Internet-Adressen im Bereich der internationalen Rechnungslegung, Der Betrieb 2002, S. 1466; Knorr/Wendlandt, Standardentwurf zur erstmaligen Anwendung von International Financial Reporting Standards (IFRS), Zeitschrift für Kapitalmarktorientierte Rechnungslegung 2002, S. 201; Bieker/Schmidt, Der Vorschlag der Europäischen Kommission zur Änderung der Bilanzrichtlinien, Zeitschrift für Kapitalmarktorientierte Rechnungslegung 2002, S. 206; Meitner/Hüfner/et. al., Bilanzskandale und Börsencrash, Der Finanzbetrieb 2002, S. 537, Zabel, IAS zwingend für den Konzern- und Einzelabschluss?, Die Wirtschaftsprüfung 2002, S. 919; Böcking, IAS für den Konzern- und Einzelabschluss!, Die Wirtschaftsprüfung 2002, S. 925, Küting/Pilhofer/Kirchhof, Die Behandlung von Software aus der Sicht des Herstellers nach US-GAAP und IAS, Die Wirtschaftsprüfung 2002, S. 73, Kahle, Maßgeblichkeitsgrundsatz auf Basis der IAS?, Die Wirtschaftsprüfung 2002, S. 178; Institut der Wirtschaftsrüfer (IDW), Stellungnahme des IDW zur IAS-Verordnung der EU sowie zum Richtlinienvorschlag zur Änderung der EU-Bilanzrichtlinien, IDW-Fachnachrichten 2002, S. 485.

2929 Für deutsche Unternehmen galt bis 1998 ausnahmslos die Verpflichtung, Einzel- und Konzernabschlüsse nach den nationalen deutschen Standards – überwiegend im Handelsgesetzbuch kodifiziert und durch rechtsform- bzw. branchenspezifische Vorschriften (AktG, GmbHG, KWG, EnWG) ergänzt – zu erstellen.

2930 Mit zunehmender **Internationalisierung der Kapitalmärkte** und der damit länderübergreifenden Finanz- und Bilanzanalyse hat sich in den letzten Jahren zunehmend die Notwendigkeit entwickelt, die Jahresabschlüsse von Unternehmen international vergleichbar zu machen. Unterschiedliche nationale Regelungen für die Rechnungslegung – teilweise auch geprägt durch steuerliche Einflüsse – stehen der Vergleichbarkeit von Abschlüssen entgegen, was international agierende Investoren zu erhöhten Kapitalkosten (und damit zu niedrigeren Bewertungen) veranlasste oder gar von vornherein abschreckte. Insbesondere das primär dem Gläubigerschutz dienende deutsche Handelsrecht wurde in der Vergangenheit von der internationalen Finanzwelt als wenig durch- und einsichtig beurteilt.

Aufgrund der fortschreitenden Globalisierung der Waren- und Kapitalströme **2931** wurde daher im Jahr 1998 das **Kapitalaufnahmeerleichterungsgesetz** verabschiedet, welches börsennotierten (bzw. mittlerweile kapitalmarktorientierten) deutschen Unternehmen ermöglicht, einen Konzernabschluss mit befreiender Wirkung nach international anerkannten Rechnungslegungsgrundsätzen – und damit für die internationale Finanzwelt „verständlich" – zu erstellen (§ 292a HGB).[69] Dieses bedeutet, dass unter bestimmten Voraussetzungen anstelle eines Konzernabschlusses nach HGB (§ 290 ff. HGB) ein nach internationalen Grundsätzen erstellter Konzernabschluss erstellt und veröffentlicht werden darf. Als internationale Rechnungslegungsgrundsätze sind dabei IAS[70]/IFRS[71] und US-GAAP[72] ausdrücklich zugelassen. Diese Regelung ist bis Ende 2004 begrenzt. Da diese Regelung ausdrücklich nur Konzerne und deren Konzernabschluss betrifft, besteht für die bilanzierenden Unternehmen auch weiterhin die Pflicht zur Erstellung des Einzelabschlusses nach nationalen Vorgaben.

Von der Regelung des **§ 292a HGB** hat in Deutschland mittlerweile eine Viel- **2932** zahl von Unternehmen Gebrauch gemacht, insbesondere – was sich aus der Regelung des § 292a HGB ergibt – börsennotierte Unternehmen, die den Regelwerken ihrer jeweiligen Börsensegmente und den Bedürfnissen des Kapitalmarktes entsprechend nach internationalen Regelungen bilanzieren müssen, wie z.B. der Prime Standard.[73] Die Bilanzierung nach internationalen Grundsätzen ist durch den zwischenzeitlichen Erfolg des Neuen Marktes, der bekanntlich in seinem Regelwerk eine Bilanzierung nach IAS/IFRS oder US-GAAP verlangte, in Deutschland gang und gäbe geworden.

Gleichwohl ist die Anwendung der internationalen Bilanzierungsvorschriften **2933** bislang nur für den **Konzernabschluss** möglich. Dieses ist dadurch bedingt,

---

69 Gemäß § 292a HGB darf ein Mutterunternehmen, das einen organisierten Markt im Sinne des § 2 Abs. 5 WpHG durch von ihm oder einem seiner Tochterunternehmen ausgegebene Wertpapiere im Sinne des § 2 Abs. 1 Satz 1 WpHG in Anspruch nimmt, einen HGB-Konzernabschluss dann nicht aufzustellen, wenn es einen befreienden Konzernabschluss aufstellt und diesen offen legt. Ein Konzernabschluss hat dann befreiende Wirkung, wenn
 • das Mutterunternehmen und seine Tochterunternehmen in den befreienden Konzernabschluss einbezogen worden sind,
 • der Konzernabschluss und der Konzernlagebericht nach international anerkannten Rechnungslegungsvorschriften aufgestellt worden sind und im Einklang mit den einschlägigen EU-Richtlinien (Richtlinie EU 83/349/EWG) stehen
 • die Aussagekraft der danach aufgestellten Unterlagen der Aussagekraft eines nach den Vorschriften des HGB gleichwertig ist
 • und der Anhang oder die Erläuterungen zum Konzernabschluss bestimmte zusätzliche Angaben enthält.
70 International Accounting Standards.
71 International Financial Reporting Standards (Weiterführung der IAS ab 2001).
72 US Generally Accepted Accounting Principles.
73 Vgl. hierzu Abschnitt XIV „Folgepflichten".

dass dem Konzernabschluss „lediglich" eine Informationsfunktion beigemessen wird. Gesellschaftsrechtliche Implikationen, wie z.B. Zulässigkeit und Umfang von Gewinnausschüttungen, Notwendigkeit der Einberufung einer außerordentlichen Gesellschafter- oder Hauptversammlung bei Verzehr des hälftigen Grund- bzw. Stammkapitals oder Bedeutung für die Unternehmensbesteuerung, hat nach wie vor der Einzelabschluss („Jahresabschluss") eines Unternehmens, der entsprechend den deutschen handelsrechtlichen Vorschriften zu erstellen ist.

2934 Daneben gibt es eine **europäische Dimension**: Im Rahmen der fortschreitenden europäischen Integration wurde die national unterschiedliche Bilanzierung in Europa zunehmend kritisch hinterfragt. Aus diesem Grund wurden in der ferneren und jüngeren Vergangenheit verschiedene Maßnahmen ergriffen, um auch in Bezug auf die Rechnungslegung eine Harmonisierung herbeizuführen. Erste Versuche waren verschiedene EG/EU-Richtlinien, die jedoch aufgrund vielfältiger Mitgliedsstaatenwahlrechte keinen rechten Erfolg – zumindest für die Harmonisierung der Rechnungslegung – hatten. Nunmehr jedoch haben die EU-Kommission und das europäische Parlament im Mai 2002 eine **Verordnung zur Anwendung der internationalen Rechnungslegungsstandards IAS/IFRS** verabschiedet. EU-Verordnungen erlangen – im Gegensatz zu Richtlinien – unmittelbar Gesetzeskraft in allen EU-Mitgliedsstaaten. Kernpunkt dieser Verordnung ist die Regelung, derzufolge alle Unternehmen, deren Wertpapiere zum Handel in einem geregelten Markt zugelassen sind, zukünftig ihren Konzernabschluss nach den IAS/IFRS zu erstellen haben. Für nicht kapitalmarktorientierte Unternehmen und für Einzelabschlüsse kapitalmarktorientierter Unternehmen belässt die EU-Verordnung den Mitgliedsstaaten ein Wahlrecht. Es besteht insofern die Möglichkeit, dass auch nicht-kapitalmarktorientierte Unternehmen ihre Konzernabschlüsse nach IAS/IFRS aufstellen dürfen bzw. müssen oder die IAS/IFRS gar auch für die Einzelabschlüsse relevant werden. Entsprechende Diskussionen sind im deutschen Rechtskreis gegenwärtig im Gange; insbesondere werden auch die **Auswirkungen auf Gesellschafts- und Steuerrecht** untersucht.

2935 Die Regelung, dass börsennotierte Unternehmen ihre Konzernabschlüsse nach IAS/IFRS zu erstellen haben, gilt für alle kapitalmarktorientierten Unternehmen für die Geschäftsjahre, die ab dem **01.01.2005** beginnen. Für bestimmte Unternehmen ist eine Übergangsfrist bis zum 1. Januar 2007 eingeräumt,[74] was jedoch nichts an der grundsätzlichen Regelung, dass künftig alle europäischen kapitalmarktorientierten Konzerne nach IAS/IFRS zu bilanzieren haben, ändert.

2936 Da für europäische Wachstumsunternehmen insofern die IAS/IFRS eine **zunehmende Bedeutung** gewinnen (während die US-GAAP vermutlich an Akzeptanz verlieren), wird im Folgenden der Fokus auf die IAS/IFRS gerichtet; der Vollständigkeit halber soll jedoch auch die Grundkonzeption der US-GAAP nicht außer Acht gelassen werden.

---

74 Insbesondere im Hinblick auf die erhoffte Anerkennung der IAS/IFRS durch die SEC als den US-GAAP gleichwertiges Regelwerk, womit europäischen Unternehmen, die SEC-registriert sind (weil sie z.B. an der NYSE oder NASDAQ notiert sind) die Erstellung zweier Konzernabschlüsse – nach IAS/IFRS und nach US-GAAP – erspart bliebe.

1. Warum Internationale Rechnungslegung?

Mit der Aufstellung von Abschlüssen nach internationalen Standards werden – **2937** unbeschadet aktueller, durch Bilanzskandale ausgelöster Diskussionen um die tatsächlichen Vorzüge der Internationalen Rechnungslegung – unter anderem folgende Vorteile gegenüber dem deutschen Handelsrecht assoziiert:

- **Erhöhung der Transparenz:** Vom Grundsatz bewirken internationale Abschlüsse aufgrund ihrer zusätzlichen Bestandteile der Rechnungslegung (Eigenkapitalveränderungsrechnung, Segmentberichterstattung, Cash-Flow-Rechnung) und der zusätzlichen Angaben im Anhang eine erhöhte Transparenz.[75] Zudem trägt die nach internationalen Grundsätzen bestehende Verpflichtung zur Erstellung eines Konzernabschlusses unabhängig von Größenkriterien zur Erhöhung von Transparenz und Aussagefähigkeit der externen Rechnungslegung bei.

- **Marktnahe Bewertung von Vermögens- und Schuldposten:** Internationale Rechnungslegungsgrundsätze erschweren die Legung stiller Reserven beispielsweise durch Vermeidung von Ansatz- und Bewertungswahlrechten. Einzelne Posten, wie Wertpapiere oder Fremdwährungspositionen, sind unter bestimmten Voraussetzungen mit dem (gestiegenen) Marktwert anzusetzen, während das deutsche Handelsrecht – bedingt durch das dem Gläubigerschutz dienende Vorsichtsprinzip (§ 252 Abs. 1 Nr. 4 HGB) – eine Bewertung über den (historischen) Anschaffungskosten untersagt. Durch die marktnahe Bewertung von Vermögen und Schulden soll u. a. vermieden werden, dass stille Reserven zu Zwecken der Gewinnglättung in operativ schlechten Zeiten „gehoben" werden und die „wahre" Lage des Unternehmens durch solche Transaktionen nicht sachgerecht dargestellt wird.

- **Konvergenz des internen und des externen Berichtswesens:** Internationale Vorschriften messen der Ermittlung des Periodenerfolgs als Grundlage für die Schätzung zukünftig ausschüttbarer Cashflows eine hohe Bedeutung bei. Dabei erfolgt die Bestimmung des Periodenerfolgs unter Beachtung des wirtschaftlich geprägten „**Matching Principles**" (z. B. durch Anwendung der Percentage-of-Completion-Methode, d. h. der anteiligen Gewinnrealisierung bei langfristigen Aufträgen). Weiterhin enthält die Segmentberichterstattung wichtige Informationen über die Zusammensetzung des Unternehmenserfolgs. Beispielsweise verlangt der in den US-GAAP verankerte Management Approach diesbezüglich, dass für die externe Segmentberichterstattung die internen, vom Management genutzten Steuerungsgrößen herangezogen werden. Hierdurch soll erreicht werden, dass der Kapitalmarkt die gleiche Sichtweise auf das Unternehmen eingeräumt bekommt wie das Management. Die Unterhaltung eines gesonderten internen Berichtswesens kann bei der Anwendung

---

75 Die bestehenden Transparenzdefizite im Bereich der Konzernberichterstattung gemäß HGB werden jedoch durch die Verlautbarungen des DRSC immer weiter abgebaut, womit auch die deutsche handelsrechtliche Konzernrechnungslegung den Transparenzanforderungen des Kapitalmarktes zunehmend Rechnung trägt.

internationaler Rechnungslegungsstandards zumindest teilweise vermieden werden.

2938 Den vielfach proklamierten Vorteilen der Internationalen Rechnungslegung stehen naturgemäß auch eine Reihe von **Nachteilen** gegenüber. So gehen mit der Erhöhung der Transparenz auch **erhöhte Belastungen für Erstellung und Prüfung** der Abschlüsse einher. Insbesondere die „Disclosure Notes" – diese entsprechen im Grundsatz dem handelsrechtlichen Anhang – erfordern umfangreiche und komplexe Angaben. Weiterhin liegt der internationalen Rechnungslegung im Vergleich zur handelsrechtlichen Bilanzierung eine gänzlich **unterschiedliche Denkweise** zu Grunde. Da – zumindest noch – das Handelsrecht für die Erstellung des Einzelabschlusses sowie über das Maßgeblichkeitsprinzip auch für die Unternehmensbesteuerung gilt, sind durch das Rechnungswesen des bilanzierenden Unternehmens nunmehr drei statt zwei Rechnungslegungssysteme zu beherrschen (IAS/IFRS oder US-GAAP, HGB und Steuerrecht).

2. Grundkonzeptionen von IAS/IFRS und US-GAAP

2939 Während die deutsche Bilanzierung primär auf dem Handelsgesetzbuch (HGB) sowie auf steuerlicher Rechtsprechung und Gesetzgebung basiert, sind die IAS/IFRS sowie die US-GAAP durch privatrechtlich organisierte „**Standard-Setter**" etabliert worden:

- Die US-GAAP haben ihren Ursprung im Börsencrash des Jahres 1929. Im Ergebnis dieses Börsencrashs und der anschließenden Wirtschaftskrise waren in den USA gesetzgeberische Eingriffe zur Wahrung der Interessen der Kapitalgeber an den Kapitalmärkten ergriffen worden. Hieraus resultierten der **Security Act (1933)** und der **Security Exchange Act (1934)** als Bundesgesetze (Primary Acts), die auch für die einzelnen Bundesstaaten in den USA verbindlich sind. 1934 wurde dann die **Security and Exchange Commission (SEC)** als unabhängige Bundesbehörde, ausgestattet mit umfangreichen Kontroll- und Normierungsbefugnissen, gegründet. Die SEC hat wiederum ihre Normierungsbefugnisse in Bezug auf die Erarbeitung von Rechnungslegungsgrundsätzen auf privatrechtliche Organisationen übertragen. Die Erarbeitung materieller Rechnungslegungsbestimmungen (US-GAAP) wurde dabei an normensetzende Institutionen delegiert (bis 1972: Accounting Principles Board (APB), seit 1973: Financial Accounting Standards Board (FASB)).

- Das International Accounting Standards Comittee (IASC) wurde im Jahre 1973 von nationalen Verbänden von Wirtschaftsprüfungsgesellschaften mit dem Ziel gegründet, international anerkannte Rechnungslegungsstandards zu entwickeln. Seit seiner Gründung hat das IASC neben einem Rahmenwerk („Framework") rund 41 Standards (IAS)[76] sowie eine Vielzahl von zugehörigen „Interpretationen" (Standing Interpretations Committee, „SIC") veröffentlicht. Diese Standards werden ganzheitlich als die „IAS" bezeichnet und sind im Grundsatz abschließend. Im Rahmen einer Umorganisation des

---

[76] Stand Dezember 2002.

IASC[77] wurde die Bezeichnung künftiger Standards auf **„International Financial Reporting Standards" (IFRS)** geändert. Die bestehenden Standards (IAS) bleiben erhalten.

Beiden Rechnungslegungswerken (IAS und US-GAAP) ist damit gemein, dass 2940 sie durch **privatrechtliche Standardsetter** erarbeitet wurden und weiter entwickelt werden. Diese verfolgen bei der Entwicklung der Standards das singuläre Ziel, den Adressaten der Unternehmensberichterstattung **verlässliche und relevante Informationen** zur Verfügung zu stellen. Da sich keine steuerrechtlichen bzw. gesellschaftsrechtlichen Konsequenzen aus dieser Form der Berichterstattung ergeben, ist diese Zielerreichung grundsätzlich in höherem Maße als über das deutsche Bilanzrecht möglich. Die im deutschen Bilanzrecht verankerten Grundsätze wie „Maßgeblichkeit der Handelsbilanz für die Steuerbilanz", „umgekehrte Maßgeblichkeit", „Imparitätsprinzip", „Vorsichtsprinzip", „Realisationsprinzip", „Anschaffungskostenprinzip", „Niederstwertprinzip", „Höchstwertprinzip" sind sowohl nach IAS als auch nach US-GAAP weitgehend unbekannt. Auch kennen diese Regelungswerke die vielfältigen im Handelsrecht enthaltenen Bilanzierungs- und Bewertungswahlrechte (z. B. Ansatz von Aufwandsrückstellungen, Ansatz aktiver latenter Steuern, Umfang der Herstellungskosten) nicht. Solche Wahlrechte verhindern – so die Sichtweise der Verfechter internationaler Rechnungslegung – ebenso wie steuerrechtliche Einflüsse bzw. die dem Gläubigerschutz dienenden Prinzipien einen Einblick in die tatsächlichen Verhältnisse des Unternehmens und vermitteln damit keine entscheidungsrelevanten Informationen. Wenngleich US-GAAP wie auch IAS nur in sehr überschaubaren Grenzen Bilanzierungs- bzw. Bewertungswahlrechte einräumen und damit auf erste Sicht ein sehr stringentes Gefüge bilden, so bestehen doch eine Reihe von **„unechten" Wahlrechten**. Nämlich immer dann, wenn eine Bilanzierungsweise ein **„Management Estimate"**, d. h. eine Einschätzung des Managements, einfordert.

Für Unternehmen, die bislang nur nach Handelsrecht bilanziert haben, ergibt 2941 sich wegen der unterschiedlichen Ausrichtung von HGB einerseits und IAS bzw. US-GAAP andererseits neben Anpassungen im Aufbau des Abschlusses in der Regel auch erheblicher **Transformationsbedarf** im Bewertungsbereich. Für Wachstumsunternehmen ergeben sich klassischerweise folgende zentrale Unterschiede:

- **Bewertung von Fremdwährungsforderungen und -verbindlichkeiten**: Nach § 253 Abs. 1 HGB unterliegen Forderungen dem Anschaffungskostenprinzip, Kurssteigerungen über den Einstandskurs sind damit nicht zu berücksichtigen. Hingegen sind Kursrückgänge durch entsprechende Abwertungen abzubilden. Für Verbindlichkeiten sind Kursrückgänge nicht, Kurssteigerungen dagegen schon zu berücksichtigen. Dieses führt im Interesse des Gläubigerschutzes zu einer imparitätischen Behandlung von Wertsteigerungen und -minderungen. Nach internationalen Grundsätzen sind Fremdwährungsforderungen und -verbindlichkeiten immer mit dem Tageskurs anzusetzen.

---

77 Nunmehr: International Accounting Standards Board (IASB).

Beispiel:

Die Start-Up AG hat am 30.11.2003 eine Leistung gegen ein in den USA ansässiges Unternehmen abgerechnet. Die Faktura erfolgte in US$, die Rechnung lautete auf US$ 1.000; Fälligkeit Januar 2004. Zum Zeitpunkt der Rechnungsstellung galt: 1 US$ = 1 €. Die Rechnung wurde in der Buchhaltung insofern mit € 1000 erfasst. Zum Bilanzstichtag beträgt der Wechselkurs 1 US$ = 1,20 €; die noch offene Forderung hat damit einen Wert von € 1.200. Wegen des Anschaffungskostenprinzips darf die Forderung in der HGB-Bilanz nur mit € 1.000 erfasst werden; die Kursdifferenz ist erst bei Zahlung zu erfassen. Wenn hingegen der Stichtagskurs auf 1 US$ = 0,90 € gesunken wäre, wären € 100 Kursverlust bereits in der Jahresbilanz 2003 zu erfassen.

Nach IAS und US-GAAP sind Kursveränderungen in beide Richtungen zu erfassen, d.h. im ersten Fall ergibt sich ein Kursgewinn von € 200, im zweiten Fall ein Kursverlust von € 100.

- **Bewertung von Wertpapieren**: Hier gilt im Grundsatz das Gleiche wie bei den Fremdwährungsforderungen und -verbindlichkeiten. Lediglich für bestimmte Kategorien von Wertpapieren („Held to maturity", „Available for Sale") ergeben sich Besonderheiten, auf die an dieser Stelle allerdings nicht näher eingegangen werden soll.

Beispiel:

Die Start-Up AG hat jederzeit veräußerbare Aktien der Y AG in ihrem Portfolio, deren Anschaffungskosten € 1.000 betrugen. Laut Depotauszug zum Bilanzstichtag haben die Anteile einen Kurswert von € 2.000. Auch hier dürfte wegen des Anschaffungskostenprinzips in der HGB-Bilanz der Aktienbestand nur mit € 1.000 erfasst werden; der Kursgewinn wäre erst bei Veräußerung der Aktien zu erfassen. Wenn hingegen der Kurswert auf € 800 gesunken wäre, wären € 200 Kursverlust bereits in der Bilanz zu erfassen.

Nach IAS und US-GAAP sind Kurswertveränderungen in beide Richtungen zu erfassen, d.h. im ersten Fall ergibt sich ein Kursgewinn von € 1.000, im zweiten Fall ein Kursverlust von € 200.

- **Bewertung des selbsterstellten materiellen Vermögens**: Während das Handelsrecht dem Bilanzierenden den Einbezug von Gemeinkosten und Fremdkapitalkosten weitgehend freistellt, ist sowohl in den IAS/IFRS als auch in den US-GAAP eindeutig geregelt, welche Kostenbestandteile zwingend einzubeziehen sind und welche nicht einbezogen werden dürfen. Wahlrechte bestehen nicht.

Beispiel:

Die Start-Up AG errichtet eine eigene Maschine. Folgende Kosten entstehen: Materialkosten € 5.000, Direkte Lohnkosten € 5.000, Materialgemeinkosten € 4.000, Fertigungsgemeinkosten € 3.000, Werteverzehr auf Werkzeuge etc. € 500, Anteilige Fremdfinanzierungskosten (Bauzeitzinsen): € 400, Anteilige Sozialkosten: € 800, Verwaltungskosten: € 800. Nach § 255 HGB wären nahezu sämtliche Werte zwischen € 10.000 (nur Einzelkosten) und € 19.500 (inkl. sämtlicher Gemeinkosten und Bauzeitzinsen) möglich. IAS/IFRS und US-GAAP fordern den Einbezug sämtlicher dem Herstellungsvorgang zuzurechnenden Gemeinkosten und Fremdkapitalkosten. Nicht zurechenbare Gemeinkosten – üblicherweise allgemeine Verwaltung und Soziale Aufwendungen – dürfen nicht einbezogen werden. Es ergeben sich Herstellungskosten nach US-GAAP in Höhe von € 17.900.

- **Behandlung von selbstgeschaffenen immateriellen Vermögenswerten**:
Nach § 248 Abs. 2 HGB ist es dem Bilanzierenden verboten, nicht entgelt- **2941**
lich erworbene immaterielle Vermögensgegenstände (Erfindungen, selbstent-
wickelte Software) in die Bilanz aufzunehmen. Sowohl nach IAS als auch
nach US-GAAP ist es unter bestimmten und restriktiven Voraussetzungen
möglich, selbsterstellte Software bzw. Entwicklungsaufwendungen in der Bilanz anzusetzen.

- **Bewertung von unfertigen Leistungen (Auftragsarbeiten)**: Entsprechend
des Anschaffungskostenprinzips dürfen Auftragsarbeiten im Rahmen der handelsrechtlichen Bilanzierung nur mit den aufgelaufenen Kosten angesetzt werden. Anteilige Gewinne dürfen nicht gezeigt werden, da diese noch nicht „realisiert" sind. Nach internationalen Grundsätzen ist in der Regel die „Percentage of Completion Methode" anzuwenden, derzufolge bei genauer Abschätz-
barkeit des Projektstandes, der noch anfallenden Kosten und des entstehenden
Gesamtgewinns, der auf den bisher erbrachten Leistungsstand entfallende Gewinn anteilig vereinnahmt, d. h. im Abschluss ausgewiesen, werden darf.

Beispiel:

Die Start-Up AG entwickelt für einen Kunden eine Software. Als Projektvolumen
sind € 120.000 definiert. Die prognostizierte Laufzeit des Projektes geht vom August 2003 bis Juli 2004. Die verlässlich kalkulierten Kosten für das Gesamtprojekt
betragen € 80.000, sodass ein Gesamtgewinn von € 40.000 erwartet wird. Die Kosten fallen kontinuierlich und gleichbleibend über die Projektlaufzeit an. Zum Jahresende (Bilanzstichtag) hat sich keine andere Sichtweise ergeben. Da 5/12 des Gesamtauftrages bearbeitet sind und der Gesamtgewinn verlässlich geschätzt werden
kann, sind nach internationalen Grundsätzen zum 31. Dezember 2002 5/12 des Pro-
jektvolumens, also € 50.000, als unfertige Leistungen anzusetzen. Diese enthalten
daher einen Gewinnanteil von € 16.666.

Nach HGB wäre das Projekt mit den aufgelaufenen Kosten, also 5/12 von € 80.000
= € 33.333 anzusetzen.

- **Latente Steuern**: Wegen der nicht vorhandenen Maßgeblichkeit des IAS/
IFRS- oder US-GAAP-Abschlusses ergeben sich teilweise erhebliche Unterschiede zur Steuerbilanz. Sämtliche Bewertungsunterschiede sind Gegenstand von latenten Steuern. Weiterhin sind latente Steuern auf bestehende
und künftig nutzbare steuerliche Verlustvorträge zu bilden.

Beispiel:[78]

Die Start-Up AG hat steuerliche Verlustvorträge in Höhe von € 1,0 Mio. Der Steuersatz betrage 40 % (Körperschaftsteuer und Gewerbeertragsteuer). Da davon ausgegangen wird, die steuerlichen Verlustvorträge künftig mit erwarteten Gewinnen
verrechnen zu können, ist im IAS- oder US-GAAP-Abschluss ein (aktivischer)
steuerlicher Abgrenzungsposten in Höhe von € 400.000 anzusetzen.

Nach HGB ist der Ansatz eines solchen Postens verboten.

---

78 Aus Vereinfachungsgründen wurde von einer getrennten Betrachtung von Körperschaft- und
Gewerbeertragsteuer abgesehen.

noch
2941

- **Aufwandsrückstellungen**: Diese nach § 249 Abs. 2 HGB hierzulande zulässigen (Wahlrecht!) Rückstellungen für ihrer Eigenart genau umschriebene, dem Geschäftsjahr oder früheren Geschäftsjahren zuzuordnende Aufwendungen, sind nach internationalen Grundsätzen verboten.

> *Beispiel*:
>
> Der Vorstand der Start-Up AG beschließt im Dezember 2003, ein Kostensenkungsprogramm durchzuführen. Dieses erfordert den Abbau von 10 Arbeitsplätzen und die Kündigung eines Mietvertrages sowie verschiedener Lieferantenverträge. Vereinbarungen mit Mitarbeitern über deren Freisetzung bzw. mit dem Vermieter und den Lieferanten liegen noch nicht vor. Insgesamt geht der Vorstand von Aufwendungen für Abfindungen und Abstandszahlungen etc. in Höhe von € 200.000 aus. Diese dürfen nach § 249 Abs. 2 HGB als sog. „Aufwandsrückstellung" passiviert werden.
>
> Dieses ist nach IAS/IFRS bzw. US-GAAP im Grundsatz nicht erlaubt, da sie noch nicht rechtlich unterlegt sind.

- **Behandlung von Kosten der Eigenkapitalbeschaffung**: Nach HGB sind diese zwingend als Aufwand zu erfassen. Nach internationalen Grundsätzen jedoch werden Kapitalbeschaffungskosten i. d. R. vom Mittelzufluss abgezogen, d. h. erfolgsneutral gegen die Kapitalrücklage gebucht. Wegen der steuerlichen Abzugsfähigkeit der Eigenkapitalbeschaffungskosten sind wiederum latente Steuern zu berücksichtigen.

> *Beispiel:*
>
> Im Rahmen einer Finanzierungsrunde, die Fresh Money in Höhe von € 2,0 Mio (€ 0,1 Gezeichnetes Kapital, € 1,9 Mio in die Kapitalrücklage) brachte, sind Aufwendungen für Rechtsanwälte etc. von € 100.000 angefallen. Nach HGB und Steuerrecht mindern diese Aufwendungen das Jahresergebnis. Nach IAS/IFRS und US-GAAP sind diese Aufwendungen bei der Dotierung der Kapitalrücklage in Abzug zu bringen. Wegen der steuerlichen Abzugsfähigkeit der Aufwendungen (angenommener Steuersatz 40%) errechnet sich neben der Erhöhung des gezeichneten Kapitals um € 0,1 Mio eine Dotierung der Kapitalrücklage um € 1,84 Mio.

- **Konsolidierung und Behandlung des Goodwills**: Während das Handelsgesetzbuch dem Bilanzierenden im Zusammenhang mit der Kapitalkonsolidierung – insbesondere was die Behandlung des erworbenen („derivativen") Firmenwertes angeht – weitgehende Freiheiten einräumt (Abschreibung, Verrechnung mit den Rücklagen), sehen IAS/IFRS und US-GAAP eindeutige Verfahrensweisen vor. Die „Interessenzusammenführungsmethode" des § 302 HGB spielt international keine wesentliche Rolle mehr.

> *Beispiel:*
>
> Die börsennotierte Start-Up AG hat sämtliche Anteile an der deutlich kleineren X AG im Wege einer Kapitalerhöhung erworben: Die Altaktionäre der X AG haben ihre Anteile gegen Gewährung von Aktien an der Start-Up AG in selbige eingebracht. Der Kurswert der ausgegebenen Anteile der Start-Up AG betrage € 2,0 Mio; das Eigenkapital der X AG beläuft sich auf € 0,1 Mio; stille Reserven sind nicht vorhanden. Es entsteht daher in Höhe der Differenz zwischen Kaufpreis und Buchwert des Eigenkapitals ein derivativer Firmenwert in Höhe von € 1,9 Mio. Dieser darf – bei Anwendung der sog. Interessenzusammenführungsmethode (§ 302 HGB) – entweder sofort mit

den Rücklagen verrechnet oder aber aktiviert und in den Folgejahren abgeschrieben (oder auch wieder mit den Rücklagen verrechnet) werden. Nach US-GAAP und IAS/IFRS sind die Firmenwerte zwingend zu aktivieren. Lediglich in der Folgebewertung gibt es zwischen US-GAAP und IAS/IFRS Unterschiede. Nach US-GAAP ist an einem jeden Bilanzstichtag zu prüfen, ob der Firmenwert noch werthaltig ist („Impairment Only Approach"), d.h. durch künftige Cash-Flows gedeckt wird. Nach IAS/IFRS ist der Firmenwert über seine Nutzungsdauer abzuschreiben.[79]

Daneben kann es selbstverständlich weitere Ansatzpunkte geben, die jeweils vom Einzelfall und dem Geschäftsmodell des Unternehmens abhängig sind. **2942**

Weiterhin ist nach internationalen Grundsätzen der Jahresabschluss um eine **Segmentberichterstattung**, eine **Eigenkapitalveränderungsrechnung** und eine **Cash-Flow-Rechnung** zu ergänzen; die Gewinn- und Verlustrechnung ist nach dem Umsatzkostenverfahren aufzustellen und die Bilanz nach Fristigkeit zu gliedern. Der Anhang („Disclosure Notes") ist deutlich umfangreicher. Hingegen ist ein Lagebericht nicht vorgesehen. Sofern der nach internationalen Grundsätzen erstellte (Konzern-)Abschluss befreiend im Sinne des § 292 a HGB wirken soll, ist jedoch zur Erfüllung der sog. **„Einklangerfordernis"** ein Lagebericht zwingend zu erstellen. **2943**

3. Die Einführung von IAS/IFRS oder US-GAAP im Unternehmen

Die Einführung eines IAS/IFRS- oder US-GAAP-Berichtswesens erfordert eine langfristige Vorbereitung und eine professionelle Organisation. Von vorrangigem Interesse sind zunächst die Gründe für eine Entscheidung zu Gunsten der internationalen Rechnungslegung; d.h. welche Ziele durch die Entscheidung pro internationale Rechnungslegung erreicht werden sollen. Insbesondere für nicht-kapitalmarktorientierte Unternehmen stellt sich die zwingende Notwendigkeit für die Einführung der internationalen Rechnungslegung nicht unmittelbar. **Entscheidungsgründe** können daher vielmehr die beabsichtigte Ansprache internationaler Finanz- oder strategischer Investoren oder der angestrebte Markteintritt in den USA sein. Je nach strategischer Ausrichtung wird die Entscheidung in Bezug auf die Auswahl des anzuwendenden Rechnungslegungsstandards eine andere sein. Bei der Entscheidung sind die Vor- und Nachteile der beiden Rechnungslegungswerke IAS/IFRS und US-GAAP gegeneinander und im Hinblick auf die spezifische Situation des Unternehmens abzuwägen. Die Notwendigkeit der Entscheidung zu Gunsten des einen oder anderen Rechnungslegungssystems besteht ungeachtet der Zunahme der Gemeinsamkeiten zwischen den Rechnungslegungswerken, wenngleich aufgrund der **EU-Verordnung** zur Einführung von IAS/IFRS für börsennotierte europäische Unternehmen für neu umstellende Unternehmen eine deutliche **Präferenz auf die IAS/IFRS** gelegt werden dürfte. Bei der Entscheidung sind zum Beispiel folgende Aspekte zu berücksichtigen: **2944**

---

79 Mittelfristig kann es in diesem Bereich Änderungen im IAS-Regelwerk geben; vgl. hierzu den Exposure Draft (ED) No. 3 „Business Combinations", den das IASB am 06.12.2002 veröffentlicht hat, www.iasb.org.

- Die US-GAAP sind derzeit Voraussetzung für ein **Listing an einem US-amerikanischem Börsenplatz**. Bei Anwendung der IAS/IFRS wird eine Überleitungsrechnung erforderlich. Die SEC prüft derzeit, ob die IAS/IFRS künftig als zulässiges Regelwerk anerkannt werden.

- Unternehmen, die den Markteintritt in die USA planen, werden von ihren **potenziellen Geschäftspartnern** nicht selten nach Finanzinformationen gefragt, um einen Eindruck von der wirtschaftlichen Solvenz des Unternehmens zu erlangen. Ein für die Geschäftspartner verständlicher Abschluss, also ein US-GAAP-Abschluss oder zumindest ein auf US-GAAP übergeleiteter IAS/IFRS-Abschluss ist dabei förderlich.

- Die Original-Verlautbarungen der US-GAAP gibt es nur in englischer Sprache, während für die IAS/IFRS auch autorisierte Übersetzungen in deutscher Sprache erhältlich sind.

- An der Normensetzung der US-GAAP sind keine europäischen Unternehmen und Institutionen beteiligt, sodass seitens Europa keine Einflussmöglichkeiten auf die Entwicklung der Standards bestehen.

- US-GAAP und IAS/IFRS sind in den einzelnen Branchen etwa gleichmäßig verteilt. Grundsätzlich sollte die Vergleichbarkeit über die Wahl eines mit den Wettbewerbern vergleichbaren Rechnungslegungswerkes angestrebt werden. Dies erleichtert auch die Diskussion mit den auf bestimmte Branchen spezialisierten Finanzanalysten.

- Die Anwendung der US-GAAP führt oftmals zu höheren Kosten für Erstellung und Prüfung des Jahresabschlusses. Dies begründet sich vor allem durch die deutlich höhere Regelungsdichte („House-of-GAAP") und die damit verstärkt erforderliche Inanspruchnahme von Spezialisten. Seitens der Prüfungsgesellschaften bildet sich ein Berufsstandard heraus, die US-GAAP Abschlüsse deutscher Unternehmen durch US-amerikanische Experten durchsehen zu lassen. Im Fall eines Listings an der Börse in den USA steigen die Erstellungs- und Prüfungskosten aufgrund der dortigen Anforderungen (**Sarbanes-Oxley-Act**) nochmals erheblich.

2945 Unabhängig von der Entscheidung für das ein oder andere Regelungswerk steigen die Anforderungen an die Rechnungslegung des Unternehmens deutlich, allerdings nicht nur wegen der **zusätzlichen Berichtsinstrumente** (Eigenkapitalveränderungsrechnung, Kapitalflussrechnung, Segmentberichterstattung, umfangreichere Anhangangaben (Disclosure Notes)). Vielmehr steigt auch die Bedeutung der Kostenrechnung – z. B. bei der Anwendung der Percentage-of-Completion-Methode – und der Marktgegebenheiten – z. B. Bewertung von Wertpapieren etc. zu Marktwerten – sowie die technische Komplexität bei der Abschlusserstellung – z. B. durch die Anwendung von Optionspreismodellen bei der Bewertung von Mitarbeiterbeteiligungsprogrammen – deutlich. Gleichwohl ist die Bilanzierung nach internationalen Grundsätzen kein „Hexenwerk", sondern beherrschbar. Die jüngst aufgekommenen Diskussionen nach spektakulären **Bilanzskandalen in den USA** sind nicht durch die Regelungswerke an sich, sondern durch manipulative Eingriffe der Bilanzverantwortlichen hervorgerufen worden.

a) Organisatorische Anforderungen an das Rechnungswesen bei der Einführung der Bilanzierung nach internationalen Grundsätzen

Wie beschrieben, sind die **Anforderungen an das Rechnungswesen** bei der Bilanzierung nach internationalen Grundsätzen höher als nach HGB. Grundvoraussetzung für eine erfolgreiche Einführung ist, dass das Unternehmen bereits über eine **ordnungsgemäße Buchführung** verfügt sowie Jahresabschlüsse nach nationalen Grundsätzen erstellt. Unternehmen, die mit der Bewältigung des täglichen Buchungsstoffes und der Erstellung der Jahresabschlüsse ihre Probleme haben, sei – soweit möglich – eine Verschiebung ihrer Ambitionen auf Bilanzierung nach internationalen Grundsätzen nahe gelegt. **2946**

Im Zusammenhang mit der Einführung der internationalen Rechnungslegung stellt sich zwangsläufig die Frage der **technischen Realisierung**. Als erste Alternative bietet sich die Umstellung der gesamten Buchführung des Unternehmens – und ggf. aller Konzerngesellschaften – auf internationale Grundsätze an. Die zweite Alternative ist die Fortführung der Buchführung des Unternehmens – und ggf. der einzelnen Tochtergesellschaften – auf der Grundlage der nationalen Bilanzierungsvorschriften mit anschließender Anpassung des Jahresabschlusses auf internationale Grundsätze in Bezug auf die Ausweis-, Bilanzierungs- und Bewertungsmethoden an die gewählte internationale Rechnungslegungsmethode. **2947**

Die erste Alternative hat den **Vorteil**, dass alle Konzerngesellschaften Geschäftsvorfälle einheitlich nach US-GAAP oder IAS/IFRS erfassen, sodass am Periodenende für die Zwecke der Konzernberichterstattung mit Ausnahme der Konsolidierungsbuchungen keine zeitaufwändigen Anpassungsbuchungen mehr vorzunehmen sind. Der **Nachteil** ist in dem größeren Aufwand der Umstellung aller Prozesse der Buchhaltung, unter anderem durch eine vollständige Umschulung aller Mitarbeiter, zu sehen. Daneben müssen die Buchführung und die Jahresabschlüsse regelmäßig auch länderspezifischen Rechnungslegungserfordernissen genügen. Ferner dienen die nach nationalen Grundsätzen erstellten Jahresabschlüsse in einigen europäischen Ländern, darunter vor allem Deutschland, als Grundlage für die Besteuerung sowie die gesellschaftsrechtlichen Konsequenzen. Dieses erfordert eine Ableitung des HGB-Abschlusses aus dem IAS/IFRS- oder US-GAAP-Abschluss, also eine „Rückrechnung". Dieses Verfahren ist eher bei deutschen Tochtergesellschaften internationaler Konzerne anzutreffen und Wachstumsunternehmen mit hiesigem Ursprung weniger zu empfehlen. **2948**

In vielen Fällen erstellen daher die einzelnen Konzerngesellschaften ihre Jahresabschlüsse nach **nationalen Grundsätzen** und leiten diese sodann auf IAS/IFRS bzw. US-GAAP über. Technisch gesehen kann dies im Regelfall über die durch die Konzernobergesellschaft genutzte Software erfolgen, da moderne Buchhaltungsprogramme normalerweise mindestens zwei unterschiedliche Abschlüsse verwalten können. Die nationalen Abschlüsse werden dabei am Jahresende wie folgt angepasst: **2949**

● **Ausweisunterschiede werden durch** die geänderte Steuerung einzelner Konten beseitigt. So fließen beispielsweise Rückstellungskonten entweder in den Bilanzposten „Accruals" oder in den Bilanzposten „Provisions" ein. Bei der Festlegung des Kontenplans sollte dabei aber bereits auf die jeweiligen Spezifika der Rechnungslegungsmethode Rücksicht genommen werden, so z.B. auf die nach US-GAAP erforderliche Aufteilung der Vermögens- und Schuldposten in kurzfristige und langfristige Anteile.

● **Bilanzierungs- und Bewertungsunterschiede** werden über gesonderte Anpassungsbuchungen am Jahresende angepasst (z.B. Marktwertveränderungen, Anwendung der Percentage of Completion Methode).

2950 Auch an die **Kostenrechnung** werden – gegenüber der handelsrechtlichen Bilanzierung – **erhöhte Anforderungen** gestellt. Der Gewinn- und Verlustrechnung kommt im Rahmen der internationalen Rechnungslegung ein höherer Stellenwert zu als im HGB, welches die Schuldendeckungsfähigkeit (Gläubigerschutz) in den Vordergrund stellt. In Deutschland ist die Darstellung der Gewinn- und Verlustrechnung nach dem Gesamtkostenverfahren, in der die betrieblichen Aufwendungen nach Kostenarten gegliedert werden, weit verbreitet. Die US-GAAP und auch die IAS/IFRS präferieren die Erstellung der **Gewinn- und Verlustrechnung** nach dem **Umsatzkostenverfahren** deutlich. Die Aufwendungen sind in der nach dem Umsatzkostenverfahren gegliederten Gewinn- und Verlustrechnung nach dem Bereich ihres Anfalls innerhalb der **betrieblichen Funktionsbereiche**, die als Kostenstellen geführt werden, gegliedert. Ein bedeutsamer Unterschied zum Gesamtkostenverfahren liegt ferner darin begründet, dass anstelle des Materialaufwands die Herstellungskosten vom Umsatz – die auch die im Rahmen der Herstellung anfallenden Fertigungslöhne etc. enthalten – gezeigt werden. Bestandsveränderungen werden nicht ausgewiesen. Die Herstellungskosten vom Umsatz umfassen lediglich die Material- und Fertigungsaufwendungen, die auf die abgesetzten Produkte und Dienstleistungen entfallen, nicht aber diejenigen, die für die auf Lager oder für den Eigenbedarf produzierten Güter angefallen sind. Das Umsatzkostenverfahren basiert auf den Daten der **Kostenstellen- und Kostenträgerrechnung**. Die Kostenträgerrechnung ist dabei Grundlage für die Bewertung von fertigen und unfertigen Erzeugnissen und Leistungen. Für die Einführung eines Rechnungswesens auf der Grundlage von US-GAAP bzw. IAS/IFRS ist eine Kostenträgerrechnung insbesondere für produzierende und Dienstleistungsunternehmen unerlässlich. Die Kostenträgerrechnung ermöglicht es, den Umsätzen der Periode die ihnen zugehörigen Herstellungskosten (Cost of Sales) unter Beachtung der Veränderung des Bestands an Vorräten zuzuordnen.

b) Durchführung der Umstellung

2951 Die Einführung der internationalen Rechnungslegung erfordert eine gründliche **Vorbereitung**. Die Umstellung auf IAS/IFRS bzw. US-GAAP sollte als Projekt mit den Phasen Vorbereitung, Durchführung und Abschluss organisiert werden. Ein üblicher Fehler bei Umstellungsprojekten ist, dass der Planungsphase zu wenig Bedeutung beigemessen wird. Im Rahmen der **vorbereitenden Maßnahmen** sind die unter Beachtung der Spezifika des Unternehmens besonders relevanten anzuwendenden IAS/IFRS- bzw. US-GAAP-Vorschriften, ausgehend vom Geschäftsmodell des Unternehmens, zusammenzustellen. Es ist insbesondere darauf zu achten, dass die **relevanten Bilanzierungsvorschriften** nachgeordneter Ebenen, beispielsweise die in jüngerer Zeit in einer Vielzahl veröffentlichter offizieller Interpretationen, berücksichtigt werden. Diese Vorschriften sind systematisch den wesentlichen landesrechtlichen Vorschriften gegenüberzustellen. In diesem Zusammenhang ist auch eine Festlegung des Berichtszeitraums vorzunehmen. Die Umstellung berührt auch zurückliegende Jahre. Dieses ist insbesondere im Hinblick auf die verbindliche Einführung der IAS für börsennotierte europäische Unternehmen bedeutsam, denn für das Geschäftsjahr 2005 sind die IAS/IFRS vollumfänglich anzuwenden. Dieses erfordert auch die Angabe der Vorjahreszahlen, was wiederum bedeutet, dass eine **IAS/IFRS-Eröffnungsbilanz** auf den 01.01.2004 aufgestellt werden muss. Leider ist es nicht so, dass man mit der Erstellung einer IAS/IFRS-Eröffnungsbilanz zum 01.01.2004 bis zur Veröffentlichung des IAS/IFRS-Abschlusses für das Geschäftsjahr 2005 – also im Extremfall bis zum Beginn des Jahres 2006 – warten kann, denn der Kapitalmarkt verlangt im Regelfall **Quartalsberichte**, womit bereits zum Ende des ersten Quartals 2005 auch über das entsprechende **Vorjahresquartal** zu berichten ist.

Folgende grundsätzliche **Entscheidungen** sollten in der Planungsphase zur Umstellung der Rechnungslegung verbindlich getroffen werden: **2952**

- **Festlegung der Projektleitung**: Benennung des Projektmanagements bei der Konzernmuttergesellschaft (in der Regel Leitung des Konzernrechnungswesens) und von Projektgruppen bei allen betroffenen Konzerngesellschaften und Festlegung der Weisungsbefugnis.

- **Festlegung des Konsolidierungskreises**: Die in den Konzernabschluss einzubeziehenden Gesellschaften werden als Konsolidierungskreis bezeichnet. Dabei ist insbesondere auf die Unterschiede in der Festlegung des Konsolidierungskreises zwischen HGB und IAS/IFRS bzw. US-GAAP zu achten. IAS/IFRS bzw. US-GAAP sehen anders als das HGB keine Einbeziehungswahlrechte vor. Je größer der Konsolidierungskreis ist, desto komplexer wird die Umstellung der Rechnungslegung, da die Rechnungslegung der Tochtergesellschaften ebenfalls zu transformieren ist.

- **Festlegung der Informationsbeschaffung für jeden Bilanzierungs- und Bewertungsunterschied**: In der Regel wird die Informationsbeschaffung dezentral auf der Ebene der einzelnen Konzerngesellschaften erfolgen. Innerhalb eines jeden zu konsolidierenden Unternehmens sind dabei die Zuständigkeiten für die Erhebung und Kommunikation der Bilanzierungs- und Bewertungsparameter präzise zu definieren (z.B. Finanzabteilung meldet die Daten über die Marktpreise von Wertpapieren, Projektcontrolling liefert Einschätzungen über Projektstände).

- **Festlegung der Zuständigkeiten für die Bilanzierungs- und Bewertungs-anpassungen**: Es ist zu entscheiden, ob die Anpassung der Bilanzierungs- und Bewertungsunterschiede auf der Ebene der zu konsolidierenden Tochter-gesellschaften vorgenommen wird und die zur Konsolidierung erforderlichen Informationen in einem vorgegebenen Format („Reporting-Package"), z.B. auf elektronischem Wege, weitergeleitet werden oder ob die Muttergesell-schaft sämtliche Konsolidierungsarbeiten selbst durchführt und nur ergän-zende Informationen von den Tochtergesellschaften einfordert.

- **Bestimmung der verfügbaren Budgets**: Der für die Umstellung verfügbare Budgetrahmen für Personal- und Sachkosten ist zu definieren. Unter ande-rem sind etwaige Beratungskosten sowie Aufwendungen für die Unterstüt-zung durch bzw. die Abstimmung mit dem Wirtschaftsprüfer zu berücksichti-gen. Weiterhin sind die Kosten für die Durchführung von Schulungsmaßnah-men der Mitarbeiter zu budgetieren. Im Personalbereich ist zu evaluieren, inwieweit die Umstellung mit dem vorhandenen Mitarbeiterstamm unter Fortführung des Tagesgeschäfts realisiert werden kann oder ob zusätzlicher Personalbedarf identifiziert wird. Das Budget für die Umstellung der Rech-nungslegung ist in die Unternehmensgesamtplanung einzupassen.

- **Festlegung der Personalanforderungen und Verantwortungen sowie des weiteren Informationsbedarfs**: Neben der Festlegung, welche Mitarbeiter des Rechnungswesens mit der internationalen Bilanzierung betraut werden sollen, ist zu definieren, wie diese einmalig und auch fortlaufend geschult werden sollen. Mit dem Wirtschaftsprüfer ist zu vereinbaren, wie dieser den Umstellungsprozess begleitet, sodass es zum Jahresende nicht zu erhöhtem Prüfungsbedarf kommt. Darüber hinaus sollte identifiziert werden, in wel-chem Umfang ggf. externe Experten über den Umstellungsprozess und den damit geänderten Informationsbedarf in Kenntnis gesetzt werden müssen (z.B. versicherungsmathematische Berechnungen).

- **Festlegung der Kommunikationspolitik nach außen**: Zu gegebener Zeit sind die Geschäftspartner des Unternehmens und die interessierte Öffentlich-keit über die geänderte oder erweiterte Finanzberichterstattung zu informie-ren. Da die Umstellung der Rechnungslegung üblicherweise im Zusammen-hang mit einem beabsichtigten Börsengang, dem Abschluss von Finanzie-rungsrunden oder dem angestrebten Markteintritt, z.B. in den Vereinigten Staaten, erfolgt, wird die Kommunikation über die Umstellung auf IAS oder US-GAAP im gleichen Rahmen erfolgen. Es empfiehlt sich jedoch – wie auch hinsichtlich des Umstellungshintergrundes – eine Kommunikation erst dann, wenn das Umstellungsprojekt weit fortgeschritten, die materiellen Aus-wirkungen der Umstellung weitestgehend bekannt und die organisatorischen Voraussetzungen gegeben sind.

2953 Als wesentlicher Output der Planungsphase sollte ein detaillierter **Projektplan** mit Teil- und Endzielen und Terminen („Meilensteine") erarbeitet worden sein. Der Projektplan kann beispielsweise folgenden Aufbau aufweisen:

Beispiel:

Termin	Meilenstein
1. Februar 2003	Projektbeginn
Bis Ende Februar 2003	Analyse der vorliegenden Finanzinformationen (HGB-Abschlüsse etc.) auf wesentliche Umstellungserfordernisse; Simulation von Bilanz, Gewinn- und Verlustrechnung, abschließende Entscheidung über die Wahl des Rechnungslegungsstandards
Bis Ende März 2003	Information aller Beteiligten (auch in Tochterunternehmen) über die beabsichtigte Umstellung der Rechnungslegung Erste Schulung über wesentliche Unterschiede HGB zum gewählten Rechnungslegungsstandard Initialisierung einer Feinanalyse bei allen Gesellschaften
Bis Ende April 2003	Rücklauf der Ergebnisse der Feinanalyse Adjustierung der materiellen Auswirkungen der Umstellung auf den gewählten Rechnungslegungsstandard
Bis Ende Mai 2003	Erster Entwurf des „Group Accounting Manuals" (Konzernrichtlinien zur Bilanzierung) und der Konzernberichtsunterlagen (Kontenrahmen und zusätzliche Informationen für die Notes) Abstimmung mit den Wirtschaftsprüfern
Bis Ende Juni 2003	Verabschiedung des „Group Accounting Manuals" durch den Vorstand und Verteilung an die Tochtergesellschaften (einschließlich Konzernberichtsunterlagen, Kontenrahmen und zusätzlicher Informationen für die Notes)
Bis Ende August 2003	Einheitliche Umstellung der Jahresabschlüsse des Unternehmens und seiner Tochtergesellschaften für die zwei Vorjahre (!) entsprechend der Konzernrichtlinien, Konsolidierung. Hieraus Erarbeitung der „Vorjahreseröffnungsbilanz" nach dem gewählten Rechnungslegungsstandard; Beginn der Prüfung der Vorjahreszahlen durch den Wirtschaftsprüfer
Bis Ende September 2003	Abschluss der Prüfung der Vorjahresbilanzen
Bis Mitte Oktober 2003	Erste Simulation des Abschlusses für 2003 auf Grundlage der ersten drei Quartale Erfahrungsaustausch aller Beteiligten (Unternehmen, Abschlussprüfer, Tochtergesellschaften) über bisherige Schwierigkeiten und Lösungen und etwaige Änderungen zum Jahresende Ggf. weitere Schulung von Mitarbeitern
Bis 15. November 2003	Auswertung des Erfahrungsaustauschs Ggf. Ergänzung/Anpassung des Konzernberichtspaketes
Bis Ende November 2003	Vorbereitung Abschlusserstellung 2003: Verteilung des Konzernberichtspaketes an die Beteiligten einschließlich Zeitplan für den Rücklauf; Abstimmung des Prüfungszeitraums mit dem Abschlussprüfer

2954   Der Projektplan sollte verbindliche **Endtermine** für die Beteiligten beeinhalten, deren **Einhaltung** später auch überwacht wird. Dabei empfiehlt es sich, verschiedene Pufferzeiten vorzusehen, die Verzögerungen aufgrund unvorhergesehener Ereignisse oder auftretender Probleme auffangen helfen sollen. Ein üblicher Fehler ist, die Bearbeitungsfristen innerhalb des Gesamtprojektes **zu eng** zu setzen. Es wird dabei häufig übersehen, dass die Umstellung der Rechnungslegung für die betroffenen Mitarbeiter Zusatzaufwand neben ihrem Tagesgeschäft bedeutet. Als Folge leidet entweder das **Tagesgeschäft** oder die **Qualität des Umstellungsprozesses** – beides kann nicht gewollt sein.

2955   In Bezug auf das zu erstellende Konzernberichtspaket („Reporting-Package"), dessen Erarbeitung ein Kernpunkt der Umstellung auf IAS oder US-GAAP ist, wird auf Kapitel E.III verwiesen. Sofern keine Tochtergesellschaften zu berücksichtigen sind, vereinfacht sich der Umstellungsprozess diesbezüglich auf die Identifikation des Umstellungsbedarfs und dessen Bewältigung naturgemäß erheblich.

XI. Gesellschaftsrechtliche Anforderungen

1. Formwechsel GmbH in AG

2956   Börsenfähige Gesellschaftsformen nach deutschem Gesellschaftsrecht sind nur die AG und die KGaA, wobei die KGaA zahlenmäßig weder bei börsennotierten wie auch bei nicht börsennotierten Gesellschaften nur eine untergeordnete Rolle spielt. Wurde im Rahmen der Rechtsformwahl[80] entschieden, die Gesellschaft zunächst in der Rechtsform einer GmbH zu errichten, ist spätestens bei der Vorbereitung auf den Börsengang ein **Formwechsel** in die Rechtsform der AG vorzunehmen. Der Formwechsel erfolgt dabei spätestens in der **Phase I** des Börsengangs, der Entwicklung der Gesellschaft zur Börsenreife.[81]

2957   **Rechtsgrundlage** für einen Wechsel der Rechtsform von der GmbH in die AG nach dem Umwandlungsgesetz sind die für den Formwechsel geltenden allgemeinen Bestimmungen in §§ 190–213 des UmwG sowie ergänzend §§ 238–250 UmwG. Der Formwechsel erfolgt auf der Grundlage eines entsprechenden **Umwandlungsbeschlusses** der Gesellschafterversammlung der GmbH.

2958   § 192 UmwG sieht als Regelfall zunächst die Erstellung eines **Umwandlungsberichts** durch die Geschäftsführung der formwechselnden GmbH vor, in dem der Formwechsel und insbesondere die künftige Beteiligung der Gesellschafter an der Gesellschaft rechtlich und wirtschaftlich erläutert und begründet werden. Der Bericht muss bereits den Entwurf des Gesellschafterbeschlusses über den Formwechsel enthalten, darüber hinaus ist ihm eine Vermögensaufstellung beizufügen, in der die Gegenstände und Verbindlichkeiten der Gesellschaft mit dem wirklichen Wert anzusetzen sind, der ihnen am Tag der Erstellung des Be-

---

80 Vgl. Abschnitt C.I. bis C.III. im Ersten Teil.
81 Vgl. vorstehend Abschnitte I.1. und II.

richts beizulegen ist. Auf die Erstellung des Umwandlungsberichts kann in zwei Fällen **verzichtet** werden, nämlich zum einen dann, wenn an der formwechselnden GmbH nur ein Gesellschafter beteiligt ist, zum anderen dann, wenn alle Gesellschafter in notariell beurkundeter Erklärung auf die Erstellung des Berichts verzichten.

Ist danach die Erstellung eines Umwandlungsberichtes erforderlich, ist dieser **2959** den Gesellschaftern von den Geschäftsführern spätestens gemeinsam mit der **Einberufung der Gesellschafterversammlung**, in der über den Formwechsel beschlossen werden soll, zu übersenden. Der Formwechsel ist spätestens zusammen mit der Einberufung ausdrücklich in Textform als Gegenstand der Beschlussfassung anzukündigen. Die Gesellschafter können aber auch auf die Formalien hinsichtlich der Einberufung der Gesellschafterversammlung verzichten. Ebenfalls mit der Einberufung der Gesellschafterversammlung ist den Gesellschaftern ein Angebot über den Erwerb ihrer in Aktien umgewandelten Beteiligung gegen eine angemessene Barabfindung anzubieten, was im Regelfall verzichtbar sein wird, da die Absicht des Börsenganges und des hierzu erforderlichen Formwechsels im Vorfeld einvernehmlich abgestimmt sein dürfte.

Ebenfalls bereits rechtzeitig vor der Beschlussfassung ist ein etwaiger **Be-** **2960** **triebsrat** der Gesellschaft[82] zu informieren, und zwar in der Form, dass ihm der Entwurf des Umwandlungsbeschlusses spätestens einen Monat vor der Gesellschafterversammlung zuzuleiten ist. Die Zuleitung erfolgt dabei gegen Empfangsbestätigung, da ein Nachweis über die rechtzeitige Zuleitung beim Handelsregister einzureichen ist.

Der **Umwandlungsbeschluss** selbst ist notariell zu beurkunden, bedarf einer **2961** Mehrheit von 75% der Stimmen und muss mindestens enthalten:

- die Bestimmung, dass die Gesellschaft durch den Formwechsel die Rechtsform der AG erhalten soll,
- die neue Firma der Gesellschaft, die mit Ausnahme des Rechtsformzusatzes „AG" oder „Aktiengesellschaft" an Stelle von „GmbH" oder „Gesellschaft mit beschränkter Haftung" mit der alten Firma übereinstimmen kann, aber nicht muss,[83]
- dass und wie die bisherigen Gesellschafter als Aktionäre an der Gesellschaft neuer Rechtsform beteiligt werden,
- etwaige Bestimmungen über die Gewährung von besonderen Rechten an Anteilsinhaber der neuen Rechtsform (z.B. Vorzugsaktien) oder an bisherige Inhaber besonderer Rechte (z.B. Genussrechte),
- das o.g. Angebot an die Gesellschafter über den Erwerb ihrer in Aktien umgewandelten Beteiligung gegen eine angemessene Barabfindung, so weit dies erforderlich ist,
- die Folgen des Formwechsels für die Arbeitnehmer und ihre Vertretungen.

---

82 Bei mehreren Betriebsräten alle Betriebsräte, bei Vorhandensein eines Gesamtbetriebsrates dieser.
83 Zu den firmenrechtlichen Vorgaben des HGB vgl. Abschnitt B. im Ersten Teil.

2962 Auf den Formwechsel sind die für die Aktiengesellschaft geltenden Gründungsvorschriften über **Sachgründungen** anzuwenden, § 197 UmwG. Zwar ist der Formwechsel keine Sachgründung, die entsprechende Anwendung der Gründungsvorschriften soll jedoch eine Umgehung der für die AG geltenden Gründungsvorschriften durch vorherige Gründung einer anderen Gesellschaftsform und einen anschließenden Formwechsel verhindern. Insoweit kann auf die Ausführungen zum Hergang der Gründung einer AG und die dabei zu beachtenden Vorschriften verwiesen werden.[84] So muss im Zuge des Formwechsels die **Satzung** der neuen AG festgestellt werden, in die auch etwaige Festsetzungen über Sacheinlagen und Gründungsaufwand aus dem Gesellschaftsvertrag der GmbH zu übernehmen sind. Die Organmitglieder (**Aufsichtsratsmitglieder**, **Vorstandsmitglieder**) der zukünftigen AG sind zu bestellen, wobei allerdings bei einem etwa bereits bestehenden Aufsichtsrat dessen Mitglieder im Amt bleiben können und, soweit bereits vorhandene Arbeitnehmervertreter im Aufsichtsrat betroffen sind, sogar im Amt bleiben müssen.

2963 Schließlich sind auch die bei der AG-Gründung vorgesehenen Berichte und Prüfungsberichte anzufertigen.

2964 Zuständig für den **Gründungsbericht** sind dabei die Gesellschafter, die für den Formwechsel gestimmt haben. Neben den bereits nach dem AktG vorgesehenen Angaben sind im Gründungsbericht auch der bisherige Geschäftsverlauf der Gesellschaft und (wie in einem Lagebericht nach § 289 HGB) die Lage der formwechselnden Gesellschaft darzulegen. Die Jahresergebnisse bzw. die Betriebsergebnisse der letzten beiden Geschäftsjahre sind anzugeben. Der Gründungsbericht muss auch Angaben darüber enthalten, dass das Nettovermögen der formwechselnden Gesellschaft mindestens den Betrag des Grundkapitals der zukünftigen AG erreicht. Ferner sind Rechtsgeschäfte anzugeben, die auf den Formwechsel hingezielt haben sowie die Anschaffungs- und Herstellungskosten der bisherigen GmbH in den letzten zwei Jahren vor Beschlussfassung über den Formwechsel. Schließlich muss der Bericht auch Angaben darüber enthalten, ob und in welchem Umfang im Zuge der Beschlussfassung über den Formwechsel Aktien für Rechnung eines Mitglieds des Vorstandes oder Aufsichtsrats übernommen worden sind sowie ob und ggf. in welcher Weise sich Mitglieder des Vorstands oder Aufsichtsrats einen besonderen Vorteil oder eine Entschädigung oder Belohnung für den Formwechsel oder seine Vorbereitung haben zusagen lassen.

2965 Wie bei der Gründung ist auch beim Formwechsel in eine AG ein **Gründungsprüfungsbericht** des Vorstands und des Aufsichtsrates sowie zusätzlich eines gerichtlich bestellten Gründungsprüfers zu erstellen,[85] wobei die Prüfung auch die ordnungsgemäße Aufbringung des Grundkapitals der neuen Rechtsform umfasst.

---

84 Vgl. Abschnitt C. im Ersten Teil.
85 Zu den Gründungsvorschriften im Rahmen einer AG-Gründung vgl. im Einzelnen Abschnitt C. im Ersten Teil.

Der Formwechsel ist zur Eintragung in das **Handelsregister** anzumelden und wird mit Eintragung in das Handelsregister wirksam. Steuerrechtlich kann der Formwechsel auf einen bis zu acht Monate vor der Handelsregisteranmeldung liegenden Zeitpunkt zurückbezogen werden. Gesellschaftsrechtlich ist dagegen für die Wirkung des Formwechsels allein die Handelsregisteranmeldung maßgebend; die Festlegung eines davon abweichenden gesellschaftsrechtlichen „**Umwandlungsstichtages**" ist beim Formwechsel nicht möglich. 2966

Mit Eintragung des Formwechsels existiert die bisherige GmbH in der Rechtsform der AG weiter. Die Gesellschaft ist mit der früheren Gesellschaft identisch und wechselt lediglich ihr „Rechtskleid". Handelsrechtlich sind im Rahmen des Formwechsels keine gesonderten Bilanzen zu erstellen. Maßgebend für die Frage, nach welchen Vorschriften der Jahresabschluss der Gesellschaft aufzustellen ist, ist allein die Rechtsform im Zeitpunkt des regulären Abschlussstichtages. 2967

Alternativ zum Formwechsel nach dem UmwG bestehen andere rechtliche Gestaltungsmöglichkeiten zur Herstellung der für einen Börsengang erforderlichen Zielrechtsform der AG. Beispielsweise kann der gesamte Geschäftsbetrieb der bisherigen GmbH im Wege der Einzelrechtsnachfolge auf eine bereits bestehende oder zu diesem Zweck gegründete AG übertragen werden oder eine Verschmelzung der bisherigen GmbH auf eine bestehende oder zu diesem Zweck gegründete AG vorgenommen werden. Solche Gestaltungen dürften allerdings im Vorfeld eines Börsengangs gegenüber dem Formwechsel nur im Ausnahmefall eine Rolle spielen. 2968

2. Satzungsanforderungen für börsennotierte Gesellschaften

Zu den im Rahmen der Herstellung der Börsenreife der Gesellschaft vorzunehmenden Maßnahmen gehört auch die Überarbeitung der **AG-Satzung** im Hinblick auf die Anforderungen an eine börsennotierte Gesellschaft. 2969

Bei der börsennotierten wie auch der nicht börsennotierten AG ist dabei eine lange Satzung nicht unbedingt eine gute Satzung. Eine zu hohe Regelungsdichte in der Satzung wäre vielmehr wegen der eingeschränkten **Flexibilität** ebenso schädlich wie bei einer nicht börsennotierten Gesellschaft, wegen des Aufwandes für eine ggf. erforderliche Satzungsänderung bei der börsennotierten Gesellschaft möglicherweise noch schädlicher. Wie bei der nicht börsennotierten Gesellschaft sollte daher vor allem auf eine **klare** und **verständliche** Fassung der Satzung geachtet werden sowie darauf, dass die Satzung von Regelungsgegenständen entlastet wird, die zweckmäßiger und flexibler an anderer Stelle geregelt werden können, beispielsweise in einer **Geschäftsordnung** für den Vorstand oder den Aufsichtsrat. Insofern kann auf die Hinweise zur Satzungsgestaltung an anderer Stelle[86] verwiesen werden. 2970

Dennoch unterscheidet sich die Satzung der börsennotierten Gesellschaft von der einer nicht börsennotierten Gesellschaft. 2971

---

86 Siehe hierzu Abschnitt C. V. im Ersten Teil.

2972 Die bisherige Satzung muss in einem ersten Schritt auf Bestimmungen durchgesehen werden, die bei börsennotierten Gesellschaften **nicht zulässig** sind. Beispielsweise muss der Aufsichtsrat bei der nicht börsennotierten Gesellschaft nur mindestens einmal im Kalenderhalbjahr zusammentreten, bei börsennotierten Gesellschaften dagegen mindestens zweimal. Bei nicht börsennotierten Gesellschaften reicht über Beschlüsse, für die nach dem Gesetz keine Dreiviertelmehrheit erforderlich ist, eine vom Vorsitzenden des Aufsichtsrates zu unterzeichnende Niederschrift aus; bei börsennotierten Gesellschaften ist dagegen jeder Hauptversammlungsbeschluss durch eine notariell aufgenommene Niederschrift zu beurkunden. Nur bei nicht börsennotierten Gesellschaften kann die Satzung für den Fall, dass einem Aktionär mehrere Aktien gehören, das Stimmrecht durch Festsetzung eines Höchstbetrages oder von Abstufungen beschränken. Enthält die Satzung derartige Bestimmungen, die für die börsennotierte Gesellschaft nicht zulässig sind, ist die Satzung entsprechend anzupassen. Zu streichen wären auch Bestimmungen der bisherigen Satzung, die zwar auch bei der börsennotierten Gesellschaft zulässig sind, aber vor dem Hintergrund der bisherigen **personalistischen Struktur** der Gesellschaft in die Satzung aufgenommen wurden und für die Publikumsgesellschaft nicht mehr passen oder bei den zukünftigen Aktionären nicht auf Akzeptanz stoßen.

2973 In einem zweiten Schritt ist die Satzung daraufhin durchzusehen, ob sie die nach dem AktG zulässigen Spielräume für **Vereinfachungen** oder **Formerleichterungen** ausnutzt. Beispiele hierfür sind in Abschnitt C.V. im Ersten Teil dieses Buches aufgeführt. Beispiel für eine solche Erleichterung ist beispielsweise die erforderliche Form zur Erteilung von Stimmrechtsvollmachten, da nach dem AktG ein Schriftformerfordernis besteht, wenn nicht die Satzung andere Formen (Telefax, E-Mail o.ä.) zulässt. Die Satzung kann z.B. auch bestimmte Fälle vorsehen, in denen die Teilnahme von Mitgliedern des Aufsichtsrates in der Hauptversammlung im Wege der Bild- oder Tonübertragung erfolgen darf. Sofern die Satzung solche Vereinfachungen oder Formerleichterungen nicht bereits enthält, sollte sie um sinnvolle diesbezügliche Bestimmungen ergänzt werden.

2974 Weiterhin ist die bisherige Satzung daraufhin zu überprüfen, ob sie alle zukünftige **regelungsbedürftigen Sachverhalte** bereits abdeckt. Nicht börsennotierte Gesellschaften haben beispielsweise oftmals keine Aktienurkunden ausgegeben, ohne dass dies zwischen den Aktionären eine Rolle gespielt hätte. Bei der börsennotierten Gesellschaft ist die Verbriefung der Aktien aber ein regelungsbedürftiges Thema, nämlich in der Regel dahingehend, dass der ansonsten bestehende Anspruch eines jeden Aktionärs auf gesonderte **Verbriefung** seiner eigenen Aktien aus Kostengründen in der Satzung ausgeschlossen wird. Hierbei ist im Hinblick auf entsprechende Bestimmungen in den jeweiligen Börsenordnungen die Einschränkung üblich, dass dies nur gilt, soweit die Gewährung des Verbriefungsanspruches nicht nach den Regeln erforderlich ist, die an der Börse gelten, an der die Aktien zugelassen sind. Bei Gesellschaften ohne Verbriefung der Aktien enthält die Satzung regelmäßig auch keine Bestimmung, die die

Teilnahme an der Hauptversammlung oder die Ausübung des Stimmrechts von einer **Hinterlegung** der Aktien bis zu einem bestimmten Zeitpunkt vor der Hauptversammlung abhängig macht. Die Satzung ist um derartige Regelungssachverhalte, die bei Publikumsgesellschaften eine Rolle spielen, zu ergänzen.

Schließlich ist vor dem Börsengang zu überlegen, ob vor der Erweiterung des **2975** Aktionärskreises im Zuge des Börsengangs noch Maßnahmen durchgeführt werden sollen, die der **Satzungsänderung** bedürfen, z.B. die Schaffung eines bedingten oder genehmigten Kapitals oder die Umstellung von Nennbetrags- auf Stückaktien oder von Namens- auf Inhaberaktien oder umgekehrt, solange das Risiko fehlender Mehrheiten in der Hauptversammlung oder der Anfechtung solcher Beschlüsse noch nicht besteht.

XII. Unternehmensbewertung und Preisfindung

Im Laufe des Prozesses eines Börsenganges werden mehrmals von unterschied- **2976** lichen externen Parteien mit wechselnden Interessen Bewertungen durchgeführt. Letztlich münden sie in die Preisfindung.

Die Bewertungen beruhen weitgehend auf den gleichen Unternehmens- und **2977** Marktdaten und es werden die gleichen Verfahren angewandt. Trotzdem ist es nicht ungewöhnlich, dass sich die Ergebnisse signifikant unterscheiden.

Alle in diesem Kontext verwendeten Verfahren sind marktpreisorientiert. Es wird **2978** kein „objektivierter" Unternehmenswert, Zerschlagungswert oder der Wert für einen potenziellen Erwerber ermittelt. Vielmehr geht es darum, die Funktionsweise des Marktes abzubilden und die **Preisbildungsprozesse** zu **antizipieren**.

Durch Vergleich mit ähnlichen Unternehmen gleicher Herkunft auf denselben **2979** Märkten und demselben Marktsegment wird ein vermuteter Gleichgewichtspreis abgeleitet. Daher wird nicht angestrebt, eine möglichst große Peer Group zu definieren, sondern eher wenige Unternehmen zu identifizieren, die dem Bewertungsobjekt besonders stark ähneln. Es gilt ferner, die Unterschiede zwischen den Unternehmen und den Einfluss dieser Unterschiede auf die Bewertung sorgfältig herauszuarbeiten. Üblicherweise wird die Bewertung „post Money" (d.h. einschließlich des Erlöses aus dem Börsengang) durchgeführt, wobei für den Zufluss aus dem Börsengang Annahmen getroffen werden (die mit fortschreitendem Erkenntnisgewinn anzupassen sind). Die im Folgenden erwähnten Verfahren wurden bereits im zweiten Teil, Kapitel H.II erläutert.

Als das belastbarste Verfahren wird von den meisten Beteiligten das DCF-Ver- **2980** fahren akzeptiert. Der Bezug zur Peer Group wird über den Beta-Faktor hergestellt. Beinahe ebenso zuverlässig kann bei sachgerechter Anwendung das KGV-Verfahren sein. Für die Plausibilisierung werden weitere Multiplikatorverfahren herangezogen.

Eine erste interne Bewertung wird gemeinsam mit dem Emissionsberater im **2981** Zuge des **Financial Modeling** vorgenommen (siehe Kapitel IV.2). Zu diesem

Zeitpunkt ist einziges Interesse, eine möglichst realistische Wertvorstellung zu erarbeiten, um die richtigen Schritte (z.B. Kapitalerhöhungen, Umschichtungen im Kreis der Altgesellschafter) einzuleiten. Trotz der dadurch gegebenen Objektivität kann der ermittelte Wert durch die große zeitliche Distanz erheblich vom Platzierungspreis abweichen: Bis zum Börsengang werden noch in erheblichem Maße neue Erkenntnisse gewonnen werden und auch das Marktumfeld kann sich noch verändern.

2982 Die erste externe Bewertung wird von den potenziellen Konsortialbanken im Rahmen des **Beauty Contests** abgegeben. Die Ergebnisse dieser stets als „überschlägig" oder „erste Indikation" bezeichneten Bewertungen werden allerdings von der Interessenlage der Banken getrieben, die ein Mandat gewinnen wollen. Zwar soll formal ein gemeinsames Verständnis von Emittentin und Bank geschaffen werden („Wenn Ihr unsere Bank für die Durchführung des Börsengangs mandatiert, werden wir das Beste für Euch herausholen, und das sind nach unserer Einschätzung X Millionen. Entspricht das Euren Vorstellungen?"). Andererseits stehen die Banken in diesem Moment unter Konkurrenzdruck, und die Preisindikation ist eines der (vermeintlich) entscheidenden Differenzierungskriterien. Dies bewegt manche Bank, ziemlich ambitionierte Zahlen aufzurufen, zumal die Verbindlichkeit der Aussage beschränkt ist: Alle Angaben stehen unter dem Vorbehalt weiterer Analysen und der Due Diligence.

2983 Eine zweite Bewertung wird von den Konsortialbanken zur Festlegung der **Bookbuilding-Spanne** bzw. des Angebotspreises (im Falle der Anwendung des Festpreisverfahrens) durchgeführt.

2984 Einerseits fließen in diese Bewertung weitere **Erkenntnisse** ein, die beim Beauty Contest noch nicht vorlagen:

- Die zugrunde liegende Planungsrechnung wird gegebenenfalls entsprechend den Feststellungen aus der Due Diligence überarbeitet.

- Aus dem Pre-Marketing liegt das Feedback der Salesmanager und potenzieller Zeichner vor.

- Die Banken hatten inzwischen Gelegenheit, ihre Marktrecherchen zu verfeinern. Dies bezieht sich auf die Zusammensetzung der Peer Group und die Adjustierung der Bewertungsmethoden an das Geschäftsmodell.

- Das Marktumfeld kann sich inzwischen verändert haben. Die Unternehmensdaten der Peer Group und die Preisdaten werden kontinuierlich aktualisiert.

2985 Andererseits hat sich inzwischen die **Interessenlage** der Banken geändert:

- Es geht nun nicht mehr darum ein Mandat zu gewinnen, sondern allenfalls darum, es zu behalten. Ein Mandatsverlust ausschließlich aufgrund divergierender Wertvorstellungen ist jedoch sehr selten.

- Die Platzierungsmöglichkeiten für die Aktien sind umso besser, je niedriger die Preisspanne bzw. der Angebotspreis (beim Festpreisverfahren) festgelegt wird. In die Bewertung fließt regelmäßig ein „Zeichnungsanreiz", auch Underpricing genannt, ein. Mit diesem wird dem Umstand Rechnung getragen, dass sich der Markt für die Aktien der Emittentin während der Zeichnungsphase nicht im Gleichgewicht befindet. Vielmehr muss den Zeichnern ein starker Anreiz geboten werden, um ihre Depots umzuschichten. Die Notwendigkeit, einen Zeichnungsanreiz zu gewähren, wird von den Banken im Zuge des Beauty Contests naturgemäß weniger stark betont als bei der Ermittlung der Emissionspreisspanne. In normalen Börsenzeiten sind Abschläge von etwa 20 % üblich.

- Risikoüberlegungen gewinnen nun zunehmend an Gewicht. So gehören die Konsortialbanken durch die Eigenbestände, die sie im Zuge der Emission übernehmen müssen (sie sind gleichzeitig Designated Sponsors) zu den wichtigsten Erstinvestoren. Im Falle sinkender Sekundärmarktpreise nehmen sie als Designated Sponsors sowie aus Verantwortung gegenüber ihren Wertpapierkunden weitere Bestände auf, die eventuell abgewertet werden müssen. Mit niedrigeren Emissionspreisen sinkt somit das Risiko der Banken.

- Die Banken berücksichtigen regelmäßig auch die Interessen ihrer Kunden im Wertpapiergeschäft. Für diese soll es lohnend sein, ihre Konten und Depots bei der „richtigen" Bank zu unterhalten. Teil des Kalküls jener Wertpapierkunden sind auch Zeichnungsgewinne, die umso höher ausfallen, wenn die Neuemissionen niedriger gepreist werden.

- Schließlich prägt die Sekundärmarktperformance das Image der Konsortialmitglieder als Investmentbanken. Weisen die IPOs einer Investmentbank eine systematische Underperformance auf, leidet der Ruf als Berater und damit die nachhaltige Platzierungskraft. Dies hat auch Folgen für das Sekundärmarktgeschäft mit institutionellen Kunden. Da dies (im Gegensatz zum Primärmarktgeschäft) zum Kerngeschäft der Investmentbanken gehört, kann ein Reputationsverlust durch zu hoch gepreiste IPOs auf gar keinen Fall hingenommen werden. Andererseits wird es für eine Investmentbank schwierig, neue IPO-Mandate zu erringen, wenn sie in den Ruf gerät, aufgrund systematisch überhöhten Underpricings regelmäßig die Potenziale für ihre IPO-Mandanten nur unzureichend auszuschöpfen.

Die Summe dieser z.T. gegenläufigen Einflüsse bewirkt, dass die Bewertung **2986** von Bankenseite im Zuge der Festlegung der Emissionspreisspanne tendenziell niedriger ausfällt als die erste Indikation im Zuge des Beauty Contests. Entscheidend für den Erfolg der Emission und damit für alle Beteiligten ist, dass die Preisspanne so festgelegt wird, dass eine mehrfache Überzeichnung der Emission erreicht werden kann. Ein Nachfrageüberhang im Primärmarkt ist eine wichtige Voraussetzung für eine befriedigende Sekundärmarktperformance.

Nach dem Ende der Verkaufsfrist, wenn das Buch geschlossen und ausgewertet **2987** wurde, wird zwischen der konsortialführenden Bank und der Emittentin der **endgültige Emissionspreis** ausgehandelt. Wichtig ist, dass der Preis so fixiert wird, dass im Primärmarkt eine mehrfache Überzeichnung erreicht und gegebenenfalls ein Greenshoe mitplatziert wird. Wird zum Gleichgewichtspreis (Angebot und Nachfrage decken sich) zugeteilt, ist ein Absturz im Sekundärmarkt in aller Regel nicht zu vermeiden. Nur wenn der Greenshoe zunächst mitplatziert wird (gerade bei schwacher Nachfrage!), ist der nötige Spielraum gegeben, um dem Abgabedruck im Sekundärmarkt zu begegnen.

2988   In vielen Übernahmeverträgen wird vereinbart, dass der endgültige Preis von der Konsortialführerin nach billigem Ermessen festgesetzt werden kann, wobei den Interessen der Emittentin Rechnung zu tragen ist. In den wenigsten Verträgen wird ein Algorithmus (Beispiel: bis 3-fache Überzeichnung Preisfestlegung am unteren Rand der Spanne, bei 10-facher Überzeichnung am oberen Rand, dazwischen lineare Interpolation mit kaufmännischer Rundung auf ein Vielfaches von € 0,50) festgelegt. Faktisch bedeutet dies, dass in der Mehrzahl der Fälle bis zuletzt zwischen Banken und Emittentin um den Preis gerungen wird, nicht selten unter Hinzuziehung von juristischem Beistand. Dies lässt sich durch eine Vereinbarung wie die oben skizzierte vermeiden, von der im gegenseitigen Einvernehmen später immer noch abgewichen werden kann.

2989   Theoretisch sollte sich beim oben beschriebenen Preisbildungsprozess ein anfangs abgesteckter Korridor sukzessive zum Ende hin immer weiter verengen. In der Praxis ist zu beobachten, dass sich der Korridor im Verlauf des Prozesses nicht nur verengt, sondern tendenziell auch nach unten adjustiert wird. Dies ist in den meisten Fällen nicht nur auf neu gewonnene Erkenntnisse und veränderte Marktbedingungen zurückzuführen.

XIII. Die Due Diligence

Literaturauswahl:

Assmann, Heinz-Dieter/Lenz, Jürgen/Ditz, Corinna, Verkaufsprospektgesetz, Köln, 2001; Lenz, Lukas, Due Diligence Handbuch, Heidelberg, 2000; Lenenbach, Markus, Kapitalmarkt- und Börsenrecht, Köln, 2002; Peters, Kai, Informationsrechte und Geheimhaltungsverpflichtungen im Rahmen einer Due Diligence und daraus resultierende Haftungsrisiken, Aachen, 2002; Reuschle, Fabian, Viertes Finanzmarktförderungsgesetz, Sinzheim, 2002; Schanz, Kay-Michael, Börseneinführung, Recht und Praxis des Börsengangs, München, 2000; Weimann, Martin, Prospekthaftung, Bonn, 1998; Weitnauer, Wolfgang, Handbuch Venture Capital, 2. Aufl., München, 2001.

2990   Eine Due Diligence, die die konsortialführende Bank durchführen lässt, bevor sie das Unternehmen an die Börse bringt, verläuft im Grunde nicht anders, als beim Trade Sale beschrieben. Daher kann weitgehend auf die Ausführungen oben, Dritter Teil, B. IV, verwiesen werden. Funktionell tritt aber, und dies ist wesentlich für das Hintergrundverständnis, ein Gesichtspunkt hinzu: das Bankenkonsortium möchte die Haftung, insbesondere nach den Grundsätzen der sog. Prospekthaftung, vermeiden.

2991   Unzutreffend wäre aber der Eindruck, die Konsortialbanken würden sich insoweit, als sie ein externes Unternehmen mit Durchführung der Due Diligence beauftragen, der Haftung entziehen. Das Gegenteil ist richtig, denn das Verschulden von Erfüllungsgehilfen wird ihnen wie eigenes zugerechnet (§§ 276, 278 BGB). Die Konsortialbanken entlasten sich lediglich mittelbar. Zum einen kann ihnen nicht vorgeworfen werden, die Vergabe einer Due Diligence unterlassen zu haben, die mit einiger Wahrscheinlichkeit etwaige Mängel des Unternehmens aufgedeckt hätte. Zum zweiten können sie bzw. kann die konsortialführende Bank beim Unternehmen, das die Due Diligence fehlerhaft durchgeführt hat, Regress nehmen.

Die Prospekthaftung ist sicher nicht das einzige Feld, in dem sich die Bank einer Haftung aussetzen kann – für Pflichtverletzungen ist auch außerhalb des Prospektes Raum – doch enthält die Prospekthaftung das größte Haftungspotenzial für die Konsortialbanken.[87] Im Kern geht es dabei darum, dass die Konsortialbanken zusammen mit dem Emittenten ein Prospekt unterzeichnen und dadurch für dessen Richtigkeit die Verantwortung übernehmen. **2992**

Die Vorschriften der §§ 44 ff.[88] des Börsengesetzes regeln die Haftung für unrichtige oder unvollständige Börsenprospekte. § 55 des Börsengesetzes regelt die Haftung für Unternehmensberichte im geregelten Markt per Verweis auf § 44. Last but not least regelt § 13 des Verkaufsprospektgesetzes die Haftung für unrichtige oder unvollständige Verkaufsprospekte wiederum anknüpfend an die Regelungen der §§ 44 ff. des Börsengesetzes. **2993**

In allen Fällen wird eine Haftung der Konsortialbanken und des Emittenten ausgelöst, wenn wesentliche Angaben in den Prospekten unrichtig oder unvollständig sind. Der Geschädigte begründet die Haftung der Konsortialbanken, indem er Unrichtigkeit oder Unvollständigkeit des Prospekts hinsichtlich wesentlicher Angaben nachweist. Verschulden braucht er den Konsortialbanken nicht nachzuweisen. Der dennoch maßgebliche Grundsatz der Verschuldenshaftung gilt auf die Weise, dass die Konsortialbanken einen Entlastungsbeweis antreten können. Sie können gemäß § 45 des Börsengesetzes insbesondere[89] nicht in Anspruch genommen werden, wenn sie nachweisen, dass sie die Unrichtigkeit des Prospekts nicht gekannt haben, und die Unkenntnis auch nicht auf grober Fahrlässigkeit beruht. **2994**

Die Entlastungsmöglichkeiten in den Fällen der pflichtgemäßen bis hin zur fahrlässigen Unkenntnis von wesentlichen Unrichtigkeiten oder Unvollständigkeiten des Prospekts, verleitet Konsortialbanken allerdings keineswegs zu Acht- oder Sorglosigkeit. Dies hat zweierlei Gründe. Zum einen tragen aufgrund des gesetzestechnischen Mechanismus die Konsortialbanken das Risiko des Nichtgelingens des Entlastungsbeweises. Zum anderen werden Sorgfaltsmaßstäbe immer individuell bestimmt. Dabei ist nach zumutbaren Möglichkeiten zu fragen, **2995**

---

87 Lenenbach, Markus, Kapitalmarkt- und Börsenrecht, Köln, 2002, Tz. 7.38 (S. 328), der in § 7 das Emissionsverfahren und die rechtlichen Rahmenbedingungen sehr anschaulich beschreibt.
88 §§ 44 ff. des Börsengesetzes in der Fassung des 4. Finanzmarktförderungsgesetzes; Vorgängerregelungen §§ 45 ff. des Börsengesetzes a. F.
89 § 45 Abs. 2 enthält weitere Entlastungsmöglichkeiten, insbesondere den Einwand, der unrichtigen oder unvollständigen Angabe komme keine Kursrelevanz zu.

die den Prospektmangel vermieden hätten.[90] Dies macht deutlich, warum aus Sicht der Konsortialbanken faktisch ein zwingendes Bedürfnis besteht, eine Due Diligence in Auftrag zu geben.

XIV. Der Emmissionsprospekt

Literaturauswahl:

Assmann/Schütze (Hrsg.), Handbuch des Kapitalanlagerechts, 2. Aufl. 1997; Baumbach/ Hopt, HGB, (14) BörsG, 29. Aufl. 1995; Grigoleit, Hans Christoph, Neuere Tendenzen zur schadensrechtlichen Vertragsaufhebung, NJW 1999, S. 900; Groß, Wolfgang, Kapitalmarktrecht, Kommentar zum Börsengesetz, Zur Börsenzulassungsverordnung, zum Verkaufsprospektgesetz und zur Verkaufsprospekt-Verordnung, 2. Aufl. 2002; v. Illberg/Neises, Die Richtlinie-Vorschläge der EU-Kommission, WM 2002, S. 636; Kiethe, Kurt, Prospekthaftung und grauer Kapitalmarkt, ZIP 2000, S. 216; Kort, Michael, Neuere Entwicklungen im Recht der Börsenprospekthaftung (§§ 45 ff. BörsG) und der Unternehmensberichtshaftung (§ 77 BörsG), AG 1999, S. 9; Kümpel, Siegfried, Bank- und Kapitalmarktrecht, 2. Aufl. 2000; Lackner/Kühl, StGB, 24. Aufl. 2000; Lorenz, Stephan: Vertragsaufhebung wegen culpa in contrahendo: Schutz der Entscheidungsfreiheit oder des Vermögens?, ZIP 1998, S. 1053; Meixner, Rüdiger, Das Dritte Finanzmarktförderungsgesetz Kapitalmarktrecht in stetigem Wandel, NJW 1998, S. 1896; Pötzsch, Thorsten: Das Dritte Finanzmarktförderungsgesetz, WM 1998, S. 949; Schäfer, Frank A., Emission und Vertrieb von Wertpapieren nach dem Wertpapierverkaufsprospektgesetz, ZIP 1991, S. 1557; Schäfer, Frank A., Wertpapierhandelsgesetz, Börsengesetz, Verkaufsprospektgesetz; Kommentar; Sittmann, Jörg W., Die Prospekthaftung nach dem Dritten Finanzmarktförderungsgesetz, NZG 1998, S. 490; Stephan, Klaus-Dieter, Prospektaktualisierung, AG 2002, S. 3 ff.

1. Ausgangspunkt

2996 Kernstück des Zulassungsverfahrens zur Notierung eines Wertpapiers an einer Börse ist regelmäßig die Vorlage eines Börsenzulassungsprospektes (amtlicher Markt: Börsenzulassungsprospekt, geregelter Markt: Unternehmensbericht, Freiverkehr: Unternehmensbericht/Exposé/Verkaufsprospekt).

2997 Dem Prospekt wird eine Doppelfunktion zuteil. Zunächst ist er Entscheidungsgrundlage der Börsenzulassungsstelle. Die jeweiligen Regularien sehen vor, dass eine Unterlage zu erstellen ist, die sämtliche für die Beurteilung der Wertpapiere wesentlichen Angaben enthält. In dem Prospekt stellt der Emittent die Wertpapiere sowie sich selbst umfassend dar.

2998 Aber auch der Anleger soll sich aufgrund des Prospektes ein zutreffendes Bild von dem Emittenten und den von ihm angebotenen Wertpapieren – in der Regel Aktien[91] – machen können. Entsteht einem Anleger aufgrund eines fehlerhaften Prospektes ein Schaden, so ist er dem Anleger aus Prospekthaftung zu er-

---

90 Assmann, Heinz-Dieter/Lenz, Jürgen/Ditz, Corinna, Verkaufsprospektgesetz, Köln, 2001, § 13, Rn. 58.
91 Beim Börsengang eines Unternehmens zumeist dessen Aktien. – Denkbar wäre auch, nicht Aktien des Emittenten, sondern etwa Wandelschuldverschreibungen oder in sonstiger Weise strukturierte Finanzprodukte börslich zu platzieren.

setzen. Insoweit dient der Prospekt neben seiner Funktion als Kernunterlage des Zulassungsverfahrens zugleich für die Anleger als Haftungsgrundlage gegenüber den Emittenten.

2. Verfahren der Prospektvorlage/-veröffentlichung; unvollständiger Prospekt

Der Prospekt ist der jeweiligen Börsenzulassungsstelle vorzulegen und darf erst veröffentlicht werden, wenn er von der Zulassungsstelle gebilligt wurde. Bei Zulassungsanträgen zur Notierung im amtlichen oder geregelten Markt hat die Zulassungsstelle innerhalb von 15 Börsentagen nach Eingang des Prospekts über die Billigung zu entscheiden. Sofern der Zulassungsantrag an mehreren Börsen gleichzeitig gestellt wird, hat der Emittent die für die Billigung des Prospektes zuständige Zulassungsstelle zu bestimmen. **2999**

Der Prospekt muss grundsätzlich mindestens einen Werktag vor der Einführung der Wertpapiere durch Abdruck in den Börsenpflichtblättern veröffentlicht werden, in denen der Zulassungsantrag veröffentlicht ist oder durch Bereithalten zur kostenlosen Ausgabe bei den im Prospekt benannten Zahlstellen und bei der Zulassungsstelle, wobei bekannt zu machen ist, welche Stellen den Prospekt bereit halten. **3000**

Ist die Zulassung zur amtlichen Notierung oder zum geregelten Markt nicht beantragt, so ist der Verkaufsprospekt in der Form zu veröffentlichen, dass er entweder in einem überregionalen Börsenpflichtblatt bekannt gemacht oder bei den im Verkaufsprospekt benannten Zahlstellen zur kostenlosen Ausgabe bereit gehalten wird. Im letzteren Fall ist in einem überregionalen Börsenpflichtblatt bekannt zu machen, dass der Verkaufsprospekt bei den Zahlstellen bereit gehalten wird. **3001**

Werden einzelne Angebotsbedingungen erst kurz vor dem öffentlichen Angebot festgesetzt, so darf der Verkaufsprospekt ohne diese Angaben nur veröffentlicht werden, sofern er Auskunft darüber gibt, wie diese Angaben nachgetragen werden (**unvollständiger Prospekt**). Die nachzutragenden Angaben sind spätestens am Tag des öffentlichen Angebots zu veröffentlichen. **3002**

3. Vorgehen

Da sich an die Herausgabe eines Prospektes eine (gesetzliche) Prospekthaftung anknüpft, ist eine sorgfältige Erstellung des Prospektes unerlässlich. Regelmäßig geht der Erstellung des Prospektes eine Due Diligence voraus. Auf ihrer Grundlage wird der Prospekt geschrieben. Eine solche Due Diligence liegt in der Regel bereits vor, da die emissionsbegleitenden Banken ihre Entscheidung, die Emission zu begleiten, ebenfalls von dem Ergebnis einer vorausgegangenen Due Diligence abhängig machen, die für den Prospekt gegebenenfalls fortzuschreiben ist. **3003**

An der Erstellung des Prospektes sind in unterschiedlicher Konstellation der Emittent, die emissionsbegleitenden Banken, sowie Rechtsanwälte, Steuerberater und Wirtschaftsprüfer beteiligt, die bei der Erstellung der einzelnen Abschnitte des Prospektes entweder beratende Funktion einnehmen oder direkt **3004** einzelne Darstellungen entwerfen oder gegenlesen. Ergänzend können noch Marketing-Abteilungen oder -Berater hinzukommen. Aufgabe kann es hier sein, einen einvernehmlichen Weg zwischen dem Erfordernis der Darstellung bestimmter Fakten und der Art und Weise ihrer Darstellung zu finden, da hier die Anforderung der objektiven Darstellung von den von der Marketing- oder Vertriebsabteilung gesetzten Vorstellungen deutlich abweichen können.

Beispiel:

Das Unternehmen hat in den vergangenen Jahren bestimmte wirschaftlich gewünschte Ziele (noch) nicht erreicht, geht aber davon aus, dass diese unlängst erreicht werden. Dieser Sachverhalt wäre dementsprechend ungeschönt und an angemessener Stelle wiederzugeben, auch wenn aus vertrieblichen und Marketing-Aspekten eine zurückhaltendere Darstellung zu bevorzugen wäre.

3005 Die Erstellung des Emissionsprospekts ist damit das Kernstück bei der Vorbereitung des Zulassungsantrags an ein Börsensegment und schlägt sich dementsprechend kostenmäßig nieder. Da hier höchste Sorgfalt, Genauigkeit, Fachkenntnisse sowie einschlägige Erfahrungen erforderlich sind, verlangen die mit dem Emittenten in der Prospekthaftung stehenden emissionsbegleitenden Banken zumeist das Hinzuziehen entsprechender Berater (Rechtsanwälte, Wirtschaftsprüfer, Steuerberater).

4. Inhalt eines Emissionsprospektes

3006 Für die gesetzlich geregelten Börsensegmente (amtlicher Markt und geregelter Markt) findet sich ein dezidierter Katalog der Angaben, die in einem Prospekt darzustellen sind in der Börsenzulassungsverordnung (amtlicher Markt) sowie in der Verkaufsprospektverordnung (geregelter Markt). Für die einzelnen Freiverkehrssegmente gelten, sofern die Einbeziehung mit einem ersten öffentlichen Angebot verbunden ist, ebenfalls die in der Verkaufsprospektverordnung aufgestellten Anforderungen.

3007 Als Grundregel gilt, dass der Prospekt über die tatsächlichen und rechtlichen Verhältnisse, die für die Beurteilung der zuzulassenden Wertpapiere wesentlich sind, Auskunft geben sowie richtig und vollständig sein muss. Er muss in deutscher Sprache und in leicht verständlicher Art und Weise abgefasst werden. Die Zulassungsstelle kann gestatten, dass der Prospekt von Emittenten mit Sitz im Ausland ganz oder zum Teil in einer anderen Sprache abgefasst ist, wenn diese Sprache im Inland auf dem Gebiet des grenzüberschreitenden Wertpapierhandels nicht unüblich ist.[92]

3008 Der Emissionsprospekt hat also Angaben zum Emittenten und den zu emittierenden Wertpapieren zu enthalten. Das heißt, dass auch wenn eine Angabe nicht bereits in den genannten gesetzlichen Katalogen enthalten sein sollte, sie in den Prospekt einfließen muss, sofern sie für die Entscheidung der Zulassungsstelle beziehungsweise für eine Anlageentscheidung seitens der Investoren erheblich ist. Dabei sind die ausgewählten Daten sachlich neutral und insbeson-

---

[92] Vgl. § 13 Abs. 1 der Börsenzulassungsverordnung (BörsZulV).

dere nicht beschönigend wiederzugeben. Den jeweiligen Angaben ist der für sie angemessene Raum und die angemessene Stelle im Prospekt zuzuweisen. Fehler des Prospektes führen zur Prospekthaftung.[93]

Vor diesem Hintergrund sind neben den gesetzlichen Anforderungen die Chancen und Risiken, die mit einer Investition in die angebotenen Wertpapiere verbunden sind, in angemessenem Umfang zu erläutern. Insbesondere hinsichtlich der Risiken sind nicht nur die allgemeinwirtschaftlichen – wie etwa die aus der globalen oder nationalen Wirtschaftslage resultierenden – sondern vielmehr die auf die Wertpapiere und ihren Emittenten bezogenen konkreten Risiken sowohl wirtschaftlicher, rechtlicher als auch steuerlicher Natur zu beschreiben. In jedem Fall empfiehlt sich der Hinweis darauf, dass die diesbezüglichen Ausführungen im Prospekt nicht die Anlageberatung durch einen mit den genauen Verhältnissen des Anlegers vertrauten Rechts- oder Steuerberaters ersetzen kann. **3009**

Bei der Erstellung von Prospekten sind die gesetzlichen und sonstigen börsensegmentspezifischen Vorgaben hinsichtlich des Inhaltes zu berücksichtigen. Je nach Segment können weitere Angaben hinzutreten (insbesondere für Zulassung zur amtlichen Notierung) oder entfallen (etwa sofern nur ein Exposé erforderlich ist, das hinter den Anforderungen der Verkaufsprospektverordnung zurückbleibt). In der Regel sind danach insbesondere folgende Angaben in den Prospekt einzustellen:[94] **3010**

a) Allgemeine Angaben über die Wertpapiere

Zur genauen Beschreibung der emittierten Wertpapiere gehören zunächst folgende allgemeine Angaben: **3011**

- Art, Stückzahl, Gesamtnennbetrag der angebotenen Wertpapiere, sowie die mit den Wertpapieren verbundenen Rechte;
- Steuern auf die Wertpapiereinkünfte im Wege des Quelleneinzuges; übernimmt der Anbieter die Steuerzahlung, so ist dies anzugeben;
- Übertragbarkeit der Wertpapiere sowie etwaige Beschränkungen ihrer freien Handelbarkeit;
- die organisierten Märkte, an denen die Wertpapiere gehandelt werden sollen;
- die Zahl- u. Hinterlegungsstellen;
- die Einzelheiten der Zahlung des Zeichnungs- oder Verkaufspreises;
- das Verfahren für die Ausübung von Bezugsrechten, ihre Handelbarkeit und die Behandlung der nicht ausgeübten Bezugsrechte;

---

93 Siehe dazu sogleich unten 5.

94 Eine ausführliche Darstellung der einzelnen sich aus der BörsZulV oder der VerkProspV ergebenden Anforderungen würde den vorliegenden Rahmen übersteigen, sodass die nachfolgenden Ausführungen sich insoweit auf eine Übersicht beschränken, die jedoch die für den Unternehmensbericht (geregelter Markt) und die für den Verkaufsprospekt (erstes öffentliches Angebot) einschlägigen Anforderungen weitgehend darstellen. Weitergehende Anforderungen – insbesondere – für eine Zulassung zur amtlichen Notierung bleiben vorliegend unberücksichtigt.

- die Stellen, die Zeichnungen des Publikums entgegennehmen, sowie die für die Zeichnung oder den Verkauf der Wertpapiere vorgesehene Frist und die Möglichkeiten, die Zeichnung vorzeitig zu schließen oder Zeichnungen zu kürzen;

- die einzelnen Teilbeträge, falls das Angebot gleichzeitig in verschiedenen Staaten mit bestimmten Teilbeträgen erfolgt;

- die Personen oder Gesellschaften, welche die Wertpapiere übernehmen oder übernommen oder gegenüber dem Emittenten oder Anbieter ihre Unterbringung garantiert haben; erstreckt sich die Übernahme oder die Garantie nicht auf das gesamte Angebot, so ist der nicht erfasste Teil des Angebots anzugeben;

- den Ausgabepreis für die Wertpapiere, beziehungsweise die Einzelheiten und den Zeitplan für seine Festsetzung.

b) Wertpapiere mit Umtausch- oder Bezugsrecht

3012 Werden Wertpapiere mit Umtausch- oder Bezugsrecht, etwa Wandel- oder Optionsschuldverschreibungen ausgegeben, sind ergänzend zu den allgemeinen Wertpapierangaben die Art der zum Umtausch oder Bezug angebotenen Wertpapiere und der mit ihnen verbundenen Rechte sowie die Bedingungen und das Verfahren für den Umtausch und den Bezug sowie die Fälle, in denen die Bedingungen für das Verfahren geändert werden können, darzustellen.

3013 Sofern der Emittent nicht zugleich der Emittent der zum Umtausch oder Bezug angebotenen Wertpapiere ist, sind die Angaben zum Emittenten[95] auch über den Emittenten der zum Umtausch oder Bezug angebotenen Wertpapiere aufzunehmen. Diese Angaben können entfallen, sofern die Wertpapiere an einer inländischen Börse zum amtlichen Markt zugelassen sind. Ist der Anbieter nicht zugleich Emittent der zum Umtausch oder Bezug angebotenen Wertpapiere, können diese Angaben entfallen, wenn der Anbieter über die Angaben regelmäßig nicht verfügt.

3014 Bei einem Angebot von Wertpapieren, die das Recht auf Zahlung eines Betrags einräumen, der durch den Wert eines anderen Wertpapiers oder Rechts oder durch eine sonstige Bezugsgröße bestimmt wird, sind in den Prospekt zusätzlich Angaben über die Ermittlung dieses Betrags aufzunehmen.

c) Gewährleistete Wertpapiere

3015 Bei anderen Wertpapieren als Aktien, für deren Verzinsung oder Rückzahlung eine juristische Person oder Gesellschaft die Gewährleistung übernommen hat, sind über den Übernehmer der Gewährleistung die gleichen Angaben zu machen, wie über den Emittenten.[96]

---

95 Dazu siehe sogleich unter d).
96 Dazu sogleich unter d.

d) Angaben über den Emittenten

Voraussetzung für einen Börsengang ist die Börsenreife des Emittenten,[97] die **3016** sich an seiner vergangenen Entwicklung sowie seiner zukünftigen Planung festmacht. Vor diesem Hintergrund sind insbesondere folgende Angaben über den Emittenten in den Prospekt aufzunehmen.

(1) Allgemeine Angaben zum Emittenten

Zu den allgemeinen Angaben gehören: **3017**

- Firma und Sitz;
- Datum der Gründung und, wenn der Emittent für eine bestimmte Zeit gegründet ist, die Dauer;
- die für den Emittenten maßgebliche Rechtsordnung und die Rechtsform;
- Gegenstand des Unternehmens laut Satzung oder Gesellschaftsvertrag;
- Registergericht des Sitzes des Emittenten und die Nummer, unter der der Emittent in das Register eingetragen ist;
- Beschreibung des Konzerns und der Stellung des Emittenten in ihm, falls der Emittent ein Konzernunternehmen ist.

(2) Angaben über das Kapital des Emittenten

Die erforderlichen Angaben über das Kapital des Emittenten sind: **3018**

- die Höhe des gezeichneten Kapitals, die Zahl und die Gattungen der Anteile, in die das Kapital zerlegt ist, unter Angabe ihrer Hauptmerkmale und die Höhe etwaig noch ausstehender Einlagen auf das gezeichnete Kapital;
- der Nennbetrag der umlaufenden Wertpapiere, die Gläubigern ein Umtausch- oder Bezugsrecht auf Aktien einräumen, unter Angabe der Umtauschbedingungen.

Sollen Aktien emittiert werden, sind ferner folgende das Kapital des Emittenten **3019** betreffende Angaben in den Prospekt einzustellen:

- Nennbetrag eines genehmigten oder bedingten Kapitals und die Dauer der Ermächtigung für die Kapitalerhöhung, der Kreis der Personen, die ein Umtausch- oder Bezugsrecht haben, sowie die Bedingungen und das Verfahren für die Ausgabe der neuen Aktien;
- Zahl und Hauptmerkmale von Anteilen, die keinen Anteil am Kapital gewähren;
- soweit sie dem Anbieter bekannt sind, die Aktionäre, die auf den Emittenten unmittelbar oder mittelbar einen beherrschenden Einfluss ausüben können.

---

97 Zur Börsenreife des Emittenten siehe oben Dritter Teil C.III.

(3) Angaben über die Geschäftstätigkeit des Emittenten

3020 Zur Darstellung der Geschäftstätigkeit des Emittenten sind Ausführungen notwendig über die wichtigsten Tätigkeitsbereiche sowie Angaben über die Abhängigkeit des Emittenten von Patenten, Lizenzen, Verträgen oder neuen Herstellungsverfahren, wenn sie von wesentlicher Bedeutung für die Geschäftstätigkeit oder Ertragslage des Emittenten sind.

3021 Aber auch Gerichts- oder Schiedsverfahren, die einen erheblichen Einfluss auf die wirtschaftliche Lage des Emittenten haben können, sind in den Prospekt aufzunehmen.

3022 Mit Ausnahme der Finanzanlagen sind ferner Angaben über die wichtigsten laufenden Investitionen zu machen.

3023 Auf außergewöhnliche Ereignisse, die die Tätigkeit des Emittenten beeinflusst haben oder beeinflussen werden, ist gegebenenfalls hinzuweisen.

(4) Angaben über die Vermögens-, Finanz- und Ertragslage des Emittenten

3024 Die Information über die Vermögens-, Finanz- und Ertragslage des Emittenten erfolgt über die Offenlegung von Jahresabschlüssen und Zwischenübersichten im Prospekt. Diese muss enthalten:

- den letzten offengelegten Jahresabschluss, dessen Stichtag höchstens achtzehn Monate vor der Aufstellung des Verkaufsprospekts liegen darf;

- eine zwischenzeitlich veröffentlichte Zwischenübersicht.

3025 Besteht lediglich eine Verpflichtung zur Aufstellung eines Konzernabschlusses, ist dieser in den Prospekt aufzunehmen. Sofern eine Verpflichtung zur Aufstellung sowohl eines Konzernabschlusses als auch eines Einzelabschlusses besteht, sind beide in den Prospekt aufzunehmen. In diesem Fall reicht jedoch jeweils ein Jahresabschluss, wenn der andere keine wesentlichen zusätzlichen Aussagen enthält.

3026 Ergeben sich nach dem Stichtag des letzten offen gelegten Jahresabschlusses oder der Zwischenübersicht wesentliche Änderungen, so sind diese ebenfalls in dem Prospekt zu beschreiben.

(5) Angaben über die Prüfung des Jahresabschlusses des Emittenten

3027 Hinsichtlich der Prüfung der Jahresabschlüsse des Emittenten sind die Abschlussprüfer zu benennen, die die Jahresabschlüsse der letzten drei Geschäftsjahre des Emittenten nach den gesetzlichen Vorschriften geprüft haben. Ferner sind die Bestätigungsvermerke, einschließlich gegebenenfalls zusätzlicher Bemerkungen, oder etwaiger Einschränkungen oder der Versagung nebst Begründung im Prospekt wiederzugeben.

(6) Angaben über Geschäftsführungs- und Aufsichtsorgane des Emittenten

Ferner sind die Mitglieder der Geschäftsführungs- und Aufsichtsorgane und ihre Stellung beim Emittenten anzugeben.   **3028**

Werden mit dem Prospekt Aktien angeboten, sind zusätzlich die den Mitgliedern der Geschäftsführungs- und Aufsichtsorgane für das letzte abgeschlossene Geschäftsjahr gewährten Gesamtbezüge (Gehälter, Gewinnbeteiligungen, Aufwandsentschädigungen, Versicherungsentgelte, Provisionen und Nebenleistungen jeder Art) für jedes Organ getrennt darzustellen.   **3029**

(7) Angaben über den jüngsten Geschäftsgang und die Geschäftsaussichten des Emittenten

Neben den Beschreibungen über die bisherige wirtschaftliche Entwicklung des Emittenten sind zukunftsgerichtet allgemeine Ausführungen über die Geschäftsentwicklung des Emittenten nach dem Schluss des Geschäftsjahres, auf das sich der letzte offen gelegte Jahresabschluss bezieht, sowie Angaben über die Geschäftsaussichten des Emittenten mindestens für das laufende Geschäftsjahr in den Prospekt einzustellen.   **3030**

e) Verringerte Prospektanforderungen

Unter bestimmten Voraussetzungen kann auf die vorstehenden Angaben verzichtet werden, etwa wenn Aktien den Aktionären des Emittenten aufgrund ihres Bezugsrechts zugeteilt werden und die Aktionäre auf andere Weise ausreichend informiert sind.   **3031**

Verringerte Anforderungen gelten auch für den Fall, dass der Emittent vor weniger als 18 Monaten gegründet worden ist[98] und noch keinen Jahresabschluss offen gelegt hat. In diesem Fall sind erforderlich: **3032**

- Eröffnungsbilanz;
- Zwischenbericht, deren Stichtag nicht länger als zwei Monate zurückliegt;
- voraussichtliche Vermögens-, Finanz- und Ertragslage mindestens für das laufende und das darauf folgende Geschäftsjahr;
- Planzahlen des Emittenten (Investitionen, Produktion, Umsatz und Ergebnis) mindestens für die folgenden drei Geschäftsjahre;

Ebenfalls verringerte Anforderungen gelten, wenn innerhalb von 12 Monaten bereits ein früherer Prospekt veröffentlicht wurde. In diesen Fällen sind lediglich die seitdem eingetretenen Veränderungen in den neuerlichen Prospekt aufzunehmen, sofern sie für die Beurteilung des Emittenten oder der angebotenen Wertpapiere von Bedeutung sein können.   **3033**

Von einzelnen Angaben kann abgesehen werden, falls sie nur von geringer Bedeutung und nicht geeignet sind, die Beurteilung der Vermögens-, Finanz- und   **3034**

---

98 Gilt nicht für Zulassungen zum amtlichen Markt.

Ertragslage und die Entwicklungsaussichten des Emittenten zu beeinflussen oder falls die Verbreitung dieser Angaben dem Emittenten erheblichen Schaden zufügt, sofern die Nichtveröffentlichung das Publikum nicht über die für die Beurteilung der Wertpapiere wesentlichen Tatsachen und Umstände täuscht.

3035 Der vorstehende Katalog zeigt beispielhaft den Umfang der Darstellungspflicht insbesondere für Unternehmensberichte zur Zulassung zum geregelten Markt sowie für Verkaufsprospekte bei ersten öffentlichen Angeboten auf. Je nach Börsensegment, namentlich bei einem Börsenzulassungsprospekt für die Einbeziehung eines Wertpapiers zur Notierung im amtlichen Markt kommen weitere Angaben hinzu oder – in einigen Freiverkehrssegmenten – hier aufgezählte entfallen.

3036 Bei der Art und Weise der Darstellung kann als Orientierung auf den zur Prospektprüfung vom Institut der Wirtschaftsprüfer Deutschland (IDW) herausgegebenen IDW-Standard[99] zurückgegriffen werden. Insbesondere ist zu beachten, dass die mit dem Erwerb der Wertpapiere verbundenen Risiken hinreichend ausführlich und übersichtlich darzustellen sind. Als weiteres hat etwa die Deutsche Börse AG ihre „Going Public-Grundsätze" herausgegeben, aus denen sich weitere Anhaltspunkte bis hin zur Prospektgestaltung ergeben.[100]

5. Prospekthaftung

3037 Verkaufs- und Emissionsprospekte dienen dazu, den Anlegern ein möglichst genaues Bild über die realen Grundlagen der angebotenen Wertpapiere zu vermitteln, insbesondere ein Urteil über die wirtschaftliche Entwicklungsfähigkeit des Emittenten und mittelbar über die Qualität der Papiere zu ermöglichen. Sind die dazu notwendigen Angaben in dem Prospekt unrichtig oder unvollständig, so kann dies eine Haftung der jeweiligen Prospektverantwortlichen begründen.

3038 Nach dem Börsengesetz[101] als auch nach dem Verkaufsprospektgesetz[102] sind der Emittent von Wertpapieren sowie die emissionsbegleitende Bank für die Richtigkeit und Vollständigkeit eines Verkaufsprospektes verantwortlich und können dementsprechend in die Haftung genommen werden. Damit greift für einen Zulassungsprospekt, gleich auf welches Marktsegment (amtlicher und geregelter Markt, Freiverkehr) er bezogen ist, bei einem ersten öffentlichen Angebot eine gesetzliche Prospekthaftung. Allein die rechtliche Anspruchsgrundlage variiert.

3039 Die zentralen Haftungsnormen der börsengesetzlichen Prospekthaftung[103] sind grundlegend durch das Dritte Finanzmarktförderungsgesetz geändert worden. Durch diese Änderungen sollte die Rechtssicherheit und damit die Berechenbarkeit von Haftungsansprüchen wesentlich verbessert werden. Börsengänge

---

99 IDW Standard S4, veröffentlicht in: WPg 2000, 922 ff.

100 Going Public-Grundsätze in der Fassung vom 15.07.2002, herausgegeben von der Deutsche Börse AG, Frankfurt.

101 § 44 Abs. 1 S. 1 BörsG; BörsG geändert durch das 4. Finanzmarktförderungsgesetz (4. FMFG) vom 21.06.2002, BGBl. I S. 2010.

102 § 13 VerkProspG, der auf §§ 44 bis 47 BörsG verweist.

103 § 44 BörsG, auf den auch § 55 BörsG und § 13 VerkProspG Bezug nehmen.

Keunecke

sollten insbesondere für junge Unternehmen attraktiver und auch die Dienstleistung „Emissionsbegleitung" für Kredit- und Finanzdienstleistungsinstitute sollte wirtschaftlich günstiger gestaltet werden.[104]

Die börsengesetzliche Prospekthaftung[105] schützt den Anleger für den Fall, **3040** dass er Wertpapiere, die zum *amtlichen Markt* an der Börse zugelassen sind, aufgrund eines unrichtigen oder unvollständigen Prospekts erworben und einen entsprechenden Schaden erlitten hat. Der Anleger kann in diesem Fall verlangen, dass die für den Prospekt Verantwortlichen die erworbenen Wertpapiere gegen Zahlung eines bestimmtem Geldbetrags übernehmen.

Die Prospektverantwortlichen (insbesondere Emittent, Banken) haften gesamt- **3041** schuldnerisch für einen unrichtigen oder unvollständigen Prospekt, wobei der Erwerb der Wertpapiere innerhalb eines halben Jahres nach der Emission erfolgen muss.

Der Anspruch aus Prospekthaftung verjährt innerhalb eines Jahres ab Kenntnis von dem Mangel, spätestens jedoch 3 Jahre nach dem Emissionszeitpunkt. Eine Freizeichnung von der Prospekthaftung ist grundsätzlich nicht zulässig.

Der Haftungsadressat ist von der Haftung befreit, wenn er die Fehlerhaftigkeit **3042** nicht grobfahrlässig nicht kannte oder aber der Prospekt für die Schädigung des Anlegers unbeachtlich war, sei es weil der Anleger die Wertpapiere nicht aufgrund des Prospekts erworben hat, sei es dass die fehlerhaften Angaben nicht den Börsenpreis gemindert haben oder aber der Erwerber die Fehlerhaftigkeit bei dem Erwerb der Wertpapiere kannte.

Bei Wertpapieren, die zum *geregelten Markt* zugelassen sind, tritt an die Stelle **3043** des Börsenzulassungsprospektes der Unternehmensbericht. Hier gelten die Haftungsvorschriften über den Börsenzulassungsprospekt entsprechend.[106]

Hinsichtlich der Prospekthaftung für zum Handel im *Freiverkehr* zugelassene **3044** Wertpapiere besteht bei der Einführung dieser Wertpapiere zunächst keine gesetzliche Prospektpflicht.[107] Denn hier erfolgt keine Zulassung der Wertpapiere im Sinne des Börsengesetzes, sondern lediglich eine Einbeziehung in den nicht gesetzlich geregelten Freiverkehrshandel. Hier ist jedoch zu differenzieren: vom Verkaufsprospektgesetz[108] werden nur Angebote erfasst, mit denen gezielt breite Anlegerschichten angesprochen werden. In der Stellung eines Antrags auf Einbeziehung in den Freiverkehr, der ein börseninterner Vorgang ist, kann aber ebenso wenig wie in der positiven Entscheidung über die Einbeziehung eine solche Ansprache breiter Anlegerkreise gesehen werden. Der Schutz von Anlegern durch Informationen in einem Verkaufsprospekt ist aber nur dann erforderlich, wenn die Erwerbsmöglichkeit in Form von zielgerichteten Werbemaßnahmen an die Öffentlichkeit getragen wird.

---

104 Vgl. Begr. RegE 3. FMFG, BT-Drs. 13/8933, S 55 (56).
105 Geregelt in §§ 44 ff. BörsG.
106 Gemäß § 55 BörsG.
107 Vgl. § 57 BörsG, § 1 Abs. 1 VerkProspG.
108 § 1 VerkProspG.

3045 Bei der Einbeziehung von Wertpapieren in den Freiverkehr ist daher maßgeblich, ob zusätzlich zum Antrag auf Einbeziehung noch konkrete Werbemaßnahmen erfolgen, mit denen die Anleger zielgerichtet angesprochen werden sollen. Allein in der Aufnahme des Handels ist eine solche zielgerichtete Ansprache von Anlegern nicht zu sehen, sodass darin allein kein öffentliches Angebot im Sinne des Verkaufsprospektgesetzes zu sehen ist.[109]

3046 Ferner wird die Auffassung vertreten, dass sofern es beim Vertrieb der Wertpapiere gleichwohl zur Verwendung eines Prospekts komme, nicht das Verkaufsprospektgesetz greife, sondern die Grundsätze der bürgerlich-rechtlichen Prospekthaftung anzuwenden seien.[110] Dagegen ist einzuwenden, dass in diesem Fall, sofern ein erstmaliges öffentliches Angebot der Wertpapiere vorliegt, das Verkaufsprospektgesetz unmittelbar gilt und die Grundsätze der bürgerlich-rechtlichen Prospekthaftung als Auffangtatbestand verdrängt. Handelt es sich nicht um ein erstmaliges öffentliches Angebot der Wertpapiere, wäre insofern möglicherweise auf die Grundsätze der bürgerlich-rechtlichen Prospekthaftung zurückzugreifen.

XV. Steuerliche Aspekte des Börsengangs

3047 Die bei einem Börsengang erforderliche Emmission von Aktien am Kapitalmarkt erfolgt regelmäßig über die Bereitstellung von neuem Aktienkapital im Rahmen einer Kapitalerhöhung. Diese neuen Aktien werden an die Emmissionsbanken übertragen, die sie gegenüber dem Kapitalmarkt platzieren. Im Gegensatz zu einem Trade Sale stellt sich dieser Vorgang für die Altgesellschafter der AG nicht als Verkauf von Anteilen dar. Dementsprechend ist der Börsengang für die Altgesellschafter kein ertragsteuerlich relevanter Vorgang.

3048 Ausnahmen bestehen, wenn die Anteile, die am Kapitalmarkt platziert werden, entweder von Seiten der Altgesellschafter im Wege eines Veräußerungsgeschäfts oder von Seiten der Gesellschaft selbst (eigene Anteile) zur Verfügung gestellt werden. Im ersten Fall treten dieselben Besteuerungsfolgen auf wie bei einem „normalen" Anteilsverkauf. Maßgebend ist die steuerliche Ausgangssituation beim Veräußerer (natürliche Person oder Kapitalgesellschaft).[111]

3049 Unabhängig hiervon hat ein Börsengang aber regelmäßig mittelbare steuerliche Folgen für die Gesellschaft oder die Gesellschafter in folgenden Bereichen:

• Möglicher (späterer) Wegfall von Verlustvorträgen der AG;
• Umsatzsteuerliche Behandlung des Börsengangs (Vorsteuerabzug);
• Besteuerung der Gesellschafter bei einer späteren Anteilsveräußerung.

---

109 Wie hier Ritz, in: Assmann/Lenz/Ritz, Verkaufsprospektgesetz, 2001, § 1 VerkProspG Rn. 50 ff.
110 BGH-Urteil vom 05.07.1993, NJW 1993, 2865, ohne weitere Begründung unter Verweis auf BGH, WM 1985, 1520 und ohne Auseinandersetzung mit der sich seitdem geänderten Rechtslage.
111 Wir verweisen insofern auf die Ausführungen zum Trade Sale, Teil III, Abschnitt B. VI.

1. Wegfall von Verlustvorträgen

Nach noch geltendem Recht ist stets zu prüfen, ob ein Börsengang und die da- **3050** mit verbundene Aufnahme neuer Gesellschafter die Voraussetzungen des § 8 Abs. 4 KStG erfüllt.[112] Zusammen mit bereits vorangegangenen Kapitalerhöhungen konnte der Börsengang zu einer Übertragung von insgesamt mehr als 50% der Anteile an der Aktiengesellschaft (auch Kapitalerhöhungen sind Anteilsübertragungen in diesem Sinne) sowie zu einer Zuführung von überwiegend neuem Betriebsvermögen führen. Letzteres ist ja auch der Sinn des Börsengangs. Soweit bei der Erfüllung dieser Voraussetzungen kein Sanierungsfall dargestellt werden kann, kann der Börsengang für junge Unternehmen mit steuerlichen Verlustvorträgen den Wegfall derselben zur Folge haben.

2. Umsatzsteuerliche Behandlung des Börsengangs (Vorsteuerabzug)

Dem Börsengang geht regelmäßig eine Werbekampagne des emmittierenden **3051** Unternehmens voraus. Hierbei wird es mit Kosten für den Werbefeldzug zuzüglich Umsatzsteuer belastet. Diese Umsatzsteuer machen die Unternehmen regelmäßig gegenüber der Finanzverwaltung als Vorsteuer geltend.

Nach einer noch immer bestehenden Auffassung der Oberfinanzdirektion Mün- **3052** chen,[113] der sich viele Betriebsstättenfinanzämter angeschlossen haben, wird die Ausgabe von Aktien durch eine Aktiengesellschaft als steuerbarer und steuerfreier Leistungsaustausch zwischen der Gesellschaft und den erstmaligen Zeichnern der Anteile (Emmissionsbank) gesehen. Entsprechend versagt die Finanzverwaltung regelmäßig den Vorsteuerabzug.[114]

Die Ansicht der OFD München steht nach Auffassung der Autoren im klaren **3053** Widerspruch zur Rechtsprechung des Europäischen Gerichtshofes. Dieser bejaht einen Leistungsaustausch nur für die Weiterveräußerung von Aktien durch die Konsortialbanken an die Anleger, nicht jedoch für die erstmalige Übernahme von Aktien im Rahmen einer Kapitalerhöhung, wie dies bei Börsengängen üblich ist.[115]

Solange diese Rechtsfrage noch nicht zweifelsfrei von der deutschen Finanzge- **3054** richtsbarkeit geklärt ist, bleibt hier für die Steuerpflichtigen nur der Weg des Rechtsmittels gegen Steuerbescheide, die Umsatzsteuern auf Kosten im Zusammenhang mit einem Börsengang nicht zum Vorsteuerabzug zulassen. Mit Blick auf die neuere Rechtsprechung des EuGH ist hier allerdings ein positives Ende absehbar.

---

112 Vgl. hierzu im Einzelnen bereits Teil I, Abschnitt I. V.
113 OFD München, Verfügung vom 25.05.2000, S-7304–7 St 431.
114 Vgl. zu diesem Streitpunkt ausführlich unsere Ausführungen im Teil II, Abschnitt H. II.
115 EuGH-Urteil vom 20.06.1991-C60/90, sowie Urteil vom 26.06.2003 – C-442/01 (Kap Hag).

3. Steuerliche Folgen auf Ebene der Aktionäre

3055 Die Altgesellschafter werden beim Börsengang, der durch die Ausgabe neuer Aktien gespeist wird, zunächst in ihren Beteiligungsverhältnissen verwässert.

3056 Steuerliche Folgen treten bei ihnen erst dann ein, wenn sie später von ihnen gehaltene Anteile veräußern. Die Besteuerungsfolgen für den einzelnen Gesellschafter aus einem solchen Verkauf von Aktien sind dieselben, wie beim Trade Sale. Insofern verweisen wir zur Vermeidung von Wiederholungen auf unsere ausführlichen Ausführungen im Teil III, Abschnitt B. VI.

3057 Für natürliche Personen als Aktionäre sind Veräußerungsgewinne regelmäßig nach dem so genannten „Halbeinkünfteverfahren" zu besteuern, soweit die Anteile im Privatvermögen gehalten werden und der Veräußerer innerhalb der letzten fünf Jahre wesentlich am Kapital der Gesellschaft beteiligt war.[116] Soweit der Veräußerer zu keiner Zeit wesentlich Beteiligter der Gesellschaft war (Beteiligung < 1 %) und die Anteile länger als ein Jahr in seinem Privatvermögen gehalten hat, wird ein Veräußerungsgewinn nicht besteuert.

3058 Für Kapitalgesellschaften ist seit 01.01.2002 ein Veräußerungsgewinn aus einer Beteiligung an einer anderen Kapitalgesellschaft regelmäßig von der Besteuerung freigestellt.[117] Zu beachten ist allerdings auch, dass Betriebsausgaben, die im unmittelbaren wirtschaftlichen Zusammenhang mit diesen steuerfreien Einnahmen stehen, steuerlich nicht mehr geltend gemacht werden können (§ 3c Abs. 1 EStG).[118] Ausnahmen bestehen für einbringungsgeborene Anteile sowie für Anteile, auf die steuermindernde Teilwertabschreibungen nach altem Recht vorgenommen wurden.[119]

3059 Für Arbeitnehmer, die z. B. über ein Mitarbeiterbeteiligungsmodell in Form eines Aktienoptionsplans Anteile an der Kapitalgesellschaft erhalten haben, gelten die unter Teil II, Abschnitt I beschriebenen steuerlichen Folgen. Bei nicht handelbaren Aktienoptionen wird der Arbeitnehmer nach derzeitiger Rechtslage in Höhe der Differenz zwischen Ausübungspreis und Börsenkurs der Aktie im Zeitpunkt der Ausübung besteuert. Dieser lohnsteuerpflichtige Vorteil unterliegt dem Lohnsteuerabzug. Soweit der Arbeitnehmer seine Anteile zunächst behält und innerhalb eines Jahres veräußert, liegt ein Spekulationsgeschäft vor, das entsprechend besteuert wird. Hält er die Anteile länger als ein Jahr und ist er weniger als 1 % am Unternehmen beteiligt, so können weitere Kursgewinne steuerfrei vereinnahmt werden.[120]

---

116 Vgl. Teil III, Abschnitt B. 6.2.
117 § 8b Abs. 2 KStG.
118 Nach dem Gesetzentwurf der Bundesregierung vom 07.08.2003 zur Umsetzung der Protokollerklärung der Bundesregierung zur Vermittlungsempfehlung zum Steuervergünstigungsabbaugesetz soll ab 2004 durch eine Neuregelung von § 8b Abs. 3 KStG ein pauschales Abzugsverbot von 5 % der Dividende statuiert werden.
119 Vgl. hierzu ausführlich Teil III, Abschnitt B. VI. 2.
120 Und damit endet dieses Buch mit einer positiven Information.

Anhang

Anhang 1: Mustergliederung eines Businessplans

1. **Executive Summary**
2. **Unternehmen und Initiatoren**
2.1 Gesellschaftsrechtliche Grundlagen
2.2 Personen
2.3 Historische Entwicklung
2.4 Nächste Schritte

3. **Produkt und Markt**
3.1 Geschäftsidee
3.2 Absatzmarkt
3.3 Spezifische Eigenschaften des Produktes (USP)
3.4 Konkurrenzumfeld

4. **Forschung und Entwicklung**
4.1 Entwicklungsstand
4.2 Patentsituation
4.3 Künftige Forschungsaktivitäten

5. **Produktion**
5.1 Produktionsverfahren, Anforderungen an Infrastruktur
5.2 Standort
5.3 Künftiger Ausbau

6. **Vermarktung**
6.1 Vermarktungsstrategie
6.2 Vertriebskanäle
6.3 Heutiger Stand
6.4 Künftiger Ausbau

7. **Organisation**
7.1 Anforderungen an die Organisation
7.2 Heutiger Stand (Organigramm)
7.3 Künftiger Ausbau (Organigramm)

8. **Ressourcen**
8.1 Benötigte Ausstattung
8.2 Heutiger Stand
8.3 Künftiger Ausbau

9. **SWOT-Analyse**
9.1 Stärken
9.2 Schwächen
9.3 Chancen
9.4 Risiken

10. **Finanzplanung**
10.1 Plan-GuV
10.2 Plan-Bilanz
10.3 Plan-Cash-Flow-Rechnung

11. **Anlagen**

Anhang 2: Muster einer Geheimhaltungsvereinbarung

zwischen

....

....

....

– im Folgenden „Verkäufer" genannt –

und

....

....

....

– im Folgenden „Käufer" genannt –

Präambel

Der Verkäufer und der Käufer (im Folgenden auch „Parteien" genannt) beabsichtigen, im Hinblick auf einen möglichen Unternehmenskauf Gespräche zu führen. Teilweise werden diese Gespräche auf Seiten der Parteien durch zur beruflichen Verschwiegenheit verpflichtete Rechtsanwälte vorbereitet und geführt werden.

Damit die Gespräche in der erforderlichen Offenheit geführt werden können, vereinbaren die Parteien – unabhängig von dem Zustandekommen eines späteren Unternehmenskaufes – Folgendes:

§ 1 Geheimhaltungsverpflichtung

(1) Jede Partei ist verpflichtet, vertrauliche Informationen geheimzuhalten, insbesondere

– alle erforderlichen Maßnahmen zu treffen, um zu verhindern, dass vertrauliche Informationen Dritten zugänglich werden; und

– die Kenntnis der vertraulichen Informationen auf solche Personen zu beschränken, deren Pflichten die Kenntnis notwendig machen und die ein klares Verständnis der Verpflichtungen aus dieser Vereinbarung haben und die ihrerseits – im Rahmen der gesetzlichen Möglichkeiten – durch Vertrag oder gesonderte Vereinbarung zur Einhaltung dieser Verpflichtungen verpflichtet worden sind; und

– vertrauliche Informationen ausschließlich im Hinblick auf den möglichen Unternehmenskauf zu verwenden und zu verwerten.

(2) Vertrauliche Informationen sind sämtliche Informationen, gleich welcher Natur, die eine Partei im Zusammenhang mit oder bei Gelegenheit der Gespräche, gleich auf welche Art und Weise, erlangt.

(3) Rechte an vertraulichen Informationen werden auf Grund dieser Vereinbarung nicht gewährt.

773

§ 2
Geheimhaltung dieser Vereinbarung und der Gespräche;
Ausschließliche Ansprechpartner

(1) Jede Partei ist verpflichtet, diese Vereinbarung und die Gespräche geheim zu halten, insbesondere

– die Existenz, die Natur und den Inhalt dieser Vereinbarung; und
– die Absicht, Gespräche im Hinblick auf den mögliche Unternehmenskauf zu führen; und
– das Stattfinden, die Natur und den Inhalt dieser Gespräche.

(2) Als ausschließliche Ansprechpartner des Verkäufers – zu erreichen unter den eingangs angegebenen Adresse – werden folgende Personen benannt:

…

Als ausschließliche Ansprechpartner des Käufers – zu erreichen unter der eingangs angegebenen Adresse – werden folgende Personen benannt

…

§ 3
Ausnahmen von den Geheimhaltungsverpflichtungen

Die Geheimhaltungsverpflichtungen aufgrund der §§ 1 und 2 dieser Vereinbarung gelten nicht für solche vertraulichen Informationen, hinsichtlich derer die erlangende Partei nachweisen kann, dass diese

– zur Zeit des Erlangens bereits offenkundig, d. h. veröffentlicht oder allgemein zugänglich waren; oder
– nach dem Erlangen ohne Verschulden der erlangenden Partei offenkundig wurden; oder
– zur Zeit des Erlangens der erlangenden Partei bereits bekannt waren; oder
– nach dem Erlangen von dritter Seite – in rechtmäßiger Art und Weise, d. h. insbesondere ohne Verletzung einer Geheimhaltungspflicht – offenkundig gemacht wurden.

§ 4
Vertragsstrafeversprechen

(1) Für jeden einzelnen Verstoß einer Partei, eines Mitarbeiters dieser Partei oder eines von dieser Partei an der Vertragsdurchführung beteiligten Dritten gegen eine der in §§ 1 und 2 geregelten Geheimhaltungsverpflichtungen schuldet diese Partei der anderen Partei eine Vertragsstrafe in Höhe von EUR … (in Worten: … Euro).

(2) Darüber hinausgehende Schadensersatzansprüche bleiben unberührt; die Vertragsstrafe ist jedoch auf die Schadensersatzansprüche anzurechnen.

§ 5
Vereinbarungsdauer

(1) Diese Vereinbarung tritt mit Unterzeichnung durch die letztunterzeichnende Partei in Kraft.

(2) Eine ordentliche Kündigung dieser Vereinbarung ist ausgeschlossen.

774

(3) Nach Beendigung der Gespräche gilt diese Vereinbarung – unabhängig von dem Zustandekommen des Unternehmenskaufes – zwischen den Parteien fort.

§ 6
Rückgabeverpflichtung

Jede Partei ist berechtigt, nach Beendigung der Gespräche von der anderen Partei zu verlangen, dass diese im Zusammenhang mit oder bei Gelegenheit der Gespräche erlangte Materialien, gleich welcher Natur, zurückgibt und eventuell gefertigte Kopien, gleich welcher Natur, zurückgibt oder vernichtet. Die Erfüllung dieser Verpflichtung ist unverzüglich schriftlich anzuzeigen.

§ 7
Gesetzliche Verpflichtung, gerichtliche oder behördliche Anordnung

Falls eine der Parteien, ein von einer Partei eingeschalteter Berater oder Dritter, an den Informationen nach dieser Vereinbarung zulässigerweise weitergegeben wurden, aufgrund eines Gesetzes, einer Anordnung eines Gerichts oder einer Behörde zur Weitergabe vertraulicher Informationen verpflichtet sind oder werden, wird die entsprechende Partei

– die jeweils andere Partei unverzüglich schriftlich von dieser Verpflichtung in Kenntnis setzen und jede Unterstützung beim Erwirken einer von der anderen Partei verfolgte oder verlangten gerichtlichen Verfügung oder eines anderen geeigneten Rechtsmittels in diesem Zusammenhang leisten, und
– sofern eine entsprechende gerichtliche Verfügung oder ein anderes Rechtsmittel nicht erwirkt werden kann, nur den Teil der vertraulichen Informationen weitergeben, zu dem die Partei gesetzlich verpflichtet ist sind und darüber hinaus alle zumutbaren Anstrengungen unternehmen, um eine vertrauliche Behandlung (zu im Wesentlichen ähnlichen Bedingungen, wie in dieser Vertraulichkeitsvereinbarung) für die auf diese Weise weitergegebenen vertraulichen Informationen zu erwirken.

§ 8
Schlussbestimmungen

(1) Änderungen dieser Vereinbarung bedürfen zu ihrer Wirksamkeit der Schriftform; dies gilt auch für diese Bestimmung.

(2) Sollten einzelne oder mehrere Bestimmungen dieser Vereinbarung ganz oder teilweise unwirksam sein oder werden, wird hierdurch die Gültigkeit der übrigen Bestimmungen nicht berührt. Die unwirksame Bestimmung ist durch eine solche zu ersetzen, die dem Sinn und Zweck der unwirksamen Bestimmung so nahe kommt, wie dies rechtlich möglich ist. Entsprechendes gilt für ergänzungsbedürftige Lücken in dieser Vereinbarung.

Ort, Datum

....

(für den Verkäufer)   (für den Käufer)

Anhang 3: Muster eines Letter of Intent

1. Die *Käufer GmbH* beabsichtigt, unter dem Vorbehalt einer Einigung über einen endgültigen Kaufvertrag und eines zufriedenstellenden Ergebnisses der Due Diligence-Prüfung Stufe 1, 100 % der GmbH-Anteile der *Target GmbH*, Berlin, (nachfolgend auch *„Gesellschaft"*) zu erwerben. Grundlage dieser Absicht sind die schriftlichen und mündlichen Informationen, die Sie uns vorgelegt haben.

2. Herr *Verkäufer1* und Frau *Verkäufer2* beabsichtigen, ebenfalls unter dem Vorbehalt einer Einigung über einen endgültigen Kaufvertrag, 100 % der GmbH-Anteile der *Target GmbH*, Berlin, an Käufer GmbH zu veräußern.

3. Als Kaufpreis für 100 % der Anteile haben wir, basierend auf den vorgelegten Businessplänen und unserer eigenen Risikoeinschätzung, einen Preis von Euro 22,5 Millionen vereinbart, vorausgesetzt, in einer entsprechend den Grundsätzen einer ordnungsgemäßen Buchführung und der anerkannten Bilanzierungs- und Bewertungsgrundsätzen aufgestellten Bilanz der Gesellschaft auf den 31.03.2003 ist ein Eigenkapital von Euro 3,5 Millionen ausgewiesen. Bei Veränderung des ausgewiesenen Eigenkapitals erhöht oder vermindert sich der Kaufpreis um den Mehr- oder Minderbetrag.

4. Der Kaufpreis ist in zwei Raten fällig. 90 % des Kaufpreises (Euro 20,25 Millionen) ist sieben (7) Tage nach Ablauf der Frist zur Zahlung fällig, binnen derer *Käufer GmbH* von den in Ziffer 8 genannten Rechten zum Rücktritt vom Vertrag Gebrauch machen kann, lt. gegenwärtigem Terminplan am 31.05.2003 oder bei Terminverschiebung entsprechend später. Die erste Rate ist von Vertragsabschluss bis Fälligkeit durch eine selbstschuldnerische Bankbürgschaft zu sichern und ab dem im Vertrag vereinbarten Übernahmestichtag mit 5 % p.a. zu verzinsen. Die zweite Rate von 10 % (Euro 2,25) wird am 30.06.2003 fällig, nicht aber bevor die Bilanz zum 31.03.2003 fertiggestellt und geprüft ist. Die zweite Rate wird durch eine selbstschuldnerische Bankbürgschaft gesichert und wird mit 5 % jährlich verzinst.

5. Die Gewährleistung bezieht sich nur auf Tatbestände vor dem Tag der Unterzeichnung des endgültigen Vertrages. Die Gewährleistungsfrist endet am 31.03.2005. Wir schlagen vor, die Gewährleistung und Haftung der *Verkäufer* insgesamt auf die Summe von Euro 5.000.000,00 zu beschränken. Wir haben zur Kenntnis genommen, dass Sie eine Beschränkung der Gewährleistung und Haftung auf einen Betrag von insgesamt Euro 3.500.000,00 wünschen. In diesem Punkt werden wir uns sicherlich in dem endgültigen Kaufvertrag einigen können. Gewährleistungsansprüche von *Käufer GmbH* gegen die *Verkäufer* sollen bis zu einer Höhe von DM 50.000,00 unberücksichtigt bleiben.

6. *Käufer GmbH* übernimmt die unternehmerische Verantwortung für die Gesellschaft mit Wirkung auf den 1.01.2003, nicht aber vor Übergang der Geschäftsanteile auf die *Käufer GmbH*.

7. Im Einzelnen werden sich Inhalt und Umfang der im endgültigen Vertrag zu vereinbarenden Gewährleistungsregelungen nach dem Ergebnis der Due Diligence Review Stufe 1 und den der *Käufer GmbH* zur Verfügung gestellten Unterlagen und Informationen bestimmen.

8. Nach Unterzeichnung des Letter of Intent wird unverzüglich Stufe 1 des Due Diligence-Verfahrens begonnen. Diese umfasst:

- wirtschaftlich/finanzielle Prüfung, soweit dies ohne Einschaltung von Projektleitern, Kundenverträgen und Kunden durchgeführt werden kann
- rechtliche Prüfung soweit dies ohne Einschaltung von Projektleitern, Kundenverträgen und Kunden durchgeführt werden kann
- Gespräch mit den leitenden Angestellten ... , ... , und ....

Den Umfang der der *Käufer GmbH* im Rahmen der Stufe 1 des Due Diligence-Verfahrens zur Verfügung zu stellenden Unterlagen werden die *Verkäufer* abhängig von den Vertraulichkeitsbedürfnissen der *Target GmbH* festlegen.

Nach erfolgreichem Abschluss dieser Stufe 1 wird ein notarieller Kaufvertrag abgeschlossen. Er sieht das befristete Recht von *Käufer GmbH* vor, von dem Vertrag zurückzutreten, wenn eine der nachstehenden Bedingungen erfüllt ist:

a) Die noch von den Parteien festzulegenden wesentlichen Kunden der *Gesellschaft* erklären in einem gemeinsam mit Vertretern der Parteien geführten Gespräch, der Übernahme der *Gesellschaft* durch die *Käufer GmbH* negativ gegenüberzustehen oder die Übernahme der *Gesellschaft* durch die *Käufer GmbH* zum Anlass nehmen zu wollen, das oder die Vertragsverhältnisse mit der *Gesellschaft* zu beenden, oder dass sie sich mit dem Gedanken tragen, aus anderen Gründen die Geschäftsverbindung zu beenden.

b) Die in dem endgültigen Vertrag vorgesehene, von der *Käufer GmbH* durchzuführende Stufe 2 der Due Diligence-Prüfung ergibt
  - Risiken oder Umstände, die den Bestand der Gesellschaft gefährden;
  - Risiken oder Umstände, die wesentlichen Einfluss auf die Ertragskraft der Gesellschaft, deren Vermögensverhältnisse oder die finanzielle Lage der Gesellschaft haben;
  - technische und wirtschaftliche Risiken in Bezug auf Projekte und Produkte;
  - Risiken in Bezug auf die Kundenverträge und Partnerverträge (z. B. ...),
  wobei die beiden zuletzt genannten Punkte nur dann zum Rücktritt berechtigen, wenn diese Risiken oder Umstände die wesentlichen wirtschaftlichen Grundlagen der *Gesellschaft* oder die Gesellschaftserstellung der *Käufer GmbH* erhebliche beeinträchtigen und aus diesem Grund für die *Käufer GmbH* ein Festhalten am Vertrag nicht zumutbar ist.

c) Die *Verkäufer* können nicht sämtliche Geschäftsanteile an der *Gesellschaft* lastenfrei auf die *Käufer GmbH* übertragen.

9. Die *Target GmbH* wird als eigenständige Gesellschaft in den Sektor Mitteleuropa der *Käufer GmbH*-Gruppe organisatorisch eingegliedert. Die konkreten Aufgaben und Ziele für das Jahr 2003 werden gemeinsam festgelegt.

10. Herr *Verkäufer1* wird als alleinvertretungsberechtigter Geschäftsführer der *Target GmbH* übernommen auf der Basis des vorliegenden Vertragsentwurfes der *Käufer GmbH* mit einem Jahresgehalt von € 180.000,00 zuzüglich Altersversorgung und Leasing-Auto mit einer jährlichen Maximal-Leasingrate von € 12.000 (Full-Service-Vertrag). Die konkreten Aufgaben und Ziele für das Jahr 2003 werden gemeinsam festgelegt.

11. Frau *Verkäufer2* verpflichtet sich, nach einer Übergangszeit von 3 Monaten von ihrer Geschäftsführerposition zurückzutreten und wird dann als Prokuristin mit Einzelprokura übernommen zu einem Jahresgehalt von Euro 120.000,00 plus Altersversorgung zuzüglich eines Leasing-Autos mit einer jährlichen Maximal-Leasingrate von Eur 10.000,00 (Full-Service-Vertrag). Frau *Verkäufer2* verpflichtet sich darüber

hinaus, bis spätestens zum 31. Dezember 2003 eine andere Aufgabe innerhalb der *Käufer GmbH*-Gruppe in Deutschland mit Sitz in Frankfurt am Main innerhalb des Geschäftsbereichs Zentraler Service der *Käufer GmbH* zu übernehmen. Kommt eine Einigung über ein bestimmtes Anstellungsverhältnis nicht zustande, so wird das Arbeitsverhältnis durch einen Aufhebungsvertrag zum 31.12.2003 einvernehmlich ohne weitere Abstandszahlungen beendet.

12. Die leitenden Angestellten … , … und … der *Target GmbH* erhalten Verträge nach dem Muster der *Käufer GmbH* mit einer jährlichen Gehaltsspanne zwischen € 90.000,00 und € 120.000,00 abhängig von Erfahrung und Qualifikation, zuzüglich Altersversorgung und Leasing-Auto mit einer Maximal-Leasingrate von € 8.000,00 monatlich.

13. Die von den Parteien getroffene Vertraulichkeitsvereinbarung vom 20.12.2002, auf die Bezug genommen wird, gilt fort. Sie ist Bestandteil dieses Letter of Intent mit folgenden Maßgaben: Der Vertraulichkeits- und Verschwiegenheitsverpflichtung einschließlich der Bestimmungen über Weitergabe, Vervielfältigung, Verwahrung und Rückgabe unterliegen alle *Target GmbH*, deren Geschäftstätigkeit, Projekte, Kunden, Mitarbeiter und Know-How betreffenden Unterlagen und Informationen, die *Käufer GmbH* vor oder nach Abschluss dieses Letter of Intent übergaben oder in anderer Weise, sei es mündlich, schriftlich oder auf Datenträgern, zugänglich gemacht wurden oder werden. Die überlassenen Unterlagen oder Informationen dürfen ausschließlich für Zwecke des vorgesehenen Anteilskaufvertrages verwendet werden. Unabhängig vom Zustandekommen eines Anteilskaufvertrages ist jede anderweitige Verwendung oder Weitergabe von Unterlagen oder Informationen, insbesondere die Verwendung zu geschäftlichen oder Wettbewerbszwecken oder zu anderen Zwecken, durch die wirtschaftliche Belange der *Target GmbH* oder ihrer Gesellschafter beeinträchtigt werden können, ausgeschlossen. Die Vertraulichkeitsverpflichtung endet hinsichtlich der die *Gesellschaft* betreffenden Unterlagen und Information mit Abschluss und endgültigem Bestand des angestrebten Anteilskaufvertrages (Ablauf der Rücktrittsfristen), wobei die *Käufer GmbH* alle etwaige aus einer Verletzung von Belangen der Gesellschaft resultierenden Nachteile oder Schäden übernimmt; die Vertraulichkeitsverpflichtung hinsichtlich der Unterlagen und Informationen über die *Verkäufer* bleibt auch im Fall des angestrebten Vertragsabschlusses unbefristet bestehen. An die Stelle von § 4 der Vertraulichkeitsvereinbarung tritt folgende Vertragsstrafenregelung: Für den Fall der Zuwiderhandlung gegen die vorstehenden Vertraulichkeitsverpflichtungen ist von *Käufer GmbH* nach Wahl der *Verkäufer* eine Vertragsstrafe in Höhe von € 50.000,00 an die *Target GmbH* oder die *Verkäufer* zu zahlen. Das Recht, einen darüber hinausgehenden nachweisbaren Schaden geltend zu machen, wird hierdurch nicht eingeschränkt. Im Übrigen bleibt die Vertraulichkeitsvereinbarung unberührt.

Bitte beachten Sie, dass die Muttergesellschaft der *Käufer GmbH* eine börsennotierte Gesellschaft ist und die Transaktion, die Gegenstand dieses Letter of Intent ist, erst bekannt gemacht werden darf, nachdem die entsprechenden Börsen unterrichtet und die Publizitätspflichten erfüllt worden sind.

14. Als weiteres Vorgehen wird vereinbart:
- Gegenzeichnung dieses Letter of Intent bis Freitag, den 17.01.2003.
- Start des Due Diligence Stufe 1 unverzüglich, mit einem geplanten Abschluss bis 28.02.2003: Übersendung und Abstimmung der vollständigen Anforderungslisten der Käuferin bis 24.01.2003, Zusammenstellung der erforderlichen Unter-

lagen durch die Verkäufer bis zum 31.01.2003, Durchführung des Due Diligence Review ab Anfang Februar 2003

- Notarieller Vertragsabschluss bis 15. März 2003
- Due Diligence Stufe 2 ab 16.03.2003 – Prüfung der Projekte/Produkte in Bezug auf technische und wirtschaftliche Risiken – Prüfung der Kundenverträge in Bezug auf Risiken – Gespräche mit einzelnen, gemeinsam ausgesuchten Kunden.
- Ablauf der Rücktrittsfrist ist der 31.03.2003.

Ort, Datum

Käufer GmbH

Einverstanden:

Verkäufer1   *Verkäufer2*

Anhang 4:
Überblick: wesentliche Unterschiede zwischen GmbH und AG

	GmbH	AG
1. Allgemeines	Einfachste und am wenigsten aufwändige Form einer Kapitalgesellschaft.	Typische Rechtsform für Großunternehmen, insbesondere, wenn Kapital über den Kapitalmarkt aufgenommen und Anteile an der Börse gehandelt werden sollen. Zahlreiche strenge formale Erfordernisse werden vorausgesetzt. Im Hinblick auf das Gesetz über die „Kleine AG" auch für mittelständische Betriebe geeignet.
2. Gesellschaftsvertrag/Satzung	Notarielle Beurkundung der Errichtungsurkunde und des Gesellschaftsvertrages erforderlich. Mindestinhalt erforderlich. Änderungen mit ¾ der vertretenen Stimmen, soweit der Gesellschaftsvertrag nicht größere Mehrheit vorsieht.	Notarielle Beurkundung der Errichtung und der Satzung erforderlich. Mindestinhalt erforderlich. Satzungsänderungen mit ¾ der vertretenen Stimmen, soweit die Satzung nicht größere Mehrheit vorsieht.
3. Gründungskapital	Mindeststammkapital Euro 25.000,00	Mindestgrundkapital Euro 50.000,00
4. Anteilsstückelung	Mindestbetrag der Stammeinlage je Geschäftsanteil 100,00 Euro.	Anteiliger Mindestgrundkapitalanteil je Aktie 1,00 Euro
4. Kapitaleinzahlungen	Teileinzahlung bei Bareinlagen möglich, Mindesteinzahlung erforderlich. Bar- und Sacheinlagen möglich.	Solange Einlage nicht voll geleistet ist, sind nur Namensaktien zulässig. Bar- und Sacheinlagen möglich.
5. Kapitalaufbringung durch Sacheinlagen	Werthaltigkeitsnachweis in geeigneter Form ausreichend, zuzüglich Sachgründungs- bzw. Sachkapitalerhöhungsbericht erforderlich.	Formelles Verfahren der Gründungs- oder Sachkapitalerhöhungsprüfung durch gerichtlich bestellten Prüfer erforderlich
6. Übertragung der Beteiligung	Notarielle Beurkundung für die Begründung der Verpflichtung zur Übertragung und für die Übertragung erforderlich. Festlegung der Genehmigungsbedürftigkeit der Übertragung im Gesellschaftsvertrag möglich	Aktienübertragung grundsätzlich beliebig möglich. Ausnahme: bei vinkulierten Namensaktien ist Übertragung nur mit Zustimmung der Gesellschaft möglich.
7. Organe	Gesellschafter (Gesellschafterversammlung), Geschäftsführung, im Übrigen weitgehend freie Gestaltung möglich. Aufsichtsrat bei bis zu 500 Arbeitnehmern nicht erforderlich.	Vorstand, Aufsichtsrat, Hauptversammlung.
8. Geschäftsführung	Geschäftsführer. Weisungsbefugnis der Gesellschafterversammlung gegenüber der Geschäftsführung.	Vorstand. Vorstand führt Geschäfte in eigener Verantwortung. Keine Weisungsbefugnis anderer Organe, Zustimmungspflichten des Aufsichtsrates für bestimmte Geschäfte möglich.

	GmbH	AG
9. Kontroll- und Informationsrechte der Gesellschafter	Jederzeitiges Auskunfts- und Einsichtsrecht, hierdurch kurzfristige Abstimmung und Reaktion des Gesellschafters möglich.	Auskunftsrecht nur im Rahmen der Hauptversammlung, keine direkten Kontrollrechte der Aktionäre.
10. Gewinn- und Verlustverteilung	Gewinnanteile bestimmen sich nach dem Verhältnis der Nennbeträge der Geschäftsanteile, abweichende Regelung im Gesellschaftsvertrag möglich. Entnahmebeschlüsse und Gewinnvorabausschüttungen sind im Rahmen der Kapitalerhaltungsvorschriften zulässig. Freie Gestaltung der Gewinnverwendung möglich.	Gewinnanteile bestimmen sich nach Verhältnis der Aktiennennbeträge, sofern nicht etwa mittels Vorzugsaktien etwas anderes geregelt ist. Ausgeschüttet werden kann nur im Rahmen tatsächlich angefallenem und im Jahresabschluss festgestellten Bilanzgewinn. Eine feste Verzinsung darf den Aktionären weder zugesagt noch ausgezahlt werden. Gesetzliche Vorgaben für die Gewinnverwendung durch Einstellungspflicht in die gesetzliche Rücklage nach § 150 AktG.
11. Jahresabschluss	Erstellung, Prüfung und Offenlegung des Jahresabschlusses nach den für Kapitalgesellschaften geltenden Vorschriften.	Erstellung, Prüfung und Offenlegung des Jahresabschlusses nach den für Kapitalgesellschaften geltenden Vorschriften. Zusätzliche Angaben gegenüber der GmbH in der Bilanz nach § 152 AktG, in der Gewinn- und Verlustrechnung nach § 158 AktG und im Anhang nach § 160 AktG. Zusätzliche Erstellung eines Berichts über die Beziehungen zu verbundenen Unternehmen und dessen Prüfung durch den Abschlussprüfer
12. Erwerb eigener Anteile durch die Gesellschaft	Erwerb eigener Anteile zulässig, soweit Geschäftsanteile voll eingezahlt sind und Rücklage für eigene Anteile gebildet werden kann.	Erwerb eigener Aktien nur unter den engen Voraussetzungen des § 71 AktG zulässig.
13. Kapitalmaßnahmen	Kapitalerhöhung gegen Einlagen, Kapitalerhöhung aus Gesellschaftsmitteln, ordentliche Kapitalherabsetzung, vereinfachte Kapitalherabsetzung	Kapitalerhöhung gegen Einlagen, Kapitalerhöhung aus Gesellschaftsmitteln, Kapitalerhöhung im Wege des genehmigten Kapitals, bedingte Kapitalerhöhung, ordentliche Kapitalherabsetzung, vereinfachte Kapitalherabsetzung
14. Entlastung	Entlastung der Geschäftsführung beinhaltet regelmäßig Verzicht auf Schadensersatzansprüche wegen bekannter Sachverhalte, soweit gesetzlich zulässig.	Entlastung des Vorstandes und des Aufsichtsrates lässt etwaige Schadensersatzansprüche der Gesellschaft unberührt; keine Verzichtswirkung.

Anhang 5: Checkliste zur Unternehmensgründung GmbH / AG

A. Gesellschaft mit beschränkter Haftung (GmbH)

I. Errichtungsmöglichkeiten

Eine GmbH kann gegründet werden durch Neugründung (§§ 1 ff. GmbHG) oder durch Umwandlung z. B. Personengesellschaft in eine GmbH (vgl. § 1 ff. UmwG).

II. Voraussetzungen der Neugründung

- Erforderlich ist ein *Gesellschaftsvertrag* (Satzung), der folgende Mindestregelungen enthalten muss (§ 3 GmbHG):
  - Firma und Sitz der Gesellschaft (z. B. TransCom GmbH in Düsseldorf).
  - Gegenstand des Unternehmens (z. B. Logistikdienstleister).
  - Betrag des Stammkapitals (mindestens 25.000 €).
  - Betrag der von jedem Gesellschafter zu leistenden Stammeinlage (mind. 100 €).
  - Notarielle Beurkundung der Satzung.

- Leistung der Einlage (§ 7 Abs. 2 GmbHG)
  - Im Falle einer Bargründung muss 25% der Einlagen bei Anmeldung eingezahlt sein (z. B. Gutschrift auf einem inländischen Bankkonto, das für die Gesellschaft oder den GF in dieser Eigenschaft (nicht dessen Privatkonto!) eingerichtet worden ist), mindestens jedoch € 12.500.
  - Besonderheit für die Einmann-Gründung: Einzahlung der gesamten Einlage oder der o. g. Mindesteinlage der Stammeinlage *und* Bestellung von Sicherheiten für die noch nicht eingezahlte Einlage (z. B. durch Bankbürgschaften, Grundschulden)
  - Tip: Vermeidung der teuren Voraussetzungen des § 7 Abs. 2 GmbHG durch eine geringe Beteiligung (100 €) eines zweiten Gesellschafters an der GmbH, diese muss aber mindestens 3 Jahre betragen sonst bedarf es wieder einer Sicherheit.
  - Im Falle einer *Sachgründung* haben die Gesellschafter gemäß § 5 Abs. 4 GmbHG die Angemessenheit der eingebrachten Leistungen in einem Sachgründungsbericht darzulegen. Die Sacheinlagen müssen bei Eintragung der Gesellschaft den Geschäftsführern zur Verfügung stehen (§ 7 Abs. 3 GmbHG). Fehlbeträge hat der Gesellschafter durch eine Einlage in Geld nachzuleisten (Differenzhaftung).

- Benötigte Unterlagen für die Anmeldung der Gesellschaft beim Handelsregister (§ 7 Abs. 1 GmbHG)
  - Beglaubigte Abschrift des Gesellschaftsvertrages seine Bestimmungen müssen *vollständig* und in *einem* Schriftstück beurkundet sein. Bezugnahmen auf Anlagen sind unzulässig.
  - Beglaubigte ausdrückliche Versicherung aller GF und Stellvertreter, dass die gesetzlich vorgeschriebenen Mindestleistungen auf die Geld- und Sachleistungen bewirkt worden sind und die Leistungsgegenstände sich endgültig in der freien Verfügung der Geschäftsführung befinden.
  - Schriftliche Legitimation des GF, wenn diese aus dem Gesellschaftsvertrag nicht ersichtlich ist.
  - Liste der Gesellschafter. Schriftliche Aufstellung der Gesellschafter zum Zeitpunkt der Anmeldung, die von sämtlichen Geschäftsführern unterschrieben sein und die

von jedem Gesellschafter übernommene Stammeinlage enthalten muss. Inhalt der Aufstellung bei natürlichen Personen: Name, Vorname, Geburtsdatum, Wohnort; bei Handelsgesellschaften: Firma und Sitz.

- Verträge über Sacheinlagen (z.B. Einbringung und Ausführung von Sachübernahmen).
- Sachgründungsbericht – muss von allen zur Zeit der Anmeldung beteiligten Gründungsgesellschaftern abgefaßt und unterschrieben sein.
- Unterlagen über den Wert der Sacheinlagen als Erläuterung zum Sachgründungsbericht (z.B. Kaufverträge, Rechnungen, Nachweise von Herstellungskosten).
- Genehmigungsurkunde, falls eine „staatliche Genehmigung" für den Unternehmensgegenstand erforderlich ist (z.B. Vermittlung von Grundstücken, Räumen, Darlehen; Näheres in der Gewerbeordnung und Spezialgesetzen).
- Legitimation des Aufsichtsrates, wenn dieser nach dem Gesellschaftsvertrag zu bestellen war. Schriftform der Legitimation ist ausreichend.
- Ausdrückliche Angabe der Vertretungsbefugnis der Geschäftsführer, auch die Befreiung vom Verbot des Selbstkontrahierens muss angegeben werden,
- Sämtliche Geschäftsführer haben ihre Unterschrift handschriftlich zu zeichnen, in der Form, die im Geschäftsverkehr üblicherweise genutzt wird.

- GmbH als juristische Person
  Mit Eintragung ist die GmbH als Trägerin eigener Rechte und Pflichten und damit als juristische Person entstanden.
- Rechtlicher Status vor Eintragung in das Handelsregister
  - *Vor-GmbH*
    Liegen alle Gründungsvoraussetzungen vor, die zur Eintragung der Gesellschaft im Handelsregister erforderlich sind (notarielle Feststellung der Satzung, Leistung der notwendigen Einlage) und ist allein die Eintragung in das Register noch nicht erfolgt, so besteht die Gesellschaft als solche nicht. In diesem Zustand wird die Gesellschaft aber wie eine GmbH behandelt, sog. Vor-GmbH.
  - *Vorgründungsgesellschaft*
    Liegen diese Voraussetzungen nicht vor, oder haben die Gesellschafter von dem Vorhaben, eine GmbH zu errichten, Abstand genommen, haften sie als GbR-Gesellschafter persönlich und uneingeschränkt, sog. Vorgründungsgesellschaft.

B. Aktiengesellschaft (AG)

I. Errichtungsmöglichkeiten

Es gibt mehrere Möglichkeiten eine AG zu gründen, durch Formwechsel und durch *Neugründung*. Bei Formwechsel wird ein in einer anderen Rechtsform bestehendes Unternehmen in die Rechtsform der AG umgewandelt (meist GmbH in eine AG). Nunmehr ist es auch möglich eine Personengesellschaft im Wege eines Formwechsels und unter Wahrung ihrer rechtlichen Identität in die Rechtsform der AG umzuwandeln. Bei *Bargründungen* belegen die Gründer, die von ihnen übernommenen Aktien durch Bareinlagen, bei Sachgründungen durch eine Sacheinlage.

II. Voraussetzung der Neugründung

Erforderlich für die Errichtung einer AG ist ein notariell beurkundetes Gründungsprotokoll mit den folgenden Mindestangaben:

- Angabe der Gründer: Einer oder mehrere Gründer, auch juristische Personen (OHG, KG, GbR). Die Gründer sind namentlich aufzuführen, Vertretung ist durch eine notariell beglaubigte Vollmacht möglich.

- Feststellung der Satzung (§ 23 AktG) darin muss enthalten sein:
  - Firma und Sitz der Gesellschaft
  - Gegenstand des Unternehmens
  - Höhe und Aufteilung des Grundkapitals (§§ 6 ff. AktG):
    - Mindestbetrag € 50.000 (§ 7 AktG)
    - Entweder Nennbetragsaktien oder Stückaktien ohne Nennbetrag (Anteilswert mind. € 1)
  - Zahl der Mitglieder des Vorstandes oder die Regeln, nach denen diese Zahl festgelegt wird.
  - Form der Bekanntmachungen z.B.: Bundesanzeiger (Pflichtblatt), Tageszeitungen usw.
  - Der Gründungsaufwand, Gesamtbetrag der von der Gesellschaft getragen wird.
    - Festleggung der Aktienart: Namens- oder Inhaberaktien
  - über sog. qualifizierte Gründung, z.B. Sondervorteile, Sacheinlagen[1].

- Errichtung der AG (§ 29 AktG)
  - Übernahme aller Aktien durch die Gründer, im Gründungsprotokoll muss die Aufteilung der Aktien auf die Gründer angegeben werden.
  - Mit diesem Akt entsteht die „Vor-AG".

- Im Gründungsprotokoll sollte festgelegt werden, wann und in welchen Umfang die übernommenen Einlagen zu zahlen sind.

- Bestellung der Organe (§§ 30, 31 AktG)
  - Aufsichtsrat mit mind. 3 Mitglieder oder durch 3 teilbare Anzahl.
  - Aufsichtsrat bestellt den Vorstand.
  - Bei Sachgründung gelten für die Bestellung des Aufsichtsrates unter Umständen besondere Vorschriften (§ 31 AktG).
  - Bestellung des Abschlussprüfers.

- Gründungsbericht (§ 32 AktG)
  - Die Gründer haben einen Gründungsbericht über den Hergang der Gründung zu erstellen.
  - Bei Sachgründung muss als weiteres noch die Angemessenheit der Leistungen der Gesellschaft für die Sacheinlagen oder Sachübernahmen dargelegt werden.
  - Der Bericht muss persönlich von den Gründern unterschrieben werden, Vertretung ist nicht möglich.

---

1 Sacheinlagen und Sachübernahmen sind aufgrund der Belastung der AG für Gläubiger und Aktionäre mit erhöhtem Risiko verbunden und daher besonders geregelt.

- Gründungsprüfung (§§ 33–35 AktG) – Gründungs**prüfungs**bericht
  - Der Vorstand und der Aufsichtsrat hat die Gründung jeweils zu prüfen, dies ist in einem, auch gemeinsamen, Gründungsprüfungsbericht festzuhalten.
  - Im Gründungsprüfungsbericht ist die Richtigkeit der Angaben über die Gründer, über die Übernahme der Aktien, über die Einlagen auf das Grundkapital und über die Festsetzungen der Satzung gem. § 26 AktG zu bestätigen.
  - Bei Sachgründungen muss ein gerichtlich bestellter Gründungsprüfer eine zusätzliche Gründungsprüfung durchführen.
  - Ein externer Gründungsprüfer ist auch immer dann notwendig, wenn ein Vorstands- oder Aufsichtsratsmitglied zu den Gründern gehört, oder ein Vorstands- oder Aufsichtsratsmitglied sich Sondervorteile oder einen Gründerlohn ausbedungen hat, statt eines gerichtlich bestellten Prüfers kann in bestimmten Fällen die externe Gründungsprüfung durch den beurkundenden Notar erfolgen.

- Einzahlung eines Teils des Grundkapitals – Eintragungsvoraussetzung zum Handelsregister (HR)
  - Einzahlung muss bei Namensaktien mindestens 25 % des geringsten Ausgabebetrags (Nennbetrag des Grundkapitals) und 100 % des Agios (wenn dies gewährt wird) umfassen, die Einzahlung hat zwischen der Errichtung und vor der Anmeldung in das Handelsregister zu erfolgen. Bei Inhaberaktien ist der Ausgabebetrag sofort in voller Höhe einzuzahlen.
  - Besonderheit für Einmann-Gründung: Bei Namensaktien ebenso Einzahlung von mindestens 25 % des Kapitals aber Erbringung von Sicherheiten für verbleibendes, noch nicht eingezahltes Kapital.
  - Die Einzahlung erfolgt auf einem Konto der AG oder des Vorstandes der AG bei einem Kreditinstitut oder der Deutschen Bundesbank.

- Anmeldung zum Handelsregister (§§ 36 Abs. 1, 37 AktG)
  - Die Bargründung darf erst angemeldet werden, wenn der im Gründungsprotokoll oder später eingeforderte Geldbetrag ordnungsgemäß eingezahlt worden ist, dies muss durch eine schriftliche Bestätigung der Bank nachgewiesen werden.
  - Bei Sacheinlage wird der Wert durch Gründungsbericht und Gründungsprüfung nachgewiesen.
  - Es muss die Erklärung vom Vorstand abgegeben werden, dass die Bareinlage dem Vorstand zur freien Verfügung steht. Anzugeben ist der Betrag, zu dem die Aktien ausgegeben werden sowie der darauf eingezahlte Betrag – dies ist für jeden Gründer getrennt durchzuführen.
  - Die Vorstandsmitglieder müssen versichern, dass keine Umstände vorliegen, die ihrer Bestellung nach § 76 III 2 und 3 AktG entgegenstehen, dies ist die rechtskräftige Verurteilung wegen einer Konkursstraftat innerhalb der letzten 5 Jahre oder ein Berufsverbot. Berufsverbot und Unternehmensgegenstand muss aber ganz oder teilweise übereinstimmen.

- Vorgesellschaft zwischen Errichtung und Eintragung
  - Eine AG ist mit Feststellung der Satzung und der Übernahme aller Aktien „errichtet", die juristische Person entsteht aber erst mit Eintragung in das HR. In der Phase zwischen Errichtung und Eintragung spricht man von Vorgesellschaft (AG i.G.).

- Rechtlich gelten die Grundsätze der Vor-GmbH, vgl. Ausführungen zu GmbH.
- Die Vorgesellschaft ist aktiv und passiv parteifähig, d.h. sie kann alle Rechtshandlungen durchfuhren (z.B.: Verträge schließen, Eigentum erwerben, Bankkonten errichten), wie nach der Eintragung ins HR.
- Vertretungsbefugt ist der Vorstand der Vorgeselischaft, er ist zur Vornahme aller Rechtshandlungen befugt, zu seiner Ermächtigung durch die Gründer bedarf es keiner besonderen Form.
- Die Gründer haften gegenüber der Vorgesellschaft für deren Verluste nicht nur bis zur Höhe ihrer Einlageverpflichtung, sondern unbeschränkt, sog. Verlustdeckungshaftung und Unterbilanzhaftung.

- Prüfung der Errichtung und Anmeldung durch das Gericht (§ 38 AktG)
  - Das Gericht prüft formell die ordnungsgemäße Errichtung und Anmeldung.
  - Eine materielle Prüfung findet nur sehr eingeschränkt statt.

- Eintragung (§§ 39–41 AktG)
  - Die AG als juristische Person entsteht im Zeitpunkt der Eintragung in das Handelsregister, vgl. Ausführungen zu GmbH.

- Gründungshaftung aller Beteiligter (§§ 46–51 AktG)
  - Die Gründer und solche Personen (sog. Strohmann) auf deren Rechnung die Gründer Aktien übernommen haben sind gegenüber der gegründeten Gesellschaft zum Schadensersatz verpflichtet, wenn die Richtigkeit und die Vollständigkeit der Angaben, die zum Zwecke der Gründung der Gesellschaft über die Übernahme der Aktien, Einzahlung auf die Aktien, Verwendung eingezahlter Beträge, Sondervorteile, Gründungsaufwand, Sacheinlagen, Sachübernahmen gemacht worden sind und diese Angaben nicht korrekt sind.
  - Auch muss dafür eingestanden werden, dass die Einzahlungen auf das Grundkapital bei einem geeigneten und somit zahlungsfähigen Institut (Zahlstelle) getätigt wurde.
  - Insbesondere bei der Sachgründung liegt eine Differenzhaftung bei den Gründern vor, falls der Wert des Gegenstandes hinter dem Nennbetrag der dafür gewährten Aktien zurückbleibt, hat der Gründer die Differenz in bar nachzuzahlen.

Die vorgenannte Checkliste stellt lediglich eine Orientierungshilfe für die Errichtung von Kapitalgesellschaften dar. Die Checkliste ersetzt nicht eine eigenständige Prüfung, ob alle gesetzlichen oder sonstigen formalen und materiell-rechtlichen Anforderungen für die Errichtung einer Kapitalgesellschaft erfüllt wurden. Neue Anforderungen können sich insbesondere auf Grund von gesetzlichen Änderungen oder Änderungen in der Rechtsprechung ergeben.

Anhang 6: Muster eines Gesellschaftsvertrages einer GmbH

§ 1
Firma, Sitz, Dauer der Gesellschaft

(1) Die Gesellschaft führt die Firma

... GmbH.

(2) Sitz der Gesellschaft ist ... .

(3) Die Gesellschaft ist auf unbestimmte Zeit errichtet.

§ 2
Gegenstand des Unternehmens

(1) Gegenstand des Unternehmens ist ....

(2) Der Gesellschaft ist jede Betätigung gestattet, die geeignet ist, unmittelbar oder mittelbar den Zweck des Unternehmens zu fördern. Die Gesellschaft ist berechtigt, sich an anderen Unternehmen zu beteiligen und Zweigniederlassungen zu errichten.

§ 3
Stammkapital und Stammeinlagen

(1) Das Stammkapital der Gesellschaft beträgt

EUR ...

(in Worten: Euro ...).

(2) Auf das Stammkapital übernehmen

*der Gesellschafter ... eine Stammeinlage in Höhe von Euro ...;

*der Gesellschafter ... eine Stammeinlage von Euro ... .

(3) Die Stammeinlagen sind in bar zu erbringen, und zwar zur Hälfte sofort, im Übrigen nach Anforderung durch die Geschäftsführung.

§ 4
Gesellschafterversammlung, Stimmrecht

(1) Das Stimmrecht der Gesellschafter in der Gesellschafterversammlung beurteilt sich nach der Größe der Geschäftsanteile. Je Euro 50,00 eines Geschäftsanteils gewähren eine Stimme.

(2) Die Beschlussfassung durch die Gesellschafter kann auch schriftlich, fernschriftlich oder telegraphisch erfolgen, soweit nicht gesetzliche Bestimmungen entgegenstehen. In diesem Fall bedarf es nicht der Abhaltung einer Gesellschafterversammlung, wenn sich sämtliche Gesellschafter in der genannten Form mit dem zu fassenden Beschluss oder mit der genannten Art der Stimmabgabe außerhalb der Gesellschafterversammlung einverstanden erklären.

§ 5
Vertretung, Geschäftsführung

(1) Die Gesellschaft hat einen oder mehrere Geschäftsführer.

(2) Ist nur ein Geschäftsführer bestellt, so vertritt er die Gesellschaft allein. Sind mehrere Geschäftsführer bestellt, so wird die Gesellschaft durch zwei Geschäftsführer oder durch einen Geschäftsführer in Gemeinschaft mit einem Prokuristen vertreten.

(3) Auch beim Vorhandensein mehrerer Geschäftsführer kann ihnen die Gesellschafterversammlung oder einzelnen von ihnen die Befugnis übertragen, die Gesellschaft allein zu vertreten. Die Geschäftsführer können durch Beschluss der Gesellschafterversammlung von den Beschränkungen des § 181 BGB befreit werden.

§ 6
Verfügung über Geschäftsanteile

(1) Jede Verfügung über Geschäftsanteile oder über Teile von Geschäftsanteilen bedarf zur Wirksamkeit der Zustimmung der Gesellschafterversammlung. Als Verfügung im Sinne dieser Bestimmung gilt jede Verfügung, wie sie durch Rechtsgeschäft unter Lebenden oder von Todes wegen getroffen werden kann, insbesondere auch Sicherungsabtretungen, Verpfändungen, Nießbrauchsbestellungen, Eheverträge, Vermächtnisse und Teilungsanordnungen.

(2) Veräußerungen von Geschäftsanteilen an andere Gesellschafter bedürfen entgegen Absatz 1 keiner Zustimmung.

(3) Versagt die Gesellschafterversammlung einer nach Absatz 1 zustimmungsbedürftigen Verfügung ihre Zustimmung, so ist der von der Verfügung betroffene Geschäftsanteil von der Gesellschaft oder von einem von der Gesellschaft benannten Mitgesellschafter oder Dritten gegen Zahlung einer Abfindungssumme zu übernehmen. Die Gesellschaft kann den Geschäftsanteil gegen Zahlung einer Abfindungssumme auch einziehen. Der betroffene Gesellschafter hat hierbei kein Stimmrecht.

(4) Die zu zahlende Abfindungssumme ist so zu bemessen, dass sie zu einer Abgeltung des wirklichen (vollen) Wertes des Geschäftsanteils des ausscheidenden Gesellschafters führt, ohne jedoch die Liquidität der Gesellschaft zu gefährden. Zur Ermittlung des Wertes ist auf den Ausscheidungsstichtag ein Unternehmenswertgutachten nach der nach Maßgabe des Instituts der Wirtschaftsprüfer in Deutschland e.V. (oder seines Nachfolgeinstitutes) anzuwendenden Methode zu erstellen. Zur Zeit der Abfassung dieses Gesellschaftsvertrages ist dies die Unternehmenswertermittlung nach dem IDW Standard: Grundsätze zur Durchführung von Unternehmensbewertungen (IDW S 1), wobei bei zulässiger Bewertung sowohl nach dem Discounted-Cash-Flow-Verfahren und Ertragswertverfahren die Bewertung nach dem Discounted-Cash-Flow-Verfahren erfolgen soll.

(5) Das erforderliche Unternehmenswertgutachten ist durch einen öffentlich bestellten und vereidigten Sachverständigen, der von allen Gesellschaftern einvernehmlich zu bestimmen ist, zu erstellen. Kann eine einvernehmliche Einigung zwischen den Gesellschaftern über die Person des Sachverständigen nicht erzielt werden, so ist der Sachverständige vom Präsidenten der Industrie- und Handelskammer Berlin zu bestimmen. Die Bestimmung des Sachverständigen sowie die vom Sachverständigen getroffenen Feststellungen zum Unternehmenswert sind für alle Gesellschafter bindend. Die Kosten des Bewertungsgutachtens trägt die Gesellschaft.

(6) Das Abfindungsguthaben ist in fünf gleichen Jahresraten, von denen die erste sechs Monate nach dem Ausscheidungstermin fällig wird, zu tilgen und mit einem Prozentpunkt über dem jeweiligen Diskontsatz der Deutschen Bundesbank p. a. zu verzinsen. Die Zinsen werden jeweils nachträglich zum Jahresende fällig. Die Gesellschaft ist zur vorzeitigen Tilgung berechtigt. Eine Sicherheitsleistung kann nicht verlangt werden.

§ 7
Verfügung im Wege der Zwangsvollstreckung

(1) Wird über das Vermögen eines Gesellschafters das Insolvenzverfahren eröffnet oder wird in den Geschäftsanteil eines Gesellschafters vollstreckt, so kann die Gesellschaft den betroffenen Geschäftsanteil entweder selbst übernehmen oder von einem von ihr zu benennenden Mitgesellschafter oder Dritten gegen Zahlung einer Abfindungssumme übernehmen lassen. Die Gesellschaft kann den Geschäftsanteil gegen Zahlung einer Abfindungssumme auch einziehen.

(2) Für die Berechnung und Zahlung der Abfindungssumme gelten die Bestimmungen des § 6 Absätze 4 bis 6.

§ 8
Kündigung der Gesellschaft

(1) Den Gesellschaftern steht ein Kündigungsrecht zu. Die Kündigungsfrist beträgt sechs Monate zum Jahresende. Die Kündigung hat durch eingeschriebenen Brief an die Gesellschaft zu erfolgen.

(2) Der kündigende Gesellschafter ist verpflichtet, mit Ablauf der Kündigungsfrist aus der Gesellschaft auszuscheiden. Die Gesellschaft besteht weiter. Der Geschäftsanteil des kündigenden Gesellschafters ist durch die Gesellschaft oder durch einen von der Gesellschaft zu benennenden Mitgesellschafter oder Dritten gegen Zahlung einer Abfindungssumme zu übernehmen. Die Gesellschaft kann den Geschäftsanteil gegen Zahlung einer Abfindungssumme auch einziehen.

(3) Für die Berechnung und Zahlung der Abfindungssumme gelten die Bestimmungen des § 6 Absätze 4 bis 6.

§ 9
Ausschließung von Gesellschaftern

(1) Ein Gesellschafter kann durch Gesellschafterbeschluss aus der Gesellschaft ausgeschlossen werden, wenn in seiner Person ein wichtiger Grund vorliegt, aus dem den übrigen Gesellschaftern die Fortsetzung der Gesellschaft mit diesem Gesellschafter infolge seines Verhaltens oder seiner Person nicht mehr zuzumuten ist oder seine weitere Gesellschafterstellung den Fortbestand der Gesellschaft unmöglich macht oder ernsthaft gefährdet.

(2) Der Geschäftsanteil des ausgeschlossenen Gesellschafters ist durch die Gesellschaft oder durch einen von der Gesellschaft zu benennenden Mitgesellschafter oder Dritten gegen Zahlung einer Abfindungssumme zu übernehmen. Die Gesellschaft kann den Geschäftsanteil gegen Zahlung einer Abfindungssumme auch einziehen.

(3) Für die Berechnung und Zahlung der Abfindungssumme gelten die Bestimmungen des § 6 Absätze 4 bis 6.

§ 10
Geschäftsjahr

(1) Geschäftsjahr ist das Kalenderjahr. Das erste Geschäftsjahr beginnt mit Eintragung der Gesellschaft in das Handelsregister und endet am letzten Tag des Jahres der Eintragung der Gesellschaft in das Handelsregister.

(2) Soweit die Gesellschafter oder Geschäftsführer bis zur Eintragung der Gesellschaft in das Handelsregister für die Gesellschaft in den gesetzlich zulässigen Grenzen Geschäfte getätigt haben oder tätigen, hat die Gesellschaft diese mit der Maßgabe zu genehmigen, dass sie rückwirkend als für Rechnung der Gesellschaft anzusehen sind.

§ 11
Jahresabschluss

Der Jahresabschluss ist in den ersten drei Monaten des Geschäftsjahres für das vergangene Geschäftsjahr aufzustellen. Der Jahresabschluss darf auch, soweit gesetzlich nichts anderes bestimmt ist, später aufgestellt werden, wenn dies einem ordnungsgemäßen Geschäftsgang entspricht, jedoch innerhalb der ersten sechs Monate des Geschäftsjahres. Der Jahresabschluss ist nach den gesetzlichen Bestimmungen zu prüfen und offen zu legen.

§ 12
Gewinnverwendung

(1) Die Gewinnverwendung richtet sich nach den gesetzlichen Bestimmungen. Durch Gesellschafterbeschluss kann im Rahmen der rechtlichen Zulässigkeit eine andere Gewinnverwendung beschlossen werden.

(2) Das Gewinnbezugsrecht ist nicht abtretbar und nicht verpfändbar.

§ 13
Verbot der Vorteilsgewährung

(1) Die Organe der Gesellschaft haben die handelsrechtlichen und steuerrechtlichen Grundsätze ordnungsgemäßer Geschäftsführung einzuhalten und im Geschäftsverkehr die Sorgfalt eines ordentlichen und gewissenhaften Kaufmannes zu wahren. Den Organen ist es insbesondere untersagt, außerhalb gesellschaftsvertraglicher Gewinnverteilungsbeschlüsse unangemessene Vorteile zu gewähren, gegen das Nachzahlungs- oder Rückwirkungsverbot zu verstoßen oder andere anerkannte steuerliche Grundsätze zu verletzen, deren Missachtung eine verdeckte Gewinnausschüttung bewirkt.

(2) Im Fall des Verstoßes gegen die Bestimmungen des Absatzes 1 ist der unangemessene Vorteil betragsmäßig von dem Gesellschafter, dem der Vorteil steuerlich zuzurechnen ist, auszugleichen und vom Zeitpunkt der Vorteilsgewährung bis zur Erbringung der Ausgleichsleistung banküblich zu verzinsen.

§ 14
Auflösung der Gesellschaft

Im Falle der Auflösung der Gesellschaft erfolgt die Abwicklung durch den oder die dann vorhandenen Geschäftsführer, sofern die Abwicklung nicht durch Beschluss der Gesellschafterversammlung anderen Personen übertragen wird.

§ 15
Bekanntmachungen

Die Bekanntmachungen der Gesellschaft erfolgen nur im Bundesanzeiger.

§ 16
Gründungsaufwand

(1) Die Kosten der Gründung und Eintragung der Gesellschaft trägt die Gesellschaft bis zu einem Betrag von Euro 2.000,00.

(2) Ein darüber hinausgehender Gründungsaufwand wird von den Gesellschaftern im Verhältnis ihrer Beteiligung übernommen.

§ 17
Schlussbestimmungen

(1) Änderungen des Gesellschaftsvertrages bedürfen zu ihrer Wirksamkeit der notariellen Beurkundung.

(2) Im Übrigen gelten die gesetzlichen Bestimmungen.

(3) Sollten eine oder mehrere Bestimmungen dieses Vertrages, gleich aus welchem Grunde, unwirksam sein, bleibt die Wirksamkeit der übrigen Vertragsbestimmungen unberührt. Die Beteiligten verpflichten sich, in diesem Fall die unwirksame Bestimmung durch eine Vereinbarung zu ersetzen, die dem Zweck der unwirksamen Bestimmung möglichst nahe kommt.

Anhang 7: Muster einer Satzung einer Aktiengesellschaft

I. Allgemeine Bestimmungen

§ 1 Firma, Sitz

Die Aktiengesellschaft führt die Firma

… Aktiengesellschaft

Sie hat ihren Sitz in … .

§ 2 Gegenstand des Unternehmens

(1) Gegenstand des Unternehmens ist … Die Gesellschaft kann diesen Unternehmensgegenstand selbst oder durch Tochter- und Beteiligungsunternehmen verwirklichen.

(2) Soweit gesetzlich zulässig, ist die Gesellschaft zu allen Geschäften und Maßnahmen berechtigt, die geeignet erscheinen, den Gesellschaftszweck zu fördern, insbesondere zum Erwerb und zur Veräußerung von Grundstücken, zur Errichtung von Zweigniederlassungen im In- und Ausland, zum Erwerb, zur Verwaltung und zur Veräußerung von Beteiligungen an anderen Unternehmen sowie zum Abschluss von Unternehmensverträgen.

§ 3 Bekanntmachungen

Die nach Gesetz oder Satzung notwendigen Bekanntmachungen der Gesellschaft erfolgen im Bundesanzeiger.

II. Grundkapital und Aktien

§ 4 Grundkapital, Einteilung

Das Grundkapital beträgt … Euro. Es ist eingeteilt in … Stückaktien.

§ 5 Aktien, Verbriefung

(1) Die Aktien lauten auf Namen. Die Aktionäre haben der Gesellschaft zur Eintragung in das Aktienbuch insbesondere, soweit es sich um natürliche Personen handelt, ihren Namen, ihre Anschrift, soweit es sich um juristische Personen handelt, ihre Firma, ihre Geschäftsanschrift und ihren Sitz, sowie in jedem Fall die Zahl der von ihnen gehaltenen Aktien anzugeben.

(2) Trifft im Falle einer Kapitalerhöhung der Erhöhungsbeschluss keine Bestimmung darüber, ob die neuen Aktien auf den Inhaber oder auf den Namen lauten sollen, so lauten sie auf Namen.

(3) Ein Anspruch der Aktionäre auf Verbriefung ihrer Anteile sowie etwaiger Gewinnanteil- und Erneuerungsscheine ist ausgeschlossen, soweit seine Gewährung nicht nach den Regeln erforderlich ist, die an der Börse gelten, an der die Aktien zugelassen sind.

III. Der Vorstand

§ 6 Vorstandsmitglieder

(1) Der Vorstand besteht aus mindestens 2 Mitgliedern.

(2) Der Aufsichtsrat bestellt die Vorstandsmitglieder und bestimmt ihre Zahl. Er kann stellvertretende Vorstandsmitglieder bestellen.

§ 7 Vertretung

(1) Die Gesellschaft wird gesetzlich durch zwei Vorstandsmitglieder oder durch ein Vorstandsmitglied gemeinschaftlich mit einem Prokuristen vertreten.

(2) Stellvertretende Vorstandsmitglieder stehen hinsichtlich der Vertretungsmacht ordentlichen Vorstandsmitgliedern gleich.

§ 8 Vorstandsvorsitz

Der Aufsichtsrat kann einen Vorsitzenden des Vorstandes sowie einen stellvertretenden Vorsitzenden wählen.

§ 9 Vorstandspflichten

Die Vorstandsmitglieder sind der Gesellschaft gegenüber verpflichtet, die Beschränkungen einzuhalten, die die Hauptversammlung, die Satzung, der Aufsichtsrat oder eine vom Aufsichtsrat erlassene Geschäftsordnung für den Vorstand im Rahmen der gesetzlichen Vorschriften getroffen haben.

IV. Der Aufsichtsrat

§ 10 Mitglieder

(1) Der Aufsichtsrat besteht aus 6 Mitgliedern. Sie werden für die Zeit bis zur Beendigung der Hauptversammlung gewählt, die über die Entlastung für das vierte Geschäftsjahr nach dem Beginn der Amtszeit beschließt. Hierbei wird das Geschäftsjahr, in dem ihre Amtszeit beginnt, nicht mitgerechnet.

(2) Wird ein Aufsichtsratsmitglied an Stelle eines ausscheidenden Mitglieds gewählt, so besteht sein Amt für den Rest der Amtsdauer des ausscheidenden Mitglieds.

(3) Jedes Mitglied des Aufsichtsrats kann sein Amt unter Einhaltung einer einmonatigen Kündigungsfrist auch ohne wichtigen Grund durch schriftliche Erklärung gegenüber dem Vorstand niederlegen.

§ 11 Aufgaben, innere Ordnung

(1) Der Aufsichtsrat hat die ihm durch Gesetz oder Satzung zugewiesenen Aufgaben und Rechte.

(2) Der Aufsichtsrat ist zur Vornahme von Satzungsänderungen berechtigt, die nur die Fassung betreffen.

(3) Der Vorstand hat dem Aufsichtsrat laufend in dem vom Gesetz festgelegten Umfang zu berichten. Darüber hinaus kann der Aufsichtsrat jederzeit einen Bericht verlan-

gen über Angelegenheiten der Gesellschaft, über ihre rechtlichen und geschäftlichen Beziehungen zu verbundenen Unternehmen sowie über geschäftliche Vorgänge bei diesen Unternehmen, die auf die Lage der Gesellschaft von erheblichem Einfluss sein können.

(4) Der Aufsichtsrat kann anordnen, dass bestimmte Geschäfte des Vorstands der Zustimmung des Aufsichtsrats bedürfen.

(5) Soweit das Gesetz oder die Satzung es zulassen, kann der Aufsichtsrat ihm obliegende Aufgaben und Rechte auf seinen Vorsitzenden, einzelne seiner Mitglieder oder auf die aus seiner Mitte bestellten Ausschüsse übertragen. Gehört der Aufsichtsratsvorsitzende einem Ausschuss an, und ergibt eine Abstimmung, im Ausschuss Stimmengleichheit, so ist eine erneute Abstimmung durchzuführen, bei der die Stimme des Vorsitzenden, soweit die zweite Abstimmung ebenfalls Stimmengleichheit ergibt, den Ausschlag gibt.

(6) Der Aufsichtsrat gibt sich eine Geschäftsordnung.

(7) Soweit zur Durchführung von Beschlüssen des Aufsichtsrates Erklärungen abzugeben oder entgegenzunehmen sind, handelt der Vorsitzende oder bei dessen Verhinderung sein Stellvertreter für den Aufsichtsrat. Sonstige Urkunden und Bekanntmachungen des Aufsichtsrates sind vom Vorsitzenden oder seinem Stellvertreter zu unterzeichnen.

§ 12 Konstituierende Sitzung, Vorsitz

(1) Im Anschluss an eine Hauptversammlung, in der die von der Hauptversammlung zu wählenden Aufsichtsratsmitglieder neu gewählt worden sind, findet eine Aufsichtsratssitzung statt, zu der es einer besonderen Einladung nicht bedarf. In dieser Sitzung wählt der Aufsichtsrat für die Dauer seiner Amtszeit unter dem Vorsitz des an Lebensjahren ältesten Aufsichtsratsmitgliedes aus seiner Mitte den Vorsitzenden des Aufsichtsrats und seinen Stellvertreter. Scheidet der Vorsitzende des Aufsichtsrats oder sein Stellvertreter während seiner Amtszeit aus, so hat der Aufsichtsrat unverzüglich eine Ersatzwahl vorzunehmen.

(2) Der Stellvertreter des Aufsichtsratsvorsitzenden hat die gesetzlichen und satzungsgemäßen Rechte und Pflichten des Vorsitzenden, wenn dieser verhindert ist.

§ 13 Sitzungen, Beschlüsse

(1) Aufsichtsratssitzungen werden vom Vorsitzenden, im Falle seiner Behinderung von seinem Stellvertreter, einberufen, sooft das Gesetz oder die Geschäfte es erfordern.

(2) Der Aufsichtsrat ist beschlussfähig, wenn die Mitglieder unter der zuletzt bekanntgegebenen Anschrift schriftlich oder fernschriftlich eingeladen sind und mindestens die Hälfte der Mitglieder, aus denen er insgesamt zu bestehen hat, persönlich oder durch schriftliche Stimmabgabe an der Beschlussfassung teilnimmt. Den Vorsitz führt der Vorsitzende des Aufsichtsrats oder sein Stellvertreter. Die Art der Abstimmung bestimmt der Vorsitzende der Sitzung.

(3) Beschlüsse können auch ohne Einberufung einer Sitzung im Wege schriftlicher, telegrafischer oder fernmündlicher Abstimmung gefasst werden, wenn der Vorsitzende des Aufsichtsrats oder sein Stellvertreter dies anordnet und kein Mitglied des Aufsichtsrats diesem Verfahren widerspricht.

(4) Die Beschlüsse des Aufsichtsrats werden mit einfacher Stimmenmehrheit gefasst, soweit nicht gesetzlich etwas anderes vorgesehen ist. Im Falle der Stimmengleichheit entscheidet die Stimme des Aufsichtsratsvorsitzenden.

(5) Sind bei einer Beschlussfassung nicht sämtliche Aufsichtsratsmitglieder anwesend und lassen die fehlenden Aufsichtsratsmitglieder nicht schriftliche Stimmabgaben überreichen, so ist die Beschlussfassung auf Antrag von mindestens zwei anwesenden Aufsichtsratsmitgliedern zu vertagen. Im Falle einer Vertagung findet die erneute Beschlussfassung, sofern keine besondere Aufsichtsratssitzung einberufen wird, in der nächsten turnusmäßigen Sitzung statt. Ein nochmaliges Minderheitsverlangen auf Vertagung ist bei der erneuten Beschlussfassung nicht zulässig.

§ 14 Vergütung

(1) Die Mitglieder des Aufsichtsrats erhalten neben dem Ersatz ihrer baren Auslagen und einer ihnen für die Aufsichtsratstätigkeit zur Last fallenden Umsatzsteuer eine feste, nach Ablauf des Geschäftsjahres zahlbare Vergütung, die für das einzelne Mitglied ... Euro beträgt. Der Aufsichtsratsvorsitzende erhält das Doppelte, sein Stellvertreter das Eineinhalbfache des genannten Betrags.

(2) Veränderungen im Aufsichtsrat und/oder seinen Ausschüssen werden bei den Vergütungen im Verhältnis der Amtsdauer berücksichtigt, dabei erfolgt eine Auf- oder Abrundung auf volle Monate.

V. Hauptversammlung

§ 15 Ordentliche Hauptversammlung

Die Hauptversammlung, die über die Entlastung des Vorstandes und des Aufsichtsrats, die Gewinnverwendung, die Wahl des Abschlussprüfers und gegebenenfalls die Feststellung des Jahresabschlusses beschließt (ordentliche Hauptversammlung), wird innerhalb der ersten acht Monate eines jeden Geschäftsjahres abgehalten.

§ 16 Einberufung, Frist

(1) Die Hauptversammlung wird durch den Vorstand oder durch den Aufsichtsrat einberufen.

(2) Die Hauptversammlung ist mindestens einen Monat vor dem Tag, bis zu dessen Ablauf die Aktionäre sich anmelden müssen, einzuberufen; der Tag der Einberufung und der letzte Tag der Anmeldefrist (§ 17 Abs. 2 der Satzung) sind hierbei nicht mitzurechnen.

§ 17 Teilnahmeberechtigung, Anmeldung

(1) Zur Teilnahme an der Hauptversammlung und zur Ausübung des Stimmrechts sind diejenigen Aktionäre berechtigt, die im Aktienbuch eingetragen und rechtzeitig angemeldet sind.

(2) Die Anmeldung hat beim Vorstand am Sitz der Gesellschaft oder bei einer sonst in der Einberufung bezeichneten Stelle schriftlich, fernschriftlich oder auf elektronischem Wege spätestens am dritten Tag vor der Veranstaltung zu erfolgen.

§ 18 Stimmrecht

(1) Jede Stückaktie gewährt eine Stimme.

(2) Falls Aktien nicht voll eingezahlt sind, beginnt das Stimmrecht nach Maßgabe des § 134 Abs. 2 Satz 3 und 5 AktG mit der Leistung der gesetzlichen Mindesteinlage.

(3) Das Stimmrecht kann durch Bevollmächtigte ausgeübt werden. Wenn weder ein Kreditinstitut noch eine Aktionärsvereinigung bevollmächtigt wird, ist die Vollmacht schriftlich oder auf einem von der Gesellschaft näher zu bestimmenden elektronischen Weg zu erteilen. Die Einzelheiten für die Erteilung dieser Vollmachten werden zusammen mit der Einberufung der Hauptversammlung in den Gesellschaftsblättern bekannt gemacht.

§ 19 Vorsitz

(1) Den Vorsitz in der Hauptversammlung führt der Vorsitzende des Aufsichtsrats oder ein anderes, dem Aufsichtsrat als Vertreter der Anteilseigner angehörendes Aufsichtsratsmitglied. Für den Fall, dass keine dieser Personen den Vorsitz übernimmt, wird der Versammlungsleiter unter Leitung des ältesten anwesenden Aktionärs durch die Hauptversammlung gewählt.

(2) Der Vorsitzende leitet die Verhandlungen und bestimmt die Reihenfolge der Gegenstände der Tagesordnung.

§ 20 Beschlussfassung

(1) Die Beschlüsse der Hauptversammlung werden mit einfacher Stimmenmehrheit und, soweit eine Kapitalmehrheit erforderlich ist, mit einfacher Kapitalmehrheit gefasst, falls nicht das Gesetz oder die Satzung zwingend etwas anderes vorschreibt.

(2) Der Vorsitzende bestimmt die Form und die weiteren Einzelheiten der Abstimmung. Das Abstimmungsergebnis wird durch Feststellung der Ja- und der Nein-Stimmen ermittelt. Die Art der Feststellung, die z. B. durch Abzug der Ja- oder Nein-Stimmen und der Stimmenthaltungen von den den Stimmberechtigten insgesamt zustehenden Stimmen getroffen werden kann, wird ebenfalls von dem Vorsitzenden angeordnet.

VI. Geschäftsjahr, Jahresabschluss und Gewinnverwendung

§ 21 Geschäftsjahr

Das Geschäftsjahr der Gesellschaft ist das Kalenderjahr.

§ 22 Jahresabschluss

(1) Der Vorstand hat innerhalb der gesetzlich vorgesehenen Fristen den Jahresabschluss (Bilanz, Gewinn- und Verlustrechnung, Anhang) sowie den Lagebericht aufzustellen und im Fall gesetzlicher Prüfungspflicht dem Abschlussprüfer vorzulegen.

(2) Der Aufsichtsrat hat innerhalb eines Monats nach Zugang der ihm einzureichenden Vorlagen seinen Bericht dem Vorstand abzugeben. Geschieht dies nicht fristgemäß, so hat der Vorstand dem Aufsichtsrat unverzüglich eine weitere Frist von höchstens einem Monat zu setzen. Wird der Aufsichtsratsbericht dem Vorstand auch vor Ab-

lauf dieser weiteren Frist nicht zugeleitet, so gilt der Jahresabschluss als vom Aufsichtsrat nicht gebilligt.

§ 23 Gewinnverwendung

(1) Der Bilanzgewinn wird an die Aktionäre verteilt, soweit die Hauptversammlung keine andere Verwendung bestimmt.

(2) Soweit die Gesellschaft Genussscheine ausgegeben hat und sich aus den jeweiligen Genussrechtsbedingungen für die Inhaber der Genussscheine ein Anspruch auf Ausschüttung aus dem Bilanzgewinn ergibt, ist der Anspruch der Aktionäre auf diesen Teil des Bilanzgewinns ausgeschlossen (§ 58 Abs. 4 AktG).

(3) Die Gewinnanteile der Aktionäre werden stets im Verhältnis der auf ihren Anteil am Grundkapital geleisteten Einzahlungen und im Verhältnis der Zeit, die seit dem für die Leistung bestimmten Zeitpunkt verstrichen ist, verteilt.

(4) Bei Ausgabe neuer Aktien kann für diese eine andere Gewinnanteilberechtigung festgesetzt werden.

Anhang 8: Tabellarische Darstellung der steuerlichen Auswirkungen verschiedener Beteiligungsformen

(Stand: 31.07.2003)

	Steuerliche Auswirkungen beim Investor*				Steuerliche Auswirkungen beim Beteiligungsunternehmen*		
Finanzierungs-/ Beteiligungsform	Besteuerung Erträge	Refinanzierungsaufwand	Veräußerungsgewinn	Verlust (Tw-) Abschreibung	Laufende Vergütung/ Gewinnanteile	Erlass/ Rückführung	Zinsaufwand
verzinsliches Darlehen	körperschaft- und gewerbesteuerpflichtig (§ 8 b (2) KStG, § 20 (1) Nr. 7 EStG, § 7 GewStG)	abzugsfähig (hälftige Zinszurechnung bei GewSt, § 8 Nr. 1 GewStG)	körperschaft- und gewerbesteuerpflichtig (§ 8 (2) KStG, § 7 GewStG)	abzugsfähige Betriebsausgabe	abzugsfähige Betriebsausgabe	Ertrag bzw. Einlage	abzugsfähig (hälftige Hinzurechnung für gewerbesteuerliche Zwecke (§ 8 (1) Nr. 1 GewStG)
partiarisches Darlehen	körperschaft- und gewerbesteuerpflichtig; 25% KapESt + 5,5% SolZ	abzugsfähig (hälftige Zinszurechnung bei GewSt, § 8 Nr. 1 GewStG)	körperschaft- und gewerbesteuerpflichtig	abzugsfähige Betriebsausgabe	abzugsfähige BA (hälftige Hinzurechnung für gewerbesteuerliche Zwecke (§ 8 (1) Nr. 1 GewStG)	Ertrag bzw. Einlage	
typisch stille Gesellschaft	körperschaft- und gewerbesteuerpflichtig (§ 20 (1) Nr. 4 EStG, § 8 KStG, § 7 GewStG); 25% KapESt + 5,5% SolZ	abzugsfähig (hälftige Zinszurechnung bei GewSt, § 8 Nr. 1 GewStG)	körperschaft- und gewerbesteuerpflichtig	abzugsfähig	abzugsfähig grds. auch für gewerbesteuerliche Zwecke, Ausnahme: § 8 Nr. 3 GewStG	Ertrag bzw. Einlage	abzugsfähig grds. auch für gewerbesteuerliche Zwecke, Ausnahme: § 8 Nr. 3 GewStG
Genussrechte (GR)	• GR stellt Eigenkapital dar: – seit 01.01.2002 körperschaftsteuerfrei (§ 8 b Abs. 1 KStG), Hinzurechnung für GewSt (§ 8 Nr. 5 GewStG); – 20% KapESt + 5,5% SolZ • GR stellt Fremdkapital dar: – körperschaft- und gewerbesteuerpflichtig (§ 20 (1) Nr. 7 EStG, § 20 (3) i.V.m. § 15 EStG); – 25% KapESt + 5,5% SolZ	abzugsfähig (hälftige Zinszurechnung bei GewSt, § 8 Nr. 1 GewStG)	im Falle von Eigenkapitalcharakter unklar, ob steuerfrei nach § 8 b (1) KStG	nicht abzugsfähig / abzugsfähig	• Eigenkapitalcharakter: keine Betriebsausgabe • Fremdkapitalcharakter: Betriebsausgabe ggf. hälftige Hinzurechnung für GewSt (§ 8 Nr. 1 GewStG)	Ertrag bzw. Einlage	Ertrag bzw. Einlage

Finanzierungs-/ Beteiligungsform	Steuerliche Auswirkungen beim Investor*				Steuerliche Auswirkungen beim Beteiligungsunternehmen*		
	Besteuerung Erträge	Refinanzierungs- aufwand	Veräußerungs- gewinn	Verlust (Tw-) Abschreibung	Laufende Vergütung/ Gewinnanteile	Erlass/ Rückführung	Zinsaufwand
atypisch stille Gesellschaft	Empfänger ist körperschaft- nicht je-doch gewerbesteu-erpflichtig	abzugsfähig	körperschaft- und (seit 01.01.02) auch gewerbesteu-erpflichtig (§ 7 S. 2 Nr. 2 GewStG)	abzugsfähig	Keine Betriebsaus-gabe	Ertrag bzw. Einlage	–
direkte Beteili-gung an Perso-nengesellschaft	körperschaft-steuerpflichtig (§ 15 Abs. 1 Nr. 1 EStG, § 8 KStG), keine Gewerbe-steuer (§ 9 Nr. 2 GewStG)	abzugsfähig (aber § 15a EStG)	körperschaft- und (seit 01.01.02) auch gewerbe-steuerpflichtig (§ 7 S. 2 Nr. 2 GewStG)	abzugsfähig (aber § 15a EStG)	Keine Betriebsaus-gabe	Ertrag bzw. Einlage	–
direkte Beteili-gung an Kapital-gesellschaft	steuerfrei (§ 8b (1) KStG)	abzugsfähig, so-weit im gleichen Veranlagungszeit-raum keine Divi-denden zufließen, sonst Abzugsver-bot nach § 3c Abs. 1 EStG	steuerfrei (§ 8b (2) KStG)	nicht abzugsfähig (§ 3c (1) EStG)	Dividende ist keine Betriebsausgabe	Ertrag bzw. Einlage	–

* in der Rechtsform einer inländischen Kapitalgesellschaft

Anhang 9: Tabellarischer Überblick
über verschiedene Fördermittel

1. Kurzübersicht über ausgewählte Zulage- und Zuschussprogramme für Existenzgründer (Stand 1. September 2003)

Fördergebiet	Programm und Träger	Förderziel, Vorhaben Einschränkungen	Antragsberechtigt a) wer? b) Branche?	Konditionen a) Finanzierungsanteil b) Höchstbetrag c) Bemessungsgrundlage d) Konditionen e) Haftungsfreistellung	Kombinierbarkeit mit anderen Förderprogrammen	Antragsstellung wo und wann?
neue Bundesländer und gesamt-Berlin	**Investitionszulage 1999** Bundesministerium für Finanzen Wilhelmstraße 97 10117 Berlin Tel: 01888-682-0 Fax: 01888-682-3260 Internet: www.bundesfinanzministerium.de	Förderung betrieblicher Investitionen.	a) Steuerpflichtige im Sinne des Einkommensteuergesetzes bzw. des Körperschaftsteuergesetzes. a) Betriebe des verarbeitenden Gewerbes und Betriebe der produktionsnahen Dienstleistungen, Handwerksbetriebe sowie Groß- und Einzelhandelsbetriebe.	a) Erstinvestitionen: bis 15% (Gebäude) bzw. 27,5% (bewegliche Sachanlagegüter) bei Investitionsbeginn nach dem 31.12.2000 b) keine Begrenzung c) Anschaffung und Herstellung von neuen, abnutzbaren beweglichen Wirtschaftsgütern und neue Anlagevermögens und neue Betriebsgebäude.	Grundsätzlich möglich.	Beim zuständigen Finanzamt.
neue Bundesländer und Bay., Bre., Hes, NRW, Nds., RhPf, Saa, SH	**GA-Förderung 32. Rahmenplan** Bundesministerium für Wirtschaft und Technologie (B) Scharnhorststraße 34 - 37 10115 Berlin 030/2014-9 030/2014-7010 Internet: www.bmwi.de	Verbesserung der regionalen Wirtschaftsstruktur. Stärkung der Wettbewerbs- und Anpassungsfähigkeit der Wirtschaft, Schaffung neuer und Sicherung vorhandener Arbeitsplätze. Vorhaben: Förderung von Investitionsvorhaben, die Dauerarbeitsplätze schaffen, sichern oder besondere Anstrengung des Betriebes erfordern. Eine angemessene Eigenbeteiligung des Investors wird vorausgesetzt.	a) Unternehmen der gewerblichen Wirtschaft (einschl. Tourismus). b) Produzierendes Gewerbe, Handwerk, Dienstleistungs- und Fremdenverkehrsgewerbe (mit überregionalen Absatz).	a) nach Fördergebieten: A: bis 35 %, KMU bis 50 % B: bis 28 %; KMU bis 43 % C: bis 18 %, KMU bis 28 % D: bis 15 % KU, bis 7,5 % MU b) max. 500 TEUR/250 TEUR je neuen/gesicherten Arbeitsplatz c) sachkapitalbezogene Zuwendungen; allgemeine Investitionskosten; lohnkostenbezogene Zuwendungen; Lohnkosten, die für eingestellte Personen während eines Zeitraums von zwei Jahren anfallen.	Grundsätzlich möglich. Mit Mitteln aus dem ERP- Regionalförderprogramm in den alten Bundesländern (ohne Berlin) nicht möglich.	Über die jeweils zuständigen Förderinstitute bzw. Hausbank (je nach Bundesland unterschiedlich).

2

1. Kurzübersicht über ausgewählte Zulage- und Zuschussprogramme für Existenzgründer (Stand 1. September 2003)

Fördergebiet	Programm und Träger	Förderziel, Vorhaben Einschränkungen	Antragsberechtigt a) wer? b) Branche ?	Konditionen a) Finanzierungsanteil b) Höchstbetrag c) Bemessungsgrundlage d) Konditionen e) Haftungsfreistellung	Kombinierbarkeit mit anderen Förderprogrammen	Antragsstellung wo und wann?
Neue Bundesländer und Berlin -Ost	FUTOUR 2000- Technologieorientierte Gründungen (Zuschussvariante) Bundesministerium für Wirtschaft und Technologie VDI/VDE Technologiezentrum Informationstechnik GmbH Potsdamer Straße 12 14513 Teltow Tel.: 03328/4 35 - 280 Fax: 03328/4 35 - 1 41 Internet: www.vdivde-it.de	Landesspezifische Regelungen sind zu beachten.	a) Technologieorientierte Unternehmen; Gründer von technologieorientierten Unternehmen der gewerblichen Wirtschaft. Die Unternehmen müssen ihren Geschäftsbetrieb und wirtschaftlichen Schwerpunkt in den nBL bzw. Berlin-Ost haben.	a) bis zu 45% der zuwendungsfähigen Aufwendungen b) max. 306.775 EUR c) Zuwendungsfähige Aufwendungen sind: Personalausgaben, Ausgaben für Instrumente und Ausrüstung, Ausgaben für projektbezogene Beratungs- und gleichartige Dienstleistungen, Projektbezogene Gemeinkosten, sonstige Ausgaben für Material.		Antragsfrist für Ideenskizzen: bis 30.06.2003; für Anträge für die FuE-Phase bis 31.12.2003 *Nachfolgeprogramm mit modifizierten Konditionen ist zzt. in Vorbereitung*

2. Kurzübersicht über ausgewählte Darlehensprogramme für Existenzgründer (Stand 1. September 2003)

3

Fördergebiet	Programm und Träger	Förderziel, Vorhaben, Einschränkungen	Antragsberechtigt a) wer? b) Branche?	Konditionen a) Finanzierungsanteil b) Höchstbetrag c) Bemessungsgrundlage d) Konditionen e) Haftungsfreistellung	Kombinierbarkeit mit anderen Förderprogrammen	Antragsstellung wo und wann?
Bundesrepublik Deutschland	StartGeld KfW-Mittelstandsbank Ludwig-Erhard-Platz 1 - 3 53170 Bonn Info-Line: (0 18 01) 24 24 00 Fax: 02 28 / 8 31-21 30 Internet: www.kfw-mittelstandsbank.de	Unterstützung von "kleinen" Existenzgründungsvorhaben. Vorhaben: Errichtung, Erwerb eines Unternehmens sowie Übernahme von tätigen Beteiligungen. Es werden nur Vorhaben mit einem maximalen Investitions- und Finanzierungsbedarf von 50 TEUR gefördert (personenbezogen).	a) Gründer/innen mit geringem Finanzierungsbedarf b) Unternehmen der gewerblichen Wirtschaft und frei Berufe einschließlich Heilberufe	a) bis zu 100% b) bis zu 50 TEUR (personenbezogen) c) Investitionen und Betriebsmittel d) Zinssatz: nom. 6,95%/ eff. 7,91% Laufzeit: 120 Monate Auszahlung: 96,00% tilgungsfrei: 24 Monate e) Die KfW-Mittelstandsbank übernimmt gegenüber der Hausbank obligatorisch eine 80%ige Haftungsfreistellung	Eine Kombination mit anderen KfW-Mittelstandsbank-Programmen ist nicht möglich.	Über die Hausbank.
Bundesrepublik Deutschland	ERP-Eigenkapitalhilfe-programm (EKH) KfW-Mittelstandsbank Ludwig-Erhard-Platz 1 - 3 53170 Bonn Info-Line: (0 18 01) 24 24 00 Fax: 02 28 / 8 31-21 30 Internet: www.kfw-mittelstandsbank.de	Existenzgründung durch Errichtung, Erwerb oder Übernahme eines Betriebs bzw. tätige Beteiligung. Die Maßnahme muss eine nachhaltig tragfähige Vollexistenz erwarten lassen.	a) Natürliche Personen (in der Regel nicht älter als 55 Jahre) mit entsprechender kaufmännischer und fachlicher Qualifikation.	a) vorhandene Eigenmittel werden auf 40% der Bemessungsgrundlage aufgestockt b) i.d.R. 500 TEUR 1 Mio. EUR bei Privatisierungs- und Reprivatisierungsfällen in nBL einschl. Berlin. c) allgemeine Investitionskosten, Kaufpreis, Waren-, Material- und Ersatzteillager d) Zinssatz: im 1. und 2. Jahr 0,00% im 3. Jahr 3,00% im 4. Jahr 4,00% im 5. Jahr 5,00% ab dem 6. Jahr nBL: nom. 5,75%/ eff. 5,46% aBL: nom. 6,00%/ eff. 5,61% Auszahlung: 96% Laufzeit: 20 Jahre tilgungsfrei: 10 Jahre e) nur persönliche Haftung des Antragstellers	Der Förderumfang von ERP- Darlehen in Kombination mit anderen öffentlichen Mitteln ist auf 75% beschränkt. Mindestens 25% der Finanzierung müssen beihilfefrei sein.	Über die Hausbank.

2. Kurzübersicht über ausgewählte Darlehensprogramme für Existenzgründer (Stand 1. September 2003)

Fördergebiet	Programm und Träger	Förderziel, Vorhaben Einschränkungen	Antragsberechtigt a) wer? b) Branche ?	Konditionen a) Finanzierungsanteil b) Höchstbetrag c) Bemessungsgrundlage d) Konditionen e) Haftungsfreistellung	Kombinierbarkeit mit anderen Förderprogrammen	Antragsstellung wo und wann?
Bundesrepublik Deutschland	**Mikrodarlehen** KfW-Mittelstandsbank Ludwig-Erhard-Platz 1 - 3 53170 Bonn Info-Line: (0 18 01) 24 24 00 Fax: 02 28 / 8 31-21 30 Internet: www.kfw- mittelstandsbank.de	gewerbliche oder freiberufliche Gründungen auch Heilberufe Darlehen kann auch für Investitionen/ Betriebsmittel innerhalb von 3 Jahren nach Aufnahme der Selbständigkeit beantragt werden.	a) Natürliche Personen. b) Kleine Unternehmen im Bereich der gewerblichen Wirtschaft, Angehörige der Freien Berufe. Gefördert werden Unternehmen mit höchstens 10 Beschäftigten.	a) bis zu 100% b) bis zu 25 TEUR (personenbezogen) c) Investitionen und Betriebsmittel d) Zinssatz: nom. 8,8%/ eff. 9,09% Laufzeit: 60 Monate Auszahlung: 100% tilgungsfrei: 6 Monate e) obligatorisch ist eine 80%ige Haftungsfreistellung gegenüber der Hausbank	Eine Kombination mit KfW- anderen KfW- Mittelstandsbank- produkten ist nicht möglich.	Über die Hausbank.

803

2. Kurzübersicht über ausgewählte Darlehensprogramme für Existenzgründer (Stand 1. September 2003)

5

Fördergebiet	Programm und Träger	Förderziel, Vorhaben Einschränkungen	Antragsberechtigt a) wer? b) Branche ?	Konditionen a) Finanzierungsanteil b) Höchstbetrag c) Bemessungsgrundlage d) Konditionen e) Haftungsfreistellung	Kombinierbarkeit mit anderen Förderprogrammen	Antragsstellung wo und wann?
Bundesrepublik Deutschland	**ERP-Existenzgründungsprogramm** KfW-Mittelstandsbank Ludwig-Erhard-Platz 1 - 3 53170 Bonn Info-Line: (0 18 01) 24 24 00 Fax: 02 28 / 8 31-21 30 Internet: www.kfw-mittelstandsbank.de	Unterstützung des Aufbaus einer tragfähigen Vollexistenz. Vorhaben: Errichtung, Erwerb eines Unternehmens sowie Folgeinvestitionen innerhalb von 3 Jahren nach Betriebseröffnung; Übernahme von tätigen Beteiligungen; Beschaffung von Warenlager/Büroausstattung.	a) Natürliche Personen. b) Gewerbliche Wirtschaft und Freie Berufe (mit Ausnahme der Heilberufe).	a) 50% in den alten bzw. 75% in den neuen Ländern b) 500 TEUR in den alten Ländern 1 Mio. EUR in den neuen Ländern und Berlin c) allgemeine Investitionskosten und (Waren-)Lager d) Zinssatz: aBL: nom. 4,50%/ eff. 4,58%; nBL: nom. 4,25%/ eff. 4,32% Auszahlung: 100,00 % Laufzeit: 120 - 240 Monate tilgungsfrei: 60 Monate e) Das Risikoentgelt für teilweise Haftungsfreistellungen in den nBL und Berlin (Ost) beträgt 0,9% p.a.	Die Kombination mit anderen öffentlichen Mitteln ist möglich, nicht jedoch mit anderen ERP-Programmen für dieselbe Maßnahme.	Über die Hausbank.
Bundesrepublik Deutschland	**Unternehmerkredit** KfW-Mittelstandsbank Palmengartenstraße 5-9 60325 Frankfurt am Main Tel: 069 / 74 31-0 Fax: 069 / 74 31-2944 Internet: www.kfw-mittelstandsbank.de	Steigerung der Leistungs- und Wettbewerbsfähigkeit, Ermöglichung von Investitionen im In- und Ausland, die einer langfristigen Mittelbereitstellung bedürfen. Vorhaben: Errichtung, Sicherung, Erweiterung und Übernahme von Unternehmen. Gruppenumsatz max. 500 Mio. EUR; Umsatz mehrheitlich verbundener Unternehmen zählt mit	a) Natürliche und juristische Personen. b) Kleine und mittlere Unternehmen der gewerblichen Wirtschaft, produzierendes Gewerbe, Handwerk, Handel, sonstige Dienstleistungsgewerbe, Freie Berufe.	a) max. 5 Mio. EUR; kann von Unternehmen mit Jahresumsatz bis 50 Mio. EUR überschritten werden b) max. 75% bei Unternehmen mit einem Vorjahresumsatz von max. 50 Mio. EUR max. 66,6% bei Unternehmen mit einem Vorjahresumsatz von über 50 Mio. EUR c) allgemeine Investitionskosten d) Zinssatz: nom. 3,95%/ eff. 4,79% + 0,5% p.a. abhängig von Bonitätsbewertung durch die Hausbank. Auszahlung: 96,00% Laufzeit: max. 240 Monate tilgungsfrei: max. 24 Monate e) 50% nBL und Berlin (Ost) 40% aBL und Berlin (West) (Zinszuschlag: 0,90% p.a.)	Kombinierbar mit ERP-Programmen, anderen öffentlichen Mitteln und Programmen der KfW Mittelstandsbank.	Über die Hausbank.

2. Kurzübersicht über ausgewählte Darlehensprogramme für Existenzgründer (Stand 1. September 2003)

6

Fördergebiet	Programm und Träger	Förderziel, Vorhaben Einschränkungen	Antragsberechtigt a) wer? b) Branche ?	Konditionen a) Finanzierungsanteil b) Höchstbetrag c) Bemessungsgrundlage d) Konditionen e) Haftungsfreistellung	Kombinierbarkeit mit anderen Förderprogrammen	Antragsstellung wo und wann?
Bundesrepublik Deutschland	**Unternehmerkredit - Betriebsmittel** KfW-Mittelstandsbank Palmengartenstraße 5-9 60325 Frankfurt am Main Tel: 069 / 74 31-0 Fax: 069 / 74 31-2944 Internet: www.kfw-mittelstandsbank.de	Kurzfristiger Betriebsmittel- und Liquiditätsbedarf Unternehmen müssen grundsätzlich wettbewerbsfähig sein und positive Zukunftsaussichten haben. Nachhaltige Rentabilität des Unternehmers vorausgesetzt. Sanierungsfälle und Unternehmen in Schwierigkeiten im Sinne der Europäischen Kommission sind ausgeschlossen.	a) Natürliche und juristische Personen. b) Kleine und mittlere Unternehmen der gewerblichen Wirtschaft, produzierendes Gewerbe, Handwerk, Handel, sonstige Dienstleistungsgewerbe, Freie Berufe.	a) max. 100% b) max. 5 Mio. EUR c) allgemeine Investitionskosten d) Zinssatz: nom. 3,95%/ eff. 4,79% + 0,5% p.a. abhängig von Bonitätsbewertung durch die Hausbank. Auszahlung: 96,00%. Laufzeit: max. 240 Monate tilgungsfrei: max. 24 Monate e) 50% nBL und Berlin (Ost) 40% aBL und Berlin (West) (Zinszuschlag: 0,90% p.a.)	Kombinierbar mit anderen KfW-Mittelstandsbank-Programmen	Über die Hausbank.
Bundesrepublik Deutschland	**Unternehmerkredit - Leasing** KfW-Mittelstandsbank Palmengartenstraße 5-9 60325 Frankfurt am Main Tel: 069 / 74 31-0 Fax: 069 / 74 31-2944	alle Immobilieninvestitionen des Leasinggebers in Deutschland. Ausgenommen Förderung von Umschuldungen und Nachfinanzierungen.	a) Natürliche und juristische Personen. b) Kleine und mittlere Unternehmen der gewerblichen Wirtschaft, produzierendes Gewerbe, Handwerk, Handel, sonstige Dienstleistungsgewerbe, Freie Berufe mit max.Umsatz von 500 Mio. EUR	a) bis zu 3/4 der Gesamtinvestitionskosten bei einem Umsatz bis zu 50 Mio. EUR und bis zu 2/3 der Kosten bei Umsatz über 50 Mio. EUR b) max 5 Mio. EUR; kann in Einzelfällen überschritten werden c) allgemeine Investitionskosten d) Zinssatz: nom. 4,75% / eff. 4,84% Auszahlung: 100% Laufzeit: max. 22 Jahre tilgungsfrei: max. 24 Monate e) bankübliche Sicherheiten	Kombinierbar mit anderen Mittelstandsbank-Programmen	Über die Hausbank.
Bundesrepublik Deutschland	**Unternehmerkredit - Ausland** KfW-Mittelstandsbank Palmengartenstraße 5-9 60325 Frankfurt am Main Tel: 069 / 74 31-0 Fax: 069 / 74 31-2944	Investitionen im Ausland F&E am ausländischen Standort Gründungs- und Vorbereitungskosten	a) Natürliche und juristische Personen. b) deutsche Unternehmen der gewerblichen Wirtschaft; ausländische Tochtergesellschaften solcher Unternehmen; Joint Ventures mit deutscher Beteiligung (min. 25%); freiberuflich Tätige aus Deutschland	a) bis zu 3/4 bei Umsatz bis 50 Mio. EUR und bis zu 2/3 der Kosten bei Umsatz über 50 Mio.EUR b) max. 5 Mio. EUR; kann in Einzelfällen überschritten werden c) allgemeine Investitionskosten d) Zinssatz: nom. 4,71% / eff. 4,79% Auszahlung: 100% Laufzeit: max. 20 Jahre tilgungsfrei: max. 36 Monate e) 50% (Zinszuschlag 0,75% p.a.)	Kombinierbar mit anderen Mittelstandsbank-Programmen	Über die Hausbank.

2. Kurzübersicht über ausgewählte Darlehensprogramme für Existenzgründer (Stand 1. September 2003)

7

Fördergebiet	Programm und Träger	Förderziel, Vorhaben, Einschränkungen	Antragsberechtigt a) wer? b) Branche ?	Konditionen a) Finanzierungsanteil b) Höchstbetrag c) Bemessungsgrundlage d) Konditionen e) Haftungsfreistellung	Kombinierbarkeit mit anderen Förderprogrammen	Antragstellung wo und wann?
Bundesrepublik Deutschland	KfW- Kapital für Arbeit KfW-Mittelstandsbank Palmengartenstraße 5-9 60325 Frankfurt am Main Tel: 069 / 74 31-0 Fax: 069 / 74 31-2944 Internet: www.kfw-mittelstandsbank.de	Verbesserung der Kapitalstruktur des Unternehmens und Schaffung von Arbeitsplätzen. Vorhaben: Investitionen, Ausstattung der neuen Arbeitsplätze, Warenlager, Betriebsmittel, Schulungskosten für die neuen Beschäftigten. Der Anteil der durch die öffentliche Hand verbürgten bzw. garantierten Kredite an der Gesamtfinanzierung des Vorhabens darf 50% nicht überschreiten. Gruppenumsatz max. 500 Mio. EUR.	a) Natürliche und juristische Personen. b) Mittelständischen Unternehmen der gewerblichen Wirtschaft, Freie Berufe.	a) bis zu 100% der förderfähigen Kosten b) max. 100 TEUR je neu geschlossenem Arbeitsverhältnis, für Teilzeitbeschäftigte bis zu 50 TEUR c) alle mit der Schaffung von Arbeitsplätzen verbundenen Kosten d) Zinssatz: orientiert sich an der Entwicklung des Kapitalmarktes Auszahlung: 100% Laufzeit: max. 120 Monate tilgungsfrei: 24 Monate	Die Kumulierung dieser Darlehen und anderer Förderkredite der KfW ist möglich.	Über die Hausbank.
Bundesrepublik Deutschland	ERP-Innovationsprogramm (Kreditvariante) KfW-Mittelstandsbank Palmengartenstraße 5-9 60325 Frankfurt am Main Tel: 069 / 74 31-0 Fax: 069 / 74 31-2944 Internet: www.kfw-mittelstandsbank.de	Verbesserung der Wettbewerbsfähigkeit kleiner und mittlerer Unternehmer. Vorhaben: Durchführung marktnaher Forschung und der Entwicklung neuer Produkte, Verfahren oder Dienstleistungen sowie deren Markteinführung. Die zu fördernde innovative Maßnahme muß für das zu fördernde Unternehmen neuartig sein.	a) Natürliche und juristische Personen. b) Innovative Unternehmen, Freie Berufe	a) FuE-Phase bis zu 5 Mio. EUR je Vorhaben Markteinführungsphase: aBL: bis zu 1 Mio. EUR je Vorh. nBL: bis zu 2,5 Mio. EUR je Vorh. b) FuE-Phase: bis zu 100% Markteinführungsphase: aBL: bis zu 50% nBL: bis zu 80% c) Je nach Programmteil und Variante unterschiedlich d) Zinssatz: aBL: nom. 4,35%/ eff. 4,42% nBL: nom. 4,10%/ eff. 4,16% Auszahlung: 100% Laufzeit: max. 120 Monate tilgungsfrei: 24 Monate	Eine Kumulierung mit anderen Förderprogrammen ist unter Einhaltung der durch EU vorgebenen Förderhöchstgrenzen möglich.	Über die Hausbank.

3. Kurzübersicht über ausgewählte Beteiligungs- und Beteiligungsrefinanzierungsprogramme für Existenzgründer (Stand 1. September 2003)

Fördergebiet	Programm und Träger	Förderziel, Vorhaben Einschränkungen	Antragsberechtigt a) wer? b) Branche?	Konditionen a) Finanzierungsanteil b) Höchstbetrag c) Bemessungsgrundlage d) Konditionen e) Haftungsfreistellung	Kombinierbarkeit mit anderen Förderprogrammen	Antragstellung wo und wann?
Bundesrepublik Deutschland	**ERP-Beteiligungsprogramm** KfW-Mittelstandsbank Palmengartenstraße 5-9 60325 Frankfurt am Main Tel: 069 / 74 31-0 Fax: 069 / 74 31-2944 Internet: www.kfw-mittelstandsbank.de	Erweiterung der Eigenkapitalbasis, Konsolidierung der Finanzverhältnisse. Die Beteiligungssumme soll das vorhandene Eigenkapital der Unternehmen nicht übersteigen. Eine wiederholte ERP- geförderte Beteiligung ist zulässig, solange der jeweilige Höchstbetrag nicht überschritten wird.	a) Kapitalbeteiligungsgesellschaften (Beteiligungsgeber) für Beteiligungen an kleinen und mittleren Unternehmen (Beteiligungsnehmer). b) Unternehmen der gewerblichen Wirtschaft mit bis zu 499 Mitarbeitern; Jahresumsatz max 50 Mio EUR Der Umsatz verbundener Unternehmen zählt mit.	a) aBL und Berlin (West) 75% nBL und Berlin (Ost) 85% b) i.d.R. 500 TEUR, jedoch nicht höher als vorhandenes Eigenkapital - 1 Mio. EUR neue Länder und Berlin (Ost) - Ausnahmefälle: max. 2,5 Mio. EUR c) Beteiligung d) Zinssatz: nom. 5,0%/ eff. 5,09% Auszahlung: 100% Laufzeit: i.d.R. 10 Jahre nBL. und Berlin (Ost) 15 Jahre Tilgung: i.d.R. am Ende der Laufzeit in einer Summe.	Grundsätzlich möglich.	I.d.R. über die Hausbank.
Bundesrepublik Deutschland	**ERP-Innovationsprogramm (Beteiligungsvariante)** KfW-Mittelstandsbank Palmengartenstraße 5-9 60325 Frankfurt am Main Tel: 069 / 74 31-0 Fax: 069 / 74 31-2944 Internet: www.kfw-mittelstandsbank.de	Verbesserung der Wettbewerbsfähigkeit kleiner und mittlerer Unternehmer. Vorhaben: Durchführung marktnaher Forschung und der Entwicklung neuer Produkte, Verfahren oder Dienstleistungen sowie deren Markteinführung. Die zu fördernde innovative Maßnahme muß für das zu fördernde Unternehmen neuartig sein.	a) Kapitalbeteiligungsgesellschaften (Beteiligungsgeber) für Beteiligungen an kleinen und mittleren Unternehmen (Beteiligungsnehmer). b) Unternehmen der gewerblichen Wirtschaft, Freie Berufe. Jahresumsatz max. 125 Mio. EUR.	a) aBL: bis zu 75% nBL: bis zu 85% der Beteiligung als Refinanzierungs-Kredit. b) bis zu 5 Mio. EUR je Vorhaben. c) Investitionskosten. d) Zinssatz: nom. 6,75%/ eff. 6,92% Auszahlung: 100% Laufzeit: 10 Jahre Tilgung: am Ende der Laufzeit in einer Summe. e) 60% der Refinanzierungssumme	Grundsätzlich möglich.	Über die Hausbank.

807

3. Kurzübersicht über ausgewählte Beteiligungs- und Beteiligungsrefinanzierungsprogramme für Existenzgründer (Stand 1. September 2003)

9

Fördergebiet	Programm und Träger	Förderziel, Vorhaben Einschränkungen	Antragsberechtigt a) wer? b) Branche ?	Konditionen a) Finanzierungsanteil b) Höchstbetrag c) Bemessungsgrundlage d) Konditionen e) Haftungsfreistellung	Kombinierbarkeit mit anderen Förderprogrammen	Antragstellung wo und wann?
Bundesrepublik Deutschland	**KfW/BMWA-BTU-Technologie-Beteiligungsprogramm** KfW-Mittelstandsbank Palmengartenstraße 5-9 60325 Frankfurt am Main Tel: 069 / 74 31-0 Fax: 069 / 74 31-2944 Internet: www.kfw-mittelstandsbank.de	Stärkung der Eigenkapitalbasis zur Unterstützung technologieorientierter Investitionen. Vorhaben: angewandte Forschung und Entwicklung bis zur Aufnahme der kommerziellen Produktion und Markteinführung. Der Beteiligungsnehmer muß über Fachwissen und kaufmännische Kenntnisse verfügen.	a) junge technologieorientierte Unternehmen der gewerblichen Wirtschaft. b) Technologieorientierte Unternehmen.	a) max. 70% b) max. 1,4 Mio. EUR c) Investitionen und Betriebsmittel d) Zinssatz: nom. 7,37%/ eff. 7,58% Auszahlung: 100% Laufzeit: 10 Jahre Tilgung: am Ende der Laufzeit in einer Summe. e) 100% der Refinanzierungssumme.	Grundsätzlich möglich.	I.d.R. über Hausbank möglich.
Bundesrepublik Deutschland	**BTU-Frühphase** Technologie-Beteiligungs-Gesellschaft mbH (tbg) der Deutschen Ausgleichsbank Ludwig-Erhard-Platz 1-3 53179 Bonn Tel.: 0228/83 1 - 7290 Fax 0221/83 1 - 22 55 Internet: www.kfw-mittelstandsbank.de	Vorbereitung von technologieorientierten Unternehmen für die Aufnahme von institutionellem Beteiligungskapital (Frühphasenvorhaben). Vorhaben: der Aufbau geeigneter Unternehmensstrukturen, die Erstellung eines prüffähigen Geschäftsplans inkl. notwendiger Recherchen (Patent-, Markt-, etc.), die erste Produkt- und Verfahrensentwicklung. Der Zeitraum für das Frühphasenvorhaben beläuft sich auf sechs Monate.	a) Technologieorientierte Unternehmen Beschäftigte: weniger als 50; Vorjahresumsatz: bis zu 7 Mio. EUR. Die Eintragung des TU ins Handelsregister darf noch nicht länger als sechs Monate zurückliegen oder Unternehmen ist noch nicht gegründet. Es müssen sich mehr als 50% der Geschäftsanteile im Eigentum der Know-How-Träger befinden.	a) Die Gesamtfinanzierung der Frühphase muss gesichert werden. b) max. 150 TEUR c) allgemeine Investitionskosten. d) Zinssatz: der Genussschein wird nicht laufend verzinst. Laufzeit: 6 Monate Auszahlung: in einer Summe.	Grundsätzlich möglich.	Über die tbg.

808

Tabellarischer Überblick über verschiedene Fördermittel

3. Kurzübersicht über ausgewählte Beteiligungs- und Beteiligungsrefinanzierungsprogramme für Existenzgründer (Stand 1. September 2003)

Förderprogramm und Träger	Förderziel, Vorhaben Einschränkungen	Antragsberechtigt a) wer? b) Branche?	Konditionen a) Finanzierungsanteil b) Höchstbetrag c) Bemessungsgrundlage d) Konditionen e) Haftungsfreistellung	Kombinierbarkeit mit anderen Förderprogrammen	Antragsstellung wo und wann?
FUTOUR 2000-Technologieorientierte Gründungen (Beteiligungsvariante) VDI/VDE Technologiezentrum Informationstechnik GmbH Rheinstraße 10 b 14513 Teltow Tel.: 03328/4 35 - 151 Fax: 03328/4 35 - 1 41 Internet: www.vdivde-it.de *(Fördergebiet: Neue Bundesländer und Berlin-Ost)*	Starthilfe für die Gründung technologieorientierter Unternehmen. Gründer müssen mindestens 51% der Unternehmensanteile halten; Träger des wissenschaftlich/ technischen Fachwissens müssen mindestens 26% der Unternehmensanteile halten.	a) Juristische und natürliche Personen. b) Technologieorientierte Unternehmen; Gründer von technologieorientierten Unternehmen der gewerblichen Wirtschaft.	a) Für Zuschuss und stille Beteiligung zusammen höchstens 80 % der zuwendungsfähigen Ausgaben b) Zuschuss und stille Beteiligung können zusammen max. 690.244 EUR betragen. c) Ausgaben die in der FuE-Phase entstehen. *Nachfolgeprogramm mit modifizierten Konditionen ist zzt. in Vorbereitung.*	Nicht kombinierbar.	Antragsfrist für Ideenskizzen: bis 30.06.2003; für Anträge für die FuE-Phase bis 31.12.2003
Technologie-Beteiligungsprogramm (tbg) Start-up und Exit Phase Technologie-Beteiligungs-Gesellschaft mbH (tbg) Ludwig-Erhard-Platz 1-3 53179 Bonn Tel: 0228/83 1 - 7290 Fax: 0221/83 1 - 7493 internet: www.tbgbonn.de *(Fördergebiet: Bundesrepublik Deutschland)*	Stärkung der Eigenkapitalbasis zur Unterstützung technologieorientierter Investitionen. Vorhaben: Aufbau geeigneter Organisationsstrukturen, Erstellung eines prüffähigen Geschäftsplans, Produkt- und Verfahrensentwicklung, Vorwettbewerbliche Entwicklung, Markteinführung. Bei Innovationsvorhaben muss sich ein weiterer Beteiligungsgeber in mindestens gleicher Höhe wie die tbg beteiligen (Leadinvestor). Für Beteiligungen zur Finanzierung von Innovationsvorhaben und Exit-Finanzierung ist das Bestehen einer Beteiligung aus dem BTU-Programm erforderlich.	a) Technologieorientierte Unternehmen der gewerblichen Wirtschaft.	a) Die Gesamtfinanzierung des Vorhabens muss gesichert werden. b) Frühphase: bis zu 250 TEUR Innovationsvorhaben: können parallel bis zu 2,5 Mio. EUR Exit-Finanzierung: parallel zum Leadinginvestor können Beteiligungen bis auf 2,5 Mio. EUR aufgestockt werden. c) allgemeine Investitionskosten d) Laufzeit: bis zu 10 Jahren. Auszahlung: wird entsprechend dem Fortschritt des Vorhabens bereitgestellt.	Nicht mit KfW/BMWi-BTU-Technologie-Beteiligungsprogramm möglich.	Über die tbg.

809

4. Kurzübersicht über ausgewählte Bürgschaften und Garantien für Existenzgründer (Stand 1. September 2003)

11

Fördergebiet	Programm und Träger	Förderziel, Vorhaben Einschränkungen	Antragsberechtigt a) wer? b) Branche?	Konditionen a) Finanzierungsanteil b) Höchstbetrag c) Bemessungsgrundlage d) Konditionen e) Haftungsfreistellung	Kombinierbarkeit mit anderen Förderprogrammen	Antragstellung wo und wann?
Bundesrepublik Deutschland	**Bürgschaft des Bundes** **Bundesministerium der Finanzen** Kontaktadresse: PwC Deutsche Revision AG (NRW) Postfach 10 54 54 40045 Düsseldorf Tel.: 02 11/981 - 0 Fax: 02 11/981 - 2630	Ausfallbürgschaft zur Verbürgung von Darlehen. Zusatzinformation: Anderweitige Finanzierungs- und Sicherungsmöglichkeiten dürfen nicht gegeben sein.	a) Natürliche und juristische Personen. b) Kleine und mittlere Unternehmen der gewerblichen Wirtschaft.	a) 60% - 100% b) nicht festgelegt c) allgemeine Investitionen	Nicht mit anderen öffentlichen Bürgschaftsprogrammen und Haftungsfreistellung kombinierbar.	Über die Hausbank, bzw. PwC Deutsche Revision AG.
neue Bundesländer	**DtA-Bürgschaftsprogramm** KfW-Mittelstandsbank Ludwig-Erhard-Platz 1-3 53170 Bonn Tel: (0 18 01) 24 24 00 Fax: 02 28 / 8 31-21 30 Internet: www.kfw-mittelstandsbank.de Infohotline: (01801) 241124	Förderung langfristiger Investitionen in den neuen Bundesländern. Vorhaben: Errichtung, Erweiterung, Umstellung und Modernisierung von Betriebsstätten mittel- und langfristige Betriebsmittelkredite.	a) Natürliche und juristische Personen. b) Private mittelständische Unternehmen der gewerblichen Wirtschaft (auch Genossenschaften).	a) 80% b) i.d.R. 750 TEUR Höchstbetrag: 10 Mio. EUR c) förderfähige Kredithöhe. Der Regelförderbetrag kann nur überschritten werden, wenn die anderenfalls zuständige Bürgschaftsbank die Bürgschaft nicht übernimmt.	Nicht mit anderen öffentlichen Bürgschaftsprogrammen und Haftungsfreistellungen kombinierbar.	Über die Hausbank.
Bundesländer	**Bürgschaften der einzelnen Bundesländern** Kontaktadresse: Je nach Bundesland unterschiedlich.	Ausfallbürgschaft zur Verbürgung von Darlehen.	a) Natürliche und juristische Personen. b) Kleine und mittlere Unternehmen der gewerblichen Wirtschaft.	a) i.d.R. 80% - 90% b) unterschiedlich c) allgemeine Investitionen, Betriebsmittel.	Nicht mit anderen öffentlichen Bürgschaftsprogrammen und Haftungsfreistellungen kombinierbar.	Über die Hausbank oder Geschäftsbesorger des Bundeslandes (je nach Bundesland unterschiedlich).

12

4. Kurzübersicht über ausgewählte Bürgschaften und Garantien für Existenzgründer (Stand 1. September 2003)

Fördergebiet	Programm und Träger	Förderziel, Vorhaben Einschränkungen	Antragsberechtigt a) wer? b) Branche ?	Konditionen a) Finanzierungsanteil b) Höchstbetrag c) Bemessungsgrundlage d) Konditionen e) Haftungsfreistellung	Kombinierbarkeit mit anderen Förderprogrammen	Antragstellung wo und wann?
Bundesländer	**Bürgschaften der einzelnen Bürgschaftsbanken** Kontaktadresse: Je nach Bürgschaftsbanken unterschiedlich.	Verbürgung von Darlehen. Zusatzinformation: Anderweitige Finanzierungs- und Sicherungsmöglichkeiten dürfen nicht gegeben sein.	a) Natürliche und juristische Personen. b) Kleine und mittlere Unternehmen der gewerblichen Wirtschaft.	a) i.d.R. 80% - 90% b) unterschiedlich c) allgemeine Investitionen, Betriebsmittel.	Nicht mit anderen öffentlichen Bürgschaftsprogrammen und Haftungs-freistellungen kombinierbar.	Über die Hausbank.
Bundesrepublik Deutschland	**KfW-Risikokapitalprogramm** KfW-Mittelstandsbank Palmengartenstraße 5-9 60325 Frankfurt am Main Tel: 069 / 74 31-0 Fax: 069 / 74 31-2944 Internet: www.kfw-mittelstandsbank.de	Die Ausstattung von kleinen und mittleren Unternehmen mit Haftkapital soll verbessert werden. Vorhaben: nBL.: alle Maßnahmen, die durchgeführt werden (auch Management- Hilfen und Kooperationen. aBL.: Erschließung neuer Geschäftsfelder, Nachfolgeregelungen, Brückenfinanzierungen bis zur Börseneinführung.	a) Kapitalbeteiligungsgesellschaften (Beteiligungsgeber) für Beteiligungen an kleinen und mittleren Unternehmen (Beteiligungsnehmer). b) Unternehmen der gewerblichen Wirtschaft.	a) Risikoübernahme: nBL.: max. 50% aBL.: max. 40% b) max. 5 Mio. EUR Absicherung: nBL.: max. 2,5 Mio. EUR aBL.: max. 2 Mio. EUR c) Beteiligung d) Zinssatz: 0,45% - 2,2% Auszahlung: 100% Laufzeit: 10 Jahre	Nicht mit anderen Risikoabsicherungs-instrumenten möglich.	i.d.R. über die Hausbank

Anhang 10: Übersicht der Internet-Adressen ausgewählter Förderinstitutionen

(Aufzählung nicht abschließend)

Deutschland

Förderinstitutionen und Quellen für Informationen zu Fördermitteln auf Bundesebene

Bundesagentur für Außenwirtschaft (BFAi)	www.bfai.de
Bundesministerium für Bildung und Forschung (BMBF)	www.bmbf.de
Bundesministerium für Finanzen (BMF)	www.bundesfinanzministerium.de
Bundesministerium für Umwelt, Naturschutz und Reaktorsicherheit (BMU)	www.bmu.de
Bundesministerium für Wirtschaft und Arbeit (BMWA)	www.bmwi.de
Bürgschaftsbank für Sozialwirtschaft GmbH	www.bbfs.de
Deutsche Ausgleichsbank (DtA)	www.dta.de
Deutsche Gesellschaft für Technische Zusammenarbeit (GTZ) GmbH	www.gtz.de
Deutsche Investitions- und Entwicklungsgesellschaft (DEG) mbH	www.deginvest.de
Deutschen Außenhandelskammern (AHK)	www.ahk.de
Deutscher Industrie- und Handelskammertag (DIHK)	www.dihk.de
Finanzverwaltungen	www.finanzamt.de
HERMES Kreditversicherungs-AG	www.hermes-kredit.com
Dienstleistungsportal des Bundes	www.bund.de
InnoRegio (für neue Bundesländern) – Bundesministerium für Bildung und Forschung (BMBF)	www.innoregio.de
Kreditanstalt für Wiederaufbau (KfW)	www.kfw.de
PricewaterhouseCoopers Deutschland	www.pwcglobal.com/de

Förderinstitutionen und Quellen für Informationen zu Fördermitteln auf Länderebene

Baden-Württemberg

Bürgschaftsbank Baden-Württemberg GmbH	www.buergschaftsbank.de
Finanzministerium des Landes Baden-Württemberg	www.finanzministerium.baden-wuerttemberg.de
Gesellschaft für internationale wirtschaftliche Zusammenarbeit Baden-Württemberg mbH	www.bw-invest.de
Landeskreditbank Baden-Württemberg (L-Bank)	www.l-bank.de
MBG Mittelständische Beteiligungsgesellschaft Baden-Württemberg GmbH	www.mbg.de
Wirtschaftsministerium Baden-Württemberg	www.wm.baden-wuerttemberg.de

Bayern

Bayerische Beteiligungsgesellschaft mbH (BayBG)	www.baybg.de
Bayerisches Staatsministerium der Finanzen	www.bayern.de/STMF
Bayerisches Staatsministerium für Wirtschaft, Verkehr und Technologie	www.stmwvt.bayern.de
Bayern Kapital Risikokapitalbeteiligungs GmbH	www.bayernkapital.de
Kredit-Garantiegemeinschaft des bayerischen Handwerks GmbH (KGG Handwerk)	www.kgg-handwerk.de
Kreditgarantiegemeinschaft für den Handel GmbH (KGG Handel)	www.kgg-handel.de
LfA Förderbank Bayern	www.lfa.de
Staatsministerium für Landesentwicklung und Umwelt	www.umweltministerium.bayern.de

Berlin

BBB Bürgschaftsbank zu Berlin-Brandenburg GmbH	www.buergschaftsbank-berlin.de
Investitionsbank Berlin	www.investitionsbank.de
Mittelständische Beteiligungsgesellschaft Berlin-Brandenburg (MBG)	www.mbg-bb.de
Senatsverwaltung für Finanzen	www.berlin.de/home/Land/SenFin
Senatsverwaltung für Wirtschaft, Arbeit und Frauen	www.berlin.de/senwiarbfrau
Wirtschaftsförderung Berlin GmbH	www.berlin.de/wirtschaftsfoerderungberlingmbh

Brandenburg

BC Brandenburg Capital GmbH	www.bc-capital.de
Bürgschaftsbank Brandenburg GmbH	www.buergschaftsbank-brandenburg.de
InvestitionsBank des Landes Brandenburg (ILB)	www.ilb.de
Ministerium der Finanzen des Landes Brandenburg	www.brandenburg.de/land/mdf
Ministerium für Wirtschaft des Landes Brandenburg	www.wirtschaft.brandenburg.de
Zukunftsagentur Brandenburg GmbH (ZAB)	www.zab-brandenburg.de

Bremen

BIG Gruppe: - Bremer Investitionsgesellschaft mbH - Bremer Wirtschaftsförderung GmbH (WIG) - Bremer Innovations-Agentur GmbH (BIA) - Bremer Aufbau Bank GmbH (BAB)	www.big-bremen.de
Bremerhavener Gesellschaft für Investitionsförderung und Stadtentwicklung mbH (BIS)	www.bis-bremerhaven.de
Bürgschaftsbank Bremen GmbH (BKG)	www.buergschaftsbank-bremen.de
Der Senator für Finanzen	www.bremen.de/info/sff/home.html
Senator für Wirtschaft und Häfen	www.bremen.de/wirtschaftssenator

Hamburg

Behörde für Wirtschaft und Arbeit	www.fhh.hamburg.de/coremedia/gener ator/Aktuell/behoerden/wirtschaft-arbeit
Beteiligungsgesellschaft Hamburg mbH (BTG)	www.btg-hamburg.de
Bürgschaftsgemeinschaft Hamburg GmbH	www.bg-hamburg.de
Finanzbehörde der Freien und Hansestadt Hamburg	www.hamburg.de/fhh/behoerden/finanz behoerde/steuerverwaltung
Hamburgische Gesellschaft für Wirtschaftsförderung mbH (HWF)	www.hamburg-economy.de

Hessen

Bürgschaftsbank Hessen GmbH	www.bb-h.de
Hessisches Staatsministerium der Finanzen	www.hmdf.hessen.de
Hessisches Ministerium für Wirtschaft, Verkehr und Landesentwicklung	www.wirtschaft.hessen.de
Investitionsbank Hessen AG (IBH)	www.hlt.de
Mittelständische Beteiligungsgesellschaft Hessen	www.ibh-hessen.de

Mecklenburg-Vorpommern

Bürgschaftsbank Mecklenburg-Vorpommern GmbH	www.buergschaftsbank-mv.de
Finanzministerium Mecklenburg-Vorpommern	www.fm.mv-regierung.de
Gesellschaft für Wirtschaftsförderung, Mecklenburg-Vorpommern	www.gfw-mv.de
Landesförderinstitut Mecklenburg-Vorpommern	www.lfi-mv.de
Mittelständische Beteiligungsgesellschaft Mecklenburg-Vorpommern mbH	www.mbmv.de
Wirtschaftsministerium, Mecklenburg-Vorpommern	www.wm.mv-regierung.de

Niedersachsen

Investitions- und Förderbank des Landes Niedersachsen	www.inbank.de
Mittelständische Beteiligungsgesellschaft Niedersachsen (MBG) mbH	www.nbb-hannover.de
Niedersächsische Bürgschaftsbank (NBB) GmbH	www.nbb-hannover.de
Niedersächsisches Finanzministerium	www.mf.niedersachsen.de
Niedersächsisches Ministerium für Wirtschaft, Technologie und Verkehr	www.mw.niedersachsen.de

Nordrhein-Westfalen

Bürgschaftsbank Nordrhein-Westfalen GmbH	www.bb-nrw.de
Investitionsbank Nordrhein-Westfalen	www.lbnrw.de
Ministerium für Verkehr, Energie und Landesplanung des Landes Nordrhein-Westfalen	www.mwmtv.nrw.de
Portalseite der Finanzämter des Landes Nordrhein-Westfalen	www.finanzamt.nrw.de
Rationalisierungs- und Innovationszentrum Nordrhein-Westfalen e.V. (RKW NRW)	www.rkw-nrw.de

Rheinland-Pfalz

Investitions- und Strukturbank Rheinland-Pfalz (ISB) GmbH	www.isb.rlp.de
Kredit-Garantiegemeinschaft des rheinland-pfälzischen Handwerks GmbH	www.kgg-rlp.de
Ministerium der Finanzen des Landes Rheinland-Pfalz	www.fm.rlp.de
Ministerium für Wirtschaft, Verkehr, Landwirtschaft und Weinbau	www.mwvlw.rlp.de
Wirtschaftsförderungs-, beratungs-, Informations-, und Entwicklungsgesellschaften	www.landschafft.rlp.de/gesellschaften regional.htm www.landschafft.rlp.de/gesellschaften land.htm

Saarland

Bürgschaftsbank Saarland GmbH	www.bbs-saar.de
Bürgschaftsgesellschaft des saarländischen Handwerks mbH	www.bghw-saar.de
Ministerium für Finanzen und Bundesangelegenheiten	www.finanzen.saarland.de
Ministerium für Wirtschaft	www.wirtschaft.saarland.de
Saarländische Kapitalbeteiligungsgesellschaft mbH (KBG)	www.kbg-saar.de
Saarländische Wagnisfinanzierungsgesellschaft mbH	www.swgmbh.de
Strukturholding Saar GmbH (SHS)	www.strukturholding.de
Zentrale für Produktivität und Technologie (ZPT) Saar e.V.	www.zpt.de

Sachsen

Bürgschaftsbank Sachsen GmbH	www.bbs-sachsen.de
Mittelständische Beteiligungsgesellschaft Sachsen mbH	www.mbg-sachsen.de
Sachsen LB Corporate Finance Holding GmbH (CFH)	www.cfh.de
Sächsisches Aufbaubank GmbH (SAB)	www.sab.sachsen.de
Sächsisches Staatsministerium der Finanzen	www.sachsen.de/de/bf/staatsregierung/ministerien/smf/index.html
Staatsministerium für Wirtschaft und Arbeit	www.smwa.sachsen.de
Wirtschaftsförderung Sachsen GmbH	www.wfs.sachsen.de

Sachsen-Anhalt

Bürgschaftsbank Sachsen-Anhalt GmbH	www.bb-sachsen-anhalt.de
Landesförderinstitut Sachsen-Anhalt (LFI)	www.lfi-lsa.de
Ministerium der Finanzen des Landes Sachsen-Anhalt	www.fm.sachsen-anhalt.de
Ministerium für Wirtschaft und Arbeit Sachsen-Anhalt	www.mw.sachsen-anhalt.de
Mittelständische Beteiligungsgesellschaft Sachsen-Anhalt mbH	www.mbg-sachsen-anhalt.de
Wirtschaftsförderungsgesellschaft für das Land Sachsen-Anhalt mbH	www.wisa.de

Schleswig-Holstein

Bürgschaftsbank Schleswig-Holstein GmbH	www.buergschaftsbank-sh.de
Gesellschaft für Wagniskapital Mittelständische Beteiligungsgesellschaft Schleswig-Holstein GmbH (MBG)	www.mbg-sh.de
Investitionsbank Schleswig-Holstein	www.ib-sh.de
Ministerium für Finanzen und Energie des Landes Schleswig-Holstein	www.finanzministerium.schleswig-holstein.de
Ministerium für Wirtschaft, Technologie und Verkehr	www.schleswig-holstein.de

Thüringen

Bürgschaftsbank Thüringen GmbH (BBT)	www.bb-thueringen.de
Landesentwicklungsgesellschaft Thüringen mbH (LEG)	www.leg-thueringen.de
Mittelständische Beteiligungsgesellschaft Thüringen	http://mbg.thueringen-online.de
Stiftung für Technologie- und Innovationsförderung Thüringen	www.stift-thueringen.de
Thüringer Außenwirtschaftsfördergesellschaft mbH (TAF)	www.taf-thueringen.de
Thüringer Finanzministerium	www.thueringen.de/tfm
Thüringer Ministerium für Wirtschaft, Arbeit und Infrastruktur	www.th-online.de
Thüringer Aufbaubank	www.tab.th-online.de

EU

Förderinstitutionen und Quellen für Informationen zu Fördermitteln auf europäischer Ebene

Die Vertretung der Europäischen Kommission in Deutschland	www.eu-kommission.de
Entwicklungsbank des Europarates (EBE)	www.coebank.org
Europäische Bank für Wiederaufbau und Entwicklung (EBRD)	www.ebrd.com
Europäische Investitionsbank (EIB)	www.eib.org
Europäischer Investitionsfund (EIF)	www.eif.org
Europäische Union	www.europa.eu.int

Anhang 11: Anmeldung zur Eintragung einer Marke

(1) An das
Deutsche Patent- und Markenamt
Markenabteilungen
81534 München

DEUTSCHES PATENT- UND MARKENAMT
Bitte beachten Sie die Hinweise zum Ausfüllen dieses Formulars auch im Internet (http://www.dpma.de)
Schattierte Felder werden vom Deutschen Patent- und Markenamt ausgefüllt

(1) Sendungen des Deutschen Patent- und Markenamts sind zu richten an:

Name/Firma
Str./Haus-Nr.
PLZ/Ort
ggf. Postf.

Anmeldung zur Eintragung einer Marke in das Register

3

☐ **TELEFAX** vorab am

Aktenzeichen

(2) Geschäftszeichen des Anmelders/Vertreters (max. 20 Stellen) | Telefon-Nr. des Anm./Vertr. | Telefax-Nr. des Anm./Vertr. | Datum

(3) Der obengenannte Empfänger in Feld (1) ist   ggf. Nr. der Allgemeinen Vollmacht
☐ Anmelder   ☐ Zustellungsbevollmächtigter   ☐ Vertreter

(4) **Anmelder**   **Vertreter** (falls vorhanden)
Name/Firma
Str./Haus-Nr.
PLZ/Ort
ggf. Postf.,
wenn abweichend von
Feld (1)

Anmeldercode-Nr.   Vertretercode-Nr.   Zustelladresscode-Nr.

(5) **Wiedergabe der Marke**
☐ siehe Anlage
☐ Farbige Eintragung mit folgenden Farben: ☐ Eintragung schwarz/weiß

(6) **Zur Markenform werden folgende Angaben gemacht** *(bitte nur ein Feld ankreuzen):*
☐ Wortmarke (in der vom Patent- und Markenamt verwendeten Druckschrift)   ☐ Dreidimensionale Marke
☐ Bildmarke; Wort-/Bildmarke (in der vom Anmelder gewählten graphischen Wiedergabe)   ☐ Hörmarke
☐ Sonstige Markenform   ☐ Kennfadenmarke

(7) ☐ **Antrag auf beschleunigte Prüfung** nach § 38 Markengesetz (gebührenpflichtig)

(8) **Verzeichnis der Waren/Dienstleistungen** *(in der Reihenfolge der Klasseneinteilung geordnet)* ☐ siehe Anlage
Klasse: Bezeichnung:

Leitklassenvorschlag des Anmelders:

(9) ☐ **Es wird die Eintragung als Kollektivmarke (§§ 97 ff. Markengesetz) beantragt**

(10) **Priorität** ☐ ausländische Priorität *(Datum, Staat, Aktenzeichen)* ☐ Ausstellungspriorität *(Bezeichg. d. Ausstellg., Messe und Tag der erstmaligen Zurschaustellung)*

(11) ☐ **Die Anmeldung wird auf Artikel 6 quinquies der PVÜ (Telle-quelle-Marke) gestützt**

(12) **Gebührenzahlung**

Erläuterung und Kostenhinweise s. Rückseite

EUR   Anmeldegebühr (einschl. bis zu 3 Klassen)   ☐ Erteilung einer **Einzugsermächtigung** von einem Inlandskonto (**A 9507**) *ist beigefügt*

EUR   Klassengebühr(en) (für jede weitere ab der vierten Klasse)   ☐ **Überweisung** auf ein Konto der Zahlstelle (nach Erhalt der Empfangsbescheinigung)

EUR   Beschleunigungsgebühr   ☐ **Abbuchung** von meinem/unserem Abbuchungskonto bei der Dresdner Bank AG, München

EUR   Insgesamt   **Abbuchungsauftrag (V 1244)** *ist beigefügt*

Die Gebühren sind **innerhalb von 3 Monaten** nach Einreichung der Anmeldung zu zahlen (siehe Kostenhinweise)

Anlagen
1. ☐ Vier übereinstimmende zweidimensionale graphische Wiedergaben der Marke (außer bei der Anmeldung einer Wortmarke)
2. ☐ Klangliche Wiedergabe bei Anmeldung der Hörmarke
3. ☐ Beschreibung der Marke
4. ☐ Verzeichnis der Waren/Dienstleistungen (sofern die Aufzählung nicht bereits in Feld 8 wiedergegeben ist)
5. ☐ Markensatzung (bei Kollektivmarke)
6. ☐ Prioritätsbescheinigung
7. ☐ Vertretervollmacht
8. ☐ Einzugsermächtigung
9. ☐ Abbuchungsauftrag
10. ☐

Unterschrift(en) (ggf. Firmenstempel)

Anhang 12: Anmeldung einer Gemeinschaftsmarke

Harmonisierungsamt für den Binnenmarkt (HABM)

Avenida de Europa, 4
Apartado de Correos 77
E – 03080 Alicante

Tel. +34 – 965 139 100
Fax +34 – 965 131 344

HABM FORMULAR – DE
V 2.4 – 11/2001

ANMELDUNG EINER GEMEINSCHAFTSMARKE

| *Nicht vom Anmelder auszufüllen:*
 - Eingang im Amt eines Mitgliedstaates oder Benelux
 - Eingang im HABM | **Für das nationale Amt**
 ————————
 Für das HABM | Eingangsdatum
 __/__/____
 __/__/____ | Anzahl der Seiten |

Zeichen des Anmelders/Vertreters (nicht mehr als 20 Stellen)

1 _

Sprachen

² *Geben Sie eine Sprache an – obligatorisch*   Erste Sprache

2   ☐ ES ☐ DA ☐ DE ☐ EL ☐ EN ☐ FR ☐ IT ☐ NL ☐ PT ☐ FI ☐ SV

³ *Geben Sie eine weitere Sprache an, die von der ersten verschieden sein muß – obligatorisch*   Zweite Sprache

3   ☐ ES ☐ DE ☐ EN ☐ FR ☐ IT

Anmelder

⁴ *Wenn Sie eine ID-Nummer angeben, sind außer dem Namen einer juristischen Person bzw. Familien- und Vornamen einer natürlichen Person keine weiteren Angaben erforderlich. Andernfalls oder bei mehreren Anmeldern müssen Sie Seite 5 ausfüllen*   ID-Nummer

4   ☐ angegeben   Nr. _ _ _ _ _ _ _   ☐ nicht angegeben, siehe Seite 5

Name zu Prüfzwecken

5

Berufsmäßige Vertretung

⁶ *Eines dieser Kästchen ankreuzen, wenn ein Vertreter benannt wird*   Art

6   ☐ Zusammenschluß   ☐ Rechtsanwalt   ☐ zugelassener Vertreter

⁷ *Angeben, falls verfügbar. Wenn ID-Nummer nicht angegeben wird oder bei mehreren Vertretern Seite 6 ausfüllen*   ID-Nummer

7   ☐ angegeben   Nr. _ _ _ _ _ _ _   ☐ nicht angegeben, siehe Seite 6

⁸ *Name des Zusammenschlusses oder Familien- und Vornamen der natürlichen Person*   Name zu Prüfzwecken

8   ....

Vertretung durch Angestellte

⁹ *Eines dieser Kästchen ankreuzen, wenn ein angestellter Vertreter benannt wird*   Art

9   ☐ Angestellter des Anmelders   ☐ Angestellter einer mit dem Anmelder wirtschaftlich verbundenen juristischen Person

¹⁰ *Angeben, falls verfügbar. Wenn ID-Nummer nicht angegeben wird oder bei mehreren Vertretern Seite 6 ausfüllen*   ID-Nummer

10   ☐ angegeben   Nr. _ _ _ _ _ _ _   ☐ nicht angegeben, siehe Seite 6

Familiennamen und Vornamen zu Prüfzwecken

11   ....

Vollmacht

¹² *Dieses Kästchen ankreuzen, wenn das HABM bereits im Besitz einer Vollmacht ist*   Vollmacht liegt vor

12   ☐ liegt bereits vor

¹³ *Angeben, falls verfügbar*   ID-Nummer

13   ☐ angegeben   Nr. P _ _ _ _ _ _ _

¹⁴ *Eines dieser Kästchen ankreuzen, wenn bisher keine Vollmacht vorlag*   Vollmacht liegt nicht vor

14   ☐ beigefügt   ☐ folgt

Unterschrift

¹⁵ *Freigestellt (TT.MM.JJJJ)*   Datum der Unterschrift

15   __/__/____

¹⁶ *Obligatorisch*   Unterschrift

16   ....

¹⁷ *Namen des/der Unterzeichnenden angeben*   Familien-, Vornamen

17   ....

¹⁸ *Zutreffendes ankreuzen*   Eigenschaft des/der Unterzeichnenden

18   ☐ Rechtsanwalt   ☐ zugelassener Vertreter
     ☐ angestellter Vertreter
     ☐ Anmelder

¹⁹ *Wenn Sie für den Anmelder (juristische Person) selbst unterzeichnen, geben Sie Ihre Stellung (z.B. Vorstand, Geschäftsführer) an*   Stellung

19   ....

Anzahl der Blätter

²⁰ *Gesamtzahl der Blätter einschließlich Anlagen*

20   _ _

Anhang 12

ANMELDUNG EINER GEMEINSCHAFTSMARKE

	Gebühren			
21 Gebühren siehe gültige Gebühren-verordnung	Grundgebühr für die Anmeldung	21		.... Euro
	Klassengebühren bei mehr als drei Klassen	22	Klassen —————— über drei **X**	Klassen- —————— gebühr .... Euro
	Gesamtsumme der Gebühren	23	Gesamtsumme der Gebühren	.... Euro

	Zahlung der Gebühren		
24 Bei Abbuchung von einem laufenden Konto beim HABM hier ankreuzen und die Kontonummer angeben	Durch laufendes Konto beim HABM	24	☐ von laufendem Konto des Anmelders/Vertreters beim HABM abbuchen Nr. _ _ _ _ _ _ _
25 Geben Sie an, wann die Gebühren abgebucht werden sollen		25	☐ Grundgebühr sofort abbuchen ☐ Grundgebühr einen Monat nach dem Eingangsdatum abbuchen ☐ Klassengebühr zusammen mit der Grundgebühr abbuchen
26 Dieses Kästchen ankreuzen, wenn das laufende Konto beim HABM nicht benutzt werden soll. Geben Sie in diesem Fall nachstehend die Zahlungsweise an		26	☐ mein laufendes Konto beim HABM nicht verwenden
27 Bei Überweisung/Einzahlung: Konto ankreuzen	Durch Überweisung/ Einzahlung auf ein Konto des HABM	27	☐ Überweisung auf HABM-Konto Banco Bilbao Vizcaya Argentaria 0182-5596-0092222222-90 Swift code: BBVAESMM
28 Überweisungsdatum (TT/MM/JJJJ) angeben		28	☐ Überweisungsdatum ___/___/_____
	Durch beigefügten Scheck	29	☐ Scheck beigefügt
	Zahlung erfolgt später	30	☐ Zahlung erfolgt im Laufe des Monats

Prüfen Sie, ob das Formblatt auf Seite 1 unterschrieben wurde

822

ANMELDUNG EINER GEMEINSCHAFTSMARKE

Kreuzen Sie die zutreffende Markenform an: **Wiedergabe der Marke**

31 Wortmarke = maschinengeschriebene Marke (Standardschrift) ohne besondere graphische Elemente | **Markenform**

31 ☐ Wortmarke

32 Wortmarke angeben | **Wiedergabe der Wortmarke** 32 ☐

33 Bildmarke = spezielle Darstellung verbaler oder graphischer Merkmale oder Kombination verbaler und graphischer Elemente, ob in Farbe oder nicht

33 ☐ Bildmarke

34 ☐ dreidimensionale Marke

35 Farbmarke = Marke, die NUR aus einer oder mehreren Farben an sich, unabhängig von der Form und Zusammenstellung besteht

35 ☐ Farbmarke

36 ☐ Hörmarke

37 ☐ sonstige

38 Machen Sie genauere Angaben zu der sonstigen Markenform | **Angabe der sonstigen Markenform** 38

39 Wiedergabe der Marke auf DIN A4-Blatt beifügen und Kästchen ankreuzen (außer bei Wortmarken) | **Wiedergabe der Marke** 39 ☐ beigefügt

40 Kreuzen Sie hier an, wenn die Marke in Farbe beansprucht wird. Freigestellt für Bild- oder dreidimensionale Marken. Für Farbmarken obligatorisch | **Farbe** 40 ☐ wird beansprucht

41 Farben angeben | **Angabe der Farben** 41

42 Freigestellt | **Übersetzungen in zweite und weitere Sprachen** 42 ☐ beigefügt

43 Freigestellt, für Farbmarken und sonstige Marken empfohlen; auch empfohlen für dreidimensionale Marken, bei denen die Form, Struktur usw. nicht ohne weiteres ersichtlich ist | **Beschreibung der Marke** 43

44 Freigestellt | **Übersetzungen in zweite und weitere Sprachen** 44 ☐ beigefügt

45 Freigestellt | **Disclaimer** 45
Erklärung über Bestandteile der Marke, an denen keine ausschließlichen Rechte in Anspruch genommen werden (Disclaimer)

46 Freigestellt | **Übersetzungen in zweite und weitere Sprachen** 46 ☐ beigefügt

47 Angaben, falls zutreffend | **Kollektivmarke**

47 ☐ Kollektivmarke

Markensatzung für die Benutzung der Marke 48 ☐ beigefügt ☐ folgt

Prüfen Sie, ob das Formblatt auf Seite 1 unterschrieben wurde

823

Anhang 12

ANMELDUNG EINER GEMEINSCHAFTSMARKE

49 Die Waren/Dienstleistungen sollten nach den Klassen der Nizzaer Klassifikation zusammengefaßt und in numerischer Reihenfolge der Klassennummern angeordnet werden. Bei den Angaben sollte die Terminologie des Nizzaer Abkommens einschließlich der Alphabetischen Liste verwendet werden. Wenn der Platz nicht ausreicht, fügen Sie stattdessen eine Anlage bei

49 Klasse Nr.

Verzeichnis der Waren und Dienstleistungen ☐ beigefügt

50 Falls eine Gemeinschaftsmarke für die Waren/Dienstleistungen bereits angemeldet oder eingetragen wurde, geben Sie deren Nummer an

Nummer 50 _ _ _ _ _ _ _

51 Freigestellt

Übersetzungen in zweite und weitere Sprachen 51 ☐ beigefügt ☐ folgt

Prüfen Sie, ob das Formblatt auf Seite 1 unterschrieben wurde

824

**Füllen Sie diese Seite <u>nur</u> aus, wenn die
Angaben auf Seite 1 nicht ausreichen**

ANMELDUNG EINER GEMEINSCHAFTSMARKE

Anmelder

[52] *Hier ankreuzen, wenn der Anmelder eine juristische Person oder eine gleichgestellte juristische Einheit ist*

Anmelder   52 ☐ juristische Person

[53] *Geben Sie den offiziellen Namen einschließlich Rechtsform an*

Name der juristischen Person   53

[54] *Andere gebräuchliche Bezeichnung angeben – freigestellt*

Andere Bezeichnung der juristische Person   54 ....

[55] *Staat angeben, in dem die juristische Person ihren Sitz hat*

Staat, in dem die juristische Person ihren Sitz hat   55 ....

[56] *Ggf. Bundes- / Einzelstaat angeben, in dem die Gesellschaft eingetragen wurde*

Bundes- / Einzelstaat   56 ....

Oder

[57] *Dieses Kästchen ankreuzen, wenn der Anmelder eine **natürliche Person** ist*

Anmelder   57 ☐ natürliche Person

[58-59] *Familien- und Vornamen des Anmelders angeben*

Familiennamen   58 ....

Vornamen   59 ....

[60] *Anderer Name (Firma, Künstlername, Pseudonym ...) – freigestellt*

Andere Bezeichnung   60 ....

Staatsangehörigkeit   61 ....

[62-68] *Sowohl von juristischen, als auch von natürlichen Personen auszufüllen*

Adresse

Straße und Hausnummer   62 ....

[63] *Bundesstaat/Provinz*

Postleitzahl und Ort (Bundesstaat/Provinz)   63 ....

Staat   64 ....

[65] *Falls anderslautend als oben, z.B. Postfach, Postleitzahl und Ort*

Postanschrift   65

Telefonnummern   66 ....

Telefaxnummern   67 ....

E-Mail   68 ....

Mehrere Anmelder

[69] *Bei mehreren Anmeldern kreuzen Sie hier an, und machen Sie die Angaben für jeden einzelnen Anmelder auf einer Kopie dieser Seite*

   69 ☐ Mehrere Anmelder, siehe Anlage

Prüfen Sie, ob das Formblatt auf Seite 1 unterschrieben wurde

Anhang 12

**Füllen Sie diese Seite <u>nur</u> aus, wenn die
Angaben auf Seite 1 nicht ausreichen**

ANMELDUNG EINER GEMEINSCHAFTSMARKE

Berufsmäßige Vertretung

Form und Name

70 Hier ankreuzen und	Zusammenschluß (Sozietät)	70	☐ Zusammenschluß von Vertretern
71 Namen des Zusammenschlusses angeben oder	Name des Zusammenschlusses	71	....
72 Hier ankreuzen und	Natürliche Person	72	☐ Rechtsanwalt ☐ zugelassener Vertreter
73 Namen des Vertreters angeben	Familiennamen	73	....
74 Vornamen des Vertreters angeben	Vornamen	74	....

Geschäftsanschrift

75 Oder vergleichbare Angaben	Straße und Hausnummer	75	....
76 Bundesstaat/Provinz	Postleitzahl und Ort (Bundesstaat/Provinz)	76	....
	Staat	77	....
78 Falls anderslautend als oben, z.B. Postfach, Postleitzahl und Ort	Postanschrift	78	
	Telefonnummern	79	....
	Telefaxnummern	80	....
	E-Mail	81	....

Mehrere Vertreter

82 Bei mehreren Vertretern kreuzen Sie hier an, und machen Sie die Angaben für jeden einzelnen Vertreter auf einer Kopie dieser Seite

82 ☐ mehrere Vertreter, siehe Anlage

Angestellter Vertreter ☐

83 Familiennamen angeben	Familiennamen	83	....
84 Vornamen angeben	Vornamen	84	....

85 Dieses Kästchen ankreuzen, wenn die Vertretung auf der Grundlage wirtschaftlicher Verbindungen erfolgt

Angestellter Vertreter (wirtschaftl. Verbindungen) 85 ☐

86 Art der wirtschaftlichen Verbindungen angeben (obligatorisch)	Art der wirtschaftlichen Verbindungen	86	....
87 Namen des Arbeitgebers angeben	Namen des Arbeitgebers	87	....
Anschrift des Arbeitgebers angeben	Anschrift		
88 Oder vergleichbare Angaben	Straße und Hausnummer	88	....
89 Bundesstaat/Provinz	Postleitzahl und Ort (Bundesstaat/Provinz)	89	....
	Staat	90	
91 Falls anderslautend als oben, z.B. Postfach, Postleitzahl und Ort	Postanschrift	91	
	Telefonnummer	93	....
	Telefaxnummer	94	....
	E-Mail	95	....

Prüfen Sie, ob das Formblatt auf Seite 1 unterschrieben wurde

826

ANMELDUNG EINER GEMEINSCHAFTSMARKE

Priorität

⁹⁴ *Dieses Kästchen ankreuzen, wenn eine Priorität (Pariser Verbandsübereinkunft oder TRIPS-Übereinkommen) in Anspruch genommen wird*

Priorität   96 ☐ wird in Anspruch genommen

Staat der Erstanmeldung   97 ....

⁹⁸ *(TT.MM.JJJJ)*

Tag der Erstanmeldung   98 ___/___/_____

Aktenzeichen   99 _ _ _ _ _ _ _ _ _

¹⁰⁰*Zutreffendes Kästchen ankreuzen*

100 ☐ vollständige Priorität : die Priorität wird für alle Waren/Dienstleistungen dieser Anmeldung in Anspruch genommen

☐ teilweise Priorität : die Priorität wird nur für folgende Waren/Dienstleistungen in Anspruch genommen:

¹⁰¹*Wird die Priorität nur für einen Teil der Waren und Dienstleistungen der Gemeinschaftsmarkenanmeldung in Anspruch genommen, so führen Sie diese insoweit nebenstehend auf. Bei Platzmangel verwenden Sie stattdessen eine Anlage*

101 Klasse Nr. | Waren/Dienstleistungen der Gemeinschaftsmarkenanmeldung   ☐ beigefügt

Prioritätsunterlagen

¹⁰²*Eines dieser Kästchen ankreuzen*

Kopie der Erstanmeldung   102 ☐ beigefügt   ☐ folgt

¹⁰³*Die Sprachen des Amtes sind ES, DE, EN, FR, IT*

Übersetzung der Erstanmeldung in eine der Sprachen des Amtes   103 ☐ beigefügt   ☐ folgt

¹⁰⁴*Wenn Sie mehrere Prioritäten in Anspruch nehmen, kreuzen Sie hier an, und machen Sie die entsprechenden Angaben in einer Anlage*

Mehrere Prioritäten   104 ☐ in Anspruch genommen

¹⁰⁵*Nehmen Sie eine Ausstellungspriorität in Anspruch, kreuzen Sie hier an, und fügen Sie Einzelheiten bei*

Ausstellungspriorität   105 ☐ in Anspruch genommen

Prüfen Sie, ob das Formblatt auf Seite 1 unterschrieben wurde

827

ANMELDUNG EINER GEMEINSCHAFTSMARKE

[106]*Ankreuzen, wenn Sie den Zeitrang (Seniorität) von nationalen Marken in Anspruch nehmen*	**Zeitrang (Seniorität)** **Zeitrang**	106 ☐ wird in Anspruch genommen	

[107]*Zutreffendes ankreuzen*   Art der Eintragung   107 ☐ nationale Eintragung in Mitgliedstaat   ☐ internationale Registrierung mit Wirkung für einen Mitgliedstaat

[108]*Mitgliedstaat angeben*   Mitgliedstaat

108 ☐ BX – Benelux   ☐ DK – Dänemark   ☐ DE – Deutschland

☐ EL – Griechenland   ☐ ES – Spanien   ☐ FR – Frankreich

☐ IE – Irland   ☐ IT – Italien   ☐ AT – Österreich

☐ PT – Portugal   ☐ SF – Finnland   ☐ SV – Schweden

☐ GB – Vereinigtes Königreich

[109]*Ggf. Prioritätstag angeben*   Prioritätstag   109 ___/___/_____

[110]*Anmeldetag angeben*   Anmeldetag   110 ___/___/_____

[111]*Aktenzeichen angeben*   Anmeldenummer   111 ....

[112]*Eintragungsdatum angeben*   Eintragungsdatum   112 ___/___/_____

[113]*Eintragungsnummer angeben*   Eintragungsnummer   113 ....

[114]*Eines dieser Kästchen ankreuzen*

114 Vollständiger Zeitranganspruch   ☐ der Zeitrang wird für alle in der älteren Eintragung enthaltenen Waren und Dienstleistungen in Anspruch genommen

Teilweiser Zeitranganspruch   ☐ der Zeitrang wird für alle in der älteren Eintragung enthaltenen Waren und Dienstleistungen in Anspruch genommen, sofern sie auch in der Gemeinschaftsmarkenanmeldung enthalten sind

☐ der Zeitrang wird für folgende Waren und Dienstleistungen der früheren Eintragung in Anspruch genommen:

[115]*Wenn der Zeitrang nicht für alle Waren/ Dienstleistungen in Anspruch genommen wird, die sowohl in der älteren Eintragung, als auch in der Gemeinschafts-markenanmeldung enthalten sind, so führen Sie nebenstehend die Waren/ Dienstleistungen auf, für die der Zeitrang in Anspruch genommen wird*

115 Klasse Nr.   Verzeichnis der Waren/Dienstleistungen   ☐ beigefügt

Nachweise über den Zeitrang

[116]*Zutreffendes ankreuzen*   Kopie der älteren Eintragung oder anderes geeignetes Dokument   116 ☐ beigefügt   ☐ folgt

[117]*Wenn Sie die Zeiträge mehrerer Marken in Anspruch nehmen, kreuzen Sie hier an und machen Sie die entsprechenden Angaben über die zusätzlichen Zeiträge in einer Anlage*   **Mehrfacher Zeitrang**   117 ☐ wird in Anspruch genommen

Prüfen Sie, ob das Formblatt auf Seite 1 unterschrieben wurde

Anhang 13: Internationale Registrierung einer Marke

An das
Deutsche Patent- und Markenamt
Markenabteilungen

81534 München

DEUTSCHES PATENT- UND MARKENAMT

(1) Name/Firma Str./Haus-Nr. PLZ/Ort ggf. Postf.

Sendungen des Deutschen Patent- und Markenamts sind zu richten an:

Internationale Registrierung einer Marke | **IR**

☐ **TELEFAX** vorab am

Aktenzeichen der Basismarke/-anmeldung

(Bitte bei Aktenzeichen ab 394.... alle neun Stellen angeben)

(2)

Zeichen des Antragstellers/Vertreters (max. 20 Stellen)	Telefon-Nr. des Ast./Vertr.	Telefax-Nr. des Ast./Vertr.	Datum

(3) Der obengenannte Empfänger in Feld (1) ist — ggf. Nr. der Allgemeinen Vollmacht

☐ Antragsteller   ☐ Zustellungsbevollmächtigter   ☐ Vertreter

(4) Name/Firma Str./Haus-Nr. PLZ/Ort ggf. Postf wenn abweichend von Feld (1)

Antragsteller   **Vertreter**

(5) **Folgendes Antragsformblatt der WIPO/OMPI ist in zweifacher Ausfertigung ausgefüllt beigefügt:**

☐ MM1,   ☐ MM2 (F),   ☐ MM2 (E),   ☐ MM3 (F)*   ☐ MM3 (E)*

* Achtung! Unbedingt ausfüllen, wenn ein Gesuch aufgrund der WIPO/OMPI - Vordrucke MM3 (F) oder MM3 (E) gestellt wird **und** die Basismarke noch nicht im Register eingetragen ist:

a) ☐ Das Gesuch soll auf der Grundlage des PMMA weiterbearbeitet werden, d.h. Weiterleitung des Gesuchs an das Internationale Büro schon **vor** Eintragung der Basismarke, aber **ohne** die beanspruchten Vertragsparteien, die (auch) dem MMA angehören.

b) ☐ Das Gesuch soll auf der Grundlage sowohl des MMA als auch des PMMA weiterbearbeitet werden, d.h. Weiterleitung des Gesuchs **nach** Eintragung der Basismarke mit **allen** benannten Vertragsparteien.

Werden hierzu keine Angaben gemacht, verfährt das Deutsche Patent- und Markenamt gemäß Buchstabe a).

(6) **Bei Bildmarken bzw. dreidimensionalen Marken:**
Folgende Abbildungen sind beigefügt
(Bitte zulässige Größe beachten: mindestens 1,5 cm x 1,5 cm und maximal 8 cm x 8 cm)

☐ 6 Abbildungen der Marke in Schwarz-weiß (wenn die Marke international schwarz-weiß geschützt werden soll)

☐ 6 Abbildungen der Marke in Farbe (wenn die Marke international in Farbe geschützt werden soll; Achtung: Dies ist nur möglich, wenn die Basismarke farbig eingetragen bzw. angemeldet ist. Bitte Farbangaben nicht vergessen).

(7) **Zum Nachweis der Zahlung der internationalen Gebühren an die WIPO/OMPI, Genf**

☐ ist OMPI-Quittung beigefügt.   ☐ ist Kopie des Schecks beigefügt.   ☐ ist Post- bzw. Bankbestätigung beigefügt.

☐ Die Gebühren sollen abgebucht werden von meinem Kontokorrentkonto bei der OMPI Nr.

(8) **Die nationale Gebühr in Höhe von EUR 180.-- wurde entrichtet durch:**

☐ Erteilung einer **Einzugsermächtigung** von einem Inlandskonto **(A 9507)** *ist beigefügt*

☐ **Überweisung** auf ein Konto der Zahlstelle

☐ Abbuchung von meinem/unserem Abbuchungskonto bei der Dresdner Bank AG, München; **Abbuchungsauftrag (V 1244)** *ist beigefügt*

M 8005
1.02

Unterschrift

Anhang 14: Demand d'enregistrement international

MM1(F)

ARRANGEMENT ET PROTOCOLE DE MADRID

CONCERNANT L'ENREGISTREMENT INTERNATIONAL DES MARQUES

DEMANDE D'ENREGISTREMENT INTERNATIONAL RELEVANT

EXCLUSIVEMENT DE L'ARRANGEMENT DE MADRID

(Règle 9 du règlement d'exécution commun)

Organisation Mondiale de la Propriété Intellectuelle
34, chemin des Colombettes, Case postale 18,
1211 Genève 20, Suisse
Tél. : (41-22) 338 9111
Télécopieur (Registre international des marques) : (41-22) 740 1429
Messagerie électronique : intreg.mail@wipo.int – Internet : http://www.ompi.int

Demand d'enregistrement international

MM1(F)

**DEMANDE D'ENREGISTREMENT INTERNATIONAL
RELEVANT EXCLUSIVEMENT DE L'ARRANGEMENT DE MADRID**

À remplir par le déposant	À remplir par le déposant/l'Office
La présente demande comprend le nombre suivant de feuilles supplémentaires :	Référence du déposant : .... Référence de l'Office : ....

1 ÉTAT CONTRACTANT DONT L'OFFICE EST L'OFFICE D'ORIGINE

....

2 DÉPOSANT

a) Nom : ....

b) Adresse : ....

c) Adresse pour la correspondance : ....

d) Téléphone : .... Télécopieur : ....

Adresse électronique : ....

3 QUALIFICATION POUR DÉPOSER

a) Indiquer en cochant la case appropriée :

i) ☐ si le déposant a un établissement industriel ou commercial effectif et sérieux dans l'État contractant mentionné à la rubrique 1;

ii) ☐ à défaut d'un tel établissement dans une partie contractante de l'Arrangement, si le déposant est domicilié dans l'État contractant mentionné à la rubrique 1;

iii) ☐ à défaut d'un tel établissement ou d'un tel domicile dans une partie contractante de l'Arrangement, si le déposant est ressortissant de l'État contractant mentionné à la rubrique 1.

b) Lorsque l'adresse du déposant donnée à la rubrique 2.b) n'est pas dans l'État contractant mentionné à la rubrique 1, indiquer dans l'espace prévu ci-dessous :

i) si la case correspondant à l'alinéa a)i) de la présente rubrique a été cochée, l'adresse de l'établissement industriel ou commercial du déposant dans cet État, ou,

ii) si la case correspondant à l'alinéa a)ii) de la présente rubrique a été cochée, le domicile du déposant dans cet État.

....

....

4 CONSTITUTION D'UN MANDATAIRE (le cas échéant)

Nom : ....

Adresse : ....

Téléphone : .... Télécopieur : ....

Adresse électronique : ....

831

5 ENREGISTREMENT DE BASE

Numéro de l'enregistrement de base : ....

Date de l'enregistrement de base : .... (jj/mm/aaaa)

6 PRIORITÉ REVENDIQUÉE

☐ Le déposant revendique la priorité du dépôt antérieur mentionné ci-dessous :

Office auprès duquel le dépôt antérieur a été effectué : ....

Numéro du dépôt antérieur (s'il est disponible) : ....

Date du dépôt antérieur : .... (jj/mm/aaaa)

Si la revendication de priorité ne s'applique pas à la totalité des produits et services énumérés à la rubrique 10 du présent formulaire, indiquer ci-dessous les produits et services pour lesquels la priorité est revendiquée.

....

....

....

....

....

7 LA MARQUE

a) Placer la reproduction de la marque, telle qu'elle figure dans l'enregistrement de base, dans le carré ci-dessous.

b) Si la reproduction au point a) est en noir et blanc et que la couleur est revendiquée à la rubrique 8 du présent formulaire, placer une reproduction couleur de la marque dans le carré ci-dessous

c) ☐ Le déposant déclare qu'il souhaite que la marque soit considérée comme une marque en caractères standard.

Lorsque l'Office d'origine a adressé ce formulaire par télécopieur, le présent espace doit être complété avant d'adresser l'original de cette page au Bureau international.
Numéro de l'enregistrement de base ou numéro de référence de l'Office indiqué sur la première page du formulaire :

....

Signature par l'Office d'origine : ....

8 COULEUR(S) REVENDIQUÉE(S)

a) ☐ Le déposant revendique la couleur comme élément distinctif de la marque.

Couleur ou combinaison de couleurs revendiquée : ....
....
....

b) Indication, pour chaque couleur, des parties principales de la marque qui sont dans cette couleur (selon les exigences de certaines parties contractantes désignées) :
....
....
....

c) ☐ La marque consiste en une couleur ou une combinaison de couleurs en tant que telles.

9 INDICATIONS DIVERSES

a) Translittération de la marque (le cas échéant) : ....
....
....

b) Traduction de la marque (selon les exigences de certaines parties contractantes désignées) :

i) en anglais : ....
....

ii) en français : ....
....

c) ☐ Les termes contenus dans la marque n'ont pas de signification (et ne peuvent donc être traduits).

d) Le cas échéant, cocher la ou les cases pertinentes ci-dessous :

☐ Marque tridimensionnelle

☐ Marque sonore

☐ Marque collective, marque de certification ou marque de garantie

e) Description de la marque (lorsqu'une description figure dans l'enregistrement de base) :
....
....

f) Éléments verbaux de la marque :
....
....

g) Le déposant déclare qu'il souhaite ne pas revendiquer la protection à l'égard des élément(s) suivant(s) de la marque :
....
....
....

Anhang 14

10 PRODUITS ET SERVICES

a) Indiquer ci-dessous les produits et services pour lesquels l'enregistrement international est demandé :

Classe　　　　　　　　　　　　　Produits et services

....　...
....　...
....　...
....　...
....　...
....　...
....　...
....　...
....　...
....　...
....　...
....　...
....　...
....　...
....　...
....　...
....　...

b) ☐ Le déposant souhaite **limiter** la liste des produits et services à l'égard de l'une ou de plusieurs parties contractantes désignées, comme suit :

Partie contractante　　　　　　Classe(s) ou liste des produits et services pour lesquels
　　　　　　　　　　　　　　　la protection est demandée dans cette partie contractante

....　...
....　...
....　...
....　...
....　...
....　...
....　...
....　...
....　...
....　...
....　...
....　...

☐ Si l'espace prévu est insuffisant, cocher la case et utiliser une feuille supplémentaire

834

11 ÉTATS CONTRACTANTS DÉSIGNÉS

Cocher les cases correspondantes pour désigner les États contractants :

AL	Albanie	DZ	Algérie	LR	Libéria	RU	Fédération de Russie
AM	Arménie	EG	Égypte	LS	Lesotho	SD	Soudan
AT	Autriche	ES	Espagne	LV	Lettonie	SI	Slovénie
AZ	Azerbaïdjan	FR	France	MA	Maroc	SK	Slovaquie
BA	Bosnie-Herzégovine	HR	Croatie	MC	Monaco	SL	Sierra Leone
BG	Bulgarie	HU	Hongrie	MD	Rép. de Moldova	SM	Saint-Marin
BT	Bhoutan	IT	Italie	MK	Ex-Rép. yougoslave de Macédoine	SZ	Swaziland
BX	Benelux	KE	Kenya	MN	Mongolie	TJ	Tadjikistan
BY	Bélarus	KG	Kirghizistan	MZ	Mozambique	UA	Ukraine
CH	Suisse	KP	République populaire démocratique de Corée	PL	Pologne	UZ	Ouzbékistan
CN	Chine			PT	Portugal	VN	Viet Nam
CU	Cuba	KZ	Kazakhstan	RO	Roumanie	YU	Serbie et Monténégro
CZ	République tchèque	LI	Liechtenstein				
DE	Allemagne						

Autres :

....

12 SIGNATURE PAR LE TITULAIRE OU SON MANDATAIRE
(si exigé ou autorisé par l'Office d'origine)

.... (jj/mm/aaaa)

13 ATTESTATION ET SIGNATURE DE LA DEMANDE INTERNATIONALE PAR L'OFFICE D'ORIGINE

a) Attestation

L'Office d'origine certifie

i) que la requête aux fins de la présentation de la présente demande lui est parvenue, ou est réputée lui être parvenue en application de la règle 11.1), le .... (jj/mm/aaaa).

ii) que le déposant nommé à la rubrique 2 et le titulaire nommé dans l'enregistrement de base mentionné à la rubrique 5 sont une seule et même personne,
que toute indication donnée à la rubrique 8.c), 9.d) ou 9.e) figure aussi dans l'enregistrement de base,
que la marque à la rubrique 7.a) est la même que dans l'enregistrement de base,
que, si la couleur est revendiquée à titre d'élément distinctif de la marque dans l'enregistrement de base, la même revendication figure à la rubrique 8 ou que, si la couleur est revendiquée à la rubrique 8 sans l'avoir été dans l'enregistrement de base, la marque dans l'enregistrement de base est bien dans la couleur ou la combinaison de couleurs revendiquée, et
que les produits et services indiqués à la rubrique 10 sont couverts par la liste des produits et services figurant dans l'enregistrement de base.

Si la présente demande internationale est fondée sur plusieurs enregistrements de base, l'attestation ci-dessus est réputée s'appliquer à tous ces enregistrements.

b) Signature de l'Office : ....

Date de la signature : .... (jj/mm/aaaa)

835

Anhang 15: Antrag auf Erteilung eines Patents

An das
Deutsche Patent- und Markenamt
80297 München

DEUTSCHES PATENT- UND MARKENAMT

(1)
In der Anschrift Straße, Haus-Nr. und ggf. Postfach angeben

Sendungen des Deutschen Patent- und Markenamts sind zu richten an:

**Antrag
auf Erteilung
eines Patents**

1

Vordruck nicht für PCT-Verfahren verwenden
s. Rückseite

☐ **TELEFAX** vorab am

Aktenzeichen *(wird vom Deutschen Patent- und Markenamt vergeben)*

(2) Zeichen des Anmelders/Vertreters (max. 20 Stellen) | Telefon des Anmelders/Vertreters | Datum

(3) Der Empfänger in Feld (1) ist der — ggf. Nr. der Allgemeinen Vollmacht
☐ Anmelder ☐ Zustellungsbevollmächtigte ☐ Vertreter

(4)
nur auszufüllen, wenn abweichend von Feld (1)

Anmelder | **Vertreter**

Handelsregisternummer nur bei Firmen anzugeben

☐ Der Anmelder ist eingetragen im Handelsregister Nr. _____ beim Amtsgericht _____

(5)
soweit bekannt

Anmeldercode-Nr. | Vertretercode-Nr. | Zustelladresscode-Nr. | **ABT** / | **ERF**

(6)
s. auch Rückseite IPC-Vorschlag ist unbedingt anzugeben, sofern bekannt

Bezeichnung der Erfindung

IPC-Vorschlag d. Anmelders

(7)
s. Erläuterung u. Kostenhinweise auf der Rückseite

Sonstige Anträge

Aktenzeichen der Hauptanmeldung (des Hauptpatents)

☐ Die Anmeldung ist **Zusatz** zur Patentanmeldung (zum Patent) ⟶

☐ **Prüfungsantrag** - Prüfung der Anmeldung **mit** Ermittlung der öffentlichen Druckschriften (§ 44 Patentgesetz)

☐ **Rechercheantrag** - Ermittlung der öffentlichen Druckschriften **ohne** Prüfung (§ 43 Patentgesetz)

☐ **Aussetzung** des Erteilungsbeschlusses auf _____ Monate (§ 49 Abs. 2 Patentgesetz)
(Max. 15 Mon. ab Anmelde- oder Prioritätstag)

(8) **Erklärungen**

Aktenzeichen der Stammanmeldung

☐ **Teilung/Ausscheidung** aus der Patentanmeldung ⟶

☐ an **Lizenzvergabe** interessiert (unverbindlich)

☐ **Nachanmeldung im Ausland** beabsichtigt (unverbindlich)

(9)
s. auch Rückseite

☐ **Inländische Priorität** (Datum, Aktenzeichen der Voranmeldung)

☐ **Ausländische Priorität** (Datum, Land, Aktenz. der Voranmeldung; vollständige **Abschrift(en)** der ausländischen Voranmeldung(en) beifügen)

(10)
Erläuterung und Kostenhinweise s. Rückseite

Gebührenzahlung in Höhe von _____ EUR

☐ **Einzugsermächtigung** Vordruck (A 9507) *ist beigefügt*

☐ **Überweisung** *(nach Erhalt der Empfangsbescheinigung)*

☐ **Abbuchung** von meinem/unserem Abbuchungskonto bei der Dresdner Bank AG, München
Abbuchungsauftrag (V 1244) ist beigefügt

Wird die Anmeldegebühr nicht innerhalb von 3 Monaten nach dem Tag des Eingangs der Anmeldung gezahlt, so gilt die Anmeldung als zurückgenommen!

(11)
Anlagen 3.-7. jeweils 3-fach
s. auch Rückseite

Anlagen
1. ____ Vertretervollmacht
2. ____ Erfinderbenennung
3. ____ Zusammenfassung (ggf. mit Zeichnung Fig. ___)
4. ____ Seite(n) Beschreibung (ggf. mit Bezugszeichenliste)
5. ____ Seite(n) Patentansprüche
Anzahl Patentansprüche
6. ____ Blatt Zeichnungen
7. ____ Abschrift(en) d. Voranmeld.
8. ____ Zitierte Nichtpatentliteratur
9. ____

(12) Unterschrift(en)

Nur von der Annahmestelle auszufüllen:
Diese Patentanmeldung ist an dem durch Perforierung angegebenen Tag beim Deutschen Patent- und Markenamt eingegangen. Sie hat das o.a. Aktenzeichen erhalten.
Dieses Aktenzeichen ist bei allen Eingaben anzugeben. Bei Zahlungen ist das vollständige Aktenzeichen und der Verwendungszweck in Form des Gebührencodes (s. Rückseite zu Feld (10)) zu vermerken.

☐ Bei Abbuchung bzw. Einzugsermächtigung: V 1244, A 9507 bzw. Doppel an Zahlstelle gesandt.

☐ Die genannten Anlagen sind vollständig eingegangen.

☐ Folgende o.a. Anlagen fehlen:

**Bitte beachten Sie die Hinweise
auf der Rückseite
der zurückgehaltenen Antragsdurchschrift**

Anhang 16: Antrag auf Erteilung eines europäischen Patents

Antrag auf Erteilung eines europäischen Patents / Request for grant of a European patent / Requête en délivrance d'un brevet européen

Bestätigung einer bereits durch Telefax eingereichten Anmeldung / Confirmation of an application already filed by facsimile / Confirmation d'une demande déjà déposée par téléfax
Wenn ja, Datum der Übermittlung des Telefax und Name der Einreichungsbehörde / If yes, facsimile date and name of the authority with which the documents were filed / Si oui, date d'envoi du téléfax et nom de l'autorité de dépôt

☐ Ja / Yes / Oui

Datum / Date   Behörde / Authority / Autorité

Nur für amtlichen Gebrauch / For official use only / Cadre réservé à l'administration

Anmeldenummer / Application No. / N° de la demande	MKEY	1
Tag des Eingangs (Regel 24(2)) / Date of receipt (Rule 24(2)) / Date de réception (règle 24(2))	DREC	2
Tag des Eingangs beim EPA (Regel 24(4)) / Date of receipt at EPO (Rule 24(4)) / Date de réception à l'OEB (règle 24(4))	RENA	3
Anmeldetag / Date of filing / Date de dépôt		4

Tabulatoren-Positionen / Tabulation marks / Arrêts de tabulation

Es wird die Erteilung eines europäischen Patents und gemäß Artikel 94 die Prüfung der Anmeldung beantragt / Grant of a European patent, and examination of the application under Article 94, are hereby requested / Il est demandé la délivrance d'un brevet européen et, conformément à l'article 94, l'examen de la demande	EXAM 4	5	Prüfungsantrag in einer zugelassenen Nichtamtssprache (siehe Merkblatt II, 5): / Request for examination in an admissible non-EPO language (see Notes II,5): / Requête en examen dans une langue non officielle autorisée (voir notice II,5): ☒
Zeichen des Anmelders oder Vertreters (max. 15 Positionen) / Applicant's or representative's reference (maximum 15 spaces) / Référence du demandeur ou du mandataire (max. 15 caractères ou espaces)	AREF	6	

Anmelder / Applicant / Demandeur
Name / Nom — 7

Anschrift / Address / Adresse — 8

APPR 01 #

DEST

Zustellanschrift / Address for correspondence / Adresse pour la correspondance — 9

PADR

Staat des Wohnsitzes oder Sitzes / State of residence or of principal place of business / Etat du domicile ou du siège	10
Staatsangehörigkeit / Nationality / Nationalité	11
Telefon / Telephone / Téléphone	12
Telex / Télex Telefax / Fax / Téléfax	13
Weitere(r) Anmelder auf Zusatzblatt / Additional applicant(s) on additional sheet / Autre(s) demandeur(s) sur feuille additionnelle	14

Vertreter / Representative / Mandataire
Name / Nom — 15

(**Nur einen** Vertreter angeben, der in das europäische Patentregister eingetragen ist und an den zugestellt wird / Name **only one** representative who is to be listed in the Register of European Patents and to whom notification is to be made / N'indiquer qu'**un seul** mandataire, qui sera inscrit au Registre européen des brevets et auquel signification sera faite)

FREP 01   #   # #

Geschäftsanschrift / Address of place of business / Adresse professionnelle	16
Telefon / Telephone / Téléphone	17
Telex / Télex Telefax / Fax / Téléfax	18
Weitere(r) Vertreter auf Zusatzblatt / Additional representative(s) on additional sheet / Autre(s) mandataire(s) sur feuille additionnelle	19

EPA/EPO/OEB Form 1001.1 07.02   TRAN   FILL

Raum für Zeichen des Anmelders / Space for applicant's reference / Espace réservé à la référence du demandeur

Vollmacht / Authorisation / Pouvoir

ist beigefügt / is enclosed / joint — 20

ist registriert unter Nummer / has been registered under No. /
a été enregistré sous le n°   GENA — 21

	Nummer Number Numéro

Erfinder / Inventor / Inventeur   INVT 20 #   #

Anmelder ist (sind) alleinige(r) Erfinder / The applicant(s) is (are)
the sole inventor(s) / Le(s) demandeur(s) est (sont) le (les) seul(s)
inventeur(s) — 22

Erfindernennung in gesondertem Schriftstück / Designation of inventor
attached / Voir la désignation de l'inventeur ci-jointe — 23

Bezeichnung der Erfindung / Title of invention /
Titre de l'invention — 24

TIDE	TIEN	TIFR

Prioritätserklärung / Declaration of priority /   PRIO — 25
Déclaration de priorité

	Staat / State / Etat	Anmeldetag / Date of filing / Date de dépôt	Aktenzeichen / Application No. / N° de la demande
1			

01 # . . # . . . . # . . . .

| 2 | | | |

02 # . . # . . . . # . . . .

| 3 | | | |

03 # . . # . . . . # . . . .

| 4 | | | |

04 # . . # . . . . # . . . .

Weitere Prioritätserklärung(en) auf Zusatzblatt /
Additional declaration(s) of priority on additional sheet /
Autre(s) déclaration(s) de priorité sur feuille additionnelle

Es wird hiermit erklärt, daß die Anmeldung eine vollständige Übersetzung der
früheren Anmeldung ist (Regel 38(5)) / It is hereby declared that the application — 25a
is a complete translation of the previous application (Rule 38(5)) / Il est déclaré
par la présente que la demande est une traduction intégrale
de la demande antérieure (règle 38(5))   PRIO 6

Biologisches Material   **Biological material** — 26   **Matière biologique**

Die Erfindung bezieht sich auf bzw.   The invention relates to and/or   L'invention concerne et/ou utilise
verwendet biologisches Material, das   uses biological material deposited   de la matière biologique, déposée
nach Regel 28 hinterlegt worden ist.   under Rule 28.   conformément à la règle 28.

Die Angaben nach Regel
28(1)c) (falls noch nicht   BIOM 1 # | | | | | #
bekannt, die Hinterlegungs-
stelle und das (die) Bezugs-
zeichen [Nummer, Symbole usw.] des Hinterlegers) sind in den technischen
Anmeldungsunterlagen enthalten auf / The particulars referred to in Rule 28(1)(c) — 27
(if not yet known, the depository institution and the identification reference(s)
[number, symbols etc.] of the depositor) are given in the technical documents in
the application on / Les indications visées à la règle 28(1)c) (si pas encore connues,
l'autorité de dépôt et la (les) référence(s) d'identification [numéro ou symboles etc.]
du déposant) figurent dans les pièces techniques de la demande à la /aux

Seite(n) / page(s)	Zeile(n) / line(s) / ligne(s)

werden später mitgeteilt / will be submitted later /seront communiquées — 27a
ultérieurement

Die Empfangsbescheinigung(en) der Hinterlegungsstelle ist (sind) beigefügt / — 27b
The receipt(s) of deposit issued by the depositary institution is (are) enclosed /
Le(s) récépissé(s) de dépôt délivré(s) par l'autorité de dépôt est (sont) joint(s)

wird (werden) nachgereicht / will be filed later /sera (seront) produit(s) — 27c
ultérieurement

EPA/EPO/OEB Form 1001.2 07.02

Raum für Zeichen des Anmelders / Space for applicant's
reference / Espace réservé à la référence du demandeur

Falls das biologische Material nicht vom Anmelder, sondern von einem Dritten hinterlegt wurde: / Where the biological material has been deposited by a person other than the applicant: / Lorsque la matière biologique a été déposée par une personne autre que le demandeur:	28 — Name und Anschrift des Hinterlegers / Name and address of depositor / Nom et adresse du déposant :

Ermächtigung nach Regel 28(1)d) / Authorisation under Rule 28(1)(d) / L'autorisation en vertu de la règle 28(1)d)

ist beigefügt / is enclosed / est jointe — 28a

wird nachgereicht / will be filed later / sera produite ultérieurement — 28b

Verzicht auf die Verpflichtung des Antragstellers nach Regel 28(3) in gesondertem Schriftstück / Waiver of the right to an undertaking from the requester pursuant to Rule 28(3) attached — 29 — Renonciation, sur document distinct, à l'engagement du requérant au titre de la règle 28(3)

Gemäß Regel 28(4) wird hiermit mitgeteilt, daß der Zugang zu dem in den Feldern 26 und 27 genannten biologischen Material nur durch Herausgabe einer Probe an einen Sachverständigen hergestellt wird / It is hereby declared under Rule 28(4) that the availability of the biological material referred to in Sections 26 and 27 shall be effected only by the issue of a sample to an expert — 30 — **BIOM 3** — Conformément à la règle 28(4) il est déclaré par la présente que l'accessibilité à la matière biologique mentionnée aux rubriques 26 et 27 ne peut réalisée que par la remise d'un échantillon à un expert

Nucleotid- und Aminosäuresequenzen / Nucleotide and amino acid sequences / Séquences de nucléotides et d'acides aminés — **SEQL 1** — 31

Die Beschreibung enthält ein Sequenzprotokoll nach Regel 27a(1) / The description contains a sequence listing in accordance with Rule 27a(1) — La description contient une liste de séquences selon la règle 27bis(1)

Der vorgeschriebene Datenträger ist beigefügt / The prescribed data carrier is enclosed — Le support de données prescrit est joint

Es wird hiermit erklärt, daß die auf dem Datenträger gespeicherte Information mit dem schriftlichen Sequenzprotokoll übereinstimmt (Regel 27a(2)) / It is hereby stated that the information recorded on the data carrier is identical to the written sequence listing (Rule 27a(2)) — Il est déclaré par la présente que l'information figurant sur le support de données est identique à celle que contient la liste de séquences écrite (règle 27bis(2))

Benennung der Vertragsstaaten und Erklärungen hierzu	**Designation of contracting states and associated declarations**	32 **DEST**	**Désignation d'Etats contractants et déclarations à ce propos**

1. Hiermit werden sämtliche Vertragsstaaten des EPÜ benannt, die diesem bei Einreichung dieser Anmeldung angehören*.
1. All states which are contracting states to the EPC at the filing of this application are hereby designated*.
☒ 1. Sont désignés tous les Etats qui sont des Etats contractants de la CBE à la date du dépôt de la présente demande*.

2a. Es ist derzeit beabsichtigt, den **siebenfachen** Betrag einer Benennungsgebühr zu entrichten. Damit gelten die Benennungsgebühren für alle Vertragsstaaten als entrichtet (Art. 2 Nr. 3 GebO).
2a. It is currently intended to pay **seven times** the amount of the designation fee. The designation fees for all the contracting states are thereby deemed to have been paid (Art. 2, No. 3, RFees).
☒ 2a. Il est actuellement envisagé de payer un montant correspondant à **sept fois** la taxe de désignation. Les taxes de désignation sont ainsi réputées payées pour tous les Etats contractants (art. 2, point 3 du RRT).

2b. Abweichend von der Erklärung in Nr. 2a ist derzeit beabsichtigt, **weniger als sieben** Benennungsgebühren für folgende Vertragsstaaten zu entrichten (bitte Ländercodes und Vertragsstaaten angeben*):
2b. The declaration in No. 2a does not apply. Instead, it is currently intended to pay **fewer than seven** designation fees for the following contracting states (please indicate country codes and contracting states*):
2b. Contrairement à ce qui est indiqué au n° 2a, il est actuellement envisagé de payer **moins de sept** taxes de désignation pour les Etats contractants suivants (prière d'indiquer codes de pays et Etats contractants*) :

(1) — (4)
(2) — (5)
(3) — (6)

Es wird beantragt, für die unter Nr. 2b nicht aufgeführten Vertragsstaaten von der Zustellung von Mitteilungen nach Regel 85a(1) und Regel 69(1) abzusehen.
No communications under Rules 85a(1) or 69(1) need be notified in respect of the contracting states not indicated under No. 2b.
Prière de ne pas procéder à la signification des notifications prévues par les règles 85bis(1) et 69(1) pour les Etats contractants n'ayant pas été mentionnés au n° 2b.

3. Wird ein **automatischer Abbuchungsauftrag** erteilt (Feld 43), so wird das EPA beauftragt, bei Ablauf der Grundfrist nach Artikel 79(2) den siebenfachen Betrag einer Benennungsgebühr abzubuchen. Ist eine Erklärung unter Nr. 2b abgegeben worden, so sollen die Benennungsgebühren nur für die dort angegebenen Vertragsstaaten abgebucht werden, sofern dem EPA nicht bis zum Ablauf der Grundfrist ein anderslautender Auftrag zugeht.
3. If an **automatic debit order** has been issued (Section 43), the EPO is authorised, on expiry of the basic period under Article 79(2), to debit seven times the amount of the designation fee. If any states are indicated under No. 2b, the EPO shall debit designation fees only for those states, unless it is instructed to do otherwise before expiry of the basic period.
☒ 3. Si un **ordre de prélèvement automatique** est donné (rubrique 43), il est demandé à l'OEB de prélever, à l'expiration du délai normal visé à l'article 79(2), un montant correspondant à sept fois la taxe de désignation. Si une déclaration a été faite au n° 2b, les taxes de désignation ne sont prélevées que pour les Etats contractants qui y sont indiqués, sauf instruction contraire reçue par l'OEB avant l'expiration du délai normal.

* Stand bei Drucklegung: 24 Vertragsstaaten, und zwar: / Status when this form was printed: 24 contracting states, namely / Situation à la date d'impression : 24 Etats contractants, à savoir : AT Österreich / Austria / Autriche, BE Belgien / Belgium / Belgique, BG Bulgarien / Bulgaria / Bulgarie, CH/LI Schweiz und Liechtenstein / Switzerland and Liechtenstein / Suisse et Liechtenstein, CY Zypern / Cyprus / Chypre, CZ Tschechische Republik / Czech Republic / République tchèque, DE Deutschland / Germany / Allemagne, DK Dänemark / Denmark / Danemark, EE Estland / Estonia / Estonie, ES Spanien / Spain / Espagne, FI Finnland / Finland / Finlande, FR Frankreich / France / France, GB Vereinigtes Königreich / United Kingdom / Royaume-Uni, GR Griechenland / Greece / Grèce, IE Irland / Ireland / Irlande, IT Italien / Italy / Italie, LU Luxemburg / Luxembourg / Luxembourg, MC Monaco / Monaco / Monaco, NL Niederlande / Netherlands / Pays-Bas, PT Portugal / Portugal / Portugal, SE Schweden / Sweden / Suède, SK Slowakische Republik / Slovak Republic / République slovaque, TR Türkei / Turkey / Turquie

EPA/EPO/OEB Form 1001.3 07.02

Raum für Zeichen des Anmelders / Space for applicant's reference / Espace réservé à la référence du demandeur

| Verschiedene Anmelder für verschiedene Vertragsstaaten / Different applicants for different contracting states / Différents demandeurs pour différents Etats contractants | 33 | Name(n) des (der) Anmelder(s) und benannte Vertragsstaaten / Name(s) of applicant(s) and designated contracting states / Nom(s) du (des) demandeur(s) et des Etats contractants désignés |

APPR 02 # | | | | | | | # | | | | | | | | |

Erstreckung des europäischen Patents / Extension of the European patent / 34 / Extension des effets du brevet européen

Erstreckung des europäischen Patents	Extension of the European patent	34	Extension des effets du brevet européen
Diese Anmeldung gilt als Antrag, die europäische Patentanmeldung und das darauf erteilte europäische Patent auf alle Nicht-Vertragsstaaten des EPÜ zu erstrecken, mit denen am Tag ihrer Einreichung „Erstreckungsabkommen" bestehen (derzeit: Albanien, Litauen, Lettland, Rumänien, Slowenien, ehemalige jugoslawische Republik Mazedonien). Die Erstreckung wird jedoch nur wirksam, wenn die vorgeschriebene Erstreckungsgebühr entrichtet wird.	This application is deemed to be a request to extend the European patent application and the European patent granted in respect of it to all non-contracting states to the EPC with which "extension agreements" exist on the date on which the application is filed (Present situation: Albania, Lithuania, Latvia, Romania, Slovenia, former Yugoslav Republic of Macedonia). However, the extension only takes effect if the prescribed extension fee is paid. **EXPT**	☒	La présente demande est réputée constituer une requête en extension des effets de la demande de brevet européen et du brevet européen délivré sur la base de cette demande à tous les Etats non parties à la CBE avec lesquels il existe un «accord d'extension» à la date du dépôt de la demande (Situation actuelle : Albanie, Lituanie, Lettonie, Roumanie, Slovénie, ex-République yougoslave de Macédoine). Toutefois, l'extension ne produit ses effets que s'il est acquitté la taxe d'extension prescrite.

Es ist derzeit beabsichtigt, die Erstreckungsgebühr für die nachfolgend angekreuzten Staaten zu entrichten: / It is currently intended to pay the extension fee for the states marked below with a cross: / Il est actuellement envisagé de payer la taxe d'extension pour les Etats dont le nom est coché ci-après :

Albanien / Albania / Albanie — AL ☐

Litauen / Lithuania / Lituanie — LT ☐

Lettland / Latvia / Lettonie — LV ☐

Rumänien / Romania / Roumanie — RO ☐

Slowenien / Slovenia / Slovénie — SI ☐

Ehemalige jugoslawische Republik Mazedonien / Former Yugoslav Republic of Macedonia / Ex-République yougoslave de Macédoine — MK ☐

☐
☐

(Platz für Staaten, mit denen nach Drucklegung dieses Formblatts „Erstreckungsabkommen" in Kraft treten) / (Space for states with which "extension agreements" enter into force after this form has been printed) / (Prévu pour des Etats à l'égard desquels des «accords d'extension» entreront en vigueur après l'impression du présent formulaire)

| Die Anmeldung ist eine Teilanmeldung / The application is a divisional application / La présente demande constitue une demande divisionnaire | DFIL 9 \| \| \| \| #
 PANR \| \| \| \| # | 35 | ☐ | Nummer der früheren Anmeldung
 No. of earlier application
 Numéro de la demande initiale |

| Es handelt sich um eine Anmeldung nach Artikel 61(1)b) / The application is an Article 61(1)(b) application / La présente demande constitue une demande selon l'article 61(1)b) | DFIL 9 \| \| \| \| #
 EANR \| \| \| \| # | 36 | ☐ | Nummer der früheren Anmeldung
 No. of earlier application
 Numéro de la demande initiale |

| **Patentansprüche / Claims / Revendications** | CLMS | 37 | Zahl der Patentansprüche
 Number of claims
 Nombre de revendications |

| Zur Veröffentlichung mit der Zusammenfassung wird vorgeschlagen Abbildung Nr. / It is proposed that the abstract be published together with figure No. / Il est proposé de publier avec l'abrégé la figure n° | DRAW 2 | 39 | Nummer / Number / Numéro |

EPA/EPO/OEB Form 1001.4 07.02

Raum für Zeichen des Anmelders / Space for applicant's reference / Espace réservé à la référence du demandeur

840

Zusätzliche Abschrift(en) der im europäischen Recherchenbericht angeführten Schriftstücke wird (werden) beantragt / Additional copy(ies) of the documents cited in the European search report is (are) requested / Prière de fournir une (des) copie(s) supplémentaire(s) des documents cités dans le rapport de recherche européenne	ASOC	40	Anzahl der **zusätzlichen** Sätze von Abschriften Number of **additional** sets of copies Nombre de jeux **supplémentaires** de copies

Es wird die Rückerstattung der Recherchengebühr gemäß Art. 10 GebO beantragt / Refund of the search fee is requested pursuant to Article 10 of the Rules relating to Fees / Le remboursement de la taxe de recherche est demandé en vertu de l'article 10 du règlement relatif aux taxes — 41

Eine Kopie des Recherchenberichts ist beigefügt / A copy of the search report is attached / Une copie du rapport de recherche est jointe — 42

Automatischer Abbuchungsauftrag
(nur möglich für Inhaber von beim EPA geführten laufenden Konten)

Das EPA wird hiermit beauftragt, fällig werdende Gebühren und Auslagen nach Maßgabe der Vorschriften über das automatische Abbuchungsverfahren vom nebenstehenden laufenden Konto abzubuchen. In bezug auf die **Benennungsgebühren** wird auf Feld 32.3 verwiesen. Das EPA wird ferner beauftragt, die **Erstreckungsgebühren** für jeden in Feld 34 angekreuzten »Erstreckungsstaat« bei Ablauf der Grundfrist zu ihrer Zahlung abzubuchen, sofern ihm nicht bis dahin ein anderslautender Auftrag zugeht.

Automatic debit order
(for EPO deposit account holders only)

The EPO is hereby authorised, under the Arrangements for the automatic debiting procedure, to debit from the deposit account opposite any fees and costs falling due. With regard to **designation fees** reference is made to Section 32.3. The EPO is also authorised, for its payment, to debit the **extension fee** for each of the "extension states" marked with a cross in Section 34, unless it is instructed to do otherwise before expiry of this period.

43

Ordre de prélèvement automatique
(possibilité offerte uniquement aux titulaires de comptes courants ouverts auprès de l'OEB)

Par la présente, il est demandé à l'OEB de prélever du compte courant ci-dessous les taxes et frais venant à échéance, conformément à la procédure de prélèvement automatique. Pour les **taxes de désignation**, se reporter à la rubrique 32.3. Il est en outre demandé à l'OEB de prélever, à l'expiration du délai normal prévu pour leur paiement, les **taxes d'extension** pour chaque «Etat autorisant l'extension» coché à la rubrique 34, sauf instruction contraire reçue avant l'expiration de ce délai.

Für automatischen Abbuchungsauftrag:
For automatic debit order:
Pour l'ordre de prélèvement automatique:

DECA

Nummer des laufenden Kontos / Deposit account number / Numéro du compte courant — Name des Kontoinhabers / Account holder's name / Nom du titulaire du compte

Eventuelle **Rückzahlungen** auf das nebenstehende beim EPA geführte laufende Konto / Any **reimbursement** to EPO deposit account opposite / **Remboursements** éventuels à effectuer sur le compte courant ci-contre ouvert auprès de l'OEB

DEPA — 44

Nummer des laufenden Kontos / Deposit account number / Numéro du compte courant — Name des Kontoinhabers / Account holder's name / Nom du titulaire du compte

Die vorgeschriebene Liste über die diesem Antrag beigefügten Unterlagen ergibt sich aus der vorbereiteten Empfangsbescheinigung (Seite 6 dieses Antrages) — The prescribed list of documents enclosed with this request is shown on the prepared receipt (page 6 of this request) — 45 — La liste prescrite des documents joints à cette requête figure sur le récépissé préétabli (page 6 de la présente requête)

Unterschrift(en) des (der) Anmelder(s) oder Vertreter(s) / Signature(s) of applicant(s) or representative(s) / Signature(s) du (des) demandeur(s) ou du (des) mandataire(s) — 46 — Für Angestellte nach Artikel 133(3) Satz 1 mit allgemeiner Vollmacht / For employees under Article 133(3), 1st sentence, having a general authorisation / Pour les employés mentionnés à l'article 133(3), 1ère phrase, munis d'un pouvoir général

Nr. / No. / n° :

Ort / Place / Lieu _____

Datum / Date _____

Name des (der) Unterzeichneten bitte in Druckschrift wiederholen. Bei juristischen Personen bitte die Stellung des (der) Unterzeichneten innerhalb der Gesellschaft in Druckschrift angeben. / Please print name under signature. In the case of legal persons, the position of the signatory within the company should also be printed. / Le ou les noms des signataires doivent être indiqués en caractères d'imprimerie. S'il s'agit d'une personne morale, la position occupée au sein de celle-ci par le ou les signataires doit être indiquée en caractères d'imprimerie.

EPA/EPO/OEB Form 1001.5 07.02

Raum für Zeichen des Anmelders / Space for applicant's reference / Espace réservé à la référence du demandeur

Anhang 16

Empfangsbescheinigung / Receipt for documents / Récépissé de documents
(Liste der diesem Antrag beigefügten Unterlagen)   (Checklist of enclosed documents)   (Liste des documents annexés à la présente requête)

Es wird hiermit der Empfang der unten bezeichneten Dokumente bescheinigt / Receipt of the documents indicated below is hereby acknowledged / Nous attestons le dépôt des documents désignés ci-dessous

Wird im Falle der Einreichung der europäischen Patentanmeldung bei einer nationalen Behörde diese Empfangsbescheinigung vom Europäischen Patentamt übersandt, so ist sie als Mitteilung gemäß Regel 24(4) anzusehen (siehe Feld RENA). **Nach Erhalt der Mitteilung nach Regel 24(4) sind alle weiteren Unterlagen, die die Anmeldung betreffen, nur noch unmittelbar beim EPA einzureichen.** / If this receipt is issued by the European Patent Office and the European patent application was filed with a national authority it serves as a communication under Rule 24(4) (see Section RENA). **Once the communication under Rule 24(4) has been received, all further documents relating to the application must be sent directly to the European Patent Office.** / Si, en cas de dépôt de la demande de brevet européen auprès d'un service national, l'Office européen des brevets délivre le présent récépissé de documents, ce récépissé est réputé être la notification visée à la règle 24(4) (cf. rubrique RENA). **Dès que la notification visée à la règle 24(4) a été reçue, tous les autres documents relatifs à la demande doivent être adressés directement à l'OEB.**

Nur für amtlichen Gebrauch / For official use only / Cadre réservé à l'administration

Datum / Date

Unterschrift / Amtsstempel / Signature / Official stamp / Signature / Cachet officiel

Anmeldenummer / Application No. / N° de la demande		
Tag des Eingangs (Regel 24(2)) / Date of receipt (Rule 24(2)) / Date de réception (règle 24(2))	DREC	
Zeichen des Anmelders/Vertreters / Applicant's/ Representative's ref. / Référence du demandeur ou du mandataire	AREF	

Nur nach Einreichung der Anmeldung bei einer nationalen Behörde: / Only after filing of the application with a national authority: / Seulement après le dépôt de la demande auprès d'un service national:

Tag des Eingangs beim EPA (Regel 24(4)) / Date of receipt at EPO (Rule 24(4)) / Date de réception à l'OEB (règle 24(4))	RENA	

A. **Anmeldungunterlagen und Prioritätsbeleg(e) / Application documents and priority document(s) / Pièces de la demande et document(s) de priorité**	47	Blattzahl* / Number of sheets* / Nombre de feuilles*	Gesamtzahl der Abbildungen* / Total number of figures* / Nombre total de figures*
1. Beschreibung (ohne Sequenzprotokollteil) / Description (excluding sequence listing part) / Description (sauf partie réservée au listage des séquences)			
2. Patentansprüche / Claim(s) / Revendication(s)			
3. Zeichnung(en) / Drawing(s) / Dessin(s) DRAW 1 #			
4. Sequenzprotokollteil der Beschreibung / Sequence listing part of description / Partie de la description réservée au listage des séquences			
5. Zusammenfassung / Abstract / Abrégé			
6. Übersetzung der Anmeldungsunterlagen / Translation of the application documents / Traduction des pièces de la demande			
7. Prioritätsbeleg(e) / Priority document(s) / Document(s) de priorité			
8. Übersetzung des (der) Prioritätsbelegs(belege) / Translation of priority document(s) / Traduction du (des) document(s) de priorité			

* Die Richtigkeit der Angabe der Blattzahl und der Gesamtzahl der Abbildungen wurde bei Eingang nicht geprüft / No check was made on receipt that the number of sheets and the total number of figures indicated were correct / L'exactitude du nombre de feuilles et du nombre total de figures n'a pas été contrôlée lors du dépôt

B. **Der Anmeldung in der in der eingereichten Fassung liegen folgende Unterlagen bei: / This application as filed is accompanied by the items below: / A la présente demande sont annexées les pièces suivantes:**	48
1. Einzelvollmacht / Specific authorisation / Pouvoir particulier	
2. Allgemeine Vollmacht / General authorisation / Pouvoir général	
3. Erfindernennung / Designation of inventor / Désignation de l'inventeur	
4. Früherer Recherchenbericht / Earlier search report / Rapport de recherche antérieure	
5. Gebührenzahlungsvordruck (EPA Form 1010) / Voucher for the settlement of fees (EPO Form 1010) / Bordereau de règlement de taxes (OEB Form 1010)	
6. Scheck *(nicht bei Einreichung bei den nationalen Behörden)* / Cheque *(not when filing with national authorities)* / Chèque *(pas de chèque en cas de dépôt auprès des services nationaux)*	
7. Datenträger für Sequenzprotokoll / Data carrier for sequence listing / Support de données pour liste de séquences SEQL 4	
8. Zusatzblatt / Additional sheet / Feuille additionnelle	
9. Sonstige Unterlagen (bitte hier spezifizieren) / Other documents (please specify here) / Autres documents (veuillez préciser)	

Währung Betrag / Currency Amount / Monnaie Montant (Ausfüllung freigestellt / optional / facultatif)

C. **Kopien dieser Empfangsbescheinigung / Copies of this receipt for documents / Copies du présent récépissé de documents**	49

Anzahl der Kopien / Number of copies / Nombre de copies

Raum für Zeichen des Anmelders / Space for applicant's reference / Espace réservé à la référence du demandeur

Anhang 17: Schutz der Geschäftsidee

Links zum Thema:

http://www.bundeskartellamt.de/

http://www.denic.de/

http://www.dpma.de/

http://ecommerce.wipo.int/domains/

http://www.europa.eu.int/comm/index_de.htm

http://www.european-patent-office.org/

http://www.ipr-helpdesk.org/index.htm

http://oami.eu.int/de/default.htm

http://www.patentanwaltskammer.de/

http://www.patente.bmbf.de/de/index.php

http://www.patentinformation.de/

http://www.uspto.gov/

http://www.wipo.org/

Anhang 18: Übersicht: Besteuerung von Tochterkapitalgesellschaften im Ausland (Stand 2002)

(Etwaige länderspezifische Sondernsteuern sind nicht berücksichtigt)

Länder	KSt-Satz[1]	Ausländischer Quellensteuersatz[2] auf			Umsatzsteuersatz	
		Dividenden[3]	Zinsen	Lizenzgebühren	Regelsatz	ermäßigt
Belgien	39%	15%	15%	0%	21%	6%, 12%
Dänemark	30%	15%	0%	0%	25%	
Finnland	29%	10% bzw. 15%	0%	5%	22%	8%, 17%
Frankreich	33,3%[4]	15%	0%	0%	19,6%	5,5%, 2,1%
Griechenland	35%	25%	10%	0%	8%	4%, 8%
Großbritannien	30%[5]	15%	0%	0%	17,5%	5%
Irland	16% (12,5%)[6]	20%	0%	0%	20%	4,3%, 12,5%
Italien	36%	10% bzw. 15%	10%	5%	20%	4%, 10%, 20%
Luxemburg	36,29%–39,65%[7]	10% bzw. 15%	0%	5%	15%	3,6%, 12%
Niederlande	34,5%[8]	10%, 15%	0%	0%	19%	6%
Norwegen	28%	15%, 0%	0%	0%	24%	
Österreich	34%	5% bzw. 15%	0%	0%	20%	10%
Polen[9]	28%	5%, 15%	0%	0%	22%	3%, 7%
Portugal	37,4[10]	15%	10%, 15%	10%	17%	5%, 12%
Slowakei	25%	5%, 15%	0%	5%	23%	10%
Spanien	35%	10% bzw. 15%	10%	5%	16%	4%, 7%
Schweden	28%	15%	0%	0%	25%	
Schweiz	8,5%[11]	5%, 15%	0%	0%	7,6%	2,4%, 3,6%
Tschechien	31%	5%, 15%	0%	5%	22%	5%
Ungarn	18%	5%, 15%	0%	0%	25%	12%
USA	15%-35%[12]	5% bzw.15%	0%	0%	[13]	

1 Es handelt sich um den ausländischen Regelsteuersatz, auf die Angabe etwaiger besonderer Zu- oder Abschläge wurde im Regelfall verzichtet. Daher kann sich im individuellen Fall eine abweichende Belastung ergeben.

2 Unterstellt wird der Fall von Dividenden-, Zins- und Lizenzzahlungen einer ausländischen Tochterkapitalgesellschaft an die deutsche Mutterkapitalgesellschaft. Zahlungen von ausländischen Betriebsstätten wurden nicht berücksichtigt. Den angegebenen Steuersätzen liegt das jeweils einschlägige DBA mit Deutschland zugrunde.

3 Zu beachten ist, dass Dividendenzahlungen von einer ausländischen Tochterkapitalgesellschaft mit Sitz in der EU an die deutsche Mutterkapitalgesellschaft aufgrund von Art. 5 Abs. 1 der Mutter-Tochter-Richtlinie vollständig von der Quellensteuer befreit sind, wenn die Muttergesellschaft wenigstens 25% der Anteile an der Tochtergesellschaft hält; Ausnahmen gelten für Griechenland (Art. 5 Abs. 2). Die in der Tabelle angegebenen Steuersätze geben die Steuersätze des jeweils einschlägigen DBA für den Fall wieder, dass die Befreiungsvoraussetzungen aufgrund der Mutter-Tochter-Richtlinie nicht erfüllt sind.

4 Ggf. 3% Zuschlagsteuer und 3,3% Sozialzuschlag.

5 Mittlere Unternehmen: 20%, kleine Unternehmen: 19%.

6 Ab 01.01.2003.

7 37,45% für Luxemburg/Stadt.

8 Die ersten € 22.689 werden ermäßigt mit 29% besteuert.

9 KSt: ab 2003: 24%, 2004: 22%.

10 Regelsteuersatz 34% + ggf. Zuschlag von 10% = 37,4%.

11 Gilt nur für die Bundessteuer. Da die Steuern selbst steuerlich abzugsfähig sind, entspricht dies einem effektiven Steuersatz von 7,8%. Zusätzlich erheben die Kantone und Gemeinden eine Körperschaftsteuer.

12 Einkommensteuerabhängig ausgestalteter Steuersatz auf Bundesebene, zusätzlich erheben die Bundesstaaten und lokalen Gebietskörperschaften Körperschaftsteuer.

13 Die USA kennen auf Bundesebene keine Umsatzbesteuerung. Allerdings erheben fast alle Bundesstaaten und viele lokale Gebietskörperschaften eine Umsatzbzw. Verbrauchssteuer (Sales and Use Tax), die jedoch in ihrer Art von der deutschen Umsatzsteuer abweicht.

845

Anhang 19: Muster einer Due-Diligence-Checkliste

A. Legal Due Diligence

Gesellschaftsrechtliche Prüfungspunkte

- Gesellschaftsvertrag des Zielunternehmens: Gründungsvertrag und spätere Änderungen
- Verträge und ggf. Beschlüsse betreffend Gesellschafterwechsel
- Handelsregisterauszüge
- Überprüfung der Entwicklung der Kapitalstruktur der Gesellschaft
- Vereinbarungen mit stillen Gesellschaftern
- Bestehen von sog. Unternehmensverträgen
- Beschlüsse und Protokolle der ordentlichen und außerordentlichen Gesellschafterversammlungen, der Sitzungen der Geschäftsleitung und von Ausschüssen/Beiräten
- Beschränkungen der Geschäftsführung aufgrund Gesellschaftsvertrag, Geschäftsführerordnung, Anstellungsvertrag oder sonstigen Weisungen
- Überprüfung von Zahlungen der Zielgesellschaft an ihre Gesellschafter oder diesen nahe stehenden Personen im Hinblick auf sog. verschleierte Sacheinlagen

Geschäftsbetrieb

- Für den Geschäftsbetrieb erforderliche Genehmigungen und/oder Erlaubnisse, gewerberechtliche Verfügungen, Beschränkungen und/oder Beanstandungen
- ISO-Zertifikate
- Umfang des Versicherungsschutzes, zeitliche Dauer der Bindung an die Versicherung(en) und Aufstellung der Fälle der Inanspruchnahme der Versicherer
- Analyse der mit dem Betrieb des Geschäfts verbundenen Haftungsrisiken

Grundbesitz

- Grundbuchauszüge des dem Zielunternehmen gehörenden Grundbesitzes
- Erfassung der Mietgrundstücke, die für die Geschäftstätigkeit des Unternehmens von Bedeutung sind, Laufzeit und andere Spezifika des Mietvertrages

Schutzrechte

- Aufstellung aller bestehenden Lizenzen, Marken, Patente und ähnlicher Registrierungen, Schutzdauer, Schutzumfang, Darstellung der Bedeutung für das Zielunternehmen
- Angreifbarkeit der gewerblichen Schutzrechte des Unternehmens durch Dritte
- Schutz des vorhandenen know-hows

Verträge und Vereinbarungen

- Kooperationsverträge, Arbeitsgemeinschaften, Joint-Venture-Verträge
- Verträge mit Handelsvertretern und Vertriebspartnern

Guthaben und Verbindlichkeiten

- Bankkonten des Zielunternehmens, aktuelle Salden, Kreditlinien
- Wesentliche Verbindlichkeiten (auch gegenüber Lieferanten, auch aus finanzierten Geschäften und aus Leasing), Zinssätze und Fälligkeiten
- Sicherheitenbestellungen
- Übergang von Verbindlichkeiten und Haftungsrisiken wegen Beteiligung an einer Umwandlung

Rechtsstreitigkeiten und behördliche Verfahren

– Anhängige sowie anstehende Aktiv- und Passivprozesse
– Verwaltungsverfahren
– Straf- und Ordnungswidrigkeitenverfahren gegen Organe und Mitarbeiter, soweit sie im Zusammenhang mit der Berufsausübung stehen

B. Financial Due Diligence

– Jahresabschlüsse, Lageberichte und (soweit vorhanden) Prüfungsberichte
– Vollständiger Schriftwechsel mit dem Wirtschaftsprüfer (Vermerke, Managementletter etc.)
– Organisation des Finanz- und Rechnungswesens
– Betriebswirtschaftliche Auswertungen
– Aktuelles Budget und Überprüfung der Planungsrechnung, frühere Budgets und deren Überprüfung auf eventuelle Unterrealisationen anhand der erzielten Ergebnisse
– Aktueller Geschäftsplan einschließlich Jahresbudget für das laufende und kommende Geschäftsjahr
– Aussagen zur Bewertung des Aktivvermögens
– Kreditauskunft über das Zielunternehmen

C. Commercial Due Diligence

– Gesamtwirtschaftlicher Rahmen, in dem sich das Zielunternehmen bewegt
– Wettbewerbssituation des Zielunternehmens am lokalen Markt
– Vergleichsdaten von Konkurrenzunternehmen
– Standortvorteile oder -nachteile des Zielunternehmens
– Bestimmung künftiger Entwicklungschancen
– Produktprogramm
– Vertriebskapazitäten und Vertriebsschienen
– Kundenliste und Akquisitionsliste
– Abhängigkeit von bestimmten Abnehmern, Lieferanten und etwaigen Lizenzgebern
– Businessplan und Realisierbarkeit der geplanten Umsätze
– Prüfung eventuell vorhandener Risikoerkennungs- und -kontrollsysteme
– Quantifizierung möglicher Synergieeffekte beim neuen Unternehmensverbund

D. Tax Due Diligence

Prüfung ob ausreichend Steuerrückstellungen gebildet wurden oder mit Steuernachforderungen zu rechnen ist unter Heranziehung nachstehender Unterlagen

– Steuerbescheide der letzten Jahre
– Steuererklärungen, für die noch kein Steuerbescheid vorliegt
– Einspruchsverfahren
– Außenprüfungsberichte nebst Prüfung, ob dort genannte Beanstandungen behoben und für die Zukunft abgestellt wurden

Prüfungsschwerpunkte aus dem Bereich der Ertragsteuern

– Kapitalertragsteuerabführung in zutreffender Höhe insbes. bei Ausschüttungen, Zahlungen an Bauunternehmer und ausländische Lizenzgeber; Prüfung von Freistellungsbescheinigungen

- Lohnsteuerabführung (und auch sozialversicherungsrechtliche Prüfung) bei arbeitnehmerähnlichen Selbstständigen, geringfügig und kurzfristig Beschäftigten, Statusprüfung bei freien Mitarbeitern, Scheinselbstständigkeit
- Steuerliche Anerkennung von Pensionsrückstellungen bzw. Überprüfung vorliegender finanzmathematischer Gutachten
- Überprüfung des Verbrauchs gebildeter Rückstellungen, widrigenfalls Steuerrückstellung wegen Auflösung
- Analyse der Ausübung steuerlicher Wahlrechte
- Verdeckte Betriebsaufspaltung
- Ertragswirksamkeit von Forderungsverzichten von Gesellschaftern
- Steuerliche Anerkennung von vorgenommenen Teilwertabschreibungen
- Vornahme von Handlungen, aus denen sich Haltefristen oder Handlungsbedarf ergeben oder die sonst die Handlungsfreiheit einschränken (§ 6b EStG, § 13 Abs. 3 UmwStG, Bestimmungen der Fördergesetze oder -richtlinien)
- Geschäftsbeziehungen zu nahe stehenden Personen bzw. verbundenen Unternehmen: Überprüfung ob marktübliche Bedingungen vereinbart wurden und die Vereinbarungen wie unter fremden Dritten durchgeführt wurden, Beachtung der Verwaltungsauffassung zu Gesellschafter-Geschäftsführern und der sog. Verwaltungsgrundsätze zu Verrechnungspreisen

Prüfungsschwerpunkte aus dem Bereich der Umsatzsteuer/Zölle

- Ordnungsmäßigkeit des Vorsteuerabzuges, insbes. formale Überprüfung von Eingangsrechnungen
- Nutzungsänderungen bezüglich Wirtschaftsgüter, die eine Vorsteuerberichtigung veranlassen können
- Prüfung von Leistungsbeziehungen mit ausländischen Auftragnehmern nach Einbehalt gem. § 13b UStG n. F. (§ 51 UStDV a. F.)
- Anzeichen für eine verdeckte umsatzsteuerliche Organschaft
- Entrichtung von Zöllen, Unterhaltung eines Zollagers, Vorliegen von Zolltarifauskünften, Berichte über Zollprüfungen

Steuerliche Gestaltung der Veräußerung/Akquisition

- Bei Betriebsveräußerung (asset deal): Erfassung der zu den wesentlichen Betriebsgrundlagen gehörenden Wirtschaftsgüter (§ 1 Abs. 1a UStG)
- Bei Veräußerung von Anteilen an einer Personengesellschaft (share deal): Erfassung von Sonderbetriebsvermögen
- Bei Veräußerung von Anteilen an einer Kapitalgesellschaft (share deal): Bestimmung der stillen Reserven als Grundlage für den Kaufpreisabschlag, über den der Veräußerer mit dem Erwerber verhandelt, wenn er statt Betriebsvermögen Anteile an einer Kapitalgesellschaft erwirbt und eine Buchwertaufstockung nicht stattfindet

E. Human Resources Due Diligence

- Analyse der Anstellungsverträge und der Vergütungsstruktur: Grundgehalt, Sachbezüge (Dienstfahrzeuge, Direktversicherungen etc), Gratifikationen, gewinn- und/oder umsatzabhängige Boni oder Tantiemen
- Vereinbarungen von arbeitsrechtlicher Relevanz außerhalb der Anstellungsverträge: betriebliche Übungen, Betriebsvereinbarungen, Tarifverträge, Rationalisierungsschutzabkommen, vorbeugende Sozialpläne und Analyse hieraus resultierender Restriktionen

- Bestehende oder zugesagte Mitarbeiterbeteiligungsmodelle
- Verantwortungsbereiche und Qualifikation der Mitarbeiter
- Organisationsplan
- Analyse der Effektivität der Organisationsstrukturen
- Abhängigkeit des Geschäfts von einzelnen Mitarbeitern in Schlüsselpositionen
- Betriebsklima, Mitarbeitermotivation und Mitarbeiterbindung
- Altersstruktur
- Krankenstand
- Fluktuation
- Arbeitsrechtliche Auseinandersetzungen der letzten Geschäftsjahre

F. Environmental Due Diligence

- Vorliegen von erforderlichen Genehmigungsbescheiden nach BImSchG
- Umweltrechtliche Beschränkungen
- Abfallentsorgungsnachweise
- Anzeichen für sog. Altlasten bzw. bekannte Altlasten
- Berichte des ggf. bestellten Umweltbeauftragten
- Auswertung von etwa vorliegenden Umweltverträglichkeitsprüfungen, Umweitlasten-Gutachten und geologischen Untersuchungen der dem Betrieb gehörenden sowie von ihm genutzten Grundstücke

G. Technical Due Diligence

- Anlagen und Maschinenparks: verbleibende Nutzungsdauer, Auslastungsgrad, Ausschussquoten
- Betriebsgebäude: Alter, Zustand, etwaige Sanierungsbedürftigkeit

H. IT Due Diligence

- Prüfung der internen EDV
- Vorhandenseins eines Intranets
- Sicherheitskonzept: Backup, Firewall, Zertifikate
- Schnittstellen
- Systemkapazität
- Innovationsgrad
- Integrationskosten beim Erwerber

I. F&E Due Diligence

- Forschungs- und Entwicklungs-Aufwand in der Vergangenheit
- Erzielte verwendungsfähige Ergebnisse
- Laufende Projekte, projektierte Kosten, Budgets

Anhang 20: Aspekte des internen Kontrollsystems

Finanzbereich

- Wie wird verhindert, dass Buchungen auf falschen Konten vorgenommen werden bzw. wie werden entsprechende Falschbuchungen aufgedeckt?
- Werden die Bankauszüge regelmäßig mit den Bankkonten abgestimmt? Wird diese Abstimmung durch einen Mitarbeiter durchgeführt, der nicht unmittelbar mit dem Zahlungsverkehr betraut ist?
- Wie ist sichergestellt, dass Transaktionen nur mit bekannten und zugelassenen Vertragspartnern und nur mit erlaubten Finanzinstrumenten durchgeführt werden (z.B. Vermeidung von nichtgenehmigten Spekulationsgeschäften)?
- Wie ist der Zugriff auf die EDV-Systeme des Finanzbereiches und seine Dokumentation beschränkt?
- Wie ist sichergestellt, dass die Summe aller erfassten Bewegungen mit den Fortschreibungen der Salden im General Ledger mit den Buchungen auf den General Ledger Konten übereinstimmen (z.B. durch tägliche Kontenabstimmungen)?
- Mit welchen Verfahren werden die Finanzpositionen täglich mit den Daten der Buchhaltung abgestimmt?
- Welche Mechanismen werden angewandt, um neue Geschäftspartner zur Festlegung ihres Status und der Kreditlimits zu bewerten?
- Welche Mitarbeiter sind autorisiert, das Unternehmen zu verpflichten (Abschluss von Verträgen)? Sind diese Personen und ihre Genehmigungsgrenzen den jeweiligen Geschäftspartnern bekannt?
- In welcher Form ist der Zugriff auf Zahlungsmedien beschränkt?
- Gibt es eine angemessene Funktionstrennung zwischen denen, die Finanzgeschäfte abschließen, Zahlungsvorgänge bewirken und denen, die Buchungen durchführen?
- Wie ist sichergestellt, dass der Zugang zum Finanzsystem ausschließlich berechtigten Personen vorbehalten ist?
- Wie werden Vorgänge des Zahlungsverkehrs genehmigt?
- Wie ist sichergestellt, dass nur bevollmächtigte Personen Zahlungsausgangsdokumente (Schecks, Banküberweisungen) im Rahmen ihrer betragsmäßigen Vollmachten unterschreiben?
- Wie werden Kreditlimits kontrolliert und wie werden Doppelzahlungen/-anweisungen verhindert?
- Wie ist sichergestellt, dass nur berechtigte Benutzer Stammdatenänderungen (z.B. Bankverbindungen von Lieferanten) eingeben bzw. ändern können und ihre Verantwortungsbereiche angemessen getrennt sind (z.B. zwischen Initiierung und Verbuchung von Geschäften)?
- Wie werden Änderungen der Stammdaten der Geschäftspartner (z.B. Limits, Bankverbindungen, genehmigte Arten von Geschäften und Finanzinstrumenten etc.) genehmigt?
- Wie ist der Zugriff auf Blankoschecks und Faksimile-Unterschriften begrenzt?
- Werden für fehlende, doppelte oder lange Zeit nicht vorgelegte Schecks Nachforschungen angestellt?

Einkaufsbereich

- Wie ist sichergestellt, dass nur berechtigte Benutzer Bestellungen auslösen können und ihre Verantwortungsbereiche angemessen abgegrenzt sind (z. B. zwischen der Bestellung und der Vereinnahmung von Waren)?
- Wie werden Einkaufsvorgänge genehmigt?
- Wie ist sichergestellt, dass Abweichungen zwischen gelieferter mit bestellter Ware erkannt und sofort reklamiert werden?
- Wie wird die Doppelverbuchung von Eingangsrechnungen verhindert?
- Wie werden Fehlbuchungen auf den Lieferantenkonten verhindert oder aufgedeckt?
- Wie ist sichergestellt, dass Zölle und Umsatzsteuer richtig verbucht werden und insbesondere die Umsatzsteuer als Vorsteuer geltend gemacht wird?
- Wie kann gewährleistet werden, dass die richtige Rechnung an den richtigen Zahlungsempfänger gezahlt wird?
- Durch welche Maßnahmen kann ausgeschlossen werden, dass die Zahlung mit einem falschen Betrag oder in der falschen Buchungsperiode verbucht wird?
- Wie ist sichergestellt, dass Skonti sowie Umrechnungen von Fremdwährungen richtig berechnet und verbucht wurden?
- Wie ist gewährleistet, dass die Zahlungen dem richtigen Lieferanten zugeordnet werden?
- Wie ist sichergestellt, dass Zahlungen nur für tatsächlich bestellte und erhaltene Waren und Leistungen geleistet werden?
- Ist sichergestellt, dass Retourengutschriften, Nachlässe etc. und andere Korrekturen auf die richtigen Konten verbucht werden? Wie kann ausgeschlossen werden, dass Nachlässe, Gutschriften o. ä. am Unternehmen vorbei vereinbart werden?
- Haben ausschließlich berechtigte Benutzer Zugang zu Lieferanten- und Preisinformationen?
- Werden die Allgemeinen Geschäftsbedingungen des Unternehmens oder die der jeweiligen Lieferanten verwendet? Wird systematisch geprüft, ob die Lieferanten-AGBs der Politik des Unternehmens entsprechen?

Verkaufsbereich

- Welche Prüfungen finden vor der Akzeptanz eines neuen Kunden statt (Kreditwürdigkeitsprüfung)?
- Welche Regelungen bestehen für die Vertriebsmitarbeiter zur Gewährung von Rabatten?
- Wie wird eine doppelte Verbuchung desselben Verkaufsvorgangs verhindert?
- Ist durch die Verwendung von verpflichtend anzuwendenden Standard-Verkaufsverträgen und AGBs gewährleistet, dass dem Unternehmen aus dem Verkaufsprozess keine überhöhten Belastungen oder Risiken entstehen?
- Wie werden die Verkaufsbedingungen und Preise genehmigt?
- Wie werden Verkäufe an fiktive Kunden verhindert oder aufgedeckt?
- Wie werden die Kreditlimits der Kunden kontrolliert?
- Wie ist sichergestellt, dass die richtigen Waren versandt und richtig verbucht wurden?
- Wie ist sichergestellt, dass für jede Leistung oder jeden Warenausgang auch eine Rechnung erstellt wird?
- Wie ist sichergestellt, dass nur bestellte Ware versandt wird?
- Wie wird eine doppelte Verbuchung desselben Verkaufsvorgangs verhindert?

Vorratshaltung

- Welche Zugriffsbeschränkungen gelten für Vorratsbestände und Lagerbuchführung?
- Wie ist sichergestellt, dass ausschließlich berechtigte Benutzer Verbuchungen im Produktionsbereich vornehmen können und ihre Verantwortungsbereiche angemessen abgegrenzt sind?
- Auf welcher Grundlage werden Roh-, Hilfs- und Betriebsstoffe für die Produktion entnommen und wie werden diese Lagerentnahmen genehmigt?
- Wie ist sichergestellt, dass die Vorratsbewegungen nach Art und Menge buchmäßig erfasst werden?
- Wie wird die Doppelverbuchung von Warenbewegungen auf Vorrätekonten verhindert?
- Wie ist sichergestellt, dass Fertigfabrikate nur aufgrund von Versandpapieren ausgeliefert werden?
- Werden periodische Inventuraufnahmen vorgenommen?
- Wie werden die Lagerbücher mit den Ergebnissen der Aufnahme abgestimmt und berichtigt? Werden Inventurdifferenzen systematisch analysiert?

Personal

- Wie werden Arbeitsnachweise erbracht und genehmigt?
- Wie ist sichergestellt, dass auf Basis der Arbeitsnachweise eine vollständige und richtige Verbuchung erfolgt?
- Wie werden Erfassungsfehler von wichtigen Daten der Lohn- und Gehaltsabrechnung verhindert oder entdeckt (z.B. Stunden, Stundenlöhne, Abzüge, Stundensätze für Urlaubs- und Überstundenrückstellungen)?
- Wie ist sichergestellt, dass Bruttolohn bzw. -gehalt und sämtliche Abzüge/Einbehalte richtig berechnet wurden?
- Wie werden Änderungen der die Personalabrechnung betreffenden Stammdaten genehmigt? Wie ist gewährleistet, dass nur die vom Management genehmigten Gehälter zur Auszahlung kommen?
- Wie ist sichergestellt, dass alle von den Arbeitnehmern erbrachten Leistungen in die Lohn- und Gehaltsabrechnung eingegeben werden?
- Wie ist sichergestellt, dass alle Lohn- und Gehaltsabzüge berücksichtigt wurden?
- Wie wird die Eingabe fiktiver Personalabrechnungsdaten verhindert?
- Wie ist die sachgerechte Bewertung des Vorratsvermögens sichergestellt (Niederstwertprinzip)?
- Wie ist gewährleistet, dass Lohn- und Gehaltsauszahlungen an den richtigen Beschäftigten bzw. Zahlungsempfänger geleistet werden?
- Wie ist sichergestellt, dass manuelle Sonderzahlungen (z.B. Vorschüsse) vollständig erfasst werden?
- Wie werden Lohn- und Gehaltsauszahlungen und Vorschüsse genehmigt und überwacht?
- Wie ist sichergestellt, dass nur berechtigte Benutzer Lohn- und Gehaltsauszahlungen eingeben können und ihre Verantwortungsbereiche angemessen abgegrenzt sind?

Anhang 21: Beispiel für eine Geschäftsordnung

Geschäftsordnung der Start AG

Allgemeines

Die Mitglieder des Vorstandes führen die Geschäfte der Gesellschaft unter Beachtung der Sorgfalt eines ordentlichen und gewissenhaften Geschäftsleiters nach den Vorschriften der Gesetze, der Satzung, der Geschäftsordnung und ihrer Dienstverträge.

Geschäftsverteilung

Der Vorstand besteht aus vier Mitgliedern. Ein Mitglied ist Vorsitzender des Vorstandes, die weiteren Mitglieder haben die Verantwortung für folgendes Ressort:
– Technik: Sicherstellung des ordnungsmäßigen Betriebes für die Geschäftstätigkeit des Unternehmens (Serververfügbarkeit, Internet-Anbindung)
– Produkte, Vertrieb und Marketing: Entwicklung und Koordination der Produkt(weiter-)entwicklung, Vermarktung einschl. Media-Analysen und Vertriebscontrolling
– Finanzen und Verwaltung: Rechnungswesen, Unternehmensplanung, Steuern, Controlling, Personalwesen, übrige Verwaltungsbereiche

Zusammenarbeit

Die Vorstandsmitglieder arbeiten kollegial zusammen. Sie unterrichten sich gegenseitig laufend über wichtige Maßnahmen und Vorgänge in ihren Geschäftsbereichen. Jedes Vorstandsmitglied ist angehalten, bei Bedenken gegen Maßnahmen aus einem anderen Geschäftsbereich eine Beschlussfassung des Gesamtvorstandes herbeizuführen, wenn die Bedenken nicht durch eine Aussprache mit dem anderen Vorstandsmitglied behoben werden können. Maßnahmen und Geschäfte, die für die Gesellschaft von erheblicher Bedeutung sind oder mit denen ein hohes wirtschaftliches Risiko verbunden ist, bedürfen der vorherigen Zustimmung des Gesamtvorstandes, soweit nicht eine sofortige Maßnahme zur Abwendung drohender wirtschaftlicher Nachteile für die Gesellschaft erforderlich ist.

Entscheidungen des Gesamtvorstandes

Der Vorstand entscheidet in seiner Gesamtheit
– in Angelegenheiten, für die das Gesetz, die Satzung oder diese Geschäftsordnung eine Entscheidung durch den Gesamtvorstand vorsehen
– in Angelegenheiten, in denen die Zustimmung des Aufsichtsrates einzuholen ist,
– über den Jahresabschluss und den Lagebericht der Gesellschaft,
– über grundsätzliche Fragen der Organisation, der Geschäftspolitik sowie der Investitions- und Finanzplanung der Gesellschaft,
– über die Einberufung der Hauptversammlung und über Anträge und Vorschläge des Vorstandes zur Beschlussfassung durch die Hauptversammlung.

Der Gesamtvorstand kann einzelne Vorstandsmitglieder mit der Durchführung der Beschlüsse und mit der Ausführung von Maßnahmen beauftragen, die dem Gesamtvorstand obliegen

Sitzungen und Beschlüsse

Vorstandssitzungen sollen in regelmäßigen Abständen, nach Möglichkeit wöchentlich, stattfinden. Sie müssen stattfinden, wenn das Wohl der Gesellschaft es erfordert. Der

Vorsitzende des Vorstandes hat auf Verlangen eines Mitgliedes des Vorstandes eine Sitzung des Gesamtvorstandes einzuberufen. Beschlüsse des Vorstandes werden in Sitzungen gefasst. Auf Anordnung des Vorsitzenden des Vorstandes können Beschlüsse auch außerhalb von Sitzungen durch schriftliche Stimmabgabe oder mittels Telekommunikation gefasst werden, wenn kein Mitglied diesem Verfahren unverzüglich widerspricht. Der Vorstand ist beschlussfähig, wenn mindestens die Hälfte seiner Mitglieder, darunter der Vorsitzende, an der Beschlussfassung teilnimmt. Abwesende Mitglieder des Vorstandes können an Beschlussfassungen dadurch teilnehmen, dass sie durch andere Vorstandsmitglieder schriftliche Stimmabgaben überreichen lassen. Der Vorstand beschließt, soweit nichts Abweichendes angeordnet ist, mit einfacher Stimmenmehrheit der an der Beschlussfassung teilnehmenden Mitglieder. Bei Stimmengleichheit gibt die Stimme des Vorstandsvorsitzenden den Ausschlag. Über jede Sitzung des Vorstandes ist eine Niederschrift anzufertigen, aus der sich der Ort, der Tag der Sitzung, die Teilnehmer, die Tagesordnung und der Inhalt der Beschlüsse ergeben.

Zusammenarbeit mit dem Aufsichtsrat

Die Verpflichtung zur Berichterstattung an den Aufsichtsrat über die in § 90 AktG genannten Gegenstände obliegt dem Gesamtvorstand unter der Federführung des Vorstandsvorsitzenden. Die Vorstandsberichte sind in der Regel schriftlich vorzulegen, wenn nicht im Einzelfall wegen der Dringlichkeit eine mündliche Berichterstattung geboten ist. Insbesondere folgende Berichte sind zu erstatten:

- Einmal jährlich ein Bericht über den jährlichen Finanzplan der Gesellschaft und ihrer Tochtergesellschaften.
- Vierteljährlich die Vorlage einer nicht-testierten Bilanz und einer Gewinn- und Verlustrechnung – erstellt nach handelsrechtlichen Grundsätzen – innerhalb von 30 Kalendertagen nach Abschluss des Quartals. Die Dokumente sind vom Finanzvorstand zu unterschreiben.
- Mindestens vierteljährlich ein Bericht des Vorstandsvorsitzenden über die Geschäftsentwicklung. Dabei ist auch auf die Belange der Tochtergesellschaften und der einzelnen Geschäftsbereiche, die beabsichtigte Geschäftspolitik sowie auf Fragen der Unternehmensplanung einzugehen.
- Monatlich ein Bericht über die wirtschaftliche und finanzielle Situation des Unternehmens im Vergleich zum Finanzplan und dem vorherigen Jahr, insbesondere durch die Vorlage von Bilanz, Gewinn- und Verlustrechnung, Übersicht über den Auftragsbestand nach Produktgruppen und über die Liquidität des Unternehmens

Neben der vorgenannten Berichterstattung hat der Vorstandsvorsitzende den Aufsichtsrat regelmäßig über den Gang der Geschäfte und die Lage des Unternehmens einschließlich der verbundenen Unternehmen mündlich und, wenn dieser es wünscht, auch schriftlich zu unterrichten. Die Mitglieder des Vorstandes haben den Vorsitzenden bei der Erfüllung dieser Aufgabe zu unterstützen. In allen Angelegenheiten, die für die Gesellschaft von besonderem Gewicht sind, hat der Vorsitzende des Vorstandes dem Vorsitzenden des Aufsichtsrates mündlich oder schriftlich Bericht zu erstatten.

Zustimmungsbedürftige Geschäfte

Der Vorstand bedarf zu folgenden Geschäften der Gesellschaft und ihrer Tochtergesellschaften der Zustimmung des Aufsichtsrates

- der Erwerb und die Veräußerung von Grundbesitz sowie die Belastung eigener Grundstücke,

- der Erwerb und die Veräußerung von Unternehmen sowie Beteiligungen an Unternehmen, der Abschluss von Unternehmensverträgen oder joint ventures, der Erwerb oder die Verfügung über wesentliche Vermögensgegenstände außerhalb der gewöhnlichen Geschäftstätigkeit; ausgenommen sind Verfügungen über Vermögensgegenstände zwischen 100%-igen Konzerngesellschaften,
- die Aufnahme von Finanzkrediten oder der Erlass von Schulden sowie die Abgabe oder die Übernahme von Bürgschaften, Garantien oder Schuldbeitritten sowie das Eingehen von Leasingverträgen über den Finanzplan hinaus, soweit insgesamt eine Summe von € …,… in einem Geschäftsjahr überschritten wird; eine Kontokorrentkreditlinie von € …,… bleibt zustimmungsfrei,
- jede Anschaffung von Vermögensgegenständen oder Verpflichtung der Gesellschaft außerhalb des Finanzplans im Wert von im Einzelfall über € …,…,
- die Genehmigung des jährlichen Finanzplans der Gesellschaft und der Tochtergesellschaften,
- die Ausgabe von Aktien oder die Einräumung von Optionsrechten an Mitarbeiter nach einem Mitarbeiterbeteiligungsprogramm,
- jede substanzielle Abweichung von der gegenwärtigen Geschäftsstrategie und der Produktpalette,
- die Ernennung von Prokuristen,
- Wesentliche Änderungen in der Geschäftsverteilung im Vorstand
- die Gewährung von Darlehen oder Vorschüssen durch die Gesellschaft oder durch eine von der Gesellschaft beherrschten Gesellschaft an eine Gesellschaft oder Körperschaft – gleich welcher Rechtsform –, deren Anteile nicht vollständig von der Gesellschaft gehalten werden,
- die Gewährung von Darlehen oder Vorschüssen an Mitglieder des Vorstandes und des Aufsichtsrates, ausgenommen Vorschüsse und ähnliche Ausgaben im gewöhnlichen Geschäftsbetrieb,
- die unmittelbare Stellung von Sicherheiten für Verbindlichkeiten gleich welcher Art,
- jedes Rechtsgeschäft mit einem Mitglied des Vorstandes oder des Aufsichtsrates, mit einem leitenden Mitarbeiter oder einem Gesellschafter; ausgenommen sind Rechtsgeschäfte, die einem Fremdvergleich standhalten und zu solchen Bedingungen abgeschlossen werden, die für die Gesellschaft nicht ungünstiger sind als solche, die Dritte gewährt hätten.

Der Aufsichtsrat ist berechtigt den Kreis der zustimmungspflichtigen Rechtsgeschäfte zu erweitern oder einzuschränken.

Ort, Datum, Unterschrift des Vorstandes und des AR-Vorsitzenden

Sachregister